DIE GESCHICHTE DES CHRISTENTUMS
RELIGION · POLITIK · KULTUR

Band 13
KRISEN UND ERNEUERUNG
(1958–2000)

DIE GESCHICHTE DES CHRISTENTUMS
RELIGION · POLITIK · KULTUR

Herausgegeben von
Jean-Marie Mayeur, Charles (†) und Luce Pietri,
André Vauchez, Marc Venard

Deutsche Ausgabe herausgegeben von
Norbert Brox, Odilo Engels, Georg Kretschmar,
Kurt Meier, Heribert Smolinsky

Band 13

KRISEN UND ERNEUERUNG
(1958–2000)

HERDER
FREIBURG · BASEL · WIEN

KRISEN UND ERNEUERUNG

(1958–2000)

Herausgegeben von
Jean-Marie Mayeur

Deutsche Ausgabe bearbeitet von:
Thomas Bremer
Norbert Kössmeier
Stefan Orth
Andrea Barbara Schmidt
Michael Sievernich
Ulrich Ruh
Gerhard Philipp Wolf

HERDER
FREIBURG · BASEL · WIEN

Titel der französischen Originalausgabe:
Histoire du christianisme des origines à nos jours
Tome 13: Crises et Renouveau
sous la responsabilité de Jean-Marie Mayeur
© Desclée, Paris 2000

Übersetzung aus dem Französischen:

Chantal Demuijlder (München): III. Teil, Kap. 1;
Gritje Hartmann (Freiburg): III. Teil, Kap. 2;
Elisabeth Mainberger-Ruh (Zürich): II. Teil, Kap. 4, 5, 6; III. Teil, Kap. 3, 5;
Ursula Vones-Liebenstein (Köln): III. Teil, Kap. 4, 6, 7;
Gerhard Philipp Wolf (Pegnitz-Buchau): I. Teil; II. Teil, Kap. 1, 2, 3, 7; Schluß

Kartenzeichnungen: Power DTP L. C. Hartmann, 79280 Au
Verlagsredaktion: Johanna Erzberger
Bildredaktion: Wolf Stadler (Freiburg)
Register: Stefanie Knauß (Freiburg)

Die Deutsche Bibliothek – CIP-Einheitsaufnahme
Die Geschichte des Christentums : Religion, Politik, Kultur / dt. Ausg. hrsg.
von Norbert Brox ... – Freiburg im Breisgau ; Basel ; Wien : Herder.
Einheitssacht.: Histoire du Christianisme des origines à nos jours ‹dt.›

Band 13. Krisen und Erneuerung (1958–2000) / dt. Ausg. bearb. von Thomas
Bremer ... [Übers. aus dem Franz.: Ch. Demuijlder ...] – 2002
    ISBN 3-451-22263-9

Alle Rechte vorbehalten – Printed in Germany
© Verlag Herder Freiburg im Breisgau 2002
www.herder.de
Herstellung: fgb · freiburger graphische betriebe 2002
www.fgb.de
ISBN 3-451-22263-9

INHALT

Viertes Kapitel

VON ROGER AUBERT UND CLAUDE SOETENS

Fünftes Kapitel

VON ROGER AUBERT UND CLAUDE SOETENS

ZWEITER TEIL

KATHOLISCHE UND EVANGELISCHE KIRCHE: KRISEN – VERÄNDERUNGEN – NEUAUFBRUCH

Erstes Kapitel

DRITTER TEIL

DIE VIELFALT CHRISTLICHER GLAUBENSRICHTUNGEN IN DER
ZWEITEN HÄLFTE DES 20. JAHRHUNDERTS

Einführung

Der letzte dieser die Geschichte des Christentums von seinen Anfängen bis zum Ausgang des 20. Jahrhunderts umfassenden 13 Bände[1] beschäftigt sich mit den Jahrzehnten, die – von den 60er Jahren bis zum Jahr 2000 – fast ein halbes Jahrhundert abdecken. Der vorausgehende Band verfolgte die Geschichte des Christentums zur Zeit der Weltkriege und der totalitären Herrschaftssysteme, vom Ausbruch des Ersten Weltkrieges 1914 bis zu den Nachkriegsjahren des Zweiten Weltkrieges. Der 12. Band endete mit den späten 50er Jahren – einem Zeitabschnitt, der in Europa den Abschluß der Nachkriegszeit und des Wiederaufbaus markierte und innerhalb der römisch-katholischen Kirche den letzten Pontifikatsjahren des Ende 1958 verstorbenen Papstes Pius XII. entsprach. Die Wahl von Johannes XXIII. und die Ankündigung des Konzils weisen zweifellos auf eine „Wende" hin, deren Bedeutung weit über die römische Kirche hinausreicht, wie das nachhaltige Echo auf die Initiative des Roncalli-Papstes innerhalb anderer christlicher Konfessionen und weiterer Kreise bezeugen.

So kommt dem Beginn der 60er Jahre und insoweit dem Ausgangspunkt dieses Buches eine besondere Bedeutung für die Geschichte des Christentums zu, wie er zugleich auch einen spezifischen Einschnitt in der allgemeinen Geschichte repräsentiert. Er fällt mit einer beachtlichen Wachstumsperiode in der „atlantischen" Welt zusammen (d. h. bezogen auf Nordamerika und das liberale Europa demokratischer Staaten), die in eine Konsumgesellschaft einmündet, deren kulturelle, über moderne Kommunikationsmittel verbreitete Leitbilder auf die gesamte Welt ausstrahlten. In diese Jahre fiel auch der Aufbruch zur Erforschung des Weltraumes – Symbol für außergewöhnliche Veränderungen in Wissenschaft und Technik. Diese Veränderungen bilden zusammen mit dem wirtschaftlichen Aufschwung die Grundlage für die in der ersten Hälfte der 60er Jahre charakteristische Aufbuchstimmung, deren Optimismus gleichsam ein Nachklang des Fortschrittsglaubens des 19. Jahrhunderts ist. Bezeichnende Schlagworte wie „Neue Grenzen" oder „Bündnis für den Fortschritt" der „Kennedy Ära" spiegeln adäquat den Geist der damaligen Zeit wider.

Die 60er Jahre sind auch die Zeit der Unabhängigkeitsbewegungen: Jahre, in denen die Völker der Dritten Welt ihren Aufschwung erleben, in denen die mit der Unterentwicklung verbundenen Probleme ins Bewußtsein rücken und das Engagement für die „Entwicklungshilfe der jungen Nationen"[2] wirksam wird. Schließlich setzte nach den internationa-

---

[1] Bd. 14 wird die Sachregister aller Bände enthalten. – An dieser Stelle sei dem em. Kieler Ordinarius (für Kirchengeschichte der Neuzeit) Prof. Dr. Gottfried MARON für die sachliche Überprüfung des I. Teils dieser Übersetzung herzlich gedankt. G. Maron war von der zweiten bis vierten Session des Zweiten Vatikanischen Konzils Berichterstatter im Auftrag der EKD (Anm. d. Übersetzers).

[2] So der Titel einer Zeitschrift, die von der unter der Leitung von Georges HOURDIN stehenden Verlagsgruppe herausgegeben wird.

len Krisen im Anschluß an den Berliner Mauerbau (Sommer 1961) und die Kuba-Krise (Herbst 1962) das Streben nach einer Koexistenz in den internationalen Beziehungen zwischen den beiden Blöcken Ost und West ein.

Was ist nach all den Jahren vom optimistischen Aufbruch der 60er Jahre übrig geblieben? Die Ausweitung des atlantischen Paktes, die sich trotz häufiger Krisen vollzog, hat die Unsicherheit und Armut nicht einmal in den Ländern beseitigen können, die in diese Expansionssphäre einbezogen waren. Das Nord-Süd-Gefälle blieb weiterhin bestehen und scheint sich noch zu erhöhen, auch wenn man in einigen Ländern Asiens und Lateinamerikas einen echten Fortschritt verzeichnen konnte. Südafrika hat zwar die Apartheid hinter sich gelassen, eine Reihe von Staaten auf dem afrikanischen Kontinent sind aber weiterhin von ethnischen Auseinandersetzungen zerrissen und der Anarchie ausgesetzt. Die Geschichte des Mittleren Orients ist von einer Reihe von Kriegen geprägt: Sechs-Tage-Krieg (1967), Jom Kippur Krieg (1973), Libanon-Krieg, Krieg zwischen Iran und Irak und schließlich der Golfkrieg (1991).

In Europa markiert das Jahr 1989 eine entscheidende Wende: Die sogenannten Volksdemokratien entziehen sich der Herrschaft der Sowjetunion, die zwei Jahre später „implodiert". Während das östliche Mitteleuropa den Weg zur politischen Demokratie und zur freien Marktwirtschaft findet, versinkt Rußland in einer wirtschaftlichen und politischen Krise. Die Konflikte im Anschluß an den Zusammenbruch des ehemaligen Staatenbundes Jugoslawiens konfrontieren Europa am Ende des 20. Jahrhunderts erneut mit den Schrecken des Krieges. In Wirklichkeit waren 1989 weder Kriege noch Not oder Unterdrückung – von den Diktaturen in Afrika oder Lateinamerika bis zu den Formen des Kommunismus in Asien – von der Oberfläche des Globus verschwunden. Zwar weckte eine optimistische Perspektive der Geschichte auf der Basis einer globalen Vernetzung der Wirtschaft und demokratischer Wahlerfolge in verschiedenen Ländern der Welt flüchtig den Glauben an eine Art „Ende der Geschichte", der jedoch bald wieder durch immer unvorhersehbare und oft so tragische Ereignisse zerbrach. Diese Zeitepoche ist, so kann man vermuten, genauso viel oder wenig schicksalhaft beladen wie andere, aber den Massenmedien stehen heute ungeahnte Möglichkeiten zur Verfügung, Katastrophen der weiten Welt unmittelbar an die Öffentlichkeit zu bringen. So ist die Geschichte der Gegenwart – mehr als frühere Epochen – Weltgeschichte.

In diesen kontextuellen Rahmen ist die Geschichte des Christentums der letzten vier Jahrzehnte des 20. Jahrhunderts eingebettet. Mehr als in den vorangegangenen, auf die Neuzeit bezogenen Bänden besteht in diesem 13. Band also die Verpflichtung, Europa gerade nicht zu privilegieren, sondern die Erscheinungsformen wie die Probleme des Christentums gerade auch in den Randzonen dieser Welt im Zusammenhang mit der allgemeinen Geschichte darzulegen. Die Geschichte des Christentums ist Teil der allgemeinen Weltgeschichte – und dies zu sehen, ist eine erste Herausforderung für den Historiker.

Will man eine Gesamtdarstellung des zeitgenössischen Christentums schreiben, so hat man sich zwei verschiedenen Problemkomplexen zu stellen, die zum einen mit jeder Gegenwartsgeschichte zusammenhängen, zum andern an der Thematik selbst liegen. Die mögliche wie notwendige Geschichtsschreibung der jüngsten Gegenwart leidet sowohl an der Überfülle wie an den Lücken der zur Verfügung stehendenen Quellenbestände. Der geringe historische Abstand eröffnet nicht immer einen objektiven Standpunkt. Er kann vielmehr dazu führen, die Gewichtung eines bestimmten Ereignisses entweder zu verstärken oder im Gegenteil zu unterschätzen. Ausgewogene Einzeluntersuchungen sind selten, meistens werden bestimmte Aspekte besonders herausgestellt. So konstatiert man mit einiger Überraschung, wie viele Detailuntersuchungen zum Zweiten Vatikanum im Vergleich zu den Veröffentlichungen vorliegen, die sich mit der Krise unmittelbar danach beschäftigen. Der Kirchenhistoriker des zeitgenössischen Christentums muß sich daher – wie jeder Historiker – bewußt sein, daß seine Forschungen nur eine unvollkommene und unvollständige Darstellung ergeben können.

Die Auswahl und thematische Gliederung hängt ferner mit Schwierigkeiten ganz anderer Art zusammen – Schwierigkeiten, die dem Stoff eigen sind. Ist doch die christliche Weltgeschichte untrennbar von der allgemeinen Geschichte und stets auch eine multikonfessionelle Geschichte. Die daraus erwachsende Hauptschwierigkeit wird im vorliegenden Band deutlicher als in den bisher erschienenen Teilbänden des Gesamtwerkes. Eine „Geschichte der römisch-katholischen Kirche" folgt einer eigenen Logik mit einer durchgehenden Komponente: der Geschichte des Papsttums und seiner Beziehungen zu den Ortskirchen. Eine „Geschichte des Christentums" dagegen hat neben der römisch-katholischen Kirche in gleicher Weise die orthodoxen Kirchen als eine komplexe Welt zu behandeln ebenso wie die protestantischen Kirchen, die sich in eine Vielzahl von Denominationen aufgliedern. Ein solches Unterfangen ist deswegen umso schwieriger, weil die verschiedenen christlichen Konfessionen nicht mehr in gleicher Weise „getrennt" sind wie in früheren Zeiten, so daß vergleichende Darstellungen eher möglich waren. Seit den 60er Jahren haben vielmehr die Beziehungen zwischen den Konfessionen stark zugenommen, und trotz des Weiterlebens oder sogar des Wiederauflebens konfessionalistischer Identitätsmerkmale lassen sich auf Gemeindeebene ähnliche Haltungen und Überzeugungen feststellen.

Der diesem Band zugrundeliegende methodische Zugang bemüht sich, sowohl die großen Entwicklungslinien der christlichen Kirchen in den verschiedenen Teilen dieser Welt aufzuzeigen als auch deren gegenwärtiges Profil anzusprechen. Infolgedessen behandelt der erste Teil unter dem Titel „Die Zeit des aggiornamento" die Jahre des Konzils. Dieser kurze, aber entscheidende Zeitabschnitt hat das lebhafte Interesse von Historikern und Theologen gefunden. Ein beachtlicher Teil von Quellen ist bereits aufgearbeitet worden – neben gedruckten Quellen und Archivbeständen sind hier auch Stellungnahmen von Zeitzeugen zu nennen. Über diese Jahre legen zwei bedeutende Spezialisten eine profunde Bilanz vor.

Die Jahrzehnte nach dem Ende des Konzils lassen sich nur schwer in charakteristische Zeitabschnitte unterteilen – am kompliziertesten ist dies für die allerjüngste Gegenwart. Und dennoch können zwei Momente besonders herausgehoben werden: Gegen Ende der 60er Jahre und in Folge der „Ereignisse" von 1968 stoßen die Kirchen auf Krisen und Proteste. Andererseits zeichnet sich seit dem Ende der 70er Jahre ein Wandel ab, der teilweise mit einer „Rückkehr der Religiosität", teilweise mit „Rückkehr zur christlichen Identität" umschrieben worden ist. Krise und darauffolgender Wandel bilden den Hintergrund für alle Überblicksbeiträge des zweiten Teils. Dieser zweite Teil stützt sich in Beispielen und Analysen bevorzugt auf den nordatlantischen Einflußbereich – auf Nordamerika und das Europa der demokratischen Staaten. Der hier angewandte methodische Zugang entspricht diesem geographischen Bereich in besonderer Weise, wird aber möglicherweise nur annähernd für andere Gebiete Geltung finden.

In anderen Teilen Europas und der übrigen Welt zeigt die Geschichte einen Verlauf mit unterschiedlichen Strukturen und Zäsuren. Deshalb werden im dritten Teil unter dem Titel

„Die Vielfalt christlicher Glaubensrichtungen in der zweiten Hälfte des 20. Jahrhunderts" einige Sonderfälle angesprochen. Dieser Teil behandelt die Länder Mittel- und Osteuropas, die unter sowjetischer Herrschaft standen, die orthodoxe Kirche innerhalb des sowjetischen Machtbereichs und nach dessen Zusammenbruch sowie die Christen des Vorderen Orients. Innerhalb dieser Welt wiederum stellt die Tradition der Ostkirchen in der Verbindung mit Rom oder in den orthodoxen Kirchen eine besondere Originalität dar. Die letzten Kapitel des Bandes widmen sich den christlichen Kirchen in Lateinamerika, Afrika und Asien. Die Herausgeber haben die Hoffnung, daß diese erhellenden Beiträge aus der Feder anerkannter Spezialisten eine profunde Vorstellung von der Vielfalt des gegenwärtigen Christentums vermitteln.

ERSTER TEIL

DIE ZEIT DES AGGIORNAMENTO

Die Zielsetzungen Johannes' XXIII.

von Jean-Marie Mayeur

Ein Doppelereignis steht für die römisch-katholische Kirche wie nicht weniger für die gesamte Welt am Beginn des vom Konzil bestimmten Zeitabschnitts des *aggiornamento*: der Tod Pius' XII. am 9. Oktober 1958 und die Wahl Kardinal Roncallis im Konklave, der sich den Namen Johannes XXIII. gab. Da die Rolle des neuen Papstes eine derart große Bedeutung erlangte, müssen notwendigerweise zunächst das Konklave, die Persönlichkeit sowie die Zielsetzungen Johannes' XXIII. im Verlauf seines kurzen Pontifikats angesprochen werden.

Das Kardinalkollegium zählte nur 51 Mitglieder, weil seit 1953 keine Nominierungen erfolgt waren, die Italiener (18 an der Zahl) stellten fast ein Drittel. Das Konklave dauerte vier Tage und benötigte 11 Wahlgänge zur erforderlichen Mehrheit von 35 Stimmen. Der Patriarch von Venedig, Kardinal Roncalli, behielt die Oberhand gegenüber dem weit jüngeren Präfekten der „Propaganda", Kardinal Gregor Petrus Agagianian (1895–1971). In den Augen seiner Wähler verkörperte der neue Papst sichtbar den Mann des Kompromisses wie des Übergangs, obwohl er schon auf 77 Jahre zuging. Seine Wahl bedeutete keine eigentliche Überraschung: Der Botschafter Italiens beim Hl. Stuhl etwa hielt sie für wahrscheinlich. Allerdings sollte der neue Papst bereits mit seinen ersten Initiativen für Überraschungen sorgen.

Will man versuchen, das „Geheimnis Roncalli" aufzuhellen, muß man den Werdegang des späteren Papstes nachzeichnen. Doch darf man den Schlüssel für die späteren Entscheidungen dieses Mannes nicht in seinen Anfängen suchen[1].

Als viertes von 14 Kindern eines Kleinbauern wurde er am 25. November 1881 in Sotto il Monte in der Provinz Bergamo geboren. Er war zunächst Schüler des kleinen und großen Seminars von Bergamo, dann des Päpstlichen Seminars Sant'Apollinare, wo er in seiner geistlichen Bildung von dem Redemptoristen F. Pitocchi geprägt wurde. Sehr früh las er die *Imitatio* und Werke des hl. Franz von Sales. Nach seiner Rückkehr nach Bergamo wurde er Sekretär seines Bischofs Radini-Tedeschi, der ein Anhänger Leos XIII. war. Im dortigen Priesterseminar lehrte er Apologetik, daneben Patristik und Geschichte. 1907 hielt er eine Vorlesung über Kardinal Cesare Baronio, den Begründer der neuzeitlichen katholischen Kirchengeschichte – anläßlich der Gedenkfeier zu seinem 300. Todestag. Eine der Grundlagen seiner geistlichen Orientierung waren die Kirchenväter. Seinem starken

---

[1] Hier sei auf die ausgezeichnete Bibliographie bei Giuseppe ALBERIGO verwiesen, vgl. Giuseppe ALBERIGO – Klaus WITTSTADT (Hg.), Geschichte des Zweiten Vatikanischen Konzils 1959–1962, Bd. 1: Die Katholische Kirche auf dem Weg in ein neues Zeitalter. Die Ankündigung und Vorbereitung des Zweiten Vatikanischen Konzils (Januar 1959-Oktober 1962), Mainz – Leuven 1997, 11 f.

Interesse für Kirchengeschichte entsprang auch die Veröffentlichung der *Pastoralvisitation in Bergamo* von Karl Borromäus, dem Heiligen aus der Zeit der katholischen Reform (der letzte Band dieser Veröffentlichung erschien erst 1957). Als ehemaliger Mitschüler Buonaiutis, einem Protagonisten des italienischen Modernismus, wurde Roncalli als Sympathisant für dessen Ziele beschuldigt, denen er jedoch völlig fern stand. Nach dem Tod von Bischof Radini-Tedeschi im Jahre 1914 verfaßte Roncalli als dessen Mitarbeiter – nach üblicher Gepflogenheit – eine 1916 erschienene Biographie.

Die Erfahrungen als Militärgeistlicher während des Krieges prägten ihn stark. Benedikt XV. berief ihn zum Präsidenten des italienischen Werkes für die Verbreitung des Glaubens, ein Amt, das er von 1921 bis 1925 innehatte. Am 3. März 1925 ernannte ihn Pius XI. zum Apostolischen Visitator in Bulgarien. Bei seiner Weihe zum Bischof wählte er (in umgekehrter Reihenfolge) die Devise von Kardinal Baronius: „Oboedientia et Pax". In Bulgarien, diesem traditionell orthodoxen Land mit nur 50.000 Katholiken, wurde er mit einer schwierigen Situation konfrontiert, die ihn zu großer Zurückhaltung zwang. Am 26. September 1931 wurde er Apostolischer Delegat für Bulgarien, 1935 (bis 1944) für die Türkei und Griechenland sowie apostolischer Administrator für die Lateiner in Konstantinopel. In Bulgarien lernte er ein von der orthodoxen Kirche geprägtes Land kennen und nahm Kontakt mit Katholiken auf, die den Ritus der Ostkirche übernahmen und gegen Missionare des lateinischen Ritus opponierten, womit sie den Argwohn der Kurie weckten[2]. In der Türkei traf er auf einen laizistischen Staat, der dem Gesandten des Papstes keinerlei diplomatische Vorrechte einräumte. Hier befand er sich im Zentrum christlicher Spaltungen zwischen Orthodoxen und römisch-katholischen Christen, wobei letztere sich wiederum in den römischen Ritus und in verschiedene ostkirchliche Riten aufteilten, und gewann Zugang zur Welt des Islam. Unschätzbare Erfahrungen und eine Vision der Kirche, die den traditionellen Rahmen europazentrierter Ansichten hinter sich läßt, sind die Frucht dieser 25 im Orient verbrachten Jahre[3].

Sein *Tagebuch*[4] gibt die Quellen seiner Spiritualität preis: in erster Linie ist hier die *Imitatio Christi* des Thomas a Kempis zu nennen, dann in zweiter Linie die *Exerzitien* des hl. Ignatius von Loyola, ferner Franz v. Sales und Alfons von Liguori. Seine Vorbilder waren Philipp Neri, Karl Borromäus und der Pfarrer von Ars.

Pius XII. ernannte ihn in der schwierigen Konstellation der Nachkriegszeit zum Nuntius für Frankreich. Die meisten französischen Gesprächspartner täuschten sich in ihm. In dem gewandten und weitsichtigen Diplomaten sahen sie einen gutmütigen Italiener, hinter dem Geistlichen einen traditionsverhafteten Priester mit wenig Sinn für die Neuerungen im französischen Katholizismus. In der Tat lernte er mit Frankreich ein Land kennen, das von Säkularisation und religiösem Indifferentismus geprägt war, daneben aber auch einen von missionarischem Eifer gelenkten Katholizismus. Die heikle Affäre um die Arbeiterpriester wurde direkt zwischen den französischen Bischöfen und Rom verhandelt.

Fast gleichzeitig mit seiner Ernennung zum Kardinal (12. Januar 1953) wurde Roncalli Patriarch von Venedig. Auch dort führte seine unbeugsame Haltung gegenüber Katholi-

---

[2] Vgl. Francesca Della Salda, L'expérience bulgare de Mgr. A. G. Roncalli, in: Giuseppe Alberigo (Hrsg.), Jean XXIII devant l'histoire, Paris 1989, 13–30; vgl. auch Giuseppe Alberigo, Johannes XXIII. – Leben und Wirken des Konzilspapstes, Mainz 2000.
[3] Vgl. Roberto Morozzo Della Rocca, Roncalli diplomate en Turquie et en Grèce, ebd., 31–48.
[4] Eine kritische Ausgabe besorgte Alberto Melloni, Il Giornale dell' Anima. Diari et scritti, Bologna 1987.

ken, die ein Zusammengehen mit den Sozialisten begrüßten, zum Bild eines konservativen Vertreters des Vatikans.

Auf diese Persönlichkeit sollte sich das Konklave in der Überzeugung einigen – wie Johannes XXIII. selbst unter dem 10. August 1962 in sein Tagebuch schrieb –, einen „Übergangspapst" zu wählen. Die Wahl fiel auf einen Seelsorger, nicht auf einen „Kurialisten", auch wenn der neue Papst über weitreichende diplomatische und internationale Erfahrungen verfügte. Von seinen Erfahrungen und seinem Geschichtsverständnis her erkannte er den notwendigen Anstoß für die Erneuerung der Kirche. Innerhalb von kaum fünf Jahren gelang es ihm gegen alle Prognosen und Hintergedanken vieler seiner Wähler, die katholische Kirche mit einer Reihe einschneidender Initiativen in neue Bahnen zu lenken. Die wichtigste Entscheidung war dabei die Ankündigung eines ökumenischen Konzils.

G. Alberigo, der sich wesentlich um die Erforschung des Pontifikats Johannes' XXIII. verdient gemacht hat, unterstrich die Notwendigkeit, sich eng an die Chronologie anzulehnen. Diese Forderung wird mit der Bedeutung der wenigen Pontifikatsjahre gerechtfertigt. Selbst wenn man den sechs vom Bologneser Kirchenhistoriker unterschiedenen Perioden nicht folgen will, wird man ihm bei der entscheidenden Bedeutung der ersten 100 Tage seines Pontifikats zustimmen. Bei seiner Wahl ernannte Johannes XXIII. Tardini, den stellvertretenden Staatssekretär unter Pius XII., zum Staatssekretär. Diese Kontinuität konnte jedoch nicht den Bruch mit der empfindlichen Störung im Stellenapparat der Kurie verbergen, hatte es doch seit dem Tod von Kardinal Maglione keinen Staatssekretär mehr gegeben. Am 15. Dezember ernannte er 23 Kardinäle, deren Kollegium nun die einst von Sixtus V. auf 70 fixierte Zahl überschritt. Unter ihnen waren neben Persönlichkeiten der Kurie (z. B. Tardini) der Erzbischof von Mailand (Montini), dem noch unter Pius XII. die Kardinalswürde verweigert worden war, und ausländische Kirchenvertreter, die auf dem Konzil eine bedeutende Rolle spielen sollten (z. B. die Erzbischöfe König aus Wien und Döpfner aus München). Durch weitere Ernennungen wurde innerhalb von vier Jahren das Kardinalskollegium grundlegend erneuert mit zunehmender internationaler Zusammensetzung. Am 14. Dezember 1959 wurde der Jesuit Augustin Bea zum Rektor des Bibelinstituts ernannt. Nach dessen polemischen Auseinandersetzung mit der Lateranuniversität war diese Berufung bemerkenswert.

Johannes XXIII. lag nicht an einer Reform der Kurie als solche, er bemühte sich vielmehr um deren funktionale Normalität. So knüpfte er etwa an die unterbrochene Tradition regelmäßiger Arbeitssitzungen (Tabellar-Audienzen) von Amtsleitern und Sekretären an oder forderte die mit zwei Ämtern beauftragten Kardinäle auf, eine Funktion aufzugeben (auf diese Weise schied z. B. Kardinal Tisserant aus der Kongregation der orientalischen Kirchen aus). Tardini als langjähriger Vertrauter vatikanischer Diplomatie wurde ein treuer Mitarbeiter des Papstes. Aus der ganz auf Empirie ausgerichteten Schule des Kardinals Gasparri hervorgegangen, votierte er für eine Distanzierung der Kirche von der Politik, insbesondere von der christlichen Demokratie Italiens[5].

Nach dem Tod Tardinis im Juli 1961 trat an seine Stelle Amleto Cicognani, der von 1933 bis 1958 Apostolischer Delegat in den Vereinigten Staaten war. Roncalli kannte ihn bereits von früher, weil er von 1928 bis 1933 in der Kongregation der Ostkirchen mit Pro-

---

[5] Man ziehe hier die Analyse von Andrea RICCARDI zu Rate, vor allem in seinem Werk: De l'Église de Pie XII à l'Église de Jean, 138 f.; vgl. auch den Alberigo-Sammelband: Jean XXIII devant l'histoire.

Johannes XXIII.
spendet den Segen
„Urbi et orbi".

blemen beschäftigt war[6], die Bulgarien und die mit Rom unierten orthodoxen Christen betrafen – Erfahrungen, die ihn nicht dazu verleiteten, italienische Anliegen bevorzugt aufzunehmen. Die Autorität des Papstes über die Kurie war im letzten Teil seines Pontifikates,
also am Beginn der Konzilseröffnung, stark gewachsen. Allmählich hatten die von den
Kardinälen Pizzardo, Ottaviani verkörperten Männer der „römischen Partei" an der Spitze
des Hl. Offiziums an Einfluß verloren. Johannes XXIII. hatte jedoch keine Reformpläne
für die Kurie, weil ihm hierzu, Andrea Riccardi zufolge, ein besonderer Regierungsstil
fehlte, der seinem Vorgänger und seinem Nachfolger zueigen war[7]. Er begnügte sich mit
den bestehenden Institutionen, gestaltete sie jedoch in der Überzeugung um, daß aus dem
Konzilsaufschwung mit der Zeit neue Strukturen entstehen werden. Den Widerständen gegenüber, die sich aus den Schwierigkeiten zur Veränderung oder den Willensäußerungen
seiner Gegner ergaben, befand er sich, nach einer Äußerung von Kardinal Lercaro, in einer
„institutionellen Einsamkeit". Die einzige, aber wesentliche Reform stellte die Gründung
des Kardinal Bea übertragenen Sekretariats für die Einheit der Christen dar. Dieses Sekretariat spielte eine entscheidende Rolle nicht nur in der Geschichte des Konzils, sondern
auch in den mit dem Pontifikat Johannes' XXIII. verbundenen Zielsetzungen und Initiativen. So wurde Willebrands als Sekretär von Kardinal Bea mit den Verhandlungen beauftragt, die zur Befreiung von Kardinal Slipyi aus der Deportation und zu seinem Exil in
Rom führten.

Mit der Besitzergreifung der Lateranbasilika (23. November 1958) unterstrich der Seelsorger Johannes XXIII. seine Verantwortung als Bischof von Rom. Am 25. Januar 1959
verkündete er neben der Abhaltung eines ökumenischen Konzils eine bevorstehende Di-
özesansynode in Rom. Er bestätigte die Eigenverantwortung des italienischen Episkopats.
Der Hl. Stuhl sollte sich nicht mehr in italienische Angelegenheiten einmischen und die

---

[6] Vgl. Peter HEBBLETHWAITE, Johannes XXIII. Das Leben des Angelo Roncalli, Zürich 1986.
[7] Vgl. dazu Andrea RICCARDI, Il potere del papa da Pio XII a Paolo VI, Rom 1988, 200 f.

Bischöfe sich „der Teilnahme an jeder Form von Politik und Kontroverse" enthalten (Geistliches Tagebuch: 13. August 1961). Diese Entscheidung führte dazu, daß für die Folgezeit die bevorzugte Unterstützung der Democrazia Cristiana unterblieb. Am 12. Oktober 1959 billigte der Papst die neuen Statuten der italienischen Bischofskonferenz und ernannte Kardinal Siri zum Vorsitzenden, der in dieser Funktion 1964 bestätigt wurde. Seitdem ist die italienische Bischofskonferenz nicht mehr ein Organ des römischen Zentralismus, sondern ein Begegnungsforum für den Austausch unterschiedlicher Geisteshaltungen, auch wenn die Hauptlinien gleich geblieben sind: Kampf gegen Kommunismus, Laizismus und Modernismus, die Sorge um die Einheit der Katholiken. Ein Montini in Mailand, ein Lercaro in Bologna konnten hier Akzente setzen.

Hier sollen nicht die Schwerpunkte angesprochen werden, die Johannes XXIII. auf sozialem und internationalem Gebiet setzte. Dies bleibt aus Gründen der Übersichtlichkeit und im Bemühen, Kontinuitäten aufzuzeigen, eigenen Abschnitten vorbehalten, wobei in gleicher Weise die nachfolgenden Pontifikate einbezogen werden. Doch können hier einige besondere Kennzeichen und markante Veränderungen aufgezeigt werden. Die Enzyklika *Mater et Magistra* (vom 15. Mai 1961) anläßlich des 70jährigen Jubiläums der Sozialenzyklika *Rerum novarum* wurde von Pavan und Ferrari-Toniolo verfaßt, die den „Sozialen Wochen Italiens" nahestanden, wie auch von Parente (als Assessor am Hl. Offizium). Der erste Entwurf ging auf drei Jesuiten der Gregoriana und zwei Jesuiten der „Action populaire" zurück. Diese den klassischen päpstlichen Verlautbarungen nahestehende Enzyklika legte besonderes Augenmerk auf die Ungleichheiten in den Entwicklungen der Völker: „Die Unterentwicklung kann zum größten Problem unserer Zeit werden".

Die Enzyklika *Pacem in terris* vom 11. April 1963 (einige Wochen vor dem Tod des Papstes) wendet sich „an alle Menschen guten Willens" – ein Schritt mit hohem Symbolcharakter, weil er mit der herkömmlichen konfessionellen Zielrichtung derartiger Verlautbarungen bricht. Nicht im einzelnen sollen hier die Aussagen über die völkerübergreifende Gemeinschaft und die Soziallehren der Kirche aufgegriffen werden, die auch unter Mitarbeit des späteren Kardinals Pavan entstanden sind. Unbedingte Erwähnung verdienen dagegen die Stellungnahmen zum Verhältnis zwischen Katholiken und Nichtkatholiken mit der folgenreichen Unterscheidung zwischen Ideologien, „falschen Lehren der Philosophie über Natur, über Ursprung und über Zweck der Welt und des Menschen", und den Unternehmungen, „die die wirtschaftlichen und sozialen Verhältnisse, die Geisteskultur oder die Ordnung des Staates berühren, auch wenn derartige Unternehmungen von jenen Lehren ihren Ursprung und ihre Anregung herleiten"(DH 3997). Diese Unterscheidung zwischen falschen Ideologien und daraus hervorgegangenen historischen Bewegungen – gemeint sind hier vor allem die verschiedenen sozialistischen Bewegungen demokratischer oder kommunistischer Spielart – ist grundlegend. Erleichtert sie doch den geistigen Austausch von Katholiken mit Marxisten und legt den Grund für die Anfänge einer Öffnung nach Osten, jenem wichtigen Element der weiter unten verhandelten päpstlichen Politik.

Die richtige Einschätzung des kurzen Pontifikats Johannes' XXIII. wird die Forschung wohl noch länger beschäftigen. Zu seiner Zeit unterstrichen vielen Kommentatoren den Bruch dieses Pontifikats mit dem Pontifikat seines Vorgängers. Doch gibt es in der Geschichte kaum einen vollständigen Bruch, und diese allgemeine Feststellung gilt in besonderer Weise für eine Institution wie das Papsttum. Das Klima der zu Ende gehenden Regentschaft Pius' XII., der wahre oder nur vermutete Einfluß seiner Umgebung, die repressiven Maßnahmen gegen Neuerungen in Seelsorge und Lehre (man denke an die Ar-

Johannes XXIII. unterzeichnet die Konzilsbulle. Dezember 1961.

beiterpriester in Frankreich), verdunkelten das Bild des Pontifikats des Pacelli-Papstes mit
der Folge, daß oft die Neuaufbrüche in Exegese und Liturgie vergessen werden und die
Tatsache übergangen wird, daß einige Mitarbeiter Johannes' XXIII. schon Pius XII. nahestanden. Das bekannteste Beispiel ist hier Kardinal Bea, der jahrelang Beichtvater dieses
Papstes war.

Darüber hinaus blieb die Kurie unter Johannes XXIII. den früheren Leitlinien treu, wie
der Brief Kardinal Pizzardos an die französischen Bischöfe vom Juli 1959 belegt, in dem
mit noch schärferen Worten als 1954 die Beendigung des Experiments mit den Arbeiterpriestern verlangt wird. Eine weitere Bestätigung zeigt sich darin, daß Kardinal Ottaviani
das Werk Lorenzo Milanis *Esperienze pastorali* nach Erteilung des Imprimatur durch Kardinal Elia Dalla Costa [8] einer scharfen Kritik unterzog oder die Lektüre der letzten Schriften Teilhard de Chardins verurteilte. Der Papst selbst war von seiner durch die Heilige
Schrift und die Kirchenväter geprägte Bildung, Frömmigkeit und Theologie her – allerdings ohne jeden Bezug zum Neuthomismus [9] – ein Mann der Tradition. Und doch dürfte er

---

[8] Vgl. HEBBLETHWAITE, a. a. O.
[9] Vgl. G. RUGGIERI, Notes pour une théologie du pape Roncalli, in: ALBERIGO (Hrsg.), Jean XXIII devant l'histoire, 287–320.

der Auffassung gewesen sein, daß die Art und Weise, wie die Prinzipien der kurialen Instanzen praktiziert wurden, nicht ideal war. So kündete sein Brief an Kardinal Feltin (nach dem an Kardinal Pizzardo adressierten Brief) schon eine „leichte Brise" an – ohne das Hl. Offizium in Mißkredit zu bringen.

Die persönliche Haltung des Papstes, sein Stil ganz allgemein, macht die stark verbreitete öffentliche Meinung vom „guten Papst" weit über katholische Kreise hinaus ebenso verständlich wie die in sein Amt gesetzten Hoffnungen. Er war kein Mann der Reform, und doch forderte er die Kirche mit der Konzilsinitiative zum *aggiornamento*, zum Jungwerden, zur Erneuerung durch Rückkehr zu den Quellen auf. Damit knüpfte er an Bestrebungen an, die auch Pius XII. hegte, die aber unverwirklicht geblieben waren. Es verwundert daher kaum, daß sich Johannes XXIII. auf einige Mitarbeiter seiner Vorgänger stützen konnte. Kurz vor seinem Tod kam Johannes XXIII. auf seine grundlegenden Zielsetzungen noch einmal zurück: „Mehr als je zuvor, sicherlich mehr als in den vergangenen Jahrhunderten, sind wir heute dazu aufgerufen, dem Menschen ganz allgemein, und nicht nur den Katholiken, zu helfen, grundsätzlich die Rechte des Menschen zu verteidigen, nicht nur die Rechte der katholischen Kirche." Er fügte hinzu: „Nicht das Evangelium verändert sich, wir fangen vielmehr an, es besser zu verstehen." Zwanzig Jahre im Orient, acht Jahre in Frankreich, das Aufeinandertreffen verschiedener Kulturen und Traditionen haben ihn zur Überzeugung gebracht, daß der Augenblick gekommen sei, „die Zeichen der Zeit zu erkennen [...] und weiter zu sehen"[10]. Eine Kirche im Dienst an den Menschen, die nicht von konfessionellen Perspektiven beherrscht wird, die Rückkehr zu den Quellen des Evangeliums und dessen Vertiefung, die Konfrontation mit den Realitäten dieser Welt: dies waren für Johannes XXIII. die Ziele des Konzils.

---

[10] L. Capovilla, Giovanni XXIII. Quindici Letture, Rom 1970; zit. nach Alberigo (Hrsg.), Jean XXIII devant l'histoire, 48.

Vorbereitung und Eröffnung des Konzils

VON ROGER AUBERT UND CLAUDE SOETENS

I. Der langsame Anlauf

Unmittelbar nach seiner Wahl entdeckte Johannes XXIII. zunehmend die vielfältigen Probleme, denen die Kirche gegenüberstand. Gleichzeitig erinnerte er sich als Historiker an die positiven Wirkungen, die im 16. Jahrhundert vom Trienter Konzil ausgingen. Von daher kam er sehr schnell zu der Überzeugung, daß es im weltweiten Kontext relativer Entspannung möglich sein sollte, die Bischöfe zur Beratung anstehender Probleme auch in der Hoffnung zusammenzurufen, daß die Erneuerung des Katholizismus auf der Grundlage des Evangeliums die Annäherung an die getrennten Christen erleichtern sollte. Dies war schon seit langem eines seiner Hauptanliegen. Nach zweimonatiger Überlegungszeit traf er im Laufe des Januars 1959 seine Entscheidung. Als Kardinal Tardini, den er als seinen Staatssekretär darüber informiert hatte, keine Bedenken anmeldete, machte er seinen Plan am 25. Januar den Kardinälen bekannt, die anläßlich der Eröffnung der Gebetswoche für die Einheit der Christen in Sankt Paul vor den Mauern versammelt waren.

Diese Ankündigung wurde von den Kardinälen verhalten aufgenommen, selbst bei fortschrittlichen Männern wie den Kardinälen Lercaro und Montini. In der großen Öffentlichkeit schlug sie jedoch wie eine Bombe ein, einige Journalisten verbreiteten sogar die Mitteilung, daß der Papst einen „runden Tisch" einberufen werde, um mit Orthodoxen und Protestanten über die Wiederherstellung der Einheit im Christentum zu diskutieren. Die römische Kurie reagierte daraufhin sehr schnell mit der Erklärung, daß es nicht um die Einberufung eines Unionskonzils – wie in Lyon (1274) oder Florenz (1439) im ausgehenden Mittelalter – gehe, sondern lediglich um eine innere Erneuerung der katholischen Kirche, damit sie wieder ein Anziehungspunkt werde und somit auf lange Sicht günstige Voraussetzungen für die Wiedervereinigung der Christen geschaffen werden könnten. Sehr schnell stellte sich bei vielen Mitgliedern der römischen Kurie die Meinung ein, daß das angekündigte Konzil vor allem den Widerstand gegen die Gefahr des Kommunismus organisieren und in feierlichster Form die Hauptirrtümer der Gegenwart verurteilen sollte.

Angesichts des hohen Alters des Papstes stellten sich viele in Rom auf eine lange Anlaufzeit ein. Aber schon am 16. Mai 1959 setzte Johannes XXIII. eine „Erste Vorbereitende Kommission" unter dem Vorsitz Kardinal Tardinis ein (mit dem er in enger Zusammenarbeit stehen wollte – in der Hoffnung, den Widerstand der Kurie abzumildern), die sich aus Sekretären der verschiedenen römischen Kongregationen zusammensetzte. Ihre Aufgabe sollte die Konsultation all derjenigen sein, die beim Konzil eine Funktion übernehmen, der gesamte Weltepiskopat, die Ordensgeneräle, die Leiter religiöser Kongregationen und katholischer Universitäten (zum Vergleich: Beim Ersten Vatikanums wurden im entsprechenden Vorbereitungsstadium lediglich 45 ausgewählte Bischöfe befragt). Zunächst war beabsichtigt, ihnen wie im Jahre 1867 einen genau ausgearbeiteten Fragebogen vorzulegen. Schließlich wurde der Entscheidung der Vorzug gegeben, überhaupt keine Direktiven zu erteilen. Die Teilnehmer wurden lediglich aufgefordert, „in voller Freiheit und Gelassenheit" kund zu tun, was ihnen zum Wohl der Kirche nützlich erschien. Am 3. Juli äußerte Kardinal Tardini ergänzend dazu, daß das geplante Konzil „einen eher praktischen als dogmatischen, stärker pastoralen als ideologischen Charakter" habe, wobei allerdings die Möglichkeit offen gelassen wurde, einige zum damaligen Zeitpunkt besonders umstrittene Lehrpunkte zu bestätigen.

So wurden 2594 Orts- und Titularbischöfe, 156 Ordensgeneräle und 62 Fakultäten der Theologie und des kanonischen Rechts konsultiert. Nach einem Erinnerungsschreiben im März 1960 gingen 2161 Rückmeldungen ein[1]. Nach Einschätzung Kardinal Suenens' bezog sich der vorherrschende Eindruck aus diesen zugeleiteten Stellungnahmen „auf Reformwünsche auf kirchenrechtlichem und liturgischem Gebiet – und daß der erneuernde Geist von Pfingsten nicht in Böen blase". Es ist wohl offensichtlich, daß die Mehrzahl der künftigen Konzilsväter die Originalität der Inspiration Johannes' XXIII. nicht richtig wahrgenommen hatte und daß ihnen kaum an einer echten kirchlichen Erneuerung lag, noch weniger an einer Annäherung an die von Rom getrennten christlichen Kirchen oder an einer größeren Öffnung der katholischen Kirche für die moderne Welt.

Eine ganze Reihe von Anregungen bezeugten jedoch ein langsam erwachendes Gespür innerhalb der Weltkirche für die Notwendigkeit, auf Grund seelsorgerlicher Erfordernisse einige Vorschriften und Bräuche aus früheren Zeiten zu überprüfen. Hier läßt sich u. a. auf das Interesse der deutschen Bischöfe an einer Aufwertung des Diakonats hinweisen, auf die Wünsche hinsichtlich der Anpassung der Liturgie (Einführung moderner Volkssprachen, Kommunion unter beiderlei Gestalt, Möglichkeit zur Konzelebration, Vereinfachung des Breviers), auf religiöse Toleranz und zeitgemäßere Behandlung der Beziehungen zwischen Kirche und Staat als Anliegen der amerkanischen Bischöfe, auf die von mehreren belgischen und schweizer Bischöfen thematisierte Aufwertung der Ortskirche. Dazu kommt der Wunsch nach einer positiven Einstellung des obersten Lehramtes gegenüber den Theologen oder die Gewichtung ekklesiologischer Probleme (Stellung des Episkopats zum Papst sowie der Presbyter zu den Bischöfen, Akzentuierung der den Laien zukommenden Funktionen, Klärung des Begriffs „Mitglied der Kirche" unter Berücksichtigung der von Rom getrennten Christen) von Seiten einiger französischer und holländischer Bischöfe. In der römischen Kurie wollte man dagegen das von Johannes XXIII. angekündigte *aggiornamento* sehr eng ausgelegt wissen. Auffällig war außerdem, daß 286 Bi-

---

[1] Von den zuletzt eingegangenen Stellungnahmen abgesehen, wurden sie vor allem in die 12 Bde. der Ersten Reihe der „Acta et documenta Concilio Vaticano II apparando" aufgenommen und (in Auswahl) in zwei Bänden zusammengefaßt hinsichtlich der Vorbereitenden Kommissionen: *Analyticus conspectus consiliorum et votorum quae ab episcopis et praelatis data sunt*. Zu diesen Reaktionen der Bischöfe siehe vor allem E. FOUILLOUX, Die Vor-Vorbereitende Phase (1959–1960), in: ALBERIGO – WITTSTADT, Geschichte des Zweiten Vatikanischen Konzils, Bd. 1, 61–187.- Ferner: M. LAMBERIGTS/Cl. SOETENS (Hg.), A la veille du concile Vatican II. Vota et réactions en Europe et dans le catholicisme oriental, Leuven/Löwen 1992; E. CARIBENHO, Analyse des vota do Episcopado latino-americano, in: J. O. BEOZZO (Hg.), A Igreja latino-americana as Visperas do concilio, São Paulo 1993.- Vgl. auch die Mittelungen von Y. M. HILAIRE zum französischen Episkopat (S. 101–117), von R. MOROZZO DELLA ROCCA (für den italienischen Episkopat (S. 119–137), F. DAYRAS für den britischen Episkopat (S. 139–153) und P. FORTIN für die Vereinigten Staaten (S. 155–164) in: Le Deuxième Concile du Vatican (1959–1965), Rom 1989.

schöfe den Wunsch äußerten, das Konzil möge gegen den Kommunismus Stellung beziehen, wobei jedoch nur 11 von einer Verurteilung des Atheismus sprachen.

Ein *Motu proprio* vom 5. Juni 1960 setzte die mit der unmittelbaren Vorbereitung des Konzils beauftragten Organe ein: auf der einen Seite 10 Kommissionen unter dem Vorsitz des Kardinalpräfekten der entsprechenden römischen Kongregation[2], unter Assistenz eines Sekretärs, der grundsätzlich nicht der Kurie angehören sollte, auf der anderen Seite zwei Sekretariate, von denen sich das eine um die Medien, das andere um die Beziehungen zu den getrennten Christen[3] kümmerte. Diesen Organen stand eine Zentralkommission vor, die mit der Überprüfung und Koordinierung der Arbeiten beauftragt war und geeignete Regeln für den reibungslosen Ablauf des Konzils vorschlagen sollte. Im Oktober 1960 wurde das für die praktische Durchführung des Konzils bestimmte Verwaltungssekretariat ins Leben gerufen.

Im Verlauf der folgenden Monate wurden dann die Mitglieder und Konsultatoren der verschiedenen Kommissionen ernannt – immer unter Berücksichtigung vor allem der von den Nuntien erbetenen Anregungen. Die herausragende Stellung der römischen Kurie in den vorbereitenden Organen war für all diejenigen eine Enttäuschung, die sich vom Konzil eine radikale Infragestellung des römischen Zentralismus erwartet hatten. Zu Beginn fiel das kategorische Fehlen mehrerer hochrangiger Theologen (wie Rahner, Congar oder de Lubac) und der wichtigsten Vertreter der liturgischen Bewegung auf. Einige Monate später überging Johannes XXIII. die Vorbehalte des Hl. Offiziums und berief mehrere von ihnen als Mitarbeiter. Allmählich zeigte sich trotz allem, daß keine vollständige Übereinstimmung zwischen der Arbeit der römischen Dikasterien und der vorbereitenden Kommissionen bestand: Immer mehr Bischöfe und ausländische Experten gesellten sich zu den Römern in den verschiedenen Kommissionen, deren Internationalität damit wuchs. Nach der im November 1961 aktualisierten Liste waren 79 Länder vertreten, und seit Ende 1960 standen den 174 Italienern (fast ein Viertel der Gesamtzahl) 82 Franzosen, 70 Nordamerikaner, 60 Deutsche, 45 Spanier, 38 Belgier (Belgien war in Relation zu seiner Bevölkerung das am stärksten repräsentierte Land!), 22 Holländer, dann auch 43 Asiaten, 14 Afrikaner, 48 Südamerikaner und 7 Australier gegenüber. Von den Ländern jenseits des Eisernen Vorhangs waren nur einige Exil-Jugoslawen anwesend. Demgegenüber waren die mit Rom

---

[2] Lediglich die Kommission für das Laienapostolat entsprach nicht einem römischen Dikasterium. Zum Kommissionssekretär wurde Mgr. Glorieux als kirchlicher Assistent des Ständigen Komitees der Internationalen Kongresse für das Laienapostolat ernannt.

[3] Die Anregung zu diesem Sekretariat gab Kardinal Bea Johannes XXIII. im Frühjahr. In ihm erkannte der Papst sofort eine der wenigen einflußreichen Gestalten, die seine tiefgründigen Intentionen verstanden hatten (vgl. S. SCHMIDT, Giovanni XXIII e il Segretario per l'unione dei cristiani, in: Le Deuxième Concile du Vatican 1959–1965, 607–613). Nach seiner Ernennung zum Präsidenten dieses neuen Organs berief Bea als Sekretär den Holländer Willebrands, der im Lauf der vorangegangenen Jahre eine „internationale katholische Konferenz für ökumenische Fragen" ins Leben gerufen hatte. Das Sekretariat wurde mit den Mitgliedern dieser Konferenz konstituiert, mit einigen Spezialisten erweitert, die zum großen Teil aus dem Ausland kamen und wegen ihrer Kompetenz in biblischen, patristischen oder ökumenischen Fragen ausgewählt wurden. Trotz einiger vom Hl. Offizium auferlegter Ergänzungen war es innerhalb der Konzilsorgane ein Fremdkörper an der Kurie zu deren (vor allem Ottavianis) großen Unzufriedenheit. Im Hl. Offizium warf man dem Einheits-Sekretariat die als übertrieben eingeschätzte Beachtung der von Rom getrennten Christen vor, womit das Konzil als innerkatholisches Ereignis kompromittiert würde. Außerdem unterstellte man ihm die Neigung, in Konkurrenz zur Zentralkommission aufzutreten, nachdem das Sekretariat bei zahlreichen Entwürfen der verschiedenen Kommissionen die ökumenischen Belange herausgestellt hatte.

Johannes XXIII.

Paul VI.

St. Peter in Rom, Konzilsaula während des 2. Vatikanischen Konzils, im Verlauf einer Sitzung.

unierten Ostkirchen außergewöhnlich gut vertreten: 48 Patriarchen, Bischöfe, Priester und Mönche, die zu 22 verschiedenen ethnischen Gruppen gehörten. Niemals zuvor in der Kirchengeschichte hatte man eine so starke Beteiligung der Weltkirche an der Vorbereitung eines Konzils erlebt. Allerdings war das Fehlen von Laien in diesen Kommissionen nicht zu übersehen (selbst in der Kommission für das Laienapostolat). Außerdem war keine einzige Frau vertreten, nicht einmal in jener den Mönchen und Nonnen zugeordneten Kommission (obgleich die Nonnen zahlenmäßig den Mönchen überlegen waren).

II. Die Arbeit der Vorbereitenden Kommissionen

Von Herbst 1960 bis Sommer 1962 waren die vom Papst angeregten 10 Kommissionen (und die beiden Sekretariate) – von denen er rasche Ergebnisse erwartete – in voller Aktion, wobei jede Kommission ihre Arbeit individuell organisierte[4]. Sie bereiteten 75 Entwürfe mit insgesamt 2026 Seiten vor (ergänzt oftmals durch umfangreiche Erläuterungen), die ganz unterschiedliches Gewicht hatten. In vielen Fällen waren sie zu weitschweifig angelegt, es fehlte ihnen meistens an Inspiration und Weitsicht: die kulturellen Veränderungen in der Gesellschaft des Abendlandes, die großen sozialen Probleme Südamerikas und die Konsequenzen aus der Entkolonisierung für die Kirchen in Asien und Afrika wurden so gut wie übergangen, während andererseits die Sorge vorherrschte, den römischen Zentralismus zu bewahren und jedem Anzeichen für eine Neuauflage des Modernismus Einhalt zu gebieten[5]. Dies traf besonders für die Theologenkommission unter Vorsitz Kardinal Ottavianis zu, der wohl vom Bestreben einer Kodifizierung der Lehre Pius' XII. – wie sie im besonderen die Enzyklika *Humani generis* darstellte – geleitet wurde. Von den acht ausgearbeiteten Schemata waren äußerst dürftig: jenes über „die beiden Quellen der Offenbarung" (die ohne Berücksichtigung der Vorschläge des päpstlichen Bibelinstituts und des Sekretariats für die Einheit der Christen blieben), jenes über die moralische Ordnung sowie das mit *De deposito fidei pure custodiendo* betitelte Schema. Die Liturgie-Kommission hatte es vor allem ihrem Sekretär Annibale Bugnini zu verdanken, daß sie überaus effektiv arbeitete. Nachdem die ursprünglichen Berufungsmängel zum großen Teil behoben waren, bestand diese Kommission aus einem Spezialistengremium, das mit den geschichtlichen und seelsorgerlichen Problemen gut vertraut war und – im Unterschied zu den meisten anderen Kommissionen – seit Jahren schon an Zusammenarbeit gewöhnt war. Sie verfaßte schließlich die Konstitution *De sacra liturgia*, die sich nicht mit Vorschlägen zu einer Reihe von Einzelreformen begnügte, sondern dazu eine fundierte Lehrtradition auf biblischer und patristischer Grundlage bereitstellte.

Im Vergleich zum Ersten Vatikanum stellte die Zentralkommission ein Novum dar. Sie

---

[4] Einige Kommissionen hielten zahlreiche Vollversammlungen ab, während in anderen die Arbeit im wesentlichen in Unterkommissionen vollzogen wurde. In der Liturgie-Kommission arbeitete man weitgehend auf dem Korrespondenzweg.

[5] Ein ausgezeichneter Gesamtüberblick findet sich im Beitrag von J. A. KOMONCHAK, Der Kampf für das Konzil während der Vorbereitung (1960–1962), in: G. ALBERIGO – K. WITTSTADT (Hg.),Geschichte des Zweiten Vatikanischen Konzils, Bd. 1, Mainz-Leuven 1997, 189–401. Eine differenzierte Analyse in: G. ALBERIGO – MELLONI (Hg.) Verso il Concilio Vaticano II (1960–1962) – Passaggi e problemi della preparazione conciliare, Genua 1993. Vgl. auch: R. BURIGANA u. a., Le commissioni nella fase preparatoria del Vaticano II, in: E. FOUILLOUX (Hg.), Vatican II commence, Leuven/Löwen 1993, 28–53.

hielt ihre erste Vollversammlung im Juni 1961 ab, sechs andere Sessionen folgten – von November 1961 bis Juni 1962 insgesamt 54 Sitzungen[6]. Dieses Zentralorgan stand unter dem Vorsitz des Papstes, der häufig an den Sitzungen teilnahm, und der Assistenz eines Sekretariats von beachtlicher Wirksamkeit. Es setzte sich zusammen aus den Vorsitzenden der Vorbereitenden Kommissionen, allen katholischen Patriarchen des Orients, den Präsidenten der nationalen Bischofskonferenzen oder (bei Fehlanzeige) dem repräsentativsten Bischof jedes Landes (oder mehrerer Länder für die kleinsten) sowie dem Primas der Benediktiner und den Jesuiten-, Franziskaner- und Dominikanergenerälen. Alles in allem 85 Mitglieder zu Beginn, die sich im Juni 1962 um 30 erhöhten.

57 Nationalitäten waren darin vertreten, und die Prädominanz der Kurie in den Kommissionen wurde hier weitgehend ausgeglichen durch die Präsenz von Männern wie den Kardinälen Bea, König, Döpfner, Frings, Liénart, Léger, Alfrink und Suenens[7]. Die Zentralkommission mußte den Entwurf des Konzilsreglements unter der Leitung des Staatssekretärs abklären und vor allem die von den Vorbereitenden Kommissionen erarbeiteten Schemata überarbeiten. Diese Tätigkeit gab mehrmals Anlaß zu heftigen, wenngleich höflichen Auseinandersetzungen zwischen zwei Hauptrichtungen: die eine weltoffener und zugänglich für ein kollegiales Arbeitsverfahren, die andere ängstlich defensiv und oftmals routinemäßige Gewohnheiten mit authentischer Tradition verwechselnd. Beide Richtungen traten mit Eröffnung des Konzils voll in Erscheinung. Vor allem verlangte Kardinal Ottaviani[8] als Leiter des Hl. Offiziums, der sich „als einziger Interpret der katholischen Rechtgläubigkeit betrachtete" (so Suenens), eine Art Vetorecht über die Arbeit der anderen Kommissionen. Der melkitische Patriarch Maximos IV. beklagte sich mit Unterstützung einer Reihe anderer Mitglieder über die Neigung vieler hoher Würdenträger der Kurie – al-

---

[6] Siehe ALBERIGO – WITTSTADT, Geschichte I, 340–359, außerdem: A. INDELICATO, Difendere la dottrina o annunciare l'Evangelo. Il dibattito nella Commissione centrale preparatoria del Vaticano II, Genua 1992.

[7] Augustin BEA (1881–1968) SJ, ein ehedem relativ konservativer Professor und Rektor des römischen Bibelinstituts, wurde 1960 zum Präsidenten des Sekretariats für die Einheit der Christen ernannt. Er spielte eine wesentliche Rolle bei der „Abfeuerung der Konzilsrakete" (vgl. J. GROOTAERS, I protagonisti del Vaticano II, Mailand 1994, 67–81).- Franz KÖNIG (geb. 1905), Erzbischof von Wien, gehört zur intellektuellen Elite. Er war besonders aufgeschlossen für die Probleme Osteuropas und der Ökumene.- Julius DÖPFNER (1913–1976), Bischof von Berlin, dann Erzbischof von München, war für die moderne Welt aufgeschlossen und vertrat energisch („Sua Veemenza") seine Überzeugungen; über ihn jetzt: Klaus WITTSTADT, Julius Döpfner – Sein Weg zu einem Bischof der Weltkirche in Bilddokumenten, Würzburg 2001.- Josef FRINGS (1887–1978), Erzbischof von Köln, kirchlicher Würdenträger nach altem Stil, war sich jedoch der Notwendigkeit bewußt, auf die Schwerfälligkeiten des römischen Systems wie auf die Erstarrung der klassischen Theologie zu reagieren.- Achille LIÉNART (1884–1975), Bischof von Lille, oberster kirchlicher Leiter der „Mission de France" und großer Förderer der katholischen Arbeiterbewegung.- Paul-Émile LÉGER (1904–1991), Erzbischof von Montréal, stand lange Zeit unter dem Einfluß von Pius XII. Als großer Seelsorger (er war als Missionar in Japan) wurde er sich immer mehr des Rückstandes der offiziellen Kirche gegenüber der modernen Welt bewußt.- Bernard ALFRINK (1900–1987), ehemaliger Universitätsprofessor, dann Erzbischof von Utrecht, zeigte sich aufgeschlossen für die Bestrebungen zahlreicher Kreise für eine grundlegende Erneuerung der katholischen Kirche.- Léon-Joseph SUENENS (1904–1996), Erzbischof von Mechel-Brüssel, war in seiner Jugend Schüler von Lambert Beauduin, engagierte sich für die Erneuerung der apostolischen Methoden, war mit einem wachen politischen Geist begabt und sprach offen aus, was er fühlte, was andere dachten, aber nicht auszusprechen wagten. Zur entscheidenden Bedeutung seines politischen Geschicks während des ganzen Konzils vgl.: J. GROOTAERS, I protagonisti, 229–243.

[8] Alfredo OTTAVIANI (1890–1979) stand als ausgezeichneter Kirchenrechtler an der Spitze des Hl. Offiziums, an dem er seit 1935 aktiv wirkte. Ihn prägte die Sorge um den Schutz des Glaubensgutes und die Abwehr der kommunistischen Gefahr in einem Maße, daß er sich immer mehr der modernen Gesellschaft und dem gegenwärtigen theologischen Denken entfremdete; über ihn siehe: J. GROOTAERS, I protagonisti, 195–205.

len voran des Sekretärs Felici –, das Konzil auf eine „innere Angelegenheit der katholischen Kirche" einzugrenzen, und dabei soweit wie möglich die vom Papst eröffneten ökumenischen Perspektiven abzuschwächen. Trotz der schlechten Stimmungslage bei vielen italienischen Kardinälen (und nicht nur bei Kurienkardinälen) mußten in gewissem Maße die kritischen Einwände der Kirchenvertreter aus der „Peripherie" berücksichtigt werden. Eine Reihe von ihnen rief ins Gedächtnis, daß das Konzil nicht ein einfaches *aggiornamento* der kanonischen Rechtsprechung ins Auge fassen sollte, sondern eine echte Erneuerung des religiösen Lebens und eine Neubestimmung der Beziehungen zwischen Kirche und moderner Welt. Sonderkommissionen mußten daher in vielen Punkten die Vorlagen an zahlreichen Stellen abändern, teilweise sogar völlig neu konzipieren. Aufgrund dieses Verfahrens wurden mehrere Schemata „entscheidend verbessert" (Liénart), allerdings nicht im Fall der Theologenkommission. Deren Präsident Ottaviani war der Meinung, daß es der Arbeit der Zentralkommission an dogmatischer Stringenz fehle und sie die gegenüber den Lehrschemata angebrachten Einwände kaum berücksichtige. Die Lehrschemata waren „alle als Antwort auf gegenwärtige Bedrohungen der Einheit und Integrität des *Depositum revelationis*"[9] formuliert. Die langen und oft enttäuschenden Diskussionen waren jene Teilnehmer, die verstanden hatten, was Johannes XXIII. mit dem *aggiornamento* der Kirche beabsichtigte, eine nützliche Bestärkung. Sie hatten dabei Gelegenheit, sich gegenseitig kennen zu lernen und sich darüber klar zu werden, in welchem Maße ihre Ansichten von denen der eingerichteten Arbeitsorgane abwichen. Als das Konzil einige Monate später eröffnet wurde, waren sie bereits auf die Stürme vorbereitet, die unmittelbar darauf losbrechen sollten.

Johannes XXIII. hatte sehr aufmerksam – *giorno per giorno* (Carbone) – die Arbeit der Vorbereitenden Kommissionen verfolgt und schien insgesamt mit den Textentwürfen sehr zufrieden gewesen zu sein, wenn er auch die Sprache in zahlreichen Schemata als zu unverbindlich beurteilte und schroffe Formulierungen abgemildert wissen wollte. Der Papst griff – aus welchen Gründen auch immer – vorzugsweise mittels öffentlicher Erklärungen ein, die während der ganzen Vorbereitungsphase kontinuierlich „zu einem tiefgehenden und breit angelegten Konzilsprogramm aufforderten", weniger jedoch mittels eines entschiedenen Handelns, das darauf hinwirkte, „daß die Vorbereitungen sich an einem solchen Programm orientierten"[10]. Erst mit dem Frühjahr 1962 gelang es Kardinal Bea und mehreren ausländischen Kirchenvertretern, seine Aufmerksamkeit auf den fehlenden ökumenischen Geist und auf das unzureichende Verständnis für die Probleme der Gegenwart sowie auf den uneinheitlichen Charakter der allzu zahlreichen Schemata zu lenken. Auf seinen Wunsch hin übergab ihm Kardinal Suenens im Verlauf des Sommers einen zusammen mit den Kardinälen Montini, Siri, Döpfner und Liénart ausgearbeiteten Gesamtplan für die Integration des Vorbereitungsmaterials. Im September ließ der kanadische Kardinal Léger Johannes XXIII. eine umfangreiche Bittschrift zukommen, in der er an Hand von fundierten Beispielen die groben Mängel der Vorbereitenden Schemata zur Sprache brachte. Diese Bittschrift wurde von den Kardinälen Frings, Döpfner, König, Alfrink, Suenens und Liénart „gegengezeichnet"[11]. Der Papst zog es allerdings vor, das Bischofskolle-

---

[9] J. A. Komonchak, in: Alberigo – Wittstadt, Geschichte I, 395.
[10] Ebd., 401
[11] Vgl. G. Routhier, Les réactions du cardinal Léger à la préparation de Vatican II, in: RHEF 80 (1994), 281–302.

gium darauf in voller Freiheit reagieren zu lassen, griff aber Vorschläge von Kardinal Suenens in seiner Rundfunkansprache vom 11. September 1962 über die „große Erwartung
des ökumenischen Konzils" auf, die mit den Worten *Ecclesia Christi, Lumen gentium* endete und die vorgeschlagene Unterscheidung zwischen der Kirche *ad intra* (in der Auseinandersetzung mit sich selbst) und der Kirche *ad extra* (in der Auseinandersetzung mit den
Problemen der Welt) aufgriff. Er betonte die seelsorgerliche Perspektive, die er dem Konzil geben wolle, kündigte gleichzeitig aber auch an, daß dieses Konzil der Kirche Gelegenheit biete, „sich den unterentwickelten Ländern so darzustellen, wie sie sein soll: Kirche
für alle, und besonders Kirche der Armen". Diese Vision des Konzils war bis zu diesem
Zeitpunkt in den vorbereitenden Texten fast überhaupt nicht zur Sprache gekommen.

III. Der Beginn des Konzils

Das Konzil wurde am 11. Oktober 1962 im Petersdom eröffnet, dessen Hauptschiff mit
Tribünen aus Stahlrohr und einer perfekt abgestimmten Mikrofon-Anlage in einen riesigen
Tagungssaal umgebaut wurde. Am Ende der Eröffnungsmesse hielt der Papst eine lateinische Ansprache von einer halben Stunde, deren Inhalt sich in den meisten Fällen erst über
die Lektüre einer Übersetzung ganz erschloß. Diese vom Papst persönlich verfaßte Ansprache [12] stützte sich u. a. auf Anregungen, die ihm in den vorausgegangenen Monaten die
Kardinäle Montini und Suenens gegeben hatten und griff die Themenkomplexe auf, die er
schon mehrmals im Verlauf der vorangegangenen Wochen ausgesprochen hat – nun aber
viel deutlicher. In entschlossen optimistischer Perspektive empfahl er dem Konzil eine unverkennbar neuartige Orientierung: Auf der einen Seite gehe es um die Darstellung der katholischen Lehre, die zwar unveränderlich ist, die aber vertieft und so umgesetzt werden
solle, daß sie auf die Erfordernisse unserer Zeit eingeht, weil eine Sache die Substanz des
Glaubens, eine andere die Form sei, in die man sie einkleide. Auf der anderen Seite ziehe
es die Kirche in der Auseinandersetzung mit Irrlehren vor, eher das Heilmittel der Barmherzigkeit anzuwenden als zu verurteilen. Der Papst sprach offen seine „volle Mißbilligung" gegenüber einigen Zensoren aus, die zwar von brennendem Eifer ergriffen seien,
denen es aber an Weitsicht, Diskretion und Maß fehle. Schließlich fügte er hinzu, daß die
Aufgabe der Kirche darin bestehe, alle Anstrengungen zur Förderung der Einheit unter den
Christen aufzubringen, um damit den Weg zur Einheit der Menschheit zu ebnen.

Es war vorgesehen, daß die erste Vollsitzung der Mitgliederwahl der Konzilskommissionen vorbehalten sein sollte. Die Organisatoren gingen davon aus, daß sich das Konzil
nach geringfügigen Änderungen auf die Zustimmung zu den vorgelegten Entwürfen beschränken würde; viele Konzilsväter dachten ebenso. Für die Wahl der Teilnehmer der
Konzilskommissionen schien es naheliegend, die Bischöfe, die Mitglieder der Vorbereitenden Kommissionen waren, dafür vorzuschlagen. Eine entsprechende Liste ließ das Sekretariat den Mitgliedern der Vollversammlung zukommen, fügte dazu aber eine Liste aller

---

[12] Text in AAS 54 (1962), 786–796.- Zur Entstehung dieser, viele Kommentare auslösenden, Ansprache siehe vor
allem G. ALBERIGO – A. MELLONI, L'allocuzione *Gaudet Mater Ecclesia* di Giovanni XXIII, in: Fede, Tradizione,
Profezia – Studi su Giovanni XXIII e sul Vaticano II, Brescia 1984, 185–263; siehe auch die kritische Rezension
von G. MARTINA in: Rivista di storia della Chiesa in Italia 39 (1985), 527–533. Martina hebt die Rolle des Übersetzers ins Lateinische (Mgr. Zannoni) hervor.

Konzilsväter bei, um damit klarzustellen, daß die Vollversammlung freie Hand hatte, ihre Wahl auf weitere Namen auszuweiten. Es ist also nicht korrekt, wenn man damals von einer „einzigen Liste" sprach, die von der römischen Kurie durchgesetzt werden wollte. Mehrere Bischöfe waren sich über die Bedeutung dieser Wahlen für die spätere Orientierung im Klaren und wünschten, daß, im Gegensatz zur Besetzung vieler Vorbereitenden Kommissionen, alle Richtungen gleichwertig in den Konzilskommissionen vertreten sein sollten. Sie wünschten daher, daß den Konzilsvätern, die sich kaum kannten, genügend Zeit gelassen werde, sich vor den Wahlgängen abzusprechen. Nach entsprechenden Verhandlungen sprach sich Kardinal Liénart[13] am 13. Oktober – mit Unterstützung von Kardinal Frings – erfolgreich dafür aus, die Wahlen um einige Tage zu verschieben[14].

Die drei darauffolgenden Tage waren mit zahlreichen Kontaktaufnahmen zwischen den Delegierten der verschiedenen nationalen Bischofskonferenzen angefüllt. Bei den Abstimmungen erhielt die sogenannte „europäische", von zahlreichen Bischöfen anderer Kontinente unterstützte Liste (in der Mehrheit aus Franzosen und Deutschen bestehend) etwas mehr als ein Drittel aller Plätze, deren Sieg durch den relativen Erfolg der italienischen Liste nuanciert betrachtet werden muß. Die meisten designierten Bischöfe gehörten der gemäßigten Richtung an. Die große Mehrheit (70%) der Gewählten gehörte ehedem den Vorbereitenden Organen an. Die Wahlen führten daher eher zu einer Auswahl und Mischung der Mitglieder der Vorbereitenden Phase, weniger zu einer radikalen Erneuerung. Der Papst hatte das Recht, ein Drittel der Kommissionsmitglieder zu bestimmen[15]. Auf Ausgleich bedacht (und vielleicht unter dem Druck einiger Kommissionsvorsitzender) wählte er sie vor allem aus den Italienern (21 von 90) und den konservativen Vertretern. Er legte aber auch Wert darauf, bei der Sitzverteilung die bei den Wahlen nicht berücksichtigten Nationen miteinzubeziehen, vor allem die Länder der Dritten Welt.

Die Konzilsarbeit hätte nun beginnen können, wenn nicht ein unvorhergesehenes Ereignis eingetreten wäre. Im Monat September wiesen mehrere Bischöfe in einem Schreiben an den Staatssekretär darauf hin, daß vor Beginn der Debatten eine Botschaft der Konzilsväter an die Welt gerichtet werden sollte, in der man die Hauptziele des Konzils sowie dessen Anliegen definiert, eine Antwort der Kirche auf die großen Probleme unserer Zeit zu geben, als da sind: Friede, Verteidigung der Menschenwürde, fundamentale Gleichheit aller Menschen, Entwicklung der Dritten Welt. Die auf den Dominikaner Chenu zurückge-

---

[13] Sein Text war von Weihbischof GARRONE aus Toulouse in Verbindung mit Bischof ANCEL und dem Kanonikus MARTIMORT verfaßt worden.

[14] Siehe vor allem: Vatican II par le cardinal Liénart, Lille 1976, 65–69. Ergänzend dazu: PH. LEVILLAIN, La Mécanique politique de Vatican II. La majorité et l'unanimité dans un concile, Paris 1975, 18–203. Man hat von einem vorausgegangenen Coup der „fortschrittlichen" Bischöfe Frankreichs und Deutschlands gesprochen. Kardinal Liénart (op. cit., S. 68) legte jedoch auf die Feststellung Wert: „Ich habe ohne vorherige Absprache mit Kardinal Frings geredet und ohne vorher zu wissen, daß er auf meiner Seite stand". Er fügte hinzu, daß Johannes XXIII. keineswegs mit seiner Stellungnahme unzufrieden gewesen sei. Er habe ihm zu verstehen gegeben: „Sie haben gut daran getan, offen ihre Meinung auszusprechen, denn deswegen habe ich die Bischöfe zum Konzil eingeladen". B. HÄRING (Quelle morale pour l'Eglise?, Paris 1989, 25) schreibt dazu: „Capovilla berichtete mir von der freudigen und drängenden Zustimmung Papst Johannes' XXIII. zu den Stellungnahmen von Liénart und Frings, die er aufmerksam in seinem Arbeitszimmer vor dem privaten Fernsehgerät verfolgte".

[15] Da die Diskussion über das Schema *De sacra liturgia* unmittelbar bevorstand, erweiterte Johannes XXIII. am 20. Oktober die entsprechende Kommission. Er vergaß jedoch den kurz vorher zum Bischof ernannten Sekretär der Ritenkongregation (Dante) in diese Kommission zu berufen. Zum Ausgleich für dieses Versehens entschloß er sich, die Anzahl der von ihm bestimmten Mitglieder auf neun zu erhöhen.

hende Initiative wurde von drei französischen Bischöfen aufgegriffen. Sie verfaßten einen religiös gefärbten Text mit Rückhalt an den Ansprachen Johannes' XXIII. vom 11. September und 11. Oktober[16]. Der Text wurde zunächst dem Leitungsgremium vorgelegt, dann dem Plenum der Generalkongregation vom 20. Oktober unterbreitet. Nach Eröffnung der Diskussion wurden 30 Wortmeldungen registriert und nach einigen leichten Veränderungen der Text fast einstimmig angenommen. Wider alle Erwartung fand er kaum ein Echo in der internationalen Presse, weil die Veröffentlichung zeitgleich mit den die Kommentare beherrschenden Wahlergebnissen erfolgte. Immerhin wurde auf Anregung dreier Bischöfe (Himmer, Hakim und Gerlier) am 26. Oktober ein Bischofsforum unter Leitung von Pater Gauthier (aus Nazareth) konstituiert, die sich jede Woche im Belgischen Kolleg zur Beratung über drei Hauptprobleme traf: die Entwicklung in den armen Ländern, die Missionierung der Armen und die Notwendigkeit, der Kirche zu mehr Bescheidenheit zu verhelfen. Dieses Gremium setzte seine Aktivitäten bis zum Ende des Konzils fort – unter der wesentlichen Mitarbeit von Chenu und der kurzzeitigen Unterstützung von Paul VI. Es bemühte sich inbesondere auch um seinen Einfluß bei der Abfassung der verschiedenen Konzilsschemata im Kontext seiner Hauptanliegen[17].

---

[16] Siehe dazu: A. DUVAL, Le Message au monde, in: FOUILLOUX, Vatican II commence, 105–118.
[17] Siehe dazu: D. PELLETIER, Une marginalité engagée: le groupe Jésus, l'Église et les pauvres, in: M. LAMBERIGTS – Cl. SOETENS (Hg.), Les Commissions conciliaires à Vatican II, Löwen 1996, 63–89.

Zweites Kapitel

Die Vollversammlung und der Verfahrensablauf

von Roger Aubert und Claude Soetens

I. Eine Vollversammlung des Weltklerus

Genau 2381 Konzilsväter nahmen an der Eröffnungssitzung teil, bei der letzten Sitzung (am 7. Dezember 1965) wurden 2390 Stimmberechtigte gezählt. Im Durchschnitt bewegte sich die Präsenz zwischen 2050 und 2200 Teilnehmern. Von knapp 100 Ordensoberen und Oberen religiöser Kongregationen abgesehen, gab es mehr als 500 Konzilsvertreter (d. h. insgesamt 1/4), die einer Ordensgemeinschaft angehörten und mehrmals mit Unterstützung zahlreicher theologischer Experten geschlossenen Widerstand demonstrierten gegen die Tendenz vieler Diözesanbischöfe, die Selbständigkeit der Ordensangehörigen mit dem Ziel einzuschränken, sie einer Gesamtpastoral einzugliedern.

Diese Versammlung von mehr als 2000 Konzilsvätern war von großer Vielfalt geprägt: Vom Altersspektrum her feierte der älteste im Konzil seinen 100. Geburtstag, während der jüngste gerade 34 Jahre alt war. Das Durchschnittsalter war allerdings ziemlich hoch: ein Viertel der europäischen Bischöfe war älter als 75 Jahre. Auch die soziale Herkunft wies ein breites Spektrum auf, wenn dieser Aspekt auch nicht besonders hervorgehoben werden muß (z. B. war Kardinal Siri als einer der konservativsten Würdenträger der katholischen Kirche Italiens der Sohn eines Hafenarbeiters). Hinsichtlich des Bildungsniveaus fällt auf, daß es unter den Geistlichen wenig Doktoren gab, wohl aber einige ehemalige Universitätsprofessoren von hohem Rang. Selbst die Erfahrungen im Bischofsamt waren unterschiedlich: Einige standen seit Jahren an der Spitze weiträumiger Diözesen, während andere erst kurze Zeit vorher zu Bischöfen geweiht worden waren oder nur kleinen Diözesen vorstanden.

Geographisch gesehen war bei diesem Konzil zum ersten Mal in der Kirchengeschichte die ganze Welt vertreten, wobei die europäischen Bischöfe nicht mehr als ein Drittel ausmachten. Dieser Bedeutungsschwund der Europäer muß allerdings aus mehreren Gründen nuanciert beurteilt werden. Von den mehr als 500 Konzilsvätern aus Asien und Afrika waren die meisten Missionare europäischer Abstammung. Außerdem hatten viele Bischöfe aus der Dritten Welt – sie repräsentierten insgesamt etwa 45 % aller Bischöfe – mindestens einen Teil ihrer Studien in Europa absolviert. Das theologische Übergewicht Europas in den Debatten stand in keinem Verhältnis zur Anzahl der europäischen Bischöfe.

Quantitativ waren die italienischen Bischöfe[1] die größte nationale Gruppe, die für sich allein mehr als die Hälfte der europäischen Konzilsväter ausmachte. Trotz einiger Ausnah-

---

[1] Vgl. G. Battelli, Alcune considerazioni introduttive per uno studio sui vescovi italiani al concilio Vaticano, in: Le Deuxième Concile du Vatican (1959–1965), Rom 1989, 267–279.

mefälle[2] war der italienische Episkopat sehr stark vom Antimodernismus geprägt, der in den römischen Universitäten und in den Priesterseminaren der Halbinsel im ersten Viertel des Jahrhunderts dominant und in Abwehrpositionen verhaftet war gegenüber neueren geistigen, kulturellen und sozialen Strömungen, auch mißtrauisch gegenüber den seelsorglichen Erneuerungstendenzen nördlich der Alpen. Aufgrund von fehlendem internen Zusammenhalt hatte der italienische Episkopat auf dem Konzil jedoch nur einen begrenzten Einfluß, trotz wiederholter und besonders aggressiver Interventionen bedeutender Männer wie Siri oder Ruffini gegen *aggiornamento*-Pläne[3].

Nach den Italienern waren die Franzosen die zahlenstärkste Gruppe[4]: 122 Bischöfe (darunter 6 Kardinäle), zahlreiche Missionsbischöfe und Ordensobere. Im allgemeinen waren sie – mit unterschiedlichem Engagement – für soziale Probleme, Fragen der Dritten Welt und die Ökumene aufgeschlossen. Sie meldeten sich sehr oft in Vollversammlungen zu Wort (210 mal, damit doppelt so oft wie die Italiener). Ihr Einfluß war trotzdem relativ begrenzt, weil unter den Bischöfen herausragende Theologen fehlten[5]. Andererseits spielten mehrere französische Theologen eine besonders markante Rolle als Experten in den Kommissionen[6]. Die deutschen Bischöfe waren zwar nur halb so stark vertreten, hatten aber eine herausragende Stellung dank der Präsenz einiger bedeutender Persönlichkeiten (vor allem die Kardinäle Frings, Döpfner und Bea). Hinzu kam ihr wirkungsvolles Organisationstalent, die Unterstützung durch die österreichischen Bischöfe (vor allem durch den Erzbischof und Kardinal König aus Wien), der Bischöfe aus der Schweiz und Skandinavien, zahlreicher Missionsbischöfe und Ordensoberen deutscher Abstammung, schließlich das Ansehen mehrerer Experten deutscher Herkunft – allen voran Karl Rahner.

Die relativ zahlreich vertretenen Bischöfe Spaniens meldeten sich oft in den Vollversammlungen zu Wort. Die meisten von ihnen fühlten sich möglicherweise bei diesem Pastoralkonzil fehl am Platz, hatten sie doch die Festlegung neuer Mariendogmen erwartet.

---

[2] Vor allem im Norden der Halbinsel: die Kardinäle MONTINI (Erzbischof von Mailand), von der Kurie entfernt wegen seiner Tendenzen für die Öffnung zur liturgischen Bewegung, und LERCARO, Führer der liturgischen Bewegung in Italien und Anführer der „Kirche der Armen"; Erzbischof BALDASSARI von Ravenna; Bischof GUANO von Livorno; Weihbischof BETTAZZI von Bologna. Seit der zweiten, vor allem aber der dritten Konzilsperiode zeichnete sich bei einer steigenden Anzahl italienischer Bischöfe eine Entwicklung „da una fase di conservatorismo prevalentemente romano e curiale a un orientamento moderatamente riformatore"(Batelli) ab.

[3] Giuseppe SIRI (1906–1989), Erzbischof von Genua und Vorsitzender der italienischen Bischofskonferenz, war ein hochgebildeter Mann, entwickelte sich aber wie Pius XII. zu einem sehr konservativen Theologen; Kardinal Ernesto RUFFINI (1888–1967), Erzbischof von Palermo, war im Hinblick auf die Lehre intransigent und ein großer Bewunderer von Franco-Spanien.

[4] Vgl. A. MICHEL, L'épiscopat français au deuxième concile du Vatican, in: Le Deuxième Concile du Vatican, 281–296.

[5] Im September 1964 gab Henri DE LUBAC gegenüber Arsene WENGER (Les trois Romes, Paris 1991, 174) zu verstehen: „Unsere Bischöfe mißtrauen insofern den wahren Theologen, weil sie selbst weniger Theologen sind. Die anti-intellektualistische Haltung unserer Bischöfe ist zum Erbarmen." Allerdings muß man die relativ bedeutende Rolle hervorheben, die sowohl Bischof Ancel als Vizepräsident des Versammlungskomitees des französischen Episkopat (neben seinen zahlreichen Aktivitäten außerhalb der *Aula* trat er 14 Mal in öffentlichen Sitzungen auf) als auch Bischof Garronne und Kardinal Liénart spielten, wobei der Letztgenannte im Hinblick auf seine Anciennität oft als erster seine Meinung kundgeben sollte. Mehr als einmal bestimmten sie den Verlauf der Diskussion. Trotzdem hat Yves CONGAR zu Beginn des Konzils „die unzureichende Vorbereitung, das ungleiche Interesse und die geringe Organisation des französischen Episkopats im Vergleich zu ihren belgischen, holländischen und vor allem deutschen Kollegen" bedauert (vgl.. Jean Puyo interroge le P. Congar, Paris 1985, 129).

[6] Unter anderen Yves Congar. Vgl. dazu: N. HAUSMAN, Le P. Yves Congar au concile Vatican II, in: Nouvelle Revue théologique 120 (1998), 267–281.

Sie äußerten ihre Besorgnis über die Konzessionen an den „Geist der Neuzeit" und lehnten zum großen Teil Zugeständnisse an die religiöse Freiheit ab.

Hingegen war der Einfluß der kleinen Gruppe belgischer Bischöfe (weniger als 15)[7] aus verschiedenen Gründen beachtlich: Hier ist zum einen die Ausstrahlung der Theologischen Fakultät von Leuven/Löwen zu nennen, an der eine Reihe von Konzilsteilnehmern aus der ganzen Welt studiert hatten, dann jene des ökumenisch ausgerichteten Klosters von Chevetogne und der von Cardijn ins Leben gerufenen „Jocisten"-Bewegung (JOC = Jeunesse Ouvrière Chrétienne). Zum anderen fällt die Persönlichkeit von Kardinal Suenens ins Gewicht, das Zusammengehörigkeitsgefühl zwischen den belgischen Bischöfen und Sachverständigen, deren wissenschaftliche Qualifikation imponierend war. Außerdem fiel die Kompromißbereitschaft als ein mögliches Charakteristikum des belgischen Nationalcharakters auf.

Auch der niederländische Episkopat spielte eine recht beachtliche Rolle[8]. Ihm standen mehrere Trümpfe zur Verfügung: das Ansehen des Erzbischofs von Utrecht, Kardinal Alfrink (der freilich in Kurienkreisen immer mit Mißtrauen gesehen wurde), die Anwesenheit von 66 Missionsbischöfen niederländischer Abstammung auf dem Konzil, die Unterstützung hochkarätiger Experten sowie die effektive Dynamik von Johannes Willebrands, der treibenden Kraft des Sekretariats für die Einheit der Christen.

Von einigen Ausnahmen abgesehen, spielten die Bischöfe aus England und Irland trotz ihrer Zahlenstärke und der Unterstützung zahlreicher Missionsbischöfe nur eine untergeordnete Rolle. Da sie sehr traditionell eingestellt und ängstlich darum bemüht waren, den römischen Direktiven zu entsprechen, hatten sie zum großen Teil Schwierigkeiten bei der Auseinandersetzung mit der Konzilsthematik.

Sieht man von dem leidenschaftlich geführten Kampf um die Religionsfreiheit ab, so war auch die Rolle der immerhin fast 200 Bischöfe aus den Vereinigten Staaten – insgesamt gesehen – eher zweitrangig. Als pragmatische Kirchenverwalter zeigten sie kaum Interesse an vielen theoretischen Problemerörterungen auf dem Konzil – vor allem in der Anfangsphase. Eine ganze Reihe unter ihnen hatten außerdem Schwierigkeiten, den lateinisch geführten Diskussionen zu folgen.

Die ebenfalls stark vertretenen Bischöfe Brasiliens waren insgesamt (mit gewichtigen Ausnahmen) weit mehr an den Perspektiven des *aggiornamento* der Kirche interessiert („un episcopato giovanile nello spirito [e spesso nell'età]; sono aggiornati e aperti", wie Kardinal Lercaro feststellte). Doch waren unter den 350 Bischöfen aus Lateinamerika die Positionen ansonsten sehr nuanciert. Ein Teil war in sozialer Hinsicht konservativ, in der Lehre traditionalistisch und reagierte wie die meisten spanischen Bischöfe. Andere, oftmals spätberufene Bischöfe, die aus den klerikalen Ghettos ausbrechen konnten, neigten eher zur Unterstützung des Reformkurses.

Eine entsprechende Differenzierung läßt sich unter den asiatischen Konzilsvätern – allen voran im indischen Episkopat (72 Bischöfe) – feststellen. Schwarzafrika[9] war zwar mit

---

[7] Siehe A. PRIGNON, Évêques et théologiens de Belgique au concile Vatican II, in: Vatican II et la Belgique, hg. v. Cl. SOETENS, Louvain-la-Neuve 1996, 141–184; Cl. SOETENS, La squadra belga all'interno della maggioranza conciliare, in: M. T. FATTORI – A. MELLONI (Hg.), L'evento et le decisioni – Studi sulle dinamiche del concilio Vaticano II, Bologna 1997, 143–172.

[8] Siehe dazu: J. JACOBS, Les Pays-Bas et le concile Vatican II, in: J. GROOTAERS – Cl. SOETENS (Hg.), Sources locales de Vatican II, Löwen 1990, 47–58.

[9] Siehe dazu: G. CONUS, L'Église d'Afrique au concile Vatican II, Immensee 1975.

Johannes XXIII. und Patriarch Maximos IV.

fast 300 Konzilsvätern vertreten, die meisten waren jedoch Europäer. Immerhin zählte man am Ende des Konzils 80 einheimische Kirchenvertreter, darunter Kardinal Rugambwa, der sich 15 Mal in den Vollversammlungen zu Wort meldete. Mit großem Erstaunen wurde die erste Wortmeldung eines afrikanischen Bischofs „im Namen des ganzen Kontinents" in der *Aula* zur Kenntnis genommen: Die afrikanischen Bischöfe hatten als erste wirksame Rahmenstrukturen für die Koordination untereinander geschaffen. Allerdings mußten sie ab der zweiten Konzilsperiode ihr ganzes taktisches Geschick aufbieten aufgrund ihrer finanziellen Abhängigkeit von der Kongregation *De propaganda fide*, die sich insgesamt gegen die vom Konzil eingenommene Ausrichtung stellte.

Die Kirchen mit ostkirchlichem Ritus waren – wie bereits erwähnt – zahlreich vertreten: etwa 15 zum großen Teil aus Amerika stammende ukrainische Bischöfe, die vom Konzil eine geharnischte Verurteilung des Kommunismus erwarteten, ferner etwa sechzig kirchliche Würdenträger aus dem Vorderen Orient, die sich in zwei Gruppen aufgliederten: die Maroniten, die den Dualismus zwischen Orient und Okzident in der Überzeugung zu überwinden suchten, daß sich beide Seiten durch gegenseitigen Austausch bereichern könnten, und die Melkiten mit Patriarch Maximos IV.[10] an der Spitze, die im Gegensatz dazu auf der Bewahrung der Originalität der ekklesiologischen Tradition der Ortskirche beharrten und sich energisch gegen die Überfremdung (von seiten der römischen Kongregation für die Vereinigten Ostkirchen) durch Bestrebungen der abendländischen Kirche zur Wehr setzten.

Die „Kirche des Schweigens" war hingegen nur schwach vertreten. Aus China, das in

---

[10] Der in der Tradition der Ostkirche verwurzelte Maximos IV. Saïgh (1878–1967) war vom Widerstand gegen die wiederholten Versuche eines römischen Zentralismus umgetrieben, der die legitime Autonomie der Lokalkirchen bedrohte. Andererseits war er einer der Konzilsväter, der zutiefst unter der Spaltung der Christen litt. Er „gehörte zu der kleinen Gruppe von Betagten, die paradoxerweise das Antlitz der Kirche zur Zeit des Zweiten Vaticanum vollständig verjüngte" (J. GROOTAERS, I protagonisti, 171–183).

früheren Zeiten eine Blüte katholischer Missionswerke war, konnten sich nur etwa 46 Missionsbischöfe zu Wort melden, die auf Lebenszeit ins Exil geschickt worden waren. Die Bischöfe aus Osteuropa[11] waren etwas zahlreicher als ursprünglich befürchtet – ungefähr 50 während der Ersten Periode, noch etwas mehr in der Folgezeit. Wirklich repräsentativ waren jedoch nur die polnischen und jugoslawischen Vertreter (17 bzw. 24 kirchliche Würdenträger). Sie waren in fünf der zehn Kommissionen präsent, hatten (von einigen Ausnahmen abgesehen) aber nur beschränkten Einfluß. Als Anhänger einer konservativen Theologie und eines sehr traditionellen Kirchenverständnisses traten sie allerdings für eine aggressionsfreie Haltung gegenüber den kommunistischen Staaten ein – was zu Beginn zahlreiche abendländische Konzilsväter überraschte. Gerade sie trugen mit ihren Voten zum großen Teil dazu bei, daß für viele der Kommunismus nicht mehr eine abstrakte Größe blieb und für die Kirche konkrete Gestalt annahm.

II. Mehrheiten und Minderheiten

Neigten die Konzilsväter zu Beginn dazu, sich nach Ländern oder Sprachgemeinschaften zusammenzuschließen, gelegentlich auch nach Kontinenten (wie im Fall der Afrikaner oder Südamerikaner), so ergaben sich sehr bald Gruppierungen auf ganz anderer Basis.

Einerseits gab es Teilnehmer, die von der Kirche Dialogbereitschaft mit der modernen Welt erhofften und deshalb Lehrformulierungen für heutige Menschen in gegenwartsnaher Sprache befürworteten, dann die Erneuerung von Liturgie und Priesterausbildung, größere Freiheit für theologische und exegetische Forschung, mehr Vertrauen in das Laienamt der Christen, einen weniger von der Verwaltung und stärker vom Evangelium her geprägten Führungsstil, außerdem tatkräftige Teilnahme des Weltepiskopats an der Kirchenleitung. Bestärkt wurden sie in ihren Zielsetzungen sowohl durch die Entdeckung positiver Werte bei den von Rom getrennten christlichen Kirchen als auch durch historische Untersuchungen, die die Existenz einer Reihe biblischer, liturgischer und patristisch belegter Traditionen herausstellten gegenüber jenen „Traditionen", die erst auf die Gegenreformation oder gar erst auf das 19. Jahrhundert zurückgingen.

Neben diesen Anhängern eines *aggiornamento* in der Seelsorge und Theologie gab es andere, die (nicht unbedingt die Ältesten) aus der berechtigten Sorge um die Bewahrung des unantastbaren Glaubensgutes ein besonderes Gespür für die Gefahren entwickelten, die dem Glauben aus den „modernen Irrtümern" erwuchsen, wie dem Marxismus, dem Evolutionismus und dem Laizismus (den sie mit Laizität verwechselten). Außerdem verurteilten sie jegliche Tendenz zur Relativierung in der ökumenischen Bewegung sowie zur Zulassung von Pluralismus in der Kirche. Infolge historischer wie exegetischer Unkenntnis kanonisierten sie relativ neue theologische Positionen, die das Offenbarungsgeschehen nicht genügend in ihrer Komplexität berücksichtigten. Hinter jedem Versuch auch einer nur geringfügigen Abwandlung scholastischer Formulierungen (wie sie die klassischen Lehrbücher enthalten[12]) witterten sie Modernismus. Im übrigen befürchteten sie, daß eine

---

[11] Ph. LEVILLAIN, Les épiscopats de l'Europe de l'Est à Vatican II, in: Documentation sur l'Europe centrale 11 (1973), 81–98.

[12] G. GARRONE betont, daß „das Konzil gelegentlich Beiträge hören konnte, deren fast schulmäßiger Charakter Unbehagen hervorrief. In gleicher Weise hat eine Gruppe von Konzilsvätern bis zum Abschluß des Konzils kon-

zu starke Aufwertung des Episkopats auf Kosten der römischen Kurie nicht nur die auf dem Ersten Vatikanum beschlossene Stellung des Papstes innerhalb der Kirche in Frage stellen, sondern auch das seit hundert Jahren sorgfältig gegen die Angriffe der Moderne errichtete Bollwerk schwächen könnte.

Beide Richtungen hatten ihre Koryphäen. Bei den Anhängern des *aggiornamento* die Kardinäle Lercaro, Suenens, Döpfner, Frings, König, Alfrink und den Patriarchen Maximos IV. – bei den Konservativen die Kardinäle Ottaviani, Siri, Ruffini und Browne, wobei sich jeder von ihnen auf eine Reihe von Experten stützen konnte, die mit vollem Eifer ihre Vorstellungen verteidigten. Schon bei den ersten Abstimmungen stellte sich jedoch heraus, daß die beiden Lager von ungleicher Stärke waren, so daß man bald (auch in Erinnerung an das Erste Vatikanum) von „Mehrheiten" und „Minderheiten" sprach. Den ursprünglichen Kern der „Mehrheitspartei" bildeten die Bischöfe Westeuropas, denen sich sehr bald viele Afrikaner und einige Südamerikaner anschlossen. Letztendlich machten sie 80% der Vollversammlung aus. Viele Bischöfe, die bestimmte Reformansätze bis dahin als eine sündhafte Versuchung abgelehnt hatten, wurden nun gewahr, daß diese von völlig unverdächtigen Kirchenmännern geteilt wurden. Die überwältigende Mehrheit verfügte seit November 1962 mit der wöchentlichen Zusammenkunft in der *Domus Mariae* von ca. 22 Kirchenvertretern über eine lockere Organisationsform, die entsprechende Bischofskonferenzen [13] vertraten. Dort wurden Informationen ausgetauscht, wichtige Debatten vorbereitet und Initiativen koordiniert (gelegentlich auch Maßnahmen zur Beeinflussung der Vollversammlung). Keinesfalls darf jedoch die Geschlossenheit dieser Mehrheitspartei überstrapaziert werden, denn je nach der verhandelten Thematik konnten sich sehr wohl Annäherungen mit eher konservativen Gruppen einstellen, wie z. B. bei der Marienfrage, der möglichen Verurteilung des Kommunismus oder auch bei der Wahrung der Interessen der Ordensgemeinschaften.

Auch die Konturen der als „Minderheit" bezeichneten Gruppierung waren nicht klar abgesteckt, weil im Einzelfall die *non placet*-Stimmen sich zwischen 400 und 500 bewegen konnten. Zu ihr gehörten vor allem die Bischöfe Italiens, Spaniens, der Philippinen, Brasiliens und Osteuropas. Zu den aktivsten zählten der Bischof von Segni, Carli, und der Traditionalistenbischof Marcel Lefebvre, daneben einige Mitglieder der römischen Kurie. Falsch ist allerdings die Annahme, treibende Kraft dieser Minderheit wäre die Kurie insgesamt gewesen. Mit fortschreitender Konzilsarbeit versuchten sich einige Opponenten zu organisieren [14]. Die aktivste dieser organisierten Gruppen war im Verlauf der drei letzten

---

stant eine fast radikale Unfähigkeit an den Tag gelegt, sich von einer strikt konzeptuellen und dialektischen Struktur der Theologie zu lösen" (Le Concile – Orientations, Paris 1966, 59 f.).

[13] Über Ursprung und Aktivität der „Konferenz der 22" siehe vor allem J. GROOTAERS, Une forme de concertation épiscopale au concile Vatican II. La „Conférence des vingt-deux", in: RHE 91 (1996), 66–112, und P. NOËL, Gli incontri delle conferenze episcopali durante il concilio. Il „gruppo della Domus Mariae", in: L'evento e le decisioni, 95–133. – Die Zusammensetzung der Gruppe ergab sich aus der kombinierten Aktion der beiden Bischöfe des CELAM (Helder Camara und Larrain), der kanadischen Bischofskonferenz und einer Gruppe französischer Bischöfe um den Pariser Weihbischof Veuillot. R. Etchegaray (Mitglied des Pastoralsekretariat des französischen Episkopats und Vertreter der eindeutig konziliaren Richtung) trat während des ganzen Konzils mit großer Dynamik als Sekretär dieser Gruppe auf.

[14] R. WILTGEN, weist in dem Werk „Le Rhin se jette dans le Tibre", 146, vor allem auf eine Gruppe von etwa 30 Kardinälen und Ordensoberen, die gegen die auf die Kollegialität bezogenen Texte genauso opponierten wie sich die von Heenan gegründete *St. Paul's Conference* (Vereinigung der englischsprachigen Konzilsväter) während der dritten Konzilsperiode gegen die als zu fortschrittlich erachteten Positionen bei praktischen Fragen wandte.

Konzilsperioden der *Coetus Internationalis Patrum,* dessen Sekretär der brasilianische Bischof G. Proença Sigaud war und der vor allem von Bischof Lefebvre und dem Theologen Staffa von der Lateran-Universität unterstützt wurde [15].

Das konstante Wirken der Minderheit ist zuweilen harsch verurteilt worden. Objektiv muß man allerdings anerkennen, daß ihre Vertreter die Mehrheit zur genauen Prüfung und Verbesserung der Textvorlagen zwangen – ganz abgesehen davon, daß auch die Anhänger der Minderheit das Recht haben, sich auf einen Gewissensentscheid zu berufen. In einer Reihe von Fällen muß man jedoch feststellen – trotz gelegentlicher Rückgriffe auf fragwürdige Verfahrensmethoden, was aber auch für die Mehrheitspartei zutraf –, daß ihre Verhinderungstaktik zur Annahme unklarer, gerade nicht ergänzender Kompromißformulierungen auf Kosten der Textqualität führte.

III. Sachverständige, Beobachter und Auditoren

Die Konzilstexte wurden keineswegs allein von den Konzilsvätern erarbeitet. Nicht ohne Übertreibung hat man sogar behauptet, das Zweite Vatikanum sei (im Unterschied zum Ersten Vatikanum) das „Konzil der Experten" gewesen. Es gab zwei unterschiedliche Arten von Experten: die offiziellen *periti,* die an den Generalkongregationen (ohne Stimmrecht) teilnahmen und an der Arbeit der Konzilskommissionen beteiligt waren, sowie private Experten, die von einigen Bischöfen als ihre Berater eingeladen wurden (wie z. B. M.-D. Chenu) und hinter den Kulissen durchaus eine beachtliche Rolle spielten konnten. Einige dieser privaten Experten wurden immer stärker von den offiziellen *periti* zu Rate gezogen, deren Zahl von anfänglich 201 (75 Italiener und 126 Ausländer) auf 434 (in der Endphase unter Einschluß einiger Laien) anwuchs. Der Grund für das Anwachsen liegt darin, daß man *periti,* vor allem Exegeten, daneben auch Soziologen und Seelsorger, nachberufen mußte, die in der Vorbereitungsphase übergangen wurden.

Die Experten spielten eine dreifache Rolle: Zunächst hatten sie die Aufgabe, die neuen Schemata zu redigieren bei von der Vollversammlung als unbefriedigend eingestuften oder von der Koordinationskommission als zu lang beurteilten Entwürfen. Dann mußten sie nach Beratung über diese neuen Entwürfe in der *Aula* deren Überarbeitung zusammen mit den Mitgliedern der Konzilskommissionen übernehmen, indem sie die teilweise sehr zahlreichen Verbesserungsvorschläge der Konzilsväter einfügten. Für diese Tätigkeit stand im allgemeinen ein verantwortlicher Koordinator zur Verfügung (G. Philips für *De Ecclesia* oder *De Revelatione,* B. Häring, dann Haubtmann für die Konstitution *Gaudium et spes).* Zweitens waren die *periti* oft mit der Vorbereitung der Beiträge von Konzilsvätern beauftragt, und es konnte vorkommen, daß sie ihnen den *modi*-Text nahelegten, den sie als verbesserte Variante der Texte empfanden. Einige Experten übten noch eine dritte Tätigkeit aus, deren Einfluß auf den Konzilsablauf teilweise einschneidend wirkte: Vor einzelnen Gruppen von Konzilsvätern hielten sie Vorträge, in denen sie die vorliegenden Probleme analysierten und Argumente für die eine oder andere These darlegten. Die einen sprachen für die Mehrheit, die anderen für die Minderheit. Bereits in den ersten Wochen waren die Sprecher für die Mehrheit besonders aktiv und brachten vielen Konzilsvätern die ihnen un-

---

[15] Siehe dazu L. Perrin, Il *Coetus internationalis Patrum* e la minoranza conciliare, in: L'evento e le decisioni, 173–187.

bekannten Forschungsrichtungen der Theologie seit der schon lange zurückliegenden Zeit ihres Studienabschlusses nahe. Für viele Bischöfe war dies eine gewinnbringende Weiterbildung. Einige Experten versuchten noch einen Schritt weiter zu gehen. Sie wandten sich an die Öffentlichkeit, um so die Arbeit der Kommissionen zu beeinflussen, so daß die Kommissionsvorsitzenden öfter verpflichtet waren, sie zu größerer Zurückhaltung anzuhalten.

Die Arbeit der Konzilsväter wurde auch durch die Anwesenheit einer Reihe von Vertretern der von Rom getrennten Kirchen bereichert[16]. Die Vorbereitende Zentralkommission war bei der Frage nach deren Zulassung zum Konzil als „Beobachter" gespalten, woraufhin Johannes XXIII. eine befürwortende Entscheidung getroffen hat. Das Sekretariat für die Einheit unternahm daraufhin zahlreiche Schritte. Die anglikanische und die protestantischen Kirchen nahmen die Einladung gerne an, die orthodoxen Kirchen zeigten sich – aus unterschiedlichen Gründen – weit zurückhaltender, sie waren in der Tat erst ab der 3. Periode vertreten. Bei der 1. Periode waren 30 anglikanische und evangelische Beobachter als Abgesandte ihrer Kirche anwesend, außerdem zwei Russen, die im letzten Augenblick erschienen, dann acht Gäste des Einheitssekretariats (darunter zwei Brüder von Taizé und O. Cullmann). Bei der vierten Konzilsperiode zählte man schließlich an die hundert Beobachter. Ihre Teilnahme war keineswegs nur passiv. Von den vielfachen Einzelgesprächen mit den Konzilsvätern abgesehen, organisierte das Einheitssekretariat pro Woche eine Zusammenkunft, wo sie Gelegenheit hatten, ihre Reaktionen den anwesenden Bischöfen und den *periti* kundzutun, mit ihnen zu diskutieren und ihnen eventuell bestimmte Korrekturen vorzuschlagen.

Neben diesen „Observatoren" gab es auf dem Konzil ab der zweiten Periode auch „Auditoren", schließlich auch einige „Auditorinnen". Die hinter der allgemeinen Entwicklung der Kirche hinterherhinkende Kurie hatte es versäumt, die Laien zu berücksichtigen – nicht einmal in der mit dem Laienapostolat befaßten Kommission waren sie vertreten. Papst Paul VI. war sich der Absurdität dieser Situation bewußt und entschied daher zu Beginn der zweiten Konzilsperiode, offiziell zehn Laien einzuladen, die zum größten Teil aus den Leitern internationaler katholischer Laienorganisationen ausgewählt wurden. Sie nahmen an den Generalversammlungen auf einer besonderen Tribüne teil und trafen sich ein oder zweimal pro Woche zu Diskussionen über die auf dem Konzil verhandelten Themen mit den Konzilsvätern, Sachverständigen und nichtkatholischen Beobachtern. Ihre Vorschläge wurden offiziell den Kommissionen unterbreitet. Nach verschiedenen Interventionen wurde dieser kleine Auditoren-Kreis im Verlauf der letzten beiden Perioden fortlaufend erweitert: So wurden in gleicher Weise Laien aus Asien und Afrika eingeladen, 15 Auditorinnen (darunter 8 Nonnen[17]) und schließlich 38 Priester, die 15 Nationen vertraten. Einige dieser Auditoren konnten sogar das Wort in der *Aula* ergreifen.

---

[16] Über die Verhandlungen hinsichtlich der Einladung der „Observatoren" s. M. Velati, Una difficile transizione. Il cattolicesimo tra unionismo ed ecumenismo (1952–1964), Bologna 1996, 275–318. – Über ihre Bedeutung während des Konzils s. im vorliegenden Band unten, viertes Kapitel des ersten Teils.

[17] Alle Generaloberinnen wichtiger Ordensgemeinschaften bzw.-verbände. Sie waren sehr enttäuscht darüber, niemals bei einer Versammlung der Kommission für Ordensleute eingeladen worden zu sein, die sich in besonderer Weise gegen die *aggiornamento*-Vorstellungen gesträubt hatte.

IV. Die Geschäftsordnung des Konzils [18]

Die Ausarbeitung der Geschäftsordnung für das Zweite Vatikanum oblag einer am 29. Oktober 1961 eingesetzten Unterkommission innerhalb der Vorbereitenden Zentralkommission. Der vom Papst gebilligte Entwurf wurde am 6. August 1962 veröffentlicht [19]. Insgesamt gesehen übernahm er unter Verbesserung einzelner Punkte das auf dem Ersten Vatikanum praktizierte Verfahren. Die Zweidrittelmehrheit war nun nicht nur in den Vollversammlungen erforderlich, sondern auch bei Abstimmungen in den Kommissionen, während auf dem Ersten Vatikanum die absolute Mehrheit genügte. Offensichtlich wollte Johannes XXIII. mit dieser Entscheidung vermeiden, daß bestimmte Texte ausschließlich aufgrund europäischer Mehrheit verabschiedet würden. Hier muß vor allem die den zehn Konzilskommissionen (jeweils aus 25 Mitgliedern bestehend; 16 wurden von der Vollversammlung gewählt, acht bzw. schließlich neun vom Papst ernannt) eingeräumte Bedeutung hervorgehoben werden: Die Vollversammlung hatte zwar das Recht, vorgelegte Entwürfe zu kritisieren, deren Überarbeitung oblag jedoch den Kommissionen, die hinsichtlich Umfang und Diktion der Abänderungen völlig unabhängig agierten. Wie bei den Vorbereitenden Kommissionen standen fast alle Kommissionen unter der Leitung des Präsidenten der entsprechenden römischen Kongregation. Damit ergaben sich unübersichtliche Machtverteilungen (wie sie so nicht einmal vom Ersten Vatikanum bekannt sind), zumal die Präsidenten (als verlängerte Arme der Kurie) den Vizepräsidenten wählten und oft den Sekretär der Vorbereitenden Kommission wie auch – zum großen Teil – die gleichen Experten beibehielten.

Dank der Voten der Kardinäle Liénart und Frings auf der ersten Vollversammlung vom 13. Oktober 1962 konnten einige Konzilsväter in die Kommissionen gewählt werden, die die allgemeine Richtung der Vollversammlung vertraten. In den meisten Fällen hielten die kurialistischen Vertreter eine „Minderheit des Widerstands" aufrecht. Dies machte sich vor allem in der Theologischen Kommission und in den Kommissionen für Mission, Orden und Ostkirchen bemerkbar. Erst am Ende der zweiten Konzilsperiode änderte sich diese Situation: Nachdem viele Konzilsväter feststellen mußten, daß in den Kommissionen eine Reihe von Mitgliedern, die für die Mehrheitspartei gewonnen worden waren, auf den Widerstand der Präsidenten stießen (die über eine Blockade-Minderheit verfügten), plädierten sie für eine radikale Lösung: Auflösung und Wahl neuer Kommissionen, die aus sich heraus den jeweiligen Präsidenten und Sekretär wählen. Der Papst erhielt zahlreiche Petitionen und Anregungen verschiedenster Richtungen und legte sich schließlich auf eine vermittelnde Lösung fest: Am 21. November 1963 ließ er verkünden, daß jede Kommission weitere fünf neue Mitglieder erhalte, von denen vier von der Vollversammlung gewählt wurden. Ferner hatten die so erweiterten Kommissionen einen zweiten Vizepräsidenten und einen zweiten Sekretär zu wählen.

Bereits bei der Diskussion der Konzilsteilnehmer über das erste Schema (über die Liturgie) traten die Mängel dieser Geschäftsordnung in Erscheinung – noch gravierender bei der Debatte über das Schema über die Quellen der Offenbarung. Jedes Mal mußte der

---

[18] Siehe dazu Ph. LEVILLAIN, La Mécanique politique de Vatican II, Paris 1975, 25–29; 105–170; 299–313; daneben R. LAURENTIN, Bilan de la troisième session, 298–316.

[19] Siehe dazu G. ALBERIGO, La preparazione del regolamento del concilio Vaticano II, in: É. FOUILLOUX (Hg.), Vatican II commence, Löwen 1993, 54–72.

Papst intervenieren, um eine Abweichung von dieser Ordnung zu autorisieren. Wollte man vermeiden, daß diese Vollversammlung von mehr als 2000 Konzilsmitgliedern sich – wie sich sehr bald zeigte – festfahre, mußte die Geschäftsordnung revidiert und ein wirkungsvolleres Leitungsgremium gewährleistet werden als der ursprünglich vorgesehene Präsidentschaftsrat von 10 Kardinälen. Von verschiedenen Seiten wurden Vorschläge formuliert, und mit dem Ende der ersten Konzilsperiode wurde von Johannes XXIII. eine Kommission zur Koordinierung der Konzilsarbeit eingesetzt. Diese „Überkommission" unter Leitung des Staatssekretärs A. G. Cicognani, mit sechs Kardinälen als Mitgliedern und dem Generalsekretär des Konzils als Sekretär, sollte eine entscheidende Rolle für den weiteren Verlauf des Zweiten Vatikanums spielen. Auch Paul VI. nahm sich unmittelbar nach seiner Wahl der Organisation des Konzils an[20]. Am 13. September 1963 wurde der Text der revidierten Geschäftsordnung publiziert, der eine Reihe wichtiger Abänderungen enthielt, vor allem die offizielle Bestätigung der Koordinationskommission und die Einsetzung von vier *moderatores*, die mit einer Kontrollfunktion für den Ablauf der Generalkongregationen versehen wurden, während sich der Präsidentschaftsrat seitdem auf die Einhaltung der Geschäftsordnung beschränkte.

Die Zwischenschaltung dieses neuen Organs wurde von der Kurie und dem Generalsekretariat – vor allem wegen ihrer Mitglieder[21] – äußerst ablehnend beurteilt. Im Verlauf des Monats Oktober versuchten die Moderatoren, die Initiative bei der Konzilsleitung zu ergreifen, aber alle Erfolge waren nichts weiter als ein Pyrrhussieg.

Denn von diesem Zeitpunkt an nahm die schon zu Beginn sehr bedeutende Rolle des Generalsekretärs immer mehr an Gewicht zu, Kardinal Felici[22] wurde dadurch die eigentlich treibende Kraft der Konzilsorganisation. Für diese Konstellation gab es mehrere Gründe. Zunächst ergab sich die Notwendigkeit, den Arbeitsrhythmus zu beschleunigen, wollte man das Konzil in überschaubarem Zeitrahmen zu Ende bringen. Das Organisationstalent und die Flexibilität Kardinal Felicis leisteten in dieser Hinsicht Erstaunliches. Dies wurde von allen anerkannt, auch von denen, die ihn nicht besonders schätzten. Es gab aber auch einen fundamentalen Grund: Alle Mitglieder der Kurie, die gegen die eingeschlagene Richtung des Konzils opponierten, konnten nun weder auf den Präsidentschaftsrat setzen noch *a fortiori* auf die Vermittler. Daher stützten sie sich zur Aufrechterhaltung ihres Einflusses mehr und mehr auf Kardinal Felici, der „nicht mehr, wie es das Reglement

---

[20] Siehe dazu G. ALBERIGO, Dinamiche e procedure nel Vaticano II. Verso la revisione del Regolamento del Concilio (1962–1965), in: Cristianesimo nella storia 13 (1992), 115–164; kritische Einlassungen finden sich bei V. CARBONE in: Paolo VI e i problemi ecclesiologici al concilio, Brescia 1989, 60–68 u. 79.

[21] Gemeint sind die Kardinäle Agagianian, Döpfner, Lercaro und Suenens. Vom Erstgenannten (Präfekt der äußerst konservativen Kongregation *De propaganda fide*) abgesehen, handelte es sich um die Leitfiguren der Mehrheit.

[22] Pericle Felici (1911–1982), seiner Ausbildung nach Kanonist, war von beachtlicher Wirksamkeit. Er sympathisierte mit den konservativsten Perspektiven der Minderheit. Es gelang ihm unter Mithilfe von fünf Untersekretären, die er zu einer „eingeschworenen Mannschaft" (Wenger) zusammenführte, eine riesige Versammlung zu „zähmen" und vor allem in Zusammenarbeit mit Staatssekretär Cicognani ein gewichtiges Wort über den Verlauf der Debatten zu sprechen. Siehe dazu J. GROOTAERS, I protagonisti, 115–132, mit einer abschließenden Beurteilung, deren Schärfe überrascht: *Mgr. Felici gehörte zu den Antipoden der Grundausrichtung des Zweiten Vatikanums. Sein Bestreben, die römische Zentralgewalt aufrecht zu erhalten, seine apologetische Haltung, seine Opposition gegen jede Mitsprache der öffentlichen Meinung in der Kirche, seine ablehnende Haltung gegenüber einem Verständnis von Kirche als Mysterium und als Sakrament, seine angeborene juridische Ausrichtung und sein Mißtrauen gegenüber jeder Lehrentwicklung bremsten das Konzil immer stärker, je mehr das Konzilsende herannahte.*

vorsah, im Dienst des Präsidentschaftsrates stand und zu einem politischen Organ in den Händen der Kurie" (Levillain) wurde. Die zu wiederholten Malen mit der „polykephalen" Struktur der Konzilsleitung zusammenhängenden Probleme und die Spannungen, die sich zwischen Vermittlern, Präsidentschaftsrat und Koordinationskommission ergaben, stärkten letztendlich nur die Position des Generalsekretärs.

Alles in allem läßt sich jedoch feststellen, daß trotz der auch noch nach der Überarbeitung verbliebenen Mängel und Unzulänglichkeiten des Reglements[23] die Ergebnisse dieser schwierigen Debatten – wegen der Weitläufigkeit der angesprochenen Themen und der erhöhten Teilnehmerzahl – insgesamt gesehen beachtlich waren. Konzilsteilnehmer, die an internationale Begegnungen gewohnt waren, hielten nicht mit ihrer Bewunderung vor der Effektivität zurück, die von den Konzilsverantwortlichen ausging.

V. Informationswege und ihre Hindernisse [24]

Die Vorbereitung des Konzils vollzog sich auf dem Hintergrund einer fast vollständigen Nachrichtensperre, und der Vatikan hoffte, daß dies auch für den Verlauf der Konzilsversammlung so bleiben würde. Zwar wurde ein Pressebüro unter der Leitung von Fausto Vallainc eingerichtet, aber die von ihm in den ersten Wochen des Konzils verbreiteten Kommuniqués waren belanglos. Johannes XXIII. legte großen Wert darauf, daß die vom Ersten Vatikanum her bekannten Pressekampagnen vermieden würden, auch viele Konzilsväter wünschten einen freien Meinungsaustausch über teilweise schwierige Sachfragen abseits vom hektischen Treiben der öffentlichen Meinung. Das Bemühen um einen sozusagen pressefreien Verlauf der Konzilsdebatten war allerdings in doppelter Hinsicht utopisch: Auf der einen Seite erzwang die Presse-Entwicklung der modernen Gesellschaften wie auch die Forderungen der öffentlichen Meinung (selbst nichtkonfessioneller Zeitschriften) eine eingehende Berücksichtigung des Konzilsereignisses und sorgte dafür, daß sich die Pressevertreter um jeden Preis Informationen, selbst von zweifelhafter Güte, beschafften. Auf der anderen Seite konnte man zwar mehr oder weniger Stillschweigen über die Verhandlungen in den Sitzungen der Kommissionen aufrechterhalten, aber das Durchsickern von Informationen nicht verhindern, handelte es sich doch um eine Versammlung von mehr als 2500 Personen. Nach einigen Tagen brachten bereits die Abendausgaben der italienischen Zeitungen eine Zusammenfassung jener Ansprachen, die bei der Sitzung am Morgen gehalten wurden. Während sich die katholischen Zeitungen an die Vorschriften hielten und sich mit unverbindlichen Allgemeinaussagen begnügten, konnte man in den Tageszeitungen zunehmend Detailinformationen lesen, wenngleich sie streckenweise tendenziös waren.

Während der Vorbereitungsphase hatten sich die Vertreter der wichtigsten katholischen Informationsorgane (einschließlich der *Civiltà cattolica* der Jesuiten Roms) mehrmals ge-

---

[23] Am 21. November 1963 kündigte Paul VI. die Abänderung bei der Zusammensetzung der Kommissionen an, am 11. Juli 1964 fügte er dem Reglement fünf *additamenta* hinzu.
[24] Siehe dazu besonders J. GROOTAERS, L'information religieuse au début du concile, in: É. FOUILLIOUX (Hg.), Vatican II commence, Löwen 1993, 211–234; G. CAPRILE, Il concilio Vaticano II, Bd. 2, 311–318, 649–652; Bd. 3, 301/305, Bd. 4, 67 f./325–328; V. CARBONE in: Paolo VI e i problemi ecclesiologici als concilio, 67–70; R. WILTGEN, Le Rhin se jette dans le Tibre, Paris 1976, 29–34.

troffen und unter der Bezeichnung „Rencontres internationales d'informateurs religieux" (RIIR) eine Gruppe gebildet, die den vatikanischen Behörden bereits vor Eröffnung des Konzils empfahl, den Pressedienst zum Vorbild zu nehmen, der bei der Generalversammlung des Ökumenischen Rates der Kirchen in Neu Dehli (Dezember 1961) aufgebaut worden war.

Mit Beginn des Konzils wurde die Gruppe der RIIR in mehrere Richtungen aktiv, um Journalisten mit genaueren Informationen zu versorgen. Dabei wurde ihr aber auch bewußt, daß es ein weiteres, ebenso großes Informationsproblem gab, d. h. die Versorgung der Bischöfe selbst (die nur in geringer Weise über die meisten historischen Hintergrundsreferate in den Diskussionen informiert waren, in die sie unvermittelt involviert wurden) mit theologischen, historischen und pastoralen Informationen, die ihnen die Möglichkeit gab, die auf dem Konzil diskutierten Themen in einem größeren Zusammenhang zu sehen und zu einer objektiven Interpretation der Debatten beizutragen. Einige Nationalepiskopate haben dies schnell verstanden (vor allem die Kanadier, Niederländer und Deutsche) und Informationszentren gebildet. Die Gruppe der RIIR bemühte sich um die Bildung analoger Zentren für andere Nationen und suchte deren Tätigkeit zu erleichtern und zu koordinieren. Es gab schließlich 18 dieser Zentren. Die Beschwerden der Journalisten bezüglich der Geheimhaltung der Debatten, die wiederholten Vorstellungen der Gruppe der RIIR bei den Konzilsbevollmächtigten wie auch die entstandene lächerliche Situation von offenbar vorzüglich informierten Abendzeitungen sorgten dafür, daß (nach dem Votum des französischen Untersekretärs Kardinal Villot) „der Begriff Stillschweigen relativiert werden mußte"[25]. Bereits vor Abschluß der ersten Sessio beschloß der Präsidentschaftsrat sehr zum Mißfallen von Kardinal Felici, in der Konzils*aula* zwei Stellvertreter von Fausto Vallainc zuzulassen. Man stimmte ferner zu, daß P. R. Tucci von der *Civiltà cattolica*, einer der Begründer der RIIR, mit dem *Ufficio Stampa* zusammenarbeitete. Im März 1963 entschied die am Ende der ersten Konzilsperiode von Johannes XXIII. geschaffene Koordinationskommission, die offizielle Information auf den Konzilsverlauf auszuweiten. Das Verständnis des neuen Papstes für die Probleme der Presse trug sicher dazu bei. Paul VI. ernannte ein Pressekomitee, das aus Bischöfen bestand, die verschiedene Sprachgruppen vertraten (Deutsch, Englisch, Spanisch, Französisch, Italienisch, Portugiesisch, Polnisch und später noch Arabisch). Den Vorsitz hatte Kardinal O'Connor, der Präsident der Medienkommission, mit Fausto Vallainc als Sekretär, der in der Folgezeit täglich eine halbe Stunde nach der *sessio* ein offizielles Kommuniqué mit der Zusammenfassung der verschiedenen Diskussionsbeiträge verlas. Danach gab jede Sprachgruppe unter Leitung des verantwortlichen Bischofs und der Assistenz von ihm bestimmter Experten oder Theologen eine Pressekonferenz, die eine bis zwei Stunden dauern konnte. Dieses Informationsverfahren fand bei fast allen Journalisten Anerkennung.

Es brachte jedoch einen doppelten Nachteil mit sich. Zunächst gab jeder Sprecher seinen Bericht aus persönlicher, damit notgedrungen subjektiver Sicht: „Es gab so viele Vor-

---

[25] Sehr schnell faßte Kardinal J. Villot den Entschluß, jeden Tag dem Vertreter der Zeitung *La Croix* (Paris) ein von ihm selbst verfaßtes Resümee über den Inhalt jedes Beitrages zu übergeben (s. A. WENGER in: Le Deuxième Concile du Vatican 1959–1965, 245–248). In der Folgezeit erteilte Paul VI. A. Wenger die Erlaubnis, an allen Kongregationen teilzunehmen, ohne an die Geheimhaltung gebunden zu sein. Kardinal Villot lieferte ihm im übrigen Informationen aus erster Hand über die Vorgänge in der Koordinationskommission (s. DERS., Le Cardinal Villot, Paris 1989, 41 f.).

stellungen vom Konzil wie Sprecher" (Wenger). Außerdem verstanden es die Journalisten nicht immer, aus der Flut der Informationen das Wesentliche herauszufiltern. Viele wollten dies nicht einmal, weil sie mit Hilfe tendenziöser Darstellungen die Meinung in einem bestimmten Sinn – manchmal progressiv, in anderen Fällen eher reaktionär – aufheizen wollten, um auf die Konzilsväter Druck auszuüben. Ein weiterer Gesichtspunkt kommt erschwerend hinzu. Aufgrund ihrer nicht nachlassenden Bemühungen erreichten die Journalisten, daß die öffentliche Meinung über das Konzilsgeschehen besser informiert wurde. Die Kehrseite ist, daß die Kommentare der Journalisten eine durchaus beachtliche Rolle bei der Information der Konzilsväter über die Tendenzen der öffentlichen Meinung spielten. Man sprach diesbezüglich vom journalistischen Gruppendruck auf die Konzilsversammlung. Wie dem auch sei, in jedem Fall haben sie dazu beigetragen, die Mehrheit immer dann in Atem zu halten, wenn sie in ihren Bemühungen nachzulassen schien. Diesen Aspekt darf der Konzilshistoriker nicht außer Acht lassen.

Drittes Kapitel

Der Konzilsverlauf

VON ROGER AUBERT UND CLAUDE SOETENS

I. Erste Periode

1. Die Debatte über das Liturgie-Schema [1]

Auf drängenden Wunsch Kardinal Ottavianis sollte das Konzil seine Arbeit mit den Lehr-schemata beginnen. Viele Konzilsväter wünschten jedoch, mit einem auf die Praxis aus-gerichteten Thema zu beginnen. Nach Beratung mit dem Leitungsrat entschied Johannes XXIII., das Konzil solle mit dem Entwurf über die Liturgie einsetzen. Dadurch war einerseits gewährleistet, daß das Konzil „mit einem einfacheren Schema in Gang komme" (Liénart), und andererseits galt das Liturgie-Schema, mit dem dogmatische wie pastorale Fragen verbunden waren, allgemein als das beste der sieben Schemata, die den Konzilsvä-tern bereits zugesandt worden waren. Es war in neuem Stil abgefaßt, „biblisch und patri-stisch sowie ganz auf die Seelsorge ausgerichtet" (Martimort) und bestätigte in Fortset-zung der von Pius XII. begonnenen Reformen die Bemühungen, die im Verlauf der vorangegangenen Jahrzehnte von den verschiedenen Bewegungen und Zentren liturgi-scher Praxis eingebracht worden waren. Dieses Schema empfahl eine Anpassung an die Bedürfnisse der Zeit und eine Differenzierung entsprechend den Kulturen der verschie-denen Völker, vor allem aber eine Öffnung der lateinischen Liturgie für die lebenden Volks-sprachen. Verbunden damit war eine größere Autonomie der Ortsbischöfe.

Die Debatte über das Liturgie-Schema wurde in 14 Sitzungen geführt, die eigentlich eher eine Ansammlung von Monologen darstellten. Während die einen (darunter Kardinal Montini) den Entwurf verteidigten, weil er ihrer Meinung nach eine ausgewogene Position zwischen einer übertrieben fortschrittlichen und einer konservativen Haltung einnahm, sperrten sich eine ganze Reihe von italienischen, spanischen und angelsächsischen Kir-chenvertretern aus theoretischen wie praktischen Erwägungen heraus gegen jede Verände-rung der herkömmlichen Liturgie. Vor allem das Problem der Liturgiesprache spaltete die Konzilsväter: Die einen sprachen sich gegen jede Konzession gegenüber den „Volks"-sprachen aus, die Vertreter aus den Missionsländern wünschten allgemein den Gebrauch der lebenden Sprachen, andere schlugen deren Eingang in die Liturgie vor, wollten dabei aber Latein als Grundprinzip beibehalten. Die Vorstellung, den Bischofskonferenzen rela-tiv große Autonomie in dieser Frage zu überlassen – was einer Ausweitung der Bischofs-vollmachten entsprach –, erregte den Widerwillen der Kurienmitglieder. Hinsichtlich der

---

[1] Text der 325 Redebeiträgen und der schriftlich vorgelegten Bemerkungen in: *Acta synodalia*, Bd. I/1, 262–264; Bd. II, 7–769. S. dazu G. CAPRILE, Il concilio Vaticano II, Bd. 2, 51–56; 67–93; 97–125; 129–152; A. WENGER, Le Deuxième Concile du Vatican, 81–101; M. GY in: La liturgie après Vatican II (Unam Sanctam 66), Paris 1967, 118–126; R. LAURENTIN, Bilan de la troisième session, 23–27; 125–127.

Refom des Gottesdienstes selbst wurden die widersprüchlichsten Meinungen vertreten[2]. Hingegen wurde die Frage nach der Kirchenmusik, die bis zum Beginn des Konzils im Mittelpunkt zahlreicher Diskussionen stand, kaum virulent.

Zeitgleich mit der Debatte in der Vollversammlung wurden am Nachmittag zahlreiche Konferenzen abgehalten, in denen Experten und teilweise sogar Konzilsväter (wie der niederländische Missionsbischof Kardinal Van Bekkum) ausführlicher als in den auf 10 Minuten beschränkten Beiträgen in lateinischer Sprache die historischen, theologischen und seelsorgerlichen Argumente für die vorgeschlagenen liturgischen Veränderungen entwikkeln konnten. So kam es, daß bei der auf Vorschlag des Leitungsgremiums am 11. November vollzogenen Grundsatzabstimmung über die allgemeinen Leitlinien des Schemas das Ergebnis alle Vorhersagen übertraf: Den 2162 Ja-Stimmen standen lediglich 46 Nein-Stimmen gegenüber, obwohl in der Debatte die kritischen Stimmen gegen das Schema fast genauso zahlreich gewesen waren wie die befürwortenden Voten. Der Liturgiekommission verblieb noch, den Text aller Beiträge der Konzilsväter zu analysieren und daraus die wünschenswerten Verbesserungen herauszufiltern. Diese Anfang November begonnene Revisionstätigkeit zog sich bis zur nächsten Session hin[3].

2. Die Debatte über das Offenbarungsschema[4]

Am 14. November begann die Vollversammlung mit dem ersten Lehrschema. Es trug den Titel *De fontibus revelationis*, das in fragwürdiger Terminologie zwei wichtige Probleme behandelte: Die Beziehung zwischen Hl. Schrift und lebendiger, von der Kirche durch die Jahrhunderte übermittelter Tradition, sowie die Frage der Anwendung wissenschaftlicher Methoden beim Bibelstudium. Bezüglich des letzteren waren die Exegeten der Lateranuniversität hinter der Enzyklika *Divino afflante spiritu* Pius' XII. zurückgeblieben und hatten die Exegeten von Jerusalem, Löwen und vor allem des Bibelinstituts der Jesuiten in Rom (dessen Rektor Bea gewesen war) scharf kritisiert. Der schon in der Vorbereitenden Generalkommission kritisierte Text, gegen dessen Verbesserung sich Kardinal Ottaviani verweigerte, wurde von zahlreichen Konzilsvätern sehr negativ aufgenommen: Der Vorwurf betraf seinen scholastischen, zu wenig seelsorgerlich ausgerichteten Duktus und die Tatsache, daß er zu wenig auf die vom Papst formulierten ökumenischen Ziele einging. Im Grunde standen sich zwei verschiedene Konzeptionen von Theologie gegenüber: Während die eine Seite den begrifflichen Wortlaut des Mysteriums betonte, unterstrich die andere Seite dessen tiefere Wirklichkeit[5]. Die vor allem von Karl Rahner angeführten Deutschen standen in vorderster Front der Auseinandersetzung, wobei sehr bald Kontakte zum französischen, dann belgischen, holländischen, kanadischen und afrikanischen Episkopat geknüpft wurden. Während die Kardinäle Siri und Ruffini die Textvorlage mit der Vorstel-

---

[2] So sprachen sich einige Residenz-Bischöfe wie Kardinal Wyszynski zugunsten des *status quo* aus, einschließlich der Beibehaltung des Lateinischen, während Mitglieder der Kurie gewagte Reformen vorschlugen.

[3] Siehe dazu G. CAPRILE, op. cit., Bd. 2, 259–264; auch H. SCHMIDT, La costituzione sulla liturgia, Rom 1966, 152–191.

[4] Text der 104 Redebeiträge und schriftlichen Bemerkungen in *Act synodalia*, Bd. I/3, 14–370. Siehe auch G. CAPRILE, op. cit., Bd. 2, 155–182; R. LAURENTIN, op. cit., 27–45; 128f. A. WENGER, op. cit., 102–123; Ph. LEVILLAIN, La Mécanique politique de Vatican II, 231–260; B.-D. DUPUY in: Vatican II – La révélation divine (Unam Sanctam 70a), Paris 1968, Bd. 1, 62–81.

[5] Siehe dazu G. PHILIPS, Deux tendances dans la théologie contemporaine, in: NRTh 85 (1963), 225–238.

lung verteidigten, daß man sich notwendigerweise gegen die Konsequenzen des Modernismus stellen müsse, kritisierten vom ersten Diskussionstag an acht Kardinäle und Patriarch Maximos diesen Text in aller Schärfe als Ausdruck einer zu engen und negativen
Sichtweise, die im Gegensatz zu den Zielvorstellungen der Eröffnungsrede von Johannes XXIII. stehe. Die Anzahl und das hohe Niveau der Diskussionsbeiträge hinterließen
einen tiefen Eindruck bei der Vollversammlung. In den nächsten Tagen folgten Plädoyers
und Gegendarstellungen aufeinander. Während in den Plädoyers die Notwendigkeit unterstrichen wurde, das Glaubensdepositum gegen die gefährlichen Neuerungen zu schützen,
konzentrierten sich die Gegendarstellungen auf die Defizite des Textes – vor allem unter
ökumenischen Gesichtspunkten – und wiesen darauf hin, daß die auf dem Konzil versammelten Bischöfe unter dem besonderen Schutz des Hl. Geistes standen (was offensichtlich
nicht für die Vorbereitende Kommission zutraf, die das von ihnen kritisierte Schema entworfen hatte). Die Situation schien verfahren zu sein. Schließlich schlug der Präsidentschaftsrat nach einigem Zögern eine Kursabstimmung vor. Anstelle der Frage „Billigen
Sie den vorgeschlagenen Text?" – für diesen Fall waren zwei Drittel der Ja-Stimmen erforderlich, die aber sicher nicht zu erreichen waren – griff man auf die von Kardinal Ruffini
empfohlene Formulierung zurück „Stimmen Sie zu, daß das vorliegende Schema zur Revision der Kommission übergeben werde?". Die in sehr angespannter Atmosphäre verlaufende Abstimmung ergab 1368 ablehnende Stimmen gegenüber 822 Stimmen. Damit war
die für die Ablehnung erforderlich Zweidrittelmehrheit um ca. 100 Stimmen verfehlt, somit die Minderheit in der Lage, ihre Ansicht der bestürzten Mehrheit zu diktieren.
    Angesichts dieser Sachlage, die vor Augen führte, daß das Schema in der vorliegenden
Form sicher nicht mit einer Annahme rechnen konnt, hatte Johannes XXIII. keine Bedenken für einen Verstoß gegen das Reglement und entschied, daß das Schema einer gemischten Kommission – bestehend aus Mitgliedern der theologischen Kommission und des Sekretariats für die Einheit der Christen sowie den Kardinälen Ottaviani und Bea als Co-
Präsidenten – zur Überarbeitung vorgelegt werden sollte. (Ottaviani hatte sich bis dahin einer solchen Zusammenarbeit verweigert, weil er sich auf den Grundsatz berief, daß allein
die theologische Kommission in dogmatischen Fragen kompetent sei.) Die gemischte
Kommission nahm sofort die Arbeit auf, während die Vollversammlung die Debatte über
andere Schemata fortsetzte.

3. Fortsetzung der Debatten über die Schemata

Das anschließend beratene Dokument über die sozialen Kommunikationsmittel[6] (Presse,
Radio, Fernsehen und Kino) erregte keine größeren Einwände. Mehrere Diskussionsteilnehmer kritisierten allerdings die zu streng moralisierende Sichtweise und die unzureichende Berücksichtigung der den Laien zufallenden entscheidenden Rolle. Schließlich
entschied die Versammlung bei gleichzeitiger Billigung des Inhaltes diesen Text auf einige
Grundprinzipien zu beschränken und ihn einer späteren Pastoralinstruktion zu überlassen.
    Dann wurde das Schema über die Einheit der Christen debattiert[7], das offensichtlich ei-

---

[6] Text der 54 Redebeiträge und der 43 schriftlichen Beobachtungen in *Acta synodalia*. Bd. I/3, 379–650. Vgl.
A. WENGER, op. cit., 129–132.
[7] Text der 51 Redebeiträge und der schriftlichen Beobachtungen in *Acta synodalia*, Bd. I/4, 653–837. Vgl.
A. WENGER, op. cit., 133–146.

nem der Hauptziele des Konzils entsprach. Dieses Schema war allerdings in zweifacher Hinsicht enttäuschend: Da es von der Kommission für die Ostkirchen ohne jeden Kontakt mit dem Einheitssekretariat verfaßt worden war, beschäftigte es sich ausschließlich (entgegen seinem Titel) mit den getrennten Ostkirchen und konnte so leicht den Eindruck erwecken, als suche Rom die Einheit mit den Orthodoxen unter Absehung von den Protestanten bzw. gegen sie. Darüber hinaus war dieses Schema von unübersehbarem Mittelmaß, wie unter anderen mehrere melkitische Kirchenvertreter hervorhoben. Hinzu kam, daß zwei andere Texte unabhängig voneinander über das Problem der christlichen Einheit vorbereitet wurden – der eine von der Theologenkommission, der andere vom Einheitssekretariat. Die Versammlung entschied mit 2068 gegen 36 Stimmen, daß die drei Texte von einer gemischten Kommission (diesmal unter dreifacher Leitung) zu einem einzigen Text verarbeitet werden sollten.

Es war vorgesehen, die erste Konzilsperiode mit der Debatte über das Marien-Schema abzuschließen. Doch viele Konzilsväter wünschten – im Bemühen um eine organische Strukturierung des Konzilsprogramms – die unverzügliche Aufnahme der Debatte über das Kirchenschema. Dabei sollten zwei ihnen besonders am Herzen liegende Probleme – die Stellung des Episkopats in der Struktur der Kirche und der Stand der Laien – genauer definiert werden. Dies sei zur fruchtbaren Weiterarbeit zwischen den beiden Konzilsperioden als klare Orientierungshilfe angebracht.

Trotz des Widerstandes Kardinal Ottavianis, der die neuen Vorstöße des fortschittlichen Flügels auf dem Konzil lieber erst ein Jahr später gesehen hätte, schloß sich der Präsidentschaftsrat dieser Meinung an. Die Debatte über den Entwurf von *De Ecclesia* [8] wurde vorgezogen. Sie verlief weit positiver als im Fall von *De fontibus*. Zahlreiche Diskussionsteilnehmer erkannten die Verdienste des Textes an, der ohne Zweifel der beste der von der Theologenkommission ausgearbeiteten Texte war. Trotzdem fehlte es nicht an kritischen Einwänden – eine Folge des gewachsenen konziliaren Bewußtseins, das sich im Verlauf der vorangegangenen Wochen und dank der klaren Vorgaben in der Eröffnungsansprache Johannes' XXIII. sowie der zahlreichen Expertenvorträge, die für viele Bischöfe eine theologische Fortbildung bedeutete, entwickelt hatte. Von großer Bedeutung waren dabei auch die öffentlichen und privaten Kontakte mit den nichtkatholischen Beobachtern. Bereits am ersten Tag brandmarkte Kardinal De Smedt unter großem Beifall im Namen des Einheitssekretariats drei Grundmängel des Schemas: Triumphalismus, Klerikalismus und allzu juridische Sichtweise. Letzteres wurde von mehreren Rednern kritisch angemerkt, doch auch das Fehlen biblischer Perspektiven wurde bemängelt, das Ausblenden patristischer Tradition, die zu große Einmütigkeit in der Sichtweise, die eine ganze Reihe neuerer ekklesiologischer Untersuchungen ebensowenig berücksichtige wie die Aufwertung der Rolle des Episkopats. Außerdem wandten sich die Amerikaner gegen die mittelalterliche Perspektive in der Darstellung der Beziehungen zwischen Kirche und Staat. Sehr schnell wurde daher klar, daß auch dieser Text grundlegend überarbeitet werden mußte. Im Verlauf der Debatte wurde aufgrund sehr beachtlicher Beiträge zunehmend deutlich, daß über den in Frage stehenden Text hinaus alle Texte unter diesen Gesichtspunkten neu überdacht werden sollten.

---

[8] Text der 67 Redebeiträge und der schriftlich vorgelegten Beobachtungen in *Acta synodalia*, Bd. I/4, 12–259; 290–315; 327–360; 369–639: Vgl. A. WENGER, op. cit., 147–163.

4. Ansätze zur Umgestaltung des Konzilsprogramms [9]

Schon einige Tage nach der Eröffnung des Konzils sandte Kardinal Montini dem Staatssekretär einen langen Brief [10] zu, in dem er den Wunsch zahlreicher Bischöfe nach einem „organischen und logisch aufgebauten Konzilsprogramm" kundtat, das nach seiner Einschätzung um eine einzige Thematik, nämlich die Kirche, zentriert sein sollte: zunächst das „Mysterium der Kirche", dann die „Sendung der Kirche" und schließlich die „Beziehung der Kirche zur Welt". Einen Monat später entschied Kardinal Suenens – angesichts der verfahrenen Situation um die Fortführung des Konzils – entsprechende Bemühungen zu intensivieren. So berief er in der zweiten Hälfte des Monats November einige Kardinäle (darunter Montini, Döpfner und Léger) zur Vorbereitung und Neuorientierung der Konzilsarbeit und ließ am Abend des 2. Dezember Johannes XXIII. *ad informationem* den Text der Ansprache zukommen, in der er der Versammlung die großen Linien seines Planes vorzulegen gedachte. Bereits einen Tag später übergab ihm der Substitut Dell'Acqua den Entwurf mit einigen geringfügigen Verbesserungen aus der Hand des Papstes, der „faktisch die Ansprache akzeptierte" (Suenens). Doch schien diese Rede trotz einiger Beifallsäußerungen keine besondere Aufmerksamkeit erregt zu haben – der neue Erzbischof von Mecheln war im Ausland noch nicht sehr bekannt. Als aber am darauffolgenden Tag Kardinal Montini, dessen besonderen Beziehungen zu Johannes XXIII. bekannt waren, offensichtlich auf Anregung des Papstes über das gleiche Thema sprach [11] und sich völlig mit dem von Kardinal Suenens am Vortag unterbreiteten Gesamtplan einverstanden erklärte, erregte er umso mehr Aufsehen, weil er sich bis dahin mit Bedacht zurückgehalten hatte. Die Versammlung begriff, daß er nicht nur mit der Billigung des Papstes sprach, sondern stillschweigend dessen Sprecher war.

Am darauffolgenden Tag verkündete der Generalsekretär eine Reihe päpstlicher Entscheidungen: Die 75 Schemata sollten auf 21 reduziert und auf wichtige Grundfragen beschränkt werden, besondere Fragen sollten an die mit der Überarbeitung des CIC beauftragten päpstlichen Kommissionen übertragen werden. Die Kommissionen sollten in besonderer Weise darüber wachen, daß das unverfälschte *depositum fidei* „attraverso le forme della indagine e della formulazione letteraria del pensiero moderno" zum Ausdruck komme, auch unter Berücksichtigung der getrennten Brüder, wie auch der gesamten Menschheit.

Zur Koordinierung dieser in den darauffolgenden neun Monaten zu leistenden Überarbeitung und zur Kontrolle darüber, daß die neubearbeiteten Schemata diesmal den Zielen des Konzils entsprachen, wie sie vom Papst definiert und von den meisten Bischöfen angenommen worden waren, rief Johannes XXIII. eine neue Oberkommission (zur sog. Koordination) ins Leben, die auf eine Anregung von Kardinal Léger zurückging. Die Namen der Mitglieder dieser Oberkommission wurden bald bekannt, und es stellte sich heraus, daß die Unterscheidung zwischen den Verantwortlichen der Konzilsarbeit und der römischen Kurie nun viel klarer war.

---

[9] Siehe dazu V. CARBONE in: Rivista di Storia della Chiesa in Italia 44 (1990), 45–66.
[10] Text des Briefes vom 18. Oktober 1962 in: G. B. Montini arcivescovo di Milano e il concilio ecumenico Vaticano II. Preparazione e primo periodo, Brescia 1985, 420–423.
[11] Text der beiden Reden in *Acta synodalia*, Bd. I/4, 222–227; 291–294.

II. Die erste Intersessio

1. Die Umarbeitung der Schemata

Man hat die Monate zwischen den ersten beiden Konzilsperioden als zweite Vorbereitungszeit angesprochen[12], weil nach Ansicht einer Reihe von Konzilsvätern das Konzilsprogramm bereinigt und die nun überholten Vorbereitenden Schemata sowohl im Hinblick auf die pastorale Erneuerung als auch die von Johannes gewünschte ökumenische Öffnung umgeschrieben werden mußten. Diese Sichtweise wurde jedoch nicht von allen geteilt – vor allem nicht an der Kurie. In diesem spannungsgeladenen Klima nahm die neue Koordinierungskommission ihre Arbeit am 21. Januar 1963 auf. Die Kardinäle Döpfner, Suenens und Liénart hatten das ganze Konzilsprogramm auf zwei oder drei Schemata reduziert, die sich auf zentrale Themen beschränkten, andere hielten diese Position für zu radikal. Schließlich wurden rund 15 Texte beibehalten.

Der Entwurf *De deposito fidei*, der sich wie ein Katalog verurteilter Irrtümer ausnahm, wurde von Kardinal Liénart „aus mehreren Gründen für unannehmbar" beurteilt und vom Konzilsprogramm gestrichen – mit dem Risiko, daß der eine oder andere Teil auf andere Schemata verteilt werde. Hinsichtlich des Schemas über die Kirche schloß man sich der Meinung Kardinal Suenens' an, daß dies zum Zentraldokument des Konzils werden sollte, weshalb man sich nicht bloß mit der Verbesserung des ursprünglichen Entwurfs begnügen, sondern ihn auf der Basis einer weit gründlicheren theologischen Untersuchung über das Mysterium der Kirche und ihrer Sendung in der Welt vollständig neu abfassen sollte. Als Gegengewicht zum Ersten Vatikanum sollte der Stellenwert des Bischofskollegiums herausgestellt und die Funktion der Laien aufgezeigt werden, wie es ihrer wahren Stellung, aber auch dem ökumenischen Geist entsprach. Die Kommission schloß sich auch dem Vorschlag Suenens' an, die Schemata *De ordine morali*, *De ordine sociali* und *De ordine internationali* in einem Text zusammenzufassen, in dem über das menschliche Individuum in der Gesellschaft, die Familie und die Bevölkerungsentwicklung, über die Wirtschaftsordnung und die soziale Gerechtigkeit (unter Berücksichtigung der Vorschläge in der jüngsten Enzyklika *Mater et magistra*) gehandelt werden sollte, schließlich über die Völkergemeinschaft und den Frieden. Die Redaktion dieses „Schema XVII" (das nach vielfältigen Veränderungen die Konstitution *Gaudium et spes* über die Kirche in der modernen Welt ergab) wurde einer aus der Lehrkommission und der Kommission für das Laienapostolat gemischten Kommission übertragen.

Nach Kardinal Döpfner sollten die beiden Schemata *De episcopis* und *De cura animarum* stark gekürzt werden. Zum umfangreichen Schema über die Orden schlug er vor, den wesentlichen Teil der fünf ersten Kapitel in das neue Schema *De Ecclesia* einzuarbeiten und für den Rest ein kurzes Dekret abzufassen, das die Anpassung der Klosterregeln an die Bedürfnisse des modernen Apostolats und die Ausbildung von Novizen behandeln sollte. Die übrigen Fragen sollten an die Revisionskommission für das kanonische Recht verwiesen werden. Auch die Kardinäle Urbani und Confalonieri schlugen die Zusammenfassung mehrerer Schemata in einem einzigen vor. Dabei sollten lediglich einige Grundgedanken angeführt werden und die praktischen Probleme späteren Instruktionen vorbehalten blei-

---

[12] Vgl. J. GROOTAERS in dem reich dokumentierten Kapitel VIII der „Histoire du concile Vatican II", Bd. 2, Paris – Louvain 1996, 421–615.

ben; nach Urbani sollte ferner der Entwurf über das Laienapostolat stark gekürzt werden, und Confalonieri war der Ansicht, daß der unvollkommene Entwurf über die Missionsfrage neu redigiert werden müßte.

Die Kommissionen bemühten sich im Verlauf der ersten Jahreshälfte 1963, diese Anweisungen umzusetzen. Sie verteilten dabei die Arbeiten auf Unterkommissionen, bedienten sich der brieflichen Korrespondenz ihrer Mitglieder untereinander und trafen sich im Plenum. Für manche dieser Kommissionen stellte die Präzisierung der überarbeiteten oder verbesserten Texte entsprechend den Vorgaben der Koordinationskommission keine besonderen Probleme dar, in anderen Fällen ergaben sich Spannungen oder besondere Schwierigkeiten. So kam es etwa bei der Erstellung des neuen Textes über die Einheit der Kirche zu einem unerfreulichen Zwischenfall: Der Kommissionssekretär für die Ostkirchen, ein für die Ökumene wenig aufgeschlossener Unierter aus der Ukraine, sperrte sich gegen jede Einigung und zog sich aus der gemischten Kommission zurück. Ab diesem Augenblick war das Sekretariat für die Einheit mit der Überarbeitung des Entwurfs beauftragt, dem schließlich noch zwei Texte angefügt worden sind, die während der Vorbereitung des Konzils faktisch fallen gelassen worden waren und nach einer Überarbeitung aufgrund der hartnäckigen Haltung Kardinal Beas schließlich angenommen wurden: Der eine Text behandelte die nichtchristlichen Religionen (vor allem das Judentum), der andere die Religionsfreiheit.

Für das Schema über das Laienapostolat durfte die Kommission offiziell Laienberater hinzuziehen, deren Beiträge entscheidend zur Verbesserung des Entwurfs beitrugen.

Das in vorkonziliaren Kategorien abgefaßte Schema über die Orden machte grundlegende Neuformulierungen notwendig. Ein neuer, besonders von einem kleinen Ausschuß unter der Leitung des Dominikaners Philippe überarbeiteter Text wurde von der Koordinationskommission gebilligt. Doch konnte er trotz erheblicher Verbesserung die Mängel des ursprünglichen Entwurfs nicht vollständig beheben und gab Anlaß zu zahlreichen kritischen Anmerkungen von Seiten der Konzilsväter, denen er während des Sommers vorgelegt wurde.

Das neue, von der Konzilskommission nach langwierigen Diskussionen in den Unterkommissionen erarbeitete Schema über die Missionen wurde im Juli von der Koordinationskommission unter dem Druck zahlreicher Missionsbischöfe verworfen, die einen von dem Missionstheologen A. Seumois erarbeiteten Gegenentwurf im Umlauf brachten. Die Kommission mußte folglich erneut an die Arbeit gehen.

Für die Neufassung des Schemas über die Kirche entschied sich die damit beauftragte Unterkommission der Lehrkommission dazu, aus den seit Beginn des Konzils zirkulierenden Alternativtexten den von dem Löwener Theologen G. Philips (auf Verlangen von Kardinal Suenens) verfaßten Entwurf als Arbeitsgrundlage zu nehmen. Er hatte den Vorzug, viele Textpassagen aus dem vorkonziliaren Schema übernommen zu haben, das Ganze aber mit einem völlig anderen Geist zu beseelen und verschiedene Punkte unterschiedlich zu akzentuieren[13]. Dieser Entwurf, dessen letztes Kapitel (über die Stufen der Vollkommenheit) eine lebhafte Diskussion in der Vollversammlung auslöste, wurde problemlos von der Koordinationskommission angenommen.

Die Ausarbeitung des Schemas XVII, das der „Kirche in der Welt" gewidmet war, nahm

---

[13] Vgl. J. GROOTAERS, Le rôle de Mgr Philips à Vatican II, in: Ecclesia a Spiritu Sancto edocta. Festschrift f. G. Philips, Gembloux 1970, 355–363.

deswegen viel mehr Zeit in Anspruch, weil die Thematik neu war. Ein erster Entwurf wurde im Februar erstellt. Vier weitere folgten im Verlauf der folgenden drei Monate, weil die Veröffentlichung der Enzyklika *Pacem in terris* (Anfang April) und deren begeisterte Aufnahme zu einem neuen Überdenken der Problemstellung wie auch zur Heranziehung einer bestimmten Anzahl von Laienberatern zwang. Keiner dieser Entwürfe konnte befriedigen, so daß die Koordinationskommission Kardinal Suenens mit der völligen Neubearbeitung beauftragen mußte. Anfang September berief dieser eine Gruppe von Löwener Professoren, daneben die Patres Congar, Rahner und Tucci nach Mecheln. Nach dieser Beratung verfaßte G. Philips einen neuen Text, der jedoch nicht an die Konzilsväter verteilt wurde, weil er offensichtlich die zuvor geleistete Arbeit der gemischten Kommission vernachlässigt hatte [14].

Zwölf der 17 vorgesehenen Schemata konnten Ende Mai den Konzilsvätern zugesandt werden. So waren die Konzilsväter imstande, sie im Verlauf des Sommers unter Beihilfe ihrer Experten zu studieren und dabei die Kontakte untereinander mündlich wie schriftlich zu intensivieren. „Zu keinem anderen Zeitpunkt hat es in der Geschichte der Kirche einen derartigen Gedankenaustausch auf Weltebene gegeben" (Laurentin).

Die fieberhafte Vorbereitung der zweiten Konzilsperiode wurde zum Schauplatz einer heftigen Auseinandersetzung zwischen denen, die dem Buchstaben und Geist der Vorbereitenden Schemata verpflichtet waren, und denen, die der Auffassung waren, daß das neue konziliare Bewußtsein während der ersten Periode die Voraussetzungen änderte und damit die Vorbereitung neuer Texte erforderlich machte, die dem von Johannes XXIII. gewünschten *aggiornamento* besser entsprachen. Als Resultat stellte sich heraus, daß die Arbeit einiger Kommissionen in eine Sackgasse führte und alternative Schemata (vor allem über die Mission und die Ostkirchen), die den Wünschen der konziliaren Mehrheit entsprachen, mehr und mehr in Umlauf kamen. Insgesamt wurde der Arbeitsrhythmus dank der Koordinierungskommission beschleunigt. In zahlreichen Fällen gelang es ihr, die Kommissionen zur Berücksichtigung der Ergebnisse vom Herbst 1962 zu verpflichten. „Ihr umfassender Einfluß war von großer Dynamik getragen und gab dem Zweiten Vatikanum die Möglichkeit, Ende September 1963 einen Neuanfang zu starten" [15].

Zwei weitere Faktoren sind zu erwähnen, die zum Erfolg der „zweiten Vorbereitung" beitrugen: zum einen die Bildung überschaubarer redaktioneller Gruppen, die es verstanden, die Hindernisse zu überwinden (Schemata über die Kirche, die Einheit, über die Kirche in der Welt), zum anderen die von den Päpsten ausgehenden Impulse – zunächst von Seiten Johannes' XXIII., der darauf bestand, daß die Schemata rechtzeitig vor der Wiedereröffnung des Konzils den Bischöfen zugesandt wurden, dann von Seiten Pauls VI. In der Tat unterbrach der Wechsel im Pontifikat die Vorbereitung der zweiten Konzilsperiode kaum. Der Tod Johannes' XXIII. (am Pfingstsonntag, 3. Juni 1963) hatte sicherlich neue Hoffnungen bei den noch zahlreichen (nicht nur in römischen Kreisen bestehenden) Gegnern des Konzils geweckt. Doch mit der Wahl Kardinal Montinis konnten sich diejenigen beruhigen, die um die Zukunft des großen Projektes gebangt hatten.

---

[14] Vgl. R. Tucci in: La Chiesa e il mondo contemporanea nel Vaticano II, Turin 1967, 15–134.
[15] J. Grootaers in Histoire du concile Vatican II, Bd. 2, 612.

2. Die Wahl Pauls VI. *

Kardinal Giovanni Battista Montini (Erzbischof von Mailand) wurde beim 5. Wahlgang am 21. Juni 1963 zum Papst gewählt[16]. Das Kardinalskollegium zählte 82 Mitglieder, darunter 29 Italiener, 26 andere Europäer und 27 Nichteuropäer. Zwei Kardinäle fehlten: Della Torre aus Ecuador und Mindszenty, der die amerikanische Botschaft in Budapest nicht verlassen durfte. Daß Kardinal Montini Papst wurde, war zwar keine Überraschung, seine Wahl war nach Andrea Riccardi jedoch nicht so eindeutig, wie dies rückblickend den Anschein hat. Aber zwischen der möglichen Kandidatur des bei der Mehrheit der Konzilsväter geschätzten Kardinals Lercaro (Erzbischof von Bologna) und einem Kandidaten, der die traditionelle Linie der „römischen Partei" vertrat (wie Kardinal Siri von Genua, der immerhin eine ganze Anzahl von Stimmen erhielt), schien Montini eine Mittelposition als „gemäßigter Progressiver" (so eine Formulierung Hubert Jedins) einzunehmen. Bevor er zum Erzbischof von Mailand avancierte, war seine gesamte Laufbahn mit der Kurie verbunden. Er vertrat die Ziele Johannes' XXIII. und wurde von ihm zum Kardinal ernannt. Die dieser Linie ebenfalls verpflichteten Kardinäle (darunter Kardinal Frings aus Köln) sprachen sich ab, damit sich die Konklavemehrheit auf Montini als einzigen Kandidaten einigen konnte[17], der andererseits von einem Teil der Kurie akzeptiert wurde – wenn er auch seit den 50er Jahren die „römische Partei" in Unruhe versetzte.

Ein kurzer Rückblick auf Werdegang und Zielsetzungen des neuen Papstes kann die Schwierigkeiten der Mehrheitsfindung im Konklave beleuchten. Als Sohn eines Journalisten, Rechtsanwaltes und Politikers (Giorgio Montini), der eine katholische Tageszeitung herausgab, wurde er am 26. September 1897 in Brescia geboren, einer pulsierenden Stadt am Fuße der Alpen. Der Vater stand politischen Richtungen nahe, die für eine „Vereinbarung" zwischen Kirche und italienischem Staat aufgeschlossen waren; nach 1919 wurde er Abgeordneter der Popolari-Partei von Don Sturzo. Die in einem französischen Kloster Mailands erzogene Mutter verehrte besonders den hl. Franz von Sales. Nach der Schulbildung war er für kurze Zeit im Priesterseminar von Brescia, nachdem er seine Absicht aufgegeben hatte, Benediktinermönch zu werden. 1920 wurde er zum Priester geweiht. In Rom hörte er Vorlesungen an der Gregoriana und studierte Kirchenrecht. Er fiel dem späteren Kardinal Pizzardo auf[18], dem damaligen stellvertretenden Leiter des Staatssekretariats, der ihm das Weiterstudium an der Accademia dei Nobili nahelegte, an der die Diplomaten des Hl. Stuhles ausgebildet wurden. Nach einem kurzen Aufenthalt in der Warschauer Nuntiatur wurde er *minutante* im Staatssekretariat. Diese Tätigkeit übte er bis 1954 aus, als er zum Erzbischof von Mailand ernannt wurde.

Parallel zur Tätigkeit an der Kurie ging er seelsorglichen Aktivitäten nach. Seine Stelle als Studentenpfarrer (von 1925 bis 1933) beim „Katholischen Universitätsbund Italiens" (FUCI) mußte er nach dem Konflikt zwischen Mussolini und der Katholischen Aktion (im Jahre 1931) aufgeben. Als Substitut beim Staatssekretariat im Jahre 1937 war er enger Mit-

---

* Dieser Abschnitt wurde von Jean-Marie MAYEUR verfaßt
[16] Nach Ph. LEVILLAIN, Art. „Paul VI" im Dictionnaire de la papauté, Paris 1994, soll er 60 Stimmen auf sich vereinigt haben.
[17] A. RICCARDI, Il potere del papa da Pio XII a Paolo VI, Rom-Bari 1998, 221 f.; A. MELLONI, Das Konklave. Die Papstwahl in Geschichte und Gegenwart, Freiburg 2002, 113.
[18] Siehe dazu den Beitrag von Robert A. GRAHAM, G. B. Montini Substitute Secretary of State, in: Paul VI et la modernité dans l'Église, École française de Rome, Rom 1984.

arbeiter von Pius XI., dann von Pius XII. und erwarb sich dabei unschätzbare Erfahrungen innerhalb der katholischen Welt und bei internationalen Problemen in entscheidungsschweren Jahren. Seine Funktion war die eines Abteilungsleiters der für „Gewöhnliche Angelegenheiten" bestimmten zweiten Sektion des Staatssekretariats. Beim Tod des Staatssekretärs (Kardinal Maglione) im August 1944 ernannte Pius XII. keinen Nachfolger und bestätigte diesen Zustand im November 1952, als er Tardini zum Staats-Prosekretär für Außergewöhnliche Angelegenheiten und Montini als Staats-Prosekretär für Gewöhnliche Angelegenheiten ernannte. Zwei Jahre später ernannte ihn Pius XII. zum Erzbischof von Mailand. Man konnte sich die Frage stellen, ob er damit den Weg seiner Nachfolge für einen treuen Mitarbeiter anbahnen wollte. Oder wollte er damit der „römischen Partei" entgegenkommen (es war bekannt, daß Montini in der Kurie wenig Freunde hatte)? Beide Erklärungsversuche, die sich nicht einmal gegenseitig ausschließen, können ins Spiel gebracht werden. Da der kranke Pius XII. kein einziges Konsistorium seit Januar 1953 abhielt, mußte der Mailänder Erzbischof außergewöhnlich lange warten, bis ihm unter Johannes XXIII. am 15. Dezember 1958 der Kardinalshut verliehen wurde. Die Mailänder Jahre waren für Montini unbestritten von großer Bedeutung: Er kam in direkten Kontakt mit einer gewaltigen, von der Säkularisierung geprägten Industriestadt. „Wir sind eine Minderheit", gab er dem späteren Kardinal Colombo nach der Mailänder Mission von 1957 zu verstehen[19].

Diese seelsorgerliche Erfahrung erweiterte den Horizont Kardinal Montinis, dieses Mannes kurialer Diplomatie, aber auch geistlicher Reflexion und Bildung, um eine weitere Dimension. Er war ein katholischer Intellektueller, der – wie Jacques Prévotat deutlich herausgearbeitet hat – vom französischen Katholizismus stark beeinflußt war[20], las Bloy, Péguy, Claudel und kannte die Werke der französischen Kirchenhistoriker von Duchesne bis Albert Dufourq. Er schätzte Jacques Maritain, dessen Buch „Trois Réformateurs" er übersetzte und mit einer Einleitung versah (für ihn vertrat Maritain „reinsten Thomismus"). Er las aber auch Jacques Chevalier und seine Untersuchungen zu Bergson und Pascal, übersetzte *La Religion personnelle* von Grandmaison. Auch andere Theologen fanden seine Aufmerksamkeit, so Romano Guardini oder Karl Adam unter den deutschen Theologen.

Der neue Papst war ein geistlicher Denker, vor allem vom Einfluß des Oratorianers G. Bevilacqua, eines Freundes der Familie Montini, geprägt. Nach der Formulierung des späteren Kardinals Colombo aus seiner näheren Umgebung pflegte er die Meditation, war ein „Mystiker aus Veranlagung und Mann der Tat durch seinen Willen"[21]. Die erste Enzyklika Pauls VI. – *Ecclesiam suam* vom 6. August 1964 – entwirft die großen Leitlinien seines Pontifikats. Die aus dem 19. Jahrhundert überkommene Definition von Kirche als einer „vollkommenen Gesellschaft" wurde von der Definition einer Gemeinschaft als „Schlüsselbegriff für den Ökumenismus des Zweiten Vatikanums" (Yves Congar)[22] abgelöst. Die Enzyklika erinnert daran, daß die Unterscheidung von der Welt nicht Trennung von der Welt bedeutet, vielmehr zum Dialog einlädt: „Da das Wort Gottes Mensch geworden ist, gilt es, in bestimmtem Maße die Lebensformen der Menschen aufzunehmen, denen man

[19] G. Colombo, La spiritualità di Giovanni Battista Montini, in: Paul VI et la modernité dans l'Eglise, 159.
[20] Siehe dazu: „Les sources intellectuelles de Paul VI", in: Paul VI et la modernité dans l'Église.- Man lese dazu den Artikel von P. de Boisdeffre, Le chagrin d'un gallican, in: Le Monde vom 13./14. August 1978.
[21] „La spiritualità di Giovanni Battista Montini", in: Paul VI et la modernité dans l'Église, École française de Rome, Rom 1984, 154.
[22] Siehe Y. Congar, Le Concile de Vatican II, son église, peuple de Dieu et corps du Christ, Paris 1984, 17.

die Botschaft Christi bringen will; ohne distanzierende Privilegien einzufordern und ohne die Barriere einer unverständlichen Sprache aufrecht zu erhalten [...]. Man muß zum Bruder der Menschen werden."

Mit seinem Willen zur Öffnung für die Welt und seiner Dialogbereitschaft lag Paul VI. genau auf der Linie der Konzilsmehrheit. Diesem reformfreudigen Papst war es offensichtlich ein Anliegen, die Reformen des Konzils zu einem guten Abschluß zu bringen. Der bei seiner Wahl von ihm gewählte Name Paul bezieht sich sowohl auf den Apostel Paulus wie auch auf Paul V., der die Entscheidungen des Trienter Konzils in Gang brachte. Wie Andrea Riccardi sehr richtig gezeigt hat, berücksichtigte der neue Papst durchaus die Forderungen der Minderheit, wollte sich nicht von Kardinal Ottaviani und Kardinal Siri distanzieren. Er behielt Kardinal Cicogniani im Staatssekretariat als unentbehrlichen und beruhigenden Garanten für Kontinuität angesichts der anstehenden Veränderungen. Cicogniani blieb bis zum 2. Mai 1969, sein Stellvertreter war Dell'Acqua.

3. Von Johannes XXIII. zu Paul VI.

Wenngleich der Papst in dem Bemühen, den Bischöfen freie Meinungsäußerung zu belassen, nicht an den Generalversammlungen teilnahm, so bedeutete dies keineswegs, daß er den Fortgang des Konzils nicht mit Interesse begleitete. Johannes XXIII. verfolgte aufmerksam – „leidenschaftlich" (Wenger) – die Sitzungen über eine interne Fernsehanlage. Paul VI. ließ sich hingegen fast täglich vom Kardinal-Staatssekretär und jede Woche von F. Felici unterrichten, aber auch von den Moderatoren, mit denen er eine Reihe anstehender Entscheidungen diskutierte. Hinzu kommen die Impulse und Orientierungshilfen, die Johannes XXIII. wie sein Nachfolger zu Beginn und am Ende jeder Periode und auch in der Zeit zwischen den Sitzungen an die Beteiligten richteten. Darüber hinaus haben beide mehrmals persönlich in die Verhandlungen auf den Vollversammlungen wie auch in die Arbeit von Kommissionen eingegriffen, um Dinge voranzutreiben. Dieser im allgemeinen sehr diskrete Aspekt der Konzilsgeschichte muß zum großen Teil noch geschrieben werden. Bereits jetzt kann man jedoch erahnen, wie jeder auf seine Weise (in bestimmten Augenblicken sogar einen ganz entscheidenden) Einfluß auf das Konzil und seinen Abschluß genommen hat – sowohl in den Sessionperioden als auch in den Zwischenzeiten.

Bei Johannes XXIII. muß man die Wirkung der Eröffnungsansprache vom 11. Oktober hervorheben, die zunächst als wenig entscheidend beurteilt wurde, deren Einfluß als „Konzilscharta" jedoch in den folgenden Wochen stetig anwuchs. Fest steht, daß Johannes XXIII. mehrfach eingriff – entweder um der Vollversammlung aus einer verfahrenen Situation herauszuhelfen, bei der Korrektur einer falschen Richtung oder bei der Verbesserung der Geschäftsordnung: bei der Abänderung des Wahlreglements für die Kommissionsmitglieder (als gewählt galten die ersten 16 Namen jeder Liste an Stelle von zwei Wahlgängen mit absoluter Mehrheit); bei der Entscheidung, daß der Papst selbst neun statt acht Mitglieder ernennen darf; bei der Ernennung von fünf stellvertretenden Sekretären an Stelle von zwei nach dem Reglement vorgesehenen, um damit den internationalen (also auch nichtkurialen) Charakter des Sekretarits zu verstärken; bei der Aufwertung des Sekretariats für die Einheit der Christen in den Rang einer Konzilskommission; bei der Entscheidung, die wichtigsten Oberen der Kongregationen (mit mindestens 1000 Professen) heranzuziehen wie auch (Anfang 1963) die apostolischen Präfekten (nicht Bischöfe); bei der Verweisung des Schemas über die Quellen der Offenbarung an die Kommission, obwohl die erforderliche Zweidrittelmehrheit dazu nicht erreicht wurde, und bei der Entscheidung, die Neufassung dieses Schemas einer gemischten Kommission zu übertragen; bei dem am 4. November dem Präsidentschaftsrat erteilten Recht, der Versammlung den Diskussionsabschluß eines Textes zu empfehlen, wenn sich keine neuen Argumente oder Gegenargumente mehr ergeben; bei der Bildung der Koordinationskommission und neuer, am 5. Dezember angekündigter Normen zur Neuorganisation der Fortsetzung der Konzilsarbeit. In den ersten Monaten der Intersessio gab er der Koordinationskommission und den verschiedenen Konzilskommissionen unaufhörlich Anregungen zur zügigen Erledigung ihrer Arbeit, damit die überarbeiteten Schemata den Konzilsvätern rechtzeitig zum gründlichen Studium zugesandt werden konnten.

Paul VI. verfolgte noch intensiver als sein Vorgänger die Konzilsarbeiten. V. Carbone formuliert in Kenntnis der geheimen Archivbestände: „Er wollte über alles auf dem Laufenden sein; fast täglich schaltete er sich ein, entweder über das Staatssekretariat oder persönlich in Form von Briefen und anderen autographischen Noten, oder aber auch durch Anmerkungen auf den ihm zugeleiteten Textvorlagen"[23]. Trotz seiner eher ängstlichen und zögernden Grundhaltung, bedrängt durch Einwände und unheilvolle Prophezeiungen von einem Teil seiner Vertrauten, bestand er darauf, unter teilweise dramatischen Umständen „die moralische Leitung" der Konzilsversammlung zu übernehmen (J. Grootaers). Das hing damit zusammen, daß er, ungeachtet seiner peinlichen Respektierung der Entscheidungsfreiheit der Konzilsväter, davon überzeugt war, nach eigenen Worten nicht nur „semplice notaio del concilio" zu sein.

Unmittelbar nach seiner Wahl zum Papst nahm er, in Rückbesinnung auf die Erfahrungen im Verlauf der ersten Sitzungsperiode, eine kontinuierliche Neuorganisation des Konzils vor, die auf eine Revision des Reglements und die Zulassung von Laien (einschließlich Frauen) beim Konzil hinauslief. Auch wenn die zweite Periode (von Ende 1963 an) diejenige war, „in der der Papst schwieg" (Levillaux), gab er doch ständig Orientierungshilfen für die Konzilsarbeit. Er war sich dabei durchaus bewußt, daß seine Wahl zum Papst nicht im geringsten seine Rechte beschneiden konnte, die er als Erzbischof von Mailand gehabt hätte, und auch, daß ihm diese Wahl eine neue besondere Verantwortung übertragen hatte wie auch die Rolle eines obersten Richters zwischen verschiedenen Richtungen, die jeweils ihre Berechtigung hatten. Seine Interventionen konnten die verschiedensten Formen annehmen: „spektakuläre Handlungen, wie die Reisen zu symbolisch besetzten Stätten – Hl. Land, UNO –, wo er sowohl als Botschafter wie als Wegweiser des Konzils" auftrat (Levillain); Veröffentlichungen von Enzykliken, die unvermeidbar eine Orientierungshilfe für die Konzilsväter darstellten; Anweisungen an den Kardinalsstaatssekretär, der gleichzeitig Vorsitzender der Koordinationskommission war, oder an den Generalsekretär des Konzils, damit überstürzten Manövern Einhalt geboten werde, aber auch zuweilen mit dem Ziel, die Manöver jener Beteiligten zu neutralisieren, die am liebsten eine Stagnation des Konzils gewünscht hätten. Dies zeigte sich vor allem bei der Erklärung über die Religionsfreiheit: Kardinal Pavan erklärte unumwunden, daß „il contributo *personale* di Paolo VI su quel documento conciliare è stato *determinante*" und daß vor allem auf ihn die Weiterarbeit an dem Entwurf zurückging[24].

---

[23] Nach: Paolo VI e i problemi ecclesiologici al concilio, Brescia 1989, 59.
[24] Vgl. Paolo VI e il rapporto Chiesa-mondo al concilio, Brescia 1991, 186 (Pavan). Siehe auch S. 85. 121–125 (Grootaers), 183 f. (Hamer), 192 (Colombo).

In einigen Fällen wurden die Interventionen Pauls VI. publik, etwa als er vor allem in der Schlußsitzung bei der Dritten Session trotz der Vorbehalte zahlreicher Konzilsväter Maria als Mutter der Kirche proklamierte. Meistens beschränkten sie sich jedoch auf verhaltene Anregungen an die Konzilskommissionen, wobei er die Berücksichtigung seiner Anregungen freistellte[25]. „Er war dem Denken von Johannes XXIII. treu verpflichtet, intellektuell jedoch viel scharfsinniger als dieser. So war er vornehmlich auf die Risiken des Mißbrauchs oder gar des Irrtums bedacht, die sich aus der zu weiten Interpretation unklarer Textstellen ergeben könnten"[26]. Die Minderheit versuchte im übrigen, dieses Bemühen um Klarheit in der Lehre bis zum Ende des Konzils für sich auszunutzen, zumal es das dringende Verlangen Pauls VI. war, anders als beim Ersten Vatikanum den Standpunkt der Mehrheit nicht einer gedemütigten Minderheit aufzuzwingen, sondern statt dessen über ein gesteigertes Bemühen um Klarheit zu einem möglichst allgemeinen Konsens der Vollversammlung zu gelangen. Das veranlaßte ihn in Einzelfällen, die Tragweite eines Textes abzuschwächen (so besonders beim Ökumenismus-Dekret). Keinesfalls läßt sich behaupten, Paul VI. habe sich wirklich von der Minderheit manipulieren lassen. Getreu seiner Rolle als Schiedsrichter hörte er aufmerksam die verschiedenen Stimmen, führte aber schließlich seinen vorsichtig reformerischen Standpunkt in Verbindung mit dem Bischofskollegium[27] zum Sieg über eine erstarrte Schultheologie und über routinemäßig arbeitende Verwaltungsstrukturen[28].

III. Die zweite Konzilsperiode

1. Die Debatte über das Kirchen-Schema

Paul VI. setzte sich sofort nach seiner Wahl energisch für die Wiederaufnahme der Konzilsarbeit unter bestmöglichen Voraussetzungen ein. Zum einen führte er, wie erwähnt, mehrere Veränderungen im Konzilsreglement ein, wobei er sich in an der Konzilstätigkeit in den letzten Wochen des Pontifikats seines Vorgängers orientierte. Ferner bemühte er sich in einigen bedeutenden Ansprachen um eine tragfähige Atmosphäre[29]. Dazu gehört die aufsehenerregende Ansprache vom 21. September, in der er seine Absicht bekanntgab, die römische Kurie zu reformieren und „deren Beziehungen zum Episkopat" zu erneuern unter den beiden Prinzipien Dezentralisierung und Internationalisierung. Damit griff er Bestrebungen auf, die zahlreiche Konzilsväter hegten. Die zweite Konzilsperiode stand so für all diejenigen unter günstigem Vorzeichen, die eine Fortsetzung im Geist Johannes' XXIII. wünschten.

Mit einer langen, von ihm allein verfaßten Rede[30] eröffnete Paul VI. am 29. September

---

[25] Weiter unten wird auf mehrere dieser Beiträge eingegangen.

[26] J. Thomas, Le Concile Vatican II, Paris 1989, 19.

[27] Man hat ihm vorgeworfen, allein die Entscheidung getroffen zu haben, den Beratungen in der Vollversammlung die Probleme um Geburtenkontrolle und Priesterzölibat zu entziehen. Dies stelle einen Verstoß gegen die Kollegialität dar. Nach Meinung von Kardinal Poupard hatten ihn allerdings zahlreiche Kardinäle und Bischöfe schriftlich gebeten, allein bei diesen Fragen zu intervenieren, ohne öffentliche Debatten zuzulassen.

[28] Diesen komplexe und diffizilen Sachverhalt hat G. Martina in „Paolo VI e i problemi ecclesiologici al concilio", 52–54, klar dargelegt.

[29] G. Martina, Paolo VI e la ripresa del Concilio", ebd., 19–55.

[30] Text in *Acta synodalia*, Bd. II/1, 183–200.- Zur Entstehung dieser Rede vgl. G. Martina, ebd., 44–52. Vgl.

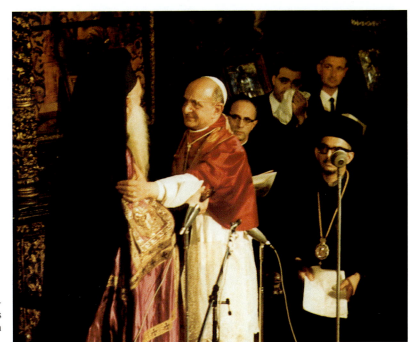

Papst Paul VI. trifft den ökumenischen Patriarchen Athonagoras während seiner Pilgerreise in Jerusalem im Dezember 1965.

Paul VI. 1974 bei der Eröffnung der Bischofssynode in der Sixtinischen Kapelle.

Paul VI. beim Eucharistischen Weltkongreß in Bombay 1964.

Besuch Pauls VI. beim Ökumenischen Rat der Kirchen 1969 in Genf.

1963 die zweite Konzilsperiode – innerhalb einer von ihm bewußt schlicht gehaltenen Zeremonie, die deutlich machen sollte, daß die Wiederaufnahme nur die Fortsetzung der Arbeit des vorangegangenen Jahres war. Paul VI. war weniger optimistisch als Johannes XXIII. – er sprach von den Kirchenfernen und der wachsenden Ausbreitung des Atheismus –, hegte aber die gleiche Hoffnung im Hinblick auf die „entzweiten Brüder" (konsequent setzte er diesen Ausdruck anstelle von „getrennten Brüdern") und auf den Dialog mit der Welt. Mit der Erinnerung daran, „daß sich die Autorität der Kirche nicht auf die Bloßstellung von Irrtümern beschränken darf", mit dem Hinweis auf die Notwendigkeit einer kirchlichen Reform und mit der freimütigen Bitte um Verzeihung für die Verantwortung, die bei der Spaltung der Christen der katholischen Kirche zufiel, sprach er sich dafür aus, daß die notwendige Aufgabe des Konzils in der Beantwortung der Frage liege, die er selbst am Ende der ersten Periode gestellt hatte: „Kirche, was sagst Du von Dir selbst?" – ein klares Signal dafür, die Entscheidungen des Ersten Vatikanums durch vertiefende Aussagen über den Episkopat und dessen Beziehungen zum Nachfolger Petri zu ergänzen.

Am darauffolgenden Tag nahm die Versammlung die Arbeit an dem neugestalteten Schema über die Kirche auf, nachdem der Generalsekretär die wichtigsten Änderungen am Reglement bekannt gegeben hatte[31]. Kardinal Siri vertrat die Ansicht, daß dieses Schema in verschiedenen Punkten weit davon entfernt sei, als ein Fortschritt angesprochen zu werden, vielmehr theologisch einen Rückschritt darstelle. Doch die Mehrheit der Diskussionsteilnehmer erklärte sich mit dem Text einverstanden. Als die Moderatoren um Zustimmung dafür baten, dieses Schema als Diskussionsgrundlage anzunehmen, ergab sich bei den Konzilsvätern ein Stimmenverhältnis von 2231 *placet* gegen 43 *non placet*.

Beherrschendes Thema der folgenden Debatte über das erste Kapitel des Schemas war die Präzisierung und vor allem Erweiterung des Kirchenbegriffs. Am 4. Oktober nahm sich die Konzilsversammlung das längste und wichtigste Kapitel vor, das über die hierarchische Verfassung der Kirche, insbesondere über den Episkopat. Die Diskussion zog sich über 9 Sitzungen hin, wobei zwei Themen heftig umstritten waren: zum einen der Episkopat „als wichtigster Teil des Schemas, um nicht zu sagen das Rückgrat des ganzen Konzils" (U. Betti), zum anderen die Wiederherstellung des Diakonats als eigenständige Stufe des Ordinationssakraments und nicht nur als Durchgangsstadium zum Presbyterat. Dieser letzte Punkt lag vor allem den deutschen Vertretern am Herzen sowie einigen afrikanischen Bischöfen. Andere Konzilsväter der Dritten Welt zeigten dagegen offenen Widerstand. Stellenweise prägte die Debatte ein leidenschaftlicher Schlagabtausch, weil – von einigen praktischen Schwierigkeiten abgesehen – die Befürchtung bestand, daß der Diakonat für verheiratete Männer letztlich den Zölibat infragestellen könnte.

Beim Thema Episkopat ging es um die Stellungnahme zu zwei Punkten: die Sakramentalität der Bischofsweihe, über die sich bereits in der ersten Periode ein fast vollständiger Konsens herauskristallisiert hatte, und die Kollegialität. Mit letzterem war die Frage gemeint, ob die Bischöfe als Kollektiv eine Gemeinschaft bilden, die in der Nachfolge des

---

auch G. COLOMBO, I discorsi di Paolo VI in apertura e chiusura dei periodi conciliari, in: Paolo VI e i rapporto Chiesa-Mondo al Concilio, 253–263.

[31] Die 24 Generalkongregationen beanspruchenden Debatten sind in die *Acta synodalia*, Bd. II/1, 337 ff., Bd. II/2, III u. IV, 9–359 aufgenommen. Neben den 319 mündlichen Beiträgen gab es 433 schriftlich vorgelegte (darunter einige sehr ausführliche) Verbesserungsvorschläge.

Apostelkollegiums steht und in Gemeinschaft mit dem Nachfolger Petri (als Oberhaupt dieser Gemeinschaft) solidarische Verantwortung für die Gesamtheit der Kirche trägt und darin mit ihm volle Autorität genießt. Hierzu gab es harte Auseinandersetzungen. Die Befürworter dieses Kollegialitätsgedankens waren dank ihrer größeren historischen Kenntnisse mit Recht davon überzeugt, daß diese Vorstellung der Tradition entsprach, während zahlreiche Gegner meinten, daß sich dahinter eine gefährliche Beschneidung des päpstlichen Primats, wie er auf dem 1. Vatikanischen Konzil definiert wurde, verberge.

Nach neun Sitzungen, auf denen die gegensätzlichen Meinungen nacheinander Gehör fanden, stellte sich die gleiche Frage wie ein Jahr vorher im Hinblick auf die liturgischen Reformen: Vertrat der einzelne Konzilsvater im Für und Wider der bischöflichen Kollegialität wie auch bei der Frage nach der Wiederherstellung des Diakonats nur seine eigene Position oder standen hinter ihm zahlreiche Anhänger? Auf Drängen von Dossetti, dem Ratgeber Kardinal Lercaros, wie auch aufgrund einer von 77 Spanisch sprechenden Konzilsvätern und mehreren belgischen wie französischen Theologen mitunterzeichneten Anfrage des chilenischen Kardinals Silva Henriquez entschieden die Moderatoren, die Konzilsversammlung zu befragen, obwohl dies vom Reglement nicht vorgesehen war. Am 15. Oktober kündete einer der Moderatoren (Döpfner oder Suenens) an, daß den Konzilsvätern am darauffolgenden Tag vier Fragen vorgelegt würden. Am gleichen Abend bat jedoch Staatssekretär Cigogniani – wahrscheinlich vom Generalsekretär Felici alarmiert – den Papst, diesen Vorgang zu unterbinden. Paul VI. ordnete daraufhin die Vernichtung des bereits gedruckten Fragebogens an. Auf diese Entscheidung hin erreichten die Moderatoren beim Papst, daß die inkriminierten Fragen einer Gruppe von etwa 20 Kardinälen vorgelegt wurden, die den Präsidentschaftsrat, die Koordinationskommission und die Mitglieder des Generalsekretariats vereinigten. Die Zusammenkunft, auf der lebhaft diskutiert wurde, fand am 23. Oktober statt. Schließlich setzten sich bei der Abstimmung die Moderatoren durch, allerdings nur mit einer Stimme Mehrheit [32]. Da Paul VI. bei der Frage nach der Kollegialität noch keine feste Meinung bezogen hatte, schloß er sich nach einem Zögern von einigen Tagen der Entscheidung der Schiedskommission an – umso mehr, als Kardinal Ottaviani eine Gegenoffensive mit dem Argument startete, daß diese Angelegenheit in die Zuständigkeit der Theologenkommission gehöre. Schlußendlich gab Paul VI. jedoch seine Einwilligung, und die Abstimmung über die fünf Fragen (nach Aufteilung der dritten Frage in zwei Teilfragen) fand am 30. Oktober statt. Es ergab sich eine überwältigende, klarer als erwartete Übereinstimmung zugunsten der Kollegialität (80 bis 90 %) und auch (wenngleich mit 75 % etwas schwächer) zugunsten der Wiederherstellung des Diakonats. Zunehmend deutlicher wurde klar, daß die stillschweigende Mehrheit geschlossen um die herausragenden Meinungsführer für eine grundlegende Erneuerung kirchlichen Bewußtseins im kollegialen Sinn votierten. Die „Oktoberkrise 63" markierte insofern eine entscheidende Wende auf dem Konzil – und brachte Paul VI. dazu, bei den Konzilsdebatten Position zu beziehen, was sein Vorgänger nicht getan hatte.

Während sich diese Krise im Hintergrund abspielte, konnten die Debatten in öffentlicher Sitzung weitergeführt werden. Die Beiträge zum Kapitel über die Laien und die Heiligkeit in der Kirche waren insgesamt enttäuschend, wenn auch zu zwei Fragen von ökumenischer Dimension interessante Erläuterungen beigesteuert wurden: zum allgemeinen

---

[32] Über die Verhandlung der fünf Fragen siehe das Kapitel von A. MELLONI in: Storia del Vaticano II, Bd. 3, 87–121.

Priestertum der Gläubigen und zur Lehre von den Charismen oder Gaben des Hl. Geistes im Dienst der Kirche auf seiten der Laien (einschließlich der Frauen, die „die Hälfte der Menschheit repräsentieren", wie Kardinal Suenens ergänzte). Leidenschaftlich wurde die Debatte erst bei der Frage, ob das ursprünglich vorgesehene Schema über die Mutter Gottes in das Schema über die Kirche integriert werden solle, wobei die Betonung der engen Beziehungen Marias zur Kirche dann gleichsam den Höhepunkt des Schemas über die Kirche darstellen würde. Schließlich setzte sich die Position für die Integrierung durch – allerdings nur mit knapper Mehrheit.

Ein weiteres Problem beim Schema über die Kirche betraf die Anordnung der Kapitel. Bei der Sitzung der Koordinationskommission Anfang Juli hatte Kardinal Suenens die Aufgliederung des Kapitels über die Laien in zwei Teilkapitel vorgeschlagen: das Volk Gottes und die Laien. Dabei sollte das Kapitel über das Volk Gottes vor dem Kapitel über die Hierarchie stehen. Diese Veränderung war insofern von großer Bedeutung, als damit der Zugehörigkeit zum Christentum durch Taufe und allgemeines Priestertum Vorrang vor den Funktionen innerhalb der kirchlichen Hierarchie eingeräumt wurde [33]. Diese Veränderung mußte diskutiert und von der Theologenkommission genehmigt werden. Die positive Entscheidung fiel Anfang November.

2. Fortsetzung der Debatten [34]

Nach den Allerheiligentagen beriet die Konzilsversammlung den Entwurf über die Hirtenaufgabe der Bischöfe in der Kirche. Das Schema enthielt eine Reihe überraschender Neuerungen, wurde aber stark kritisiert, weil darin in ungenügender Form die Tendenz der Konzilsmehrheit aufgegriffen würde, die Sendung der Bischöfe in der Kirche neben dem Papst und der römischen Kurie aufzuwerten, und weil die in neueren ekklesiologischen Untersuchungen herausgestellte Bedeutung der Ortskirche vernachlässigt worden sei. Beraten wurde dieses Schema ohne Vollsitzung der entsprechenden Kommission von einer kleinen Gruppe von Bischöfen und Experten aus Rom und dem näheren Umfeld. In der Diskussion wurde von beiden Seiten häufig die Kontroverse um die Kollegialität assoziiert. Einige Vertreter der Minderheit ergriffen sogar die Gelegenheit, die Abstimmung vom 30. Oktober anzuprangern, bei der ihrer Meinung nach die Moderatoren ihre Kompetenzen überschritten hätten. Die Debatte wurde mit einem sehr beachtlichen Beitrag des melkitischen Patriarchen Maximos eröffnet, der für Rom ein dem ostkirchlichen *Synodos endémousa* entsprechendes Organ vorschlug, d. h. eine Gruppe von in Rom residierenden Bischöfen, die an der Seite des Papstes den obersten Rat der Weltkirche bilden sollten. Diese Vorstellung eines Bischofsrates – der die Kollegialität der Bischöfe zum Ausdruck brachte – wurde schon in der allgemeinen Fragestunde von den Kardinälen König, Bea und Alfrink angesprochen und von mehreren Rednern positiv aufgegriffen, von anderen jedoch kritisiert, etwa vom armenischen Patriarchen und dem Florentiner Erzbischof Florit, vor allem aber von Kardinal Ruffini, der vehement gegen Patriarch Maximos argumentierte. In einer ausgewogenen Stellungnahme gab Kardinal Lercaro zu verstehen, daß es sich hier in jedem Fall nur um eine Wunschvorstellung und nicht um eine Forderung handeln könne, daß auch die Reform der Kurie im Zuständigkeitsbereich des Papstes bleiben sollte. Diese Re-

---

[33] Siehe dazu das Kapitel von J. GROOTAERS in: Histoire du Concile Vatican II, Bd. 2, 452 ff.
[34] Siehe dazu das Kapitel von A. MELLONI in: Storia del Concilio Vaticano II, Bd. 3, 124–128.

form war Gegenstand einiger, manchmal allzu einseitiger Beiträge, gab aber auch Anlaß zu einem der spektakulärsten Vorfälle des Konzils, als am 8. November Kardinals Frings ein Tabuthema zur Sprache brachte: Kritik an den beim Hl. Offizium geübten Methoden. Kardinal Ottaviani reagierte darauf unverzüglich und vehement. Er erinnerte daran, daß der Präfekt des Hl. Offiziums der Papst selbst sei, damit der Angriff des Kölner Erzbischofs in Wirklichkeit auf den Pontifex maximus selbst gerichtet sei. Ottaviani erntete Beifall, wenn auch Paul VI. Kardinal Frings am gleichen Abend aufforderte, ihm konkrete Reformvorschläge für das Hl. Offizium zu machen.

Die weitere Diskussion bis zum 15. November verlief in ruhigeren Bahnen. Dabei standen zwei Fragen im Mittelpunkt des Interesses: die Festlegung der sehr begrüßten Altersgrenze für Bischöfe und die Verpflichtung zu nationalen Bischofskonferenzen. Letzterer Vorschlag wurde im allgemeinen begrüßt, doch gab es auch einige ablehnende Stimmen: Während die einen befürchteten, daß die persönliche Machtfülle der Bischöfe in kollektiven Organisationsformen verloren gehe, hatten andere (auch in diesem Fall) Bedenken, daß durch nationale Bischofskonferenzen der exklusiven Rechtsprechung Roms Grenzen gesetzt würden[35].

Die letzten Sitzungen der zweiten Konzilsperiode galten der Beratung über das Ökumenismus-Schema, die mit Spannung von den Beobachtern der anderen Kirchen erwartet wurde. Ihre persönlichen Anmerkungen dazu konnten sie schon vorher mündlich oder schriftlich bei den Zusammenkünften mit den Leitern des Einheitssekretariats vorbringen. Die ersten Interventionen[36], vor allem die Beiträge der Kardinäle Ruffini und Arriba y Castro, ließen eine schwierige Debatte befürchten, aber die meisten Redner reagierten sehr positiv. Der entschlossenen Haltung von Kardinal Bea ist es zu verdanken, daß zwei Kapitel im Anhang hinzugefügt wurden – über die Beziehungen zum Judentum und zur Religionsfreiheit[37]. Wegen Zeitmangels konnten diese Kapitel nicht mehr diskutiert werden[38]. Das gleiche galt für das ursprünglich vorgesehene Schema über das Laienapostolat.

Während die Debatten um die Schemata über die Kirche, die Bischöfe und die Ökumene liefen, wurden die Konzilsväter in regelmäßigen Abständen gebeten, über die verschiedenen Abschnitte des Liturgie-Schemas abzustimmen, das von der Kommission *ad hoc* verbessert wurde. Diese Voten über ein bis zum Äußersten zergliedertes Schema fanden fast täglich im Monat Oktober statt. Einige sahen in diesem Verfahren eine Taktik, um die Annahme der Liturgie-Konstitution zu verzögern. Aber diese vielfachen Wahlgänge gaben der Mehrheit die Möglichkeit, einige Restriktionen zu umgehen, die die Ritenkongregation den Wortführern einer liturgischen Erneuerung gerne auferlegt hätte.

---

[35] Siehe dazu A. Wenger, op. cit., Bd. 2, 163–168, u. Irénikon 36 (1963), 209.

[36] Text der 129 Beiträge in *Acta synodalia*, Bd. II/5, 412–923 und II/6, 9–401. Daneben gab es 101 schriftliche Beiträge.

[37] Das erste Kapitel wurde den Konzilsvätern erst am 8. November ausgeteilt, das zweite am 17. November (am Tag nach Eröffnung der Debatte). Zu diesem Kapitel ließ die Druckerlaubnis der Theologenkommission lange auf sich warten, deren Vorsitzende erst *in extremis* beim Abschluß einer schwierigen Sitzung nachgaben (wobei das *nihil obstat* schließlich mit 18 gegen 5 Stimmen erteilt wurde).

[38] Nach einem Gerücht sollen die Vorsitzenden des Konzils diese Texte als inopportun bezeichnet haben. Kardinal Bea legte am letzten Tag Wert auf die Feststellung, daß die Verschiebung der Diskussion auf die nachfolgende Sitzung nur „per mancanza di tempo e per nessun altro motivo" [aus Zeitmangel und keinem anderen Grund] erfolgt sei. Auch sei er den Moderatoren dankbar, den Konzilsvätern die lange Intervention bei den ersten drei Kapiteln ermöglicht zu haben, „evitando cosi il rischio di vedersi rimproverati di precipitazione" [und so der Gefahr entgangen zu sein, dem Vorwurf übereilter Entscheidung ausgesetzt zu sein]; vgl. *Acta synodalia*, Bd. II/6, 364–367.

In der zweiten Novemberhälfte wurde nicht nur über die *modi* abgestimmt, die mit überwältigender Mehrheit angenommen wurden, sondern auch über das Verfahren, mit dem die Kommission diese ausgewählt hatte.

Die Annahme des Schemas über die Medien erfolgte schneller, wenngleich nicht ohne Bedenken. Viele Konzilsväter waren der Meinung, daß der modifizierte Text die Mängel des ursprünglichen Entwurfes beibehalten habe und wünschten eine Neubearbeitung unter Einbeziehung von Laien, die von Berufs wegen Sachkompetenz nachweisen konnten. Andere gaben jedoch zu verstehen, daß bei erneuter Ablehnung des vorgelegten Textes am Ende der zweiten Konzilsperiode definitiv nur ein einziges Schema als angenommen gelte. Dieser Gesichtspunkt gab schließlich den Ausschlag.

Bei der Schlußsitzung am 4. Dezember konnte Paul VI. dann feierlich die ersten beiden Texte des Zweiten Vatikanischen Konzils veröffentlichen. Das Dekret über die sozialen Kommunikationsmittel ließ Substanz vermissen; es blieb in manchen Punkten sogar hinter der Lehre Pius' XII. zurück und geriet im übrigen sehr schnell in Vergessenheit[39]. Dagegen stellte die Konstitution *De sacra liturgica* über die Liturgie ein durchaus beachtliches Dokument dar[40]. Sie war in einem viel stärker biblischen und patristischen Duktus als die kirchlichen Verlautbarungen der letzten Jahrhunderte abgefaßt und läutete insofern das Ende der Gegenreformation ein, als in verschiedenen Bereichen des kirchlichen Lebens und der katholischen Theologie kritische Fragen gestellt wurden. Sie vermittelte eine neue Sicht der Eucharistie und gab die seit Pius V. verordnete Uniformität auf, gegen die Kirchenrechtler seit der Mitte des 19. Jahrhunderts unaufhörlich gekämpft hatten.

IV. Intersessio 1963–1965

1. Überarbeitung der Schemata

Am Ende der zweiten Konzilsperiode waren eine Fülle von Texten noch nicht beraten. Da sowohl dem Papst, Vertretern der Konzilsleitung und vielen Konzilsvätern daran gelegen war, die Arbeit im Verlauf der dritten Konzilsperiode abzuschließen, wurde Kardinal Döpfner mit der Ausarbeitung eines Planes zur Straffung der Konzilsarbeit beauftragt. Sein Vorschlag zielte auf die Beschränkung von sechs vollständig ausdebattierten Schemata – über die Kirche, die Hirtenaufgabe der Bischöfe, die göttliche Offenbarung, das Laienapostolat, den Ökumenismus und die Kirche in der Welt von heute – sowie die Begrenzung der anderen Schemata auf einige Vorschläge zur Abstimmung (ohne Diskussion durch das Konzil), die dann als Grundlage für nachkonziliare Verlautbarungen dienen sollten.

---

[39] Es kam ihm wenigstens das Verdienst zu, auf diesem Gebiet die Bedeutung der Übertragungstechniken herausgestellt zu haben und die Schaffung neuer Strukturen anzukündigen: eine päpstliche Kommission für die sozialen Kommunikationsmittel (die von Paul VI. im April 1964 ins Leben gerufen wurde) und Ämter/Büros auf Diözesan wie nationaler Ebene für Presse, Rundfunk, Fernsehen, Kino und Theater.

[40] Siehe dazu u. a. La costituzione sulla sacra liturgia (Collana Magistero Conciliare), Turin 1967; La Maison-Dieu, Nr. 76, Paris 1963; A. G. MARTINA, La constitution liturgique et sa place dans l'oeuvre de Vatican II, in: Le Deuxième Concile du Vatican, 497–509; vgl. auch unten, im folgenden vierten Kapitel des ersten Teils dieses Bandes, den Abschnitt I. 4.

Der „Döpfner-Plan" wurde am 28. Dezember 1963 und am 15. Januar 1964 von der Koordinationskommission diskutiert, die in den großen Linien zustimmte und entsprechende Instruktionen an die verschiedenen Konzilskommissionen weitergab. Diese intensive, von den Kommissionen in der ersten Hälfte des Jahres 1964 geleistete Arbeit war der Beobachtung durch die Journalisten entzogen und weit weniger spektakulär als die Auseinandersetzungen in öffentlichen Sitzungen. Doch trug sie entscheidend zum Fortgang des Konzils bei.

Von den meisten Kommissionen verlangte die Koordinationskommission die Kürzung der Textvorlagen – eine unbefriedigende Arbeit für die Kommissionsmitglieder, deren Frucht stundenlanger Arbeit derart stark beschnitten wurde. Viele beugten sich jedoch widerstandslos und kürzten ihre Schemata auf drei oder vier Seiten.

Für die sechs im Plenum zu diskutierenden Schemata ergaben sich im allgemeinen keine größeren Probleme. Die entsprechenden Kommissionen bereiteten kaum Schwierigkeiten, die von den Konzilsvätern vorgeschlagenen Verbesserungen so weit wie möglich einzufügen oder die Schemata auf Wunsch der Mehrheit umzuarbeiten. Die Zulassung neuer Mitglieder, vor allem aber die Aufnahme eines Vizepräsidenten und eines stellvertretenden Sekretärs, die in dem meisten Fällen der Mehrheitspartei angehörten, erleichterten die Arbeit. Auch die während der ersten beiden Konzilsperioden als hauptsächliches Widerstandszentrum auftretende Theologenkommission wurde erweitert. Die Theologenkommission hatte neben der Teilnahme an der gemischten Kommission, der das Schema über die Kirche in der Welt von heute übertragen wurde, auch die beiden umfangreichen Schemata über die göttliche Offenbarung und die Kirche zu überarbeiten. Beim Schema über die Kirche in der Welt von heute wurde schließlich unter Mitarbeit einiger Soziologen und der Berücksichtigung der Stellungnahme des protestantischen Beobachters Lukas Vischer ein völlig neuer Text erarbeitet, den die Koordinationskommission akzeptierte.

Beim Schema über die Offenbarung bedauerten viele Konzilsväter den zu starken Kompromißcharakter und wünschten eine Umarbeitung unter Beteiligung der Exegeten. Diese Arbeit wurde einer Unterkommission von sieben Konzilsvätern und 19 Experten übertragen unter Vorsitz des neuen Vizepräsidenten, Bischof Charue aus Namur, der früher Professor für Exegese war und in Löwen studiert hatte. Dieser „im Vergleich zur ursprünglichen Vorlage beachtlich verbesserte" Text (Dupuy) wurde vom Sekretariat für die Einheit gebilligt, das sich mit einigen geringfügigen Anmerkungen begnügte. Dagegen baten die Vertreter der Minderheit in der Theologenkommission den erläuternden Zusatz, daß einige Glaubenswahrheiten mit Sicherheit nur durch die Tradition erkannt werden können. Mit 17 gegen 7 Stimmen wurde dieser Schritt abgelehnt. Um aber der Minderheit Gelegenheit zur Darlegung ihres Standpunktes zu geben, wurde beschlossen, in öffentlicher Sitzung neben der *relatio* der Kommission auch einen Bericht der Minderheit über den strittigen Punkt zu verlesen.

Die Überprüfung des Schemas über die Kirche hatte die Theologenkommission bereits vor dem Abschluß der zweiten Konzilsperiode in Angriff genommen, dabei aber die Arbeit auf acht Unterkommissionen verteilt. Aufgrund der Erweiterung der Kommission zugunsten der Mehrheit, aber auch der diplomatischen und theologischen Qualitäten des neuen stellvertretenden Sekretärs (Philips) wurde ein konstruktiver Dialog möglich – vor allem im Hinblick auf das theologische Verständnis des Episkopats. Beim Kapitel über die hierarchische Struktur wurde (nach Beschluß) ein besonderer Abschnitt über die Priester eingefügt, um so angemessen auf die Einwände zahlreicher Redner einzugehen[41]. Das Kapitel über die Muttergottes bereitete Probleme. Eine Einigung zwischen den beiden Richtungen, die vom Präsidenten C. Balic der internationalen marianischen Akademie und Bischof Philips[42] vertreten wurden, erwies sich als äußerst schwierig. Schließlich mußte noch ein nach Meinung eines Experten in letzter Minute „abgesetztes" Zusatzkapitel über die eschatologischen Aspekte der Kirche überprüft werden[43].

Als alle Arbeiten abgeschlossen schienen, startete die konservative Opposition eine Gegenoffensive. Sie fühlte sich nicht nur auf dem Konzil, sondern auch in der Kommission als Minderheit und versuchte nun beim Papst hinsichtlich verschiedener Diskussionspunkte Bedenken zu wecken: bei der Frage nach der Wahrheitstreue der Evangelien, der Stellung der Muttergottes in der Heilsökonomie, dem Verzicht auf die Beschuldigung gegen die Juden als „Gottesmörder", der Preisgabe traditioneller Ansichten über die Religionsfreiheit, dem Übergewicht der Hl. Schrift gegenüber der Tradition, vor allem aber der Gefahr, daß mit der „übertriebenen Betonung" der Rolle des Bischofskollegiums die auf dem Ersten Vatikanum formulierten Dogmen wieder in Frage gestellt werden. Auf diesem Hintergrund ließ Paul VI. am 19. Mai der Theologenkommission über Generalsekretär Felici eine Liste übergeben mit sehr zurückhaltend formulierten Anregungen, wie man die Lehre von der bischöflichen Kollegialität besser in Einklang mit den Lehrdefinitionen des Ersten Vatikanums über die Vorrechte des römischen Pontifex bringen könnte[44]. Die Theologenkommission entschied sich dafür, nur teilweise darauf einzugehen.

Die überarbeiteten und von der Koordinationskommission gebilligten Texte wurden den Konzilsvätern in zwei Abteilungen zugeleitet: im April und Anfang Juli. Sie wurden um rechtzeitige Rückmeldung ihrer Anmerkungen gebeten, damit in den Kommissionen die Texte noch einmal durchgesehen und die Anmerkungen berücksichtigt werden konnten. Dadurch sollten auch die Redebeiträge der Konzilsväter in öffentlicher Sitzung verringert und die endgültige Annahme der Konstitutionen und Dekrete beschleunigt werden.

Zu den auffallendsten allerletzten Stellungnahmen zählt vor allem die „persönlich dem Hl. Vater vorbehaltene" Note, die Kardinal Larraona im Namen von etwa 40 Konzilsvätern (darunter 20 Kardinälen) am 13. September an Paul VI. übergab. Darin wurde er gebeten, aus Kapitel III des Schemas über die Kirche alle Stellen zu streichen, die sich auf die bi-

---

[41] Am Ende der vorausgegangenen Konzilsperiode hatten mehrere (vor allem spanische) Konzilsväter bedauert, daß ihrer Ansicht nach die Priester auf diesem Konzil, bei dem so viel von Bischöfen, Ordensleuten und Laien die Rede sei, vernachlässigt würden. Sie äußerten daher den Wunsch, in einer Botschaft an die Priester das Bewußtsein der Bischöfe von ihrer unersetzlichen Funktion zum Ausdruck zu bringen. Einige französische Bischöfe erarbeiteten einen Textentwurf, doch bei der Vorlage in der Vollversammlung ergaben sich so viele kritischen Anmerkungen und Verbesserungsvorschläge, daß das überlastete Sekretariat den vorläufigen Verzicht auf diese Botschaft erklärte.

[42] Vgl. G. M. Besutti, Note di cronaca sul Concilio Vaticano II e lo schema *De beata Virgine* in: Marianum 26 (1964), 1–42.

[43] Diese Anregung stammte von Johannes XXIII., der hauptsächlich an die Heiligenverehrung dachte. Er hatte Kardinal Larraona als Präfekten der Ritenkongregation mit der Vorbereitung eines entsprechenden Textes beauftragt. Dieser mehrmals überarbeitete Text wurde schließlich Anfang Februar 1964 der Theologenkommission übergeben. Paul VI. hatte den Wunsch geäußert, daß er bei der Revision des Schemas über die Kirche Berücksichtigung finde.

[44] Über diese Vorgänge siehe vor allem Cl. Troisfontaines in: Paolo VI e i problemi ecclesiologici al concilio, 104–114 u. das Kapitel von E. Vilova in: Storia del Concilio Vaticano II, Bd. 2, 441–444.

schöfliche Kollegialität bezogen[45]. Entsprechende Noten wurden auch Anfangs September von den Kardinälen Micara und Ruffini an den Papst adressiert. Neue stürmische Auseinandersetzungen über diesen sensiblen Punkt waren offensichtlich für die nachfolgende Konzilsperiode vorprogrammiert.

2. Paul VI. und das Konzil

Der Wunsch des Papstes nach einer möglichst nach der dritten Konzilsperiode erfolgenden Beendigung des Konzils, obgleich bislang erst ein Drittel des ursprünglichen Programms abgehandelt war, ließ bei einigen die Befürchtung entstehen, daß die Auflösung eines Konzils bevorstehe, das so viele Hoffnungen geweckt hatte. Dieses Unbehagen wurde noch durch die Haltung Pauls VI. während der ersten Monate im Jahre 1964 verstärkt. Es gab nicht einmal mehr den geringsten Hinweis auf die bischöfliche Kollegialität in seinen zahlreichen Ansprachen, in denen er statt dessen immer häufiger die päpstlichen Prärogativen in Erinnerung brachte. Kein einziges Indiz für die Reform der Kurie, totales Schweigen über die mögliche Schaffung eines Kirchensenats.

Allerdings zeigte sich ab dem Frühjahr, daß diese pessimistischen Deutungen ungerechtfertigt waren, daß Paul VI. vielmehr seine wohldurchdachte Reformabsicht ohne Eile, aber entschlossen fortsetzte – auch wenn er dabei vermied, die amtierenden Männer vor den Kopf zu stoßen. Weitere eindeutige Zeichen in diesem Sinn waren: Die Berufung des im Hl. Offizium heftig umstrittenen Moraltheologen B. Häring zum Fastenprediger im Vatikan, die Berufung der Kardinäle König und Alfrink in die Bibelkommission oder die Bischofsernennung des Mailänder Theologen Carlo Colombo. Noch markanter war Anfang März die Ernennung der Mitglieder des neuen Rates zur Umsetzung der liturgischen Konstitution[46]. Unter den 42 Mitgliedern – darunter waren mehrere der fortschrittlichsten Förderer des Konzils – befanden sich nur sieben Kurienmitglieder. Der Rat stand unter dem Vorsitz von Kardinal Lercaro, nicht unter dem des Präfekten der Ritenkongregation. Lercaros Sekretär war A. Bugnini, eines der „schwarzen Schafe" in den Augen der Konzilsminderheit. Im übrigen wurde bekannt, daß der Papst zwar nicht öffentlich über einen möglichen, international besetzten Bischofsrat spreche, häufig aber die Bischöfe in Privataudienz darüber konsultiere. Interessant war in diesem Zusammenhang auch die Instruktion der päpstlichen Bibelkommission vom 21. April 1964, mit der die von Kardinal Ruffini unterstützte Kampagne gegen die neuen exegetischen Methoden abgeblockt wurde. Auch hier zeigte sich, daß der Papst die rückschrittlichen Ansichten der Theologen, die ihre Meinung bis zu diesem Zeitpunkt in der Theologenkommission geltend gemacht hatten, nicht teilte.

Am 26. März sprach Paul VI. in seiner Predigt zum Gründonnerstag[47] sehr klar von seiner Absicht, „das Konzil zu einem guten Ende zu führen" und dabei dem Bischofskollegium die Bedeutung und den Wert zu verleihen, den Christus seinen Aposteln in Gemeinschaft mit dem Ersten unter ihnen übertragen wollte. Noch deutlicher waren die

---

[45] Zu diesem Brief und der Antwort des Papstes siehe das Kapitel von E. VILANOVA in: Storia del concilio Vaticano II, Bd. 3, 444–446.

[46] Vgl. G. CAPRILE, op. cit., Bd.. 3, 373–387.

[47] EBD., 308–310.

Erklärungen auf der italienischen Bischofskonferenz vom 24. April[48], in denen er vor allem die dringende Notwendigkeit der Bischofskonferenzen zum Ausdruck brachte.

Es bleibt festzuhalten, daß in der Enzyklika *Ecclesiam suam* vom 6. August 1964, die auf die Öffnung für die Schwesterkirchen und für die Welt als wesentlicher Dimension konziliarer Erneuerung ausgerichtet war, Paul VI. sich selbst offensichtlich „eher als außenstehenden Schiedsrichter denn als oberstes Organ des Zweiten Vatikanums" sehen wollte (Laurentin). Und in der Tat bestand zu Beginn des Sommers das Hauptanliegen Pauls VI. darin, die Zielsetzung des Konzils eher zu kanalisieren als voranzutreiben und übertriebene Aktionen der oppositionellen Kräfte in den Vollsitzungen einzudämmen bzw. gar nicht aufkommen zu lassen. Dies führte ihn dazu, der Theologenkommission eine Reihe von Verbesserungen vorzuschlagen, die den Begriff Kollegialität gegenüber dem päpstlichen Primat abmilderten. Insofern konnte sich die Konzilsmehrheit zu Beginn der dritten Konzilsperiode nicht damit brüsten, gegenüber der konservativen Richtung die bedingungslose Unterstützung des Papstes für sich zu haben. Es war vorauszusehen, daß der neue Konzilsabschnitt Anlaß zu neuen Auseinandersetzungen geben würde, deren Ausgang ungewiß war.

V. Dritte Konzilsperiode

1. Erneute Überprüfung der Schemata über die Kirche und die Bischöfe

Die Konzilsarbeit wurde am 14. September 1964 mit einer Konzelebration des Papstes und 24 Konzilsvätern in unvergleichbar euphorischer Stimmung aufgenommen – ein offenkundiges Zeichen für die Absicht Pauls VI., die liturgische Reform ungeachtet der ablehnenden Haltung der Ritenkongregation in die Praxis umzusetzen. Was das Schema über die Kirche betraf, so begann man mit den diesbezüglichen Voten, obwohl noch die beiden letzten Kapitel überprüft werden mußten und nur die Frage für einige Diskussionen sorgte[49], ob Maria der Titel „Mediatrix" oder „Mutter der Kirche" verliehen werden sollte. Zur allgemeinen Überraschung überschritten die *non placet*-Stimmen hinsichtlich der Kollegialität niemals die Zahl 330, betrugen also weniger als die Hälfte des schicksalhaften Drittels. Das schwierige Problem um den Diakonat wurde mit einem Kompromiß gelöst.

Auch die Abstimmung über das Schema mit dem definitiven Titel „Über die Hirtenaufgabe der Bischöfe in der Kirche" stellte kein Problem dar. Allerdings wurde mittels einer „kleinen List" (so eine Formulierung von Rouquette) der Gegner der Kollegialität im I. Kapitel das „plena" im Ausdruck „plena potestas" im letzten Augenblick gestrichen. Bei der Abstimmung erhielt dieses Kapitel nur 1030 *placet*-Stimmen (d. h. weniger als die erforderlichen Zweidrittel), demgegenüber gab es 852 *placet juxta modum*-Stimmen, von denen die meisten die Wiedereinführung des Beiwortes „plena" verlangten[50]. Auch das II. Kapitel erhielt nicht die Zweidrittelmehrheit, weil die Passagen über die bischöflichen

---

[48] EBD., 326–328 [vollständiger Text in: AAS 56 (1964), 378–387].

[49] Die 33 mündlichen Beiträge und die 57 schriftlichen Verbesserungsvorschläge sind in die *Acta synodalia*, Bd. III/1, 435–476; 504–544 und III/2, 99–188 aufgenommen.- Zu dieser Debatte siehe R. LAURENTIN, La Vierge au concile, Paris 1965, vor allem S. 25–31.

[50] Vor allem die Vertreter des Collegium belgicum hatten mit Hilfe ausgiebiger Telefonate und Taxifahrten quer durch die Stadt diese List vereitelt.

Koadjutoren und über ihre Stellvertreter, vor allem aber über die Beziehungen zwischen Diözesanbischof und Ordensangehörigen Gegenstand zahlreicher Korrekturen (889 *placet juxta modum*-Stimmen) waren. Die Kommission mußte folglich den Text überarbeiten.

2. Die Auseinandersetzung um die Religionsfreiheit und die Juden

Die Aussprache zum neuen Text über die Religionsfreiheit begann am 23. September[51]. Sie gilt fraglos als einer der Höhepunkte des Konzils. Drei Tage lang standen sich die Vertreter zweier Positionen gegenüber: auf der einen Seite (meistens Italiener und Spanier) diejenigen, für die in dieser Frage Pius IX. das letzte Wort im *Syllabus* gesprochen hat, auf der anderen Seite die Verteidiger eines modernen Standpunktes zur Gewissensfreiheit[52]. Gegen Ende der von De Smedt (im Namen des Sekretariats für die Einheit der Christen) brillant eröffneten Debatte kamen drei äußerst interessante Redebeiträge zu Gehör: jene des Krakauer Erzbischofs Kardinal Wojtyla und der Kardinäle Garronne und Colombo. Von Colombo war bekannt, daß er der hauptsächliche theologische Ratgeber Pauls VI. war, auf dessen Bitte hin er zwei wichtige Erläuterungen einbrachte. Das Einheits-Sekretariat machte sich sofort an die Arbeit, um den Text auf der Grundlage der vorgeschlagenen Verbesserungen umzuarbeiten. Einige Tage später stellte sich die Frage nach einer Intervention des Papstes erneut. Die eingetretene „Minikrise" schlug hohe emotionale Wellen hinter der Bühne des Konzils, dann im weiteren Umkreis, weil der *Messaggero* den Zwischenfall an die Öffentlichkeit brachte. Zwar handelte es sich eher um einen Sturm im Wasserglas[53], der aber die Mehrheit aufrüttelte, die auf dem besten Weg war, in einer allzu optimistischen Haltung zu erstarren.

Kaum war die Debatte über die Religionsfreiheit für beendet erklärt, als sich die Konzilsversammlung einen weiteren schwierigen Punkt vornahm: die Überprüfung des umgearbeiteten Textes über die Juden. Es handelte sich nun nicht mehr wie im ursprünglichen Text darum, die Juden von dem Vorwurf des „Gottesmordes" zu befreien. Vielmehr wurde auf Veranlassung Kardinals Cicognani, des Vorsitzenden der Koordinationskommission, eine Initiative gestartet mit dem Ziel, die „Judenerklärung" einer neuerlichen Überprüfung in kleiner Kommission zu unterwerfen, um sie entscheidend zu kürzen und so gekürzt in das Kirchenschema einzubauen. Als Staatssekretär beunruhigte ihn offenbar die Vorstellung, ansonsten bei den arabischen Staaten den Eindruck zu erwecken, die römische Kirche würde für den Staat Israel Partei ergreifen. Ausgesprochene Gegner dieser Initiative waren Kardinal Bea und Kardinal Heenan als Mitglied des Sekretariats für die Einheit der Christen. Sie verlangten den Text in seiner ursprünglichen Ausdruckskraft und ein offenes Bekenntnis zu den Verfehlungen des Christentums gegenüber den Juden. Nach erneuter kurzer Aufregung fügte das Sekretariat den überarbeiteten Text – nach dem Wunsch mehrerer (asiatischer und afrikanischer) Konzilsväter – gewissermaßen als „Sonne des Ge-

---

[51] Siehe die 42 mündlichen Beiträge und 68 schriftlichen Verbesserungsvorschläge in den *Acta synodalia*, Bd. III/2, 348–381; 468–578; 611–752. Zu dieser Debatte vgl. vor allem die Beiträge von J. GROOTAERS (S. 88–101), V. CARBONE (S. 133–154) u. J. HAMER (S. 177–182) in: Paolo VI e il rapporto Chiesa-Mondo al concilio.

[52] In erster Linie die kirchlichen Würdenträger der Vereinigten Staaten, aber auch der kanadische Kardinal Léger, der chilenische Kardinal Silva Henriquez (für 58 lateinamerikanische Konzilsväter) und Kardinal König, der unter großem Beifall auch die Freiheit für die „Kirche des Schweigens" forderte.

[53] Über diese „Oktober-Krise" siehe vor allem R. ROUQUETTE, La Fin d'une chrétienté, Bd. 2, Paris 1968, 509–519, u. G. LERCARO, Lettere del concilio, Bologna 1980, 287–292.

samtdokuments" (J. Oesterreicher) in die „Erklärung über das Verhältnis der Kirche zu den nichtchristlichen Religionen" ein, die am 20. November mit 1651 *placet* und 242 *placet juxta modum*-Stimmen gegen lediglich 99 *non placet*-Stimmen angenommen wurde.

3. Überprüfung der übrigen Schemata

Die Atmosphäre wurde wieder entspannter, als die Überprüfung des neuen (beachtlich verbesserten) Textes über die Offenbarung anstand, jetzt nicht mehr durch die faktisch aufgelöste gemischte Kommission von 1962, sondern durch eine der Theologenkommission unterstellte Unterkommission[54]. Dieser Text wurde von der Mehrheit der Konzilsväter sehr positiv aufgenommen – auch von den protestantischen Beobachtern, nach deren Einschätzung er eine tragfähige Basis für den ökumenischen Dialog darstellte. Die Vorbehalte der konservativen Konzilsteilnehmer bedeuteten weniger eine Ablehnung denn eine differenzierte Kritik des Schemas. Viele erklärten sich unter Berücksichtigung einiger Verbesserungen zur Annahme bereit, vor allem hinsichtlich des historischen Charakters der Evangelien und der größeren Bedeutung der Tradition gegenüber der Hl. Schrift.

Der überarbeitete Entwurf über das Laienapostolat wurde ebenfalls insgesamt gesehen gut aufgenommen. Die große Mehrheit der Redner[55] brachte ihre Zustimmung zu den allgemeinen Zielsetzungen des Textes zum Ausdruck, es gab keine ernsthaften Auseinandersetzungen, sondern konstruktive Kritik. Mehrere Konzilsväter bedauerten vor allem, daß dieses Schema kaum von der Ausbildung zum apostolisch tätigen Laien spricht und von der den Laien eigenen Spiritualität. Diese Unterlassungen waren Ergebnis der von der Koordinationskommission verlangten Streichung (der ursprüngliche Entwurf enthielt zu diesem Thema zwei Kapitel), weshalb die dieses Schema vorbereitende Kommission die kritischen Einwände zu diesem Punkt mit offener Genugtuung aufnahm. Mehrere Beiträge spiegelten die unterschiedlichen Sichtweisen, sogar Spannungen in der Kirche hinsichtlich der Rolle der Laien wie auch des Begriffs „Apostolat". Am Ende der Debatte stand die aufmerksam verfolgte, englisch gehaltene Rede des Laien Pat Keegan als Präsident der weltweiten Bewegung christlicher Arbeiter. Es zeigte sich sehr deutlich, daß eine umfangreiche Neubearbeitung des Entwurfs notwendig wurde, die nicht in einigen Wochen geleistet werden konnte. Die Diskussion über Schema XIII vom 20. Oktober bis 10. November bestätigte die unabdingbare Notwendigkeit, eine vierte Sessio für einen gelungenen Abschluß der Konzilsarbeit ins Auge zu fassen, wollte man entscheidende, der öffentlichen Meinung entzogene, von einem Großteil der Konzilsväter erwartete Diskussionen nicht unter den Tisch fallen lassen.

Die Debatte über die spätere Konstitution *Gaudium et spes*[56] begann unter schwierigen Bedingungen am 20. Oktober, weil der den Konzilsvätern vorgelegte Text – trotz seiner of-

---

[54] Zur Geschichte des Schemas über die Offenbarung siehe besonders R. BURIGANA, La Bibbia nel concilio. La redazione della costituzione „Dei Verbum" del Vaticano II, Bologna 1998.

[55] Text der 67 mündlichen Voten und der 72 schriftlichen Verbesserungsvorschläge in den *Acta synodalia*, Bd. III/4, 15–224; 275–398.

[56] Text der 168 mündlichen Voten und der 165 schriftlichen Verbesserungsvorschläge in den *Acta synodalia*, Bd. III/5, 142–238; 266–740 u. Bd. III/6, 38–319; 448–467.- Siehe zu dieser Debatte Ch. MOELLER, L'Élaboration du schéma XIII, 97–102; M. MCGRATH in: G. BARAUNA (Hg.), L'Église dans le monde de ce temps, Brügge – Paris 1967, 194–196; Ph. DELHAYE, Vatican II, L'Église dans le monde de ce temps (Unam Sanctam 65), Paris 1967, Bd. 1, 246–251; J. GROOTAERS in: De Maand 7 (1964), 648–651.

fensichtlichen Qualitäten – doch nicht ausgereift war. Da er einen Kompromiß zwischen einer „soziologischen" und einer „theologischen" Interpretation darstellte, kritisierten einerseits zahlreiche Theologen seine geringe Fundierung in der Lehre, während andererseits Experten beklagten, daß die soziale Diskussion zu wenig reflektiert werde. Man bemängelte außerdem seine einseitige europäische Sichtweise.

Nach dem „Döpfner-Plan" sollte zur Beschleunigung der Verfahren über einige Schemata ohne große Diskussion abgestimmt werden. Zahlreiche Konzilsväter baten jedoch im Namen von 60 Bischofskonferenzen um eine Debattierung dieser Texte. Die Gewißheit, daß eine vierte Konzilsperiode in jedem Fall notwendig sei, führte schließlich zum Verzicht auf das beschleunigende Verfahren.

Das erste dieser zur Diskussion gestellten „kurzen Schemata" behandelte die Priester[57]. Viele Konzilsväter kritisierten die Oberflächlichkeit und den zu geringen pastoralen Duktus des Textes. Sie verlangten über die Priester einen ebenso ausgearbeiteten Text wie über die Bischöfe und Laien. Mit 1199 gegen 930 Stimmen wurde der Entwurf an die Kommission zur Überarbeitung und Erweiterung verwiesen.

Der Entwurf über die mit Rom unierten Ostkirchen war zwar im Vergleich zur Erstversion verbessert, litt aber weiterhin unter mangelnder ökumenischer Gesinnung und überging zu stark die wahre Bedeutung der Patriarchate als Institution. Der Entwurf wurde außerdem nicht nur von den ostkirchlichen Kirchenvertretern stark kritisiert[58], sondern auch von herausragenden Persönlichkeiten wie den Kardinälen König und Lercaro. Mehrere schlugen die Ablehnung des Schemas vor, einige unierte Bischöfe schätzten jedoch das unmittelbare pastorale Interesse des diskutierten Textes und plädierten daher für seine Beibehaltung, wobei sie die Zustimmung der meisten lateinischen Bischöfe erreichten. Immerhin wurden fast 2000 Verbesserungsvorschläge vorgelegt, die zu einer deutlichen Verbesserung des Textes in der Kommission führten.

Auch der Entwurf über die Mission wies schwere Mängel auf. Trotz der Unterstützung, die der Papst mit seiner Gegenwart bei der Präsentation des Entwurfes zu signalisieren schien, wurde der Text heftig kritisiert[59]. Da man eine zu scharfe Mißbilligung für Kardinal Agagianian mittels einer kategorischen Ablehnung vermeiden wollte, einigte man sich auf eine Formulierung, mit der die Kommission zur Überarbeitung entsprechend den im Verlauf der Debatte geäußerten Wünschen aufgefordert wurde.

Bei den Leitsätzen über die Erneuerung des Ordenslebens gab es eine Reihe von Konzilsvätern, die die vorgelegten Texte als völlig unzureichend ansahen für eine ernsthafte Beratung über die mit dem *aggiornamento* verbundenen Problemstellungen; es fehlte ihrer Meinung nach die nötige Inspiration, die Perspektive blieb zu juridisch und hinter der konziliaren Bewegung zurück. Auf der anderen Seite fürchteten die Generaloberen und viele aus einem Orden hervorgegangenen Bischöfe, daß im Falle einer Ablehnung des debattierten Textes die Kardinäle Döpfner und Suenens die Gelegenheit zu radikalen Veränderun-

---

[57] Text der 41 mündlichen Voten und der 106 schriftlichen Beiträge in den *Acta synodalia*, Bd. III/4, 225–272; 403–484; 539–666; 959–969. Bemerkenswert ist, daß am 17. November ein spanischer Geistlicher vor den Konzilsvätern reden durfte (vgl. G. Caprile, op. cit., Bd. 4, 210–212).

[58] Siehe die 30 mündlichen Voten und die 21 schriftlichen Anmerkungen in den *Acta synodalia*, Bd. III/4, 517–535; Bd. III/5, 11–43; 64–114; 241–262; 867–890. Zu dieser Debatte besonders: O. Rousseau in Irénikon 37 (1964), 516–519.

[59] Die 30 mündlichen Voten und die 200 schriftlichen Anmerkungen sind in die *Acta synodalia*, Bd. III/6, 324–446; 471–655; 676–966 aufgenommen.

gen in der Struktur der Orden ergreifen könnten im Sinn einer besseren Anpassung an das moderne Apostolat. So kam es zwar nicht zu einer Ablehnung, aber die Anzahl der *modi* war außergewöhnlich hoch: insgesamt 5638 – ein Rekord auf diesem Gebiet seit Beginn des Konzils.

Unter wachsendem Zeitdruck, bedingt durch die immer häufigere Unterbrechung der Debatten durch Abstimmungen, behandelten die Konzilsväter in den letzten Tagen in aller Eile die Entwürfe über die Priesterausbildung, die christliche Erziehung und über das Ehesakrament. Aber das anfängliche Feuer der Begeisterung war geschwunden, die dritte Konzilsperiode ging in einer angespannten und für viele unerfreulichen Atmosphäre zu Ende, vor allem für diejenigen, denen die ökumenische Dimension der Probleme am Herzen lag. Dabei hatte diese Periode gut begonnen und auch in ihrem Verlauf gezeigt, wieweit viele Gedanken innerhalb von zwei Jahren gereift waren. Zur Enttäuschung trugen nicht zuletzt die Vorgänge um den „schwarzen Donnerstag" bei.

4. „La settimana nera"

Zu Kapitel 3 des Schemas über die Kirche – vor allem zum Punkt über die bischöfliche Kollegialität – wollte Paul VI. von der Mehrheitspartei Konzessionen erreichen, die nicht nur eine Annäherung der Standpunkte ermöglichten, sondern auch seine eigene Besorgnis beheben konnten. Er verpflichtete die Theologenkommission, wohlwollend einige der von der Minderheit vorgeschlagenen Verbesserungen aufzunehmen. Demgegenüber hatte sich im linken Flügel der Mehrheit eine neue Opposition[60] herausgebildet, die der Theologenkommission zu viele Konzessionen an diese Minderheit vorwarf. Die Konzilsverantwortlichen wiesen ihrerseits darauf hin, daß das Bessere der Feind des Guten sei; falls man nicht eine bestimmte Flexibilität unter Beweis stelle, stehe zu befürchten, daß die Verkündigung der Kirchenkonstitution zurückgestellt werde. Bei dieser Sachlage entstand in der Theologenkommission (in der letzten Oktoberwoche) die Idee einer „nota explicativa", in der die Annahme der *modi* der Minderheit erläutert werden sollte (31 von mehreren Tausend sind berücksichtigt worden). Die Konzilsväter erhielten mit den Veränderungsvorschlägen zu den Kapiteln 3 bis 8 schließlich eine von Paul VI. angeregte *Nota explicativa praevia*[61], die ausschloß, daß die Lehre vom Primat durch die Lehre vom Bischofskollegium beeinträchtigt wurde. Sie war Anfang November von G. Philips (und nicht, wie einige annahmen, von C. Colombo oder vom Kirchenrechtler Bertrams) verfaßt worden und rief bei vielen Enttäuschung darüber hervor, daß man auf diese Weise den Inhalt des Kapiteltextes abgeschwächt habe. Doch wurde in Wirklichkeit nichts an seiner Substanz verändert. Die von mehreren Wortführern der Minderheit (vor allem von den Kardinälen Siri und Ruffini) gezeigte Genugtuung verstärkte jedoch den Eindruck, daß die Tragweite des ursprünglichen Textes geschmälert worden sei[62].

---

[60] Sie bestand vor allem aus einigen französischen und melkitischen Bischöfen, die Unterstützung fand bei französischen Experten des Sekretariats für die Einheit, mehreren deutschen und holländischen Theologen und bei der „Bologna-Gruppe".

[61] Nach seinem Verständnis sollte dieser Note analoge Bedeutung zukommen wie der berühmten *Relatio* von Mgr. Grasser beim Ersten Vatikanum hinsichtlich der Definition der päpstlichen Unfehlbarkeit.

[62] Zur Auseinandersetzung um die sog. *Nota explicativa praevia* siehe das grundlegende Werk von J. GROOTAERS, Primauté et collégialité – Le dossier de G. Philips, Löwen 1986 [kritische Rezension von G. ALBERIGO in: Cristianesimo nella storia 8 (1987), 147–163], sowie Cl. TROISFONTAINES, A propos de quelques interventions de Paul VI

Zwei Ereignisse sind es, die die Enttäuschung der Mehrheit noch vermehrten. Am sogenannten „schwarzen Donnerstag", dem 19. November, sollte zunächst über den Entwurf
zur Religionsfreiheit abgestimmt werden. Da die neue Version, an der maßgeblich J. C.
Murray SJ[63], dann Kardinal P. Pavan[64] beteiligt waren, erheblich von der Erstvorlage ab-
wich, ging die Minderheit zurecht davon aus, daß dieser Entwurf vor der Abstimmung in
öffentlicher Sitzung erst beraten werden müsse, und beantragte eine Verschiebung der Abstimmung. Das bedeutete aber zugleich, daß die Entscheidung über diesen Text auf die folgende Sessio verschoben werden mußte. Diesem Standpunkt schloß sich die Konzilsleitung an, worüber sich die Mehrheit der Konzilsversammlung empörte in der Annahme,
daß hier die Minderheit sich aus einer möglichen Abstimmungsniederlage herauswinden
wolle. Mit einer direkten Intervention beim Papst wollte die Mehrheit das Abstimmungs-
verfahren retten. Paul VI. war jedoch auf die Einhaltung des Reglements bedacht und
konnte daher nur bestätigen, daß die Abstimmung über die Religionsfreiheit auf die nachfolgende Session vertagt werde. Diese sachlich unangreifbare Entscheidung hatte atmo-
sphärisch gesehen zunächst verheerende Auswirkungen; sie sollte sich letztendlich aber
als vorteilhaft erweisen, weil damit der Text weiter verbessert werden konnte.

Die Unzufriedenheit der Konzilsmehrheit wuchs jedoch noch weiter an, als der General-
sekretär ankündigte, daß der Papst in letzter Minute Änderungen in den Text der Vorlage
De oecumenismo eingebracht habe, die einen Tag später zur Abstimmung vorgesehen war.
Mehrere dieser Änderungen markierten eine gewisse Zurückhaltung gegenüber den von
Rom getrennten Brüdern und einen leichten Rückschritt im Vergleich zum Originaltext.
Daher waren einige Konzilsväter – vor allem deutsche Bischöfe – kurzzeitig versucht, das
ganze Dokument abzulehnen[65].

Neben die Ermüdung gegen Ende einer arbeitsreichen Session trat so die Enttäuschung
zahlreicher Konzilsväter über den dreifachen Erfolg, den die konservative Minderheit zuletzt errungen hatte. Die Schlußsitzung trug nicht zur Entspannung bei, weil Paul VI. in
seiner Schlußansprache eigenmächtig „Maria zur Mutter der Kirche" erklärte – eine Aus-
zeichnung, die von der Konzilskommission bewußt nicht in den Text der Konstitution eingefügt worden war[66]. Damit konnte der Eindruck entstehen, daß der Papst das Konzil übergangen habe. Kurz gesagt: Am Ende der dritten Periode hatten viele den Eindruck, daß
dem Konzil der Elan genommen worden war von einer Opposition, die ihre Prädominanz
innerhalb der römischen Kurie ausnutzte, um Vorbehalte des Papstes zu schüren. Doch davon abgesehen war die Schlußbilanz in hohem Maße positiv: Zum einen hatte sich im Verlauf dieser zwei Monate die große – in den ersten beiden Konzilsperioden eingeleitete –

---

dans l'élaboration de *Lumen gentium*, in: Paolo VI e i problemi eclesiologici al concilio, 115–131; 141 f.; G.
CAPRILE, Contributo alla storia della *Nota explicativa praevia*. Documentazione inedita; ebd., 589–697.

[63] Bevor er als Privatexperte von Kardinal Spellman Teilnehmer des Konzils wurde, hatte Kardinal Ottaviani diesen amerikanischen Jesuiten seit 1953 praktisch zum Schweigen verurteilt. Zu seiner Konzilstätigkeit siehe besonders D. GONNET, La Liberté religieuse à Vatican II. La contribution de John Courtney Murray (Cogitatio Fidei
183), Paris 1994.

[64] Er war als verantwortlicher Redakteur der Enzyklika *Pacem in terris* stark von den Vorstellungen Maritains
beeinflußt.

[65] Siehe dazu: P. DUPREY, Paul VI et le décret sur l'oecuménisme, in: Paolo VI e i problemi eclesiologici al concilio, op. cit., 238–247.

[66] Siehe R. LAURENTIN, La proclamation de Marie *Mater Ecclesiae* par Paul VI, in: Paolo VI e i problemi ecclesiologici al concilio, 310–375, sowie die Aufzeichnungen von Kardinal M. MACCARRONE, ebd., 414–420.

Wende entscheidend durchgesetzt, trotz der von den Konservativen betriebenen Nachhut-gefechte. Zum anderen waren zwei der drei in der feierlichen Sessio vom 21. November verkündeten Texte von ausschlaggebender Bedeutung, nur der Text über die unierten Ost-kirchen blieb hinter den Erwartungen zurück[67].

Die Konstitution *Lumen gentium* über die Kirche[68] wurde mit fast einstimmigem Schlußvotum angenommen – ein Akt des Lehramtes der Kirche, der zwar nicht Unfehlbar-keit, aber doch gläubige Annahme beanspruchen darf. Die Konstitution ist insgesamt ge-sehen ein wahrlich gelungener Text, der die Kirche in einer bis dahin noch nie in einem Konzilsdokument erreichten Tiefe präsentiert. Diese Gesamtdarstellung erneuert auf Grund der herangezogenen patristischen und ostkirchlichen Tradition die ekklesiologische Problematik und kennzeichnet den Übergang von der Ära der Gegenreformation zur Ära der Ökumene.

Das Dekret *Unitatis redintegratio* zum Ökumenismus regelt die Beziehungen zu den an-deren christlichen Kirchen. Es wurde mit 2129 *placet* gegen 64 Stimmen angenommen. Sein Text ist von großer theologischer und pastoraler Dichte und markiert einen entschei-denden Übergang von der unionistischen Zeit, in der die Nichtkatholiken einzig zur Rück-kehr in den Schoß der katholischen Kirche aufgefordert wurden, zu einem Kirchenbegriff, der die gemeinsame Suche nach Einheit durch den Dialog[69] ermöglicht und entscheidend voranbringt.

VI. Die letzte Intersessio

In den ersten Wochen nach Abschluß der dritten Konzilsperiode stellten sich viele auf-grund der Enttäuschungen der letzten Arbeitswoche die Frage, ob die den Kommissionen übergebenen Texte nicht Gegenstand zweifelhafter Kompromisse würden. Diese Frage war umso mehr berechtigt, als die von Paul VI. angekündigte Reform der Kurie offensicht-lich ins Stocken geraten war und Blockaden von mehreren Seiten auftauchten. Sehr schnell stellte sich jedoch heraus, daß dieser Pessimismus unangebracht war: Die Kardinalserhe-bungen vom Februar 1965 – darunter waren Kardinal Cardijn, der Gründer der *Jeunesse Ouvrière Chrétienne* (JOC), Kardinal Bevilacqua und vier Mitglieder des Sekretariats für die Einheit – erhöhten den Einfluß der Konzilsmehrheit innerhalb des Kardinalkollegiums. Eine Reihe weiterer Entscheidungen Pauls VI. beruhigte diejenigen, die befürchteten, er habe sich von den Gegnern der konziliaren Reform manipulieren lassen. Unter anderem

---

[67] Er war noch unzureichend durchdrungen von der ekklesiologischen Erneuerung und dem ökumenischen Geist, demgegenüber sich viele Mitglieder der sehr starken orientalischen Fraktion innerhalb der Konzilskommission ablehnend verhielten. Er enthielt jedoch eine Reihe von positiven Erkenntnissen und bildete für die Bewahrung der – oft von den noch zahlreichen Vorkämpfern der Latinisierung in Frage gestellten – ostkirchlichen Traditionen eine offizielle Garantie.

[68] Siehe dazu besonders G. PHILIPS, L'Église et son mystère au IIe concile du Vatican – Histoire, texte et com-mentaire, 2 Bde., Paris 1968; G. BARAUNA (Hg.), La Chiesa del Vaticano II – Studi e commentari, Florenz 1965; A. ACERBI, Due ecclesiologie – Ecclesiologia giuridica ed ecclesiologia di communione nella „*Lumen gentium*", Bologna 1975.

[69] Leider wurde über diesen sehr fortschrittlichen Text am gleichen Tag abgestimmt wie über das von einer über-holten Ekklesiologie geprägte Dekret über die Ostkirchen. Das Dekret *Unitatis redintegratio* stellte die unierten Kirchen als Vorbild für die erhoffte Vereinigung dar. Viele Orthodoxe waren von diesem Dekret vor den Kopf gestoßen und neigten folglich dazu, dessen Bedeutung für den Ökumenismus herunterzuspielen.

schritt Paul VI. mit großer Entschlossenheit auf dem Weg der Ökumene voran, indem er
die verschiedenen Initiativen Kardinal Beas unterstützte, Kontakte und Gedankenaustausch mit den Verantwortlichen der getrennten Kirchen verstärkte und sogar offiziell die
Zusammenarbeit mit dem Ökumenischen Rat der Kirchen aufnahm. Auch gründete er im
Frühjahr 1965 ein Sekretariat für die Nichtgläubigen unter dem Vorsitz von Kardinal König, um auf diese Weise einen Dialog mit den Atheisten anzuregen.

Aus der Arbeit der Kommissionen, die mit der Überarbeitung jener 11 Texte beschäftigt
waren, die während der vierten Periode dem Konzil zur Überprüfung vorgelegt werden
sollten, sickerte durch, daß die Überarbeitung kein Rückschritt war. Für einige Kommissionen war die Aufgabe relativ unkompliziert, da es sich nur um Vervollkommnungen und
Nuancierungen der Dokumente handelte unter Berücksichtigung der von den Konzilsvätern mündlich oder schriftlich formulierten Eingaben. In mehreren Fällen mußten die
Texte der Vorlagen (Schemata) aufgrund der Kritik mehr oder weniger einschneidend umgeschrieben werden. Zur Beschleunigung der Arbeit erweiterten mehrere Kommissionen
ihre Unterkommissionen und zogen zunehmend Experten heran, Theologen und Kirchenrechtler, aber auch Soziologen und Spezialisten der Seelsorge. Diese beachtliche Arbeit
vollzog sich fast unbemerkt von der großen Öffentlichkeit und wurde in den ersten Monaten des Jahres 1965 abgeschlossen. Teilweise wurde damit schon in der vorangegangenen
Konzilsperiode begonnen.

Aufgrund der intensiven Arbeit der sechs Unterkommissionen, in denen die Laien und
die Praktiker diesmal gut vertreten waren, war nun die Kommission für das Laienapostolat
in der Lage, im Verlauf der letzten Wochen der dritten Periode, dann in der ihrer Vollsitzung vom 25. bis 30. Januar 1965 den im Oktober diskutierten Text grundlegend umzuge-
stalten. Der wesentlich verbesserte Text sollte nur noch Gegenstand geringfügiger Veränderungen im Verlauf der vierten Periode sein.

Auch der inzwischen erweiterten Missionskommission (als Sachverständige waren
Congar, Ratzinger, Seumois hinzugezogen worden) gelang es, einen gegenüber der Origi-
nalversion wesentlich verbesserten neuen Text zu erstellen. In der Kommission für die Orden erarbeitete eine Unterkommission in fruchtbarer Atmosphäre einen neuen Text, der
stark erweitert und inhaltlich erneuert war und die Tendenzen zum damaligen Zeitpunkt
berücksichtigte: den Standpunkt der Diözesanbischöfe wie den der Orden. Gegenseitige
Konzessionen führten zu einem nuancierten Text, der insgesamt bei den Konzilsteilnehmern guten Anklang fand[70].

Das Einheitssekretariat hatte zwei besonders schwierige Texte zu überarbeiten: die Erklärung über die Religionsfreiheit und über die nichtchristlichen Religionen (hier inbesondere die Stellung zum Judentum). Aus theologischen und seelsorglichen Gründen ergab
sich bei der ersten Erklärung eine starke Opposition. Ende Dezember 1964 wurden zwei
anonyme Broschüren gegen das im November vorgelegte Schema allen Konzilsteilnehmern auf Anregung des *Coetus internationalis Patrum* zugeleitet. Der Vorwurf richtete
sich gegen das „Recht auf Irrtum". In der Kirche gab es noch zahlreiche Theologen und
Kirchenrechtler, die die progressive Lehrentwicklung seit Leo XIII. nicht teilten und weiterhin die Annahme eines *Rechts* auf Religionsfreiheit als Häresie betrachteten, daher nur
eine *Toleranz* im Irrtum zuließen, und das nur dort, wo es um die Vermeidung eines größe-

---

[70] Vgl. A. Le Bourgeois in: Vatican II – L'adaptation et la rénovation de la vie religieuse (Unam Sanctam 62),
Paris 1967, 67–70.

ren Schadens ging. Außerdem befürchteten viele Bischöfe aus Gegenden mit starker katholischer Bevölkerungsmehrheit, in denen man keine Erfahrung mit der bürgerlichen Freiheit in religiösen Fragen hatte, daß die Proklamation der individuellen Gewissensfreiheit auf Lehrebene Verwirrung bei den Gläubigen auslösen könnte. Die Kommission bemühte sich, ein weiteres Mal den Entwurf so umzuarbeiten, daß die Lehre klarer und im Gedankenaufbau besser strukturiert dargeboten wurde. Um der Enttäuschung der Protestanten begegnen zu können, die bedauerten, daß der auf Murray zurückgehende stärker kirchenrechtlich und praktisch orientierte Text weniger theologischen Tiefgang habe, wurde ein Kapitel über die Wurzeln der Religionsfreiheit in der Hl. Schrift angefügt. Dieser neue Text stellte unleugbar eine Verbesserung gegenüber den im November vorgelegten Text dar. Wie damals mehrfach vorausgesagt, hatte die Verzögerungstaktik der Minderheit letztendlich einen positiven Effekt ausgelöst.

Bei der Erklärung über die nichtchristlichen Religionen mußten die ersten Kapitel über den Hinduismus, Buddhismus und Islam nur in Detailfragen abgeändert werden, während Kap. IV (über die Juden) weiterhin für viel Unruhe sowohl auf politischer wie lehrmäßiger Ebene sorgte. Unter diesen Bedingungen sah sich das in dieser Frage selbst geteilte Sekretariat verpflichtet, den während der dritten Konzilsperiode[71] diskutierten Text beträchtlich zu verändern. Der neue Text war gegenüber der vorausgehenden Version etwas abgeschwächt, wenn er auch im wesentlichen dessen Positionen beibehielt.

Von allen Kommissionen mußte die gemischte Kommission, die sich mit der Umarbeitung von Schema XIII[72] („Die Kirche in der Welt von heute") zu befassen hatte, die meiste Arbeit bis zur vierten Tagungsperiode leisten. Da Bischof Guano von Livorno wegen Krankheit verhindert war, fiel die effektive Leitung der Konzilsarbeit Erzbischof Garronne aus Toulouse und Weihbischof A. Ancel aus Gerlier zu. Anfang Februar versammelten sich die sieben Unterkommissionen in Ariccia in der Nähe Roms und erreichten „in einer Gebets- und Arbeitsatmosphäre" (McGrath) entscheidende Fortschritte für den Entwurf (mit Hilfe eines *brain trust*, dem vor allem A. Glorieux, Ch. Moeller und R. Tucci angehörten sowie Haubtmann vom Institut Catholique in Paris, der schon entscheidenden Anteil bei den vorausgehenden Arbeiten hatte und bei der Schlußredaktion des Textes eine bedeutende Rolle spielen sollte). Anfang April wurde der im Verlauf von arbeitsintensiven Sitzungen umgearbeitete Text den 60 Vertretern der gemischten Vollkommission vorgelegt. Dieser Text wurde erweitert, als Antwort auf den zu westeuropäischen Charakter des Erstentwurfs. Am 11. Mai nahm auch die Koordinationskommission nach einem befürwortenden Bericht von Kardinal Suenens diesen Text an.

Mitte Juni ließ der Generalsekretär des Konzils den Konzilsvätern die überarbeiteten Texte zukommen. In zahlreichen Ländern wurden sie im Rahmen von Bischofs- oder Regionalkonferenzen durchgesehen, derweil die einflußreichen Mitglieder des *Coetus internationalis Patrum* einen neuen Versuch unternahmen, Paul VI. zu einer wirksamen Verteidigung des Standpunktes der Minderheit zu bewegen.

---

[71] Obwohl G. Cottier die „grundlegende Überarbeitung" der Version von 1964 anerkannte, rechtfertigte er langatmig die eingefügten Korrekturen [Vatican II – Les relations de l'Église avec les religions non chrétiennes (Unam Sanctam 61), Paris 1966, 67–75].

[72] Siehe dazu Ch. Moeller, L'Élaboration du schéma XIII, Tournai 1968, 102–123; R. Tucci in: La Chiesa e il mondo contemporaneo nel Vaticano II, Turin 1966, 78–103; M. McGrath in: G. Barauna (Hg.), L'Église dans le monde de ce temps, Paris 1967, 198–201.

VII. Die vierte Konzilsperiode

1. Die letzten Debatten

Bei der Eröffnungszeremonie am 14. September 1965 verkündete Paul VI. zwei aufsehenerregende Entscheidungen: zum einen auf Wunsch des Konzils die Schaffung einer Bischofssynode, deren Aufgabe darin bestehen sollte, in regelmäßigen Abständen „ihre Stellungnahmen und ihre Mithilfe" dem Papst zu gewähren – ein erstes Zeichen für die intendierte kollegiale Zusammenarbeit der Bischöfe mit der Leitung der Kirche; zum anderen die Annahme einer Einladung der UNO, in New York aus Anlaß der 25jährigen Gründungsfeier[73] vor den Vereinten Nationen zu sprechen.

Die ersten fünf Sitzungen galten dem Studium des neuen Entwurfs über die Religionsfreiheit[74]. Trotz erheblicher Konzessionen gegenüber der Minderheit – man hatte selbst einige aus der Enzyklika *Pacem in terris* von Johannes XXIII. übernommene Formulierungen abgeschwächt – stieß dieser Text ein weiteres Mal auf den hartnäckigen Widerstand der nostalgisch befangenen Anhänger einer heute überholten historischen Konstellation. Schließlich mußte Paul VI. persönlich intervenieren, um die verfahrene Situation wieder aufzuheben. Damit endete die letzte große Auseinandersetzung auf dem Konzil, das von da an in entspannter Atmosphäre verlief. Bei der am Ende der Debatte gestellten Frage: „Entspricht der erneut verbesserte Text über die Religionsfreiheit […] den im Verlauf der Diskussion vorgeschlagenen und nach den Normen der Konzilsordnung zu billigenden Verbesserungen?"[75] war die Antwort eindeutig: 1997 *placet* gegen 224 *non placet*-Stimmen. Einmal mehr zeigte sich, daß die Opposition trotz ihrer rührigen Propaganda kaum 10 Prozent überschritt. Aber ein weiteres Mal ergab sich auch, daß sich das Sekretariat ihretwegen erneut an die Arbeit machen mußte, auf das Versprechen von De Smedt am Ende der Debatte hin: „Secundum vestras observationes, schema nostrum re-emendatum re-re-emendabimus"[76].

Der überarbeitete Text über die „Kirche in der Welt von heute" wurde insgesamt positiv aufgenommen, wenngleich er von den einen weiterhin als verfrüht, von anderen als zu vor-

---

[73] Der Besuch Pauls VI. bei der UNO fand am 4. und 5. Oktober statt. Der Papst legte Wert darauf, das Ereignis mit dem Konzil zu verbinden, indem er acht aus den verschiedenen Teilen der Welt gebürtige Kardinäle als Repräsentanten des Konzils als seine Begleiter bestimmte. Nach seiner Rückkehr nach Rom unterbreitete Kardinal Liénart im Namen des Präsidialrates den Vorschlag, die in New York gehaltene Ansprache des Papstes in die Konzilsakten aufzunehmen. Zu dieser Reise vgl.: R. LAURENTIN, Bilan du concile, Paris 1966, 97–102, sowie die Bilanz in dem Werk „Paolo VI – Discorsi e documenti sul concilio", Brescia 1986, 355–378.

[74] Siehe die 69 mündlichen Voten in den *Acta synodalia*, Bd. IV/1, 200–431, IV/2, 11–20 sowie die 137 schriftlich während der Intersessio eingesandten Stellungnahmen, ebd., Bd. IV/1, 605–881, u. die 116 eingereichten schriftlichen Stellungnahmen infolge der neuen Debatte, Bd. IV/2, 59–298. – Zu dieser Debatte siehe im besonderen (bis zum Erscheinen von Bd. 5 der Storia del concilio Vaticano II) G. CAPRILE, op. cit., Bd. 5, 19–33, u. R. VALLE, op. cit., 43–72; schließlich die Beiträge von J. GROOTAERS (S. 101–125), V. CARBONE (S. 159–175) und P. PAVAN (S. 106–188) in: Paolo VI e il rapporto Chiesa-Mondo al concilio.

[75] Den Text hatte Kardinal Felici verfaßt. Die allerdings vom Papst selbst stammende Schlußklausel implizierte, daß der Text allein der Zuständigkeit des Sekretariats für die Einheit zuzuschreiben ist. Zu diesem Vorgang siehe: A. LIÉNART, Vatican II, 141; G. LERCARO, Lettere del concilio, 348–351; R. LA VALLE, op. cit., 87–90; X. RYNNE, op. cit., 49f.; R. LAURENTIN, op. cit., 66–68.

[76] *Acta synodalia*, Bd. IV/1, 433.

sichtig beurteilt wurde. Nach einer zweiwöchigen konstruktiven Debatte[77] wurde die letzte Korrektur Erzbischof Garrone übertragen.

Auch das stark überarbeitete Schema über die Mission fand dieses Mal allgemeine Zustimmung. Allerdings wurde es durch mehrere Interventionen noch verbessert, vor allem durch die Einbeziehung der Richtlinien des Ökumenismus-Dekrets[78]. Im Hinblick auf die von zahlreichen Konzilsvätern gewünschte Reform der Kongregation *De propaganda fide* erhielt der von der Kommission erarbeitete Text eine Veränderung in letzter Minute, die von der päpstlichen Kommission für die Reform der römischen Kurie verlangt wurde: Sie gab zu verstehen, daß die Reform eines Dikasteriums ausschließlich in die Kompetenz des Hl. Stuhles falle. Mehr als 300 Konzilsväter protestierten gegen diese Abänderung und erreichten, daß „ausgewählte Vertreter" der Missionsorden und des Missionsepiskopats in die Propagandakongregation zu berufen seien.

Weit geteilter waren die Meinungen zum neuen Schema über die Priester[79]. Dieser Text wurde mit großer Zurückhaltung von den Priestern aufgenommen, die von ihren Bischöfen konsultiert worden waren. Viele Konzilsväter hielten daher eine Neubearbeitung für unerläßlich. Außerdem brachte die Debatte krasse Unterschiede in den Ansichten über das Wesen des Priestertums zu Tage. Die einen unterstrichen den missionarischen Charakter des presbyteralen Amtes, die anderen den kultischen Charakter. Die Debatte verlief reichlich eintönig, nur unterbrochen durch die Ankündigung, daß der Papst eine Entscheidung über die Frage des Zölibats dem Konzil entziehe.

2. Die letzten Voten

Der letzte Monat galt der allerletzten Korrektur an den Texten – eine harte Prüfung für einige Kommissionen, die einen echten Kampf gegen die Uhr führten[80]. In den meisten Fällen ergaben sich keine Probleme.

Das nicht durch eine Kommission, sondern durch die Ritenkongregation erarbeitete Schema, das die Ablaßpraxis reformieren sollte, wurde durch den Großpönitentiar Cento am 9. November erläutert. Dem Text fehlte es zwar nicht an praktikablen Vorschlägen, die seitens der römischen Kanonisten möglicherweise sogar als mutig empfunden wurden, doch das einleitende theologische Exposé über den Ablaß war von einer weitgehend überholten Theologie geprägt. Die in Rom anwesenden Präsidenten der Bischofskonferenzen

---

[77] Siehe die 157 mündlichen Voten in den *Acta synodalia*, Bd. IV/1, 559–596; Bd. IV/2, 21–54; 366–501; 621–664; Bd. IV/3, 17–141; 248–296; 360–402; 509–662; 720–735, und die schriftlichen Vorschläge, ebd., Bd. IV/2, 669–943; Bd. IV/3, 145–244; 299–355; 407–503; 757–861. – Zu dieser Debatte vor allem: G. Caprile, op. cit., Bd. 5, 67–185; R. La Valle, op. cit., 102–298; Ch. Moeller, L'Élaboration du schéma XIII, 125–130; Ph. Levillain, La Mécanique politique de Vatican II, 350–360.

[78] Siehe dazu die 42 mündlichen Voten in den *Acta synodalia*, Bd. IV/3, 708–715, u. Bd. IV/4, 134–224; 287–327; die 133 schriftlichen Bemerkungen, ebd., 397–680. – Zu dieser Debatte vgl. vor allem G. Caprile, op. cit., Bd. 5, 185–222; A. Wenger, op. cit., 283–299.

[79] Siehe die 56 mündlichen Voten in den *Acta synodalia*, Bd. IV/4, 685–689; 725–824; Bd. IV/5, 12–69; 159–203; die 208 schriftlichen Stellungnahmen Bd. IV/4, 872–966; IV/5, 209–541. – Zu dieser Debatte: A. Wenger, op. cit., 315–341; H. Denis, op. cit., 151–156.

[80] Eine Übersicht zu den 261 Wahlgängen der 4. Konzilsperiode findet sich bei R. Laurentin, Bilan du concile, 416–434. Das Tempo der elektronischen Zählwerke machte es notwendig, zwischen den einzelnen Wahlgängen eine Pause von etwa 20 Minuten anzusetzen, die teilweise mit Gesängen überbrückt wurden, welche die Kirchenchöre aus Essen und Subiaco oder die „Petits Chanteurs à la croix de bois" von Paris vortrugen.

erkannten diese Schwäche mit sicherem Gespür und unterzogen das Schema einer scharfen Kritik. Daher wurde es von Felici am 12. November zurückgezogen.

Das Schema über die nichtchristlichen Religionen sorgte bis zum Abschluß auf allen Seiten für Unruhe. Viele Mitglieder der Mehrheitspartei beschwerten sich über die Entschärfung des Textes während der Intersessio und wollten mit *non placet* in der Hoffnung stimmen, daß man zum ursprünglichen Text zurückkehre. Der *Coetus internationalis Patrum* hielt dagegen den Text immer noch für zu judenfreundlich und rief zur Abstimmung mit *non placet* auf. Das Plädoyer von Kardinal Bea zugunsten des abgeschwächten Textes bewirkte, daß viele ihre schwankende Haltung aufgaben. Schließlich wurde das Schema mit 1763 *placet*-Stimmen und 250 Gegenstimmen angenommen.

Da man nun über fünf Texte verfügte, die alle Prüfinstanzen bereits hinter sich hatten, wurde zur Entlastung der abschließenden Sessio deren feierliche Proklamation für den 28. Oktober beschlossen – den siebten Jahrestag der Wahl von Johannes XXIII. zum Papst. Es handelte sich um folgende Texte: 1. das Dekret *Christus Dominus* über das Hirtenamt der Bischöfe, das klare Konsequenzen aus der erneuerten Theologie der bischöflichen Kollegialität zog und die Organisation der Bischofskonferenzen regelte; 2. das Dekret *Perfectae caritatis* über die Erneuerung des Ordenslebens, das nach der Umarbeitung der Unterkommissionen fast ohne Gegenstimmen angenommen worden war und den Weg für längst erwartete Reformen frei machte; 3. das Dekret *Optatam totius* über die Priesterausbildung, das zwar in traditionellem Denkschema abgefaßt war, aber dennoch beachtliche Neuerungen mit sich brachte; 4. die eher farblose Erklärung *Gravissimum educationis momentum* über die christliche Erziehung; 5. die berühmt gewordene Erklärung *Nostra aetate* über die nichtchristlichen Religionen, denen zum ersten Mal in der Geschichte ein Konzil ausdrücklich positive religiöse Werte zuerkannte und in paulinischer Perspektive ein Dialogprogramm zwischen katholischer Kirche und dem Judentum eröffnete, indem jede Form des Antisemitismus unmißverständlich verurteilt wurde.

Am darauffolgenden Tag wurden die Konzilsväter aufgefordert, sich endgültig zum Offenbarungsschema zu äußern. Bestimmte Punkte bereiteten noch Schwierigkeiten, und Paul VI. schlug nach Rücksprache mit seinen theologischen Ratgebern und Diskussion mit den Moderatoren einige Änderungen vor. Doch der veränderte Text konnte noch nicht die hartnäckigsten Vertreter der Minderheit überzeugen, die Modernismus am Werk witterten. Einmal mehr stellte sich heraus, daß die wirkliche Opposition nur unbedeutend war: Bei den sieben Wahlgängen gingen die *non placet*-Stimmen niemals über 55 hinaus.

Nach Allerheiligen mußten die Konzilsväter über das Dekret zum Laienapostolat abstimmen[81]. Auch hier gab der Papst einige kleinere Anregungen, die von der Kommission teilweise berücksichtigt worden sind (vor allem in den Abschnitten über die Jugend). Bei den Abstimmungen ergaben sich nur zwischen 6 und 16 *non placet* Stimmen zu den verschiedenen Kapiteln. Am darauffolgenden Tag wurde der gesamte Text mit 2201 gegen 2 Stimmen gebilligt.

Demnach lagen nun zwei wichtige Texte vor, die schon vor Abschluß des Konzils verkündigt werden konnten. Dies geschah am 18. November. Die dogmatische Konstitution *Dei verbum* über die göttliche Offenbarung wurde nach einer schwierigen Phase der Abfassung, bei der sich zwei unterschiedliche theologische Konzeptionen gegenüberstanden,

---

[81] Die Kommission hatte (mit Unterstützung der Laienauditoren) etwa 4000 Verbesserungen zu überprüfen, die sich auf 655 Fragen verteilten. Sie nahm 150 Textveränderungen vor.

mit 2344 gegen 6 Stimmen angenommen. Das Dekret *Apostolicam actuositatem* über das Laienapostolat war ein Novum, weil hier zum ersten Mal von einem Konzil ein Dokument zur Definition des eigentlichen Missionsauftrages der Laien präsentiert wurde und das allgemeine Priestertum der Gläubigen zu seinem Recht kam.

Während die Kommissionen unermüdlich arbeiteten, folgten die Abstimmungen in der Generalkongregation in immer schnellerem Rhythmus. Die meisten Texte wurden problemlos angenommen, doch rief die endgültige Fassung von Schema XIII in den letzten Tagen noch einige kleinere Zwischenfälle hervor. Infolge einer unbewußten Nachlässigkeit des Sekretärs der Laienkommission Glorieux blieb in dem Bericht über die *modi* eine von 334 Konzilsvätern vorgeschlagene Veränderung unberücksichtigt (die ausdrückliche Verurteilung des Kommunismus). Der *Coetus internationalis Patrum* reagierte darauf sehr heftig und wurde dabei zum Teil von der italienischen Presse unterstützt. Der Papst beendete die Meinungsverschiedenheit dadurch, daß er der gemischten Kommission auftrug, in einer Fußnote auf die Enzykliken gegen den Kommunismus hinzuweisen (am 2. Dezember bedauerte Garronne in öffentlicher Sitzung das Versehen)[82]. Im Zusammenhang mit der Ehefrage stellte sich eine der „schlimmsten Krisen des Konzils"[83] ein, als am 24. November Paul VI. durch den Staatssekretär vier *modi* der Kommission übergeben ließ, die darauf abzielten, den Text des Kapitels über die Ehe mit der Enzyklika *Casti connubii* von Pius XI. und der Ansprache Pius' XII. an die Hebammen abzustimmen und die Perspektiven zur Geburtenkontrolle auszuweiten. In den Reihen der Mehrheit war die Erregung groß, aber nach langen Diskussionen in Gegenwart von Experten und Laien-Auditoren konnte die Kommission schließlich die päpstlichen Verbesserungsvorschläge in abgeschwächter Form annehmen, ohne daß die Substanz des vorausgehenden Textes verändert worden wäre. Ein dritter Zwischenfall wurde von einer Reihe amerikanischer Bischöfe hervorgerufen hinsichtlich der Verurteilung des Gebrauchs von Atomwaffen. „Nach einem letzten Alarm, der die Telefone zum Läuten und viele Bischöfe wie Theologen in Bewegung brachte" (Chr. Moeller) wurde das gesamte Schriftstück am 6. Dezember mit 2111 *placet* gegen 251 Stimmen (die sich bei der feierlichen Promulgation auf 75 reduzierten) angenommen.

Während in dieser Weise hinter den Kulissen der Konzilsversammlung die Aufregung und Spannung bis zum Schluß weiter bestanden, brachten die letzten Konzilstage vor allem vom ökumenischen Standpunkt aus gesehen bedeutende Ereignisse mit sich[84]. Am 7. Dezember, auf der letzten Sitzung innerhalb der Basilika, erfolgte die feierliche Verkündigung der vier letzten Konzilsschemata. Es handelte sich um die folgende Texte: 1. das Dekret *Ad gentes* über die missionarische Aktivität der Kirche, das zu Beginn äußerst dürf-

---

[82] Zu diesem Ereignis siehe: R. Wiltgen, op. cit., 270–274, besonders Ph. Levillain, La Mécanique politique de Vatican II, 361–439; V. Carbone in: Rivista di storia della Chiesa in Italia 44 (1990), 45–66.

[83] So J. Grootaers in: Miscellanea A. Dondeyne, Louvain – Gembloux 1974, 34/Anm. 21. Zu dieser Krise siehe: H. u. L. Bulens-Gijsen – J. Grootaers, Mariage catholique et contraception, Paris 1968, 231–238; G. Caprile, I modi pontifici al capitolo sul matrimonio dello schema 13, in: op. cit., Bd. 5, 486–493; B. Häring, Quelle morale pour l'Église?, Paris 1989, 35; V. Heylen, La note 14 dans la constitution pastorale *Gaudium et spes*, in: Ephemerides theologicae lovanienses 42 (1966), 555–566; J. Grootaers, Ethische Vragen voor onze tijd. Hulde aan Mgr. V. Heylen, Antwerpen – Amsterdam 1977, 169–177.

[84] Vor allem ist hier die Abschiedszeremonie für die Observatoren vom 4. Dezember in Sankt Paul vor den Mauern zu nennen, die erste liturgische Feier des Papstes zusammen mit Nicht-Katholiken; am 7. Dezember hoben der Papst und der Ökumenische Patriarch die gegenseitige Exkommunikation von 1054 auf.

tig war und schließlich zu einem der modernsten Konzilsdokumente wurde; 2. das Dekret *Presbyterorum ordinis* über Amt und Lebensführung der Priester, das nur inadäquat auf zahlreiche Probleme einging, die durch die Krise des Priestertums in der westlichen Welt entstanden sind, aber dennoch den Beginn einer Revision der klassischen Denkschemata markierte; 3. die Declaratio *Dignitatis humanae* über die Religionsfreiheit, die nur auf Kosten weitreichender Konzessionen gegenüber der traditionalistischen Opposition, die sich gegen jede Kritik an den päpstlichen Verlautbarungen des 19. Jahrhunderts sperrte, zu Ende geführt werden konnte; zwar ist *Dignitatis humanae* unweigerlich ein Kompromißtext, nichtsdestoweniger aber – vom theologischen Gesichtspunkt her gesehen – ein wichtiges Dokument, weil es offiziell die Überlegungen katholischer Denker des 19. Jahrhunderts zur Legitimität des säkularen Charakters des Staates und der weltlichen Gesellschaft bestätigt; 4. die Pastoralkonstitution *Gaudium et spes* über „Die Kirche in der Welt von heute" – ein nicht vollständig ausgereifter Text, der aber auch einen ganz neuen Aspekt enthielt, insofern hier zum ersten Mal ein Dokument der Kirchenleitung systematische Überlegungen zur gegenseitigen Beziehung zwischen Kirche und Welt vorlegte.

Am 8. Dezember wurde in einer Schlußfeier auf dem Petersplatz das Konzil für beendet erklärt. In Gegenwart der Delegationen von 81 Regierungen und neun internationalen Organisationen wurden Botschaften (die von kurialen Dienststellen vorbereitet worden waren) im Namen der Konzilsväter verkündet. Sie galten den verschiedenen repräsentativen Abteilungen der „ganzen Menschheit"[85]: den Regierenden, den Intellektuellen, Künstlern, Frauen, Arbeitern, Armen und Kranken sowie der Jugend der Welt. Das Zweite Vatikanum, dessen Eröffnung vier Jahre vorher mit viel Skepsis aufgenommen worden war, endete in euphorischer Stimmung. Nun begann die nachkonziliare Zeit – mit ihren Problemen.

---

[85] Diese Botschaften hatten zum Ziel, einige Lehren der Konstitution *Gaudium et spes* in einem „prophetischen" Stil und gleichzeitig in verständlicher Sprache zu erläutern. Damit sollten auch einige Auslassungen kompensiert werden (vor allem hinsichtlich der Frauen und der Jugend). – Siehe dazu: Ph. DELHAYE in DTC, Tables, Sp. 4328–4330.

Viertes Kapitel

Das Konzil und die Ökumenische Bewegung

VON ROGER AUBERT UND CLAUDE SOETENS

Im vorausgehenden Kapitel über den Verlauf des Konzils wie im nachfolgenden über die inhaltliche Bewertung der verabschiedeten Dokumente wird deutlich, welch entscheidende Rolle die Frage nach der christlichen Einheit auf dem Zweiten Vatikanum spielte. Zwar schien die von Johannes XXIII. intendierte Dimension des *aggiornamento* das ökumenische Hauptanliegen in den Hintergrund zu rücken, doch neuere Forschungen zeigen, wie fundamental letztlich die Ökumene im Leben des Konzils war. Einige Autoren scheuen sich daher nicht, diesem offiziell katholischen Konzil den Wert echter Ökumenizität beizumessen. Um das Ausmaß dieser Ökumenizität erfassen zu können, darf man sich freilich nicht allein auf die Entstehungsphase der Texte beschränken und auch das Augenmerk nicht nur auf das Dekret über den Ökumenismus richten, sondern insbesondere auch auf die Konstitution über die Kirche, weil die Verschiebung in Richtung auf eine Ekklesiologie der Gemeinschaft und der Kollegialität von entscheidender ökumenischer Tragweite ist. Ferner gilt es, die wichtige Rolle der nichtkatholischen Beobachter – sogar auf den Verlauf des Konzils – hervorzuheben[1].

Seit August 1959 stand bei Johannes XXIII. die Entscheidung fest: Beobachter anderer Kirchen können am Konzil teilnehmen, wenn sie die an sie gerichtete Einladung annehmen. Die Gründung des Sekretariats für die Einheit der Christen im Juni des darauffolgenden Jahres hatte u. a. als wesentliches Ziel, diesen Plan zu verwirklichen. Die Funktion des Sekretariats wurde in der Folgezeit immer stärker ausgeweitet. Dieser Erfolg geht vor allem auf das Vertrauen zurück, das der Papst in den ernannten Präsidenten (Kardinal Bea) und den Sekretär Johannes Willebrands setzte. Dessen Offenheit, Dynamik und Hartnäckigkeit hatten einen entscheidenen Einfluß – vor allem, aber nicht ausschließlich – auf die „Konversion" des Konzils hin zum ökumenischen Geist wie auch auf die Berücksichtigung der ökumenische Dimension bei den von der Vollversammlung behandelten Lehrfragen.

Die Zulassung von Beobachtern stand nicht von vornherein fest. Es handelte sich – wenigstens für die Neuzeit und in dieser Form – um ein Novum und war Gegenstand von

---

[1] Die wichtigsten Berichte der nichtkatholischen Beobachter auf dem Konzil finden sich in der Gesamtbibliographie am Ende des ersten Teils. Von den neueren Arbeiten sind besonders anzugeben: M. VELATI, Una difficile transizione. Il cattolicesimo tra unionismo ed ecumenismo (1952–1964) (= Istituto per le scienze religiose Bologna. Testi e ricerche di scienze religiose, Neue Reihe 16), Bologna 1996; É. FOUILLOUX, Des observateurs non catholiques, in:Vatican II commence ... Approches francophones (Instrumenta theologica 12), Louvain 1993, 235–261; M. VELATI, Gli osservatori del Consiglio ecumenico delle Chiese al Vaticano II, in: M. T. FATTORI – A. MELLONI (Hg.), L'evento e le decisioni. Studi sulle dinamiche del concilio Vaticano II (ISR-Bologna. Testi e ricerche N. R. 20), Bologna 1997, 189–257. – Siehe auch: G. ALBERIGO, Ecclesiologia in divenire. A proposito di „concilio pastorale" e di Osservatori a-cattolici al Vaticano II, Bologna 1990.

Kardinal Augustin Bea und Willem Adolph Visser't
Hooft. Sie erhielten 1966 gemeinsam den Friedenspreis
des Deutschen Buchhandels.

Diskussionen während der vorbereitenden Phase. Aber auch die obersten Repräsentanten des Ökumenischen Rats der Kirchen mit Sitz in Genf waren nicht von vornherein von dieser Einladung begeistert. So wies dessen Generalsekretär W. Visser't Hooft noch kurz nach der Konzilsankündigung den Gedanken daran weit von sich. Der Eintritt der katholischen Kirche in ökumenische Dimensionen warf in Genf zahlreiche Fragen hinsichtlich der Zukunft der Bewegung auf, noch mehr Probleme bereitete dies aber der orthodoxen Kirche. Erst mit Beginn des Jahres 1962 und infolge zahlreicher Kontakte, die von den verantwortlichen Leitern des römischen Sekretariats geknüpft wurden, änderte sich die Lage. Alle großen Zusammenschlüsse protestantischer Kirchen – abgesehen von der baptistischen Weltallianz – begrüßten die Einladung. Aus verschiedenen komplexen Gründen zählten die orthodoxen Kirchen nicht dazu – bis auf die Russisch-Orthodoxe Kirche, die sich im letzten Augenblick dazu entschloß[2].

Insgesamt waren am Konzil 168 Beobachter und Gäste des Sekretariats zugegen (unberücksichtigt bleiben dabei die nichtkatholischen Pressekorrespondenten und die nicht akkreditierten Beobachter). Es läßt sich eine deutliche numerische Zunahme von einer Periode zur andern feststellen (46 Beobachter wurden bei der ersten Konzilsperiode gezählt, bei der letzten 66), doch sind diese Zahlen insofern zu relativieren, als 42 Stellvertreter anwesend und mehrere Beobachter nicht die ganze Konzilsperiode zugegen waren (E. Fouilloux[3] schätzt die „Dauergäste" der ersten Konzilsperiode auf 30). Betont werden muß, daß während der Gesamtzeit des Konzils die (unter den Beobachtern mehrheitlichen) Protestanten eine dominierende Rolle bei den Kontakten und Stellungnahmen spielten.

Nach dem Konzilsreglement hatten die Beobachter Zugang zu den Generalkongregationen, nicht jedoch zu den Versammlungen der Kommissionen; sie konnten ferner weder Redebeiträge liefern noch an den Abstimmungen teilnehmen. Doch obgleich nicht im Reglement erwähnt, organisierte das Einheitssekretariat für sie wöchentliche Sonderversammlungen für die ganze Dauer des Konzils. Dort konnten sie mündlich oder in Form

---

[2] Zu diesen komplexen Gründen, die zur Distanzierung der meisten Orthodoxen Kirchen führte, siehe M. VELATI, Una difficile transizione, 302–318.- Eine Delegation des Ökumenischen Patriarchats von Konstantinopel verfolgte das Konzil erst von der dritten Konzilsperiode (1964) an.
[3] É. FOUILLOUX, Des observateurs non catholiques, 237–239.

schriftlicher Notizen ihre Meinung zu den zur Diskussion anstehenden Schemata vorbringen.

Mit Beginn des Konzils suchten die Beobachter (auf Anregung des Hauptdelegierten des Ökumenischen Rates der Kirchen, Lukas Vischer) eine Form der Koordination untereinander[4]. Ihre unterschiedlichen Auffassungen bescherten jedoch Versuchen in dieser Richtung keine nennenswerten Erfolge[5]. Bei mehreren Gelegenheiten – vor allem bei Debatten über die Kirche und den Ökumenismus – trat der reformierte schweizer Pfarrer Lukas Vischer (Mitglied in der Kommission Glaube und Kirchenverfassung beim ÖRK) wenn nicht als Wortführer, so doch als Ansprechpartner für mehrere protestantische Beobachter auf, die den Positionen nahestanden, die von den für die ekklesiologische Erneuerung des Katholizismus aufgeschlossensten Konzilsvätern eingenommen wurden. Dies zog freilich unweigerlich Beschwerden des orthodoxen Theologen N. Nissiotis (dann anderer Vertreter des ÖRK) nach sich, der in dieser „Sympathie unter Westeuropäern" eine von der katholischen Kirche ausgehende Gefahr für den Zusammenhalt der ÖRK-Beobachter sah. Diese Gefahr, zu der noch die Furcht einer Vereinnahmung der ökumenischen Bewegung durch den Katholizismus kam, wurde auch von Lukas Vischer und den leitenden Instanzen in Genf durchaus gesehen[6].

Wie bedeutsam die Gegenwart der nichtkatholischen Beobachter auf dem Zweiten Vatikanum war, zeigte sich vor allem in dreifacher Hinsicht: 1. Ihre Gegenwart in der Konzils-*aula* und ihre immer regelmäßiger werdenden persönlichen Kontakte mit zahlreichen Konzilsvätern hatten Einfluß auf deren Standpunkt. 2. Ihre Stellungnahmen wurden dem Einheitssekretariat zugeleitet und trugen so zur Verbesserung zahlreicher offizieller Texte bei. 3. Das Sekretariat konnte sich auf sie stützen und so seinen Einfluß entfalten.

Mehrfach wurde auf dem Konzil der – an sich schwer meßbare – Einfluß der Beobachter auf die Redebeiträge der Konzilsväter angesprochen. Dies ergibt sich allein schon aus der einfachen Tatsache ihrer Präsenz und im Hinblick auf ihre persönlichen Kontakte[7]. Viele Konzilsväter hatten nur vage bis keine Vorstellungen von den Problemen der Ökumene, wie die entsprechenden thematischen Debatten dazu aufzeigten. Damit konfrontiert, kam es bei einer Minderheit zu negativen Reaktionen, bei einigen Bischöfen jedoch, die die Vorstellungen Johannes' XXIII. aufgriffen, konnte man eine begeisterte und ungezwungene Offenheit feststellen, die wiederum bei den Beobachtern eine eher vorsichtige Reaktion auslöste. Lukas Vischer stellte bei der Debatte vom November 1963 über die Ökumene fest, daß es sich für manche Bischöfe nur um einen Wandel im Stil und in der Tonlage handelte, nicht jedoch in der sie leitenden Vorstellung von der Bekehrung und Vereinnahmung aller übrigen Christen. Er bemerkte aber auch, daß einige Bischöfe zu einer neuen Sicht der Beziehung der Kirchen untereinander gekommen waren – auf der

---

[4] M. VELATI, Gli osservatori, 191.

[5] Während der ersten Konzilsperiode wurden 40 protestantische und anglikanische Beobachter gezählt; 26 kamen von den Britischen Inseln und den Vereinigten Staaten. Die 14 Repräsentanten der Ostkirchen verteilten sich auf 8 Russen und 6 Delegierte der armenischen, koptischen, äthiopischen und syrischen Kirche.

[6] M. VELATI, Gli osservatori, 217–219.

[7] Siehe dazu: M. VELATI, Gli osservatori, 214 und 214/Anm. 61. Zur ersten Debatte des Ökumenismus-Dekrets (November 1963) hält der belgische Experte B. OLIVIER in seinem Bericht fest: „Jeder Konzilsvater, der das Wort ergreift, ist sich bewußt, vor ihnen zu reden und viele sprechen für sie" (Archives de Louvain-la-Neuve, Centre *Lumen gentium, Fonds Olivier*, Bericht zur 2. Sessio, 30). Zu den persönlichen Kontakten während der ersten Konzilsperiode siehe auch É. FOUILLOUX, Des observateurs, 254f.

Grundlage gemeinsamer Bekehrung und Anerkennung der christlichen Traditionen des jeweils anderen sowie mit der Aufgeschlossenheit für eine globale Erneuerung der katholischen Kirche selbst[8].

Am deutlichsten kam die aktive Rolle der Beobachter in ihren direkten Beiträgen zu den jeweils diskutierten Schemata zum Tragen. Eine ganze Reihe dieser Beiträge von Beobachtern des ÖRK und einigen andern findet sich bei M. Velati[9]. Diese Beiträge bezogen sich vor allem auf die Notwendigkeit einer Erklärung über die Religionsfreiheit – die als Voraussetzung für den ökumenischen Dialog angesehen wurde –, dann auf wichtige Punkte wie die zentrale Rolle der Heiligen Schrift, die Ekklesiologie der Kirchengemeinschaft, die Einheit der Kirche, aber auch die Beziehungen zwischen Kirche und Welt, die Liturgie, die konfessionsverschiedene Ehen, die Aufgaben der Laien und – im Text über die nichtchristlichen Religionen – die deutlichen Hinweise auf den Fortbestand des Bundes zwischen Gott und dem Volk Israel.

Mit dem Ende der Ersten Periode suchte Kardinal Bea die Beobachter dazu zu bewegen, ihre Meinung über die zur Überarbeitung oder Neufassung zurückgesandter Schemata (d. h. über die Kirche und über die Einheit) zu äußern. Das Sekretariat für die Einheit rechnete mit diesen Voten zur Verstärkung der mehrheitlichen Richtung, die sich in der Vollversammlung abzeichnete[10]. Während der Zweiten Konzilsperiode drängte sich bei Lukas Vischer der Eindruck auf, daß die Beobachter für die Ziele der römischen Kirche instrumentalisiert würden[11]. Auch stellte er fest, daß die Teilnahme der katholischen Kirche an der ökumenischen Bewegung je nach seinen Gesprächspartnern unterschiedlich interpretiert würde, dies gälte auch für Paul VI., der Anfang 1965 sogar eine allzu starke Dominanz der Beobachter und ihres Denkens im Konzil befürchtete[12]. Im übrigen wurde das Einheitssekretariat, das sich mit Schwierigkeiten einen Weg bahnte, um innerhalb der Kurie Anerkennung zu finden, bei den Bischöfen und in den Medien in seiner Bedeutung überschätzt, gemessen an seinen wirklichen Möglichkeiten und seinem Gewicht in der vatikanischen Verwaltung. Dies bewegte den Hauptdelegierten aus Genf, der sich dessen bewußt war, wie auch die übrigen Beobachter zu größerer Vorsicht und verstärkte eine realistischere Einschätzung der Sachlage: Ihre Teilnahme bei einer katholischen Vollversammlung konnte nicht mehr sein als ein erster Schritt auf dem noch langen Weg zur Einheit der Christen.

Die Beobachter hatten für das Zweite Vatikanum unleugbare Bedeutung, weil sie in der Tat in die Dynamik der Kirchenversammlung hineingenommen wurden und an deren Ergebnissen teilnahmen, wobei sie selbst von der römischen Kirche eine Vorstellung gewannen, die sich stark von vorgefaßten Meinungen abhob. Zweifellos trugen sie damit zur Ökumenizität des Konzils bei[13].

Ihre Präsenz auf dem Konzil gab auch Impulse, mit der Intersession von 1964 den mög-

---

[8] M. Velati, Gli osservatori, 214 f.

[9] Ebd., 208; 211–213; 229; 238; 248 f.; 253. Siehe zur ersten Konzilsperiode auch: E. Fouilloux, Des observateurs, 252 f., für zweite Konzilsperiode Cl. Soetens in: Storia del Concilio Vaticano II, Bd. 3, Bologna 1998, 309–315.

[10] É. Fouilloux, ebd., 259.

[11] M. Velati, ebd., 215 f.

[12] Ebd., 241/251.

[13] M. Velati, ebd., 189; É. Fouilloux bestätigt (ebd., 258) zur ersten Konzilsperiode: „Die vorgesehene ‚Beobachtung' kam einer Teilnahme gleich, die selbst die kühnsten Hoffnungen übertraf".

lichen Beitritt der katholischen Kirche zum Ökumenischen Rat anzugehen. In dieser Hinsicht ergaben sich sehr schnell unüberwindliche Schwierigkeiten, zugleich wurde aber die Entscheidung getroffen, gemischte Arbeitsgruppen zwischen den beiden Institutionen zu schaffen, die einen ernsthaften Dialog aufnehmen sollten.

Kann man das Zweite Vatikanum als entscheidende Etappe in der Geschichte der ökumenischen Bewegung bezeichnen? Die Antwort auf diese Frage ist komplexer Art. Hier ist nicht nur die unerwartete Rolle zu berücksichtigen, die von den Beobachtern inmitten des Konzils und auf dem Weg eingenommen wurde, den dieses Konzil für theologische Dialoge zwischen den Kirchen erschlossen hat. Abgesehen vom Lernprozeß der katholischen Kirche zur Öffnung auf diesem Gebiet gilt es das erneuerte und vertiefte Bewußtsein ihrer selbst und ihrer Beziehung zur Welt einzubeziehen, zu dem auch die Nichtkatholiken einen Teil beigetragen haben. Darüber hinaus darf nicht vergessen werden, daß das Konzil das ökumenische Engagement in der Linie Johannes' XXIII. begünstigt, wenn nicht gar mitbestimmt hat; Paul VI. griff es in eigener Person auf, im persönlichen Stil und im eigenen Verständnis der Bewegung: Man denke hier vor allem an seine Begegnung mit dem Patriarchen Athenagoras im Januar 1964 in Jerusalem, an die gemeinsame Gebetsfeier mit den Beobachtern am 4. Dezember 1965, die (nach Aussage von Teilnehmern) ein außergewöhnliches ökumenisches Ereignis war, und an die Aufhebung der gegenseitigen Exkommunikation zwischen Rom und Konstantinopel drei Tage später. Man darf jedoch die von M. Velati hervorgehobene widersprüchliche Tatsache nicht übergehen: Der Zeitpunkt größter ökumenischer Begeisterung in der katholischen Welt (während der Debatte über das entsprechende Dekret) war zugleich ein Zeitpunkt ernster Sorge in den Kreisen des Ökumenischen Rates hinsichtlich seines Verständnisses von Einheit als einer Familie vereinigter Kirchen auf gleicher Ebene[14].

Kann man das Zweite Vatikanum als entscheidende Etappe betrachten? Eine wichtige Etappe war es in jedem Fall, nicht zuletzt als Erfahrung von Gemeinschaft, als Ort intensiven gegenseitigen Kennenlernens und der Zusammenarbeit. Der äußerst kritisch eingestellte orthodoxe Genfer Delegierte N. Nissiotis bemerkt in seinem publizierten Schlußbericht: „The fact of the Council, the fact of being together in one place with one accord is ecclesiologically of an immeasurable importance"[15].

---

[14] M. VELATI, ebd., 219.
[15] Zit. n. M. VELATI, ebd., 253.

Fünftes Kapitel

Resultate

VON ROGER AUBERT UND CLAUDE SOETENS

I. Die Konzilstexte

Neben der Botschaft an die Welt, die von den Konzilsvätern zu Beginn des Konzils angenommen wurde, und den sieben Botschaften, die im Verlauf der Schlußsitzung am 8. Dezember 1965 verlesen wurden, ohne daß die Vollversammlung darüber befunden hätte, approbierte das Zweite Vatikanische Konzil 16 Texte[1]: 4 Konstitutionen, 9 Dekrete und 3 Erklärungen. Die verhandelten Themen sind von unterschiedlicher Bedeutung, und der Verbindlichkeitscharakter der Texte schwankt je nach Kategorie. In einigen Fällen handelt es sich um Direktiven auf praktischer Ebene, in anderen Fällen um Lehrentscheidungen des Magisteriums, wobei die diskutierten Fragen mehr oder weniger entschieden wurden. Mehrfach wurde bereits betont, daß das Konzil auf die Proklamation irgend einer neuen These als *de fide definita* verzichtete und es – im Gegensatz zu vorausgegangenen Konzilen sowie im Geist Johannes' XXIII. – unterließ, neue Verurteilungen zu lancieren[2]. Man spricht daher von einem „Lehramt in pastoraler Ausrichtung" (Delhaye), das hier in einer neuen Weise zum Ausdruck kam. Die Verbindlichkeit der Dokumente muß je nach literarischer Gattung, je nach verpflichtender und nachdrücklicher Diktion sowie entsprechend der inhaltlichen Thematik im einzelnen betrachtet werden. In den Texten mit praktischer Ausrichtung hat das Zweite Vatikanum weniger daran gedacht, weitere gesetzliche Vorschriften zu erlassen als vielmehr Grundprinzipien in Erinnerung zu rufen und Werte herauszustellen.

Sowohl das Interesse Pauls VI., Bedenken der Minderheit gelten zu lassen und Rücksicht zu nehmen auf die Schwierigkeiten, die zahlreiche Mitglieder der Kommissionen, Konzilsväter und Experten mit der Konzilsperspektive des *aggiornamento* hatten, wie auch die Eile, in der die Redakteure vor allem während der vierten Periode arbeiten mußten, führten zu einigen Widersprüchlichkeiten in den Konzilstexten. Traditionelle und neue Standpunkte stehen manchmal eher nebeneinander, als daß sie miteinander verknüpft wor-

---

[1] Von den zahlreichen Kommentaren zu den Konzilsdokumenten sollen hier vor allem die 3 Supplementbände genannt werden zur 2. Auflage des „Lexikons für Theologie und Kirche": Das Zweite Vatikanische Konzil, Freiburg/Br. 1966–1968 (= LThKZwVK). Dann: Ph. DELHAYE in: Dictionnaire de Théologie catholique – Tables générales (= DTC Tables), Sp. 4292–4330; die Bde. 51, 60–62, 65–68, 70 und 74–75 der Reihe „Unam Sanctum", Paris 1966–1970; P. POUPARD, Le Concile Vatican II („Que sais-je?" 2006), Paris 1983; R. LAURENTIN, Bilan du concile. Histoire, textes, commentaires, Paris 1966 (= Bilan).

[2] Siehe bes. O. SEMMELROTH, Zur Frage nach der Verbindlichkeit der dogmatischen Aussagen des Zweiten Vatikanischen Konzils, in: Theologie und Philosophie 42 (1967), 236–246; Ph. DELHAYE, Autorité des textes conciliaires, leur valeur normative, in: DTC, Tables, Sp. 4330–4349; V. CARBONE in: Paolo VI e i problemi ecclesiologici al Concilio, Brescia 1989, 72–75.

den wären. Diese mangelnde Kohärenz zog unterschiedliche Interpretationen nach sich in dem Maße, wie stark oder schwach manche Textstellen gegenüber anderen herausgestellt wurden. In dieser Hinsicht kann eine objektive historische Untersuchung oft besser die über das Anliegen eines möglichst breiten Konsenses hinausreichende tiefe Intention der großen Mehrheit der Versammlung erhellen[3].

1. Die Konstitution *Lumen Gentium* über die Kirche[4]

Die von vielen als Kernstück, als „Magna charta" des Zweiten Vatikanums betrachtete Konstitution *Lumen Gentium* zeichnet ein Gesamtbild der Kirche in einer Tiefe und Vielfalt, die niemals vorher in einem Konzilstext erreicht wurde – eine Gesamtdarstellung, die unter Heranziehung der ostkirchlichen und patristischen Tradition die Ekklesiologie, die in der lateinischen Westkirche seit dem 16. Jahrhundert auf eine im Wesentlichen juridische Perspektive ausgerichtet war, in neue Bahnen lenkt.

Im ersten Kapitel wird bei der Beschreibung der Kirche auf die Eingrenzung auf soziologische Rahmenstrukturen verzichtet. Mit biblischen Termini wird das Geheimnis der Kirche entfaltet, die sowohl Sakrament ist, Zeichen und Instrument der vertikalen Gemeinschaft der Menschen mit Gott wie auch der horizontalen Gemeinschaft der Gläubigen untereinander und der universalen Gemeinschaft der über die ganze Welt verstreuten Lokalkirchen mit dem Nachfolger Petri. Das zweite Kapitel verankert diese Kirche als Volk Gottes in der Bewegung der Heilsgeschichte und bestätigt eine grundlegende Wesens-Identität aller Getauften – jenseits aller Unterscheidungen in Laien, Klerus und Hierarchie – wie auch die Verantwortung aller Christen in der Kirche[5]. Man findet darin die erste offizielle Lehrformulierung über das allgemeine Priestertum der Gläubigen[6], eine Rückbesinnung auf die traditionelle, viel zu lange vergessene Lehre von den charismatischen Gaben, die selbst einfachen Gläubigen außerhalb der hierarchischen Ämter zukommen, ferner wichtige Erläuterungen zu den verschiedenen Weisen der Mitgliedschaft in der Kirche sowie über die Beziehung der Nichtchristen zur Kirche („auf das Gottesvolk auf verschiedene Weisen hingeordnet").

Die hierarchische Verfassung der Kirche ist Gegenstand des dritten Kapitels, das vom

---

[3] Als Interpretationsschlüssel für die Konzilsdokumente s. den Artikel von G. THILS, „[…] en pleine fidelité au concile du Vatican II", in: La foi et le temps 10 (1980), 274–309.

[4] Vgl. G. PHILIPS, L'Église et son mystère au IIe concile du Vatican – Histoire, texte et commentaire, 2 Bde., Paris 1968; G. BARAUNA (Hg.), La Chiesa del Vaticano II – Studi e commentari, Florenz 1965; A. ACERBI, Due ecclesiologie – Ecclesiologia giuridica ed ecclesiologia di communione nella Lumen gentium, Bologna 1975; H. SCHAUF, Das Leitungsamt der Bischöfe – Zur Textgeschichte der Konstitution Lumen gentium, München 1975 [s. auch DERS. in: Münchener Theologische Zeitschrift 22 (1971) 95–118 u. im Archiv für katholisches Kirchenrecht 141 (1972) 5–147]; U. BETTI, La dottrina sull' episcopato del concilio Vaticano II, Rom 1968 (2. Aufl. 1984); G. DEJAIFVE, Un tournant décisif de l' ecclésiologie de Vatican II, Paris 1978; G. ALBERIGO/ FR. MAGISTRETTI (Hg.), Lumen gentium – Synopsis historica, 2. Bde., Bologna 1975. Zu den nicht-katholischen Reaktionen siehe Lumière et Vie 14 (1965) 74, 3–39; zum anglikanischen Standpunkt: V. DE WAAL in Irénikon 38 (1965) 292–308; zum lutherischen Standpunkt: P. MEINHOLD, ebd., 309–326; zum orthodoxen Standpunkt: B. KRIVOCHÉINE in Irénikon 39 (1966) 477–496.

[5] R. LAURENTIN (Bilan, 215) meint, daß „diese Errungenschaft bedeutender als die Kollegialität ist, von der so viel die Rede war".

[6] Vgl. T. GUARINO, The Priesthood and Analogy: a note on the formation and redaction of *Lumen gentium* 10, in: Angelicum 57 (1990) 309–327.

Standpunkt der Lehre her das originellste ist. Es widmet einen kurzen (zu kurzen) Abschnitt den Priestern und erneuert den Diakonat, wobei sogar die Möglichkeit des Diakonats für verheiratete Männer geschaffen wird. Hauptanliegen ist jedoch die hier zum ersten Mal in einem offiziellen Dokument fixierte Lehre über den Episkopat – als Ausgleich zu der einseitig auf den Papst konzentrierten Sichtweise des Ersten Vatikanums. Darin wird bestätigt, daß die Bischofsweihe nicht nur Weihekraft hat, sondern auch das Amt zur Unterweisung und Leitung des Gottesvolkes einschließt und folglich auch die sogenannte Jurisdiktionsgewalt, die somit nicht, wie in einer bestimmten Schulrichtung gelehrt, vom Papst übertragen wird, obwohl die Ausübung dieser Jurisdiktionsgewalt kanonische Bestimmungen erfordert, die der päpstlichen Autorität unterstehen[7]. Die Bischofsweihe ist es, die die Bischöfe in die Körperschaft der Nachfolger der Apostel, das „Bischofskollegium" aufnimmt, das selbst wiederum volle (*plena*) und oberste Autorität über die Kirche besitzt. Allerdings muß der Papst, der als Bischof von Rom in dieses Kollegium einbezogen ist, seine Einwilligung geben, soll eine strenggenommen kollegiale Handlung zustande kommen[8]. Zur genauen Verdeutlichung, in welchem engeren Sinn die Kollegialität der Bischöfe im dritten Kapitel dargestellt ist, wurde auf Verlangen des Papstes *in extremis* die berühmte *Nota praevia* eingefügt, die – nach Aussage von G. Philips als ihrem Haupturheber – nur eine Einleitung zum Kommentar der Kommission über die von der Minderheit gewünschten Textmodifikationen ist. Keineswegs sollte durch die Nota die Lehre über den Episkopat abgeschwächt werden – im Gegensatz zu der Ansicht, die einige zunächst (und in der Folgezeit) hegten. Die *Nota praevia* beschränkt sich darauf, die Eingrenzungen der Kollegialität zu besiegeln, die in den Text eingefügt worden sind, um die Skrupel einiger Konzilsväter zu beheben – einschließlich der teilweisen Vorbehalte Pauls VI. selbst[9].

Das vierte Kapitel behandelt die aktive Rolle und Verantwortung der Laien in der Kirche und in der Welt, wo es gilt, „Kultur und Leistung der Menschen mit moralischen Werten zu durchdringen". Am Ende dieses Kapitels werden die Beziehungen der Laien zur Kirchenleitung und die Haltung der Kirchenleitung gegenüber den Laien genauer beschrieben. Zum ersten Mal in der Geschichte wird von einem Konzil den Laien ein besonderes Kapitel eingeräumt.

Nach der Beschreibung der organischen Struktur der Kirche beschäftigen sich die beiden folgenden Kapitel „von beachtlicher dogmatischer Dichte" (Poupard) mit ihrem Endzweck, der in nichts anderem besteht als in der Heiligung all ihrer Glieder. Nach einem Überblick über die konkreten und vielfältigen Formen der Heiligkeit im fünften Kapitel folgt ein besonderes Kapitel – auch zum ersten Mal in der Konzilsgeschichte – über jenes außergewöhnliche Phänomen des Ordenslebens: die drei evangelischen Räte[10].

---

[7] Einige Kommentatoren haben versucht, diese Konzilslehre abzuschwächen. So z. B. G. GHIRLANDA, „Hierarchica communio" – Significato della formula nella LG, Rom 1980; vgl. die kritischen Einwände bei Y. CONGAR in: RSPhTh 68 (1982) 93–97.

[8] Die Befürchtung einiger Konzilsväter (eben nicht nur der römischen Kurie), daß durch diese Betonung der bischöflichen Kollegialität der im Ersten Vatikanischen Konzil definierte Primat des Papstes eingeschränkt werden könnte, führte folglich zu der geradezu eintönig wiederholten Erinnerung, daß das Kollegium stets nicht nur *cum Petro*, sondern *sub Petro* zu handeln habe (die Rolle des Papstes wird etwa 40 Mal in diesem Kapitel über den Episkopat erwähnt, in besonderer Weise 14 Mal in den beiden auf das Bischofskollegium bezogenen Abschnitten).

[9] Siehe dazu vor allem J. GROOTAERS, Primauté et collégialité – Le dossier G. Philips sur la Nota explicativa praevia, Löwen 1986, und unter systematischerem Gesichtspunkt G. PHILIPS, L' Église et son mystère, Bd. 1, 277–335.

[10] Zu diesem Kapitel: M. SCHOENMAECKERS, Genèse du chapitre VI *De religiosis* de la constitution dogmatique

Das nach Interventionen von Konzilsvätern stark verbesserte siebte Kapitel über den eschatologischen Charakter der pilgernden Kirche und ihre Einheit mit der himmlischen Kirche enthält sowohl lehrmäßige Betrachtungen über die Verbindung zwischen irdischer und himmlischer Kirche als auch seelsorgerliche Richtlinien zur Förderung des wahren Heiligenkultes.

Das achte Kapitel[11] unterstreicht die Stellung Marias innerhalb des Mysteriums der Kirche – „der längste Text, der seit Beginn der Konzilsgeschichte zur Muttergottes verfaßt wurde" (Laurentin) und den viele Konzilsväter in einem separaten Dokument veröffentlicht sehen wollten. Er stellt einen beachtlichen Beitrag dar, die marianische Theologie in die Christologie und Ekklesiologie einzubinden. Dabei wird stärker die geistliche Mutterschaft Mariens für die Christen hervorgehoben als die patristische Sicht von Maria als „Typos der Kirche".

Die mit einem fast einstimmigen Schlußvotum verabschiedete Konstitution über die Kirche, die damit zu einem Akt der Kirchenleitung wurde, der „nach der streng unfehlbaren Erklärung mit der höchsten Gewißheitsgarantie" (Philips) ausgestattet ist, erweist sich als ein sehr schöner Text, wenn ihm auch die Nüchternheit der klassischen Konzilstexte fehlt, zu viele Wiederholungen und juridische Überfrachtungen zu beklagen sind, mit denen die Befürchtungen von Seiten der Verteidiger des päpstlichen Primates besänftigt werden sollten. Die Konstitution leidet unter der unbefriedigenden Verknüpfung zweier Ekklesiologien: zum einen die kirchenrechtlich fundierte Ekklesiologie der posttridentinischen Kirche, die die Abhängigkeit von der hierarchischen Struktur der Kirche unterstreicht, die im *Summus Pontifex* gipfelt; zum anderen die auf der Vorstellung von Gemeinschaft aufbauende Ekklesiologie als Ergebnis der biblischen, patristischen und liturgischen Erneuerung der letzten Jahrzehnte. Insgesamt gesehen hat sich in dieser Konstitution die Ekklesiologie der Gemeinschaft stärker durchgesetzt, wenngleich aufgrund der in der Vollversammlung darüber aufgebrochenen Spannungen diverse Schichten der früheren Ekklesiologie weiterbestehen.

2. Die Konstitution *Dei Verbum* über die Offenbarung[12]

Der Text dieser Konstitution wird allgemein als einer der gelungensten des Zweiten Vatikanums betrachtet und gilt als eine der bedeutendsten Äußerungen für den ökumenischen Dialog. Entstanden ist er aus einem besonders enttäuschenden Schema am Ende einer langen und schwierigen Erarbeitungsphase, in dem zwei unterschiedliche Konzeptionen von Theologie aufeinandertrafen: auf der einen Seite eine Theologie, die sich in der Welt ab-

---

sur l'Église LG, Rom 1983, sowie J. GALOT, Les Religieux dans l' Église selon la constitution LG, Gembloux 1967. Dieser vertritt die Meinung, daß dieses Kapitel nicht voll befriedigend ist und zahlreiche Begriff noch der genaueren Klärung bedürfen.
[11] Dieses Kapitel ist Gegenstand zahlreicher Kommentare geworden; vgl. RSPhTh 54 (1970) 282–284; 58 (1974) 89 f.
[12] Vgl. J. RATZINGER – A. GRILLMEIER – B. RIGAUX in: Lexikon für Theologie und Kirche, 2. Auflage, Ergänzungsbände: Das Zweite Vatikanische Konzil. Dokumente und Kommentare (= LThKE), Bd. 2, 497–583; B.-D. DUPUY – Y. CONGAR (Hg.), Vatican II – La Révélation divine (Unam Sanctam 70), 2 Bde., Paris 1968; G. B. BLUM, Offenbarung und Überlieferung – Die dogmatische Konstitution Dei verbum im Lichte altkirchlicher und moderner Theologie, Göttingen 1971; Ph. DELHAYE in: DThC Tables, Sp. 4296–4299; P. POUPARD, op. cit., 19–28; G. CHANTRAINE, Dei verbum: un enseignement et une tâche, in: NRTh 107 (1985) 823–837; 108 (1986), 13–26: G. G. WIDMER, Quelques réflexions d' un réformé sur la constitution conciliaire Dei verbum, in: Irénikon 42 (1969) 149–176.

strakter Begriffe bewegt, auf der anderen Seite eine mehr personalistische Theologie, die
auf historische Perspektiven ausgerichtet und darauf bedacht ist, den Dialog mit dem modernen Denken aufzunehmen. Die Konstitution *Dei Verbum* ist der Versuch einer Bilanzierung dreier Probleme, die im Zentrum des theologischen Dialogs der Gegenwart stehen:
1. die Bedeutung der Offenbarung für die menschliche Existenz, 2. die Funktion der obersten Kirchenleitung in der dogmatischen Entwicklung und 3. die modernen Tendenzen in
der Exegese der Hl. Schrift. Der Text stützt sich dazu auf die Aussagen der Konzile von
Trient bis zum Ersten Vatikanum (die ausführlich zitiert werden), er beschränkt sich jedoch
nicht auf eine bloße Wiederholung, sondern gelangt zu einer Neuinterpretation[13], weil sich
das Zweite Vatikanum im Gegensatz zu den beiden Konzilien, die sich, gleichsam negativ,
als auf die Widerlegung protestantischer und rationalistischer Irrtümer ausgerichtet verstanden, vor allem pastoral, positiv und zum Dialog bereit verstand.

Das erste Kapitel entfaltet das biblische Verständnis der Offenbarung. Offenbarung ist
nicht einfach eine Ansammlung dogmatischer Aussagen, sondern eine Heilsökonomie, die
durch Handlungen und Worte charakterisiert ist, mit denen Gott über die Propheten und
vor allem Jesus Christus sein innerstes Wesen und seinen Heilswillen in der Weltgeschichte offenbart[14]. Auf diese göttliche Offenbarung, die nicht mehr nur begrifflich wie
bei den nachtridentinischen Theologen, sondern auf die Person Jesu Christi zentriert, existentiell verstanden wird, antwortet der Glaube des Menschen. Dieser Glaube ist nicht eine
rein denkerische Zustimmung, sondern Annahme des Geschenks der Gemeinschaft mit
dem Geheimnis Gottes selbst.

Das zweite Kapitel behandelt die Weitergabe der Offenbarung mit einer detaillierten
Darstellung der unterschiedlichen und engen Beziehungen zwischen Schrift und Tradition.
Die Konstitution beschreibt die Tradition ausgehend von einem umfassenden „dynamisch-
organischen Konzept" (Delhaye). Tradition als die Wirklichkeit dessen, was in der Kirche
vermittelt wird, geht demnach weit über die „mündliche Tradition" hinaus, die von der
posttridentinischen Theologie dem reformatorischen *Sola Scriptura* gegenübergestellt
wurde. Die Konstitution vermeidet sowohl die strenge Auslegung dieses reformatorischen
Grundprinzips als auch die mißverständliche Diktion von den „beiden Quellen" der Offenbarung[15] und hält fest, daß Schrift und Tradition aus der gleichen Quelle hervorgehen, d. h.
dem Wort Gottes, dessen authentische Interpretation durch das oberste Hirtenamt der Kirche gegeben ist.

Nach dieser Neuinterpretation von Offenbarungstheologie und Tradition behandeln die
drei folgenden Kapitel die Schriftexegese[16]. Auch hier werden, auf der Linie der Enzyklika
Divino afflante Spiritu Pius' XII., neue Wege beschritten, die nach einigen Professoren der
römischen Lateranuniversität wieder aufgegeben werden sollten. Das dritte Kapitel entfal-

---

[13] Vgl. G. LAFONT, La constitution Dei verbum et ses précédents conciliaires, in: NRTh 110 (1988), 58–73.

[14] Vgl. H. DE LUBAC, Dieu se dit dans l'histoire, Paris 1974. (Der Verfasser war Mitarbeiter in der Kommission,
die mit der Neufassung der Konstitution beauftragt worden war.)

[15] Im März/April 1964 gelang es einer besonderen Unterkommission der Theologenkommission, die Sackgasse zu
beheben, in die die vorkonziliare Theologenkommission geraten war.

[16] Vgl. J. GNILKA, Die biblische Exegese im Lichte des Dekretes über die Göttliche Offenbarung Dei verbum, in:
A vent' anni dal concilio. Prospettive, Palermo 1984, 51–73. Bei der Aktualisierung dieses Kapitel kam Kardinal
König und A. M. Charue, aber auch den Jesuiten des Bibelinstituts eine besondere Rolle zu. Letztere waren konsequent von der Konzilskommission ausgeschlossen worden, wurden aber oft telefonisch von den neuen Redak-
teuren der Konstitution zu Rate gezogen.

tet kurz – in Anlehnung an die vom Ersten Vatikanum im Anschluß an das Tridentinum definierten Positionen – die katholische Lehre der biblischen Inspiration und Irrtumslosigkeit, ohne Festlegung auf eine der Schulmeinungen. Sodann werden mit der Betonung der menschlichen Tätigkeit der biblischen Autoren die *Formgeschichte* und *Redaktionsgeschichte* für berechtigt erklärt, sie tragen zu einem besseren Verständnis des Literalsinnes der Heiligen Schrift bei. Nichtsdestoweniger besitzt die Bibel ihre Besonderheit im Vergleich zu den religiösen Schriften anderer Völker; sie muß als Ausdruck einer einzigartigen Absicht Gottes gelesen werden. Insofern besteht neben der historisch-kritischen Exegese eine theologische Exegese, die nicht den Erkenntnissen der wissenschaftlichen Forschung widersprechen darf, sie aber überhöht [17].

Das vierte Kapitel über das Alte Testament vermeidet die Aufnahme der offenen Probleme aus der Tradition und beschränkt sich darauf, die dauerhafte und aktuelle Bedeutung der alttestamentlichen Botschaft herauszustellen. Das fünfte Kapitel über das Neue Testament tangiert schwierige Fragen, vor allem die Historizität der Evangelienberichte. Interessant ist, daß im endgültigen Text von *Dei Verbum* die besondere Erwähnung des *Kindheitsevangeliums Jesu* der ersten beiden Entwürfe aufgegeben wurde.

Das letzte Kapitel über die Heilige Schrift im Leben der Kirche zieht einige pastorale Konsequenzen aus der in den vorausgegangenen Kapiteln vertretenen Lehre. Allen Gläubigen wird das Lesen der Hl. Schrift und das Meditieren über sie empfohlen (mit dem Wunsch nach zahlreichen Übersetzungen „auf der Grundlage der Originaltexte") sowie das Studium exegetischer Kommentare, all dies in der Hoffnung, daß damit die Hl. Schrift „zur Seele von Theologie und Predigt" werde.

Angesicht der heftigen Spannungen zwischen den verschiedenen theologischen Schulen suchten die Konzilsväter des Zweiten Vatikanums einen Mittelweg. Auch wenn dabei die Gefahr bestand, die Kanten vor lauter Ausgleichsbemühungen zu stark abzuschleifen, und der Text „mehr einem Essay als einem definitiven Text" gleicht [18], handelt es sich doch aufs Ganze gesehen um ein inspirierendes Dokument großer theologischer Geschlossenheit, das die Unstimmigkeiten zu überwinden sucht, die das christliche Denken seit dem 13. Jahrhundert beeinträchtigt hatten (Chantraine) und mit den Erben der protestantischen Reformation einen breit gefächerten Dialog eröffnet.

3. Die Konstitution *Sacrosanctum Concilium* über die Liturgie [19]

Aufgrund der Beiträge von Weihbischof Jenny (von Cambrai) und anderer wurde bereits in der ersten Sitzung der vorbereitenden Kommission beschlossen, daß sich das Konzilsdokument über die Liturgie nicht ausschließlich – wie man zunächst in Rom gedacht

---

[17] Siehe dazu im besonderen I. DE LA POTTERIE, Vatican II et la Bible, in: Le Deuxième Concile du Vatican (1959–1965), Rom 1989, 477–496.

[18] G. WIDMER, Art. cit., 172 f.

[19] Vgl. A. JUNGMANN in: LThKE, Bd. 1, 9–109: La Costituzione sulla sacra liturgia (Collana Magistero conciliare), Turin 1967; J.-P. JOSSUA -Y. CONGAR (Hg.), La liturgie après Vatican II; Ph. DELHAYE in DThC Tables, Sp. 4299 f.; P. POUPARD, op. cit., 29–39; La Maison-Dieu, Nr. 76, 1963; P.-M. GY, La réforme liturgique de Vatican II en perspective historique, in: Liturgia opera divina e umana (Bibliotheca Ephemeridum liturgicarum. Subsidia 26), Rom 1982; A. MARTIMORT, La constitution liturgique et sa place dans l'oeuvre de Vatican II, in: Le Deuxième Concile du Vatican (1959–1965), 497–509; P. JOUNEL, Genèse et théologie de la constitution *Sacrosanctum Concilium*, in: La Maison-Dieu, Nr. 15, 1983, 7–29; M. SODL, La *Sacrosanctum Concilium* e i suoi commenti dal 1964 ad oggi, in: Notitiae 19 (1983), 571–607.

hatte – auf praktische Reformen beschränken, sondern auch die Lehre über das Wesen der Liturgie und ihren Stellenwert im Leben der Kirche entfalten müsse. Auf diese Weise sollte die Liturgie zum Gegenstand einer der vier großen vom Zweiten Vatikanum verabschiedeten Konstitutionen werden. Auf Anregung A. Bugninis erarbeitete die Vorbereitende Kommission in einigen Monaten einen beachtlichen Entwurf – ungeachtet des Widerstandes von Seiten der römischen Kurie. Dieser Entwurf wurde zunächst durch die Zentralkommission auf Betreiben der Ritenkongregation um eine Reihe besonderes liberaler Äußerungen gekürzt, dann aber nach den Stellungnahmen der Konzilsväter während der Beratung *in aula* und aufgrund der Arbeit der Konzilskommission, die im Hinblick auf die geographische Verteilung und die verschiedenen sachlichen Tendenzen sehr ausgewogen besetzt war, mit wichtigen Lehrbestandteilen angereichert. Außerdem wurden einige Reformvorschläge ausgeweitet. Auf ihrem ureigensten Gebiet wie dem der Ekklesiologie und der Beziehung zwischen Heiliger Schrift, Tradition und Kirchenleitung bezeichnete die Konstitution *Sacrosanctum Concilium* mit ihrem neuen Stil und der gegenüber den kirchlichen Quellen der letzten Jahrhunderte viel stärker biblisch als patristisch ausgerichteten Perspektive das Ende der Gegenreformation. Das zeigte sich vor allem darin, daß die von Pius V. begonnene und von den Kanonisten seit der Mitte des 19. Jahrhunderts kontinuierlich kritisierte Uniformität abgeschafft wurde, aber auch in der Aufwertung der Heiligen Schrift bei liturgischen Feiern und bei der Erneuerung der Eucharistie.

Der erste Teil bietet die Lehrgrundlage und zeigt die Bedeutung der Liturgie im Leben der Kirche auf. Er kodifiziert einen Teil der Lehraussagen aus der Enzyklika *Mediator Dei* Pius' XII., profiliert und entfaltet sie jedoch in mehrfacher Hinsicht. Das geschieht vor allem durch die direkte Einbindung des Wesens der Liturgie in das Christusmysterium und in die Kirche als Ursakrament; ferner durch die Hervorhebung des jeder liturgischen Handlung innewohnenden Doppelaspektes: Dienst gegenüber Gott und Dienst an der Heiligung des Menschen durch Gott; sodann durch eine genaue Darstellung der engen Beziehung zwischen Liturgie und Evangelisation (missionarisches Wirken); durch eine erneute Konzentrierung jeder Konzeption des liturgischen Lebens auf die österliche Perspektive; schließlich durch die Betonung des Gemeinschaftscharakters jeder liturgischen Handlung und der Tatsache, daß die Liturgie die persönliche Frömmigkeit inspirieren soll.

Die von diesen Grundsätzen abgeleiteten Regeln sind in vier Abteilungen untergliedert: 1. Allgemeine Regeln (Nr. 22–25). Sie bestätigen das doppelte Prinzip vom Respekt der Tradition und dem rechtmäßigen Fortschritt, den Zusammenhang zwischen liturgischer Reform und biblischer Spiritualität, vor allem aber geben sie eine Definition der mit der liturgischen Reform beauftragten Autorität: diese Autorität bleibt zwar der Apostolische Stuhl, er kann jedoch – als großes Novum, das die Grundlage zur Dezentralisierung legt – diese Autorität delegieren auf diözesan übergreifende, regionale oder nationale Bischofsversammlungen. 2. Regeln, die sich aus der hierarchischen und gemeinschaftlichen Natur der Liturgie ableiten (Nr. 26–32). Hier ist vor allem die Ermutigung der Gläubigen zur aktiven Teilnahme an liturgischen Feiern zu nennen und auch (andeutungsweise) die Aufhebung von „Klassen", soll doch „weder im Ritus noch im äußeren Aufwand ein Ansehen von Person oder Rang gelten". 3. Regeln, die dem seelsorgerlichen Charakter der Liturgie entspringen (Nr. 33–36): Vereinfachung der Riten, größere Vielfalt der Bibellesungen bei der Messe und im Wortgottesdienst, Notwendigkeit der Predigt und der Katechese, schließlich starke Aufwertung der Volkssprachen, wenn auch grundsätzlich der Vorrang der lateinischen Sprache aufrecht erhalten bleibt[20]. 4. Regeln, die auf die Notwendigkeit zurückgehen, die Liturgie der Eigenart und den Traditionen der verschiedenen Völker anzupassen (Nr. 37–40): Zum ersten Mal wird hier dieser Grundsatz der Vielfalt und Anpassung, der im Zusammenhang mit Missionsfragen von den Päpsten nach Benedikt XV. aufgegriffen wurde, ausdrücklich und in feierlicher Form auf die Liturgie ausgeweitet.

In den nachfolgenden Kapiteln über die Messe, die Sakramente, den Gottesdienst, das liturgische Jahr, Kirchenmusik und sakrale Kunst werden diese Prinzipien auf die einzelnen Teile bzw. Einzelaspekte der Liturgie angewendet, ohne freilich allzusehr ins Detail zu gehen. Besondere Beachtung verdient die Möglichkeit der Konzelebration und der Kommunion der Gläubigen unter beiderlei Gestalt – nach einer Unterbrechung dieser Praxis von mehreren Jahrhunderten –, die Gewichtung des „Allgemeinen Gebets" und der Fürbittgebete der Gläubigen oder – auf anderem Gebiet – die Erklärung, daß die Kirche „keinen eigenen Kunststil" habe (es gibt also keine sogenannte „christliche Kunst"): Alle Kunstrichtungen sind dann zugelassen, wenn sie den Forderungen der liturgischen Funktion entsprechen; etwas widerspüchlich dazu steht die Aussage, daß „die Kirche im Gregorianischen Gesang den eigentlichen Gesang der römischen Liturgie erblickt" (Nr. 116). Diese Aussage wird aber durch Positionen abgemildert, die für die Polyphonie, den Volksgesang (Nr. 118) und die Musik in den Missionsländern (Nr. 119) sehr aufgeschlossen sind.

Die Konstitution endet mit einer Erklärung zur Kalenderreform: Das Konzil hat keine Einwände, daß das Osterfest mit Zustimmung der getrennten Brüder auf einem bestimmten Sonntag im Gregorianischen Kalender festgelegt werde. Das Konzil sperrt sich auch nicht gegen die Einführung eines immerwährenden Kalenders in der bürgerlichen Gesellschaft, allerdings unter der Voraussetzung, daß die siebentägige Woche beibehalten werde.

4. Die Pastoralkonstitution *Gaudium et spes* über die Kirche in der Welt von heute[21]

Diese „pastorale" Konstitution – die trotz ihrer pastoralen Orientierung einen Lehrteil einschließt – wurde in der optimistischen Aufbruchstimmung der *Golden Sixties*[22] und in großer Eile erarbeitet, so daß ihr die nötige Reife zu fehlen scheint. Nach über 30 Jahren hat diese Konstitution jedenfalls mehr als andere Dokumente des Zweiten Vatikanums an aktuellem Glanz eingebüßt.

Die Erarbeitung dieses Dokuments stand von Anfang bis Ende unter der gleichbleiben-

---

[20] Die Redaktion dieses Abschnittes war besonders arbeitsintensiv, dank des Einflusses der zahlreichen *modi* erreichte man (trotz bleibender Vorbehalte) eine relativ große Breite.

[21] Vgl. Ch. MOELLER – J. RATZINGER – B. HÄRING – R TUCCI u. a. in: LThKE, Bd. 3, 241–592; Y. CONGAR (Hg), La Chiesa e il mondo contemporaneo nel Vaticano II, Turin 1966 (bes. R. TUCCI, Introduzione storico-dottrinale alla costituzione pastorale *Gaudium et spes*, 17–134, mit „einer Fülle bedeutsamer Details" (so G. Philips); Ph. DELHAYE in: DThC, Tables, Sp. 4300–4305; P. POUPARD, op. cit., 89–104; C. BARAUNA (Hg), L' Église dans le monde de ce temps, Paris 1967; A. ACERBI, La Chiesa nel tempo, Mailand 1979, 182–232; G. COLOMBO, La teologia della *Gaudium et spes* e l'esercizio del magistero, in: La Scuola cattolica 98 (1970) 477–511; A. DUPRONT in: Irénikon 40 (1967) 170–184; J. BOSC, La constitution *Gaudium et spes* – Point de vue d'un réformé, ebd., 185–200.

[22] Allerdings darf man die ersten beiden Wörter nicht vom nachfolgenden Duktus isolieren: „Gaudium et spes, luctus et angor hominum huius temporis, pauperum praesertim […]".- Zur optimistischen Grundstimmung von *Gaudium et spes* siehe die nuancierten Beobachtungen von R. RÉMOND in: Paolo VI e il rapporto Chiesa-Mondo al Concilio, Brescia 1991, 307.

den Spannung zwischen einer pessimistischen Sicht einer unter der Herrschaft der Sünde stehenden Welt – diese Sichtweise wurde von der Mehrheit der deutschsprachigen Konzilsväter und Theologen geteilt – und einer optimistischeren Sicht im Vertrauen auf einen von Teilhard von Chardins Denken gefärbten Fortschritt auf französischer, belgischer und holländischer Seite. Dem von den deutschen Konzilsvätern vertretenen Standpunkt schlossen sich auch die protestantischen Beobachter, aber auch einige Franzosen wie J. Daniélou an, während die „soziologische" Position der Franzosen, Belgier und Holländer auch von den Amerikanern bevorzugt wurde, ferner von dem römischen Theologen P. Pavan oder dem deutschen Theologen B. Häring. Bei diesem Aufeinandertreffen von zwei typischen abendländischen Perspektiven fühlten sich die Konzilsteilnehmer jenseits des Eisernen Vorhangs und vor allem die Vertreter der Dritten Welt oftmals leicht irritiert. Nachdem sich vom Frühjahr 1963 bis Herbst 1964 ein „Hin-und-her-Pendeln" (Grootaers) zwischen dem soziologischen (Pavan-Entwurf), dann dem theologischen Standpunkt (Mecheln-Entwurf), schließlich einem erneuter Pendelausschlag zur soziologischen Sichtweise hin (Häring-Entwurf) ergeben hatte, bemühte man sich im Verlauf der letzten Monate um einen Ausgleich der Positionen. Die kritischen Äußerungen zu diesem Ausgleichsversuch während der öffentlichen Diskussion von Seiten der deutschen Bischöfe und den Bischöfen der Ostkirche zeigten jedoch, daß die Ergebnisse nicht allgemein überzeugend waren. Dennoch ist die für eine oberste Kirchenleitung in ungewöhnlichem Stil abgefaßte Konstitution *Gaudium et spes* „das originellste Dokument des Zweiten Vatikanums" (Philips).

Die Konstitution beginnt mit einer einleitenden Darstellung (Nr. 4–10), die unter soziologischen Aspekten menschliches Leben heute mit seinen Veränderungen beschreibt, indem sie nach den „Zeichen der Zeit" fragt und Entwicklungen der Weltgeschichte in einer Weise zur Sprache bringt, die sich wie Appelle an Gerechtigkeit und Frieden ausnehmen. Dann wird im ersten Teil eine christliche Anthropologie in mehreren Dimensionen entwickelt: Sie stellt den Menschen nacheinander als Person vor (Kap. 1)[23], als soziales Wesen (Kap. 2), als „Demiurgen", der die Welt mit Gottes Hilfe verändert (Kap. 3), dann in seiner Beziehung zur Kirche, die ihm sowohl das übernatürliche Heil wie seine persönliche Förderung anbietet (Kap. 4). Da sich dieser Text zum Ziel gesetzt hat, alle Menschen zu erreichen (einschließlich der Ungläubigen), wählt er eine eher induktive Methode, so daß erst im letzten Abschnitt eines jeden Kapitels die Gestalt Christi zur Sprache kommt. Dieses Verfahren hat die Protestanten und Orthodoxen verwundert und enttäuscht – und die Atheisten kaum beeindruckt. Der erste Teil schließt (Nr. 45) mit einer großartigen Vision, in der Christus als Konvergenzpunkt aller Bestrebungen der menschlichen Geschichte und Kultur aufgezeigt wird.

Der zweite Teil[24] geht auf einige Sonderprobleme ein, die wegen ihres allgemeinen Interesses für die Menschheit der Gegenwart insgesamt ausgewählt wurden. Nach einer kur-

---

[23] In dieses Kapitel (Nr. 19–21) sind einige Bemerkungen über den Atheismus eingefügt. Das Schema von 1964 enthielt dazu nur eine kurze Anmerkung, die als vollkommen unzureichend beurteilt wurde. Zur Verbesserung zog die Kommission den von Kardinal König vorgelegten Entwurf jenem von Erzbischof Wojtyla favorisierten polnischen, mehr auf die marxistische Ausprägung des Atheismus abhebenden Entwurf vor. Im Einklang mit den Wünschen zahlreicher Konzilsväter lag der Kommission an einem Verzicht auf eine allzu einfache Erklärung, die das Phänomen des modernen Atheismus auf einen Komplott von Kommunisten oder Freimaurer reduziert, und plädierte für weniger einseitige, dafür nuanciertere Erklärungen. Vgl. dazu P. Poupard, Le Concile, l'athéisme et l'incroyance, in: Le Deuxième Concile du Vatican (1959–1965) 703–724.

[24] Zum Problem der Verknüpfung der beiden Teile der Konstitution siehe A. Acerbi, op. cit., 230–232.

zen Sachanalyse werden Beurteilungskriterien vorgestellt sowie konkrete Orientierungshilfen in vornehmlich seelsorglicher Hinsicht dargeboten – immer auf der (nicht
abgeschlossenen) Suche nach einem Mittelweg zwischen zu allgemeinen, adhortativen
Aussagen und zu speziellen, über die Kompetenz eines Konzils hinausgehenden Aussagen, zwischen neuen Ansichten, die noch unter Theologen diskutiert wurden, und der klassischen Schultheologie, zwischen prophetischem Stil und alter doktrinärer Tonlage.

Kapitel 1 („Würde von Ehe und Familie") versteht sich nicht als vollständige Abhand-
lung, sondern fordert zum neuen Überdenken der Probleme in individueller Perspektive
auf. Dabei wird – unabhängig von den Positionen einiger Theologen, die von einem zu
biologischen Verständnis des Naturrechts ausgehen – besonders die eheliche Liebe und die
Verantwortung in der Elternschaft betont. Der Beitrag des Löwener Theologen V. Heylen
verdient hier besondere Erwähnung[25].

Kapitel 2 („kultureller Fortschritt") hat Ähnlichkeiten mit Kapitel 3 des ersten Teils,
aber „diese unter redaktionellen Gesichtspunkten bedauerliche Dublette ist im Hinblick
auf die Lehrformulierung ein äußerst glücklicher Umstand, weil damit das Neue an dieser
pastoralen Konstitution Bestätigung findet" (Delhaye). Der Text unterstreicht vor allem
das Auftauchen eines neuen Humanismus, dem gemäß sich der moderne Mensch durch
seine für selbstverständlich erachtete Autonomie und seine Verantwortung gegenüber anderen wie vor der Geschichte definiert. Kapitel 3 („Das sozio-ökonomische Leben") konzentriert sich auf die beiden Themen Arbeit und Besitz. Zur Arbeit werden keine neuen Erkenntnisse vorgelegt, während die Gedanken zum Besitz neuartiger sind, weil sie die
universale Bestimmung der irdischen Güter unterstreichen und folglich auf der sozialen
Funktion des Besitzes mehr bestehen als auf der Verteidigung des Rechts auf persönlichen
Besitz.

Kapitel 4 über das „Leben in der politischen Gemeinschaft" ist ziemlich flach: Der den
Konzilsvätern vorgelegte, in großer Eile redigierte Text hätte einer völligen Neubearbeitung bedurft, was die zeitliche Begrenzung jedoch nicht erlaubte. Kapitel 5 über die Förderung des Friedens und den Aufbau der Völkergemeinschaft[26] bietet neue Aspekte. Zum
ersten Mal wird darin ausgeführt, daß der Gebrauch sogenannter „logistischer" Waffen
nicht durch den Anspruch auf gerechte Verteidigung gedeckt ist. Das Wettrüsten wird ferner als gravierende Verletzung gegen die Menschheit verurteilt. Nicht erwähnt wird das
Wiederauferstehen nationalistischer Strömungen vor allem in der Dritten Welt. Dagegen
mahnt die Kirche die Beseitigung der Ungerechtigkeiten unter den Völkern an und sieht
als Grundvoraussetzung für den Ausbau einer Friedensordnung die engere internationale
Zusammenarbeit auf wirtschaftlichem Gebiet, ganz besonders im Bereich volkswirtschaft-
lichen Wachstums (Nr. 87).

Mit Kritik an der Konstitution *Gaudium et spes* wurde nicht gespart. Sie zeige noch zu
große Nachwirkungen vorkonziliaren Denkens und vermittle zuviele Kompromisse zwischen einem politisch und sozial konservativen Katholizismus und einer „prophetischen
wie entschlossen auf Erneuerung bedachten" Ausrichtung. Im übrigen bedauerten nicht
nur die Protestanten, daß die Lehre vom Menschen und der Welt auf der Grundlage einer
Naturphilosophie und Naturmoral aufbaue, sich ohne auszeichnenden Bezug zur Offenba-

---

[25] Vgl. J. Grootaers, Actes et acteurs, Kap. 3, 223–250.
[26] Siehe zur arbeitsintensiven Entstehung und zur Tragweite dieses Kapitels E. Herr, Sauver la paix – Qu'en dit
l'Église?, Turnhout 1990, 5–79.

rung [27] darbiete und vor allem den für die Gläubigen bestehenden Gegensatz zwischen der gegenwärtigen und der zukünftigen Welt nivelliere sowie stellenweise das Kommen des Reiches Gottes mit dem Weg der Menschheit zu ihrer Einheit zu verwechseln scheine. G. Alberigo etwa warf den Verfassern dieser Konstitution vor, nicht ausreichend die neue ekklesiologische Perspektive der Konstitution *Lumen Gentium* aufgegriffen zu haben: „Das dynamische Element im Aufbau von *Gaudium et spes* ist nicht das Volk Gottes auf dem Weg, sondern vielmehr die phänomenologische Beschreibung der Gegenwart". Doch trotz seiner unleugbaren Verkürzungen ist die Konstitution *Gaudium et spes* für den gleichen Autor „mehr als ein Beweis guten Willens und eine Verpflichtung für die Zukunft. Sie stellt einen noch unsicheren und unvollkommenen Versuch – für den alle Anregungen wertvoll sind – zur vielschichtigen Neuformulierung der christlichen Theologie dar, der genau das Zentrum der historischen Problematik trifft, indem die in der Offenbarung enthaltenen Reichtümer herausgehoben werden". Der protestantische Theologe H. Roux liegt mit seinem Urteil nicht falsch, wenn er betont, daß diese Konstitution „mit den von ihr ausgehenden Anstößen, den durch sie angeregten Dialogmöglichkeiten, den nicht ungefährlichen Wegeröffnungen eines der bedeutendsten und markantesten Denkmäler für die Leistung des Zweiten Vatikanums bleibt" [28]. In der Tat bezeichnet diese Konstitution weit mehr als die meisten anderen Konzilstexte und trotz ihrer unbestreitbaren Neuerung eher einen Ausgangs- als einen Endpunkt.

5. Das Dekret *Christus Dominus* über die Hirtenaufgabe der Bischöfe in der Kirche [29]

Dieses gehaltvolle und neuartige Dokument, an dessen Ausarbeitung der Löwener Kanonist W. Onclin großen Anteil hatte [30], besteht aus drei Teilen. Ihm vorausgegangen waren acht vorkonziliare Entwürfe, die sich auf seelsorglicher, kanonischer und administrativer Ebene mit den Bischöfen, den seelsorgerlichen Aufgaben der Pfarrer sowie der katechetischen Unterweisung der Gläubigen beschäftigten. Diese Entwürfe wurden zunächst in zwei Schemata umgearbeitet, dann während der zweiten Intersessio zu einem einzigen Text verarbeitet, wobei die erneuerte Theologie des Episkopats und die neuen ekklesiologischen Perspektiven aufgegriffen wurden, auch die Lokalkirchengemeinde und das Synodalwesen, wenn auch letztere sehr eingeschränkt. Folgende Kapitel charakterisieren das Dokument:

Kapitel 1: Die Bischöfe übernehmen eine Rolle in der Gesamtkirche, nicht nur bei Bischofssynoden, sondern auch im täglichen Leben, indem sie – im Geist der Enzykliken *Rerum Ecclesiae* Pius' XI. und *Fidei donum* Pius' XII. – anderen Lokalkirchen in Schwierigkeiten Hilfe anbieten. Diese Aktionen müssen in Verbindung mit dem Pontifex maximus und unter seiner Autorität ausgeübt werden. Die Konzilsväter halten ausdrücklich den

---

[27] Hinsichtlich der Kirchenväter-Zitate führt G. Alberigo (La Chiesa nel mondo d'oggi, in: Barauna, L'Église dans le monde, 239–248) „den unerfreulichen Eindruck [an], daß sie lediglich aus Bequemlichkeit oder als Zeichen der Reverenz herangezogen worden sind ohne irgendeinen wirklichen Bezug".

[28] Détresse et promesse de Vatican II. Paris 1967, 195.

[29] Vgl. dazu: Kl. Mörsdorf in: LThKE, Bd. 2, 127–247; Y. Congar (Hg.), Vatican II – La charge pastorale des évêques (Unam Sanctam 74), Paris 1969; Ph. Delhaye in: DThC Tables, Sp. 4305–4307; P. Poupard, op. cit., 41–47.

[30] Vgl. J. Grootaers, Actes et acteurs, Kap. 18 mit der Überschrift: „W. Onclin et sa participation à la rédaction du décret *Christus Dominus*", 420–455.

Wunsch nach einer Reform der römischen Kurie fest (Nr. 9), nach größerer internationaler Besetzung und stärkerer Beteiligung der Bischöfe in Rom wie auch nach einer genaueren Abgrenzung des bischöflichen Amtes gegenüber dem Amt des Legaten.

Kapitel 2: Der Diözesanbischof steht einer Teilkirche vor, seine Diözese wird in betont religiöser Diktion nicht als ein bestimmtes Territorium, sondern als Teil des Gottesvolkes definiert. Bei jeder Überprüfung und Neufestlegung von Diözesanabgrenzungen muß den aktuellen Bedürfnissen der Gläubigen Rechnung getragen werden.

Kapitel 3: Für die Zusammenarbeit von Bischöfen zum gemeinsamen Wohl mehrerer Kirchen wird die Tradition des Provinzialkonzils wieder aufgegriffen, neu institutioniert werden die Bischofskonferenzen als ständige Bischofsversammlung eines Landes oder Gebietes zur gemeinsamen Ausübung des Hirtendienstes[31].

6. Die Dekrete über Dienst und Leben der Priester *(Presbyterorum Ordinis)* sowie über ihre Ausbildung *(Optatam totius)*[32]

Das Zweite Vatikanum hat – zumindestens in seiner Endphase – die Priester nicht so stark vernachlässigt, wie oft behauptet wurde. Wenn auch das traditionelle Priesterbild in seinen wesentlichen Charaktereigenschaften beibehalten wurde, so ist es doch in seinen Formen und in der Gewichtung seiner Elemente weitgehend verändert worden.

Dem ersten Dekret ging es darum, die Sendung der Priester in die neue konziliare Sicht der Kirche zu integrieren. Es beginnt im ersten Kapitel mit einer Darlegung der Lehre vom Priesteramt. Der Priester dient sowohl der missionarischen Glaubensverkündigung wie der Darbringung des eucharistischen Opfers. Dem ordnen sich die Lebensbedingungen des Priesters in der Welt unter. Das zweite Kapitel beleuchtet die drei klassischen Funktionen des Priesters im einzelnen: Verkündigung des Wortes Gottes, Spendung der Sakramente (vor allem der Eucharistie) und Sammlung der Menschen in wahrer christlicher Gemeinschaft. Anschließend werden eine Reihe aktueller Fragen aufgegriffen: die Beziehungen der Priester zu ihrem Bischof (darunter vor allem die Bildung einer Art Diözesansenat, des „Priesterrates"), zu anderen Priestern und zu den Laien, die Bereitschaft der Priester zur Arbeit in verschiedenen Diözesen eines Landes und auch weltweit, die Achtung ihrer priesterlichen Berufung. Das dritte Kapitel über das Leben der Priester erinnert an ihre Berufung zur Heiligkeit, wobei jedoch – entgegen der Tendenz, in den Amtsverpflichtungen ein Hindernis für das geistliche Leben zu sehen – der Weg zur Erlangung priesterlicher Heiligkeit in der Ausübung des Amtes gesehen wird. Sodann werden Erfordernisse für das geistliche Leben der Priester genannt (so auch der Zölibat), fener Hilfen für das priesterliche Leben. Abschließend wird auf eine gerechte Entschädigung für den Dienst der Priester im Einklang mit lokalen Verhältnissen hingewiesen.

---

[31] Die tiefgreifenden Divergenzen in der Sichtweise zwischen Bischöfen und Theologen haben die Verfasser des Dekrets veranlaßt, die Verwurzelung dieser Konferenzen in der bischöflichen Kollegialität zur Sprache zu bringen, wobei sie sich jedoch nur auf das *fundamentum historicum et pastorale* beschränkten.

[32] Vgl. J. LECUYER – Fr. WULF in: LThKZwVK, Bd. 3, 127–239; J. NEUNER, ebd., Bd. 2. 309–355; J. FRISQUE – E. MARCUS in: Vatican II. Les Prêtres – Formation, ministère et vie (Unam Sanctam 68), Paris 1968; R. LAURENTIN, Bilan, 244–261; Ph. DELHAYE in: DThC Tables, Sp. 4307–4310; P. POUPARD, op. cit., 49–56; P. J. CORDES, Sendung zum Dienst – Exegetisch-historische und systematische Studien zum Konzilsdekret „Vom Dienst und Leben der Priester", Frankfurt/M. 1972 (der beste Kommentar zum Dekret *Presbyterorum ordinis*); G. LEFEUVRE, La Vocation sacerdotale dans le deuxième concile de Vatican, Paris 1978 (zum Dekret *Optatam totius*).

Im Gegensatz zum Dekret *Presbyterorum Ordinis*, dessen Ausarbeitung besonders schwierig war, ergaben sich beim Dekret über die Ausbildung der Priester weniger Schwierigkeiten in der Versammlung. Für Oscar Cullmann gehört „es unbedingt zu den besten und wichtigsten Dekreten". Obwohl in den Grundlinien sehr traditionell, enthält es mehrere beachtliche Neuerungen, die besonders auf die Beiträge von G. Garronne zurückgehen: Es verläßt die zentralistische und uniformistische Sichtweise, die lange Zeit jede Möglichkeit zur Erneuerung blockierte, und überantwortet den nationalen Bischofskonferenzen die Vollmacht zu einer Anpassung an die Bedürfnisse der einzelnen Regionen. Das Dekret verläßt auch die posttridentinische Perspektive der künstlich mit der Institution Kloster verbundenen Isolierung und besteht unter gleichzeitiger Betonung notwendiger und gründlicher Studien (wobei der Heiligen Schrift ein vorrangiger Platz eingeräumt wird) darauf, daß die Ausbildung praktisch und nicht allein theoretisch verlaufe. Es lenkt die Aufmerksamkeit auf die Notwendigkeit einer vollkommen weltlicher Ausbildung, über die männliche Reife erreicht werden kann und fordert dazu auf, vor allem die „neueren Erkenntnisse der Psychologie und Pädagogik" zu berücksichtigen. Angesichts der raschen Veränderungen in der Welt hebt es schließlich die Bedeutung ständiger Weiterbildung hervor.

Diese beiden Dekrete sind gelegentlich stark kritisiert worden. Man hat ihnen zum einen vorgeworfen, nur sehr unzureichend auf die Krise im Priestertum einzugehen, die einige Jahre vorher in der westeuropäischen Gesellschaft aufgebrochen war und andererseits in der theologischen Ausarbeitung (vor allem beim ersten Dekret) logische Stringenz vermissen zu lassen[33]. Das Dekret *Presbyterorum Ordinis* mit seinem schlecht aufeinander abgestimmten Aufbau und farblosen Stil litt unleugbar auf der Lehrebene an mangelnder Geschlossenheit. Dabei muß jedoch die Tatsache berücksichtigt werden, daß sich die Theologie auf diesem Gebiet im Stadium der Unterentwicklung befand, das in den letzten Jahrhunderten unter starker Verkrustung immer mehr erstarrte und das Dekret „eine Revolution in der Theologie wie in der Spiritualität der Diözesanpriester" (Delhaye) mit der Überwindung einer streng ritualistischen Definition des Priestertums in Gang brachte. Dabei wurde auch das Priesteramt von der kultischen auf die apostolische Ebene gehoben und ließ mit einem Schlag das lange Zeit dominierende monastische Verständnis des Priestertums hinter sich.

7. Das Dekret *Perfectae caritatis* über die Anpassung des Ordenslebens[34]

Trotz der konsequent retardierenden Opposition durch die Ordenskongregation[35] machte dieses Dekret, das aufgrund der heftigen und wiederholten Kritik der Konzilsväter von den Forschungen und Erfahrungen in Nachkriegszeit profitieren konnte, den Weg frei für lang-

---

[33] Siehe z. B. H.-M. LEGRAND in: RSPhTh 59 (1975) 688–693.
[34] Vgl. Fr. WULF in: LThKE, Bd. 2, 249–307; J. TILLARD – Y. CONGAR (Hg.), Vatican II – L'adaptation et la rénovation de la vie religieuse (Unam Sanctam 62), Paris 1967; E. FOGLIASSO, Il decreto Perfectae caritatis, Turin 1967; E. R. COMPAGNONE (Hg.), Rinnovamento della vita religiosa, Alba 1967; Ph. DELHAYE in: DThC Tables, Sp. 4310–4312; P. POUPARD, op. cit., 57–61; J. SANCHES, Notas historicas sobre el decreto *Perfectae caritatis* in: Verdad y Vida 29 (1971), 203–220.
[35] „The Commission of religious, dominated by the ultra-conservative curial Congregation on religious under cardinal Antoniutti, consistently refused to allow women religious, for example, to have any deliberative part in their discussion [...]. Although there are abundant signs that dissatisfaction with the traditional ordering of religious life in convents and monasteries has now reached the boiling point, the Congregation has persistently ignored the real causes of this malaise" (X. RYNNE, The Fourth Session, 179).

ersehnte, aber lange Zeit blockierte Reformen. Es zeichnet sich durch seinen christologischen, ekklesiologischen und eschatologischen Charakter aus und muß bei der Frage nach der Einbeziehung der Ordensleute in das apostolische Leben der Kirche im Licht von Kapitel VI der Konstitution über die Kirche gelesen werden. Die angepaßte Erneuerung des Ordenslebens – so wird gesagt – muß unter der Triebkraft des Heiligen Geistes und der Leitung der Kirche einerseits das Erbe jeder Ordensgemeinschaft, die ursprüngliche spezifische Inspiration und Intention der Gründer wie auch die gesunden Traditionen, andererseits die Anpassung an die veränderten Zeitverhältnisse berücksichtigen. Wo Ziele wie Aktivitäten nicht mehr den heutigen Bedürfnissen entsprechen, ist eine zeitgemäße Erneuerung einzuleiten. Das Konzil erkennt zwar (im Gegensatz zu den Wünschen einiger Konzilsväter nach Zusammenführung diverser Ordensgemeinschaften) die berechtigte Vielfalt von Orden und Kongregationen an, fordert aber die Fusion dahinvegetierender Einrichtungen mit lebenskräftigeren Instituten (Nr. 21) bzw. den Zusammenschluß von Instituten mit nahezu gleichen Satzungen und vor allem die intensivere Zusammenarbeit zwischen den verschiedenen Gemeinschaften. In diesem Zusammenhang wird nachdrücklich der Ausbau von Konferenzen der Oberen der wichtigsten Orden befürwortet. In den Paragraphen 12 bis 14 wird das Verständnis für die drei Gelübde erneuert: Die Keuschheit wird weniger vordergründig betrachtet, die Armut soll real in der Gemeinschaft wie individuell gelebt werden, der Gehorsam muß „veranwortungsbewußt und aktiv" sein, ohne Eigeninitiativen abzutöten. Im übrigen werden die Ordensoberen aufgefordert, jede herrschaftliche Ausübung von Autorität zu unterlassen und Anregungen ihrer Untergebenen aufzugreifen. Neben diesen fundamentalen Problemen behandelt das Dekret auch sekundäre Fragen: die päpstliche Klausur der Nonnen und das Ordensgewand. Großen Wert legt das Dekret schließlich auf die Ausbildung sowie die Weiterbildung der Ordensmitglieder und schärft den Ordensoberen ihre diesbezügliche Verantwortung ein.

8. Das Dekret *Apostolicam actuositatem* über das Laienapostolat[36]

Ursprünglich war der Rahmen für dieses Dekret sehr weit abgesteckt: Es sollte die Rolle der Laien in der Kirche und in der Welt in all ihren Aspekten beleuchten. Nach und nach grenzte man das Dekret jedoch auf einen einzigen Aspekt ein, auf das Apostolat im eigentlichen Sinn, weil die anderen Aspekte zum Teil in die Konstitution über die Kirche, zum Teil in *Gaudium et spes* aufgenommen wurden.

Das Dekret enthält nun sechs Kapitel, die sich folgenden Themen widmen: Berufung der Laien zum Apostolat; die Ziele des Apostolats (mit der Unterscheidung zwischen geistlichen und weltlichen Dimensionen des Laienapostolats, wobei die Lehraussagen des Dekrets zum weltlichen Aspekt dieses Apostolats sehr dicht sind); verschiedene Bereiche des Apostolats (Familie, Arbeitsstätte, nationale und internationale Politik; besondere Beachtung findet die tiefgreifende Veränderung der Lebensbedingungen für Jugendliche in der Gegenwart); die vielfältigen Formen des Laienapostolats; die Ordnung (d. h. die Einbindung des Laienapostolats in die kirchlichen Strukturen, Beziehungen zur Hierarchie, Rolle des Klerus, der Orden, Zusammenarbeit der verschiedenen apostolischen Organisa-

---

[36] Vgl. F. KLOSTERMANN in: LThKE, Bd. 2, 585–701; Y. CONGAR (Hg.), Vatican II – L'apostolat des laïcs (Unam Sanctam 75), Paris 1970, u. vor allem Y. CONGAR, Apports, richesses et limites du décret, 157–190; Ph. DELHAYE in: DThC Tables, Sp. 4312–4314.

tionen untereinander, Beziehungen zu anderen Christen, in bestimmten Fällen zu den Nichtchristen); schließlich sechstens die Bildung zum Apostolat (dessen Verantwortung der Familie, der Gemeinde, der Schule, den Gruppen und Vereinigungen obliegt).

Es ist anzuerkennen, daß das Zweite Vatikanum dem Laienapostolat ein besonderes und umfangreiches Dekret eingeräumt hat, auch wenn der Text kaum wirklich neue Erkenntnisse enthält. Letzteres hängt zum Teil daran, daß die wesentlichen aktuellen Forschungsergebnisse zum Laienapostolat in den Kapiteln II, IV und V der Konstitution *Lumen Gentium* zu finden sind, zum Teil auch an der kaum bestreitbaren Tatsache, daß dieser Text bei den Konzilsvätern weniger Beachtung fand. Dazu kam noch, daß er zu einem Zeitpunkt überprüft und überarbeitet wurde, als die Aufmerksamkeit der Konzilsväter und der Verantwortlichen von anderen, besonders brennenden Problemen in Beschlag genommen wurde. Hervorgehoben werden muß die klare Absage an die Vorstellung eines Mandats der katholischen Aktion (an der die Franzosen besonders festhielten) sowie das Bemühen, sich vor autoritär vereinnehmenden Formeln zu hüten und stattdessen größte Freiheit für das einzuräumen, was der Heilige Geist im erneuerten Laienstand anregen will.

9. Das Dekret *Ad Gentes* über die missionarische Aktivität der Kirche [37]

Dieser ausführliche Text war ursprünglich eher dürftig, wurde schließlich aber zu einem der bedeutendsten Konzilsdokumente – dank der Beharrlichkeit zahlreicher Konzilsväter aus der Dritten Welt, von Missionsbischöfen und eingeborenen Kirchenvertretern, die tatkräftig von qualifizierten Experten unterstützt wurden. Diese wurden nach und nach in eine Kommission einbezogen, die sich zu Beginn äußerst abweisend gezeigt hatte [38]. Trotz seiner noch bestehenden Mängel verankert der Text die Missionstätigkeiten wieder im Zentrum einer dynamischen Ekklesiologie und stellt eine unentbehrliche Ergänzung zur Konstitution *Lumen Gentium* dar: Er öffnet den Weg für eine neue Besinnung auf missionarisches Handeln.

Schon von seinem Titel her („De activitate missionali Ecclesiae") will das Dekret auf die Verbindung zwischen den besonderen missionarischen Tätigkeiten und der Mission der Kirche in ihrer Gesamtheit abheben. Es läßt den kirchenrechtlichen Formalismus hinter sich, der die Missionstätigkeiten als Sektor der Propagandakongregation definierte. Kapitel I über die theologische Grundlegung entwickelt eine theologische Sicht der Mission als „Evangelisierung und Einpflanzung der Kirche bei den Völkern und Gemeinschaften, bei

---

[37] Vgl. S. BRECHTER in: LThKE, Bd. 3, 9–125; Ph. DELHAYE in: DThC Tables, Sp. 4314–4316; J. SCHULTE (Hg.), L'Activité missionaire de l'Église – Décret *Ad gentes* (Unam Sanctam 67), Paris 1967; Le missioni nel decreto „Ad gentes" del Vaticano II, Rom 1966; A. SANTOS HERNANDEZ, Decreto „Ad gentes" sobre la actividad misional de la Iglesia, Madrid 1966; J. MASSON, Fonction missionnaire de l' Église – Réflexions sur le décret Ad gentes, in: NRTh 88 (1966) 244–279; 358–375; A. GILLÈS DE PELICHY, L'oecuménisme dans le décret sur l'activité missionnaire de l'Église, in: Irénikon 39 (1966) 355–361; D. LAMONT, Ad gentes: a missionary bishop remembers, in: Vatican II by those who were there, 270–282.

[38] Nach Erzbischof W. GEERAERTS (ein Weißer Vater und ehemaliger Erzbischof von Bukavu), der eine bedeutende Rolle bei der Erarbeitung dieses Textes hatte, „bestand diese [ursprüngliche Kommission] vor allem aus Nicht-Missionaren, unter dem Vorsitz des Kardinalpräfekten der Propaganda, nach dessen Meinung alles zum Besten stehe und vor allem nichts verändert werden dürfe. Ein Schema nach dem andern wurde vorgelegt, alle prompt abgelehnt, weil sie Änderungen enthielten. Nach Erweiterung der Kommission hatte man weiterhin Schwierigkeiten, etwas zuzulassen, das auf der Linie des *aggiornamento*" lag (Erklärung in der *Libre Belgique*, 17. November 1965, 17).

denen sie noch nicht Wurzel gefaßt hat" (die mögliche Verknüpfung mit der Kongregation *De propaganda fide* erscheint in diesem Licht lediglich als Konsequenz aufgrund sekundärer historischer Zufälle).

Kapitel II entfaltet die drei Etappen „missionarischer Tätigkeit": das persönliche Bekenntnis zu einem christlichen Leben des Glaubens und der Nächstenliebe, dann die Predigt des Evangeliums, die christliche Initiation im Katechumenat, die Bildung christlicher Gemeinden, die Ausbildung eines einheimischen Klerus, von Katecheten und Ordensleuten.

Kapitel III über die Teilkirchen ist nach Diskussionsbeiträgen zahlreicher Missionsbischöfe Ergebnis der Ausarbeitung zweier kurzer Abschnitte zu einem sehr guten Kapitel. Es beschreibt klar strukturiert, was in der Sicht der Ekklesiologie des Zweiten Vatikanums die jungen Kirchen zu eigenständigen Teilkirchen macht, die ungeachtet der notwendigen Hilfe der Gesamtkirche nach der Reife in allen Bereichen des christlichen Lebens streben sollen, und zwar „dem Geist und der Eigenart einer jeden Kultur angepaßt".

Kapitel IV über die Missionare beschäftigt sich mit der Besonderheit ihrer Berufung und Spiritualität und bringt eine Reihe tiefer spiritueller Formulierungen und Einsichten, die sich so bislang noch nicht in offiziellen Kirchentexten fanden.

Das wichtige Kapitel V behandelt die Ordnung der missionarischen Tätigkeit. Der Gemeinschaft der Bischöfe bzw. dem „für die ganze Kirche zuständigen Rat der Bischöfe" obliegt die Sorge für die Missionstätigkeit. In diesem Kontext wird der Neuaufbau der Kongregation *De propaganda fide* angesprochen, an deren Leitung ausgewählte Vertreter aller jener Gruppen beteiligt sein sollen, die am Missionswerk mitarbeiten. Verfahrensweise und Verfassung der Kongregation werden vom Papst im Rahmen der allgemeinen Reform der Kurie festgelegt.

Kapitel VI schließlich geht auf die gesamtkirchliche Missionshilfe ein, plädiert dafür, alle Energien des Volkes Gottes zum gemeinsamen Missionswerk zu bündeln. Dabei zeigt sich auch ein ganz neuer Aspekt dieses Dokuments: seine ökumenische Öffnung, die teilweise über das Ökumenismus-Dekret hinausgeht. Befürwortet wird eine Zusammenarbeit „nicht nur zwischen Privatpersonen", sondern auch „zwischen den Kirchen oder Kirchengemeinschaften und ihren Unternehmungen". Dabei sollen die getrennten Christen ohne Einschränkung als „Christi Jünger" anerkannt werden.

Man kann die Meinung vertreten, daß das Dekret *Ad Gentes* nicht konsequent genug seinen Grundgedanken zu Ende gedacht hat, vor allem zu stark mit einem territorial bestimmten Missionsbegriff arbeitet und in allzu hierarchischer Perspektive verhaftet bleibt, ohne den Einfluß der verschiedenen Charismen hinreichend berücksichtigt zu haben. Man kann auch bedauern, daß nur unzureichend die theologische Perspektive der Armut als Dimension kirchlicher Missionierung herausgestellt wurde – eine Thematik, die während der gesamten Konzilszeit von einer kleinen Gruppe von Konzilsvätern um P. Gauthier verfolgt wurde. Trotz dieser Schwächen muß festgehalten werden, daß dieses Dekret in einer Reihe wichtiger Punkte unbestreitbar einen theologischen Fortschritt darstellt. In zahlreichen Bereichen missionarischer Tätigkeit werden apostolische Hinweise aufgegriffen, die zwar nicht revolutionär, aber doch von starkem Erneuerungswillen getragen sind.

10. Das Dekret *Unitatis redintegratio* über den Ökumenismus [39]

Dieser schöne Text wurde unter der Leitung von J. Willebrands mehrfach überarbeitet und grundlegend verbessert – auch wenn einige Veränderungen in letzter Minute ihm etwas von seiner Frische genommen haben. Yves Congar kommentierte 1965 zufrieden: „Keiner von uns hätte noch vor drei Jahren gedacht, daß er so ausfallen und einstimmig angenommen werden könnte".

Nach einer kurzen Einleitung entfaltet Kapitel I „die katholischen Prinzipien des Ökumenismus", wobei der Titel bereits einen beachtlichen Fortschritt gegenüber dem Entwurf von 1963 verrät. Damals wurde noch von den „Prinzipien des katholischen Ökumenismus" gesprochen. Unter anderem fällt die Aussage auf, daß „viele und bedeutende Elemente oder Güter, aus denen insgesamt die Kirche erbaut wird und ihr Leben gewinnt, auch außerhalb der sichtbaren Grenzen der katholischen Kirche existieren können: das geschriebene Wort Gottes, das Leben der Gnade, Glaube, Hoffnung und Liebe und andere innere Gaben des Heiligen Geistes" (Nr. 3), oder auch die Rede vom berechtigten Pluralismus liturgischer Riten, die „tatsächlich das Leben der Gnade zeugen können und als geeignete Mittel für den Zutritt zur Gemeinschaft des Heils angesehen werden müssen".

Kapitel II über die „praktische Verwirklichung des Ökumenismus" ist von großer Dichte und bietet ein klar durchdachtes Programm, das von den Erfahrungen der letzten Jahrzehnte lebt. Alle Katholiken – nicht nur einige Spezialisten – sind dazu eingeladen. Aufgerufen wird zum „ökumenischen Gebet", bei dem Katholiken und Nichtkatholiken miteinander beten, auch verschließt man sich nicht einer behutsamen *communicatio in sacris*. Ganz offen wird die Zusammenarbeit zwischen Katholiken und Nichtkatholiken bei karitativen und sozialen Diensten und zur Förderung des Friedens aufgerufen. Unterstrichen wird die Notwendigkeit, sich gegenseitig gründlich kennen zu lernen und den andern mit größtmöglichem Verständnis für seine Probleme anzusprechen. Hingewiesen wird besonders – und diese Textstelle ist nach Oskar Cullmann „die revolutionärste" aller Konzilstexte –, daß „es eine Rangordnung oder ‚Hierarchie' der Wahrheiten innerhalb der katholischen Lehre gibt, je nach der verschiedenen Art ihres Zusammenhangs mit dem Fundament des christlichen Glaubens" [40] (Nr. 11).

Kapitel III entfaltet zum ersten Mal in einem offiziellen Text – und beeindruckend positiv – die Art und Weise, wie die katholische Kirche die „vom Römischen Apostolischen Stuhl getrennten Kirchen und kirchlichen Gemeinschaften" sieht. Dabei werden die Ostkirchen unterschieden von den aus der Reformation hervorgegangenen Kirchen, bei denen der Bruch radikal war. Die nur kurze Erwähnung des Anglikanismus ist freilich in den Au-

---

[39] Vgl. W. Becker Or – J. Feiner in: LThKE, Bd. 2, 9–126; L. Jaeger, Das Konzilsdekret „Über den Ökumenismus" – Sein Werden, sein Inhalt und seine Bedeutung, Paderborn 1965 (wesentlich verbesserte frz. Übersetzung: Tournai 1965); G. Cereti, Commento al Decreto sull' Ecumenismo, Turin 1966; B. Leeming, The Vatican Council and Christian Unity. A Commentary on the Decree on Ecumenism, London 1966; G. Thils, Le Décret sur l'oecuménisme du deuxième concile du Vatican, Paris 1966; Ph. Delhaye in: DThC Tables, Sp. 4316–4319; Le décret conciliaire sur l'oecuménisme, in: Istina 10 (1964) 359–492. Siehe auch einige nicht-katholische Beurteilungen in: Lumière et Vie 14 (1965) Nr. 74, 61–88, und in Ecumenical Review 17 (1965) 93–112.

[40] Zur Einfügung dieses Abschnittes und seine nachfolgende Interpretation siehe G. Thils in: Revue théologique de Louvain 10 (1979) 209–215, u. W. Henn, The Hierarchy of Truths twenty years later, in: Theological Studies 48 (1987) 439–471. Generell gesehen findet man im ganzen Dokument die Vorstellung wieder, daß es verschiedene Abstufungen der Gemeinschaft zwischen den Kirchen gibt und schon vor der „vollen Gemeinschaft" mit den von Rom getrennten Kirchen eine bestimmte Gütergemeinschaft besteht.

gen einiger Kommentatoren eher unzureichend. Im Schlußteil (Nr. 24) wünscht das Konzil „dringend", daß die Aktivitäten der Katholiken in ökumenischen Fragen sich „in Verbindung mit den Unternehmungen der getrennten Brüder" entwickeln möge.

Dieses Dekret ist eine der Früchte der Intitiative Johannes' XXIII. und sicherlich einer der großen Texte des Zweiten Vatikanums, auch wenn Nichtkatholiken ihn eher als einen Kompromißtext betrachten. Für den Ökumenischen Rat in Genf stellt das Dekret ein Novum in der Geschichte der ökumenischen Bewegung dar.

11. Das Dekret *Orientalium Ecclesiarum* über die katholischen Ostkirchen in der Gemeinschaft mit Rom[41]

Die Wahl des richtigen Zeitpunktes für dieses Dekret wurde heftig diskutiert und vor allem von den Kardinälen Lercaro und König sowie von J. M. Hoeck vom Einheitssekretariat in Zweifel gezogen. Ähnliche Reaktionen zeigten die Maroniten. Bedenklich bleibt, daß aufs neue und in feierlicher Weise das Recht der Ostkirchen auf Eigenverwaltung nach ihren eigenen Gesetzen und Gebräuchen proklamiert wurde und gleichzeitig eine Vollversammlung, die in großer Mehrheit aus Bischöfen des westlichen Ritus bestand, über eine Reihe wichtiger Fragen zur besonderen Ordnung dieser Kirchen entschied. Es fragt sich auch, ob es nicht zur Vermeidung des Eindrucks, diese Kirchen seien lediglich ein mehr oder weniger verlängerter Anhang der Großkirche, besser gewesen wäre, Überlegungen zu ihrem Sonderstatus (vor allem ihre patriarchale Struktur) in die Konstitution über die Kirche und im Dekret über das Bischofsamt einzufügen. Schließlich läßt sich anfragen, ob ein derartiges Dekret nicht einen Status festschreiben will, den die Fortschritte des Ökumenismus täglich mehr zu überwinden empfehlen. Auf Bedenken dieser Art haben einige unierte Bischöfe, vor allem der melkitische Patriarch Maximos IV., geantwortet, daß eine Reihe von im Schema vorgesehenen Punkten beachtliche Fortschritte auf dem richtigen Weg darstellen und für die Bewahrung der – von immer noch zahlreichen Verfechtern des abendländischen Christentums oft bestrittenen – ostkirchlichen Traditionen eine offizielle Garantie abgeben wird, die in einem eigenen Schema besser zur Geltung kommt.

Desungeachtet enthält dieses Dekret eine Reihe positiver Erkenntnisse, wenn auch die ekklesiologische Erneuerung und der ökumenische Geist[42] darin nur unzureichend Anklang gefunden haben aufgrund der unbeweglichen Haltung mächtiger Mitglieder der ostkirchlichen Kongregation in der Konzilskommission. Das Dekret bestätigt, daß die Kirchen des Ostens wie des Westens „dieselben Rechte" genießen und aufgrund des Ritus „keine von ihnen einen Vorrang vor den anderen hat" (Nr. 3). Es fordert den Respekt vor dem kirchlichen und geistlichen Erbe der Ostkirchen aufgrund der „großen Verdienste der Ostkirchen für die Gesamtkirche" und betrachtet dieses Erbe „als echtes Erbgut

---

[41] Vgl. J. M. Hoeck in: LThKE, Bd. 1, 361–392; Ph. Delhaye in: DThC Tables, Sp. 4319–4321; N. Edelby (Hg.), Vatican II – Les Églises orientales catholiques (Unam Sanctam 76), Paris 1970; I. Dick in: Le Deuxième Concile du Vatican (1959–1965), Rom 1989, 619–625.

[42] Den „unvollständigen Charakter" dieses Dekrets stellt Chr. Dumont (in: Concile oecuménique Vatican II – Documents conciliaires, Bd. 1, Paris 1965, 231 f.) heraus: „Es gehört zu einem theologischen Kontext, der ungenügend von dieser Erneuerung geprägt ist. Von daher erklärt sich für viele unserer orthodoxen Brüder die Unzulänglichkeit und Ambivalenz einiger Abschnitte dieses Dekrets […] Diese Mängel wären schwerwiegend, hätte das Konzil nur dieses Dekret allein verkündet. Offenkundig aber ist seine Interpretation vollständig von der weit grundlegenderen Konstitution über die Kirche und vom Geist des Dekrets über den Ökumenismus bestimmt."

der gesamten Kirche Christi" (Nr. 5). Bestätigt wird das Patriarchat als grundlegender Bestandteil der Ostkirchen, wenn auch dieser Teil (Nr. 7–11) nach dem Urteil des Patriarchen Maximos IV. der schwächste Teil des Dekrets ist. Die Vollmacht und Verantwortung der ostkirchlichen Hierarchie im Hinblick auf die Sakramentenordnung wird erneuert. Schließlich werden im letzten und zweifellos neuesten Teil mit der Bestätigung der Communicatio in sacris zwischen der römischen Kirche und den getrennten Ostkirchen die bisherigen Instruktionen der Ostkirchenkongregation zu Interkommunion und Mischehen revidiert, was im neuen Ostkirchencodex des Kirchenrechts seinen Niederschlag fand. Insgesamt gesehen kann dieses Dekret trotz seiner Unzulänglichkeiten als „bestmögliches" Dokument (I. Dick) beurteilt werden, insbesondere angesichts der geistigen Haltung, die damals die Ostkirchenkongregation prägte.

12. Das Dekret *Inter mirifica* über die sozialen Kommunikationsmittel [43]

Die moralisierende Grundhaltung in der Erarbeitungsphase und die eher improvisierte Debatte und schließlich leidenschaftslose Abstimmung führten dazu, daß dieses Dekret als „vorkonziliar" eingestuft wurde. In einigen Punkten bleibt es sogar hinter den Lehräußerungen Pius' XII. zurück. Immerhin kommt ihm das Verdienst zu, die Bedeutung der Kommunikationsmittel anzuerkennen und (vielleicht zu zaghaft) den Politikern das Recht des Volkes auf Informations- und Redefreiheit ins Gedächtnis zu rufen. Die Gründung neuer Gremien wird angekündigt: eine päpstliche Kommission für soziale Kommunikationsmittel [44], Diözesan- und Nationalämter für das Pressewesen, Film, Rundfunk und Fernsehen wie auch die jährliche Festlegung eines Tages der Kommunikationsmittel zur Vergegenwärtigung der hier vorliegenden wichtigen Aufgaben bei allen Gläubigen.

13. Die Erklärung *Dignitatis humanae* über die Religionsfreiheit [45]

Diese relativ kurze Erklärung sorgte bis zum letzten Tag für starke Polarisierung bei allen Konzilsteilnehmern, kein Dokument stieß auf so viel Feindseligkeit auf Seiten der Minderheit. Es ist nicht verwunderlich, daß dieser Text nur mit Hilfe von Konzessionen verab-

---

[43] Vgl. K. SCHMIDTHUS in: LThKE, Bd. 1, 111–135; Ph. DELHAYE in: DThC Tables, Sp. 4321 f.; J. VIEUJEAN – W. UGEUX in: La Revue nouvelle 40 (1964) 29–52.

[44] Diese im April 1964 von Paul VI. geschaffene Kommission veröffentlichte am 29. Januar 1971 die Instruktion *Communio et progressio*, die „prepared with the aid of internationally recognized experts, fulfils the requirements left unsatisfied by the original Decree" (W. KAMPE in: Vatican II by those who were there, London 1986, 197).

[45] Vgl. P. PAVAN in: LThKE, Bd. 2, 703–748; H. HAMER – Y. CONGAR (Hg.), Vatican II – La liberté religieuse (Unam Sanctam 60), Paris 1967; Ph. DELHAYE in: DThC Tables, Sp. 4323 f.; P. POUPARD, op. cit., 105; R. LAURENTIN, Bilan, 324–330; J. C. MURRAY, La déclaration sur la liberté religieuse, in: Concilium 2 (1966) Nr. 15, 7–18; P. PAVAN, Le droit à la liberté religieuse dans la déclaration conciliaire, in: Concilium 2 (1966) Nr. 18, 35–46; T. I. JIMENEZ URRESTI, La libertad religiosa. Declaración del Concilio Vaticano II, Madrid 1965; A. F. CARRILLO DE ALBORNOZ, La libertad religiosa y el concilio Vaticano II, Madrid 1966 (anglikanischer Standpunkt). In „Paolo VI e il rapporto Chiesa-Mondo al Concilio" (Brescia 1991) finden sich zwei Berichte von J. GROOTAERS u. C. COLOMBO über die Interventionen Pauls VI., der in der Entstehungsphase des Textes die Standpunkte auszugleichen versuchte, dann drei Stellungnahmen von Theologen, die ganz unmittelbar an den Verhandlungen beteiligt waren, die zur Abfassung des endgültigen Textes führten. Das Werk enthält auch ein Exposé von P. GRANFIELD über die Rolle der amerikanischen Theologen und Kanonisten, schließlich Berichte von Nicht-Katholiken über die Reaktionen in ihren Gemeinden auf die päpstlichen Interventionen während der Erarbeitungsphase dieses Konzilstextes.

schiedet werden konnte und so letztendlich als Kompromißtext erscheint. Dies um so mehr, als sich die Zielrichtung dieses Textes erst im Lauf des Konzils ergab. Denn ursprünglich war er als ein Kapitel im Dekret über den Ökumenismus mit dem Ziel vorgesehen, auf kritische Einwände der Protestanten einzugehen, die der römischen Kirche vorgeworfen hatten, auf unzulässige Weise die Religionsfreiheit ihrer Glaubensbrüder in traditionell katholischen Ländern wie Spanien oder Kolumbien einzuschränken. Mit der Zeit wurde daraus ein Text, der sich vor allem an die Nichtgläubigen wandte – zum einen als Reaktion auf den Einwand der Intoleranz, der von den Freidenkern gegen Rom mit Blick auf den *Syllabus* erhoben wurde, zum andern als Forderung der Freiheit für die Kirche in den totalitären Staaten des Kommunismus. In diesem neuen Kontext war man gehalten, das Recht auf Religionsfreiheit auf die Basis von Vernunftgründen zu stellen und dabei vor allem auf die Würde des Menschen abzuheben. Das führte zu Spannungen zwischen den Traditionalisten, für die das letzte Wort in dieser Frage in den päpstlichen Verlautbarungen des 19. Jahrhunderts gesprochen wurde, und den liberalen Katholiken, die sich für die Lehrentwicklung seit der Zeit Leos XIII. aufgeschlossen zeigten. Aber auch letztere spalteten sich in Vertreter, die dem Rückgriff auf das Naturrecht den Vorzug gaben, und Anhängern der Vorstellung, daß sich ein Konzilsdokument vor allem auf biblische Vorgaben zu stützen habe.

J. C. Murray, einer der Hauptverantwortlichen dieses Textes (neben P. Pavan) stellte klar heraus, daß man in dieser Erklärung nicht eine umfassende Theologie zur Religionsfreiheit erwarten könne. Es handele sich weder um das viel weitere Problem der Gewissensfreiheit noch um das heikle Problem der Freiheit in der Kirche, sondern lediglich um die freie Religionsausübung in der bürgerlichen Gesellschaft, wobei der veraltete Standpunkt bloßer Toleranz „keinen Irrtum, sondern einen Archaismus"[46] darstelle. Mit anderen Worten: Es geht um die Bestätigung, daß politische Mächte eine bestimmte religiöse Richtung als Voraussetzung für die Ausübung bürgerlicher Rechte weder auferlegen noch verbieten können bzw. dürfen (im Gegensatz zu den zumindestens thesenhaften Ansprüchen mancher Kirchenrechtler). Dabei wird vorausgesetzt, daß die Entscheidung des Bürgers und sein äußeres Auftreten nicht den Forderungen der menschlichen Würde entgegenstehen.

So begrenzt die Tragweite dieser Erklärung auch sein mag, sie ist ein Dokument von großer theologischer Bedeutung, weil sie zum einen die Erkenntnisse katholischer Denker des 20. Jahrhunderts über die Rechtmäßigkeit des weltlichen Charakters der bürgerlichen Gesellschaft und des Staates bestätigt und zum anderen – unter Umgehung des autoritären Verständnisses Leos XIII. mit seinen aristotelischen und mittelalterlichen Denkkategorien hinsichtlich der Beziehungn zwischen Staat und Staatsbürgern – der Linie Pius' XII. und Johannes' XXIII. verpflichtet ist, für die der Mensch nicht als Objekt des sozialen Lebens oder als eines seiner passiven Elemente betrachtet werden darf, sondern als sein Subjekt, sein Fundament und Ziel.

---

[46] J. C. MURRAY in: Concilium 1 (1965) Nr. 15, 7 f.

14. Die Erklärung *Nostra aetate* über das Verhältnis der Kirche zu den nichtchristlichen Religionen [47]

Dieser Text ist aus dem Entwurf einer Erklärung über die Juden hervorgegangen, den Johannes XXIII. aufgrund verschiedener Anregungen, vor allem von Kardinal Liénart und dem jüdischen Historiker Julius Isaak, wünschte und zu dem es Gutachten gab, die vom Römischen Bibelinstitut (mit A. Bea als Rektor) und dem Zentrum jüdisch-christlicher Studien von J. Oesterreicher in Setton Hall/USA [48] eingereicht wurden. Der Textentwurf über die Juden löste heftige Reaktionen aus, nicht nur in der arabischen Welt, sondern auch in der Konzils*aula*, wo sich – einmal wenigstens – die traditionalistische Minderheit auf gleicher Wellenlänge mit den Vertretern der Ostkirche befanden. In der Hoffnung auf Besänftigung der Gemüter wurde der Entschluß gefaßt, die Erklärung über die Juden in einen Text von allgemeinerer Tragweite, nämlich das Verhältnis der Kirche zu allen nichtchristlichen Religionen, einzufügen. So kam es, daß zum ersten Mal in der Geschichte sich ein Konzil ernsthaft mit nichtchristlichen Religionen beschäftigte. Ausdrücklich werden in diesen Religionen positive moralische und religiöse Werte anerkannt. Erstaunlicherweise führte die gegenüber der traditionellen theologischen Lehre neue Grundidee dieser Erklärung zu keinen größeren Schwierigkeiten auf dem Konzil, von einigen wenigen Ausnahmen abgesehen.

Nostra aetate ist der kürzeste aller Konzilstexte und besteht aus zwei Teilen von etwa gleicher Bedeutung. Im ersten Teil (Nr. 1–3) wird kurz die Haltung der katholischen Kirche gegenüber den nichtchristlichen Religionen dargelegt, wobei genauer auf den Hinduismus, Buddhismus, dann auch den Islam eingegangen wird, der mit dem Christentum den Monotheismus, die Vorstellung des göttlichen Gerichts und die Verehrung von Abraham, Jesus und Maria teilt. Der zweite Teil (Nr. 4) behandelt die Position der Kirche gegenüber den Juden. Auf Anregung Kardinal Lercaros werden die Beziehungen zwischen Kirche und Juden vom Mysterium der Kirche ausgehend in paulinischer Perspektive nachgezeichnet. Die Erklärung regt ein Programm für den Dialog und gemeinsame Untersuchungen in einer Atmosphäre gegenseitiger Achtung an. Es wird betont, daß „die jüdischen Obrigkeiten mit ihren Anhängern auf den Tod Christi gedrungen haben", daß man aber „die Ereignisse seines Leidens weder allen damals lebenden Juden ohne Unterschied noch den heutigen Juden zur Last legen" dürfe. Die Kirche verurteilt jede Verfolgung und jede Form des Antisemitismus – ganz gleich in welcher Epoche oder von welcher Seite er ausgeht.

Dank der Hartnäckigkeit und Geschicklichkeit Kardinal Beas konnte diese in ihrer endgültigen Fassung gegenüber dem Entwurf leicht abgeschwächte Erklärung bei der Schlußabstimmung eine überwältigende Stimmenmehrheit erreichen. Von jüdischer Seite wurde sie mit einer Mischung aus Genugtuung und Enttäuschung aufgenommen: auf der einen Seite erkennt man die positive Grundabsicht an, auf der anderen Seite kritisiert man einige

---

[47] Vgl. J. OESTERREICHER in: LThKE, Bd. 2, 405–495; A.-M. HENRY (Hg.), Vatican II – Les relations de l'Église avec les religions non chrétiennes (Unam Sanctam 61), Paris 1966; Ph. Delhaye in: DThC Tables, Sp. 4324–4326; „Nostra aetate": 20 years later. A landmark in Jewish-Christian relations, Sondernummer von Face to Face 12 (1985); R. Laurentin, L'Église et les Juifs à Vatican II, Paris 1967; T. Federici, Il concilio e i non cristiani, Rom 1966.

[48] Zur Vorgeschichte und den unmittelbaren Kontext siehe J.-M. DELMAIRE, Vatican II et les Juifs, in: Le Deuxième Concile du Vatican (1959–1965), 577–598.

Änderungen in letzter Minute, womit die Tonlage abgeschwächt wurde[49]. Der nun vorliegende eindeutige Text markiert in jedem Fall eine beachtliche Entwicklung in der Haltung der katholischen Kirche und schiebt jedem Rückgriff auf eine theologische Begründung des Antisemitismus einen Riegel vor.

15. Die Erklärung *Gravissimum educationis* über die christliche Erziehung[50]

Als Ergebnis von acht aufeinander folgenden Überarbeitungen erweist sich diese Erklärung insgesamt als eher flach. Sie untersucht die Bedeutung der katholischen Schulen und weist den katholischen Hochschulen und Universitäten als besondere Aufgabe zu, die „öffentliche Präsenz des katholischen Denkens im intellektuellen Ringen der Menschheit auf dem Weg zur höchsten Kultur zu repräsentieren" (Poupard). Wenn diese Erklärung auf der Linie der Enzyklika *Divini Illius Magistri* auch nicht den Rang einer Reformcharta erreicht hat, „so kommt ihr wenigstens der Vorzug zu, nach allen Seiten offen zu sein und praktische Anregungen und Hilfestellungen für Erneuerungen auf diesem weiten Gebiet zu geben"[51].

II. Die postkonziliaren Organe[52]

Die auf dem Konzil verabschiedeten Texte waren nur „Rahmengesetze", d. h. allgemeine Bestimmungen, deren wirksame Umsetzung spätere Ergänzungen und Erläuterungen erforderte. Daher stellte sich die Frage, welche Instanzen die Anwendung der Konzilstexte in der Praxis kontrollieren sollten: die römische Kurie – wie nach dem Tridentinum der Fall – oder Organe, die aus dem Konzil hervorgegangen sind. Vielfach war zu befürchten, daß die Umsetzung neuer konziliarer Bestimmungen in den römischen Kongregationen auf mehr Zurückhaltung als Begeisterung stoßen würde, weil echte Strukturreformen auch geistige Veränderungen in den Köpfen der handelnden Personen verlangte, was sicher mehrere Jahre in Anspruch nehmen würde. Paul VI. gab dies am 18. November 1965 in einer Erklärung zur angekündigten Kurienreform zu verstehen: „Die erwartete Umgestaltung kann langsam und nur teilweise gelingen, und dies muß so sein, will man den Personen und Traditionen den ihnen gebührenden Respekt entgegenbringen." Für eine Reihe von Punkten wurde die Übertragung der konziliaren Entscheidungen auf juristischem Gebiet entweder den konziliaren Koordinationskommission anvertraut oder besonderen Kommissionen der Reformkommission des kanonischen Rechts – eine von Johannes XXIII. zu gleicher Zeit wie seine Entscheidung zur Konzilsversammlung angekündigte Reform, die ihrerseits viele Jahre in Anspruch nehmen würde. Paul VI. war sich bewußt, daß mehrere Entscheidungen Dringlichkeitscharakter hatten. Deswegen setzte er – abgesehen von der unmittelbaren Neuorganisation des Hl. Offiziums[53] – eine Reihe postkonzilia-

---

[49] Zu den Reaktionen auf jüdischer Seite, aber auch in arabischen und christlichen Kreisen siehe J.-M. DELMAIRE, op. cit., 598–606.

[50] Vgl. J. POHLSCHNEIDER in: LThKE, Bd. 2, 367–404; Ph. DELHAYE in: DThC Tables, Sp. 4326 f; P. POUPARD, op. cit., 63–66.

[51] R. LAURENTIN, Bilan, 262.

[52] Alle Dokumente sind aufgenommen in: Vatican II – Pour construire l'Église nouvelle. Normes d'application du concile Vatican II et documents complémentaires (Unam Sanctam 73/77), 2 Bde., Paris 1969/1970.

[53] Am 7. Dezember 1965 kündete Paul VI. die Reform des Hl. Offizium an. Diese während den Debatten heftig

rer Kommissionen ein, die ersten beiden bereits vor Abschluß des Konzils (in den ersten Monaten des Jahres 1964).

So wurde im Januar dieses Jahres (nur einige Wochen nach der Abstimmung über die Liturgie-Konstitution) die Gründung eines *Consilium ad exsequendam constitutionem de sacra liturgia*[54] angekündigt, das die Reform der liturgischen Bücher (Missale, Brevier, Rituale und Pontificale) zur Aufgabe hatte. Diese Aufgabe erforderte einen langen Atem, beinhaltete aber auch die Möglichkeit, sofort umsetzbare Reformen in Angriff zu nehmen, vor allem hinsichtlich der aktiven Beteiligung der Gläubigen, des Gebrauchs der Nationalsprachen, der Konzelebration oder der Kommunion unter beiderlei Gestalt. Als beachtliche Neuerung hatte das als echtes Reformorgan geplante *Consilium* nicht den Präfekten der Ritenkongregation, sondern einen in Rom ansässigen Bischof (Kardinal Lercaro) zum Präsidenten, der direkt dem Papst unterstellt war. Das Sekretariat wurde A. Bugnini übertragen, der seine Qualitäten in gleicher Weise bewies wie bei der Vorbereitung der Konstitution. Das *Consilium* setzte sich aus zwei Gruppen zusammen: Mitglieder mit beratender Stimme (meistens Kardinäle oder Bischöfe) und Konsultoren, die Sachfragen vorzubereiten hatten und auf etwa 40 Arbeitsgruppen verteilt waren. Die Liste der 42 Mitglieder wurde am 5. März 1964 im *Osservatore Romano* veröffentlicht. Sie enthielt nur sieben Kurienmitglieder – der Sekretär der Ritenkongregation E. Dante, einer der entschiedensten Gegner der Liturgiereform, kam darin nicht vor –, 28 Nationen waren auf dieser Liste vertreten. Von den 132 Konsultoren, die 40 Nationen repräsentierten, waren die meisten bereits Teilnehmer der vorkonziliaren Kommission, aber es kamen viele neue Mitglieder hinzu: „Die Bildung einer solchen postkonziliaren Kommission mit derartigen Vollmachten und einer so internationalen Zusammensetzung ist von unermeßlicher historischer Bedeutung", schrieb R. Rouquette im Jahre 1964[55] und fügte die Frage an, ob die Konstituierung dieses Liturgierates nicht als Beginn einer allmählichen, sanften und unspektakulären Reform der Kurie betrachtet werden könnte. Das *Consilium* nahm im Monat April seine Arbeit auf. Schon im Verlauf des Sommers war es in der Lage, dem Papst die Normen für die Bestätigung der Bischofskonferenz-Entscheidungen auf liturgischem Gebiet zur Genehmigung vorzulegen, daneben auch die ersten Entwürfe zur Konzelebration und der Kommunion unter beiderlei Gestalt. Am 26. September wurde die *Instructio ad exsecutionem constitutionis de sacra liturgia* mit der Unterschrift der Kardinäle Lercaro und Larraona (dem Präfekten der Ritenkongregation) veröffentlicht[56]. Die sehr effektive Arbeit des *Consilium* wurde bis 1970[57] fortgesetzt, wenn auch manchmal behindert durch Inter-

---

kritisierte Reform wurde schließlich unter der neuen Offizium-Bezeichnung „Kongregation für die Glaubenslehre" durchgeführt und führte zu veränderten Strukturen. Im Februar 1966 wurde Erzbischof Garrone von Toulouse, der auf die Reform der Kongregation für Priesterseminare und Universitäten drängte, zum Stellvertretenden Präfekten dieser Kongregation ernannt. Damit wurde zum ersten Mal einem nicht-italienischen Diözesanbischof die Leitung einer römischen Kongregation anvertraut.

[54] Siehe dazu – neben den häufigen Verweisen in den *Lettere dal Concilio* Kardinal Lercaros (S. 249 ff.) – A. BUGNINI, La riforma liturgica (1948–1975), Rom 1983, bes. S. 60–89; 144–254; 907–917, sowie B. BOTTE, Le Mouvement liturgique – Témoignages et souvenirs, Paris 1973, 156–164, u. G. CAPRILE, Il Concilio Vaticano II, Bd. 3, 373–387; 472–479.

[55] La Fin d'une chrétienté, 437 f.

[56] AAS 56 (1964), 877–900. Siehe dazu den Brief Kardinal Lercaros vom 22. September 1964 (Lettere dal Concilio, 267).

[57] Das *Consilium* wurde noch vor Abschluß seiner Arbeit aufgelöst; die Arbeit wurde dann von der im Mai 1969 neu organisierten „Kongregation für den Gottesdienst und die Sakramentendisziplin" weitergeführt.

ventionen der einen oder anderen römischen Kongregation (vor allem der Ritenkongregation) [58].

Nachdem der Liturgie-Rat seine Arbeit aufgenommen hatte, rief Paul VI. am 11. April 1964 eine zweite postkonziliare Kommission ins Leben: die Kommission für die sozialen Kommunikationsmittel [59]. Diese Kommission war damit beauftragt, für die Gesamtkirche allen mit den Medien zusammenhängenden Problemen nachzugehen und den Hl. Stuhl auf diesem Gebiet zu beraten. Außerdem hatte sie ein Direktorium vorzubereiten, das die zu vagen Orientierungshilfen des konziliaren Dekrets vervollständigen sollte. Die Kommissionsmitglieder wurden am 12. Juni auf fünf Jahre ernannt [60]: Zu den Mitgliedern der bereits bestehenden Konzilskommission (unter dem Vorsitz von Erzbischof O'Connor) kamen 20 weitere Mitglieder hinzu (darunter 3 Laien) aus 15 verschiedenen Ländern. Die erste Vollsitzung vom 28. September wurde vom Papst selbst eröffnet. Die Kommission war sich über das enttäuschende Ergebnis des Konzilsdokuments bewußt und entschied daher, zunächst eine umfangreiche Untersuchung unter Mithilfe von sachverständigen Laien zu übernehmen. Ergebnis dieser sich über sieben Jahre erstreckenden Arbeit war die am 23. Mai 1971 von Paul VI. verkündete Pastoralinstruktion *Communio et progressio*. Dieser Text war bei weitem besser als das schwache Dekret *Inter mirifica* [61].

Mit dem Motu proprio *Finis Concilio* vom 3. Januar 1966 [62] rief Paul VI. fünf weitere postkonziliare Kommissionen ins Leben: für die Bischöfe und die Leitung der Diözesen, für die Ordensleute, für die Missionierung, die christliche Erziehung und das Laienapostolat. Im Unterschied zu den ersten beiden Kommissionen waren hier „der Präsident, die Vizepräsidenten, die Mitglieder und der Sekretär dieser Kommissionen, die gleichen, die in der entsprechenden Konzilskommission diese Aufgabe erfüllten" (Art. 3). Für diese Lösung sprach offensichtlich der Vorteil der Kontinuität. Mit der Übertragung der Leitungsfunktion jedoch auf Kurienkardinäle, die für die entsprechenden Sektoren der römischen Verwaltung verantwortlich waren, wurde die Leitung der konziliaren Reformen jedoch in die Hände von Männern gelegt, die ihre geringe Neigung zu Reformen deutlich an den Tag gelegt hatten. Daher entstand die Frage, aus welchen Motiven heraus sich Paul VI. für diese Lösung entschieden hatte, die gegenüber der Lösung von 1964 einen Rückschritt darstellte. R. Laurentin vermutet, daß „man ihm möglicherweise nahe gelegt hat, daß eine Dualität (zwischen postkonziliaren Kommissionen und römischen Kongregationen) für die Verantwortlichen der Dikasterien problematisch sei, zu Reibereien führe und den Papst dazu zwingen werde, uferlose Entscheidungsprozesse über ein Schiedsgericht beenden zu lassen". Es war ebenfalls ein Wunsch des Papstes, daß die als Unterstützung für die Kom-

---

[58] Am 8. Oktober 1964 schreib Kardinal Lercaro seinen „ragazzi" (Lettere dal Concilio, 282): „Purtroppo la lotta contra il Consilium di liturgia – ed anche quella contro il Concilio – non cessano e creano ad ogni momento arresti ed amarezze" [„Leider hörten die Kämpfe gegen das *Consilium* der Liturgie und auch gegen das Konzil nicht auf und führten jederzeit zu Stillstand und Bitterkeit."]. Als Konsultor des *Consilium* stellte B. Botte fest: „Bevor ein Schema die endgültige Approbation des Papstes erhält, muß es der Zensur durch mehrere römischer Kongregationen, im besonderen der Glaubens-, Sakramenten- und Ritenkongregation unterzogen werden […] Die verkündeten Texte entsprechen nicht immer genau den vom Consilium abgestimmten Texten. Sie wurden von Männern manipuliert, die nicht zu ihrem Gremium gehörten und deren Kompetenz manchmal fragwürdig war" (op. cit., 162f.).

[59] Siehe dazu G. CAPRILE, Il Concilio Vaticano II, Bd. 3, 455f.; Bd. 4, 25–27; R. LAURENTIN, Bilan de la troisième session, 343 u. 394/Anm. 1.

[60] Osservatore Romano v. 13. Juni 1964.

[61] Siehe dazu den Kommentar von S. ZAVOLI in: Jesus 15 (März 1993) Nr. 3, 21–25.

[62] AAS 58 (1966), 37–40; R. LAURENTIN, Bilan du concile, 346f.

missionen gedachten Konsultoren soweit wie möglich aus den Reihen der Konzilsexperten ausgewählt würden. Falls notwendig, konnten jedoch auch andere kompetente Fachleute herangezogen werden. In Art. 10 wird erklärt, daß die Arbeit dieser Kommissionen beendet sei, sobald die Umsetzung der Konzilsentscheidungen abgeschlossen sein würde.

Das gleiche Motu proprio bestätigte den Fortbestand des Sekretariats für die Einheit der Christen (Art. 11), das Johannes XXIII. für das Konzil vorgesehen hatte und heute zu den permanenten Organen der römischen Kurie gehört, wie auch die 1964 gegründeten Sekretariate für die Nichtchristen und die Ungläubigen. Schließlich rief das Motu proprio noch eine „Zentralkommission für die Koordinierung der postkonziliaren Arbeiten und zur Auslegung der Konzilsdekrete" (Art. 5–8) ins Leben, und zwar unter dem Vorsitz Kardinal Tisserants als Doyen des Kardinalskollegiums und Kardinal Cicognianis, des Präsidenten der ehemaligen Koordinationskommission der Konzilsarbeiten. Die für diese Kommission vorgesehenen Mitglieder waren identisch mit den Mitgliedern der ehemaligen Koordinationskommission, den Kardinälen Liénart, Agagnianian, Spellmann, Lercaro, Urbani, Confalonieri, Döpfner, Suenens und Roberti. Sekretär dieser Kommission sollte der ehemalige Generalsekretär des Konzils (P. Felici) mit den gleichen fünf Untersekretären werden. Am 6. August 1966 wurden in dem zunächst für Juni erwarteten Motu proprio *Ecclesiae sanctae* einige Namen für die praktische Umsetzung der Beschlüsse über Bischöfe, Priester, Ordensleute und die Missionen[63] veröffentlicht.

Wünschte Paul VI., daß die Konzilsentscheidungen „so früh wie möglich" eingeführt werden, so sorgten die römischen Kongregationen bei jeder Gelegenheit derart für Verzögerungen, daß einige Beobachter offen von „Sabotage" des Konzils sprachen. Kardinal Villot stellte bei seiner Rückkehr nach Rom Ende 1967 fest, daß „dort sehr wenige Männer dem Papst helfen, das Konzil in die Praxis umzusetzen"[64]. Von wenigen Ausnahmen abgesehen (A. Dell'Acqua, G. Garronne, Chr. Moeller) machten die meisten Mitglieder der Dikasterien, von ihren Präfekten angefangen, Schwierigkeiten und Arbeitsüberlastungen geltend, um Verzögerungen zu rechtfertigen. Diese Haltung war in zweifacher Hinsicht zu bedauern: Zum einen schürte sie antikurialistische Empfindungen, die in zahlreichen Abteilungen der Kirche im Verlauf des Konzils entstanden waren. Zum anderen hatten diese Verzögerungen bei der Durchführung der vom Konzil beschlossenen Reformen zur Folge, daß in einer Reihe von Bereichen ungeduldige Kirchenvertreter diese Reformen ungestüm mitsamt den daraus resultierenden Übertreibungen einführten.

III. Erste Reaktionen[65]

Nach Abschluß der Konzilsdiskussionen und der päpstlichen Verkündigung der ersten Folgeprojekte begann ein ebenso wichtiger neuer Abschnitt: die Rezeption der Konzilsentscheidungen durch die Weltkirche.

---

[63] AAS 58 (1966), 757–787.

[64] A. WENGER, Le Cardinal Villot, Paris 1989, 56 f.

[65] Zur „Rezeption" des Zweiten Vatikanum siehe vor allem G. ALBERIGO – J.-P. JOSSUA (Hg.), La Réception de Vatican II, Paris 1985; Cl. SOETENS, Impulsions et limites dans la réception du concile, in: Cristianesimo nella storia 13 (1992) 613–641, u. G. ROUTHIER, Orientamenti per lo studio del Vaticano II come fatto di recezione, in: L'evento et le decisioni, 465–499.

Anfangs schienen sich die Kirchen der Dritten Welt (in Afrika, Asien oder Lateiname-rika) von den Konzilsentscheidungen nicht sonderlich tangiert zu fühlen[66], weil die mei-sten der von den Konzilsvätern aufgegriffenen Probleme für sie typisch europäische oder abendländische Probleme waren, die von europäischen Theologen in vornehmlich euro-päischer Sichtweise diskutiert wurden. Mit den Jahren traten die Auswirkungen des Kon-zils für sie jedoch deutlicher hervor: In Südamerika z. B. verlagerte sich der Schwerpunkt immer mehr auf die ‚Kirche der Armen', denn viele auf dem Konzil vertretene kirchliche Würdenträger Lateinamerikas wurden in ihrem Denken von der „Gruppe des Belgischen Kollegs" geprägt, auch wenn deren Einfluß auf die Konzilstexte sehr bescheiden blieb[67]. In Afrika wiederum erhielt die liturgische Erneuerung, die Neuorganisation der katecheti-schen Unterweisung, die Bildung christlicher Gemeinden neuen Typs und die Entwicklung von Laienämtern zunehmend neuen Auftrieb durch die Konzilsentscheidungen.

Unmittelbare Auswirkungen des zu Ende gegangenen Konzils gab es vor allem in Eu-ropa, und zwar um so mehr, als das Ende des Konzils mit der Entwicklung einer Kultur-krise einherging, die zutiefst die abendländische Welt erschütterte und unvermeidliche Auswirkungen auf das Leben der Kirche hatte. Zwar hatte die von Johannes XXIII. einge-leitete konziliare Antwort auf die kurzsichtige Erstarrung und das Übergewicht kirchen-rechtlicher Fragen gegenüber der aus dem Evangelium stammenden Inspiration (die mehr und mehr den nachtridentinischen Katholizismus zu charakterisieren begann) in den dyna-mischen Kreisen von Klerus und Laien zunächst Enthusiasmus geweckt. Sehr schnell folgte auf diese Phase der Euphorie jedoch eine Periode der Enttäuschung. Eine ganze Reihe von Bischöfen etwa war schmerzlich berührt von den Restriktionen, mit denen die römisch-kirchlichen Behörden – teilweise sogar Paul VI. selbst – auf das Thema der bi-schöflichen Kollegialität reagierten, das ja als eines der großen Themen des Konzils galt. Im niederen Klerus beriefen sich viele Anhänger des *aggiornamento* (das sie sich radikaler gewünscht hätten) auf den „Geist des Konzils", ohne daß sie sich der Mühe unterzogen hätten, die Konzilstexte genauer zu studieren. Verursacht durch die autoritäre Verzöge-rungstaktik kurialer Behörden wurde überstürzt eine Reihe improvisierter Reformen in Angriff genommen, die eine Anpassung an die Moderne im Auge hatten, jedoch den Rück-griff auf die Quellen vernachlässigten, auf die sich die Urheber des Konzils beriefen. Diese unbedachten Neuerungen verwirrten viele Gläubige, die ohne gründliche Vorbereitung den tieferen Sinn der ihre Gewohnheiten umstürzenden Reformen[68] nicht verstehen konnten. Neben positiven Initiativen fand sich eine Reihe ungeschickter Aktionen, nicht nur auf Seiten der Kirchenbehörden, sondern durchaus auch bei Pionieren der konziliaren Erneue-rung, die über derartige Negativentwicklungen beunruhigt waren – Daniélou und Lubac waren hier bei weitem keine Ausnahmen. Dies hatte zur Folge, daß sich die Konzilsgegner der ersten Stunde, die in den Appellen Johannes' XXIII. zur „Öffnung für die Zeichen der Zeit" eine bedrohliche Auflösung für den Katholizismus sahen, nun eine breitere Zuhörer-schaft verschaffen konnten. Ihnen schlossen sich jene an, die sich als Vertreter der Wort-

[66] Siehe dazu vor allem: L. A. TAGLE, La participazione extraeuropea al Vaticano II, in: Cristianesimo nella storia 13 (1992) 539–556.
[67] Siehe dazu vor allem: S. GALILEA, L'America latina nelle conferenze di Medellin e Puebla. Un esempio di rece-zione selettiva e creativa del concilio, in: La Réception de Vatican II, 87–106.
[68] Schon am Ende der ersten Konzilsperiode merkte der Weihbischof aus Ottawa an: „Ich befürchte, daß wir nach Verkündigung der Konzilsentscheidungen Riesenanstrengungen unternehmen müssen bezüglich der Stimmung in der Kirche" (Zitat in: „Le Devoir", Montréal v. 26. Januar 1963).

treue gegenüber dem Konzil verstanden und die postkonziliaren Auswüchse verurteilten. Die Reserviertheit der ehemaligen Vertreter der Minderheit, die an der römischen Kurie noch zahlreich vertreten waren, nahm in dieser Situation zu[69]. Ende der 60er Jahre weitete sich die schon mehrere Jahre zuvor sich zeigende Krise der Kirche aus: Rückgang der Berufungen zum geistlichen Amt, Infragestellung der klassischen Formen religiösen Lebens, spürbare Abnahme der sonntäglichen Gottesdienstbesuche, Ablehnung der traditionellen Einstellung zur Sexualmoral, rascher Fortschritt der Säkularisierung, Anziehungskraft des Marxismus auf zahlreiche in der Sozialbewegung tätige Aktivisten oder Kirchenvertreter. All dies wurde von den Gegnern als direkte Folge des Konzils etikettiert. Die Reformanhänger wiederum neigten dazu, diese Krise vereinfachend mit der unerträglichen Verzögerung der römischen Kurie bei der Umsetzung der Konzilsbeschlüsse zu erklären. Einige interpretierten diese Krise sogar als Konsequenz aus einem allzu vorsichtigen *aggiornamento* des Konzils, das unverzüglich von einem Dritten Vatikanum[70] besser gemacht werden sollte.

Der zeitliche Abstand klärt, was zu diesen Enttäuschungen führte bzw. führen mußte. Das Zweite Vatikanum hatte unleugbar seine Grenzen, konnte nicht alle Hoffnungen erfüllen, die von vielen in dieses Konzil gesetzt wurden. Aufgrund der Entscheidung Pauls VI. mußte es darauf verzichten, Position bei einigen brennenden Problemen zu beziehen, so vor allem bezüglich der Geburtenkontrolle und dem strikten Festhalten am Zölibat in der Westkirche. Andere Probleme, die erst in den nachfolgenden Jahren in den Vordergrund traten, wurden von den Konzilsvätern gar nicht angesprochen, so z. B. die mögliche Eignung von Frauen für bestimmte Ämter oder die Möglichkeit der Wiederverheiratung katholischer Christen, die vom Ehepartner verlassen wurden, oder auch der Freiraum für Gläubige – vor allem für Theologen – gegenüber der kirchlichen Autorität[71]. Im übrigen sind in den Konzilstexten manche Lösungsvorschläge nicht zu Ende gedacht worden, zuweilen wurde Mehrdeutigkeit gesucht, um starren Gegensätzen aus dem Weg zu gehen[72]. Das Bemühen Pauls VI. um einen möglichst einmütigen Konsens bewog ihn zuweilen, in die Lehrtexte Verbesserungen einfügen zu lassen, die auf eine andere theologische Denkrichtung zurückgingen. Damit wurde aber oftmals die Geschlossenheit des Textes derart unterbrochen, daß er stellenweise „wie ein komplexes Puzzle aus Altem und Neuem erscheint" (E. Fouilloux). Diese mehrdeutigen und zum Teil schwer verständlichen Stellen eröffnen diametral entgegengesetzten Auslegungen – maximalistischen oder minimalistischen – Tür und Tor. Manchmal waren es die Konzilskommissionen selbst, die es vorzogen, lieber in der Schwebe zu bleiben als gegensätzliche Leidenschaften anzustacheln,

---

[69] Über die verschiedenen Formen des „Antikonzils" informiert bes. D. MENOZZI in: La Réception de Vatican II, 433–464. Vgl. auch A. MELLONI in: Cristianesimo nella storia 11 (1990), 305.
[70] Mit Gewinn kann man dazu die Äußerungen von É. FOUILLOUX in Cristianesimo nella storia 13 (1992) 536f. nachlesen
[71] Zwar wurde in den letzten beiden Konzilsperioden in teilweise harschen Auseinandersetzungen über die Freiheit der Religionsausübung debattiert. Es ging dabei jedoch um die Gewissensfreiheit bzw. die Freiheit der Kirche gegenüber den Einmischungen der weltlichen Gewalt und nicht um die Freiheit *innerhalb der* Kirche selbst. In den letzten Jahrzehnten ist letzteres Problem zu einer Hauptsorge zahlreicher Christen geworden.
[72] R. LAURENTIN schreibt in seinem Buch „Bilan du concile" (S. 357): „Man könnte die Liste dieser Formulierungen zur Überbrückung gegensätzlicher Tendenzen beliebig verlängern, weil sie von zwei Seiten betrachtet werden können, vergleichbar mit den photographischen ‚gadgets', auf denen man in einem Bild das Porträt zweier verschiedener Personen zugleich sehen kann, je nach Blickwinkel. Das Zweite Vatikanum hat diesbezüglich schon zu vielen Kontroversen Anlaß gegeben und wird sie auch weiterhin geben."

standen sie doch oftmals vor der kaum überwindbaren Schwierigkeit, Beschlüsse zu fassen, obgleich die behandelten Themen noch nicht ausgereift waren oder zu große Widerstände hervorriefen. Man darf nicht vergessen, daß das Zweite Vatikanum ein Konzil des Übergangs war, auf dem sich von Anfang bis Ende zwei divergierende Denkrichtungen gegenüber standen, die sich in ihrem Elan gegenseitig blockierten.

Wenn es auch im Gesamtwerk des Zweiten Vatikanums Lücken, Mehrdeutigkeiten und teilweise übertriebene Ängstlichkeit gab, so können doch diese „Passiva" nicht die bedeutenden „Activa" verdrängen: So wurde eine Reihe wichtiger Themen angesprochen, die bis dahin noch auf keinem Konzil Beachtung gefunden hatten. Höchst bemerkenswerte Erklärungen wurden verabschiedet: zur Stellung des Episkopats, zum Amt der Priester und ihrer Ausbildung, zu den Laien innerhalb der Kirche, zur Bedeutung des Ordenslebens, zur missionarischen Tätigkeit der Kirche, zur Haltung der katholischen Kirche gegenüber der ökumenischen Bewegung, gegenüber den Juden und den nichtchristlichen Religionen, zur Religionsfreiheit und last but not least sei erwähnt die bedeutende Pastoralkonstitution (die zum großen Teil ein Lehrdokument ist) über die Kirche angesichts der Realitäten und Probleme in der Welt von heute – ein Text, der erstmalig offiziell innerhalb theologischer Überlegungen wichtige Aspekte des christlichen Lebens berücksichtigt, die man bis dahin den Soziologen überlassen hatte, und das in einer Perspektive, die sich nicht allein auf innerkirchliche Probleme bezog, sondern im Geist der Enzyklika *Pacem in terris* den Dialog mit allen Menschen guten Willens sucht [73]. Im übrigen muß man mit É. Fouilloux betonen, daß „die bewußte Ambivalenz von Texten, die weder den Ängstlichsten noch den Fortschrittlichsten zufriedenstellen, ihren innovativen Teil nicht verdecken kann". Das Neue liege nicht so sehr in einer Reihe neuer Positionen (die oft aus der Tradition kommen, jedoch über Jahrhundert hinweg in Vergessenheit geraten waren), sondern in der allgemeinen Ausrichtung der meisten Texte, in denen sich der Akzent im Vergleich zur früheren Ausgewogenheit deutlich verschob: „Die Einschränkungen des konziliaren *aggiornamento* in den Texten sind eine Tatsache. Sie waren der Preis für die Realisierung des grundsätzlichen Konsenses über die katholische Identität, sie heben aber, wenn man den Inhalt der verabschiedeten Texte mit dem der ursprünglichen Texte vergleicht, gleichwohl nicht die spürbaren Veränderungen auf." [74]

Dies ist jedoch nicht alles. Neigen Theologen dazu, von einem Konzil nur die daraus hervorgegangenen Texte ins Auge zu fassen, so sind sich die Historiker bewußt, daß ein Konzil auch ein Ereignis ist. Daher muß in der Gesamtbeurteilung des Zweiten Vatikanischen Konzils auf die „Aktiv-Seite" auch – vielleicht sogar vor allem -die tiefgreifende Erneuerung gesetzt werden, die in einer ganzen Reihe grundlegender Bereiche begonnen wurde. Diese Erneuerung geht auf eine Rückkehr zur authentischen Tradition zurück sowie, über die oft verhärteten Positionen der Gegenreformation hinweg, auf das Bemühen, die katholische Kirche für die neue Situation der modernen Welt aufzuschließen. Hierzu gehört auch die Aufwertung der Ortskirchen und die Anerkennung der Vielfalt von Kulturen, die in der hermetisch abgeschlossenen Einheitlichkeit posttridentinischer Theologie

---

[73] Gab es auch Enttäuschungen aufgrund der Verzögerungen und Ängstlichkeiten römischer Kreise (auch bei einer ganzen Reihe von Bischöfen nach der Rückkehr in ihre Diözesen – losgelöst von der Grundstimmung der Vollversammlung), so waren die ersten, sehr positiven Reaktionen der bedeutenden nicht-konfessionellen Presselandschaft in dieser Hinsicht aufschlußreich.

[74] In: Cristianesimo nella storia 13 (1992), 533–535.

außer Blickfeld geraten waren. Die fruchtbare Inspiration, die die Verantwortlichen des Konzils leitete und ihnen die Unterstützung einer breiten Mehrheit der Konzilsversammlung sicherte, sowie die daraus sich für die katholische Kirche ergebende Klimaveränderung dürften sich – ungeachtet diverser Restaurationsversuche – mit der Zeit als ein noch bedeutenderes Phänomen erweisen als die vom Konzil hervorgebrachten Texte, unbeschadet ihres inhaltlichen Reichtums. Hat das Zweite Vatikanum auch nicht alle Hoffnungen erfüllt – wobei sich fragt, ob dies nicht das Los aller Erneuerungsbewegungen in der Kirche ist –, so leitete es doch eine entscheidende Wende ein. Das Zweite Vatikanum konnte die krisenhafte Entwicklung der nachfolgenden Jahrzehnte nicht verhindern. Es trug vielleicht sogar zu einer gewissen Destabilisierung bei, weil es ein zu einfaches Bild der Kirche in Frage stellte, dem viele Gläubige noch verhaftet waren. Entscheidender ist jedoch, daß dieses Konzil dazu beitrug, in gewisser Weise die unglücklichen Folgen dieser Krise in Grenzen zu halten, indem es entschlossen die Kirche mit Hilfe einer dreifachen -seelsorglichen, geistlichen und intellektuellen – Neuorientierung auf den Weg der Zukunft brachte[75].

Bibliographie zum ersten Teil

Quellen
Die Texte zu den 16 vom Konzil verkündeten Dokumenten sind offiziell veröffentlicht in: Sacrosanctum oecumenicum concilium Vaticanum II, Bd. 1: Constitutiones, decreta, declarationes, VATIKAN-STADT 1966; franz. Übersetzung in 4 Bänden Paris 1965–1966; ital. Übersetzung: Enchiridion Vaticanum. 1: Documenti ufficiali del Concilio Vaticano II 1962–1965, Bologna 1966. deutsche Übersetzung in 3 Ergänzungsbänden zur 2. Aufl. der LThK (= LThKE): Das Zweite Vatikanische Konzil. Dokumente und Kommentare. Unter dem Protekorat von J. Kard. Frings u. Erzb. H. Schäufele, hg. v. H. S. BRECHTER u. a. Konstitutionen, Dekrete und Erklärungen. Lateinisch und Deutsch. Kommentare, I-III, Freiburg – Basel – Wien 1966–1968. Nur in deutsch: Karl RAHNER – H. VORGRIMLER (Hg.), Kleines Konzilskompendium – Sämtliche Texte des Zweiten Vatikanums. Allgemeine Einleitung – 16 spezielle Einführungen – Ausführliches Sachregister, Freiburg – Basel – Wien ²⁹2002. Auf der Grundlage dieser beiden Editionen gibt es eine von J. WOHLMUTH im Auftrag der Görres-Gesellschaft besorgte Neuausgabe: Dekrete der ökumenischen Konzilien, Bd. 3: Konzilien der Neuzeit [Trient/Erstes Vatikanisches Konzil/Zweites Vatikanisches Konzil], Paderborn – München – Wien – Zürich 2002, 817–1135.
     Drei Hilfsmittel erleichtern die Benutzung der Konzilstexte: Ph. DELHAYE – M. GUERET – P. TOMBEUR (Hg.), *Concilium Vaticanum II. Concordan*ce, Index, Listes de fréquence, Tables comparatives, Löwen 1974. G. ALBERIGO – F. MAGISTRETTI (Hg.), *Indices verborum et locutionum decretorum concilii Vaticani II*, 11 Bde., Bologna 1968–1986. G. ALBERIGO – F. MAGISTRETTI (Hg.), *Constitutionis dogmaticae Lumen gentium. Synopsis historica*, Bologna 1975. Dazu in franz. Sprache: J. DERETZ – A. NOCENT (Hg.), Synopse des textes conciliaires, Paris 1966.
     Die Verlautbarungen der Päpste (Reden und Botschaften) liegen in franz. Publikation vor: Jean XXIII – Paul VI. Discours au concile, Paris 1966³.
     Die offiziellen Quellen zur Vorbereitung und zum Verlauf des Konzils wurden mit großer Sorgfalt von V. CARBONE geordnet sowie verzeichnet und werden in einem Sonderdepot aufbewahrt [*Tabularium Concilii Vaticani II*, via P. Pancrazio Pfeiffer 10, I-00193 Roma; vgl. dazu: V. CARBONE in: Archiva Ecclesiae 34/35 (1991/1992) 57–67]. Sie sind für Historiker noch nicht zugänglich, ein großer Teil wurde jedoch schon publiziert in: *Acta et documenta concilio oecumenico Vaticani II apparando*, 28 Bde., Vatikan-Stadt 1960–1988 (*Series I antepraeparatoria* enthält die *Vota* der Bischöfe und Universitäten, *Series II praeparatoria* die Akten der Vorbereitenden Zentral-

---

[75] Bezeichnend ist, daß der an der Kurie entworfene und den Bischöfen zugestellte Fragenkatalog zur Bischofssynode im Jahre 1985 (anläßlich der 20. Wiederkehr des Konzilsabschlusses) merkwürdig stark auf die negativen Auswirkungen des Konzils abhob. Die in überwiegender Mehrheit sehr positiven Rückmeldungen der Bischöfe stellten im Gegensatz dazu die fruchtbaren Folgen des Konzilswerkes dort heraus, wo sich die Hierarchie gewissenhaft um dessen Anwendung gekümmert hatte.

kommission). *Acta synodalia sacrosancti concilii oecumenici Vaticani II*, 32 Bde., Vatikan-Stadt 1970–1996 (*Periodus I*, 4 Bde., *Periodus II*, 6 Bde.; *Periodus III*, 8 Bde., *Periodus IV*, 7 Bde.; *Indices, appendices* I/II, 3 Bde., *Processus verbales: Consilium Praesidentiae, Secretariatus de concilii negotiis extra ordinem, Commissio de concilii laboribus coordinandis, Moderatores*, 3 Bde.; *Acta Secretariae generalis. Periodus I*, 1 Bd.). Siehe dazu die kritischen Beobachtungen von G. LEFEUVRE in: Revue théologique de Louvain 11 (1980) 186–200; 325–351, u. von U. BETTI in: Antonianum 56 (1981) 3–42.

So unersetzlich die offiziellen Archive auch sind, sie bleiben unzureichend für die Darstellung der umfassenden Geschichte eines Konzils[76], da sich wichtige und manchmal entscheidende Vorgänge hinter den „Kulissen" (nicht nur der Vollversammlung, sondern auch der Kommissionen) ereigneten, die in den offiziellen Archiven unberücksichtigt bleiben, die aber manchmal sehr genau in den Privataufzeichnungen der verschiedenen Akteure oder Beobachter gespiegelt werden: Briefwechsel, *diaria*, persönliche Notizen usw. Einige dieser Quellen sind bereits veröffentlicht worden, z. B. die *Lettere dal Concilio* Kardinal Lercaros, hg. v. G. BATTELLI (Bologna 1980); DERS., Per la forza dello Spirito. Discorsi conciliari, hg. v. Istituto per le Scienze religiose, Bologna 1984; die Briefe des Generalabtes der Prämonstratenser N. CAMELS, La Vie du concile (Forcalquier 1966), Vatican II par le cardinal Liénart (Lille 1976), oder auch von Seiten der Minoriten: F. M. STABILE, Il card. Ruffini e il Vaticano II. Le lettere di un intransigente, in: Cristianesimo nella storia 11 (1990) 83–176, oder G. SIRI, La giovinezza della Chiesa. Testimonianze, documenti e studi sul Concilio Vaticano II, Pisa 1983. Der größte Teil ist jedoch noch nicht ediert und über die ganze Welt verstreut (in vielen Fällen für Historiker noch unzugänglich). Es wurde damit begonnen, sie zu sichten[77], zu sammeln (u. a. an den Universitäten von Louvain-la-Neuve und Louvain/Löwen im Hinblick auf die belgischen Konzilsteilnehmer) oder am „Istituto per le Scienze religiose" von Bologna im Hinblick auf die Aufzeichnungen von Lercaro und Dossetti[78]. Teilweise wurden sie sogar schon katalogisiert[79]. Unter der Betreuung des „Istituto per le Scienze religiose" von Bologna ist die systematische Aufarbeitung in den verschiedenen Kontinenten in Angriff genommen worden[80]. Dabei bleibt die treffende Bemerkung von R. Laurentin zu berücksichtigen: „Die umfassende Geschichte des Zweiten Vatikanischen Konzils wird man niemals schreiben können. Wie viele Privatgespräche auf allen Ebenen, von den Experten bis zum Papst, haben überhaupt keine Spuren hinterlassen! Wie viele Telefonate haben mit Worten Einfluß auf den Werdegang und die Verflechtung des Konzils genommen, die für immer verflogen sind!"[81]

Einen speziellen und besonders wertvollen Quellentypus (zwischen Quellen im eigentlichen Sinn und Darstellungen) bilden die von Journalisten während des Konzils veröffentlichten Berichte. Den vollständigsten und ausgezeichnet dokumentierten Bericht stellt das alle zwei Wochen in der *Civiltà cattolica* von G. CAPRILE publizierte und mit verschiedenen unveröffentlichten Informationen ergänzte *Notiziario* dar (nach Ph. Levillain das „Äquivalent" zum *Journal officiel*): Il Concilio Vaticano II. Cronache del Concilio, 5 Bde., [Rom 1966–1969; 2 Bde. für die Ankündigung und Vorbereitung (*L'annunzio e la preparazione*), ein Band für jede Konzilsperiode]. Besonders instruktiv sind: A. WENGER, Vatican II, 4 Bde., Paris 1963–1966 (Wiederabdruck von Artikeln, die in der Zeitschrift *La Croix* zuerst erschienen sind – mit wichtigen Ergänzungen; dabei zeigt sich die Tendenz, Zwischenfälle herunterzuspielen); R. LAURENTIN, L'Enjeu du concile, 4 Bde., Paris 1962–1965 (überarbeiteter Wiederabdruck von Artikeln, die zuerst im *Figaro* erschienen sind; eine Fundgrube von Informationen und weiterführenden Überlegungen) und DERS., Bilan du concile, Paris 1966; R. LA VALLE, Corragio del Concilio. II[a] sessione, Brescia

---

[76] „Necessarie e insufficienti" schreibt A. MELLONI am Schluß seines anregenden Überblicks „Tipologia delle fonti per la storia del Vaticano II", in: Cristianesimo nella storia 13 (1992) 493–514.

[77] Sources locales de Vatican II, Louvain 1990 (für Frankreich, Deutschland, Belgien, den Niederlanden, England, Spanien und Afrika).

[78] Vgl. J. OSBORNE in: Revue théologique de Louvain 15 (1984) 139–141, u. M. SABBE in: Sources locales (wie Anm. 2), 39–46 sowie G. ALBERIGO, ebd., 59–66.

[79] Einige Beispiele: Concile Vatican II et Église contemporaine (Archives de Louvain-la-Neuve): I. Inventaire des fonds Ch. Moeller, G. Thils, Fr. Houtart v. Cl. SOETENS; II. Inventaire des fonds A. Prignon et H. Wagnon v. J. FAMERÉE (Cahiers de la Revue théologique de Louvain 21/24), Louvain-la-Neuve 1989/1991; P. BIZEAU – A.-M. ABEL, Le fonds du concile Vatican II aux archives diocésaines de Chartres, in: Bulletin de l'Association des archivistes de l'Église de France, Nr. 34 (1990) 8–44; A.-M. ABEL – Y. MARCHASSON in: Revue de l'Institut catholique de Paris, Juli-September 1990 (zum Blanchet-Fundus); A.-M. ABEL – J.-P. RIBAUT, Inventaire du fonds Haubtmann, Paris 1992.

[80] Vgl. M. VELATI in: Revue d'histoire de l'Église de France 76 (1990) 85–92.

[81] In: Paolo VI e i problemi ecclesiologici al concilio, Brescia 1989, 31.

1964 [82], Fedeltà del Concilio. III^a sessione, Brescia 1965, und Il Concilio nelle nostre mani. IV^a sessione, Brescia 1968. Außerdem sehr hilfreich: H. FESQUET, Journal du concile, Le Jas 1966 (unveränderte Übernahme von Artikeln aus der Tageszeitung *Le Monde*); X. RYNNE (Pseudonym des amerikanischen Experten Murphy C. SS.R.), Letters from Vatican, New York 1963–1966 (tendenziös, aber gut dokumentiert); Y. CONGAR, Vatican II. Le concile au jour le jour, 4 Bde., Paris 1963–1964; Kurzbriefe in den *Informations catholiques*; B. KLOPPENBURG, Concilio Vaticano II, 5 Bde., Petropolis 1962–1966 (gut dokumentiert, von einem brasilianischen Experten verfaßt); R. ROUQUETTE, La Fin d'une chrétienté, 2 Bde., Paris 1968 (Wiederabdruck von Artikeln aus *Etudes*). Außerdem zu beachten: Evangelischer Bericht vom Konzil: K.-V. SELGE, 1. Session (= Bensheimer Hefte 27), Göttingen 1965; G. MARON, 2.–4. Session (= Bensheimer Hefte 23/26/31), Göttingen 1964–1966.

Publikationen von Teilnehmern und Beobachtern
Nach dem Konzil faßten eine Reihe von Teilnehmern und Beobachtern ihre Eindrücke zusammen. Ohne Anspruch auf Vollständigkeit sei auf folgende Veröffentlichungen hingewiesen:
R. M. WILTGEN, The Rhine flows into the Tiber, New York 1967 (dt.: Der Rhein fließt in den Tiber, Feldkirch 1988) bietet wertvolle Detailinformationen, überzeichnet jedoch den deutschen Einfluß; H. HELBING, Das Zweite Vatikanische Konzil – Ein Bericht, Basel 1966; J. RATZINGER, Das Konzil auf dem Weg, Köln 1964; W. SEIBEL – L. A. DORN, Tagebuch des Konzils, 3 Bde., Nürnberg 1964–1966; G. VALLQUIST, Das Zweite Vatikanische Konzil, Nürnberg 1966; Ch. REYMONDON – L. RICHARD, Vatican II au travail. Méthodes conciliaires et documents, Paris 1965; R. CAPORALE, Vatican II, last of the councils, Baltimore 1964 (Untersuchung zu 90 der repräsentativsten Konzilsväter); P. FELICI, Il lungo cammino del Concilio, Mailand 1967; O. MÜLLER (Hg.), Vaticanum secundum, 5 Bde., Leipzig 1963–1969; C. FALCONI, Vu et entendu au concile, Monaco 1965; M. PLATE, Weltereignis Konzil, Freiburg i. Br. 1966; O. KARRER, Das II. Vatikanische Konzil – Reflexionen zu seiner geschichtlichen und geistlichen Wirklichkeit, München 1966; M. VILLAIN, Vatican II et le dialogue oecuménique, Tournai 1966; A. BEA, Der Ökumenismus im Konzil, Freiburg i. Br. 1969; B. C. PAWLEY, The Second Vatican Council. Studies by eight Anglican Observers, Oxford 1967; H. ROUX, Détresse et promesse de Vatican II, Paris 1967 (aus der Sicht eines reformierten Beobachters); A. C. OUTLER, Methodist Observer at Vatican II, Amsterdam 1967; V. SUBILIA, Le nouveau visage du catholicisme. Une appréciation réformée du concile Vatican II, Genf 1968. L. J. SUENENS, Souvenirs et espérances, Paris 1991.

Untersuchungen
H. JEDIN, Das Zweite Vatikanische Konzil, in: DERS. (Hg.), Handbuch der Kirchengeschichte, Bd. VII: Die Weltkirche im 20. Jahrhundert, Freiburg i. Br. 1979, 97–151; DERS., Kleine Konziliengeschichte. Mit einem Bericht über das Zweite Vatikanische Konzil, Freiburg i. Br. Zu Jedins Bedeutung für die Erforschung des Zweiten Vatikanums siehe jetzt: N. TRIPPEN, Hubert Jedin und das Zweite Vatikanische Konzil, in: H. SMOLINSKY (Hg.), Die Erforschung der Kirchengeschichte – Leben, Werk und Bedeutung von Hubert Jedin (1900–1980), Münster 2001, 87–102 (= KLK 61). G. ALBERIGO – Y. CONGAR – H. J. POTTMEYER (Hg.), Kirche im Wandel. Eine kritische Zwischenbilanz nach dem Zweiten Vatikanum, Düsseldorf 1982; G. ALBERIGO (Hg.), Die Rezeption des Zweiten Vatikanischen Konzils, Düsseldorf 1986; F. KÖNIG (Hg.), Die bleibende Bedeutung des Zweiten Vatikanischen Konzils, Düsseldorf 1986; J. PIEGSA (Hg.), Zweites Vatikanisches Konzil. Das bleibende Anliegen, St. Ottilien 1991; H. J. SIEBEN, Katholische Konzilsidee im 19. und 20. Jahrhundert, Paderborn u. a. 1993; J. KREMER (Hg.), Aufbruch des Zweiten Vatikanischen Konzils heute, Innsbruck – Wien 1993; O. H. PESCH, Das Zweite Vatikanische Konzil. Vorgeschichte – Verlauf – Ergebnisse – Nachgeschichte, Würzburg ⁵2001; F. X. KAUFMANN – A. ZINGERLE (Hg.), Vatikanum II und Modernisierung, Paderborn u. a. 1996; P. HÜNERMANN (Hg.), Das II. Vatikanum – Christlicher Glaube im Horizont globaler Modernisierung, Paderborn u. a. 1998; E. GATZ (Hg.), Kirche und Katholizismus seit 1945, 3 Bde., Paderborn u. a. 1998 ff.; bes. Bd. I: Mittel-West- und Nordeuropa, Paderborn u. a. 1998; LThK³ 10 (2001), 561–566/ 567 f.
Aus evangelischer Sicht: W. VON LOEWENICH, Der moderne Katholizismus vor und nach dem Konzil, Witten 1970; G. MARON, Kirche und Rechtfertigung – eine kontroverstheologische Untersuchung ausgehend von den Texten des Zweiten Vatikanischen Konzils, Göttingen 1969; DERS., Die römisch-katholische Kirche von 1870 bis 1970, Göttingen 1972 (= Die Kirche in ihrer Geschichte – Ein Handbuch, hg. v. K. D. SCHMIDT – E. WOLF, Bd. 4/ Lieferung N 2), bes. S. 228–242.

---

[82] Wiederabdruck von Artikeln, die zuerst im *Avvenire d'Italia* publiziert worden sind. Angesichts der allzu lükkenhaften, in den katholischen Zeitschriften Italiens autorisierten Informationen während des Konzilsverlauf wurde die erste Konzilsperiode nicht in einem Band dokumentiert. G. Caprile hält zwar das Exposé von R. La Valle für etwas einseitig, charakterisiert jedoch den Band als " veramente pregévole" („wirklich wertvoll").

Beiträge
Von den zahllosen Beiträgen[83] in Sammelbänden und Zeitschriften seien genannt: G. ALBERIGO, in: Storia di concili ecumenici, Brescia 1990, 397–448, W. BERTRAMS, Die Bedeutung des 2. Vatikanischen Konzils für das Kirchenrecht, in: Österreichisches Archiv für Kirchenrecht 23 (1972) 125–162; W. DIETZFELBINGER, Evangelische Berichterstattung vom Zweiten Vatikanischen Konzil, in: G. MARON (Hg.), Evangelisch und Ökumenisch – Beiträge zum 100jährigen Bestehen des Evangelischen Bundes (= Kirche und Konfession 25), Göttingen 1986, 429–439; C. POZO, Reflexiones teológicas sobre el Vaticano II, in: Razón y Fe 1964, 129–142; O. ROUSSEAU, Vatican II à partir des conciles précédents, in: Irénikon 38 (1965) 434–452; J. THOMAS, Le Concile Vatican II, Paris 1989 (knapp, aber ausgezeichnet) u. R. AUBERT in: Storia della Chiesa, Bd. 25: La Chiesa del Vaticano II (1958–1978), hg. v. M. GUASCO – E. GUERRIERO – Fr. TRANIELLO, Mailand 1994, 121–388 (siehe auch im gleichen Bd., 389–515 Kap. VIII: Protagonisti del concilio v. J. GROOTAERS).

Forschungsprojekte
Unter der Leitung von Prof. G. ALBERIGO entsteht in Verbindung mit einem weitgehend internationalen Autorenteam eine auf 5 Bde. projektierte große Geschichte des Zweiten Vatikanischen Konzils. In deutscher Fassung liegen bisher 3 Bde. vor: Kl. WITTSTADT -G. ALBERIGO (Hg.), Geschichte des Zweiten Vatikanischen Konzils 1959–1965. Bd. 1: Die Katholische Kirche auf dem Weg in ein neues Zeitalter. Die Ankündigung und Vorbereitung des Zweiten Vatikanischen Konzils (Januar 1959-Oktober 1962), Mainz – Leuven 1997; Bd. 2: Das Konzil auf dem Weg zu sich selbst. Erste Sitzungsperiode und Intersessio (Oktober 1962-September 1963), Mainz – Leuven 2000; Bd. 3: Das mündige Konzil. Zweite Sitzungsperiode und Intersessio (September 1963-September 1964), Mainz – Leuven 2001; frz. Ausgabe der ersten beiden, von É. FOUILLOUX betreuten Bde.: Histoire du concile Vatican II (1959–1965), Bd. I: Le Catholicisme vers une nouvelle étape. L'annonce et la préparation (janvier 1959-octobre 1962), Paris 1997; Bd. II: La Formation de la conscience conciliaire. La première session et la première intersession (octobre 1962-septembre 1963), Paris 1998.

Einen besonders wichtigen Beitrag zur Geschichte des Konzils stellt der Dokumentationsband (*Actes du colloque*) zu dem im Mai 1986 an der École française de Rome veranstalteten Colloquium dar: Le Deuxième Concile du Vatican 1959–1965, Rom 1989; dann die veröffentlichten Beiträge zu den drei in den Jahren 1983, 1986 und 1989 vom *Istituto Paolo VI* in Brescia veranstalteten Colloquien: Giovanni Battista Montini arcivescovo di Milano e il concilio ecumenico Vaticano II. Preparazione e primo periodo, Brescia 1985; Paolo VI e i problemi ecclesiologici al Concilio, Brescia 1989; Paolo VI e il rapporto Chiesa-Mondo al Concilio, Brescia 1991; die Beiträge zu den sieben Colloquien, die in den Jahren zwischen 1989 und 1996 unter der Ägide des *Istituto delle scienze religiose* von Bologna veranstaltet worden sind: Sources locales de Vatican II, hg. v. J. GROOTAERS – Cl. SOETENS, Löwen 1990 ; A la veille du concile Vatican II. Vota et réactions en Europe et dans le catholicisme oriental, hg. v. M. LAMBERIGTS – Cl. SOETENS, Löwen 1992 [Ergänzung: Cristianismo e iglesias de America Latina en Visperas del Vaticano II, hg. v. J. O. BEOZZO, San José (Costa Rica) 1992]; Vatican II commence... Approches francophones, hg. v. É. FOUILLOUX, Löwen 1993; der Beitrag der deutschsprachigen und osteuropäischen Länder zum Zweiten Vatikanischen Konzil, hg. v. Kl. WITTSTADT – W. VERSCHOOTEN, Löwen 1996 ; Les Commissions conciliaires à Vatican II, hg. v. M. LAMBERIGTS – Cl. SOETENS – J. GROOTAERS, Löwen 1996; Vatican II in Moscow (1959–1965), hg. v. A. MELLONI, Löwen 1997; L'evento e le decisioni. Studi sulle dinamiche del concilio Vaticano II, hg. v. M. T. FATTORI – A. MELLONI, Bologna 1997; schließlich die Oktober-Nummer 1992 von Cristianesimo nella storia (Bd. 13, 473–641): Per la storizzazione del Vaticano II, hg. v. G. ALBERIGO – A. MELLONI. Vgl. auch die Beiträge zu den zwei Colloquien: A venti anni dal Concilio. Prospettive teologiche e giuridiche, Palermo 1984, u. G. ALBERIGO – J.-P. JOSSUA (Hg.), La Réception de Vatican II, Paris 1985.

Allgemeine Darstellungen (in Auswahl)
Ph. LEVILLAIN, La Mécanique politique de Vatican II. La majorité et l'unanimité dans un concile, Paris 1975 (stützt sich fast ausschließlich auf franz., aber sehr aufschlußreiche Quellen). A. LORENZER, Das Konzil der Buchhalter, Frankfurt/M. 1981 (kritische Analyse aus soziologischer Sicht). A. STACPOOLE (Hg.), Vatican II by those

---

[83] Eine ausgewählte Literaturschau findet sich in folgenden Zeitschriften: H. KÜNG in: Theologische Quartalschrift 142 (1962) 56–82; 143 (1963) 52–82; G. MARON in: Theologische Literaturzeitung 94 (1969) 171–186; siehe auch Civiltà cattolica, Nr. 2799, 282–286; Nr. 2809, 75–82; Nr. 2810, 173–179; Nr. 2819, 479–486; Nr. 2820, 587–594; Nr. 2835/2836, 302–305; vor allem: Ephemerides theologicae lovanienses 40 (1964) 13*–16*, 209*-210*; 41 (1965) 13*-15* u. 224*-228*; 42 (1966) 8–12 u. 183–193; 43 (1967) 16–21; 44 (1968) 17–25 u. 278–282; 45 (1969) 11*-13* u. 295*-296*; 46 (1970) 15*-16*.

who were there, London 1986 (kurzer Rückblick von 23 Teilnehmern). J. GROOTAERS, Actes et acteurs à Vatican II, Löwen 1988. G. ROUTHIER (Hg.), L'Église canadienne et Vatican II, St.-Laurent 1997.

Erwähnt sei außerdem die Reihe der historisch-kritischen Kommentare der meisten Konzilsdokumente in der Sammlung *Unam Sanctam* (Nr. 52, 60–62, 65–68, 70, 74–76), Paris 1964–1970, sowie der umfangreiche Kommentar in den von H. VORGRIMLER herausgegebenen Ergänzungsbänden zum Lexikon für Theologie und Kirche: Das Zweite Vatikanische Konzil, 3 Bde., Freiburg i. Br. 1966–1968. Eine Gesamtdarstellung zu den Lehräußerungen legte G. MARTELET vor: Les Idées maîtresses de Vatican II, Paris 1967 (1985²).

ZWEITER TEIL

KATHOLISCHE UND EVANGELISCHE KIRCHE: KRISEN – VERÄNDERUNGEN – NEUAUFBRUCH

Einleitung

Mit der zweiten Hälfte der 60er Jahre setzt sich ein neues Klima durch, das gespeist wird aus einem Krisenbewußtsein und der Geisteshaltung kritischer Hinterfragung auf ethischer, sozialer und politischer Ebene. Die bestehenden politischen, sozialen und auch kirchlichen Einrichtungen werden von einem Sturm erschüttert, der sich erst wieder gegen Ende der 70er Jahre legen sollte. Diese auf dem Campus kalifornischer Universitäten entstandene Bewegung fand symbolischen Ausdruck in den Ereignissen der sogenannten 68er Revolution. In Wirklichkeit ist diese Bewegung eine Antwort auf ganz unterschiedliche Situationen, von Kalifornien bis Mexiko, in Rom, Paris oder Berlin. Ihr Ausmaß wie ihre Tiefenwirkungen können variabel sein, überall kommt ihr aber die Bedeutung zu, herkömmliche Wertvorstellungen in Frage zu stellen, die auf Wachstum und Konsum aufgebaute Gesellschaft radikaler Kritik zu unterziehen und auf der Suche nach einer neuen Kultur die vorgegebene zu negieren – stets verbunden mit einer Neubelebung revolutionärer Ideologien.

Die christlichen Kirchen gerieten wenige Jahre nach der Propagierung des *aggiornamento* in eine Krise. Sie erfaßte sowohl die Ausübung jeglicher Form von Autorität wie die theologischen Strömungen, die Rolle der Kleriker ebenso wie die Glaubenspraxis der Gläubigen. Eine „tiefe Kulturkrise"[1] traf vor allem den römischen Katholizismus. Sie verursachte defensive Reaktionen, führte angesichts der Kritik zur Bestätigung von Kontinuitäten und Identitäten – vor allem mit Beginn der 80er Jahre. Die darauf folgenden Entwicklungen belegen über drei Jahrzehnte hinweg diesen komplexen, an einschneidenden Veränderungen und Neuansätzen[2] reichen Zeitabschnitt.

Die im folgenden Teil vorgelegten Analysen gelten vornehmlich der atlantischen Welt – vom Europa der freiheitlichen Demokratien[3] bis nach Nordamerika –, weniger den übrigen Regionen der Welt, auf die im dritten Teil eingegangen wird.

---

[1] Vgl. J. KOMONCHAK, La réalisation de l'Église en un lieu, in: G. ALBERIGO – J.-P. JOSSUA (Hg.), La Réception de Vatican II, Paris 1985, 118 f.
[2] Danièle Hervieu-Léger prägte hierfür auch den Begriff der „Recomposition".
[3] Man kann – wenn auch differenziert – mit Komonchak die These vertreten, daß sich gerade dort, wo die besondere Kultur des römischen Katholizismus am stärksten verwurzelt war, d. h. in den seit langem etablierten Kirchen, die Krise am heftigsten auswirkte.

Das Papsttum nach dem Konzil

VON JEAN-MARIE MAYEUR

I. Paul VI. nach dem Konzil: Zwischen Reform und Protest

Der Pontifikat Pauls VI. – in der Zeit nach dem Konzil bis zum Tod des Papstes im Jahre 1978 – wurde bestimmt von der praktischen Umsetzung der Konzilsbeschlüsse wie auch von der Ende der 60er Jahre aufbrechenden Krise der Kirche. Die dramatische Spannung dieses Pontifikats lag in dem Entschluß des Papstes, beide Hauptprobleme zugleich aufzugreifen: Fortsetzung des mit dem Konzil begonnenen Weges und Eingehen auf die Herausforderung wachsender Protestbewegungen. Vor dem historischen Hintergrund dürfte ein grundlegendes Problem darin bestehen, ob die möglichen Interpretationen des Zweiten Vatikanischen Konzils mit der „Lesart" Pauls VI. übereinstimmen. Man kann den Papst als gemäßigten Reformer bezeichnen, hatte er doch auf dem Konzil den Bitten der Minderheit verschiedentlich entsprochen. War es seine Absicht, die Kirche mit der Moderne[1] auszusöhnen (wie man heute sagen würde) bzw. die Kirche mit der modernen Welt auszusöhnen (wie man im 19. Jahrhundert formulierte)? Wegen der ungenauen Bedeutungen der Begriffe „Moderne" und „moderne Welt" ist ihre Verwendung ambivalent. Die Absicht Pauls VI. war in der Tat eine ganz andere: die Botschaft des Evangeliums und der Kirche insgesamt den Menschen der Gegenwart zugänglich und präsent zu machen. In dieser Absicht und auf der Linie Johannes' XXIII. verpflichtete er sich zunächst, der Institution Kirche – und zuallererst der Kurie – ein neues Profil zu verleihen.

1. Paul VI. als Reformpapst

Als mit der Kurie lang Vertrauter hatte Paul VI[2]. ein sicheres Gespür für die Defizite in ihrem Verwaltungsapparat wie auch für die vom Konzil aufgegriffenen Reformwünsche. Am 21. September 1963 machte er seine Absichten publik: „Es ist verständlich, daß eine derartige Organisation von der Last ihres ehrwürdigen Alters geprägt ist, daß sie die

---

[1] Das 1983 an der École française de Rome, 5 Jahre nach dem Ende dieses Pontifikats abgehaltene Colloquium stand unter dem Thema „Paul VI et la modernité" – ein gewagtes, berechtigtes und letztendlich gelungenes Unterfangen. Das drei Jahre später veröffentlichte Buch („Paul VI et la modernité dans l'Église", Actes du colloque organisé par l'École française de Rome [Rom 2.–4. Juni 1983], Rom 1983) gilt nach wie vor als Standardwerk. Andererseits läßt der Titel den wissenschaftlichen Ertrag dieser Veröffentlichung nicht adäquat erkennen.

[2] Zu Paul VI.: Georg SCHWAIGER, Papsttum und Päpste im 20. Jahrhundert – Von Leo XIII. zu Johannes Paul II., München 1999, Kap. VIII: „Im Namen des Herrn": Paul VI. (1963–1978), 344–372; 516–523. Siehe auch die von Jean GUITTON herausgegebenen „Dialogues avec Paul VI", Paris 1967; dt.: Dialog mit Paul VI., Wien 1967 (Übersetzung von Georg BÜRKE SJ).

Divergenz ihrer unterschiedlichen Abteilungen und ihres Apparates gegenüber den Notwendigkeiten und Gepflogenheiten der Neuzeit spürt, zugleich das Bedürfnis nach Vereinfachung und Dezentralisierung wie auch nach Ausweitung und Übernahme neuer Verantwortungen." Hieraus ergaben sich die Zielsetzungen der Reform: Behebung von Störungen im Zusammenwirken kirchlicher Institutionen, Streben nach Vereinfachungen und Dezentralisierung, aber auch Ermutigung zur größeren Verantwortung. Mit der apostolischen Konstitution *Regimini Ecclesiae universae* vom 15. August 1967[3] veränderte Paul VI. die Strukturen der bereits von Pius X. im Jahre 1908 reformierten Institutionen. Vier Dikasterien, die nur noch Überbleibsel waren, wurden aufgelöst (Zeremonienkongregation, apostolische Datarie, Sekretariate für Breven an weltliche Herrscher und für lateinischen Briefe), Gründung von Präfekturen für wirtschaftliche Angelegenheiten und den apostolischen Palast sowie des statistischen Amtes. Diese Neuerungen sind – wie die Änderungen einer Reihe von Titelbezeichnungen – nichts anderes als bereinigende Korrekturen. Mit dem 7. Dezember 1965 wurde aus dem Hl. Offizium die Glaubenskongregation. Noch wichtiger war die Eingliederung der drei Sekretariate (für die Einheit der Christen, für die Nichtchristen und die Nichtgläubigen), des Laienrates und der päpstlichen Kommission Gerechtigkeit und Friede. Diese Institutionen, deren Notwendigkeit sich auf dem Konzil immer stärker herauskristallisiert hatte, fanden nun ihren Platz in den Gesamtstrukturen der Kurie. Als Abschluß einer langen Entwicklung ergab sich, daß alle Organe „unter der Obhut des Staatssekretariats als des wesentlichen Koordinationsorgans stehen" (J. B. d'Onorio). Das Sekretariat für außergewöhnliche Angelegenheiten, das bis dahin die oberste Sektion des Staatssekretariats darstellte, wurde zum Rat für öffentliche Angelegenheiten der Kirche, dessen Präfekt der Staatssekretär ist. Das Sekretariat wurde einem Prälaten anvertraut (in diesem Fall Erzbischof Casaroli), dessen Name mit der *Ostpolitik* des Hl. Stuhls verbunden ist. Neben dem Staatssekretär nahm die Funktion des Stellvertreters an Gewicht zu, dessen Aufgaben ab Ende 1967 von dem tatkräftigen Benelli – bis zu seiner Ernennung auf den Florentiner Erzbischofssitz im Juni 1977 – übernommen wurden. Wer in Paul VI. nur einen autoritären Kirchenmann sieht, übersieht seine entscheidende Bedeutung bei den Veränderungen und der Modernisierung der kurialen Strukturen[4].

Das M*otu proprio* vom 21. November 1970 schloß vom Konklave die über 80jährigen Kardinäle aus – eine Maßnahme, die zu ernsten Debatten führte (so etwa durch Kardinal Tisserant). Mit der Konstitution *Romano pontifice eligendo* (1975) legte Paul VI. am Ende seines Pontifikats die Höchstzahl der (unter 80jährigen) Wahlberechtigten für das Konklave auf 120 fest. Allerdings wurde der Anzahl der Kardinäle insgesamt keine Beschränkung auferlegt[5]. Eine andere Verfügung begrenzte den Vorsitz bei den einzelnen Dikasterien auf 5 Jahre, wie auch den Status von Mitgliedern und Konsultatoren. (Dieser Grundsatz fand unter Paul VI. nur bei vier von 18 Dikasterienleitern Anwendung.) Die Kardinäle konnten in den Dikasterien nur bis zum 80. Lebensjahr im Amt bleiben. Diese

---

[3] Vgl. dazu: J. B. D'ONORIO, Dictionnaire de la papauté, 528–531, und DERS., Paul VI et le gouvernement central de l'Église, in: Paul VI et la modernité dans l'Église. Actes du colloque organisé par l'École française de Rome (Rom 2.–4. Juni 1983), Rom 1983.

[4] A. RICCARDI, Il potere del papa, Laterza 1988, 289 ff.

[5] P. JUGIE, Art. „Sacré Collège", in: Dictionnaire de la papauté, 1500. Vgl. A. Melloni, Das Konklave, Freiburg 2001.

Maßnahme hatte eine spürbare Verjüngung zur Folge: Das Durchschnittsalter der Dikasterienleiter fiel von 79 1/2 Jahren (1967) 10 Jahre später (1977) auf 69 Jahre. Eine konsequente Politik führte schließlich zur Internationalisierung der kurialen Reformstrukturen. Nun konnten auch Diözesanbischöfe Mitglieder von Kongregationen werden. Zwischen 1961 und 1970 gerieten die Italiener in die Minderheit bei Leitungsfunkionen. 1978 wurden 39 Italiener neben 99 Nicht-Italienern gezählt[6]. Noch 1967 gab es 14 italienische Dikasterienleiter (oder Personen in entsprechender Stellung) neben 8 Nicht-Italienern, während 1972 sich das Verhältnis in 9:15 umkehrte. So bestätigte sich in der Kurie eine Entwicklung, die schon im Kardinalskollegium erkennbar war. Ein augenfälliges Zeichen für dieses Bestreben zur Internationalisierung war die Ernennung von Kardinal Villot (ehemals Erzbischof von Lyon) zum Präfekten der Konzilskongregation (die dann zur Kongregation für den Klerus wurde) am 8. April 1967, dann zum Staatssekretär am 2. Mai 1969[7]. So zeigte die Kurie nach der Formulierung von A. Riccardi ein „weniger römisches, dafür mehr päpstliches und internationales" Gesicht. Diese Reform brach die herkömmlichen Solidargemeinschaften auf, die auf gleicher Ausbildung und gemeinsamer, innerhalb der Kurie verlaufender Laufbahn aufbauen konnten. Demgegenüber entstand – wie A. Riccardi weiter feststellte – eine Bürokratie neuen Stils, die in mancherlei Hinsicht an die Bürokratie internationaler Organisationen erinnert. Dieser bürokratische Apparat wuchs im Lauf der Jahre von 1.322 Personen im Jahre 1962 auf 3.146 im Jahre 1978 an[8].

Entwicklung der Anzahl wahlberechtigter Kardinäle von 1903 bis 2000

Jahr	1903	2000
Europa	62	46
(davon Italiener:	39	17)
Afrika	0	12
Nordamerika	1	12
Lateinamerika	0	18
Asien/Ozanien	1	15

Mit dem *Motu proprio* vom 25. September 1965 setzte der Papst auf Bitten des Konzils eine Bischofssynode mit beratender Funktion ein, die im Prinzip alle drei Jahre zusammentritt[9]. Auf deren erstem Treffen im Oktober 1967 waren 198 Mitglieder anwesend. Die Synode besteht aus Bischöfen, die von den Bischofskonferenzen, aus Ordensgeistlichen, die von der Vereinigung der Generaloberen gewählt werden, sowie aus durch den Papst ernannten Bischöfen, Priestern und Ordensangehörigen. Dieses institutionelle Gremium hat doppelten Charakter: Es ein Kollegialorgan mit beratender Funktion, besitzt aber auch Beschlußpotential[10]. Zudem muß ein Ausgleich zwischen dem Bischofskollegium und dem

---

[6] J. B. D'ONORIO, La papauté, de la romanité à l'universalité, in: La Papauté au XXe siècle, Paris 1999, 38.

[7] Vgl. A. WENGER, Le cardinal Villot (1905–1979), mit einer Einleitung v. R. RÉMOND, Paris 1989. Diese Studie ist zugleich ein persönliches Zeugnis von großer Bedeutung.

[8] G. ZIZOLA, La Curie romaine: secrétariats et conseils, in: Concilium 15 (1979), 57. Georg MAY, Römische Kurie, in : LThK³, Bd. 8, 1287–1290.

[9] Vgl. R. METZ in: Le Bras Gaudemet, Histoire du droit et des institutions de l'Église en Occident, Bd. 17, 79 ff.

[10] Vgl. R. LAURENTIN in seinem Beitrag in: Paul VI et la modernité dans l'Église.

Kardinalskollegium gefunden werden. Hier treffen die zentralisierende Reform der Kirchenleitung unter Pius XII. und der Plan Johannes' XXIII. zur Wiederherstellung der Kollegialität aufeinander mit der Folge, daß die Realisierung des Konzepts der Kollegialität noch geleistet werden muß, zumal der Begriff selbst unterschiedliche Lesarten einschließt. Wie immer man die Beschränkungen und die Unvollkommenheit der Reformen der Kirchenleitung unter Paul VI. beurteilen mag, erstaunlich bleibt die Schnelligkeit, mit der diese Reform in knapp 10 Jahren ungeachtet der Schwierigkeiten der turbulenten nachkonziliaren Jahre vollzogen wurde.

Die innere Reform der Kirchenleitung ging mit einer Veränderung in den Beziehungen zwischen der Kirche und der weltweiten öffentlichen Meinung einher. Dies resultierte nicht nur aus den neuen Medien als solchen, sondern auch aus den Reisen des Papstes, die von den Medien mit größter Aufmerksamkeit verfolgt wurden – ein sicheres Zeichen für das Interesse und die Erwartungshaltung der öffentlichen Meinung. Pauls VI. Weltreisen bezeichnen eine wesentliche Neuerung, die heute – auf dem Hintergrund der Reisen seines Nachfolgers – schon in Vergessenheit geraten sind: Diese Reisen waren aus bestimmten Anlässen heraus motiviert und ließen zu Beginn nicht die Anzeichen eines konsequenten Planes erkennen, nichtsdestoweniger war sich der Papst nach Meinung seines Mitarbeiters Jacques Martin „bewußt, einen neuen Stil"[11] im Dialog mit der Welt und mit den anderen Religionen einzuführen.

Die chronologische Aufzählung seiner Reisen ist allein schon aufschlußreich. Die Reise ins Heilige Land (vom 4.–6. Januar 1964) als „erste große Reise eines Papstes seit Beginn des 19. Jahrhunderts" war „ein Ereignis mit weltweitem Echo"[12].

Diese Pilgerreise bestätigte die „Rolle des Papstes als Primas der katholischen Kirche" (C. Soetens), hatte andererseits ökumenisches Gewicht und fand ihren Höhepunkt in der Begegnung mit dem Patriarchen Athenagoras von Konstantinopel. Sie stand ferner für den Willen, zum Frieden zwischen Arabern und Juden aufzurufen.

Vom 2.–5. Dezember des gleichen Jahres nahm der Papst in Bombay am 38. Eucharistischen Kongreß teil. Am 4. Oktober 1965 zeichnete er sich vor der 20. UNO-Vollversammlung in New York als „Experte in Menschheitsfragen" aus. Am 13. Mai 1967, anläßlich des 50. Jahrestages der dortigen Marienerscheinung, begab sich der Papst nach Fatima. Am 25. und 26. Juli des gleichen Jahres reiste er nach Istanbul und Ephesus und traf dort erneut mit dem Patriarchen Athenagoras zusammen. Ein Jahr später reiste er als erster Papst nach Lateinamerika und nahm sowohl am 39. Eucharistischen Kongreß in Bogota/Kolumbien teil, bei dem 300 000 Gläubige versammelt waren, wie auch an der zweiten Konferenz des CELAM in Medellin (vom 22.–24. August 1968). Am 10. Juni 1969 reiste er nach Genf zum 50jährigen Jubiläum der Internationalen Arbeitsorganisation und zum Treffen mit dem Ökumenischen Rat der Kirchen. Vom 31. Juli bis zum 2. August 1969 weilte er in Uganda und richtete von dort aus eine Botschaft der Kirche an die afrikanischen Völker. Die neunte und letzte Reise (vom 26. November – 4. Dezember 1970) führte ihn nacheinander auf die Philippinen, nach Australien, Indonesien, Hongkong und Sri Lanka. Mit diesen neun kurzen Reisen (innerhalb von sechs Jahren), von denen jeder ein-

---

[11] Vgl. Jaques MARTIN in seinem Artikel, der einem persönlichen Zeugnis gleichkommt, in: Paul VI et la modernité dans l'Église, 317–332.
[12] C. SOETENS, Entre concile et initiative pontificale. Paul VI en Terre sainte, in: Cristianesimo nella storia, Juni 1998, 333–365; hier S. 342.

Rede Papst Pauls VI. vor der Vollversamlung der Vereinten Nationen, New York, 4. Oktober 1965.

zelnen symbolische Bedeutung zukommt [13], führte Paul VI. eine neue Form der Präsenz des Papsttums in der Weltkirche ein, die geprägt war von der Begegnung mit beachtlichen Menschenmassen und dem außergewöhnlichen Interesse des Fernsehens weltweit. Paul VI. reiste mehr als alle seine Vorgänger zusammen und soll zu Kardinal Martin gesagt haben: „Vedrete, il mio successore, quanti viaggi farà" [„Ihr werdet noch sehen, wieviele Reisen erst mein Nachfolger machen wird"].

2. Paul VI. und die Krise

Gewöhnlich werden drei Phasen im Pontifikat Pauls VI. unterschieden: das Ende des Konzils mit den sich daraus ergebenden Reformen, sodann eine Phase des Rückzugs angesichts der wachsenden Infragestellung und Krise der Kirche von 1968 bis 1972, schließlich eine mystische Phase von 1972 bis zum Tod des Papstes im August 1978, mit dem Höhepunkt des Heiligen Jahres von 1975 [14]. Es gilt dabei zu beachten, daß die Protestwelle den Ereignissen von 1968 und dem Widerstand gegen die Enzyklika *Humanae vitae* vorausging. Dabei gibt es sowohl eine „progressive", eher profillose Protestbewegung, deren Protagonisten über das Konzil hinauszugehen versuchten (und die auch nach 1972 weitergingen), als auch ein sich im „Schisma" von Lefebvre Ausdruck verschaffender „traditionalistischer" Protest.

---

[13] A. RICCARDI, Il potere del papa, 236.
[14] Diese Periodisierung stamtt von R. LAURENTIN, Art. cit. (wie Anm. 10).

Zunächst soll für diese zweifache Protestbewegung der historische Kontext nachgezeichnet werden. In einem Vortrag zur 20-Jahrfeier des Zweiten Vatikanums an der Universität von Fribourg erinnerte Yves Congar daran, daß „viele bedrückende Tatsachen" bis in die 50er Jahre (wenn nicht noch weiter) zurückreichen. Das Konzil habe sich darum bemüht, auf diese Anzeichen einer sich in den darauffolgenden Jahren ausweitenden Krise zu reagieren. Congar sprach von einer „soziokulturellen Veränderung, deren Ausmaß, Radikalität, Schnelligkeit und kosmischer Charakter nichts Vergleichbares in irgendeiner historischen Epoche findet"[15]. Er verwies auf den Bedeutungsverlust des Metaphysischen, auf die rasante Entwicklung der Naturwissenschaften, die Säkularisierung, die Krise der Amtsautorität, daneben aber auch auf die vielfältigen Möglichkeiten zur Manipulation des Menschen, das Aufbegehren der Jugend und das wachsende Ringen der Frauen um Selbstbestimmung.

Auf theologischem Gebiet konnten die historisch-kritischen Methoden und hermeneutischen Forschungsansätze die zu Beginn des 20. Jahrhunderts im Zusammenhang mit dem Modernismusstreit aufgeworfenen Probleme neu beleben. Die von Kardinal Ottaviani am 24. Juli 1966 für das Heilige Offizium in einem Brief an die Bischofskonferenzen aufgeworfene Frage nach der Beurteilung der Glaubenskrise ist ein Indiz für die Beunruhigung, die Rom angesichts der Neuinterpretation fundamentaler Lehren des Christentums und deren Verbreitung erfaßte, die weit über das theologische Umfeld hinausgingen. Es bedarf wohl kaum einer weiteren Bestätigung, daß die Krise bereits vor den Ereignissen von 1968 einsetzte. Am 9. Oktober 1966 erschien (mit dem Imprimatur von Kardinal Alfrink, dem Erzbischof von Utrecht und Vorsitzenden der holländischen Bischofskonferenz) der für heftige Kritik sorgende *Holländische Katechismus*. Dieses Buch wurde zu Beginn der 60er Jahre in knapp zwei Jahren erarbeitet und in einer Auflage von 400 000 Exemplaren in den Niederlanden verkauft, 1968 ins Englische, Deutsche und schließlich ins Französische[16] übersetzt. Über eine Zusammenkunft römischer und holländischer Theologen (im April 1967) hinaus berief der Papst eigens eine Kardinalskommission zur Prüfung dieses Katechismus. Mit einer Fülle weiterer anderer Beispiele – Rückgang der Priesterberufungen, Abnahme der Glaubenspraxis, Auseinandersetzungen innerhalb katholischer Bewegungen etc. – läßt sich nachweisen, daß in der zweiten Hälfte der 60er Jahre die Zeit der Krise eingeleitet wurde.

Im Zusammenhang mit den Ereignissen von 1968 und in den nachfolgenden Jahren brach diese Kries voll auf, wobei die Veröffentlichung der Enzyklika *Humanae vitae* im Sommer 1968 eine entscheidende Wende markiert. Die Auseinandersetzung um die Enzyklika sowie ihre moraltheologischen Implikationen sollen hier nicht weiter verfolgt werden. Es geht hier lediglich darum, die katholische Auffassung historisch darzulegen und die mit dieser Enzyklika aufgebrochene Autoritätskrise zu beschreiben. Bereits zu Beginn der 60er Jahre gab es Kritik an der kirchlichen Lehre zur Empfängnisverhütung (seit der Markteinführung der Antibabypille). Zwischen 1962 und 1964 wurden bestimmte emp-

---

[15] Y. CONGAR, Le Concile de Vatican II, Paris 1984, 69.
[16] Die von Charles EHLINGER herausgegebene französische Ausgabe wurde von IDOC-France publiziert. Der Herausgeber schrieb dazu einen Anhang: „Les grands points discutés du catéchisme hollandais", der die Einwände und kritischen Anmerkungen der römischen Instanzen aufnimmt (A. WENGER beschrieb diesen Konflikt in seinem Buch über Kardinal Villot). Rom intervenierte bei der „Bonne Presse", um die Publikation zu verhindern. In Deutschland wurde der Verlag Herder, der die deutsche Ausgabe publizierte, kompromittiert, mußte auf das deutsche Imprimatur verzichten und den Bänden ein Ergänzungsheft mit römischen Korrekturen beilegen.

fängnisverhütende Methoden von Theologen für erlaubt erklärt[17]. Die bis dahin eher ver-
deckte Krise wurde zunehmend in die Öffentlichkeit getragen und die „Forderung nach einer Änderung der katholischen Ehemoral" (M. Sevegrand) wurde immer lauter. Einige
Bischöfe machten sich dafür im Oktober 1964 auf dem Konzil stark. Am 23. Juni 1964
hatte der Papst angekündigt, daß eine aus Bischöfen, Theologen und Laien bestehende
Kommission das Problem der Geburtenkontrolle aufgreifen werde. Diese Kommission
legte ihr Ergebnis Ende Juni 1966 vor, der Papst maß ihm jedoch keine endgültige Bedeutung bei. Die Mehrheit der Kommissionsmitglieder war der Überzeugung, daß die bisherigen Positionen des obersten Lehramtes geändert werden könnten. Paul VI. setzte jedoch
auf die Minderheit. Nach letzten Beratungen, darunter mit Erzbischof Wojtyla von Krakau,
der die grundsätzlichen Argumente der Enzyklika auf der Grundlage des Naturrechts zur
Geltung brachte[18], verkündete der Papst am 25. Juni die Enzyklika *Humanae vitae,* die am
29. Juli veröffentlicht wurde. Auch wenn der Papst bei dieser Enzyklika auf die Betonung
der Unfehlbarkeit verzichtete, so wurde doch „de facto eine Haltung eingefordert, als wäre
dieses Dokument unfehlbar" (Yves Congar[19]).

Nach jahrelangen vorangehenden Diskussionen und zu einem Zeitpunkt, als sich schon
und gerade aufgrund der Haltung der Kommissionsmehrheit die Meinung herauskristallisiert hatte, daß die Kirche ihre bisherige Position ändern werde, führte die in der Enzyklika
vertretene Neuauflage der traditionellen Position einem Sturm der Entrüstung. Der damalige Direktor der Zeitung *La Croix* (A. Wenger) erinnert sich an das Rattern der Fernschrei-
ber bis etwa vier Uhr morgens, das an normalen Tagen um 23 Uhr aufhörte: „Von Europa
bis Amerika, von der Südsee bis Japan war der Protest der Medien fast einhellig"[20]. Die
Reaktionen unter den französischen Katholiken waren zwar „weniger impulsiv" (Martine
Sevegrand) als bei den deutschen oder englischen Katholiken, doch stießen die Vorgaben
der päpstlichen Autorität überall auf heftigen Widerstand. Der Episkopat in Frankreich wie
auch in der Bundesrepublik Deutschland erklärte sich mit der Enzyklika einverstanden,
brachte jedoch Nuancen auf der Grundlage seelsorglicher Notwendigkeiten zur Geltung
und verwies – wie z. B. die französischen Bischöfe in ihrer Pastoralnote vom 8. November
1968 – auf die klassische Lehre für den Fall von Pflichtkollisionen und zur Wahl des geringeren Übels. Mit diesen entschärfenden Auslegungen der Enzyklika konnte Rom nicht zufrieden sein, mußte sich jedoch anpassen, so wie sich Pius IX. nach Veröffentlichung des
Syllabus mit dem Kommentar von Dupanloup und dessen Unterscheidung von These und
Hypothese abfand.

Die Reaktionen auf die Enzyklika erschütterten die römische Autorität. Diese Erschüt-
terung kennzeichnet einen der Krisenaspekte für die zweite Hälfte des Pontifikats
Pauls VI., und für die öffentliche Meinung dürfte es sich dabei um den auffallendsten
Aspekt handeln. Die Enzyklika trug zur Verschärfung einer Krise bei, für die sich viele
Anzeichen angeben lassen: In der Bundesrepublik Deutschland etwa nahm der Besuch der
Sonntagsmesse innerhalb von fünf Jahren (von 1968 bis 1973) um ein Drittel ab, bei den

---

[17] Wir folgen hier der profunden Untersuchung von Martine SEVEGRAND, Les Enfants du bon Dieu. Les catholiques français et la procréation au XXe siècle, Paris 1995.
[18] J. GROOTAERS, Quelques données concernant la rédaction de l'encyclique *Humanae vitae*, in: Paul VI et la
modernité dans l'Église, 395.
[19] Zitiert nach M. SEVEGRAND, op. cit., 375.
[20] A. WENGER, Les Trois Rome. L' Église des années soixante, Paris 1991, 258. Diese Monate waren für ihn, wie
er anfügte, die „schwierigsten" während seiner 12jährigen Tätigkeit bei der Zeitung *La Croix*.

Jugendlichen zwischen 16 und 29 Jahren fast um die Hälfte; beim Katholikentag in Essen (September 1968) war die Kritik an der Amtskirche dominierend. Bei der Abstimmung über die Abschaffung der Scheidung in Italien (Mai 1974) behielten die Neinstimmen nur knapp die Oberhand.

Die Krise in den letzten Jahren dieses Pontifikats ist durch eine zweifache Protesthaltung gekennzeichnet. Auf der einen Seite die Vertreter einer Position, die über das Konzil hinausgehen wollten, für die das Konzil lediglich ein Ausgangspunkt war, auf der anderen Seite die Position derjenigen, die selbst gegen die Ergebnisse des Konzils in der Überzeugung opponierten, daß mit dem Konzil ein Kurs in die Katastrophe eingeleitet wurde. Man sprach von „Progressiven" und „Traditionalisten"[21], auch wenn die aus der Ideologiekritik übernommenen Begriffe hier nicht ganz passend sind. Die Bewegung der Traditionalisten konstituierte sich während des Konzils auf Seiten der Minderheit. Sie konnte eine Reihe von Teilerfolgen erzielen, allein schon aufgrund der Tatsache, daß Paul VI. einen größtmöglichen Konsens erreichen wollte. Man denke an die *Nota praevia,* die durch die Übernahme von Einwänden der Minderheit den in *Lumen gentium* definierten Stellenwert der „Kollegialität" einschränkte. Andererseits stand die Minderheit bei weitem nicht so geschlossen hinter jenen Positionen, die einer radikalen Ablehnung des Konzils das Wort redeten – und dafür sogar ein Schisma in Kauf nahmen. Der Werdegang des hauptsächlichen Protagonisten einer schismatischen Bewegung, Marcel Lefebvre, kann möglicherweise die Hintergründe dazu erhellen[22].

Marcel Lefebvre wurde 1905 als Sohn einer katholischen Bürgerfamilie in Nordfrankreich geboren. Zwei seiner Brüder wurden Priester, drei Schwestern Nonnen. Er selbst war Schüler des französischen Priesterseminars in Rom, das von einem Spiritaner (Le Floch) geleitet wurde. An der Gregoriana hörte er Vorlesungen von Kardinal Billot, der als Jesuit und Thomist wie Le Floch der Action française nahe stand. Nach seinem Noviziat bei den Spiritanern (CSSp) wurde er 1929 zum Priester geweiht. Am Priesterseminar in Gabun war er zunächst theologischer Lehrer, dann Direktor. 1947 wurde er zum apostolischen Vikar in Dakar ernannt, ein Jahr später zum apostolischen Gesandten für das frankophone Afrika. 1956 wurde er zum ersten Erzbischof von Dakar ernannt. Als Feind der Unabhängigkeitsbewegung legte er im Januar 1962 das Bischofsamt auf Verlangen Roms nieder und übernahm das Bistum Tulle, wurde aber im Juli 1962 zum Generaloberen der Spiritaner gewählt. Papst Johannes XXIII. berief ihn in die Zentralkommission für die Vorbereitung des 2. Vatikanums. Auf dem Konzil selbst wandte er sich kritisch gegen den Kollegialitätsgedanken, gegen die ökumenische Öffnung und das Recht auf Religionsfreiheit. Zur Liturgierefom im Jahre 1963 brachte er dagegen keine Einwände vor. 1964 war er einer der Begründer des *Coetus Internationalis Patrum* für die Verteidigung der wahren römisch-katholischen Lehre, der etwa 250 Bischöfe (in der Mehrzahl aus Lateinamerika und Spanien) vereinigte und gute Beziehungen zu einigen Kurienkardinälen, darunter Ottaviani, pflegte.

Nach dem Konzil verschärfte Lefebvre seine kritischen Einwände. Im September 1968 geriet er innerhalb seiner eigenen Kongregation in die Minderheit und trat zurück. Im

---

[21] So Jules GRITTI, L'image de Paul VI et de son pontificat en France, in: Paul VI et la modernité dans l'Église, 195.
[22] L. PERRIN, L'Affaire Lefebvre, Paris 1989; A.SCHIFFERLE, Das Ärgernis Lefebvre, Fribourg 1989; DERS., ,Bewahrt die Freiheit des Geistes'. Zu kirchlichen Kontroverse um Tradition und Erneuerung, Freiburg 1990. Vgl. auch: DERS., Art. Lefebvre, in: LThK³, Bd. 6 (1997), 738.

Sommer 1969 gründete er in Fribourg die „Confraternitas Pius X.", im darauffolgenden Jahr ein Priesterseminar in Ecône (mit Genehmigung des Bischofs von Sitten). Während anfangs die Haltung Lefebvres und seiner Anhänger zwiespältig ist und bei einigen Bischöfen Unterstützung findet, führt das Konfliktpotential jedoch bald zu einer klaren Frontstellung. Die Krise verschärfte sich am 10. Juni 1971 mit der Ablehnung des am 3. April 1969 verkündeten *Novus ordo missae* Pauls VI. Die Liturgiereform betrachtete Lefebvre nun als Einführung von Luthers Abendmahl in die römisch-katholische Kirche. Hinsichtlich aller mit dem Konzil zusammenhängenden Veränderungen sah er die Kirche als Opfer eines Komplotts liberaler und satanischer Mächte, die Befürwortung der Religionsfreiheit betrachtete er als zur „legalen Apostasie der Gesellschaft" führend, den Verzicht auf die kirchliche Lehre, wie in der Enzyklika *Quanta cura* und im *Syllabus* formuliert, als verhängnisvoll.

Am 13. Februar und 3. März 1975 hatte sich Lefebvre vor einer von Paul VI. einberufenen Kardinalskommission zu verantworten. Der neue Bischof von Sitten (Mamie) erhielt daraufhin die Vollmacht, die Lefebvre-Bruderschaft am 6. Mai aufzulösen. Paul VI. verlangte die Unterwerfung Lefebvres. Als dieser gegen das Verbot Roms jedoch neue Priester weihte (am 29. Juni 1976), wurde er am 22. Juli 1976 *a divinis* suspendiert. In einem an den Papst adressierten Brief beklagte er sich über die „heimliche Absprache zwischen hohen Würdenträgern der Kirche und den Freimaurerlogen"[23]. Es gelang ihm, trotz des Widerstandes von Kardinal Villot, am 11. September noch einmal vom Papst in Castelgandolfo empfangen zu werden. Nachdem das Gespräch ergebnislos verlaufen war, wurde der Graben in den folgenden Jahren immer tiefer.

Im Verlauf dieser Krise wurde Lefebvre zur symbolischen Gestalt für den Widerstand gegen die konziliaren Reformen. Sein Eintreten für äußerst radikale Positionen des konservativen Katholizismus brachte ihm vor allem in Frankreich die Unterstützung unklar profilierter Fundamentalisten sowie von Gruppierungen der äußersten Rechten in der Tradition der Action française. Seine Anhängerschaft, die sich nach der Besetzung der Kirche Saint-Nicolas-du-Chardonnet in Paris bemerkbar machte (27. Februar 1977), blieb in den Unruhen präsent, die durch die Liturgiereform in einem Teil katholischer Kreise entstanden. Die Überzeugung, man habe mit der Liturgiereform autoritär „die Religion verändert", dürfte größtenteils die Sympathie gespeist haben, die Lefebvres Bewegung vor seinem entscheidenden Konflikt mit Rom fand. Das Festhalten an der lateinischen Sprache, am gregorianischen Gesang und den von Jugend auf geläufigen Riten führte zahlreiche Katholiken[24] – die meist nur ungenau über die Auseinandersetzungen und den Inhalt der Konzilstexte informiert waren – dazu, Lefebvre eine Zeitlang in der Annahme zuzustimmen, bei diesem Konflikt handele es sich im wesentlichen um die Reform der Liturgie. Gerade mit Konzessionen in liturgischen Fragen bemühte sich Rom in der Folgezeit, einer Randgruppe entgegenzukommen, die zwar an der herkömmlichen Liturgie festhielt, ansonsten aber das Konzil keineswegs ablehnte.

So endete der Pontifikat Pauls VI. in einer schwierigen Atmosphäre, die zerbrechliche Gestalt Pauls VI. schien von wechselnden Stürmen hin und her gerissen, so daß die italie-

---

[23] Zitiert bei A. WENGER, Le Cardinal Villot, 145.
[24] In Frankreich bevorzugten neben 63 % der praktizierenden Katholiken, die sich für die Messe in französischer Sprache aussprachen, immerhin 24 % die Messe in lateinischer Sprache; Umfrage IFOP, in: La Vie vom 28. Oktober 1976.

Bischof Marcel Lefebvre bei einer unerlaubten
Bischofsweihe am 30.6.1988, die mit seiner
Exkommunikation bestraft wurde.

nische Presse das Bild eines wie Hamlet schwankenden Papstes („amletico") verbreitete.
In diesem Kontext nahm sich die Ankündigung des Heiligen Jahres 1975 (am 9. Mai 1973)
wie eine Trotzreaktion aus. Der Papst gestand ein, daß er sich dabei gefragt habe, „ob diese
Tradition in unserer Zeit aufrecht erhalten" werden sollte[25]. Das Jubiläum zog 10 bis 12
Millionen Pilger nach Rom. Dieser unvorhergesehene Erfolg war ein Beweis nicht nur für
die Intensität traditioneller religiöser Ausdrucksformen, sondern auch für einen geistigen
Wandel nach einem Jahrzehnt der Protesthaltung wie auch für den Beginn großer kirchlicher Feiern und Wallfahrten, die später zu einem der Kennzeichen für den Pontifikat Johannes Pauls II. werden sollten.

    Paul VI. setzte den von Johannes XXIII. geebneten Weg zur Verbesserung der kirchli-
chen Lage in den kommunistischen Ländern fort[26]. Diese – im Anklang an Willy Brandts
politisches Bemühen um Osteuropa ungenau (aber vorläufig) so genannte – *Ostpolitik*
Roms soll hier in ihren grundlegenden Zielen dargestellt werden, da sie oftmals falsch

---

[25] Vgl. die Studie von A. DUPRONT, Année sainte 1975: tradition et modernité, in: Paul VI et la modernité dans
l'Église, 333–359.
[26] Verwiesen sei hier auf: Marcel MERLE Chr. DE MONTCLOS, L'Église catholique et les relations internationales,
Paris 1988; Chr. DE MONTCLOS, Mgr Casaroli et l'Ostpolitik, in: Relations internationales, Winter 1981, 427–442;
A. RICCARDI, Il Vaticano e Mosca (1940–1990), Laterza 1992.

verstanden, mit Opportunismus verwechselt oder gar als eine Illusion Roms beurteilt wurde[27].

In seiner ersten Enzyklika *Ecclesiam suam* erneuerte Paul VI. die Verurteilung „ideologischer Systeme", die „Gott leugnen und die Kirchen unterdrücken [...] darunter vor allem den atheistischen Kommunismus". Die auf Dialogbereitschaft angelegte Enzyklika hielt einen Dialog mit den kommunistischen Regimen für „sehr schwierig, um nicht zu sagen unmöglich", solange die Kirche gezwungen sei, „nur mit ihrem Leiden" zu reden. Allerdings bemerkte der Papst auch: „Wir zweifeln nicht daran, daß sie eines Tages einen positiven Dialog mit der Kirche beginnen". Das Ziel aller diesbezüglichen Bemühungen war, wie der dafür maßgebliche Kardinal Casaroli äußerte, der Kirche einen „ausreichenden bis zufriedenstellenden Lebensraum innerhalb der starren und eng gezogenen Machtstrukturen eines Staates mit kommunistischem Regime"[28] zu sichern. Die Prioritäten des Heiligen Stuhles lagen bei der Anerkennung der päpstlichen Autorität für die Katholiken des jeweiligen Landes, bei der Wiederherstellung der hierarchischen Kirchenstruktur und bei der Ermöglichung eines freien Austauschs der Landeshierarchie mit Rom.

Die unterschiedlichen Situationen mit denen die Vertreter des Hl. Stuhles zu kämpfen hatten und die oft bescheidenen Ergebnisse ihrer Bemühungen können hier nicht näher aufgezeigt werden. Immerhin muß die Tatsache erwähnt werden, daß man die Notwendigkeit erkannte, „zu einer Form des Dialogs mit Moskau" zu kommen (A. Silvestrini). Auch der Sowjetunion lag an der Aufnahme von Beziehungen mit dem Hl. Stuhl, um ihrer Politik der Koexistenz einen positives Anstrich zu geben. Außenminister Gromyko wurde am 27. April 1966 von Paul VI. empfangen, später noch weitere Male. So konnte der Papst das Problem der Religionsfreiheit in der UDSSR ansprechen, vor allem das Problem der katholischen Kirche mit byzantinischem Ritus, die 1946 von Moskau verboten worden war.

Die wichtigste Initiative war die Teilnahme des Hl. Stuhles an der Konferenz von Helsinki im Juli 1975 über die Sicherheit und Zusammenarbeit in Europa (KSZE). Dies war eine völlige Neuerung, weil der Hl. Stuhl hier zum ersten Mal als Mitglied einer Konferenz mit politischem Charakter teilnahm, auch wenn die entsprechende Einladung der Staaten des Warschauer Paktes sicher nicht ganz uneigennützig war. Bei den vorbereitenden Beratungen (November 1972 bis Juni 1973) verlangte der Hl. Stuhl, daß die Konferenz die Achtung vor der Gewissens- und Religionsfreiheit für alle Menschen in Entsprechung zu der konziliaren Erklärung *Dignitatis humanae* behandle. Casaroli unterzeichnete als Sekretär des Rates für öffentliche Angelegenheiten der Kirche die Schlußakte von Helsinki ebenfalls[29]. Paul VI. richtete an die Konferenz eine Botschaft von großer Tragweite: Europa habe ein Kulturgut zu eigen, das ein gemeinsames Erbe darstelle; dieses Erbe sei der christlichen Botschaft, aber auch den Werten menschlicher Gleichheit und Brüderlichkeit, der Würde des Denkens, der Gerechtigkeit, des Rechts, kurz gesagt: den Menschenrechten verpflichtet. Mittels dieser Grundsatzerklärung wie auch mit Hilfe der wenigen Konzessionen, die er erreichen konnte, vermochte der Hl. Stuhl zweifellos zur „Erosion des Systems"

---

[27] Wir folgen hier der Darstellung eines Hauptträgers der Ostpolitik Pauls VI, Kardinal Achille Silvestrini, in: Istituto Paolo VI, Nr. 20 (1990) 71–83.

[28] Rede beim „Council of Foreign Relations" vom 24. Oktober 1973; zitiert bei A. Silvestrini, op. cit., 72.

[29] Paul VI. hätte hier den Staatssekretär gewünscht, Kardinal Villot lehnte aber im Hinblick auf die Sonderstellung des Hl. Stuhles und der unklaren Definition der Konferenz von Helsinki ab; vgl. A. Wenger, Le Cardinal Villot, 158.

beizutragen, worin Hélène Carrère d'Encausse 1983 die „gesichertste" Leistung der *Ost-politik* sah[30]. Johannes Paul II. ließ in der Folgezeit klar erkennen, daß er sich in seiner Haltung zugunsten einer freiheitlichen Ordnung in Osteuropa auf die in Helsinki beschlossenen Prinzipien bezog.

Die Ostpolitik Pauls VI. fand bei den betroffenen Kirchen nicht immer einhellige Zustimmung. Als etwa der polnische Episkopat seine Vorbehalte anmeldete, sah sich Rom gezwungen, von einigen Protagonisten schmerzhafte Opfer abzuverlangen. Auch ein Kardinal Mindszenty, einstige Symbolgestalt des Widerstandes gegen den Kommunismus, mußte nach dem Verlassen der amerikanischen Botschaft in Budapest, wo er als Flüchtling seit 1956 lebte, zurückgezogen in Wien leben: Am 5. Februar 1974 wurde der Bischofssitz in Esztergom für vakant erklärt. Erzbischof Lékaï wurde apostolischer Administrator, dann zwei Jahre später Primas von Ungarn und Kardinal.

Abgesehen von der schmerzlichen Rückkehr zur so bezeichneten „Kirchenvernunft" (Ch. Wenger) stieß die *Ostpolitik* auf mannigfache Kritik. Die mit den bestehenden Regimen ausgehandelten Konzessionen konnten als enttäuschend eingestuft werden[31]. Rom bewegte sich stets auf schmalem Grat, lief Gefahr, die kommunistischen Staaten zu legitimieren oder von ihnen ausgenützt zu werden. Trotz allem blieben Paul VI. und Staatssekretär Kardinal Villot dem von Erzbischof Casaroli vorgezeichneten Weg verpflichtet. Den ablehnend eingestellten Bischöfen gegenüber äußerte Erzbischof Villot: „Er [Casaroli] ist nicht auf der Suche nach einem *modus vivendi*, sondern nach einem *modus non moriendi*"[32]. In der Tat lag hier die Begründung für die Entscheidungen Pauls VI.: den Versuch zu wagen, in den kommunistischen Staaten einen Freiraum für die Kirche zu erhalten oder auszuweiten und damit die Hoffnung zu verknüpfen, daß es in diesen Staaten eines Tages einen Aufbruch gebe. Dies war ein gewagtes Unterfangen, dem sich Johannes Paul II. beim Antritt seines Pontifikats nicht verschloß. Ein Beweis dafür liegt in der Ernennung Casarolis zum Staatssekretär, wenn auch die Persönlichkeit des neuen Papstes und der Anstieg von Dissidentengruppen in den Ländern unter kommunistischer Herrschaft eine völlig neue Situation schuf.

II. Johannes Paul II.

Nach dem Tod Pauls VI. waren die europäischen Kardinäle im Konklave erstmalig in der Minderheit, die Italiener stellten 28 von 114 Wählern, 45 Kardinäle kamen aus Ländern der Dritten Welt. Zum ersten Mal fand auch das *Motu proprio* vom 21. November 1970 Anwendung, mit dem die über 80jährigen Kardinäle vom Konklave ausgeschlossen wurden. Bereits am ersten Tag (26. August 1978) wurde der Patriarch von Venedig (Albino Luciani) im vierten Wahlgang gewählt. Er gab sich den Namen Johannes Paul I.[33], um seine Absicht zu unterstreichen, in Kontinuität mit seinen beiden Vorgängern das Konzilswerk fortzusetzen. Er stammte aus Norditalien, lehrte an einem Priesterseminar, wurde

---

[30] Paul VI et l'Ostpoltik, in: Paul VI et la modernité dans l'Église, 554.

[31] Dies bezeugen die vertraulichen Mitteilungen Kardinal Villots gegenüber A. Wenger, op. cit., 169.

[32] Ebd., 175.

[33] Zu ihm vgl. Georg SCHWAIGER, Papsttum und Päpste im 20. Jahrhundert – Von Leo XIII. zu Johannes Paul II., München 1999, Kap. IX: „Das Geschenk eines Lächelns": Johannes Paul I. (1978), 373–396; 523–527.

Kardinal Wojtyla gelobt dem neuen Papst
Johannes Paul I. die Treue.

dann Bischof von Vittorio Veneto, schließlich Patriarch von Venedig. Sein Werdegang (Bischofssitz in Venedig, dann Bischof von Rom) erinnert an seine Vorgänger Pius X. und Johannes XXIII. Auch in seiner Diskretion und Demut (als franziskanischem Lebensideal) war er mit ihnen vergleichbar. Seine Wahl, d. h. die Wahl eines Italieners, dem die Welt der Kurie fremd war, entsprach möglicherweise einem Kompromiß zwischen den italienischen Kardinälen und dem übrigen Konklave. Der neue Papst behielt Kardinal Villot als Leiter des Staatssekretariats bei [34]. Vier Wochen nach seiner Wahl starb Johannes Paul I. plötzlich am 29. September.

Das neue Konklave dauerte länger als das vorausgegangene. Eine dreitägige Beratung und acht Wahlgänge waren zur Herausbildung einer Mehrheit nötig. Bei den ersten Wahlgängen trafen Kardinal Siri, der sich bezüglich der Konzilsreformen als Vertreter des konservativen Flügels erwiesen hatte, und Kardinal Benelli aufeinander, der als ehemaliger Vertreter und enger Mitarbeiter Pauls VI. Erzbischof von Florenz geworden war. Keiner der beiden Kandidaten erhielt die erforderliche Mehrheit, d. h. 75 der 111 Wahlstimmen. „Das Konklave befand sich in einer Sackgasse", vertraute später Kardinal Villot A. Wenger an und fügte hinzu, daß es dann „unter absolut neuen Voraussetzungen" wieder von vorn beginnen mußte. Am 16. Oktober setzte sich der Erzbischof von Krakau, Kardinal Wojtyla, mit 99 Wahlstimmen durch [35]. Die Wahl eines nichtitalienischen Papstes (seit Hadrian VI. im Jahre 1522), der aus Osteuropa kam und mit der Orthodoxen Kirche wie dem Leben unter kommunistischer Ideologie vertraut war, bedeutete eine beachtliche Verände-

---

[34] Vgl. die an persönlichen Reminiszenzen reiche Biographie von A. WENGER.

[35] Nach dem Brief eines französischen Kardinals an den italienischen Politiker Giulio Andreotti, den dieser selbst in „A ogni morte del papa. I papi che ho conosciuto" anführte. Vgl. Georg SCHWAIGER, Papsttum und Päpste im 20. Jahrhundert, München 1999, Kap. X: Der Papst aus Polen: Johannes Paul II. (seit 1978), 397–413; 527–530 (Lit.!).

rung. Ausschlaggebend bei dieser Wahl dürften gewesen sein: die Rolle, die Kardinal Wojtyla bei den Konzilsdebatten spielte, seine Verbindungen zu Paul VI., seine guten Beziehungen zu den deutschen Kardinälen und die Unterstützung durch den Wiener Erzbischof Kardinal König.

Der neue Papst war zum Zeitpunkt seiner Wahl 58 Jahre alt, wurde in Wadowice (Schlesien) als Sohn eines Unteroffiziers geboren und erlebte die tragischen Lebensumstände unter der deutschen Besatzung. Während des Krieges arbeitete er in der Sodafabrik Solvay; 1946 wurde er zum Priester geweiht. Ein Jahr später lernte er auf einer Reise nach Frankreich und Belgien Westeuropa kennen und wurde mit den Missionserfahrungen des französischen Katholizismus vertraut. Nach einem zweijährigen Studium am Angelicum in Rom wurde er Seelsorger in einer polnischen Gemeinde. An der theologischen Universität Krakau und der katholischen Universität von Lublin lehrte er Ethik. Er schrieb eine Dissertation unter dem Titel *Person und Akt* [36] über die Ethik Max Schelers – dieses personalistischen Philosophen, der in den 30er Jahren maßgeblichen Einfluß auf die Anfänge der Zeitschrift *Esprit* hatte. So war der zukünftige Papst der thomistischen Tradition wie Schelers Vorstellungen über die Würde der Person verpflichtet, die er mit seiner eigenen Betonung der Menschenrechte [37] und seiner Ablehnung von Individualismus und Totalitarismus verknüpfte. 1958 wurde er Weihbischof, dann 1964 Erzbischof von Krakau, bevor er 1967 zum Kardinal ernannt wurde. Sein besonderes Augenmerk galt dem Eintreten für die Rechte der Arbeiter wie dem Bau neuer Kirchen trotz des entschiedenen Widerstandes von Seiten des polnischen Regimes. Auf dem Konzil meldete er sich vor allem bei den Debatten um die Religionsfreiheit zu Wort und im Zusammenhang mit der Konstitution *Gaudium et spes*. In der Folgezeit nahm er an allen Sitzungen der Bischofssynode teil und wurde 1971 Ratsmitglied beim Generalsekretariat der Synode. Der neugewählte Papst lag auf der Linie der dominierenden Richtung des Konzils und nahm in bewußtem Rückbezug zu seinen drei Vorgängern den Namen Johannes Paul II. an.

Zunächst konnte er sich nicht auf einen nichtitalienischen Staatssekretär festlegen, entschied sich dann aber nach mehreren Tagen, Kardinal Villot aufgrund seiner Erfahrungen für eine bestimmte Zeit im Amt zu behalten. Die Ernennung wurde am 25. Oktober veröffentlicht: „Nach reiflicher Überlegung sind wir der Meinung, daß wir Ihre wirkungsvolle Unterstützung für die Anfangszeit unseres Pontifikats in Anspruch nehmen sollten." Trotz seiner Krankheit nahm Kardinal Villot diesen Auftrag an. Nach seinem Tod am 3. März 1979 wurde Erzbischof Casaroli (dessen Namen Villot bereits zu Beginn des Pontifikats ins Gespräch gebracht hatte) am 28. April zum Staatsprosekretär ernannt. Am 30. Juni folgte seine Erhebung zum Kardinal, ein Tag später wurde ihm der Titel eines Staatssekretärs verliehen. Die Bedeutung dieser Ernennung kann nicht hoch genug hervorgehoben werden: Johannes Paul II. machte jenen Mann zu seinem engsten Mitarbeiter, der die mit so viel Vorbehalten und Feindseligkeit vor allem im polnischen Episkopat und beim Primas von Polen, Kardinal Wyszynski, bedachte *Ostpolitik* verkörperte.

Diese Wahl zeugte nicht nur von bemerkenswerter Fähigkeit, sondern auch davon, daß der neue Papst sehr gut die Ziele seiner Vorgänger verstanden hatte: Der Beginn des Dialogs mit den osteuropäischen Ländern eröffnete die Möglichkeit, für die Rechte des Indi-

---

[36] Französische Übersetzung: Paris 1983 (344 S.).
[37] Vgl. den scharfsinnigen Aufsatz des Philosophen Etienne BORNE, Karol Wojtyla philosophe personaliste, in: La Croix vom 17. Dezember 1983.

viduums überall dort einzutreten, wo dieses Individuum bedroht war. Johannes Paul II. setzte mit der ihm eigenen charismatischen Ausstrahlung den von Paul VI. begonnenen Weg fort. Die zunehmende Erschütterung des sowjetischen Staatenblocks bot die Chance, die aufbrechenden Freiräume zu nutzen und der Ostpolitik eine neue Dimension zu verleihen. Objektiv gesehen war die Wahl Kardinal Casarolis Ausdruck des Wunsches des neuen Papstes, einen hochkarätigen Diplomaten an der Hand zu haben, der die internationalen Aktivitäten des Vatikans leiten konnte.

Mit der apostolischen Konstitution *Pastor bonus* vom 28. Juni 1988 [38] leitete Johannes Paul II. (10 Jahre nach Antritt seines Pontifikats) eine abschließende Revision der römischen Kurie ein, die zweifellos dringlich geworden war. [39] Ein Teil der diplomatischen Beziehungen, die dem Rat für öffentliche Angelegenheiten der Kirche anvertraut waren (mit dem Kardinalstaatssekretär als Präfekten), wurden dem Staatssekretariat durch die Reform Pauls VI. entzogen. Johannes Paul II. stellte die Einheit dadurch wieder her, daß er den Rat für öffentliche Angelegenheiten zur zweiten Sektion des Staatssekretariats machte. Diese Refom verriet das Bemühen um größtmögliche Straffung. Wie bei der Reform Pius' X. aus dem Jahre 1908 hatte das Staatssekretariat nun zwei Abteilungen, wobei die Beziehungen zu den Staaten eine eigene Sektion bilden, nicht zur ersten, der Sektion für die allgemeinen Angelegenheiten gehören. Ganz allgemein hatte die Refom wie das Generalreglement der Kurie vom 4. Februar 1992 die kuriale Koordination zum obersten Ziel, die alle zwei oder drei Monate durch Zusammenkünfte der Dikasterienleiter mit dem Papst und dem Staatssekretär gewährleistet werden sollte. Der Glaubenskongregation obliegt die oberste Kontrolle über die Einheit der Lehre, Verlautbarungen der anderen Dikasterien zur Glaubenslehre und zur Ethik sind auf deren Zustimmung angewiesen. Das Reformdokument bestätigt erneut, daß die Kurie keine andere Autorität oder Vollmacht außer der vom Oberhirten zugesprochenen besitzt. Damit war dem Risiko einer bürokratischen Entgleisung ein Riegel vorgeschoben.

Die Anzahl der neun Kongregationen blieb bestehen, lediglich einige Bezeichnungen wurden geändert. Nach der Glaubenskongregation sind dies die Kongregation für die orientalischen Kirchen, für den Gottesdienst und die Sakramentenordnung, für die Selig- und Heiligsprechungsprozesse, für die Bischöfe, für die Evangelisierung der Völker, für den Klerus, für die Institute des gottgeweihten Lebens und die Gemeinschaften apostolischen Lebens, für das katholische Bildungswesen [40]. Daneben gibt es 12 Räte (für die Laien, Einheit der Christen, Familie, Gerechtigkeit und Frieden, Dialog mit den Religionen u. a.) ohne Leitungsfunktion, mit Ausnahme des päpstlichen Rates für die Laien: Im Rahmen der ihm eigenen Kompetenz behandelt er alle Angelegenheiten der Laienverbände. Er baut Verbände mit internationalem Charakter auf, genehmigt und erkennt die Statuten an – abgesehen von der Kompetenz des Staatssekretariats.

Am 25. Januar 1983 verkündete Johannes Paul II. den neuen Codex Iuris Canonici (CIC) [41]. Dieser bildete den Abschluß eines von Johannes XXIII. bereits am 25. Januar

---

[38] Vgl. die Artikel „Curie" und „Secrétairerie d'État" von J. B. D'ONORIO in: Dictionnaire de la papauté, sowie „Römische Kurie" in: LThK³, Bd. 8, 1287–1290, und „Staatssekretariat, Päpstliches" in: LThK³, Bd. 9, 907–908.
[39] Vgl. dazu die erhellende Darstellung von P. VALDRINI, Droit canonique, Paris 1999².
[40] Vgl. dazu J. O RITTER, Art. „Kongregationen, Römische", in: LThK³, Bd. 6, 249–252 (Lit.!).
[41] Vgl. dazu den aktuellen Beitrag von O. ÉCHAPPÉ in: P. VALDRINI (Hg.), Droit canonique, Paris 1999, 16–20; Fr. JANKOWIAK, Art. „Code de droit canonique de 1983" in: Dictionnaire de la papauté, 402–406; M gr. V. FAGIOLO, Le nouveau Code de droit canonique et sa structure, in: Les Quatre Fleuves, 1984, 77–109: Liberté et loi

1959 zusammen mit der Einberufung des Konzils angekündigten Projektes. Die päpstliche Kommission für die Überarbeitung des CIC wurde allerdings erst 1963 ins Leben gerufen, die ersten Vollsitzungen fanden 1965 statt. Leitlinien für die Reform „auf der Grundlage konziliarer Dekrete" (Kardinal Fagiolo) wurden von der Bischofssynode im Oktober 1967 gebilligt. Dabei galt die oberste Sorge der Vermeidung des Eindrucks, die Kirche sei „eine rein juridische Gesellschaft". Die ersten Entwürfe wurden in den Jahren 1972 bis 1977 unter dem Pontifikat Pauls VI. verfaßt. Dazu waren zahlreiche Beratungen und Verbesserungen nötig. Die von Johannes Paul II. 1980 einberufene Bischofssynode äußerte Vorbehalte gegenüber dem Projekt eines „Grundgesetzes der Kirche". Lediglich ein Teil des „Grundgesetz"-Projektes wurde in den neuen Codex eingearbeitet. Johannes Paul II. verfolgte persönlich die letzten Arbeitsschritte, unterstützt von einer Kommission, in der neben Staatssekretär Kardinal Casaroli auch die Kardinäle Ratzinger wie Fagiolo vertreten waren. Erweitert wurde diese Kommission nochmals vor der Gesamtüberprüfung des ganzen Projektes, die am 29. Oktober 1981 zum Abschluß kam.

Der neue, am 25. Januar 1983 verkündete Codex umfaßte 1752 Kanones, während der Codex von 1917 immerhin noch 2414 zählte. Im Aufbau wurde die traditionelle römisch-juridische Struktur : Personen/Dinge/Handlungen durch eine Einteilung in sieben Bücher ersetzt. Das zweite Buch *De populo Dei* zeigt sehr gut das Bemühen, die Erträge des Zweiten Vatikanums und die Definition der Kirche als Volk Gottes in der Konstitution *Lumen gentium* zu integrieren sowie der Bedeutung des Subsidiaritätsprinzips für die Ortskirche und dem Grundsatz von der Würde des Individuums gerecht zu werden. Am Tag vor dem auf den 27. November 1983 festgelegten Inkrafttreten des Codex bezeichnete ihn Johannes Paul II. als „Konzilskodex". Einige Beobachter sehen den Codex hinter dem Konzil zurückbleiben, z. B. bei Fragen der Gemeindestruktur und der Stellung der Laien. Auch wenn Kritik an einer offensichtlichen Wiederbelebung des römischen Zentralismus nicht von der Hand zu weisen ist, so darf sie doch weder die Notwendigkeit einer juridischen Norm noch den besonderen Hintergrund des Codex von 1917 außer Acht lassen.

Der Codex von 1983 hatte nur für die Westkirche Gültigkeit. Die Rechtskodifizierung für die Ostkirchen[42] wurde 1927 beschlossen und von 1949 bis 1957 in Teilpublikationen veröffentlicht. In den Jahren des Konzils wurde die Arbeit unterbrochen, zugleich begann der Dialog mit den getrennten Ostkirchen. 1972 rief Paul VI. eine Kommission zur Erstellung eines neuen Codex des ostkirchlichen Rechtes ins Leben, schließlich promulgierte Johannes Paul II. am 18. Oktober 1990 den *Codex Canonum Ecclesiarum Orientalium*. Der Titel will bewußt „die Harmonie mit der ostkirchlichen Tradition kanonischer Sammlungen" aufgreifen (D. Le Tourneau).

Die Höhepunkte des bereits über 20 Jahre bestehenden Pontifikats Johannes Pauls II., das als längstes im 20. Jahrhundert fast dem Pontifikat Leos XIII. gleichkommt, können hier nicht einmal in einer kurzen Darstellung aufgezählt werden, doch soll zumindest die Besonderheit dieses Pontifikats skizziert werden. Zunächst fallen vom Beginn dieses Pontifikats bis in die Gegenwart zwei besondere Charakterzüge ins Auge: Auf der einen Seite

---

dans l'Église (die ganze Nummer dieser Zeitschrift beschäftigt sich mit dem neuen Codex); vgl. auch den Art. „Kirchenrecht", in: LThK³, Bd. 6, 44–45 (Lit.!).

[42] Vgl. Dominique Le Tourneau, Code des canons des Églises orientales, in: Dictionnaire de la papauté, 406f. und Le Droit canonique, Paris 1997²; R. Potz, Art. Codex Canonum ecclesiarum Orientalium, in: LThK³, Bd. 2, 1241–1243 (Lit.!)

sehen wir Johannes Paul II. als Verfechter der Menschenrechte, die bei seiner ersten Reise nach Südamerika oder nach Polen (im Jahre 1979) bekräftigt wurden. Auf der anderen Seite erweist sich dieser Papst in seiner Funktion als Vorkämpfer für eine neue Christenheit[43], der einerseits gegen den Kommunismus oder die Diktaturen der Dritten Welt angeht, andererseits die Konsumgesellschaft, moralische Beliebigkeit und schrankenlosen Individualismus ablehnt. Diese deutlich erkennbaren Gesichter des Pontifikats sind in den Medien wie in der Literatur gern als widersprüchlich charakterisiert worden, weil die dahinter stehende gemeinsame Grundhaltung, die ihr Zentrum in der Würde der einzelnen Person hat, nicht gesehen wird.

Weiterhin fällt auf, daß der Papst mit seiner charismatischen Persönlichkeit, seiner Präsenz, seiner geistlichen Ausstrahlung eines Zeugen Christi, seinem geschärften Urteilsvermögen seine Kommentatoren in den unterschiedlichsten Situationen überraschen und schwierige Probleme meistern konnte. So zerstreute er stets die meist vor Antritt seiner zahlreichen Reisen lautwerdenden pessimistischen Prognosen und Befürchtungen, daß er womöglich einseitig Partei ergreifen könnte, von irgendwelchen Kräften vor Ort vereinnahmt oder bei seinen Ansprachen vielleicht nicht den richtigen Ton und auch Anklang finden werde, und verstand es, um ein anderes Beispiel zu nennen, aus den Weltjugendtagen eben nicht triumphalistische Demonstrationen, sondern eine neue Form der Wallfahrt entstehen zu lassen[44].

Fragt man, ob für diesen Pontifikat jetzt schon eine Periodisierung vorgenommen werden kann, so stellt die Sondersynode zur 20-Jahrfeier des Konzils (vom 24. November bis 8. Dezember 1985) fraglos einen Wendepunkt dar[45]. Mit ihr begann eine zweite nachkonziliare Periode. Man kann keinswegs von einem Sieg der antikonziliaren Bewegung über die konziliare Kirche sprechen, weil sich Johannes Paul II. ständig mit Nachdruck auf das Zweite Vatikanum beruft. Diese seine Grundhaltung macht auch das Scheitern der Aussöhnung mit den Vertretern Lefebvres verständlich. Lefebvre wurde von Johannes Paul II. kurz nach seiner Wahl zum Papst am 18. November 1978 aufgrund einer von Kardinal Siri vorgetragenen Bitte um Audienz empfangen. Die Unterredung verlief ergebnislos. Auch die Kompromißversuche in den nachfolgenden Jahren schlugen fehl. Im Oktober 1984 erlaubte Johannes Paul II. unter bestimmten Bedingungen die Zelebration der Messe nach dem Ritus Pius' X. Einem Teil der „Traditionalisten" wurde damit die Rückkehr in die römisch-katholische Kirche ermöglicht. Bei Lefebvre und seinen Anhängern stellte sich jedoch kein Gesinnungswandel ein. Nach der Weihe von vier Bischöfen durch Lefebvre war das Schisma vollzogen, er wurde am 2. Juli 1988 mit dem Motu proprio *Ecclesiae Dei adflicta* exkommuniziert. Es handelte sich hierbei um das erste Schisma innerhalb der römisch-katholischen Kirche seit dem Schisma der sogenannten „Altkatholiken" im Anschluß an das Erste Vaticanum. Das neue Schisma widerlegte all diejenigen Kommentatoren, die nach dem Konzil glaubten, daß in einer für pluralistische Strömungen aufgeschlossenen katholischen Kirche keine Schismen mehr vorkommen. Der Bruch

---

[43] Anklang an den Buchtitel des Journalisten G. ZIZOLA, La restaurazione di papa Wojtyla, Bari 1985. Vgl. auch D. MENOZZI, Vers une nouvelle contre-réforme, in: Archives de sciences sociales des religions (Juli-September 1986), 135–150.

[44] Vgl. Danièle HERVIEU-LÉGER, Le Pèlerin et le Converti, Paris 1999.

[45] Vgl. die überzeugende Darstellung von P. LADRIÈRE, Le catholicisme entre deux interprétations du concile Vatican II. Le synode extraordinaire de 1985, in: Archives de sciences sociales des religions (Juli-September 1986).

Johannes Paul II.
auf Pastoralreise in
Deutschland.

wurde in dem Moment unvermeidbar, als sich Lefebvre der Konzilslehre – der „lebendigen
Tradition" in den Worten Johannes' Pauls II. – entgegenstellte.

Nach einer stürmischen, auf „das Erneuerungspotential" setzenden Phase gibt nun die
seit Johannes Paul II. dominierende Lesart des Zweiten Vatikanums der Verwurzelung in
der „historischen Kontinuität der Gegenreformation" (P. Ladrière) den Vorzug. Die diesbezüglichen, schon in der ersten Botschaft Johannes Pauls II. nachweisbaren, nach 1985 intensivierten Entscheidungen wurden vielerorts mit dem Terminus „katholische Restauration" kommentiert. Die Verlautbarungen zur Sexualethik, Bioethik (*Donum vitae* zur In-

vitro-Fertilisation), zum Zölibat, zur Frauenordination (im apostolischen Schreiben *Ordinatio sacerdotalis* vom Mai 1994), zur kirchlichen Berufung der Theologen (1990) und schließlich das *Motu proprio* von 1998 „zur Verteidigung des Glaubens" haben jene Analysen bestätigt, die bei Johannes Paul II. die unerschütterliche Treue zum Konzil mit einer ebenso unbestreitbaren Treueverpflichtung zur Tradition verbunden sehen. Hier kommt offenbar auch der Einfluß Kardinal Ratzingers zur Geltung, der eine beachtliche Rolle auf dem Konzil spielte[46]. 1977 wurde er zum Erzbischof von München und 1981 zum Präfekten der Glaubenskongregation ernannt. Seine „Instruktionen" begleiten den ganzen Pontifikat Johannes Pauls II.

In diesem Zusammenhang gelangte auch die Kurie zu neuer Macht, begünstigt durch die häufige Abwesenheit des Papstes bei seinen zahlreichen Reisen wie auch aufgrund seiner gesundheitlichen Probleme. Gegen alles Reden von der Kollegialität kam es zum Wiedererstarken des römischen Zentralismus, der bei einigen Bischofsernennungen höchst unglückliche, von Eigenmächtigkeit geprägte Entscheidungen an den Tag legte, die vor allem in den deutschsprachigen Ländern zu heftigen Reaktionen führten. Auch wenn solche Ereignisse in den Medien aufgebauscht wurden, so können sie doch andere beachtliche Entwicklungen dieses Pontifikats nicht verdecken: Erneuerung von Katechese und Seelsorge, Bestätigung der „bevorzugten Option für die Armen" (vor allem bei der zweiten Verlautbarung der Glaubenskongregation über die Befreiungstheologie), die kleinen, aber wichtigen Schritte in der Ökumene[47] oder die so wichtige Öffnung des Dialogs zwischen den Religionen. Das Gebetstreffen von Assisi, bei dem sich 130 leitende Vertreter von Religionen dieser Welt um den Papst versammelten, die Haltung gegenüber dem Judentum (27. Oktober 1986!) sind Wegmarken, die sich im zweiten Jahrzehnt seines Pontifikats noch deutlicher herauskristallisierten.

Ende der 80er Jahre brach die Herrschaft des Kommunismus und des sowjetischen Großreiches zusammen. Johannes Paul II. war daran sicherlich maßgeblich beteiligt aufgrund der umstürzenden Wirkungsmacht der von ihm beständig vertretenen Grundsätze und durch seine Unterstützung der öffentlichen Meinung. Das Ende des Kommunismus ging aber einher mit dem Erfolg neoliberaler Vorstellungen und Mythen der Konsumgesellschaft, die eine andere Herausforderung für den Papst mit sich brachten. Ferner war das Ende des Kalten Krieges noch nicht mit Frieden gleichzusetzen: Vom ehemaligen Jugoslawien bis zum Mittleren Orient und Afrika fanden kriegerische Auseinandersetzungen ihre Fortsetzung oder entstanden neu. Der Pontifikat dieses Papstes führt über die Tragik eines zu Ende gehenden Jahrhunderts hinaus: In mystischer Umschreibung fordert der Papst die Menschheit auf, diese Dramen mit einer bewußten Hinwendung zur 2000-Jahrfeier des Christentums zu überwinden.

Der wachsende Druck auf die kurialen Behörden, die mit Sorge jede Kritik an der Lehre verfolgen, das Bestreben des Papstes, Protestbewegungen am Ende seines Pontifikats abzumildern und die Einheit innerhalb der Kirche aufrecht zu erhalten, lassen sich an Entscheidungen ablesen, die in mancher Hinsicht dem mit dem Konzil entstandenen Klima zuwiderlaufen. Diesen Eindruck machen auch die beiden Ergänzungen des CIC (can. 750

---

[46] Vgl. dazu Dissertation von O. HAHN, La Réception du deuxième concile du Vatican dans l'Église catholique allemande, Université Paris IV, Paris 1998.
[47] Besonders in den Beziehungen zu den Anglikanern und Lutheranern.

und 1371) durch das Motu proprio *Ad tuendam fidem* vom 29. Juni 1998[48] wie auch die Instruktion über die Verantwortung der Theologen im Jahre 1990, die vielfach den Eindruck erweckten, die weltweit arbeitenden katholischen Theologen bedürften restriktiver Vorgaben von Seiten Roms. B. Sesboüé wies in einer detaillierten Untersuchung nach, daß das Motu proprio die vorausgegangenen Texte nicht übertreffe, ihnen aber „stärkere Autorität" verleihe; es passe zu einer Bewegung, die „auf die Bestätigung wie auf die Ausweitung der päpstlichen Autorität" (B. Sesboüé) und eine zunehmende Dogmatisierung hinauslaufe.

Diese Entwicklung läßt sich an einem anderen Beispiel verdeutlichen. Mit dem Dekret *Christus Dominus* brachte das Zweite Vatikanum den Wunsch zum Ausdruck, Bischofskonferenzen aufzubauen, und im August 1966 veranlaßte Paul VI. mit dem Motu proprio *Ecclesiae sanctae* die Gründung von Bischofskonferenzen, wo bis dahin noch keine bestanden. Doch die Existenz dieser Bischofskonferenzen warf zwei Fragen auf: auf der einen Seite die Frage nach deren Beziehung zu Rom wie zum jeweiligen Diözesanbischof, auf der anderen Seite die Frage nach der Autorität dieser Bischofskonferenzen vor dem Hintergrund der auf dem Konzil zur Sprache gebrachten bischöflichen Kollegialität. Die Bischofssynode von 1985 äußerte den Wunsch nach genauerer Differenzierung der Lehrautorität der Bischofskonferenzen. Nach der Erstellung eines Arbeitsdokuments der Bischofskongregation, das als „zu eilig produziert und zu restriktiv"[49] beurteilt wurde, vergingen weitere zehn Jahre, bis das (am 23. Juli veröffentlichte) Motu proprio vom 31. Mai 1998 die Voraussetzungen näher erläuterte, unter denen bei Lehraussagen der Bischofskonferenzen von einem „authentischen Lehramt" die Rede sein könne: Sie müssen in der Vollversammlung entweder einstimmig oder zumindest mit Zweidrittelmehrheit gebilligt werden, wobei in diesem Fall die Anerkennung des Hl. Stuhles unentbehrlich ist; das Lehrfundament dieser Konferenzen besteht nicht in der dem Bischofsstand eigenen Kollegialität, sondern im „kollegialen Geist (affectus)"; ihre Autorität leitet sich ab von den „genauen Kompetenzen", die vom Hl. Stuhl übertragen werden. Der päpstliche Primat wird dabei nachdrücklich unterstrichen, wie dies Johannes Paul II. bereits 1986 zur Sprache brachte: „Man kann die universelle Kirche nicht wie [...] einen Bund von Teilkirchen entwerfen". Andererseits können die Bischöfe „weder persönlich noch in der Konferenz ihre Machtfülle zugunsten der Konferenz oder eines ihrer Teile begrenzen". Kurz gesagt: Die Konferenz kann nicht die Bischöfe „ersetzen". Wenn der Text auch die Lehrautorität der Bischofskonferenzen einschränkt, so wird doch andererseits zum ersten Mal unter bestimmten Bedingungen anerkannt, daß die Lehraussagen der Bischofskonferenzen „ein authentisches Lehramt" darstellen.

---

[48] Vgl. B. Sesboüé, A propos du motu proprio de Jean-Paul II *Ad tuendam fidem*, in: Études (Oktober 1998), 357–367.

[49] So H. Legrand, in: La Croix vom 24. Juli 1998; ders., Les Conférences épiscopales. Théologie, statut canonique, avenir, Paris 1988; vgl. auch ders., Églises locales, Églises régionales et Église entière. Éclaircissements sur quelques débats au sein de l'Église catholique depuis Vatican II, in: l'Église à venir. Mélanges [Festschrift] offerts à Joseph Hoffmann, Paris 1999, 277–308.

REISEN JOHANNES PAULS II. BIS EINSCHLIESSLICH ENDE 2000

Anzahl der Reisen:

eine	zwei	drei	vier	fünf	sechs	sieben	acht
EUROPA							
Albanien	Belgien	Deutschland			Frank-reich		Polen
Azoren	Kroatien	Österreich					
Bosnien	Malta	Portugal					
CSSR	Slowenien	Schweiz					
Dänemark	Ungarn	Spanien					
Estland		Tschechien					
Finnland							
Griechenland							
Groß-britannien							
Irland							
Island							
Lettland							
Liechtenstein							
Litauen							
Luxemburg							
Madeira							
Niederlande							
Norwegen							
Rumänien							
San Marino							
Schweden							
Slowakei							
Türkei							
Ukraine							
AFRIKA							
Ägypten	Benin	Elfenbeinküste					
Äquatorial-Guinea	Burkina Faso	Kenia					
Angola	Kamerun						
Botswana	Nigeria						
Burundi	Südafrika						
Gabun	Zaire						
Gambia							
Ghana							
Guinea							
Guinea-Bissau							
Kap Verde							
Kongo							
Lesotho							
Madagaskar							

Anzahl der Reisen:

eine	zwei	drei	vier	fünf	sechs	sieben	acht
Malawi Mali Marokko Mosambik Réunion Ruanda Sambia Sao Tomé/ Principe Senegal Simbabwe Sudan Swaziland Tansania Togo Tschad Tunesien Uganda Zentral- afrikanische Republik							
NORD- AMERIKA Kanada			USA				
LATEIN- AMERIKA Belize Bolivien Chile Costa Rica Ecuador Haiti Honduras Jamaika Karibik Kolumbien Kuba Panama Paraguay Puerto Rico Santa Lucia Trinidad/ Tobago	Argentinien Dominikanische Republik El Salvador Guatemala Nicaragua Peru Uruguay Venezuela		Bra- silien Mexiko				

Anzahl der Reisen:

eine	zwei	drei	vier	fünf	sechs	sieben	acht
ASIEN/							
OZEANIEN							
Bangladesch	Indien						
Fidschi-Inseln	Papua-						
	Neuguinea						
Georgien	Philippinen						
Guam	Südkorea						
Indonesien	Australien						
Israel							
Japan							
Jordanien							
Libanon							
Mauritius							
Neuseeland							
Ost-Timor							
Pakistan							
Palästina							
Salomon-							
Inseln							
Seychellen							
Singapur							
Sri Lanka							
Syrien							
Thailand							
SONSTIGE	Vereinte						
	Nationen						

Zweites Kapitel

Der Ökumenische Rat der Kirchen (ÖRK) – Die ökumenischen Bewegungen

von Jean-Paul Willaime

Vom Zweiten Vatikanum bis zur Enzyklika *Ut unum sint* 1995 verfolgten die protestantischen Kirchen sehr aufmerksam das ökumenische Engagement der katholischen Kirche. In diesem Zeitraum verbesserten sich die Beziehungen zwischen Katholiken und Protestanten entscheidend [1]. Einige Standpunkte des römischen Lehramtes führten jedoch zu Enttäuschungen und Verkrampfungen, die soweit gingen, daß unter Theologen und Geistlichen die Frage entstand, ob nicht die gegenwärtigen ökumenischen Beziehungen auf der Stelle treten und die Fortschritte des Ökumenismus letztlich die einschneidenden Divergenzen zwischen Katholiken und Protestanten (vor allem in der Ekklesiologie und Ethik) nur noch deutlicher hervortreten lassen. Die protestantischen Kirchen führten ihr ökumenisches Engagement mit der katholischen Kirche fort, brachten zugleich ihre eigene Einheit voran (besonders durch die Entwicklung der Kirchengemeinschaft zwischen Lutheranern und Reformierten) und verbesserten die interkonfessionellen Beziehungen zwischen den unterschiedlichen protestantischen Konfessionen (vor allem zwischen dem Protestantismus reformierter Prägung und den verschiedenen evangelischen Freikirchen). Im Rahmen des Ökumenischen Rates der Kirchen (ÖRK) setzten die protestantischen Kirchen ihren Dialog und die Zusammenarbeit mit der anglikanischen und der Orthodoxen Kirche fort, über die Abteilung „Glaube und Kirchenverfassung" im ÖRK den Dialog mit der katholischen Kirche. Die Entwicklung der ökumenischen Beziehungen werden hier in drei Abschnitten vorgestellt: (1) ÖRK, (2) Ökumene zwischen Katholiken und Protestanten, (3) Innerprotestantische Ökumene.

I. Der Ökumenische Rat der Kirchen (ÖRK)

Der Ökumenische Rat der Kirchen (*World Council of Churches*) mit Sitz in Genf versteht sich als „brüderliche Vereinigung von Kirchen, die Jesus Christus als Gott und Heiland nach der Heiligen Schrift bekennen und sich darum bemühen, als Ganzes ihrer gemeinsamen Berufung zur Ehre des einzigen Gottes, von Vater, Sohn und Heiligem Geist, zu entsprechen" (Amsterdamer Grundsatzerklärung, die bei der 3. Vollversammlung des ÖRK in

---

[1] Siehe dazu die erhellend-nüchtere Bilanzierung, die Yves Congar in zwei Aufsätzen vorgelegt hat: Cinquante années de recherches de l'unité, in: Lausanne 1977. Cinquante années de Foi et Constitution, 1977, 20–34, und Détresse et promesses de l'Oecuménisme. Éléments d'un bilan théologique, in: Voices of Unity. Essays in honour of Dr. W. A. Visser't Hooft on the occasion of his 80th birthday, Genf 1981, 22–32; wiederabgedruckt in: Yves Congar, Essais oecuméniques. Le mouvement, les hommes, les problèmes, Paris 1984, 76–96; 97–110.

Neu Dehli 1961 revidiert wurde). Als „Brüdervereinigung der Kirchen" hat der ÖRK keine besondere Autorität über die Gliedkirchen (Anglikaner, Orthodoxe, Protestanten). Die römisch-katholische Kirche zählt neben zahlreichen Pfingstkirchen und einigen protestantischen Freikirchen nicht zu den Mitgliedern. Seit 1968 nimmt die katholische Kirche allerdings an den Tätigkeiten der Abteilung „Glaube und Kirchenverfassung" (*Faith and Order*) des ÖRK teil. In dieser Sektion werden Lehrfragen und Organisationsprobleme der Kirchen behandelt. Bei seiner Gründung in Amsterdam im Jahre 1948 zählte der ÖRK 147 Kirchen aus 44 Ländern – lediglich 30 Kirchen aus Afrika, Asien oder Lateinamerika. 50 Jahre später (1998) bestand er aus 340 Kirchen aus mehr als 100 Ländern, wobei die Mehrzahl außereuropäischen Kontinenten angehört. Vor allem seit der 3. Vollversammlung in Neu Dehli (1961) zeigt sich das Wachstum des ÖRK an der steigenden Vertretung außereuropäischer Kirchen. War der ÖRK in seiner Gründungsphase (von 1938 bis 1948) sowie in seinen ersten Jahrzehnten eng mit den historischen Ereignissen in Europa verbunden und direkt in dessen Konflikte und Spannungen verwickelt (Zweiter Weltkrieg und Kalter Krieg), so führte seine Entwicklung zu einer Enteuropäisierung infolge eines starken Beitritts von Kirchen der Dritten Welt und deren Anfragen.

Entscheidende Rolle beim Entstehungsprozeß des ÖRK vor 1948 kam dem reformierten Pfarrer Willem A. Visser't Hooft (Niederlande) zu, der bis 1966 auch dessen Erster Generalsekretär war. Auf ihn folgte in den Jahren 1966 bis 1972 der Presbyteraner Eugene Carson Blake (USA). Bedeutsam ist die Tatsache, daß danach Geistliche aus weit kleineren Ländern diesen Posten einnahmen: von 1972 bis 1985 der Methodist Philipp Potter aus Jamaika und von 1985 bis 1992 der Methodist Emilio Castro aus Uruguay. 1993 wurde der Lutheraner Konrad Raiser (Deutschland) Generalsekretär des ÖRK. Die unterschiedlichsten und komplexen Gründe, die sowohl von der Entwicklung der ökumenischen und internationalen Lage wie von inneren, strukturellen und finanziellen Problemen abhängen, zwangen den ÖRK zur Neudefinition seines Projektes und zur Angleichung seiner Haushaltsmittel.

Nach der Gründungsversammlung von Amsterdam im Jahre 1948 und der Zweiten Versammlung in Evanston (USA) im Jahre 1954 führte der ÖRK von 1960 bis 1998 sechs Vollversammlungen durch:

III. Neu Dehli (Indien) vom 19. November bis 5. Dezember 1961: „Christus als Licht der Welt"

IV. Uppsala (Schweden) vom 4. Juli bis 20. Juli 1968: „Siehe, ich mache alles neu".

V. Nairobi (Kenia) vom 23. November bis 10. Dezember 1975: „Jesus Christus befreit und eint".

VI. Vancouver (Kanada) vom 24. Juli bis 10. August 1983: „Jesus Christus, das Leben der Welt".

VII. Canberra (Australien) vom 7. Februar bis 20. Februar 1991: „Komm, Heiliger Geist, erneuere die ganze Schöpfung".

VIII. Harare (Zimbabwe) vom 3. Dezember bis 14. Dezember 1998: „Wenden wir uns zu Gott in der Freude der Hoffnung".

Seit der Gründung im Jahre 1948 gehört zum ÖRK eine gemischte Kommission, die sich mit der Rolle der Frau in der Kirche beschäftigt. Waren bei der Versammlung in Uppsala (1968) nur 9 % Frauen vertreten, so stellten sie in Harare (1998) bereits 30 % der Delegierten – eine beachtliche Entwicklung innerhalb von 30 Jahren. In dem in Vancouver

1983 gewählten Zentralkommitee waren die Frauen nur mit 26 % vertreten, fast 40 % schon im Zentralkomitee von Harare (1998). Vor allem auf Drängen der Angelsachsen kümmert sich der ÖRK verstärkt um die Vertretung der Frauen in seinen Versammlungen und Behörden.

Die zum ersten Mal in einem asiatischen Land abgehaltene Vollversammlung von Neu Dehli (1961) war von einer Reihe wichtiger Ereignisse geprägt: der Integration des *Internationalen Missionsrates* in den Verband des ÖRK, der ab diesem Zeitpunkt eine Abteilung „Mission und Evangelisation" führt, dem Beitritt der Orthodoxen Kirchen Osteuropas (von Rußland, Rumänien, Bulgarien und Polen), der Zulassung von zwei Pfingstkirchen Südamerikas und der Kimbangi-Kirche von Zaire, der erstmaligen Präsenz offizieller Beobachter des Hl. Stuhles.

Die 60er Jahre waren im Umfeld des ÖRK von einem wachsenden Verständnis für die weltweiten gesellschaftlichen und politischen Konflikte sowie die ökonomischen Ungerechtigkeiten gekennzeichnet. So organisierte die (1955 entstandene) Abteilung „Kirche und Gesellschaft" im Jahre 1966 eine Konferenz über „die Christen und die gegenwärtigen Umwälzungen in Technik und Gesellschaft", auf der die von einigen Theologen (dem Russen V. Borovoj, dem Deutschen H. D. Wendland und dem Amerikaner R. Shaull) vorgetragenen Thesen der „Theologie der Revolution" starkes Echo erfuhren. Im März 1968 fand eine gemeinsame Beratung zwischen den Abteilungen „Kirche und Gesellschaft" und „Glaube und Kirchenverfassung" des ÖRK angesichts der mit der Radikalisierung der Theologen der Revolution ausgelösten Spannungen statt. Dabei wurde festgehalten, daß Christen zwar bei revolutionären Prozessen einbezogen sein können, dann sich aber davor hüten müssen, die Revolution zu vergöttern.

Die 4. Vollversammlung des ÖRK tagte nach den Studentenrevolten im Frühjahr 1968 und der Ermordung von Pfarrer Martin Luther King (am 4. April 1968) in Uppsala. Beherrschendes Thema war dabei das Engagement von Kirchen und Gläubigen in der gerechten Verteilung des Reichtums zwischen Nord und Süd und im Kampf gegen den Rassismus. Die Kirchen wurden aufgefordert, 1 % ihres Budgets für Entwicklungshilfe in den Ländern der südlichen Hemisphäre aufzubringen. Außerdem wurde über ein Programm gegen den Rassismus abgestimmt, das verschiedene Kontroversen auslöste. Initiativen zugunsten der Dritten Welt erhöhten die Glaubwürdigkeit des ÖRK in der südlichen Erdhälfte, führten aber auch zu Spannungen, weil einige glaubten, diese Initiativen würden eine Verwechslung von geistlichem Heil und sozialer wie politischer Befreiung hervorrufen. Die Vollversammlung von Uppsala beschäftigte sich auch mit liturgischen Fragen, so im Zusammenhang mit der Aufforderung an die Kirchen, die Möglichkeit zur Abendmahlsfeier an jedem Sonntag zu erörtern.

Bei der ersten Vollversammlung in Afrika (Nairobi 1975) ging es dem ÖRK darum, Gründe und Folgen der Befreiungstheologien zu interpretieren, nachdem bereits die Missionskonferenz von Bangkok im Jahre 1973 diese Thematik aufgegriffen hatte. In Nairobi wurde außerdem eine Erklärung über die „konziliare Gemeinschaft" abgestimmt sowie eine Diskussion begonnen, die 1982 zum sogenannten „Lima-Papier" über *Taufe, Abendmahl und Amt* führte. Bei dieser 5. Vollversammlung wurde den Teilnehmern auch der Aufschwung nichtchristlicher Religionen und die Entwicklung der Pfingstbewegung deutlich vor Augen gestellt.

Bei der Vollversammlung in Vancouver (1983) wurde der konziliare Prozeß „Gerechtigkeit, Friede und Bewahrung der Schöpfung" ins Leben gerufen, der auf europäischer

Martin Luther King, Kampf für Gleichberechtigung.

Ebene zum ökumenischen Treffen von Basel (1989), auf weltweiter Ebene zum Treffen von Seoul (1990) führte.

Große Spannungen entstanden (vor allem von orthodoxer Seite) auf der Vollversammlung von Canberra (1991) bei der Frage nach den „Kriterien zur Unterscheidung der Geister" im Anschluß an ein zu synkretistisch beurteiltes Referat der presbyteranischen Theologin Hyun Kyun Chung aus Südkorea. In Canberra wurde eine Erklärung über die Einheit der Kirchen als „*Koinonia* im Glauben, Leben und missionarischem Zeugnis" verabschiedet. Bei dieser Vollversammlung schlossen sich außerdem die Protestanten Chinas dem ÖRK an.

In Harare (1998) wurden acht neue Kirchen (zwei indonesische und sechs afrikanische) als Mitglieder des ÖRK aufgenommen. Zu diesen Kirchen zählt die Harristenkirche der Elfenbeinküste – eine afrikanische Prophetenkirche, die in der Amtszeit des 1928 verstorbenen Geistlichen William Wade entstanden ist. Die Delegierten dieser 8. Vollversammlung des ÖRK kritisierten die „verheerende Spirale" der Schuldenanhäufung in den ärmsten Ländern und forderten eindringlich die reichen Länder zur Aufhebung dieser Schulden in Entsprechung zur biblischen Tradition des Erlaßjahres auf. Bei dieser 8. Vollversammlung des ÖRK äußerte Nelson Mandela: „Ich wäre nicht hier bei Ihnen, wenn die Kirchen mein Land nicht befreit hätten". An den Präsidenten von Zimbabwe (Robert Mugabe) gewandt, äußerte er: „Wir verdanken alles den Kirchen" und hob den Beitrag christlicher Elitegruppen Afrikas zur Befreiung von Ländern wie Südafrika oder Zimbabwe hervor. Nach den in den 70er Jahren wegen des Engagements des ÖRK in der Dritten Welt ausgelösten Auseinandersetzung bedeutete diese Erklärung eine Anerkennung für das Wirken des ÖRK in Afrika.

Trotz der leidenschaftlichen Botschaft, die der wegen Krankheit abwesende ökumenische Patriarch von Konstantinopel übermitteln ließ, war die Vollversammlung von Harare
von Spannungen mit den Orthodoxen geprägt. Im Mai 1997 hat die Orthodoxe Kirche Georgiens den ÖRK verlassen, ein Jahr später (1998) die Kirche Bulgariens. Die über 30 Delegierte für die Vollversammlung verfügende Orthodoxe Kirche Rußlands stellte nur
5 Vertreter ab und blieb mehreren Gottesdiensten und Abstimmungen fern. In einigen Orthodoxen Kreisen wurde der allzu protestantisch-liberale Charakter des ÖRK beklagt. Im
Gegenüber zu zahlreichen anglikanischen und protestantischen Kirchen, die für eine
Frauenordination aufgeschlossen sind, beharrten die Orthodoxen bislang auf strikter Ablehnung in dieser Frage. Angesichts der steigenden Zahl an Gliedkirchen fühlten sich die
Orthodoxen an den Rand gedrängt. Sie kritisierten die Entscheidungsfindung durch Mehr-
heitsbeschlüsse in der Befürchtung, daß ein derartiges Verfahren schließlich die wesentlichen Grundlagen der christlichen Lehre in Frage stellt. Ein Orientierungspapier („Auf dem
Weg zu einer gemeinsamen Konzeption und Zukunft des ÖRK") wurde als Diskussions-
vorlage in allen Gliedkirchen gebilligt. Es befragt die Kirchen zu vier Problemkreisen:
Konzeption von Mission und Evangelisation in der pluralistischen Welt des 21. Jahrhunderts – Taufe als Grundlage für die Gemeinschaft der Kirchen – Verwendung seiner Geldmittel und Handlungsfelder für die Zukunft der Erde – mögliche Wege zur sichtbaren Einheit der Kirchen. Nach der Überzeugung des Generalsekretärs des ÖRK (Konrad Raiser)
„müssen wir ein Engagement und eine Zukunftsperspektive zur Sprache bringen, die in
Verbindung mit der Weltsituation und der ökumenischen Bewegung an der Schwelle zum
21. Jahrhundert steht, anstatt uns damit zu begnügen, das Erbe von Amsterdam weiterzu-
tragen". Ein anderes Ressort unter der Bezeichnung „Forum der Kirchen und der ökumenischen Organisationen" wurde als ein Beratungsfreiraum ohne festgesetzte Konturen und
ohne Exekutivgewalt in Harare beschlossen, um über die Einbeziehung der Nichtgliedkir-
chen in den ÖRK nachzudenken, vor allem bezüglich der katholischen Kirche und der
Pfingstkirchen. Dahinter stand die Sorge, daß der ÖRK an Substanz verliere, die Standpunkte über soziale und politische Fragen bevorzuge und den Weg zur Einheit der Kirchen
über theologische Forschung und interkonfessionelle Dialoge vernachlässige.

Besondere Bedeutung kam der theologischen Arbeit der Abteilung *Faith and Order* des
ÖRK zu, einem der drei großen Zweige am Beginn des Ökumenischen Rates der Kirchen
(neben *Life and Work* und der Missionsbewegung). Über diese Abteilung sind katholische
Theologen seit 1968 mit der Arbeit des ÖRK verbunden. Nach den Versammlungen von
1927 (Lausanne) und 1937 (Edinburgh), die der Gründung des ÖRK vorausgingen, führte
die Bewegung von *Faith and Order* eigene Weltkonferenzen im Rahmen des ÖRK fort:
1952 in Lund, 1963 in Montreal und 1993 in Santiago de Compostela. Die dritte Weltkonferenz (Lund 1952) wollte die Überlegungen zur Einheit auf der Basis einer vergleichenden Untersuchung der verschiedenen Kirchenlehren mit der darüber hinausgehenden Aufgabe verbinden, eine gemeinsame, die Differenzen überwindenden Theologie zu
erarbeiten („Lund-Prinzip"). Bei der vierten Konferenz (Montreal 1963) stand vor allem
die Klärung der Beziehungen zwischen Schrift und Tradition im Mittelpunkt. Dabei wurden die verschiedenen Traditionen innerhalb der biblischen Tradition herausgehoben und
die unterschiedlichen Traditionsformen aufgezeigt: die wesentliche Tradition der Kirche –
die Sondertraditionen der Kirchen – die *traditio* als Übertragungsprozeß. Die fünfte Konferenz (Santiago de Compostela 1993) stand unter dem Thema: *Auf dem Weg zur koinonia
– Gemeinschaft im Glauben, Leben und Zeugnis*. Diese Thematik wurde von der Vollver-

sammlung des ÖRK in Canberra aufgegriffen und deckte sich mit den Vorstellungen des Zweiten Vatikanischen Konzils (Kirche als communio). Damit verbunden waren die Themen Einheit der Christen und Unversehrtheit der Schöpfung.

Mit der Abteilung *Faith and Order* im ÖRK verbinden sich vor allem einigen grundlegenden Aktivitäten von großer ökumenischer Tragweite. So definierte eine in Bangalore 1978 abgehaltene Versammlung die vier notwendigen Voraussetzungen für das Erreichen einer konziliaren Gemeinschaft: 1. Aufhebung der gegenseitigen Anathematismen, 2. Einheit im apostolischen Glauben, 3. Gegenseitige Anerkennung von Taufe, Abendmahl und Amtsverständnis, 4. Übereinstimmung bei den gemeinsamen Entscheidungsgremien und bei der Ämterstruktur der Kirche. Besonders ausgearbeitet wurden Punkt 2 und 3. Die Arbeiten zum gemeinsamen Bekenntnis des apostolischen Glaubens heute führten zu einer Zusammenstellung aller in den verschiedenen Kirchen üblichen Glaubensbekenntnisse (in sechs Bänden unter dem Titel *Confessing Our Faith Around the World* zwischen 1981 und 1986 erschienen) und zu einer gemeinsamen Erklärung über das Nizäno-Constantinopolitanum: *Den gemeinsamen Glauben bekennen. Ökumenische Erklärung des apostolischen Glaubens, wie er im Nicäno-Constantinopolitanum von 381 bekannt wird.* Die Arbeit zu Punkt 3 wurde mit dem Dokument BEM (Taufe-Eucharistie-Amt) verwirklicht, das 1982 in Lima angenommen und allen christlichen Kirchen zum Studium vorgelegt wurde, aus dem sich umfangreiche Beratungen ergaben. Die Antworten der Kirchen fanden Aufnahme in sechs Bänden: *The Churches Respond to BEM* 1981 bis 1986. In Abschnitt M 6 des BEM-Papiers heißt es: „Wenn die Kirchen auch im allgemeinen Verständnis von der Berufung des Volkes Gottes übereinstimmen, so unterscheiden sie sich doch in ihren Auffassungen von den Strukturen des kirchlichen Lebens. Vor allem bestehen Unterschiede hinsichtlich der Stellung und der Formen der Amtsordination." Diese Unterschiede kommen klar in dem *Bericht über den BEM-Prozeß und die Reaktionen der Kirchen* zum Ausdruck, der 1993 im Anschluß an das BEM-Papier veröffentlicht wurde. Während die protestantischen Kirchen ihre Bereitschaft signalisierten, die Ämter der anderen Kirchen auf der Grundlage eines funktionalen Verständnisses der Amtsordination anzunehmen, lehnten die katholische wie die orthodoxen Kirchen das Amtsverständnis nicht-episkopaler Kirchen ab, weil das Amt des Priesters nach katholischer und orthodoxer Auffassung die sakramentale Ordination durch einen Bischof erforderlich macht, der in apostolischer Sukzession steht. Während in katholischer und orthodoxer Tradition die Ordination ein Sakrament und das Priesteramt eng mit dem Bischofsamt verbunden ist, gibt es auf protestantischer Seite im Gegensatz dazu ein *funktionales* (also nicht sakramentales) Verständnis des ordinierten Amtes. Unterschiedliche Standpunkte ergeben sich auch hinsichtlich der Rolle des ordinierten Geistlichen beim Abendmahl: Während bei den Katholiken die Tatsache hervorgehoben wird, daß der Priester *in persona Christi* handelt (bzw. als *Ikone Christi* bei den Orthodoxen), betonen die Protestanten, daß diese Funktion der Repraesentatio Christi nicht das Privileg ordinierter Geistlicher ist.

Was Punkt 1 betrifft, die Aufhebung der gegenseitigen Anathemata – 130 auf katholischer Seite, 70 auf lutherischer und 62 auf reformierter Seite –, die in den offiziellen Dokumenten der Kirchen fixiert sind, so verdient eine deutsche Initiative in besonderer Weise Beachtung, die von einer aus Exegeten, Historikern und Dogmatikern bestehenden ökumenischen Arbeitsgruppe hervorging. Diese Arbeitsgruppe entstand auf Wunsch der entsprechenden Kirchenleitungen im Anschluß an die Deutschlandreise Johannes Pauls II. im Jahre 1980. Nach vierjährigen intensiven Beratungen kam diese Gruppe in einem 1986 veröffentlichten Dokument zum Ergebnis, daß viele dieser Verurteilungen auf Mißverständnissen beruhen und keine echten Hindernisse auf dem Weg zur Einheit darstellen.[2]

II. Die ökumenischen Beziehungen zwischen Katholiken und Protestanten

Die ökumenischen Beziehungen zwischen Katholiken und Protestanten entwickelten sich sowohl an der Basis wie auf der amtlichen Ebene von Theologen und kirchenleitenden Vertretern. An der Basis bildeten sich konfessionell gemischte Zentren, verschiedene Gruppen und Bewegungen, in denen Protestanten und Katholiken gemeinsam agieren (z. B. in der *Christlichen Vereinigung zur Abschaffung der Folter*, die 1969 auf interkonfessioneller Grundlage entstand, oder auch im Rahmen der charismatischen Bewegung in einigen Gemeinschaften, die für die Besonderheiten der verschiedenen christlichen Konfessionen aufgeschlossen sind). Auf theologischer Ebene entwickelten sich Dialoge zwischen den verschiedenen Konfessionen (Lutheraner-Katholiken, Reformierte-Katholiken, Baptisten-Katholiken, Pfingstbewegung-Katholiken). Von 1968 an nahmen katholische Theologen an der theologischen Arbeit in der Abteilung *Faith and Order* des ÖRK teil. Frucht dieser Arbeit war 1982 die Veröffentlichung des sogenannten „Lima-Papiers" unter dem Titel *Taufe – Eucharistie – Amt*, das eine Annäherung der Standpunkte hinsichtlich der zentralen Unterschiede zwischen Katholiken und Protestanten (vor allem beim Amtsverständnis) versucht.

Der freikirchliche Protestantismus zeigte sich in ökumenischen Fragen zurückhaltender. Die bekennenden Kirchen neigen eher zu einem „evangelischen Ökumenismus" auf der Basis doktrinaler Nähe. Demgegenüber gelten ihnen die ökumenischen Beziehungen zwischen Katholiken und Protestanten als zu institutionell und teilweise mehr auf humaner als auf christlicher Ebene wirksam.

Im Mittelpunkt der ökumenischen Debatte zwischen den verschiedenen christlichen Konfessionen (Anglikaner, Katholiken, Orthodoxe, Protestanten) steht das Amtsverständnis, besonders die Frage der Ordination. Wenngleich sich auch in ethischen Fragen Divergenzen ergeben, so konzentrieren sich doch die wesentlichen Unterschiede zwischen den christlichen Konfessionen auf das Verständnis von Kirche und Amt – zwei eng miteinander verknüpfte Fragen. Im ökumenischen Dialog betrachten die protestantischen Theologen die Frage nach dem Amtsverständnis als nachgeordnet, weil primär für sie die Übereinstimmung im Verständnis des Evangeliums und der Sakramente besteht. Nach protestantischem Verständnis werden die Geistlichen zwar ordiniert, sind aber von den Laien ontologisch nicht durch einen besonderen Status getrennt, der sie zu besonderen Glaubensvermittlern machen würde. Sie sind insofern ebenfalls Laien, und ihre Ordination ist kein Sakrament. Ihre einzige Besonderheit besteht in der Tatsache, daß sie kraft ihrer Berufung und Ausbildung als würdig und fähig erachtet wurden, in der Kirche Funktionen

---

[2] Vgl. die Reihe „Dialog der Kirchen", Bd. 4: Lehrverurteilungen – kirchentrennend? I: Rechtfertigung, Sakramente und Amt im Zeitalter der Reformation und heute, Freiburg ³1988; Bd. 5: Lehrverurteilungen – kirchentrennend? II: Materialien zu den Lehrverurteilungen und zur Theologie der Rechtfertigung, Freiburg 1989; Bd. 5: Lehrverurteilungen – kirchentrennend? III: Materialien zur Lehre von den Sakramenten und vom kirchlichen Amt, Freiburg 1990.

Paul VI. und Arthur Michael
Ramsey, Erzbischof von
Canterbury.

auszuüben, die dem Dienst am Wort und Sakrament eigen sind. Der Protestantismus, vor
allem in calvinischer Tradition, betont mit der Aufwertung der Predigt das Amt zur Auslegung und Lehre der Heiligen Schrift (deshalb tragen die Pastoren den schwarzen Talar, der
ursprünglich Universitätstracht war). Gerade diese – eher funktionale als priesterliche –
Seite im Verständnis des ordinierten Amtes förderte im Protestantismus die Zulassung von
Frauen zur Ordination.

Im ökumenischen Dialog zwischen Katholiken und Protestanten müssen die Fortschritte
beim Thema „Rechtfertigung" in den Jahren 1980 bis 1990 besonders erwähnt werden.
Dieses Zentralthema stand im Mittelpunkt der Kontroverse des 16. Jahrhunderts, die pla-
kativ mit dem Gegensatz von „Heil allein aus Gnade" auf Seiten der Reformatoren und
„Werkgerechtigkeit" auf katholischer Seite umschrieben wird. Die Kontroverse führte im
16. Jahrhundert zu gegenseitigen Verurteilungen: im Trienter Konzil und in den lutherischen Bekenntnisschriften. 1997 wurde den Kirche auf der Grundlage einer gemeinsamen
Erklärung die Aufhebung dieser gegenseitigen Verurteilungen nahe gelegt: „Allein durch
die Gnade und die Heilstat Christi, nicht auf der Grundlage unseres Verdienstes werden
wir bei Gott angenommen und empfangen den Heiligen Geist, der unsere Herzen erneuert,
uns fähig macht und und anhält, gute Werke zu tun." In der Tat unterzeichneten beide Kirchen am 31. Oktober 1999 in Augsburg eine „Gemeinsame Erklärung über die Rechtfertigung" mit der Aufhebung der gegenseitigen Verurteilungen während der Reformationszeit. Dieser wichtige Schritt fand viel Zustimmung, traf aber auch auf zahlreiche Anfragen
auf protestantischer Seite[3]. Die hier erzielte Übereinstimmung in der Rechtfertigungslehre
könnte – einmal abgesehen davon, daß sie in der katholischen wie in der protestantischen

---

[3] Siehe dazu u. a.: Worum geht es in der Rechtfertigungslehre?, herausgegeben von Th. SÖDING, (Quaestiones dis-
putatae 180) Freibug 1999; G. L.. MÜLLER, Doch kein Konsens in der Rechtfertigunslehre? – Zur Diskussion über
„Die Gemeinsame Erklärung", in: Catholica 52 (1998) 81–94; Dorothea SATTLER, „... Die gesamte Lehre und
Praxis der Kirche unablässig auf Christus hin orientieren ..." – Zur neueren Diskussion um die kriteriologische
Funktion der Rechtfertigungslehre, in: ebd., 95–114.

Theologie von unterschiedlicher Bedeutung ist – paradoxerweise die Unterschiede im Amtsverständnis (einschließlich Papstamt) noch schärfer akzentuieren als in der Ekklesiologie (Verständnis der Kirche) und im ethischen Bereich (vor allem bei der Sexualität). Der Ökumenismus in ethischen Fragen bewegt sich im übrigen nicht in den gleichen Bahnen wie der Ökumenismus in der Lehre, so daß es hier zu überkreuzten Konstellationen kommt: Die strenge Ethik der Konformität, die von protestantischen Strömungen mit geringem Interesse am ökumenischen Dialog vertreten wird, stimmt in vielen Punkten mit den ethischen Positionen des römischen Lehramtes überein, während die bei den Lutheranern und Reformierten zahlreiche Vertreter einer individualistischen Verantwortungsethik ungeachtet ihres ökumenischen Engagements gegen den ethischen Rigorismus Roms opponieren.

Zwei besondere und von ihrer Anlage her sehr unterschiedliche ökumenische Erscheinungsformen erlangten in der zweiten Hälfte des 20. Jahrhunderts große Bedeutung: die „Groupe des Dombes" und die „Communauté de Taizé". Die auf das Jahr 1937 zurückgehende „Groupe des Dombes" veranstaltete kontinuierlich jedes Jahr ökumenische Treffen unter Beteiligung von etwa 40 katholischen Priestern und protestantischen Geistlichen aus Frankreich und der Schweiz als Repräsentanten ihrer Kirchen (aber ohne Mandat ihrer Kirchenleitungen). Diese Treffen mündeten in Veröffentlichungen, die die offizielle ökumenische Arbeit der Kirchenleitungen befruchteten. [4]

In der Veröffentlichung von 1986 „Das Amt der Einheit in der Weltkirche" anerkannten katholische und protestantische Theologen gemeinsam, daß sie „Erben einer historischen Entwicklung sind, in deren Verlauf die Quelle der Einheit zu einem Faktor der Uniformität wurde und der Dienst an der Einheit eine übertriebene Zentralisierung der Kirche nach sich zog wie auch die personale Stellung des Papstes die anderen Bereiche dieses einzigartigen Amtes der Einheit in den Hintergrund rückte". Die katholischen Theologen und Mitglieder dieser Gruppe anerkannten zwar das Amt der Einheit als Aufgabe des Papstes und empfahlen den protestantischen Teilnehmern die gleiche Einstellung, plädierten aber nichtsdestoweniger für einen päpstlichen „Verzicht auf die Privilegien eines Primates der Macht und der Zentralisierung" zugunsten eines „Primates des Dienstes und der Einheit im Glauben". Johannes Paul II. selbst widmete in der Enzyklika *Ut unum sint* (1995) dem „Einheitsamt des Bischofs von Rom" ein Kapitel und bezeichnete dabei das Papsttum als Stein des Anstoßes für die Ökumene. Nach einer von Gregor dem Großen (gest. 604) übernommenen Formulierung, wonach der Papst „servus servorum Dei" ist, unterstrich er den Dienstcharakter seines Amtes und forderte die Theologen der Welt auf, um ein Verständnis des Papsttums zu ringen, das die Einheit der Kirchen voranbringen kann. Auf protestantischer Seite wurde diese Gesamtentwicklung mit Wohlwollen registriert.

Die Communauté de Taizé ist vor allem bei Jugendlichen zu einem ökumenischen Ort mit internationaler Ausstrahlung geworden. Ab 1969 öffnete sich diese Gemeinschaft auch

---

[4] Hier sind vor allem zu nennen: Vers une même foi eucharistique? Accord entre catholiques et protestants [Auf dem Weg zu einem gemeinsamen Abendmahlsglauben? -Übereinstimmung zwischen Katholiken und Protestanten], Taizé 1972; Pour une réconciliation des ministères. Éléments d'accord entre catholiques et protestants [Zu einer Versöhnung der Ämter – Elemente einer Übereinkunft zwischen Katholiken und Protestanten], Taizé 1973; Le Ministère épiscopal. Réflexions et propositions sur le ministère de vigilance et d'unité dans l'Église particulière [Das Bischofsamt – Überlegungen und Vorschläge zum Wächter- und Einheitsamt in der Ortskirche], Taizé 1976; Le Ministère de communion dans l'Église universelle [Das Amt der Einheit in der Weltkirche], Paris 1986; Marie [Maria], Paris 1997.

Kardinal Edward Cassidy und Bischof Christian Krause unterzeichneten in Augsburg die gemeinsame Erklärung zur Rechtfertigungslehre. November 1999.

den katholischen Brüdern. Im Jahre 1997 zählte die Communauté mehr als 90 katholische und evangelische Brüder aus über 20 Ländern. Das Motto von Taizé lautet Versöhnung: Versöhnung zwischen Christen zunächst, aber auch zwischen West- und Osteuropa, nördlicher und südlicher Halbkugel, zwischen allen Menschen weltweit. Deshalb leben auch mehrere Brüder von Taizé in asiatischen, afrikanischen oder amerikanischen Armenvierteln. Mit der Einladung zu einem Konzil der Jugend (1970) nahm sich die Communauté von Taizé in besonderer Weise den religiösen Anliegen der Jugendlichen an. Seit dem Fall der Berliner Mauer im Jahre 1989 weilten auch zahlreiche Jugendliche aus osteuropäischen Ländern als Gäste in Taizé. Roger Schutz, der Gründerprior, erhielt 1988 den UNESCO-Preis für die Erziehung zum Frieden und 1992 den Robert-Schumann-Preis des Europarates. Von 1992 an organisierte Taizé großangelegte internationale Begegnungen, die als „Wallfahrten des Vertrauens auf Erden" bezeichnet werden. Von Barcelona (1982) bis Mailand (1998) über Paris (1984 und 1989), Prag (1991), Stuttgart (1997) und verschiedenen anderen Städten vereinigten diese Treffen mehrere Zehntausende Jugendliche (80 000 in Prag 1991, 100 000 in Paris 1995 und 100 000 in Mailand im Jahre 1998). In seinem *Mailänder Brief*, der als Grundlage für das Treffen in dieser Stadt diente, rief Roger Schutz die Jugendlichen auf, danach zu streben, „wie man zu denen gehören kann, die in lebendiger Gemeinschaft mit Gott Verantwortung übernehmen und mit anderen darauf hinzielen, die Erde bewohnbarer zu machen". Kofi Annan (Generalsekretär der UNO) erklärte in seiner Botschaft an die in Mailand versammelten Jugendlichen: „Eure Versammlung und der euch belebende Glaube sind einzigartig in einer Zeit, in der Ausgrenzung, Unsicherheit und Gleichgültigkeit verheerende Auswirkungen haben."

Auch andere ökumenische Gemeinschaften haben von sich reden gemacht, so z.B. in Italien die ökumenische Kommunität von Bose, deren Anfänge 1968 auf einen ehemaligen Wirtschaftsstudenten aus dem Piemont (Enzo Bianchi), einen schweizer Pfarrer und zwei

Roger Schutz

junge Katholiken zurückgehen. Diese Gemeinschaft gab sich 1971 ihre Regel und vereinte im Jahre 1998 39 Brüder sowie 27 Schwestern. Auch die ökumenische Gemeinschaft von Corrymeela vereinigt jenseits aller Jahrhunderte langen politischen Gegensätze in Nordirland Katholiken und Protestanten. Sie knüpft bewußt Kontakte zwischen einzelnen Personen der beiden Konfessionsgruppen, damit sich diese besser kennenlernen und ihr jeweiliges Ghetto verlassen.

In zahlreichen Ländern wuchs die Zahl der ökumenischen Beteiligung an Kirchengremien. In Frankreich etwa wurde am 17. 12. 1987 der *Rat christlicher Kirchen in Frankreich gegründet*, der sich aus Vertretern der katholischen Kirche, dem Evangelischen Bund Frankreichs, dem Comité interépiscopal orthodoxe und der apostolischen Kirche Armeniens zusammensetzt mit dem Ziel gemeinsamer Beratungen und eventuell gemeinsamer Initiativen auf den drei Ebenen: Präsenz der christlichen Kirchen in der Gesellschaft, Gottesdienst und Verkündigung. In Großbritannien arbeiten Anglikaner, Katholiken und Presbyteraner im *Council for Britain and Ireland* zusammen.

Trotz aller Fortschritte im ökumenischen Gespräch zwischen Katholiken und Protestanten sind bestimmte Spannungsfelder und gegenseitige Empfindlichkeiten geblieben, die bei diversen Anlässen zu Tage treten. Beim ökumenischen Treffen von Santiago de Compostela etwa, das im November 1991 gemeinsam vom CCEE (Rat der Bischofskonferenzen Europas) und der KEK (Konferenz der Europäischen Kirchen) organisiert wurde, unterzeichneten die katholischen, anglikanischen, protestantischen und orthodoxen Delegierten Beschlüsse, in denen die Kirchen aufgefordert werden, „auf jeglichen Wettbewerb in der Missionsarbeit zu verzichten, der nur von gegenseitigem Konkurrenzdenken Zeugnis gebe". Die Delegierten erklärten vor allem Folgendes: „Missionsarbeit unter Europäern hat eine Zukunft, wenn wir die komplexe Geschichte des Christentums auf diesem Kontinent respektieren. Als Christen sind wir auf dem Weg, unsere Lebenswurzeln im Volk Israel (Röm. 9–11) wieder zu entdecken. Als Bürger sind wir auch Erben des klassischen Griechentums und der Aufklärung. Heute leben wir Seite an Seite mit dem Islam. Unser Vorhaben hat nichts mit einem religiösen Monopol in Europa zu tun, es will Verkündigung der Gnade Gottes für jeden und jede sein."

Einige Tage nach diesem ökumenischen Treffen in Santiago de Compostela kündete Johannes Paul II. auf der Synode der europäischen Bischöfe in Rom die Gründung eines Organs für die römisch-katholische Missionsarbeit in Europa an. Für evangelische und orthodoxe Beobachter erweckte dies den Eindruck, daß die päpstliche Initiative den ökumenischen Zielsetzungen von Santiago de Compostela widerspreche, wonach „Nein zum Wettbewerb, aber ja zur Zusammenarbeit" die Devise sei. Der deutsche evangelische Theologe Karl Christoph Epting (Moderator der Studienkommission der KEK), der als „brüderlicher Delegierter" an dieser römischen Synode teilnahm, brachte sein Unbehagen darüber zum Ausdruck, daß die ökumenischen Erklärungen von Santiago de Compostela auf dieser römischen Synode weder erwähnt noch in irgendeiner Form berücksichtigt wurden.

Die kritischen Äußerungen von protestantischer Seite machten auch die internen Unterschiede deutlich zwischen den in der ökumenischen Arbeit (über den CCEE und die KEK) engagierten Bischofskonferenzen und der römischen Kurie, die diese Synode ohne Einbeziehung des CCEE vorbereitete, obwohl sie in besonderer Weise als kollegiale Instanz mit der Frage nach der Bedeutung der Kirche in Europa beauftragt war. (Kein einziger katholischer Vertreter im CCEE ist ins Leitungsgremium dieser römischen Synode berufen worden.)

Europa stand auch im Mittelpunkt von katholisch-protestantischen Spannungen, als Johannes Paul II. auf dieser Synode von einem Europa mit zwei lebendigen Traditionen im Westen und Osten sprach (das Europa des hl. Benedikt auf der einen, der Heiligen Kyrill und Method auf der anderen Seite) und damit der Aussöhnung zwischen Katholiken und Orthodoxen (zwischen den Patriarchaten des Okzidents und Orients) den Vorzug gab unter Vernachlässigung der protestantischen Reformation und der mit ihr verbundenen Aufspaltung innerhalb des west- und mitteleuropäischen Christentums. Irritation erweckte unter Protestanten auch das historische Europabild Johannes Pauls II., als er in seiner Rede dem ersten Jahrtausend (vor allem dem mittelalterlichen Mönchtum) gegenüber dem zweiten Jahrtausend (den Epochen der Renaissance, der protestantischen Reformation und der Aufklärung) stärkeres Gewicht verlieh.[5]

Das religiöse Gedächtnis Europas stellt das ökumenische Klima zwischen Katholiken und Protestanten auch andernorts auf die Probe – womit die geographische Dimension der ökumenischen Aussöhnung für die europäische Integration unterstrichen wird. So stieß etwa die Heiligsprechung des Priesters Jan Sarkander (1576–1620) am 21. Mai 1995 in Olmütz (Tschechische Republik) und die Aufforderung an die Protestanten, Sarkander als „Patron der ökumenischen Aussöhnung" anzuerkennen, bei den tschechischen Protestanten auf Ablehnung. Für sie ist Sarkander „ein Vorläufer der gewaltsamen Rekatholisierung der tschechischen Protestanten" (Pavel Smetana, Präsident des ökumenischen Rates Tschechiens), der Mann, „der die Vernichtung der evangelischen Gemeinden in Mähren nach sich zog" (Jakub Trojan, Dekan der evangelisch-theologischen Fakultät an der Uni-

---

[5] Die protestantischen Verstimmungen deckten sich mit dem Standpunkt verschiedener katholischer Theologen und Intellektueller. So forderte der französische Jesuit Paul VALADIER seine Kirche in einem Artikel der Tageszeitung *Le Monde* vom 25. Dezember 1991 zu einer „entschiedenen geistigen wie religiösen Umkehr" auf, mit der diese „nostalgische Rede" überwunden werden könne, die ein Missionsmodell des ersten Jahrtausends hochhalte und die Vorstellung vermittle, „daß sich am Beginn des dritten Jahrtausends dieses weit zurückliegende Unterfangen wiederholen lasse und auf ein geeintes Christentum ziele, das in Wirklichkeit in der Geschichte niemals vorgekommen ist".

versität Prag). Angesichts dieser Reaktion erklärte Johannes Paul II.: „Im Namen aller Katholiken bitte ich heute als Papst der Kirche Roms um Verzeihung für alles Unrecht an den nichtkatholischen Christen, und ich bitte um Vergebung für das Leid, das ihre Söhne zu ertragen hatten."

Spannungen ergaben sich auch in der Slowakei im Anschluß an die Heiligsprechung dreier Priester am 2. Juli 1995, die 1619 von Calvinisten getötet worden waren. Es muß wohl noch Sensibilität für eine versöhnte Vision der Kirchengeschichte Europas wachsen, die in eine Darstellung des europäischen Christentums mündet, welche die Identität der einzelnen christlichen Konfessionen wahrt.

Es gibt Themen, die den Ökumenismus vor eine Zerreißprobe stellen. Dies trifft vor allem auf römische Positionen zu über die Frauenordination, die Sexualethik und die Art und Weise, wie die christliche Botschaft in einer säkularisierten und pluralistischen Gesellschaft zu vertreten ist. Mit der Bestätigung der „definitiven" Ablehnung der Frauenordination durch die katholische Kirche im apostolischen Schreiben *Ordinatio sacerdotalis* vom 22. Mai 1994, einige Wochen nach den ersten Ordinationen von Frauen zu Geistlichen in der anglikanischen Kirche (Kirche Englands) im März 1994 und angesichts der Tatsache, daß der Frauenanteil unter den Geistlichen vieler protestantischer und anglikanischer Kirchen stetig zunimmt, rief Johannes Paul II. heftige Reaktionen nicht nur auf protestantischer Seite hervor. Der französische Geistliche Michel Leplay, Schriftleiter der protestantischen Wochenzeitschrift *Réforme* und ein glühender Anhänger des ökumenischen Dialogs, reagierte mit der Feststellung, daß dieses apostolische Schreiben „die römische Ekklesiologie verriegelt". Er resümierte: „Ohne unsere ökumenische Berufung verleugnen zu wollen oder die Hoffnung auf christliche Einheit fahren zu lassen, gibt es Augenblicke, in denen man mutlos werden könnte." Der Rat des Evangelischen Bundes Frankreichs unterstrich sein ökumenisches Engagement, brachte aber seine „schmerzliche Überraschung" zum Ausdruck, daß nun die Ablehnung der Frauenordination zu einer „dogmatischen Realität" geworden sei. Der Rat erhob seinen Protest „gegen alles, was in der Kirche auf Ewigkeit fixiert wird, ohne Diskussion als unwiderrufliches Gesetz Gestalt annimmt und als Erlaß unbeugsamen Gehorsam verlangt" (Juni 1994).[6]

Die päpstlichen Verlautbarungen zu ethischen Fragen finden in protestantischen Kreisen besondere Aufmerksamkeit. Auf die Veröffentlichung der Enzyklika *Veritatis splendor* zu Grundfragen der Moraltheologie von 1993 wurde ebenso enttäuscht reagiert[7] wie – in noch

---

[6] Der französische Jesuit J. MOINGT brachte im Leitartikel des Juli/Septemberhefts der Zeitschrift *Recherches de sciences religieuses* die Beunruhigung und Sorge verschiedener katholischer Theologen weltweit zur Sprache: Er könne nicht verstehen, warum Johannes Paul II. auf diese Art und Weise eine „historische Tatsache" (daß Jesus nur Männer zu Jüngern berufen hat) in eine „göttlich geoffenbarte Anordnung" abgewandelt habe. Einmal mehr läßt sich feststellen, daß die zu Spannungen in den ökumenischen Beziehungen zwischen Katholiken und Protestanten führenden Fragen auch Diskussionen innerhalb der katholischen Kirche selbst nach sich ziehen.
[7] So etwa der protestantische schweizer Theologe D. MÜLLER: „Man hätte in diesem Text die Verantwortung des Gewissens viel stärker herausstellen können, als es in einem ‚paternalistischen' System gefangen zu halten. Eine derartige Enzyklika sollte eine sinngebende, demokratischen Überlegungen unterworfene Orientierung sein. Werden diese in Frage gestellt, so führt dies nicht zwangsläufig zur Aufgabe der evangelischen Wahrheit. Im übrigen ist der theologische Pluralismus nicht in jedem Fall mit Relativismus gleichzusetzen. Der Text nimmt bedauerliche Gleichsetzungen vor, wie z. B. zwischen Demokratie und ethischem Relativismus", in: L'Actualité religieuse dans le monde, Nr. 116, 15. November 1993, 26. Auch von katholischer Seite wurden Mängel angemerkt, etwa von P. DE LOCHT: Die Enzyklika spreche leider „mitten im sog. ökumenischen Zeitalter nicht von den Schwesterkirchen der anderen christlichen Kirchen, deren ethische Positionen bei weitem nicht immer deckungsgleich sind.", ebd., 29.

stärkerem Maße – 1995 auf die Enzyklika *Evangelium vitae*, in der der Papst bei seiner Verurteilung Empfängnisverhütung und Abtreibung miteinander verknüpfte (wörtlich steht in *Evangelium vitae*: „Empfängnisverhütung und Abtreibung sind äußerst unterschiedliche Übel [...], sie sind aber sehr eng miteinander verbunden, wie die Früchte ein und derselben Pflanze"). Die Delegation des ÖRK kritisierte nach ihrem Besuch in Rom (April 1995) im besonderen die Verfahrensweise, die diese Enzyklika dominiert: „Obwohl die Delegation feststellte, daß die Enzyklika gegenüber den vorausgegangenen päpstlichen Verlautbarungen über die Abtreibung, die Empfängnisverhütung und die Euthanasie nichts Neues hinzufügte, wies sie darauf hin, daß die darin formulierten Standpunkte Schwierigkeiten für die ökumenische Debatte über brennende ethische Probleme auslöst, die ein gemeinsames seelsorgliches Vorgehen wie die Erarbeitung gemeinsamer Leitlinien fast unmöglich machen [...]. Trotz unterschiedlicher Ansichten diskutieren die orthodoxe und protestantische Kirche oft miteinander über ethische Fragen innerhalb des ÖRK. Das heißt nun nicht, daß diese Kirchen bei diesen Fragen zu gemeinsamen Entscheidungen kommen. Aber sie legen doch eine grundlegend unterschiedliche Arbeitsweise gegenüber dem in der neuen Enzyklika angewendeten Verfahren an den Tag", das nach Ansicht der Delegation des ÖRK die Lebenssituation derjenigen Menschen außer Acht läßt, die in existentiellen Notlagen vor ethischen Entscheidungen stehen, bei denen sie weniger Verurteilung, als vielmehr seelsorgliche Begleitung benötigen.

Auch die Absetzung des französischen Bischofs Gaillot im Jahre 1995 stieß protestantischerseits auf scharfe Kritik. Der Evangelische Bund Frankreichs äußerte sich folgendermaßen:

„Der Evangelische Bund Frankreichs maßt sich nicht an, in die inneren Angelegenheiten der römisch-katholischen Kirche einzugreifen, legt jedoch Wert auf die Feststellung, daß 1. das Christentum nicht auf den römischen Katholizismus und seinen Organisationsaufbau begrenzt ist und daß noch andere nicht auf hierarchischen Ämterstrukturen basierende Kirchenstrukturen bestehen. 2. Die Verwurzelung in einem gemeinsamen Glauben schließt weder Divergenzen noch Gegensätze aus [...]. Der Evangelische Bund wünscht inständig, daß die französische Öffentlichkeit [...] sich nicht ein weiteres Mal dazu verleiten läßt, die Position einer mehrheitlichen christlichen Kirche in Frankreich mit der Position anderer christlicher Kirchen zu verwechseln. 3. Der Evangelische Bund hält kurz vor der allgemeinen Gebetswoche für die Einheit der Christen (18.–25. Januar) fest, daß er um so mehr dem ökumenischen Dialog verpflichtet bleibt."[8]

Protestanten sind in ihren Kirchen an unterschiedliche Wahlverfahren für kirchliche Leitungsfunktionen gewöhnt. Daher registrierten sie – zusammen mit vielen Katholiken – mit Erstaunen, daß Rom Bischofsernennungen auch gegen Willensbekundungen von Priestern und Gläubigen in entsprechenden Diözesen aussprach (so in Wien, Salzburg, St. Pölten in Österreich, Namur in Belgien, Roermond in den Niederlanden, Chur in der Schweiz). Handlungen dieser Art verringern in ihren Augen die Tragweite des offiziellen ökumenischen Dialogs und seine Glaubwürdigkeit.

Die Ankündigungsbulle *Incarnationis mysterium* sowie die *Bestimmungen für die Erlangung des Ablasses* im großen Ablaßjahr 2000, die 1998 von Johannes Paul II. veröffentlicht wurden, lösten harsche Kritik auf Seiten der protestantischen Kirchenführer aus, die

---

[8] In: Réforme, 21. Januar 1995.

daran erinnerten, daß die protestantische Reformation mit Luthers Kritik an der Ablaßpraxis begann. Die Reformierte Kirche Frankreichs sah zwischen dem Wunsch des Papstes, den ökumenischen Charakter dieses Jubiläums herauszustellen, und diesem Ablaßbrief für jene Gläubigen, die in diesem Jahr den Weg der Vergebung und der fortschreitenden Reinigung ihres Lebens aufgreifen, einen Widerspruch. Sie reklamierte den radikalen Widerstand der Reformation gegen die Behauptung, daß Gottes Vergebung von menschlichen Leistungen abhänge, und beklagte, daß die Grundlage der römischen Verlautbarung einzig in der Theologie der verdienstvollen Werke und der Ablaßpraxis liege.

So zeigt sich, daß das von Johannes Paul II. in der Enzyklika *Ut unum sint* (1995) geäußerte ökumenische Anliegen, das der Papst als „eine der seelsorgerlichen Prioritäten" seines Pontifikats bezeichnete, bislang nicht frei von Verkrampfungen zwischen Katholiken und Protestanten blieb. Vereinzelt wurde sogar von einem „ökumenischen Winter" oder einem Stillstand im ökumenischen Dialog gesprochen, der auf die ökumenische Euphorie der postkonziliaren Jahre gefolgt sei. Wenn auch die Standpunkte des römischen Lehramtes das Identitätsbewußtsein der Protestanten herausforderten und zu seiner Stärkung beitrugen, so bleibt doch als Tatsache bestehen, daß sich die Ökumene sowohl auf lokaler Ebene als auch im allgemeinen Bewußtsein weiterentwickelte, in den Beziehungen zwischen katholischen und protestantischen Seelsorgern und in den verschiedensten Begegnungsformen zwischen katholischen und evangelischen Christen. Darüber hinaus trägt auch die steigende Zahl der konfessionsverschiedenen Ehen zu einer Verbesserung im Verhältnis zwischen Katholiken und Protestanten bei. Die Mentalitätsgeschichte macht ebenfalls deutlich, daß die Entfaltung eines gewissen religiösen Individualismus unter Katholiken, der sich in einer Distanzierung von bestimmten Positionen des römischen Lehramtes äußert – einen Ökumenismus im Alltagsleben fördert, der die Gläubigen in gleichen religiösen Interessen verbindet und die von den Theologen verfolgten Lehrunterschiede relativiert. Die Furcht vor dem Verlust der eigenen Identität und die kulturelle Wertschätzung der Unterschiede in der gegenwärtigen Gesellschaft verringern jedoch den Erfolg vieler Einheitsbemühungen. *Einheit durch Vielfalt,* so der Titel des berühmten Buches, das der evangelische Theologe und Ökumeniker Oscar Cullmann (1902–1999) 1986 schrieb, entspricht in der Tat ziemlich genau der vorherrschenden Vision am Ende des 20. Jahrhunderts. War die Einheit qua Vereinheitlichung eine moderne Utopie gewesen, so ist sie in einem sozio-kulturellen Klima, das dem Pluralismus huldigt, zweifellos noch weniger eine postmoderne Vision. Nicht ausgeschlossen ist folgendes Zukunftsbild: Christliche Kirchen pflegen immer engere Beziehungen und intensivieren immer mehr ihre Zusammenarbeit, halten aber gleichzeitig an ihren Unterschieden fest und werden sich ihrer je eigenen Traditionen noch stärker bewußt. Denkbar ist aber auch, daß der parallel verlaufende Dialog mit anderen Religionen – vor allem mit dem Islam und dem Buddhismus – die christlichen Konfessionen veranlaßt, ihre Lehrunterschiede zu relativieren.

III. Der innerprotestantische ökumenische Dialog

Die Fortschritte im ökumenischen Dialog zwischen Katholiken und Protestanten haben auch die Ökumene innerhalb des Protestantismus gefördert – nicht nur zwischen Lutheranern und Reformierten, sondern auch mit den protestantischen Freikirchen.

Auf europäischer Ebene unterzeichneten fast alle lutherischen, unierten und reformierten Kirchen 1973 ein Übereinkommen, die sog. *Leuenberger Konkordie* (benannt nach dem Unterzeichnungsort in der Nähe von Basel)[9]. In ihr erklären diese Kirchen ihre volle Kirchengemeinschaft. Dies bedeutet, daß sie Abendmahlsgemeinschaft praktizieren und ein Geistlicher sein Amt unterschiedslos in einer lutherischen oder reformierten Kirche ausüben kann. Inzwischen haben auch mehrere protestantische Kirchen außerhalb Europas diesen Text ratifiziert. 1997 bekannten sich 92 Kirchen in Europa und Amerika – Lutherische, reformierte, unierte und vorreformatorische Kirchen (italienische Waldenser, tschechische Hussiten) – zur „Altar- und Kanzelgemeinschaft" auf der Grundlage der *Leuenberger Konkordie*. Für die Anerkennung der vollen Kirchengemeinschaft genügt das gemeinsame Verständnis der Evangelien und der Sakramente als fundamentales Kriterium von Kirche in lutherischer und reformierter Tradition (vgl. vor allem Art. 7 der CA von 1530). Ausgehend von diesem fundamentalen Kriterium bezeichnet die *Leuenberger Konkordie* Unterschiede in der gottesdienstlichen Praxis, in den kirchlichen Amtsstrukturen und in den Lehrformulierungen als zulässig.

In der Nachfolgezeit wurden weitere Übereinkünfte geschlossen: die Meissner Erklärung (1988) mit der (vorbehaltlichen) Einigung zwischen der anglikanischen Kirche Englands und den evangelischen Kirchen Deutschlands sowie vor allem die Erklärung von Porvoo (1994), mit der die volle Kirchengemeinschaft zwischen der anglikanischen Kirche der britischen Inseln und den lutherischen Kirchen Skandinaviens sowie der baltischen Länder fixiert wurde.

Von diesen Vereinbarungen unberührt sind die fortgesetzten Aktivitäten der konfessionellen Bündnisse, die weltweit die zu einer gleichen Konfession gehörenden protestantischen Kirchen vereinen (Lutheraner, Reformierte, Baptisten usw.). So gehörten zum Lutherischen Weltbund (LWB) [10], der bei seiner Gründung im Jahre 1947 in Lund (Schweden) nur rund 60 Kirchen vereinte, im Jahre 1997 bereits 140 Kirchen mit etwa 60 Millionen Gläubigen. Neben dem Bemühen, das Augenmerk auf eine geschlossene theologische Entwicklung der lutherischen Kirchen auf weltweiter Ebene zu legen, kümmert sich dieser Bund auch um gegenseitige Hilfe und Güterteilung unter den Kirchen, die unter ganz unterschiedlichen sozio-ökonomischen Bedingungen wirken. Bei der Weltkonferenz des LWB in Budapest (1984) haben sich alle Gliedkirchen dieses Bundes zur vollen Kirchengemeinschaft bekannt. Seitdem konnte sich der LWB als eine „Gemeinschaft von Kirchen" definieren. Daraus erwächst bei einigen der Wunsch nach einer lutherischen Weltkirche. Der 1875 in London entstandene Reformierte Weltbund vereint die reformierten, presbyteranischen und unierten Kirchen. Im Jahre 1990 gehörten dazu 185 Kirchen mit 70 Millionen Gläubigen (gut die Hälfte davon in der Dritten Welt). Im Unterschied zu den lutherischen Kirchen haben die Gliedkirchen des reformierten Weltbundes kein gemeinsames Bekenntnis. Damit wird ihre Beteuerung zur Einheit zwar schwierig, aber nicht unmöglich. Bei ihrer 23. Generalversammlung in Debrecen (Ungarn) im Jahre 1997 bestätigten die reformierten Kirchen erneut das aus der calvinistischen Tradition überkommene Soli Deo gloria: „Wir gehören mit Leib und Seele, im Leben wie im Tod, unserem Herrn Jesus Christus, der treu ist, wir gehören uns nicht selbst [...]. Wir glauben an Jesus

---

[9] Siehe dazu: Joachim Track, Art. Leuenberger Konkordie, in: EKL 3 (1990), Sp. 80–82 (Lit.!) und den instruktiven Aufsatz von Georg Hintzen, Das Modell der Kirchengemeinschaft innerprotestantischer Entwicklungen seit der Leuenberger Konkordie, in: Catholica 52 (1998) 155–185 (Lit.!).

[10] Siehe dazu: Eugene L. Brand, Art. Lutherischer Weltbund, in: EKL 3 (1990), Sp. 209–211.

Christus, der für uns und unser Heil gestorben ist. Wir bekennen, daß keine Ideologie und keine Agenda das Geheimnis um den letzten Sinn der Geschichte enthalten. Wir sind in allem auf unseren Erlöser angewiesen. [...] Wir gehören uns nicht selbst. Mit den Christen reformierten Glaubens aller Jahrhunderte und mit der ganzen Kirche Gottes vereinen wir unsere Stimmen zum Lobpreis: Soli Deo gloria."

Der innerprotestantische ökumenische Dialog führte auch zur Bildung von unierten Kirchen, die strukturell einst getrennte Kirchen vereinen. So vereinigte die protestantisch-unierte Kirche Belgiens im Jahre 1979 drei bis dahin getrennte Kirchen. 1997 beschlossen in den Niederlanden drei Kirchen (zwei reformierte und eine lutherische), sich zu einer Kirche zusammenzuschließen. Auf nationaler Ebene sind die verschiedenen evangelischen Kirchen oft in „Vereinigungen" organisiert:, *Schweizer Evangelischer Kirchenbund, Vereinigte Evangelisch-lutherische Kirche in Deutschland* (VELKD) als Kirchenbund von lutherischen, reformierten und unierten Landeskirchen. In diesen Vereinigungen arbeiten die unterschiedlichen evangelischen Kirchen zusammen und bauen gemeinsame Dienste auf, vor allem auf dem Gebiet der Medien, der Militär- und Krankenhausseelsorge, erarbeiten Regeln für das Zusammenleben und präzisieren die Grundlagen, auf denen diese Regeln aufbauen. Im Jahre 1993 nahm die *Fédération protestante de France* eine Charta an, in der „die Einheit in der Vielfalt" zum Ausdruck kommt und die Geltungsbereiche für die erzielte Einheit näher erläutert werden:

„Auf dem Hintergrund unserer jeweiligen Geschichte und unserer Traditionen [...] erklären wir als Glieder dieser Vereinigung unsere Übereinstimmung in folgenden Überzeugungen: Wir wissen uns vom Evangelium berufen und verbunden, wie es in der Heiligen Schrift bezeugt ist. Wir kennen als fundamental die Heilszusage durch die Gnade an, die allein durch den Glauben zuteil wird. Dies wird durch die Predigt der Reformatoren, die von ihnen ausgehenden religiösen Bewegungen und die ökumenischen Bestrebungen bestätigt. In der brüderlichen Liebe und der Freiheit, die uns das Evangelium schenkt, praktizieren wir die gegenseitige Zulassung zum Abendmahl als Antwort auf die Einladung des Herrn und als Zeichen der Gemeinschaft in Christus."

Auch auf europäischer Ebene suchten die Protestanten nach gemeinsamen Organisationsformen. So wurden am Rande der zweiten Vollversammlung des ÖRK 1954 in Evanston (USA) die ersten Kontakte geknüpft, die zur Bildung der *Konferenz Europäischer Kirchen* (KEK) führten. Die KEK wurde schließlich im Januar 1959 in Nyborg (Dänemark) bei einem Treffen gegründet, das 61 Vertreter von 52 Kirchen Ost- und Westeuropas unter dem Thema „Die europäische Christenheit in der heutigen säkularisierten Welt"[11] vereinigte. Die Gründung in einem geteilten und vom Kalten Krieg gezeichneten Europa zur Vereinigung der protestantischen, anglikanischen und orthodoxen Kirchen in Ost und West geschah aus der Überzeugung heraus, daß es zwischen Kirchen keinen eisernen Vorhang geben dürfe. Zielvorstellung war dabei, auf großeuropäischer Ebene für eine internationale Verständigung und für den ökumenischen Dialog zu arbeiten. Die KEK bildet „eine ökumenische Vereinigung von europäischen Kirchen, die den Herrn Jesus Christus als Gott und Erlöser nach den Schriften bekennen und sich aus diesem Grund bemühen, zusammen ihrer gemeinsamen Berufung zur Ehre des einzigen Gottes – Gott Vater, Sohn und

---

[11] Vgl. Die europäische Christenheit in der heutigen säkularisierten Welt, Nyborg 1959; Vorträge und Berichte, Zürich – Frankfurt/M. 1960.

Heiligem Geist – zu entsprechen". Zu ihr gehören 120 Kirchen, ihr Sitz ist Genf. Ihre Statuten legen fest:

„Erklärungen und Entscheidungen der Konferenz binden die an ihrer Arbeit beteiligten Kirchen nur in dem Maße, wie sie von ihnen ausdrücklich und eigenständig angenommen worden sind" (Art. 1.4.). Es gibt periodische Vollsitzungen. Die ersten drei fanden im dänischen Nyborg statt und wurden als Nyborg I, Nyborg II und Nyborg III gekennzeichnet. Die vierte Konferenz (1964) fand auf einem Schiff in den internationalen Gewässern auf der Höhe von Dänemark statt, weil die Delegierten der osteuropäischen Kirchen keine Visa für eine Reise in den Westen erhielten. (Die Brückenfunktion der KEK zwischen den durch den eisernen Vorhang getrennten Kirchen konnte nicht besser zum Ausdruck kommen als durch diesen Tagungsort.) Die 10. Konferenz tagte in Prag (1992) unter dem Thema: „Gott vereint. In Christus eine neue Schöpfung".

Die KEK nahm aktiv am Prozeß der *Konferenz für die Sicherheit und Zusammenarbeit in Europa* (KSZE) teil, die am 31. Juli 1975 zu den Verträgen von Helsinki führte. Mehrere der von der KEK eingebrachten Vorschläge wurden in die Schlußakte der KSZE aufgenommen.[12] Wenn das Zentralanliegen der KEK auch die Ost-Westbeziehungen und die Entspannung in Europa im Visier hatte, so sorgte sie sich immer auch um die Nord-Süd-Beziehungen, wobei sie die Tendenz des starken Europas reicher Länder kritisierte, die notwendige Solidarität mit den ärmeren Ländern zu vergessen. Von 1964 an nahmen katholische Beobachter bei den Versammlungen der KEK teil. Das katholische Pendant zur KEK ist der Rat der europäischen Bischofskonferenzen (CCEE). Diese beiden Instanzen organisierten bislang regelmäßig ökumenische Zusammenkünfte: Die erste fand in Chantilly (Frankreich) 1978 unter dem Thema statt: „Sie sollen eins sein, damit die Welt glaube". Es folgten die Treffen im Lögumkloster (Dänemark) 1981 unter dem Thema: „Zu einer gleichen Hoffnung berufen", Riva del Garda (Italien) 1984: „Gemeinsam unseren Glauben als Quelle der Hoffnung bekennen", Erfurt (1988): „Dein Reich komme" und Santiago de Compostela (1991): „Auf Dein Wort. Mission und Evangelisation in Europa heute".

Nach der Aufforderung des ÖRK an die Kirchen 1983 anläßlich seiner VI. Vollversammlung in Vancouver (Kanada), sich „am konziliaren Prozeß eines Bündnisses für Gerechtigkeit, Frieden und Bewahrung der Schöpfung" zu beteiligen, schlossen sich die KEK und der CCEE auf europäischer Ebene diesem Vorhaben an. Dies führte schließlich zur Ökumenisch-Europäischen Versammlung von Basel im Mai 1989, die Vertreter aller christlichen Kirchen Ost- und Westeuropas vereinte[13]. Auf weltweiter Ebene versagte jedoch die katholische Kirche eine Mitwirkung bei dieser Initiative mit dem Argument, der Vatikan und der ÖRK seien internationale christliche Institutionen von unterschiedlicher Natur.

Als Mitglieder der KEK sperrten sich die Kirchen Osteuropas lange Zeit dagegen, daß

---

[12] Vgl. Paix en Europe: le rôle des Églises. Bericht des Colloquiums von 1973 über „La consolidation de la paix en Europe: la contribution spécifique des Églises", Genf, Conférence des Églises européennes, Heft 6 (1974). – La Conférence sur la sécurité et la coopération en Europe et les Églises. Matériel d'étude pour usage dans les Églises et les paroisses. Bericht eines Colloquiums in Buckow/DDR vom 27.–31. Oktober 1975, Genf, Conférence des Églises européennes, Heft 7 (1976).

[13] Konferenz der europäischen Kirchen und Rat der europäischen Bischofskonferenzen. – Paix et Justice pour la Création entière. Dokumentation über die ökumenisch-europäische Versammlung „Friede und Gerechtigkeit" vom 15.–21. Mai 1989 in Basel, Paris 1989; die geschichtliche Entwicklung zeichnet V. DEILE nach; ebd., 11–31.

diese Konferenz europäischer Kirchen Kontakt mit der Europäischen Gemeinschaft und dem Europarat aufnahm, weil diese Organisationen als eine reine Angelegenheit des Westens verstanden wurden. Erst 1989 wurde die KEK ermächtigt, offiziell Kontakte mit den europäischen Institutionen in Brüssel und Straßburg aufzunehmen. Dies ist ein zusätzliches Indiz für die zunächst distanzierte Haltung der protestantischen Kirche gegenüber der Europäischen Gemeinschaft. Der Generalsekretär Jean Fischer schrieb in seiner bei der 10. Versammlung in Prag (1992) verlesenen Stellungnahme: „So lange Europa geteilt war, hat die KEK einen paneuropäischen Charakter aufrecht erhalten und konnte auf westeuropäischer Ebene nicht in gleicher Weise tätig werden wie die Europäische ökumenische Kommission „Kirche und Gesellschaft" (EECCS). Jetzt hat sich für beide die Situation verändert, weil dem EECCS bewußt ist, daß immer mehr Länder Mitglieder der EG und des Europarates werden wollen und die KEK nicht mehr daran gehindert wird, eine Rolle im politischen Leben wenigstens eines Teils in Europa zu spielen."[14]

Bei der 10. Versammlung in Prag (September 1992) als der ersten, die in einem osteuropäischen Land stattfinden konnte, warfen 35 Unterzeichner der Charta 77 (die damals das Manifest der von Václav Havel angeführten Dissidenten war) in einem bissigen Brief den Mitgliedskirchen der KEK vor, „blind gewesen zu sein" gegenüber den wirklichen Leiden von Christen, die sich kommunistischen Herrschaftssystemen widersetzt haben. „Euere Bemühungen zur Entspannung zwischen Ost und West beruhten auf falschen Vorstellungen. Sie waren deshalb schädlich, weil sie unmoralische Herrschaftssysteme begünstigt und deren Existenz weiter ermöglicht haben."

Die auf der Generalversammlung des EECCS in Sète (28. September–1. Oktober) beschlossene Eingliederung der EECCS in die KEK dokumentiert den zurückgelegten Weg: Das „kleine" ökumenische Europa trifft auf das ökumenische „Großeuropa" und umgekehrt. (Mit der Gründung der Kommission „Kirche und Gesellschaft" der KEK stellte der EECCS am 1. Januar 1999 seine Tätigkeit ein.) Es sind aber im wesentlichen die gesellschaftspolitischen Veränderungen in Europa seit 1989, die dafür sorgten, daß die KEK sich nun entschieden für die Europäische Union einsetzte, wenn sie dabei auch den geographischen Bereich darüber hinaus stets im Auge behielt. Offensichtlich bedurfte es dieser enormen Erschütterung, damit eine solche Entwicklung möglich wurde – eine Entwicklung, die Realismus angesichts der neuen Konstellation in Europa bezeugt, aber ihre vergangene kritische Distanz gegenüber einem nordatlantischen Europa der kapitalistischen Marktwirtschaft nicht verleugnet.

Im Protestantismus wurde lange Zeit die Europäische Gemeinschaft eher von Einzelpersonen unterstützt als von Kirchen und ökumenischen Organisationen. Dies umso mehr, als sich Westeuropa in einer Situation der Teilung befand. In Deutschland blieb der Protestantismus bezüglich der westeuropäischen Integration gespalten. Das Gewicht der Kirchen der „Dritten Welt" und eine kritische Beurteilung des weltweiten Kapitalismus innerhalb des ÖRK erleichterten nicht gerade eine positive Grundstimmung gegenüber der (mit dem atlantischen Bündnis verbundenen) westeuropäischen Einigung. Die Wertschätzung für die Aufrechterhaltung der kirchenpolitischen Beziehungen zwischen Ost und West sowie die Bevorzugung einer genuinen kirchlichen *Ostpolitik* bremsten die protestantische Unterstützung für die Europäische Gemeinschaft. Erst mit einiger Verspätung erkannten die

---

[14] Konferenz der europäischen Kirchen: Dans les tumultes de l'Europe. De Stirling à Prague. Xe assemblée, Prag/Tschechische Republik vom 1.–11. September 1992, Genf, Conférence des Églises européennes, 1992, 23.

protestantischen Kirchen die volle Bedeutung der Europäischen Gemeinschaft, vor allem seit den ersten Wahlen zum Europa-Parlament im Jahre 1979.

ÖRK und KEK haben bewiesen, daß es den protestanischen Kirchen in Europa nicht an ökumenischen Organen fehlt, in denen sie untereinander und mit den anglikanischen wie orthodoxen Kirchen zusammenarbeiten. Zu diesen Organisationen gehört auch das Fortsetzungs-Komitee der *Leuenberger Konkordie* (1973), jenem Dokument der Kirchengemeinschaft von lutherischen und reformierten Kirchen Europas. Das Fortsetzungs-Komitee organisierte die europäische protestantische Versammlung in Budapest (März 1992), die der X. Versammlung der KEK in Prag im gleichen Jahr (September 1992) vorausging – zwei bedeutende Versammlungen, im gleichen Jahr von zwei verschiedenen Organisationen abgehalten, um die protestantischen Kirchen zum Nachdenken über ihren Sendungsauftrag in Europa anzuregen: Es ist nicht verwunderlich, daß dies zu Spannungen zwischen der KEK und dem Leuenberger Komitee führen mußte, selbst wenn letzteres bewußt darauf hinwies, daß die Versammlung von Budapest „ein Ort protestantischer Vorbereitung für die KEK (Generalversammlung im Dezember 1992 in Prag) sein will"[15]. Die Versammlung in Budapest vom März 1992 war in der Tat die erste protestantische Versammlung in Europa, und das Fortsetzungskomitee der *Leuenberger Konkordie* ist die einzige rein protestantische Instanz unter den aufgeführten. In der Tat sind weder der ÖRK noch die KEK rein protestantische Organe. Unleugbar haben die Protestanten der unterschiedlichen Konfessionen in diesen Organisationen eine wichtige Rolle gespielt und spielen sie noch immer. Man darf aber nicht aus den Augen lassen, daß zum ÖRK wie zur KEK auch Orthodoxe und Anglikaner gehören – und dies seit ihrer Gründung. Das heißt aber auch, daß das „andere Europa" (das sogenannte Ost-Europa) immer in diesen Organen vertreten war, vor allem mittels der Repräsentanten der Orthodoxen Kirchen. Daß diese Organisationen von den Ost-West-Spannungen betroffen waren, ist von daher gesehen nichts Erstaunliches.

STATISTIKEN ZU DEN LUTHERISCHEN KIRCHEN

Die nachfolgenden Zahlen geben die Anzahl der Gläubigen wieder:

(M)   124 Gliedkirchen des Lutherischen Weltbundes (LWB)
(AM)   Angeschlossene Gliedkirchen
(R)   12 anerkannte Gemeinschaften
(K)   Kirchen, Missionen oder Gemeinschaften, die jetzt in Beziehung zum Lutherischen Weltbund stehen

Gesamtübersicht 1998

124 Gliedkirchen des LWB und 12 anerkannte Gemeinschaften	57 845 668
Lutheraner der Kirchen, die nicht Glieder des LWB sind.	3 682 529
Insgesamt	61 528 197

[15] Vgl. A. BIRMELÉ, „Einleitung" zur französischen Ausgabe der Texte zur europäisch-protestantischen Versammlung in Budapest, in: Foi et Vie 82 (1993), Nr. 2 (April 1993), 1.

	Lutheraner insgesamt	Glieder des LWB	Andere
Afrika	9 412 130	9 357 661	54 469
Asien	4 989 776	4 860 357	129 419
Europa	37 132 125	37 092 125	40 000
Lateinamerika	1 408 767	1 134 787	273 980
Nordamerika	8 585 399	5 400 738	3 184 661
	61 528 197	57 845 668	3 682 529

Länder mit mehr als 500 000 Lutheranern

Deutschland	14 010 795	Äthiopien	2 274 209
USA	8 295 182	Madagaskar	1 500 000
Schweden	7 505 930	Indien	1 319 114
Finnland	4 593 766	Brasilien	1 218 000
Dänemark	4 541 696	Papua-Neuguinea	910 000
Norwegen	3 821 060	Südafrika	884 826
Indonesien	2 442 817	Namibia	729 000
Tansania	2 500 000	Nigeria	795 000

Lutherische Kirchen mit mehr als einer halben Million Mitglieder

Schwedische Kirche	7 505 930
Evangelisch-Lutherische Kirche von Amerika	5 185 055
Evangelisch-Lutherische Kirche Finnlands	4 593 766
Evangelisch-Lutherische Kirche von Dänemark	4 541 696
Norwegische Kirche	3 800 000
Evangelisch-Lutherische Kirche von Hannover (Deutschland)	3 293 241
Evangelisch-Lutherische Kirche von Bayern (Deutschland)	2 772 000
Lutherische Kirche – Missouri-Synode (USA und Kanada)	2 600 000
Evangelisch-Lutherische Kirche Nordelbiens (Deutschland)	2 353 816
Evangelische Kirche des Landes Württemberg (Deutschland)	2 450 000
Evangelisch-Lutherische Kirche von Tansania	2 500 000
Evangelische Kirche Mekane Yesus von Äthiopien	2 274 209
Protestantische Batak-Kirche (Indonesien)	1 559 478
Evangelisch-Lutherische Kirche von Sachsen	1 070 000
Lutherische Kirche von Madagaskar	1 500 000
Evangelisch-Lutherische Kirche von Brasilien	1 000 000
Evangelisch-Lutherische Kirche von Papua-Neuguinea	815 000
Evangelisch-Lutherische Kirche von Südafrika	768 998
Evangelisch-Lutherische Kirche von Thüringen (Deutschland)	534 500
Evangelisch-Lutherische Kirche von Namibia (ELKIN)	522 000
Lutherische Kirche Christi von Nigeria	715 000

Drittes Kapitel

Theologische Veränderungen und Problemstellungen

VON CHRISTOPH THEOBALD UND JEAN-PAUL WILLAIME

I. Der Weg der katholischen Theologie seit dem Zweiten Vatikanum

VON CHRISTOPH THEOBALD

Das Zweite Vatikanische Konzil (1962–1965) bedeutet für die katholische Theologie des 20. Jahrhunderts eine entscheidende Zäsur. Es ist Endpunkt einer Entwicklung und gleichzeitig Anfang einer neuen Epoche, deren Konturen zu beschreiben und deren Zielsetzungen zu erkennen nicht einfach ist. Die römische Theologie hatte noch bei der Vorbereitung dieses wichtigen ökumenischen Ereignisses eine Monopolstellung inne, fand jedoch mit Beginn des Konzils 1962 keine Zustimmung bei der Mehrheit der Konzilsväter, die sich den Vertretern der sog. „nouvelle théologie" zuwandten. Kurz gesagt handelte es sich bei dieser um jene westeuropäische Richtung, die verstärkt die Gegenwartserfahrungen der Christen aufgriff und sich an den grundlegenden Quellen, der Heiligen Schrift und den Kirchenvätern, ausrichtete – ohne das begriffliche Instrumentarium des römischen Thomismus, der sich in Symbiose mit dem obersten Lehramt wähnte.

Allerdings kann man nicht sagen, daß im Oktober 1962 ein Umschwung erfolgte[1]. Die anhaltenden Spannungen zwischen Minderheit und Mehrheit, die ab 1964 aufgrund des entgegenkommenden Führungsstils Pauls VI. abgemildert wurden, führten das Konzil zur Ausarbeitung von Kompromißtexten, die unterschiedliche Interpretationsmöglichkeiten offen ließen. Ein noch entscheidenderes Argument gegen die allzu schnelle Behauptung eines Richtungswechsels ist die Tatsache, daß die Theologen der Mehrheit selbst unterschiedlicher Meinung waren, wenn sie nach dem geschlossenem Widerstand gegen die vorbereitenden Schemata die Abfassung neuer Texte in Angriff nahmen, wie man insbesondere bei der Pastoralkonstitution über die Kirche in der Welt von heute sehen konnte. Diskrepanzen ergaben sich damals nicht nur bei den einflußreicheren Theologen, die alle aus Westeuropa und Nordamerika stammten, sondern auch im Verhältnis zu anderen Theologen, die sich im Gefolge von Bischöfen aus Südamerika, Afrika und dem Vorderen Orient noch im Hintergrund gehalten hatten. So zog sowohl mit Blick auf ihre Zielsetzungen wie auf ihre geographische und kulturelle Herkunft der Pluralismus in die Theologie ein. Er sollte sich im Lauf der Jahre weiter ausbreiten und komplexer werden.

Auch wenn die Entwicklung der katholischen Theologie in den letzten 35 Jahren noch von anderen Faktoren mitbestimmt wurde, so ist sie doch zum großen Teil mit der Rezep-

---

[1] Vgl. dazu É. FOUILLOUX, Une Église en quête de liberté. La pensée catholique française entre modernisme et Vatican II (1914–1962), Paris 1998, 309 f.

tionsgeschichte des Zweiten Vatikanums identisch. Diese Deutung wird insofern durch das Konzil selbst nahegelegt, als es nicht nur das umfassende Gefüge der *Glaubensinhalte* neu strukturierte, sondern auch bei den Lehrinhalten der *theologischen Disziplinen* in den Priesterseminaren und katholischen Universitäten Position bezog und vor allem den *Theologen* selbst eine neue Rolle zuschrieb.

Die *Inhalte* des konziliaren Textkorpus, das fast ein Drittel der Texte der 21 ökumenischen Konzile ausmacht, werden durch drei Pole bestimmt[2]. Die Struktur der Texte scheint zunächst bipolar zu sein, zwischen Kirche und Gesellschaft, zwischen der Perspektive *ad intra* und der Beziehung der Kirche *ad extra*, hin und her zu wechseln. Bei genauerer Analyse zeigt sich ein dritter Pol, von dem aus – sozusagen quer zur ekklesiologisch-gesellschaftlichen Ebene – die theologale Achse der Gottesbeziehung sichtbar wird, wie sie in den während und nach dem Konzil sehr umstrittenen Texten über die Offenbarung und ihre Weitergabe, über den Glauben und die Gewissensfreiheit deutlich wird (vor allem in der Konstitution *Dei Verbum* und der Erklärung *Dignitatis humanae*). Das Verständnis der Beziehung zu Gott spiegelt sich wider in den gesellschaftlichen Beziehungen zu anderen. Das Zweite Vatikanische Konzil ist das erste Konzil, das solche Fragestellungen konsequent aufgegriffen hat, indem es zwischen ökumenischen Beziehungen (Dekret *Unitatis redintegratio*), den Beziehungen zu nichtchristlichen Religionen (Erklärung *Nostra aetate*) und den Beziehungen zum Atheismus wie zur modernen Gesellschaft (Pastoralkonstitution *Gaudium et spes*) unterschied. Die beiden erstgenannten Achsen des Textkorpus, die theologale oder vertikale Achse und die Ebene der Beziehungen, kreuzen sich schließlich in der Kirche und ihrem Selbstbild (Konstitution *Lumen gentium*). Wahrscheinlich wurde hier grundgelegt, was man die Konversion der Kirche[3] genannt hat: die Neuordnung der Beziehungen zwischen den wichtigsten Handlungsträgern (Dekrete über das Amt der Bischöfe und Priester, über die Erneuerung des Ordenslebens und das Laienapostolat).

Aus der Komplexität dieser Matrix, die sowohl die Lehre als auch die Kirche in ihrer geschichtlichen Verfaßtheit umgreift, und deren empfindlichem Gleichgewicht, das sich aus ihrer dreipoligen Struktur ergibt, werden einige Konflikte der Nachkonzilszeit verständlich: vor allem die Vielzahl der Grundpositionen, die den immer wieder von neuem aufbrechenden Gegensatz von Fortschrittlichkeit und Traditionalismus weit überschreitet. Einige Konzilsväter und Theologen wie Karl Rahner waren sich der Schwierigkeiten voll bewußt, die diese Ausdifferenzierung für die theologische Ausbildung mit sich bringt. Die Stellungnahmen des Konzils zu den *theologischen Disziplinen* im Dekret über die Priesterausbildung, die von verschiedenen Folgetexten übernommen wurden (vor allem in der Apostolischen Konstitution *Sapientia christiana* von 1979)[4], zeigen Spuren des pädagogischen Bemühens, sowohl die Gesamtperspektive des Glaubens in einem „Fundamentaltraktat" wie auch die immer größere Auffächerung der Disziplinen ernst zu nehmen (Dekret über die Priesterausbildung *Optatam totius*, Nr. 14–15). Diese Spannung hatte dauerhafte Auswirkungen auf die theologischen Institutionen (Priesterseminare, Hochschulen, Fakultäten und andere), die sich seit dem Zweiten Vatikanum einer ganzen Reihe von Reformen aus-

---

[2] Vgl. dazu Ch. Theobald, Le concile et la forme „pastorale" de la doctrine, in: B. Sesboüé – Ch. Theobald, Histoire des dogmes IV, Paris 1996, 488–496.

[3] Groupe des Dombes, Pour la conversion des Églises, Paris 1991.

[4] Documentation Catholique [= DC] (1979), 551–568.

gesetzt sahen. Dabei wurden nach und nach die im Konzil aufgegriffenen neuen Fragestellungen in das Vorlesungsangebot einbezogen.

Die Gestalt der theologischen Lehreinrichtungen veränderte sich vor allem auf Grund eines neuen Bewußtseins der *Theologen* selbst. Traditionellerweise waren ihre Aufgaben auf Lehre und Forschung beschränkt. Nun schrieb ihnen das Konzil eine neue Funktion zu. Die Konzilsväter wiesen ihnen die Ausarbeitung von Texten zu, deren von Johannes XXIII. verlangte grundsätzlich pastorale Ausrichtung die gemeinsame Anstrengung erforderte, die vielfältigen Probleme der Zeitgenossen aufzugreifen. Die Bischöfe baten die Theologen deshalb auch nach der Rückkehr vom Konzil, den Kirchen die Konzilsentscheidungen zu erklären und deren Umsetzung zu begleiten. So spielten die Theologen allmählich eine immer größere Rolle im langen Rezeptionsprozeß des Konzils. Sie standen sowohl auf der Seite derjenigen, die den Prozeß und die Entscheidungen des Konzils weitervermittelten, als auch auf der Seite der Empfänger und deren mit äußerst unterschiedlichen, sich wandelnden Kontexten verbundenen Erwartungen.

Die Rezeption des Zweiten Vatikanischen Konzils verlief in der Tat auf zwei Ebenen: der „kerygmatischen" (lehrmäßigen) und der „praktischen". „Die *kerygmatische* Rezeption umfaßt alle von den Bischöfen aufgebrachten Bemühungen, die Konzilsentscheidungen bekannt zu machen und wirksam zu fördern"[5]. Mit Blick auf die römische Zentrale müssen vier Vorhaben unterschieden werden: 1. Die von Paul VI. im Dezember 1965 mit der Umwandlung des Heiligen Offiziums in die *Kongregation für die Glaubenslehre* begonnene Kurienreform. Sie wurde 1967 mit der Bildung der drei „Konzils"-Sekretariate für die Einheit der Christen, für die Nichtchristen und die Nichtgläubigen abgeschlossen, bevor Johannes Paul II. 1988 diese Reform wieder aufgriff. 2. Die 1983 abgeschlossene Reform des *kanonischen Rechts*. 3. Die Einführung der *Bischofssynode*, die vom Dekret über die Hirtenaufgaben der Bischöfe[6] empfohlen und vom Recht in die Schranken eines dem Papst zugeordneten Beratungsorgans gewiesen wurde[7]. 4. Die Einsetzung einer *Internationalen Theologenkommission*[8], die wie die Bibelkommission bei der Kongregation für die Glaubenslehre angesiedelt ist.

Alle diese institutionellen Reformen sind Folge des Zweiten Vatikanums. Die Konzilsaussage über die Kollegialität (*Lumen Gentium* 23), daß die Gesamtkirche *in* den Teilkirchen und *von ihnen her* existiert und der Aufruf an den „übernatürlichen Glaubenssinn des ganzen Volkes" brachten unweigerlich eine „Komponente der Ungewißheit" in den Rezeptionsprozeß. Es ist daher nicht verwunderlich, daß diese Institutionen sehr bald nach dem Konzil zu Lehrstreitigkeiten und Machtkämpfen Anlaß gaben, in denen die außerordentliche Schwierigkeit einer konkreten Umsetzung der Grundsatzentscheidungen zu Tage trat.

So kam zur offizielle Rezeption auch die Rezeption in der kirchlichen *Praxis*, die von der Basis und den geschichtlichen Traditionen der Teilkirchen ausging. Sie wurde teilweise als Störung oder als Korrektur der vorgegebenen Linie empfunden. Sie läßt sich nicht als eine bloße „Anwendung" verstehen, als handle es sich um einen mit einer bestimmten Strategie zu realisierenden „Plan". Sie verlangte vielmehr eine Veränderung der

---

[5] G. ROUTHIER, La Réception d'un concile, Paris 1993, 87.
[6] CD III, 36.
[7] CIC, can. 342–348.
[8] COMMISSION THÉOLOGIQUE INTERNATIONALE, Textes et documents (1969–1985), Paris 1988.

Strukturen, eine Umgestaltung der Institutionen (Reform) und der Denkweisen (Erneuerung)[9], die zu einer „Neuauflage" der Konzils*erfahrung* im engeren und kulturell genauer bestimmten Umfeld führte. Damit sollte ein Verständnis der Konzilstexte ermöglicht werden, das auf der Erfahrung der einzelnen aufbaut. Die „Synoden" in Europa wie die „Generalversammlungen des Lateinamerikanischen Episkopats", die konfliktbeladenen Erfahrungen des „Pastoralkonzils" der Niederlande (1966–1970), die „Gemeinsame Synode der Bistümer der Bundesrepublik Deutschland" (1971–1975) oder die „Diözesansynoden" in Frankreich (seit 1985) sind Ausprägungen dieser Form der Rezeption in den Teilkirchen. Diese Zusammenkünfte haben die nur schwer zu überwindenden Schwierigkeiten des Rezeptionsprozesses offenbart, die dadurch auftauchen, dass ein neuer Kommunikationsstil in der Kirche und mit der Gesellschaft auf Probleme der Lehre angewendet wird, die mehr oder weniger ausschließlich der Autorität des Lehramts vorbehalten sind.

Da die Theologen sowohl bei der kerygmatischen wie der praktischen Rezeption des Konzils beteiligt waren, übernahmen sie unterschiedliche Funktionen, die sich immer stärker ausdifferenzierten. Das Wechselspiel zwischen ihnen und dem römischen Lehramt hat seitdem Veränderungen erfahren, die durch die Herausbildung neuer Versammlungsformen und theologischer Vereinigungen noch verstärkt wurde. Dies gilt auch für den noch nie dagewesenen und immer größeren Zulauf von Laien zum Theologenberuf und das auch in den nachkonziliaren Jahren weiterhin lebhafte Interesse der Öffentlichkeit für die gegensätzlichen Strömungen innerhalb des Christentums.

Sowohl der Standpunkt der *Akteure* differenziert sich nun, als auch ihre Art und Weise, sich zur *universitären* Theologie wie den Glaubens*inhalten* zu verhalten. Rahner spricht 1969 in der Zeitschrift *Concilium* von einem qualitativ neuen und in seinen Augen unhintergehbaren Pluralismus, der ein neues Verständnis der Einheit des Glaubensbekenntnisses erfordert[10].

Die theologische Forschung und ihre Aufgabe in diesem Rezeptionsprozeß wurde aus unterschiedlichen Blickwinkeln betrachtet, je nach Position der einzelnen Theologen. Die sich daraus ergebenden harten Auseinandersetzungen waren letztendlich Auseinandersetzungen um die Interpretation des Konzils selbst und seiner Bedeutung (Übergang oder nicht?) in der Geschichte der Kirche des 20. Jahrhunderts wie der Gegenwart. Daraus hat sich bis zum heutigen Tag eine Vielzahl von Sichtweisen auf diese 35 Jahre Theologiegeschichte ergeben, die eine genaue Analyse schwierig machen. Um dieser Komplexität gerecht zu werden, sollen zunächst kurz die wichtigsten Annäherungsversuche vorgestellt werden.

1. Die nachkonziliare Theologiegeschichte aus römischer Sicht

Für die römische Zentrale der Kirche stellt die Wahl von Kardinal Wojtyla auf den Stuhl Petri im Jahr 1978 eine historische Zäsur dar, die nicht nur die Ausübung des obersten Lehramtes, sondern auch den Stil der Beziehungen zur Theologie betrifft. 1981 wurde Kardinal Ratzinger, einer der einflußreichsten Theologen der Konzilsmehrheit, als Leiter der Kongregation für die Glaubenslehre berufen. Er gehört zu den Theologen, die sich in den 70er Jahren stark gewandelt haben. Die Distanzierung von der katholischen Zeitschrift

---

[9] Vgl. UR 6.
[10] K. Rahner, Der Pluralismus in der Theologie und die Einheit des Bekenntnisses in der Kirche, in: Concilium 5 (1969), 462–471.

Concilium und die Gründung der Zeitschrift *Communio* ist dafür das markanteste Zeichen. Als Präfekt der Glaubenskongregation blieb Ratzinger anders als sein Vorgänger Vertreter einer bestimmten theologischen Richtung.

Kardinal Seper verhalf seine relativ ausgeprägte Neutralität dazu, die Unterscheidung zwischen seinen Rollen als Theologe und als Glaubenswächter zu respektieren. Als Ratzinger nach Rom kam, hatte er schon eine erste Bilanz zur nachkonziliaren Geschichte der Kirche und der Theologie gezogen[11]. Kaum ein Jahr nach seinem Amtsantritt kommt er in einem grundlegenden theologischen Werk mit dem bezeichnenden Titel „Theologische Prinzipienlehre"[12] darauf zurück. Kurz vor der außerordentlichen Synode im Jahre 1985, die 20 Jahre nach dem Konzilsabschluß einberufen wurde, legte er seine Position erneut in einem langen Interview mit einem italienischen Journalisten dar („Zur Lage des Glaubens"[13]). Sein Urteil lautet jeweils: Die Kirche steckt analog zur geistigen Krise des Abendlandes in einer wirklichen Krise, für die das Konzil nicht verantwortlich gemacht werden kann, wohl aber seine Rezeption, die er detailliert anhand des „schwierigsten Textes" des Konzils, der Pastoralkonstitution, analysiert.

Auf eine „erste Phase der Euphorie" mit der Generalversammlung des Lateinamerikanischen Episkopats in Medellin (1968) und der Veröffentlichung des Holländischen Katechismus (1966) folgte für Ratzinger „eine Phase der Enttäuschung oder der Krise", die der Kardinal mit dem „Progressismus" in *Gaudium et spes* und der Rezeption des neuzeitlich-europäischen Denkens durch die lateinamerikanische Theologie nach 1967 in Verbindung bringt. Umgekehrt sieht er den Einfluß der lateinamerikanischen Erfahrungen auf eine europäische Theologie, die immer stärker mit der Sinnleere der Gesellschaften konfrontiert wird, welche seit 1968 die Rezeption der verschiedensten Formen des Neomarxismus begünstigt hat. 1985 schreibt er:

Ich bin überzeugt, daß die Schäden, die wir in diesen 20 Jahren erlitten haben, nicht auf Kosten des „echten" Konzils gehen, sondern auf den Ausbruch latenter aggressiver und zentrifugaler Kräfte innerhalb der Kirche; und außerhalb der Kirche gehen sie auf den Einfluß einer kulturellen Revolution im Abendland zurück: das Erstarken einer mittleren Oberschicht, des neuen „Dienstleistungs-Bürgertums" mit ihrer liberal-radikalen Ideologie individualistischer, rationalistischer und hedonistischer Art[14].

Ratzinger hat also nicht nur die Theologie der Befreiung im Visier (1984)[15], sondern umfassender den „moralischen Verfall der Menschheit" (1984)[16] und die Krise der Weitergabe des Glaubens (1983)[17], die von ihm als Symptome einer kulturellen Revolution verstanden werden. Schon 1974 stellte er sich die Frage, ob die Kirche in eine „Phase der Konsolidierung" eingetreten sei. Seine Antwort: „Die wahre Rezeption des Konzils hat

---

[11] J. RATZINGER, Der Weltdienst der Kirche. Auswirkungen von „Gaudium et spes" im letzten Jahrzehnt, in: Internationale Katholische Zeitschrift Communio (1975), 439–454.
[12] J. RATZINGER, Theologische Prinzipienlehre. Bausteine zur Fundamentaltheologie, München 1982.
[13] J. RATZINGER/V. MESSORI, Zur Lage des Glaubens, München – Zürich – Wien 1985.
[14] EBD.
[15] Vgl. Kongregation für die Glaubenslehre, Instruktion über die Theologie der Befreiung, Denzinger-Hünermann [DH] 4730–4741; Wiederabdruck mit anderen Texten in: Théologies de la libération, documents et débats, Paris 1985.
[16] Vgl. J. RATZINGER, Les Sources de la morale, in: Communio 9 (1984/6), 21–40.
[17] Vgl. die Vorträge des Kardinals in Paris und Lyon (Januar 1983).

noch nicht begonnen"[18]. Das für ihn wichtigste Kriterium ist die *Kontinuität des Katholizismus* und nicht die Vorstellung eines Bruches zwischen der vor- und der nachkonziliaren Kirche. Zentral ist für ihn eine kritische Auseinandersetzung der Kirche mit der Welt. Zur Wurzel der Krise gehört nach Ratzinger der Verlust des Mysteriums der Kirche, der auf die Lektüre der Konstitution über die Kirche *im Lichte* der Pastoralkonstitution zurückgeht. Dabei hätte dem Geist des Konzils zufolge genau das Umgekehrte geschehen sollen.

Die außerordentliche Synode von 1985, die aus Anlaß des 20. Jahrestages des Konzilsendes abgehalten wurde, war in ihrer Vorbereitungsphase sehr stark von Ratzingers Interviewband „Zur Lage des Glaubens" geprägt, hat aber nicht einfach die Position des Präfekten der Kongregation für die Glaubenslehre übernommen. Die Synode ist vielmehr ein beachtlicher Beleg für die substantiellen Veränderungen seit Abschluß des Konzils: die erst ansatzweise vorhandene, aber schon wirksame Hegemonie der nicht-westlichen Kirchen und deren zunehmende Ausdifferenzierung. Giuseppe Alberigo hat 1986 in einer Nummer von *Concilium* über die außerordentliche Synode bemerkt:

> Diese Vielfalt der nach dem Zweiten Vatikanum möglich gewordenen Formen der kirchlichen Erfahrung scheint also auf eine epochale Wende hinzuweisen: Die Kirche wird nun in ihrem Sein viel unmittelbarer vom Evangelium inspiriert, statt, wie es für das Verständnis der Kirche in den vergangenen Jahrhunderten der Fall war, sich dabei vor allem von einer politischen Theorie und einer Gesellschaftsphilosophie leiten zu lassen, wobei diese Neuorientierung so weit ging, daß sie sich in einer eigenen Disziplin über das Wesen der Kirche niederschlug[19].

Diese Wende könnte auch mit dem Hinweis auf die lebhaften Diskussionen belegt werden, die in den vorbereitenden Dokumenten und während der Synode über die kulturellen und die strukturellen Aspekte der internen Ausdifferenzierung der Kirche geführt wurden (Inkulturation bzw. Kollegialität, Partizipation und gemeinsame Verantwortung), allerdings im Schlußbericht entweder abgeschwächt oder übergangen worden sind[20].

So machte die Synode gleichzeitig aber auch die entschiedene Haltung des Vatikans zur Rezeption des Zweiten Vatikanums deutlich. Der Schlußbericht ist nicht einmal so weit von den Gedanken und Anliegen von Kardinal Ratzinger entfernt: aus heutiger Sicht stellt er die Zäsur dar, die sich zu Beginn des Pontifikats von Johannes Paul II. in der Absicht des Präfekten der Kongregation für die Glaubenslehre abzeichnete, „die Kirche nicht *trotz*, sondern *wegen* des wahren Konzils neu aufzubauen"[21], wie es in „Zur Lage des Glaubens" heißt. Mit gleichem Nachdruck wird in dem Bericht gesagt, daß „keinesfalls behauptet werden kann, daß alles, was sich nach dem Konzil ereignet hat, wegen des Konzils geschah". Gegen den Säkularismus der Moderne und eine „autonomistische" Sicht des Menschen und der Welt, wird entschieden an den „Anzeichen für eine Rückkehr des Sakralen" festgehalten, die für das Verständnis der religiösen Bestimmung der Menschheit wie für das Mysterium der Kirche von Bedeutung sind. Um einer selektiven Rezeption des Konzils vorzubeugen, wird eine Interpretation vorgelegt, die mit Blick auf *Lumen Gentium* von

---

[18] Theologische Prinzipienlehre.
[19] G. ALBERIGO, Neue Formen des Gleichgewichts in der Kirche über die Synode hinaus, in: Concilium 22 (1986), 499–506; Zitat: 504. – Heft 6 dieses Jahrgangs: Synode 1985 – eine Auswertung, 409–506.
[20] J. KOMONCHAK, Die theologische Diskussion, in: EBD., 444–451.
[21] RATZINGER/MESSORI, Zur Lage des Glaubens, 117.

den beiden fundamentalen Begriffen „Mysterium" und „Communio" ausgeht und eine allgemeine Interpretationsregel der Konzilstexte formuliert:

Die theologische Interpretation der Konzilslehre muß alle Texte für sich selbst und in ihrer eigenen
Beziehung untereinander in Betracht ziehen. Damit läßt sich sorgfältig der Gesamtsinn der oft komplexen und miteinander verknüpften Konzilsaussagen erheben. Den vier Hauptkonstitutionen des
Konzils kommt als Interpretationsschlüssel der anderen Dekrete und Deklarationen besondere Aufmerksamkeit zu. Die lehrmäßige Dichte der Texte darf nicht von ihrem pastoralen Charakter getrennt
werden. In gleicher Weise ist es nicht legitim, Geist und Buchstaben des Konzils voneinander zu
trennen. Außerdem muß das Konzil in seiner Kontinuität mit der großen Tradition der Kirche gesehen werden. Gleichzeitig muß die Konzilslehre die Kirche von heute und die Menschen unserer Zeit
im Auge haben. Die Kirche ist sich identisch und die gleiche in allen Konzilen[22].

Dieser Text teilt in gewisser Weise die offizielle oder kerygmatische Rezeptionsgeschichte
in zwei Phasen, die sich an den römischen Synoden genau ablesen lassen. Diese Synoden
leisteten eine an sich beachtliche theologische Arbeit in mehr oder weniger enger Anbindung an die Überlegungen der Internationalen Theologenkommission. Nach der Behandlung struktureller Fragen (kanonisches Recht, Beziehung zwischen Papst und Bischöfen)
werden seit 1971 „pastorale" Themen verhandelt: Gerechtigkeit in der Welt (1971), Evangelisierung (1974) mit dem wichtigen Apostolischen Mahnschreiben Pauls VI. (*Evangelii
nuntiandi* von 1975), die Katechese in der modernen Welt (1977).

Erst 1983 wurde unter Johannes Paul II. die Reform des CIC abgeschlossen, die schon
am 25. Januar 1959 von Johannes XXIII. ins Auge gefaßt wurde, als er das Konzil ankün-
dete. Der Codex ist das offenkundigste Zeichen für die Herstellung eines „neuen Gleichgewichts"[23]. Dieser Codex, der soweit wie möglich das Kirchenbild des Konzils umsetzen
wollte, versteht sich selbst als Ergänzung der Lehre des Konzils[24]. Die unter Johannes
Paul II. abgehaltenen Synoden lassen sich ohne weiteres auf zwei Reihen verteilen: nach
der Behandlung zweier „pastoraler" Fragestellungen (Ehe und Familie, Buße und Versöhnung) in den Jahren 1980 und 1983 eröffnete die außerordentliche Synode von 1985 eine
Folge von Synoden über die „Stände" (Laien, Priester, Ordensleute), während sich die
Synode im Jahre 2001 mit dem Bischofsamt beschäftigte. Rom beginnt also den „Wieder-
aufbau" mit einer Besinnung auf die kirchlichen Handlungsträger (*Lumen Gentium* und die
Konzilsdekrete), die immer in einer ekklesiologischen Perspektive geschieht.

Die außerordentliche Synode von 1985 äußerte auch den Wunsch, „daß ein Katechismus oder Kompendium der ganzen katholischen Lehre über den Glauben wie über die Moral verfaßt werde, der ein Leitfaden für die in den verschiedenen Ländern erstellten Katechismen sein sollte"[25]. Diese bereits während des Ersten Vatikanischen Konzils geäußerte
Absicht wurde 30 Jahre nach der Eröffnung des Zweiten Vatikanums im Jahre 1992 einge-
löst. Während der neue Codex die Überarbeitung der rechtlichen Struktur der Kirche vollendete, lieferte der neue Katechismus dazu das innere Gerüst.

Die offizielle Rezeption geschieht offenkundig überlegt und gut organisiert, vergleichbar derer der Trienter Konzilsbeschlüsse – wenn man auch bedeutende Unterschiede be-

---

[22] Synthèse des travaux du synode I, 5, in: DC 83 (1986), 37. – Siehe dazu auch: Jean-Marie TILLARD, Der Schlußbericht der Bischofssynode, in: Concilium 22 (1986), 452–460.
[23] Vgl. RATZINGER/MESSORI, Zur Lage des Glaubens ebd.
[24] Vgl. Apostolische Konstitution „Sacrae disciplinae leges", XIIIf.
[25] DC 83 (1986), 39.

Hans Küng

rücksichtigen muß, wie etwa den Hinweis auf den „Geist der Kollegialität", an den die römischen Behörden unaufhörlich appellieren, oder die neue Art und Weise, das Amt des „Universalbischofs"[26] auszuüben, die diesem unter anderem durch seine zahlreichen Reisen ermöglicht worden sind.

Dieser ohne die Mitarbeit zahlreicher Theologen unvorstellbare Rezeptionsprozeß (allen voran des Kardinalpräfekten der Kongregation für die Glaubenslehre) hat zu Konflikten mit anderen Theologen geführt. Unter Paul VI. kam es nur zu vereinzelten Stellungnahmen des obersten Lehramtes gegen einzelne Theologen, wobei man vor allem an die „Erklärung *Mysterium Ecclesiae* zur katholischen Lehre über die Kirche zum Schutz vor neueren Irrtümern" (1973) denken kann, die auf das Buch von Hans Küng mit dem provozierenden Titel „Unfehlbar? – Eine Anfrage", aber auch auf die nachkonziliare Debatte über die kirchliche Autorität antwortete. Unter dem Pontifikat Johannes Pauls II. haben sich diese Stellungnahmen vermehrt. Nach der Auseinandersetzung mit den Befreiungstheologen (1984) traten die Probleme um spezielle Fragen der Moral (1987) und zur Fundamentalethik (1993) in den Vordergrund, die bald darauf von Fragestellungen der Fundamentaltheologie (1998)[27] und der Theologie der Religionen abgelöst worden sind. Letztere wurde durch das berühmte Treffen hoher Vertreter aller Religionen in Assisi am 27. Oktober 1986 neu belebt.

Die Themen der Konflikte verschieben sich zwar ständig. Allen gemeinsam ist jedoch die Klärung des Verhältnisses zwischen dem Lehramt und den Theologen, noch genauer die Frage nach der Aufgabe der Theologie. Nachdem es bereits erste Anzeichen für diesen Konflikt gegeben hatte, brach er explizit zum ersten Mal zur Zeit Pauls VI. auf. Er steht im Mittelpunkt der Fragestellungen der Internationalen Theologenkommission und wurde

---

[26] Diesen Titel hat sich zum ersten Mal Pius IV. im Jahre 1564 bei der Verkündigung der Tridentiner Konzilsdekrete zugelegt. – Vgl. zu dieser Thematik: Y. CONGAR, Titel, welche für den Papst verwendet werden, in: Concilium 11 (1975), 538–544. Vgl. auch: Peter KRÄMER, Art. „Päpstliche Titulaturen", in: LThK³, Bd. 7 (1998), Sp. 1343 f.
[27] Die Enzyklika *Fides et ratio*, in: DC 95 (1998), 901–942.

1973 in der Erklärung *Mysterium ecclesiae* behandelt. Johannes Paul II. hat ihn dann in mehreren Dokumenten angesprochen: in der neuen *Professio fidei* von 1989 und ein Jahr später in der *Instruktion über die kirchliche Berufung des Theologen*, die sich auf das Problem der „Diskrepanz" zwischen Lehramt und Theologie konzentriert, deren Ursache der „Ideologie des philosophischen Liberalismus"[28] zugeschrieben wurde. Die sich hier abzeichnende Theologie, die das Herz des „römischen Systems" darstellt, wird weiter unten dargestellt werden.

2. Die Geschichte der nachkonziliaren Theologie aus Sicht der Theologen

Während die römische Beurteilung der nachkonziliaren Theologie relativ einheitlich ausfällt, ist der Rückblick der Theologen auf ihre Tätigkeit Teil der Ausdifferenzierungen innerhalb der Kirchen. Die Komplexität der Sichtweisen ist jedoch weniger stark als man zunächst annehmen könnte, einfach deshalb, weil es eine Geschichte der jüngeren Theologie außerhalb der westlichen Welt noch nicht gibt. Läßt sich von der Theologie am Ende des zweiten Jahrtausends sagen, daß sie weitestgehend kontextuell geworden ist, kann dies von ihrer Geschichtsschreibung nicht behauptet werden.

Es ist bezeichnend, daß die erste groß angelegte Gesamtdarstellung unmittelbar nach dem Konzil ein europäisches Unternehmen gewesen ist: Die „Bilanz der Theologie des 20. Jahrhunderts"[29] beschreibt zunächst die wichtigsten Aspekte der modernen Welt und deren verschiedenen Ansätze zur Deutung der menschlichen Existenz. Dann wird dem Leser die Entwicklung der Theologie der letzten 70 Jahre aus einer überkonfessionellen Perspektive dargeboten, wobei die mit dem Zweiten Vatikanum verbundene Wende breit behandelt wird. Der größte Teil dieses Werkes beschäftigt sich ausführlich mit der Geschichte der theologischen Disziplinen und mit einigen großen Theologen. Das Hauptaugenmerk liegt ganz offenkundig auf Mitteleuropa, d. h. Frankreich und Deutschland, und konzentriert sich auf die universitäre Theologie, wenn auch Rahners Schlußbetrachtung über die Zukunft der Theologie auf ihre pluralistische Struktur aufmerksam macht.

Erst mit den 80er Jahren nehmen die europäischen Historiker andere theologische Richtungen allmählich wahr. Die *Theologie der Gegenwart* (1945–1980) von Raymond Winling[30] zum Beispiel behält im letzten Teil die klassische Aufteilung der theologischen Traktate bei, um „Verschiebungen wie Neuausrichtungen" der nachkonziliaren Theologie zu beschreiben, während im vorangehenden Teil neben den Entwicklungen in Europa neue Tendenzen der angelsächsischen Theologie, die Theologie Schwarzafrikas und die Befreiungstheologien Lateinamerikas vorgestellt werden. Im Schlußteil werden jeweils auf zwei Seiten das Phänomen der Laientheologen, die Zielsetzungen einer „weniger männlichen Theologie" und einer „nicht-westlichen Theologie" behandelt.

Das 1987 erschienene und mit einer Einleitung von Marie-Dominique Chenu versehene Werk von Bruno Chenu über die „Christlichen Theologien der Dritten Welt"[31] ist die aller-

---

[28] Vgl. C. Theobald, Vatican II à l'épreuve de la réception, in: Histoire des dogmes IV, 609–618.

[29] R. Vander Gucht/H. Vorgrimler, Bilan de la théologie du XXe siècle, 2 Bde., Tournai-Paris 1969/1970; deutsch: H. Vorgrimler/ R. Vander Gucht (Hg.), Bilanz der Theologie im 20. Jahrhundert, 4 Bde., Freiburg 1969–1970.

[30] R. Winling, La Théologie contemporaine (1945–1980), Paris 1983.

[31] B. Chenu, Théologies chrétiennes des tiers-mondes. Théologies latino-américaine, noire américaine, noire sud-africaine, asiatique, Paris 1987.

erste Darstellung der Theologie in aller Welt – aufgeteilt in lateinamerikanische, schwarzamerikanische, schwarzafrikanische, afrikanische und asiatische Theologien. Der Autor stellt vor allem die grundlegenden Unterschiede zwischen all diesen Theologien heraus, die in Ansätzen in den 70er Jahren erkannt worden sind und auf dem fünften Treffen der *Ökumenischen Vereinigung von Theologinnen und Theologen der Dritten Welt* (EATWOT) in Neu Dehli 1981 deutlich hervorgetreten sind. Eine sozio-ökonomische und eine religiös-kulturelle Richtung sind zu unterscheiden: „Die Lateinamerikaner illustrieren in hervorragender Weise die erste Richtung, die Afrikaner und Asiaten die zweite, während die Farbigen der Vereinigten Staaten und Südafrikas einen Kompromiß suchen"[32]. Hier wird eine historische Wende diagnostiziert, deren Berechtigung sich erst später erweisen wird, wenn durch die weltweiten Verknüpfungen eine globale Sicht der Theologie selbstverständlich geworden ist.

Das Ende des zweiten Jahrtausends bot eine dritte Gelegenheit zur Bilanzierung. Hier ist vor allem das „Panorama der Theologie im 20. Jahrhundert" aus der Feder des italienischen Theologen und Verlegers Rosino Gibellini (1992)[33] zu erwähnen, die bedeutsame dreibändige „Geschichte der christlichen Theologien" des spanischen Benediktiner Evangelista Vilanova (2. Aufl. 1992)[34] und „Die Theologie im 20. Jahrhundert" des Schweizer Protestanten Klauspeter Blaser[35]. All diese Werke bieten eine Periodisierung, die in die „gegenwärtige ökumenische Epoche des weltweiten Christentums" einmündet, in der nach Johann Baptist Metz die Theologie „eine Weltkirche" zur Sprache bringt, „die in zahlreichen Kulturen verwurzelt und in diesem Sinn mehrpolig ist, in der im übrigen das europäische und abendländische Erbe nicht unterdrückt, sondern vor neue Aufgaben und Herausforderungen gestellt wird"[36].

Während Gibellini den Begriff „Strömung" verwendet und dabei „die Vertiefung der anthropologischen Wende in den 60er Jahren mit der Theologie der Hoffnung, der politischen Theologie und dem ersten Auftreten von Formen der Theologie der Befreiung" von der „weltweiten ökumenischen Bewegung der letzten Jahrzehnte dieses Jahrhunderts"[37] unterscheidet, interessiert sich Vilanova für methodische Fragestellungen und die Lebensbedingungen der Theologen: Er stellt die unterschiedlichen Haltungen der „kognitiven Minderheiten" (Fortschrittliche, Neokonservative usw.) wie die fortschreitende Regionalisierung der Theologie heraus. Dann legt er nach Kontinenten die Besonderheiten der Gegenwartstheologie zwischen 1985 und 1995 dar. Blaser geht ähnlich vor, bezieht aber die Paradigmenwechsel der postmodernen Lebensverhältnisse mit ein. Die Originalität seiner Deutung besteht in einer größeren Sensibilität für die Verschiebungen innerhalb der theologischen Forschung wie der Kommunikationsbedingungen der Theologie.

Die Ausdifferenzierung der sich aus diesem knappen Überblick ergebenden Sichtweisen verpflichtet zu einer genauen Bestimmung der eigenen Annäherung an die Zeitgeschichte der katholischen Theologie, um die Risiken zu begrenzen, die sich aus der Nähe des Gegenstandes ergeben.

---

[32] EBD., 208.
[33] R. GIBELLINI, Panorama de la théologie au XXe siècle (1992), Paris 1994.
[34] E. VILANOVA, Histoire des théologies chrétiennes III: XVIIIe-XXe siècle, Paris 1997.
[35] Kl. BLASER, La Théologie au XXe siècle. Histoire – défis – enjeux, Lausanne 1995.
[36] R. GIBELLINI, Panorama de la théologie au XXe siècle, 600 f.
[37] EBD., 600.

1. Zunächst muß man die *Wandlung des römischen Systems* während der vergangenen 30 Jahre zur Kenntnis nehmen: seine Auseinandersetzung mit der eigenen theologischen Tradition, mit der Rezeption des Zweiten Vatikanischen Konzils und schließlich mit der Globalisierung wie der Regionalisierung als Herausforderungen an seine Regulierungsfunktion.

2. Das Verhältnis zwischen Theologie und Lehramt läßt sich auch *kontextuell* verstehen. Dann muß man die fortschreitende Ausdifferenzierung der Gegenwartstheologie aufgrund der regionalen Vielfalt aus Sicht der theologischen Disziplinen und ihrer nachkonziliaren Entwicklungen analysieren.

3. Die Glaubensinhalte wie die Beschäftigung mit ihnen müssen schließlich mit Blick auf die großen *Paradigmenwechsel* betrachtet werden, die sich während der zweiten Hälfte des vergangenen Jahrhunderts ergeben haben: der Wandel der Beziehungen zwischen den Wissenschaften, der Philosophie und der Theologie, die fortschreitende Weitung des katholischen oder gar ökumenischen Horizonts einer Theologie, die durch die Prozesse der Globalisierung zur Treue gegenüber ihrer prophetischen Berufung herausgefordert wird, oder auch die Relativierung eines ekklesiozentrischen Ansatzes zugunsten eines neuerwachten Interesses an der Gottesfrage.

Vielleicht ist die zentrale Frage heute: Wie ist das Verhältnis einer sowohl regionalen als auch globalen Theologie zur *Paradosis* (Tradition) des Evangeliums zu gestalten; *Tradition*, die vielfach als bestimmte, normative Epoche der Vergangenheit verstanden wird und dann nicht nur einen vorbildlichen sondern sogar unantastbaren Charakter annimmt? Eine Geschichte der Theologie der Gegenwart müßte schließlich aufzeigen, wie diese Frage fortschreitend in das theologische Bewußtsein eindringt und sich eine Vielfalt an Antworten darauf ergeben.

A. *Der Wandel des römischen Systems:*
Die „Kerygmatische" Rezeption des Konzils und die Theologie

Der Ausgangspunkt für ein besseres Verständnis der nachkonziliaren Veränderungen ist die Struktur des römischen Systems, wie es im Umkreis des Ersten Vatikanums geschaffen bzw. präzisiert und in Folge der „Modernismuskrise" zu Beginn des 20. Jahrhunderts [38] ausgebaut worden ist. In diesem „Jahrhundert der Kirche" [39] herrscht das *ekklesiologische Prinzip* [40], auch wenn die Konstitution *Lumen Gentium* (1964) des Zweiten Vatikanums genau an dieser Stelle entscheidende Veränderungen einführt, die weit über die Enzyklika *Mystici Corporis Christi* von 1943 hinausgehen. Diese hatte bereits das seit Bellarmin bekannte Verständnis der römischen Kirche als einer vollkommenen, ungleichen und hierarchischen Gesellschaft zugunsten ihrer geistlichen Identität korrigiert.

---

[38] Siehe die Analyse des „römischen Systems" von É. FOUILLOUX, in: J.-M. MAYEUR (Hg.), Histoire du christianisme des origines à nos jours, Bd. 12: Guerres mondiales et totalitarismes (1914–1958), Paris 1990, 156–168; deutsche Ausgabe: Geschichte des Christentums, Bd. 12, bearbeitet und hg. v. K. MEIER, Freiburg – Basel – Wien 1992, 178 ff.

[39] Y. CONGAR, Le siècle de l'Église, in: DERS., L'Église de saint Augustin à l'époque moderne, Paris 1970, 459–477.

[40] Vgl. É. FOUILLOUX, in: Geschichte des Christentums, Bd. 12, 178–182.

Ein neues Prinzip

Im Vergleich zum „Ekklesiozentrismus" des Ersten Vatikanums führt das erste Kapitel von *Lumen Gentium* über „das Geheimnis der Kirche" zu einer wahren Dezentralisierung, weil die Kirche darin zuerst als Sakrament[41] *zwischen* Christen und den Völkern situiert wird. Am Ende wird zwischen der im Nizäno-Constantinopolitanum als „einig, heilig, katholisch und apostolisch" bekannten Kirche und der katholischen Kirche *unterschieden*, wobei die eine „in der anderen enthalten" ist (*subsistit in*). Diese Unterscheidung zwischen zwei Ebenen bildet die Grundlage für die Notwendigkeit einer ständigen „Erneuerung" und „Reform" wie für den ökumenischen Dialog. Kapitel II verfolgt diese Bewegung der „Dezentrierung" in eschatologischer Perspektive weiter und schlägt als Definition eine „stufenweise" Zugehörigkeit zum „Volke Gottes"[42] vor. Erst in Kapitel III über die „hierarchische Verfassung der Kirche, insbesondere das Bischofsamt" wird die Lehre des Ersten Vatikanischen Konzils aufgenommen und vervollständigt. Die Struktur der vier Kapitel der Konstitution *Pastor aeternus* (1870)[43] wird dabei sehr tiefgreifend umgestaltet. Die wesentlichsten Veränderungen betreffen die Kapitel III und IV dieser Konstitution und berühren in drei wesentlichen Punkten das römische System: die Sakramentalität des Bischofsamtes, die bischöfliche Kollegialität und die Ausübung des obersten Lehramtes[44].

Mit Blick auf den *ersten* Punkt ist daran zu erinnern, daß sich die Diskussion auf das

---

[41] *Lumen gentium* I, 1: „Cum autem ecclesia sit in Christo veluti sacramentum seu signum et instrumentum intimae cum Deo unionis totiusque generis humani unitatis"; zit. nach Josef WOHLMUTH (Hg.), Dekrete der ökumenischen Konzilien, Bd. 3: Konzilien der Neuzeit, Paderborn – München – Wien – Zürich 2002, 849, 32–34: (im Folgendem: WOHLMUTH, Dekrete). Das Erste Vatikanum spricht von der Kirche als „signum levatum in nationes" [„ein erhobenes Zeichen unter den Völkern"] und davon, daß die Kirche „per se ipsa [...] magnum quoddam et perpetuum est motivum credibilitatis et divinae suae legationis testimonium irrefragabile [schon für sich allein... ein großartiges und lebendiges Glaubwürdigkeitsmotiv und ein unzerbrechliches Zeugnis ihrer göttlichen Sendung ist]"; Vatikanum I, sessio III, Kap. 3; Zitate: WOHLMUTH, Dekrete, 808, 1; 807, 38. 40 f.

[42] Die Nummern 14, 15 und 16 sprechen nacheinander von den katholischen, dann den nichtkatholischen Christen, den Juden, Muslimen und von denen, die einen ihnen unbekannten Gott suchen, auch von denen, die keine explizite Kenntnis von Gott erlangt haben, aber versuchen, ein gutes Leben zu führen.

[43] Die vier Kapitel der Konstitution über die Kirche Christi (*Pastor aeternus* des Ersten Vatikanums) behandeln nacheinander: die Einsetzung des apostolischen Primats im heiligen Petrus (I), die Fortdauer des Primats des heiligen Petrus (II), die Bedeutung und das Wesen des Primats des römischen Bischofs (III) und das unfehlbare Lehramt des römischen Bischofs (IV). Nr. 19 von LG führt dagegen die Einsetzung auf die *Zwölf* zurück (vgl. *Pastor aeternus* I) und differenziert anhand der Polysemie der Metapher „Fels" und der Bezeichnung „Fundament" sehr subtil das „Kollegium" der Apostel, das „so die universale Kirche [versammelt], die der Herr in den Aposteln gegründet und auf den heiligen Petrus, ihren Vorsteher gebaut hat, wobei Christus Jesus selbst der Eckstein ist (vgl. Offb 21, 14; Mt 16, 18; Eph 2, 20)". [Die Zitate aus den Konzilstexten werden nach der von Josef WOHLMUTH besorgten und v. Giuseppe ALBERIGO hg. zweisprachigen Edition der „Conciliorum Oecumenicorum Decreta (= COD), Bd. 3, Paderborn – München – Wien – Zürich 2002 wiedergegeben; hier S. 863, 25–27]. Ohne Verwendung des Wortes „Fortbestand" (das lediglich am Beginn des Kapitels auftaucht), begründet Nr. 20 dann die „Dauer" des apostolischen Amtes (vgl. *Pastor aeternus* II) mit einer erneuten Reflexion über die dogmatische und historische Bedeutung der Sukzession, die (in ökumenischer Perspektive eine durchaus beachtliche Entscheidung!) aus dem Evangelium begründet wird: „Jene göttliche Sendung, die Christus den Aposteln anvertraut hat, wird bis zum Ende der Welt dauern (vgl. Mt 28, 20). Denn das Evangelium, das sie zu überliefern haben, ist für alle Zeiten der Ursprung jedweden Lebens für die Kirche". Nach der Entfaltung historischer Argumente wird die Schlußfolgerung gezogen: „Aus diesem Grunde lehrt die Heilige Synode, daß die Bischöfe aufgrund göttlicher Einsetzung an die Stelle der Apostel als Hirten der Kirche getreten sind. Wer sie hört, hört Christus, und wer sie verachtet, verachtet Christus und ihn, der Christus gesandt hat (vgl. Lk 10, 16)"; COD 3, 863, 28–30; 865, 19–21.

[44] Es handelt sich um *Lumen gentium* III, 21, 22, 23 und 25; COD 3, 864–870. – Siehe zur grundsätzlichen Thematik: Klaus KIENZLER, Das Bischofsamt nach dem II. Vatikanischen Konzil, in: Catholica 39 (1985), 151–170.

Verhältnis von *Lehramt* und *Leitungsamt* bezog – eine Zweiteilung, die auf eine schon vorausgehende Trennung zwischen sakramentaler und rechtlicher Ordnung schließen läßt. Die erste ist mit dem Sakrament der Priesterweihe verbunden, die zweite wird von oben auf hierarchischem Wege übertragen. Gerade diese Trennung wird in Nr. 21 mit der Lehre überwunden, daß durch die Bischofsweihe die *Fülle* des Weihesakramentes übertragen wird: „Die Bischofsweihe überträgt mit dem Amt der Heiligung auch die Ämter der Lehre und der Leitung, die jedoch ihrer Natur nach nur in der hierarchischen Gemeinschaft mit Haupt und Gliedern des Kollegiums ausgeübt werden können."

Diese Feststellung geht weit über die zu eng gesteckte Problematik der „Vollmachten" *(potestas)* hinaus und verbindet das Bischofsamt mit der Sakramentalität der Kirche, für die das „Geschenk" ihrer „Hirten" ein sakramentales Zeichen ist. Mit dieser „pastoralen" Terminologie wird die Theologie des apostolischen Dienstes und des dreifachen Amtes *(munus)* der Heiligung, des Lehrens und der Leitung festgelegt. Wie jedoch die Terminologie der „*hierarchischen* Gemeinschaft" aufzeigt, ist die rechtliche Ordnung davon nicht unberührt; ihr muß nun ein neuer Stellenwert zugewiesen werden. Die Konzilsdebatte und viele nachkonziliare Konflikte konzentrieren sich auf diesen Punkt, der im übrigen einige Tage vor der Verkündigung der Konstitution in der berühmten *Nota praevia* dahingehend erläutert wurde, daß der rechtliche Aspekt erhalten bleibt[45]. Diese *Nota praevia* legt in einem Kommentar den Sinn des zitierten Konzilstextes fest:

> Mit der (bischöflichen) Weihe ist die ontologische Teilhabe an den geheiligten Funktionen gegeben, wie dies unzweifelhaft aus der Tradition und der liturgischen Tradition hervorgeht. Bewußt wird hier der Ausdruck *Ämter*, eben nicht *Vollmachten* verwendet, weil letzterer als Vollmacht verstanden werden könnte, die im Vollzug des Aktes ausgeübt wird. Damit es diese Vollmacht geben kann, die im Vollzug des Aktes ausgeübt wird, muß hier die kanonische und juridische Festlegung von Seiten der hierarchischen Autorität hinzu kommen[46].

Der *zweite* Punkt betrifft in der Tat die Auslegung der *hierarchischen Gemeinschaft*, die in Nr. 22 und 23 über die Kollegialität genauer ausgeführt wird. Im Rückgriff auf die rechtliche Problematik spricht der Text von zwei Trägern einer „Vollmacht" in der Kirche: zum einen „die volle, höchste und universelle" Vollmacht des römischen Papstes, „der sie immer frei ausüben kann", und die Vollmacht des Bischofsstandes, der „für sich, in Vereinigung mit dem römischen Pontifex, seinem Oberhaupt, und niemals unabhängig von diesem Oberhaupt, Träger einer höchsten und vollen Macht über die ganze Kirche ist". Während jedoch die *Nota praevia* erneut im juridischen Geist des Ersten Vatikanums das Ungleichgewicht zwischen diesen beiden Vollmachten[47] herausstellt, fordert der Text selbst zur Überleitung auf eine *andere Ebene* auf: „In diesem Kollegium wirken die Bischöfe, unter treuer Wahrung des primatialen Vorrangs ihres Hauptes, in eigener Vollmacht zum Besten ihrer Gläubigen, ja der ganzen Kirche, deren organische Struktur und Eintracht der Heilige Geist immerfort stärkt"[48].

Genau auf dieser anderen pneumatologischen wie ekklesiologischen Ebene erweist sich

---

[45] Vgl. dazu vor allem: J. GROOTAERS, Primauté et collégialité. Le dossier de Gérard Philips sur la Nota explicativa praevia, Leuven 1986.

[46] COD II/2, 1827, 18–21.

[47] COD II/2, 1827, 36; 1829, 11.

[48] *Lumen gentium* III, 22; COD 3, 866, 25–28.

die tiefste Bedeutung der Kollegialität, die eine radikale Umgestaltung der grundlegenden Perspektive von *Pastor aeternus* nahe legt, die hier anhand des Textes von *Lumen Gentium* noch einmal zitiert werden soll:

Die kollegiale Einheit tritt auch in den wechselseitigen Beziehungen der einzelnen Bischöfe zu den Teilkirchen wie zur Gesamtkirche in Erscheinung. Der Bischof von Rom ist als Nachfolger Petri, das immerwährende, sichtbare Prinzip und Fundament für die Einheit der Vielheit von Bischöfen und Gläubigen. Die Einzelbischöfe hinwiederum sind sichtbares Prinzip und Fundament der Einheit in ihren Teilkirchen, die nach dem Bild der Gesamtkirche gestaltet sind. In ihnen und aus ihnen besteht die eine und einzige katholische Kirche [49].

Diese völlig neue Betonung der „polyzentrischen" Struktur der Kirche führt in das System zumindest ansatzweise einen zentrifugalen Faktor ein, der sehr bald nach dem Konzil ein neues Einheitsstreben hervorgerufen hat. Rom wird sich vor allem auf den *dritten Aspekt* der Veränderungen des Systems stützen, der in der Art und Weise der Ausübung des obersten Lehramtes besteht – wie noch zu zeigen ist. Es ist in der Tat außerordentlich bedeutsam, daß die Ausführungen über das Lehramt (vgl. *Pastor aeternus* IV) in die Abschnitte über die drei Aufgaben des Bischofs Eingang findet. Nr. 25 [50] liest das Lehramt ganz von seinem biblischen Sinn her: „Unter den wichtigsten Aufgaben der Bischöfe hat die Verkündigung des Evangeliums einen herausragenden Platz." Die Bischöfe werden hier als „Glaubensboten" und „authentische, d. h. mit der Autorität Christi ausgerüstete Lehrer" bezeichnet, weil der von ihnen gepredigte Glaube *gleichzeitig* für sie selbst wie für die Gläubigen „Leitlinie für das Denken wie auch das sittliche Leben" ist.

Der Text führt, ohne diesen Ausgangspunkt aus den Augen zu verlieren, Unterscheidungen zwischen den *Handlungsträgern* ein (die über die ganze Welt verstreuten Bischöfe, die im ökumenischen Konzil vereinigten Bischöfe, der *ex cathedra* als Vertreter der universellen Kirche sprechende Papst) und qualifiziert die von diesen vorgetragenen *Lehrmeinungen* (sind sie definitiv und wenn ja, in welchem Sinn?). Der wichtigste Punkt ist jedoch ein Mal mehr eine grundlegende Relecture von *Pastor aeternus*, die dazu führt, die rechtlichen Unterscheidungen des Ersten Vatikanischen Konzils [51] in eine sowohl historische wie pneumatologische Entwicklung [52] einzubinden, die die „menschlichen Mittel" mit einbezieht. Dabei wird die „Pflicht" des Bischofs von Rom und der Bischöfe betont, sich dieser Mittel zu bedienen – ohne die Erlassung eines „Gesetzes", das das Lehramt verpflichten könnte, sich vor „einem anderen Tribunal" als sich selbst verteidigen zu müssen [53]. Dabei

---

[49] *Lumen gentium* III, 23; COD 3, 867, 5–10.
[50] Siehe dazu die Kommentare der drei Hauptredakteure: K. RAHNER, in: LThKE 1 (1966), 235–242; Bischof G. PHILIPS, L'Église et son mystère au IIe concile du Vatican. Histoire, texte et commentaire de la constitution *Lumen gentium*, Bd. 1, Paris 1967, 320–337 und U. BETTI, La dottrina sull'episcopato del concilio Vaticano II. Il capitulo III della Costituzione dommatica *Lumen gentium*, Spicilegium Pontifici Athenaei Antoniani, Rom 1984.
[51] D.h. die Ablehnung, bei der Definition der päpstlichen Unfehlbarkeit den Einsatz „menschlicher Mittel" und die „Zustimmung der Kirche" zuzulassen (vgl. DH 3074).
[52] *Lumen gentium* III, 25 (COD 3, 871, 2–5): „Diesen Definitionen kann aber die Beistimmung der Kirche niemals fehlen vermöge der Wirksamkeit desselben Heiligen Geistes, kraft deren die gesamte Herde Christi in der Einheit des Glaubens bewahrt wird und voranschreitet."
[53] *Lumen gentium* III, 25 (COD 3, 871, 8–13): „In Schrift oder Überlieferung wird sie [sc. die Offenbarung] durch die rechtmäßige Nachfolge der Bischöfe und insbesondere auch durch die Sorge des Bischofs von Rom unversehrt weitergegeben und im Licht des Geistes der Wahrheit in der Kirche rein bewahrt und getreu ausgelegt. Um ihre

wird auch vorausgesetzt, was schon in Kapitel II von *Lumen Gentium* über den „übernatür-lichen Glaubenssinn, der vom Geist der Wahrheit geweckt und genährt wird"[54], gesagt wurde. Die Hirten sind als „Prediger des Evangeliums und authentische Lehrer des Glau-bens" zwar mit eschatologischer Autorität ausgestattet. Sie stehen aber von nun an inmit-ten ihres Volkes mit seinen vielfältigen Traditionen, das als ganzes für das Interpretieren seiner historischen Situation wie das Verstehen seines Glaubens verantwortlich ist.

Auswirkungen auf die Strukturen

Die kerygmatische Rezeption dieser Konzilsentscheidungen hat zu einem heute nur schwer abzuschätzenden Wandel des römischen Systems geführt. Dieser muß zunächst in seiner Gesamtheit vorgestellt werden, bevor die einzelnen Entwicklungen verfolgt werden können.

1. *Dreh- und Angelpunkt* dieses Wandels ist die interne Differenzierung der Kirche im Sinne von LG 23: die Berufung auf die Erfahrungen der kontinentalen oder nationalen *Teilkirchen*, auf ihre kulturellen Bedingungen und die Ausdifferenzierungen der *Hand-lungsträger* (Bischöfe und Theologen).

Die zunehmend internationale Zusammensetzung der Mitarbeiter der römischen Kurie setzte schon unter Johannes XXIII. ein. Die beiden Reformen unter Paul VI. im Jahre 1967[55] und Johannes Paul II. im Jahre 1988[56] zeigen jedoch deutlich, daß die Schwierig-keiten bei der Machtverteilung in der Kirche in vollem Umfang bestehen bleiben[57]. Einige verstehen die Kurie als Exekutivorgan, das kollegial im Namen des Papstes handelt, an-dere dagegen bestehen in der Tradition des Konzils[58] mehr auf der Teilhabe der Kurie an der gemeinschaftlichen Fürsorge der Bischöfe für die ganze Kirche.

Neue Institutionen haben sich an die schon bestehenden angegliedert, um in immer grö-ßerer Ausdifferenzierung die Ausübung des Leitungs- und Lehramtes zu unterstützen. Die Bedeutung der Bischofskonferenzen hat zunehmend deutlichere Konturen erhalten, nach-dem man seit den ersten Tagen des Konzils versucht hat, mit ihnen die römischen Abstim-mungsprozeduren zu umgehen. Wenigstens teilweise stützt sich die Institution der römi-schen Bischofssynode auf die Bischofskonferenzen. Die Klärung der Funktion der Bischofssynode führt allerdings zu den gleichen ekklesiologischen Problemen, die sich schon bei den Kurienreformen unterschwellig abzeichneten. Ursprünglich sollte sie die Kollegialität aller Bischöfe repräsentieren[59], wurde schließlich aber durch das Recht in die

---

rechte Erhellung und angemessene Darstellung mühen sich eifrig mit geeigneten Mitteln der Bischof von Rom und die Bischöfe, entsprechend ihrer Pflicht und dem Gewicht der Sache."

[54] Lumen gentium II, 12 (COD 3, 858, 15–18): „Die Gesamtheit der Gläubigen, welche die Salbung von dem Hei-ligen haben (vgl. 1 Joh 2, 20. 27), kann im Glauben nicht irren. Und diese ihre besondere Eigenschaft macht sie durch den übernatürlichen Glaubenssinn des ganzen Volkes dann kund, wenn sie ,von den Bischöfen bis zu den letzten gläubigen Laien' (Augustinus, De Praed. Sanct. 14, 27) ihre allgemeine Übereinstimmung in Sachen des Glaubens und der Sitten äußert."

[55] Vgl. die Apostolische Konstitution *Regimini Ecclesiae universalis* : DC 46 (1967), 1441–1473.

[56] Vgl. die Apostolische Konstitution *Pastor bonus*: DC 85 (1988), 897–912; 972–983.

[57] Vgl. *Lumen gentium* 22.

[58] Vgl. *Christus Dominus* (= CD) 9: COD 3, 923, 26–35.

[59] Vgl. die Formulierung in CD 5, in der zweierlei hervorgehoben wird: „[Bischöfe] leisten dem obersten Hirten der Kirche in einem Rat, der die Bezeichnung ,Bischofssynode' trägt, einen wirksameren Beistand [...] und diese Bischofssynode bringt gleichzeitig zum Ausdruck, daß alle Bischöfe in der hierarchischen Gemeinschaft an der Sorge für die ganze Kirche teilhaben."

Schranken eines Beratungsorgans für den Papst gewiesen[60]. Mit Blick auf das Lehramt entspricht dem Vorhaben einer internen Differenzierung auch die Einsetzung einer bereits vor der Bischofssynode von 1967 geforderten Internationalen Theologenkommission, die neben der Bibelkommission bei der Kongregation für die Glaubenslehre angesiedelt wurde.

2. Da die zentrifugalen Kräfte einer Kirche auf dem Weg zur weltweiten Verflechtung auch Rom erreichten, wuchs die Aufmerksamkeit für die lange bewährten Kontrollmechanismen. Die verschiedenen, bereits angesprochenen Lehrkonflikte (Empfängnisverhütung, Theologie der Befreiung, spezielle Moral und Fundamentalethik, Religionstheologie) führten das Lehramt zur Neubelebung der von den Texten des Zweiten Vatikanums relativierten klassischen *Verbindung zwischen Lehre und Recht*. Dies ist ein *zweiter Parameter*: dazu bestimmt, den Wandel des Systems in den Grenzen einer bestimmten Kontinuität zu bewahren.

Zu erinnern ist hier an die im Umkreis des Ersten Vatikanums durch die römische Theologie – vor allem von Franzelin[61] – eingeführten Differenzierungen innerhalb der lehramtlichen Terminologie. Das oberste Lehramt ist davon überzeugt, daß es auf dem Boden der Moderne steht, weil es angesichts der Häresien *klar* definiert, was *von Rechts wegen* dem freien Gehorsam des Gläubigen auferlegt oder vorgelegt werden kann. Gleichzeitig wird aber mit diesen rechtlichen Unterscheidungen gezeigt, daß das Gesamt des katholischen Glaubens, das vom Lehramt „auf gewöhnlichem Wege und verstreut" verkündete Wort der Kirche, die rechtlich fixierten Streitpunkte unendlich übertrifft. Johannes XXIII. und das Zweite Vatikanum haben sich vornehmlich dieser *Verkündigung* zugewandt. Ihre pastorale Akzentuierung der Lehre[62] schließt nicht nur eine „Konzentration" des christlichen Mysteriums ein, sondern auch und vor allem eine neue, als hermeneutisch zu bezeichnende Beachtung der *Form*, die dieses in einer bestimmten historischen Situation und in einem bestimmten kulturellen Kontext aufweist.

Der ausdrückliche Verzicht auf die „Anathemata", die das augenfälligste Merkmal der rechtlichen Struktur jenes Glaubens waren, der vor dem Tribunal der Kirche öffentlich überprüft werden konnte, ist der Höhepunkt eines Perspektivenwechsels, der seine Wurzeln in einer neuen Sensibilität für das biblische Gottesbild und in einem erneuerten Vertrauen in die Lernfähigkeit des Menschen hat[63]. Die Einschätzung einiger römischer Ak-

---

[60] Vgl. CIC, can. 342–348. – Anläßlich der Außerordentlichen Synode von 1985 hat James Provost die Beziehungen zwischen den drei Institutionen – Kardinäle, Kurie und Synode – analysiert, die ein Spiegelbild sind für die drei Entwicklungsphasen bei den Strukturen des apostolischen Stuhles. Ihre einfache Überlagerung, ohne theoretische oder rechtliche Definition ihrer gegenseitigen Beziehungen, führt zu einer Reihe von Funktionsstörungen; siehe dazu: J. Provost, Die Reform der Römischen Kurie, in: Concilium 22 (1986), 428–434.

[61] Siehe seine Rede während des Konzils: Mansi 50, 318 B.

[62] Vgl. dazu: G. Ruggieri, La lotta per la pastoralità della dottrina: la recezione della *Gaudet Mater Ecclesia* nel primo periodo del Concilio Vaticano II, in: W. Weiss, Zeugnis und Dialog. Die katholische Kirche in der neuzeitlichen Welt und das II. Vatikanische Konzil, Würzburg 1996, 118–137, und C. Theobald, Le concile et la „forme pastorale" de la doctrine, in: Histoire des dogmes IV, 475–480; 496–501.

[63] Siehe die Eröffnungsrede von Johannes XXIII *Gaudet Mater Ecclesia* vom 11. Oktober 1962, in: Jean XXIII/ Paul VI, Discours au Concile, Paris 1966, 65 f.: „Die Kirche hat immer Irrtümer bekämpft. Sie hat sie sogar oft verurteilt, und dies sehr heftig. Heute aber zieht es die Braut Christi vor, auf das Heilmittel der Barmherzigkeit zurückzugreifen. Sie ist der Meinung, daß sie besser als mit Verurteilungen auf die Bedürfnisse unserer Zeit reagiert, wenn sie eher die Reichtümer ihrer Lehre zur Geltung bringt. Es fehlt sicherlich nicht an falschen Lehren und Meinungen, an Gefahren, vor denen man sich hüten muß und die zu beseitigen sind; dies alles widerspricht offen-

teure, die im Innern der Kirche latente agressive und zentrifugale Kräfte und außerhalb der Kirche eine Kulturrevolution diagnostizieren[64], haben unter Johannes Paul II. dazu geführt, dem kirchenrechtlichen Korsett der Lehre wieder neue Geltung zu verschaffen, dieses weiter auszudifferenzieren und neue Verfahrensweisen eines „Glaubens"-Tribunals einzuführen.

3. Es sieht ganz nach einer Rollenaufteilung aus: Zu unterscheiden ist zwischen dem rechtlich akzentuierten Lehramt, dessen Ausgestaltung auf der Grundlage der im Ersten Vatikanum gewonnenen Prinzipien beruht, und dem gewöhnlichen päpstlichen wie kollegialen Lehramt, das in der Tradition der kerygmatischen Intentionen des Zweiten Vatikanums neben den Synoden, zu denen die jüngste Folge der Kontinentalsynoden gehört, neue Ausdrucksformen findet. Dies ist der *dritte Parameter* für den Wandel.

Die von Paul VI. während der Konzilszeit begonnene Reisetätigkeit hat Johannes Paul II. weitergeführt und ausgedehnt. Das Papsttum begnügt sich nicht mehr nur mit Wallfahrten ins Zentrum der Christenheit, um damit die ihm zufallende Funktion des „Universalbischofs" zu symbolisieren. Der Papst besucht nun selbst die Teilkirchen und nimmt diese Gelegenheit war für eine den *Umständen* entsprechende Verkündigung, die nach genauen Vorgaben zwischen der Kirche vor Ort und der römischen Zentrale ausgearbeitet wird, wobei vor allem sein persönliches Charisma für Menschen und Gemeinschaften, denen er begegnet, von Bedeutung ist.

Die Komplexität dieses kirchlichen Systems lässt den Beobachter unschlüssig: Es ist von nicht zu leugnender Modernität, wie der Einsatz der Massenmedien und die persönliche Ausstrahlung der wichtigsten Akteure in hohem Maße beweist, und kann als *eine* Form der Umsetzung der in Kapitel III von *Lumen Gentium* beschriebenen polyzentrischen Zielsetzungen gewertet werden. Man muß dabei freilich die vom Konzil verursachten Interpretationsschwierigkeiten wahrnehmen (die Spannung zwischen *Lumen Gentium* III und der *Nota praevia*) und die mit der historischen Beurteilung der 70er und 80er Jahre verbundene Entscheidung Roms, zunehmend die klassische Verbindung zwischen Lehre und Recht wieder herzustellen.

Der Lehrkorpus

In der Zeit zwischen den beiden Vatikanischen Konzilen fällt die Entwicklung des literarischen Genus der Enzyklika auf, hin zu einem regelmäßig genutzten Mittel päpstlicher Regierung: Es wird häufig verwendet und läßt sich in bestimmte Gattungen unterteilen (biblische, ethische, politische und soziale Enzykliken usw.). Dies ermöglicht die fortlaufende Systematisierung der Lehre der römischen Kirche, die in einer Abfolge von päpstlichen Schreiben Gestalt annimmt. Daneben gibt es andere Formen der Verlautbarung des Lehramtes (Heiliges Offizium, Bibelkommission), die jedoch eher von begrenzter Bedeutung sind. Die auf das Zweite Vatikanum folgende Zeit ist durch eine bisher nicht gekannte Ausdifferenzierung mehrerer, mindestens drei oder vier Typen von Lehrschreiben charakterisiert.

Den ersten *Korpus* bildet die Arbeit der verschiedenen römischen Bischofssynoden als

---

sichtlich den Prinzipien der Aufrichtigkeit und zeitigt so bittere Früchte, daß die Menschen sie allmählich von sich aus verwerfen."
[64] Vgl. Anm. 13.

bevorzugte Ausdrucksform der bischöflichen Kollegialität. Eine grobe Periodisierung anhand der behandelten Themen ist bereits weiter oben versucht worden. Der Respekt vor der Kollegialität fand ihren Höhepunkt mit der Synode über die Gerechtigkeit im Jahre 1971[65]. Die drei Teile des Schlußdokuments[66] bieten eine Analyse der Mißstände in der Welt, eine theologische Reflexion über das Verhältnis von Hoffnung und irdischer Befreiung der Menschheit und einige Hinweise für Glaubenszeugnis wie konkrete Aktionen, vor allem im Bereich der Erziehung, angesichts der gegenwärtigen Ungerechtigkeit. Damals befand man sich noch auf dem Höhepunkt einer spektakulären Wachstumsphase, die die Wirtschaft der Industrienationen seit der Nachkriegszeit kennzeichnete. Im Westen gab es aber auch bereits ein „Unbehagen über die Zivilisation" und ein geschärftes Bewußtsein für den wachsenden Abstand zwischen den Industrienationen und den Ländern der Dritten Welt,das sich auch in einer Synodenversammlung breit macht, in der der westliche Einfluß langsam zurückgeht. So findet der theologische Begriff der „Befreiung" Eingang in die offiziellen Verlautbarungen der Kirche – ein Kennzeichen für die weltweite Rezeption der Ergebnisse der Generalversammlung des Lateinamerikanischen Episkopats in Medellin (1968). Besondere Erwähnung verdient die Tatsache, daß sich unter den Experten auch zwei Laien befanden – Candido Mendes und Barbara Ward; letztere fungierte als treibende Kraft des Schlußdokuments[67].

Das Schlußdokument der Synode hat kaum Gemeinsamkeiten mit dem an Kardinal Roy gerichteten Apostolischen Schreiben *Octagesimo adveniens*, das im Frühjahr zuvor im eher europäischen Kontext anläßlich der 80-Jahrfeier der Enzyklika *Rerum novarum* veröffentlicht wurde. Es ist bezeichnend, daß es sich hier nicht um eine Enzyklika handelt. Nach den beiden nachkonziliaren Enzykliken von Paul VI. *Sacerdotalis coelibatus* (1967) und *Humanae vitae* (1968) über zwei Themen, die auf dem Konzil nicht diskutiert werden durften, hatte Paul VI. als Reaktion auf eine Reihe von kritischen Äußerungen (vor allem von Seiten der Kardinäle Pironio, Sekretär und dann Präsident des CELAM, und Suenens auf der Synode von 1969) entschieden, bei der Synode 1971 die Diskussionen über das Priesteramt einschließlich der Frage nach der Zulassung verheirateter Männer aufzugreifen, die Synode mit einem aus 15 Mitgliedern bestehenden Sekretariat auszustatten, von denen 12 von den Bischöfen gewählt wurden, und in den noch verbleibenden Jahren seines Pontifikats keine weiteren Enzykliken folgen zu lassen[68].

Mit der Synode von 1974 über die Evangelisierung geriet die Institution Bischofssynode in eine strukturelle Krise, die durch die Ablehnung der *relatio finalis* des Krakauer Kardinals Karol Wojtyla[69] ausgelöst wurde. Sie konnte mit dem Vorschlag von Kardinal

---

[65] Neben der Frage der Gerechtigkeit behandelte diese Synode auch die Probleme des Priesteramts und die niemals in Kraft gesetzten *Lex fundamentalis*.

[66] Bischofssynode (zweite Generalversammlung), *Justitia in mundo*: C.E.R.A.S., Le discours social de l'Église. De Léon XIII à Jean-Paul II, Paris 1985, 577–593.

[67] Siehe dazu: R. LAURENTIN, Réorientation de l'Église après le troisième synode, Paris 1972, 152: „Zum ersten Mal hat eine Frau die Rolle als treibende Kraft bei der Erarbeitung eines Dokuments übernommen, das von der höchsten Instanz der Kirche ausging."

[68] Vgl. J. O. BEOZZO, Die Zukunft der Teilkirchen, in: Concilium 35 (1999), 120–134.

[69] Kardinal Marty berichtet die Einzelheiten dieses Zwischenfalls in seiner Einleitung zur Vollversammlung des französischen Episkopats im gleichen Jahr; vgl. DC 71 (1974), 1011: „Am Dienstag Morgen, 22. Oktober, hat uns Kardinal Wojtyla fast zwei Stunden lang einen Text von 35 Seiten vorgelesen. Wir sind erstaunt gewesen, was uns hier als Ergebnis unserer Arbeit präsentiert worden ist".

Marty überwunden werden, dem Papst die Verantwortung für das Schlußdokument zu übertragen. Das Resultat liegt mit dem Apostolischen Mahnschreiben *Evangelii nuntiandi* (1975) vor. Dieser große Text im biblischen Stil[70] zeigt deutliche Spuren der hauptsächlichen theologischen Problematik dieser Jahre, die in der adäquaten Zuordnung von Evangelisierung und Befreiung[71] besteht. Jedenfalls hatte die „Entgleisung" der Synode von 1974 eine neue literarische Gattung zur Folge: das „Nachsynodale Apostolische Mahnschreiben", das dem Papst die Rolle eines *Zeugen* für den kollegialen Konsens zuschreibt und der Bischofsversammlung ihre eigene Stimme nimmt, weil ihre Beschlüsse praktisch auf einige Punkte oder Anregungen reduziert werden[72].

Diese neue Gattung greift in besonderem Maße der zweite Nachfolger Pauls VI., der 1978 zum Papst gewählte Johannes Paul II., auf. Er tat dies zunächst bei einer Reihe von Synoden, auf denen die Herausforderung der Evangelisierung im Mittelpunkt stand: die Katechese (1977)[73], die Familie als Subjekt und Objekt der Evangelisierung (1980) und das Thema der Versöhnung (1983); dann in einer Reihe von Synoden über die „Stände" bzw. die Träger kirchlicher Dienste, bei denen die rechtlich akzentuierte, strikte Abgrenzung der Ämter und Funktionen in der Kirche[74] unterstrichen wurde; und schließlich in einer Reihe von Kontinentalsynoden.

Einen *zweiten Lehrkorpus* bilden die *Enzykliken* als bevorzugte Ausdrucksform für das ordentliche Lehramt des Papstes. Die von Paul VI. nach 1968 gepflegte Zurückhaltung bei der Verwendung dieser literarischen Gattung wurde von seinem Nachfolger nicht beibehalten. Er steht in dieser Hinsicht eher in der Tradition Leos XIII. Zuerst ging es neben den im engeren Sinne theologischen Problemen – wie seit dem Beginn des Pontifikats die Frage nach der Barmherzigkeit Gottes[75] und die „überraschende" Meditation über den Hei-

---

[70] Siehe vor allem das erste Kapitel von *Evangelii Nuntiandi* (EN): „Von Christus, dem Urheber der Evangelisierung zu einer evangelisierenden Kirche" (Nr. 6 bis 16).

[71] Siehe vor allem EN 32: „Wir dürfen uns in der Tat nicht verheimlichen, daß viele hochherzige Christen, die für die dramatischen Fragen aufgeschlossen sind, die sich mit dem Problem der Befreiung stellen, in der Absicht, die Kirche am Einsatz für die Befreiung zu beteiligen, oft versucht sind, ihre Sendung auf die Dimensionen eines rein diesseitigen Programms zu beschränken". – Es fragt sich, ob man diesen Abschnitt auch als ein Echo der Spannungen zwischen dem Heiligen Stuhl und der Gesellschaft Jesu bei ihrer 32. Generalkongregation im Winter 1974/1975 hinsichtlich der Frage nach den Beziehungen von Glauben und Gerechtigkeit verstehen kann, die sich später zu großen Konflikten ausweiteten.

[72] Unter Hinweis auf ihren beratenden und nicht beschließenden Charakter ging den Synoden allmählich die Möglichkeit verloren, die wichtigsten Fragen des Lebens der Kirche aufzugreifen. Weder der neue CIC noch der Katechismus der Katholischen Kirche wurden später vor ihrer endgültigen Approbation der höchsten Kollegialinstanz vorgelegt. Die Synoden verloren auch das Recht zur Selbstverwaltung als Versammlung, weil sie nicht mehr an der Erarbeitung der *Lineamenta* mitwirken, bei der Vorbereitung des *Instrumentum laboris* geringen Einfluß haben und nicht an der Auswahl der Mitglieder für die verschiedenen Organe mitwirken. Die Vermehrung der *ex officio* ernannten Mitglieder oder Teilnehmer bewirkte, daß die Vertretung der Ortskirchen abnahm. So sind bei der Amerika-Synode in Rom (vom 16. November bis 12. Dezember 1997) von den 297 Teilnehmern lediglich 136 Bischöfe direkt von ihren Bischofskonferenzen gewählt worden [vgl. O. BEOZZO (wie Anm. 68), 128].

[73] Die Schlußfolgerungen aus dieser unter Paul VI. abgehaltenen Synode sind 1979 von Johannes Paul II. in seinem ersten Apostolischen Schreiben *Catechesi tradendae* [DC 76 (1979), 900–923] gezogen worden.

[74] Von diesem Standpunkt aus kann man z. B. die Akzentverschiebung in der Ämterfrage zwischen *Evangelii nuntiandi* (1974) und *Christi fideles laici* (1988) feststellen. Während im ersten Text gesagt wird, daß „diese nicht ordinierten Dienstämter dann seelsorglich fruchtbar" werden, „wenn sie in voller Achtung vor der Einheit" entstehen (EN 73), läßt der zweite Text eher Vorbehalte mit der Bemerkung erkennen, „daß die Ausübung einer derartigen Funktion aus dem gläubigen Laien keinen Seelsorger macht" (CL 23).

[75] Siehe die Enzyklika *Dives in misericordia* vom 30. November 1980. – Dieser fundamentale Aspekt des Gottes-

ligen Geist[76] – um die traditionelleren Probleme der Soziallehre mit Blick auf die Wirtschaft und den Staat[77]. Seit 1984 beschäftigte sich der Papst vornehmlich mit den *Beziehungen* der Kirche *zu den nichtchristlichen Religionen* (siehe die Konzilserklärung *Nostra aetate*), vor allem zum Judentum[78], aber auch zum Islam[79]. Das Treffen von Assisi (1986) bezeugt den Willen zur Begegnung auf Seiten des Vatikans und löste gleichzeitig eine intensive theologische Reflexion über den Missionsauftrag der Kirche aus, die ihren Niederschlag in der Enzyklika *Redemptoris missio* vom 7. Dezember 1990 fand:

Und dennoch fragen sich einige, auch im Hinblick auf die Veränderungen in der modernen Welt und der Verbreitung neuer theologischer Ideen: Ist die Mission unter den Nicht-Christen noch aktuell? Wird sie vielleicht durch den Dialog unter den Religionen ersetzt? Ist die Förderung im Bereich des Menschlichen nicht eines ihrer Ziele, das genügt? Schließt nicht die Achtung vor dem Gewissen und vor der Freiheit jeden Bekehrungsversuch aus? Kann man nicht in jeder Religion gerettet werden? Warum also Mission?[80]

Hinsichtlich der *ökumenischen Beziehungen* innerhalb des Christentums markiert die Enzyklika *Ut unum sint*, die Bilanz zieht und einen Ausblick vornimmt, die fundamentale Schwierigkeit des römischen Systems: das sich sowohl auf theoretischer wie auch auf praktischer Ebene stellende Problem einer korrekten Verhältnisbestimmung von Papst und Episkopat bzw. zwischen der Kirche von Rom und den Teilkirchen[81]. Vor dem Hinter-

---

bildes wird oft von Johannes Paul II. aufgegriffen, z. B. in der Enzyklika *Ut unum sint* 2: „Dazu braucht es einen ruhigen und klaren, der Wahrheit verpflichteten und von der göttlichen Barmherzigkeit belebten Blick, der imstande ist, den Geist zu befreien".

[76]　Enzyklika *Dominum et vivificantem* vom 18. Mai 1986.

[77]　Siehe die drei Enzykliken: *Laborem exercens* vom 14. September 1981, *Sollicitudo rei socialis* vom 30. Dezember 1987 und *Centesimus annus* vom 1. Mai 1991.

[78]　Im April 1986 kam es zu einer Begegnung in der Synagoge von Rom: DC 83 (1986), 433–439.

[79]　Hier ist seine Reise nach Marokko vom August 1985 zu nennen: DC 82 (1985), 939–946.

[80]　Enzyklika *Redemptoris missio* 4: DC 88 (1991), 152–154; vgl. auch das bedeutende, an Pfingsten 1984 vom Sekretariat für die Nichtchristen veröffentlichte Dokument: *Die Haltung der katholischen Kirche gegenüber den Gläubigen anderer Religionen. Überlegungen und Zielsetzungen zum Dialog und zur Mission*: DC 81 (1984), 844–849; sowie das am 19. Mai 1991 von der Kongregation für die Evangelisation der Völker veröffentlichte Dokument: *Dialog und Verkündigung* [DC 88 (1991), 874–890].

[81]　DC 92 (1995), 567–597. – Der Papst schrieb zum Primat Folgendes: „Der Heilige Geist schenke uns sein Licht und erleuchte alle Bischöfe und Theologen unserer Kirchen, damit wir miteinander Formen finden können, in denen dieser Dienst [sc. der Primat] einen von den einen und anderen anerkannten Dienst der Liebe zu verwirklichen vermag. Eine ungeheure Aufgabe, die wir nicht zurückweisen können und die ich allein nicht zu Ende bringen kann. Könnte die zwischen uns allen bereits real bestehende, wenn auch unvollkommene Gemeinschaft nicht die kirchlichen Verantwortlichen und ihre Theologen dazu veranlassen, über dieses Thema mit mir einen brüderlichen, geduldigen Dialog aufzunehmen [...]?" (*Ut unum sint* 95 f.). Diese Öffnung hat bis heute nicht die gewünschte tiefer gehendere Debatte ausgelöst, möglicherweise wegen des andauernden Eindrucks einer Spannung innerhalb der lateinischen Kirche zwischen dem römischen Diskurs über die Kollegialität und einer Praxis, die sich oft wenig um die Autonomie der Ortskirchen kümmert. Erinnert sei nur an den Brief der Kongregation für die Glaubenslehre an die Bischöfe der katholischen Kirche über „einige Aspekte der Kirche als Communio" vom 28. Mai 1992 (vgl. Herder Korrespondenz 46 [1992], 319–323). Er teilt zwar die grundlegende Überzeugung der späteren Enzyklika (Nr. 97: „Die katholische Kirche hält sowohl in ihrer Praxis wie in den offiziellen Texten daran fest, daß die Gemeinschaft der Teilkirchen mit der Kirche von Rom und die Gemeinschaft ihrer Bischöfe mit dem Bischof von Rom ein grundlegendes Erfordernis – im Plan Gottes – für die volle und sichtbare Gemeinschaft ist."), entwickelt sie aber in eine bestimmte Richtung weiter, so daß mit Blick auf die nicht katholischen Kirchen deren derzeitige Situation als eine *Verwundung ihres Status als Teilkirche* angesehen wird (Brief, Nr. 17). Der Brief stellt in der Tat fest, daß die Gesamtkirche „vielmehr im Eigentlichen ihres Geheimnisses eine jeder einzelnen Teilkirche ontolo-

grund der Aufwertung des bei Paul VI. und dem Zweiten Vatikanum beliebten Begriffes des „Dialogs" und der gleichzeitigen Betonung der Wahrheitsfrage legt sie gleichzeitig einen Problemkreis offen, der in der päpstlichen Lehre des letzten Jahrzehnts des 20. Jahrhunderts eine immer zentralere Bedeutung einnimmt: Angesichts der Globalisierung und eines geschärfteren Bewußtseins für den Pluralismus kultureller und religiöser Traditionen, aber auch in der Sorge angesichts der sensationellen Fortschritte auf dem Gebiet der Biomedizin, konzentrierte sich das kirchliche Lehramt mehr und mehr auf Grundprobleme, wie sich dies mit den beiden Enzykliken *Veritatis splendor* vom 6. August 1993 über moralische Fragen[82] sowie *Fides et ratio* vom 14. September 1998 über das Verhältnis von Glaube und Vernunft[83] und deren Betonung der Objektivität ethischer Normen bzw. der Wahrheit belegen läßt.

Diese beiden eindrucksvollen Lehrkorpora (die postsynodalen Texte und die Enzykliken) wurden unter Mithilfe zahlreicher Theologen ausgearbeitet, deren genauer Anteil erst eines Tages anhand der Erforschung der Archive aufgezeigt werden kann. Diese Textsammlungen beinhalten auch Grenzziehungen zwischen Theologen. Das zeigt sich in den Veröffentlichungen des letzten Jahrzehnts, in denen, wie z. B. in den beiden zuletzt erwähnten Enzykliken, die Verpflichtung der Moraltheologen und Dogmatiker betont wird, „die Lehre der Kirche auszulegen und in der Ausübung ihres Amtes das Vorbild loyaler, innerer wie äußerer Zustimmung zum kirchlichen Lehramt zu geben"[84].

Diese Abgrenzung läßt sich noch deutlicher an einem *dritten Korpus* von Dokumenten aufzeigen, den Erklärungen, Instruktionen, Antworten und Urteilen der Kongregation für die Glaubenslehre. Die immense Vermehrung der Interventionen dieses Dikasteriums[85] ist Hinweis auf ein beachtliches Konfliktpotential. Hervorzuheben ist vor allem, daß die Kongregation mit der Reform von 1988 seine Funktion als Schiedsgericht für den „Glauben"[86] wiedergefunden hat, in voller Übereinstimmung mit dem klassischen Ineinander von Lehre und Recht. Dies blieb in der Umwandlung der „Heiligen Kongregation des Heiligen Offiziums" in die „Kongregation für die Glaubenslehre" am Ende des Konzils eher verdeckt[87]. Die Entwicklung dieses dritten Korpus ist sehr eng mit der Entwicklung der beiden anderen verbunden, betont aber stärker die Grenze dessen, was für das Lehramt in Fragen der Lehre akzeptabel ist.

---

gisch wie zeitlich vorausliegende Wirklichkeit" sei (Nr. 9). Er folgert (mit dem Ersten Vatikanischen Konzil) die fragwürdige und bereits diskutierte These, daß „wir das Amt des Petrusnachfolgers nicht nur als einen ‚globalen' Dienst ansehen, der jede Teilkirche ‚von außen' erreicht, sondern als schon ‚von innen her' zum Wesen jeder Teilkirche gehörig" (Nr. 13). In diesem Text findet sich die Spannung wieder, der sich eine katholische Communio-Ekklesiologie nur schwer entziehen kann: Spannung zwischen einer Logik der Sakramentalität und einer Logik der Jurisdiktion oder der Macht (*Ut unum sint* trifft dazu keine Aussagen).

[82] DC 90 (1993), 901–944.

[83] DC 95 (1998), 901–942.

[84] Enzyklika *Veritatis splendor*, Nr. 110.

[85] Zwei Interventionen während des Konzils, jede nicht länger als zwei Seiten; zwischen 1945 und 1965: 70 Seiten; zwischen 1965 und 1985: 293 Seiten; zwischen 1985 und 1998: jedes Mal etwa 200 Seiten in den *AAS* [Informationen bei G. RUGGIERI, La politica dottrinale della curia romana nel postconcilio; in: *Cristianesimo nella storia* 21/1 (2000), 106–108].

[86] Siehe dazu die apostolische Konstitution *Pastor bonus* vom 28. Juni 1988 über die Reform der römischen Kurie, Art. 52 bis 54 [DC 85 (1988), 908]; diese allgemeinen Anordnungen sind am 29. Juni 1997 mit einem neuen „Verfahren zur Lehrprüfung" [DC 94 (1997), 819–821] präzisiert worden, das vom juridischen Standpunkt gesehen wenig transparent und kaum stringent ist.

[87] Siehe dazu das Motu proprio *Integrae servandae* Pauls VI. vom 7. Dezember 1965: DC 63 (1966), 82–84.

Johannes Paul I.

Offizielle Trauerfeier für Johannes Paul I.

Rede Johannes Pauls II. 1979 vor der UNO in New York.

Natürlich sind diese Eingriffe kontext- beziehungsweise personenbezogen. Namen wie Hans Küng[88], Edward Schillebeeckx[89], Leonardo Boff[90] und Tissa Balasuriya sind hier zu nennen. Sie stehen gleichzeitig für die wichtigen Fragen der nachkonziliaren theologischen Debatten: Küng wegen seiner Äußerungen über die Kirche und die Unfehlbarkeit (1967–1970), Schillebeeckx wegen seiner theologischen Stellungnahme zur Eucharistiepraxis einiger christlicher Gemeinden ohne geweihte Priester vor allem in den Niederlanden (1980), Boff als herausragender Vertreter der Theologie der Befreiung, der wegen seiner angeblich marxistischen Tendenzen angegriffen worden ist (1981). Balasuriya, ein Oblate aus Sri Lanka, wurde am 2. Januar 1997 wegen seiner perspektivischen Deutung der katholischen Lehre aus Sicht der Theologie der Inkulturation verurteilt[91]. Selbst Institutionen konnten vom päpstlichen Verdikt getroffen werden, wie z. B. die katholischen Universitäten von Lille, Löwen, Louvain-la-Neuve und Nijmegen wegen ihrer Positionen bei der Frage der künstlichen Befruchtung (1986)[92].

Abgesehen von der großen Vielfalt der in diesem besonderen Korpus angesprochenen theologischen Probleme läßt sich an ihm eine bestimmte *Vorstellung von der Aufgabe der Theologie* ableisen, deren Abbild die bei der Kongregation für die Glaubenslehre institutionell verankerte Internationale Theologenkommission ist. Diese neue Kommission entsprach einem Wunsch der ersten Bischofssynode von 1967, am Apostolischen Stuhl möge regelmäßig Bilanz der theologischen Forschungen gezogen werden. Sie setzt sich im Prinzip „aus Theologen der verschiedenen Schulen und Nationen" zusammen, „die sich durch ihren theologischen Forschungsansatz und ihre Treue zum Lehramt unterscheiden"[93].

Bereits die erste Sitzung von 1969 schien die Spannungen aufzudecken, die die „gemeinsame Front" der Theologen der Konzilsmehrheit aufgebrochen hatte. Sie sollte zu einer Art Vorspiel für die nachfolgende Zeit werden. Karl Rahner hatte ein umfangreiches Programm für die Arbeit vorgelegt[94] und nannte an erster Stelle das Problem des Pluralismus. Seiner Einschätzung nach wies der theologische Pluralismus im Unterschied zur Vielfalt der früheren theologischen Schulen eine neue Qualität auf. Er erfordere eine ganz andere Art und Weise, die Einheit des Glaubensbekenntnisses zur Geltung zu bringen. Die-

---

[88] Seine beiden Werke: Kirche (Freiburg 1967) und Unfehlbar? – Eine Anfrage, Zürich – Einsiedeln – Köln 1970² (darin wird die Enzyklika *Humanae vitae* als Gelegenheit zur Gewissensprüfung bezeichnet) werden in der Erklärung über die katholische Lehre zur Kirche zum Schutz gegen Irrtümer von heute kritisiert: *Mysterium fidei* (vgl. DH 4531–4538).

[89] Sein Werk Kerkelijk Ambt. Voorgangers in de gemeente van Jezus Christus (Bloemendaal 1980²) wurde in der Instruktion *Sacerdotium ministeriale* vom 6. August 1983 abgelehnt (vgl. DH 4720–4723).

[90] Sein Werk Igreja – Carisma e Poder. Ensaios de Eclesiologia Militante (Petropolis 1981) [dt.: Kirche: Charisma und Macht. Studien zu einer streitbaren Ekklesiologie, Düsseldorf 1985] wurde mit der Instruktion *Libertatis nuntius* vom 6. August 1984 verworfen (vgl. DH 4730–4741), dann in der Instruktion *Libertatis conscientia* vom 22 März 1986, in der positiv das christliche Verständnis von Freiheit und Befreiung entfaltet wird (vgl. DH 4750–4776). – Die beiden Instruktionen sind in deutscher Übersetzung abgedruckt in: J.-B. Metz (Hg.), Die Theologie der Befreiung: Hoffnung oder Gefahr für die Kirche? (= Schriften der Katholischen Akademie in Bayern 122), Düsseldorf 1986, 159–243.

[91] Siehe DC 94 (1997), 176f. – Die Exkommunikation ist glücklicherweise nach einem Jahr wieder aufgehoben worden.

[92] Siehe die Instruktion *Donum vitae* vom 22. Februar 1987 über die Achtung des werdenden Lebens und die Würde der Zeugung (vgl. DH 4790–4807).

[93] Vorläufige Statuten von 1969, Nr. 4 (in den definitiven Statuten von 1982, Nr. 3 wird die „Vorsicht" hinzugefügt), in: Commission Théologique Internationale, Textes et documents (1969–1985), 413/416.

[94] Siehe dazu: K. Rahner, Problèmes théologiques urgents, in: IDOC international 13 (1. Dezember 1969), 45–62.

ses sollte auf das Wesentliche konzentriert werden und in „Kurzformeln"[95] Gestalt annehmen. Die Kommission legte 1972 dann 15 Thesen vor, von denen die ersten neun von Professor Ratzinger verfaßt worden sind. Die inhaltliche Aussage von These 7 läßt den Abstand zu Rahners Position ermessen. „Das Kriterium zur Unterscheidung zwischen wahrem und falschem Pluralismus ist der Glaube der Kirche, wie er sich in der organischen Gesamtheit seiner normativen Aussagen äußert"[96]. Daß Rahner die Kommission nach Ablauf seiner ersten Amtszeit verließ, kann man leicht nachvollziehen.

Das Korpus der aus der Internationalen Theologenkommission hervorgegangenen Arbeiten ist umfangreich und läßt sich leicht in mehrere Kategorien unterteilen: von den Texten abgesehen, die sich als Begleittexte zu den Arbeiten der römischen Synoden[97] verstehen, finden sich darin Gesamtdarstellungen zur Ekklesiologie und zur Fundamentaltheologie, zum katholischen Priestertum[98], zur Apostolizität der Kirche und zur apostolischen Sukzession[99], zur christlichen Moral und ihren Normen[100], zum Verhältnis von Lehramt und Theologie[101], zur Auslegung der Dogmen[102] sowie eine Reihe von christologischer Arbeiten[103] und erst in neuester Zeit ein Text über das Christentum und die Religionen[104]. Es

---

[95] Rahners Position ist durch seinen berühmten Aufsatz; Der Pluralismus in der Theologie und die Einheit des Bekenntnisses in der Kirche, in: Concilium 5 (1969), 462–471 bekannt geworden; siehe vor allem 470: „Aber vermutlich ist der Traum […], daß nämlich die Lehre der Kirche selbst in einer differenzierenden Dogmenentwicklung immer schneller sich weiter in Einzelaussagen entfaltet, ausgeträumt. Denn so etwas wäre im Grunde genommen nur noch möglich, wenn einer solchen Entwicklung in diesem explikativen Sinn eine einzige Theologie als selbstverständliche Voraussetzung bei allen zur Verfügung stünde. Ein solches Aufhören einer so verstandenen ,Dogmenentwicklung' braucht keine Verarmung des Glaubenslebens der Kirche und keine Erstarrung ihres Glaubensbewußtseins zu bedeuten. Dieses Glaubensleben konzentriert sich nur deutlicher auf die letzten entscheidenden Inhalte des christlichen Glaubens, und für diese Konzentration besteht bei der heutigen geistigen Situation in der Welt aller Anlaß. Und diese zentralsten und radikalsten Inhalte des christlichen Glaubens werden von sehr verschiedenen und verschieden bleibenden Theologien bedacht, interpretiert und aktualisiert." – Die von Mgr Philippe Delhaye (Sekretär seit 1972) im Jahre 1987 erfolgte Interpretation von Rahners Vorschlag auf der ersten Sitzung von 1969 ist charakteristisch: „Wer diesen ,moralischen Bericht' [es handelt sich um das Arbeitsprogramm] liest, wird sofort merken, daß er zunächst eine Anklageschrift gegen das Hl. Offizium darstellt, das – historisch gesehen – der Kongregation für die Glaubenslehre vorausgegangen ist. Dann *findet man darin wesentlich eine Kritik am Lehramt und der christlichen Identität im Namen eines radikalen Pluralismus* [Commission Théologique Internationale, Textes et documents (1969–1985), 128; Hervorhebung von mir].

[96] EBD. 52. – In These 7 heißt es weiterhin: „Das fundamentale Kriterium ist die Heilige Schrift in Verbindung mit dem Bekenntnis der glaubenden und betenden Kirche. Von den dogmatischen Formulierungen haben die Aussagen der Konzile der Alten Kirche Vorrang. Die als *eine Reflexion über die christliche Theologie* zu verstehenden Formulierungen sind denen untergeordnet, welche *die Tatsachen des Glaubens selbst* zur Sprache bringen" (Hervorhebung von mir). Vor der Kommission unterschied Paul VI. zwischen einem akzeptablen und einem inakzeptablen Pluralismus, der „den *objektiven*, eindeutigen und einheitlichen Charakter schmälert, den das Verständnis des […] katholischen Glaubens haben muß"; EBD., 389.

[97] Z. B. die Arbeiten über das Ehesakrament (EBD., 173–216), über Versöhnung und Buße (EBD., 262–289) und über ausgewählte Themen zur Ekklesiologie im Rahmen des 20. Jahrestages des Abschlusses des Zweiten Vatikanischen Konzils (EBD., 323–362).

[98] EBD., 24–47.

[99] EBD., 64–84.

[100] EBD., 85–135.

[101] EBD., 103–153 (die verantwortliche Redaktion des Textes lag in den Händen der Professoren K. LEHMANN und O. SEMMELROTH).

[102] DC 87 (1990), 489–502.

[103] COMMISSION THÉOLOGIQUE INTERNATIONALE, Textes et documents, 217–261; 363–376.

[104] DC 94 (1997), 312–332.

ist schwer, die Auswahl der Kommissionsmitglieder mit Blick auf deren Repräsentativität für das Gesamt der katholischen Theologie zu beurteilen. Mit einiger Berechtigung läßt sich jedoch behaupten, daß sich die Auswahlkriterien im Laufe der Zeit hin zum Profil eines Theologen entwickelt haben, wie es in den letzten Verlautbarungen des Lehramtes kodifiziert worden ist[105].

Die Verteidigung des Systems

Um dieses Profil zu skizzieren, muß man sich vor allem auf zwei Texte beziehen: die neue „Professio fidei" vom 25. Februar 1989[106] und die Instruktion der Kongregation für die Glaubenslehre über die „Kirchliche Berufung des Theologen" vom 24. Mai 1990[107]. Beide behandeln die Beziehungen zwischen dem Lehramt und den Theologen. Auffällig ist die „dreiteilige Struktur", die sich derzeitig bei der katholischen Konzeption der „zu glaubenden und einzuhaltenden Wahrheiten" durchsetzt. Die Professio fidei vom 25. Februar 1989, die an die Stelle einer ersten Fassung von 1967 tritt, besteht aus zwei Teilen: Der eine enthält das Nizäno-Constantinopolitanum, der andere ist neu konzipiert und setzt sich aus drei Abschnitten zusammen, wobei „jeder eine besondere Kategorie von Wahrheiten oder Lehren darlegt und die erforderliche Zustimmung zur Sprache bringt"[108]. Neu ist die zweite Kategorie. Es heißt: „Fest nehme ich an und bewahre auch insgesamt und im einzelnen, was von der Kirche in der Glaubens- und Sittenlehre definitiv vorgelegt wird."
Dieser Text setzt bemerkenswert neue Akzente. Er bringt nicht nur die Struktur von *Lumen Gentium* III, Nr. 25 durcheinander, sondern fügt vor allem eine Zwischenkategorie von „Wahrheiten" ein, die den Bereich der „mit der göttlichen Offenbarung notwendigerweise verknüpften Wahrheiten" betreffen. Diese Wahrheiten gehören zwar nicht zum „göttlich Geoffenbarten", werden aber als definitiv (*definitive*) vorgeschrieben. Diese Unterscheidung fehlt noch im kanonischen Recht von 1983[109] und wurde erst mit dem Motu proprio *Ad tuendam fidem*[110] eingeführt. In seinem offiziellen Kommentar verweist Umberto Betti als Beispiel auf „alles, was sich auf das Naturgesetz bezieht, das in gleicher Weise Ausdruck des göttlichen Willens ist"[111]. 1994 wurde die „Lehre von der ausschließlich Männern vorbehaltenen Priesterweihe" dieser Zwischenkategorie zugeordnet[112].

---

[105] Siehe auch die Angaben in den Statuten (vgl. oben Anm. 93).
[106] Kongregation für die Glaubenslehre, „Formeln für die Professio fidei und den Treueeid", in: DC 86 (1989), 378 f. – Zu den nachtridentinischen Vorstufen in der Beziehung zwischen „dogmatischem Bekenntnis" und dem „Treueid gegenüber dem Oberhirten der Kirche" (1564 und 1594) siehe: P. VALLIN, Erfordert das Wesen der Kirche klare, einheitliche Dogmen?, in: Concilium 33 (1997), 382–389 mit einem Zitat aus P. PRODI, Il sacramento del potere. Il giuramento politico nella storia costituzionale dell' Occidente, Bologna 1992, 311ff: „Von nun an ist die römisch-katholische Kirche von einer neuen Partikularität geprägt. Die Kirche ist nicht mehr die Eine allein durch das apostolische Glaubensbekenntnis und die Taufe; sie bildet jetzt ein politisch verfaßtes Corpus, dessen Gemeinschaftsband sich durch die beschworene Bejahung einer besonderen dogmatischen Systematisierung und zugleich durch den unter Eid versprochenen Gehorsam gegenüber der Person des Papstes ergibt" Zitat: 385.
[107] Herder Korrespondenz 44 (1990), 365–373.
[108] Offizieller Kommentar von U. BETTI, in: DC 86 (1989), 380.
[109] Siehe die can. 750 und 752.
[110] Herder Korrespondenz 52 (1998), 426–428.
[111] DC 86 (1989), 380.
[112] Siehe den Text des Schreibens „Ordinatio sacerdotalis" und die offizielle Erklärung bei der Präsentation in: Herder Korrespondenz 48 (1994), 355–358. Der Kommentar von Kardinal Ratzinger unterscheidet zwischen die-

Aus der Instruktion über die „Kirchliche Berufung des Theologen" geht hervor, daß die Dreiteilung der „theologischen Wahrheiten" nunmehr zur Struktur der Urteile des Lehramts gehört. In der Absicht, ein starres Gegenüber von Lehramt und Theologie zu überwinden, behandelt dieser Text zunächst im Geist von *Lumen Gentium* und *Dei verbum* das Thema „Die Wahrheit, ein Geschenk Gottes für sein Volk", bevor nacheinander über die „Berufung des Theologen", über „das Lehramt der Hirten" und über deren Beziehungen mit Blick auf Zusammenarbeit und Widerspruch reflektiert wird. Die Aussagen des zweiten Teils über die Theologie laufen auf das entscheidende Problem der Freiheit der Forschung hinaus.

In der Theologie ist diese Freiheit der Forschung innerhalb eines rationalen Wissens anzusetzen, dessen Gegenstand von der Offenbarung gegeben wird, wie sie in der Kirche unter der Autorität des Lehramtes übermittelt, ausgelegt und vom Glauben angenommen wird. Diese Elemente, die den Rang von Grundsätzen haben, beiseite zu lassen, würde bedeuten, daß man aufhört Theologie zu treiben (Nr. 12)[113].

Hervorzuheben ist vor allem, daß im letzten Teil des Textes die „maximalistische" Interpretation der Kompetenzen des obersten Lehramtes zu einer „minimalistischen" Konzeption der Funktion der Theologie führt[114]. Dieser Punkt ist mit einem „instrumentalistischen" Verständnis der Beziehungen von Glauben und Vernunft verbunden. Schon im zweiten Teil (I, 10) werden Formulierungen zahlreicher, die von der „*Verwendung* philosophischer Errungenschaften" oder von „Elementen der eigenen Kultur" sprechen, mit denen der Theologe „den einen oder anderen Aspekt der Geheimnisse des Glaubens erhellen kann"[115].

Auf der Grundlage der „Theorie der theologischen Wahrheiten" zieht der vierte Teil eine *klare* Trennlinie zwischen den „unerschütterlichen Grundsätzen" oder dem Feld des „Definitiven" und den „spekulativen und zufälligen Elementen". Diese Grenzziehung war in der Lehre des Zweiten Vatikanums beweglich geblieben. Die Kongregation erkennt durchaus an, daß oft erst in zeitlichem Abstand die Scheidung von „Notwendigem und Zufälligem" möglich wird, begrenzt aber Irrtümer und Debatten wie fruchtbare Spannungen zwischen oberstem Lehramt und Theologen auf die Bereiche der „nicht irreformablen Dinge" und der „Vorsichtsmaßnahmen" des Lehramtes (IV, 24 und 28–31).

Der längste Abschnitt dieses letzten Teils gilt dem Problem des Dissenses. Kein einziger positiver Bezug auf die theologischen Institute ist zu finden, weder auf die Fakultäten noch auf die Internationale Theologenkommission oder die Bibelkommission. In beachtlicher

---

ser Zwischenkategorie von definitiv vorgelegten Wahrheiten, die nicht göttlich geoffenbart sind, und dem normalen Lehramt des Papstes, DC 91 (1994), 613.

[113] Die Kongregation definiert hier erneut die Funktion des obersten Lehramtes in der Kirche. Sie hebt vor allem drei Punkte heraus: die *innere* Verbindung zwischen dem Lehramt und der „Predigt des Wortes der Wahrheit" (III, 14), die Dreiteilung der lehramtlichen Instanzen (III, 15–17) und lehramtlichen Institutionen, die – noch vor dem Bischof und den Bischofskonferenzen – der Kongregation für die Glaubenslehre (III, 18) einen besonderen Stellenwert einräumt: „Daraus folgt, daß die ausdrücklich vom Papst approbierten Dokumente dieser Kongregation am ordentlichen Lehramt des Nachfolgers Petri teilhaben."- Dies gilt nach einem „Zirkelschluß" für das vorliegende, vom Ekklesiozentrismus des Ersten Vatikanums geprägte Dokument.

[114] Dies wird noch deutlicher, wenn man die Instruktion von 1990 mit den Thesen der Internationalen Theologenkommission über „Lehramt und Theologie" (1975) vergleicht, die auf die Unterscheidung zwischen der Funktion der Theologie, ihrer besonderen Freiheit und ihrer Bedeutung für einen größeren gesellschaftlichen Rahmen aufmerksam macht (Thesen V bis IX).

[115] Herder Korrepondenz 44 (1990) 367.

Kontinuität zur Epoche zwischen den beiden Vatikanischen Konzilen bezeichnet der Text einmal mehr „die Ideologie des philosophischen Liberalismus" als Ursache für die Konflikte und fügt eine Anmerkung an über „das Gewicht einer künstlich gesteuerten öffentlichen Meinung" und die „Vielfalt der Kulturen und Sprachen, die an sich einen Reichtum bedeutet, [aber] indirekt zu Mißverständnissen führen und die Ursache fortschreitender Unstimmigkeiten bilden" (IV, 32).

Die Analyse der nachkonziliaren Veränderungen des römischen Systems in der Auseinandersetzung mit der eigenen theologischen Tradition, der Rezeption des Zweiten Vatikanums sowie den Faktoren der Globalisierung wie der Regionalisierung hinterlässt ein verwirrendes Bild. Offensichtlich bewegt sich die offizielle Rezeption auf eine langsame „Wiedereingliederung" der Neuerungen des letzten Konzils in den rechtlichen Rahmen des Lehrsystems der Jahre 1870/1950 zu. Es fragt sich, ob das inflationäre Anwachsen kirchlicher Verlautbarungen wie Institutionen, vor allem in den Jahren nach 1985, und die Neigung zu rechtlichen Regelungen auf allen Gebieten nicht als Anzeichen dafür verstanden werden können, daß die im Evangelium gegebene und von einem Teil der Theologengeneration des Konzils geforderte Fähigkeit zur Konzentration auf das Wesentliche wieder abnimmt[116].

Schließlich hat die Auseinandersetzung zwischen dem obersten Lehramt und den Theologen die empfindlichen Punkte des römischen Systems, die zunehmend von rechtlichen Regelungenen verdeckt worden sind, deutlicher herausgestellt. Das wesentliche Problem ist im Grunde der Anspruch Roms, von *vornherein* eine *klare Grenze* zwischen überkulturellen Prinzipien und der Kulturgeschichte der Menschheit ziehen zu können – wobei der Bereich des „Definitiven" über die Offenbarung hinausgeht. Diese Interpretation der Hirtenaufgabe Roms trifft vor allem, aber nicht nur, in der Theologie auf zweierlei Schwierigkeiten: Hinsichtlich des *Inhalts* der „Glaubens- und Sittenlehre" bedrohen der kulturelle, religiöse und ökumenische Pluralismus sowie das Überhandnehmen der Möglichkeiten technischer Manipulation des Menschen die traditionelle Vorstellung einer *transkulturellen, auf gleiche Weise für alle formulierten und* (bezogen auf die Humanität des Menschen) *objektiv in seiner Natur auffindbaren Wahrheit.* Dieser vielschichtige Pluralismus hat auf der *Ebene der kirchlichen Handlungsträger* Konsequenzen für die Art und Weise, die Einheit der Kirche zu verstehen und zu verwalten[117], vor allem aber für die Plausibilität einer *klaren* Grenze zwischen einem *männlichen* Priestertum, das, ohne der Offenbarung selbst anzugehören, als Bestandteil des „Definitiven" verstanden wird, und dem übrigen Gottesvolk.

B. Die Theologen in der Auseinandersetzung mit ihren Kontexten

Läßt sich die Geschichte der Theologie zwischen den beiden Vatikanischen Konzilen mit den Begriffen „Zentrum" und „Peripherie"[118] beschreiben, so arbeitet sich die beispiellose Ausdifferenzierung der Gegenwartstheologie an verschiedenen Momenten der

---

[116] Vgl. oben Anm. 95.

[117] Siehe neben dem bereits zitierten Brief der Kongregation für die Glaubenslehre über die „Kirche als Communio" (Anm. 81) zwei andere Texte aus jüngster Zeit: die Instruktion der gleichen Kongregation über die Diözesansynoden [DC 94 (1997), 826–832] und das Motu proprio *Apostolos suos* vom 21. Mai 1998 über das theologische und juridische Wesen der Bischofskonferenzen [DC 95 (1998), 751–758].

[118] Siehe die Analyse des „römischen Systems" von É. FOUILLOUX, in: J.-M. MAYEUR (Hg.), Geschichte des Christentums, Bd. 12, Freiburg – Basel – Wien 1992, 178–182.

„Alterität" ab, die allerdings in Beziehung zum „römischen System" stehen. Trotz der innerhalb der Generation der Konzilstheologen rasch aufbrechenden Gegensätze[119] deutet alles darauf hin, daß das sich immer deutlicher herauskristallisierende *gemeinsame Anliegen* in einer stark ausdifferenzierten Kultur nicht in der Aufhebung einer „Grenze" zwischen Geschichte, Kultur und Offenbarung liegt (diese Grenze ist selbstverständlich die Grundlage aller christlichen Theologie), sondern in der Bestreitung ihrer *vorgängigen Festlegung*, die ihre geschichtliche Varianz in diesem oder jenem Kontext nicht anerkennt.

Die Theologie nach Kontinenten

1. In Lateinamerika[120] hat jene Alterität mit den „Armen" ein Gesicht bekommen. Die lateinamerikanische Theologie ist „ein Ausdruck des kirchlichen Lebens, das aus einer *tiefen Gotteserfahrung im Angesicht des Armen* erwächst. Ohne diesen Ausgangspunkt wird jedes Verständnis der Theologie der Befreiung verfälscht"[121]. Die verschiedenen Phasen dieser Theologie hängen mit der wirtschaftlichen und politischen Entwicklung des Subkontinents zusammen, dann aber auch mit der Abfolge der drei großen „Generalversammlungen des Lateinamerikanischen Episkopats" (CELAM)[122] in Medellin (1968), Puebla (1979) und Santo-Domingo (1992).

Im Lateinamerika der 60er Jahre kam es aufgrund der immer stärker werdenden Abhängigkeit vom internationalen Kapitalismus zum „Erwachen" einer Minderheit unter den Intellektuellen wie unter den Leuten auf dem Land, die der Versuchung zur Revolution im Gefolge von Führern wie dem 1966 getöteten Camillo Torres oder dem 1967 hingerichteten Ernesto Che Guevara ausgesetzt waren. Die katholische Kirche wurde sich damals der Grenzen ihrer Laienbewegung, der sogenannten „katholischen Aktion", bewußt. Die Pastoralkonstitution *Gaudium et spes*, die einer westlich orientierten Schöpfungstheologie verpflichtet war, die ihre Wurzeln wiederum im Buch Genesis, der deuteropaulinischen Christologie wie dem Werk Teilhard de Chardins hat, mußte in diesem neuen Kontext reinterpretiert werden. Medellin wollte für Lateinamerika leisten, was das Zweite Vatikanum für den Westen war: Die wirtschaftliche Ausbeutung und die politische Unterdrückung der Armen sollten als „Zeichen der Zeit" verstanden werden, die eine kontextualisierte Interpretation des Konzils ermöglichen. Genau in diesem Klima entstand die Befreiungstheologie.

Das erste Zeugnis ist der Titel des berühmten Vortrags des damaligen peruanischen Studentenpfarrers Gustavo Gutiérrez im Juli 1968: „Auf dem Weg zu einer Theologie der Be-

---

[119] Siehe den Vortrag von G. RUGGIERI beim Kolloquium in Klingenthal/Straßburg (11.–14. März 1999) über „Enttäuschungen am Ende des Konzils. Einige Haltungen in katholischen Kreisen Frankreichs" mit einer Untersuchung über die Stellungnahme von DE LUBAC (Delusioni alla fine del concilio. Qualche atteggiamento nell'ambiente cattolico francese. In : Volti di fine concilio. Studi di storia et teologia sulla conclusione del Vaticano II (a cura di Joseph Doré, Alberto Melloni), Bologna, Il Mulino, 2001, 193–224).

[120] Einen guten Gesamtüberblick bietet B. CHENU, Théologies chrétiennes des tiers-mondes. Théologies latino-américaine, noire américaine, noire sud-africaine, africaine, asiatique, Paris 1987, 17–53; R. GIBELLINI, Panorama de la théologie au XXe siècle, Paris 1994, 399–439; E. VILANOVA, Histoire des théologies chrétiennes III: XVIIIe – XXe siècle, Paris 1997, 1021–1025.

[121] Vortrag von Bischof I. LORSCHEITER bei der Außerordentlichen Synode im Jahre 1985, in: Vingt ans après Vatican II. Synode extraordinaire, Paris 1986, 124 f.

[122] CELAM = Consejo/Conselho Episcopal Latinoamericano: Lateinamerikanischer Bischofsrat.

freiung"[123]. Der peruanische Theologe analysiert die verschiedenen Aspekte der bis dahin einschlägigen Vorstellung des Begriffs „Entwicklung" – wie auch der Unterentwicklung – im internationalen und kirchlichen Bewußtsein[124]. Er kritisiert das lineare Verständnis der Geschichte und die vom Entwicklungsbegriff unterstellte organizistische Sichtweise der Gesellschaft und zeigt auf, daß das Scheitern aller Bemühungen, die Entwicklung des Kontinents voranzutreiben, die Wurzel des Übels offenbart: nämlich die politische „Abhängigkeit", die im Rahmen einer entsprechenden Dependenztheorie analysiert und politisch bekämpft werden muß. „Das Wort Befreiung bringt unvermeidlich das Moment des Bruches mit der gegenwärtigen Gesellschaft zum Ausdruck, das der geläufigen Verwendung des Wortes Entwicklung fremd ist"[125].

Unverkennbar gab es in der darauffolgenden Zeit eine gewisse Wechselwirkung zwischen einer sich im Aufwind befindlichen Theologie der Befreiung und der Theologie in Europa (besonders in der Zeitschrift *Concilium*)[126]. Europa interessierte sich für die Situation in Lateinamerika und für die Strukturkrise seines kapitalistischen Systems, das von Militärdiktaturen künstlich aufrecht erhalten und von den unteren Gesellschaftsschichten in Frage gestellt wurde. Punktuell ergaben sich unabhängige Bewegungen von Priestern, auch wuchs die von der Bewegung „Christen für den Sozialismus" ausgehende Faszination. Auf dem lateinamerikanischen Kontinent wurden Katechetik- und Pastoralinstitute (Quito, Medellin, Manizales usw.) zu Stätten der Bewußtseinsbildung. Diese fand ihren Ausdruck in einer Reihe von Werken aus der Feder einer Gruppe von Theologen, die ihrer eigenen Identität wie ihrer Wirkung auf die europäische Theologie langsam gewahr wurde. Neben Gustavo Gutiérrez, Leonardo Boff[127] und Hugo Assmann[128] sind hier vor allem Enrique Dussel[129], Juan Luis Segundo[130] und Ignacio Ellacuría[131] zu nennen.

Die dritte Phase der Befreiungstheologie ist von verheerenden politischen und kirchlichen Auseinandersetzungen geprägt. Während der 70er Jahre ist die Zahl der Militärregime beträchtlich angewachsen (Uruguay, Chile, Peru, Equador und Argentinien), und von 1973 bis 1979 hatte die lateinamerikanische Kirche mehr Märtyrer zu beklagen als in den ersten fünf Jahrhunderten ihres Bestehens[132].

Gleichzeitig formierte sich der innere Widerstand gegen die Befreiungstheologie, der

---

[123] Siehe vor allem: G. Gutiérrez, Teologia de la Liberación, Salamanca 1973; dt.: Theologie der Befreiung, Mainz – München 1973; gute Diskussionsbeiträge zur Befreiungstheologie bei J.-B. Metz (Hg.), Die Theologie der Befreiung: Hoffnung oder Gefahr für die Kirche? – Siehe auch: R. Frieling, Befreiungstheologien. Studien zur Theologie in Lateinamerika (= Bensheimer Hefte 63), Göttingen 1984; Art. „Befreiungstheologie" I/II, in: RGG⁴, Bd. 1, Tübingen 1998, Sp. 1207–1213 (Lit.!); LThK³, Bd. 2, Sp. 130–137.

[124] Die Enzyklika *Populorum progressio* Pauls VI. vom 26. März 1967 behandelt die gleiche Problematik.

[125] G. Gutiérrez, Theologie der Befreiung, Mainz – München 1973.

[126] Siehe den von dieser Zeitschrift 1970 in Brüssel abgehaltenen Kongreß über „Die Zukunft der Kirche".

[127] Leonardo Boff, Jesucristo el Liberador, Buenos Aires 1972; dt.: Jesus Christus, der Befreier, Freiburg 1986.

[128] Hugo Assmann, Opresión – Liberación. Desafio a los cristianos, Montevideo 1971; ders., Teologia desde la praxis de liberación, Salamanca 1973.

[129] Enrique Dussel, Die Geschichte der Kirche in Lateinamerika, Düsseldorf 1988; ders., Herrschaft und Befreiung, Freiburg 1984.

[130] Juan Luis Segundo, Catéchisme pour aujourd'hui, 3 Bde., Paris 1972–1973; ders., Liberación de la Teologia, Buenos Aires/Mexiko 1975.

[131] Ignacio Ellacuría, Carácter político de la misión de Jesús, Lima 1974.

[132] Hier sei besonders auf das Martyrologium von San Salvador hingewiesen mit den großen Gestalten P. Rutilio Grande, Bischof Romero (1980), den Jesuiten der zentralamerikanischen Universität (Ignacio Ellacuría, 5 Jesuitenpatres und 2 Frauen wurden 1989 ermordet), und vielen anderen Gläubigen.

besonders vom Sekretär des CELAM, Bischof Lopez Trujillo, vorgeworfen wurde, marxistischen Verblendungen erlegen zu sein. Bei der dritten Generalversammlung des CELAM in Puebla (1979) erreichte die Konfrontation ihren Höhepunkt. Unter den 20 offiziellen Experten befand sich kein einziger Theologe der Befreiung, auch wenn mehrere hinter den Kulissen als persönliche Experten des einen oder anderen Bischofs arbeiten konnten. Es wurde zwar keine Verurteilung ausgesprochen, aber die Wahl von Bischof Lopez Trujillo zum neuen Präsidenten war bereits ein Vorzeichen für die dann in den Jahren 1983 bis 1986 auftretenden Konflikte mit Rom. Die Verlautbarungen der Kongregation, insbesondere die beiden Instruktionen[133], warfen vor allem Gustavo Gutiérrez und Leonardo Boff die Verwendung marxistischer Deutungsmuster und die Ablehnung der Kirche als Institution wie die Bedrohung von deren Einheit vor[134].

Seitdem hat sich eine neue Situation ergeben, die schon die Versammlung von Santo Domingo prägte (1992). Das Interesse für die Kulturen war schon in Puebla beachtlich, wo der Begriff „Kultur" sowohl im Singular als auch im Plural verwendet worden ist[135]. Auf der Versammlung von Santo Domingo stand dann jedoch die kulturelle und religiöse Vielfältigkeit Lateinamerikas im Mittelpunkt (unter anderem dessen indianische und afro-amerikanische Traditionen, das Mestizentum, der Aufschwung der Stadt- und Industriekultur, die Volksfrömmigkeit und der Vormarsch der aus Amerika kommenden Sekten) – wenn auch die Vorstellung einer christlichen Kultur des Kontinents aufrecht erhalten und bekräftigt worden ist. Diese zunehmende Verschiebung vom Thema Glaube/Gerechtigkeit zum Thema Kultur/Religiosität führt zu einer Ausdifferenzierung der theologischen Interpretationen des Lebens in Lateinamerika. Auch die Theologie der Befreiung wurde vielschichtiger: Das Interesse an der Kirche wie der Spiritualität verstärkte sich bei einem gleichzeitig wachsenden Interesse für das Leiden der Armen[136]. Auch die Solidarität mit anderen Unterdrückten, etwa Schwarze und Frauen[137], zeichnet sich deutlicher ab, „traditionelle" theologische Fragen werden verstärkt bearbeitet[138].

Ein Überblick über die verschiedenen Phasen der lateinamerikanischen Theologie zeigt, daß sich die Theologie der Befreiung trotz bestimmter Gemeinsamkeiten mit der europäischen Theologie (z. B. mit der politischen Theologie eines Johann Baptist Metz)[139] und der weiterhin bestehenden kritischer Begleitung (vor allem in der Zeitschrift *Concilium*) eine

---

[133] Wie Anm. 90.
[134] Siehe vor allem G. GUTIÉRREZ, La Force historique des pauvres (1980), Paris 1985; DERS., La Libération par la foi. Boire à son propre puits (1983), Paris 1986; L. BOFF, Igreja – Carisma e Poder (wie Anm. 90). – Alle Dokumente zu dieser Kontroverse wurden veröffentlicht in: *Théologies de la libération. Documents et débats*, Paris 1985; siehe auch: die beiden Nummern (1/2) der *Recherches de science religieuse* 74 (1986) und: Der Fall Boff – Eine Dokumentation, hg. v. der Brasilianischen Bewegung der Menschenrechte, Düsseldorf 1986 (Originalausgabe: Roma locuta. Documentos sobre o livro' Igreja: carisma e poder – Ensaios de eclesiologia militante', Petrópolis 1985).
[135] Wichtigste Belege dafür sind: das Apostolische Mahnschreiben *Evangelii nuntiandi* (1975) Pauls VI. und *Gaudium et spes*, Nr. 53 über Kultur und Kulturen.
[136] Siehe G. GUTIÉRREZ, Von Gott sprechen in Unrecht und Leid – Ijob, München 1988.
[137] Die feministische Theologie entwickelte sich im Rahmen der Befreiungstheologie; siehe dazu: M. P. AQUINO, Nuestro clamor por la vida. Teologia de la liberación desde la perspectiva de la mujer, San José/Costa Rica, 1992.
[138] Siehe dazu: Juan Luis SEGUNDO, El hombre de hoy ante Jesus de Nazaret, Bd. I: Fe e ideología; Bd. II: Historia y actualidad, Madrid 1982; Leonardo BOFF, Kleine Trinitätslehre, Düsseldorf 1990; vgl. auch I. ELLACURÍA/J. SOBRINO (Hg.), Mysterium liberationis, 2 Bde., Madrid 1991.
[139] J.-B. METZ, Zur Theologie der Welt, Mainz 1968; Mainz – Düsseldorf 1985⁵; DERS., Glaube in Geschichte und Gesellschaft. Studien zu einer praktischen Fundamentaltheologie, Mainz 1977.

völlig neue und originäre Sichtweise entwickelt hat, die ganz ohne Zweifel für die Theologie in ihrer Gesamtheit von Bedeutung ist:

Sie [= die Theologie der Befreiung] entsteht aus einem Wandel des umfassenden (soziopolitischen, historischen und kirchlichen) Kontextes und aus einer Umkehr. Sie lebt auf einem Kontinent, der mit seiner Abhängigkeit konfrontiert ist und sich der Unterdrückung und der Not bewußt wird, in der die meisten seiner Bewohner existieren. Mitten auf diesem Kontinent entstehen Befreiungsbewegungen, die auf christlicher Seite eine Neuinterpretation des Glaubens auslösen. Ein Neuaufbruch beginnt[140].

Drei Parameter charakterisieren diese verwirrende „Alterität" innerhalb jener Theologie.

Zum einen ist hier vor allem die den Armen eingeräumte Priorität zu nennen, die vielzitierte „vorrangige Option für die Armen"[141]. Zahllose Christen Lateinamerikas, Laien, Priester, Ordensleute und Nonnen, Bischöfe und Theologen, haben in ihrer pastoralen Arbeit diese *Option Gottes* erkannt. Sie fordert die Kirche und die Theologie zu einer nicht leicht mit Leben zu füllenden Umkehr auf, weil die Armen – mit den Worten von G. Gutiérrez – eine nur schwer zugängliche „Welt" darstellen. Wenn man davon ausgeht, daß sie die *Privilegierten* Gottes sind, nicht nur des Gottes des Exodus und der Propheten, sondern auch und vor allem des Gottes, der als Schöpfer das Leben schenkt[142], muß man sie jedoch selbst zu Trägern der sozialen Veränderung werden lassen: „Subjekte" in der Kirche und „Subjekte" der Theologie.

Der grundlegende Charakter dieser Erfahrung führte sodann zu einer Neudefinition der Beziehungen zwischen Theorie und Praxis. Vorrangig ist dabei das befreiende Handeln, die „historische Praxis". Dieses Engagement ist der „Ort" für eine stets sekundäre theologische Reflexion. Gelebt wird es in den *Basisgemeinden*, die sich das Wort Gottes aneignen und sich für die Gestaltung der Zukunft der Gesellschaft einsetzen. Der Theologe befindet sich also in der Lage eines „organischen Intellektuellen" (Gramsci), „der mit der vom Volk ausgehenden Befreiungsbewegung verbunden ist, wie auch mit den Gemeinschaften, die ihren Glauben leben, indem sie sich ein solches Vorhaben zu eigen machen"[143].

Wie vollzieht sich die Arbeit des Befreiungstheologen? Bereits in seinem Werk von 1974 führt Gutiérrez hier die Unterscheidung zwischen mehreren Analyse- und Reflexionsebenen ein[144]. Eine erste Ebene besteht in der wirtschaftlichen, sozialen und politischen Analyse. Auf dieser Ebene kann man auf das Instrumentarium der marxistischen Analyse zurückgreifen, genauer gesagt auf die Dependenztheorie. Auf einer zweiten Ebene kommt

---

[140] Mgr. I. LORSCHEITER auf der Synode von 1985, in: Vingt Ans après Vatican II. Synode extraordinaire, 125.

[141] Siehe vor allem das Referat des Kardinal-Erzbischofs Raul Silva HENRIQUEZ, das nach der Versammlung von Puebla veröffentlicht wurde: DC 78 (1981), 231–238. – Siehe auch Heft 5 von Concilium 22 (1986); darin bes.: Leonardo BOFF/Virgil ELIZONDO, Theologie aus der Sicht der Armen, 325–327.

[142] DC 78 (1981), 233: „Warum hat Gott diese Vorliebe? Weil wir nur aus der Arbeit für und mit den Armen das unverdiente Geschenk der Gnade entdecken können [...]. ‚Das Evangelium der Gnade', wie der Apostel Paulus es nennt, spiegelt sich folglich in der Arbeit der Kirche für die Ärmsten wider. Je ärmer sie sind, umso unverdienter und heller zeigt sich das Angesicht Gottes [...]. Umgekehrt gilt: Wenn die Kirche diese Vorliebe des Herrn nicht verwirklicht, so verliert sie notwendigerweise tatsächlich auch ihren katholischen und universellen Charakter" (3.2.2 und 3.2.3).

[143] G. GUTIÉRREZ, La Force historique des pauvres, Paris 1986, 102. – Zu den Basisgemeinden in Brasilien siehe jetzt die theologische Dissertation von Wolfgang SCHÜRGER, Theologie auf dem Weg der Befreiung – Geschichte und Methode des Zentrums für Bibelstudien in Brasilien (= Erlanger Monographien aus Mission und Ökumene 24), Erlangen 1995.

[144] G. GUTIÉRREZ, Theologie der Befreiung.

die Philosophie oder die Anthropologie zur Sprache. Bei den ersten Befreiungstheologen ist dies vor allem das Denken von Paulo Freire (1921–1997) und dessen „Pädagogik der Unterdrückten"[145]. Die dritte Ebene ist die theologische Ebene im eigentlichen Sinn. Sie hat ihre Grundlage in einer Neuinterpretation der biblischen Quellen aus einer geschichtlichen Perspektive: Die Befreiungstat des Menschen hat ihre Quelle in Christus, der ihn von der Sünde befreit, der tiefsten Wurzel jeder Ungerechtigkeit und jeder Unterdrückung. Dieses Grundschema bleibt während der gesamten Entwicklung der Theologie der Befreiung bestehen, selbst wenn die jüngeren Theologengenerationen hier eine Reihe von Nuancen einbringen[146]. Die Wechselwirkung zwischen den drei Ebenen wird noch komplexer, wenn kulturelle und religiöse Aspekte, wie vor allem die Vorstellung des Mestizentums, berücksichtigt werden.

Sowohl mit ihrem Stil wie mit ihrer Methode, aber vor allem auch aufgrund ihres ehrgeizigen Anspruchs, dem Christentum in der Geschichte seine messianische Kraft wieder zu verleihen, hat sich die Befreiungstheologie von den europäischen Ausprägungen der Theologie, wie auch von *Gaudium et spes*, entfernt. Letztendlich will sie ein Dilemma überwinden, in dem sich die europäischen Theologen ihr zufolge befinden: „Entweder wird der Messianismus bis zum äußersten spiritualisiert, wobei dann die Ausrichtung des Christentums nicht mehr vollständig zur Geltung kommt, oder so stark verweltlicht, daß das Gespenst der Christenheit wieder belebt wird." So wirft Christian Duquoc (Lyon) als wohlwollender Kritiker der Theologie der Befreiung die Frage auf: „Werden sie diesem Dilemma dadurch entkommen, daß sie dem Messianismus im Kampf der Unterdrückten für eine bessere Gesellschaft seine historische Dimension zurückgeben?". Letztendlich fällt sein Urteil positiv aus:

Die Übertragung der Messianität Jesu auf das Volk verhindert bei den Unterdrückten, vor dem Hintergrund des Ostererglaubens, eine von der Gestaltung ihres eigenen Schicksals ablösbare Sinnerfahrung. Das Scheitern ihres Versuchs einer Umgestaltung der Welt würde allerdings nicht die Absurdität ihres Todes besiegeln. Das Kreuz zeigt die Macht der Hingabe im Leben der Märtyrer, es garantiert den historischen Erfolg nicht[147].

2. Die afrikanische Theologie schaltet sich erst später in die internationale Diskussion nach dem Konzil ein[148]. Die „Alterität", die hier in der Person des Afrikaners als Schwarzer erscheint[149], wirft kulturelle Probleme auf, die sich möglicherweise als paradigmatisch für die gesamte katholische Theologie erweisen werden. Offenkundig ist die nach wirtschaftlichen, ethnischen und politischen Gesichtspunkten alarmierende Situation Afrikas, das für die Welt nur von begrenztem Interesse ist[150]. Wohl nur unzureichend wird im We-

---

[145] P. FREIRE, Erziehung als Praxis der Freiheit, Stuttgart 1974 (1982⁴); Pädagogik der Unterdrückten, Reinbek 1981. – Über ihn: D. STRECK, Art. Freire, Paulo, in: RGG⁴. Bd. 3, Tübingen 2000, Sp. 333 (Lit.!).

[146] Siehe vor allem: Clodovis BOFF, Theologie und Praxis. Die erkenntnistheoretischen Grundlagen der Theologie der Befreiung, München 1983.

[147] Chr. DUQUOC, „Une unique histoire". Réflexion autour d'un thème majeur des théologies de la libération, in: RSR 74 (1986), 212–215.

[148] Im Jahre 1985 beurteilte Kardinal Ratzinger die afrikanische Theologie (zum damaligen Zeitpunkt) „eher als Programm, weniger als tatsächliches Phänomen": DC 82 (1985), 508.

[149] Siehe dazu: Sédar SENGHOR, La problématique de la Négritude, in: Colloque sur la Négritude à Dakar (Senegal) vom 12.–18, April 1971: Présence africaine (1972), 13–28.

[150] Siehe dazu: Samuel P. HUNTINGTON, The Clash of Civilisations, New York 1996.

sten begriffen, daß aufgrund des rasanten Anwachsens der afrikanischen Christen aller Konfessionen die Kirchen Schwarzafrikas im Begriff sind, den größten Anteil der Christen in aller Welt zu stellen. Dies muß in einer Geschichte der Theologie berücksichtigt werden, die zudem weder den Unterschied zwischen den englisch- und französischsprachigen Gebieten noch die Bedeutung der ökumenischen Zusammenarbeit vernachlässigen darf[151].

Gerade unter Paul VI. [152] und insbesondere bei der Synode zum Thema Evangelisation im Jahr 1974[153] zeigte die lange debattierte Frage nach der Legitimität einer afrikanischen Theologie positive Wirkungen auf das kirchliche Bewußtsein Afrikas. Die Jahre 1976/77 sind ein echter Wendepunkt. 1976 fand in Daressalam (Tansania) das erste Treffen der Ökumenischen Vereinigung von Theologinnen und Theologen der Dritten Welt (EAT-WOT) statt[154]: sieben Afrikaner, drei Katholiken, drei Protestanten und ein orthodoxer Vertreter nahmen daran teil. Gustavo Gutiérrez war in Daressalam anwesend. Es war das erste Zusammentreffen zwischen der Befreiungstheologie und einer afrikanischen Theologie, die auf protestantischer Seite bei der „Kontextualisierung" einsetzt, auf katholischer Seite bei der „Inkulturation". In der Schlußerklärung werden Gemeinsamkeiten aufgezeigt:

Unseres Erachtens besteht unsere größte Errungenschaft in der Artikulierung unserer Methode. Wir lehnen den klassischen Weg ab, von der Lehre der Kirche oder der Bibel auszugehen, daraus theologische Schlußfolgerungen abzuleiten und sie auf die geschichtliche Wirklichkeit anzuwenden. Unseren Ausgangspunkt bildet die konkrete gesellschaftliche Wirklichkeit und eine vorrangige Option für die Unterdrückten sowie der Einsatz für deren Befreiung. Wir lesen die gesellschaftliche Wirklich-

---

[151] Guter Gesamtüberblick bei B. Chenu, Théologies chrétiennes des tiers-mondes. Théologies latino-américaine, noire américaine, noire sud-africaine, africaine, asiatique, Paris 1987, 123–161; R. Gibellini, Panorama de la théologie au XXe siècle, 525–546; E. Vilanova, Histoire des théologies chrétiennes III: XVIIIe-XXe siècle, 1031–1036; in jüngster Zeit wurden zwei ausgezeichnete Vorlesungen am Institut catholique von Paris gehalten: E. Elochukwu-Uzukwu, Le devenir de la théologie catholique en Afrique anglophone depuis Vatican II, in: Transversalités 68 (1998), 61–90 und H. Danet/E. Messi Metogo, Le devenir de la théologie catholique en Afrique francophone depuis Vatican II, in: Transversalités 68 (1998), 91–118. – Man muß die auf ihre Afrikanität bedachte afrikanische Theologie klar von der zwischen 1966 und 1969 in methodistischen und baptistischen Kreisen der Vereinigten Staaten entstandenen *schwarzen Theologie* unterscheiden, die zwischen 1970 und 1979 an den Universitäten starke Beachtung gefunden und seit 1971 zu einer schwarzen Theologie Südafrikas geführt hat (vgl. E. Vilanova III, 1025–1031). Siehe auch: G. Collet, Art. Dritte-Welt-Theologie, in: RGG⁴, Bd. 2, Tübingen 1999, Sp. 993–995.

[152] Siehe vor allem die Ansprache Pauls VI. vor dem Symposium afrikanischer Bischöfe in Uganda anläßlich seiner ersten Afrikareise im Jahre 1969: „Ihr könnt den Katholizismus mit Begriffen umschreiben, die eurer Kultur vollkommen angepaßt sind, und ihr könnt für die katholische Kirche den wertvollen und unverfälschten Beitrag zur ‚négritude' leisten, die sie in dieser historischen Stunde vor allem braucht": DC 66 (1969), 765.

[153] Bei dieser Synode traten die Bischöfe von Afrika und Madagaskar am 20. Oktober mit einer gemeinsamen Erklärung an die Öffentlichkeit, die einen Abschnitt über die Förderung der afrikanischen theologischen Forschung enthielt: „Die Bischöfe von Afrika und Madagaskar halten die sog. Theologie der Anpassung für vollkommen überholt. An ihre Stelle setzen sie die Theologie der Inkarnation. […]. Die jungen Kirchen Afrikas und Madagaskars erkennen den theologischen Pluralismus innerhalb der Einheit des Glaubens an und müssen daher mit allen Mitteln die afrikanische theologische Forschung fördern" (zit. nach: A. Shorter, Théologie chrétienne africaine, Paris 1980, 165).

[154] Siehe dazu: S. Torres Gonzales, Die Konferenz von Dar-es-Salaam 1976, in: Concilium 24 (1988), 412–417. – EATWOT = Ecumenical Association of Third World Theologians; siehe dazu: E. Kamphausen, Die Ökumenische Vereinigung von Theologen und Theologinnen der Dritten Welt (EATWOT), in: PWM 25 (1997), 271–301; ders., Art. Ecumenical Association of Third World Theologians (EATWOT), in: RGG⁴, Bd. 2, Tübingen 1999, Sp. 1052–1054.

keit, wie auch die Bibel und Geschichte, von unten her, aus der Sicht der Armen, durch ihre Tränen und Wunden, durch die Kämpfe und Hoffnungen der Unterdrückten hindurch. Eine engagierte Befreiungspraxis, um in den menschlichen Beziehungen eine wirkliche Veränderung auf eine größere Gleichheit und Gerechtigkeit hin herbeizuführen, ist der erste Akt. Die Theologie folgt darauf als Frucht der kritischen Reflexion über die gesellschaftsverändernde Praxis. Die Veränderung, die in Personen und gesellschaftlichen Wirklichkeiten unablässig geschieht oder herbeigeführt wird, diktiert eine fortwährende Veränderung in unserer Interpretation der Bibel und der Lehre der Kirche[155].

Genauso signifikant sind jedoch die Unterschiede: Von der Arbeit des Ökumenischen Rates der Kirchen und seiner Abteilung *Theological Education Fund* beeinflußt, setzen sich die afrikanischen Theologen mit Vorstellungen über Inkulturation auseinander, die diese auf „Eingeborene" – die sogenannte „Indigénisation" – reduziert, dabei die auch in Afrika wirksamen Säkularisierungsprozesse außer Acht läßt und den prophetischen Aspekt der Kontextualisierung vernachlässigt, die eben nicht als unkritische Anpassung[156] verstanden werden kann.

Beim Kolloquium von Accra (1977), das seinen Höhepunkt in der Bildung der Ökumenischen Vereinigung Afrikanischer Theologen (AOTA)[157] fand, wurden die gleichen Fragen gestellt. Von katholischer Seite wies vor allem Jean-Marc Ela darauf hin, daß die Förderung der Kultur und der Liturgie der Eingeborenen, die „den Afrikaner vergessen macht, daß er ein Unterdrückter ist, und seinen Leidensweg im Rhythmus von Gesängen aufgehen läßt, die ihm die Hoffnung auf eine himmlische Glückseligkeit verleihen", nur zu einer Enttäuschung führen kann[158].

Seit 1977 ergeben sich damit zwei Tendenzen in der theologischen Forschung in Afrika: eine kulturell-religiöse Richtung, die zunächst die große Mehrheit darstellt, und eine sozio-politische Richtung, die sich in größerer Nähe zu den Leitgedanken der lateinamerikanischen Befreiungstheologie[159] ansiedelt. Wie in Lateinamerika meldet sich die feministische Theologie allmählich auch in Afrika zu Wort, vor allem in der Person von Mercy Amba Oduyoye[160], nach deren Meinung das Christentum das Schicksal der afrikanischen Frau noch verschlechtert hat, anstatt ihre Rolle als Mutter als Basis für den Dienst in Kirche und Gesellschaft zu würdigen. In den letzten Jahren haben schließlich die grausamen Stammesfehden und die aus ethnischen Gründen verübten Gewalttaten ein neues afrikanisches Denken entstehen lassen, das bereits in der afrikanischen Synode (1994) mit der nachdrücklichen Vorstellung einer Kirche als Familie[161] Eingang gefunden hat, vor allem aber beim Kongreß der *Spiritan International School of Theology* in Nige-

---

[155] Abschlußererklärung zit. nach S. RAYAN, Die Dritte-Welt-Theologie: Wohin gehen wir von hier aus?, in: Concilium 24 (1988), 423–432; hier 424.

[156] Siehe dazu vor allem A. SHORTER, Towards a Theology of Inculturation, Maryknoll 1988.

[157] Diese Vereinigung organisiert Kolloquien und publiziert neben dem *Bulletin de théologie africaine* (jährlich zwei Lieferungen in Französisch, Englisch und Portugiesisch) eine *Collection de théologie africaine*.

[158] J.-M. ELA, De l'assistance à la libération. Les tâches de l'Église en milieu africain, Paris 1981, 12–15; siehe auch: DERS., Le Cri de l'homme africain, Paris 1980.

[159] Neben den Werken von J.-M. ELA ist hier zu nennen: Engelbert MVENG, L'Afrique dans l'Église: paroles d'un croyant, Paris 1986.

[160] Siehe vor allem: M. A. ODUYOYE, Daughters of Anowa. African Women and Patriarchy, Maryknoll 1995; vgl. auch: J. PARRATT, Art. Afrikanische Theologien, in: RGG⁴, Bd. 1, Tübingen 1998, Sp. 158–160.

[161] Siehe dazu auch das Nachsynodale Apostolische Mahnschreiben *Ecclesia in Africa* vom 14. September 1995: DC 92 (1995), 817–855.

ria (1996) mit dem Titel „Afrika auf dem Weg zur Prioritätensetzung bei der Missionierung"[162].

Ein Überblick über die kulturellen Strömungen zeigt deren Entfaltung auf verschiedenen Ebenen. Die Auseinandersetzungen zwischen christlichen Theologen und Wissenschaftlern anderer Disziplinen wie der Afrika-Forschung über die Gottesvorstellungen im
traditionellen Afrika und deren mögliche Christianisierung gehen bereits in die 60er Jahre
zurück[163]. Gleichzeitig greift man in der Liturgie bei der Nennung und dem Lobpreis Gottes ansatzweise auf herkömmliche Vorstellungen zurück. An mehreren Orten beginnen
theologische Forschungseinrichtungen und Institute für die seelsorgerliche wie liturgische
Ausbildung – z. B. das Zentrum von Gaba (Uganda), das 1967 gegründet und 1976 nach
Eldoret (Kenia) verlagert worden ist – mit liturgischen Experimenten, die nach der Visite
von Paul VI. im Jahre 1969 intensiviert worden sind. Die bekanntesten Initiativen stammen aus Zaire und Kamerun[164].

Auf dem eigentlich theologischen Gebiet kommt dem Werk des Theologen Oscar Bimwenyi Kweshi über den „Discours théologique négro-africain" (1981)[165] herausragende
Bedeutung zu. Er weist nach, daß die Theologen zunehmend die undifferenzierte Kritik
des missionarischen Christentums aus der Zeit der europäischen Kolonisation aufgegeben
haben, um sich strikt einer „Theologie der Inkulturation" zu widmen. Oscar Ngindu
Mushete (Zaire) hat diese auf dem Treffen von Daressalam auch als „kritische afrikanische
Theologie"[166] bezeichnet. Bimwenyi Kweshi[167] verwendet das in Apg. 15 berichtete Jeru-
salemer Konzil als Paradigma und kommt zur Überzeugung, daß die Kirche Afrikas nicht
verpflichtet ist, die – wenn auch zu achtenden – Gepflogenheiten und Traditionen aus den
Ländern der Missionare zu übernehmen[168]. Die Theologie muß das „epistemologische

---

[162] Siehe die ausführliche Besprechung von E.-E. UKUZWU, in: Transversalités 68 (1998), 84–86.

[163] Siehe dazu vor allem: J. MBITI, African Religions and Philosophy, London 1969; DERS., Concepts of God in
Africa, London 1970; E. B. IDOWU, Olodumare – God in Yuruba Belief, London 1962; O. P'BITE, African Religions in Western Scholarship, Nairobi 1970; siehe auch: J. UKPONG, Theologische Literatur aus Afrika, in: Concilium 24 (1988), 387–392.

[164] Siehe z. B. J. DORÉ/R. LUNEAU/F. KABASÉLÉ und eine Gruppe afrikanischer Autoren: Pâques africaines d'aujourd'hui (= Coll. „Jésus et Jésus-Christ" 37), Paris 1989. – H. DANET und E. MESSI METOGO zeigen auch die
Widersprüchlichkeiten bei dem einen oder anderen Ritus auf: „Einige Liturgien entsprechen wahren Inthronisa-
tionen, mit wertvollen Geschenken und beeindruckenden Festgelagen. Was soll man von eucharistischen Liturgie-
feiern halten, bei denen der Priester die Machtinsignien des Häuptlings zur Schau stellt: Lanze und Fliegenfänger
usw.? Ist hier nicht die Gefahr einer autoritären Ekklesiologie gegeben, mit der die Laien an den Rand gedrängt
werden? [...] In der Liturgie zur Weihe der Jungfrauen in der demokratischen Republik Kongo wird der Blutzau-
ber eingefügt – in Verbindung mit Verwünschungen im Fall der Untreue. Wo bleibt hier die Freiheit der Kinder
Gottes?": Transversalités 68 (1998), 112.

[165] O. BIMWENYI KWESHI, Discours théologique négro-africain, Paris 1981.

[166] O. NGINDU MUSHETE, L'Histoire de la théologie en Afrique. De la polémique à l'irénisme critique (= Coll.
„Libération ou adaptation? La théologie africaine s'interroge"), Paris 1979.- Hier ist noch auf zwei andere
bekannte Autoren hinzuweisen: F. EBOUSSI BOULAGA, Christianisme sans fétiche, Paris 1981; M. HEGBA, Émancipation d'Églises sous tutelle, Paris 1976; DERS., Sorcellerie et prière de délivrance, Paris – Abidjan 1982.

[167] Siehe dazu den detaillierten Bericht, in: R. GIBELLINI, Panorama de la théologie au XXe siècle, 531–535.

[168] Bimwenyi Kweshi zitiert einen Brief der Bischofskonferenz der Demokratischen Republik Kongo an ihren
Klerus (Oktober 1970): „Das mosaische Gesetz und seine Ansammlung von Vorschriften wurden von den Aposteln für das Heil der Völker als unnötig erachtet, trotz des Drängens judaisierender Vertreter (Apg. 15). In gleicher
Weise wird die junge afrikanische Kirche bei der Aufnahme des geoffenbarten göttlichen Wortes nicht gezwungen
sein, die Sitten und Gebräuche sowie die besonderen – gewiß ehrenwerten – Traditionen der missionierenden Länder aufzunehmen" (EBD., 58).

Asyl" der fremden Kulturen und philosophischen Systeme zugunsten ihrer afrikanischen Sicht des Lebens, ihrer Kultur und ihrer Religiosität verlassen. Drei Wege ergeben sich aus seiner Analyse: a) Die Erfahrung der Sprache als „Wort": Gott ist der Herr des ursprünglichen Wortes, das die Welt in Schwingung hält (von daher wird die Bedeutung der Trommel und des Tanzes verständlich). b) Die Erfahrung der *Theotropie*: Der Mensch ist ein auf Gott ausgerichtetes Wesen, dieser wird als das *Vorher* der alten Stammesgründer verstanden, als der von der Welt *Verschiedene*, als der *Fordernde*, der sich nicht den Befehlen von Menschen unterordnen läßt. c) Die Erfahrung des Menschen als Kreuzungs- und Mittelpunkt von Beziehungen zu Gott (*Theotropie*), zur Gemeinde (*Partizipation*), zum Kosmos (*ontologische Osmose*).

Zweifellos wird das Verständnis der in der afrikanischen Kultur als fremdartig empfundenen Gestalt Jesu Christi zum Schlüsselpunkt aller Bemühungen der Inkulturation. Die „Christologie" wird in der Gegenwart zum fruchtbarsten Feld theologischer Arbeit, in jedem Fall zum bekanntesten in Europa – vor allem seit dem Sammelband „Chemins de la christologie africaine" (1986)[169]. Bezieht sich die Befreiungstheologie vor allem auf die Messianität Jesu, so verwenden die afrikanischen Theologen geläufige „Hoheitstitel" aus der traditionellen Kultur Afrikas: Ahne, Häuptling, Initiationsmeister oder Heiler. Beachtlicherweise gelingt ihnen auch eine kritische Analyse dieser kulturell verankerten Hoheitstitel, die ihre Identifikation mit Jesus von Nazareth einschließt: Dies ist vor allem der Fall bei den Heilungsberichten des Neuen Testaments, die nicht nur vom Glauben des Geheilten berichten, sondern auch vom Tod des Wundertäters.

3. Das christologische Problem nimmt gerade in der asiatischen Theologie bisher unbekannte, teilweise beunruhigende Formen an. Der Europäer wird in der Tat hier mit einer „Alterität" ganz anderer Ordnung konfrontiert. Asien ist die Wiege aller Religionen. Man findet dort die volkstümlichsten Formen von Religiosität wie auch die kompliziertesten mystischen Stömungen. Das Christentum repräsentiert dort jedoch nur etwa 2 Prozent der Bevölkerung, die für sich allein mehr als die Hälfte der Weltbevölkerung ausmacht. In diesem aus mehreren „Kontinenten" gebildeten Kontinent gibt es im übrigen ein galoppierendes Bevölkerungswachstum. Er gehört zur Dritten Welt und erlebt dramatische Formen sozialer und kultureller Armut. In Indien lebt fast die Hälfte der Einwohner unterhalb des Existenzminimums.

Die asiatische Theologie[170] als Spiegelbild dieser Situation einer gleichsam unendlichen Vielfalt ist in Europa kaum bekannt. Ein neues Bewußtsein ihrer ursprünglichen Identität zeigte sich jedoch am Ende des Konzils wie bei der großen Begegnung der christlichen Kirchen Ostasiens in Kandy (Sri Lanka) im Jahre 1965. Dieser langsame, im übrigen weit vor diesem Zusammentreffen einsetzende Reifeprozeß führte 1979 zum Kongreß der Ökumenischen Vereinigung von Theologinnen und Theologen der Dritten Welt (EATWOT) in Wennappuwa (Sri Lanka), der sich an eine Art Bestandsaufnahme des asiatischen Denkens in seiner ganzen Vielfalt wagte.

---

[169] F. Kabasélé/J. Doré/R. Luneau (Hg.), Chemins de la christologie africaine (= Coll. „Jésus et Jésus-Christ" 25), Paris 1986.

[170] Guter Überblick bei B. Chenu, Théologies chrétiennes des tiers-mondes. Théologies latino-américaine, noire américaine, noire sud-africaine, africaine, asiatique, 163–199; R. Gibellini, Panorama de la théologie au XXe siècle, 546–559; E. Vilanova, Histoire des théologies chrétiennes III: XVIIIe-XXe siècle, 1036–1041 aus neuester Zeit: die Vorlesung von Félix A. Machado am Institut catholique von Paris: Le développement de la théologie de Vatican II à nos jours. Un point de vue sud-asiatique, in: Transversalités 68 (1998), 29–59.

Aloysius Pieris machte auf dieser Tagung deutlich, daß die asiatische Theologie von zwei Polen bestimmt wird: dem Pol „Dritte Welt" wegen der Armut der Menschen und dem „asiatischen" Pol mit einem spezifischen kulturellen wie religiösen Kontext. Jeder der beiden Pole wird mehr oder weniger von bestimmten Theologen vertreten, obwohl es sich um zwei nicht voneinander zu trennende Realitäten handelt[171]. In den Jahren 1997/98 nimmt die kirchliche Öffentlichkeit die Probleme der asiatischen Theologie stärker zur Kenntnis: auf der Bischofssynode für Asien (1998), anläßlich der Untersuchung der Theologie von Jacques Dupuis[172] durch die Kongregation für die Glaubenslehre und auch dank der Veröffentlichung des Dokuments der Internationalen Theologenkommission über „Das Christentum und die Religionen"[173].

Ob es sich nun um Indien, Japan oder auch um die unendlich weiten Gebiete zwischen diesen Extremen handelt: Für den Europäer bleibt die gemeinsame „holistische" Sichtweise verwirrend, die im Bemühen um eine umfassende Integration in einer „kosmotheandrischen" Perspektive (Panikkar) keinen Unterschied zwischen spiritueller, d. h. zugleich kultureller, religiöser und philosophischer Erfahrung, *und* der theologischen Reflexion zuläßt[174]. A. Pieris zeigt diesen Denkstil auf seine Weise anhand einer Meditation über die doppelte Taufe Jesu[175] auf. Hielt die traditionelle Theologie an der Taufe der Religionen fest, so müsse heute an dem Text über die Begegnung zwischen Jesus und Johannes dem Täufer das notwendige Eintauchen in die Gewässer der asiatischen Religiosität herausgehoben werden. Die Tatsache, daß Jesus von Johannes getauft wurde, hinderte ihn nicht, seine eigene Botschaft zu verkündigen und einen eigenen Lebensstil zu entwickeln. „Durch sein Eintauchen in die Strömung einer alten Spiritualität findet er seine eigene neue Mission"[176]. Der Text des Evangeliums lädt den Leser also dazu ein, den Weg vom „Jordan asiatischer Religiosität" zum „Golgatha asiatischer Armut" weiter zu verfolgen. „Kann es echte Religiosität ohne den Schmerz über die Probleme der Armut geben? Eine Erfahrung des Abba ohne den Kampf gegen Mammon?"[177].

Der aus Sri Lanka stammende A. Pieris gehört zu denen, die zwar die Einheit der religiösen und befreienden Perspektiven der Theologie bewahren, letztendlich jedoch die

---

[171] A. Pieris, Towards an Asian Theology of Liberation: Some Religio-Cultural Guidelines, in: V. Fabela (Hg.), Asia's Struggle for Full Humanity (Papers from the Asian Theological Conference, January 7–20, 1979, Wennappuwa/Sri Lanka), New York 1980, 75–78.

[172] Siehe dazu vor allem J. Dupuis, Vers une nouvelle théologie chrétienne du pluralisme religieux (= Coll. Cogitatio fidei 200), Paris 1997.

[173] Zitat aus: DC 94 (1997), 312–332.

[174] Das Werk von R. Panikkar ist das Paradigma par excellence für diese Integration in das indische Denken. Siehe z. B.: Le Christ et l'hindouisme. Une présence cachée, Paris 1972 (Originalausgabe: 1964); dt.: Christus, der Unbekannte im Hinduismus, Luzern – Stuttgart 1965; L'Homme qui devient Dieu. La foi constitutive de l'homme, Paris 1969; The Trinity and the Religious Experience of Man. Icon – Person – Mystery, London 1973/1975; The Unknown Christ of Hinduism? Towards an Ecumenical Christophany (revidierte u. erw. Ausgabe), Maryknoll 1981; Le Dialogue intrareligieux, Paris 1985 (aus dem Amerikanischen übersetzt). – Zur Interpretation dieses Werkes siehe: Christine Lienemann-Perrin, Mission und interreligiöser Dialog (= Bensheimer Hefte 93/Ökumenische Studienhefte 11), Göttingen 1999, 142–151.

[175] A. Pieris, Les religions asiatiques non sémitiques et la mission des Églises locales (Vortrag von 1981); Wiederabdruck in: Une théologie asiatique de la libération, Paris 1990, 69–94; siehe auch Ders., Sprechen vom Sohn Gottes in Asien, in: Concilium 18 (1982), 206–211; M. Fédou kommentiert diese Texte in seinem Werk: Regards asiatiques sur le Christ (= Coll. Jésus et Jésus-Christ 77), Paris 1998, 97–122.

[176] Une théologie asiatique de la libération, 87.

[177] Sprechen vom Sohn Gottes in den nichtchristlichen Kulturen, in: Concilium 18 (1982).

asiatische Dimension dem Pol „Dritte-Welt" unterordnen. Neben anderen sind z. B. T. Balasuriya [178] oder auch M. Amaladoss [179] diesem Denken verpflichtet. Sie unterstreichen sogar, daß der wirkliche Anknüpfungspunkt für die asiatische Frömmigkeit nicht der Glaube an einen persönlichen Gott ist, sondern die Soteriologie, weil Asien überwiegend metatheistisch, jedenfalls nicht theistisch orientiert ist. Jede religiöse Tradition ist dazu aufgefordert, das Beste an ihr als „Heilsweg" anzubieten, um die Welt individuell und strukturell menschlicher zu machen [180]. Dabei kann es nicht die Aufgabe der Kirche und der Theologie sein, eine Weltanschauung vorzuschreiben, sie müssen vielmehr „die nichtchristliche Befreiungserfahrung aus einer christlicher Perspektive" begleiten (A. Pieris).

Gegenüber diesem Denken akzentuieren andere eher den „asiatischen" Aspekt. Theologen wie Raimon Panikkar lehnen die lateinamerikanische wie die asiatische Befreiungstheologie ab, weil das christliche Ethos dort vorausgesetzt bleibt, der asiatische Kontinent aber nicht christlich ist und zudem die Gefahr besteht, daß sich diese Theologien in einem triumphalistischen, die anderen Religionen verneinenden Messianismus verwandeln. Aber auch die Theologie der Inkulturation ist ihm zufolge nicht angemessen, weil sie die Situation der Entwicklungsländer ignoriert, vor allem aber das Christentum stets als Vollendung der Werte nichtchristlicher Religionen präsentiert. Asiatische Herkunft und befreiungstheologische Ausrichtung sind in ihrer Tiefe also nicht leicht auszuloten und zu verbinden. Ihre Verknüpfung muß nach Panikkar an der Neuinterpretation der Christologie anknüpfen. Wenn er in der Erstauflage seines Werkes „Le Christ et l'hindouisme" (1964) die gegenseitige Identität zwischen Jesus und dem Christus herausstellt, so fügt er in der zweiten, vollständig überarbeiteten Auflage von 1981 [181] eine Distanz ein, die von der Unterscheidung zwischen dem universellen oder kosmischen Christus, dem Logos, und Jesus von Nazareth ausgeht, wobei letzterer wie jede andere historische Persönlichkeit der Ganzheit des „Kosmotheandrischen" [182] nicht vollständig entsprechen kann.

Dieser Überblick zur nachkonziliaren katholischen Theologie genügt, um das Entstehen völlig neuer Perspektiven deutlich zu machen und um zu zeigen, wie schwierig diese „Alteritäten" in das römische System integriert oder von ihm aus reguliert werden können. Wenn dieses System eher einer *Weltsicht* verpflichtet ist, die von vornherein eine Reihe von Vorgaben definitiv fixiert, die es als nicht geoffenbarte und trotzdem jeder kulturellen und damit immer pluralistischen Entwicklung entzogen beurteilt, muß es von einer bisher beispiellosen Ausdifferenzierung der Kontexte und ihrer jeweiligen Theologien geschwächt werden. Die Untersuchungen zur Kontextualisierung des Evangeliums beziehen sich häufig auf die als Vorbild angesehenen Beziehungen zwischen Altem und Neuem Testament. Bezeichnend dafür ist in dieser Hinsicht A. Pieris' Hinweis auf die doppelte Taufe Jesu [183]. Das europäische Christentum versucht heute zunehmend, sich der Bedeutung der unbeschreiblichen Ereignisse von Auschwitz gewahr zu werden und auf der Grundlage einer Neuentdeckung des Judesein Jesu neue Beziehungen zum Judentum

---

[178] T. BALASURIYA, Planetary Theology, Maryknoll 1984; DERS., Neuaufkommende asiatische Befreiungstheologien, in: Concilium 24 (1988), 365–372.

[179] M. AMALADOSS, Vivre en liberté. Les théologies de la libération en Asie, Brüssel 1998.

[180] EBD., 211–235.

[181] Wie Anm. 174.

[182] Siehe den Kommentar von M. FÉDOU zur Christologie von R. Panikkar, in: Regards asiatiques sur le Christ, 36–48.

[183] Zur afrikanischen Theologie siehe Anm. 169.

aufzubauen. Die Zugehörigkeit Jesu zum Judentum hat Gewicht im Widerstand Roms gegen die Versuche der Dritten Welt, die jüdische Welt durch andere religiöse Traditionen zu ersetzen, die die Funktion eines anderen „Alten Testaments"[184] übernehmen könnten.

Die innere Ausdifferenzierung der nachkonziliaren Theologie zeigt sich vor allem am Profil ihrer *Akteure*: War die Theologie früher den Priestern vorbehalten, so wird sie jetzt auch von Laien betrieben. Die zunehmende Vielfalt in der Theologie kennt nicht nur soziale, kulturelle oder nationale Differenzen, sie betrifft auch den Unterschied zwischen Männern und Frauen. Die feministische Theologie ist in den Vereinigten Staaten entstanden und konnte sich als eine bestimmte Art des Theologietreibens kontinuierlich auf allen Kontinenten durchsetzen[185]. Die Originalität der theologischen Ansätze geht im wesentlichen auf die Tatsache zurück, daß die intellektuelle Arbeit von Theologen und Theologinnen mehr und mehr in einem *Engagement*, einem Kampf *(militance),* in einem *Interesse* für ganz bestimmte Kontexte oder auch in der Forderung nach Authentizität wurzelt[186]. Das Modell des „organischen Intellektuellen" hat sich also weitgehend durchgesetzt. Man versucht innerhalb der Theologie selbst die „Stimme" derjenigen zu Gehör zu bringen, die sowohl in der Gesellschaft wie in der Kirche übergangen werden. Die plötzliche Wahrnehmung des Armen, des Farbigen, des religiösen oder gottfernen Menschen, die angesichts der Globalisierungsprozesse in einem immer vielfältigeren Umfeld leben, wirft große Probleme für eine Theologie auf, die weiterhin ihren christologischen Grund durchdenken will und dabei *gleichzeitig* ihren Blick auf die religiösen Überzeugungen eines Teils der Menschheit richtet wie auch auf die ethischen und politischen Herausforderungen, die sich aus den schreienden Ungleichheiten und den wirtschaftlichen wie sozialen Ungerechtigkeiten auf dieser Erde ergeben.

Die theologischen Disziplinen

Das Panorama der nachkonziliaren Theologie bestätigt das Urteil Karl Rahners, das er unmittelbar nach dem Konzil abgegeben und 1976 in seinem „Grundkurs des Glaubens" wieder aufgegriffen hat[187]:

---

[184] Johannes Paul II. verwendet in seiner Ansprache vor den Teilnehmern eines Kolloquiums über die „Wurzeln des Antijudaismus in christlichem Umfeld" den Begriff „übernatürliches Faktum" zur Beschreibung der Existenz des jüdischen Volkes und der Tatsache, daß Jesus Jude war: „Deshalb verkennen diejenigen, nach denen Jesu Judesein und sein jüdisches Umfeld lediglich einfache und zufällige kulturelle Fakten seien, die sich auch durch eine andere religiöse Tradition ersetzen ließen, so daß die Person des Erlösers ohne Verlust ihrer Identität abgelöst werden könnte, nicht nur die Bedeutung der Heilsgeschichte, sondern greifen radikaler die Wahrheit der Inkarnation an und verhindern damit ein authentisches Verständnis für die Inkulturation": DC 94 (1997), 1003 f.

[185] Trotz einer langen Vorgeschichte – das Buch von Simone DE BEAUVOIR, Le deuxième Sexe (1949) [dt.: Das andere Geschlecht, Hamburg 1951] stellt für feministische Theologinnen ein Manifest dar – wurde diese Theologie in Frankreich erst seit 1985 allmählich bekannt. Im gleichen Jahr erschien das Werk von E. SCHÜSSLER-FIORENZA, Zu ihrem Gedächtnis... Eine feministisch theologische Rekonstruktion der christlichen Ursprünge, München – Mainz 1988; s. von der gleichen Autorin: Jesus – Miriams Kind, Sophias Prophet, Gütersloh 1997. – Siehe dazu vor allem: E. GÖSSMANN/E. MOLTMANN-WENDEL/H. PISSAREK-HUDELIST u. a. (Hg.), Wörterbuch der feministischen Theologie, Gütersloh 1991 (Lit.!); jetzt auch: H. MEYER-WILMES, Art. Feminismus/Feministische Theologie I, in: RGG⁴, Bd. 3, Tübingen 2000, Sp. 66–68.

[186] Siehe dazu die Schlußerklärung zum ersten Treffen der EATWOT in Daressalam 1976; vgl. oben Anm. 155.

[187] K. RAHNER, Grundkurs des Glaubens – Einführung in den Begriff des Christentums, Freiburg 1976.

Theologie ist […] Theologie nur in dem Maße, wie es ihr gelingt, mit dem gesamten profanen Selbstverständnis des Menschen, das dieser in einer bestimmten Epoche hat, Kontakt zu finden, ins Gespräch zu kommen, es aufzugreifen und sich davon in der Sprache, aber noch mehr in der Sache
selbst befruchten zu lassen. Heute haben wir also nicht nur einen innerdisziplinären Zerfall der Theologie, wir haben nicht nur einen Pluralismus der Philosophien, der nicht mehr vom einzelnen aufgearbeitet werden kann, sondern es kommt noch dazu, daß die Philosophien gar nicht mehr die einzigen
für die Theologie bedeutsamen Selbstinterpretationen des Menschen liefern, sondern daß wir heute
als Theologen notwendigerweise in einem durch die Philosophie nicht mehr vermittelten Dialog mit
den pluralistischen Wissenschaften historischer, soziologischer und naturwissenschaftlicher Art stehen müssen […]. Daraus erhellt die Schwierigkeit einer wissenschaftlichen Theologie. Sie ist selber
eine unübersehbare Menge von Einzelwissenschaften geworden […]. Eine Vielfalt, die so groß ist,
daß alles darin Auftretende weder durch die Philosophie noch durch die pluralistischen Wissenschaften selbst vermittelt wird und dennoch eine Gestalt des Geistes, des menschlichen Selbstverständnis-
ses darstellt, mit der die Theologie etwas zu tun haben müßte[188].

Rahner führt an dieser Stelle die Unterscheidung zwischen einer *ersten* Reflexionsstufe
des Glaubens ein, die ihre Legitimität aus einer gleichermaßen fundamentaltheologischen
wie dogmatischen Stoßrichtung heraus rechtfertigen will, und einer *zweiten* Reflexionsstufe, „auf der die pluralistischen theologischen Wissenschaften in ihrem Eigenbereich mit
der ihnen je eigenen spezifischen Methode sich auf eine Weise für das Ganze des Glaubens
Rechenschaft geben, die heute uns allen […] nicht zugänglich ist"[189]. Der größte Teil der
hier bisher vorgestellten theologischen Werke gehören *formal* zur ersten Reflexionsstufe,
selbst wenn die *Inhalte* und vor allem die *Entscheidungen*, die sie voraussetzen, unterschiedlich sind[190].
  Die Ausdifferenzierung der theologischen Disziplinen und die Spezialisierung in der
Theologie werden durch die erste Reflexionsstufe folglich nicht geleugnet. Seine Existenz
ist vielmehr eine Antwort auf die augenblickliche epistemologische Situation der theologischen Wissenschaften. Zugegebenermaßen bringen die Theologen aus der Dritten Welt in
ihren Entwürfen, die in einem bestimmten Kontext das *Ganze* des Glaubens ausdrücken
und denken wollen, besondere Zugänge ein, die oft in einer Auseinandersetzung mit den
Wissenschaften, vor allem den Humanwissenschaften, entstanden sind. Die Verwendung
des begrifflichen Instrumentariums des Marxismus in der frühen Befreiungstheologie ist
dafür ein Beispiel. Im übrigen bleiben die römischen wie europäischen Universitäten und
Fakultäten die bevorzugten Ausbildungsstätten, an denen die Theologen aus der ganzen
Welt ihre wissenschaftliche Kompetenz und Autorität erwerben[191].
  Die Theologen bleiben also überwiegend dem *europäischen* Universitätssystems mit
seinen theologischen Disziplinen verhaftet, das seiner Herkunft wie seiner gegenwärtigen
Gestalt nach weitgehend durch die römische und die deutsche Tradition geprägt ist. Aus-

---

[188] Zit. nach der 4. Aufl. 1984, 19f.
[189] EBD., 21.
[190] EBD., 22: „Es gibt einen ‚illative sense' (Folgerungssinn), um mit Kardinal Newman zu sprechen, auch und
gerade in solchen Dingen, die totale Entscheidungen implizieren; eine Konvergenz von Wahrscheinlichkeiten,
eine Sicherheit, eine redlich verantwortbare Entscheidung, die Erkenntnis und freie Tat in einem ist; sie ermöglicht
– einmal paradox gesagt – Wissenschaftlichkeit der legitimierten Unwissenschaftlichkeit in solchen Lebensfragen."
[191] Meines Wissens gibt es keine Untersuchung über die weltweiten Wanderungsbewegungen der Doktoranden der
Theologie.

gehend von dem hohen Stellenwert, der in römischen Verlautbarungen der wissenschaftlichen Qualität der Theologie beigelegt wird, läßt sich zu Recht die Frage nach der Zuordnung universitärer und lehramtlicher Regeln stellen[192]. In den letzten 30 Jahren hat das System allerdings substantielle Veränderungen erfahren, die das Verständnis der inneren Einheit der Theologie noch schwieriger machen: die Spezialisierung hat sich mit Blick auf die Gegenstände und die Methoden vor dem Hintergrund der Auseinandersetzungen zwischen den verschiedenen Disziplinen und den Humanwissenschaften noch verstärkt. Das Studium der Theologie wird zu einer noch komplexeren und schwierigeren Aufgabe, womit zumindest teilweise erklärt werden kann, warum man das Theologiestudium an der Universität in Frage stellt[193]. Symptomatisch ist, daß die internationale Zeitschrift *Concilium*, die seit ihrer Gründung 1964 der Struktur der großen theologischen Disziplinen verpflichtet war, zunehmend von diesem Aufbau abgerückt ist und seit 1997 fünf interdisziplinäre Bereiche kennt: a) christlicher Glaube, b) Ethik und Lebensformen, c) Kirche, Gemeinschaften, Strukturen, d) religiöse Erfahrungen, Religionen, religiöse Indifferenz, religiöse Strömungen, e) globale Perspektiven, Befreiungstheologien und feministische Theologie.

Ein Blick auf einige Disziplinen kann diese Feststellung der Veränderungen im Gebäude der Theologie verdeutlichen:

1. In der *biblischen Exegese* lassen sich zumindest drei Hauptendenzen ausmachen. In der Zeit unmittelbar nach dem Konzil blieb die deutsche und die französische Exegese vorherrschend, die sich nach wie vor auf die *historisch-kritische Methode* beruft (Text-, Form-, Literar- und Traditionskritik). Beeinflußt durch den französischen Strukturalismus[194] und die Semiotik[195] entstanden später zunächst synchron und vor allem an den Sprachstrukturen interessierte Auslegungsmethoden. Danach inspirierte die vornehmlich an amerikanischen Fakultäten entwickelte Literaturwissenschaft die Bibelexegese zu narrativen oder rhetorischen Analysen der Pragmatik der Texte. Sie interessieren sich vor allem für die Wirkung des Textes auf den Adressaten[196]. Diese methodologischen Entwicklungen[197], die auch Auswirkungen auf das Verhältnis von Schrift und Theologie haben, implizieren zweierlei.

Auf der einen Seite kommt es zu einer zunehmend historischen Sichtweise, die den heiligen Text im Gespräch zwischen Protestanten und Katholiken zu einem „Klassiker" neben anderen macht. Während die Bibel inzwischen auch in den literaturwissenschaftlichen Fachbereichen ernst genommen wird, nimmt die Zahl der Fakultäten ab, an denen theologische Exegese betrieben wird. Wenn die Bedeutung des Kanons zurücktritt und die Gren-

---

[192] Dies wird in den Thesen V bis VII der Internationalen Theologenkommission zu *Lehramt und Theologie* (1975) unmißverständlich formuliert. Die Notwendigkeit wissenschaftlicher Kompetenz ist auch in der Präambel der apostolischen Konstitution *Sapientia christiana* von 1979 hervorgehoben: DC (1979), 551–553. In der Instruktion der Kongregation für die Glaubenslehre von 1990 über die *Kirchliche Berufung des Theologen* wird sie allerdings sofort mit bestimmten Einschränkungen verbunden (II, 9).

[193] Im Kontext dieser Infragestellung gibt es in Frankreich Tendenzen zurück zum Konzept der *Domschulen*.

[194] M. Van Esbroeck, Herméneutique, structuralisme et exégèse, Paris 1968.

[195] J. Delorme, Art. Sémiotique, in: Dictionnaire de la Bible, Bd. XII (Ergänzungsband), Paris 1996, 282–333.

[196] Die Anregung dazu kam von R. Alter, The Art of Biblical Narrative, London 1981; siehe dazu auch: D. Marguerat, Entrer dans le monde du récit? Une présentation de l'analyse narrative, in: Transversalités 59 (1996), 1–17.

[197] Zur Hunderjahrfeier der ersten Bibelenzyklika *Providentissimus Deus* (1893) von Leo XIII. hat die Bibelkommission die Entwicklung dieser Methoden in der Dokumentation „Die Interpretation der Bibel in der Kirche" vom 15. April 1993 nachgezeichnet: DC 91 (1994), 13–44.

zen zwischen den biblischen Schriften und den apokryphen Texten der Zeit zwischen den Testamenten immer fließender werden, treten die strukturierenden Begriffe „Bund", „Volk" und „Handeln Gottes in der Geschichte" in den Hintergrund, zumal sie für eine multikulturelle Gesellschaft bedeutungslos geworden sind. Gleichzeitig gibt es aber neue Forschungen zum Kanon[198], die – ausgehend von der Entstehung der Texte – die biblische Normativität zu rechtfertigen versuchen und eine entsprechende hermeneutische Debatte einleiten[199].

Auf der anderen Seite ist das Interesse am historischen Jesus nach wie vor groß: Nach einer vorübergehenden Zurückdrängung dieses Fragenkomplexes in der ersten Hälfte des 20. Jahrhunderts aufgrund der harschen Kritik A. Schweitzers und R. Bultmanns an der liberalen Leben-Jesu-Forschung, setzte die „neue Suche" 1953 mit Ernst Käsemann[200] ein und hatte in den 60er und 70er Jahren großen Einfluß auf die protestantische wie die katholische Christologie. Seit 1980 spricht man von einer „dritten Suche", die wie die literaturwissenschaftliche Exegese in den USA entstanden ist. Nach den Beiträgen zur apokryphen Literatur aus dem *Jesus Seminar*, einem 1985 von W. Funk gegründeten Kreis, und den kulturanthropologischen Arbeiten (John D. Crossan) wird jetzt in verstärktem Maße das Judesein Jesu wahrgenommen – vor allem in den Forschungen von Ed P. Sanders[201] und Gerd Theissen[202]. Dabei rückt die Frage nach den Kriterien der Rekonstruktion erneut in den Vordergrund:

„Eine der Früchte der dritten Suche liegt in der Bestätigung der Vorstellung, daß das Kriterium der Unterscheidung (nach Ernst Käsemann zwischen Jesus und seiner Umwelt) mit Einschränkung Anwendung finden muß. Genauer gesagt: es muß in Korrelation zum Kriterium der Plausibilität stehen [...]. Dieses Kriterium postuliert, daß eine Rekonstruktion des historischen Jesus historisch unter der einzigen Bedingung glaubwürdig ist, vor dem Hintergrund des Judentums seiner Zeit verstanden zu werden und die Entwicklung plausibel zu machen, die von Jesus zum Urchristentum führt"[203].

2. Ähnliche Probleme ergeben sich in der Entwicklung der *Moraltheologie*. Die westlichen Gesellschaften haben immer größere Erwartungen an die Ethik: In der Auseinandersetzung mit den raschen Veränderungen der Lebensumstände, vor allem mit den technischen Fortschritten, ganz besonders in der Biomedizin, die ständig zur Überprüfung der sozialen und politischen Regeln wie zur Formulierung neuer Regeln zwingen, werden mit Blick auf die einzelnen Fragen Experten verlangt. Vor allem seit den 80er Jahren neigt man dazu, als Gegengewicht zum freien Spiel der Meinungen und der Normativität des Faktischen mit Hilfe von Ethik-Kommissionen, in denen Vertreter religiöser wie auch anderer Traditionen ihren Platz haben, ethischen Argumenten zum Zuge zu verhelfen.

---

[198] Siehe dazu: CENTRE SÈVRES, Le Canon des Écritures. Études historiques, exégétiques et systématiques, hg. v. C. THEOBALD (= Coll. Lectio divina 140), Paris 1990.

[199] Siehe dazu vor allem die Arbeiten von P. RICOEUR, u. a.: Herméneutique de l'idée de Révélation (Reihe „La Révélation"), Brüssel 1977, 14–54; P. RICOEUR/A. LA COQUE, Penser la Bible, Paris 1998.

[200] E. KÄSEMANN, Das Problem des historischen Jesus (Vortrag vom 20. Oktober 1953), Erstabdruck in: ZThK 51 (1954), 125–153; Wiederabdruck in: DERS., Exegetische Versuche und Besinnungen, Bd. 1, Göttingen 1964³, 187–214 (1960¹).

[201] E. P. SANDERS, Jesus and Judaism, Philadelphia 1985.

[202] G. THEISSEN, Der Schatten des Galiläers. Historische Jesusforschung in erzählerischer Form, Berlin 1989; siehe auch: G. THEISSEN/A. MERZ, Der historische Jesus. Ein Lehrbuch, Göttingen 1996 (1997²).

[203] D. MARGUERAT, La „troisième quête du Jésus historique, in: RSR 87/3 (1999), 417. – Die ganze Zeitschriftennummer widmet sich der Geschichte der Forschungen zum historischen Jesus.

Die Moraltheologie hat diese Entwicklung ernst genommen und spezialisiert sich immer stärker. Dies gehört im übrigen aufgrund der Unterscheidung zwischen Fundamentalethik und Spezialethik bereits zu ihrer Tradition: Letztere kennt zum Beispiel die Unterteilung in Sozialethik, politische Ethik, Familien- und Sexualmoral usw. So beschäftigen sich die Moraltheologen ständig mit aktuellen Fragestellungen, die bereits während des Zweiten Vatikanischen Konzils und in der Folgezeit aufgetaucht sind: Von der Empfängnisverhütung zur Problematik von Scheidung und Homosexualität, von der Abtreibung zur künstlichen Befruchtung und zu den Techniken des Klonens, von der Bevölkerungsentwicklung zur Ethik der Wirtschaft und des Finanzmarktes. Die technischen wie die juristischen Vorgaben werden dabei jeweils diskutiert und jene anthropologischen und moralischen Unterscheidungen eingebracht, die sich auf immer differenziertere Kenntnisse der Humanwissenschaften stützen[204].

Die Hauptschwierigkeit besteht darin, jeweils nur vorläufige Lösungen mit theologischen Überlegungen zur Wahrheitsfindung zu konfrontieren. Seit dem Konzil hat sich die Fundamentalmoral dieser Aufgabe gestellt. Sie ist darum bemüht, ethische Aussagen zu einer allgemeinen Anerkennung zu verhelfen, andererseits das Gewissen für konkrete Situationen zu schärfen. Dieser theologischen Disziplin ist sehr daran gelegen, jede ethische Ghettoisierung zu vermeiden, im Sinne der autonomen Ethik in kantischer Tradition Theonomie und Autonomie des menschlichen Gewissens zur Sprache zu bringen (autonome Moral) und schließlich zwischen der grundsätzlichen Ausrichtung des eigenen Lebens und einer konkreten Einzelentscheidung zu unterscheiden (Optionalismus), um zur Vorstellung eines verantwortbaren Kompromisses zu kommen[205]. Nach einer ersten Auseinandersetzung zwischen der Moraltheologie und dem Lehramt im Zusammenhang mit der Enzyklika *Humanae vitae* (1968) zeichnete sich in den 90er Jahren ein zweiter Konflikt um die Enzykliken *Veritatis splendor* (1993)[206] und *Evangelium vitae* (1995) ab. Die Konflikte kreisen ganz offensichtlich um die Beziehungen von Gewissen, Gesetz und Offenbarung, gleichzeitig aber auch um die prophetische Rolle der Kirche in der Gesellschaft[207]. Die Moraltheologen erinnert dies einmal mehr an den alten Streit zwischen Rigoristen und Probabilisten[208].

3. Im Unterschied zum Werdegang der beiden erstgenannten Disziplinen ist die Entwicklung der Fundamentaltheologie und der Dogmatik eher von innerkirchlichen Entwicklungen geprägt. Als *intellectus fidei* setzt die systematische Theologie in der Tat den Glauben voraus. Damit nimmt sie von vornherein eine geschwächte Stellung in einer multikulturellen Gesellschaft ein. Dazu kommt ein geschärftes Bewußtsein der nachkonziliaren katholischen Theologie für die Tatsache, daß die alte Apologetik und ihre Beweisführung (*demonstratio religiosa, christiana, catholica*) auf das Selbstverständnis der Zeit-

---

[204] Die ungeheure Leistung der Moraltheologie während der zweiten Hälfte des 20. Jahrhunderts läßt sich an der *Revue d'éthique et de théologie morale „Le Supplément"* ablesen; siehe z. B. Nr. 203 (Dezember 1997): Un demi-siècle avec la Revue.

[205] Hier sei wenigstens einer der großen Altmeister der nachkonziliaren Neubesinnung auf die Fundamentalmoral erwähnt: F. BÖCKLE, Fundamentalmoral, München 1977.

[206] Vgl. Anm. 84.

[207] Siehe D. MIETH (Hg.), Moraltheologie im Abseits? Antwort auf die Enzyklika „Veritatis splendor" (= Reihe „Quaestiones disputatae" 153), Freiburg – Basel – Wien 1994.

[208] Siehe dazu: Ph. LÉCRIVAIN, Des „autorités" au magistère. La voie de l'éthique, in: B. SESBOÜÉ (Hg.), L'Homme et son salut (= Histoire des dogmes II), Paris 1995, 483–589.

genossen keinen Einfluß mehr haben[209]. Die Rechtfertigung des Glaubens muß ausgehend vom „konkreten Vollzug des Menschseins jedes Christen" geschehen. Es gilt also innerhalb der Theologie selbst zu „philosophieren", wobei Philosophie und Theologie untrennbar miteinander verbunden sind. Die Frage nach dem Menschen schafft die Voraussetzung für das wirksame Hören auf die christliche Antwort, während allein diese Antwort die Frage auf ihren reflexiven Selbstvollzug verweist[210].

Im Kontext des bereits angesprochenen radikalen Pluralismus[211] führte die überzeugende Argumentation von Karl Rahner dazu, daß die Fundamentaltheologie als selbständige Disziplin vorübergehend verschwand. Erst mit dem Werk seines Schülers Johann Baptist Metz, „Der Glaube in Geschichte und Gesellschaft – Versuch einer praktischen Fundamentaltheologie" (1977)[212] wird die Vorstellung einer Apologetik wieder aufgegriffen, die in kritischer Distanz zu der aus der Aufklärung erwachsenen bürgerlichen Gesellschaft steht und dem Vorbild einer Glaubenspraxis nahe kommt, wie sie die Befreiungstheologie gefordert hat. Das entscheidende Jahr für die Fundamentaltheologie war 1985[213]: In diesem Jahr erschienen vier neue Handbücher sowohl in der deutschen[214], als auch in der italienischen oder römischen Tradition[215], die sich als Fortführung der alten Lehrtraktate verstehen.

Zu dieser Zeit führte die Entwicklung in der Dogmatik von der Christologie über die Pneumatologie zu einer trinitarischen Theologie, die sich zunehmend schöpfungstheologisch orientierte. Die christologischen Forschungen, die in den Jahren unmittelbar nach dem Konzil dominierten[216], wurden in enger Tuchfühlung mit der protestantischen Theologie[217], der historisch-kritischen Exegese[218] und der deutschen Philosophie des Idealismus[219] geleistet. In einer späteren Phase integrierten die Theologen vornehmlich die narra-

---

[209] Vgl. Anm. 190.

[210] Siehe K. RAHNER, Grundkurs, 23f.

[211] Vgl. Anm. 188.

[212] Vgl. Anm. 139.

[213] Daten sind insofern wichtig, weil sie bestimmte Parallelitäten aufzeigen: So trifft das Erscheinen von Rahners „Grundkurs des Glaubens" mit der Versammlung von Daressalam zusammen, die Veröffentlichung einer Reihe von Abhandlungen zur Fundamentaltheologie mit der Außerordentlichen Synode anläßlich des 20. Jahrestages des Konzilsabschlusses.

[214] H. FRIES, Fundamentaltheologie, Graz – Wien – Köln 1985; H. WALDENFELS, Kontextuelle Fundamentaltheologie, Paderborn 1985; W. KERN/H. POTTMEYER/M. SECKLER, Handbuch der Fundamentaltheologie, 4 Bde., Freiburg 1985/1986.

[215] R. FISICELLA, La rivelazione: evento e credibilità. Saggio di teologia fondamentale, Bologna 1985; siehe auch die beiden später erschienenen Enzyklopädien: G. RUGGIERI, Enciclopedia di teologia fondamentale, Palermo 1987; R. LATOURELLE/R. FISICELLA, Dictionnaire de théologie fondamentale, Montréal – Paris 1992.

[216] Erwähnt seien hier von den großen Klassikern: C. DUQUOC, Christologie, 2 Bde., (= Coll. Cogitatio fidei 29/67), Paris 1968/1972; E. SCHILLEBEECKX, Jesus: Die Geschichte von einem Lebenden, Freiburg – Basel – Wien 1975; W. KASPER, Jesus der Christus, Mainz 1974 (1992¹¹); DERS., Der Gott Jesu Christi, Mainz 1982 (1995³); vgl. die von J. DRUMM/Chr. HERMES zusammengestellte Bibliographie Kardinal Walter Kasper, in: A. RUSSO/G. COFFELE, Divinarum Rerum Notitia – La teologia tra filosofia e storia. Studi in onore del Cardinale Walter Kasper, Rom 2001, 783–827.

[217] Es sei daran erinnert, daß H. BOUILLARD, H. Urs VON BALTHASAR und H. KÜNG ihre Dissertationen über Karl Barth geschrieben haben.

[218] Siehe dazu vor allem die von K. RAHNER und W. THÜSING im WS 1970/1971 in Münster gehaltene Vorlesung, die unter dem Titel „Christologie – Systematisch und exegetisch (= Quaestiones disputatae 55), Freiburg – Basel – Wien 1972 veröffentlicht wurde.

[219] Siehe vor allem: H. KÜNG, Menschwerdung Gottes – Eine Einführung in Hegels theologisches Denken als Prolegomena zu einer zukünftigen Christologie, Freiburg – Basel – Wien 1979.

tive Exegese. Johann Baptist Metz und Harald Weinrich hatten deren Grundanliegen bereits 1973 in der Zeitschrift *Concilium*[220] formuliert, aber erst das Werk von Eberhard Jüngel, „Gott als Geheimnis der Welt – Grundlage der Theologie des Gekreuzigten in der Auseinandersetzung zwischen Theismus und Atheismus" (1977)[221] hat diesem theologischen Programm präzise Konturen verliehen[222]. Genau zur gleichen Zeit übernimmt die europäische Theologie Anregungen aus den vielfältigen Christologien oder „Jesuslogien", die in außereuropäischen Ländern und anderen Religionen entstanden sind oder aus der Patristik, dem Mittelalter oder Neuzeit stammen[223].

Ende der 70er Jahre und in den 80er Jahren hat sich eine wirkliche *Wende* in der systematischen Theologie des Westens vollzogen. Yves Congar veröffentlichte 1979[224] angesichts jüngerer kirchlicher Entwicklungen wie den charismatischen Erneuerungsbewegungen seine große Pneumatologie. Er schärfte damit auch dem theologischen Denken den Vorrang der Gottesfrage ein. Seitdem stehen Arbeiten über die Pneumatologie und die trinitarische Theologie im Vordergrund. Der trinitarischen Theologie kommt sogar eine strukturierende Funktion für die gesamte systematische Theologie zu, wie sie ihr bereits 1932 von Karl Barth zugewiesen worden ist. Die systematische Theologie beginnt, sich der strukturellen Spannung zwischen ihrer kontingenten Verwurzelung in Schrift und kirchlicher Tradition und der globalen, sie relativierenden kulturellen, religiösen und kosmologischen Faktoren gewahr zu werden. In dieser Situation macht sich die Grundentscheidung immer deutlicher bemerkbar, den Glauben „von Gott her" zu durchdenken. Man beruft sich hier oft umso mehr auf Luther und Karl Barth, weil ihr Denken über das Kreuz und das Leiden Gottes die in der gegenwärtigen Kultur omnipräsente Frage nach dem Bösen aufzugreifen verhilft.

Diese Beobachtungen weisen auf eine Überwindung bestimmter konfessioneller Gräben der Vergangenheit hin. Die Entscheidung für ein Denken „von Gott her" (die extremste Vorstellung der Kulturgeschichte der Menschheit) führt den Gläubigen nicht in ein Ghetto, sondern fordert ihn dazu auf, die *Erfahrung* seiner Menschlichkeit *und* die Totalität des Wirklichen, der Schöpfung, zu Ende zu denken und verleiht so der älteren Apologetik wieder ihren Stellenwert[225]. Einige sprechen von einer „kosmologischen", andere von einer „phänomenologisch-hermeneutischen" und wieder andere von einer „interreligiösen" Wende (wobei die verschiedenen Formen kombiniert werden können). Diese nur schwer beschreibbare Wende deckt in jedem Fall andere bekannte Diskrepanzen auf: Während immer mehr europäische Theologen von Gott in Bildern aus dem Bereich des Sozialen, der

---

[220] J.-B. Metz, Kleine Apologie des Erzählens, in: Concilium 9 (1973), 334–341 und H. Weinrich, Narrative Theologie, in: ebd., 329–334.

[221] Tübingen 1977.

[222] Siehe vor allem die große Arbeit von J. Moingt, L'Homme qui venait de Dieu (= Coll. Cogitatio fidei 176), Paris 1993; siehe auch den von Studenten intensiv benutzten „Klassiker" von B. Sesboüé, Les Récits du salut (= Coll. Jésus et Jésus-Christ 51), Paris 1991.

[223] Man kann hier die 1977 von J. Doré begründete und im Verlag Desclée/Paris erschienene Reihe „Jésus et Jésus-Christ" zu Rate ziehen; siehe J. Doré (u. Mitarbeiter), Jésus le Christ et les chrétiens. Théologiens, pasteurs et témoins dans l'annonce de Jésus Christ, Paris 1981.

[224] Y. M.-J. Congar, Je crois en l'Esprit saint, Bd. 1: L'Esprit saint dans „l'économie", révélation et expérience de l'esprit; Bd. 2: Il est Seigneur et donne la vie; Bd. 3: Le Fleuve de la vie (Ap. 22,1) coule en Orient et en Occident, Paris 1979/1980.

[225] Siehe vor allem die kleine Dogmatik des Löwener Theologen A. Gesché, Dieu pour penser, 5 Bde., Paris 1993–1995.

Freundschaft, der Familie oder der Gemeinschaft sprechen und in ihm den Urgrund für eine umfassende Utopie einer Welt des Miteinanders [226] sehen, gibt es immer weniger Theologen und Theologinnen, die wie Karl Rahner angesichts eines radikalen Pluralismus für eine gewisse Zurückhaltung bei der Gottesrede plädieren.

Andere Kapitel, wie z. B. die Ekklesiologie [227], die Sakramententheologie [228] oder die Ämtertheologie [229], müßten noch erkundet werden. Die hier behandelten Bereiche sind ein hinreichender Beleg für die Verlagerung der Problemstellungen und die Bewegung der Grenzen innerhalb der Dogmatik, ihre erstaunliche Kreativität und – vielleicht auch – für ihre Schwierigkeit im Austausch mit anderen theologischen Disziplinen wie etwa besonders der Moraltheologie.

Die theologischen „Klassiker" und die Hilfsmittel

Der Eindruck einer Wende in der westlichen Theologie bestätigt sich beim Blick auf die Weisen ihrer Vermittlung. Mehrere Symptome können dazu angeführt werden.

Zunächst läßt sich ein Generationenwechsel an der relativ jungen Häufung von Arbeiten über die Theologen aus der zweiten Hälfte des 20. Jahrhunderts, vor allem den Gestalten des Konzils, ablesen. Aus den „Älteren" wurden so „Klassiker", die als Identifikationsfiguren für theologische Schulen eine Rolle spielen und es ermöglichen, die Differenzen leichter nachzuvollziehen. Der Unterschied bzw. der Streit zwischen Karl Rahner und Hans Urs von Balthasar ist fast sprichwörtlich geworden [230]. Dazu kam der Gegensatz zwischen den beiden großen internationalen Zeitschriften *Concilium* und *Communio* [231]. Die 15 Bände der imposanten Trilogie („Herrlichkeit. Eine theologische Ästhetik", „Theodramatik", „Theologik") des gebildesten katholischen Theologen des 20. Jahrhunderts, die 1987 mit einem *Epilog* [232] gekrönt wurde, eröffnet der neuen Generation ein weites Feld für weitere Überlegungen. Hans Urs von Balthasar ist darüber hinaus ein besonders interessanter Gesprächspartner, weil sein Einfluß für die Ausrichtung des römischen Systems im Pontifikat Johannes Pauls II. entscheidend war. Andere große Gestalten sind in der Gegenwart Gegenstand von wissenschaftlich-theologischen Arbeiten: der patristische und historische Ansatz von Henri de Lubac [233] übt nach wie vor Faszination aus, daneben Yves Congar mit seiner Ekklesiologie, Edward Schillebeeckx mit seiner Christologie.

Die Theologie braucht Hilfsmittel für die Forschung und die Lehre: Sie mußten zur Zeit des Konzils vollständig überprüft werden. In den 80er Jahren wurde diese langatmige Ar-

---

[226] Siehe dazu aus jüngster Zeit das bedeutende Werk von G. Greshake, Der dreieinige Gott. Eine trinitarische Theologie, Freiburg – Basel – Wien 1998.

[227] Siehe vor allem J.-M. R. Tillard, Église d'Eglises, ecclésiologie de communion (= Coll. Cogitatio fidei 143), Paris 1987.

[228] Siehe dazu den Gesamtüberblick unter dem Titel „Les Sacrements de Dieu", in: RSR 75 (1987), Heft 2 und 3.

[229] Zum Beispiel B. Sesboüé, N'ayez pas peur! Regards sur l'Église et les ministères aujourd'hui, Paris 1996.

[230] Siehe dazu die Dissertation von Y. Tourenne, La Théologie du dernier Rahner. „Aborder au sans-rivage" (= Coll. Cogitatio fidei 187), Paris 1995 sowie die Dissertation von V. Holzer, Le Dieu Trinité dans l'histoire. Le différend théologique Balthasar-Rahner (= Coll. Cogitatio fidei 190), Paris 1995.

[231] Siehe dazu: Les perspectives théologiques de *Communio*, in: Esprit 86 (1984), 11–44 (mit einem historischen Artikel).

[232] H. Urs von Balthasar, Epilog, Einsiedeln 1987.

[233] J.-P. Wagner, La Théologie fondamentale selon Henri de Lubac (= Coll. Cogitatio fidei 199), Paris 1997.

beit erneut unternommen [234]. Das berühmte *Lexikon für Theologie und Kirche*, dessen zweite Auflage unter dem starken Einfluß von Karl Rahners Theologie 1968 mit der Edition der Konzilstexte abgeschlossen wurde, erlebte seit 1993 eine dritte, völlig neu überarbeitete Auflage unter der Herausgeberschaft von Walter Kaspar. Zur gleichen Zeit als in Frankreich 1995 die 1936 begonnene Veröffentlichung des imposanten „Dictionnaire de spiritualité" seinen Abschluß fand, erschien im Verlag PUF das „Dictionnaire critique de théologie" (1998). Die Wiederbelebung der Gattung „Handbuch" erfolgte etwas früher. Die Handbücher der Fundamentaltheologie (1985) wurden bereits erwähnt, gleichzeitig legten auch andere Disziplinen ihre Gesamtdarstellungen vor, z. B. in Frankreich die „Initiation à la pratique de la théologie" in fünf Bänden (1982/83) [235] und der „Manuel de théologie" in 13 Bänden (1985–1992) [236], in Deutschland die beiden Bände „Handbuch der Dogmatik" (1995) [237]. Peter Hünermann beendet 1991 die Überarbeitung des Denzinger [238], während in Frankreich Bernard Sesboüé zwischen 1994 und 1996 in Zusammenarbeit mit einem europäischen Mitarbeiterstab eine „Histoire des dogmes" herausbrachte [239].

An dem immensen Arbeitsaufwand innerhalb kurzer Zeit kann man den Willen einer Theologengeneration ablesen, die Resultate einer ganzen Epoche der Forschung festzuhalten und zusammenzufassen, um sie in relativ überschaubarer Form der nachfolgenden Generation weiterzugeben. Dies geschah auf eine Weise, als hätte man in gewisser Parallelität zur Synode von 1985 eine *koiné* des Zweiten Vatikanums erstellen wollen, während sich vor allem die Historiker mit der Geschichte des Konzils beschäftigten. Im ersten Band der fünfbändigen „Geschichte des Zweiten Vatikanischen Konzils", die seit 1995 von einem internationalen und interkonfessionellen Gremium publiziert wird, schreibt der Hauptherausgeber, Giuseppe Alberigo:

Die Zeit ist nun reif für eine historische Aufarbeitung des Zweiten Vatikanums, und zwar nicht, um es als etwas Vergangenes abzutun, sondern um leichter die Phase der Kontroverse zu überwinden, die die Rezeption durch die Kirche kennzeichnete. Wir haben die Pflicht, den Generationen, die das Ereignis „Zweites Vatikanisches Konzil" nicht erlebt haben, das Handwerkszeug zu bieten, das ihnen erlaubt, eine kritische Sichtweise in Verbindung mit der Erkenntnis für die Bedeutung des Konzils in der Gegenwart zu gewinnen. [240]

Es stellt sich die Frage, ob die neue Generation von Theologen und Theologinnen diese soeben erwähnte theologische *koiné* übernehmen und bewohnen kann. Für eine Antwort dar-

---

[234] Für den französischen Sprachraum muß man unbedingt die zwischen 1941 und 1943 in Lyon gegründete Sammlung „Sources chrétiennes" erwähnen, die heute mehr als 400 Bände umfaßt; siehe dazu: É. FOUILLOUX, La collection „Sources chrétiennes". Éditer les Pères de l'Église au XXe siècle, Paris 1995.

[235] B. LAURET/F. REFOULÉ (Hg.), Initiation à la pratique de la théologie, 5 Bde., Paris 1982/1983 (dt.: Neue Summe Theologie, hrsg. v. P. EICHER, 3 Bde., Freiburg 1988/89).

[236] J. DORÉ (Hg.), Le Christianisme et la foi chrétienne. Manuel de théologie (10 Bde.) und Introduction à l'étude de la théologie (3 Bde.), Paris 1985–1992.

[237] Th. SCHNEIDER (Hg.), Handbuch der Dogmatik, 2 Bde., Düsseldorf 1995.

[238] H. DENZINGER, Enchiridion symbolorum, definitionum et declarationum de rebus fidei et morum, 37. Ausgabe (besorgt von P. HÜNERMANN), Freiburg – Basel – Wien 1991.

[239] B. SESBOÜÉ (Hg.), Histoire des dogmes, 4 Bde., Paris 1994–1996.

[240] G. ALBERIGO – Kl. WITTSTADT (Hg.), Geschichte des Zweiten Vatikanischen Konzils, Bd. 1: Die Katholische Kirche auf dem Weg in ein neues Zeitalter. Die Ankündigung und Vorbereitung des Zweiten Vatikanischen Konzils (Januar 1959 – Oktober 1962), Mainz – Leuven 1997, XXVI. Zum Gesamtwerk vgl. die Besprechung von Chr. THÉOBALD (SJ), in: Concilium 33 (1997), 579–582 und von O. H. PESCH, in: ThLZ 124 (1999), 114–119.

auf ist es sicherlich noch zu früh. Die jüngere Generation ist in der öffentlichen Meinung westlicher Theologen, die nach der Gründung verschiedener theologischer Gesellschaften[241] in intensivem Gedankenaustausch miteinander stehen, bisher wenig präsent. Vielleicht ist sie sich, wenigstens in einigen Ländern Europas, eher der tatsächlichen Beschränkung ihrer Mittel bewußt, die nicht mit dem institutionellen und kulturellen Reichtum vergleichbar sind, der den Textkorpus des Zweiten Vatikanums hervorgebracht hat. Ein Vorteil dieser Verarmung ist ohne Zweifel die wachsende Aufgeschlossenheit für eine unmittelbarere Wahrnehmung der heutigen Lebenswelt und die dadurch ermöglichten spirituellen Erfahrungen[242].

C. Ein Paradigmenwechsel?

Es ist zu fragen, ob sich die in der katholischen Kirche seit dem Zweiten Vatikanischen Konzil erfolgten Veränderungen mit dem Begriff „Paradigmenwechsel" umschreiben lassen, den Thomas S. Kuhn vorgeschlagen hat, um die geschichtliche Entwicklung der Wissenschaften zu verstehen. Dabei wurde dieses Schlagwort von ihm nicht auf die Geisteswissenschaften oder gar die Theologie angewendet[243]. Bekanntlich unterscheidet Kuhn zwischen dem Zustand einer *mit einem Weltbild* verbundenen „normalen Wissenschaft", den „Krisen", den sie infolge unerwarteter und schwer einzuordnender Entdeckungen unterworfen ist, und dem „Paradigmenwechsel", der sich unter bestimmten Bedingungen ergeben kann. Eben weil die Wissenschaftsgeschichte nicht als Akkumulation zu verstehen ist oder einer linearen Entwicklung folgt, kann es Konflikte zwischen „konkurrierenden Paradigmen" geben. Jede Richtung oder Schule stützt sich dabei auf die eigenen Regeln, um zu argumentieren. Die logische, innerhalb einer „normalen Wissenschaft" reibungslos funktionierende Argumentation kommt jedoch an ihre Grenze, sobald es um die Annahme oder Ablehnung eines neu auftretenden Paradigmas geht. Dann ergeben sich nämlich alle möglichen Varianten der Überzeugungsarbeit, die von Erscheinungen wie Gewalt, Zensur oder gegenseitiger Ausgrenzung begleitet werden.

Die Untersuchung des römischen Systems zeigt, daß es nicht nur konkurrierende Paradigmen austariert, sondern gleichzeitig auch eine *bestimmte* Theologie vertritt und verteidigt. Trotz der mit dem Zweiten Vatikanum gegebenen Unterbrechung hat die Identifizierung des obersten Lehramts mit einer Theologie eine lange Tradition, vor allem wenn man die Lehrentwicklung zwischen 1870 und 1950 ansieht. Es hatte sich eine „normale Wissenschaft" konstituiert, eine vollkommene Symbiose zwischen einer bestimmten Theologie und der nunmehr als „katholisches Dogma" betrachteten Lehre, die von einer Lehre der Heiligen Schrift ausgeht und über eine Definition dessen, was unter „Dogma" zu verstehen ist, bis zur Ausformung einer abgeschlossenen Weltsicht vordringt. Diese „normale Wissenschaft" hat verschiedene „Krisen" erlebt, die sich auf allen Ebenen des Systems einstellen: bei der Auslegung der Heiligen Schrift, in den Beziehungen zwischen Dogma und Ge-

---

[241] Z. B. die im Dezember 1989 von P. Hünermann gegründete Europäische Gesellschaft für Katholische Theologie, die nationale und europäische Treffen organisiert und halbjährlich ein Bulletin herausgibt.

[242] Siehe dazu Chr. Théobald, Bulletin de théologie dogmatique, in: RSR 87 (1999), 595 f./ 621.

[243] Siehe dazu Chr. Théobald, Les „changements des paradigmes" dans l'histoire de l'exégèse et le statut de la vérité en théologie, in: Revue de l'Institut catholique de Paris 24 (1987), 79–111 und H. Küng, Une théologie pour le IIIe millénaire, Paris 1989, 173–235.

schichte, bei den kulturellen und philosophischen Fragen; Krisen, die zur Herausbildung mehrerer konkurrierender Paradigmen geführt haben; ihre Differenzen schwächen sie im Gegenüber zur imposanten römischen Theologie. Diese wiederholten Krisen sind sicherlich für den Aufbau von „Bollwerken" durch das römische System verantwortlich, die von Historikern als „Immunisierungsstrategien" interpretiert werden. In diesem Sinn könnte man auch die Verwendung der Kategorie der „mit der göttlichen Offenbarung notwendigerweise verknüpften Wahrheiten" durch das Lehramt interpretieren. Von diesem eher formellen Gesichtspunkt her gesehen und mit Blick auf den größeren Zeitraum zwischen den beiden Vatikanischen Konzilien offenbart die nachkonziliare Entwicklung der katholischen Theologie nicht zu leugnende *Kontinuitäten*.

Vor diesem Hintergrund zeichnen sich einige *Neuerungen* ab, die sowohl mit einem wirklichen Wandel des römischen Systems und einer bisher nicht gekannten Ausdifferenzierung der Kontexte zusammenhängen. Schon in den Jahren unmittelbar vor dem Konzil verschwand allmählich die Plausibilität einer katholischen Weltsicht zugunsten einer wachsenden kulturellen Ausdifferenzierung. Konnten die „Krisen" in der Zeit vor dem letzten Konzil noch als Spannungen zwischen dem „Zentrum" und seiner „Peripherie" interpretiert werden, so erweist sich dieses Schema als völlig untauglich für das Verständnis der nachkonziliaren Geschichte der katholischen Theologie. Ohne den zukünftig „neuen Orten" der Theologie vorgreifen zu wollen, die wohl den mehrmals erwähnten Alteritäten entsprechen, lassen sich einige Probleme angeben, die auch weiterhin die Debatte bestimmen werden:

1. Der Ausgangspunkt für diese Probleme liegt heute ohne jeden Zweifel beim Pluralismus der Kulturen und Religionen, wie bei der Vielfalt der kulturellen, historischen, soziologischen und naturwissenschaftlichen Disziplinen, die nicht mehr in ein geschlossenes philosophisches System integriert werden können. Die Position von Karl Rahner und anderer Theologen gegenüber diesem *kulturellen wie epistemologischen Pluralismus* ist bekannt. Die Enzyklika *Fides et ratio* scheint eine andere Position einzunehmen, die vornehmlich auf eine Überwindung dieser globalen Situation in Richtung auf eine gemeinsame Weisheit und auch auf eine einheitliche Metaphysik ausgerichtet ist.

2. Die Globalisierung und Regionalisierung stellen die Theologen und Theologinnen vor die Herausforderung eines *neuen Ökumenismus, der nicht im geringsten auf die prophetische Berufung der Theologie verzichtet.* Über viele Jahrhunderts hinweg war der christliche Universalismus selbst der wirksame Katalysator einer Globalisierung, wobei es diesen Begriff noch gar nicht gab. Da dieser nun durch die Globalisierung der Technik, Wirtschaft und Medien abgelöst wurde, ergeht an ihn die Aufforderung, die Frage nach seiner spezifischen prophetischen und messianischen *Form* zu stellen: das Geheimnis der Katholizität und der Einheit der Welt (*Ecclesia ab Abel*), die sich auf eine unmögliche und trotzdem notwendige Versöhnung der absolut einzigartigen und unendlich verschiedenen Kulturen und Bewußtseinsformen gründet, die jede Gewalt ausschließt. In diesem Spannungsfeld, und nirgendwo anders, siedeln sich die messianischen Gestalten eines Jesus von Nazareth und der ihm Nachfolgenden an. Diese können ihm nur dann wirklich folgen, wenn sie ihre Vorstellung von „Einheit" und „Katholizität" einer theoretischen wie praktischen Kritik unterziehen. Einheit und Katholizität, die Attribute Gottes sind, bevor sie zu „Zeichen der Kirche" werden, verzerren sich in der Tat, wenn sie nicht mehr von der Heiligkeit und Apostolizität her gedacht werden.

3. Mit der Überwindung der „ekklesiozentrischen" Versuchung, die den Katholizismus

des 20. Jahrhunderts befiel, gelang es der Theologie in den letzten Jahren aus mehreren Gründen, die Gottesfrage ins Zentrum zu rücken und die Veränderung des Gottesbildes zu reflektieren. In der Tat liegt schon der Kirche des Zweiten Vatikanischen Konzils nicht mehr daran, die Rechte eines Gottes zu verteidigen, der „immer der ganz Andere" war und seit dem Vierten Laterankonzil (1215)[244] das abendländische Bewußtsein umtrieb. Sie will vielmehr den heiligen Gott näher bringen, der sich als „immer menschlicher" erweist[245]. Sie verzichtet auf ein gesichertes Wissen über die Gesellschaft, um sich dem Rätsel der sie selbst übersteigenden Berufung des Menschen zu stellen. Sie schreibt sich damit eine viel bescheidenere Rolle zu – nach dem Bild Gottes, den sie bezeugen will.

Schließlich müssen die erstaunlichen, ja abgründigen Dimensionen genannt werden, die wegen der Globalisierung zu einer Neustrukturierung der christlichen Tradition geführt haben. In der Neuzeit ist sich die Christenheit wenigstens teilweise bewußt geworden, daß die Offenbarung nicht *außerhalb ihrer historischen und kulturellen Rezeption* existiert: die tatsächlich gelebte *Paradosis*, der geschichtliche „Leib" des Glaubens („Leib", der er ist, den er empfängt und den er sich gibt) ist die einzige *Spur* für ihren göttlichen Ursprung. Die historische und kulturelle Interpretation gehört also zur Offenbarung in dem Sinne, daß diese jener radikal *ausgeliefert* ist.

Die westliche Moderne versteht sich unabhängig von einer Tradition, die der Vergangenheit oder einer bestimmten Epoche *vorbildlichen* oder *unangreifbaren* Status zuschreiben wollte. Damit hat sie in der Tat den wahren eschatologischen Sinn der *Paradosis* wieder in den Vordergrund gerückt, die sich im Neuen Testament auf die große prophetische Intuition stützt: „Es wird keiner den andern, noch ein Bruder den andern lehren und sagen: ‚Erkenne den Herrn, sondern sie sollen mich alle kennen, beide, Kleine und Große'", wie Jeremia (31,34) prophezeit. Im Hinblick auf die *Paradosis* sind der christliche Prophet und der Apostel nicht mehr Gefangene einer Vergangenheit mit außergewöhnlichem Status, sondern stehen mit ihrer eigenen Glaubenserfahrung in einer synchronen Wechselbeziehung mit den „Jüngern der ersten Stunde", denen sie alles verdanken. Die Unmittelbarkeit ihrer Beziehung zur Gegenwart der Offenbarung bevollmächtigt sie zur Entfaltung einer *Kreativität des Verstehens*, die sie auf die gleiche Ebene wie die ersten Christengemeinden hebt. Der Verzicht auf die sakrale Vorbildfunktion der Vergangenheit, die das außergewöhnliche eschatologische Novum des Glaubens gefangen hielt, setzt zunehmend die ganze kulturelle Vielfalt der Evangelienauslegung frei und bindet die geschichtliche Wirksamkeit der Frohbotschaft an die Vielfalt der Menschen aus Fleisch und Blut – die wir nun einmal sind –, um diese Botschaft in einem bestimmten Kontext *ständig* neu zu hören und neu auszulegen. Die nachkonziliaren Auseinandersetzungen über die Beziehung zwischen der Einmaligkeit Christi und seinem vielfältigen *pneuma* in uns und unter uns sind dafür der Ausdruck auf der Ebene der Dogmatik.

---

[244] COD II/1, 499, S. 33 f.
[245] Siehe dazu: LG V, 40 und GS I, 11.

II. Der Protestantismus

Von Jean-Paul Willaime

Befand sich der Protestantismus der Nachkriegszeit in Europa unter dem prägenden Einfluß des Schweizer reformierten Theologen Karl Barth (1886–1968)[246] und der Wiederbelebung des „Orthodoxen", für die dieser nach den Strömungen der liberalen Theologie zu Beginn des Jahrhunderts verantwortlich war, so stand in den 60er und 70er Jahren die Öffnung und Anpassung des Christentums an die moderne Welt, ihre Kultur und ihre Lebensformen im Vordergrund des protestantisch-theologischen Denkens. Barth beschäftigte sich weniger mit dem Problem der Vermittlung des Evangeliums für den modernen Menschen. In Absetzung zur liberalen Theologie und angesichts der Tragödie des Nationalsozialismus konzentrierte er sich auf die authentische Verkündigung der protestantischen Kirchen.

In Reaktion auf diesen Offenbarungspositivismus kam es dann zu theologischen Überlegungen, die um das Problem einer zeitgemäßen christlichen Sprache und entsprechender Strukturen kreisten. Rudolf Bultmann (1884–1976) mit seinem Entmythologisierungsprogramm des Neuen Testaments, Dietrich Bonhoeffer (1906–1945) mit seinem religionslosen Christentum und Paul Tillich (1886–1965) mit seiner Kulturtheologie wurden zu den führenden Theologen der nachbarthianischen Generation. Diese Theologen wollten je auf ihre Weise den Dialog des Christentums mit der modernen Kultur erneuern. Zentrale Bedeutung kam dem Problem der Säkularisierung zu. War der Barthianismus eine Theologie des Bruchs, so repräsentierten diese verschiedenen theologischen Entwürfe Theologien des Dialogs, der Suche nach einem Anknüpfungspunkt des Christentums in der Kultur der Gegenwart. Sie lassen sich mit dem Begriff „Theologie der Welt" zusammenfassen und weisen folgende Merkmale auf:

1. eine stärkere Ausrichtung der christlichen Botschaft und der kirchlichen Strukturen auf ihr jeweiliges Umfeld in der Folge eines geschärften Bewußtseins dafür, daß sich zwischen den Kirchen und der Gesellschaft eine Kluft aufgetan hat und jene der geschichtlichen Entwicklung hinterherhinken;

2. eine Selbstsäkularisierung des Christentums[247] mit dem Willen zur Entklerikalisierung und Entmythologisierung. Dies schien eine Neuauflage der barthschen These von der *Religion als Unglaube* zu sein. Daraus ergab sich eine systematische Kritik der traditionellen religiösen Ausdrucksformen, die soziologisch, psychoanalytisch und aus anderen geisteswissenschaftlichen Perspektiven untersucht wurden. „Religion" läßt sich umso besser analysieren, je mehr sie mit einer überholten und nicht authentischen Form des Christentums identifiziert wird. Insofern wollen die verschiedenen kritischen Zugänge dem „Glauben" als solchem keinen Schaden zufügen, sondern sollen im Gegenteil als Hilfestellung für die „neu" zu entwickelnden Theologien verstanden werden;

3. eine positive Einstellung zur Welt, die jetzt weniger als eine Welt der Sünde, sondern als eine von Gott geliebte Welt verstanden wurde. Die Thematik Sünde und Sündenfall rückte zugunsten einer Betonung der besonderen Stellung des Menschen in der Welt in den Hintergrund. Anders ausgedrückt: Der theologische Diskurs versuchte, das religiöse An-

---

[246] Über ihn jetzt: M. Beintker, Art. Barth, Karl, in: RGG⁴, Bd. 1, Tübingen 1998, Sp. 1138–1140 (Lit.!).

[247] François-André Isambert, La sécularisation interne du christianisme, in: Revue française de sociologie XVII (1976), 573–589; Wiederabdruck in: ders., De la religion à l'éthique, Paris 1992, 253–274.

gebot mit dem säkularen Optimismus wie dem intensiven Engagement für den Aufbau der Gesellschaft zu verbinden. Es ging um eine Theologie des Wohlwollens Gottes für die Welt und das Tun der Menschen;

4. eine Zurückdrängung der individuellen Heilsproblematik zugunsten einer größeren Beachtung der kollektiven Strukturen wie der Zukunft aller Menschen. Man versuchte die christliche Hoffnung mit den Vorstellungen des sozialen Wandels und Fortschritts zu verbinden. Viele dieser Theologien der Welt bedienten sich der Sprache der Politik und der Sozialkritik, um dem theologische Reden „in der Welt" Ausdruck zu verleihen. Man solle „von Gott in säkularer Sprache sprechen", forderte etwa der amerikanische Theologe Harvey Cox (geb. 1929) in einem der bedeutendsten Werke der damaligen Zeit: *The Secular City* (1965); von Gott in säkularer Sprache sprechen heißt aber, von Gott politisch reden [248].

In der Epoche der säkularen Stadt ersetzt die Politik die Metaphysik als Sprache der Theologie. Wir reden politisch von Gott, wann immer wir unserem Nächsten die Möglichkeit eröffnen, der verantwortliche, mündig Handelnde zu sein, der ganz nachstädtische und nachstämmische Mensch wie ihn Gott heute braucht. [...].

Wenn man sagt, daß Reden von Gott politisch sein muß, dann heißt das, daß Menschen an bestimmten Punkten und nicht nur „im allgemeinen" sich einsetzen müssen. Es muß ein Wort ihres eigenen Lebens sein, das ihre Kinder, ihre Arbeit, ihre Hoffnungen oder Enttäuschungen betrifft. Es muß ein Wort sein, das die verwirrenden Krisen betrifft, die in unseren persönlichen Nöten entstehen. Ein Wort, das Frieden schafft in einer nuklearen Welt, das zur Gerechtigkeit beiträgt in einer Zeit, die vom Hunger bedroht ist. Ein Wort, das den Tag der Freiheit beschleunigt in einer Gesellschaft, die von Segregation gelähmt wird. Wenn das Wort nicht ein Wort ist, das aus einem konkreten Einsatz des Redenden innerhalb dieser Wirklichkeiten kommt, ist es überhaupt kein Wort Gottes, sondern leeres Geschwätz.

Das Schwinden der Bedeutung des Barthianismus und der Aufstieg der Theologien der Welt ereigneten sich in einer Zeit, in der sich viele für die gesellschaftlichen Fortschrittsideologien begeistern ließen. Die Theologie der Welt ist die Theologie einer am Sozioreligiösen interessierten laienchristlichen Elite, die nach einer größeren Harmonie zwischen dem Christentum und den Werten des Fortschritts und der Entwicklung strebte. Sie war Trägerin eines Christentums, das man sich offener und dynamischer wünschte und das zum wirtschaftlichen und sozialen Fortschritt in der Gesellschaft beitragen sollte. War der Barthianismus eine Theologie der Pastoren, so waren die Theologien der Welt Theologien der Laien-Intellektuellen. Wenn sich auch zahlreiche Pastoren diesen Theologien mehr oder weniger anschlossen, so deshalb, weil sie sich mit den Intellektuellen unter den Laien identifizierten, deren Sprecher sie dann wurden.

Bonhoeffers Gedanken über das „religionslose Christentum" animierten einige, vor allem amerikanische Theologen zur Entwicklung von *Theologien des Todes Gottes*. Das Werk des anglikanischen Bischofs John A. T. Robinson *Honest to God* (1963) [249] wurde in Europa und den Vereinigten Staaten rege rezipiert. Die amerikanischen Theologen des Todes Gottes: William Hamilton (*The New Essence of Christianity* 1961), Thomas Altizer (*The Secular Meaning of the Gospel* 1963) sahen die Metaphysik und deren Versuche, Gott

---

[248] Harvey Cox, The Secular City. Secularization and Urbanization in Theological Perspective, New York 1965; dt.: Stadt ohne Gott?, Stuttgart – Berlin [1965] 1969, 274 f.

[249] Originalausgabe: London 1963; dt.: Gott ist ganz anders – Honest to God, München 1963 (1964⁷).

objektiv oder subjektiv zu fassen, gescheitert. Hamilton schreibt: „Wenn wir vom Tode Gottes sprechen, so meinen wir nicht einfach den Tod eines himmlischen Wesens, das irrigerweise zu Idolen objektiviert wurde. Wir sprechen dann auch vom Tod jeder Fähigkeit in uns, überhaupt eines der herkömmlichen Bilder Gottes zu bestätigen."

Wenn die radikalsten Vertreter dieser Bewegung auch ziemlich schnell wieder in Vergessenheit gerieten, so überdauerte die grundsätzliche Kritik der traditionellen theologischen Denkkategorien. Auch der französische Theologe Gabriel Vahanian (geb. 1927), der, nach seiner Lehrtätigkeit in den Vereinigten Staaten in Princeton und Syracuse, an der protestantisch-theologischen Fakultät in Straßburg Ethik lehrte, begründete seine radikale Kritik des herkömmlichen Theismus damit, daß das Christentum keine Heilsreligion sei („Jesus verkündete nicht das Heil, sondern die Herrschaft Gottes") und der Mensch in Christus die Voraussetzung für Gottes Wirken sei. Seine auf einer utopischen Interpretation des biblischen Glaubens beruhende Theologie kritisiert sowohl den klassischen Theismus wie den Atheismus. In seinem Buch *La Mort de Dieu: la culture de notre ère post-chrétienne* von 1962 [250] konzentriert sich Vahanian auf das „langsame Sterben" des Christentums in der modernen Kultur. Davon ausgehend gelangt er zu einer Neuinterpretation der Existenz Gottes in der von der Technik beherrschten Gegenwart (*La Condition de Dieu* 1966/1970; *Dieu et l'utopie: L'Eglise et la technique* 1977) und zum Entwurf einer Theologie der Utopie, die dazu beitragen soll, „die Welt zu ändern und nicht die Welt zu wechseln" (*L'Utopie chrétienne* 1992) [251].

Die deutsche Theologin Dorothee Sölle, die am Union Theological Seminary in New York lehrte, vertritt eine Christologie, die jenen Theismus kritisiert, der den Menschen seine Verantwortung nimmt. Im Zentrum dieser Christologie steht der Begriff „Stellvertretung": Christus vertritt uns vor Gott und Gott bei uns (*Stellvertretung – Ein Kapitel Theologie nach dem Tode Gottes* 1965 und *Atheistisch an Gott glauben* 1968) [252]. Dorothee Sölle gehört zur Bewegung der politischen Theologie (vgl. ihre berühmten „Politischen Nachtgebete") und orientierte sich an den Befreiungstheologien.

Jürgen Moltmann (geb. 1926), reformierter deutscher Theologe, betont in seiner *Theologie der Hoffnung* (1964) [253] in Anlehnung an das Prinzip Hoffnung des marxistischen Philosophen Ernst Bloch die eschatologische Dimension des Christentums. Wichtig ist hier die Kategorie der Zukunft. Der biblische Glaube ist eine auf die Geschichte hin offene Verheißung, er ist angesichts der Katastrophen und Leiden der Welt voller Unruhe: „Überall, wo sich Glaube in Hoffnung entfaltet, bringt er nicht Ruhe, sondern Unruhe: er macht nicht geduldig, sondern ungeduldig." Wie der katholische Theologe Johann Baptist Metz mit seiner politischen Theologie vermeidet Moltmann jedoch die Politisierung der Theologie, indem er das Augenmerk der Christen und der Kirchen auf ihre historische Verantwortung vor der Zukunft des Menschen und der Gesellschaft lenkt. Als politischer Theologe, der die Befreiungstheologen zutiefst geprägt hat, entwickelte Moltmann in den 80er Jahren eine ökologische Theologie (*Gott in der Schöpfung*, München 1985/1987³) und legte mit seiner Frau

---

[250] Gabriel VAHANIAN, La Mort de Dieu. La culture de notre ère post-chrétienne, Paris 1962.

[251] Ders., La Condition de Dieu, Paris 1970 [Originalausgabe: No other God, 1966]; Dieu et l'Utopie. L'Église et la technique, Paris 1977; Dieu anonyme ou la peur des mots, Paris 1989; L'Utopie chrétienne, Paris 1992.

[252] Franz. Übersetzung: La Représentation. Un essai de théologie après la mort de Dieu, Paris 1969.

[253] Jürgen MOLTMANN, Theologie der Hoffnung, München 1964 (1980¹¹); Zu diesem Buch siehe: W.-D. MARSCH (Hg.), Diskussion über die „Theologie der Hoffnung" von Jürgen Moltmann, München 1967.

Elisabeth Moltmann-Wendel eine theologische Studie über die Beziehungen zwischen Männern und Frauen vor (*Als Frau und als Mann von Gott reden,* München 1991).

In Frankreich wurde diese Richtung der politischen Theologie vor allem von dem Theologen und Pfarrer Georges Casalis (1917–1985) vertreten, dessen theologische Entwicklung beim Barthianismus und dem Widerstand gegen den Nazismus einsetzte, um dann in den 80er Jahren die lateinamerikanischen Befreiungstheologien aufzugreifen. Vom Kampf gegen den Nationalsozialismus über die antikolonialistische Auseinandersetzung bis zur Unterstützung des nicaraguanischen Volkes verstand sich Georges Casalis als engagierter Theologe in allen großen Kämpfen für Gerechtigkeit und Freiheit (*Prédication, acte politique* 1970). In seinem Buch *Les idées justes ne tombent pas du ciel – Eléments de théologie ‚inductive'* (Paris 1977, 35 f.) führt er aus:

Die Vorstellungen der Gerechtigkeit fallen nicht vom Himmel […], sie kommen aus der sozialen Praxis. Es geht nicht um die theoretische Festlegung eines neuen Typs der Theologie. Es geht um die Praxis, genau genommen um die revolutionäre Praxis als wichtigste Voraussetzung für die Ausarbeitung einer Theologie für das Volk.

Diese politische Radikalisierung zeigte sich in den Jahren 1971/1972 in einer vom Evangelischen Bund Frankreichs unter dem Titel *Église et Pouvoirs* (Kirche und Machtstrukturen) verbreiteten Dokumentation. Darin wurde Kritik an der kapitalistischen Gesellschaft geübt und der christliche Glaube nur vor dem Hintergrund der revolutionären Veränderung der Gesellschaft in den Blick genommen. Diese Dokumentation sorgte innerhalb des französischen Protestantismus für lebhafte Diskussionen. Die Auseinandersetzungen sind ein guter Indikator für das Auseinandertriften zwischen der progressiven intellektuellen protestantischen Elite und der protestantischen Bevölkerung[254]. Die Befreiungstheologien radikalisierten diese Verknüpfung des theologischen Diskurses mit der „politisch befreienden Praxis" bis hin zu der Entwicklung, diese Praxis zum bevorzugten Ort des theologisch legitimen Diskurses werden zu lassen.

1976 wurde in Daressalam (Tansania) die *Ökumenische Vereinigung von Theologinnen und Theologen der Dritten Welt* (EATWOT) ins Leben gerufen, die sich um eine stärkere Unabhängigkeit von der europäisch geprägten Theologie bemüht und die theologische Arbeit mit dem Interesse an der Befreiung der unterdrückten Völker verknüpft. Diese eher induktiv als spekulativ vorgehenden Theologen stehen in der Tradition derjenigen Theologien, die christliche Hoffnung und sozio-politisches Engagement miteinander verbinden. Die politischen Theologien der Dritten Welt müssen aufgrund ihrer Verwurzelung in einem bestimmten sozio-politischen Kontext von den Entwürfen zur politischen Theologie innerhalb der europäischen Kirchen, die meistens in universitärem Rahmen entwickelt wurden, unterschieden werden. Im Westen ist die theologische Aufwertung des Politischen in den 60er und 70er Jahren, als vor allem die Jugend in politischen Kategorien über Gegenwart und Zukunft nachdachte, der Versuch, dem Christentum seine Universalität und Glaubwürdigkeit wiederzugeben.

James Cone (geb. 1938), einer der führenden Köpfe der Ökumenischen Vereinigung von Theologinnen und Theologen der Dritten Welt wurde in seinem 1969 erschienenen Buch

---

[254] Siehe dazu: Jean Baubérot, Le Pouvoir de contester. Contestations politico-religieuses autour de „mai 68" et le document „Église et pouvoirs", Genf 1983.

Lubomyr Kardinal Husar I., griechisch-katholischer Groß-rzbischof von Lemberg, zu-ammen mit Johannes Paul II. während eines Gottesdienstes im Byzantinischen Ritus in Lemberg/Lwiw am 27. Juni 001 (Quelle: KNA).

Besuch Johannes Pauls II. bei Mutter Theresa in Kalkutta.

Johannes Paul II. begegnet dem Dalai Lama.

Black Theology and Black Power[255] zum Sprachrohr der Afro-Amerikaner und der schwarzen Theologie. Mit Begriffen wie „Kontextualisierung", „kollektive Emanzipation" und „christliche Macht des Aufstandes" definierte Cone noch vor G. Gutiérrez die christliche Theologie als „Theologie der Befreiung". Für Cone ist das Problem des Rassismus ebenso zentral wie das Problem des Arianismus im 4. Jahrhundert. Er schreibt:

Die Rassenfrage ist für unsere Zeit, was die Auseinandersetzung mit dem Arianismus im 4. Jahrhundert war. Athanasius war sich vollkommen im klaren darüber, daß das Christentum unterginge, würde er den Standpunkt des Arius teilen. Nur wenige weiße Kirchenmänner haben sich jedoch die Frage gestellt, ob nicht der Rassismus eine entsprechende Verleugnung Christi war.

Im Fahrwasser von James Cone stellten amerikanische Schwarze mit unterschiedlichen Akzentuierungen theologische Überlegungen an, die sich vor dem konkreten Hintergrund der Unterdrückung Gedanken über das Bekenntnis zu einem schwarzen Gott machen.

Kam die Befreiungstheologie vor allem in katholischen Kreisen Lateinamerikas zur Entfaltung, so fand sie mit dem argentinischen Methodisten José Miguez Bonino (geb. 1924) auch ein Echo im Protestantismus. Bonino war Beobachter beim Zweiten Vatikanischen Konzil und einer der Präsidenten des Ökumenischen Rates der Kirchen von 1975 bis 1983. Vor dem Hintergrund eines starken sozialen und politischen Engagements in seinem Land veröffentlichte er in erster Linie: *Revolutionary Theology Comes of Age* (1975) und *Faces of Jesus – Latin America Christologies* (1977/1984).

Im theologischen Seminar von Campinas (Sao Paulo-Staat) übte der presbyteranische amerikanische Theologe Richard Shaull in seiner Lehre und mit seinen Schriften (vor allem *Christianity and Social Revolution* 1960) starken Einfluß aus. Einer seiner Schüler, der brasilianische Presbyteraner Rubem Alves, unterzog Moltmanns Theologie der Hoffnung einer kritischen Rezeption (*Cristianismo: opio o liberación?* 1971; zuerst englisch 1969 unter dem Titel *A Theology of Human Hope* erschienen). Dieser auch als Psychoanalytiker und Dichter hervorgetretene Theologe setzte sich kritisch mit dem Marxismus auseinander und verabschiedete sich von der Hoffnung auf kurzfristige revolutionäre Veränderungen. Er entwickelte eine „Theologie der Gefangenschaft", in deren Mittelpunkt die Antwort auf die Primärbedürfnisse des Menschen steht[256].

Der in Mexiko lebende Baptist Jorge Pixley legte eine vom Evangelium ausgehende, allgemeinverständliche Interpretation des biblischen Exodusbuches vor, in der er die ökumenische Dimension des Ansatzes unterstreicht: „Unsere protestantisch-evangelische Interpretation weist über die nichtkatholischen Kirchen hinaus und zielt darauf ab, dem ganzen lateinamerikanischen Volk zu dienen […]. Der Exodus gehört dem Volk Gottes und nicht den Hierarchen der Kirche, auch nicht den akademischen Experten"[257].

Unter der Bezeichnung „Prozeß-Theologie" *(Process Theology)* entstand eine theologische Bewegung, die sich auf das Denken des Mathematikers und Philosophen A. N. Whitehead (1861–1947) beruft. Dieser vertrat die Vorstellung eines Gottes „im Prozeß" – innerhalb einer Natur, die selbst im Werden begriffen ist. Dabei verwarf er sowohl die Idee

---

[255] New York 1969; vgl. auch Martin & Malcolm & America. A Dream or a Nightmare, 3. Aufl., Maryknoll (N.Y.) 1991.

[256] Vgl. auch: Je crois en la résurrection du corps. Méditations, Paris 1990 (Originalausgabe 1982); Le Mangeur de paroles, Paris 1993 (Originalausgabe 1990).

[257] Jorge V. PIXLEY, Exodo, Sao Paulo 1987, 6.

einer absoluten Immanenz wie die einer absoluten Transzendenz Gottes: Gott und Welt bedingen sich gegenseitig. Im Unterschied zu Teilhard de Chardin dachte Whitehead allerdings nicht, daß die Entwicklung der Natur auf irgend einen Punkt Omega hinauslaufe. Vor allem über das Werk von Whiteheads Schüler Ch. Hartshorne, der die theistischen Implikationen der Philosophie seines Lehrers weiterentwickelte, nahmen andere Theologen diese Denkrichtung als Ausgangspunkt für eine eigenständige theologische Forschung. Auf protestantischer Seite trifft dies auf amerikanische Theologen wie John B. Cobb (geb. 1925) und David Griffin (geb. 1939) zu, die gemeinsam eine Einführung in die Prozeß-theologie veröffentlichten (*Process Theology – An Introductory Exposition* 1976)[258].

Diese neuen theologischen Ansätze zogen freilich Kritik auf sich. Die Theologie der Welt, die im französischen Protestantismus der 60er Jahre sehr verbreitet war, löste heftigen Widerstand bei dem protestantischen Universitätslehrer Jacques Ellul (1912–1994)[259] aus. Bereits in seinem Buch *Fausse Présence au monde moderne* (1963) griff er jene Christen an, die „soweit wie möglich den Lauf der Welt rechtfertigen". Ellul lehnte Theologen, die sich auf das Glücksstreben des modernen Menschen stützen, schroff ab: „Ich muß leider sagen, daß die Kirche in Zeiten wirtschaftlicher Einschränkung Askese predigte wie sie heute in einer Zeit des Wachstums das Glück predigt. Sie hat sich dem Zeitgeist angepaßt."

Diese Mahnung Elluls fiel in einer Zeit ausgeprägter sozialer, von liberalen wie marxistischen Fortschrittsideologien beeinflußter Hochstimmung und war ein Gegenpol zu der damals vorherrschenden Theologie, konnte jedoch die Entwicklung der säkularen und politischen Theologien nicht aufhalten. Die Wahl der Themen für die alle drei Jahre stattfindenden Generalversammlungen des Evangelischen Bundes Frankreichs sind ein guter Beleg für die Ausrichtung dieser Theologie der Welt in den 60er Jahren: „Eine Kirche für die Welt" (Aix-en-Provence 1963), „Auf der Suche nach neuen Formen einer Kirche für andere" (Colmar 1966) und „Welches Evangelium für welchen Menschen?" (Grenoble 1969). Derartige Leitworte vermitteln das Hauptanliegen jener Zeit: Man wollte sich der modernen Gesellschaft annähern, wollte um einer besseren Verständlichkeit für den modernen Menschen willen eine neue Sprache finden und die Strukturen so verändern, daß man wieder von allen gehört wird (analog einer damals häufig gebrauchten Formulierung: „Die Kirche ist für diejenigen da, die nicht zu ihr gehören").

Angesichts der in den 60er Jahren vorherrschenden neueren liberalen Theologien trat zu Beginn der 70er Jahre eine Gegenbewegung ein. Aufgrund von deren Kritik kam es zum Wiedererstarken orthodoxer Überzeugungen und Bekenntnisse. Diese Gegenbewegung nahm die unterschiedlichsten Formen an: in erster Linie die Weiterentwicklung und Neuorganisation der *evangelikalen* Strömung innerhalb des Protestantismus.

Diese Richtung des Protestantismus steht in der Tradition der Weltweiten Evangelischen Allianz, die 1846 in London auf der Grundlage eines genau umschriebenen Glaubensbekenntnisses entstand und bekennende Christen unabhängig von ihrer Kirchenzugehörigkeit vereinigte. Es handelt sich also um eine überkirchliche und überkonfessionelle

---

[258] Siehe dazu die Darstellung über diese theologische Richtung von André GOUNELLE, Le Dynamisme créateur de Dieu. Essai sur la théologie du Process, Montpellier 1981 [Sonderheft der „Études théologiques et religieuses"].
[259] J. Ellul lehrte als französischer Jurist, Theologe und Ethiker an der Universität Bordeaux und wurde vor allem als Technikkritiker bekannt. Dieser „Kierkegaard des sozialen Denkens" hatte in den Vereinigten Staaten viel größeren Einfluß als in Frankreich.

Strömung innerhalb des Protestantismus. Diese in der angelsächsischen Welt *evangelical* genannte Frömmigkeit wurde auch strukturell in Einzelkirchen wirksam: den sogenannten „Bekenntnis-Kirchen", die wie etwa die Baptistenkirche Menschen nur dann aufnehmen, wenn sie ihren Glauben ausdrücklich bezeugen. Der evangelikale Protestantismus betont das tatkräftige Engagement, die persönliche Bekehrung und die Bibeltreue (die Auslegung der als normativ verstandenen Bibel ohne Zuhilfenahme historisch-kritischer Kommentare)[260]. Im übrigen hält sich der evangelikale Protestantismus in Fragen der Ökumene sehr zurück. Im Unterschied zum Katholizismus stellt er in vielerlei Hinsicht eine Bekräftigung der protestantischen Identität dar. Die als Fundamentalismus bezeichnete Richtung steht für extremistische Fraktionen des evangelikalen Protestantismus.

Die evangelikale Frömmigkeit erhielt in Europa wie in den USA einen gewissen Zulauf. Die Mitgliederzahlen des evangelikalen Protestantismus in Frankreich stiegen schätzungsweise von 10 000 um das Jahr 1950 auf mehr als 300 000 in den 90er Jahren – ein Wachstum, das vor dem Hintergrund eines gleichzeitigen spürbaren Rückgangs im reformierten und lutherischen Protestantismus gesehen werden muß. Seit den 70er Jahren nahmen die Mitgliederzahlen in den „freien" evangelischen Kirchen *(mainline churches)* der Vereinigten Staaten ab, während die evangelischen Kirchen dagegen einen Mitgliederzuwachs verzeichnen konnten[261]. Im Jahr 1990 vereinigte der *evangelism* zwischen einem Fünftel und einem Viertel der nordamerikanischen Christen auf sich[262].

Der folgende Textauszug aus der französischen evangelikalen Zeitschrift *Ichthus* charakterisiert Entstehungshintergrund und besondere Merkmale der Frömmigkeit des evangelikalen Protestantismus[263]:

Der Glaube steckt in der Krise. Mit der Kirche geht es bergab. Die Autorität der Bibel wird in Frage gestellt. Die in diese Welt gesandte Kirche soll in ihr präsent sein. Kapituliert sie denn nicht zu oft vor dem „Zeitgeist" und läßt sie sich nicht zu oft von ihm anstecken? Viele Gläubige sind ratlos. Wir wollen keine „Polemik betreiben". Wir hoffen im Gegenteil, eine Erweckung von Glaube und Frömmigkeit auf sicheren Lehrgrundlagen anregen zu können [...][264].

Was heißt „evangelikal"? [...] Für uns sind diejenigen Christen „evangelikal", die sich unbeirrbar

[260] Diesen drei Kriterien fügt David W. BEBBINGTON den „Kreuzzentrismus" hinzu, d. h. die Konzentrierung auf das in Jesus Christus am Kreuz bewirkte Sühneopfer; siehe dazu: Evangelicalism in Modern Britain: A History from the 1730s to the 1980s, London 1989, 2–17; siehe auch: Mark A. NOLL/David W. BEBBINGTON/George A. RAWLYK, Evangelicalism. Comparative Studies of popular Protestantism in North America, the British Isles and Beyond (1700–1990), New York – Oxford 1994, 6.

[261] William G. MCLOUGHLIN sieht sogar in diesem Anwachsen ein viertes „Großes Erwachen", das er in Zusammenhang mit den die Religionsgeschichte der Vereinigten Staaten prägenden Erweckungsbewegungen bringt. Siehe: W. G. MCLOUGHLIN, Revivals, Awakenings and Reforms. An Essay on Religion and Social Change in America 1607–1977, Chicago – London 1978. – Zur evangelikalen Erneuerung in den Vereinigten Staaten siehe: Mark A. SHIBLEY, Resurgent Evangelicalism in the United States: Mapping Cultural Change since 1970, Columbia 1996.

[262] Siehe dazu: Daniel ZIMMERLIN, Les Frontières nouvelles de l'„évangelicalisme" américain – constantes et transformations d'une sous-culture 1970–1990. Diese Dissertation wurde an der École Pratique des Hautes-Études/Abt. Religionswissenschaften (Leitung: Jean-Paul Willaime) Sorbonne, Paris 1997 angefertigt. In Bd. I, 30 erwähnt D. Zimmerlin vor allem die *Southern Baptist Convention* als größte evangelikale Denomination in den Vereinigten Staaten, die von 11,6 Millionen Mitgliedern im Jahre 1970 auf 13,6 Millionen im Jahre 1980 und dann auf 15 Millionen im Jahre 1990 anwuchs.

[263] Zur Innensicht der Evangelikalen siehe: Alfred KUEN, Qui sont les évangéliques? Identité, unité et diversité du mouvement, Saint-Légier (Schweiz) 1998; zur katholischen Sicht siehe die Arbeit des Dominikaners Philippe LARERE, L'Essor des Églises évangéliques, Paris 1992.

[264] Leitartikel in: *Ichthus*, März 1970 als erster Nummer dieser Zeitschrift.

an die wichtigen Aussagen des Glaubensbekenntnisses halten, die die Rechtfertigung aus dem Glauben und die persönliche Bekehrung predigen und vorbehaltlos die Autorität der Heiligen Schrift anerkennen[265].

Diese Richtung stellt sowohl mit Blick auf die Lehre als auch hinsichtlich ihrer Ekklesiologie eine orthodoxe Gegenbewegung dar: das Festhalten an den Grundeinsichten des Glaubens und eine genaue Beschränkung der Kirche auf die Gemeinschaft derjenigen, die zu Jesus Christus „gehören", d. h. die Bekehrten. „You must be born again" und „Back to the Bible", heißt es bei den evangelikalen Protestanten Amerikas. Das Anliegen dieser Gegenbewegung ist klar: Man muß sich gegen alles wenden, was als Auflösung der christlichen Identität und der Kirche in der „Welt" verstanden wird, und die Kirche wieder auf ihre Botschaft und ihre Gläubigen, d. h. die Menschen mit wirklichen Glaubenserfahrungen verpflichten. Trotz der Betonung des Bekenntnisses der einzelnen Gläubigen und des Bekehrungserlebnisses kennt der evangelikale Protestantismus auch die theologische Reflexion, wie sich an den Veröffentlichungen evangelikaler Theologen ablesen läßt[266]. Zu den bekanntesten Vertretern gehören etwa der anglikanische Calvinist James Innell Packer (geb. 1926), der Baptist Donald A. Carson (geb. 1946) und der Methodist I. Havard Marshall (geb. 1934). In Frankreich ist an erster Stelle der Baptist Henri Blocher (geb. 1937) zu nennen, der ehemalige Dekan der freien Fakultät evangelikaler Theologie von Vaux-sur-Seine. Diese Fakultät wurde 1965 auf den ausdrücklichen Wunsch der Association des Eglises évangéliques de professants francophones[267] mit dem Ziel gegründet, „eine theologische Ausbildung in Unterordnung unter die Autorität der Heiligen Schrift zu bieten und die missionarische Sendung der Welt von heute zu vermitteln".

Als Reaktion auf die neuere liberale Theologie ist auch die charismatische Erneuerungsbewegung zu erwähnen, die sich zwar in vielen Punkten der evangelikalen Richtung annähert, in besonderer Weise aber die Bedeutung der Wiedergeburt *(born again)* sowie die Erfahrbarkeit der Gaben des Heiligen Geistes unterstreicht: die Gegenwärtigkeit und Unmittelbarkeit des göttlichen Handelns. Im Unterschied zur Theologie der Welt, die eine Differenz zwischen Gott oder dem religiösen Reden und der „Welt" des „modernen Menschen" herausstellt, unterstreichen die Charismatiker die Nähe Gottes und seine Zugänglichkeit. Die charismatische Erneuerungsbewegung kam 1971 zunächst durch einige Pfingstler und Reformierte nach Frankreich und breitete sich dann vornehmlich in katholischen Kreisen aus. Dies führte wiederum zu einem leichten Rückgang auf protestantischer Seite. Trotzdem ist diese Frömmigkeitsrichtung sehr wohl unter den französischen Protestanten vertreten, besonders in einigen Baptistengemeinden und den unabhängigen Kirchen, daneben auch innerhalb der reformierten und lutherischen Kirchen.

Zu diesen Reaktionen auf neuere liberale Strömungen muß auch der Neuaufschwung

---

[265] Ichthus, April 1970, Nr. 2.

[266] Siehe vor allem: K. S. KANTZER – S. N. GUNDRY (Hg.), Perspectives on Evangelical Theology, Grand Rapids (Michigan) 1979.

[267] Im Jahre 1995 vereinigte dieser Verband die folgenden Kirchengemeinschaften: die Allianz der unabhängigen evangelikalen Kirchen, die evangelikalen Versammlungen der Suisse romande, den Bund der evangelikalen mennonitischen Kirchen Frankreichs, die evangelikalen Gemeinschaften und Versammlungen Frankreichs, die schweizer Mennonitenkonferenz, die freien evangelikalen Kirchen Belgiens, die Tabernakel-Kirche in Paris, den Bund evangelikaler baptistischer Kirchen Frankreichs, den Bund evangelikaler Kirchen der Schweiz, die Union evangelikaler armenischer Kirchen, die Union der freien evangelikalen Kirchen, die Union der methodistischen Kirchen Frankreichs und die Union der methodistischen evangelikalen Kirche.

des protestantischen Konfessionalismus genannt werden, d. h. die erneute Betonung einer besonderen konfessionellen Identität lutherischer, calvinistischer oder etwa methodistischer Prägung innerhalb des Protestantismus im Gegenüber zu anderen christlichen Konfessionen.

Ungeachtet dieser Reaktionen auf jene Theologien mit einer besonderen Offenheit für die Gesellschaft und ihre Kulturformen erneuerten sich auch die liberalen theologischen Strömungen. Mit dem Buch *The Nature of Doctrine – Religion and Theology in a Postliberal Age* wurde der amerikanische Lutheraner George Lindbeck (geb. 1924), der an der Yale-Universität lehrt, zur Symbolgestalt des sogenannten „Postliberalismus". Dieser Postliberalismus [268] lehnt es ab, theologischen Aussagen Objektivität zuzuschreiben. Dabei wird jedes universal gültige rationale Kriterium verworfen und die Voraussetzungen für die Verifikation religiöser Überzeugungen neu definiert.

Gegen einen theologischen Ansatz, der die Wahrheit aufgrund von vorgängigen religiösen Erfahrungen oder von einer äußeren normativen Instanz her behauptet, sieht der Postliberalismus die Wahrheit einer theologischen Aussage in der Entfaltung ihrer inneren Logik. Aus dem Postulat, daß die Sprache der Erfahrung vorausgeht, folgert er, daß Religion nichts anderes als ein linguistisches System mit eigener Logik, Grammatik und Syntax ist. In gleichem Maße wie eine Sprache nicht in den Kategorien richtig oder falsch beurteilt werden kann, entzieht sich jede Religion dem normativen Gegensatz: eine Religion ist für diejenigen wahr, die sich darin wiedererkennen und deren Regeln anerkennen. Dieses kulturell-linguistische Modell interpretiert die Aussage: „Wir werden allein aus Gnade gerettet" weder als objektive Beschreibung des Heilsmechanismus (modèle propositionnel) noch als symbolischen Ausdruck der von Gott allein geschenkten Heilserfahrung (modèle expérimental), sondern als grammatikalische Regel mit der Bedeutung, daß „die Christen immer in einer Art und Weise reden und handeln sollten, die die Dankbarkeit gegenüber Gott und nicht den Stolz auf ihre eigene Vollkommenheit zur Sprache bringen sollte".

Dieses These löste eine ausführliche Diskussion über die Reichweite des kulturell-linguistischen Modells in der christlichen Theologie und der Religion im allgemeinen aus. Nach K. Blaser [269] wurde hier „die Ontologie zugunsten einer reinen Narrativität aufgegeben". Lindbeck wurde Sektierertum und Kommunitarismus vorgeworfen (jeder sei in seiner Wahrheit isoliert); als „sophistischen Konfessionalismus" kritisiert ihn der katholische Theologe David Tracy (ein christlicher Denker der Postmoderne, der im Gegensatz zu Lindbeck auf einer vorsprachlichen und vorkulturellen Erfahrung des Religiösen beharrt). Viel verdankt Lindbeck den hermeneutischen Forschungen von Hans Frei (1922–1988), der in Übereinstimmung mit den literaturwissenschaftlichen Theorien die moderne Trennung zwischen dem „what it says" und dem „what it means" aufhebt: Die Erzählung definiert die tatsächliche Geschichte und nicht umgekehrt [270].

Auch die Philosophie der Dekonstruktion des französischen Philosophen Jacques Derrida (geb. 1930) inspirierte die Theologen, vor allem den Amerikaner Mak C. Taylor (geb.

---

[268] Wir stützen uns hier im wesentlichen auf den Beitrag von Raphaël Picon in der Wochenzeitschrift *Réforme* vom 7.–13. Mai 1998 mit dem Titel: George Lindbeck ou la passion de la vérité.

[269] Klauspeter Blaser, Les Théologies nord-américaines, Genf 1995, 134.

[270] Siehe dazu: Hans Frei, The Eclipse of Biblcal Narrative, New Haven 1974 und The Identity of Jesus Christ: The Hermeneutical Bases of Dogmatic Theology, Philadelphia 1975.

1945), der im Jahre 1984 das Buch *Erring – A Postmodern A-Theology*[271] veröffentlichte. Darin zieht er die Konsequenzen der Dekonstruktion für die Theologie: eine „Hermeneutik des Todes Gottes", die zu einer Zerstörung des Begriffsfeldes der abendländischen Tradition (Gott, das Selbst, Geschichte) führt. Andere stellten sich die Frage, ob der Gott der Bibel nach der Dekonstruktion eines Gottes, der in den Kategorien Allmacht, Allwissenheit und Allgegenwart gedacht wird, nicht mit ganz anderen Kategorien verstanden werden muß. Innerhalb des französischen Protestantismus trieb der Schweizer Theologe Pierre Gisel (geb. 1947) die Reflexion über die Aufgaben der Theologie in der Postmoderne am weitesten voran, vor allem in seinem Werk *Vérité et Histoire. La Théologie dans la Modernité: Ernst Käsemann* (1977) und in dem von P. Evrard 1996 herausgegebenen Buch *La Théologie en postmodernité*.

Auch im Protestantismus kam es zu mehreren Ausprägungen der *feministischen Theologie*. Diese in den 60er Jahren in den USA entstandenen, aber bereits auf eine hundertjährige Tradition zurückgehenden Theologien[272] kritisieren den Ausschluß und die Mißachtung der Frau in der christlichen Theologie wie in der kirchlichen Praxis und führten zu einer Neubesinnung des christlichen Redens und Handelns auf der Grundlage der weiblichen Erfahrung entsprechend den Worten der deutschen Theologin Dorothee Sölle: „Wir wollen nicht unseren Teil am Kuchen haben, wir wollen einen neuen backen". Insbesondere wird darauf verwiesen, daß Gottesvorstellungen und Gottesbegriffe auch Spiegelbilder patriarchalischer Gesellschaften sein können, die sie hervorgebracht haben (etwa: König, Herr, Vater[273]). Feministische Theologien fanden starke Verbreitung in Nordamerika, es gibt sie aber auch auf anderen Kontinenten. So ist in Südkorea eine feministische Theologie ausgehend von der Kritik der Unterdrückung koreanischer Frauen entstanden. Diese Theologinnen entwickelten eine Theologie der Befreiung, die das Leiden überwinden will und den Lebenswillen in den Mittelpunkt stellt. Tragende Gestalt der feministischen Theologie in Asien ist Hyun Kyung Chung (*Struggle to Be the Sun Again – Introducing Asian's Women Theology* 1990). Die Ökumenische Vereinigung von Theologinnen und Theologen der Dritten Welt und der ÖRK förderten die feministisch-theologischen Forschungen über ihre Abteilung „Zusammenarbeit zwischen Männern und Frauen in Kirche und Gesellschaft" und die ökumenische Dekade „Kirchen in Solidarität mit den Frauen" 1988 bis 1998[274]. Nach Elisabeth Parmentier (geb. 1961), die an der protestantisch-theologischen Fakultät in Straßburg lehrt, könnten die Kirchen mit Hilfe der feministischen Theologinnen „die Herausforderungen der gegenwärtigen Welt für die theologische Forschung besser wahrnehmen[275]".

---

[271] Orginalausgabe: University of Chicago Press 1984.

[272] Die unter der Betreuung der amerikanischen Presbyteranerin Elisabeth Cady STANSON (1815–1902) entstandene *Woman's Bible* kann als Usprung der feministischen Theologie bezeichnet werden.

[273] Sallie McFAGUE, Metaphorical Theology. Models of God in Religious Language, Philadelphia 1982.

[274] Ursula KING (Hg.), Feminist Theology from the Third World, Maryknoll 1994.

[275] Élisabeth PARMENTIER, Les Filles prodigues. Défis des théologies féministes, Genf 1998, 274. Diese Darstellung der verschiedenen feministischen Theologien zeigt sehr deutlich die mit den Anfragen dieser Theologien verbundenen Implikationen.

Viertes Kapitel

Formen kirchlichen Lebens im Umbruch

VON JEAN-MARIE MAYEUR UND JEAN-PAUL WILLAIME

I. Kleriker und Laien in der katholischen Kirche

VON JEAN-MARIE MAYEUR

Die gegen Ende des 20. Jh. offenbar werdende Krise innerhalb der katholischen Kirche hat nicht zuletzt damit zu tun, daß das klassische Priestermodell in Frage gestellt wurde und daß der Priesternachwuchs – zumindest in Westeuropa – beträchtliche Rückgänge zu verzeichnen hat[1]. Noch zu Beginn der sechziger Jahre des 20. Jh. dominierte das vom Tridentinum vorgezeichnete, traditionelle Priesterbild: Der im – von der Welt abgeschiedenen – Priesterseminar ausgebildete Priester ist der Mann Gottes und der Verkünder des Gotteswortes. Das Konzil bekräftigte diese Lehre, verwies aber nachdrücklich auf neue pastorale Anforderungen. Im Anschluß an das Konzil gewannen neue Ansätze der Priesterausbildung wie der Lebensform des Klerus an Bedeutung. Seit 1966 warnte die Kongregation für Seminare und Studieneinrichtungen (ab 15. August 1967 Kongregation für das Katholische Bildungswesen) vor den Versuchen, künftige Priester nicht mehr in einem Priesterseminar, sondern in kleinen Gemeinschaften auszubilden. Mit dem Neubeginn des Arbeiterpriester-Modells seit 1965 entstand in Frankreich ein neues Ausbildungskonzept, das auf Teamarbeit setzte und sich als angemessene Form der Erwachsenenbildung insbesondere im Arbeitermilieu verstand. In der Diözese Turin ließ es Kardinal Pellegrino zu, daß Seminaristen ihre Studien unterbrachen und eine gewisse Zeit in der Fabrik arbeiteten[2]. Zur selben Zeit kam auch die Institution der Kleinen Seminare, der kirchlich geführten Gymnasien für künftige Priesteramtskandidaten, ins Wanken. Attraktiv waren diese Seminare für Unterschichtskinder, die keine höhere Schule hätten absolvieren können und von denen eine nicht geringe Zahl sich schließlich für den Priesterstand entschied[3]. Mit der Ausweitung und Demokratisierung der höheren Schulbildung verlor das Kleine Seminar diese Ersatzfunktion. Ferner galt es mehr und mehr als nicht mehr zeitgemäß, sich bereits im Kindesalter für das Priesteramt zu entscheiden. Das noch 1965 im bemerkenswerten Buch *Le simple prêtre*[4] einfühlsam und eindringlich beschriebene klerikale Ausbildungsmodell war obsolet geworden.

---

[1] Vgl. den fundierten Beitrag von M. GUASCO, Seminari, clero e congregazioni religiose, in: La Chiesa del Vaticano II (1958–1978), Teil 2 (Storia della Chiesa XXV/2), Mailand 1994, 29–80.
[2] Ebd. 46.
[3] Vgl. J.-R. CHOTARD, Séminaristes ... une espèce disparue? Histoire et structure d'un petit séminaire. Guérande (1822–1966), Québec 1977.
[4] J. ROGÉ, Le simple prêtre, Paris 1965.

Zu Beginn der siebziger Jahre wurde der Rückgang der Berufungen unübersehbar. 1975 lag die Zahl der Studierenden in Priesterseminaren weltweit bei 60 142, 13 000 weniger als noch im Jahre 1970 – ein Rückgang von beinahe 20 %. In den letzten zwei Jahrzehnten nahm die Zahl der Berufungen in Afrika, Südamerika und Asien zu. 1996 waren 106 307 Seminaristen eingeschrieben. In Westeuropa und in Nordamerika hingegen gingen die entsprechenden Zahlen stetig zurück: 1970 gab es in Frankreich 3 106 Seminaristen; bis 1995 sank die Zahl der Seminaristen auf 1155 [5], 1997 schließlich auf 1063 [6]. Ein erster Einbruch der Priesterweihen war bereits in den fünfziger Jahren konstatierbar mit einem Rückgang von über 900 auf etwa 500; ein zweiter Einbruch erfolgte dann zwischen 1965 und 1975, als die Zahl von mehr als 500 jährlich auf den bis heute konstant gebliebenen Stand von rund 100 Priesterweihen sank.

Dieser Einbruch der Berufungen hatte in manchen Ländern spürbare Folgen. Zahlreiche Priesterseminare schlossen ihre Tore oder organisierten sich in interdiözesanem Rahmen neu. Parallel dazu entstanden neue Ausbildungsstätten, gegründet von neuen Gemeinschaften, in Frankreich etwa *L'Emmanuel*, *Le Chemin Neuf*, die *Communauté Saint-Martin*. Daß etwa ein Drittel der Priesteramtskandidaten in solchen Ausbildungsstätten studierte, verfolgte der Episkopat mit Besorgnis, hatte er doch auf die dortigen, zuweilen traditionalistisch gefärbten Ausbildungsprogramme keinerlei Einfluß. Eine Zunahme der Erwachsenenberufungen stellte auch die herkömmlichen Ausbildungstypen vor neue Herausforderungen. Fehlender Nachwuchs führte zur Überalterung und ließ die Zahl der Kleriker kontinuierlich sinken: 1995 gab es in Frankreich noch 22 199 Diözesanpriester gegenüber 41 700 im Jahre 1960 [7], 1970 betrug die Zahl 37 755 und 1980 nurmehr 31 481. Aufgrund der Altersstruktur innerhalb des Klerus ging die Zahl der Priester in den siebziger Jahren jährlich um 500, in den neunziger Jahren jährlich um 800 zurück.

Auch innerhalb des Klerus selbst wurde Ende der sechziger Jahre das traditionelle Priestermodell in Frage gestellt. Die kritische Bestandsaufnahme von Sozialstatus, priesterlichem Auftrag und Identitätskrise fand ihren Niederschlag in zahlreichen Publikationen [8]. Einst war der Priester, wie Julien Potel richtig bemerkt, derjenige, „der die Messe las", die lateinische Sprache verstand, die Sakramente spendete, sein Brevier betete und Katechismusunterricht erteilte. Dieses noch in den fünfziger Jahren weitgehend zutreffende Porträt verlor jedoch in den folgenden Jahrzehnten mehr und mehr an Relevanz.

Wichtige Impulse für die Infragestellung des herkömmlichen Priestermodells – der Priester in erster Linie als Zelebrant – kamen in Frankreich von der Bewegung *Échanges et Dialogues*, in den Niederlanden von *Septuagint* und in Belgien von *Présence et Témoignage*. All diese Gruppen bemühten sich um den Entwurf eines neuen Priesterbilds. Nach Auffassung von *Échanges et Dialogues* ging es nicht an, daß Priestern grundlegende Menschenrechte vorenthalten wurden. Daraus wurde die Ablehnung des Zwangszölibats abgeleitet, die Forderung nach entlohnter Arbeit und das politische Engagement. Die mit revolutionären Zielsetzungen vorangetriebene Politisierung im Gefolge der 68er Bewegung verhalf gerade diesem letzten Punkt hohe Brisanz. Camilo Torres, der Priester und Guerillero aus Kolumbien, wurde weit über Lateinamerika hinaus zur Leitfigur militanter Gruppierungen dieser Jahre.

---

[5]   Vgl. La Croix, 26. April 1996, sowie Guasco, Seminari, clero e congregazioni religiose, 75.

[6]   La Croix, 2. Mai 1998.

[7]   Vgl. J. Potel, Les prêtres séculiers en France. Évolution de 1965 à 1975, Paris 1977.

[8]   Vgl. etwa ders., Demain d'autres prêtres? Leur place et leurs rôles en 1977, Paris 1977.

Häufig blieben Proteste dieser Art bereits im Ansatz stecken, gerade auch weil viele Akteure dem Priesterstand den Rücken kehrten. Dies alles als bloße Randerscheinung abzutun, wäre allerdings falsch, kam darin doch eine noch Jahre anhaltende, tiefe Krise zum Ausdruck. Beleg dafür ist die wachsende Zahl der Austritte – eine Entwicklung, die in Frankreich schon vor 1968 einsetzte. Besonders betroffen waren vier Gruppen von Priestern: Studenten- und Schulseelsorger, Professoren an Priesterseminaren und Priester im sogenannten Zweitstudium; sie alle waren vom Mentalitätsumbruch in Kreisen der Intellektuellen beeinflußt und standen in unmittelbarem Kontakt zu Jugendlichen.

Umstritten waren häufig auch die in Diözesen üblichen, traditionellen Formen der Amtsführung. Reformen schienen geboten. Im Gefolge des Konzils empfahl das Motu Proprio *Ecclesiae sanctae* vom 13. August 1966 die Schaffung eines Priesterrats in jeder Diözese, das heißt, „einer Institution von Priestern, die das Presbyterium repräsentieren, dessen Form und Normen vom Bischof zu bestimmen sind". Diese nicht überall zur gleichen Zeit eingeführte Instanz[9] verfügte jedoch, anders als von manchen erhofft, über keinerlei Entscheidungsgewalt. Ihre lediglich beratende Stimme – eine Einschränkung, die zu den möglichen Erklärungsgründen für die Krise innerhalb der Institution Kirche zählen kann – wurde 1983 im Kanonischen Recht fixiert.[10]

Die Bischofssynode 1971 zum Thema Priesteramt bekräftigte einmal mehr das Zölibatsgebot in der römisch-katholischen Kirche und die Ablehnung der Weihe verheirateter Männer. Nach Abschluß der Synode wurde, wie vom Konzil gefordert, in einem vom 8. Dezember datierten Dekret der Ständige Diakonat wiedereingeführt. Nach zögerlichen Anfängen nahm die Zahl der Diakonatsweihen zu: In Frankreich etwas lag die Zahl der geweihten Diakone 1996 bei 1167[11]. Bei der Wiedereinführung des Diakonats ging man von der Erwartung aus, er werde sich vornehmlich in den Missionsländern ausbreiten. In Wirklichkeit aber leben die meisten Diakone in Nordamerika und Europa. Etwa 90 % der Diakone sind verheiratet. Im Februar 1998 betonten die Kongregation für das Katholische Bildungswesen und die Kongregation für den Klerus in zwei Dokumenten das Spezifikum der ständigen Diakone. Im Einführungsteil, der beiden Dokumenten gemeinsam ist, wird darauf verwiesen, daß „keineswegs beabsichtigt ist, durch die Wiederherstellung des ständigen Diakonates der Bedeutung, der Rolle und dem Reichtum des Amtspriestertums Abbruch zu tun".[12] Die Diakonsweihe erfolge „nicht für die Feier der Eucharistie, sondern für den Dienst"[13]. Der Tätigkeitsbereich der Diakone solle weder auf Aufgaben beschränkt sein, „die von ungeweihten Gläubigen erfüllt werden können"[14], noch auf die dem Priester vorbehaltenen Amtshandlungen ausgedehnt werden. Das bedeutet, daß der Diakonat im Spannungsfeld von Laienapostolat und Priesteramt steht. In der Praxis erweist es sich zu-

---

[9] Als eine der ersten Diözesen Frankreichs schuf Straßburg im Januar 1967 einen Priesterrat; vgl. P. WINNINGER, Le conseil presbytéral sous les épiscopats Elchinger et Brand, Straßburg 1998.

[10] Vgl. J. I. ARRIETA, I consigli diocesani et parrochiali, in: La Chiesa del Vaticano II, Teil 2, 17–27.

[11] La Croix, 12. März 1998. Die ersten Diakone wurden 1970 geweiht. 1988 überstieg die Zahl der Geweihten 500.

[12] Kongregation für das Katholische Bildungswesen – Kongregation für den Klerus, Grundnormen für die Ausbildung der Ständigen Diakone/Direktorium für den Dienst und das Leben der Ständigen Diakone. Verlautbarungen des Apostolischen Stuhls 132, 22. Februar 1998, hrsg. v. SEKRETARIAT DER DEUTSCHEN BISCHOFSKONFERENZ, Bonn 1998, S. 15.

[13] Ebd. 24 (Grundnormen für die Ausbildung der Ständigen Diakone).

[14] Ebd. 97 (Direktorium für den Dienst und das Leben der Ständigen Diakone).

weilen als schwierig, die Unterscheidung zwischen Priester, Diakon und dem offiziell mit einem Pastoraldienst betrauten Laien durchzuhalten[15].

Eine weitere umstrittene Frage bleibt die Einführung eines Diakonats der Frau, wie sie 1974 im Anschluß an die Gemeinsame Synode der Bistümer in der Bundesrepublik Deutschland[16] von den beteiligten Laien und der Mehrheit des Episkopats gefordert wurde. Im Mai 1999 forderte die Katholische Frauengemeinschaft Deutschlands (kfd), ein Zusammenschluß von 750 000 Laiinnen aus 6000 Pfarreien, erneut die von Rom bislang verweigerte Wiederherstellung des Diakonats der Frau in der katholischen Kirche. Nicht nur das Zentralkomitee der deutschen Katholiken (ZdK), sondern auch der Vorsitzende der Deutschen Bischofskonferenz, Bischof Karl Lehmann von Mainz, unterstützte diese Forderung[17].

Im Motu Proprio *Ecclesiae sanctae* vom 13. August 1966 wurden die Männer- und Frauenkongregationen zur Erneuerung im Geiste ihrer Stifter und zur Aktualisierung ihrer Konstitutionen aufgerufen[18]. Diese erst in den achtziger Jahren beendete, beachtliche Aufgabe wurde in einem Klima „unerhörten Eifers" (M. Guasco) in Angriff genommen. Die Zeit des Suchens und Experimentierens führte jedoch in den Frauenkongregationen zu einer Identitätskrise, ausgelöst durch den Status der Frau in der Kirche, aber auch durch neue Modelle bezüglich Arbeit (Lohnarbeit) und sozialer Integration (kleine Gemeinschaften in Stadtvierteln). Die Männer- und Frauenkongregationen sahen sich im Grunde mit derselben Identitäts- und Sinnkrise konfrontiert wie der Weltklerus. Auch in ihren Reihen ging die Zahl der Berufungen zurück, wobei die kontemplativen Orden weniger betroffen waren. Eine neue Geographie der Berufungen bildete sich heraus: Angesichts der Überalterung und des Rückgangs der Mitglieder europäischer Herkunft begannen die Kongregationen in Afrika, Asien und Lateinamerika zu rekrutieren.

In dieser Zeit einer allgemeinen Krise innerhalb des kirchlichen Personals wurde ein seit der Frühmoderne gültiges System umgestaltet, denn ins Wanken geraten war nicht bloß das traditionelle Bild des Klerikers, sondern auch die Art und Weise, wie er seinen Auftrag in einer veränderten Welt wahrnahm – nicht mehr unter den Bedingungen einer homogenen Christenheit und der ihr eigenen Betreuungsformen[19].

Der Rückgang der Klerikerzahlen hatte in manchen Ländern gravierende Folgen für die Pfarreien: Nun war meist ein einziger Priester zuständig für die Leitung und Sakramentenspendung in einer ganze Reihe von einst eigenständigen, inzwischen von Laien verwalteten und betreuten Pfarreien. Zwischen 1983 und 1996 wurden etwa in Frankreich beinahe 7000 Pfarreien ganz aufgegeben, insgesamt blieben 30 700[20]. Waren die Bischöfe des 19. Jh. auf die Identität von Pfarrei und Zivilgemeinde bedacht, so mußte dieses Territorialprinzip nicht bloß aufgrund des Priestermangels, sondern auch aufgrund von Bevölkerungsverschiebungen und Landflucht aufgegeben werden. Das neue Konzept entsprach eher den aus

---

[15] Vgl. dazu O. HAHN, La réception du Deuxième Concile du Vatican dans l'Église catholique allemande sous le pontificat de Paul VI (1963–1978), et plus particulièrement dans le diocèse de Limbourg (Diss. Mikroform) Paris 1998, 392.

[16] Vgl. M. PLATE, Das deutsche Konzil. Die Würzburger Synode. Bericht und Deutung, Freiburg 1975.

[17] Vgl. den Artikel von C. LESEGRETAIN, La Croix, 21. Juli 1999.

[18] Vgl. GUASCO, Seminari, clero e congregazioni religiose, bes. 56–68.

[19] Vgl. dazu die beiden Grundsatzartikel des Historikers D. JULIA, La crise des vocations. Essai d'analyse historique, in: Études Bd. 326 (2/1967) 238–251 und (3/1967) 378–396.

[20] Zahlen nach G. MARC, Le nouveau tissu ecclésial peut être une chance, in: La Croix, 20. Juli 1999.

Afrika oder Lateinamerika bekannten Modellen, in denen der Priester nicht den Status des traditionellen Pfarreivorstehers innehat. Das aber zwang dazu, die Zusammenarbeit mit den Laien zu überdenken. Hinzu kam, daß die Institution Pfarrei von nicht in der Pfarrgemeinde aktiven Priestern, so etwa von Arbeiterpriestern und Studentenseelsorgern, wiederholt in Frage gestellt wurde. Nichtsdestoweniger behauptet die Territorialgemeinde als Ort der Versammlung und als Zentrum der Aktivitäten weiterhin ihre lebensweltliche Bedeutung. Als einschneidendste Veränderung erwies sich letztlich die Zusammenlegung der Landpfarreien, wohingegen sich die Stadtgemeinde ihrem Wesen nach, wenn auch nicht hinsichtlich ihrer Aktivitäten gleich blieb.

Die Laien in der Kirche

Das Konzil veränderte die kirchliche Landschaft. Im Gefolge der von ihm ausgelösten Neuorientierungen gestaltete sich auch die Beteiligung der Laien am kirchlichen Leben neu. Neben dem erwähnten Priesterrat wurde im Motu Proprio *Ecclesiae sanctae* von 1966 auch die Einrichtung eines von Laien mitgestalteten „Pastoralrats" in jeder Diözese vorgesehen. Die Mitglieder dieses beratenden Gremiums sollten vom Bischof bestimmt werden. In einer ersten Experimentierphase wurden hier und dort mit unterschiedlichen Kompetenzen ausgestattete, immer aber mit großen Hoffnungen verbundene Diözesanpastoralräte geschaffen[21], was aufgrund allzu hoher Erwartungen zuweilen Spannungen hervorrief. 1968 gab es etwa in Italien auf Diözesanebene 150 Pastoralräte, vier Jahre später waren es bereits 201. Klagen gab es dabei über die ungenügende Ausbildung der Laien wie über autoritären Widerstand der Hierarchie. Am Vorabend der Synode von 1974 machte sich unter der italienischen Bischofskonferenz eine gewisse Enttäuschung breit. Die Frage der Mitarbeit der Laien im kirchlichen Leben stand um diese Zeit jedenfalls verstärkt im Zentrum der Auseinandersetzung[22] und führte in der Schweiz und in den Niederlanden, wo zwischen 1966 und 1970 jeweils ein Pastoralkonzil bzw. eine Synode stattfand, zu heftigen Konflikten.

Der Versuch, für die Laien neue Formen der Mitarbeit im kirchlichen Leben zu finden, ja die Kirche zu „demokratisieren", mußte zwangsläufig mit der Struktur der Katholischen Aktion, wie sie sich seit dem beginnenden 20. Jh. allmählich herausgebildet hatte, in Konflikt geraten. In Deutschland, wo die katholischen Laienorganisationen seit dem 19. Jh. besonderes Gewicht besaßen, führte die Schaffung neuer Strukturen dazu, daß auch die Aufgaben des Zentralkomitees der deutschen Katholiken neu definiert wurden. Die Reform von 1967 machte aus ihm das Repräsentativorgan der katholischen *Vereine* und zugleich die Koordinationsinstanz der neuen Diözesanräte, was zu Befürchtungen führte, das Zentralkomitee könnte dadurch seine Autonomie gegenüber dem Episkopat verlieren. Doch ging es nicht bloß um eine Infragestellung der traditionellen Autorität von Bischöfen und Klerus, sondern in erster Linie um eine verstärkte Mitbeteiligung und Mitverantwortung der Laien im kirchlichen Leben. Gerade in Deutschland kam es im Zuge dieser Entwicklung zu einer verdeckten Veramtlichung der Laienmitarbeit. Am 15. August 1997 wurde eine von acht römischen Dikasterien unterzeichnete Instruktion „Zu einigen Fragen über die Mitarbeit der Laien im Dienst der Priester" veröffentlicht. Darin wurde im Vorwort be-

---

[21] Vgl. G. Vecchio, I laici nella vita della chiesa, in: La Chiesa del Vaticano II, Teil 2, 81–118.
[22] Ebd. 87–89.

tont, „daß die apostolische Tätigkeit der Laien bei der Evangelisierung in Gegenwart und Zukunft wichtig und dringlich ist"[23]. Im Anschluß daran wurde jedoch kritisiert, daß Laien vielfach den Priestern vorbehaltene Dienste ausüben – eine Auffassung, die damals von zahlreichen Ortsbischöfen zurückgewiesen wurde[24].

Die Katholische Aktion mit ihren Aktivitäten in alters- und berufsspezifischen Zweigen, deren Strukturen und Zielsetzungen die Päpste Pius XI. und Pius XII. festgelegt hatten, war noch zu Beginn der sechziger Jahre *das* Modell in Sachen Laienorganisation und -tätigkeiten. Doch schon damals war dieses Modell keinesfalls unumstritten, es war vielmehr untrennbar verwoben in die Krisen und Autonomiebestrebungen der verschiedenen Zweige, die sich zum Teil stark spezialisierten. 1967 etwa brach in Frankreich ein Konflikt aus zwischen der *Jeunesse étudiante chrétienne* (JEC) und dem Episkopat. Zahlreiche Ermahnungen ergingen auch an die Adresse der Katholischen Landjugend. Lange Zeit machte es den Anschein, als sei die *Jeunesse ouvrière chrétienne* (JOC; Christliche Arbeiterjugend), die sich dem Apostolat des Proletariats verschrieben hatte und deshalb zu den anderen Jugendbewegungen auf Distanz gegangen war, das Lieblingskind des Episkopats. In den siebziger Jahren geriet sie jedoch unter marxistischen Einfluß und plädierte 1975 für eine sozialistische Gesellschaft. In die Analysen der *Action catholique ouvrière* (ACO), die der kommunistischen Gewerkschaft CGT (Confédération Générale du Travail) nahestand, floß marxistisches Gedankengut ein: In den Befreiungskämpfen der Arbeiterklasse sah man das Wirken des Heiligen Geistes[25]. Ab 1975 gewährte der französische Episkopat den Zweigen der Katholischen Aktion Handlungsautonomie unter Beibehaltung seiner Unterstützung im religiösen Bereich. Doch hatten diese Organisationen zunehmend mit starkem Mitgliederschwund zu kämpfen.

In Spanien, wo neben der Katholischen Aktion ein berufsspezifischer Zweig existierte, nämlich die *Hoac* (*Hermandades de obreros de Acción Católica*: Arbeiterbruderschaft der Katholischen Aktion), kam es zu Spannungen zwischen Hierarchie und Laien, insbesondere den Laien der *Hoac*. Die Situation war gerade auch deshalb heikel, weil die Mehrheit des Episkopats keine Konfrontation mit dem Franco-Regime wünschte.

In Italien, wo sich das franko-belgische Modell der berufs- und altersspezifischen Katholischen Aktion nicht hatte durchsetzen können, stellte die Katholische Aktion eine mächtige, hierarchiegebundene Organisation dar. Um der italienischen Katholischen Aktion neue Impulse zu verleihen, ernannte Papst Paul VI. den Studentenseelsorger der FUCI (*Federazione universitari cattolici italiani*: Katholischer Studentenbund Italiens), Franco Costa, im November 1963 zum geistlichen Betreuer der Katholischen Aktion und stellte an deren Spitze den Intellektuellen Vittorio Bachelet[26]. Die Organisation gab sich neue Strukturen, indem sie die bisherigen vier Abteilungen (männliche Jugend, weibliche Jugend, Männer, Frauen) durch zwei Verbände ersetzte: Jugendliche und Erwachsene. Sie bemühte sich um eine Trennung zwischen religiösen („la scelta religiosa") und politischen Zielset-

---

[23] Instruktion zu einigen Fragen über die Mitarbeit der Laien im Dienst der Priester. Verlautbarungen des Apostolischen Stuhls 129, 15. August 1997, hrsg. v. SEKRETARIAT DER DEUTSCHEN BISCHOFSKONFERENZ, Bonn 1997, 5.
[24] Vgl. B. SESBOÜÉ, Rome et les laïcs. Une nouvelle pièce au débat: L'Instruction romaine du 15 août 1997, Paris 1998, 112 S.
[25] ACTION CATHOLIQUE OUVRIÈRE, Chercheurs de Dieu (Supplément „Documents" ACO Nr. 74, Oktober 1973), Paris 1973, zit. in M. ALBERT, Die katholische Kirche in Frankreich in der Vierten und Fünften Republik, Freiburg i. Br. 1999, 140.
[26] VECCHIO, I laici, 96 f.

zungen und grenzte sich von der *Democrazia Cristiana* und von politisch-religiösen Bewegungen wie etwa den nach dem Zweiten Weltkrieg entstandenen „Comitati civici" eines Luigi Gedda ab. Die Protestbewegung am Ende der sechziger Jahre ging auch an der italienischen Katholischen Aktion nicht spurlos vorbei. Der Mitgliederbestand sank von mehr als drei Millionen zu Beginn der sechziger Jahre auf weniger als eine Million ein Jahrzehnt später. Gegen Ende der sechziger Jahre suchte die Arbeiterbewegung ACLI (*Associazione cattolica lavoratori italiani*) eine Annäherung an den Sozialismus. 1970 hieß der Kongreß von Vallombrosa die „ipotesi socialista" (sozialistische Hypothese) ausdrücklich gut. 1971 entzog der Episkopat der Bewegung seine Unterstützung und zog auch die Seelsorger ab. Nach dem Kongreß von 1972 in Cagliari gestalteten sich die Beziehungen zur Hierarchie weniger konfliktträchtig[27].

In der Bundesrepublik Deutschland – seit dem 19. Jh. war Deutschland *das* Land des Verbandskatholizismus – war die Katholische Aktion weniger zentralistisch organisiert als in Frankreich oder Italien. Das 1953 geschaffene Zentralkomitee der deutschen Katholiken koordinierte ein komplexes Gebilde von Organisationen. Die Laien verfügten über beträchtliche Autonomie. Das Komitee wurde 1967 erneuert; ein Jahr später in Essen geriet der traditionelle Katholikentag zu einer eigentlichen Protestkundgebung. In der Folge entstand die *Arbeitsgemeinschaft der katholischen Verbände* mit 64 Verbänden, darunter einige mitgliederstarke und sozial gewichtige Organisationen wie etwa die Caritas. Die Caritas verfügt bis heute über ein ausgedehntes Netz von Sozialdiensten im Dienst der Öffentlichkeit, angefangen von Kindergärten bis hin zu Krankenhäusern.

Ein Aspekt der katholischen Laienorganisationen sind faktische Vielfalt und Protestpotential, ein anderer die Herausbildung neuer Organisationsformen für Laien. Begonnen hatte diese Entwicklung bereits vor der Krise am Ende der sechziger Jahre, wurde aber durch die Krise noch beschleunigt, wie sich an einigen willkürlich herausgegriffenen Beispielen zeigen läßt.

Bereits 1948 hatte die Franziskaner-Tertiarin Chiara Lubich die Fokolar-Bewegung, *Focolari*, gegründet. Doch erst in den Jahren des Konzils und in der Nachkonzilszeit gewann die Bewegung an Bedeutung und zählt inzwischen weltweit über 1,5 Millionen Mitglieder[28]. Nach den Ereignissen von Mai 1968 gründeten Studenten im Umkreis des Priesters und Religionswissenschaftlers Luigi Giussani die Bewegung *Comunione e Liberazione*. Authentisch, so Giussani, kann die Befreiung der Welt nur sein als „Heraufkunft jenes neuen Lebens, das christliche Gemeinschaft heißt". Durch die Radikalität ihres Engagements verkörpert *Comunione e Liberazione* einen neuen katholischen Integralismus.

In diesem Kontext ist auch das *Opus Dei* zu erwähnen, obwohl die äußerst diskret und nur teilweise öffentlich in Erscheinung tretende Organisation bereits vor der hier behandelten Periode entstand. Schon 1941 hatte nämlich der Aragonenser Priester José María Escrivá de Balaguer den Bischof von Madrid um öffentliche Approbation einer 1928 von ihm gegründeten Laienorganisation ersucht. Zu jenem Zeitpunkt zählte das Werk, das sich der christlichen Bildung der intellektuellen Elite verschrieben hatte, 40 Mitglieder[29]. Es wandte sich an Laien, die ein heiligmäßiges Leben in der Welt führen wollten. 1943 wurde die mit dem Opus Dei verbundene *Priesterliche Gemeinschaft vom Heiligen Kreuz* ge-

---

[27] Ebd. 107.
[28] Ebd. 109f.
[29] Vgl. M. OLMI, L'Opus Dei. Son évolution canonique, in: Études Bd. 365 (12/1986) 683–691.

gründet; dieses für Priester geschaffene Werk tritt, anders als das Opus Dei, in der Öffentlichkeit in Erscheinung. Die beiden Institute, die zusammen das Opus Dei bilden, wurden 1947 als erstes Säkularinstitut päpstlichen Rechts errichtet. Die von Rom approbierten Konstitutionen bekräftigen das geheime Wirken dieser Institution, die auch außerhalb ihres iberischen Entstehungsraums an Einfluß gewann. Escrivá de Balaguer starb im Jahre 1975. Sein Nachfolger, Alvaro de Portillo, erreichte, daß das Säkularinstitut mit der Apostolischen Konstitution *Ut sit* vom 28. November 1982 in eine Personalprälatur umgewandelt wurde mit dem Titel: „Internationale Prälatur vom Heiligen Kreuz und Werk Gottes". Ihre Priester sind in die Prälatur „inkardiniert", unterstehen also keinem Ortsbischof mehr, die Laien hingegen sind „inkorporiert", d. h. sie bleiben Mitglieder ihrer Diözese. Im neuen Codex des Kanonischen Rechts vom 25. Januar 1983 wird die Stellung der Personalprälaturen geregelt.

Beim Tod seines Gründers zählte das Opus Dei weltweit 60000, 1997 nahezu 80000 Laienmitglieder[30]; die in ganz unterschiedlichen Bereichen, vornehmlich aber im akademischen Milieu und in den Medien tätig sind. Die Zahl der Priester belief sich gemäß dem *Annuario pontificio* 1997 auf 1655. Am 20. Juli 1998 wurde die „Universität vom Heiligen Kreuz" mit mehr als 1300 Studierenden von Papst Johannes Paul II. als sechste römischpäpstliche Universität anerkannt. Laut einem Dokument des Heiligen Stuhls besteht das Apostolat der Priester und Laien der Prälatur darin, daß sie in allen gesellschaftlichen Schichten ein vertieftes Bewußtsein über den heiligenden Wert der Berufsarbeit fördern und verbreiten[31]. Die am 17. Mai 1992 erfolgte Seligsprechung des Gründers ist Zeichen seiner Ausstrahlung wie auch der päpstlichen Gunst.

Einen ganz anderen Erfahrungshorizont deckt die *Comunità di Sant' Egidio* (Gemeinschaft Sant' Egidio) ab[32]. Sie wurde 1968 von einer franziskanisch inspirierten Studentengruppe gegründet, die dabei die Welt der römischen Vorstädte vor Augen hatte. 1972 schloß sich ihnen ein Priester an, Vincenzo Paglia, später Pfarrer im Römer Stadtviertel Trastevere, wo sich die Gemeinschaft 1973 niederließ. Sie besitzt den Status einer päpstlich anerkannten öffentlichen Laienorganisation und widmet sich der Evangelisierung und dem Dienst für die Armen. In den achtziger Jahren entstanden in Europa (12000 Mitglieder) und in der übrigen Welt zahlreiche Sant' Egidio-Gemeinschaften. Über ihre pastorale und karitative Tätigkeit hinaus bemüht sich die *Comunità di Sant' Egidio* auf Initiative ihrer Verantwortlichen und insbesondere ihres Gründers, des Kirchenhistorikers Andrea Riccardi, auch um Konfliktbewältigung in verschiedenen Ländern; der Friedensvertrag für Moçambique etwa wurde nach 27monatigen Verhandlungen am 4. Oktober 1992 in Sant' Egidio unterzeichnet. Die Gemeinschaft ist ökumenisch orientiert, sie unterhält u. a. Beziehungen zu Patriarch Bartholomaios von Konstantinopel, und bemüht sich auch um den Dialog mit nichtchristlichen Religionen. 1986 kam auf Initiative von Sant' Egidio das Weltfriedensgebet in Assisi zustande. Seit 1987 finden alljährlich Nachfolgetreffen von Assisi statt; diesen Treffen geht gewöhnlich ein Kongress voraus mit einem jeweiligen Schwerpunktthema[33].

---

[30] Diese Zahlen nennt D. LE TOURNEAU, L'Opus Dei, collection „Que sais-je?", 5. verbesserte Auflage, Paris 1998. Die Publikation ist eine unkritische Darstellung des Instituts aus der Feder eines Insiders.
[31] Ebd. 72.
[32] Vgl. A. RICCARDI, Sant' Egidio. Rome et le monde (entretiens avec J.-D. Durand et R. Ladous), Paris 1996, 190 S.
[33] Vgl. H. OSCHWALD, Bibel, Mystik und Politik. Die Gemeinschaft Sant' Egidio, Freiburg i. Br. 1998, 13.

Kennzeichnend für die hier in Auswahl erwähnten Organisationen ist, daß sie sich, anders als die Katholische Aktion in der ersten Hälfte des 20. Jh., nicht mehr an ein und demselben Modell orientieren.

II. Veränderte Rahmenbedingungen kirchlichen Lebens im Protestantismus

VON JEAN-PAUL WILLAIME

Zwei Strukturelemente prägen weitgehend den Alltag der protestantischen Kirchen wie der katholischen Kirche: die Gemeinde einerseits, die ordinierten Amtsträger (Priester, Pfarrer bzw. Pastoren) andererseits. In den sechziger Jahren des 20. Jh. wurden indes sowohl die Gemeindestruktur wie das Seelsorgeamt von manchen Kirchenvertretern hinterfragt, wenn nicht gar ganz in Frage gestellt. Das hatte damit zu tun, daß mit der Urbanisierung und Individualisierung sich nicht bloß die auf dem Territorialprinzip beruhenden religiösen Gemeinschaften, sondern auch die traditionellen Seelsorgeformen wandelten, in deren Zentrum der Gemeindepfarrer stand mit seiner Aufgabe, die Gläubigen eines gegebenen Gebiets zu betreuen. Mit zunehmender Heftigkeit der theologischen Auseinandersetzungen, dem sich vertiefenden Graben zwischen „Konservativen" und „Progressiven" und dem Aufkommen sozialpolitischer Protestbewegungen, welche die herrschende Ordnung und die Kirche als „bourgeoise" Institutionen abtaten, gerieten die kirchlichen Strukturen noch stärker unter Druck. Besonders virulent war die Kritik in den reformierten und lutherischen Kirchen, die sich – genau wie die katholische Kirche – mit dem Ende der „Gemeindezivilisation"[34] konfrontiert sahen. Kaum von dieser Protestwelle betroffen waren die verschiedenen evangelischen Freikirchen (Baptisten, Methodisten, Pfingstkirche …). In den Freikirchen hatten das kongregationalistische Prinzip und das Verständnis von Kirche als einer bekennenden Gemeinde die Gemeindestruktur bereits relativiert: Ihrer Auffassung nach versammelte die Ortskirche nicht einfach sämtliche Protestanten eines gegebenen Territoriums, sondern nur die wirklich Glaubenden, jene, die ihren Glauben persönlich bezeugen; Tiefe und Innigkeit der religiösen Überzeugungen wurden höher gewichtet als geographische Zugehörigkeit. Nicht zuletzt war in den Freikirchen das Seelsorgeamt am stärksten entsakralisiert worden[35], obwohl es im Leben der einzelnen Gemeinde eine äußerst wichtige Rolle spielt.

---

[34] Vgl. D. HERVIEU-LÉGER (avec la collaboration de F. CHAMPION), Vers un nouveau christianisme? Introduction à la sociologie du christianisme occidental, Paris 1986, 55–60.

[35] Eine 1978–1979 unter der protestantischen Pfarrerschaft in Frankreich durchgeführte Umfrage zum Grad der „Klerikalisierung" ergab, daß die Pastoren der Freikirchen am wenigsten, diejenige der lutherischen Kirche am stärksten „klerikalisiert" waren, während die reformierten Pfarrer eine Zwischenposition einnahmen („klerikalisiert" hier verstanden als Bekräftigung der eigenen Pfarreridentität im Gegensatz zur Laienidentität); gemessen wurde anhand von vier Indikatoren: Tragen des Talars im Gottesdienst; Abendmahl unter der Leitung von Laien als wenig wünschenswert eingestuft; Laienpredigt als wenig wünschenswert eingestuft; Präsenz des Pfarrers in der Unterweisung als unabdingbar eingestuft. Vgl. dazu J.-P. WILLAIME, Profession: pasteur. Sociologie de la condition du clerc à la fin du XXe siècle, Genf 1986, 210–214.

1. Wandel und Infragestellung der Gemeindestruktur

1964 lud die *Église réformée de France* verschiedene Repräsentanten des französischen Protestantismus zu einem Kolloquium über das Verhältnis „Kirche-Welt" ein. Kritische Ansätze zur Gemeindestruktur wurden im Rahmen einer theologischen Aufwertung der „Welt" und einer entschiedenen Förderung eines dynamischen statt eines statischen Christentums entwickelt.[36] „Die ‚Territorialgemeinde' befindet sich in der Krise", stellt der Bericht fest, „und zwar nicht nur in Frankreich und nicht allein innerhalb des Protestantismus." Diese Form des kirchlichen Lebens sei lediglich eine Struktur und „kein Glaubensartikel", eine Struktur, die es angesichts der gesellschaftlichen Entwicklungen zu hinterfragen gilt: „In der heutigen Zeit ist das Territorium keine Lebenseinheit mehr", die von der Gemeinde angebotenen Aktivitäten erreichen den Menschen nur „in den Schwächephasen seiner Lebenszeit". Und weiter: „Bestenfalls kennt die Gemeinde den Gatten, den Vater, den Privatmann, nie aber den öffentlichen Mann. Die Gemeinde ignoriert die Arbeitswelt, sie hat es mit Konsumenten zu tun, nicht mit Produzenten … Zahlreiche Gemeindeaktivitäten gehören der Sparte der sozioreligiösen Folklore an … In dieser Welt läuft die Gemeinde Gefahr, zur Tankstelle für Spirituelles zu verkommen."[37]

Der Gemeinde wurden hier „Versammlungen im kleinen Kreis" gegenübergestellt, „die auf sozioprofessioneller Nachbarschaft, auf Gleichaltrigkeit oder auf gemeinsamen Interessen usw. beruhen", also gemeindeübergreifende Versammlungen, in denen Menschen sich nicht aufgrund geographischer Kriterien zusammenfinden. Daher wurde gefordert, gemeindeübergreifende Aktivitäten und Bewegungen zu fördern, die dem Austausch und der Bildung aller Akteure des Gemeindelebens dienten. Beibehalten wurde die Gemeindestruktur als Mittelpunkt des kirchlichen Lebens und als Organisationsform (von der Ortskirche über die Konsistorien bis hin zu den regionalen und nationalen Synoden); daneben entstanden „Orte der Kirchenpräsenz" außerhalb der Gemeinde, etwa Krankenhaus- oder Studentenseelsorge, Sonderbereiche (beispielsweise Industriepfarrämter), Studien- und Tagungszentren, Lebens- und Arbeitsgemeinschaften, informelle Gruppen.

Unter diesen Institutionen verdienen die Studien- und Tagungszentren besondere Beachtung. Der Ausbildung der Laien und der kritischen Reflexion über die Entwicklungen in Gesellschaft und Kirche verpflichtet, fokussierten sie die Spannungen und Bewegungen der sechziger und siebziger Jahre. Praktisch in allen Landeskirchen, die gemeinsam die *Evangelische Kirche in Deutschland* (EKD) bilden, wurden nach 1945 Evangelische Akademien[38] gegründet; diese Institutionen wurden grundlegend für die theologische Erwachsenenbildung, sie dienten als Forum für die Auseinandersetzung mit den drängenden sozialen und religiösen Fragen. Auch in Zentren wie *Agape* in den Waldensertälern des Piemont in Italien, wie *Sornetan, Le Louverain, Crêt Bérard* und *Cartigny* in der französischsprachigen Schweiz, wie *Villemétrie, Sommières, Liebfrauenberg, Centre Protestant de l'Ouest* oder *Études et Rencontres Rhône-Alpes* in Frankreich versammelten sich regelmäßig praktizierende und nicht praktizierende Protestanten wie Nichtprotestanten, um ak-

---

[36] Der Bericht über das „Colloque Église-Monde" mit einer kritischen Würdigung der Gemeindestruktur erschien in: Bulletin du Centre protestant d'études et de documentation Nr. 100 (1965) 21–28.

[37] Ebd.

[38] ÖKUMENISCHE VEREINIGUNG DER AKADEMIEN UND LAIENZENTREN IN EUROPA (Hrsg.), Der Auftrag der Evangelischen Akademien. Ein Memorandum, Bad Boll 1979; I. GRELLIER, Les centres protestants de rencontre: tentatives d'adaptation des paroisses à une société laïcisée (Diss.), Straßburg 1988.

tuelle sozialpolitische und theologische Fragen zu debattieren. Einige dieser Bildungszentren, in Frankreich etwa *das Centre protestant du Nord* und das *Centre protestant de l'Ouest* (freilich mit einer dem Protestantismus mehr und mehr entfremdeten Basis), trieben die Infragestellung der kirchlichen Institutionen sehr weit voran, was zu Spannungen mit den sie finanzierenden Kirchen führte. Das erstgenannte Zentrum wurde geschlossen, das zweite gründete einen Verein, der für das Salär des zuvor von der *Église réformée de France* entlohnten Leiters aufkam.

Diese Zentren, ursprünglich als Ausbildungsstätten für kirchliche Laien gedacht, öffneten sich einem breiteren Publikum, nannten sich „Begegnungs- und Studienzentrum" und fungierten als Schnittstellen zwischen Kirche und Gesellschaft[39]. Einige wurden, was ihre Tätigkeit und ihren Status betrifft, vollständig säkularisiert, die Mehrheit von ihnen aber fokussierte ihre Tätigkeit auf ein kirchliches Umfeld. Dazu eine Standortbestimmung zu den Studien- und Begegnungszentren in Frankreich aus dem Jahr 1987:

„Reflexion, Tagungen, Debatten, Studiengruppen sind Aktivitäten mit nachlassender öffentlicher Anziehungskraft und mit rückläufigen Programmangeboten. Vor zwanzig Jahren stand die freie Meinungsäußerung im Zentrum, und man wollte so die Welt erneuern; heute ist Effizienz und Handeln angesagt ... auffällig ist zudem, daß seit einigen Jahren die karitative Tätigkeit zunimmt. Die Zentren sehen sich mit der Wirtschaftskrise konfrontiert, und viele von ihnen wollen die Herausforderung der neuen Armut annehmen ... lediglich erwähnt sei eine dritte Veränderung; sie betrifft das Verhältnis zur Kirche. In einigen Zentren geriet der christliche Bezug zeitweise beinahe oder gänzlich in den Hintergrund, heute hingegen wird er klar in den Vordergrund gestellt; Aktivitäten mit religiösem Charakter finden an Orten statt, aus denen sie zuvor verschwunden waren; die Bindung an die Ortskirchen wird erneut geknüpft oder verstärkt."[40]

In den achtziger Jahren gingen die Zentren erneut Beziehungen zu den Kirchgemeinden ein (einige, etwa das Zentrum *Liebfrauenberg*, hatten sie nie gekappt), die Kirchgemeinden ihrerseits waren nicht stehengeblieben. Vielerorts standen nun zahlreiche und vielfältige Aktivitäten auf dem Programm. Die traditionellen Schwerpunkte Gottesdienst und Unterweisung wurden ergänzt durch Angebote in den Bereichen Bildung (Bibelarbeit für Erwachsene, Studienzirkel, Tagungen, Diskussionsforen), Freizeit (Wanderungen, Reisen), Kunst (Chor, Orchester ...). Auch das herkömmliche Kirchgemeindefest wandelte sich und wurde mehr und mehr zu einem Begegnungstag. Neuerungen und Diversifizierungen gab es auch im karitativen Bereich. In Deutschland etwa mutierten die protestantischen Gemeinden zu multifunktionalen Begegnungsstätten, wo sich Gemeindeglieder je nach Alter, Geschlecht oder beruflichem Umfeld in entsprechenden Gruppen treffen konnten; die Kirchgemeinden öffneten sich ihrem Umfeld und spielten eine wichtige Rolle, wenn es um die Belebung des Dorfes oder des Stadtviertels ging. Es war das Ende der „Pfarrgemeinde" als zentraler Mittelpunkt kollektiven Lebens in einem vorgegebenen Territorium, nicht aber das Ende der Gemeinde als Ort der Begegnung von Gläubigen, der

---

[39] Vgl. dazu D. GALLAND, L'évolution des centres régionaux au cours des vingt dernières années: du centre de formation des laïcs aux centres de rencontres et de recherches, in: Crises et mutations institutionelles dans le protestantisme français (actes du 3e colloque de sociologie du protestantisme, Straßburg 1972), Paris 1974, 18–36.

[40] I. GRELLIER, Centres de rencontre et paroisses. Quelques tentatives pour une Église „ouverte". Document de travail de la Commission générale d'évangelisation de l'Église réformée de France, Paris 1987, 124f.

Animation und der Solidarität im säkularisierten und pluralistischen urbanen Raum des dritten Jahrtausends.

Der Wandel religiöser Ausdrucksformen, die Abwendung vom traditionellen kirchlichen Programm und die Hinwendung zu bedürfnisorientierten Angeboten, die schwindenden und destabilisierten religiösen Überzeugungen bzw. Glaubenspraktiken der Menschen und die nicht mehr strikte und ausschließliche Zugehörigkeit zu einer vorgegebenen religiösen Welt – all dies blieb nicht ohne Folgen für die herkömmlich festen und unwandelbaren Strukturen der Kirchgemeinden. Regelmäßiger Kirchgang galt bislang als verläßliches Zeichen für Zugehörigkeit; inzwischen zogen manche die punktuellen und festlichen Angebote der Kirchen vor, verkörpert in den großen Versammlungen, die in mehr oder weniger regelmäßigen Abständen organisiert wurden. So gewann beispielsweise der *Deutsche Evangelische Kirchentag*, zu dem sich alle zwei Jahre – alternierend mit dem *Katholikentag* – Tausende von praktizierenden und nicht praktizierenden, vorab jungen Menschen versammeln eine Attraktivität, die bis heute nicht nachgelassen hat[41]. Am letzten *Kirchentag* des vergangenen Jahrhunderts, 1999 in Stuttgart, nahmen wie an früheren Veranstaltungen mehr als 100000 Personen teil. Er stand unter der Losung: „Ihr seid das Salz der Erde". Der erste *Kirchentag* des dritten Jahrtausends fand im Juni 2001 in Frankfurt am Main statt und stand unter der Losung: „Du stellst meine Füße auf weiten Raum."[42] An den *Kirchentagen* nahmen bislang stets zahlreiche politische und religiöse Persönlichkeiten teil, auch Minister legten hier schon die Bibel aus. Der *Deutsche Evangelische Kirchentag*, eine nach dem Zweiten Weltkrieg gegründete Laienbewegung, ist in Deutschland fraglos zur Institution geworden, zu einem breiten Diskussionsforum, einem „Markt der Möglichkeiten" mit ganz unterschiedlichen Workshops und Interventionen, die spiegeln, was die Menschen im Moment beschäftigt und welche Spannungen und Gegensätze in Gesellschaft und Kirche vorhanden sind: Spiegel der sozialen Spannungen war etwa der 1969 in Stuttgart versammelte *Kirchentag* unter der Losung „Hungern nach Gerechtigkeit", als es zu Zwischenfällen kam, in deren Verlauf der Minister für Entwicklungshilfe sich wütenden Emotionen gegenübersah. Und 1977 traten religiöse Spannungen offen zutage, als evangelikale Protestanten den *Kirchentag* in Berlin boykottierten und eine Gegenveranstaltung organisierten, den *Gemeindetag,* der in den Augen seiner Teilnehmer der wahre *Kirchentag* war, wohingegen auf dem Berliner Kirchentag ihrer Ansicht nach viel zu pluralistische und mit der Heiligen Schrift nicht vereinbare Positionen zu Wort kamen. In den neunziger Jahren ließen die Spannungen nach; für viele Teilnehmende wurde der *Kirchentag* Anlaß, ihrer spirituellen Sinnsuche Ausdruck zu verleihen, ohne indes regulär in eine Kirchgemeinde eingebunden zu sein.

2. Das Pfarramt im Wandel

Die Berufung zum Pfarramt

Anders als im Katholizismus kam es im Protestantismus zwischen 1960 und 2000 nicht zu einem dramatischen Einbruch der Berufungen. Wohl gab es 1960–1980 in mehreren euro-

---

[41] Vgl. die aufschlußreiche Studie von T. SCHMIEDER – K. SCHUHMACHER (Hrsg.), Jugend auf dem Kirchentag. Eine empirische Analyse von Andreas Feige, Ingrid Lukatis und Wolfgang Lukatis, Stuttgart 1984.
[42] Der nächste Kirchentag 2003 in Berlin ist als ökumenische Veranstaltung zusammen mit dem Katholikentag geplant.

päischen Ländern einen gewissen Pfarrermangel, dem jedoch – wie das Beispiel der Bundesrepublik Deutschland zeigt – eine vermehrte Hinwendung zum Pfarrberuf folgte.

Herrschte in der Bundesrepublik Deutschland zwischen 1960 und 1970 noch Pfarrermangel, so veränderte sich die Lage ab 1975 so radikal, daß junge Pastoren Schwierigkeiten bei der Stellensuche bekamen. Zu Beginn des Jahres 1991 standen 19 007 Theologen und Theologinnen im Dienst der westdeutschen evangelischen Landeskirchen (zusammengefaßt in der *Evangelischen Kirche in Deutschland*), 1964 waren es bloß 13 452 gewesen.[43] 1964 hatte der Pfarrerinnenanteil bei 1,9 % gelegen, 1991 hingegen bei 15,4 %. Doch die höheren Pfarrerzahlen sind nicht bloß auf die wachsende Anzahl Theologinnen zurückzuführen, sondern auf eine generelle Zunahme der Studierenden der evangelischen Theologie: 4138 im Wintersemester 1966/67, 13 253 im Wintersemester 1983/84. Die Zunahme der Theologiestudierenden resultierte aus der Tatsache, daß generell mehr junge Menschen studierten, wobei die Zunahme im Vergleich zum generellen Anstieg der Studierenden sogar geringer ausfällt: 1966/67 lag der Anteil der evangelischen Theologen an der Gesamtzahl der deutschen Studierenden bei 1,25 %, 1983/84 bei 1,05 % und 1990/91 bei 0,8 %. Den Theologiestudierenden in Deutschland steht nicht bloß das Pfarramt offen, sie können auch Religionsunterricht erteilen, auch in Verbindung mit einem anderen Schulfach (Mathematik, Geschichte usw.).

In der Schweiz herrschte zwischen 1970 und 1990 ebenfalls Pfarrermangel: 1984 fehlten landesweit schätzungsweise 200 Pfarrerinnen und Pfarrer, was etwa 10 % der gesamten Pfarrerschaft in der Schweiz entspricht. In einigen Kantonen, etwa Aargau oder Graubünden, waren 1984 sogar 20 % der reformierten Pfarrstellen nicht besetzt.[44] In Frankreich hatten einige Kirchen, etwa die *Église réformée de France,* mit Pfarrermangel zu kämpfen (in den Jahren 1970–1990 blieben ca. 10 % der Pfarrstellen unbesetzt), andere hingegen, etwa die *Église de la Confession d'Augsbourg d'Alsace et de Lorraine,* konnten praktisch alle Stellen besetzen; zudem veränderte sich dank des Zustroms zahlreicher junger Pfarrer die Alterspyramide der Pfarrerschaft. In den neunziger Jahren gewann dann der Pfarrberuf erneut an Attraktivität.

Die presbyterianische Kirche Schottlands (*Church of Scotland*) zählte 1950 2751 Pfarrer, 1990 nur noch 1250. Auch die englische Staatskirche (*Church of England*) hatte eine Abnahme ihres Klerus zu verzeichnen (von 20 000 im Jahr 1900 auf etwas mehr als 10 000 im Jahr 1984). Folge davon war, daß der Anteil der unter 40jährigen Pfarrer zurückging: 1988 lag er bei nur noch 12 % gegenüber 33 % zu Beginn des 20. Jh. (1951 21 %, 1961 22 %, 1977 34 % (letztere Prozentzahl ist auf den Eintritt der Generation des Baby-Booms nach dem Zweiten Weltkrieg zurückzuführen[45]). 1964 hatte die *Church of England* 656 Eintritte in die Vorbereitungszentren für das Pfarramt verzeichnet, 1973 war diese Zahl auf 277 gesunken.[46]

In den sechziger und siebziger Jahren wurden Status und Rolle des Pfarrers in Frage gestellt, häufig von jungen Pfarrern oder Pfarramtskandidaten. In einer Zeit heftiger sozialpolitischer Proteste entging auch die Rolle des Pfarrers der Infragestellung nicht, wobei

---

[43] K.-F. Daiber, Religion unter den Bedingungen der Moderne. Die Situation in der Bundesrepublik Deutschland, Marburg 1995, 113 f.

[44] Vgl. J. ANDERFUHREN, Pénurie et recrutement des pasteurs, in: La vie protestante, 11. Mai 1984.

[45] S. BRUCE, Religion in Modern Britain, Oxford 1995, 33 f.

[46] Vgl. Église anglicane: les vocations au ministère ordonné, in: Vocations Nr. 272 (1975) 488.

einige im Namen des allgemeinen Priestertums aller Gläubigen die Kritik am Status des Pfarrers selbst weit vorantrieben. Im Mittelpunkt des Protests standen drei Punkte: 1. Der Ordinationsritus, der zwar aus evangelischer Sicht kein Sakrament ist, aber dennoch als ein klerikaler Ritus empfunden wurde, der den Pfarrer allzusehr von den Laien abhebe. 2. Die als traditionell und einengend kritisierte Rolle des Gemeindepfarrers, dem die Tätigkeit in Sonderpfarrämtern gegenübergestellt wurde. 3. Die Tatsache, daß nur Männer uneingeschränkt Zugang zum Pfarramt hatten (was schließlich zur Zulassung von Frauen zur Seelsorgetätigkeit führte). Der Protest hatte zur Folge, daß einige Theologen das Pfarramt aufgaben und sich anderen Berufen zuwandten; um das Jahr 1970 war der Anteil der Theologen, die das Pfarramt verließen, am höchsten.

Die Infragestellung der Ordination

Gegen Ende der sechziger und zu Beginn der siebziger Jahre kam es in Frankreich und in der Schweiz unter jungen Pfarramtskandidaten zu einer Protestbewegung gegen die Ordination. Die protestierenden Kandidaten wollten zwar Pfarrer werden, lehnten aber die Ordination ab. Sie kritisierten die 1960 vom reformierten Theologen Jean Bosc und dem lutherischen Theologen Albert Greiner vorgelegten *Thesen zur Ordination*[47] mit folgenden Argumenten:

„Die aus der Reformation hervorgegangenen Kirchen vertreten ein Amtsverständnis, das der Vorstellung des allgemeinen Priestertums, auf dem sie gründen, widerspricht. Aus vielfältigen Gründen hat das Pfarramt in den Kirchen allmählich eine dominante und privilegierte Stellung gewonnen. Allen Lehraussagen zum Trotz gibt es einen protestantischen Klerus, und der Dienst am Wort ist viel eher Stand denn bloße Funktion … Wir sind der Meinung, daß die Ordinationszeremonie nicht der einzige Grund für diese Entwicklung ist … Gleichwohl sind wir der Auffassung, ihre Beibehaltung trage nicht unwesentlich dazu bei, ein klerikales Verständnis und, als Folge davon, eine klerikale Praxis des Pfarramtes aufzuzwingen … Jedenfalls kommt der Kern dieser Ambivalenz in den Thesen über die Ordination von 1960 deutlich zum Ausdruck. Man stellt fest, daß in den Thesen auf die Aussage, ‚der Ordinationsakt versetzt den zu Ordinierenden nicht in einen klerikalen Stand, der ihn vom Kirchenvolk unterscheidet, und verleiht ihm keinen Sondercharakter‘, sogleich die Aussage folgt, der neue Amtsdiener werde in eine Art ‚Orden‘ aufgenommen, nämlich in denjenigen ‚der Sukzession der Amtsdiener der Kirche‘.“[48]

Die Ablehnung der Ordination[49] war Teil einer Entklerikalisierungsbewegung des Pfarramtes, in deren Folge einige Pfarrer während des Gottesdienstes auf den Talar verzichteten. Gemäß einer 1978–1979 unter Pfarrern in Frankreich durchgeführten Umfrage[50] predigten nur 43 %, also weniger als die Hälfte, im Talar. Nach übereinstimmenden Aussagen hatten zahlreiche Pfarrer auf den Talar verzichtet, weil sie sich von den Laien nicht unterscheiden, ihnen vielmehr näher sein wollten. Jene Pfarrer hingegen, die am Talar festhielten, betonten, er schaffe eine gewisse Distanz und unterstreiche die Bedeutung und Feier-

---

[47] J. Bosc – A. Greiner, Thèses sur l'ordination présentées en 1960, in: Information-Évangelisation Nr. 1 (1981) 70–72.
[48] Thèses sur l'ordination (1969), in: Christianisme social 77 (1969) 365–370, zit. 366f.
[49] Vgl. Willaime, La question de l'ordination, in: ders., Profession: pasteur, 194–214.
[50] Ebd. 199.

lichkeit des Gottesdienstes und vorab der Predigt (der Talar als Identitätsmerkmal des Pfarrers als Prediger). Der Trend weg vom Talar und, genereller, der Trend zur Entklerikalisierung des Pfarramtes war unter den reformierten Pfarrern ausgeprägter als unter den lutherischen: 1978–1979 trugen in Frankreich lediglich 39% der Pfarrer der reformierten Kirche, aber 81% der lutherischen Pfarrer den Talar. In den Freikirchen trugen nur 12% der Pfarrer den Talar.

Die Infragestellung des Pfarramtes und das Aufkommen von Sonderpfarrämtern

Die Zahl der Sonderpfarrämter nahm in den sechziger Jahren stark zu. Es war der Versuch der Kirchen, sich den Herausforderungen der postindustriellen urbanen Gesellschaft zu stellen. Im Protestklima der damaligen Zeit, als in der Gesellschaft insgesamt wie in den Kirchen Wandel angesagt war, artikulierte sich bei den Pfarrern mehr oder weniger heftige Kritik an der Gemeindestruktur. Diese Kritik (vgl. oben) setzte die Gemeinde mit einem gewissen religiösen Traditionalismus gleich: Sie wurde als unbewegliche Struktur, als Dienstleistung für Kunden (manche sprachen von einer „Tankstelle für Spirituelles") wahrgenommen – die Antwort auf die religiösen Bedürfnisse des „Durchschnittsprotestanten" eben. Die Kritik richtete sich gegen die routinemäßigen und traditionellen Aspekte des Gemeindepfarramtes, die aus dem Pfarrer den „Kultbeamten" oder gar einen „Zeremonienmeister" machten. Pfarrer, die sich an den Rand gedrängt und im protestantischen Milieu gefangen fühlten, wollten im Zentrum der Gesellschaft, ihrer Kämpfe und ihres Wandels stehen. Henri Hatzfeld, ein reformierter Pfarrer, der das Pfarramt für eine Universitätskarriere als Soziologe aufgab, brachte dieses Gefühl in folgende Formulierung: „Das also bin ich: der Mann der Zeremonien, der Mann der Reden, der Mann der Kirche. Alles Dinge außerhalb des Lebens: ein unbestimmter und neutraler Bereich an den Rändern der realen Existenz, wo die Belange der Stunde, die Probleme unserer Zeit, Haß und Liebe zu verschweigen sind. Ein Reich der Schatten und der Konventionen – das wird mir zugestanden."[51]

In den sechziger Jahren wurden Sonderpfarrämter geschaffen, insbesondere in den Begegnungs- und Studienzentren, in der Jugendarbeit (vorab Studentenseelsorge) und in der Arbeitswelt (Industriepfarrämter usw.). Daß diese Stellen geschaffen wurden, ging nicht allein, ja nicht einmal in erster Linie auf die Wünsche der Pfarrer zurück. Vielmehr war dies Teil der Anpassungsstrategien der Kirche, um sich den Herausforderungen der Zeit stellen zu können: Angesichts der wachsenden Schüler- und Studentenzahlen und der aufkommenden Jugendkultur schien es angezeigt, in den Universitäten Präsenz zu markieren. In den sechziger und siebziger Jahren waren nicht wenige Pfarrer froh, mit der Übernahme eines Sonderpfarramtes das Leben eines Gemeindepfarrers umgehen zu können. Die bereits erwähnte Umfrage von 1978–1979 zeigt, daß sich die Pfarrer in Sonderpfarrämtern weniger mit orthodoxen theologischen Strömungen identifizierten als ihre Kollegen im Gemeindepfarramt und daß sie sich stärker als die Gemeindepfarrer mit den theologischen Protestbewegungen, etwa der politischen Theologie, identifizierten. Auch in ihren politischen Anschauungen unterschieden sich Pfarrer in Sonderpfarrämtern und Gemeindepfarrer: Als links bezeichneten sich 62% der ersteren, 50% der letzteren. Erstere zeigten sich

---

[51] H. HATZFELD, La flamme et le vent, Paris 1952, 10f.

auch weniger fromm als letztere: 43 % der Pfarrer in Sonderpfarrämtern, aber 62 % der Gemeindepfarrer erklärten, regelmäßig das Tischgebet zu sprechen; bei der Bibellektüre im Familienkreis zeigte sich ein ähnliches Bild: 39 % gegen 56 %.[52]

Mit den Sonderpfarrämtern ging eine gewisse Professionalisierung des Pfarramtes einher, und zwar nicht bloß aufgrund der Spezialisierung auf diese oder jene Zielgruppe („Jugendliche", „Kranke", „Arbeiter" usw.) oder auf diese oder jene Tätigkeit (Unterricht, Animation, Bildung usw.), sondern auch deshalb, weil man nicht mehr an das Pfarrhaus in der Gemeinde gebunden war und folglich Wohnort und Arbeitsort trennen konnte. Doch mit dem abflachenden Interesse für Sonderpfarrämter in den achtziger Jahren ließ sich eine gewisse Rückkehr zu den Gemeindepfarrämtern beobachten. Was blieb, war der Wunsch der Pfarrer, sich einer Rolle zu entziehen, die für sie und ihre Familie eine Rund-um-die-Uhr-Präsenz bedeutete; so forderten Gemeindepfarrer die Respektierung ihres Privatleben, als Ehepaar und Familie, ihren wöchentlichen freien Tag (meist der Montag) und ihren Anspruch auf Urlaub. Die in den sechziger Jahren einsetzenden Veränderungen leiteten in gewisser Hinsicht das ein, was als das „Ende des Pfarrhauses" bezeichnet werden könnte[53].

Zu dieser Entwicklung trugen mehrere Faktoren bei. So waren beispielsweise immer mehr Pfarrer-Ehefrauen berufstätig (1978/79 35 %), und demnach nicht mehr bereit, die traditionelle Rolle der Pfarrersfrau zu spielen, was im übrigen für die nicht berufstätigen Pfarrersfrauen ebenfalls galt. Die Berufstätigkeit ihrer Ehefrauen führte dazu, daß die Pfarrer zunehmend Privatleben und Berufsleben klar zu trennen suchten. Immer mehr Pfarrer gingen dazu über, Präsenzzeiten in der Gemeinde festzulegen und potentielle Besucher auf diese Zeiten zu verweisen (was bei Gemeindegliedern etwa folgende Reaktionen auslöste: „Ich gehe doch nicht zum Pfarrer wie zum Zahnarzt").

Der Rückzug aus dem Pfarramt

Die Fundamentalkritik an der Stellung des Pfarrers wie auch am herkömmlichen Profil des Pfarramtes hatte etliche Abgänge zur Folge. In Frankreich quittierten zwischen 1950 und 1975 etwa hundert Pfarrer den Dienst und wandten sich einer anderen Berufstätigkeit zu – bei insgesamt 1083 aktiven Pfarrern ein nicht unbeträchtlicher Anteil.[54] Zwischen 1965 und 1975 waren besonders viele Abgänge zu verzeichnen. Zwischen 1968 und 1973 quittierten etwa vierzig in der *Église réformée de France* tätige Pfarrer ihren Dienst. Ausschlaggebende Faktoren für den Ausstieg aus dem Pfarramt und die Wahl eines anderen Berufes waren gemäß einer Umfrage aus den Jahren 1974–1975: Glaubenskrise, Infragestellung des Gemeindemodells, Gefühl, in der Gesellschaft abseits zu stehen.[55]

In diese Krise des Pfarramtes in den sechziger und siebziger Jahren spielten natürlich auch andere, sehr persönlich gefärbte Faktoren hinein. Aus einer Umfrage bei ehemaligen Pfarrern der *United Church of Christ*[56] in den USA geht hervor, daß zwar meist nicht Eheprobleme als typische Erklärung für den Ausstieg aus dem Pfarramt angeführt werden, daß

---

[52] Vgl. dazu WILLAIME, Profession: pasteur, 221–229.
[53] Vgl. auch P.-L. DUBIED, Die Krise des Pfarramts als Chance der Kirche, Zürich 1995.
[54] Die Zahl aus dem Jahr 1975 bezieht sich auf Pfarrer, die ihr Amt innerhalb einer Mitgliedskirche der *Fédération protestante de France* ausübten.
[55] J.-P. WILLAIME, Les ex-pasteurs. Les départs de pasteurs de 1950 à 1975. Straßburg 1979.
[56] G. J. JUD u. a., Ex-Pastors. Why Men Leave the Parish Ministry. Philadelphia 1970, 43 und 98f.

„diese aber für eine gewichtige Minderheit ein erschwerender oder beschleunigender Faktor sind". Die Autoren weisen darauf hin, daß 11,8 % der ehemaligen Pfarrer geschieden sind oder getrennt leben, aber lediglich 2,8 % der aktiv tätigen Pfarrer; 6,3 % der 131 in der Umfrage interviewten ehemaligen Pfarrer bezeichnen Scheidung und Trennung sogar als Hauptgrund für den Ausstieg. Es stellt sich indes die Frage, ob das eheliche Zerwürfnis den Ausstieg aus dem Pfarramt erklärt oder ob die im Pfarramt erlebten Spannungen zum ehelichen Zerwürfnis führten. Die nordamerikanische Umfrage betont jedenfalls, daß der Beruf des Gemeindepfarrers sich stark auf das Familienleben auswirkt und daß dies zu Spannungen und Krisen führen kann: 36,1 % der ehemaligen Pfarrer der *United Church of Christ* weisen darauf hin, daß familiäre Probleme mit entscheidend waren beim Entschluß, das Pfarramt aufzugeben.

3. Der Weg der Frauen ins Pfarramt

Die protestantischen Kirchen berufen sich auf die Autorität der Bibel. Daher war für sie die Zulassung der Frauen zum Pfarramt nicht selbstverständlich. Vorab jene Bibeltexte, welche die Rolle der Frau in der Kirche begrenzen – insbesondere die Paulinischen Texte 1 Korinther, 14,34 f, und 1 Timotheus 2,11–12 –, erwiesen sich als Hemmschuh für diesbezügliche Veränderungen. Zwar hatte der Protestantismus die Trennung zwischen Klerikern und Laien verwischt und damit zugleich die Autorität des Klerus geschwächt, dennoch hatte sich quasi ein neuer Klerikerstand herausgebildet, der Stand der Pfarrer qua „Prediger und Lehrer"[57], der darüber zu wachen hatte, daß die Bibel sowohl in der Lehre wie in der Praxis korrekt gelesen und interpretiert wurde. Wohl verneinten die Pfarrer, einen Klerus zu bilden: Der Pfarrer galt als ein in Theologie ausgebildeter Laie, der heiraten kann; ein Mann, der zwar zur Ausübung bestimmter Ämter in der Kirche ordiniert ist, zugleich aber keinem anderen Stand angehört als dem des Laien, von dem er sich nicht grundsätzlich unterscheidet. Gleichwohl verlieh das Pfarramt Autorität, eine Rolle, die einer Frau anzuvertrauen lange Zeit nicht vorstellbar war; darin unterstützten die Mentalitäten die Bibeltexte, welche den Platz der Frauen begrenzten. Nur die Frau an der Seite des Klerikers hatte der Protestantismus sofort eingeführt – oder, historisch gesehen, eher wiedereingeführt: Luther wie Calvin und Zwingli heirateten. Vor dem Aufkommen der *Pfarrerin* dominierte im Verlauf der Geschichte Rolle und Bild der *Pfarrersfrau*[58] als der frommen und ergebenen Gefährtin des Pfarrers, die in zahlreiche Aspekte des Amtes ihres Gatten eingebunden war, wenn auch ohne Status und ohne besondere kirchliche Anerkennung. Es brauchte viel Zeit, bis die Frauen in den protestantischen Kirchen zum Pfarramt zugelassen wurden.

In den meisten reformierten und lutherischen Kirchen wurden die Frauen erst nach dem Zweiten Weltkrieg vorbehaltlos zum Pfarramt zugelassen.[59] Während des Krieges durften in der Evangelischen Kirche Österreichs Frauen „in kritischen Situationen" predigen, doch diese Erlaubnis wurde nach Kriegsende zurückgezogen. Auch in Frankreich schieden Frauen, die während des Krieges eine Kirchgemeinde in einer Weise seelsorglich betreut

---

[57] Zum Spezifikum des protestantischen „Klerikers" vgl. WILLAIME, Profession: pasteur, 49–81.

[58] B. REYMOND, La femme de pasteur. Un sacerdoce obligé?, Genf 1991.

[59] Zur historischen Entwicklung in der Schweiz vgl. Frauen im Pfarramt gleichgestellt?, hrsg. v. INSTITUT FÜR SOZIALETHIK DES SEK, Bern 1997 (Studien und Berichte Nr. 55).

hatten, die weit über den ihnen zuerkannten Status der „Gemeindehelferin" hinausging, aus dieser Tätigkeit aus. Die Ordination der ersten Frau in der anglikanischen Kirche – Florence Li Tim Oi 1944 in Hongkong – erfolgte ebenfalls wegen des durch den Krieg verursachten Pfarrermangels; nach Kriegsende wurde sie dieser Funktionen enthoben: Die kriegsbedingte Ausnahmesituation genügte nicht, um das Recht der Frauen auf uneingeschränkte Ausübung des Pfarrberufes definitiv zu etablieren. Kriege gehörten zu jenen Krisensituationen, die verschiedentlich zur Förderung der Rolle der Frau beigetragen hatten. Entscheidender jedoch war die Zulassung der Frauen zum Theologiestudium. Da der Protestantismus der theologischen Qualifikation bei der Ausübung religiöser Verantwortung höchste Priorität einräumt, *konnte* die Tatsache, daß Frauen ein abgeschlossenes Theologiestudium vorweisen konnten, die Tür zum Pfarramt öffnen. Dies gab denn auch letztlich den Ausschlag, obwohl noch immer nicht alle Hindernisse überwunden und alle Schwierigkeiten aus dem Weg geräumt waren.

Bevor es Pfarrerinnen gab, gab es Theologiestudentinnen und Frauen mit abgeschlossenem Theologiestudium. Die Zulassung der Frauen zum Theologiestudium erfolgte im Zuge der allgemeinen Öffnung der Universitäten für Frauen; erleichtert wurde sie dadurch, daß es staatliche, von den Kirchen relativ unabhängige theologische Fakultäten gab. Sobald die Frauen in den ersten Jahren des 20. Jh. zum Universitätsstudium zugelassen wurden, gab es erste Theologiestudentinnen: die erste 1909 in Marburg. In der Schweiz waren Theologiestudentinnen in Zürich seit 1908 und in Neuenburg seit 1912 zugelassen. 1920 waren vier junge Frauen an der Fakultät für protestantische Theologie in Straßburg immatrikuliert. Daß es nun Theologinnen mit Universitätsabschluß gab, konnte die protestantischen Kirchen nicht gleichgültig lassen, ist doch der Pfarrer in diesen Kirchen nicht Mittler des Heils, sondern Theologe, der die Bibel auslegt und die Gläubigen auf der Basis der Bibel erbaut. Nun aber konnten die Frauen, da theologisch kompetent, Anspruch auf uneingeschränkte Zulassung zum Pfarramt erheben. Doch war das nicht allen unbedingt genehm. Unter den Theologieprofessoren fielen die ersten Reaktionen überwiegend negativ aus. Doch es gab nun einmal Theologinnen, und die Frage, wie sie einzusetzen seien, war nicht mehr zu umgehen. In Frankreich traten die ersten Pfarrerinnen in den Jahren 1927–1929 im Elsaß ihr Amt an, und zwar ohne große theologische Debatte, galt es doch dem Pfarrermangel der Zwischenkriegszeit zu wehren [60]. Die lutherische und die calvinistische Kirche in Elsaß-Lothringen (*Église de la Confession d'Augsbourg* [ECAAL] und *Église réformée* [ERAL]) ließen einige unverheiratete Frauen zu bestimmten Amtsfunktionen zu: In der ECAAL wurden sie 1929 zum Religionsunterricht, zum Gottesdienst für Jugendliche, zur Frauenseelsorge, zur Predigt in Krankenhäusern, nicht aber zur Kanzelpredigt vor der Gemeinde zugelassen; dies war nur in Ausnahmefällen und mit Sondergenehmigung der Leitung der ECAAL möglich. Die erste Pfarrerin in Frankreich war Berthe Bertsch, die ihr Amt 1927 in der ERAL antrat und 1930 in Mülhausen ordiniert wurde. Eine weitere Pionierin gab es zur selben Zeit in einer Baptistengemeinde in Paris: Madeleine Blocher-Saillens; als Tochter und Enkelin eines Predigers, als Frau eines Predigers, übernahm sie 1929 die von ihrem Gatten gegründete Gemeinde und wurde so zur ersten Baptistenpredigerin in Frankreich. Es waren in der Tat Pfarrersfrauen und vor allem Pfarrerstöchter, die sich dem Pfarrberuf zuwandten. Zahlreiche Pionierinnen waren Pfarrers-

---

[60] Für die protestantischen Kirchen im Elsaß und in Lothringen vgl. den historischen Abriß in der Magisterarbeit von É. WEBER, Les femmes pasteurs en Alsace-Moselle en 1979, Straßburg 1990.

töchter oder -enkelinnen. Kamen sie nicht aus einem Pfarrermilieu, stammten sie in der Regel aus gehobenen Gesellschaftskreisen, wie etwa Élisabeth Schmidt (1908–1986), die als erste Frau in der *Église réformée de France* uneingeschränkt ein Pfarramt ausübte: Ihr Vater war Abgeordneter und ihre Mutter Professorin.[61] Obwohl bereits 1936 als „Verweserin" zum Pfarramt zugelassen, wurde sie erst 1949 – als Ausnahmefall – ordiniert. Erst auf der Synode in Nantes im Jahr 1965 beschloß die *Église réformée de France*, Frauen uneingeschränkt zum Pfarramt zuzulassen. Die historisch-kritische Exegese und das zunehmende Gewicht der Humanwissenschaften trugen zur Schleifung der Bastion bei, welche die Paulinischen Texte (vorab 1 Korinther 14,34f, und 1 Timotheus 2,11–12) für die sich auf die Bibelautorität berufenden Kirchen darstellten. An der Synode der *Église réformée de France* wurde das Thema 1965 debattiert; dabei argumentierte etwa Roger Mehl, Paulus habe die Frage der Stellung der Frau genauso wenig behandelt wie die Frage der Sklaverei; deshalb, so fügte der Straßburger Theologieprofessor bei, könne „die Frage der biblischen Anthropologie für uns ebenfalls kein zwingender Grund sein"[62].

Nicht nur in Europa und Amerika, auch in Afrika und Asien ließen schließlich die meisten reformierten und lutherischen Kirchen Frauen zum Pfarramt zu. Das verläuft nicht immer reibungslos. In der presbyterianischen Kirche Taiwans etwa, die in dieser Sache eine Pionierrolle einnahm – ein Komitee von predigenden Frauen war bereits 1923 gegründet worden, und 1950 erhielten die Frauen das Recht, zur Ordination zugelassen zu werden –, beklagen sich die Pfarrerinnen über Widerstände in den Ortsgemeinden, die sich der traditionellen Rolle der Frau verpflichtet fühlen. Laut den 1992 veröffentlichten Statistiken des *Reformierten Weltbundes* – in ihm sind 177 calvinistische oder kongregationalistische Kirchen vereint – lehnten nur noch 25 % der Mitgliedskirchen die Ordination von Frauen ab[63]. In Frankreich hatten sich die unabhängigen evangelisch-reformierten Kirchen – der „orthodoxen" calvinistischen Tradition – lange gegen Frauen im Pfarramt gewehrt, doch schließlich stimmten auch sie 1994 auf der Synode von Toulouse ihrer Zulassung zu (mit dem knappen Stimmenverhältnis von 37 Ja- gegen 33 Nein-Stimmen).

Inzwischen können Pfarrerinnen auch andere Frauen ordinieren; in der Deutschschweiz (im Kanton Aargau) etwa ordinierte Pfarrerin Sylvia Kolb eine andere Theologin, Christine Nöthiger-Strahm. In den reformierten Kirchen wirken Frauen nicht bloß als Pfarrerinnen, sondern sind vermehrt auch in leitenden kirchlichen Gremien tätig. Nach dem Synodalbeschluß der *Church of England* vom 11. November 1992, Frauen zum Pfarramt zuzulassen, ordinierte der anglikanische Bischof von Bristol am 12. März 1994 die ersten Pfarrerinnen. Damit zog die *Church of England* mit den zahlreichen anglikanischen Kirchen überall auf der Welt gleich, die bereits früher für die Ordination von Frauen optiert hatten: 1971 in Hongkong, 1975 in Kanada, 1976 in Neuseeland usw.

In Frankreich lag der Frauenanteil im Pfarrberuf 1995 bei 15 %. Die Mehrheit der aus unterschiedlichen sozialen Schichten stammenden Pfarrerinnen ist verheiratet. Zugenommen hat auch die Zahl der Pfarrehepaare, also der Paare, die beide den Pfarrberuf ausüben. In den Jahren nach der Zulassung der Frauen zum Pfarramt befürchteten manche Pfarrer

---

[61] Ihren Weg nachgezeichnet hat É. SCHMIDT, die zu Unrecht häufig als erste Pfarrerin in Frankreich bezeichnet wird, in ihrem Buch Quand Dieu appelle des femmes. Le combat d'une femme pasteur, Paris 1978.

[62] Actes du synode de Nantes (30. April–3. Mai 1965) de l'Église réformée de France, 30.

[63] Vgl. „Walk, my Sister". The Ordination of Women: Reformed Perspectives. Studies from the World Alliance of Reformed Churches Nr. 18 (1992) 165.

(analog zum Lehrberuf) eine starke Feminisierung des Berufs, doch dreißig Jahre nach der gänzlichen Öffnung des Seelsorgeamtes für Frauen in den reformierten und lutherischen Kirchen Frankreichs zeigt sich ein anderes Bild: Die den Frauen eröffnete Möglichkeit, Pfarrerin zu werden, löste keinen weiblichen Ansturm aus, obwohl der Frauenanteil langsam steigt. Der Anteil variiert im übrigen je nach Verantwortlichkeitsebene in der Kirche ganz beträchtlich. Während in der ECAAL und in der ERAL der Frauenanteil bei den „Kirchenpflegern" (die *conseillers presbytéraux* sind Laien, welche die Gemeinde gemeinsam mit dem oder den Pfarrern leiten) bei 29,5% und bei den „Lektoren" (*lecteurs* sind Laienprediger) bei 25% lag, betrug er bei der Pfarrerschaft lediglich 14%.[64] Die Aufgabe der Laienpredigt steht den Frauen eher offen als das Pfarramt, das an die Berufsausübung gekoppelt ist. In der lutherischen wie in der reformierten Kirche von Elsaß-Lothringen zeigt sich mithin, daß der Frauenanteil mit steigender Verantwortlichkeitsebene fällt. Man stößt hier auf ein klassisches, auch in anderen Berufssparten (etwa dem bereits erwähnten Lehrberuf) zu beobachtendes Schema.

Die Einbindung der Frauen in die Kirchenleitung

Die Beteiligung der Frauen läßt sich auf zwei Ebenen analysieren: erstens auf der lokalen Ebene, der Ebene der Kirchgemeinde, wobei der Frauenanteil in den Gemeinderäten untersucht wird; zweitens auf der Ebene der nationalen oder regionalen Kirchen, wobei es um den Zugang der Frauen zu Ämtern wie Kirchenpräsidentin, Bischöfin oder Kircheninspektorin geht. Wenden wir uns zuerst der lokalen Ebene zu.

1985 lag in Frankreich der Frauenanteil in den politischen Gemeindeparlamenten bei 16,5%, in den Kirchengemeinderäten der protestantischen Kirchen Frankreichs und der französischsprachigen Schweiz hingegen bei 37,2%. Tatsächlich „sind in den Ortskirchen Frauen in leitenden Stellungen deutlich stärker vertreten, als dies in Leitungsgremien von Parteien, Gewerkschaften oder paritätischen Instanzen der Fall ist … In diesen Fällen liegt der Anteil in Frankreich nur selten über 20%"[65]. Der Frauenanteil in Kirchenpflegen variiert je nach Kirche und Region. Den höchsten Frauenanteil weisen die Kirchen calvinistischer Tradition auf (42%), gefolgt von den lutherischen (31%) und den Freikirchen (15%). Letztere stehen, im Namen eines wörtlichen Bibelverständnisses über Ort und Rolle der Frau in der Kirche, auch der Zulassung der Frauen zum Pfarramt am skeptischsten gegenüber.

Doch auch von Region zu Region sind die Unterschiede beträchtlich: In der *Église réformée de France* liegt der Frauenanteil in den Kirchenpflegen der Region „Cévennes-Languedoc-Roussillon" bei 48%, in der Region „Centre-Rhône-Alpes" bei 43,5% und in der Pariser Region bei 41%. Besonders groß ist das Gefälle zum Gebiet „Alsace-Moselle": Dort lag der Frauenanteil in den Gemeindekirchenpflegen 1985 lediglich bei 29,6% in der ECAAL und 31,1% in der ERAL.[66] In Kirchenpflegen mit jungen Mitgliedern war der

---

[64] Vgl. D. REIST, Le ministère de lecteur et de prédicateur laïc au sein de l'ECAAL et de l'ERAL (Magisterarbeit), Straßburg 1993.

[65] Vgl. CNIDF-INSEE, Femmes en chiffres, Paris 1968, 88 f; R. J. CAMPICHE u. a., L'exercice du pouvoir dans le protestantisme. Les conseillers de paroisse de France et de Suisse romande, Genf 1990, 25.

[66] Vgl. Y. BIZEUL, Le protestantisme et ses „cadres" laïcs: les conseillers presbytéraux des Églises protestantes d'Alsace et de Moselle, Straßburg 1987, 26.

Frauenanteil besonders hoch: Bei den über 70jährigen lag er bei 23,3 % – eine bereits beträchtliche Zahl –, bei den 20- bis 30jährigen hingegen bei 39 %. Mit der Verjüngung der Gremien steigt also der Frauenanteil, und diese Entwicklung schreitet relativ rasch voran: In der ERAL betrug der Anteil der Frauen in den Kirchenpflegen 1969 19 %[67], 1985 bereits 31,1 %. In Stadtgemeinden (31 %) ist die Zahl der Kirchenpflegerinnen höher als in Landgemeinden (25,6 %). Gemäß der franko-schweizerischen Untersuchung ist bei den Kirchenpflegerinnen der Anteil von Unverheirateten (15 %), Verwitweten oder Geschiedenen (15 %) höher als bei den Kirchenpflegern (5 % resp. 3 %). Das läßt die Annahme zu, daß Frauen bei fehlenden familiären Verpflichtungen eher bereit sind, in der Kirche Verantwortung zu übernehmen.

Frauen sind, wie man sieht, in der Leitung von Ortsgemeinden gut vertreten. Doch bedeutet das keineswegs, daß sie in der Kirchgemeinde entscheidende Leitungsfunktionen innehaben. In den Kirchenpflegen liegt der Frauenanteil bei 37 %, doch beim Präsidium sinkt dieser Anteil auf 21 %. Das ist um so erstaunlicher, als es unter den Kirchenpflegerinnen mehr Unverheiratete gibt und folglich anzunehmen wäre, sie seien in leitenden Funktionen stärker vertreten.

Wenden wir uns nun der nationalen und regionalen Ebene zu. Die Zahl der Kirchenleitungen ist gering, daher gelangen auch nur wenige Männer in solche Funktionen. Um so signifikanter ist es, daß einige Frauen hier leitende Positionen übernehmen konnten. In Frankreich etwa leitete Pfarrerin Thérèse Klipffel von 1982 bis 1988, also während zweier Amtsperioden, den Synodalrat der ERAL. In dieser Funktion empfing sie 1988 in der Thomaskirche Papst Johannes Paul II. anläßlich seines Besuchs in Straßburg. In der ECAAL wirkte Pfarrerin Marie-Louise Caron von 1975 bis 1982 als Kircheninspektorin (die *Église de la Confession d'Augsbourg* ist in *inspections* [Bezirke] eingeteilt, an deren Spitze je ein *inspecteur ecclésiastique* steht). Die Funktion des Kircheninspektors und des Kirchenpräsidenten sind befristete Mandate: Geht das Mandat zu Ende, wird der Mandatsträger wieder zum gewöhnlicher Pfarrer. Da der Frauenanteil in der Pfarrschaft steigt, war absehbar, daß einige von ihnen höhere Kirchenämter übernehmen würden.

In protestantischen Kirchen verschiedener Länder bekleiden Frauen ein Bischofsamt oder stehen gar an der Spitze einer Kirche: Marjorie Matthews, 1980 erste Bischöfin der *United Methodist Church* der USA; Kathleen Richardson, 1991 zur Präsidentin der Methodistenkirche in Großbritannien gewählt; Barbara Harris, 1989 als erste Schwarze in den USA Bischöfin der *Episcopalian Church*; Penelope Jamieson, 1990 Bischöfin der anglikanischen Kirche Neuseelands; Maria Jepsen, 1992 in Deutschland Bischöfin für den Sprengel Hamburg der Nordelbischen Evangelisch-Lutherischen Kirche. Diesem Beispiel folgten auch die norwegischen, dänischen (Pfarrerin Lise-Lotte Rebel 1995 Bischöfin) und indischen Lutheraner (Katakshama Raj 1996 Bischöfin). 1990 wurde Jane Dempsey Douglass, Professorin für Dogmengeschichte der theologischen Fakultät in Princeton (USA), in Genf zur Präsidentin des Reformierten Weltbundes gewählt.

Ein lange Zeit nur Männern vorbehaltenes Amt zu übernehmen, ist das eine, es auszuüben das andere. Es stellt sich die Frage, inwiefern das Pfarramt verändert wird, wenn Frauen es ausüben. Dabei gilt es zu untersuchen, wie Frauen das Pfarramt konkret ausüben: Nehmen sie ihre Aufgabe in gleicher Weise oder anders wahr als Männer? Auffal-

---

[67] Diese Zahl erwähnt B. VOGLER, Traumatismes politiques et vitalité spirituelle des protestants alsaciens (XIXe–XXe siècles), in: R. MANDROU u. a. (Hrsg.), Histoire des protestants en France, Toulouse 1977, 407–439, zit. 435.

lend ist, daß das Pfarramt sich genau zu dem Zeitpunkt, da es sich weg von Didaktik und
Autorität und hin zu einer auf Zuhören und Begleitung beruhenden Rolle bewegt, den
Frauen öffnet, zu einem Zeitpunkt mithin, da das Pfarramt zu einem auf Beziehung und
Animation fokussierten Sozialberuf mutiert. Zwar stellen die Soziologen bezüglich des
Pfarramtes fest, was auch bezüglich anderer Berufe (insbesondere im Bildungs- und Gesundheitswesen) zu beobachten ist: Zur Feminisierung kommt es dann, wenn der Beruf an
sozialem Prestige verliert. Doch unbestritten ist, daß der Zugang der Frauen zum Pfarramt
im Protestantismus wie im Anglikanismus bestimmten zeitgenössischen religiösen Bestrebungen entspricht: dem Wunsch nach einem Christentum der Nähe und nicht der Autorität,
nach einem mehr empathischen als didaktischen Christentum, nach einer gefühlsbetonten
und nicht so sehr bürokratischen Religiosität – kurz, nach einem Christentum, das sich der
Lebenswelt der Menschen und ihren Anliegen und Sorgen verbunden weiß. Die Feminisierung des Pfarrberufs ist Teil einer allgemeineren Transformation des Seelsorgeverständnis-
ses und beschleunigt dieses in Richtung einer stärkeren Säkularisierung und einer noch
ausgeprägteren Entklerikalisierung des Pfarramtes. [68] Ein deutliches Anzeichen dafür, daß
die Übernahme seelsorglicher Verantwortung durch Frauen in den Kirchen Teil eines globalen Wandels des in den heutigen westlichen Gesellschaften gelebten Christentums ist –
eines Wandels, der nach einer Neudefinition des Verhältnisses von Klerikern und Laien
ruft.

---

[68] La condition pastorale au miroir des femmes, in: Cahiers de l'Association des pasteurs de France Nr. 26 (1995)
53; vgl. auch: Frauen im Pfarramt gleichgestellt.

Fünftes Kapitel

Religiöse Einstellungen und Formen von Religiosität

VON JEAN-MARIE MAYEUR und JEAN-PAUL WILLAIME

Einleitung

VON JEAN-MARIE MAYEUR

Den Wandel des religiösen Lebens in all seinen Etappen seit den sechziger Jahren des 20. Jh. nachzuzeichnen, erweist sich aus einer ganzen Reihe von Gründen als schwieriges Unterfangen, und einige Gründe ziehen sich durch gesamten Zeitraum durch: Vielfalt der Situationen, Risiko der Überbewertung eines Aspekts (etwa Einhaltung der Gebote der religiösen Praxis) auf Kosten anderer (etwa religiöse Ausdrucksformen oder spirituelle Strömungen). Der Historiker der jüngsten Vergangenheit hat zudem den Bruch zu berücksichtigen, der mit der veränderten Gewichtung von Erhebungsfaktoren zusammenhängt: Die Sonntagspflicht etwa wird lockerer gehandhabt als je zuvor, was zur Folge hat, daß den diesbezüglichen Erhebungen zur religiösen Praxis (eine für die Historiker der dreißiger bis sechziger Jahre des 20. Jh. wichtige Quelle) nicht mehr dieselbe Aussagekraft zukommt. Zum einen haben sich die Kriterien gewandelt: In manchen Erhebungen gilt der mindestens monatliche Kirchgang als Ausdruck regelmäßiger Praxis. Zum anderen ging die Zahl derartiger Umfragen zurück. Die Besuchstätigkeit der Seelsorger schließlich, soweit für den fraglichen Zeitraum überhaupt statistisch erschlossen, ist für diese Periode vermutlich weniger aussagekräftig als noch für das 19. Jh. oder die erste Hälfte des 20. Jh.

Es haben sich aber auch neue Quellen erschlossen, vornehmlich Meinungsumfragen und die bislang zuwenig ausgeschöpften audiovisuellen Quellen. Erstere sind kritisch zu durchmustern: Die Art der Fragestellung kann die Antworten beeinflussen; Antworten zur religiösen Praxis müssen nicht in jedem Fall der Realität entsprechen, sondern spiegeln oft nur die Vorstellungen der Befragten. Für die Untersuchung der für unsere Zeit so typischen religiösen Massenveranstaltungen, Pilgerfahrten und Begegnungen verschiedenster Art, erweist sich die Hinzuziehung audiovisueller Quellen als nützlich

In den Ländern Westeuropas verstärkte sich, wenn auch in unterschiedlichem Rhythmus und Ausmaß, der allgemeine Trend zur Säkularisierung. Der Begriff – er ist ebenso zwiespältig wie der Begriff Entchristianisierung – ist nicht so aufzufassen, als stehe er für den unausweichlichen Rückgang oder die Privatisierung des Religiösen. Anders gesagt: „Die Säkularisierung bedeutet gerade nicht den Verlust der Religion in der modernen Welt, sondern bezeichnet die Gesamtheit aller Prozesse zur Neuorientierung des Glaubensspektrums"[1], und zwar bei Glaubensinhalten wie -praktiken.

---

[1] D. HERVIEU-LÉGER, La religion des Européens: modernité, religion, sécularisation, in: La religione degli Europei: fede, cultura religiosa e modernità, Turin 1992.

In den traditionell katholischen Ländern ist der Kirchgang spürbar rückläufig. Das sei anhand der Entwicklung in Frankreich belegt. Zu Beginn der sechziger Jahre waren zwischen 22,8 % und 25,1 % der erwachsenen Franzosen, also zwischen 25 % und 28 % der Getauften, regelmäßige Kirchgänger[2]. Binnen weniger Jahre, zwischen Ende sechziger und Ende siebziger Jahre, sank dieser Anteil gemäß einer Erhebung aus dem Jahr 1977[3] auf 10 bis 15 %. Auch katholische Stammlande blieben von dieser Entwicklung nicht verschont, wie dies in *Dieu change en Bretagne*[4] am Beispiel der bretonischen Gemeinde Limerzel eindrücklich nachgezeichnet wird. Beschrieben wird, wie in einer traditionell katholischen Gemeinde im Zeitraum von weniger als dreißig Jahren die „Gemeindekultur" zusammenbricht – Gemeindekultur verstanden als jenes Set „religiöser, moralischer, sozialer und politischer Einstellungen und Gewißheiten, die in der Kindheit durch Familie, Kirche und Schule vermittelt worden sind" (Hervieu-Léger). Praktisch überall ging der Anteil der regelmäßigen Kirchgänger von 55 % im Jahr 1975 auf 35–40 % im Jahr 1985 zurück. Das vom Rhythmus der Feiertage und Prozessionen geprägte liturgische Jahr verlor an Bedeutsamkeit. Signifikant war die Absetzbewegung der Jugend. Die Analyse läßt sich auf andere Regionen der Christenheit übertragen. Wo diese Absetzbewegungen seit langem spürbar waren, intensivierten sie sich im selben Zeitraum deutlich. Das bedeutet, daß das bereits für das 19. Jh. festgestellte Gefälle ungeachtet der allgemeinen Entwicklung stabil geblieben ist.

In einer Umfrage der Wochenzeitung *La Vie* vom April 1984 bezeichneten sich 82 % der Franzosen als Katholiken; 13 % (10 % Männer, 16 % Frauen) gaben an, jeden Sonntag die Messe zu besuchen. Weitere 6 % der Männer und 9 % der Frauen erklärten, ein- oder zweimal monatlich die Messe zu besuchen[5]. Wird diese Kategorie ebenfalls berücksichtigt – eine Entscheidung, die mit der Pastoral wie mit der Sonntagspflicht legitimiert werden muß –, bleibt die religiöse Praxis der Katholiken bemerkenswert. In einer Umfrage des Amts für Statistik in Frankreich (INSEE = *Institut national de la statistique et des études économiques*) aus dem Jahr 1996[6] bezeichneten sich 19,6 % der Frauen und 10,7 % der Männer als regelmäßige Kirchgänger. Der Vergleich mit einer ähnlichen Umfrage aus dem Jahr 1987 zeigt eine leichte Zunahme von 13 % auf 16 %. Seit Mitte der siebziger Jahre rückläufig, stabilisierte sich der Kirchgang bei den unter 60jährigen und nahm bei den über 60jährigen zu. Ebenfalls gestiegen ist der Anteil der Befragten ohne religiöse Praxis und ohne gefühlsmäßige religiöse Bindung, nämlich von 22 % auf 25 %. Besonders stark vertreten ist diese Kategorie in den Alterssegmenten 15 bis 24 Jahre (39,9 %) und 25 bis 39 Jahre (34,9 %). Zurückkommen werden wir auf zwei weitere Kategorien: die gelegentlichen Kirchgänger (21,8 % der Männer und 25,5 % der Frauen) und die Nichtkirchgänger, die sich emotional einer Religion zugehörig fühlen (37,2 % der Männer und 33,6 % der Frauen).

---

[2] F. Boulard – J. Remy, Pratique religieuse urbaine et régions culturelles, Paris 1968.

[3] F.-A. Isambert, in: Églises et groupes religieux dans la société française: intégration ou marginalisation (actes du 5ᵉ colloque du Centre de Sociologie du Protestantisme, Straßburg 7.–9. Oktober 1976), Straßburg 1977.

[4] Y. Lambert, Dieu change en Bretagne. La religion à Limerzel de 1900 à nos jours, Paris 1985.

[5] D. Hervieu-Léger (avec la collaboration de F. Champion), Vers un nouveau christianisme? Introduction à la sociologie du christianisme, Paris 1986, 55.

[6] La Croix, 1. April 1996; mit Kommentaren des Soziologen Y. Lambert.

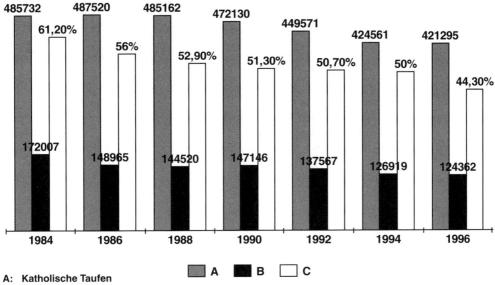

A: **Katholische Taufen**
B: **Katholische Trauungen**
C: **Anteil katholischer Trauungen am Total ziviler Eheschließungen**

Katholische Taufen und Trauungen in Frankreich
(Quelle: La Croix, 03/03/1999)

Nicht nur in Frankreich, einem Land mit katholischer Tradition, das seit langem den Weg der Säkularisierung beschritten hat, ist der Kirchgang rückläufig. In Belgien, gespalten in ein stark katholisch geprägtes Flandern und ein distanzierteres Wallonien, halbierte sich die religiöse Praxis zwischen 1982 und 1997 auf 13,1 %[7]. In Flandern schreitet die Entwicklung rascher voran als in Wallonien. 1980 ließen sich drei von vier, heute läßt sich eines von zwei Paaren kirchlich trauen. Noch wird die Mehrheit der Kinder getauft: 70,9 %. In den katholisch geprägten Ländern Westeuropas sind ähnliche Entwicklungen zu beobachten. In Italien und auf der Iberischen Halbinsel, Spanien und Portugal, blieb der sonntägliche Meßbesuch lange Zeit beachtlich hoch: noch 1990 41,4 % in Italien, 33 % in Spanien und Portugal[8]. Doch auch hier ist er rückläufig: 1998 29,4 % in Italien, was einem Rückgang von 12 % in sieben Jahren gleichkommt[9].

In der Bundesrepublik Deutschland ging die Kirchgangshäufigkeit zwischen 1960 und 1989 um die Hälfte zurück und lag zum Zeitpunkt der Wiedervereinigung bei 23 %[10] – ein klarer Übergang von einer *Volkskirche* zu einer *Freiwilligenkirche*. Auch die Zahl der Kirchenaustritte nahm zu, wobei freilich das deutsche Kirchensteuersystem eine Rolle spielt, bei dem der Staat die Kirchensteuer von all jenen einzieht, die nicht ausdrücklich ihren Austritt aus der Kirche erklärt haben. Von 23 000 im Jahr 1962 stieg die Zahl der Austritte

---

[7] Umfrage der Abteilung für Religionsstatistik des Centre interdiocésain, Brüssel, zit. in: La Croix, 5. Juli 1997.
[8] Vgl. die entsprechenden Zahlen in G. DAVIE – D. HERVIEU-LÉGER (Hrsg.), Identités religieuses en Europe, Paris 1996, 54.
[9] Vgl. B. CHENU in: La Croix, 21. Juli 1999.
[10] É. FRANÇOIS, L'Allemagne du XVIe au XXe siècle, in: DAVIE – HERVIEU-LÉGER, Identités religieuses en Europe, 65–88, zit. 83.

aus der katholischen Kirche auf beinahe 70000 im Jahr 1970 und hält an[11]. In Großbritannien besucht gemäß einer Umfrage aus dem Jahr 1991 ein Zehntel der Einwohner den Sonntagsgottesdienst, je ein Drittel Gläubige der anglikanischen und der katholischen Kirche sowie der Evangelikalen. Mehr als die Hälfte der Bevölkerung gehört der anglikanischen, 10% gehören der katholischen Kirche und 10% einer Freikirche an.

Alles in allem bestätigen die neueren Entwicklungen die bereits erwähnte Analyse aus dem Jahr 1977[12]. Mit Blick auf Frankreich erklärte der Autor damals, mehr und mehr stellten die regelmäßig praktizierenden katholischen Gläubigen eine Minderheit dar. Untersucht wurden auch „Gelegenheitskatholiken", die sich zur Begehung der wichtigen Lebensetappen der Kirche zuwenden: Geburt, Adoleszenz (feierliche Erstkommunion), Heirat, Tod; hier wurde der Trend zu einer gewissen Marginalisierung beobachtet, noch begünstigt durch die Infragestellung der Erstkommunion durch den Klerus selbst, aber auch durch dessen Ablehnung der fraglosen Taufe oder Trauung von Nichtkirchgängern. Die Zahl der Taufen stagniert, jene der kirchlichen Eheschließungen und Beerdigungen ist gar rückläufig. Hingegen steigt der Anteil derjenigen, die weder regelmäßig noch gelegentlich den Gottesdienst besuchen und sich dennoch einer Religion zugehörig fühlen: 37,2% der Männer, 33,6% der Frauen (gemäß der INSEE-Erhebung 1996). Eine Umfrage in Belgien aus dem Jahr 1990 zeigt, daß ein Viertel der Befragten, die sich als keiner Kirche zugehörig bezeichnen, gelegentlich betet oder meditiert[13]. Diese Gruppe von nichtpraktizierenden Glaubenden ist Ausdruck einer neuen, für Westeuropa charakteristischen Realität: „Glauben, aber nicht mitmachen"[14]. Einzig in Irland bleibt der Anteil der sonntäglichen Kirchgänger hoch – hier ist die Konfessionszugehörigkeit untrennbar mit der nationalen Identität verbunden und verstärkt diese –, und zwar bei den Katholiken (1990 81%) wie auch, in geringerem Maß, bei den Protestanten Nordirlands[15]. Doch selbst hier ist ein Rückgang auf 63,2% im Jahr 1998 festzustellen[16].

Interpretiert man diese Zahlen, so bedeutet der merkliche Rückgang des Gottesdienstbesuchs nicht, daß die Kirchen an Einfluß verloren hätten. Bemerkenswert ist, was alles von ihnen erwartet wird, und zwar nicht bloß, wenn es um Stellungnahmen zu sozialen und politischen Problemen geht, sondern auch bezüglich ihrer – zuweilen in Frage gestellten – Morallehre. Die Säkularisierung hat die Kirchen keineswegs in die Privatsphäre abgedrängt, vielmehr üben sie ein Lehramt aus, das den Kreis ihrer Gläubigen weit übersteigt. Die Kirche von England befinde sich im Niedergang, so die Soziologin Grace Davie, doch ihre Rolle sei beträchtlich, spreche sie doch im Namen der ganzen Nation. In Frankreich war der Katholizismus lange die dominante Religion und ist noch heute die Religion der Mehrheit; gleichwohl ist das Echo auf die Interventionen ihrer Vertreter in der Öffentlichkeit unbestreitbar stärker als ein Jahrhundert zuvor.

In manchen Gegenden war der Gottesdienstbesuch bekanntlich bereits im 19. Jh. rück-

---

[11] O. HAHN, La réception du Deuxième Concile du Vatican dans l'Église catholique allemande sous le pontificat de Paul VI (1963–1978), et plus particulièrement dans le diocèse de Limbourg (Diss. Mikroform), Paris 1998.
[12] ISAMBERT, in: Églises et groupes religieux.
[13] L. VOYÉ – K. DOBBELAERE, zit. in: J.-P. WILLAIME, Les métamorphoses contemporaines du croire à la lumière d'enquêtes récentes, in: ASSR Nr. 83 (1993) 245.
[14] Die Formulierung stammt von der Soziologin GRACE DAVIE, Les Églises britanniques et l'Europe, in: G. VINCENT – J.-P. WILLAIME (Hrsg.), Religions et transformations de l'Europe, Straßburg 1993, 333.
[15] Die Zahlen stammen aus DAVIE – HERVIEU-LÉGER, Identités religieuses en Europe.
[16] CHENU, in: La Croix.

läufig. Interessanterweise wird trotzdem an den großen religiösen Zeremonien festgehalten, die die wichtigen Lebensetappen begleiten. Weit mehr als die Hälfte der Kinder wird getauft; zwar stagniert die Zahl der Taufen, was mit der wachsenden Zahl der religiös Indifferenten einerseits, der nichtchristlichen Zuwanderer, etwa der Muslime in Frankreich und Deutschland, andererseits zu tun hat. Noch in den sechziger Jahren hatte die kirchliche Trauung einen hohen Stellenwert, bevor dann der Rückgang der Eheschließungen und die entsprechende Zunahme des Konkubinats eine merkliche Abnahme der kirchlichen Eheschließungen zur Folge hatte. Das kirchliche Begräbnis hat einen anderen Stellenwert als die Taufe: Es ist ein weit verbreiteter Ritus, welches auch immer die religiösen Gefühle des Verstorbenen zeit seines Lebens gewesen sein mochten.

Doch neben der Nachfrage dieser „Gelegenheitsgläubigen" – eine keineswegs neue, dem Religionshistoriker aus dem Frankreich des 19. Jh. wohlbekannte Erscheinung – steigt die Nachfrage derjenigen, die religiöse Bedürfnisse haben, sich aber nicht unbedingt den traditionellen Konfessionen, also der katholischen Kirche und den großen protestantischen Denominationen zuwenden. Diese diffuse Nachfrage wird vermutlich auch deshalb steigen, weil dem Religionsunterricht nicht mehr dieselbe Bedeutung zukommt wie früher; in Frankreich besuchen angeblich 35 % der 8- bis 12jährigen den Unterricht[17]. Die religiöse Sozialisierung der Jugend folgt nicht mehr den überkommenen Mustern.

I. Konfessionelle Zugehörigkeit und religiöse Einstellungen in Europa und in den USA

VON JEAN-PAUL WILLAIME

Religionssoziologische Erhebungen geben Auskunft darüber, wie sich die Zugehörigkeit zum Katholizismus und zum Protestantismus in den verschiedenen europäischen Ländern entwickelt und wie sich Praktiken und Überzeugungen der Gläubigen wandeln. Die Daten solcher Umfragen müssen relativiert und mit einer gewissen Vorsicht interpretiert werden, da es sich stets um *Selbsteinschätzungen* der Befragten über die eigene Zugehörigkeit und Einstellung handelt, dennoch liefern sie allen Einschränkungen zum Trotz wertvolle Hinweise auf den Zustand des Christentums auf dem europäischen Kontinent.

1. Europäische Daten

Die nachstehende Tabelle 1 über die religiösen Merkmale in praktisch sämtlichen westeuropäischen Ländern zeigt, daß 1990 75 % aller Europäer die Frage zur Religionszugehörigkeit (mehrheitlich zu einer christlichen Religion) positiv beantworteten. Als Zahlenbasis diente die Europäische Wertestudie aus dem Jahr 1990[18]. Westeuropa ist, wie das Osteu-

---

[17] So D. HERVIEU-LÉGER in: Le Monde, 17. August 1997.
[18] Ausgehend von der Erhebung aus dem Jahr 1990 der European Value Systems Study Group erarbeitete Y. Lambert das Zahlenmaterial; vgl. Y. LAMBERT, Vers une ère post-chrétienne?, in: Futuribles Nr. 200 (1995) 87: Sondernummer L'évolution des valeurs des Européens. Die Synthese der vorgängigen Erhebung aus dem Jahr 1981 wurde verfaßt von J. STOETZEL, Les valeurs du temps présent, Paris 1983. Vgl. P. M. ZULEHNER – H. DENZ, Wie Europa lebt und glaubt. Europäische Wertestudie, Düsseldorf 1993.

Tabelle 1 – Religiöse Merkmale der verschiedenen Länder
Quelle: Europäische Wertestudie 1990
(zu lesen beispielsweise: in Irland betrachten sich 96 % als einer Religion zugehörig)

	EUR	IRL	I	P	E	A	B	F	CH	D	NL	GB	SF	DK	N	S
Religionszugehörigkeit	75	96	82	72	86	85	68	62	91	89	51	58	88	92	90	81
Anteile:																
– Katholiken	50	93	80	70	85	76	65	58	47	45	30	9	0	1	1	1
– Protestanten	22	2	1	0	0	6	1	1	41	43	17	47	85	89	87	80
– Andere Religion	3	1	1	2	1	1	3	3	3	1	4	2	3	2	2	1
– Keine Religion	25	4	18	28	14	15	32	38	9	11	49	42	12	8	10	11
– Religiöse	59	72	79	68	65	71	61	48	68	54	60	54	50	68	45	28
– Unreligiöse	29	27	12	25	26	15	22	36	21	26	34	38	33	22	47	56
– Überzeugte Atheisten	5	1	3	5	4	2	7	11	4	2	4	4	2	4	3	6
Wichtigkeit der Religion (sehr + ziemlich)	47	84	66	56	52	58	45	42	52	36	42	45	37	31	40	27
Religion als Quelle von Trost und Kraft	44	82	65	62	53	49	42	33		37	43	44	39	26	30	23
Monatlicher Kirchgang (≥ 1 x pro Monat)	32	88	53	41	43	44	30	17	38	34	30	23	11	11	13	10
Praktisch nie + nie	33	4	15	22	29	16	44	52	16	20	43	46	15	44	40	48
Wöchentlicher Kirchgang (≥ 1 x pro Woche)	21	65	40	33	33	25	23	10	22	19	21	13	4	2	5	4
Aktiver Kern (Gemeinde, Bewegung)	9	14	8	9	5	5	9	5	8	12	23	13	4	3	5	4
Legen Wert auf die Taufe	68	93	83	73	73	82	71	63		64	46	65	51	68	65	54
auf die kirchliche Trauung	71	94	79	77	72	80	72	66		67	51	79	57	63	68	57
auf das kirchliche Begräbnis	77	96	81	76	73	82	74	70		75	60	84	77	78	79	77
Glaube an Gott	69	96	81	80	80	77	63	57	79	64	61	71	61	59	58	38
Wichtigkeit von Gott (6 bis 10/10)	49	84	71	66	59	54	47	34	61	47	43	44	49	25	32	26
Glaube an einen persönlichen Gott	36	67	64	60	48	48	29	20	21	24	26	32	27	19	29	15
an ein höheres Wesen / eine geistige Macht	34	24	23	18	27	48	20	32	58	43	46	41	48	32	35	44
Glaube an ein Leben nach dem Tod	42	78	54	31	42	45	37	38	52	38	40	44	29	29	36	31
Glaube an die leibliche Auferstehung	33	70	43	31	32	40	27	27	38	31	27	32	36	20	27	19
Glaube an die Reinkarnation	21	19	20	23	21	23	13	24	27	19	15	24	15	13	13	17
Großes + ziemliches Vertrauen in die Kirchen	47	72	60	56	49	50	49	48	61	40	31	42	30	47	44	35
Kirchen antworten auf geistige Bedürfnisse	53	69	59	49	46	58	42	53		53	39	53	37	41	45	37
Kirchen antworten auf Probleme im Familienleben	31	35	39	47	36	28	27	26		29	23	30	19	11	25	11
Kirchen antworten auf soziale Probleme	26	32	34	33	27	31	20	21		27	21	25	9	7	15	9

EUR: ganz Europa; IRL: Irland; I: Italien; P: Portugal; E: Spanien; A: Österreich; B: Belgien; F: Frankreich; CH: Schweiz; D: Westdeutschland; NL: Niederlande; GB: Großbritannien; SF: Finnland; DK: Dänemark; N: Norwegen; S: Schweden.

Tabelle 2 – Konfessionelle Zugehörigkeit und Kirchgang nach Alter und Land aufgeschlüsselt
(Quelle: Europäische Wertestudie 1990; die Zahlen sind Prozentzahlen)

(n: 23 116)	Gehört einer Religion an		Regelmäßig praktizierende Katholiken		Nicht regelmäßig oder nicht praktizierende Katholiken		Regelmäßig praktizierende Protestanten		Nicht regelmäßig oder nicht praktizierende Protestanten		Unreligiöse		Überzeugte Atheisten		Mitglied oder Freiwilligenarbeit in einer religiösen Organisation		Momente des Gebets oder der Meditation		Betet oft zu Gott	
	18–29	60+	18–29	60+	18–29	60+	18–29	60+	18–29	60+	18–29	60+	18–29	60+	18–29	60+	18–29	60+	18–29	60+
Insgesamt	68	85	17	36	30	18	3	12	16	17	26	14	6	2	9	16	47	70	12	39
Irland (n: 1000)	93	99	78	91	13	4	1	1	–	2	7	2	–	–	12	18	71	92	23	75
Italien (n: 2018)	82	92	42	67	39	23	1	–	–	–	16	8	3	1	11	8	69	83	24	54
Spanien (n: 4147)	78	91	20	63	58	27	–	–	–	–	18	9	4	1	4	7	46	77	13	46
Portugal (n: 1185)	62	81	30	59	32	19	–	–	–	–	29	18	9	1	11	17	47	76	10	46
Frankreich (n: 1002)	47	80	6	36	38	40	–	–	–	1	40	16	14	4	3	13	42	57	7	27
Belgien (n: 2792)	55	81	14	48	37	32	–	–	–	–	39	16	8	5	6	15	40	65	6	31
Niederlande (n: 1017)	39	63	7	26	18	9	8	17	3	6	53	33	8	4	26	45	61	68	11	42
Westdeutschland (n: 2101)	87	95	12	35	31	14	5	21	39	24	11	5	2	1	10	24	47	76	7	38
Großbritannien (n: 1484)	43	69	6	5	7	1	5	25	21	36	51	30	6	1	10	20	33	65	7	37
Dänemark (n: 1030)	90	97	–	–	–	–	3	26	86	69	9	1	1	2	4	8	34	54	3	32
Norwegen (n: 1239)	89	95	–	–	–	–	8	18	79	75	10	3	1	2	10	13	59	68	12	27
Schweden (n: 1047)	80	85	1	–	1	–	3	14	68	66	–	–	–	–	10	14	28	45	7	18
Finnland (n: 558)	86	88	–	–	–	–	9	24	76	61	13	13	1	–	15	19	15	59	14	41
Österreich (n: 1460)	89	87	31	48	49	29	–	2	5	4	13	15	1	1	16	12	50	66	13	42
Schweiz* (n: 1400)	86	95	17	33	33	14	6	16	27	29	12	4	2	1	7	13	–	–	–	–
Island (n: 702)	96	99	–	1	1	1	5	15	90	79	3	1	1	–	45	56	34	59	12	36

* Die Erhebung zur *Wertestudie* wurde in der Schweiz 1988 realisiert, d. h. rund zwei Jahre früher als in den übrigen europäischen Ländern, mit einer Stichprobe von 1400 Personen im Alter von 20 Jahren und darüber. Es wurde ein leicht modifizierter Fragebogen verwendet; ein Vergleich ist also nicht in jedem Fall möglich. Unter den Stichworten Religiöse Organisationen und Gemeindeorganisationen etwa wurde lediglich nach der Mitgliedschaft gefragt, nicht aber nach Freiwilligenarbeit in diesem Rahmen. Zu erwähnen ist, daß bei einer zeitgleich durchgeführten Erhebung 95 % der Schweizer und Schweizerinnen erklärten, sie gehörten einer Religion oder einer Konfession an (18–29jährige: 95,4 %; 77,5 % erklärten, sie würden regelmäßig beten (18–29jährige: 70,6 %; 60jährige und darüber: 84 %).

ropa orthodoxer Kultur, ein mehrheitlich christlich geprägter Kulturraum. Zu beobachten ist indes in einigen Ländern, daß der Anteil derjenigen steigt, die sich als „unreligiös" bezeichnen: 1990 waren das 49% der Niederländer (1981 37%), 42% der Briten (1981 9%), 38% der Franzosen (1981 26%) und 32% der Belgier (1981 16%). Es wird sich zeigen, daß der Anteil der „Unreligiösen" in der jungen Generation besonders hoch ist. Doch sich als „unreligiös" zu definieren, bedeutet noch lange nicht, ein „überzeugter Atheist" zu sein. Selbst in den Niederlanden, wo der Anteil der „Unreligiösen" besonders hoch ist, ist der Anteil der „überzeugten Atheisten" gering: 4%. Am höchsten ist er in Frankreich mit 11%.

Gemäß der Europäischen Wertestudie war 1990 der Anteil der „Unreligiösen" in den ehemals kommunistischen Ländern Osteuropas hoch (ausgenommen in Polen mit 3%): 66% in Bulgarien, 65% in der ehemaligen DDR, 64% in Rußland, 44% in der Tschechoslowakei und 42% in Ungarn. Die ehemalige DDR, einziges mehrheitlich protestantisches Land unter den ehemaligen Ostblockländern, wies mit 21% den höchsten Anteil an „überzeugten Atheisten" auf (Tschechoslowakei 9%, Bulgarien und Rußland je 8%, Ungarn 4%, Polen 2%).

Besonders hoch ist die nominelle Religionszugehörigkeit in den katholischen Ländern wie Irland (96%, davon 93% Katholiken) und Italien (82%, davon 80% Katholiken) einerseits und im lutherischen Nordeuropa andererseits (Dänemark: 92%, davon 89% Protestanten; Norwegen: 90%, davon 87% Protestanten; Finnland: 88%, davon 85% Protestanten; Schweden: 81%, davon 80% Protestanten). Doch sagt diese nominelle Konfessionszugehörigkeit noch nichts aus über die – ganz unterschiedlichen – Glaubenspraktiken und -überzeugungen. Global liegt in Europa der Anteil der praktizierenden Gläubigen in der katholischen Bevölkerung sehr viel höher als in der protestantischen. 1990 etwa gingen 88% der Iren und 53% der Italiener, aber nur 11% der Dänen und 10% der Schweden mindestens einmal monatlich in die Kirche. Beim Kirchgang stoßen wir auf den klassischen Unterschied zwischen Katholiken und Protestanten, hat doch die regelmäßige Teilnahme am Sonntagsgottesdienst für Protestanten nicht denselben Pflichtcharakter wie für Katholiken. Wird der wöchentliche Kirchgang als Kriterium genommen, fallen die protestantischen Länder Nordeuropas durch besonders tiefe Zahlen auf: 2% in Dänemark, 4% in Finnland und Schweden, 5% in Norwegen. Die katholische Bevölkerung ist zudem gläubiger als die protestantische: 96% der Iren und 81% der Italiener, aber nur 38% der Schweden und 58% der Norweger erklärten, sie glaubten an Gott; 78% der Iren und 54% der Italiener, aber nur 31% der Schweden und 36% der Norweger glauben an ein Leben nach dem Tod.

Die Tabelle 2[19] gestattet den systematischen Vergleich zwischen den 18- bis 29jährigen und den 60jährigen und darüber. 1990 zeigte sich bei den religiösen Einstellungen dieser beiden Alterssegmente ein kontrastierendes Bild: Europaweit 17% regelmäßig praktizierende Katholiken unter den 18- bis 29jährigen und 36% unter den 60jährigen und darüber (nur halb so viele Kirchgänger unter den Jungen); 3% regelmäßig praktizierende Protestanten unter den 18- bis 29jährigen und 12% unter den 60jährigen und darüber (viermal weniger unter den Jungen). Hier handelt es sich vermutlich nicht einfach um einen Alterseffekt, der mit zunehmendem Alter eine spürbare Zunahme vermuten ließe, sondern wohl

---

[19] Die Tabelle wurde erstellt von P. BRÉCHON, Identité religieuse des jeunes en Europe. État des lieux, in: R. J. CAMPICHE (Hrsg.), Cultures jeunes et religions en Europe, Paris 1997, 52.

um einen Generationeneffekt mit einem tiefgreifenden Wandel in den religiösen Einstellungen der jüngeren Generationen. Festzustellen ist, daß in manchen Ländern im Alterssegment der 18- bis 29jährigen der Anteil der „Unreligiösen" und der „überzeugten Atheisten" zusammengezählt die 50-Prozentmarke übersteigt: Das ist der Fall in den Niederlanden (53 % „Unreligiöse" + 8 % „überzeugte Atheisten"), in Großbritannien (51 % „Unreligiöse" + 6 % „überzeugte Atheisten"), in Frankreich (40 % „Unreligiöse" + 14 % „überzeugte Atheisten"). Unter diesem Gesichtspunkt sind die Niederlande, Großbritannien und Frankreich die am stärksten von einer Absetzbewegung von den christlichen Kirchen geprägten Länder Europas.

In den Niederlanden ist die Absetzbewegung unter den Katholiken ausgeprägter ist als unter den Protestanten, wie sich weiter unten herausstellen wird. Dennoch wird auf europäischer Ebene „Religion unter Katholiken besser vermittelt als unter Protestanten"[20]. Vergleicht man den Prozentsatz der Zugehörigkeit zum Katholizismus und zum Protestantismus der „60jährigen und darüber" und der „18- bis 29jährigen", dann stellt sich heraus, daß diese Zahl bei den Katholiken um 13 %, bei den Protestanten aber um 34 % gesunken ist[21]. Hingegen sind Konversionen bei Protestanten und in den übrigen Religionen häufiger als bei Katholiken.

2. Deutschland

Die 1992 vom *SPIEGEL* beim *Bielefelder Emnid-Institut* in Auftrag gegebene Umfrage erlaubt es, die Entwicklungen in Westdeutschland seit 1967, dem Zeitpunkt einer früheren SPIEGEL-Umfrage, zu verfolgen[22]. 1967 hatten sich 94 % der Westdeutschen für katholisch oder protestantisch erklärt, 25 Jahre später waren es bloß noch 84 %, also 10 % weniger: In dieser Zeitspanne traten 4,7 Mio. Deutsche aus der Kirche aus oder nicht in sie ein. Im gleichen Zeitraum stieg der Anteil der „Konfessionslosen" von 3 % auf 13 %. Während noch 1967 25 % der Westdeutschen „jeden oder fast jeden Sonntag" zur – protestantischen oder katholischen – Kirche gingen, waren es 1992 nur noch 10 %. Deutlich weniger Befragte gaben an, an Gott (68 % 1967 gegen 56 % 1992) oder an die traditionellen christlichen Überzeugungen zu glauben. 1992 stimmten nur noch 29 % (gegen 42 % 1967) der Westdeutschen der folgenden Aussage zu: „Gott hat Jesus, seinen Sohn, zu den Menschen gesandt, um sie zu erlösen. Jesus wurde von den Toten auferweckt, und ich kann zu ihm beten." Mit der Wiedervereinigung Deutschlands stieg der Anteil der Protestanten geringfügig, deutlich hingegen der Anteil der „Konfessionslosen".

In Westdeutschland hatte sich nach der Teilung ein konfessionell relativ ausgewogener Raum mit einer kleinen protestantischen Mehrheit herausgebildet (1970 etwa zählte die BRD 29 656 000 Protestanten und 27 060 000 Katholiken). 1985 jedoch überstieg die Zahl der Katholiken (27 463 000) erstmals die Zahl der Protestanten (25 300 000). 1991, kurz nach der Wiedervereinigung, schlug das Pendel wieder zu Gunsten der Protestanten aus: 29,44 Mio. Protestanten und 28,2 Mio. Katholiken. Unvergleichlich größer wäre die Differenz gewesen, wäre unter der kommunistischen Herrschaft die Kirchenzugehörigkeit in Ostdeutschland nicht merklich zurückgegangen: War die Bevölkerung in den fünfziger

---

[20] Zu diesem Schluß kommt BRÉCHON, Identité religieuse des jeunes en Europe, 68.
[21] Ebd. 50.
[22] Die Hauptergebnisse der Umfrage von 1992 sind präsentiert in: Der SPIEGEL Nr. 25/1992, 36–57.

Jahren noch zu 80 % protestantisch gewesen, gab es 1987 nur noch 39 % Protestanten. Die positive Rolle der protestantischen Kirchen bei der friedlichen Wende in den ausgehenden achtziger Jahren brachte ihnen keine zusätzlichen Mitglieder: 1992 zählte man in den neuen Bundesländern lediglich 28 % Protestanten und 4 % Katholiken, die Mehrheit der Bevölkerung (66 %) bezeichnete sich als „konfessionslos". Nach der Wiedervereinigung ging in Deutschland der Anteil der Christen zurück und entsprechend stieg der Anteil der „Konfessionslosen".

Da die *Kirchensteuer* im Auftrag der katholischen und der protestantischen Kirche vom Staat direkt eingezogen wird, läßt sich die Zahl der offiziellen Kirchenaustritte exakt erfassen: Der Steuerpflichtige, der die Kirchensteuer nicht mehr bezahlen will, muß seinen Austritt aus der Kirche schriftlich dem Finanzamt mitteilen, was es Protestanten wie Katholiken ermöglicht, entsprechende Statistiken zu erstellen. Nach dem Zweiten Weltkrieg und bis am Ende der sechziger Jahre lag der Anteil der Kirchenaustritte bei den Protestanten bei etwas mehr als 0,1 %. Am Ende der sechziger Jahre und zu Beginn der siebziger Jahre stieg er und stabilisierte sich bei 0,4 % in den achtziger Jahren. In den neunziger Jahren nahmen die Kirchenaustritte rasant zu und erreichten eine Rate von 0,8 % bei Protestanten und 0,6 % bei Katholiken: 1991 resp. 1992 traten 237 500 resp. 330 000 Protestanten aus der *Evangelischen Kirche in Deutschland* (EKD), 168 000 resp. 193 000 Deutsche aus der katholischen Kirche aus. Zwischen 1970 und 1993 verlor auf diese Weise die EKD 3,9 Mio., die katholische Kirche 1,9 Mio. Mitglieder. Obwohl weniger stark betroffen als die protestantischen Kirchen, bleibt auch die katholische Kirche von dieser Entwicklung nicht verschont. Es stellt sich die Frage, ob unter sonst vergleichbaren Umständen Protestanten nicht deshalb leichter aus der Kirche austreten als Katholiken, weil die protestantische Kultur die Institution Kirche und deren Riten weniger hoch veranschlagt. Mit ihren je 28 Mio. Mitgliedern im Jahr 1997 repräsentierten die protestantischen Kirchen und die katholische Kirche je etwas mehr als ein Drittel der Deutschen – ein immerhin beträchtliches numerisches Gewicht. Traditionell zu gleichen Teilen katholisch und protestantisch, ist Deutschland zu Beginn des 21. Jh. nicht mehr zweigeteilt, sondern dreigeteilt: ungefähr 1/3 Katholiken, 1/3 Protestanten und 1/3 „Konfessionslose". Die großen Kirchen leiden unter Mitgliederschwund, gewinnen aber durch Taufe oder Wiedereintritte von Erwachsenen auch neue Mitglieder. 1997 etwa verlangsamte sich laut EKD der Austrittstrend und wurde zu mehr als einem Viertel durch Eintritte von Erwachsenen kompensiert[23]. Mit Blick auf die evangelischen Kirchen ist zu ergänzen, daß die EKD Mitglieder verlor, die Freikirchen hingegen Mitglieder gewannen. Wohl handelt es sich bei letzteren um numerisch kleine Kirchen (Baptisten, Pfingstler, Evangelikale), denen die Gläubigen nur aufgrund eines persönlichen Glaubensbekenntnisses beitreten können (Typus der *Believer's Church*), doch der bescheidene Zuwachs dieser Bewegungen im säkularisierten Umfeld Deutschlands wie auch anderer europäischer Staaten ist dennoch bemerkenswert.

Seit 1980 wird vom Zentralarchiv für Empirische Sozialforschung der Universität Köln im Auftrag der Sozialwissenschaftlichen Institute in Deutschland eine allgemeine Bevölkerungsumfrage (ALLBUS = *Allgemeine Bevölkerungsumfrage der Sozialwissenschaften*) veröffentlicht. 1982 standen Religionsdaten im Vordergrund, weshalb ALLBUS

---

[23] Vgl. „Weniger Austritte aus der evangelischen Kirche", in: FAZ, 19. Dezember 1997.

1982 eine wichtige Grundlage darstellt, wenn erforscht werden soll, inwiefern sich die religiösen Orientierungen westdeutscher Katholiken und Protestanten gleichen oder nicht[24]. In Anbetracht der Bedeutung der konfessionellen Unterschiede und ihrer Rolle in der Geschichte Deutschlands stellt sich in der Tat die Frage, wie es 1982 um die konfessionell geprägten Kulturen stand: Gab es zwischen deutschen Katholiken und Protestanten noch immer signifikante Unterschiede und, wenn ja, in welchen Bereichen? Zwar lassen sich aus den Analysen auf Anhieb zahlreiche Unterschiede zwischen Katholiken und Protestanten herauslesen, doch verblassen sie oder verschwinden gänzlich, wenn Katholiken und Protestanten auf derselben Stufe religiöser Praxis verglichen werden. Dazu ein Beispiel: Zwar messen Protestanten, wenn es um die verschiedenen Lebensbereiche geht, Religion und Kirche weniger Bedeutung zu, doch bei identischer Kirchgangspraxis läßt sich zwischen Katholiken und Protestanten praktisch kein Unterschied mehr feststellen. Gleiches gilt für Zustimmung oder Nichtzustimmung von Katholiken und Protestanten zu den folgenden beiden Sätzen: „Das Leben hat für mich nur eine Bedeutung, weil es einen Gott gibt" und „Das Leben hat einen Sinn, weil es nach dem Tode noch etwas gibt". Während insgesamt mehr Katholiken als Protestanten diese Aussagen bejahen, gibt es beim Vergleich der regelmäßigen Kirchgänger beider Konfessionen keinen Unterschied mehr. Ein wesentlicher Unterschied zwischen Katholiken und Protestanten bleibt jedoch in Deutschland wie in vielen anderen Ländern konstant: Katholiken gehen häufiger zur Kirche als Protestanten. 1982 gingen 32 % der Katholiken und 17 % der Protestanten jeden Sonntag zur Messe resp. zum Gottesdienst; 1992 lagen diese Zahlen bei 23 % resp. 5 %[25]. In beiden Konfessionen sank die Kirchgangshäufigkeit, doch das Gefälle zwischen Katholiken und Protestanten blieb. Daß sich insgesamt mehr Katholiken als Protestanten zu den traditionellen christlichen Glaubensinhalten bekennen, hat folglich damit zu tun, daß es unter den Katholiken mehr regelmäßige Kirchgänger gibt als unter den Protestanten.

Beträchtlich bleiben die Unterschiede zwischen Katholiken und Protestanten im politischen Bereich; signifikant mehr Katholiken wenden sich den konservativen Parteien (CDU/CSU), signifikant mehr Protestanten der Sozialdemokratie (SPD) zu. Trotz einiger Verschiebungen hält sich dieser Trend seit der Nachkriegszeit bis in die neunziger Jahre durch. Aussagekräftig sind die entsprechenden Grafiken[26] über den Zeitraum 1953 bis 1983.

Gemäß ALLBUS 1992 ist der Unterschied zwischen Katholiken und Protestanten bei der Wahl zwischen CDU/CSU und SPD zwar weniger ausgeprägt, aber noch immer vorhanden. Statt bei 25 %, wie in den Jahrzehnten zuvor, liegt das Gefälle nun bei 8 %. Zudem bestätigen die Daten von 1992 in abgeschwächter Form die in ALLBUS 1982 erhobenen Unterschiede zwischen Katholiken und Protestanten einerseits und „Konfessionslosen"

---

[24] I. LUKATIS – W. LUKATIS, Protestanten, Katholiken und Nicht-Kirchenmitglieder. Ein Vergleich ihrer Wert- und Orientierungsmuster, in: K.-F. DAIBER (Hrsg.), Religion und Konfession. Studien zu politischen, ethischen und religiösen Einstellungen von Katholiken, Protestanten und Konfessionslosen in der Bundesrepublik Deutschland und in den Niederlanden, Hannover 1989, 17–71.
[25] Daten der ALLBUS 1992, zit. in K.-F. DAIBER (Hrsg.), Religion unter den Bedingungen der Moderne. Die Situation in der Bundesrepublik Deutschland, Marburg 1995.
[26] K. SCHMITT, Groupements confessionnels et groupements politiques, in: France-Allemagne. Églises et société du concile Vatican II à nos jours (actes du colloque franco-allemand 1986), Paris 1988, 127.

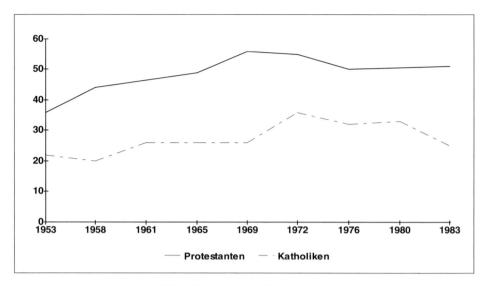

SPD-Wähler nach Konfession

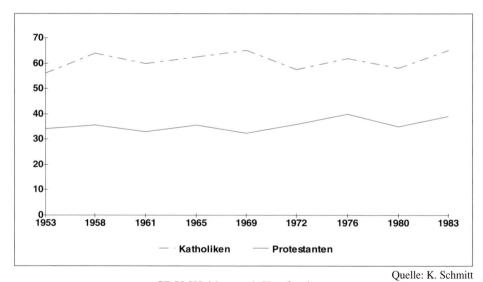

Quelle: K. Schmitt

CDU-Wähler nach Konfession

andererseits[27]. Letztere wenden sich unterdurchschnittlich häufig den Unionsparteien und signifikant häufiger der Partei Bündnis 90/Die Grünen und den linksextremen Splitterparteien zu (in der Kategorie „Andere Partei" eingeschlossen).

Konfessionszugehörigkeit und Wahlabsicht
(nach ALLBUS 1992; Prozentzahlen gerundet)

	Bevölkerung gesamt	Protestanten EKD	Katholiken	Konfessionslose
CDU/CSU	23 %	25 %	33 %	11 %
SPD	35 %	38 %	30 %	36 %
FDP	8 %	9 %	9 %	6 %
Bündnis 90/Die Grünen	12 %	11 %	10 %	15 %
Würde nicht wählen	14 %	11 %	11 %	17 %
Andere Partei	9 %	6 %	6 %	14 %
Insgesamt	100 %	100 %	100 %	100 %

Die Unterschiede zwischen Katholiken und Protestanten sind in den alten wie in den neuen Bundesländern feststellbar. In den alten Bundesländern äußerten 24 % Protestanten und 33 % Katholiken die Absicht, CDU/CSU zu wählen, 40 % Protestanten und 31 % Katholiken die SPD. In den neuen Bundesländern optierten 27 % Protestanten und 41 % Katholiken für die CDU/CSU, 31 % Protestanten und 26 % Katholiken hingegen für die SPD. Diese Analyse der Wahlabsichten bestätigt die Wahlresultate der ersten Bundestagswahlen nach der Wiedervereinigung Deutschlands vom 2. Dezember 1990. In diesen Wahlen hatten 56 % Katholiken und 40 % Protestanten für die CDU/CSU, 26 % Katholiken und 38 % Protestanten für die SPD gestimmt[28].

Auch bezüglich der ethischen Optionen spiegeln sich in den Daten aufschlußreiche Trends. Als Beispiel seien die Positionen zur kontrovers diskutierten Abtreibungsfrage herangezogen. Gemäß ALLBUS 1982 bejahten Katholiken, Protestanten und Konfessionslose mehrheitlich die Möglichkeit des freiwilligen Schwangerschaftsabbruchs bei einer Gefährdung des Lebens der Mutter (87, 92 resp. 96 %) wie auch bei einer Vergewaltigung (79, 89 resp. 95 %). Bei anderen Indikationen driften die Meinungen signifikant auseinander: mangelnde Finanzmittel für ein weiteres Kind (38, 50 resp. 72 %); bei verheirateten Müttern die Ablehnung einer zusätzlichen Schwangerschaft (26, 41 resp. 71 %); Wunsch der Frau nach einem Schwangerschaftsabbruch aus welchen Gründen auch immer (19, 28 resp. 55 %). Bei diesen drei Indikationen ist der Unterschied sowohl zwischen Katholiken und Protestanten wie gegenüber den „Konfessionslosen" deutlich, wobei sich die Protestanten liberaler geben als die Katholiken, die „Konfessionslosen" wiederum noch liberaler als die Protestanten (bemerkenswert ist die Position der Protestanten zwischen Katholiken und „Konfessionslosen"; eine signifikante Position für eine Konfession, die in

[27] Vgl. W. PITTKOWSKI – R. VOLZ, Konfession und politische Orientierung: Das Beispiel der Konfessionslosen, in: DAIBER, Religion und Konfession, 93–112.
[28] Vgl. Bundestagswahl 1990. Eine Analyse der ersten gesamtdeutschen Bundestagswahl am 2. Dezember 1990, in: Berichte der Forschungsgruppe Wahlen e. V., Nr. 61, Mannheim, 2. Dezember 1990.

vielerlei Hinsicht ein binnensäkularisiertes, entklerikalisiertes und entsakralisiertes Christentum repräsentiert). Doch wie bezüglich der Glaubensinhalte verschwinden auch bezüglich der Ethik die Unterschiede zwischen Katholiken und Protestanten mehr und mehr oder werden zumindest stark abgeschwächt, sobald Katholiken und Protestanten mit derselben Kirchgangshäufigkeit verglichen werden. Die Möglichkeit des freiwilligen Schwangerschaftsabbruchs bei mangelnden Finanzmitteln etwa bejahen bei den wöchentlichen Kirchgängern lediglich 17 % der Katholiken und 22 % der Protestanten, während 61 % der katholischen und 62 % der protestantischen Nichtkirchgänger diese Möglichkeit bejahen. Die ethischen Optionen unterscheiden sich stärker nach dem Grad der Kirchgangshäufigkeit als nach der Konfessionszugehörigkeit.

Abschwächung der Unterschiede im religiösen, politischen und ethischen Verhalten von Katholiken und Protestanten, Zunahme der „Konfessionslosen" – diese Hauptlehren lassen sich aus den Umfragedaten zur religiösen Soziologie in Deutschland ziehen.

3. Die Niederlande

Bis Mitte der sechziger Jahre des 20. Jh. war das soziale, kulturelle, politische und religiöse Leben der Niederlande stark geprägt vom „Säulensystem" (*verzuiling*), d. h. einer stark konfessionell geprägten Segmentierung der Gesellschaft. Das Säulensystem implizierte, daß die religiöse Auffassung als einigender und strukturierender Rahmen aller Lebensvollzüge des einzelnen, von der Wiege bis zur Bahre, diente. Dieses System, das unter den *Gereformeerde Kerken* [29] (orthodoxen Calvinisten) und den Katholiken besonders gut funktionierte, kam bei den Reformierten weniger konsequent zum Zug. 1960 schickten 92 % der Katholiken und 97 % der ‚Gereformeerden' ihre Kinder in eine Schule ihrer Konfession (47 % der Reformierten); 60 % der Katholiken und 68 % der ‚Gereformeerden' hörten die Nachrichten ihres konfessionellen Radiosenders (37 % der Reformierten) [30]. Niederländische Calvinisten und Katholiken besuchten mithin je ihre Schulen und ihre Krankenhäuser, lasen ihre Zeitungen, hatten ihre Radio- und Fernsehsendungen, waren Mitglieder ihrer Gewerkschaften und stimmten für ihre politischen Parteien. Obwohl noch immer präsent, ist das Säulensystem heute viel weniger prägend; Analysen der niederländischen Gesellschaft sprechen von der „*ontzuiling*", um diese Entwicklung der Individuen weg von ihrer „Säule" zu beschreiben. Noch wirkt sich das Säulensystem auf das gesellschaftliche und religiöse Leben der Niederlande aus. Doch wenden wir uns zuerst der Verteilung der niederländischen Bevölkerung nach Konfessionen zu [31].

---

[29] Die *Gereformeerde Kerken* sind im 19. Jh. nach verschiedenen Abspaltungen – vornehmlich derjenigen von Abraham Kyper, dem Gründer der freien Universität Amsterdam – von der *Nederlandse Hervormde Kerk* (Niederländischen Reformierten Kirche) entstanden. Auch innerhalb der Reformierten Kirche selbst gibt es Affinitäten zum orthodoxen Calvinismus. Seit den neunziger Jahren gibt es unter dem Stichwort „Samen op Weg" (Gemeinsam auf dem Weg) Einheitsbestrebungen zwischen der *Nederlandse Hervormde Kerk*, den *Gereformeerde Kerken* und den Lutheranern. Seit 2000 besteht eine weithin gemeinsame Verwaltung dieser drei Kirchen in Utrecht. Zu den *Gereformeerde Kerken* vgl. die umfassende Studie von G. DEKKER – J. PETERS, Gereformeerden in meervoud. Een onderzoek naar levensbeschouwing en waarden van de verschillende gereformeerde stromingen, Kampen 1989.

[30] Vgl. J. PETERS – O. SCHREUDER, Katholiek en Protestant. Een historisch en contemporain onderzoek naar confessionele culturen, Nijmegen o. J., 146.

[31] Alle Daten aus G. DEKKER u. a., God in Nederland. 1966–1996, 2. Aufl., Amsterdam 1997.

Einteilung der Bevölkerung nach Konfessionen

	1966	1979	1996
Katholiken	35 %	29 %	21 %
Reformierte	20 %	17 %	14 %
‚Gereformeerde'	8 %	8 %	8 %
Andere	4 %	3 %	4 %
Konfessionslose	33 %	43 %	53 %
Gesamt	100 %	100 %	100 %

In den drei Jahrzehnten zwischen 1966 und 1996 traten durchschnittlich 100 000 Holländer – also 1 bis 2 % der Bevölkerung – aus ihrer Kirche aus, wobei dieser Trend im katholischen Milieu ausgeprägter war als im calvinistischen und insbesondere im reformierten. 1966 waren die Reformierten von dieser Entwicklung besonders betroffen: 43 von ursprünglich 100 reformiert Erzogenen erklärten, sie seien aus ihrer Kirche ausgetreten, aber nur 13 % der katholisch und 7 % der calvinistisch Erzogenen. 1966 bestand also – den Fall der ‚Gereformeerden' einmal ausgenommen – die klassische Konstellation, daß bei Protestanten mehr Kirchenaustritte zu verzeichnen waren als bei Katholiken. 1996 hingegen waren die Katholiken stärker betroffen als die Reformierten. Zu jenem Zeitpunkt erklärten 48 von 100 katholisch Erzogenen, sie seien aus ihrer Kirche ausgetreten, aber nur 35 % der reformiert und 22 % der calvinistisch Erzogenen. In den dreißig Jahren zwischen 1966 und 1996 nahm der Anteil der Gläubigen, die aus ihrer ursprünglichen Kirche ausgetreten waren, bei den Katholiken um 35 % und bei den ‚Gereformeerden' um 15 % zu, bei den Reformierten hingegen um 8 % ab. In den neunziger Jahren traf dann die Säkularisierung vermehrt die im Vergleich zur reformierten Kirche bislang eher verschont gebliebene katholische Kirche und die ‚Gereformeerden'.

1966 bezeichneten sich 50 % der Niederländer als regelmäßige Kirchgänger, 1979 hingegen bloß noch 31 % und 1996 gar nur noch 21 % (in diesen Zahlen sind die „Konfessionslosen" eingeschlossen). Die nachstehende Tabelle zeigt, daß der Kirchgang vor allem bei den Katholiken (K) merklich zurückging; hier, und in geringerem Maße bei den ‚Gereformeerden' (G), ist der Rückgang spektakulär, bei den Reformierten (R) hingegen erweist sich die Situation als relativ stabil.

Kirchgangshäufigkeit (in %)

	1966			1979			1996		
Konfessionen	K	R	G	K	R	G	K	R	G
Regelmäßig	86	49	95	49	40	81	27	46	68
Unregelmäßig	6	18	3	22	15	8	25	19	16
Selten	3	9	1	22	15	6	40	16	6
Nie	5	24	1	7	30	5	8	19	10
Gesamt	100	100	100	100	100	100	100	100	100

Während sich gemäß zahlreichen Umfragen mehr Katholiken als Protestanten zum traditionellen christlichen Glauben bekennen, bieten die Niederlande im Gegenteil dazu das Bild einer katholischen Bevölkerung, deren Glaubensüberzeugungen weniger gefestigt sind als auf protestantischer Seite. 1966 glaubten rund 60 % der niederländischen Katholiken und Reformierten: *Es gibt einen Gott, der sich persönlich um jeden Menschen kümmert* (diese Aussage ist Ausdruck des christlichen Glaubens an einen persönlichen Gott und die Gotteskindschaft des einzelnen); 1996 war dieser Glaube bei den Katholiken drastisch auf 17 % eingebrochen, bei den Reformierten hingegen nur leicht auf 55 % zurückgegangen. Bei den ‚Gereformeerden‘ blieb dieser Glaube zwar stark, ging aber doch innerhalb von 30 Jahren um 24 % zurück. Anhand der Aussage *Ich weiß nicht, ob es einen Gott oder eine höhere Macht gibt* zeigt sich zudem, daß Glaubenszweifel bei Katholiken (22 %) stärker ausgeprägt sind als bei Protestanten (10 % bei Reformierten wie ‚Gereformeerden‘).

Glaube an die Existenz Gottes oder einer höheren Macht

Konfessionen	1966			1979			1996		
	K	R	G	K	R	G	K	R	G
Es gibt einen Gott, der sich persönlich um jeden Menschen kümmert.	61	63	95	35	55	89	17	55	71
Es muß etwas wie eine höhere Macht geben, die das Leben beherrscht.	35	28	5	52	38	10	58	34	19
Ich weiß nicht, ob es einen Gott oder eine höhere Macht gibt.	4	8	0	10	5	0	22	10	10
Einen Gott oder eine höhere Macht gibt es nicht.	0	1	0	1	2	1	3	1	0
Gesamt	100	100	100	100	100	100	100	100	100

Glaube an ein Leben nach dem Tod

Konfessionen	1966			1979			1996		
	K	R	G	K	R	G	K	R	G
Glaube an ein Leben nach dem Tod	71	71	98	48	61	88	45	63	80
Weiß nicht	9	11	0	21	19	9	26	19	13
Glaube nicht an ein Leben nach dem Tod	20	18	2	31	20	3	29	18	7
Gesamt	100	100	100	100	100	100	100	100	100

Dieselbe Tendenz läßt sich auch bezüglich des Glaubens an ein Leben nach dem Tod beobachten. Während 1966 71 % der niederländischen Katholiken und Reformierten diesen Glauben bejahten, hatte er 1996 bei den Katholiken stark (45 %, also um 26 Punkte), bei den Reformierten hingegen nur wenig abgenommen (63 %, also um 8 Punkte). Bei den

‚Gereformeerden' bleibt dieser Glaube insgesamt stark (98 % 1966, 80 % 1996), doch zeigt sich innerhalb von 30 Jahren eine spürbare Abnahme (minus 18 Punkte).

Bleiben Bibelbesitz und vor allem Bibellektüre weiterhin ein signifikantes Unterscheidungsmerkmal zwischen Katholiken und Protestanten? Für den Bibelbesitz gilt das nicht unbedingt: Der Anteil der niederländischen Katholiken, die zu Hause eine Bibel haben, ist zwischen 1979 und 1996 um 13 % von 59 % auf 72 % gestiegen. Daß die meisten niederländischen Protestanten zu Hause eine Bibel besitzen, erstaunt weiter nicht: Ob man in der Heiligen Schrift liest oder nicht, der Besitz einer Bibel ist ein Symbol protestantischer Identität, und für jede protestantisch sozialisierte Person gibt es mehre Anlässe, eine Bibel geschenkt zu bekommen (Beginn des Religionsunterrichts, Konfirmation, Heirat). Doch eine Bibel besitzen heißt nicht notwendigerweise, sie auch lesen. 1979 lasen deutlich mehr Katholiken als Protestanten niemals die Bibel und deutlich weniger regelmäßig. In diesem Punkt war 1979 das Gefälle zwischen Reformierten und ‚Gereformeerden' ebenfalls stark, praktizierten letztere die Bibellektüre doch sehr viel eifriger als erstere: doppelt so viele regelmäßige Bibelleser bei den ‚Gereformeerden' (80 % resp. 40 %). 1996 war der Prozentsatz der regelmäßigen Bibelleser bei den ‚Gereformeerden' deutlich (minus 31 %), bei den Reformierten hingegen nur wenig (minus 4 %) zurückgegangen: Die beiden protestantischen Gruppen unterscheiden sich bezüglich der Bibellektüre nicht mehr so eindeutig, selbst wenn gewisse Differenzen bleiben (besonders bezüglich des Anteils derjenigen, die niemals die Bibel lesen). Zwischen 1979 und 1996 stieg die Zahl der Katholiken, die eine Bibel besitzen, aber auch die Zahl derjenigen, die niemals die Bibel lesen, nämlich um signifikante 16 %.

Bibel und Bibellektüre

Konfessionen	1979			1996		
	K	R	G	K	R	G
Habe eine Bibel zu Hause	59	94	100	72	98	100
Habe keine Bibel zu Hause	41	6	0	28	2	0
Gesamt	100	100	100	100	100	100
Lese regelmäßig	7	40	80	3	36	49
Lese gelegentlich	21	18	10	11	15	20
Lese selten	31	16	5	29	21	21
Lese nie	41	26	5	57	28	10
Gesamt	100	100	100	100	100	100

4. Die Protestanten in Frankreich

In Frankreich sind die Protestanten eine kleine Minderheit (etwa 1 Mio. der insgesamt 60 Mio. Franzosen, also weniger als 2 % der Bevölkerung); in den letzten Jahren kam es innerhalb des französischen Protestantismus zu etlichen internen Umstrukturierungen: Zunahme der Evangelikalen und der Pfingstgemeinden, relative Abnahme des lutherisch-reformierten Protestantismus. Angesichts der Zunahme der Mischehen, d. h. der Heirat von Protestanten mit Nicht-Protestanten (80 % der Protestanten Frankreichs gehen eine Mischehe ein), des Mitgliederschwunds in den reformierten und lutherischen Kirchen sowie der geringen Präsenz des Protestantismus in der Öffentlichkeit äußerten sich protestantische Intellektuelle – etwa der Historiker Jean Baubérot und der Jurist Jean Carbonnier – besorgt über die Zukunft des französischen Protestantismus. Die Vitalität des evangelikalen Protestantismus kontrastiert zu den Befürchtungen reformierter Intellektueller: Während der bekennende Protestantismus in den fünfziger Jahren des 20. Jh. nur etwa 100 000 Anhänger hatte, lag deren Zahl 1999 bei rund 350 000, umfaßte also rund ein Drittel aller französischen Protestanten[32]. Ein weiteres Merkmal der Umgestaltung des französischen Protestantismus zwischen 1960–2000 ist die Einbindung von ursprünglich nicht protestantischen Christen, vornehmlich Katholiken, in die Kirchgemeinde. An die Stelle des aus den Stammlanden des französischen Protestantismus schöpfenden Ethnoprotestantismus tritt allmählich ein Neoprotestantismus, getragen von jungen und weniger jungen Menschen, die sich aus persönlichen Gründen für den Protestantismus entschieden haben.

Der französische Protestantismus ist mehrheitlich reformiert (d. h. calvinistisch), im Elsaß und im Montbéliard (einst zu Württemberg gehörige Grafschaft Mömpelgard) jedoch lutherisch geprägt. Als Unterzeichnerinnen der *Leuenberger Konkordie*, worin 1973 die Kirchengemeinschaft zwischen lutherischen, reformierten und unierten Kirchen in Europa deklariert wurde, stehen sich die reformierten und die lutherischen Kirchen Frankreichs sehr nahe: Je nach Wohnort können die Gläubigen Mitglied einer lutherischen oder einer reformierten Gemeinde werden, und zahlreiche Pastoren sind bereit, ihr Amt in der einen oder der anderen Kirche auszuüben. Die lutherischen und reformierten Kirchen Frankreichs vertiefen ihre Gemeinschaft im Rahmen des *Conseil permanent luthéro-réformé*. Doch zum französischen Protestantismus gehören nicht bloß reformierte und lutherische Kirchen: Baptisten, Methodisten, Pfingstbewegung, verschiedene evangelikale Kirchen, Mennoniten usw. bilden innerhalb der lutherisch-reformiert dominierten Minderheit des französischen Protestantismus wiederum Minderheiten. Numerisch, nicht aber gesellschaftlich gesehen, stellt der Protestantismus in Frankreich eine Minderheit dar: Übervertreten sind leitende Angestellte und Lehrer, untervertreten hingegen Arbeiter und Angestellte (außer im Osten Frankreichs). Stärker als die lutherischen und die reformierten Kirchen rekrutieren die Freikirchen (insbesondere die Pfingstbewegung) ihre Mitglieder aus ärmeren Schichten.

Die meisten protestantischen Strömungen sind in der *Fédération protestante de France* (FPF; Französischer Protestantischer Kirchenbund) vertreten; aus diesem Grund ist die FPF Ansprechpartnerin der Behörden und wacht über die gemeinsamen Interessen, wobei sie sich zugleich um die Annäherung ihrer verschiedenen Mitglieder bemüht. Einige kleinere Kirchen (Methodisten, Baptisten, Pfingstgemeinde, Evangelikale) sind nicht Mitglied der FPF. Eine 1993 angenommene Charta drückt „die Einheit in der Vielfalt" der Mitglieder der FPF aus und präzisiert, was die Zugehörigkeit zur FPF bedeutet. „60 Institutionen, Werke und Bewegungen" (Erwachsenen-, Jugendorganisationen, Hilfswerke, weitere Institutionen), die mehr als 300 Vereinigungen repräsentieren, sind der FPF angeschlossen. Die FPF umfaßt 16 Kirchen oder Kirchenunionen mit total 1116 Gemeinden. 1736 Pfarrer und 201 Pfarrerinnen stehen im Dienste einer an die FPF angeschlossenen Kirche. Nachstehend die Zusammenstellung dieser Kirchen und Kirchenunionen (Zahlen der FPF aus dem Jahr 1997):

---

[32] Schätzung von S. FATH, Le protestantisme évangélique: la planète pour paroisse?, in: Revue des Deux Mondes (6/1999) 83–94, bes. 84.

Zwei lutherische Kirchen:
- *Église de la Confession d'Augsbourg d'Alsace et de Lorraine* (ECAAL): 218 000 Mitglieder, 206 Gemeinden, 234 Pfarrer.
- *Église évangélique luthérienne de France* (EELF): 40 000 Mitglieder, 47 Gemeinden, 53 Pfarrer in den beiden Kirchenbezirken Paris und Montbéliard.

Drei reformierte Kirchen:
- *Église réformée d'Alsace et de Lorraine* (ERAL): 35 000 Mitglieder, 54 Gemeinden, 57 Pfarrer.
- *Union nationale des Églises réformées évangéliques indépendantes* (EREI): 13 000 Mitglieder, 37 Gemeinden, 40 Pfarrer.
- *Église réformée de France* (ERF): 350 000 Mitglieder, 383 Gemeinden, 515 Pfarrer.

Drei Freikirchen oder evangelikale Bewegungen:
- *Armée du Salut (Heilsarmee)*: 39 Evangelisationszentren, 1205 Mitglieder, 126 Offiziere. Die Bewegung hat den Status einer Kongregation.
- *Fédération des Églises évangéliques baptistes de France* (FEEBF): 6310 bekennende Mitglieder (18 000 Gläubige)[33], 111 Gemeinden, 107 Prediger.
- *Union des Églises évangéliques libres de France* (UEEL): 2400 Mitglieder, 52 Gemeinden, 43 Pfarrer.

Pfingstgemeinden:
- *Mission évangélique tzigane de France* (METF): 70 000 Getaufte, 115 Versammlungsorte, 700 Prediger.
- *Église apostolique (Neuapostolische Kirche)* (EA): 2800 bekennende Mitglieder, 24 Gemeinden, 17 Prediger.
- *Église de Dieu en France*: 484 bekennende Mitglieder (1200 Gläubige), 14 Gemeinden, 17 Prediger.
- *Union des Églises évangéliques de réveil* (UEER): 970 bekennende Mitglieder (1570 Gläubige), 16 Gemeinden, 15 Prediger.
- *Union d'Églises chrétiennes évangéliques*: 400 Mitglieder, 3 Gemeinden und 2 Ableger, 5 Prediger.
- *Communauté protestante évangélique de Vannes*.
- *Église évangélique de Rochefort*.

Eine interkonfessionelle protestantische Gemeinschaft:
- *Mission populaire évangélique de France* (MP): 16 Stadtmissionen, 40 Mitarbeiter, darunter 15 Prediger. Die MP, 1871 von Reverend Mac All gegründet, ist keine Kirche, sondern eine „interkonfessionelle Mission", die eher im Unterschichtsmilieu Zeugnis ablegen will.

---

[33] Wie in einigen anderen Kirchen gelten in den Baptistenkirchen nur Erwachsene, die explizit ihr Glaubensbekenntnis abgelegt haben, als Mitglieder (hier als „bekennende Mitglieder" bezeichnet). Gezählt wird in diesem Fall ein viel engerer Kreis als in anderen Kirchen. Um die statistischen Werte mit den übrigen Kirchen vergleichen zu können, wird in Klammern die Zahl der „Gläubigen" vermerkt, d. h. der Erwachsenen und Kinder, die mit der Kirche verbunden sind.

Auf dieser Liste stehen die vier großen Zweige des Protestantismus: Lutheraner, Calvinisten, Freikirchen und Pfingstgemeinden[34]. Daß es im Gebiet Elsaß-Lothringen zwei Kirchen (ECAAL und ERAL) gibt, ist auf die Geschichte dieser Region und nicht auf unterschiedliche Lehrmeinungen zurückzuführen. Anders als im übrigen Frankreich, wo seit 1905 die Trennung von Kirche und Staat gilt, unterliegen diese beiden Kirchen – sie befinden sich in dem zwischen 1870 und 1918 unter deutscher Verwaltung stehenden Gebiet – weiterhin der vor 1905 geltenden französischen Regelung der anerkannten Kulte. In dieser Region besitzen das Konkordat von 1801 und die Organischen Artikel von 1802 noch immer Gültigkeit, was unter anderem zur Folge hat, daß lutherische und reformierte Pfarrer, katholische Priester und Rabbiner vom Staat entlohnt werden.

Im kollektiven Gedächtnis der französischen Protestanten bleibt die Zeit der vergangenen Verfolgungen lebendig, weshalb sie ganz besonders um die Achtung des religiösen und philosophischen Pluralismus bemüht sind. Das zeigte sich besonders 1985 zum 300. Jahrestag des Widerrufs des Edikts von Nantes und 1998 zum 400. Jahrestag des Edikts von Nantes. Jedes Jahr treffen sich im *Musée du Désert* in Mialet (Departement Gard) mehr als 10000 Protestanten, um sich in eine der schmerzlichen Seiten ihrer Geschichte zu vertiefen und daraus die Lehren für die Gegenwart zu ziehen (*le désert* ist ein Ensemble von Verstecken – Höhlen, Schluchten usw. – in den Cevennen und im Languedoc, wo die Protestanten zur Zeit der Verfolgung ihre Gottesdienste feierten). Inzwischen wurden mehrere andere protestantische Museen eingerichtet, und nicht unerwähnt bleibe die 1852 gegründete aktive *Société d'histoire du protestantisme français* (Gesellschaft für die Geschichte des französischen Protestantismus), die das *Bulletin de la Société d'histoire du protestantisme français* publiziert und Tagungen veranstaltet (1992 zum Thema „Die französischen Protestanten zur Zeit des Zweiten Weltkriegs").

Die protestantischen Kirchen sind im *Conseil d'Églises chrétiennes en France* (Rat der christlichen Kirchen in Frankreich) vertreten. Der Rat wurde am 17. Dezember 1987 gegründet; er ist zusammengesetzt aus Vertretern der katholischen Kirche, der *Fédération protestante de France*, des orthodoxen interepiskopalen Komitees und der armenisch-apostolischen Kirche. In drei Bereichen, „christliche Präsenz in der Gesellschaft", „Dienst am Mitmenschen" und „Glaubenzeugnis", fördert er die gemeinsame Reflexion und gemeinsame Initiativen. Die zahlreichen Mischehen und die nicht unbedeutende Zahl von Christen katholischer Herkunft in seinen Reihen machen den französischen Protestantismus zur Minderheit mit einer gewissen Anziehungskraft. Zwar wird die Gruppe der französischen Protestanten aus demographischen Gründen kleiner, zwar geht die Zahl derjenigen, die eine Kirche finanziell unterstützen, eher zurück, zwar ist unter der Jugend ein gewisses Desinteresse festzustellen, dennoch erklärten 3 % der Bevölkerung (also 1,7 Mio. Menschen) in einer 1995 in Frankreich durchgeführten Erhebung auf die Frage, welcher Religion sie sich am stärksten verbunden fühlten, sie stünden „dem Protestantismus nahe" (vgl. unten). Die deutlich über dem Anteil der statistisch erfaßten Protestanten liegende Zahl beweist, daß die kleine Minderheit der französischen Protestanten über ihr Lager hinaus Sympathien genießt.

1995 realisierte das Meinungsforschungsinstitut CSA in Frankreich eine Repräsentativ-

---

[34] Die Pfingstbewegung selbst ist eine Welt für sich. Einige ihrer Zweige haben nichts dagegen, zum Protestantismus gezählt zu werden, andere hingegen betonen, die Pfingstbewegung sei neben Katholizismus, Protestantismus und Orthodoxie der vierte große Zweig des Christentums.

umfrage unter Personen, die sich als „dem Protestantismus nahestehend" bezeichneten[35]. Die Umfrage wirft ein Schlaglicht auf Merkmale und Orientierungen der protestantischen Minderheit in Frankreich. Hier die wichtigsten Ergebnisse dieser Umfrage.

1. Es gibt, wie schon erwähnt, in Frankreich eine Affinität zum Protestantismus, die spürbar über jenen Personenkreis hinausgeht, der in den Kirchen im weitesten Sinn als protestantische Bevölkerung erfaßt ist. Das ergab sich bereits aus einer IFOP-Umfrage aus dem Jahr 1980 und wurde von der CSA-Umfrage 1995 bestätigt; danach fühlen sich 3% der Franzosen dem Protestantismus nahestehend (1980 waren es 4,2% gewesen, doch war damals ein weniger striktes Frageraster zur Anwendung gekommen). Dieses Segment setzt sich aus 63% *Protestanten*, 27% *Katholiken* und 9% *Konfessionslosen* (plus 1% *andere Religionen*) zusammen. Stark geprägt ist die protestantische Gruppe demnach von einem hohen Anteil Glaubender katholischer Herkunft oder dem Katholizismus nahestehender Glaubender, die zu ihrer Vitalität beitragen. Zwar fehlt es dem französischen Protestantismus, rein demographisch betrachtet, an Nachwuchs, zwar gelingt die Glaubensvermittlung von Generation zu Generation nur bedingt, doch diese innere Schwächung wird dadurch kompensiert, daß er auf Außenstehende attraktiv wirkt. Demographisch gesehen, steht also der Schwächung des für die französischen Protestanten so prägenden Ethnoprotestantismus der Aufwärtstrend des Neoprotestantismus gegenüber. Neoprotestanten haben zum Protestantismus nicht dieselbe Beziehung wie traditionelle Protestanten und werden zweifellos zum Wandel der protestantischen Mentalität selbst beitragen.

2. Unter den dem Protestantismus Nahestehenden hat es beinahe ebensoviel katholisch Getaufte (beachtliche 40%) wie protestantisch Getaufte (44%), was – wie oben erwähnt – zeigt, daß der Protestantismus für manche katholische Gläubige, die sich in ihrer Kirche nicht mehr heimisch fühlen, eine attraktive Version des Christentums darstellt. Von 100 dem Protestantismus nahestehenden *katholisch getauften Befragten* erklären heute 29, sie gehörten einer protestantischen Kirche, 10 keiner Kirche und 59 der katholischen Kirche an. Obwohl die Mehrheit (59%) der dem Protestantismus nahestehenden *katholisch getauften Befragten* noch immer der katholischen Kirche angehört, macht sich unter diesen Befragten die Tendenz zur Distanznahme vom Katholizismus bemerkbar (man darf nicht vergessen, daß in der Umfrage nach einer gefühlsmäßigen Selbsteinschätzung gefragt wurde: *Welcher Religion fühlen Sie sich am nächsten?*). Die Distanznahme zum Katholizismus zeigt sich auch darin, daß von 100 nur 40 ihre Kinder katholisch erziehen wollen, während die übrigen entweder für eine multikonfessionelle (25) oder für eine protestantische (17) oder überhaupt keine religiöse (15) Unterweisung optieren. Signifikant ist, daß unter den dem Protestantismus nahestehenden *katholisch getauften und katholisch gebliebenen Befragten* sich mehr Personen für die zumindest partielle Öffnung auf den Protestantismus hin (25 + 17 = 42) als für die ausschließliche Vermittlung des katholischen Glaubens (40) aussprechen. Es zeigt sich zudem, daß von 100 Protestanten, die dem Protestantismus nahestehen und eine Mischehe mit einem katholischen Partner eingegangen sind, nur 23 für ihre Kinder eine katholische, 41 hingegen eine protestantische, 18 eine multikonfessionelle und 15 überhaupt keine religiöse Erziehung wünschen.

---

[35] In der vom Meinungsforschungsinstitut CSA gemeinsam mit *L'Actualité religieuse, La Vie, Fédération protestante de France, Le Christianisme au XXe siècle, Le Messager évangélique, Présence protestante* und *Réforme* durchgeführten Umfrage (24. März bis 21. August 1995) wurde auf nationaler Ebene eine repräsentative Stichprobe von 417 Personen ab 18 Jahren befragt, die erklärt hatten, sie stünden dem Protestantismus nahe.

3. Die Gesamtzahl von 3 % der dem Protestantismus Nahestehenden ist geringer als noch 1980 mit 4,2 %. Bekanntlich war die Frage 1995 etwas enger gefaßt *(Können Sie, unabhängig von Ihrer ursprünglichen Religionszugehörigkeit, sagen, welcher Religion Sie sich am nächsten fühle*n*?)*, was folglich eine etwas strengere Auswahl zur Folge hatte als die 1980 gestellte Frage *(Welcher Religion stehen Sie am nächsten, dem Protestantismus, dem Katholizismus, einer anderen oder überhaupt keiner Religion?)*. Dennoch ist nicht auszuschließen, daß andere Faktoren ebenfalls eine Rolle spielten. Es stellt sich erstens die Frage, ob gewisse kritische oder distanzierte Katholiken auf der Suche nach Stärkung ihrer Identität weniger als 1980 dazu motiviert waren, anzugeben, sie stünden dem Protestantismus näher als dem Katholizismus: Obwohl in seiner gegenwärtigen Form kritisiert, bleibt der Katholizismus ihr Erbe, das sie zudem mehr und mehr in den vom katholischen Milieu selbst angebotenen Diskussions- und Protestforen (Forum christlicher Gemeinden usw.) frei in Frage stellen können. Es ist zweitens möglich, daß manche der 1980 dem Protestantismus nahestehenden Befragten sich von ihrem katholischen Erbe gelöst und zu einer nichtreligiösen Identität gefunden haben. Dann würde die Aussage von Katholiken, sie stünden dem Protestantismus nahe, eine Zwischenstation auf dem Weg zur Loslösung von Religion überhaupt darstellen; die momentane Nähe zum Protestantismus wäre dann weniger Ausdruck einer Bewegung auf den Protestantismus hin als Ausdruck einer Absatzbewegung vom christlichen Glauben überhaupt. Diese Hypothese wird dadurch untermauert, daß die Kategorie der dem Protestantismus nahestehenden Katholiken sich 1995 als weniger gläubig einstuft als die Protestanten insgesamt. Drittens nimmt die Zahl derjenigen, die sich als Katholiken bezeichnen, deutlich ab: 1994 noch 67 %. Doch die entscheidende Frage ist, ob der Protestantismus auf Dauer jene Personen einzubinden vermag, die sich als ihm nahestehend bezeichnen. Die Frage ist gerade deshalb wichtig, weil die Katholiken, die sich dem Protestantismus stärker verbunden fühlen als ihrer eigenen Konfession, damit vielleicht weniger eine echte Hinwendung zum Protestantismus signalisieren als vielmehr den Wunsch, der Katholizismus möge sich in jenen Bereichen verändern, in denen er mit dem modernen Gewissen am schroffsten im Widerspruch steht (Scheidung, Empfängnisverhütung, Abtreibung, Priesterweihe der Frau).

4. 1980 plädierten 69 % der Befragten für engere Beziehungen zwischen Protestanten und Katholiken, 1995 dagegen nur noch 56 %. Bei jungen Menschen (18–24 Jahre) fällt der Anteil unter 50 % auf 44 %; bei den 50- bis 64jährigen hingegen liegt er bei 69 %. Ob die jungen Befragten weniger ökumenisch gesinnt sind oder die Ökumene schlicht als Faktum hinnehmen – Tatsache ist, daß sie stärker auf ihre protestantische Identität bedacht sind als ihre älteren Glaubensgenossen: 50 % von ihnen – bei den 50- bis 64jährigen sind es bloß 24 % – ziehen die eine oder andere protestantische Kirchenunion (entweder die reformiert-lutherische Union oder, vor allem, die Union aller protestantischen Kirchen) der Union aller christlichen Kirchen vor (44 % der 18- bis 24jährigen und 66 % der 50- bis 64jährigen ziehen diese letztgenannte Union vor). Die Jugend begrüßt vorab den Pluralismus: 70 % der 18- bis 24jährigen, aber nur 39 % der über 50jährigen erachten es als positiv, daß es verschiedene protestantische Kirchen gibt.

5. In ihren politischen Ansichten unterscheiden sich die Protestanten, allen anderslautenden Behauptungen zum Trotz, noch immer geringfügig von den Franzosen insgesamt, vorab von den katholischen Franzosen. 1995 bezeichneten sich 40 % der dem Protestantismus Nahestehenden als links, 33 % als rechts und 7 % als grün (mehr als 20 % gaben keine

Antwort: 14 % der Männer und 25 % der Frauen) [36]. Werden jene nicht berücksichtigt, die „keine Antwort" gaben, dann sehen die Zahlen wie folgt aus: 50 % für die Linke, 41 % für die Rechte und 9 % für die Grünen. Die CSA-Umfrage von 1995 bestätigt den IFOP-Befund von 1980 [37], nämlich eine gewisse Affinität der dem Protestantismus Nahestehenden zur Linken (1980 hatten sich 36 % resp. 25 % der Befragten als der Linke resp. der Rechten nahestehend erklärt, das heißt 52 % resp. 36 % derjenigen, die sich politisch festlegten). Nur 4 % der dem Protestantismus Nahestehenden optieren politisch für den rechtsextremen *Front National*, ein niedriger Prozentsatz, wenn man bedenkt, daß in der ersten Runde der Präsidentschaftswahlen vom April 1995 15 % der Wähler für Jean-Maire Le Pen gestimmt hatten. Stärker als die Franzosen insgesamt zeigen sich die dem Protestantismus Nahestehenden mit den Grünen verbunden (9 %): 1995 hatten nur 3 % der Wähler für die Kandidatin der Grünen, Dominique Voynet, votiert. Die noch immer bestehende Affinität der Protestanten zur Linken soll nicht die Tatsache verschleiern, daß die dem Protestantismus Nahestehenden in politischer Hinsicht wie auch sonst stark auseinanderdriften. Von protestantischem Wahlverhalten zu sprechen, wäre denn auch gerade deshalb irreführend, weil die Protestanten – mehr als andere in diesem Bereich – kollektive Direktiven ablehnen und auf den persönlichen, freien Gewissensentscheid pochen: Die Protestanten haben das kirchliche Lehramt nicht abgelehnt, um es gegen das politische einzutauschen. Linke und rechte Protestanten unterscheiden sich nicht in ihrem kirchlichen Engagement, wohl aber in ihrer gesellschaftspolitischen Position.

6. In der Frage der Immigration sind die französischen Protestanten zutiefst gespalten. Während sich je 47 % der Befragten insgesamt für die eine der beiden Optionen aussprechen, besteht in dieser Frage eine tiefe Kluft zwischen linken und rechten Protestanten.

Thema Immigration

	Befragte insgesamt	Dem Protestantismus Nahestehende	
		Linke	Rechte
Zur Wahrung der Identität Frankreichs ist die Zahl der Ausländer zu begrenzen.	47 %	32 %	68 %
In Frankreich hat die Aufnahme von Ausländern Tradition.	47 %	66 %	25 %

7. Groß sind die Meinungsverschiedenheiten zwischen linken und rechten Protestanten, wenn es um die Frage geht, welchen Maßnahmen zur Lösung der anstehenden gesellschaftspolitischen Probleme Priorität einzuräumen sei. Das zeigt die nachstehende Tabelle.

---

[36] Zur *Linken* (40 %) gerechnet wurden: äußerste Linke (2 %) + Kommunistische Partei (5 %) + Sozialistische Partei (33 %); zur *Rechten* (33 %): UDF (Liberale) (9 %) + RPR (Republikaner) (21 %) + Nationale Front (3 %).
[37] Vgl. die Analyse der politischen Ansichten der Protestanten auf der Basis der IFOP-Umfrage 1980: J. Baubérot, Les positions politiques des protestants, in: ders., Le retour des huguenots. La vitalité protestante. XIXᵉ-XXᵉ siècle, Paris – Genf 1985, 261–284.

Welche gesellschaftspolitischen Probleme haben Priorität?

	Befragte insgesamt	Dem Protestantismus Nahestehende	
		Linke	Rechte
Den Reichtum besser umverteilen	43 %	54 %	34 %
Zu den ethisch-moralischen Grundwerten zurückfinden	42 %	33 %	49 %
Mehr Sozialwohnungen bauen	38 %	44 %	31 %
Das Wirtschaftswachstum fördern	36 %	26 %	50 %
Die Umverteilung der Arbeitszeit fördern	31 %	38 %	23 %
Den Aufbau Europas beschleunigen	19 %	15 %	27 %
Den Ländern der Dritten Welt helfen	19 %	26 %	11 %
Unternehmergeist entwickeln	17 %	12 %	20 %

Bei fast allen vorgelegten Prioritäten ist die Kluft zwischen linken und rechten dem Protestantismus Nahestehenden beträchtlich: Tatsächlich haben wir es mit zwei unterschiedlichen gesellschaftspolitischen Konzepten zu tun. Die dem Protestantismus nahestehenden Linken räumen der *Umverteilung des Reichtums* und dem *Bau von Sozialwohnungen* Priorität ein, während die Rechten prioritär für *Wirtschaftswachstum* und für die *ethisch-moralischen Grundwerte* optieren. Bemerkenswert ist, daß weder der *Aufbau Europas* noch die *Entwicklungshilfe* – zwei Bereiche, für die sich die protestantischen Kirchen und ihr Dachverband in Frankreich aktiv einsetzen – bei den Befragten besondere Unterstützung finden. Die dem Protestantismus nahestehenden *Konfessionslosen* sind für die *Entwicklungshilfe* weit empfänglicher als die dem Protestantismus nahestehenden *Katholiken* resp. *Protestanten*: 32 %, 20 % resp. 17 %.

8. In Sachen Sexualethik befürworten die Protestanten den Gebrauch von Verhütungsmitteln (insbesondere den Gebrauch von Präservativen zur Aids-Prävention). Selbst in der umstritteneren Abtreibungsfrage erklären sich 80 % mit der heutigen gesetzlichen Regelung einverstanden, die den freiwilligen Schwangerschaftsabbruch unter bestimmten Bedingungen zuläßt (paradoxerweise – oder auch nicht? [vgl. oben, unter 3. die Schlußhypothese] – mehr dem Protestantismus nahestehende Katholiken als Protestanten: 86 % resp. 75 %). Allerdings ist hier das Gefälle zwischen regelmäßigen Kirchgängern und Nichtkirchgängern beträchtlich, beurteilen doch 49 % der ersteren und 82 % der letzteren das Gesetz für legitim. 59 % der Befragten sind der Meinung, die Abtreibung sei *eine Privatangelegenheit* und nicht sosehr *Folge der Lebensumstände* (9 %), *moralischer Fehltritt* (8 %) oder *Sünde* (11 %). In der Kategorie der dem „Protestantismus Nahestehenden" ist diese Auffassung unter Katholiken (67 %) stärker vertreten als unter Protestanten (53 %), stärker auch unter Nichtkirchgängern (62 %) als unter Kirchgängern (39 %). Die dem Protestantismus nahestehenden Katholiken – stärker noch als die Protestanten selbst schätzen sie den Protestantismus wegen der *Freiheit, die er gibt* (55 % resp. 42 %) – sind mithin liberaler noch als die dem Protestantismus nahestehenden Protestanten: Die Attraktivität des Protestantismus liegt für sie zweifellos in der von zahlreichen reformierten Kirchen betonten Freiheits- und Verantwortungsethik. Bezüglich Sexualethik und Ehemoral zeigt sich, trotz einiger merklicher Unterschiede zwischen Kirchgängern und Nichtkirchgängern, daß

unter den dem Protestantismus Nahestehenden relativer Konsens über eine als liberal und eigenverantwortlich zu qualifizierende Orientierung besteht. In ihren sozialethischen Orientierungen hingegen unterscheiden sich die dem Protestantismus Nahestehenden, wie bereits gesagt, je nach politischem Standpunkt.

9. Die dem Protestantismus Nahestehenden sind nicht unbedingt orthodoxe, die zentralen Dogmen des Christentums bekennende Gläubige: Nur 37 % etwa erklären, „ganz" oder „ein wenig" an einen *dreifaltigen Gott*, 41 % an die *Auferstehung der Toten* zu glauben. Doch erklären sie überdurchschnittlich oft, „ganz" oder „ein wenig" an *Jesus Christus, Gottes Sohn*, zu glauben: 70 % gegen 56 % der Franzosen insgesamt. Zahlreicher als die Franzosen insgesamt sind sie auch mit der folgenden Aussage nicht einverstanden (46 % resp. 60 %): *Je höher der Erkenntnisstand der Wissenschaft ist, um so schwerer fällt es, an Gott zu glauben.* Für sie ist der Glaube mit wissenschaftlichem Fortschritt nicht unvereinbar. An eine spezifisch protestantische Glaubensüberzeugung wie die *Rechtfertigung durch Gnade allein* glauben hingegen nur 39 % der Befragten „ganz" oder „ein wenig". Das mag erstaunen, doch geht es vielleicht um ein Sprachproblem, vielleicht wird der Begriff nicht wirklich verstanden. Spezifisch für die dem Protestantismus Nahestehenden sind ihr dezidiertes Votum für die Laizität (71 %, aber nur 50 % der Franzosen insgesamt) und ihre Vorbehalte esoterischen Glaubensvorstellungen gegenüber (52 % von ihnen, aber nur 37 % der Franzosen insgesamt halten gar nichts von Astrologie; 71 % von ihnen, aber nur 57 % der Franzosen insgesamt glauben gar nicht an Zauberei und Hexerei). Schließlich betrachten überdurchschnittlich viele von ihnen Tatbestände wie Steuerhinterziehung, Geschwindigkeitsexzesse beim Autofahren oder Warenhausdiebstahl als moralischen Fehltritt.

5. Die Vereinigten Staaten von Amerika und die Entwicklung des Protestantismus

Die USA sind das Beispiel eines Landes, in dem sich, wie bereits Tocqueville bemerkt hatte, Religion und Moderne traditionell gut vertragen. Den Religionssoziologen, die sich auf die Theorie der Säkularisierung stützten und demzufolge Modernisierung mit dem Niedergang von Religion gleichsetzten, gab der Fall Nordamerika häufig Probleme auf. 1996 wie bereits 1944 erklärten 96 % der Amerikaner, sie glaubten an Gott (Gallup-Umfrage). Dennoch blieb in diesen etwas mehr als 50 Jahren nicht alles beim alten: Nach einer Zunahme von Religiosität unmittelbar nach dem Zweiten Weltkrieg registrierten nationale Erhebungen um 1965 bei jungen Amerikanern eine Abnahme des Glaubens und der religiösen Praxis – markant bei den unmittelbar nach dem Kriegsende geborenen jungen Erwachsenen –, gefolgt von einem Wiederanstieg des Glaubens und der religiösen Praxis zu Beginn der achtziger Jahre. Der sonntägliche Kirchgang der Amerikaner pendelte sich nach einem Höhepunkt von 49 % im Jahr 1958 – eine bedeutende Zunahme im Vergleich zu den 1940 registrierten 37 % – in den siebziger Jahren bei 40 % ein und blieb bis in die neunziger Jahre in etwa stabil: 1990: 40 %, 1995: 43 %. 1961 besuchten 47 % der über 18jährigen US-Amerikaner wöchentlich den Gottesdienst, 71 % der Katholiken und 41 % der Protestanten. Einmal mehr sind zwei große Tendenzen auszumachen: das hohe Niveau religiöser Praxis der US-Amerikaner einerseits, der klassische Unterschied bezüglich des Gottesdienstbesuchs zwischen Katholiken und Protestanten andererseits. Rückläufig ist die Zugehörigkeit zu einer Religionsgemeinschaft, nämlich von 72 % 1940, auf 65 % 1988 und 69 % 1995. Die USA bleiben, verglichen mit den Ländern Europas, wo etwa 10 % der Christen regelmäßig den Gottesdienst besuchen, ein Land mit hohem Kirchgang. Nachstehend die Interpretation der religiösen Entwicklung in den USA nach dem Zweiten Welt-krieg bis in die neunziger Jahre, wie sie von drei amerikanischer Soziologen vorgelegt wird:

Für die Religionswissenschaftler, welche die Hypothese der Unvereinbarkeit von Religion und Mo-derne vertreten, stellt die unmittelbare Nachkriegszeit in den USA eine stimulierende Herausforde-rung dar. Die individuelle religiöse Beteiligung und die Vitalität aller in den USA niedergelassenen Denominationen erreichten Spitzenwerte, ebenso sämtliche Indikatoren der Moderne. Ein fruchtba-rer Boden für die Verfechter der Säkularsierungsthese war der abrupte Rückgang der religiösen Be-teiligung und des Glaubens zu Beginn der sechziger Jahre. Doch in der Mitte der siebziger Jahre wurde die explosionsartige Verbreitung der Säkularisierung selbst hinweggefegt. Seit jener Periode sind die Indikatoren zur individuellen Religiosität auf nationaler Ebene schrittweise gestiegen oder stabil geblieben. Erneuerungsbewegungen gibt es in allen wichtigen Denominationen.[38]

Auf die Frage „Welcher Religion gehören Sie an?" antworteten 1957 66,2% der über 14jährigen US-Amerikaner der „protestantischen" und 25,7% der „römisch-katholi-schen"[39]. Unter den Protestanten wiederum gab es 19,7 Baptisten, 14% Methodisten, 7,1% Lutheraner, 5,6% Presbyterianer und 19,8% Protestanten anderer Denominationen. 1996 lag der Anteil der Protestanten bei 47% und jener der Katholiken bei 38%; der Zu-wachs bei den Katholiken ist hauptsächlich auf die Zuwanderung von Hispanoamerika-nern zurückzuführen. Innerhalb des Protestantismus dominieren noch immer Baptisten und Methodisten (1996 35,3 Mio. resp. 14 Mio.). Spezifisch für die Verlagerungen inner-halb des nordamerikanischen Protestantismus zwischen 1960 und 1990 ist der relative Niedergang der sogenannten liberalen Kirchen *(mainline churches)* und der relative Auf-schwung der Evangelikalen. Der liberale Protestantismus, in den USA *mainline protestan-tism* genannt, umfaßt folgende Kirchen: *The Episcopal Church* (anglikanisch), *The Pres-byterian Church* (reformiert), *The United Methodist Church, The American Baptist Churches, The United Church of Christ* (1957 aus dem Zusammenschluß von Reformier-ten und Kongregationalisten hervorgegangen), *The Christian Church (Disciples of Christ), The Evangelical Lutheran Church in America.* Nach jüngsten Untersuchungen[40] verzeich-neten die Evangelikalen – etwa die *Lutheran Church-Missouri Synod* – zwischen 1971 und 1990 ein Wachstum von 26%, die liberalen Kirchen – etwa die *United Church of Christ* – hingegen einen Rückgang von 8,5%.

Unter soziologischen Gesichtspunkten wird die Entwicklung innerhalb des US-ameri-kanischen Protestantismus zwischen 1960 und 1980 wie folgt charakterisiert:

In den sechziger und in den beginnenden siebziger Jahren gewannen die landesweit verankerten De-nominationen des liberalen Protestantismus an Identität, weil sie Begriffen wie Ökumene und soziale Gerechtigkeit starkes Gewicht verliehen. Der Preis dafür waren die Schwächung persönlicher Fröm-migkeit und deren Verankerung in örtlichen Willensgemeinschaften sowie ein signifikanter Rück-gang ihrer Mitgliederzahlen.

---

[38] D. A. ROOZEN u. a., La génération née après-guerre et la religion instituée: un aperçu sur 50 ans de changement religieux aux États-Unis, in: ASSR Nr. 83 (1993) 25–52, zit. 25.

[39] Vgl. L. ROSTEN (Hrsg.), Religions in America, New York 1963; ergänzte Auflage: Religions of America. Fer-ment and Faith in an Age of Crisis. A New Guide and Almanac, New York 1975.

[40] Vgl. M. A. SHIBLEY, Resurgent Evangelicalism in the United States. Mapping Cultural Change since 1970, Columbia (South Carolina) 1996.

Kontrastreicher könnte die Lage im evangelikalen Protestantismus nicht sein. Seine wichtigsten Denominationen haben mehr Zulauf, seine dezentralisierte institutionelle Infrastruktur hat sich ausgeweitet, einige Anpassungen haben die Anziehungskraft seiner personenbezogenen Spiritualität erhöht, und er hat sogar einen zahlenmäßig kleinen politisch liberalen und sozial engagierten Flügel entwickelt.[41]

1994 wurde der Niedergang des liberalen Protestantismus in den USA in *Vanishing Boundaries. The Religion of Mainline Protestant Baby Boomers* wie folgt beschrieben:

Seit einem Vierteljahrhundert ist der Niedergang des *mainline protestantism* das zentrale Faktum des religiösen Lebens in den USA. Seit dem Ende der sechziger Jahre erleiden Presbyterianer, Unierte Methodisten, Episkopalisten und weitere Denominationen, die historisch den Kern des Protestantismus bilden, einen Mitgliederschwund, einen Rückgang der finanziellen Unterstützung und einen Vertrauensschwund. Insbesondere die *mainline denominations* haben die aktive Unterstützung eines beträchtlichen Teils der Nachkriegsgeneration – der *baby boomers* – verloren[42].

Die folgenden Zahlen belegen den Mitgliederschwund der großen liberalen protestantischen Kirchen im Zeitraum von 1965 bis 1992: Zwischen 1965 und 1992 sank die Zahl der Unierten Methodisten von 11 auf 8,7 Mio., der Episkopalisten von 3,6 auf 2,4 Mio., der *United Church of Christ* von 2 auf 1,5 Mio., der presbyterianischen Kirche von 4,2 auf 2,8 Mio., der amerikanischen Baptistenkirchen von 1,3 auf 1,2 Mio. Verständlich, daß die Zeitschrift *Newsweek* am 9. August 1993 (S. 46) mit folgendem Titel aufwartete: *Dead End of Mainline? The mightiest Protestants are running out of money, members and meaning.* Die Fragestellung in Form einer düsteren Prognose vom baldigen Ende des liberalen Protestantismus war selbstverständlich übertrieben und wurde von David Roozen in seinem Artikel in *Christian Century* (September 1993) mit dem sprechenden Titel „Ein verfrühter Nekrolog" zu Recht kritisiert. Doch die Daten, die den Rückgang der liberalen protestantischen Kirchen belegen, stellen nichtsdestoweniger die Frage nach den Gründen für diese Entwicklung, um so mehr, als in derselben Periode die konservativeren protestantischen Kirchen einen Mitgliederzuwachs verzeichnen konnten.

Der Frage nach den Gründen ging eine 1972 erschienene Studie nach, die in den USA Aufsehen erregte: *Why Conservative Churches Are Growing*[43]. Danach sind sozialer Druck *(social strength)* und Strenge *(strictness)* wichtige Erklärungsfaktoren, wenn es um den Einfluß einer religiösen Gruppierung geht. Der Einfluß der liberalen Denominationen würde gerade deshalb schwinden, weil sie von ihren Mitgliedern wenig forderten und eine große Meinungsvielfalt tolerierten. Die konservativeren Kirchen wiederum hätten Mitglieder dazugewinnen können, weil sie einerseits von ihren Mitgliedern bedingungslose Loyalität erwarteten und ihnen strikte Disziplin auferlegten und weil sie sich andererseits gegenüber anderen Richtungen klar abgrenzten und im Gegenzug missionierten: Ihr Glaube an die eigenen Überzeugungen sei so stark, daß sie andere Personen unbedingt zu ihrem Standpunkt bekehren wollten. Eine aus psychosoziologischer Sicht schlüssige Beweisfüh-

---

[41] Vgl. ROOZEN, La génération née après-guerre et la religion instituée, 35.

[42] D. R. HOGE u. a., Vanishing Boundaries. The Religion of Mainline Protestant Baby Boomers, Louisville (Kentucky) 1994, VII.

[43] D. M. KELLEY, Why Conservative Churches Are Growing. A Study in Sociology of Religion, New York 1972 (2. Aufl. 1977).

rung, die von mehreren Soziologen[44] aufgenommen wurde, um die Gewichtsverschiebung zu Gunsten der Evangelikalen innerhalb des Protestantismus zu erklären.

Back to that Oldtime Religion – der Titel des *Time Magazine* vom 26. Dezember 1977 trifft in etwa die Geisteshaltung, mit der die evangelikale Bewegung dem Niedergang der liberalen Kirche und der Liberalisierung der Sitten in der Gesellschaft entgegentritt. Mit der 1979 vom Baptistenprediger Jerry Falwell gegründeten Bewegung *Moral Majority* wollten die Fundamentalisten im Verein mit den Fernsehpredigern Amerikas traditionelle Werte verteidigen, die sie aufgrund der gesellschaftlich-kulturellen Entwicklung in Gefahr wähnten. 1980 engagierten sie sich in den Präsidentschaftswahlen stark für Ronald Reagan und traten an gegen die Legalisierung des Schwangerschaftsabbruchs und der Homosexualität. Nachfolgeorganisation der 1989 aufgelösten *Moral Majority* wurde die im selben Jahr von Fernsehprediger Pat Robertson gegründete politisch-religiöse Bewegung *Christian Coalition*. Letztere war im Wahlkampf 1996 innerhalb der Republikanischen Partei besonders aktiv. In der 1943 gegründeten *National Association of Evangelicals* sind sämtliche evangelikalen Bewegungen versammelt – 1996 also 25% der US-Amerikaner –; sie steht für die traditionellen familialen und religiösen Werte, kämpft für das Gebet in der Schule, gegen Schwangerschaftsabbruch und Sittenzerfall. 1980 lasen 35,5% der Evangelikalen mindestens einmal täglich die Bibel, 51,3% missionierten und 62,2% besuchten mindestens einmal wöchentlich den Gottesdienst[45]. Wir haben es hier mit einem hochaktiven Protestantismus zu tun. Zu Beginn der neunziger Jahre trat die von Bill McCartney gegründete interkonfessionelle Bewegung *Promise Keepers* auf den Plan; in ihr versammeln sich Männer, die auf die Bibel schwören, „dieses Namens würdige Männer" zu sein und die traditionellen religiösen und moralischen Werte zu verteidigen. 1997 gelang es den *Promise Keepers* in Washington, in einer Massengebetsveranstaltung eine Million Männer zu versammeln. Die Bewegung, die sich gewissermaßen die Verteidigung des „männlich Korrekten" auf die Fahne geschrieben hat, wird von feministischen und liberalen Kreisen kritisiert. Seit den achtziger Jahren ist zudem eine Neubelebung des *Ku-Klux-Klans*[46] im Gange, des protestantisch-fundamentalistisch inspirierten, militärisch-religiösen Geheimbundes, der nach dem Sezessionskrieg 1866 zur Verteidigung der Herrenstellung der Weißen gegründet worden war. Die ultranationale Bewegung – sie ist mit dem *Council of Conservative Citizens* verbunden, der als Sammelbecken der „Kaderleute im Ku-Klux-Klan" gilt – ist schwarzenfeindlich, antisemitisch und fremdenfeindlich. 1995/96 wurde sie verdächtigt, beim Brand von rund dreißig Schwarzenkirchen im ländlichen Süden der USA die Finger im Spiel gehabt zu haben.

Ganz anders der *National Council of Churches of Christ in the USA*; in ihm sind 33 protestantische und orthodoxe Kirchen versammelt. Er kämpft gegen die Gewalt, unter der die Schwarzen in den Südstaaten zu leiden haben, und setzt sich für eine Sozialpolitik zu Gunsten der Benachteiligten ein. Die 1994 gegründete Organisation *The Interfaith Alliance* befürwortet die Einmischung der Gläubigen in die Politik und versteht sich ausdrücklich als

---

[44] S. BRUCE, A House Divided. Protestantism, Schism and Secularization, London – New York 1990; J.-P. WILLAIME, La précarité protestante. Sociologie du protestantisme contemporain, Genf 1992.

[45] Vgl. dazu J. D. HUNTER, American Evangelicalism: Conservative Religion and die Quandary of Modernity, New Brunswick (NJ) 1983.

[46] Vgl. zu dieser und anderen rechtsextremen Bewegungen J. RIDGEWAY, Blood in the Face. The Ku Klux Klan, Aryan Nations, Nazi Skinheads and the Rise of a New White Culture, 2. Aufl., New York 1995.

Alternative zur *Christian Coalition* und zur äußersten Rechten. Gemäß ihrem Vorsitzenden Albert Pennybacker geht es darum, sich auf interreligiöser und politisch pluralistischer Basis für die Benachteiligten wie auch für politisch verantwortliches Handeln des Staates ihnen gegenüber einzusetzen.

Die protestantische Szene in den USA läßt sich indes nicht auf Entwicklungen in liberalen und evangelikalen Kirchen reduzieren. Eine noch tiefgreifendere Restrukturierung zeichnet sich ab, in der manche die Heraufkunft eines neuen, postkonfessionellen Kirchentypus sehen, einer „zweiten Reformation" vergleichbar. Auf den ersten Seiten des 1997 erschienenen Buchs *Reinventing American Protestantism* heißt es etwa: „Ich glaube, wir sind Zeuge einer zweiten Reformation, sie wird Glaube und Leben des Christentums im neuen Jahrtausend verwandeln."[47] Die Diagnose stützt sich auf eine ausführliche Erhebung unter den von den Amerikanern als *megachurches*[48] bezeichneten neuen Kirchen wie *Calvary Chapel*, *Vineyard Christian Fellowship* und *Hope Chapel*, die gegen Ende der sechziger Jahre entstanden und deren Wachstum in die Zeit des Niedergangs der liberalen protestantischen Kirchen fällt. Diese Kirchen sind unabhängig oder geben sich, selbst wenn sie einer Denomination angeschlossen sind, unabhängig. „Megakirchen" werden sie genannt, weil sie beträchtliche Menschenmassen anziehen: *Calvary Chapel* in Santa Ana (Kalifornien) beispielsweise Sonntag für Sonntag 12 000 Menschen. Diese Kirchen sind ein neues Phänomen innerhalb eines Teils des evangelikalen Protestantismus; sie verbreiten ebenfalls eine auf die Bibel gestützte traditionelle religiöse Botschaft, gebärden sich aber weniger doktrinär und zeigen sich stärker um das konkrete Wohlergehen der Menschen bemüht; es ist „eine neue Art, sich evangelikal zu fühlen"[49]. Diese *new-paradigm Christians* sind „radikale Empiristen, verallgemeinern eher von ihrer konkreten Gotteserfahrung her, als daß sie deduktiv bei unterschiedlichen Aussagen über das Wesen Gottes ansetzen würden"[50]. Die von ihren Dimensionen her beeindruckenden Kirchen verkörpern in Architektur und Kommunikation die Moderne. Ihr Auftreten ist herzlich und zugleich professionell, und sie präsentieren sich der Öffentlichkeit als Meditations- und Freizeitzentren für spirituelle Bedürfnisse aller Art, wobei das Wesentliche darin liegt, daß jeder einzelne die eigenen Wünsche befriedigen und Antworten auf die eigenen Sorgen finden kann. Gemäß der bereits zitierten Umfrage *Reinventing American Protestantism* von 1997 sind 46 % der Mitglieder dieser Kirchen protestantischer, 11 % katholischer und 15 % anderer Herkunft, während 29 % keine frühere religiöse Zugehörigkeit deklarieren. Diese Daten bestätigen mehrere Sachverhalte: 1) Die *megachurches* rekrutieren ihre Mitglieder aus verschiedenen Denominationen, stellen also sehr wohl ein interkonfessionelles Christentum dar; 2) sie üben auf Konfessionslose eine gewisse Anziehungskraft aus; 3) trotz der beiden bereits genannen Merkmale sind diese Kirchen insofern Teil des evangelikalen Protestantismus, als sie auf ihre Weise das kongregationalistische Prinzip, den Stil gewisser Fernsehprediger und das *unternehmerische Ethos* des Evangelikalismus miteinander

---

[47] D. E. MILLER, Reinventing American Protestantism. Christianity in the New Millennium, Berkeley (CA) 1997, 11.

[48] Zu den *megachurches* vgl. die Darstellung von R. NIEBUHR, in: New York Times, 16.4.1995 (4 Artikel).

[49] D. ZIMMERLIN, Les frontières nouvelles de l'„evangelicalism" américain, constantes et transformations d'une sous-culture, 1970–1990 (Diss.), Paris 1997.

[50] D. E. MILLER, Postdenominational Christianity in the Twenty-First Century, in: The Annals of The American Academy of Political and Social Science, hrsg. v. W. C. ROOF, Americans and Religions in the Twenty-first Century Nr. 558 (1998) 196–210, zit. 203.

verknüpfen. Unterscheidend ist, daß diese Kirchen die doktrinäre Strenge zu Gunsten eines anderen, höheren Imperativs aufgeben, nämlich der Befriedigung ihrer religiösen „Klientel". Insofern verkörpern die *megachurches* ein „Evangeliums des Wohlstands und des Glücks", predigen ein Christentum, das den Alltag der Menschen verbessert und sie glücklich macht.

II. Liturgiereform, Volksfrömmigkeit, neue Formen von Religiosität in der katholischen Kirche

VON JEAN-MARIE MAYEUR

Das religiöse Leben an der Praxis zu messen ist – wie leicht ersichtlich – ein zwar notwendiges, aber stets defizientes Verfahren, das sich in der heutigen Zeit jedoch als besonders unbefriedigend erweist, weil es weder der Ausdrucksvielfalt der Volksfrömmigkeit noch den neuen Formen von Religiosität gerecht werden kann.

Doch bevor wir uns diesen neuen Formen zuwenden, müssen wir auf die aus dem Konzil hervorgegangene Liturgiereform zurückkommen. Für die Gläubigen der lateinisch-katholischen Kirche stellte sie eine höchst bedeutsame Umwälzung dar und legte den Rahmen der gesamten Liturgie neu fest. Mit dem bereits erwähnten Schema „De sacra liturgia" hielt die Volkssprache Einzug in die Liturgie, deren Anpassung an den Landesbrauch ebenfalls gestattet wurde. In der Folge ernannte Papst Paul VI. eine Kommission von 42 Bischöfen unter dem Vorsitz von Kardinal Lercaro von Bologna (Sekretär war der Lazarist Bugnini). Diese Kommission zog laut A. G. Martimort fast 150 Experten bei. Noch vor Abschluß der Kommissionsarbeit brachten der Heilige Stuhl und die Episkopate Modifikationen für die geplante abschließende Reform ein. Insgesamt dauerte diese Übergangszeit von 1963 bis 1971 [51]. Im Frühjahr 1969 wurden das Trauungsrituale, der Römische Kalender, das Meßrituale und -lektionar approbiert [52]. Am 8. Mai 1969 löste die Kongregation für den Gottesdienst die Ritenkongregation ab. Von Paul VI. am 11. Juli 1975 aufgehoben, wurde sie in die Sakramentenkongregation überführt. Nach der Neuorganisation unter Papst Johannes Paul II. fungiert sie wieder als „Kongregation für den Gottesdienst und die Sakramentenordnung".

Der Motu proprio *Sacram liturgiam* vom 25. Januar 1964 und die Instruktion *Inter oecumenici* vom 26. September 1964 wurden ergänzt durch länderspezifische Verordnungen der Episkopate. Der Liturgiehistoriker Cyrille Vogel bezeichnet die Integration der Volkssprache in die römische Liturgie als „zweite Sprachrevolution der lateinischen Kirche" nach dem Übergang vom Griechischen zum Lateinischen im 4. Jh. Die vom Konzil formulierten Vorbehalte gegenüber der Verwendung der Landessprachen wurden rasch überwunden, „um dem Drängen der Bischöfe stattzugeben, von denen viele noch während des Kon-

---

[51] Wir halten uns hier an die präzisen Analsysen von P. WINNINGER, Le culte public – le mouvement liturgique – musique et chants sacrés, in: G. LE BRAS – J. GAUDEMET (Hrsg.), Le droit et les institutions de l'Église catholique latine de la fin du XVIIIᵉ siècle à 1978 (Histoire du Droit et des Institutions de l'Église en Occident XVIII), Paris 1984, 335–371.

[52] Vgl. die Ausführungen eines Priesters der Diözese Nantes, der am Konzil als Experte wirkte, P. JOUNEL, in: La Croix, 28. April 1999. Wir halten uns an seine Bilanz.

zils ihre Vorbehalte angemeldet hatten"[53]. Latein war kein einigendes Band mehr zwischen den verschiedenen Staaten Europas; nicht zuletzt gewannen die der lateinischen Kultur fernen Missionsländer in der Kirche zunehmend an Einfluß. Dank der Reform konnten die Gläubigen die biblischen und liturgischen Texte besser verstehen und unmittelbarer an der Eucharistiefeier teilnehmen. Doch weder der Übergang vom Lateinischen zu den modernen Sprachen noch die Übersetzung der Texte selbst war ein leichtes Unterfangen, wollte man Banalität und Verarmung vermeiden.

Das neue Römische Missale, das Missale Pauls VI., wurde am 3. April 1969 veröffentlicht und stellt die Grundlage für die muttersprachlichen Bearbeitungen. Als Folge erscheinen etwa in Deutschland ab 1971 „Studientexte", 1975 das engültige „Meßbuch". „In zehn Jahren, von 1965 bis 1975, veränderte der Gottesdienst in der Westkirche", so P. Winninger, „sein Gesicht." Klar unterschieden wird zwischen Wortgottesdienst und Eucharistiefeier. Die Liturgie des Wortgottesdiensts enthält nun drei Lesungen, wobei auch alttestamentliche und bisher selten gelesene Evangeliumstexte berücksichtigt werden. Zur Sonntagsmesse gehört zwingend die Predigt. Das Allgemeine Gebet der Gläubigen (Fürbitten) wird wieder eingeführt und eröffnet die Gabenbereitung. Das Hochgebet (zur Wahl stehen vier Hochgebete) wird laut vorgetragen. Gestattet wird die Kommunion unter beiden Gestalten für Laien.

Die Reform war Resultat der Forschungen und Diskussionen der Liturgiker[54] und verstand sich sowohl als Rückkehr zu den Traditionen der Frühkirche wie auch als Anpassung an die Forderungen der Pastoral. In den Krisenjahren der Kirche umgesetzt, rief die Reform jedoch allen Erklärungsbemühungen zum Trotz Enttäuschungen hervor und warf Probleme auf. Wer an den alten Riten, am Latein und am Gregorianischem Gesang festhalten wollte, meldete Widerstand an; Vorbehalte gab es vor allem in Ländern wie Frankreich, wo die Reform besonders rasch vorangetrieben wurde[55]. Nicht bloß die bisherige Liturgie wurde in Frage gestellt, vielmehr nutzte ein Teil des Klerus die Gelegenheit, „gewisse Volksbräuche zu korrigieren oder gar auszumerzen", wie etwa in der Diözese Paris geschehen[56]. Bei dieser „Korrektur" ging es um Kerzen, um gesegnete Palmzweige zu Hause und auf den Gräbern, um die als abergläubisch eingestufte Verehrung von Heiligenstatuen. Abgeschafft wurden Andachtsformen wie die Vesper oder die Verehrung des allerheiligsten Altarsakraments. Daß geschätzte Traditionen aufgegeben wurden und der Klerus hier und dort mit seinen Initiativen die Reform noch überbot, befremdete einen Teil der Katholiken und gab der Kritik von seiten der Traditionalisten neue Nahrung. In der Bundesrepublik Deutschland, wo die Reformen umsichtiger umgesetzt wurden, war der Widerstand geringer[57]. Die 1967 gegründete Zeitschrift Gottesdienst, herausgegeben vom Liturgischen Institut in Trier, trug hier maßgeblich zur Weiterbildung von Klerus und Gläubigen bei.

---

[53] A. G. Martimort, La réforme liturgique de Vatican II, Paris 1985, 89.

[54] In dieser Angelegenheit spielten die Redaktoren der französischen liturgiewissenschaftlichen Zeitschrift La Maison Dieu eine wichtige Rolle. Nach dem Konzil konnte die Zeitschrift ihre Auflage auf 12000 steigern.

[55] Schon seit Januar 1964 erfolgten die Lesungen auf französisch. Das 1969/1970 eingeführte Missale Pauls VI. wurde bereits 1974 in seiner französischen Fassung für obligatorisch erklärt. Vgl. dazu M. Albert, Die katholische Kirche in Frankreich in der Vierten und Fünften Republik, Freiburg i. Br. 1999, 90.

[56] L. Perrin, Paris à l'heure de Vatican II, Paris 1997, 242.

[57] Vgl. Hahn, La réception du deuxième concile du Vatican dans l'Église catholique allemande (s. Anm. 11).

Die Kritiker der Liturgiereform verklärten die Vergangenheit und vergaßen darüber die mangelnde Beteiligung der Gläubigen und die „stille Monotonie" (A. G. Martimort) der Elf-Uhr-Messe. Unbestritten ist indes, daß die Reform mit der Zulassung von „legitimen Differenzen und Anpassungen" (Konstitution *Sacrosanctum concilium*, 37–38) auch Raum für weniger glückliche Initiativen schuf; es wurden „nicht immer hochstehende und sogar heterodoxe" Texte in die Messe eingebracht, und „fehlender Lehrgehalt paarte sich mit musikalischem Mittelmaß"[58]. Ein weiterer Beobachter zeigte sich über die nachkonziliare musikalische Bilanz perplex: „Ist das nicht ein Rückfall in die Bedeutungslosigkeit des 19. Jh.?"[59] Mit der Zeit wurde die Lücke geschlossen, wurden übers Ziel hinaus schießende Reformideen eingedämmt. Doch die bleibende Anziehungskraft des Gregorianischen Gesangs, die zunehmende Vorliebe für orthodoxe Liturgien etc. sind Ausdruck des Verlangens nach heiligen, die Feiern überhöhenden Gesängen.

Die vermehrte Aufmerksamkeit für die aus dem Konzil hervorgegangenen liturgischen Reformen und Erneuerungen ließ eine Zeit lang die noch immer lebendige Volksfrömmigkeit in den Hintergrund treten. In den sechziger Jahren wandten dann die Forscher Frankreichs[60], Italiens wie Lateinamerikas mehrheitlich ihr Interesse der Volksfrömmigkeit zu. Den Hintergrund für dieses historiographische Interesse bildeten die Debatten über die Umsetzung der Konzilsreformen[61] sowie der Wunsch, den Reformern zuweilen vernachlässigte Bereiche in Erinnerung zu rufen. Man attackierte das „Treiben der Befürworter einer Kirche für die Elite" und den „soziokulturellen Klerus", das heißt eine klerikale Bürokratie, welche die Reformen von oben herab aufzuzwingen suchte[62], und hielt dem Reformeifer eine „an den Alltagssorgen orientierte Volksreligion" entgegen. Als Beleg dafür dienten die *Prières secrètes des Français d'aujourd'hui*[63], eine Gebetsammlung, zusammengestellt aus den zu diesem Zweck aufliegenden Heften an elf französischen Wallfahrtsorten: 140 000 Gebete allein im Jahr 1975. Die Volksfrömmigkeit bestehe auch aus Entlehnungen, wurde angemahnt, und Gebete von Volk und Elite seien nicht gegeneinander auszuspielen. Schließlich dürfe „Volksfrömmigkeit" nicht einfach mit archaisch, überholt und primitiv gleichgesetzt werden, sie sei vielmehr Ausdruck einer vom klerikalen Diskurs emanzipierten Sehnsucht nach dem Heiligen.

Die gleiche Sehnsucht spiegelt sich im Erfolg der Wallfahrten und im Zulauf zu den Massenveranstaltungen bei den Reisen Papst Johannes Pauls II. Die Vielzahl der Heiligsprechungen (283) und Seligsprechungen (819) unter Johannes Paul II. geben Zeugnis von seinem Willen, den religiös Suchenden Vorbilder für ihre Verehrung anzubieten. Gleiches gilt für die bedeutenden Marienwallfahrtsorte, die weiterhin große Menschenmassen anzogen. Marienerscheinungen sind ein bemerkenswertes Indiz für die Gefühle des gläubigen Volks. „Auch noch 1996 erscheint die Muttergottes und zieht die Menge auf der Suche

---

[58] A. G. Martimort, zit. in: ebd. 93.

[59] WINNINGER, Le culte public, 371.

[60] 1977 beispielsweise das CNRS-Kolloquium zum Thema Volksfrömmigkeit („Religion populaire"), an dem zahlreiche Historiker und Soziologen teilnahmen; die Tagungsbeiträge wurden 1979 veröffentlicht.

[61] Dazu lediglich zwei Titel: J. DANIÉLOU, Christianisme de masse ou d'élite. Dialogue entre Jean Daniélou et J.-P. Jossua, Paris 1968; R. PANNET, Le catholicisme populaire. 30 ans après „La France, pays de mission?", 3. Aufl., Paris 1974.

[62] S. BONNET, A hue et à dia. Les avatars du cléricalisme sous la Vᵉ République, Paris 1973. Bonnet ist auch Autor eines Werks über die Erstkommunion-Feier.

[63] DERS., Prières secrètes des Français d'aujourd'hui, Paris 1976.

nach dem Übernatürlichen an."[64] Die Erscheinungen von San Damiano in Italien seit 1964, jene von Medjugorje in Bosnien-Herzegowina seit 1981 – um nur die bekanntesten zu erwähnen – signalisieren, daß die Mariophanien anhalten, angepaßt an die modernsten Kommunikationstechniken, das Internet eingeschlossen. Ende des 20. Jahrhunderts gab es nach den Autoren von *Un signe dans le ciel* etwa fünfzig Orte mit Marienerscheinungen. Einige, spektakulär und sektiererisch zugleich, leben vom Widerstand gegen den Wandel des Zweiten Vaticanums. Andere speisen weitab von den Scheinwerfern der Öffentlichkeit „einen unablässigen Strom der Volksfrömmigkeit" und bieten einen „Hafen des Friedens und der religiösen Einkehr"[65].

Seit Ende der siebziger Jahre traten vermehrt neue religiöse Bewegungen auf. Die „katholischen Pfingstbewegungen" – ihre Mitglieder ziehen die Bezeichnung „Charismatiker"[66] vor – traten in den USA 1967, in Frankreich kurz nach 1970 auf[67]. Mit den protestantischen Gruppierungen gemeinsam haben sie „die persönliche, an die spirituelle Erfahrung einer ‚Bekehrung' geknüpfte Verpflichtung, die Fokussierung auf das Wirken des Heiligen Geistes, die Praxis der Charismen, insbesondere des Charismas der Heilung,"[68] und das Bibelstudium. Sie streben nach einer Religiosität, die den Gefühlen mehr Raum gibt als die aus den Konzilsreformen hervorgegangene Liturgie. Obwohl von Kardinal Suenens unterstützt, weckte die Bewegung anfänglich Besorgnis. Johannes Paul II. sieht sie inzwischen als „Chance für die Kirche".

In Frankreich erlebten solche Gemeinschaften einen Boom und hatten gegen Ende der achtziger Jahre Zehntausende von Mitgliedern. Zu protestantischen Gruppierungen gingen sie auf Distanz, von der katholischen Hierarchie wurden sie anerkannt, desgleichen wurden ihre auf nationaler Ebene organisierten „Gebetsgruppen" und Gemeinschaften wie die von ihnen gelebten vielfältigen Katholizismusmodelle von oben akzeptiert. Die Bandbreite von Organisationsformen und Einstellungen ist groß, reicht von der „Weltverachtung" bis zur Weltbejahung. Das unterscheidet die charismatischen Bewegungen von der Katholischen Aktion, deren einzelne Zweige sich auf das je von ihnen angesprochene „Milieu" ausrichteten. Im übrigen kamen die charismatischen Bewegungen zu der Zeit auf, da die Hierarchie ihre noch aus den dreißiger Jahren stammende Schirmherrschaft über die Katholische Aktion aufgab.

Stellvertretend für andere sei hier kurz auf die katholische charismatische Gemeinschaft *Emmanuel* eingegangen[69]. Zu Beginn der siebziger Jahre in Frankreich in Anlehnung an die katholische charismatische Erneuerungsbewegung in den USA entstanden, verbreitete sie sich in Europa und in der ganzen Welt. Sie fand die Unterstützung der Kardinäle Suenens und Marty. Im Juni 1982 wurde sie offiziell von mehreren französischen Bischöfen anerkannt: Delarue (Nanterre), Lustiger (Paris), Coffy (Marseille), Panafieu (Aix-en-Pro-

---

[64] J. Bouflet – Ph. Boutry, Un signe dans le ciel. Les apparitions de la Vierge, Paris 1997, 8.

[65] Ebd.

[66] Vgl. E. O'Connor, Le renouveau charismatique, in: C. Savart – J.-N. Aletti, Le monde contemporain et la Bible, Paris 1985, 359–371.

[67] Vgl. dazu die ausgezeichneten Ausführungen von M. Cohen, Vers de nouveaux rapports avec l'institution ecclésiastique: l'exemple du Renouveau charismatique en France, in: ASSR Nr. 62 (1986) 61–79. Die Studie beruht auf einer Erhebung unter den wichtigsten französischen Gemeinschaften: *Emmanuel, Chemin neuf, Lion de Juda et l'Agneau immolé, Théophanie, Fondation.*

[68] Ebd. 61 f.

[69] Vgl. die Zeitung La Croix, 27. Januar 1999.

vence), auch wenn andere ihr nach wie vor eher zurückhaltend gegenüberstehen. Im Dezember 1992 wurde *Emmanuel* vom Päpstlichen Rat für die Laien *ad experimentum* für fünf Jahre als „internationale Privatvereinigung von Gläubigen nach päpstlichem Recht" anerkannt. Im Dezember 1998 erfolgte die definitive Approbation der Statuten. Die in 45 Ländern aktive Gemeinschaft zählte am Ende des 20. Jahrhunderts 6000 Mitglieder, die Hälfte davon in Frankreich, 150 geweihte Laien und 130 Priester. Zu ihren jährlichen Treffen versammelten sich bislang stets ca. 20000 Menschen in Paray-le-Monial. *Emmanuel* ist für 15 Pfarreien verantwortlich und in ganz unterschiedlichen Bereichen tätig: Evangelisation und Ausbildung, liturgische Erneuerung, karitative Werke, Entwicklungshilfe in der Dritten Welt.

Von ihrer Herkunftsidentität her hat die in Italien entstandene Bewegung *Comunione e Liberazione* nichts mit der charismatischen Bewegung zu tun[70]. Aber auch sie sollte sich außerhalb des institutionellen Rahmens der Katholischen Aktion entfalten. *Comunione e Liberazione* entstand bereits 1954 auf Initiative von Don Giussani, einem Religionslehrer an einem Mailänder Gymnasium, und hatte Studenten, junge Arbeiter und Angestellte als Zielgruppe. Zwischen 1967 und 1973 stand die der Tradition des antiliberalen Integrismus verhaftete Bewegung dem Studentenprotest nahe. Seit 1980 veranstaltet die Bewegung – ein Netzwerk von kleinen Gemeinschaften – jedes Jahr in Rimini ein großes Treffen. 1981 erhielt *Comunione e Liberazione* den Status einer Bruderschaft mit Don Giussani als Leiter. Die seither als fromme Laiengesellschaft *(pia unio)* konstituierte und 1983 vom Päpstlichen Rat für die Laien approbierte Bruderschaft zählte 1988 12000 Erwachsene als Kern der Organisation. *Comunione e Liberazione* bekräftigt die christliche Identität und führt die Bedeutung eines spirituellen Lebens vor Augen; die Bewegung ist im Vereinswesen präsent, gründet Sozialwerke, betätigt sich auch politisch, nicht ohne sich zugleich von bestimmten Formen der Politik zu distanzieren. Der Erfolg der Bewegung hat mit dem Charisma ihrer Leiter zu tun und mit deren Fähigkeit, die Zielsetzungen der Gemeinschaft zu kanalisieren.

In dieser religiösen Landschaft mit ihren vielfältigen Verwerfungen gilt es, nicht bloß die „neuen Gemeinschaften", sondern auch die Säkularinstitute, die Laiengemeinschaften im Umfeld der Orden, die Entwicklung der Drittorden nicht zu vergessen[71]. Laut Schätzungen gehörten Ende der neunziger Jahre im heutigen Frankreich mehr als 15000 Laien elf Gruppen mit einem an den evangelischen Räten orientierten Lebenswandel an. Diese wurden 1965 vom Episkopat anerkannt. Zwei dieser Gruppen haben je 5000 Mitglieder: die franziskanischen Bruderschaften und die jesuitischen Bruderschaften (*communautés Vie chrétienne*)[72]. Diese Gruppen vertreten jeweils die Spiritualität der Institute, mit denen sie verbunden sind.

---

[70] Vgl. S. ABBRUZZESE, Comunione e Liberazione. Identité catholique et disqualification du monde, Paris 1989 (mit einem Vorwort von J. SÉGUY); DERS., Communion et Libération dans le nouveau contexte italien, in: Études Bd. 387 (9/1997) 161–168.
[71] Vgl. die Ausführungen von J. SÉGUY, Groupements volontaires d'intensité religieuse dans le christianisme et l'islam, in: ASSR Nr. 100 (1997) 47–60, zit. 49.
[72] Vgl. das Dossier in der Zeitung La Croix, 13./14. März 1999.

III. Aspekte des evangelikalen Protestantismus und Evangelisationskampagnen

von Jean-Paul Willaime

Kennzeichnend für die evangelikale Strömung im Protestantismus sind Bibelorthodoxie, hoher Stellenwert der persönlichen Bekehrung, kongregationalistische Kirchenstruktur und Unternehmensgeist; Folge davon ist eine gewisse Militanz, deren Ziel eine möglichst hohe Effizienz bei der Evangelisation und der Gestaltung des kirchliches Lebens ist. Im Laufe der Geschichte gab es verschiedene Ableger dieser Strömung: radikale Reformer im 16. Jh., Täufer und Mennoniten, Puritaner, Baptisten und Methodisten, die Erweckungsbewegungen des 19. und 20. Jh., Gegner des Liberalismus, die 1846 in London gegründete Evangelische Allianz usw. Es handelt sich um einen interkonfessionellen, missionarischen Protestantismus, fokussiert auf die Bekehrung der Menschen, unabhängig davon, ob sie einer Kirche angehören oder nicht. Den radikalsten Flügel stellen die Fundamentalisten[73]. Fundamentalistisch geprägt sind verschiedene Denominationen – ganz besonders Baptisten, Mennoniten und einige sogenannte „evangelikale" Kirchen. Aber auch in den reformierten und den lutherischen Kirchen machen sich fundamentalistische Strömungen bemerkbar. In der Regel bezeichnet der Begriff „evangelikale Protestanten" Gläubige, die besonders fromm, orthodox und missionarisch sein wollen, wobei je nach Richtung das eine oder andere Element überwiegt.

Die eher liberal geprägten protestantischen Kirchen sind mit einem nicht unbedeutenden Mitgliederschwund konfrontiert; die evangelikalen Kirchen hingegen können in verschiedenen Ländern einen gewissen Aufschwung verzeichnen. In den USA stagnieren die *mainline churches*, also die liberalen Kirchen, der evangelikale Protestantismus hingegen hat beachtlichen Zulauf. In den neunziger Jahren gehörte ihm mehr als ein Viertel der amerikanischen Bevölkerung an. In Europa, etwa in Frankreich, verläuft die Entwicklung weniger spektakulär, geht aber in dieselbe Richtung und führt zu einem neuen Kräfteverhältnis zwischen lutherisch-reformiertem und evangelikalem Protestantismus. Gemäß einer Erhebung[74] gehörten 1999 in Frankreich rund 350000 Gläubige einer evangelikalen Bewegung an, also ungefähr ein Drittel der protestantischen Franzosen; kurz nach dem Zweiten Weltkrieg hatte diese Zahl noch bei 100000 gelegen. Verbreitet hat sich der evangelikale Protestantismus auch in Afrika, in Asien und in Südamerika. 1998 repräsentierte er in Südkorea 25% der Bevölkerung. Zu Recht wird betont, Hauptmerkmal des evangelikalen Protestantismus sei, neben Internationalismus und einer gewissen Militanz, die persönliche Entscheidung für eine religiöse Identität, die nicht bloß deshalb automatisch übernommen wird, weil jemand zufälligerweise in einem konfessionell homogenen Land geboren wird[75]. Es sieht so aus, als hätten diese Merkmale eine besondere Affinität zum modernen religiösen Ethos im anhebenden 3. Jahrtausend, als würde die Figur des „Bekehrten" den traditionellen, ein religiöses Erbe übernehmenden Glaubenden ablösen[76]. In der säkulari-

---

[73] Vgl. M. Ben Barka, Les nouveaux rédempteurs. Le fondamentalisme protestant aux États-Unis, Paris – Genf 1998.

[74] Fath, Le protestantisme évangélique (s. Anm. 32) 83–94, bes. 84.

[75] Ebd. 87.

[76] Zutreffend beschrieben in D. Hervieu-Léger, Le pèlerin et le converti. La religion en mouvement, Paris 1999.

sierten Gesellschaft ist dem Christentum seine einstige kulturelle Evidenz und soziale Prä-
gekraft abhanden gekommen, und so tritt es denn in minoritären Formen auf den Plan. Pro-
testantischer- wie katholischerseits fühlen sich die an ein eher träges Massenchristentum
gewohnten kirchlichen Behörden von diesen neuen Formen zuweilen in Frage gestellt.

Gerade weil der persönlichen Bekehrung so große Bedeutung beigemessen wird, erstaunt es weiter nicht, daß die Evangelisationsbemühungen („die Seelen für Christus gewinnen") im evangelikalen Protestantismus von jeher stark ausgeprägt sind. 1974 etwa
fand in Lausanne die von der *Billy Graham Evangelistic Association* gesponserte Internationale Konferenz für Weltevangelisation mit 2500 Teilnehmenden aus mehr als 150 Nationen statt. Führende Evangelikale forderten damals auf, „das ganze Evangelium in alle
Welt hinauszutragen". Zum Abschluß der Konferenz einigten sich die Teilnehmenden auf
eine Resolution: die *Lausanner Verpflichtung* (*Lausanne Covenant*). In 15 Artikeln präzisiert die *Lausanner Verpflichtung* die evangelikal-protestantische Auffassung zur Evangelisation; betont wird die Dringlichkeit der Evangelisation, und zum Ausdruck kommt auch
die für die Strömung spezifische Bibelgläubigkeit (die Bibel ist als schriftgewordenes
Wort Gottes irrtumslos und unfehlbare Leitschnur des Glaubens und der Glaubenspraxis);
unterstrichen wird die „soziale Verantwortung der Christen" und zugleich beklagt, daß
„wir manchmal Evangelisation und soziale Verantwortung als sich gegenseitig ausschlie-
ßend angesehen haben". Die Konferenz zeigte, daß auch für die Evangelikalen missionarische wie soziale und politische Betätigung den Christen gleichermaßen Pflicht sind, und
stellte einen Wendepunkt im Verhältnis zwischen dem ökumenischen Protestantismus des
Ökumenischen Rates der Kirchen (ÖRK; *World Council of Churches*) und dem evangelikalen Protestantismus dar. Diese Wende bestätigte sich bei der zweiten Internationalen
Konferenz für Weltevangelisation 1989 in Manila: Vielleicht waren die tatsächlich vorhandenen Gegensätze im Missionsverständnis nicht derart groß, wie manche hatten wahrha-
ben wollen. Doch obwohl auch der ÖRK „Seelen für Christus gewinnen" will und der
evangelikale Protestantismus soziale und politische Betätigung als Pflicht betrachtet, bleiben doch beträchtliche Unterschiede in der Akzentsetzung und dem Gesamtverständnis
der Evangelisation – Unterschiede, die durch je andere theologische und ekklesiologische
Ansätze bedingt sind.

In Sachen Evangelisation verdienen die vom amerikanischen Baptistenprediger William
Franklin (Billy) Graham (*1918) organisierten Missionskampagnen Aufmerksamkeit –
neben den amerikanischen Fernsehpredigern [77] eines der prägnantesten Beispiele dafür,
wie Massenevangelisation im heutigen Protestantismus abläuft. Seit 1949 führt Billy Graham Evangelisationskampagnen durch und bedient sich dabei der modernsten Kommunikationstechniken. Möglich geworden ist das dank der Unterstützung der gut eingespielten
Billy Graham Evangelistic Association mit ihren vielfältigen Aktivitäten. Die Organisation bereitet Grahams Missionskampagnen vor, produziert aber auch zahlreiche Radio-
und Fernsehsendungen und gibt die Zeitschrift *Decision* heraus. Ihre Tochtergesellschaft
World Wide Picture hat zahlreiche Filme produziert. Die *Billy Graham Evangelistic Association* erteilt aber auch „geistlichen Rat", und beantwortet jedes Jahr Hunderttausende
von Briefen und Telefonanrufen. Vorab in der Dritten Welt engagiert sie sich karitativ und
im Gesundheits- und Bildungswesen.

---

[77] Zu den amerikanischen Fernsehpredigern vgl. J. GUTWIRTH, L'Église électronique. La saga des télévangélistes,
Paris 1998.

ohannes Paul II. beim Einzug zur Eucharistiefeier während einer Pastoralreise in Afrika.

Plakat „Brot für die Welt" 1986.

MISEREOR-Hungertuch 1981: Naive Malerei des Haitianers Jacques Chéry mit dunkelhäutigem Christus.

Billy Grahams Theologie vereint die allen Strömungen des evangelikalen Protestantismus gemeinsamen Themen: Er fordert seine Zuhörer auf, sich für das Evangelium zu entscheiden, die Bekehrten lädt er ein, ihren Glauben entweder in ihrer Herkunftskirche oder unter der Verantwortung der einladenden Organisation (in Frankreich etwa *Mission France*) zu vertiefen. Manche Protestanten sind skeptisch angesichts der Kosten der Evangelisationskampagnen wie auch der Betonung des persönlichen Heils. Doch mit seinen Predigten erreicht Billy Graham ein breites Publikum aus unterschiedlichen sozialen Schichten (besonders Unter- und Mittelschichten); seine Zuhörer sind empfänglich für seine Überzeugungskraft, für die Einfachheit seiner Botschaft und für seine bildhafte und konkrete Sprache. Erstmals per Satellit übertragen wurde Billy Grahams Evangelisationskampagne von Paris-Bercy im Jahr 1986, eine von der Evangelischen Allianz Frankreichs organisierte Kampagne. Ebenfalls übertragen wurden die Kampagnen von Essen 1993 und von Puerto Rico 1995. An mehreren tausend Orten überall auf der Welt ausgestrahlt, fanden alle drei Kampagnen international starke Beachtung. Die Kampagne vom 7. bis 21. März 1993 in Essen war Teil der Operation „Weltmission" und wurde in 55 Länder übertragen und in 43 Sprachen übersetzt. In Frankreich etwa wurden die Predigten an mehr als 170 Orte – Kirchen, Jugendhäuser, Gemeindesäle, für die vier Abende gemietete oder zur Verfügung gestellte Theater – übertragen und jeden Abend von ungefähr 30000 Menschen mitverfolgt (beispielsweise 1000 in Metz und 2000 in Mülhausen und Umgebung). An einigen Orten wurde die Veranstaltung sogar ins örtlichen Kabelnetz eingespeist und konnte von den Zuschauern zu Hause mitverfolgt werden. Nicht wenige Lutheraner und Reformierte fühlen sich von Billy Grahams Stil abgestoßen; an einigen Orten jedoch sind seine Evangelisationskampagnen Anlaß für innerprotestantische Ökumene zwischen Lutheranern, Reformierten und Evangelikalen. In Genf etwa nahmen trotz Protesten mancher Mitglieder der Genfer Landeskirche (*Église Nationale Protestante de Genève*) andere Mitglieder im Rahmen eines Evangelisationsprogramms („Genévangile") an der Kampagne von 1993 teil. So kam es zu einem Dialog zwischen den sich auf die Reformation berufenden Gemeinden.

Billy Graham und Johannes Paul II. weilten 1986 fast zum selben Zeitpunkt in Frankreich – der Baptistenprediger für eine Evangelisationskampagne im Sportstadion Bercy in Paris, der Papst anläßlich des 200. Geburtstags des Pfarrers von Ars und im Rahmen einer Pastoralvisite in der Gegend von Lyon (Treffen mit der Lyoner Jugend). Das bot Gelegenheit zu einer vergleichenden Analyse der beiden religiösen Leader[78]. Dabei wurde deutlich, daß es zwischen dem „unabhängigen religiösen Unternehmer aus den USA" und dem „Oberhaupt einer weltweit präsenten Kirche mit diplomatischem Status", die beide Massenversammlungen auslösen und hohe Medienpräsenz verzeichnen, trotz einiger Ähnlichkeiten zahlreiche Unterschiede gibt. Vor allem ist das Publikum der beiden religiösen Leader nicht dasselbe: bei Johannes Paul II. ein eher kircheninternes Publikum, mehrheitlich praktizierende Katholiken aus der Mittel- und Oberschicht; bei Billy Graham ein eher kirchenfremdes Publikum, durch Struktur- und Sittenwandel marginalisierte und destabilisierte Personen, nicht unbedingt Protestanten und aus eher bescheidenem Milieu. Billy Graham, der unabhängige Unternehmer im Sektor Evangelisation, muß Erfolge ausweisen und seine Effizienz ständig unter Beweis stellen; doch bevor er zur Bekehrung aufruft,

---

[78] J. BAUBÉROT u. a., Deux leaders religieux: Billy Graham et Jean-Paul II, in: J. SÉGUY u. a., Voyage de Jean-Paul II en France, Paris 1988, 166.

muß er sich legitimieren und sein Publikum erobern (obwohl er sich in Frankreich auf eine evangelikal-protestantische Bewegung stützen konnte). Der Papst hingegen hat die Legitimität einer Weltkirche und ein überzeugtes Publikum hinter sich: die katholischen Gläubigen Frankreichs. Hinsichtlich ihrer Botschaft und ihres missionarischen Stils sind die unterschiedlichen konfessionellen Prägungen eklatant: eine stark auf Bibel und persönliche Bekehrung fokussierte Botschaft bei Billy Graham, eine stark auf Kirche und zwischenmenschliche Beziehungen zentrierte Botschaft bei Johannes Paul II.

IV. Aufschwung der Pfingstbewegung: Konturen und Paradoxa eines enthusiastischen Protestantismus [79]

VON JEAN-PAUL WILLAIME

An der Schwelle des 3. Jahrtausends zeichnet sich eine spektakuläre Ausbreitung eines protestantisch geprägten enthusiastischen Christentums ab: der Pfingstbewegung. Es handelt sich um eine nicht einfach abzugrenzende religiöse Welt, denn die Kirchen und religiösen Gruppierungen auf allen Kontinenten, die sich zur Pfingstbewegung bekennen und/oder unter diesen Begriff subsumiert werden können, sind äußerst disparat. Diesen Umstand meinte Harvey Cox mit seiner Analyse: „Es gelingt den Pfingstlern häufig, in höchstem Maß synkretistisch *zu sein*, während ihre Anführer gegen den Synkretismus *predigen*." [80] In der Tat vermag sich dieses schwärmerische Christentum problemlos in ganz unterschiedliche Kulturen einzupassen. Zu Beginn des 20. Jh. in den USA entstanden, verbreitete sich die Pfingstbewegung in den letzten Jahrzehnten vorab in Lateinamerika, Afrika und Asien. Die Pfingstbewegung ist ein „transnationales religiöses Phänomen", vielleicht sogar die „bedeutendste religiöse Transnationalisierung des 20. Jahrhunderts" [81]. Sie zeichnete sich seit ihren Anfängen durch eine nationenübergreifende Dimension aus, [82] die heute um so wirksamer ist, als sie in einen umfassenderen Prozeß „der Globalisierung und Transnationalisierung des Religiösen überhaupt" eingebettet ist [83]. Diese Transnationalisierung verläuft nicht bloß von Norden nach Süden oder von Westen nach Osten, sondern auch in umgekehrter Richtung, entsenden doch Pfingstkirchen in Afrika, Lateinamerika und Asien Missionare nach anderen Kontinenten, namentlich nach Europa.

---

[79] Zu diesem Thema verweisen wir auf das Heft „Le pentecôtisme: les paradoxes d'une religion transnationale de l'émotion": ASSR Nr. 105 (1999); vgl. auch im selben Heft J.-P. WILLAIME, Le pentecôtisme: contours et paradoxes d'un protestantisme émotionnel, 5–28. W. J. HOLLENWEGER, Enthusiastisches Christentum. Die Pfingstbewegung in Geschichte und Gegenwart, Wuppertal – Zürich 1969.

[80] H. COX, Fire from Heaven. The Rise of Pentecostal Spirituality and the Reshaping of Religion in the Twenty-first Century, Reading (Mass.) 1995, 248.

[81] A. CORTEN, Le pentecôtisme au Brésil. Émotion du pauvre et romantisme théologique, Paris 1995, 70.

[82] Diese transnationale Dimension spiegelt sich auch in den therapeutischen Netzen der Pfingstbewegung: „für ihre Wunderheilungen bekannte peruanische Prediger sind in Guatemala tätig, während Mitglieder der guatemaltekischen Pfingstgemeinde in Miami von den göttlichen Heilungen künden"; C. BERNAND in ihrem Vorwort zu S. PÉDRON-COLOMBANI, Le pentecôtisme au Guatemala. Conversion et identité, Paris 1998, 12.

[83] J.-P. BASTIAN, La dérégulation religieuse de l'Amérique latine, in: Problèmes d'Amérique latine Nr. 24 (1997) 3–16, zit. 6.

Die Pfingstbewegung umfaßt eine Vielfalt von Denominationen. Allein in den USA übersteigt ihre Zahl 200[84]; einige dieser Denominationen zählen nur wenige Mitglieder und sind kaum verbreitet, andere wiederum, etwa die *Assemblies of God*, sind mitgliederstark und weltweit tätig. Obwohl in zahlreiche Zweige unterteilt und je nach Land und kulturellem Umfeld anders strukturiert, verfügt die Pfingstbewegung auch über internationale Instanzen, etwa die erstmals 1947 in Zürich tagende *Pfingst-Weltkonferenz*. Die meisten Kirchen der Pfingstbewegung sind nicht Mitglied des *Ökumenischen Rates der Kirchen* in Genf; eine Ausnahme macht etwa die brasilianische *Igrega Evangélica Pentecostal „O Brasil para Cristo"*, deren Beitritt zum ÖRK von den übrigen brasilianischen Pfingstgemeinden mit Empörung zur Kenntnis genommen wurde. Obwohl dem römischen Katholizismus gegenüber in der Regel sehr kritisch eingestellt, beteiligen sich einige Vertreter der Pfingstbewegung an einem offiziellen Dialog mit der römisch-katholischen Kirche (wie auch mit protestantischen Schwesterkirchen).

Die Betonung der Gaben des Heiligen Geistes an Pfingsten[85] trug diesen Christen den Namen „Pfingstler" ein. Besonders hervorgehoben wird das Zungenreden als Zeichen der Taufe durch den Heiligen Geist, in Anlehnung an das, was die Bibel (Apostelgeschichte 2,4) über Pfingsten berichtet: „Alle wurden mit dem Heiligen Geist erfüllt und begannen, in fremden Sprachen zu reden, wie es der Geist ihnen eingab." Die Pfingstbewegung betonte von Anfang an die Naherwartung der Wiederkunft Christi, besitzt insofern eine stark eschatologische Dimension. Sie ist missionarisch, wird doch jedes Mitglied zum Missionar (gleichwohl spielen die Prediger in den Gemeinden eine wichtige Rolle). Die theologischen Merkmale der Pfingstbewegung können prägnant wie folgt formuliert werden: „Das Heil durch den in der Bekehrung manifest gewordenen Glauben, die Heiligung als geistliche Erfahrung im Anschluß an die Bekehrung, die in der Bibel (Apostelgeschichte Kap. 2) erwähnten Geistesgaben: Zungenreden, Prophetie, Krankenheilung, enthusiastisches Erwarten der Wiederkehr Christi. Eine Formel faßt diese Lehren zusammen: ,Jesus rettet, heilt, tauft und kehrt wieder.'"[86] Die emotionale Erfahrung der Gegenwart Gottes und seines Wirkens (durch Zungenreden, Krankenheilung, Prophetie), die permanente, exklusive Bezugnahme auf die Bibel, der Bekenntnischarakter der religiösen Gruppierung (wir haben es hier mit einer typischen Vertreterin der *Believer's Church* zu tun, die lediglich Bekehrte als Mitglieder zuläßt und von jedem erwartet, daß er ein Missionar ist) – das sind die Grundelemente jener Spielart von Christentum, welche die Pfingstbewegung darstellt.

Der Pfingstbewegung ist ein gewisses Protestpotential gegenüber der instituierten Religion eigen, besonders aber gegenüber dem instituierten Christentum, sei es der römische Katholizismus oder der instituierte Protestantismus der lutherischen, reformierten oder methodistischen Kirchen. In der Pfingstbewegung ist eine ikonoklastische protestantische Tradition lebendig, die Bilderkult und katholische Marienverehrung vehement kritisiert (1995 zerbrach ein Verantwortlicher der *Iglesia Univeral del Reino de Dios* am Bildschirm

---

[84] Vgl. HOLLENWEGER, Enthusiastisches Christentum.

[85] Zur Erinnerung: Pfingsten – wie der Name sagt, der 50. Tag nach dem christlichen Osterfest – markiert das Ende der Osterzeit (*Christi Himmelfahrt* am 40. Tag nach Ostern) und bezieht sich biblisch auf die Ausgießung des Heiligen Geistes auf die in Jerusalem versammelten Jünger (Apostelgeschichte Kap. 2).

[86] J. BAUBÉROT, Changements socio-religieux et restructuration identitaire: le protestantisme pentecôtiste et les Tziganes, in: Ethnologie des faits religieux en Europe, Paris 1993, 427–432.

eine Statue der Schutzpatronin Brasiliens, *Nossa Senhora da Aparecida*) – eine Erinnerung an bilderstürmerische Tendenzen im Protestantismus des 16. Jh. Die Pfingstbewegung nimmt auf ihre Weise auch das auf die kirchliche Lehre bezogene Protestpotential des Protestantismus auf, indem sie in einer enthusiastischen Aneignung dem Volk die Bibel übergibt und so die Lehrvermittlungen der kirchlichen Apparate kurzschließt. Wohl sind auch innerhalb der Pfingstbewegung selbst neue Lehrregelungen und neue Kontrollinstanzen entstanden (vgl. unten), doch Basis ist und bleibt die Bibelaneignung über die Erfahrung des göttlichen Machterweises wie über die Gefühlswelt der gläubigen Gemeinde, nicht aber auf dem Weg über den Intellekt. Die emotionale Erfahrung steht indes dem Studium der Heiligen Schrift nicht entgegen, „in den meisten afrikanischen Kirchen gehen visionäre Eingebung und prophetische Offenbarung Hand in Hand mit einem ausgeprägten Sinn für Bibelstudium und schriftgestützter Argumentation"[87]. Der Biblizismus der Pfingstbewegung gründet in der emotionalen Aneignung der Bibel, schließt aber gewisse lehrmäßige Rationalisierungen nicht aus.

Beobachtungen in Afrika verdeutlichen das Gesagte und zeigen auch die Interaktionen der Pfingstbewegung mit den traditionellen afrikanischen Religionen. Zu Recht wird von „einer Wechselwirkung von Austausch und Wettstreit zwischen exogener Pfingstbewegung und einheimischem Prophetismus" gesprochen, wobei die Erfahrung der Geistausgießung der afrikanischen Disposition zur Trance-Kultur entgegenkommt: „Die Affinität zwischen manchen Heilsmitteln der Pfingstbewegung (Trance, Visionen, Heilung, Kampf gegen Dämonen) und den Ausdrucksformen afrikanischer Religiosität wie auch die ihnen gemeinsame Plastizität erklären zweifellos, weshalb in der neueren Geschichte des afrikanischen Christentums der Trend hin zu einer charismatisch-enthusiastischen Religion und zu einer stärker von Einheimischen getragenen Kirche eine einzigartige Verbindung eingegangen sind."[88] Ein emotionaler Protestantismus, der die Unmittelbarkeit des göttlichen Handelns betont, der in Lehre und Liturgie eine gewisse Plastizität anbietet und der die Interaktion zwischen enthusiastischen Religionsformen und göttlichem Handeln in höchstem Maße zelebriert (Akteure des Typus Prophet, Schamane usw.) – so tritt uns die Pfingstbewegung entgegen, als eine religiöse Ausdrucksform, die aufgrund der von ihr privilegierten Kommunikationsmittel mit dem Göttlichen (Hymnen, Zungenreden, Träume, spontane Kultformen) besonders geeignet scheint, sich an ganz unterschiedliche Kulturen und Sprachen anzupassen. Eine Religion der Emotion und der Stärke, auf die Émile Durkheims Bemerkung in *Die elementaren Formen des religiösen Lebens* aus dem Jahr 1912 durchaus zutrifft:

Der Gläubige, der mit seinem Gott kommuniziert hat, ist nicht nur ein Mensch, der neue Wahrheiten sieht, die der Ungläubige nicht kennt: er ist ein Mensch der mehr *kann*. Er fühlt mehr Kraft in sich, entweder um die Schwierigkeiten des Lebens zu ertragen oder um sie zu überwinden. Er scheint über der menschlichen Not zu stehen, weil er sich über den Zustand des Menschen erhoben hat. Er glaubt, vom Übel, unter welcher Form er es auch auffassen mag, befreit zu sein. Der erste Artikel eines jeden Glaubens ist der Glaube an das Heil durch den Glauben.[89]

---

[87] A. MARY, Culture pentecôtiste et charisme visionnaire au sein d'une Église indépendante africaine, in: ASSR Nr. 105 (1999) 29–50, zit. 48.
[88] Ebd. 29.
[89] É. DURKHEIM, Die elementaren Formen des religiösen Lebens (1912), übers. v. L. SCHMIDTS, Frankfurt a. M. 1981, 558.

Eine Studie über Roma und Sinti, die der Pfingstkirche angehören, wirft die Frage auf, ob der Erfolg dieser religiösen Bewegung nicht darin liegt, daß sie einen hohen Grad an Personalisierung der Religion gestattet: „Das Wort gehört allen (alle sind geladen, ‚Zeugnis abzulegen‘, ja die Bibel auszulegen und zu lehren), alle haben Zugang zu den Ereignissen und Grunderfahrungen des religiösen Lebens: Zungenreden, Gabe der Krankenheilung…"[90] Die Pfingstbewegung erlaubt es einem jeden, das Wort zu ergreifen, unabhängig von sozialem Status und intellektuellen Fähigkeiten. Insofern ist das Zungenreden der Sieg des „Analphabeten" über den Gebildeten, über alle Formen autorisierten Redens. In gewisser Hinsicht stellt die Pfingstbewegung eine Demokratie des freien Worts dar, eine Demokratie auch des Zugangs zum Göttlichen und der möglicherweise daraus resultierenden Gnadenerweise. Sie bietet eine pragmatische Lösung des Heilsproblems an: weder durch Werke noch durch den Glauben, sondern durch die Erfahrung, gepaart mit der Möglichkeit, *hic et nunc* die Wahrhaftigkeit der Erwähltheit anhand der erfahrenen Gnadenerweise zu verifizieren, weil Gott augenblicklich handelt, jeden rettet und heilt. Eine pragmatische Heilsökonomie, gepaart mit „Unterhaltungswert": Der Pfingstgottesdienst ist ein Ereigniskult, ein Spektakelkult, in dem immer etwas geschieht, in dem jeder Akteur und Zuschauer zugleich ist. Dazu eine Beobachtung über eine Pfingstgemeinde in Guatemala: „Die Gläubigen nehmen sehr gern am Gottesdienst teil. Sie betrachten das nicht bloß als religiöse Pflichterfüllung. Der Gottesdienst ist immer auch Unterhaltung. Folglich zögern sie nicht, Familie, Freunde und Nachbarn dazu einzuladen, als handle es sich um die Einladung zu einem Fest."[91]

Das schließt keineswegs aus, daß es Regeln, Betreuung und Machtausübung gibt. Wie im Protestantismus überhaupt besteht auch innerhalb der Pfingstbewegung die Spannung zwischen religiöser Autonomie und religiöser Abhängigkeit. Das gilt vor allem anderen für den Gottesdienst, der keinesfalls auf eine Demokratie des freien Worts reduziert werden kann. Eine Analyse des Gottesdiensts in der Pfingstgemeinde[92] unterscheidet zwei Sequenzen: eine erste mit Gesang, Zungenreden, Prophetie, Gebet und Auslegung; eine zweite, in der der Vorsteher seine Predigt hält. Diesen beiden, in Wirklichkeit nicht immer klar getrennten Sequenzen entspricht je ein Redestatus: „Einerseits der Status, der sich aus der Wortergreifung aus der Mitte der Versammlung ergibt; andererseits der der Versammlung durch die ‚autorisierte‘, ja ‚autoritäre‘ Rede des Pfarrers oder Predigers verliehene Status."[93] Doch beide sind nicht gleichrangig: „Allein die Reden des Predigers haben Erklärungsgehalt. Nie beansprucht jemand, der in der Versammlung das Wort ergreift, diese Erklärungsfunktion. Die Rede des Predigers ist also die durch Wissen ausgeübte Rede der Macht."[94] Doch die Macht des Predigers ist nicht auf den Gottesdienst begrenzt. Die Pfingstkirchen richten ein „äußerst wirksames Betreuungs- und Begleitungssystem ihrer Bekehrten" ein[95]. Der Prediger ist der wahre Führer der Gemeinschaft. Da Pfingstgemein-

[90] P. WILLIAMS, Le miracle et la nécessité: A propos du développement du pentecôtisme chez les Tsiganes, in: ASSR Nr. 73 (1991) 81–98, zit. 95.

[91] PÉDRON-COLOMBANI, Le pentecôtisme au Guatemala, 116.

[92] N. DUBLEUMORTIER, Glossolalie. Discours de la croyance dans un culte pentecôtiste, Paris – Montreal 1997, 26.

[93] Ebd.

[94] Ebd. 222. Gemäß dieser Analyse (vgl. 215f) ist die Rede des Predigers Rede der Mutter und des Vaters zugleich: Rede der Mutter dank des innigen mündlichen Bandes, das zwischen den Gläubigen und dem Prediger im Zungenreden entsteht, ein Band, das den Gläubigen das Bewußtsein seiner Individualität vergessen läßt; Rede des Vaters hingegen als Darstellung von Sanktionen und Verboten.

[95] PÉDRON-COLOMBANI, Le pentecôtisme au Guatemala, 105.

den als emotionale Gemeinden leicht manipulierbar sind, sind sie auch ein grandioses Forum für charismatische Persönlichkeiten jeder Couleur, wobei die Entwertung institutioneller und intellektueller Vermittlung die charismatische Kraft der Leader nur noch verstärkt, so daß – so eine Beobachtung aus Pôrto Alegre – das Publikum der Pfingstversammlungen „sich willfährig dem autoritären Stil der Prediger unterwirft, die sich der Lebensführung und des Denkens der Gläubigen bemächtigen"[96]. Besonders zur Geltung kommt diese Führungsfunktion des Predigers in Pfingstgemeinden aus Ländern mit einem herrschaftsgeprägten Kulturmodell. „Heute haben die meisten Pfingstkirchen Führer, die Oberhaupt, Eigentümer, Häuptling und Caudillo einer von ihnen gegründeten religiösen Bewegung sind, die gemäß einem Erbmodell oder einem nepotistischen Modell der Weiterführung vom Vater auf den Sohn vererbt wird."[97] Eine Analyse der Pfingstbewegung in Burkina Faso ergibt eine Parallele zwischen dem Prediger und dem Dorfhäuptling der Mosi[98]. Andere sprechen, etwa im Falle Chiles, vom Prediger als einem Prediger-Patron in einer religiösen Gesellschaft des Hacienda-Typus[99]. Auch die von den Pfingstgemeinden ausgeübte wirtschaftliche und soziale Funktion verstärkt die Macht der Prediger. In Burkina Faso etwa betätigen sich die Prediger als Ehevermittler: Die Infragestellung der traditionellen Eheallianzen durch die Bekehrung zum Pfingstglauben verleiht dem Prediger hier eine zentrale Rolle. Der Einsatz der Medien, Radio wie Fernsehen, verstärkt das gesellschaftliche Gewicht des Predigers ebenfalls und erhöht die Manipulationsmöglichkeiten[100].

In Lateinamerika erreicht die Pfingstbewegung die ärmsten Bevölkerungsschichten – worin sich alle Studien einig sind. „Es ist eines der häufig betonten Paradoxa: Während die Befreiungstheologie ihren Diskurs auf ‚der Option für die Armen' fundiert, wenden sich die Pfingstgemeinden ihnen ganz massiv zu."[101] Mit der Pfingstbewegung findet der Übergang von „der Emotion *für die* Armen" zu einer „Emotion *der* Armen" statt[102]. Bereits in den ersten Analysen über die Pfingstbewegung wurde die Affinität zwischen dieser Bewegung und den ärmsten Bevölkerungsschichten vermerkt. Ähnliche Untersuchungen in Chile und Argentinien unterstreichen die Beziehung zwischen Pfingstbewegung und Unterschicht:

Die Pfingstbewegung bietet Heilsgewißheit, Sicherheit innerhalb einer Gemeinschaft und eine gewisse Form von Menschenwürde an und kanalisiert so einen bedeutenden Teil der Unterschichtsbevölkerung. Ihr Aufschwung verläuft, historisch gesehen, parallel zum Aufschwung der sozialisti-

---

[96] J. GUTWIRTH, Pentecôtisme national et audiovisuel à Porto Alegre/Brésil, in: ASSR Nr. 73 (1991) 99–114, zit. 105.

[97] J.-P. BASTIAN, Les protestantismes latino-américains: un objet à interroger et à construire, in: Social Compass 39 (1992) 327–354, 340.

[98] P.-J. LAURENT, L'Église des Assemblées de Dieu du Burkina-Faso. Histoire, transitions et recompositions identitaires, in: ASSR Nr. 105 (1999) 71–97.

[99] CH. LALIVE D'ÉPINAY, El refugio de las masas. Estudio sociológico del protestantismo chileno, Chile 1968 (Engl.: Haven of the Masses. A Study of the Pentcostal Movement in Chile, London 1969). Doch zu Recht wird die von Lalive d'Épinay gemachte Verknüpfung kritisiert: „Die Vorherrschaft des Predigers in der Pfingstgemeinde ist nicht traditioneller Art wie auf der Hacienda, sondern charismatischer Art" (A. CORTEN, Pentecôtisme et politique en Amérique latine, in: Problèmes d'Amérique latine 24 [1997] 17–31, zit. 29).

[100] Vgl. dazu P. A. ORO, Religions pentecôtistes et moyens de communication de masse au Brésil, in: Social Compass 39 (1992) 423–434. GUTWIRTH, L'Église électronique (s. Anm. 77).

[101] CORTEN, Pentecôtisme et politique en Amérique latine, 21.

[102] CORTEN, Le pentecôtisme au Brésil (s. Anm. 81) 11.

schen Bewegungen. Beide sind aus demselben Mangel und demselben Bedürfnis entstanden, nähren sich an derselben Revolte und machen sich gegenseitig – grosso modo – dieselbe Klientel streitig, geben ihr aber ganz unterschiedliche Orientierungen. In Anlehnung an einen berühmten Text kann man sagen, die Pfingstbewegung sei „einerseits der Ausdruck realen Elends und andererseits der Protest gegen das reale Elend. Es ist der Seufzer der bedrängten Schöpfung, das Gefühl in einer herzlosen Welt wie der Geist in einer geistlosen Zeit".[103]

Die Verkündigung der Pfingstbewegung ist in dieser Optik also die Antwort auf das Bedürfnis ganz spezifischer, von der Krise der traditionellen Gesellschaft erschütterter sozialer Gruppen. Pfingstbewegung wie Spiritismus appellieren an die Neigung zur Magie im Volk. Doch „anders als der Spiritismus, der amoralische Klientelbeziehungen zu einer Fülle von Gottheiten fördert, setzt die Pfingstbewegung die Autorität in einen einzigen Gott, stiftet universal gültige ethische Normen und fördert die persönliche Verantwortung"[104]. Diese Moralisierung (Verzicht auf Alkohol, exemplarisches Familienleben, Aufrichtigkeit, Arbeitsethos) ermöglicht auch einen gewissen sozialen Aufstieg und den Zugang zu kollektiver Verantwortung, ja den Einstieg in die Politik. Dazu, allgemeiner, Walter J. Hollenweger:

Ob bei den Landarbeitern Chiles, unter den Indianern Argentiniens, im Proletariat Nordamerikas, bei den Massen der afrikanischen Städte, unter den Zigeunern Frankreichs, den Gewerkschaftlern Schwedens, den Armen Großbritanniens, überall hat die Pfingstbewegung die Funktion, namen- und sprachlose Menschen ausdrucksfähig zu machen, sie vom Schrecken des Sprachverlustes zu heilen.[105]

Vor dem Hintergrund der Auflösung wirtschaftlicher und sozialer Beziehungen erfüllen die Pfingstgemeinden wirkungsvoll ihre Schutz- und Betreuungsfunktion für eine verunsicherte Bevölkerung: „Angesichts der Schwächung der Familien- oder Gemeinschaftsbande bietet sie [die Pfingstbewegung] eine Struktur an; auf dieser Basis wird erneut ein Hilfsdispositiv geschaffen, das konsequenterweise eine neue Form von Solidarität auf religiöser Basis generiert."[106] So üben die Pfingstgemeinden auch eine wichtige wirtschaftliche Umverteilungsfunktion aus – was einmal mehr dazu führt, daß die Pfingstgemeinde für die durch den Wandel der traditionellen sozioökonomischen Ordnung am stärksten destabilisierten Bevölkerungssegmente eine eigentliche „normative Zuflucht" (Lalive d'Épinay) darstellt. Umgekehrt wird dadurch der Zusammenhang zwischen Bekehrung zur Pfingstbewegung und Mobilitäts- und Krisensituation manifest.[107]

In Südkorea bieten die Pfingstkirchen „den neuen Städtern eine grundsolide Gemeinschaftsstruktur, die dank der von ihnen [den Kirchen] ausgehenden starken emotionalen

---

[103] CH. LALIVE D'ÉPINAY, Religion, dynamique sociale et dépendance. Les mouvements protestants en Argentine et au Chili, Paris 1975, 80.

[104] D. STOLL, Is Latin America Turning Protestant? The Politics of Evangelical Growth, Berkeley – Los Angeles – Oxford 1990, 318.

[105] HOLLENWEGER, Enthusiastisches Christentum (s. Anm. 79) 519.

[106] PÉDRON-COLOMBANI, Le pentecôtisme au Guatemala (s. Anm. 82) 147.

[107] Für Guatemala vgl. ebd. 149 und 173: „Die Zeit der Migration, geprägt durch tiefgreifende psychologische, soziale und identitätsspezifische Umwälzungen, ist ein bevorzugter Moment der Bekehrung. Mit seiner Ankunft in der Stadt verliert der Einwanderer seine Wurzeln." – „… die Bekehrung findet in der Regel in einer emotionalen, familialen, wirtschaftlichen oder biologischen Krisensituation statt, in schwierigen (Krankheit, Tod eines nahen Verwandten, Trennung usw.) oder destabilisierenden Zeiten (Auflösung der Familienbande, Umzug usw.)."

Zuschüsse bis zu einem gewissen Grad fähig ist, die zerbrochenen Familien zu ersetzen"[108]. Diese Gemeinschaften schützen vor allem die allein in die Stadt gelangten jungen Frauen (und klären sie zudem über ihre gewerkschaftlichen Rechte auf). Im ländlichen Milieu Burkina Fasos versammeln die *Assemblies of God* diejenigen, welche die Gruppe verlassen und sich einer Wahlgemeinschaft zugewandt haben, und versuchen dabei, einen Ersatz für die Dorfgemeinschaft zu schaffen.[109] Das Beispiel Burkina Fasos zeigt auch, daß die Rolle der Pfingstgemeinden nicht bloß passiv ist; sie nehmen nicht nur Menschen auf, welche die Auflösung der traditionellen sozioökonomischen Ordnung erleiden, sondern sie provozieren diese Auflösung auch. In städtischem Milieu, etwa in Ouagadougou, erklärt sich der Erfolg der *Assemblies of God* durch eine Art ‚Verdörflichung' der Stadt; die durch die Zerstörung der Dorfgemeinschaften entstandene Leerstelle wird insofern gefüllt.

Die Analyse der Lage in Brasilien legt den Schluß nahe, daß „von der Vorstellung abzurücken ist, die religiöse Alternative der Pfingstbewegung sei aufgrund ihres nordamerikanischen Ursprungs exogen. Vielmehr ist sie inzwischen als lebendiger konstitutiver Teil der brasilianischen Kultur zu betrachten. Die in Begriffen ‚exogen oder autochthon' gestellte Frage scheint zum Verständnis der Option für die Pfingstbewegung nichts Signifikantes beizutragen."[110] Dieser für Brasilien gültige Befund trifft zweifellos auch auf andere Länder zu. Auch ein „auf Begriffen von schlicht religiöser und politischer Manipulation basierender Ansatz liefert nur ungenügende Einsicht in die Art und Weise, wie protestantische Sekten im Land Fuß fassen"[111].

Was die Konspirations- und Manipulationstheorien betrifft, die in der Pfingstbewegung einen Ableger des amerikanischen Imperialismus und eine besonders verfängliche Form der Entfremdung der Volksmassen sehen, so werden sie durch die bereits zitierte Studie über die Bekehrungen zur Pfingstbewegung in der Stadt Guatemala relativiert, welche die Aussagen der Akteure miteinbezieht und letztere als Subjekte in die Analyse integriert:

Sicherlich besteht ein Zusammenhang zwischen der Pfingstbewegung und den Herrschaftsinteressen der USA, und in gewissen Fällen ist die Bekehrung das Ergebnis von Manipulationen. Doch die Mehrheit der Bekehrungen ist die Frucht des freien Entscheids der Bekehrten und resultiert aus Bedürfnissen, die aus diversen Gründen nur von der Pfingstbewegung abgedeckt werden können. Die Arbeit des Soziologen besteht dann darin, jene Mechanismen zu verstehen, die zu solchen Bekehrungen führen.[112]

Die Pfingstler integrieren sich in die Gesellschaft dank der starken Integration in eine primäre Zugehörigkeits- und Bezugsgruppe, die es ihnen erlaubt, ihre durch verschiedene Ereignisse destabilisierte Identität wieder aufzubauen.[113] Unter dem Zauber charismatischer Autoritäten, welche ihre Emotionen kanalisieren und fokussieren – sie freilich durchaus auch manipulieren können –, finden sie sich als Subjekte bestärkt und zur Artikulation in einer ihnen eigenen Sprache ermutigt, und sei es in der chaotischen Form des Zungenredens.

---

[108] N. LUCA, Pentecôtismes en Corée, in: ASSR Nr. 105 (1999) 99–123, zit. 103.

[109] Vgl. LAURENT, L'Église des Assemblées de Dieu du Burkina-Faso, 92.

[110] R. R. NOVAES, Pentecôtisme à la brésilienne: des controverses en cours, in: ASSR Nr. 105 (1999) 125–143, zit. 128.

[111] PÉDRON-COLOMBANI, Le pentecôtisme au Guatemala, 25.

[112] Ebd. 24 f.

[113] Vgl. auch C. BERNAND in ihrem Vorwort zu PÉDRON-COLOMBANI, Le pentecôtisme au Guatemala, 10.

Die *Assemblies of God* spielen durchaus auch eine Rolle in der Entwicklung der Agrarwirtschaft Burkina Fasos, indem sie die Bewohner vom dörflichen Holismus zum Individualismus führen und so einen sozialen Wandel begünstigen, der es ermöglicht, sich auf „neue Arten des Miteinanders" einzulassen:

Die protestantischen Mosi, getragen von einer neuen Gottesbeziehung, aber auch von einem neuen Verhältnis zu der Natur und den Menschen, haben entscheidend zum Entstehen und zum Aufbau der Wend-Yam-Föderation (eines Bauernverbands) beigetragen. Gestützt auf eine Repräsentativversammlung ihrer Mitglieder, auf demokratische Abstimmungen, auf eine angemessene Finanzverwaltung oder auf technische Neuerungen, stellt diese Organisation eine im bäuerlichen Milieu bisher unbekannte, eigenständige institutionelle Entwicklung dar.[114]

Insofern stellen die *Assemblies of God* im ländlichen Milieu Burkina Fasos ein Angebot der Moderne dar. Sich bekehren, um sich zu schützen und die Hexerei zu bekämpfen, heißt, sich von der Vorstellung der Verfolgung zu emanzipieren, also vom bösen Blick und stärker noch vom Anderen, von der Sippschaft, den Nachbarn und den Freunden. Diese Attraktivität der *Assemblies of God* als Moment der Moderne läßt sich wie folgt auf den Punkt bringen: Glaube an einen schützenden Gott, der derart wirksam ist, daß er durch die Übernahme neuer Techniken und durch die Entlarvung des Fetischismus als eines Hindernisses für den wirtschaftlichen Fortschritt zur Übertretung der Bräuche befähigt.

So ist in mancherlei Hinsicht die Pfingstbewegung in einem bestimmten Umfeld tatsächlich Trägerin der Moderne. In erster Linie deshalb, weil sie die Autorität der Tradition abbaut und zu deren Delegitimierung beiträgt. Da der Gott der Pfingstbewegung stärker und wirksamer erscheint als die traditionellen Götter, entreißt er die Menschen ihrer traditionellen sozialen und symbolischen Lebenswelt oder bietet sich als geeignetes symbolisches Dispositiv an, um Menschen zu begleiten, die ihrem Herkunftsmilieu aus sozioökonomischen Gründen bereits entfremdet sind. Das gilt vorab, aber nicht nur im ländlichen Milieu. Die Pfingstbewegung ist auch insofern Trägerin der Moderne, als sie die religiöse Verpflichtung als persönliche Option darstellt: Mit der Bekehrung löst sie einen folgenreichen Individualisierungsprozeß aus. Denn Individuen als religiöse Akteure zu etablieren, bedeutet auch, ihnen zu ermöglichen, sich als soziale Akteure oder gar als wirtschaftliche und politische Akteure zu etablieren. Der Wert des Individuums hängt dann nicht von seiner ethnischen Herkunft oder seinem Sozialstatus ab, vielmehr von dem, was es aus seinem Leben macht. Das Mitglied der Pfingstbewegung ist sich der Gleichstellung gewiß: Potentiell kann jeder das von dieser Religion repräsentierte Heil und die mit ihm verbundenen symbolischen und materiellen Gewinne erlangen. Weil die Pfingstbewegung eine religiöse Meritokratie ist, schafft sie die Voraussetzung dafür, daß die Individuen Eingang in die gesellschaftliche Meritokratie finden. Das kann in eine eigentliche Erfolgsideologie einmünden, wie die folgende Aussage zeigt: „Hatte man, nachdem man drei Jahre lang den Pfingstglauben praktiziert hatte, noch kein eigenes Haus, bedeutete das, daß man ein schlechter Gläubiger war."[115] Diese Erfolgsideologie nimmt zu, weil Richtungen, die ein „Evangelium des Wohlstands" vertreten, in bestimmten Pfingstlerkreisen Fuß gefaßt ha-

---

[114] P.-J. Laurent, Prosélytisme religieux, intensification agricole et organisation paysanne. Le rôle des „Assemblées de Dieu" dans l'émergence de la *Fédération Wend-Yam* au Burkina Faso, in: J.-P. Jacob – Ph. Lavigne Delville (Hrsg.), Les associations paysannes, organisation et dynamiques, Paris 1994, 155–178.

[115] Luca, Pentecôtismes en Corée, 104, Anm. 13.

ben, was eine merkliche Veränderung der Beziehung der Pfingstler zur „Welt" nach sich gezogen hat.

Die Pfingstbewegung ist auch Trägerin der Moderne durch die von ihr bewirkte Moralisierung des Individuums. Das moderne Individuum nämlich hat sich von den von der Tradition aufgezwungenen Verhaltensnormen emanzipiert und regelt sein Verhalten gemäß selbstgewählten Normen. Daß für die Pfingstler diese Option eng an eine religiöse Gemeinschaft gekoppelt ist, die ihnen ihr Verhalten vorschreibt und mehr oder weniger effizient kontrolliert, falsifiziert den Befund der Moralisierung durch individuelles Verantwortungsbewußtsein keineswegs. De facto sind die ethischen Standards der Pfingstler eher ein positives Element für sozialen Aufstieg und Übernahme von politischer Verantwortung. Man vergesse nicht, daß der modernen Gesellschaft an der Vertrauenswürdigkeit und der Berechenbarkeit des Verhaltens von Akteuren liegt, die sich auf verschiedenste Weise gegenseitig vertraglich binden. Das setzt einen moralischen Standard der Individuen voraus (zumindest im Beruf und in der Öffentlichkeit). Hier stoßen wir erneut auf den von Max Weber herausgearbeiteten Zusammenhang von puritanischer Ethik und Moderne.

Als zwiespältiger erweist sich mit Blick auf die Moderne ein weiteres Merkmal der Pfingstbewegung, nämlich der Status, den sie der religiösen Erfahrung zuerkennt. Unbestreitbar ist Erfahrung ein modernes Wahrheitskriterium; eine Religion, die der Verifizierung der Heilstaten *hic et nunc* breiten Raum gewährt („Ich glaube, weil es wirksam ist"), hat am modernen Wahrheitsregime teil. Daß dem Kriterium der Wirksamkeit soviel Bedeutung zukommt, steigert den Hang zum Kompromiß: Die Pfingstler widersetzen sich der technischen Moderne keineswegs, sondern arrangieren sich mit ihr (man geht dorthin, wo es klappt). Das zeigt etwa die in Guatemala-Stadt durchgeführte Untersuchung: Zwar weisen die Pfingstler auf die Grenzen der modernen Medizin hin, widersetzen sich ihr jedoch nicht und zögern nicht, sich ihrer zu bedienen. Je höher die Erfahrung gewichtet wird, um so eher werden die Glaubensinhalte diffus und manipulierbar und die lehrmäßigen Rationalisierungen geglättet, ja zweitrangig.

Hier befindet sich die Pfingstbewegung in Einklang mit einem Hauptmerkmal des Glaubens in den heutigen westlichen Gesellschaften: ein diffuser, durch die Institutionen, die ihm Leitplanken und Konturen zu geben versuchen, wenig strukturierter Glaube (erschüttertes Bekenntnis, individualisierter Glaube, gleichsam eine Religion *à la carte*). Als Erlebnisreligion steht die Pfingstbewegung dem Zeitgeist heutiger Religiosität nahe, der dazu neigt, Rationalisierungen und Ausdifferenzierungen der Lehre einzuebnen. In die gleiche Richtung wirkt der Trend zur Entmoralisierung des Religiösen, der jeder allzu ausschließlichen Betonung des religiösen Erlebnisses eigen ist. Dieses Risiko der Selbstbezüglichkeit ist all jenen Religiositätsformen inhärent, die auf das individuelle Erleben göttlicher Gnadenerweise abheben – ein Risiko, welches das Aufkommen eines religiösen Klientelismus zu begünstigen vermag (für Max Weber ist der Magier ein freischaffender Unternehmer). Doch diesem Risiko entgegen wirkt die Einbindung in eine „Gemeinschaft von Brüdern und Schwestern", die einem strengen Moralkodex verpflichtet leben, sich gegenseitig stützen und Solidaritätsnetze knüpfen.

Die Stärke der Pfingstbewegung liegt in ihrer Fähigkeit, innerhalb der Kontinuität Brüche herbeizuführen und innerhalb einer lokalen Sprache und Kultur eine globale Sprache zu sprechen. Man kann genausogut von Afrikanisierung, Koreanisierung oder Südamerikanisierung der Pfingstbewegung wie von Verpfingstlichung der afrikanischen, koreanischen und lateinamerikanischen Religionen sprechen. So steht die Pfingstbewegung als

Beispiel für das, was manchmal „Glokalisierung" genannt wird, das heißt die Vermittlung vom Globalem und Lokalem. Doch Emotion ist sozial instabil und leicht manipulierbar. Sie steht, genauso wie die Interpretation des Zungenredens, semantisch zur Disposition. Die Pfingstbewegung repräsentiert eine bestimmte Kultur der Emotion, die zur Welt des protestantischen Christentums gehört; doch die symbolische Kanalisierung der Emotion kann hinter andere symbolische Leitplanken zurücktreten oder einer semantisch manipulierbaren, umstandsbedingten und von der Inspiration ihres jeweiligen Leaders abhängigen Erlebnisreligion Platz machen. Die semantische Verfügbarkeit erlaubt Codierungen aller Art. Daher auch das Auftreten von Gruppen, deren Zugehörigkeit zur Pfingstbewegung legitimerweise angezweifelt werden kann. Zungenreden kann zur Emanzipation von Traditionen und zum Eintritt in die Moderne führen, doch soll darüber nicht vergessen werden, daß Zungenreden stets interpretiert und sozial kanalisiert ist.

Sechstes Kapitel

Kirche und Gesellschaft

von Jean-Paul Willaime und Jean-Marie Mayeur

I. Ethische Positionen im Protestantismus

von Jean-Paul Willaime

Der zeitgenössische Protestantismus trägt der Tatsache Rechnung, daß der Staat konfessionell neutral ist und die Zivilgesellschaft sich wertpluralistisch versteht. Das wirkt sich nachhaltig auf die ethische Reflexion innerhalb der protestantischen Kirchen aus, aber auch auf die Art und Weise, wie sie in die öffentliche Debatte eingreifen. Treffend kommt dieses Selbstverständnis beispielsweise in der Einleitung zum Weißbuch der Ethikkommission der *Fédération protestante de France* (FPF; Bund der protestantischen Kirchen Frankreichs) zum Ausdruck:

Vorgelegt werden hier nicht die Instruktionen irgendeines Lehramts, und ohnehin ist niemand befugt, in Sachen Ethik im Namen des Protestantismus zu sprechen. Bedeutung kommt den ‚*Éléments de réflexion*‘ lediglich als Ausgangsbasis der Heranbildung zur persönlichen Verantwortung zu; es ist die Verantwortung des einzelnen, der das Evangelium in seiner jeweiligen Lebenssituation interpretiert. Allein, diese Verantwortung kann sich nur innerhalb der artikulierten Meinungsvielfalt der Gemeinde entfalten: Ziel dieser Texte ist es denn auch, diese Meinungsvielfalt und diese Diskussion zu fördern, in der die Gemeinde ihr Einvernehmen ausdrückt und ihre Divergenzen akzeptiert. [1]

1987 veröffentlichte die römische Kongregation für die Glaubenslehre die Instruktion „Donum vitae" (Über die Achtung vor dem beginnenden menschlichen Leben und die Würde der Fortpflanzung). Praktisch zeitgleich erschien ein Dokument der FPF mit dem Titel *Biologie et éthique. Éléments de réflexion*. Während die römische Instruktion „homogene Beschlüsse des Lehramts" wiedergibt, wurden von protestantischer Seite die *Éléments de réflexion* als bescheidener Beitrag zu einer Debatte bezeichnet:

Wir erheben nicht den Anspruch, unsere ethischen Überzeugungen könnten Anlaß sein zu einer rechtlichen Regelung, ja nicht einmal zu irgendeiner lehramtlichen Stellungnahme in unseren Kirchen: Wir haben zwischen ethischem Bereich und rechtlichem Bereich unterschieden und so darauf geachtet, daß die ethische Aussage schlichte Aussage bleibt, die zu nichts zwingt. [2]

Hinter dieser Art und Weise, sich in die ethische Debatte einzumischen, steht das positive Verständnis von Säkularisation und Laizität. Besonders deutlich kommt diese Haltung im

---

[1] O. Abel, Professor für Ethik an der protestantischen theologischen Fakultät, Paris, in seiner Einleitung zum Livre blanc de la commission d'éthique, Paris 1994, 2.

[2] Ders., in: Réforme, 28.3.1987, 3.

nachstehend zitierten Papier des Vorbereitungsausschusses für die Europäische Evangelische Versammlung 1992 in Budapest zum Ausdruck:

Die Verkündigung kann nicht zum Ziele haben, den Prozeß der Entflechtung von Kirche und Gesellschaft ungeschehen zu machen. Die Kirche kann nicht in eine Zeit zurückführen wollen, in der christliche Lehre und gesellschaftliche Ordnung unmittelbar verbunden waren. Die christliche Botschaft hat ohne Zweifel untergründig mit dazu beigetragen, daß es im Laufe der letzten Jahrhunderte zu einem Vorgang menschlicher Befreiung gekommen ist, und die Kirchen werden zum mindesten heute mit Nachdruck anerkennen wollen, daß durch die Aufklärung auch wesentliche Werte, die im Evangelium angelegt waren, zur Entfaltung gebracht wurden. Solche Werte sind z. B. die Kultur des freien Wortes, die Kritik des bloßen Traditionsargumentes, die Freiheit von fremd- und selbstverschuldeter Unmündigkeit, der Geist des Dialogs und der Toleranz gegenüber Andersdenkenden, das Ja zum säkularen Staat … Das Evangelium Jesu Christi macht frei, und insofern der Prozeß der Säkularisierung die Menschen von Vorurteilen und Tabus befreit, muß er die Zustimmung der Kirche finden.

Die Verkündigung führt allerdings unausweichlich auch zu einer kritischen Auseinandersetzung mit der säkularisierten Welt. Sie weiß, daß Freiheit in grenzenlose Selbstherrlichkeit umschlagen kann und damit zerstörerisch wird. Die Kirche hat unablässig die Frage nach der wahren Freiheit des Menschen aufzuwerfen. Sie verkündigt Jesus Christus, der auch den „freien" säkularisierten Menschen zur „wahren Freiheit befreit". Sie erinnert mit Nachdruck daran, daß diese Freiheit unabhängig von Gott keinen wirklichen Bestand haben kann. Die Freiheit, zu der Christus befreit, bewährt sich darin, daß sie sich aus Liebe zum Nächsten und in Verantwortung für die Schöpfung Grenzen auferlegt.[3]

Mit ihren ethischen Interventionen erheben die reformatorischen Kirchen mithin nicht den Anspruch, ein moralisches Lehramt, in welcher Form auch immer, auszuüben; vielmehr wollen sie Impulse geben für die Diskussion innerhalb der Kirchen und innerhalb der Gesellschaft. Ihre Interventionen verstehen sie als Orientierungshilfen für christliche Reflexion und christlich verantwortetes Handeln. „Wenn die evangelische Theologie normative Kommentare und eine kritische Begleitreflexion zur heutigen gesellschaftlichen Entwicklung formuliert, wird sie für sich selbst einen Standort innerhalb der Pluralität der sog. postmodernen Gesellschaft zu akzeptieren haben und ihre Einsichten im Diskurs argumentativ plausibel verdeutlichen müssen."[4] Im weiteren ist protestantische Ethik darauf bedacht, ihre Interventionen wirklichkeitsgerecht und lebensnah zu gestalten. Der amerikanische protestantische Ethiker Paul Louis Lehmann (1906–1994) etwa plädiert in seinem 1963 erschienenen Werk *Ethics in a Christian Context* für die Humanisierung und Kontextualisierung christlicher Ethik, in einer Linie mit Bonhoeffer verstanden als Gleichförmigkeit mit Christus in einem gegebenen Kontext; diesen Kontext wiederum interpretiert er in Begriffen der *koinōnía*, der geschichtlichen und kirchlichen Gemeinschaft. Andere gehen weiter, etwa der amerikanische Episkopalist Joseph Francis Fletcher (1905–1991), der in seinem 1966 erschienenen Werk *Situation Ethics* in pragmatischer und utilitaristischer Perspektive eine eigentliche Situationsethik vertritt. Generell kritisiert die protestantische Ethik den Begriff der natürlichen Moral und sieht sich aus diesem Grund in ihren Positionen gegenüber den zeitgenössischen ethischen Herausforderungen als flexibler denn

---

[3] Vorbereitungsausschuß für die Europäische Evangelische Versammlung „Christliche Verantwortung für Europa", Zwei Papiere zur Vorbereitung, § 17 und § 18, in: epd-Dokumentation Nr. 5a (1992) 8.
[4] So der deutsche Ethiker H. KRESS, Der ethische Gehalt theologischer Anthropologie. Überlegungen zur protestantischen Ethik zwischen Moderne und Postmoderne, in: TH. HAUSMANNINGER (Hrsg.), Christliche Sozialethik zwischen Moderne und Postmoderne, Paderborn 1993, 111–123, zit. 123.

die katholische Kirche. Für den Protestantismus ist die Bibel alleinige Autorität. Das wiederum hat zwingend zur Folge, daß die protestantische ethische Reflexion der permanenten hermeneutischen Debatte ausgesetzt ist. In ihr stehen sich die individuelle Verantwortungsethik (vornehmlich von den anglikanischen, lutherischen und reformierten Kirchen vertreten) und die Gemeinschaftsethik der Gleichförmigkeit (mehrheitlich von evangelikalen Kirchen und verschiedenen orthodoxen lutherischen und calvinistischen Strömungen vertreten) gegenüber. Die individuelle Verantwortungsethik lehnt jegliches Lehramt ab und läßt dem Individuum in seinen moralischen Optionen völlige Freiheit. Sie stützt sich einerseits auf die in den Bibeltexten enthaltene moralische Normenvielfalt und beruft sich andererseits auf die Notwendigkeit, den konkreten individuellen Lebenssituationen des Menschen Rechnung zu tragen. Die Gemeinschaftsethik der Gleichförmigkeit versteht die Bibel als moralisches Gesetz mit direkt anwendbaren Vorschriften; sie verlangt vom Christen die volle Übereinstimmung mit diesen Vorschriften und erwartet von der kirchlichen Gemeinde, daß sie das Verhalten ihrer Mitglieder strikt überwacht, ruft doch die religiöse Verpflichtung nach einem moralisch untadeligen Leben. Diese rigoristische Ethik der Gleichförmigkeit wird vorab von jenen protestantischen Strömungen vertreten, die der Ökumene mit der katholischen Kirche eher ablehnend gegenüberstehen. Interessanterweise deckt sie sich dennoch in manchen Punkten mit den Moralpositionen des römischen Lehramtes. Die Verfechter der individuellen Verantwortungsethik wiederum gehören zu den am stärksten ökumenisch orientierten Protestanten, obwohl sie der moralischen Intransigenz des Papstes kritisch gegenüberstehen. In den USA gründete der baptistische Fernsehprediger Jerry Falwell 1979 die Bewegung *Moral Majority*. Dabei konnte er auf die Unterstützung konservativer Politiker zählen, welche die in der zeitgenössischen Gesellschaft angeblich bedrohten moralischen Werte rehabilitieren wollten. In der Bewegung fanden sich Glaubende verschiedener Religionen zusammen, die eine moralische Aufrüstung befürworteten und Pornographie, Abtreibung, Homosexualität, Drogen, Tabak, Alkohol und vorehelichen Geschlechtsverkehr verurteilten. Die Bewegung wurde 1989 aufgelöst.

Verständlicherweise gibt es Reaktionen auf das, was als ein Aufgehen der christlichen Ethik in eine säkulare oder ganz allgemein religiöse Ethik wahrgenommen wird. So will etwa Stanley Hauerwas (1940 geboren), nordamerikanischer Methodist und Mitarbeiter der Zeitschrift *Christian Bioethics*, das Theologische erneut ins Zentrum der ethischen Reflexion stellen, um so dem spezifisch Christlichen mehr Gehör zu verschaffen. Seiner Auffassung nach ist das Streben nach einer universalen Ethik illusorisch, kann es doch nur die in der Gemeinschaft verankerte Ethik geben. Andere protestantische Ethiker – zu ihnen gehört etwa der reformierte Theologe Denis Müller – möchten die falsche Alternative zwischen massiver Theologisierung und extremer Säkularisierung der christlichen Ethik überwinden. Im Bewußtsein um die heutige moralische Normenpluralität will Denis Müller das Spezifische der theologischen Ethik herausarbeiten[5]. Seiner Auffassung nach muß diese Ethik dogmatisch fundiert sein (Verknüpfung von Glaube und Liebe), sich an die Regeln des rationalen Diskurses halten (Liebe als Kritik und als Kriterium der Vernunft) und situationsgerecht sein (Kriterium der Relativität). Ziel dieser theologischen Ethik – Müller wünscht sie sich so ökumenisch wie nur möglich – kann es nicht sein, die Letztbegründung der Moral herauszuarbeiten, sondern deren Sinn aufzuzeigen, die ethische Intention in ei-

---

[5] D. MÜLLER, Les lieux de l'action. Éthique et religion dans une société pluraliste, Genf 1992. Vgl. auch E. FUCHS, L'éthique protestante. Histoire et enjeux, Paris – Genf 1990.

gener Perspektive zu klären. Im selben Sinn äußert sich der französische protestantische Philosoph Paul Ricœur (*1913):

> Ferner muß man behaupten, daß selbst auf ethischer und moralischer Ebene der biblische Glaube den auf die Handlung angewandten Prädikaten ‚gut' und ‚geboten' nichts hinzufügt. Die biblische *Agape* gehört einer *Ökonomie der Gabe* an, die einen meta-ethischen Charakter besitzt. Dieser verleitet mich dazu, zu sagen, daß es keine christliche Moral gibt, es sei denn auf der Ebene einer Geschichte der Mentalitäten, sondern eine gemeinsame Moral … die der biblische Glaube in eine neue *Perspektive* hineinstellt, die die Liebe an „die Nennung Gottes" bindet.[6]

Der deutsche Lutheraner Trutz Rendtorff (*1931) versteht die theologische Ethik als eine Theorie der Lebensführung unter dem dreifachen Aspekt des geschenkten Lebens, des zu schenkenden Lebens und des Lebenssinns. Der liberale Theologe unterteilt das ethische Feld in fünf Themen (Ehe, Politik, Arbeit, Kultur und Religion), die sich als Ethik der Demokratie und der Freiheit zusammenfassen lassen[7].

1. Sexualethik und Bioethik

Schon früh hat sich der Protestantismus für eine „verantwortete Elternschaft" ausgesprochen und den Einsatz moderner Verhütungsmittel befürwortet[8] aus der Auffassung heraus, die Sexualität lasse sich nicht auf die Fortpflanzung reduzieren und die Unterscheidung zwischen „natürlichen" und „künstlichen" Methoden der Geburtenregelung sei nicht zu rechtfertigen. Bereits 1952 distanzierte sich die reformierte Kirche der Niederlande klar von der Art und Weise, wie im Katholizismus das Naturgesetz mit dem Gesetz Gottes gleichgesetzt werde, und machte deutlich, dass es „kein Beweis für die Frömmigkeit und den Glauben an die Vorsehung Gottes ist, sich an die ‚natürliche Ordnung der Dinge' zu halten"[9]. Im selben Sinn äußerte sich 1968 der Vorstand des Schweizerischen Evangelischen Kirchenbundes in seiner Stellungnahme *Ein Ja zur Familienplanung*:

> Als evangelische Christen anerkennen wir als oberste Instanz nicht die sogenannte ‚Natur', sondern den Gott, der dem Menschen die Herrschaft über die Natur übertragen und ihm geboten und erlaubt hat, die Natur zu gestalten und zu verändern, damit menschliches Zusammenleben möglich werde.

In der umstrittenen Abtreibungsfrage privilegieren die protestantischen Instanzen in der Regel eine situationsbezogene Verantwortungsethik, die vorrangig die Person und deren Lebensumstände im Blick hat. Für die protestantischen Kirchen ist Abtreibung ein gravierender Akt; sie ist Ausdruck des Scheiterns der Kontrazeption, d.h. einer verantworteten Mutterschaft. Für sie ist weder die Poenalisierung noch die Banalisierung des Schwangerschaftsabbruchs zulässig. Manche protestantischen Instanzen vertreten die Auffassung, in bestimmten Zwangslagen stelle die Abtreibung ein geringeres Übel dar, und sprechen sich für Gesetze aus, welche den Schwangerschaftsabbruch unter genau definierten Bedingungen zulassen – allerdings nicht ohne auf die Notwendigkeit der Verbreitung von Verhütungsmitteln hinzuweisen. So befürwortete etwa die *Fédération protestante de France*

---

[6] P. Ricœur, Das Selbst als ein Anderer, übers. v. J. Greisch, München 1996, 37.
[7] T. Rendtorff, Ethik. Grundelemente, Methodologie und Konkretionen einer ethischen Theorie, 2 Bde., 2. überarb. u. erweit. Aufl., Stuttgart 1990–1991.
[8] Vgl. A. Dumas, Le contrôle des naissances. Opinions protestantes, Paris 1965.
[9] Zit. in ebd. 54f.

1975 das von der damaligen Gesundheitsministerin Simone Veil ausgearbeitete Gesetz über den Schwangerschaftsabbruch; ausschlaggebend war dabei, daß es die Frau frei darüber entscheiden läßt, ob es ihr „die materiellen und moralischen Lebensumstände" erlauben, ein Kind auszutragen oder nicht[10]. In einem nuancierten, 1994 veröffentlichten Text *Bilan et éléments de réflexion sur l'interruption volontaire de grossesse* vertritt die FPF die Auffassung, „das Gesetz Veil habe sich positiv ausgewirkt", wobei sie gleichzeitig festhält, Abtreibung sei mit verschiedenen sozialen und didaktischen Maßnahmen zu bekämpfen[11]. In Frankreich und in der Schweiz bemühen sich die reformierten und lutherischen Kirchen, der Gesellschaft kein gesetzlich verordnetes Verbot aufzuzwingen. Als der Rat der Evangelischen Kirche in Deutschland (EKD) am 26. November 1973 mit der Deutschen Katholischen Bischofskonferenz eine gemeinsame Erklärung unterzeichnete und die Straffreiheit für Abtreibung in den ersten drei Schwangerschaftsmonaten verurteilte, wurde er im Februar 1974 von der Synode in Kassel desavouiert, die mit 47 zu 41 Stimmen erklärte, es gehe nicht an, die Abtreibung als für Christen moralisch unerträglich zu verurteilen. Obschon unter den deutschen Protestanten keine Einigkeit herrschte und sie jeden Versuch kirchlicher Behörden, die Gläubigen auf ein bestimmtes Verhalten zu verpflichten, ablehnten, sprachen sie sich mehrheitlich dafür aus, den Schwangerschaftsabbruch nur unter bestimmten Bedingungen zuzulassen. Wegen der liberaleren Gesetzgebung in der ehemaligen DDR verschärfte sich im wiedervereinigten Deutschland das Problem. 1994 rief der Rat der EKD in Erinnerung, es sei an der Frau selbst, die Verantwortung für diesen Entscheid zu übernehmen, und der Entscheid, die Schwangerschaft weiterzuführen, dürfe ihr unter keinen Umständen aufgezwungen werden; zugleich aber setzte er sich für den „Schutz des ungeborenen Lebens" ein.

In der Abtreibungsfrage vertritt der evangelikale Protestantismus eine ähnliche Position wie das römische Lehramt: Jede Abtreibung ist für evangelikale Protestanten „die Ausmerzung eines menschlichen Wesens" und ein Anschlag auf das „göttliche Gesetz"[12]. 1980 gründete diese Gruppierung in Frankreich die *Association des chrétiens protestants et évangéliques pour le respect de la vie* (Gesellschaft protestantischer und evangelischer Christen für die Achtung des Lebens). Radikaler noch reagieren gewisse fundamentalistische oder „orthodoxe" calvinistische und lutherische Protestanten und scheuen auch vor Kommandoaktionen in Kliniken nicht zurück, in denen Schwangerschaftsabbrüche durchgeführt werden: In Frankreich wurden einige protestantische Kliniken zeitweise von militanten Abtreibungsgegnern besetzt; in den USA sind Protestanten in der Anti-Abtreibungsbewegung *Pro Life* und in Aktionen wie *Operation Rescue* engagiert.

Hinsichtlich der Aids-Problematik hatte bereits 1986 der Ökumenische Rat der Kirchen in einem Dokument mit dem Titel *L'Église, une communauté de guérison* betont, Aids sei keine Strafe Gottes und vor allem seien Aidskranke keinesfalls zu isolieren. Problemlos akzeptierten die protestantischen Kirchen denn auch die Kampagnen für den geschützten

---

[10] FÉDÉRATION PROTESTANTE DE FRANCE (texte rédigé par un groupe d'études à la demande du Conseil de la FPS), La sexualité, pour une réflexion chrétienne, Paris – Genf 1975, § 84–§ 86.
[11] Vgl. auch SCHWEIZERISCHER EVANGELISCHER KIRCHENBUND, Schwangerschaftsabbruch – Aufruf zur Verantwortung, Bern 1972; abgedruckt in: H. RINGELING – H. RUH (Hrsg.), Schwangerschaftsabbruch, Basel 1974, 151–154, sowie L. ALTWEGG, Schwangerschaftsabbruch. Zusammenfassung theologisch-ethischer Diskussionsbeiträge, hrsg. v. SCHWEIZERISCHEN EVANGELISCHEN KIRCHENBUND, Bern 1977.
[12] Vgl. die Stellungnahme der Ethikkommission der FÉDÉRATION ÉVANGÉLIQUE DE FRANCE, in: Réforme Nr. 2625, 5. 8. 1995.

Geschlechtsverkehr im Rahmen des Kampfs gegen das HI-Virus. Mit ihrem Dokument *Biologie et éthique. Éléments de réflexion* stellte sich die FPF 1987 unter die Maximen „der Liebe, der menschlichen Freiheit und der Verantwortung der Eltern" und anerkannte den positiven Charakter nicht bloß der Empfängnisverhütung, „die angesichts der möglicherweise bedrohlichen Fruchtbarkeit Sexualität und Fertilität trennt", sondern auch der medizinisch assistierten Fortpflanzung, „die angesichts der Not einer permanenten Unfruchtbarkeit Sexualität und Fertilität wieder verknüpft". Divergenzen gab es im Redaktionsteam bezüglich jener Techniken, die den Einbezug einer Drittperson nötig machen – Spermien-, Ei- oder Embryonenspende – und so Elternschaft und genetische Generationenfolge trennen. Manche räumten ein, die Techniken der künstlichen Fortpflanzung würden praktisch immer den Einbezug einer Drittperson nötig machen, unterstrichen die biblische Kategorie der Adoption und verurteilten den als „Idolatrie des Erbes" angeprangerten Trend zur Sakralisierung der genetischen Generationenfolge. Denis Müller seinerseits verweist auf die symbolische Dimension der Weitergabe des Lebens und betont, daß dem „Elternprojekt die Vereinigung des Fleisches und die Tiefe der Herkunft" nicht abgehe[13]. Die FPF ihrerseits spricht dem Embryo den Status „einer potentiellen menschlichen Person" zu, weigert sich aber, ihn zu sakralisieren; sie erachtet die Aufbewahrung überzähliger Embryonen als unnötig und spricht sich nicht gegen die Möglichkeit der Forschung an Embryonen aus, wenn es darum geht, genetisch bedingte Krankheiten auszurotten – vorausgesetzt allerdings, daß diese Forschung von einer Ethikkommission begleitet wird. Freilich herrscht im Protestantismus kein Konsens über den Status des Embryos. Dazu gibt es unterschiedliche Äußerungen von seiten protestantischer Ethiker: Die reformierte Französin France Quéré (1936–1995) spricht von einem „potentiellen Status"[14], der reformierte Schweizer Jean-Marie Thévoz von einem „relationellen Status", der methodistische Amerikaner Paul Ramsey (1913–1988) von einem „ontologischen Status". Konsens herrscht hingegen darüber, daß der Embryo nicht einfach als Sache behandelt werden darf, sondern des gesetzlichen Schutzes bedarf.

Paul Ramsey gilt als einer der Pioniere der Erneuerung der medizinischen Ethik in den USA. In seinem 1970 veröffentlichten Werk *The Patient as Person. Explorations in medical ethics* vertrat er die Auffassung, die Rechte der Person hätten stets den Vorrang vor den Folgen des Handelns. Der bereits genannte Joseph Francis Fletcher war ein Vorläufer dessen, was heute Bioethik genannt wird. Wie bereits erwähnt, erarbeitete er eine pragmatische Ethik *(Situation Ethics)* und entwarf 1988 eine Ethik der genetischen Kontrolle: *The Ethics of Genetic Control: Ending reproductive roulette*. Ein weiterer nordamerikanischer Episkopalist, John C. Fletcher (* 1931) wurde Leiter des Programms für Bioethik des *National Institutes of Health* in den USA und ein international anerkannter Spezialist für Fragen der Genetik: *Genetic Disorders. A guide for clergy and parents* (1982); *Ethics and Human Genetics. A cross-cultural perspective* (1989; in Zusammenarbeit mit D. C. Werz). Was die Gentherapie betrifft, so unterscheidet Fletcher klar zwischen somatischer Gentherapie und Keimbahntherapie: Erstere fällt seiner Auffassung nach in den medizinischen Bereich, handelt es sich doch hier um Zellen, die mit dem Individuum sterben; letztere hingegen lehnt er aus Gründen der Eugenik ab, handelt es sich doch um einen Eingriff in das Erbgut, also um eine Modifikation, die auch künftige Generationen betrifft. Doch angesichts der Bandbreite

---

[13] MÜLLER, in : Le Protestant 1 (1992) 5.
[14] F. QUÉRÉ, L'éthique et la vie, Paris 1991.

von Positionen protestantischer Theologen und Kirchen fällt es nicht leicht, von protestantischer Bioethik zu sprechen. Während 1987 die *Fédération protestante de France* erklärte, daß „Forschung am nichtimplantierten Embryo, wie aufschlußreich sie für das Wissen über Chromosomen und schwere genetische Krankheiten auch sein möge, nicht ohne Grenzmarkierungen" betrieben werden könne, betonte Egbert Schroder, protestantischer Theologe an der Universität Utrecht (Niederlande) und Mitglied der Europäischen Ökumenischen Kommission für Kirche und Gesellschaft (EECCS) 1996, daß man „angesichts der Entwicklung der Technologie im Bereich der medizinisch assistierten Fortpflanzung keine Vogel-Strauß-Politik betreiben" solle und daß „die Forschung in diesem Bereich früher oder später die Forschung am menschlichen Embryo" impliziere.

2. Sozialethik, Politik und Wirtschaft

Im Kontext der antiimperialistischen und antikapitalistischen Bewegungen der sechziger Jahre kam die sozialethische Reflexion beim Ökumenischen Rat der Kirchen (ÖRK) insbesondere in der Vorbereitungsphase der Weltkonferenz „Kirche und Gesellschaft" von 1966 zum Tragen [15]. Angesichts des Stellenwerts von persönlichem Gewissen und persönlicher Verantwortung im Protestantismus war die Erarbeitung einer Sozialethik, trotz des reichen christlich-sozialen Erbes in Europa und der Tradition des *Social Gospel* in Nordamerika, nicht unbedingt selbstverständlich. Noch 1967 konnte Roger Mehl schreiben: „Die Idee der Sozialethik ist eine neue Idee." [16] Neu oder nicht, Tatsache ist, daß sich in den sechziger Jahren nicht bloß sozial gesinnte Christen, sondern zahlreiche protestantische Kirchen schwerpunktmäßig dem Thema Sozialethik zuwandten. Manche von ihnen schufen sogar eine entsprechende Fachstelle, so etwa der Schweizerische Evangelische Kirchenbund 1971 das Institut für Sozialethik. In der Bundesrepublik Deutschland fand diese Beschäftigung in den *Denkschriften* der EKD ihren Niederschlag, etwa 1965 in der Denkschrift *Die Lage der Vertriebenen und das Verhältnis des deutschen Volkes zu seinen Nachbarn im Osten* oder 1981 in der in der Öffentlichkeit heftig diskutierten Denkschrift *Frieden wahren, fördern und erneuern*. Die Reflexion und Diskussion in den nach 1945 in den meisten Landeskirchen gegründeten „Evangelischen Akademien", die Debatten und Proteste aus Kreisen der Evangelischen Studentengemeinden und das öffentliche Wirken einiger Persönlichkeiten trugen zur Verbreitung der sozialen und politischen Ethik im deutschen Protestantismus bei. Gustav Walter Heinemann (1899–1976), ehemals Mitglied der Bekennenden Kirche und von 1969 bis 1974 Bundespräsident, hatte in der protestantischen Kirche der Bundesrepublik Deutschland wichtige Ämter inne, die er in dem Bemühen ausübte, im Namen einer eigentlich politischen Diakonie die Verantwortung der Kirchen und der Christen im Staat zu fördern [17].

---

[15] Vgl. die Studienmaterialien zur Konferenz: Church and Society: I: Christian Social Ethics in a Changing World; II: Responsible Government in a Revolutionary Age; III: Economic Growth in World Perspective; IV: Man in Community; dt.: Die Kirche als Faktor einer kommenden Weltgemeinschaft, hrsg. v. Ökumenischen Rat der Kirchen (Studienmaterialien zur Weltkonferenz „Kirche und Gesellschaft"), Stuttgart 1966, 530 S.; vgl. auch Appell an die Kirchen der Welt. Dokumente der Weltkonferenz für Kirche und Gesellschaft, hrsg. v. H. Krüger, 3. Aufl. Stuttgart 1968, 289 S.

[16] R. Mehl, Pour une éthique sociale chrétienne, Neuenburg 1967, 9.

[17] Zu Gustav Heinemann, vgl. F. Hartweg, Gustav W. Heinemann: ein Christ in der politischen Verantwortung, in: Revue d'Allemagne et des pays de langue allemande 10 (1978) 109–121, 404–457, 584–617.

Im Dezember 1971 veröffentlichte die *Fédération protestante de France* die Schrift *Église et pouvoirs*. Darin bezeichnete sie die damalige Gesellschaft als „inakzeptabel" und rief Kirchen und Christen auf, „zum Kern des Evangeliums zurückzufinden, der nicht mit einem schüchternen Sozialreformismus gleichzustellen ist, sondern in frohgemuter eschatologischer Kühnheit seinen Ausdruck findet: Die Erwartung der anderen Welt, des Gottesreichs, impliziert unablässige Anstrengung zur Veränderung dieser Welt". Das Dokument, den Mitgliedkirchen der FPF als Arbeitspapier zugestellt, warf hohe Wellen; die Zeitschrift *Paris-Match* qualifizierte es am 1. Januar 1972 als „protestantische Enzyklika". In Frankreich weit verbreitet und in mehrere Sprachen übersetzt, löste der Text heftige Diskussionen und Proteste aus; er machte den Einfluß progressiver Kräfte im französischen Protestantismus – dazu ist etwa Georges Casalis (1917–1987) zu zählen – und den entschlossenen Widerstand anderer Kräfte – insbesondere von seiten der Lutheraner und der Evangelikalen – deutlich; für letztere liefen die im Arbeitspapier vertretenen Positionen auf eine Verpolitisierung des Evangeliums hinaus[18].

In den siebziger Jahren beschäftigte das Thema Waffenhandel und Waffenausfuhr die Kirchen ganz besonders und in intensiver ökumenischer Zusammenarbeit. 1973 veröffentlichten der Ständige Rat des französischen Episkopats und der Vorstand der *Fédération protestante de France* gemeinsam ein Papier zum Waffenhandel: *Note de réflexion sur le commerce des armes*. Es war ein Warnruf angesichts „der Bedeutung der Waffenindustrie im Wirtschaftsleben Frankreichs". Der Text wurde ins Englische übersetzt und in Großbritannien verbreitet, wo er katholischen, anglikanischen und protestantischen Christen als Denkanstoß diente. 1976 veröffentlichte beispielsweise die Kommission „Iustitia et Pax" von England und Wales ein Dokument zum Thema Christen und Waffenhandel; 1977 stimmte der *British Council of Churches* einer Broschüre zum Thema Verkauf und Lieferung konventioneller Waffen zu. 1978 erschienen in den USA zwei Publikationen zum Thema militärisch-industrieller Komplex (herausgegeben vom *National Council of Christ Churches*) und zur Politik des Waffenexports (herausgegeben vom Büro „Iustitia et Pax" der Katholischen Bischofskonferenz der USA).[19] Generell mobilisierte der Ost-West-Konflikt mit seinen Gegensätzen und Spannungen die Kirchen. Die *Konferenz Europäischer Kirchen* (KEK) etwa nahm aktiv an der *Konferenz über Sicherheit und Zusammenarbeit in Europa* (KSZE) teil, die am 1. August 1975 zur Unterzeichnung der KSZE-Schlußakte in Helsinki führte; mehrere ihrer Vorschläge flossen in das Schlußdokument ein[20]. 1981 ratifizierte das Exekutivkomitee des *Lutherischen Weltbundes* im Bewußtsein der „steigenden Spannungen zwischen den Mitgliedstaaten der NATO und den Mitgliedstaaten des Warschauer Pakts im allgemeinen, den USA und der UdSSR im besonderen" anläßlich seiner Tagung in Turku eine *Erklärung über den Frieden*. Darin wurde insbesondere bekräftigt, den Christen komme besondere Verantwortung zu, wenn es um die friedliche Beilegung

---

[18] Zur Affäre „Église et pouvoirs" vgl. die gut dokumentierte Analyse von J. BAUBÉROT, Le pouvoir de contester. Contestations politico-religieuses autour de „mai 1968" et le document „Église et pouvoirs", Genf 1983.

[19] Vgl. dazu M. BAROT – P. TOULAT (Hrsg.), Des Églises d'Occident face aux exportations d'armes (1973–1978). Textes de Commissions nationales Justice et Paix et de Conseils nationaux d'Églises (France, Grande-Bretagne et États-Unis), Paris 1979.

[20] Vgl. Frieden in Europa. Die Rolle der Kirchen (Bericht einer Konsultation in Engelberg, CH, 28.5.–1.6.1973), Studienheft 6, hrsg. v. der KONFERENZ EUROPÄISCHER KIRCHEN, Genf 1974. Vgl. auch Die Konferenz über Sicherheit und Zusammenarbeit in Europa und die Kirche (Bericht einer Konsultation in Buckow, DDR, 27.–31.10.1975), Studienheft Nr. 7, hrsg. v. der KONFERENZ EUROPÄISCHER KIRCHEN, Genf 1976.

politischer Konflikte und die Beseitigung von Ungerechtigkeiten und Widerständen geht; zugleich wurde eingeräumt, es sei häufig nur möglich, zwischen dem geringeren und dem größeren Übel zu wählen. Die Kommission „Theologie & Studien" des *Lutherischen Weltbundes* organisierte 1982 in Chavanod bei Genf eine Begegnung zwischen Vertretern lutherischer Kirchen aus 16 Ländern zur Koordination der Friedensreflexion und des Friedenseinsatzes dieser Kirchen [21].

Die Konstruktion der protestantischen Sozialethik verdankt sich aber auch den fundierten Grundsatzstudien von seiten der wissenschaftlichen Theologie. Besondere Beachtung im zeitgenössischen Denken [22] verdienen die Überlegungen des schweizerischen protestantischen Theologen Arthur Rich (1910–1992). Rich war von 1954 bis 1976 Ordinarius für Systematische Theologie mit Schwerpunkt Sozialethik an der theologischen Fakultät der Universität Zürich. Die *Sachgemäßheit* (die Notwendigkeit, Zwängen aller Art Rechnung zu tragen) und das *Menschengerechte* (was dem Menschen Gerechtigkeit widerfahren läßt) waren die zwei Richtlinien, anhand deren er eine bemerkenswerte Sozialethik auf christlicher Grundlage erarbeitete. Gemäß Rich besteht die Aufgabe der Ethik nicht bloß darin, das Relative im Namen des Absoluten zu kritisieren, sondern auch das Relative zu seinem Recht kommen zu lassen, was sich seiner Auffassung nach aus der Wertschätzung des Absoluten ergibt. Im Bewußtsein um die Sachzwänge vermittelt Rich zwischen Theologie und Ökonomie. Das Menschliche, dem die Wirtschaft Gerechtigkeit widerfahren lassen muß, definiert sich gemäß Rich vorab in der „Geschöpflichkeit", in der Solidarität mit der Schöpfung (Mitgeschöpflichkeit), in der kritischen Distanz jedem System gegenüber und in der Mitbestimmung. Nach Richs Überzeugung verstößt die Einhaltung dieser Kriterien nicht gegen das Gebot der Sachgemäßheit, sondern trägt ganz im Gegenteil zur wirtschaftlichen Effizienz bei. Ausgehend von diesen Kriterien, bewertet Rich die beiden wichtigsten Wirtschaftssysteme (Marktwirtschaft und Planwirtschaft) und relativiert deren Vorteile; er plädiert für die Weiterentwicklung der Sozialen Marktwirtschaft und verweist auf die Impulse, „die vom Modell der human reformierten und vom Konzept der ökologisch regulierten Marktwirtschaft ausgehen" [23].

Gemeinsam mit Paul Ladrière legte der französische Ökonom Claude Gruson (*1910) eine „Ethik der Einsichtigkeit und der Steuerbarkeit" vor; er begründet sein Vorgehen theologisch, sucht die ethischen Implikationen der biblischen Botschaft in der Wirtschaft aufzuzeigen [24]. Beide Autoren sehen eine Nähe zur rationalen Ethik, die, wie Ladrière betont, „davon Abstand genommen hat, aus der Natur ihr Fundament und aus der Religion die strukturierende Kraft der Gesellschaft zu machen" – es handelt sich also um eine der Laizität verpflichtete Ethik. Deshalb sieht Ladrière „eine Wahlverwandtschaft zwischen der biblischen Forderung der Nächstenliebe und der rationalen Ethik" (nach Jürgen Habermas Ethik des kommunikativen Handelns).

Der Ökumenische Rat der Kirchen seinerseits zieht aus der ökumenischen Debatte über das Wirtschaftsleben den Schluß, „daß wir nicht versuchen können und sollten, Grundüberzeugungen des christlichen Glaubens in weltweit gültige und anwendbare politische

---

[21] E. Lorenz (Hrsg.), Risquer la paix. Guerre sainte ou paix juste, Paris – Genf 1992.

[22] E. Herms, Gesellschaft gestalten. Beiträge zur evangelischen Sozialethik, Tübingen 1991.

[23] A. Rich, Wirtschaftsethik II: Marktwirtschaft, Planwirtschaft, Weltwirtschaft aus sozialethischer Sicht, 2. Aufl., Gütersloh 1992, 343.

[24] P. Ladrière – C. Gruson, Éthique et gouvernabilité. Un projet européen, Paris 1992.

Wirtschaftsmodelle oder Gesellschaftsentwürfe umzusetzen"[25]; gleichwohl arbeitet er vier Grundsätze heraus, die aus christlicher Sicht als „Wegweiser" dienen könnten:

1. Das essentielle Gutsein der geschaffenen Ordnung und die der Menschheit für diese Ordnung übertragene Verantwortung. 2. Der unveräußerliche Wert und die unveräußerliche Freiheit jedes Menschen und der ganzen Menschheit. 3. Gottes Sorge und der Bund in Christus gelten für die ganze Menschheit und reißen alle Schranken nieder, die wir zwischen uns errichtet haben. 4. Die wichtigste Richtschnur für die zwischenmenschlichen Beziehungen und das Verhalten der Menschen untereinander ist Gottes Gerechtigkeit, die wir durch eine „vorrangige Option für die Armen" entdecken können.[26]

Über den ÖRK engagierten sich die protestantischen Kirchen auch in der Kernenergiedebatte. Auf der 1977 in Salzburg tagenden internationalen Konferenz der Internationalen Atomenergie-Organisation über die „Kernkraft und ihren Brennstoffkreislauf" legte der ÖRK am 9. Mai 1977 den Bericht *Public Acceptance of Nucelar Power – Some Ethical Issues* vor. Darin sprach sich der ÖRK weder für noch gegen die Kernenergie aus, sondern betonte die Notwendigkeit einer breiten öffentlichen Diskussion zwischen Wissenschaftlern, Politikern und den Bürgern und Bürgerinnen in den betroffenen Ländern. Der Bericht handelt die Frage der Kernenergie im Rahmen des Bemühens um Gerechtigkeit ab und stellt insbesondere fest:

Unabdingbar ist eine permanente Diskussion zwischen Menschen mit unterschiedlichem Glauben und unterschiedlichen Ideologien über das Verhältnis zwischen der ständigen Zunahme der Energieproduktion und des Verbrauchs von Energie und anderen Gütern einerseits und dem „guten" Leben in einer „guten" Gesellschaft andererseits. Die Kernenergie ist nicht als Zweck an sich zu betrachten, sondern hat sich in den Dienst von sozialer Gerechtigkeit und Lebensqualität zu stellen. Die Versuchung ist groß, sich der Produktionssteigerung als Mittel zur Umgehung der Forderungen nach sozialer Gerechtigkeit zu bedienen. Nur allzu häufig versuchten die Reichen und Mächtigen, auf die berechtigten Forderungen der Armen nicht mit Gerechtigkeit zu antworten, sondern diese mit zuweilen sogar falschen Versprechungen auf wirtschaftlichen und technologischen Fortschritt abzuspeisen, der allen zum Vorteil gereichen und niemanden etwas kosten würde. Wir anerkennen den wachsenden Energiebedarf zahlreicher Gesellschaften, bestreiten aber, daß die Energie ein Wundermittel gegen die heutigen gesellschaftlichen Übel darstellt oder daß sie Gerechtigkeit zu ersetzen vermag. Die Kirchen fühlen sich verpflichtet, für einen neuen Lebensstil einzutreten, der andere Werte als bloßen Konsum in den Vordergrund rückt.[27]

Das Bemühen um einen neuen Lebensstil spiegelte auch das wachsende Interesse der protestantischen Kirchen an Ökologie- und Umweltfragen. Schon im Juni 1975 hatte die Abteilung „Kirche und Gesellschaft" des ÖRK in Sigtuna (Schweden) eine Studientagung mit Physikern, Politikern und Theologen zu Risiken und Chancen der Kernenergie organisiert.

Der deutsche protestantische Physiker Carl Friedrich von Weizsäcker (* 1912) gab den Impuls zum „Konziliaren Prozeß für Gerechtigkeit, Friede und Bewahrung der Schöp-

---

[25] ÖKUMENISCHER RAT DER KIRCHEN (Hrsg.), Der christliche Glaube und die heutige Weltwirtschaft. Eine Studiendokumentation des Ökumenischen Rates der Kirchen, Genf 1992, 14.

[26] Ebd. 15–17.

[27] Public Acceptance of Nuclear Power – some Ethical Issues, vorbereitet von der „Energy Advisory Group of the Working Committee on Church and Society" des Ökumenischen Rates der Kirchen, § 7.9.2.

fung"[28], der 1989 in der „Europäischen Ökumenischen Versammlung Frieden in Gerechtigkeit" in Basel gipfelte. Im Schlußdokument von Basel erklären die Delegierten:

Wir ... werden uns immer stärker der Notwendigkeit einer neuen partnerschaftlichen Beziehung zwischen dem Menschen und der übrigen Natur bewußt ... Unser Ziel ist eine internationale Umweltordnung" (§ 74). Und weiter: „Wir müssen dringend zu der Einsicht gelangen, daß die Schätze dieser Erde mit den kommenden Generationen und zukünftigem Leben zu teilen sind. Deshalb verpflichten wir uns zu einem neuen Lebensstil in unseren Kirchen, Gesellschaften, Familien und Gemeinden (§ 76). [29]

Die Sorge um die Bewahrung der Schöpfung ist in weiten Teilen ökumenisch. In der Schweiz etwa wurde 1987 die „Ökumenische Arbeitsgemeinschaft Kirche und Umwelt" (OEKU) gegründet. Die Arbeitsgemeinschaft begnügt sich nicht damit, Informationen zu verbreiten und die Reflexion voranzutreiben, sondern sie verbreitet auch praktische Ratschläge für einen verantwortlichen Lebensstil (angefangen etwa mit Initiativen für das Energiesparen in den Gemeinden). Als 1987 bekannt wurde, das Land Baden-Württemberg plane am deutschen Rheinufer in der Nähe von Kehl den Bau einer Sondermüllverbrennungsanlage, wurde eine grenzübergreifende „Ökumenische Gruppe Kehl-Straßburg" ins Leben gerufen, die sich erfolgreich am Widerstand gegen das Projekt beteiligte. 1992 veröffentlichte die Lutherische Bischofskonferenz Norwegens eine Erklärung unter dem Titel „Die Konsumgesellschaft, eine ethische Herausforderung". Darin wurden die Christen aufgefordert, sich auf einen neuen Lebensstil zu verpflichten. Denselben Fragekomplex behandelte die Synode der Kirche von Norwegen 1996 unter dem Motto „Konsum und Gerechtigkeit" und bekannte sich zur folgenden Verpflichtung: „Wir wollen den Weg freimachen zu persönlichem und politischem Engagement für weniger Konsum und mehr Gerechtigkeit." Weiter stellte sie die Frage: „Wie kann sie [die Kirche in den reichen Ländern] eine echte Gegenkultur anbieten und sich der Konsumorgie der westlichen Welt widersetzen?"[30] 1995 veröffentlichte die *Fédération protestante de France* die Broschüre *Écologie, production et sabbat*. Darin unterstreicht sie, der Mensch sei aufgerufen „nicht permanent zu produzieren" (Sabbatgebot) und betont: „Der Mensch selbst gehört der Ordnung des Lebendigen an. Er ist mit dieser Ordnung zutiefst solidarisch und er kann seine Verantwortung nicht jenseits der tiefen und strikten Achtung dieser Ordnung ausüben."

II. Die Soziallehre der katholischen Kirche

von Jean-Marie Mayeur

Im Lauf der fünf Jahrzehnte nach dem Tod Papst Pius' XII. wurde die Soziallehre der katholischen Kirche ausgebaut und differenziert, zugleich aber musste sie sich, wie andere christliche Bereiche auch, in Frage stellen lassen. Das römische Lehramt spielt in diesem

---

[28] C. F. von Weizsäcker, Die Zeit drängt. Eine Weltversammlung der Christen für Gerechtigkeit, Frieden und die Bewahrung der Schöpfung, München 1986.
[29] Frieden in Gerechtigkeit. Dokumente der Europäischen Ökumenischen Versammlung, hrsg. im Auftrag der Konferenz Europäischer Kirchen und des Rates der Europäischen Bischofskonferenzen, Basel – Zürich 1989, 71.
[30] B. Bue (Bischof von Stavanger), Zwischen Natur und Konsumgesellschaft. Dilemma in Norwegen, in: Naturopa 83 (1997) 21 f.

Fragekomplex zwar weiterhin eine wesentliche Rolle, Publikationen und Initiativen gehen jedoch zunehmend von unterschiedlichen Akteuren aus. [31] Gleichwohl ist es unerläßlich, die großen Lehren des römischen Lehramts zur Richtschnur zu nehmen, sind sie doch Quelle der Inspiration der Ortskirchen und Ausdruck ihrer Hoffnungen. Papst Johannes XXIII. knüpfte an die Tradition der Sozialenzykliken an. Papst Pius XII. hatte diesem Thema zwar zahlreiche Verlautbarungen, aber keine Enzyklika gewidmet. Die Enzyklika *Mater et Magistra* (Über die jüngsten Entwicklungen des gesellschaftlichen Lebens und seine Gestaltung im Licht der christlichen Lehre) vom 15. Mai 1961 gehört in die Reihe jener päpstlichen Texte, die der Gründungsenzyklika *Rerum novarum* (Über die Arbeiterfrage) gedenken. Doppelt so lang wie letztere und länger als die Enzyklika *Quadragesimo anno* von Papst Pius XI., war *Mater et Magistra* von drei Jesuiten der Gregoriana und zwei Jesuiten der *Action populaire* vorbereitet worden. Die Redaktion lag in den Händen von Monsignore Pavan und Monsignore Ferrari-Toniolo, beide mit den *Semaines sociales* in Italien verbunden, sowie von Monsignore Parente, Assessor am Heiligen Offizium[32]. Der Text will die Lehre der Kirche in einer sich wandelnden Gesellschaft festhalten. Vorab weist er auf die zunehmende „gesellschaftliche Verflechtung" oder „Vergesellschaftung" hin, d. h. auf die wachsenden Interdependenzen aller Art im nationalen Raum wie auf Weltebene, und nimmt die Hauptpunkte der Soziallehre der Kirche auf: Intervention des Staates (nicht zu trennen von der von Pius XI. erwähnten Subsidiarität), Suche nach dem Gemeinwohl, aktive Teilnahme der Arbeiter an den Geschicken ihrer Firma, soziale Funktion des Privateigentums. Bei der Sichtung neuer Aspekte der Sozialen Frage verweist die Enzyklika auf Probleme in der Landwirtschaft, auf ein regionales Ungleichgewicht in ein und demselben Land, doch vor allem anderen geht sie auf „das Problem unserer Zeit" ein, nämlich auf die Aufgabe, „zwischen den wirtschaftlich fortgeschrittenen und den wirtschaftlich noch in Entwicklung begriffenen Ländern die rechten Beziehungen herzustellen". Sie unterstreicht die Notwendigkeit der internationalen Zusammenarbeit in Entwicklungsfragen. In dieser Hinsicht markiert die im übrigen klassisch gehaltene Enzyklika eine folgenreiche Neuorientierung. Sie ist Ausdruck der Bewußtwerdung der Probleme der Dritten Welt (was dann im Konzil seinen Widerhall finden wird).

Zwei Jahre später, am 11. April 1963, erschien die Enzyklika *Pacem in terris* (Über den Frieden unter allen Völkern). Sie befaßt sich mit Problemen auf internationaler Ebene und bekräftigt im Rahmen der kirchlichen Soziallehre die wirtschaftlichen und sozialen Rechte des Menschen. In den pastoralen Weisungen markiert sie eine Öffnung in den Beziehungen zwischen Katholiken und Nichtkatholiken: „Daher kann der Fall eintreten, daß Fühlungnahmen und Begegnungen über praktische Fragen, die in der Vergangenheit unter keiner Rücksicht sinnvoll erschienen, jetzt wirklich fruchtbringend sind oder es morgen sein können." Diese neue Haltung gründet auf der Unterscheidung „zwischen dem Irrtum und den Irrenden" und auf dem Willen, „bestimmte Bewegungen, die sich mit wirtschaftlichen, so-

---

[31] Vgl. D. MAUGENEST (Hrsg.), Le discours social de l'Église catholique. De Léon XIII à Jean-Paul II, Paris 1985, 744 S. (Sammlung der Haupttexte der Soziallehre der katholischen Kirche samt Sachregister); R. BERTHOUZOZ u. a. (Hrsg.), Économie et développement. Répertoire des documents épiscopaux des cinq continents, Freiburg i. Ü. – Paris 1997, XXXVI, 808 S. Vgl. auch J.-Y. CALVEZ – J. PERRIN, Église et société économique I: L'enseignement social des papes de Léon XIII à Pie XII (1878–1958), Paris 1959, II: L'enseignement social de Jean XXIII, Paris 1963, 126 S.

[32] Vgl. die Präsentation der Enzyklika durch J.-L. SCHLEGEL, in: Discours social de l'Église catholique, 246, Anm. 1.

zialen, kulturellen Fragen oder der Politik befassen, zu unterscheiden von falschen philosophischen Lehrmeinungen über das Wesen, den Ursprung und das Ziel der Welt und des Menschen, auch wenn diese Bewegungen aus solchen Lehrmeinungen entstanden und von ihnen angeregt sind". Diese Unterscheidung zwischen Ideologien und historischen Realitäten machte den Weg frei für den Dialog mit Nichtglaubenden, insbesondere mit Marxisten.

Die Konzilsdebatten, die zur Pastoralkonstitution *Gaudium et spes* (Die Kirche in der Welt von heute) vom 7. Dezember 1965 führten, gaben wirtschaftlichen und sozialen Fragen Raum (2. Teil, Kapitel 3).[33] Die Konstitution bestätigt die Orientierungen der traditionellen Lehre, betont aber, gestützt auf die patristische Tradition, „die universale Bestimmung der Güter". Die an Ostern 1967 (26. März) erschienene Enzyklika *Populorum progressio* (Über den Fortschritt der Völker) führt die Überlegungen des Konzils weiter. *Gaudium et spes* wird nicht weniger als 17mal zitiert. „Heute ist", so führt sie aus, „die soziale Frage weltweit geworden … Die Völker, die Hunger leiden, bitten die Völker im Wohlstand dringend und inständig um Hilfe." Der in französischer Sprache redigierte Text verdankt dem ein Jahr zuvor verstorbenen französischen Dominikaner Pater Lebret viel; er bezieht sich nicht bloß auf die Bibel und Texte der Tradition, sondern auch auf die Theologen Henri de Lubac und Marie-Dominique Chenu, den chilenischen Bischof Manuel Larraín und den Ökonomen und Laien François Perroux. Erarbeitet wurde der Text auf dem Hintergrund der Reisen Papst Pauls VI. nach Lateinamerika, Afrika und Asien und der Arbeit der Welthandelskonferenz der UNO (UNCTAD), an der auch Vertreter des Apostolischen Stuhls teilnahmen.

Für die Enzyklika ist Entwicklung „nicht einfach gleichbedeutend mit wirtschaftlichem Wachstum"; Entwicklung muß umfassend, d. h. jedem Menschen und dem ganzen Menschen förderlich sein. Vielleicht mutet die Analyse übertrieben pessimistisch an und unterschätzt den möglichen Wandel in gewissen Drittweltländern (Indien, Südostasien), zugleich aber schlägt in der Enzyklika der Zukunftsoptimismus der sechziger Jahre durch, wenn sie auf die „solidarische Entwicklung der Menschheit" hofft. Paul VI. ruft schließlich die lange unterdrückte traditionelle Lehre in Erinnerung, welche Widerstand als zulässig erklärt „im Fall der eindeutigen und lange dauernden Gewaltherrschaft, die die Grundrechte der Person schwer verletzt und dem Gemeinwohl des Landes gefährlich schadet". So signalisiert er, bei aller Ablehnung von Gewalt im allgemeinen, ein gewisses Verständnis für die Befreiungsbewegungen in Lateinamerika.

Zum 80. Jahrestag der Enzyklika *Rerum novarum* sah Paul VI. von einer neuen Enzyklika ab, richtete aber sein Apostolisches Schreiben *Octogesima adveniens* an Kardinal Maurice Roy, den Präsidenten der Päpstlichen Kommission „Iustitia et Pax" und des Päpstlichen Rates der Laien. Das Schreiben wurde vor der Bischofssynode von Oktober 1971 zum Thema „Gerechtigkeit in der Welt" veröffentlicht. In ihm griff der Papst die neuen sozialen Probleme auf: Verstädterung, Immigration, Umwelt; vorab im zweiten Teil werden die verschiedenen Ideologien und die Einstellung der Christen ihnen gegenüber analysiert. Der Papst räumt ein, daß es sich angesichts unterschiedlicher Voraussetzungen „für Uns als untunlich [erweist], ein für alle gültiges Wort zu sagen oder allerorts passende Lösungen vorzuschlagen" – eine wichtige Aussage, die mit der zuweilen festgefahrenen

---

[33] Vgl. auch J.-M. MAYEUR, La vie économique et sociale dans les débats de Vatican II, in: Le Deuxième Concile du Vatican, Rom 1989, 793–807.

Präsentation der Sozialdoktrin bricht. Es ist an den christlichen Gemeinden, sich nach einer Analyse der Situation in ihrem Land von der Soziallehre der Kirche inspirieren zu lassen. Das Schreiben nimmt die Entwicklungen im sozialistischen Denken zur Kenntnis. Es wiederholt die Warnungen an die Adresse der von solchen Strömungen, insbesondere von marxistischen Analysen angezogenen Christen. Eine ähnliche Warnung geht an die Adresse jener Christen, die Gefahr laufen, den Liberalismus zu idealisieren. Bemerkenswert ist das Schreiben insofern, als es den Schritt von der Wirtschaft zur Politik als „unerläßlich" bezeichnet und bekräftigt, daß je nach Verhältnissen und persönlichen Bindungen „freie Wahl bestehen muß zwischen verschiedenen Wegen zum Ziel".

In den letzten Jahren des Pontifikats Pauls VI. kam es nicht mehr zu Dokumenten von vergleichbarer Tragweite. Prägend für das Ende der sechziger Jahre und die siebziger Jahre war die Infragestellung der christlichen Sozialdoktrin. Für die gegen das Establishment Protestierenden war diese Sozialdoktrin nichts anderes als der Ausdruck eines bloßen Reformismus, der zu einer Antwort auf die anstehenden Probleme ungeeignet und im Umfeld der Christdemokratie oder konservativer Politiken anzusiedeln sei. Diese Radikalisierung war in Lateinamerika besonders spürbar; hier ließ sich die Anziehungskraft des revolutionären Marxismus mit dem Scheitern der Reformpolitiken erklären. Im übrigen wurde der Begriff „Sozialdoktrin" kritisiert und als ideologisch befrachtet abqualifiziert. Um die Ambiguität des Begriffs „Doktrin" zu vermeiden, zog es Papst Paul VI. vor, von „Soziallehre" zu sprechen.

Doch schon anläßlich seiner ersten Reise nach Mexiko im Januar 1979 nahm Papst Johannes Paul II. den Ausdruck „Sozialdoktrin" wieder auf. Zwar geht aus dem Kontext hervor, daß „Doktrin" im Sinne von „Soziallehre" und nicht im Sinne einer präzisen Lösung verwendet wird, dennoch ist die Rückkehr zum Ausdruck „Doktrin" nicht bedeutungslos. Sie zeigt an, daß der Papst um jeden Preis vermeiden wollte, daß die katholische Soziallehre ihres Spezifikums verlustig geht. In mehreren Enzykliken vertiefte er die kirchliche Soziallehre: *Laborem exercens* (Über die menschliche Arbeit), zum 90. Jahrestag von *Rerum novarum* (wegen des Attentats auf den Papst vom 13. Mai 1981 wurde die Enzyklika erst am 14. September 1981 veröffentlicht), *Sollicitudo rei socialis* (Über die soziale Sorge der Kirche) vom 30. Dezember 1987 zum 20. Jahrestag von *Populorum progressio* sowie *Centesimus annus* im Mai 1991 zum 100. Jahrestag von *Rerum novarum*. Die Enzyklika *Laborem exercens* geht von der Feststellung aus, die menschliche Arbeit sei „eines der Kennzeichen, die den Menschen von den anderen Geschöpfen unterscheiden", und „ein Schlüssel und wohl der wesentliche Schlüssel in der gesamten sozialen Frage". Diese Enzyklika wurde vermutlich „in weiten Teilen"[34] vom Papst persönlich verfaßt. Johannes Paul II. spricht von seinen Erfahrungen in der Arbeitswelt im Polen seiner Jugendzeit. Der Titel: „Laborem exercens homo" stellt den Menschen ins Zentrum der Reflexion der Enzyklika: „*Als Person ist der Mensch daher Subjekt der Arbeit.*" Das personalistisch codierte Vorgehen des Papstes führte zu einer Relektüre der katholischen Soziallehre und zu einer Spiritualität der Arbeit als Teilnahme am Werk des Schöpfers.

Zwei Instruktionen der Kongregation für die Glaubenslehre über die Befreiungstheologie situieren die Position der katholischen Soziallehre gegenüber der aus Lateinamerika hervorgegangenen theologischen Strömung[35], deren Leitfiguren der Peruaner Gustavo Gu-

---

[34] So PH. LAURENT in seiner Präsentation der Enzyklika, in: Discours social de l'Église catholique, 629.
[35] Vgl. R. MARLÉ, La théologie de la libération réhabilitée?, in: Études Bd. 365 (11/1986) 521–536.

tiérrez[36] und der brasilianische Franziskaner Leonardo Boff sind[37]. Die erste „Instruktion über einige Aspekte der Theologie der Befreiung" vom 7. August 1984 (veröffentlicht am 3. September 1984) wurde, obwohl sie den Grundansatz der Befreiungstheologie als zulässig beurteilte, als Verurteilung rezipiert. Gemäß der Formulierung von Kardinal Danneels, Erzbischof von Mechelen-Brüssel, fügt die Instruktion „verschiedene kritisierbare Elemente der Befreiungstheologie zu einem Mosaik zusammen". Sie kritisiert, daß einige Befreiungstheologien eine Deutung des Glaubensinhalts vorlegen, die einer „praktischen Verleugnung" des Glaubens der Kirche gleichkomme. Sie verurteilt, daß der marxistischen Analyse und Methode Platz eingeräumt werde, aber auch „den Rückgriff auf die Thesen einer vom Rationalismus geprägten biblischen Hermeneutik", die „zu einer im wesentlichen *politischen* ‚relecture' der Schrift" führe. Die negativ ausschließende Instruktion kündigte ein nachfolgendes Dokument an, worin das Thema der christlichen Freiheit und Befreiung „in positiver Ausrichtung" behandelt würde.

Die Vorbehalte, welche die erste Instruktion vornehmlich im lateinamerikanischen Episkopat auslöste,[38] machten die erwähnte zweite Instruktion „Über die christliche Freiheit und die Befreiung" noch dringlicher. Das vom 22. März 1986 datierte und am 5. April 1986 veröffentlichte Dokument ruft in Erinnerung, daß das Suchen nach Freiheit und die Sehnsucht nach Befreiung „im Erbe des Christentums ihre erste Wurzel" haben. Die Instruktion lädt ein, sich an den Grundsätzen der katholischen Sozialdoktrin zu inspirieren, und anerkennt, daß es Strukturen gibt, die Ungerechtigkeit erzeugen. Sie verwendet die Formulierung von der „Liebe, die den Armen den Vorzug gibt", betont jedoch, daß die Kirche diese Option nicht mit Hilfe von „einengenden soziologischen und ideologischen Kategorien zum Ausdruck bringen" dürfe, die „aus dieser vorrangigen Zuwendung eine parteiische Wahl konfliktbetonter Art machen" würden. Sie lehnt den Klassenkampf und die Überhöhung des „Mythos der Revolution" ab. Wie bereits Paul VI. in *Populorum progressio* läßt sie, allerdings erst „nach einer sehr ernsten Analyse", Gewaltanwendung nur im Extremfall zu. Alles in allem akzeptiert die Instrukution die Befreiungstheologie unter der Bedingung, daß sie marxistischer Analyse und Theorie eine Absage erteilt. Sie betont, die soziale Unterweisung der Kirche entwickle sich „entsprechend den wechselnden Umständen der Geschichte" und wolle eine Antwort auf die Probleme der Länder der Dritten Welt geben. Hierfür verweist sie insbesondere auf später folgende Dokumente.

Zum 20. Jahrestag von *Populorum progressio* erschien am 30. Dezember 1987 die Enzyklika *Sollicitudo rei socialis*. Sie befaßt sich mit dem Problem der Entwicklung; diese wird nicht bloß als eine rein wirtschaftliche, sondern als eine ethische Frage verstanden. Mit den für sie inakzeptablen Gesetzen des internationalen Wirtschaftsliberalismus geht sie hart ins Gericht und definiert sie als „Strukturen der Sünde". In dieser Hinsicht steht sie in der Linie der Lehre Pauls VI. und der Stellungnahme der Päpstlichen Kommission „Iustitia et Pax" vom 27. Januar 1987 zum Problem der internationalen Verschuldung.

Mit *Centesimus annus* veröffentlichte Johannes Paul II. am 1. Mai 1991 zum 100. Jah-

---

[36] Autor der 1971 erschienenen Teología de la liberación (dt.: Theologie der Befreiung, mit einer neuen Einl. des Autors u. einem neuen Vorw. von J. B. METZ, 10., erw. und neubearb. Auflage, Mainz 1992).

[37] Zahlreiche seiner Bücher wurden ins Deutsche übersetzt, darunter: Jesus Christus der Befreier, Freiburg i. Br. 1986; Die Neuentdeckung der Kirche: Basisgemeinden in Lateinamerika, Mainz 1980.

[38] Auch in der Kurie selbst wurde Kritik laut, so J.-B. RAIMOND, Jean-Paul II. Un pape au cœur de l'histoire, Paris 1999, 165; danach hätte sich Kardinalstaatssekretär Casaroli gegen die Instruktion Kardinal Ratzingers gewandt.

restag von *Rerum novarum* eine bedeutende Enzyklika – bedeutend insofern, als sie nicht bloß die katholische Lehre zur Sozialen Frage der letzten 100 Jahre rekapituliert, sondern in mancher Hinsicht einen neuen Ansatz wählt. Nach der Darlegung der charakteristischen Merkmale von *Rerum novarum* und deren Aktualität wendet sich der Papst der heutigen Situation zu. Die Ereignisse der letzten Monate des Jahres 1989 und der ersten des Jahres 1990, nämlich der Zusammenbruch des Kommunismus, hätten bestätigt, wie zutreffend Papst Leos XIII. Analysen des sozialistischen Entwurfs gewesen seien. Johannes Paul II. fügt hinzu, „daß der Grundirrtum des Sozialismus anthropologischer Natur" sei. In diesem System verschwinde „der Begriff der Person als autonomes Subjekt moralischer Entscheidung". Diese irrige Sichtweise bezüglich der Person sei, wie die Idee des Klassenkampfes, Ausfluß des Atheismus. Zwar leugnet der Papst weder die Realität des Konflikts noch dessen positive Rolle, hält aber fest, daß der Konflikt den Weg freimachen muß für eine Lösung, die „die Personenwürde im anderen" anerkenne und „das Gesamtwohl der Gesellschaft" im Auge habe.

Nach einem Überblick über die Entwicklung der Welt und der internationalen Beziehungen seit 1914 wendet sich die Enzyklika den Ereignissen von 1989 in Mittel- und Osteuropa zu. Das IV. Kapitel ist dem Privateigentum und der universalen Bestimmung der Güter gewidmet. Die Enzyklika anerkennt die positive Rolle von Unternehmertum, freiem Markt und Gewinn. In dieser Hinsicht wird der Papst, so die Formel eines Journalisten[39], Ökonom. Der Kapitalismus wird nicht abgelehnt, auch wenn es nach Auffassung des Papstes vielleicht „passender wäre, von ‚Unternehmenswirtschaft' oder ‚Marktwirtschaft' oder einfach ‚freier Wirtschaft' zu sprechen"; nicht abgelehnt wird der Kapitalismus dann, wenn er „ein Wirtschaftssystem bezeichnet, das die grundlegende und positive Rolle des Unternehmens, des Marktes, des Privateigentums und der daraus folgenden Verantwortung" bezeichne. Anders sieht die Einschätzung aus, wenn „unter ‚Kapitalismus' ein System verstanden [wird], in dem die wirtschaftliche Freiheit nicht in eine feste Rechtsordnung eingebunden ist, die sie in den Dienst der vollen menschlichen Freiheit stellt".

Im Anschluß daran folgt, nach Paul VI., erneut die Bekräftigung, daß die Kirche angesichts der jeweils anders gelagerten historischen Situationen „keine eigenen Modelle vorzulegen" habe. Wie breit das Feld der Sozialdoktrin ist, wird unterstrichen: „Die heutige Soziallehre hat besonders *den Menschen* im Auge, insofern er in das komplizierte Beziehungsgeflecht der modernen Gesellschaften eingebunden ist." Diese Definition in Paragraph 54 umfaßt die verschiedenen Bereiche menschlichen Tuns. Die Soziallehre enthält folglich „eine wichtige interdisziplinäre Dimension", sie tritt „mit den verschiedenen Disziplinen, die sich mit dem Menschen befassen, in einen Dialog ein". Die an „alle Menschen guten Willens" gerichtete Enzyklika signalisiert eine Vertiefung des Begriffs der sozialen Gerechtigkeit, ferner den Einbezug der in einem prioritär sozialen Diskurs häufig vernachlässigten Realitäten der Wirtschaft sowie eine lebhafte Anteilnahme am Wandel in der heutigen Welt und am Phänomen Globalisierung. Ebenso bemerkenswert ist indes die Kontinuität mit den seit *Rerum novarum* bekräftigten Grundsätzen[40].

Die Entwicklung der kirchlichen Soziallehre anhand der wichtigsten Stellungnahmen der Päpste zu verfolgen, ist unerläßlich, kann aber zugleich den Blick verstellen für die

---

[39] P. FABRA, in: Le Monde, 7. Mai 1991.
[40] Dies bemerkt zu Recht PH. PORTIER, Jean-Paul II et la question du travail. Approche de la philosophie économique de l'Église catholique, in: Cristianesimo nella storia 18 (1997) 147–173.

wachsende Zahl an Dokumenten von seiten anderer römischer Instanzen, etwa seitens der durch das Konzil initiierten Päpstlichen Kommission „Iustitia et Pax", welche die Sozial-lehre zunehmend in einen breiteren internationalen Kontext stellte (bereits erwähnt wurde der Text von Januar 1987 über die internationale Verschuldung).

Bemerkenswerter noch ist die wachsende Zahl von Verlautbarungen einzelner Bischöfe oder bischöflicher Kommissionen sowie Versammlungen von Bischofskonferenzen auf re-gionaler oder kontinentaler Ebene. Das vor kurzem erschienene, äußerst nützliche Reper-torium bischöflicher Dokumente aus fünf Kontinenten zu Wirtschaftsfragen unterstreicht nicht bloß die Entwicklung der Problemkreise, sondern „die seit den sechziger Jahren aus-geprägtere Vielfalt der kulturellen Bezüge". Gleichwohl behält das Lehramt in seiner Kon-tinuität und seinem Wandel seine ganze Bedeutung. Allen Annahmen in den siebziger Jah-ren zum Trotz verlor es nicht an Gewicht und bleibt eine bedeutende Bezugsgröße. Das zeigen bereits das überwältigende Echo auf die päpstlichen Verlautbarungen und die Wie-derentdeckung der Tragweite der Soziallehre der katholischen Kirche. Zahlreiche Tagun-gen von Historikern und Theologen überall auf der Welt zum 100. Jahrestag der Enzyklika *Rerum novarum* sind Zeichen für das erneute Interesse – ein starker Kontrast zu der zwei Jahrzehnte zuvor häufig gehörten Einschätzung, diese Geschichte sei überholt und der so-ziale Katholizismus tot. In einem Land wie Frankreich, wo eine Institution wie die *Semai-nes sociales* zu verschwinden drohte, ist ihr Erstarken in den letzten Jahren äußerst auf-schlußreich.

Allerdings führten der Erfolg der Marktwirtschaft und die Schwierigkeiten des Für-sorge-Staates zu einer Neuinterpretation der Sozial- und Wirtschaftslehre der katholischen Kirche. Ohne die mögliche Intervention des Staates in Frage zu stellen, wird diese weniger betont, und das Mißtrauen der Gründungstexte des sozialen Katholizismus gegenüber der Staatsgläubigkeit wird gleichsam neu entdeckt. Spürbar ist diese Entwicklung in der En-zyklika *Centesimus annus*. Vor allem aber weitete sich das von der katholischen Sozial-lehre thematisierte Terrain ständig aus und übersteigt heute bei weitem das, was vor einem Jahrhundert noch die „Soziale Frage" genannt wurde. Beobachten läßt sich nicht bloß die Ausweitung des Sozialen auf Wirtschaft und internationale Beziehungen, sondern der Ein-bezug des sozialen Feldes insgesamt, handle es sich um Familie, Immigration, Ökologie oder alle weiteren Fragen, vor die das Zusammenleben der Menschen in der Gesellschaft stellt.

Seit dem Ende des 19. Jh. fand die Soziallehre der katholischen Kirche ihren Ausdruck in einer Vielfalt konfessioneller Organisationen, karitativer Werke, Hilfswerke und Ge-werkschaften. Das bemerkenswerteste Modell bildete sich in den Niederlanden resp. Bel-gien mit jener katholischen „Säule" heraus, an deren Spitze die katholische Partei stand. In Italien hatte die katholische Bewegung in den Jahren des „Non expedit" im ausgehenden 19. Jh. beträchtlich an Aufschwung gewonnen. Nach der Aufhebung des Verbots für die Katholiken, aktiv an der italienischen Politik teilzunehmen, hatte Luigi Sturzo die Katho-lische Volkspartei (PPI; *Partito popolare italiano*) gegründet, eine nichtkonfessionelle Be-wegung, welcher der Faschismus ein Ende setzte. Erst mit der Befreiung Italiens entstand die *Democrazia cristiana* (DC), die dann die Partei der Katholiken wurde. In Deutschland hatte sich nach den Konflikten zu Beginn des 20. Jh. in den christlichen Gewerkschaften Interkonfessionalität durchgesetzt; faktisch hatte sich das katholische *Zentrum* den Prote-stanten geöffnet. Nach dem Zweiten Weltkrieg waren die Katholiken konfessionell neutra-len Gewerkschaften beigetreten. Die explizit *christliche* Partei der Nachkriegsgeschichte, die CDU, versammelte auch zahlreiche Protestanten in ihren Reihen. In Frankreich hatte es eine aktive katholische Bewegung gegeben, der christliche Syndikalismus hatte an Einfluß gewonnen, doch die Parteien, die sich auf die Lehre des Christentums beriefen – PDP vor dem Krieg und christlich-demokratische Volksrepublikaner (MRP) nach der Befreiung –, verstanden sich als konfessionell neutral und unabhängig von der Kirche, selbst wenn ihr soziales Selbstverständnis diesem Anspruch entgegenstand. In der angelsächsischen Welt konnten christlich geprägte Gewerkschaften oder Parteien nicht wirklich Fuß fassen. Es schien, als hätten sich christliche Institutionen als unnötig erwiesen in jenen Ländern, die keinen starken antiklerikalen Liberalismus gekannt hatten, und in Staaten, die sich auf eine vom Christentum geprägte „Zivilreligion" beriefen. Trotz aller Nuancierungen ist die starke Ausstrahlung des christlich-sozialen Modells nicht zu verkennen, das vom Willen zur Wiedererrichtung einer christlichen Gesellschaft und eines christlichen Staates getragen war. Mit den vorstehenden Ausführungen soll lediglich angedeutet werden, in welch vielfältigen Formen dieses Modell umgesetzt wurde, dessen Höhepunkt in die Jahre des Pontifikats Pius' XII. fällt.

In den sechziger und siebziger Jahren wurden die kirchlichen Institutionen in Frage gestellt. Versahen sie nicht häufig einen Stellvertreterdienst, der mit der Ausweitung des Wohlfahrtsstaates überflüssig würde? Und waren sie nicht eine Machtdemonstration der Kirche? Kompromittierten sie nicht die Kirche, wenn sie sich auf die Seite konservativer Politik schlugen? Brachten sie die Kirche nicht von ihrem pastoralen Auftrag ab? Häufig wurde argumentiert, daß in einer zunehmend säkularisierten Welt, in der die Religion zur Privatsache geworden sei, die christlichen Institutionen keine Daseinsberechtigung mehr hätten. Die Argumente wurden auf unterschiedliche Institutionen angewandt: auf karitative Werke, Schulen, Gewerkschaften, Parteien. Besonders ausgeprägt war dieser Wille zur Entkonfessionalisierung in den Gewerkschaftsorganisationen. Minderheiten hatten schon lange die seit den Anfängen des christlichen Syndikalismus bestehenden Verbindungen dieser Organisationen mit der katholischen Kirche kappen wollen. Hatte in Frankreich die christliche Arbeitergewerkschaft CFTC (*Confédération française des travailleurs chrétiens*) nicht Seelsorger beschäftigt? Berief sie sich nicht ausschließlich auf die katholische Soziallehre? Auch für die Beziehungen zu den übrigen Gewerkschaften und deren Mitglieder schien die konfessionelle Prägung hinderlich. Auf dem außerordentlichen Kongreß vom 6. und 7. November 1964 wurde die *Confédération française démocratique du travail* (CFDT) gegründet[41]; eine Minderheit blieb bei der Bezeichnung CFTC. In Kanada hatte schon 1960 die christliche Arbeitergewerkschaft (CTCC) aus Angst vor negativen Auswirkungen auf die Mitgliederwerbung eine „begrenzte Entkonfessionalisierung" (F. Georgi) beschlossen und sich in *Confédération des syndicats nationaux* (CSN, Nationaler Gewerkschaftsbund) umbenannt; die CSN blieb weiterhin dem Internationalen Bund Christlicher Gewerkschaften (IBCG) angeschlossen. Die CSN berief sich nicht mehr auf die Soziallehre der katholischen Kirche, sondern auf die „christlichen Grundsätze", von denen sie sich „in ihrem Handeln inspirieren" lasse. In den folgenden Jahren sollte sie sich wie die CFDT und andere aus dem katholischen Milieu hervorgegangene Organisationen radikalisieren und sich anschließend wieder auf reformistische Positionen rückbesinnen.

Ohne die Entwicklung der christlich-demokratischen und der christlich-sozialen Par-

---

[41] Vgl. die wichtige Studie von F. GEORGI, L'invention de la CFDT 1957–1970. Syndicalisme, catholicisme et politique dans la France de l'expansion, Paris 1995, 651 S.

teien in Europa hier eigens behandeln zu wollen[42], soll kurz darauf eingegangen werden,
wie sich die Richtlinien des Konzils, aber auch Entkonfessionalisierung und Säkularisierung auswirkten. Das Konzil anerkannte den politischen Pluralismus der Katholiken im
Rahmen der kirchlichen Lehre. Damit wurde eine de-facto-Situation legitimiert, zugleich
aber der Übertritt eines Teils der katholischen Wähler zu konservativen oder sozialdemokratischen Parteien beschleunigt – stärker in Frankreich und Deutschland, weniger stark in
Italien. Gleichzeitig ging die katholische Hierarchie etwas auf Distanz zu den christlich-demokratischen Parteien; in Italien und Deutschland langsamer und unmerklicher. Eine
weitere Folge des religiösen Wandels zeigte sich in den Niederlanden, wo im Zeichen der
Ökumene zwischen Katholiken und Protestanten eine Annäherung zwischen der im 19. Jh.
entstandenen katholischen Partei und den protestantischen Parteien vollzogen wurde. Interkonfessionalität ist in den christlich-demokratischen Parteien inzwischen die Regel.

Um ihre Basis auszuweiten, öffneten sich diese Parteien für neue, nicht konfessionell
gebundene Mitbürger mit „humanistischer" Werthaltung. Mit dieser Zielsetzung wurde in
Frankreich der MRP auf Initiative Jean Lecanuets durch das *Centre démocratique* abgelöst; dessen Zielgruppe waren nicht bloß aktive Kräfte in der Zivilgesellschaft, sondern die
unabhängige Rechte und die Radikalen, die keine Verbindung mit den Sozialisten eingehen wollten. Der Erfolg hielt sich in Grenzen. Außerdem drängte es die aus der Christdemokratie hervorgegangenen Parteimitglieder zu einer Rückkehr zu den Quellen; diese fand
1976 mit der Ablösung des *Centre démocratique* durch das *Centre des démocrates sociaux*
(CDS) statt. 1996 nahm François Bayrou mit der Schaffung der „*Forces démocrates*" Jean
Lecanuets Projekt wieder auf. Anhand dieser Entwicklung läßt sich ablesen, in welchem
Spannungsfeld die christlich inspirierten demokratischen Parteien sich bewegen – zwischen der Bekräftigung ihrer Besonderheit und der Suche nach einer breiteren Basis, um in
der Parteienlandschaft eine Partei wie jede andere zu werden.

Doch anders als in den sechziger Jahren angenommen, entwickelten sich diese Parteien
zwar in unterschiedliche Richtungen, verschwanden aber nicht von der Bildfläche. In Italien blieb die *Democrazia cristiana* die dominierende Partei und an der Macht, was
schließlich, in Verbindung mit einer Reihe von Skandalen, zur Implosion führte. In
Deutschland bleibt die CDU/CSU trotz ihrer Niederlage von 1998, die auf einen diffusen
Wunsch der Wählerschaft nach einem Machtwechsel zurückzuführen sein dürfte, eine
wichtige politische Kraft. Sie hat es besser als jede andere Partei verstanden, sich als gemäßigte konservative Kraft durchzusetzen, und dies trotz der Säkularisierung der deutschen Gesellschaft. Die Europäische Volkspartei, stärkste politische Kraft im Europäischen Parlament seit den Wahlen von 1999, bezieht ihre Stärke aus dem Zusammenschluß
von Parteien christlich-demokratischer Tradition mit weiteren Rechtsparteien. Zwar läßt
sich insgesamt ein Verlust der Spezifizität der aus der Christdemokratie hervorgegangenen
Parteien ablesen, deren Geschichte, anders als in den Anfängen des 20. Jh., heutzutage
nicht mehr an die Religionsfrage als solche gekoppelt ist. Doch wird auch hier der Wunsch
nach Rückkehr zu einer „christlichen Politik" laut, insbesondere im Zusammenhang der
Menschenrechte[43] oder moralischer und ethischer Lebensfragen[44].

---

[42] Vgl. die Aufarbeitung samt umfangreicher Bibliographie in J.-D. Durand, L'Europe de la démocratie chrétienne, Brüssel 1995, sowie E. Lemberts, La démocratie chrétienne dans l'Union européenne, Löwen 1996.
[43] In manchen Ländern Lateinamerikas.
[44] Vor allem in den Staaten Nordeuropas.

Das Terrain der kirchlichen Soziallehre ist die Welt, die „Soziale Frage" des 19. Jh. ist zur „internationalen Frage" geworden, untrennbar verknüpft mit dem weltweiten wirtschaftlichen und sozialen Ungleichgewicht. Die Titel der kirchlichen Dokumente spiegeln die Ausweitung des sozialen Feldes, greifen neben den Konflikten zwischen sozialen Klassen die spezifische Lage und die Probleme der verschiedenen Altersegmente auf und befassen sich darüber hinaus mit gesamtgesellschaftlichen Problemen wie etwa Alkoholmißbrauch (ein bereits im 19. Jh. präsentes Thema) oder, neuerdings, Gesundheitspolitik.

Fragen rund um das Leben stehen insgesamt stärker im Blickpunkt. Das hängt zum einen mit der Gesetzgebung zum Schwangerschaftsabbruch in zahlreichen Ländern, zum anderen mit dem raschen Wandel in Wissenschaft und Technik zusammen: Empfängnisverhütungsmethoden, medizinisch assistierte Fortpflanzung, Klonen, Embryonenforschungen etc. Der Begriff „Bioethik", 1971 vom amerikanischen Onkologen Van Rensselaer Potter geprägt, ist Ausdruck dafür, daß sich die *scientific community* der Dringlichkeit der Reflexion über diesen Problemkomplex bewußt ist. Man muß hier nicht eigens die Bedeutung von *Humanae vitae* (1968) betonen oder der Erklärung der Kongregation für die Glaubenslehre vom 18. November 1974 über den Schwangerschaftsabbruch, worin bekräftigt wurde, daß „das oberste Recht der menschlichen Person das Recht auf Leben" sei. Festzuhalten ist jedenfalls, daß Johannes Paul II. diesem Fragekomplex zunehmend Aufmerksamkeit schenkte[45]. In der Erklärung der Kongregation für die Glaubenslehre zur Euthanasie *Iura et bona* vom 5. Mai 1980 wurde die Verurteilung der Euthanasie wiederholt: „Es kann … keine Autorität sie rechtmäßig anordnen oder zulassen. Denn es geht dabei um die Verletzung eines göttlichen Gesetzes, um eine Beleidigung der Würde der menschlichen Person, um ein Verbrechen gegen das Leben, um einen Anschlag gegen das Menschengeschlecht." In der Folge der Lehre Pius' XII. bekräftigt die Erklärung schließlich: „Wenn der Tod näher kommt und durch keine Therapie mehr verhindert werden kann, darf man sich im Gewissen entschließen, auf weitere Heilversuche zu verzichten, die nur eine schwache oder schmerzvolle Verlängerung des Lebens bewirken könnten, ohne daß man jedoch die normalen Hilfen unterläßt, die man in solchen Fällen einem Kranken schuldet." Am 22. Februar 1987 legte die Kongregation für die Glaubenslehre die Instruktion über die Achtung vor dem beginnenden menschlichen Leben und die Würde der Fortpflanzung *Donum vitae* vor. Angesichts der Stellungnahmen einiger katholischer Universitäten (Lille, Nijmegen, Löwen, Louvain-la-Neuve)[46] verurteilte sie die *In-vitro*-Befruchtung: „Das, was technisch möglich ist, ist nicht auch deshalb schon moralisch annehmbar." Im Zentrum des Texts steht die Forderung nach Achtung der menschlichen Embryonen. Die Verfahren zur Manipulation menschlicher Embryonen im Zusammenhang mit den „Techniken menschlicher Reproduktion" stünden „im Gegensatz zur personalen Würde des menschlichen *Wesens*". Die Erklärung wendet sich dann den Eingriffen in die menschliche Fortpflanzung zu und verurteilt die heterologe künstliche Befruchtung, die „Ersatzmutterschaft" wie die homologe In-vitro-Befruchtung. Zwar ist letztere „nicht von all der ethischen Negativität belastet, die man in der außerehelichen Fortpflanzung vorfindet … Den-

---

[45] Vgl. die Darstellung von P. Eyt, La papauté et l'éthique de la vie, in: É. Bonnefous u. a. (Hrsg.), La papauté au XXe siècle (colloque de la Fondation Singer-Polignac), Paris 1999, 175–189.
[46] H. Denzinger, Symbolorum definitionum et declarationum de rebus fidei et morum/Kompendium der Glaubensbekenntnisse und kirchlichen Lehrentscheidungen, hrsg. v. P. Hünermann, 38. akt. Aufl., Freiburg i. Br. 1999, 1439.

noch – in Übereinstimmung mit der traditionellen Lehre über die Güter der Ehe und die
Würde der Person – *bleibt die Kirche aus moralischer Sicht bei der Ablehnung der homo-
logen In-vitro-Befruchtung*". Die Instruktion endet mit dem Befund, die staatliche Gesetzgebung in vielen Ländern erweise sich als „unfähig, diejenige Moralität zu garantieren, die
den naturgemäßen Erfordernissen der menschlichen Person und den ‚ungeschriebenen Gesetzen‘ entspricht, die der Schöpfer in das Herz der Menschen eingeprägt hat" – ein zweifacher Bezug begründet die ethische Sicht Roms: auf die Person und das Naturgesetz.

Vom 4. bis 7. April 1991 fand in Rom ein von Johannes Paul II. einberufenes außeror-
dentliches Konsistorium der Kardinäle zum „Problem der Bedrohungen des menschlichen
Lebens in unserer Zeit" statt. Zu Pfingsten 1991 richtete der Papst ein Schreiben an alle Bischöfe und bat sie um ihre Mitarbeit bei der Beschäftigung mit diesem Thema. In der Folge
wurde am 25. März 1995 die Enzyklika *Evangelium vitae* veröffentlicht, worin eine „Kultur des Todes" angeprangert wird. „Sicherlich sind", so der Papst, „vom moralischen Gesichtspunkt her Empfängnisverhütung und Abtreibung ihrer Art nach verschiedene Übel."
Doch stünden sie „sehr oft in enger Beziehung zueinander", und „die der ‚Verhütungsmen-
talität‘ ... innewohnenden Pseudowerte verstärken nur noch diese Versuchung [zur Abtrei-
bung]". Letztere stelle „immer ein schweres sittliches Vergehen dar, nämlich die vorsätzli-
che Tötung eines unschuldigen Menschen". Die Enzyklika wendet sich auch, wie zuvor
die Instruktion *Donum vitae*, gegen die verschiedenen Techniken künstlicher Reproduktion, die „die Zeugung von dem gesamtmenschlichen Zusammenhang des ehelichen Aktes
trennen". Die hohen Mißerfolgsraten setzten den Embryo der „Gefahr aus, meist innerhalb
kürzester Zeit zu sterben". Die sittliche Bewertung der Abtreibung müsse „auch auf die
neuen Formen des Eingriffs auf menschliche Embryonen angewandt werden", die als
„Versuchsobjekte" verwendet würden. Der Papst verurteilt zudem die „Verbreitung der
maskiert und schleichend oder offen durchgeführten und sogar legalisierten *Euthanasie*".
Sie sei eines der „alarmierendsten Symptome der ‚Kultur des Todes‘" und „*eine schwere
Verletzung des göttlichen Gesetzes*".

Nach Auffassung der Enzyklika ist die „gemeinsame Wurzel all dieser Tendenzen der
ethische Relativismus, der für weite Teile der modernen Kultur bezeichnend" sei und dem
Individuum „vollständigste sittliche Entscheidungsautonomie" zuweise; es müsse ferner
festgehalten werden, daß ein politischer Mehrheitsbeschluß wohl das staatliche Gesetz be-
gründe, nicht aber das Sittengesetz. Dieser Punkt der Analyse ist insofern wichtig, als er
auch ein Licht auf das Demokratieverständnis des Lehramts wirft. Johannes Paul II. bezieht sich in signifikanter Weise auf die Radioansprache Pius' XII. an Weihnachten 1944
und ruft in Erinnerung, daß „die Demokratie nicht ... zum Mythos erhoben werden darf ...
Sie ist ihrem Wesen nach eine ‚Ordnung‘ und als solche ein Werkzeug und nicht ein Ziel.
Ihr ‚sittlicher‘ Charakter ist nicht automatisch gegeben, sondern hängt von der Übereinstimmung mit dem Sittengesetz ab, dem sie, wie jedes andere menschliche Verhalten, unterstehen muß". Die von der Demokratie verkörperten Grundwerte seien „die Würde jeder
menschlichen Person, die Achtung ihrer unverletzlichen und unveräußerlichen Rechte sowie die Übernahme des ‚Gemeinwohls‘ als Ziel und regelndes Kriterium für das politische
Leben". Diese Werte fänden ihr Fundament in der „Anerkennung eines objektiven Sitten-
gesetzes, das als dem Menschen ins Herz geschriebenes ‚Naturgesetz‘ normgebender Be-
zugspunkt eben dieses staatlichen Gesetzes" sei. So habe das staatliche Gesetz dem Sittengesetz zu entsprechen. In der Frage der Abtreibung und der Euthanasie greift Johannes
Paul II. auf die Lehre des Thomas von Aquin zurück, auf die Lehre der Enzykliken der

Jose Clemente Oroszco: „Christus zerschlägt sein Kreuz", 1943 (Museum, Mexico).

Rodolfo Arellano: „Der barmherzige Guerillero", 1981 – Das Gemälde bezieht sich auf das von Ernesto Cardenal veröffentlichte „Evangelium der Bauern von Solentinane (Nicaragua)".

Schenuda III., Papst der koptischen Kirche.

Hungertuch aus Abessinien, koptischer Stil.

Päpste Pius XI., Pius XII. und Johannes XXIII. in der Frage des Gemeinwohls und des über jedem staatlichen Gesetz stehenden Naturgesetzes. Mit diesem Vorgehen soll die Kontinuität der katholischen Soziallehre und deren Kohärenz zum Ausdruck gebracht werden, ob es nun um wirtschaftliche Ungleichheiten gehe, um die Beziehungen in der Arbeitswelt oder um die Haltung dem Leben gegenüber. Diese Kontinuität hatte Johannes Paul II. bereits in seinem Schreiben an die Bischöfe zu Pfingsten 1991 bekräftigt, als er die Analogie zwischen der Verteidigung der Rechte der Arbeiter durch die Kirche in *Rerum novarum* und der Verteidigung der Rechte jener Personen herstellte, die „in ihren grundlegenden Lebensrechten unterdrückt" werden.

Auffallend in der Rezeption der zeitgenössischen päpstlichen Soziallehre durch die Öffentlichkeit ist das weitgehend positive Echo auf die Aussagen zur Arbeitswelt und zu den Ungleichheiten der wirtschaftlichen Entwicklung. Die vor einigen Jahrzehnten laut gewordenen Kritiken an einem des Reformismus oder gar der ‚Kollaboration mit der besitzenden Klasse' bezichtigten Diskurs sind nach dem Scheitern des Kommunismus und angesichts der verminderten Faszination revolutionärer Mythen weitgehend verstummt. Mehr noch, die päpstlichen Stellungnahmen zu ökonomischen und sozialen Fragen werden durchweg positiv aufgenommen. Kritisiert werden hingegen die päpstlichen Verlautbarungen zur Sexualität und zu persönlichen ethischen Optionen, wobei diese Kritik meist in der Ablehnung des Konzepts des Naturgesetzes gründet.

III. Die katholische Kirche und die internationale Politik

VON JEAN-MARIE MAYEUR

In der zweiten Hälfte des 20. Jh. vermochte die katholische Kirche ihre Stellung in der internationalen Politik kontinuierlich zu festigen[47]; die von Papst Leo XIII. eingeleitete Entwicklung setzte sich unter den Pontifikaten Benedikts XV., Pius' XI. und Pius' XII. fort. Dies spiegelt sich in der wachsenden Zahl von Nuntiaturen (bzw. Vertretungen beim Apostolischen Stuhl): 41 im Jahr 1949, 114 im Jahr 1985, 121 im Jahr 1993. Im Jahre 1999 unterhielten schließlich 170 Staaten diplomatische Beziehungen zum Apostolischen Stuhl[48]. Auf dem Konzil selbst und in der Zeit danach geriet die Rolle der Nuntien in die Diskussion, galten diese doch als Ausdruck einer archaischen Diplomatie und eines dem Zeugnis der Kirche zuwiderlaufenden Machtanspruchs. Im Bemühen, dieser Kritik zu begegnen, definierte Paul VI. im Motu proprio *Sollicitudo omnium ecclesiarum* (Über die Aufgaben der Legaten des römischen Papstes) vom 24. Juni 1969 die Legaten zuvörderst durch ihre pastorale, innerkirchliche Aufgabe und erst in zweiter Linie durch ihre diplomatische Funktion:

Hauptsächliche und besondere Aufgabe des päpstlichen Legaten ist es, die Bande der Einheit, die den Apostolischen Stuhl und die Ortskirchen verbinden, immer enger und wirksamer zu machen. Außerdem ist er Interpret der Sorge des römischen Papstes für das Wohl des Landes, in dem er sein Amt

---

[47] Vgl. M. MERLE – CH. DE MONTCLOS, L'Église catholique et les relations internationales depuis la Seconde guerre mondiale, Paris 1988, 243 S.; J.-B. D'ONORIO (Hrsg.), Le Saint-Siège dans les relations internationales, Paris 1989; J.-Y. ROUXEL, Le Saint-Siège sur la scène internationale (préface de Mgr ROLAND MINNERATH), Paris 1998, 313 S.

[48] O. DE LA BROSSE, Diplomate près le Saint-Siège, in: Études Bd. 364 (1/1986), 111–124.

ausübt; insbesondere muß er sich mit Eifer einsetzen für die Probleme des Friedens, der Entwicklung und der Zusammenarbeit der Völker, damit das geistliche, moralische und wirtschaftliche Wohl der gesamten Menschheitsfamilie gefördert werde.[49]

Der Text ist insofern wichtig, als er die Rolle der Diplomaten des Heiligen Stuhls nicht aufgrund von Machtüberlegungen definiert oder mit der Verteidigung der Rechte der Katholiken in den betreffenden Ländern, sondern mit der Sorge um das Gemeinwohl aller. Dieselben Überlegungen führten den Heiligen Stuhl dazu, Mitglied der Sonderorganisationen der Vereinten Nationen zu werden, wenn auch aus Gründen der Neutralität in der Regel nur mit Beobachterstatus. 1964 ernannte Paul VI. einen ständigen Beobachter bei der UNO in New York[50]. Inzwischen sind die Beobachter des Apostolischen Stuhls in zahlreichen internationalen und europäischen Institutionen tätig; der Heilige Stuhl selbst ist den wichtigen internationalen Abkommen beigetreten.

Steuerung und Umsetzung der römischen Diplomatie fallen in den Bereich des Staatssekretariats. 1988 wurde der von Paul VI. geschaffene Rat für die öffentlichen Angelegenheiten der Kirche durch die Zweite Sektion (oder Sektion für die Beziehungen mit den Staaten) des Staatssekretariats abgelöst. Ihr obliegen die zwischenstaatlichen Beziehungen, und ihr Personalbestand liegt bei rund 30 Mitarbeitern[51]. Die Kongregation für die Orientalischen Kirchen ist für den Nahen Osten und Osteuropa zuständig. Die Kongregation für die Evangelisierung der Völker hat die ehemalige Propaganda-fide-Kongregation abgelöst; ihr Aufgabengebiet sind die neu errichteten Diözesen in der Dritten Welt und die Missionstätigkeit.

Anders als im Anschluß an das Zweite Vatikanische Konzil zuweilen angenommen wurde, ist die Zeit der Konkordate und Abkommen – die Begriffe sind hier Synonyme – keineswegs vorbei[52]. Unter Johannes XXIII. wurden sechs Konkordate unterzeichnet, unter Paul VI. rund 40 konkordatsähnliche Dokumente[53], rund 60 unter Johannes Paul II. bis zum Jahr 2000. Mit dem Abkommen „Modus vivendi" mit Tunesien kam am 27. Juni 1964 erstmals ein Vertrag mit einem Staat zustande, in dem der Islam Staatsreligion und die katholische Kirche „einem strengen Polizeiregime unterworfen"[54] ist. 1983 wurde ein Abkommen mit einem weiteren islamischen Staat, Marokko, unterzeichnet. Mit den Abkommen von 1975 mit Portugal, von 1976 und 1979 mit Spanien wurde auf das Ende der Diktatur in diesen beiden Ländern reagiert; mit dem Abkommen von 1984 mit Italien wurde, wie in den beiden zuvor genannten Abkommen, die nachkonziliare Epoche und damit das Ende des staatskirchlichen Ideals besiegelt. In Italien drängte sich eine Revision des Konkordats auf, nachdem 1976 mit einer Volksabstimmung die Scheidung gesetzlich verankert worden war, und

---

[49] Motuproprio über die Aufgaben der Legaten des römischen Papstes. Von den deutschen Bischöfen approbierte Übersetzung, Trier 1970, IV. 1 u. 2, S. 55.

[50] Vgl. J.-B. D'ONORIO, La papauté, de la romanité à l'universalité, in: BONNEFOUS, La papauté au XXᵉ siècle, 15–40, bes. 31 ff.

[51] Vgl. A. RICCARDI, Le politiche della Chiesa, Cinisello Balsamo 1997, 150.

[52] Vgl. J.-B. D'ONORIO, Les concordats et conventions postconciliaires, in: DERS., Le Saint-Siège dans les relations internationales, 193–245.

[53] Ich halte mich hier an die Angaben von J.-B. D'ONORIO; niedriger sind die Zahlen von F. MARGIOTTA-BROGLIO, Concordat, in: Dictionnaire de la papauté, 443 f, und R. MINNERATH, L'Église et les États concordataires (1846–1981). La souveraineté spirituelle (préface de JEAN GAUDEMET), Paris 1983.

[54] H. JEDIN – K. REPGEN, Handbuch der Kirchengeschichte VII: Die Weltkirche im 20. Jahrhundert, Freiburg i. Br. 1979/1985, 218.

zwar gegen Artikel 34 des Konkordats von 1929. Gemeinsam ist diesen Abkommen, daß sie die Freiheit der Kirche sichern, auch in der Frage der Bischofsernennungen, daß sie der Kirche einen öffentlich-rechtlichen Status einräumen, etwa mit der Anerkennung des Status als juristische Person oder als kirchliche Institution. Nach dem Verlust ihres privilegierten Status in Spanien und Italien kann der Staat der Kirche, falls die Steuerpflichtigen dies wünschen, einen Teil der von ihnen bezahlten Steuern zukommen lassen[55].

Anders gelagert waren die Abkommen, mit denen Rom versuchte, der Kirche in den Ländern Osteuropas unter kommunistischer Herrschaft einen minimalen Freiheitsraum zu bewahren. Das wurde, in nicht ganz zutreffender Analogie zur Politik der Bundesrepublik Deutschland, die *Ostpolitik* des Vatikans genannt[56]. Die maßgeblichen Leitlinien dieser Politik sind bereits dargelegt worden[57]. In seiner ersten Enzyklika *Ecclesiam suam* verurteilte Paul VI. „die gottesleugnerischen und die Kirche verfolgenden ideologischen Systeme … unter ihnen besonders den atheistischen Kommunismus". Die Enzyklika hält fest, daß der Dialog mit den kommunistischen Regimes, unter denen die Kirche gezwungenermaßen „nur durch ihre Leiden spricht", „sehr schwierig … um nicht zu sagen unmöglich" ist. Dennoch „möchten Wir die Hoffnung nicht aufgeben", so Papst Paul VI., „daß sich eines Tages zwischen ihnen und der Kirche ein positiver Dialog anbahnen wird". Ziel war es, so Kardinal Casaroli, seit März 1961 Unterstaatssekretär der Kongregation für die außerordentlichen kirchlichen Angelegenheiten, „der Kirche einen genügenden, wenn auch nicht befriedigenden Lebensraum in den strikten und engen Strukturen eines Staates mit kommunistischem Regime zu sichern"[58]. Die Prioritäten des Heiligen Stuhls waren: Anerkennung der Autorität des Papstes über die Katholiken im Land, Wiederherstellung der kirchlichen Hierarchie im jeweiligen Land, freie Kommunikation dieser kirchlichen Hierarchie mit Rom. Um das zu erreichen, galt es auch „zu einer Form von Dialog mit Moskau zu kommen"[59]. Die Sowjetunion wollte ihrerseits Beziehungen zum Apostolischen Stuhl aufnehmen, um ihrer Politik der friedlichen Koexistenz ein positives Image zu verleihen. Am 27. April 1966 wurde der sowjetische Außenminister Andrej Gromyko erstmals von Paul VI. empfangen (siehe Abb. auf S. 304). Bei dieser Gelegenheit konnte der Papst die Frage der Religionsfreiheit in der UdSSR anschneiden, insbesondere das Problem der 1946 aufgehobenen Unierten Kirche.

Im Mai 1963, kurz bevor das Pontifikat Johannes' XXIII. zu Ende ging, besuchte Kardinal Casaroli erstmals Ungarn und die Tschechoslowakei. Am 15. September 1964 wurde das „Budapester Protokoll" unterzeichnet. Nach vorgängiger Absprache mit der Regierung – ihr wurde die „politische Klausel" und der Treueid des Klerus auf Staat und Verfassung zugestanden – nahm der Papst die ersten Bischofsernennungen vor. Wie Kardinal Casaroli mit Blick auf die Übereinkunft bemerkt, handelte es sich „vorab um eine ‚praktische Absprache'", um „Versicherungen" bezüglich der Ausübung des Priesteramts, der Ausbildung des Klerus und des Religionsunterrichts. Gemäß dem Wortlaut des Protokolls selbst

---

[55] In Anlehnung an die Ausführungen von D'ONORIO, Les concordats et conventions postconciliaires.

[56] So der Titel des Buchs des Journalisten und Historikers H. STEHLE, Die Ostpolitik des Vatikans, München 1975; vgl. auch CH. ALIX DE MONTCLOS, Mgr Casaroli et l'Ostpolitik, in: Relations internationales Nr. 28 (4/1981) 427–442, sowie A. RICCARDI, Il Vaticano e Mosca. 1940–1990, Rom, 1992.

[57] Im folgenden stützen wir uns auf die fundierten Darlegungen eines intimen Kenners der Ostpolitik Pauls VI.: A. SILVESTRINI, L'Ostpolitik de Paul VI, in: Istituto Paul VI Nr. 20 (1990) 71–85.

[58] Rede in New York vor dem Council of Foreign Relations, 24. Oktober 1973, zit. in: ebd. 71–85.

[59] Ebd.

Paul VI. und der sowjetische Außenminister Andrej Gromyko.

„entsprachen sie noch keineswegs den Wünschen des Heiligen Stuhls und den Bedürfnissen des katholischen Lebens", bildeten aber gleichwohl „einen nicht zu unterschätzenden Anfang"[60]. Die Erwartungen erfüllten sich nur teilweise, aber die Hierarchie konnte wiederhergestellt werden. Einiges Kopfzerbrechen bereitete die Situation von Kardinal József Mindszenty, der sich im November 1956 in die Botschaft der Vereinigten Staaten von Amerika geflüchtet hatte. Doch das heikle Problem konnte einer Lösung zugeführt werden. Am 28. September 1971 willigte der Kardinal ein, im Exil in Wien zu leben, und am 6. Februar 1974 veröffentlichte Paul VI. die Sedisvakanz von Esztergom (Gran). Das Opfer des Kardinalprimas machte den Weg frei für die Ernennung von Bischöfen und den Besuch von János Kádár, dem Ersten Sekretär des Zentralkomitees der Kommunistischen Partei Ungarns, in Rom. Zwei Jahre später wurde Bischof Lékai zum Erzbischof von Esztergom ernannt und in das Kardinalskollegium aufgenommen.

Nach der Unterzeichnung des „Modus vivendi" vom Januar 1965 mit der Tschechoslowakei wurde Monsignore Beran, inzwischen zum Kardinal ernannt, aus der Haft entlassen und konnte nach Rom ausreisen; sonst waren keine nennenswerten Folgen zu verzeichnen, ausgenommen das zögerlich erteilte Zugeständnis an Rom, Bischöfe zu ernennen. Nach

---

[60] Documentation catholique 1964, 1257–1260; vgl. auch P. G. Bozsoky, La longue nuit du clergé hongrois, in: Études Bd. 337 (7/1972) 99–114.

zweimaliger Visite von Kardinal Casaroli in Polen wurden zu Beginn des Jahres 1967 zwei Apostolische Administratoren ernannt für die Diözesen innerhalb des dem Verlauf der polnischen Grenze entsprechenden Territoriums (im Westen also begrenzt durch die Oder-Neiße-Linie); die polnischen Bischöfe, die anderen Aspekten der Ostpolitik eher skeptisch gegenüberstanden, verlangten einstimmig die definitive Neuordnung der fraglichen Diözesen und die Anerkennung der neuen Grenzen. Die neuen Diözesen wurden am 29. Juni 1969 geschaffen, kurz nach Zustandekommen der Abkommen zwischen der Bundesrepublik Deutschland, der Sowjetunion und Polen.

Im Jugoslawien Marschall Titos, das vom Sowjetblock unabhängig war, konnte die Ostpolitik des Vatikans einen gewissen Erfolg verzeichnen. Das am 25. Juni 1966 in Belgrad unterzeichnete Protokoll anerkennt die Jurisdiktionsgewalt des Heiligen Stuhls über die katholische Kirche, garantiert den Bischöfen die freie Kommunikation mit Rom und bestätigt die Trennung von Kirche und Staat. Rom wurde die freie Ernennung von Bischöfen zugestanden. Am 22. August 1970 nahm man normale diplomatische Beziehungen auf.

Ziel dieser Teilabkommen war es, minimale Möglichkeiten der Religionsausübung wiederherzustellen. Dabei ging es Kardinalstaatssekretär Jean Villot, mit diesen Verträgen nicht darum, „einen *modus vivendi* mit den Staaten, sondern einen *modus non moriendi* für die Katholiken in den Ländern des Ostblocks zu schaffen"[61]. Da diese Politik zu einer gewissen Legitimierung der Regimes in diesen Ländern beitrug[62], wurde sie von den dortigen Gläubigen, ja selbst von den Bischöfen nicht immer positiv aufgenommen. Doch auch wenn es den kommunistischen Regierungen in erster Linie um einen Zuwachs an Legitimität ging, so hatten sie doch, allen Hintergedanken zum Trotz, aufgrund der Abkommen bis zu einem gewissen Grad den religiösen Gegebenheiten Rechnung zu tragen.

Im Zusammenhang der unablässigen Bemühungen des Apostolischen Stuhls, sich, wie Paul VI. es formulierte[63], für die „Achtung des religiösen Gewissens" einzusetzen, ist auch die Teilnahme eines Vertreters des Vatikans an der *Konferenz für Sicherheit und Zusammenarbeit in Europa* zu sehen; die auf eine Initiative der Außenminister des Warschauer Pakts zurückgehende Konferenz endete 1975 mit der Schlußakte von Helsinki. Im November 1972 ließ Finnland 32 europäischen Staaten, den USA, Kanada und dem Heiligen Stuhl eine Einladung zukommen. Rom nahm diese Einladung an: Auf diese Weise nahm der Heilige Stuhl erstmals nach dem Wiener Kongreß von 1815 „als Vollmitglied an einer europäischen Konferenz mit rein politischem Charakter"[64] teil. Bereits in den vorbereitenden Beratungen (November 1972 bis Juni 1973) forderte Rom, die Konferenz habe die Achtung der Religions- und Gewissensfreiheit für alle Menschen zu thematisieren, entsprechend der Konzilserklärung *Dignitatis humanae* (Erklärung über die Religionsfreiheit). Die Schlußakte von Helsinki wurde auch von Kardinal Casaroli, dem Sekretär des Rates für die öffentlichen Angelegenheiten der Kirche, mitunterzeichnet[65]. In einer Bot-

---

[61] So äußerte sich Kardinal Villot 1977 gegenüber A. WENGER, Le Cardinal Villot (1905–1979), secrétaire d'État de trois papes, Paris 1989, 175.

[62] Vgl. H. CARRÈRE D'ENCAUSSE, Paul VI et l'Ostpolitik, in: Paul VI et la modernité dans l'Église, Rom 1984, 547–554, sowie SILVESTRINI, L'Ostpolitik de Paul VI, 70–83.

[63] Am 22. November 1975 vor der Kurie.

[64] Vgl. dazu die Darstellung von ROUXEL, Le Saint-Siège sur la scène internationale.

[65] Paul VI. hatte gewünscht, Staatssekretär Kardinal Villot würde die Akte unterzeichnen, doch dieser weigerte sich mit Hinweis auf die Sonderstellung des Heiligen Stuhls und die Ambivalenz der Konferenz; vgl. dazu WENGER, Le Cardinal Villot, 158.

schaft wandte sich Paul VI. an die Konferenz: „Europa hat ein ideales Erbe, ein gemeinsames Erbe", das sich der „christlichen Botschaft", aber auch den „Werten der Gleichheit und Brüderlichkeit aller Menschen", der Würde des Denkens, der Gerechtigkeit, des Rechts, kurz, den Menschenrechten, verdankt. Mit dieser Grundsatzerklärung wie mit den erreichten Konzessionen trug Rom zweifellos zu jener „Erosion des Systems" bei, in der Hélène Carrère d'Encausse bereits 1984 die „irreversibelste Errungenschaft" der Ostpolitik sah[66]. Johannes Paul II. trug diese von Paul VI. eingeschlagene Richtung mit, was die Nominierung Kardinal Casarolis zum Staatssekretär belegt; doch seine Persönlichkeit, seine polnische Vergangenheit, die aufkommende Dissidenz und die Krise des kommunistischen Systems schufen eine neue Ausgangslage.

In einer Zeit, in der Spannungen und Krisen das internationale Klima prägten, galt Roms Hauptsorge dem Frieden. Johannes XXIII., Paul VI. und Johannes Paul II. verfolgten in dieser Hinsicht dieselbe Linie wie ihre Vorgänger in der ersten Hälfte des 20. Jh.: Benedikt XV., Pius XI. und Pius XII. Die Enzyklika *Pacem in terris* Johannes' XXIII. und das „Nie mehr Krieg" Pauls VI. im Oktober 1965 vor der Vollversammlung der Vereinten Nationen unterstreichen diese Kontinuität. Friede ist von Gerechtigkeit nicht zu trennen, von der Gerechtigkeit innerhalb und zwischen den Staaten; darauf verweist auch der Name der Päpstlichen Kommission „Iustitia et Pax". Von nun an sind das Streben nach Frieden und das Streben nach gerechter Entwicklung untrennbar miteinander verbunden. Diese Verknüpfung der Suche nach einer internationalen Ordnung und der Suche nach Gerechtigkeit kennzeichnet seit Johannes XXIII. die päpstlichen Stellungnahmen zum Frieden.

Daß diese Friedensbemühungen nicht mit Pazifismus gleichzusetzen sind, kommt nirgends klarer zum Ausdruck als in der für die römischen Interventionen so bezeichnenden „subtilen Kombination von Kühnheit und Umsicht"[67]. Wie bereits Leo XIII. verurteilt die Kirche das Wettrüsten. Sie erkennt darin eine Gefahr für den Frieden und einen Affront gegenüber den Armen. Dennoch lehnt sie die unkontrollierte einseitige Abrüstung ab, könnte sie doch einen Aggressor bevorteilen. Mit dem Aufkommen der Kernwaffen änderte sich die Analyse nicht grundlegend. Zwar weist die Pastoralkonstitution *Gaudium et spes* darauf hin, daß mit ihnen „der Schrecken und die Verwerflichkeit des Krieges ins Unermeßliche" wachsen. Doch die Kirche akzeptiert die Abschreckung „als vorläufige Notlösung"[68]. In seiner Ansprache vom 16. Januar 1982 vor dem diplomatischen Corps zeigte Johannes Paul II. die Richtung an, in welche positive Entwicklungen verlaufen müßten, und erklärte: „... die einzige mögliche Lösung angesichts der Hypothese eines Atomkrieges liegt darin, das Atomwaffenarsenal ab sofort zu reduzieren mit dem Ziel seiner totalen Vernichtung, und zwar mit Hilfe von spezifischen Übereinkommen und wirksamen Kontrollen". Am 15. Juni 1982 vertrat Johannes Paul II. vor der Vollversammlung der Vereinten Nationen in einer Sondersession über die Abrüstung die Auffassung, „daß unter den heutigen Umständen das Gleichgewicht des Schreckens zwar nicht als Zweck an sich, wohl aber als Etappe auf dem Weg zur totalen Abrüstung als moralisch akzeptabel beurteilt werden kann" – eine Formel, welche die Billigung des Rückgriffs auf die atomare Abschreckung nicht ausschließt.

---

[66] Carrère d'Encausse, Paul VI et l'Ostpolitik, 554.
[67] So die Formel von M. Merle, in: Merle – Montclos, L'Église catholique et les relations internationales (s. Anm. 47) 106.
[68] Merle in: ebd. 106.

Auf dem Hintergrund der Bedrohung durch die sowjetischen SS-20-Raketen äußerten sich zu Beginn der achtziger Jahre die Bischofskonferenzen der Vereinigten Staaten, der Bundesrepublik Deutschland und Frankreichs zur Abschreckungsdebatte. Die in unterschiedlichem Ton gehaltenen drei Erklärungen veranschaulichen treffend die Vielfalt des Diskurses innerhalb der katholischen Kirche. Einig sind sich die drei Dokumente über die Bedrohung und die Wege der Friedenssuche; in der Analyse der Abschreckung hingegen gibt sich das amerikanische Papier viel kritischer als das deutsche oder französische; die französischen Bischöfe anerkennen, daß bei einem Scheitern der Abschreckung „die sittliche Legitimität der faktischen Umsetzung mehr als problematisch ist". Sie erinnern daran, daß die von Frankreich praktizierte Abschreckung des „Schwachen gegenüber dem Stärkeren" vom Konzil klar verurteilt worden ist, doch, so versichern sie, „Drohung ist nicht Einsatz. Macht die Unsittlichkeit des Einsatzes bereits die Drohung unsittlich?" So wählten sie denn zwischen den zwei Übeln „Kapitulation oder Gegendrohung das geringere Übel, ohne vorzugeben, daraus ein Gutes zu machen"[69].

In seinen Friedensbemühungen intervenierte Rom diskret oder öffentlich, sei es mit päpstlichen Erklärungen, mit Papstreisen, mit Beobachtern an internationalen Konferenzen und bei der UNO. Auch bei internationalen Krisen meldete sich der Apostolische Stuhl zu Wort. Ein bekanntes Beispiel ist die Kubakrise vom Oktober 1962. Am 25. Oktober 1962, auf dem Höhepunkt der Krise, rief Johannes XXIII. in einer im Programm nicht vorgesehenen französisch gehaltenen Radioansprache zu Verhandlungen auf[70]. Während dieser Appell in den USA keine nennenswerte Wirkung zeitigte, wurde er in der *Prawda* zitiert, was nicht gering zu veranschlagen sein dürfte. Chruschtschows Einwilligung in Verhandlungen drei Tage später konnte durchaus als Antwort auf die Bitte des Papstes verstanden werden[71]. Ohne der Vermittlung des Papstes zuviel Gewicht beimessen zu wollen, ist die Annahme vertretbar, sie hätte dazu beigetragen „die UdSSR dazu zu bewegen, sich die Idee zu eigen zu machen, daß sie mit einem Rückzug der Raketen ohne Gesichtsverlust aus der Konfrontation herausfinden könnte"[72]. In der Folge rühmte denn auch die Sowjetunion den Friedenswillen Johannes' XXIII.

Die Nachfolger Johannes' XXIII. setzten sich immer wieder für eine friedliche Beilegung von Konflikten ein. Während des Vietnamkrieges intervenierte Paul VI. mit Demarchen bei Staatschefs und mit öffentlichen Erklärungen. Seine Appelle verhallten praktisch ungehört. Das gleiche widerfuhr 1991 Johannes Paul II. zur Zeit des Golfkrieges gegen den Irak. Kurz vor Ausbruch des Konflikts verurteilte er „den bewaffneten Überfall [des Iraks] auf ein Land und die grobe Verletzung internationalen Rechts zwar als untolerier-

---

[69] Neben dem bereits erwähnten Werk von M. Merle vgl. J. LALOY, Trois messages épiscopaux. États-Unis, Allemagne, France, in: CH. PIETRI u. a. (Hrsg.), Dissuasion nucléaire et conscience chrétienne, Paris 1984, 61–64.

[70] Wir folgen hier der Darstellung von G. P. FOGARTY, Das Konzil beginnt, in: G. ALBERIGO (Hrsg.), Geschichte des Zweiten Vatikanischen Konzils (1959–1965) II: Das Konzil auf dem Weg zu sich selbst, Mainz – Löwen 2000, 83–127, hier 117.

[71] Im Anschluß an die Kubakrise kam es zu direkteren Kontakten zwischen Rom und Moskau. Am 13. Dezember 1962 setzte sich der Journalist und Pazifist Norman Cousins bei einem Treffen mit Chruschtschow für die Haftentlassung von Monsignore Josif Slipyi, Erzbischof der Unierten Kirche von Lwiw ein; dieser traf am 10. Februar 1963 in Rom ein. Chruschtschows Schwiegersohn, Aleksej Adzubej, Direktor der Iswestija, wurde am 7. März 1963 in Rom empfangen.

[72] H. CARRÈRE D'ENCAUSSE, La papauté face au communisme, in: BONNEFOUS, La papauté au XXe siècle (s. Anm. 45) 63–85, zit. 75.

bar", befand jedoch, „der durch Waffengewalt herbeigeführte Friede könne Anlaß neuer
Gewalt sein"; damit bekräftigte er die klassische Doktrin: „Der Einsatz von Gewalt für
eine gerechte Sache ist nur dann zulässig, wenn er in einem angemessenen Verhältnis zum
angestrebten Ziel steht."[73]

Trotz derartiger Mißerfolge hielten die Päpste an ihrem Kurs fest und setzten sich ein für
Verhandlungen und gegen den Krieg. Immer wieder riefen sie die seit Kardinal Rampolla
gültige Abrüstungsdoktrin in Erinnerung. Auf diesem Hintergrund ist denn auch die Unterzeichnung des Vertrags über die Nichtweiterverbreitung von Atomwaffen im Februar
1971 durch den Apostolischen Stuhl zu verstehen. Mit dieser symbolischen Geste sollten
die Optionen des Vatikans bekräftigt werden. Rom lag daran, seine spirituelle Macht in den
Dienst des Friedens zu stellen. Als Modell friedlicher Konfliktbeilegung und Referenz galt
der römischen Diplomatie die erfolgreiche Vermittlung Johannes Pauls II., vertreten durch
Kardinal Samore, im Konflikt zwischen Chile und Argentinien um die Inseln im Beagle-
Kanal[74]. Beigelegt wurde die Krise, in der der Episkopat beider Länder öffentlich intervenierte, im Vertrag vom 29. November 1984 zwischen den beiden Staaten. Das Vorgehen ist
ein Beispiel für das wachsende Bemühen der römischen Diplomatie, durch die Episkopate
zu Meinungsbildung und -wandel beizutragen.

Im Zentrum der Bemühungen Roms stand Europa, wo sich die beiden Weltkriege ent-
zündet hatten und wo sich am Eisernen Vorhang die beiden „Blöcke" gegenüberstanden.
Anders als vielfach vermutet, hatte Pius XII. die Aufteilung Europas in zwei Einflußsphä-
ren nicht einfach hingenommen[75]. Johannes XXIII. bemühte sich mittels verschiedener Initiativen um die Überwindung der Teilung und trug dadurch zur Wiederaufnahme der Kontakte bei. Paul VI. wirkte im gleichen Sinn. Vor allem nahm der Apostolische Stuhl, wie
bereits erwähnt, als Mitglied und nicht nur als Beobachter an der *Konferenz über Sicherheit
und Zusammenarbeit in Europa* (KSZE) teil (trat bei rein politischen Fragen indes in den
Ausstand), die 1973 in Helsinki begann und 1975 dort endete. Damit wollte er erreichen,
daß bei der Frage der „Achtung der Grundrechte des Menschen, unter anderen die Religionsfreiheit"[76] thematisiert wurde. Das Anliegen fand denn auch Eingang in die Schlußakte
von Helsinki. Auf die dort formulierten, wenngleich später von Machthabern häufig mit Füßen getretenen Prinzipien konnte sich die päpstliche Diplomatie bei ihren Protesten stützen.

Die Teilnahme an der KSZE war auch Ausdruck des Bestrebens, in eine Institution eingebunden zu sein, die beide Blöcke Europas zusammenführte. Dem gleichen Anliegen
diente auch die Schaffung des Rates der Europäischen Bischofskonferenzen im Jahr 1965
(Rechtsstatus seit 1971). Dieser Rat wurde Gesprächspartner der 1959 von orthodoxen und
reformatorischen Kirchen gegründeten Konferenz Europäischer Kirchen (KEK). Johannes
Paul II., der Papst aus dem Osten, verstärkte diese Orientierungen noch, wobei er unablässig
die „spirituelle Einheit des christlichen Europa" und der beiden großen Traditionen in Ost
und West betonte, erstmals in seiner Ansprache in Gniezno (Gnesen) anläßlich seiner ersten
Polenreise im Jahr 1979. Am 31. Dezember 1980 erklärte er Kyrill und Method, die beiden

---

[73] Ansprache vor dem diplomatischen Corps, 12. Januar 1991.

[74] Vgl. Merle, in: MERLE – MONTCLOS, L'Église catholique et les relations internationales, 119–121.

[75] Vgl. A. RICCARDI, Europa Occidentale, in: La Chiesa del Vaticano II (1958–1978) Teil 2 (Storia della Chiesa XXV/2), Mailand 1994, 377–410, bes. 378.

[76] So Kardinal Casaroli, der bekanntlich die Schlußakte unterzeichnete, in einem Vortrag an der Universität Linz
über die Politik des Heiligen Stuhls und die Probleme in Europa, vgl. Documentation catholique 1978, 370, zit. in:
MERLE – MONTCLOS, L'Église catholique et les relations internationales, 185.

Slawenapostel, zu Patronen Europas. Diese wiederholt aufgenommenen Themen waren von hoher spiritueller Bedeutung, machten aber auch deutlich, daß der Aufbau Europas sich nicht auf das kleine Europa der fünfziger Jahre beschränken konnte, daß vielmehr der Weg freizumachen war für ein „neues, geeintes Europa vom Atlantik bis zum Ural", wie Johannes Paul II. am 4. Mai 1987 in Speyer erklärte. Bei seiner Ansprache an die Repräsentanten der europäischen Gemeinschaft in Brüssel vom 20. Mai 1985 betonte er, die Europäer dürften sich „nicht mit der Teilung ihres Kontinents abfinden. Auch die Länder, die aus verschiedenartigen Gründen nicht Ihren Institutionen angehören, dürfen von einem fundamentalen Streben nach Einheit nicht ausgeschlossen werden."[77] Diesen Aufruf wiederholte Johannes Paul II. nach dem Zusammenbruch des Kommunismus unablässig. 1991, nach dem Fall der Mauer, fand in Rom eine erste Sonderversammlung der Bischofssynode für Europa statt, geprägt von der Hoffnung auf den Aufbau eines neuen Europa. Acht Jahre später spiegelte das Arbeitspapier „Jesus Christus, der lebt in seiner Kirche, Quelle der Hoffnung für Europa" (*Instrumentum laboris* zur Vorbereitung der zweiten Sonderversammlung für Europa im Oktober 1999) eine gewisse Ernüchterung: „Heute, acht Jahre danach, befindet sich Europa hingegen in einer Lage, in der – so könnte man sagen – die Einheit bedroht ist." Klarsichtig stellt das Dokument fest, „ein Aufruf mit dem nostalgischen oder romantischen Hinweis auf das, wenn auch sehr reiche, *europäische Erbe* und auf seine *Wurzeln* und *seine christliche Seele*" genüge sicher nicht. Das heutige Europa sei „eine weitgehend multikulturelle und multireligiöse Wirklichkeit", doch gehe es darum, dieses Erbe neu zu beleben „und dem heute neu entstehenden Europa ‚ein Mehr an Seele' zu geben".

Herausgefordert wurde Europa vorab durch die wiedererstehenden Nationalismen, vornehmlich in den Balkanländern. Angesichts der Krisen nach dem Auseinanderbrechen Jugoslawiens entfaltete Rom „intensive und kluge"[78] Aktivitäten. Bereits am 29. Januar 1991, also noch vor Ausbruch des Konflikts in Kroatien und Slowenien, lud der Vertreter des Heiligen Stuhls die Verantwortlichen in den sechs Republiken ein, eine Reihe von Verhandlungen zur Herstellung eines neuen Kräfteverhältnisses aufzunehmen. Rom sah die Lösung in einem Bundesstaat, und für diese Lösung plädierte es auch nach dem Ausbruch des Konflikts und der Unabhängigkeitserklärung von Kroatien und Slowenien. Als der Vatikan die beiden Staaten am 13. Januar 1992 diplomatisch anerkannte, war dies, so die Formulierung von Monsignore Tauran, lediglich der Nachvollzug „einer faktischen Lage, die Ausfluß demokratisch ausgedrückter, legitimer Bestrebungen ist". Daß Rom hier rascher als üblich Position bezog, entsprang weder irgendwelchen feindseligen Gefühlen der Orthodoxie gegenüber noch irgendeiner gemeinsamen Sache mit der Bundesrepublik Deutschland (gar einem vaticano-germanischen Komplott), es war vielmehr Resultat einer realistischen Lagebeurteilung und Ausdruck der Achtung des Rechts der Völker auf Selbstbestimmung.

Als der Bosnienkrieg ausbrach – nachdem die Bevölkerung am 1. März 1992 in einer Abstimmung für die Unabhängigkeit votiert und die Europäische Gemeinschaft Bosnien-Herzegowina am 7. April 1992 diplomatisch anerkannt hatte –, wies Rom auf die Verantwortung Serbiens hin. Am 20. August 1992 anerkannte der Apostolische Stuhl Bosnien-

---

[77] Im Wortlaut wiedergegeben in: Verlautbarungen des Apostolischen Stuhls. Predigten und Ansprachen von Papst Johannes Paul II. bei seinen Pastoralbesuchen in den Niederlanden, Luxemburg und Belgien. 11. Mai bis 21. Mai 1985, hrsg. v. SEKRETARIAT D. DEUTSCHEN BISCHOFSKONFERENZ, Bonn 1985, 248–257, zit. 254 f.
[78] So das Urteil von RAIMOND, Jean-Paul II (s. Anm. 38) 178 f; vgl. auch CH. DE MONTCLOS, Le Vatican et l'éclatement de la Yougoslavie, Paris 1999.

Herzegowina. Am 7. August hatte Kardinalstaatssekretär Sodano die Pflicht zur Einmischung aus humanitären Gründen erwähnt und dazu aufgerufen, „jene zu entwaffnen, die
töten wollen, nicht um den Krieg zu fördern, sondern um ihn zu verhindern". Dies war
„nicht unbedingt eine pazifistische Position"[79],entsprach vielmehr der Aufforderung, sich
gegen Aggression zu wehren. Daß der Friedenswille eine ökumenische Dimension hat,
zeigten das vom Papst am 9. und 10. Januar 1993 in Assisi veranstaltete „Gebetstreffen mit
der Jugend für den Frieden auf dem Balkan" sowie der „Weltgebetstag für den Frieden auf
dem Balkan" vom 23. Januar 1994 im Rahmen der Gebetswoche für die Einheit der Christen. Der Vatikan unterstützte auch das am 14. Dezember 1995 in Paris unterzeichnete Friedensabkommen von Dayton; er billigte die Entsendung von SFOR-Kräften zur Überwachung des Dayton-Abkommens und die Rolle der OSZE. In der Kosovo-Krise von 1999
blieb Rom denselben Prinzipien treu: Verurteilung von Greueltaten, von „ethnischen Säu-
berungen" und Aggression, Festhalten an den Regeln des internationalen Rechts, verbunden mit dem Wunsch nach einer Beilegung des Konflikts auf dem Verhandlungsweg unter
der Aufsicht der UNO, nach Verhinderung einer religiösen Codierung des Konflikts.

Die Beziehungen mit Israel, die Frage der Heiligen Stätten und im weitesten Sinn die
Probleme im Nahen Osten stehen permanent in der diplomatischen Agenda des Heiligen
Stuhls[80]. Bei der Gründung des Staates Israel hatten bekanntlich der Heilige Stuhl und die
Organisation der Vereinten Nationen für Jerusalem und die Heiligen Stätten einen interna-
tionalen Status, das *corpus separatum* gefordert. Nach dem Sechstagekrieg im Juni 1967
und der Besetzung Ostjerusalems stand ganz Jerusalem de facto unter der Kontrolle Israels
und wurde 1980 annektiert. Diese Annexion wurde vom Apostolischen Stuhl als „den
Grundsätzen des internationalen Rechts zuwiderlaufend" abgelehnt. Später galten Roms
Bemühungen in erster Linie dem international garantierten Rechtsstatus der Heiligen Stätten und dem Schutz des „heiligen Charakters" der Stadt Jerusalem. Schon am 26. Juni
1967 hatte sich Paul VI. in einer Ansprache in diesem Sinne geäußert.

Abgesehen vom Status Jerusalems, gelten Roms Bemühungen der Lage der Palästinenser, zum einen, weil diese Lage eine ständige Quelle von Konflikten ist, und zum anderen,
weil hier das Überleben der arabischen Christen auf dem Spiel steht. Am 15. September
1982 empfing Johannes Paul II. Jasir Arafat. Das Pressecommuniqué im Anschluß an die
Begegnung verlautete, eine dauerhafte Lösung des Nahostkonflikts müsse „zur Anerkennung der Rechte aller Völker der Region, insbesondere der Rechte des palästinensischen
Volks auf eine Heimat und der Rechte des Staates Israel auf die eigene Sicherheit" führen.
Der Hinweis auf die Rechte aller Völker ist eine Anspielung auf die Lage im Libanon.
Aber auch die Forderung nach Sicherheitsgarantien für Israel wird klar formuliert.

Trotz der vom Konzil bekräftigten jüdisch-christlichen Annäherung und den wiederholten Stellungnahmen Johannes Pauls II. in diesem Sinn[81] gab sich Rom zurückhaltend und
weigerte sich lange, mit Israel diplomatische Beziehungen aufzunehmen, und zwar weniger aus religiösen, denn aus politischen Gründen. Die Konferenz von Madrid, an der der

---

[79] So RAIMOND, Jean-Paul II, 183.

[80] Vgl. S. FERRARI, Vaticano e Israele. Dal secondo conflitto mondiale alla guerra del Golfo, Bologna 1991; DERS.,
Le Saint-Siège, l'État d'Israël et les Lieux saints de Jérusalem, in: D'ONORIO, Le Saint-Siège dans les relations
internationales (s. Anm. 47) 303–321.

[81] Vgl. RAIMOND, Jean-Paul II, 183–193, der deutlich macht, daß der Papst „in politicis seine Stunde abwartet, um
sich Israel anzunähern".

Heilige Stuhl nicht vertreten war, eröffnete die Perspektive für einen Frieden zwischen Israel und der Palästinensischen Befreiungsorganisation (PLO). Sie beschleunigte die Aufnahme eines offiziellen Dialogs zwischen dem Heiligen Stuhl und Israel und führte am 30. Dezember 1993 zur Unterzeichnung eines Übereinkommens über die Prinzipien der Religionsfreiheit und den Status der katholischen Institutionen in Israel und in den von Israel verwalteten Gebieten[82]. Das Übereinkommen führte zur Aufnahme diplomatischer Beziehungen, schwieg sich aber über den künftigen Status Jerusalems und die Lage der Palästinenser aus. Doch zeigte es „zumindest die Rückkehr der päpstlichen Diplomatie in den Nahen Osten"[83] an und machte den Weg frei für die am 10. November 1997 erfolgte Unterzeichnung eines Abkommens über den Rechtsstatus der katholischen Kirchen auf israelischem Territorium. Weil der Friedensprozeß zu jenem Zeitpunkt ins Stocken geriet, wurde das Abkommen von den katholischen religiösen Autoritäten in Israel negativ aufgenommen.

Der Einfluß der katholischen Kirche in der Welt mißt sich nicht bloß an den diplomatischen Beziehungen zwischen dem Apostolischen Stuhl und den Staaten sowie der Mitwirkung in internationalen Organisationen. Er spiegelt sich auch im Echo der Öffentlichkeit auf die römischen Verlautbarungen, mit deren Verbreitung die Ortskirchen zur Meinungsbildung beitragen. Den Reisen des Papstes kommt zwar zuallererst religiöse Bedeutung zu, doch haben sie auch politisches und diplomatisches Gewicht: „Die Ethik beurteilt die Politik, und überall auf der Welt bewertet der Papst die Situationen, auf die er trifft, als spiritueller Führer."[84] Daß Johannes Paul II. während seiner ersten Reise nach Polen im Juni 1979 beim kommunistischen Regime auf die Achtung der Rechte der Nationen und der Menschen pochte, trug zweifellos dazu bei, jenen Kräften Auftrieb zu geben, die im Sommer 1980 zur Gründung der Gewerkschaft Solidarność führten. Bei seiner zweiten Reise im Juni 1983, während des Ausnahmezustandes, nahm er vor Millionen Zuhörern dieselben Themen wieder auf. Zwar gibt es verschiedene Gründe für den Zusammenbruch des Kommunismus – wirtschaftliches Scheitern des Systems, Abnutzung der Regimes, Distanznahme der öffentlichen Meinung –, als unbestritten gilt indes, daß die eindeutige Botschaft Johannes Pauls II. den Wandel der Mentalitäten beeinflußte. Zu einem Zeitpunkt, da das Weiterbestehen dieser Regimes gesichert schien, eröffnete Johannes XXIII. den schwierigen Dialog mit den Oststaaten, den Paul VI. dann weiterführte; dies erlaubte es Johannes Paul II., dem „Papst aus dem Osten", jene Prinzipien nachdrücklich zu bekräftigen, die dann diese Staaten erschütterten. Auf den Philippinen, in Chile und in Paraguay sah sich der Papst in traditionell katholischen Ländern mit Diktaturen konfrontiert, die vorgaben, sich auf die katholische Kirche als Ordnungskraft gegen die Revolutionäre zu stützen. Auch hier pochte der Papst auf Achtung der Menschenrechte, auf Mitbestimmung und auf soziale Gerechtigkeit, gab damit oppositionellen Kräften moralische Unterstützung und ebnete so den Weg für einen Wandel.

---

[82] Documentation catholique, 6. Februar 1994.
[83] F. MARGIOTTA-BROGLIO, Israël-Vatican: un accord historique entre espoirs et craintes, in: Géopolitiques (1/1994), zit. in: ROUXEL, Le Saint-Siège sur la scène internationale, 200.
[84] CH. DE MONTCLOS, Les voyages de Jean-Paul II. Dimensions sociales et politiques, Paris 1990.

Siebtes Kapitel

Krisen und Wandlungen im christlichen Missionsverständnis

von Claude Prudhomme und Jean-François Zorn

Die 50er Jahre waren für die Missionsgeschichte der Gegenwart eine kritische Phase. Nach dem günstigen, den 20er Jahren vergleichbaren Klima der unmittelbaren Nachkriegszeit, das durch eine starke Wiederaufnahme missionarischer Tätigkeiten und einen Neuaufschwung überseeischer Gründungen gekennzeichnet war, zeichnete sich am Ende dieses Jahrzehnts eine Stabilisierung der engagierten Kräfte ab, die für Unruhe bei vielen Beobachtern sorgte. Zeugte diese Stabilisierung doch von der Machtlosigkeit des missionarischen Eifers, dem oft gegen das Christentum feindlich ausgerichteten Ansturm konkurrierender Mächte Einhalt zu gebieten. Das Wiedererwachen des Islam (bzw. das Bewußtwerden dieses Phänomens über Spezialistenkreise hinaus), das weltweite Vordringen des Kommunismus, die Anziehungskraft des Marxismus auf gesellschaftliche Oberschichten sowie die Verhärtung eines Nationalismus der Entkolonisierung, der allzu bereitwillig missionarischen Einsatz mit europäischem Neo-Imperialismus gleichsetzte – derartige Faktoren schufen ein ungünstiges Klima für die christliche Mission. Insbesondere die aufstrebenden Großmächte Asiens (wie China, Indien oder Indonesien), die sich in Bandung (1955) dem Weg der Neutralität verpflichteten, offenbarten ihr Mißtrauen, wenn nicht gar ihre Feindseligkeit gegenüber den christlichen Kirchen.

Das China Maos verurteilte immer stärker die romtreuen Katholiken und die Protestanten zu einem Leben im Untergrund. Die zu einem Kompromiß bereiten Katholiken konnten hier nur in einem eng abgegrenzten Handlungsfeld innerhalb der sogenannten „patriotischen katholische Kirche" überleben, während die Protestanten versuchten, sich im Rahmen der „Drei-Selbst-Bewegung" zu organisieren[1]. Gleichzeitig informierte eine Phalanx grauer Propagandaliteratur (vor allem in China und Indien) über den Prozeß gegen europäische Missionen, die man als Träger des Imperialismus beschuldigte. Die Themen der Berichte über Weltkonferenzen des internationalen Missionsrates (IMR) sind ein Spiegelbild der Besorgnisse in protestantischen wie anglikanischen Missionskreisen: „Das christliche Zeugnis in einer Welt des Umbruchs" (Whitby/Kanada 1947), „Mission unter dem

---

[1] Die Drei-Selbst-Bewegung greift auf ein missionarisches Grundprinzip zurück, das die (anglikanische) *Church Missionary Society* seit 1850 anwendete. Es besteht darin, so schnell wie möglich die Voraussetzungen für eine Autonomie der Lokalkirche hinsichtlich der 3 Bereiche Selbstregierung, Selbstverwaltung, Selbstausbreitung zu schaffen. Es ist verständlich, daß die chinesischen Protestanten (wie auch die sog. patriotische katholische Kirche) seit den 50er Jahren dieses Grundprinzip zu verwirklichen suchten, um so – nicht ohne Schwierigkeiten – den Staatsbehörden ein „nationales" Profil ihrer Kirche zu präsentieren. Inzwischen sind die verschiedenen protestantischen Denominationen (Baptisten, Lutheraner, Methodisten, Presbyteraner) als solche offiziell in China verschwunden, faktisch gibt es jedoch eine postdenominationistische Gruppierung, bei der das amerikanisch-presbyterianische Element dominiert. Auch die Pfingstler erleben auf dem Land zunehmende Verbreitung.

Kreuz" (Willingen/Deutschland 1952), „Christliche Mission in der Gegenwart" (Accra/ Ghana 1958)[2]. Im gleichen Jahr (Oktober 1958) legte die päpstliche Missionsagentur *Fides* angesichts der Ausweisungen und Verbote für Missionare in Indonesien, Birma oder der eingeschränkten Bewegungsfreiheit in Indien eine düstere Bilanz vor.

Zu den dunklen Wolken, die sich in Asien zusammenbrauten, kam Ende der 50er Jahre der Aufstieg nationalistischer Bewegungen in Afrika hinzu. Die Kairoer Tagung der Konferenz von blockfreien Ländern (26. Dezember 1957–1. Januar 1958) kann in vielerlei Hinsicht als erster Schritt für die Verbreitung der Ideologie und Strategie gewertet werden, die in Bandung zur Geltung kamen. Nach dem beängstigenden historischen Mißerfolg in Asien für die christlichen Missionen stellte sich damals die Frage nach der „Gefahr, Afrika zu verlieren". Die Wahrnehmung dieser Bewegungen war vor Ort je nach lokalen Bedingungen, Mentalität und Konfessionen zwar sehr unterschiedlich, die zahlreichen Missionsgesellschaften und missionarisch ausgerichteten Ordensgemeinschaften reagierten jedoch sehr besorgt auf die politischen Entwicklungen, von denen sie Folgen für ihr weiteres Wirken befürchteten. Die Kolonialzeit, die für die meisten Missionare als Garant für Sicherheit und religiöse Freiheit betrachtet werden konnte, war unweigerlich zu Ende. Die Emanzipation der Menschen in den Kolonien ließ das alte Gleichgewicht aufbrechen, die Neuverteilung der Rollen zwischen jungen und alten Kirchen beschleunigen und eine Phase angsterregender Ungewißheit beginnen, die im Titel der Sondernummer (März/ April 1962) von *Vivante Afrique* brennpunktartig mit „Sackgasse" umschrieben wurde. Diesen Titel griff die Sondernummer (Mai 1955) der protestantischen Zeitung *Réforme* auf: „Die koloniale Sackgasse". Der Autor kritisierte darin den „Schaden", den die Kolonialisierung in den Eingeborenenkulturen angerichtet hatte, hoffte aber zugleich darauf, daß der Kolonisator in Erinnerung an seine christliche Erziehung einen Rückzieher machen werde[3].

In der protestantischen und anglikanischen Missionswelt entwickelte sich freilich ein weniger alarmierendes Klima, weil man hier möglicherweise besser als die katholische Kirche auf die politische Unabhängigkeit und die kirchliche Autonomie vorbereitet war und der Kolonialisierung kritischer gegenüber stand. Zur Überwindung der Krisensituation, in der die Missionsgesellschaften steckten, hielt der IMR 1958 zum ersten Mal seine Weltkonferenz in Ghana ab – einem afrikanischen Land, das erst kurze Zeit vorher unabhängig geworden war. Ausgelöst wurde damit eine Konferenz der Kirche von ganz Afrika in Nigeria unter dem Thema: „Die Kirche in einem Afrika in voller Entwicklung"[4].

---

[2] Der Internationale Missionsrat (IMR) wurde im Verlauf der Weltmissionskonferenz von Edinburgh (1910) geplant, zu der sich 1200 Delegierte – im wesentlichen die verantwortlichen Leiter der protestantischen und anglikanischen Missionsgesellschaften und Missionare – versammelten. Nachdem der Erste Weltkrieg diesen Plan durchkreuzt hatte, konnte er erst 1921 wieder aufgegriffen werden. Seit diesem Datum beruft der IMR derartige Konferenzen in der Regel alle 10 Jahre ein. Nach dem Zweiten Weltkrieg in kürzeren Abständen einberufen, wurde der 10-Jahres-Rhythmus erst wieder mit der Konferenz in Mexiko 1963 eingehalten; siehe zur Geschichte des „Internationalen Missions-Rates": W. R. HOGG, Art. „Internationaler Missions-Rat", in: RGG³, Bd. 3, Tübingen 1959, Sp. 793–796.
[3] Bernard CHARBONNEAU, L'impasse coloniale, in: Réforme, Nr. 532 (28. Mai 1955), 6.
[4] Ibadan: Konferenz der afrikanischen Kirchen (10.–20. Januar 1958), Paris 1958.

I. Ende der Missionare?

1. Krise der missionarischen Berufungen

Es ist nicht besonders originell, in pessimistischen Tönen von der Mission zu reden, mit düsteren Fakten und alarmierenden Prognosen. Dies gehört zu einem alten literarischen Muster, das auf diese Weise die Gläubigen zu vermehrten Opfern an Geld, Personal und Gebet zu ermuntern sucht. Nichtsdestoweniger verschlechterten das Aufeinandertreffen zweier Machtblöcke und die global zunehmenden Veränderungen um 1960 für die katholischen Missionsordensgemeinschaften die Bedingungen enorm, vor allem in Europa und Nordamerika. Während dieser Periode beklagten die jährlich von Rom vorgelegten Missionsbilanzen einen konstanten Rückgang des Anteils von Katholiken an der Weltbevölkerung. Das Anwachsen der Zahlen verschleiert diese Entwicklung, die sich 1997 auf 17,34 % eingependelte – im Vergleich zu 18 % im Jahre 1958 [5].

In diesem Klima tauchten in Europa Ende der 50er Jahre die ersten Anzeichen einer Krise in den missionarischen Aktivitäten auf. Die Stagnation, dann der Rückgang bei den Nachwuchskräften in den katholischen Missionsordensgemeinschaften folgten einer Entwicklung, die der Kurve innerhalb des gesamten europäischen und nordamerikanischen Klerus entsprach, ein Berufungsrückgang, der bereits vor dem Konzil einsetzte, sich in den Jahren von 1960 bis 1970 ausweitete und seitdem unregelmäßig verläuft. Ein Schaubild von 1978 läßt diesen allgemein feststellbaren Rückgang in den Mitgliederzahlen der 63 männlichen Kongregationen mit mehr als 1000 Mitgliedern erkennen [6].

Entwicklung einiger männlicher katholischer Ordensgemeinschaften (1962–1977)

Orden und Kongregationen	1962	1977	Entwicklung
Assumptionisten	1960	1365	–30 %
Kapuziner	15849	12475	–21 %
Dominikaner	9991	8773	–12 %
Franziskaner	26991	21504	–20 %
Jesuiten	35438	28038	–21 %
Lazaristen	5966	4333	–27 %
Maristen	2777	2013	–27 %
Picpusgesellschaft	2000	1661	–17 %
Salesianer	21355	17535	–18 %
Claretiner	3720	2884	–22 %
Comboni-Missionare	1610	1643	+2 %
Maryknoll Missionare	1264	967	–23 %
Missions africaines de Lyon	1820	1440	–21 %
Institut de la Consolata	1017	1072	+2 %

---

[5] Angaben nach der „Encyclopédie du monde chrétien". Bilan du monde 1958–1959, Bd. 1, Paris – Tournai 1996, und Agentur „Fides" vom 16. Oktober 1998.
[6] Gesamtaufstellung über alle 63 Kongregationen mit Durchschnitts-Statistiken für die Jahre 1964, 1966–1967, in: Missi, Nr. 4–5 (April-Mai 1978).

Orden und Kongregationen	1962	1977	Entwicklung
Mill Hill Missionare	1165	995	−15%
Missions étrangères de Paris	904	872	−3,5%
Weiße Väter	4083	3235	−20%
Scheutvelder Missionare	1943	1604	−17,5%
Spiritaner	5200	4081	−22,5%
Steyler Missionare	5588	5243	−6%

Der Rückgang ist besonders auffällig in den Ländern mit großer Missionstradition, zunächst in Frankreich, das seit dem 19. Jahrhundert den ersten Platz in der Erfolgsliste bei den Missionaren einnimmt. Die Aussendungen nach Afrika nahmen hier von 733 (zwischen 1955 und 1957) auf 331 (zwischen 1959 und 1961[7]) ab. Die Gesamtzahl der Missionare fiel von 21000 im Jahre 1960 auf 6000 im Jahre 1987, im gleichen Zeitraum war die Entwicklung in Belgien (von mehr als 6000 auf weniger als 4000) und in den Niederlanden (von 8000 auf 3650) ähnlich. Sie wiederholte sich mit zeitlichem Abstand auf der Iberischen Halbinsel, in den Vereinigten Staaten von Amerika, in Kanada (3931 Missionare im Jahre 1957, 3654 im Jahre 1983) und insbesondere in Irland. In einigen Ländern scheint die Entwicklung in den Jahren zwischen 1970 und 1980 in entgegengesetzter Richtung verlaufen zu sein; Spanien und Italien konnten die Anzahl ihrer Missionare zwischen 1963 und 1987 verdoppeln, d. h. auf 22000 bzw. 19000 erhöhen[8]. Ferner haben einige mitteleuropäische Länder (vor allem Polen) ihren Anteil an den Aussendungen erhöht. Die neuesten Zahlen mahnen aber zur Vorsicht, hier auf lange Sicht schon Entwicklungsabweichungen ausmachen zu wollen. Mit Ausnahme von Portugal zeigen die Statistiken aller europäischen Länder ein negatives Verhältnis von Priesterweihen im Vergleich zur Gesamtzahl der Todesfälle und Austritte[9].

In einer ersten Reaktion wurden neue Missionsformen praktiziert. Zunächst wurde der schon in der Enzyklika *Fidei donum* (1958) von Pius XII. empfohlene Aufruf an den Diözesanklerus konkretisiert, den Nachwuchsmangel der Ordensgemeinschaften auszugleichen. Gemessen an den 40 nachfolgenden Jahren haben sich die anfänglichen Hoffnungen nicht erfüllt. Zwar hatte diese Form missionarischen Einsatzes in den Jahren 1955 bis 1980 in Europa Erfolg: Frankreich[10] zählte zu Beginn des Jahres 1996 exakt 275 *Fidei donum*-Priester, darunter 76 in Schwarzafrika, d. h. genau so viele wie im Dezember 1960. Doch der Prozentsatz von Diözesanpriestern in Missionsländern blieb eine Randerscheinung, fand beim älteren Klerus zwar noch Resonanz, stieß aber bei den jüngeren Priestern offensichtlich auf wenig Interesse.

Auch die von den päpstlichen Missionswerken angeregten Spendensammlungen verzeichneten in mehreren europäischen Ländern einen Rückgang, besonders auffällig ist dieser Abwärtstrend in Frankreich.

---

[7] Spiritus, Nr. 16 (1963).
[8] Agentur Fides: 4. Juli 1992. In der abgedruckten Tabelle haben lediglich die beiden italienischen Missionskongregationen einen Zuwachs an Mitarbeitern erfahren.
[9] *Secretaria Status rationum generale Ecclesiae, Annuarium statisticum Ecclesiae*, Libreria Editrice Vaticana 1995.
[10] Agentur Fides: 23. März 1996.

Als weiterer signifikanter Indikator erwies sich die Schwierigkeit der Missionspresse, ihre erstaunliche Vielfalt an Zeitschriften aufrecht zu erhalten, die seit dem 19. Jahrhundert ein unentbehrliches Bindeglied für das von den Missionsgesellschaften und missionarischen Ordensgemeinschaften aufgebaute Netzwerk finanzieller Hilfen darstellten. Titeländerungen sowie die Einfügung neuer Rubriken reichten nicht aus, den Rückgang aufzuhalten. In mehreren europäischen Ländern versuchten Missionsinstitute ihre Kräfte in gemeinsam herausgegebenen Zeitschriften zu bündeln, um ein größeres Publikum zu erreichen. In Deutschland schlossen sich mit einigem Erfolg 12 Gesellschaften im Jahre 1966 zur Herausgabe einer Zeitschrift unter dem neutralen Titel „Kontinente" zusammen (1970 ungefähr eine Auflage von 150 000 Exemplaren). In den Niederlanden schlossen sich (1968) 17 Kongregationen und Gesellschaften zur Publikation der Monatszeitschrift „Bijeen" („Zusammen") zusammen, konnten aber die veranschlagte Auflagenstärke von 100 000 Exemplaren nicht halten. In Spanien folgte *Tercer Mundo* auf die Zeitschrift *Catolicismo*, doch die Zeitschrift der päpstlichen Missionswerke konnte trotz verstärkter Bemühungen keine neuen Leserkreise gewinnen. Weit alarmierender sind jedoch die Ergebnisse in Frankreich, obgleich es hier eine lange Tradition missionarischer Publikationen gab, zieht man zum Vergleich die Ergebnisse heran, die von der 1967 gegründeten Zeitschrift *Peuples du monde* mit der Fusion von 21 Missionszeitschriften und mit Unterstützung zahlreicher religiöser Institute erzielt wurden: 1995 erreichte die Auflage nur 20 000 Exemplare, d. h. etwas mehr als *Pentecôte sur le monde* (Spiritaner: 19 000) und *Pôles et Tropiques* (Oblaten: 18 000). *Missi* versuchte nach dem Wegfall der Unterstützung durch die Gesellschaft Jesu einen neuen Weg zu gehen. Die *Annales de la Propagation de la foi*, die den Titel *Solidaires* angenommen hatten, konnten mit 100 000 Exemplaren in jährlich 10 Ausgaben der allgemeinen Trendentwicklung besser standhalten. Auch das Bulletin *L'Oeuvre d'Orient* (165 000) und *L'Aide à l'Église en détresse* (175 000) konnten in etwa ihre Leserschaft halten [11]. Allerdings bleibt man 1995 sehr weit hinter den Zahlen von 1936 zurück, als Frankreich bei der vom Vatikan organisierten Weltausstellung zur katholischen Presse mit 62 Missionszeitschriften und 14 715 500 Exemplaren [12] aufwarten konnte, auch im Vergleich zu den 103 im Jahre 1972 gezählten Zeitschriften mit insgesamt 2,5 Millionen Exemplaren [13].

Ganz allgemein gesehen gab es in der Landschaft europäischer Missionszeitschriften eine Verarmung an Zeitschriftentiteln und einen Rückgang in der Auflagenstärke. Einige Länder konnten dem Trend besser begegnen, so z. B. Italien mit drei großen Namen von anerkannter Qualität: *Nigrizia*, sodann *Mondo e missione* und schließlich *Popoli*. In diesen Fällen konnte die Stabilität über eine inhaltliche Umstrukturierung, zeitgemäße Präsentation und eine gelungene Öffnung für wirtschaftliche, soziale und kulturelle Probleme erreicht werden. In Belgien wurde aus der im Jahre 1958 (über eine Erweiterung der ehemaligen Zeitschrift *Grands Lacs* entstandenen) Zeitschrift der Weißen Väter [14] *Vivante*

---

[11] Konferenz der französischen Bischöfe 1995: L'Église catholique en France. Sa mission, son organisation, Paris 1995, 268.

[12] P. CATRICE, La presse missionnaire, in: Les Missions catholiques, Nr. 3258 (!936), 562–564.

[13] La presse missionnaire pourquoi, in: Missi, Nr. 4 (April 1972). – Zu dieser Zeit veröffentlichte das Päpstliche Missionswerk vor allem zwei Vierteljahreszeitschriften: die *Annales* (540 000 Exemplare) und *Lumière du monde* (240 000). – *Peuple du monde* hat eine Auflagenstärke von 48 000 Exemplaren, *Missi* 72 000, *Pentecôte sur le monde* 50 000, *Pôles et Tropiques* 34 000.

[14] Mit „Weiße Väter" werden die Mitglieder einer speziell für Afrika 1868 vom französischen Erzbischof

Afrique im Mai 1969 die Zeitschrift *Vivant Univers*, die mit Erfolg ihre Umstellung durch eine zunehmend für alle Probleme der Dritten Welt aufgeschlossene Informationspolitik (in Form länderspezifischer oder thematischer Dossiers) fortsetzte.

Für allgemeine Verunsicherungen und Anpassungen sind die Veränderungen von Zeitschriften-Titeln oft das augenfälligste Zeichen. Hier läßt sich vor allem die ausdrückliche Zurücknahme des Bezugs zur Mission feststellen. In den Redaktionen wurden diese Veränderungen gern mit dem Vorhandensein eines besseren Verständnisses für die kirchliche Mission legitimiert. Ein solches Argument führte Giuseppe Belli im Januar 1987 als Rechtfertigung für die Umstellung der jesuitischen Zeitschrift „POPOLI e Missioni" auf den Kurztitel POPOLI an. Diese Veränderung war der Schlußpunkt einer 1970 begonnenen Säkularisierung, als nämlich in einem ersten Kompromiß „Popoli" neben „Missioni" in den Titel aufgenommen wurde. Sie ist kennzeichnend für den Wandel im Gebrauch des Missionsbegriffes[15].

Diese Maßnahmen reichten aber in der Regel nicht aus, die Entwicklung rückgängig zu machen. Die Leserschaft besonderer Missionszeitschriften nahm spürbar ab – im Kontrast zum Aufschwung einer Presse, die sich der Solidarität mit der Dritten Welt und den Randgruppen der Industriegesellschaften verschrieb. So erlebte die Zeitschrift *Messages* (der „Secours catholique français") eine monatliche Auflagenstärke von fast 900 000 Exemplaren im Jahre 1998. Ein ganzes Bündel von Indikatoren bestätigt also bei Gläubigen in Kirchen mit langer christlicher Tradition ein fortschreitendes Desinteresse an der Missionsarbeit, auch wenn dies eine zeitlang durch die Veröffentlichungen missionarischer Institute verschleiert wurde. Das Bewußtwerden dieses Desinteresses erklärt die vermehrten Appelle zur missionarischen Erweckung von Seiten der Kirchenleitungen. Papst Johannes Paul II. hat sich in den katholischen Medien unter dem allgegenwärtigen Thema einer neuen Evangelisation zum Sprecher gemacht. Regelmäßige Unterstützung erhält der Pontifex durch die Bischöfe, die (einzeln oder gemeinsam) an einen neuen missionarischen Aufschwung appellieren (vgl. etwa die Laiensynode von 1987). Dieses Ziel eines neuen missionarischen Impulses stand auch im Hintergrund der päpstlichen Aufforderung im August 1992 an alle Gläubigen in der Welt, dafür zu beten, „daß es in den Ländern mit langer christlicher Tradition wieder einen neuen missionarischen Aufschwung gebe".

2. Änderungen im protestantischen Missionsverständnis

Die Frage nach der Entwicklung missionarischer Berufungen in protestantischen und anglikanischen Missionskreisen sowie nach Indikatoren für eine Krise, ist nicht so leicht zu beantworten. Denn nirgends in der protestantischen Welt besteht eine der päpstlichen Missionsagentur *Fides* entsprechende Organisation, die globale Statistiken vorlegen könnte.

Ch. LAVIGERIE von Algier gegründeten katholischen Missionskongregation (Gesellschaft der Missionare von Afrika) bezeichnet. Die Gesellschaft wurde 1908 endgültig bestätigt; siehe dazu: Georg SCHWAIGER (Hg.), Mönchtum, Orden, Klöster. Von den Anfängen bis zur Gegenwart – Ein Lexikon, München 1993, 446f.

[15] Vgl. die Analyse der Entwicklungen und Missionsstationen in der Sondernummer von *Missi*: La presse missionnaire, Nr. 4, April 1972. Auch die wichtigste Missionszeitschrift Deutschlands änderte mit der ersten Nummer des Jahres 1999 ihren Titel von ehedem „Die katholischen Missionen" in „KM – Forum Weltkirche", allerdings weniger, um das Wort „Mission" zu vermeiden, als um zu signalisieren, daß in dieser Zeitschrift nun verstärkt Stimmen der Weltkirche zu Wort kommen sollen.

Nicht einmal eine weltweite Organisation wie der Ökumenische Rat der Kirchen bietet solche Statistiken. Er vertritt nicht die Gesamtheit aller Missionen, die sich ihm entziehenden Kräfte sind oft sehr dynamisch und in kleinen, voneinander unabhängige Missionsgesellschaften organisiert. Missionsstatistik war noch zu Beginn des 20. Jahrhunderts ein Zweig der Missionswissenschaften. Die Weltkonferenz von Edinburgh (1910) wurde mit einer umfangreichen statistischen Arbeit von James Dennis vorbereitet, die 1911 in *Student Movement for Foreign Missions* veröffentlicht wurde [16]. Das Unternehmen wurde aber in dieser Form nach dem Ersten Weltkrieg nicht weitergeführt – möglicherweise deshalb, weil diese Kriegskatastrophe die expansionistische Ideologie unterbrach, die man auch der die Missionen erfassenden Statistik unterstellte. In der Zwischenkriegszeit entstanden ferner neue protestantische freikirchliche Missionsgesellschaften in Nordamerika, die sich Gebieten zuwandten, die von den im 19. Jahrhundert entstandenen Missionsgesellschaften nicht erreicht wurden (z. B. im Sahel). Diese von Wachstumstheorien der Kirche (*Church Growth*) stark geprägten Missionsgesellschaften sind eher dafür aufgeschlossen, ihre Erfolge zu beziffern als ihre Vorgängerinnen. Die „ökumenische" Missionsbewegung verschwendet keine Energie, ihre Verluste und Gewinne aufzurechnen. Es geht ihr um die Konsolidierung ihrer Möglichkeiten nach dem Ersten und dann nach dem Zweiten Weltkrieg, auch um die Zukunftsperspektiven in den aus den Missionen entstandenen Kirchen [17].

Dies führt zu einer zweiten Bemerkung: Die protestantische und anglikanische Missionsbewegung hatte von Anfang an das Ende missionarischer Tätigkeit in ihre Überlegungen mit einbezogen. Deren Ziel sollte ja die „Einpflanzung der Kirche" sein, die dann die Missionsgesellschaften und deren Träger ablösen sollte. Dazu die programmatische Formulierung von Henry Venn, dem Sekretär der (anglikanischen) *Church Missionary Society* aus dem Jahre 1851: „Ergebnis und Ziel der Mission vom kirchlichen Standpunkt aus soll die Gründung einer indigenen Kirche unter der Leitung von eingeborenen Seelsorgern mit einem eigenen Finanzsystem [...] sein. Daraus ergibt sich, daß das man solange ‚Sterbehilfe' für die Mission leisten muß (wie man das zutreffend nennen könnte), bis ein Missionar umgeben ist von Eingeborenengemeinden unter der Leitung von eingeborenen Pfarrern" [18]. Diese Vorhersage Venns ist 100 Jahre später eingetroffen. Die Kolonisierungswelle hat zwar die Autonomiebewegung der Kirchen verzögert, doch eine Reihe von Vorbedingungen für diese Autonomie sind von den Missionaren selbst geschaffen worden, und ab den 50er Jahren begannen die protestantischen und anglikanischen Missionen damit, den indigenen Kirchen, die über eingeborene Leitungskräfte verfügten, Autonomiestatus aufzuerlegen.

Dieser Autonomieprozeß dauerte von 1947 bis 1975. Diese beiden Daten markieren jeweils Beginn und Ende der Unabhängigkeitsbewegungen in den asiatischen bzw. afrikanischen Ländern. Die Selbständigkeit dieser Kirchen bedeutete für die vor Ort verbliebenen

---

[16] James S. DENNIS u. a.(Hg.), World Atlas of Christian Missions, New York 1911.

[17] Die Missionsstatistik erlebte in jüngster Zeit einen Neuaufschwung mit der Veröffentlichung der *World Christian Encyclopedia* unter der Leitung von David BARRETT. Diese Enzyklopädie, von der keine Neuauausgabe erschien, bietet nach Ländern genaue Zahlen der Mitglieder und (inländischen wie ausländischen) Geistlichen in jeder Kirche und stellt Zuwachsprognosen für das Jahr 2000 an. Das *International Bulletin of Missionary Research* aktualisiert jedes Jahr diese Zahlen (mit einer Prognose bis zum Jahr 2025), die Zahl der ausländischen Missionen bleibt jedoch global unverändert.

[18] Zit. n. B. STOCK, History of the Church Missionary Society, Bd. II, London 1899, 415.

Missionare die Beendigung der bisherigen Autoritäts- und Organisationsstrukturen, nachdem die Autorität auf ständige Instanzen der indigenen Kirchen übergegangen war (Synoden, Räte usw.). Die Autorität, unter der die Missionare standen, wurde zunehmend dem Sitz der Missionsgesellschaften und missionarischen Ordensgemeinschaften entzogen und auf die Leitung der Ortskirchen übertragen. Die Missionare wurden so, einer aufschlußreichen Formulierung gemäß, aus „Vorgesetzten" zu „Mitarbeitern" der Ortskirchen. Eine andere semantische Entwicklung in den 70er Jahren führte zur Preisgabe des Begriffs „Missionar", an dessen Stelle der „Gesandte" trat. In protestantischen und anglikanischen Kirchenleitungen war das Ende der Autorität von Missionaren als Vorstand einer Kirche also programmiert. Vor Ort nahm in gleicher Weise die Machtposition der Missionare ab. Dabei ging es weniger darum, sie konsequent in den Ortskirchen zu behalten, sondern sie für Ausbildungs- und Strukturfragen zu gewinnen. Abgesehen von China, wo die Missionare zu Beginn der Revolution das Land verlassen mußten, kam es nirgends zu zahlreichen Abreisen oder Vertreibungen protestantischer und anglikanischer Missionare, als die entsprechenden Staaten unabhängig und die Kirchen selbständig wurden. Im allgemeinen harrten die Missionare bis zum Ablauf ihres Vertrages aus und kehrten dann in ihre europäischen Heimatländer zurück, wo sie als Seelsorger oder in einem anderen kirchlichen Amt Verwendung fanden. Das neue Bild des Missionars als „brüderlichem Mitarbeiter" wurde erst von der nachfolgenden Generation verkörpert, die mit kürzeren Verträgen und genaueren Missionsaufträgen – vor allem im technischen Entwicklungsdienst (Schulen, Gesundheitswesen, Landwirtschaft) – in die Missionsländer kam.

II. Krise oder Neuaufbruch?

Dem Bild eines irreversiblen Niedergangs läßt sich das Bild wichtiger Veränderung gegenüberstellen. Man muß sich in der Tat von einer Sicht der Dinge lösen, die sich extrem auf die europäischen Kirchen als Ausgangspunkt von Missionsaktivitäten konzentrierte. Die Entwicklung, die zu einem Schwund der alten „Pflanzstätten" führte, bedeutet ja keineswegs das Aus für Missionare, die sich als Individuen vor allem für die Bekehrung nichtchristlicher oder entchristlichter Völker einsetzen. Entscheidend ist die Neuverteilung der überkommenen Rollen zwischen Mutter- und Tochterkirchen auf der Grundlage größerer Gleichberechtigung. Zahlreiche Vertreter der jungen Kirchen (vor allem in protestantischen, weniger in katholischen Kreisen) sahen im Nachlassen des missionarischen Eifers der Europäer zu Beginn der 70er Jahre eine gleichsam göttlich gefügte Chance, für einen vorübergehenden Stopp der Entsendung europäischer Missionare zu plädieren. Einige forderten sogar ein Moratorium von 5 Jahren. Zwanzig Jahre später ergibt sich folgendes Bild: Die Aussendung europäischer Missionare besteht weiterhin, wenn auch zahlenmäßig in geringerem Maße und in erneuerten Formen. Darüber hinaus engagierten sich aber die jungen Kirchen ihrerseits in der Missionsarbeit. Sie entsendeten immer mehr Missionare auch in die europäischen Kirchen, um dort den Mangel an Geistlichen zu lindern. Hier geht es also um mehr als eine Krise: das ganze Beziehungsgeflecht zwischen den Kirchen ist aufgrund der Personalfluktuation und der Verteilung der Aufgaben zwischen Aussendungs- und Aufnahmeländern auf dem Weg zu einer Umstrukturierung.

1. Neuorientierungen innerhalb der katholischen Kirche: Neuzuwachs, Neuverteilung

Die fortschreitende Auflösung der herkömmlichen Grenze zwischen europäischen („weißen") Missionaren und dem indigenen („farbigen") Klerus ist ein erstes Zeichen für das neuere katholische Missionsverständnis. Die meisten in Europa oder Nordamerika gegründeten Missionsordensgemeinschaften rekrutierten mehr und mehr – aus Überzeugung oder Notwendigkeit – ihren eigenen Nachwuchs aus jenen Ländern, in denen sie ihren Missionsauftrag ausübten. Seit den 70er Jahren wurde dies geradezu zu einer Voraussetzung für ihr Überleben, als nämlich in Europa und Amerika die Nachwuchskräfte für die Mission nicht mehr gesichert werden konnten. Dieses Phänomen trifft nicht nur die kleineren, sondern auch die größeren (männlichen wie weiblichen) katholischen Ordensgemeinschaften. Bei der geographischen Herkunft der Mitglieder dieser Gemeinschaften lassen sich augenfällige Verschiebungen erkennen. Als sich bei der *Lyoner Gesellschaft für afrikanische Mission* (SMA) eine fortschreitende „Irlandisierung" unter den Missionaren ergab, arbeitete man einen Plan für Nachwuchskräfte in Afrika aus und eröffnete, bei gleichbleibender Förderung des Diözesanklerus, in Nigeria am 8. Dezember 1987 ein Heim für junge Missionsseminaristen in der Diözese Ibadan. 1990 zählte man in der SMA 190 Kandidaten für das Priesteramt, darunter 79 Afrikaner, 32 Iren, 9 Inder, 9 Polen, 8 Philippinos und nur 4 Franzosen. Die gleiche Afrikanisierung läßt sich bei den *Spiritanern* oder auch bei den *Weißen Vätern* nachweisen. Bei den Letztgenannten setzte sich der Rückgang der Mitgliederzahlen bis 1998 fort (2098 Mitglieder, Patres und Brüder)[19]. Nach der Aufnahme von 311 jungen Missionaren, darunter 241 Afrikanern aus den drei Noviziaten von Burkina Faso, Tansania und Sambia im gleichen Jahr, stieg die Anzahl der Kandidaten wieder an[20]. Noch deutlicher und unerwarteter ist das Übergewicht, das die Asiaten neben den Afrikanern in einigen Kongregationen europäischen Ursprungs allmählich erlangen.

Einige Beispiele können diese stille Revolution belegen, die fürs erste das Nachwuchsproblem vieler Gemeinschaften löste. Am 31. Dezember 1997 waren die drei Bezirke der *Kapuziner*[21] mit stärkstem Zuwachs (in abnehmender Reihenfolge) die Vizeprovinz von Tschad-Zentralafrika, die St.-Josephs-Provinz in Kerala (Indien) und die Vizeprovinz von Madagaskar. Kerala nimmt in der Gesamtheit aller Missionsprovinzen hinter der Lombardei (435) und Venetien (387) den dritten Platz ein (384 Kapuziner-Mönche). Die *Gesellschaft Jesu* (SJ)[22] zählte 25 000 Mitglieder im Jahre 1991, darunter 2997 Inder. Damit kam Indien hinter den Vereinigten Staaten (4724), aber noch vor Spanien (2029) und Italien (1575) auf den zweiten Platz. Auf Dauer scheint sich diese geographische Verschiebung auszuweiten, weil Asien bei der Zahl der Scholastiker derzeit mit Abstand an der Spitze steht (von 1560 im Jahre 1989 waren 1200 Inder), vor Amerika (1471), Europa (904), Afrika (323) und Ozeanien (41). In gleichem Maße gewann die *Gesellschaft des göttlichen Wortes*[23] mit deutsch-holländischem Ursprung ihre Nachwuchskräfte zunehmend in Asien. Im Jahr 1984 stellte dieser Kontinent 62 der 87 neuen Priester, Europa nur 17 (darunter 13 Polen) und La-

---

[19] Bei G. Schwaiger (wie Anm. 14), 447 wird als „Stand 1990" angegeben: 506 Niederlassungen mit 2563 Weißen Vätern.
[20] Agentur Fides: 1. Mai 1998.
[21] Agentur Fides: 7.–14. August 1998.
[22] Agentur Fides: 1989.
[23] Agentur Fides: 6. März 1985.

teinamerika 8. Dagegen verzichtete die amerikanische Missiongemeinschaft von *Maryknoll* auf Abkömmlinge der ehemaligen Missionsländer, um nicht in Konkurrenz mit dem eingeborenen Klerus und den dortigen Instituten zu treten. Dadurch geriet sie aber in eine ernsthafte Nachwuchskrise, wie dies auch bei der *Pariser Auslandmission* der Fall ist, die bereits ins Auge gefaßt hat, einigen Asiaten den Status assoziierter Priester einzuräumen.

Eine identische Entwicklung ergibt sich für die katholischen Frauenkongregationen in den jungen Kirchen. Die Kongregation der *Sankt-Joseph-Schwestern von Cluny* konnte ihre Mitgliederzahlen auf hohem Niveau halten. Nach einer Statistik des Mutterhauses vom 31. Dezember 1996 wirkten 3121 Professen (99 Novizinnen) in 413 auf 31 Provinzen verteilten Gemeinschaften. Die geographische Verteilung zeigt allerdings tiefgreifende Veränderungen. So lagen die Mitgliedszahlen in 103 europäischen Häusern (1090 Schwestern) nur geringfügig vor den 95 Häusern in Asien (865 Schwestern). Den größten Anteil an Novizinnen stellte Afrika (67 Häuser und 344 Schwestern). Die Antillen und Amerika zählten ihrerseits 83 Häuser mit 435 Schwestern, der indische Ozean 35 Häuser und 262 Schwestern, Ozeanien 23 Häuser und 125 Schwestern.

Auch unter diesen Bedingungen verliert die herkömmliche Abgrenzung in den Missionsländern zwischen (europäischen) Missionaren und einheimischem Ortsklerus ihre Bedeutung. Die seelsorgerliche Tätigkeit erwächst aus gemeinsamen Entscheidungen von Missionsgesellschaften bzw. missionarischen Ordensgemeinschaften und den jungen Kirchen. Europäer und Amerikaner haben nicht mehr das Missionsmonopol, die einheimischen Kräfte Schwarzafrikas und Asiens gewinnen an Gewicht. Die von Schwarzafrikanern eingenommene Stellung ist nicht überraschend, spiegelt sie doch die stetigen Fortschritte des Christentums in diesen Gebieten. Das Gewicht Asiens jedoch überrascht, weil der Anteil der Christen außerhalb der Philippen nur sehr klein ist. Die bescheidenen christlichen Minderheiten in Indien, Ceylon und Ostasien stellen aber nichtsdestoweniger einen wachsenden Anteil an Geistlichen und Ordensleuten.

Diese tiefgreifende Erneuerung der Nachwuchskräfte hat auch direkte Auswirkungen auf die globalen Reisewege des Missionspersonals. Die für katholische Kreise zugänglichen Angaben sind dafür ein beachtlicher Beweis. Eine 1997 von der Zeitschrift *Solidaires*[24] der päpstlichen Missionswerke (OPM) erstellte Karte unterstreicht, daß diese Personalbewegungen inzwischen keine Einbahnstraße mehr darstellen und tatsächlich die Bezeichnung „Austausch" verdienen. Die Mutterhäuser sind nach wie vor in Europa zu finden mit einem extrem starken Aktivbestand (66 776 entsandten Missionaren stehen nur 7764 im Alten Kontinent empfangene Missionare gegenüber). Dieser Bruttobestand verstellt jedoch den Blick auf die rasche Überalterung der Missionsangehörigen. Afrika ist demnach weiterhin der hauptsächliche Zielkontinent: Den 14 748 dort stationierten ausländischen Missionaren stehen 12 011 nach Lateinamerika und 5508 nach Asien ausgesandte Missionare gegenüber. Neuzugänge hängen mit dem Beitritt von Missionaren aus jungen Kirchen in die bestehenden Kongregationen zusammen oder mit der Gründung neuer Missionsgesellschaften. Zaire und Ruanda weisen einen großen Bestand an ausländischen Missionaren (442 bzw. 428 Missionare) auf, während Ghana (131) und Nigeria (120) in Schwarzafrika das stärkste Engagement bezüglich der Gründung lokaler Missionskongregationen zeigen. Die Führungskräfte der Kirchen in Afrika und Asien bekundeten mehr-

---

[24] Solidaires, September/Oktober 1997.

fach ihren Willen, selbständig die Missionierung ihrer Länder oder ihres Kontinents zu übernehmen. Afrikanische Bischöfe zitieren gern die von Paul VI. 1969 in Kampala beim Symposium afrikanischer Bischöfe vertretene Ansicht[25]: „Ihr Afrikaner seid nun eure eigenen Missionare. Die Kirche Christi ist wirklich in dieser geweihten Erde eingepflanzt. […] Ihr müßt den Bau der Kirche auf diesem Kontinent weiterführen" – eine Ansicht, die auch von Johannes Paul II. übernommen wurde[26].

In diesem Prozeß ist Asien noch weiter vorangekommen, es verzeichnet bereits einen positiven Aktivbestand: Dort wirken 8147 einheimische gegenüber 5508 aufgenommenen Missionaren. Indien steht an erster Stelle mit mehr als 2000 Missionaren (Männer und Frauen) und drei indischen Missionsinstituten: *Society of the Missionaries of St. Francis Xavier, Indian Missionary Society* und *The Herald of Good News*. Dazu kommen mehrere indische Kongregationen mit missionarischem Charakter und die stärkste missionarische Laienbewegung, die *Catholic Mission* mit 750 000 Mitgliedern. Diese rasche Entwicklung verzeichnen auch die Philippinen und ebenfalls einige nur schwach christianisierte asiatische Staaten .

Diese zu beobachtende Neuverteilung schließt einen weiteren, völlig neuen Aspekt ein, dessen Konsequenzen sich nur schwer absehen lassen. In Europa werden mehr und mehr Priester aus den jungen Kirchen (vor allem Afrikaner und Inder) inkardiniert. Sie übernahmen aufgrund des Priestermangels in den letzten Jahren verweiste Pfarrstellen und setzten damit die in der Enzyklika *Fidei donum* angesprochenen Empfehlungen in umgekehrter geographischer Richtung zu den von Pius XII. 1957 entworfenen Vorstellung um. Beispiele von Priestern, die ursprünglich zum Weiterstudium nach Europa kamen oder im Rahmen zwischen Diözesen organisierter Austauschprogramme einreisten oder innerhalb von Ordensgemeinschaften hierher versetzt wurden, gibt es viele in West- und Mitteleuropa. Selbst in den Bezirken um Rom wurden Kirchengemeinden mit afrikanischen Priestern besetzt. So ergibt sich – im Katholizismus in strukturierter Form, im Protestantismus eher informell und ohne institutionelle Vorgaben – ein vermehrte Transfer afrikanischer oder asiatischer Missionare sowohl in schwach christianisierte Gegenden als auch in christliche Gemeinden des Kontinents.

Der konstatierte Umschwung in der Verteilung der Mitarbeiter und der missionarischen Aufgabenbereiche stößt jedoch an seine Grenzen, und zwar vor allem in drei Bereichen. Zum einen betrifft dies die Vorherrschaft der Mutterkirchen im Lehrkörper der Institute akademischer Bildung, damit einhergehend auch die Festlegung der theologischen wie seelsorglichen Richtlinien. Zum anderen den Einfluß der innerkirchlichen Leitungsinstanzen, für den Katholizismus insbesondere den der Kurie, auch wenn sich die geographische Herkunft der Kurien-Mitarbeiter stark differenziert hat. Schließlich betrifft es eine heiklere und schwer zu ermessende, für die jungen Kirchen aber besonders drängende Seite, nämlich die dauerhafte Abhängigkeit von den Finanzmitteln der europäischen Kirchen. Da diese immer weniger Missionspersonal stellen können, besteht seit 1996 der Großteil ihrer Unterstützung in Finanzmitteln. Dies hat für Afrika (noch mehr als für Asien) eine struk-

---

[25] Documentation catholique, Nr. 1546 (1969) 764.
[26] So vor den Bischöfen des Senegal, Mauretaniens und der Kapverden im Jahre 1992: „Die Verpflichtung für die Kirche Afrikas, Missionarin in ihrer eigenen Mitte zu sein und den Kontinent zu evangelisieren, schließt die Kooperation unter den verschiedenen Nationen und auch anderer Kontinente ein. Auf diese Weise wird Afrika vollkommen in die missionarische Tätigkeit einbezogen" (Documentation catholique, Nr. 2047 [1992] 320 f).

turell gewordene Abhängigkeit zur Folge: Afrika erhält fast 50 % seiner Finanzmittel aus römischen Geldquellen.

Ende der Missionare? Diese einleitend gestellte Frage ist mit Nein zu beantworten, weil überall neue Missionsträger auftreten und die besonderen seelsorglichen Bereiche der Evangelisierung oder Neuevangelisierung den Umwälzungen standgehalten haben und weiterbestehen. Zu Ende ist vor allem jene Vorstellung, wonach europäische Missionare zur Bekehrung heidnischer Gebiete ausgesendet werden und mit dem echten Glauben die echte Zivilisation bringen. Der Hintergrund der missionarischen Vorstellung ist verändert, doch die missionarische Tradition des Christentums ist ungebrochen. Sie folgt neuen Wegen und läßt sich von neuen Geflechten internationaler Beziehungen leiten, probiert neue Modelle aus und entwirft neue Theologien. Sie erstreckt sich auf alle sozialen Bereiche, versucht, gerechtere horizontale Beziehungen zu fördern. Ein Beispiel ist etwa die gegenseitige Hilfe zwischen Klöstern: Die 1960 entstandene „Aide inter-monastères" (Sekretariat für die Unterstützung zur Niederlassung von Klöstern) wurde 1976 in die zwischenklösterliche Unterstützung für die jungen Kirchen umgewandelt. „Es handelt sich nicht mehr um eine einseitige materielle wie geistliche Unterstützung neuer Gründungen, sondern um einen lebendigen Austausch apostolischen Handelns"[27].

2. Neuorientierungen im Protestantismus: Auf dem Weg zu einem gemeinsamen apostolischen Handeln

Ein genaues Bild vom Zuzug protestantischer und anglikanischer Missionare aus Ländern der südlichen Halbkugel, die im Rahmen des gegenseitigen Missionsaustausches seit den 60er Jahren in europäischen Ländern arbeiten, läßt sich beim besten Willen nicht nachzeichnen. Das beharrliche Insistieren der Missionsgesellschaften auf der Autonomie der Kirchen in der südlichen Hemisphäre und die ihnen auferlegte Verpflichtung, Missionsträger in ihren jeweiligen Ländern zu sein, hat aber eher das Verbleiben der dazu herangebildeten Einheimischen gefördert. Auch wenn die materielle Unterstützung für die theologische und technische Heranbildung der Rahmenstrukturen dieser Kirchen in Europa intensiviert wurde als neue Form von Solidarität zwischen den Kirchen, so ist der Zustrom von Stipendiaten doch bescheiden und überschaubar geblieben. Diese, Männer wie Frauen, bleiben Vertreter ihrer Kirchen und werden als solche in die europäischen Kirchen aufgenommen, an deren Gemeindeleben sie aktiv teilnehmen. Unter dem Blickwinkel einer legalen oder heimlichen Einwanderung erfuhren einerseits die europäischen Kirchen einige Verstärkung und haben andererseits auch die zahlreichen „ausländischen Kirchen" in allen Ländern Fuß gefaßt – besonders seit Beginn der Krise in den Nord-Süd-Beziehungen in den 70er Jahren[28].

Neben diese (ausbildungsbedingte) Umkehrung des Zustroms tritt die Entscheidung der Missionsgesellschaften, das Missionswerk in der Form einer Zusammenarbeit zwischen

---

[27] L'Eglise catholique en France 355 f. *Die Aide inter-monastères* [AIM] ermöglicht Hilfeleistung für neue Gründungen des Benediktiner- und Zisterzienserordens in der Dritten-Welt. Die Zahl dieser weltweiten Gründungen übersteigt 300, darunter 140 in Lateinamerika, 80 in Afrika und die übrigen in Asien und Ozeanien. Die AIM veröffentlicht zwei Mal im Jahr das *Bulletin de l'AIM* in drei Sprachen.

[28] Siehe dazu: Chrétientés d'outre-mer en Europe au XXᵉ siècle: nouveaux réseaux missionnaires ou refuges identitaires. Actes de la XIXᵉ session du CREDIC, Glay (Frankreich), August 1998 ; Les communautés chrétiennes étrangères en Europe, dossier de Mission Nr. 90 (1999), 18–26.

„Missionsträgern" und „Missionierten" fortzusetzen. So nahm die *Société des Missions évangéliques de Paris* (SMP), die in den 50er Jahren neun Missionsfelder in Afrika und Ozeanien zu betreuen hatte, im Jahre 1968 vier Vertreter der autonomen Kirchen in ihr Leitungskomitee auf. Vier Jahre vorher hatte einer von ihnen, Pfarrer Jean Kotto aus Kamerun, zu einer gemeinsamen Mission aufgerufen[29]. Er lag damit genau auf der Linie der Weltversammlung der Abteilung „Mission – Evangelisation" des ÖRK in Mexiko (1963), die sich für eine „Mission in sechs Kontinenten von überall nach überall" stark machte[30]. 1967 bildete dann die SMEP eine erste internationale Evangelisationsgruppe unter der Bezeichnung *Action apostolique commune* (AAC). Sie setzte sich aus folgenden Mitgliedern zusammen: zwei Pfarrer, je einer aus Kamerun und Frankreich, ein Lehrer aus Madagaskar, eine Sozialhelferin aus Togo, ein Evangelist aus Dahomey, eine Krankenschwester aus der Schweiz und ein Jugendbetreuer aus Tahiti. In ihrer ökumenischen Ausrichtung bestand diese Gruppe aus Reformierten, Methodisten und Baptisten. Das Fon-Gebiet von Dahomey, das als „Festung des Heidentums" galt und in dem mehrere katholische und evangelische Missionsversuche gescheitert waren, wurde als Niederlassungsort ausgewählt. Gleichzeitig wurde eine analoge Gruppe in Frankreich gebildet und ins Poitou geschickt, dem traditionell protestantischen Landstrich, der aber starke Tendenzen einer Entchristlichung aufwies. Damit war die Unterscheidung zwischen missionarischen und nichtmissionarischen Kirchen aufgehoben. Es gab nun Kirchen der nördlichen und der südlichen Hemisphäre, die gemeinsam die Mission fortsetzten. Diese beiden Experimente dauerten jeweils etwa 10 Jahre, bevor sie die Frucht ihrer Arbeit in die Kirchen ihres jeweiligen Landes einbrachten[31]. Parallel zur AAC schuf die SMEP mehrere international besetzte Gruppen, die in zahlreiche europäische Regionen für die kurze Zeit von 3 Monaten als Vertreter der neuen Gestalt missionarischer Tätigkeit reisten.

III. Auf dem Weg zu neuen katholischen Modellen

Alle oben angegebenen Indikatoren untermauern den offenkundigen Verlust der missionarischen Dynamik in Europa und in den nach der Auswanderung von Europäern nach Amerika oder nach Ozeanien entstandenen Kirchen. Die statistischen Werte sind freilich auch das Spiegelbild eines tiefgreifenden Wandels im Verständnis von Mission sowie ihrer Stellung innerhalb der Kirchen. Es ist nicht einfach, in aller Kürze den Wandlungsprozeß zusammenzufassen, der von radikaler Infragestellung, lebhaften Diskussionen und oft schmerzlichen Auseinandersetzungen geprägt ist. Die unterschiedlichen Situationen und zeitlichen Abläufe dieses Prozesses innerhalb der katholischen Kirche, noch stärker im Protestantismus, machen eine systematische, allen Gegebenheiten gerecht werdende Darstellung illusorisch. Wir beschränken uns hier auf das Nachzeichnen einiger Hauptlinien, die nicht den Anspruch auf Vollständigkeit erheben können. Die dabei verwendete Periodisierung soll die aufeinander folgenden Verschiebungen in den Konzeptionen missionarischen Verständnisses verdeutlichen.

---

[29] Jean Kotto, L'action missionnaire commune des Églises francophones, in: Face à l'avenir, Paris 1965, 37–44.
[30] Siehe dazu: Leslie Newbigin, La Mission mondiale de l'Église, Paris 1959.
[31] Siehe dazu: Jean-François Zorn, Dynamisme missionnaire, une chance pour l'Église, in: Spiritus, Nr. 119 (Mai 1990), 136–152.

1. Verlagerung zu Beginn der 60er Jahre:
Von der Mission zur Dritte-Welt-Hilfe

Eine erste (sicherlich die folgenreichste) Richtungsänderung stellte sich in Europa um 1960 ein und fand bei den besonders engagierten Gläubigen in den Kirchen großen Nachhall. Das Bild der Mission als Zivilisationsbringerin verblaßte, noch mehr das Bild vom Missionar als Vorkämpfer der Wahrheit und des Guten gegen die bildungsfeindlichen und satanischen Mächte. Der (katholische) französische Film *Un missionnaire*, den die Spiritaner-Missionare mit öffentlicher Unterstützung finanzierten, versuchte über eine fiktive, im Alltagsleben Guineas und seinen Missionsstationen gedrehte Handlung das menschlich bewegende Bild des Missionars und seines Lebens nachzeichnen. Mit Maurice Cloche als Regisseur, der mit *Monsieur Vincent* bekannt wurde, bemühte sich der Film, eine ganze Reihe positiver Aspekte festzuhalten und zur Geltung zu bringen. Sehr schnell erwies er sich jedoch als überholt und mußte sich bereits beim Anlaufen den Vorwurf gefallen lassen, den eingeborenen Klerus, die afrikanischen Hilfskräfte und die Laien ausschließlich zugunsten des Missionars ausgeblendet zu haben, der als „Nummer 1" gezeichnet wurde[32]. Eine Flut kritischer Stimmen erhob sich Ende der 50er Jahre gegen die Missionare, die sich ihrerseits als Opfer unverdienter Vorwürfe fühlten. In den Missionsländern wurden sie von den Oberschichten angeklagt, die in vielen Fällen aus den Missionsschulen kamen. Auch ihre soziale Bedeutung wurde in Frage gestellt, selbst die Mitarbeit im Schul- oder Sozialdienst wurde als fortwährende Dominanz von außen mißverstanden und in mehreren erst kurz vorher unabhängig gewordenen Staaten zur Zielscheibe nationalistischer Tendenzen. In den Heimatländern war die Stimmung gegen die Missionare kaum besser. Sie mußten den Eindruck haben, von der öffentlichen Meinung abgelehnt zu werden, die die enge Verbindung zwischen Mission und Kolonisation verurteilte und ein anscheinend anachronistisch gewordenes Proselytentum zu einem Zeitpunkt verwarf, als Toleranz und interreligiöser Dialog als Ideale Hochkonjunktur hatten.

Die drängendsten Themen verlagerten sich ab diesem Zeitpunkt auf die internationale Solidarität, in erster Linie zum Kampf gegen den Hunger, in dem sich das Papsttum seit Pius XII. stark engagierte. Die *Enyclopédie catholique du monde chrétien* gibt 1960 in klassischer Weise das Denken wie die Hauptaktivitäten der neuen Arbeitsfelder wieder, indem sie jungen Katholiken Möglichkeiten im Entwicklungsdienst eröffnete. Der Herausgeber dieser Enzyklopädie empfahl vier Formen internationalen Einsatzes: 1. Mitwirkung als Experte in einer internationalen Organisation, 2. Tätigkeit in einer katholischen Organisation, deren Arbeitsgebiete sich auf wirtschaftlich unterentwickelte Länder erstreckte, 3. Tätigkeit als Mitarbeiter, z. B. unter Heranziehung der Unternehmens- und Stellenangebote in unterentwickelten Ländern, die der *Pax-Christi*-Bewegung zur Verfügung stand. 4. Tätigkeit in der Öffentlichkeitsarbeit der Industrieländer, damit die öffentliche Meinung ein Bewußtsein für die Notlage und die ungleiche Verteilung entfaltet und die Regierungen zur „konkreten Hilfeleistung" stimuliert[33].

---

[32] Zu Geschichte, Synopsis und zum Anlaufen des Films vgl. Annales spiritains. Nr. 8 (Oktober 1955).

[33] Bilan du monde 1958–1959, Bd. I, 62. Das von Père LEBRET am Ende des Kapitels übernommene Zitat dürfte die *a priori* geforderte Beziehung zwischen Entwicklungshilfe und Mission begründet haben: „Die Welt erwartet von den Katholiken eine menschlich so unbestreitbare Wertvorstellung, ein kluges Verständnis für die Bedürfnisse der anderen, eine uneigennützige Fähigkeit zur Hilfe mit Sachverstand, daß man darin den Beitrag zu einem sichtbaren Beweis für die Wahrheit des Evangeliums erkennen kann."

Angesichts dieser Bewußtwerdung der „Dritte-Welt"-Problematik stellten sich die verantwortlichen Träger der Mission schnell um. Es war bereits davon die Rede, wie die Missionszeitschriften gegen Ende der 50er Jahre unübersehbare Anstrengungen unternahmen, den Erbauungscharakter der Zeitschriften zurückzufahren, den rein kirchlichen Bereich zu verlassen und den Blick auf wirtschaftliche Probleme zu lenken. All dies mit dem Ziel nachzuweisen, daß das Missionsprojekt mit den im 20. Jahrhundert erarbeiteten neuen Formen der Evangelisation, im Sinne einer christliche orientierten oder geprägten Zivilisation, übereinstimmt, daß sich auch die Missionen auf politische, wirtschaftliche oder soziale Gegenwartsfragen eingestellt hatten und sich auf neue Wege des Apostolats begaben, z. B. in den Jugendbewegungen oder der *Action catholique*.

Die Lancierung neuer Zeitschriften – handelte es sich nun um Veröffentlichungen der päpstlichen Missionswerke (OPM) oder auch der missionarischen Ordensgemeinschaften –, die sich der diesbezüglichen Reflexion öffneten und eine unbestreitbare Fähigkeit zur Selbstkritik entwickelten, belegt diese Bewußtwerdung. Man kann für die OPM auf das Einstellen der illustrierten Wochenzeitung *Missions catholiques* hinweisen, die durch die Zeitschrift *Mission de l'Église* ersetzt wurde, oder auf die inhaltliche Ausweitung der in Englisch, Französisch, Spanisch oder Italienisch erscheinenden Zeitschrift *Omnis Terra*. Hier läßt sich auch das konstante Aufgreifen aktueller Themen in Zeitschriften missionarischer Ordensgemeinschaften anführen: In Frankreich setzte sich die anfänglich als Zeitschrift der spiritanen Spiritualität konzipierte Zeitschrift *Spiritus* in den 60er Jahren als die hauptsächliche frankophone Missionszeitschrift durch. Bedenkenlos griff sie selbst radikalste Fragen zu Beginn der 70er Jahre auf. Die Ausweitung auf aktuelle Themen zeigte sich auch bei Missionsausstellungen wie auch bei den Ausbildungslerninhalten, in die seit der Mitte der 50er Jahre wirtschaftliche und soziale Aspekte integriert wurden. So handelten etwa die 1958 an den katholischen Fakultäten in Lyon am Missionslehrstuhl gehaltenen Vorlesungen über die großen Probleme der gegenwärtigen Welt. Ähnliche Feststellungen lassen sich für die deutschsprachigen Gebiete in Europa, für Belgien (Louvain/Löwen) oder Italien treffen.

In Frankreich sind zwei Initiativen auf nationaler Ebene signifikant: die Gründung eines katholischen Komitees gegen den Hunger (25. Mai 1961) sowie der Start der Zeitschrift *Croissance des jeunes nations* auf Initiative von Georges Hourdin (Direktor der Verlagsgruppe *Vie catholique*) und dem Lyoner Universitätslehrer Blandone (Nachfolger von Joseph Folliet in der Leitung der *Chronique sociale*/Lyon). Die erstgenannte Initiative stand unter dem Vorsitz von Bischof Ménager und wurde von den Bewegungen der *Action catholique spécialisée* bestimmt, wenn auch die *Action catholique générale*, der *Secours catholique* oder die päpstlichen Missionswerke daran in gleicher Weise teilnahmen. Fünf Jahre später vermittelte die Änderung in der Bezeichnung CCFD (*Comité Catholique contre la Faim et pour le Développement*[34]) die interne Entwicklung und unterstrich damit das Abrücken vom herkömmlichen Missionsverständnis. Im gleichen Monat öffnete sich die Zeitschrift *Croissance des jeunes nations* der „aufgeklärten" öffentlichen katholischen Meinung. Sie transferierte in die Informationen über die Dritte Welt das Anliegen des sozialen Katholizismus und reihte sich in die Tradition der Missionszeitschriften ein, die für konkrete Hilfsprojekte auf humanitärer Ebene aufgeschlossen waren. Auch bezüglich der

---

[34] JO vom 10. März 1966.

Zielgruppe gab es einen entscheidenden Bruch. Das Eintreten für die Entwicklungshilfe wendete sich an alle, ohne dezidierten Bezug zum christlichen Glauben und noch weniger mit Bezug auf irgendeine Form aktiven Proselytentums.

Das Engagement für die Entwicklungshilfe aktivierte so innerhalb der katholischen Kirche Bewegungen und Sozialschichten, die für die Solidarität mit den Völkern der Missionsländer aufgeschlossen waren und spontan Geld und Zeit opferten, etwa für Zusammenarbeit im Unterrichtswesen, in medizinischen oder technischen Bereichen. Die 1967 vom französischen Episkopat gegründete „Délégation catholique pour la coopération" stellte von 1967 bis 1985 immerhin 8900 freiwillige Helfer in 35 Länder zur Übernahme von Aufgaben in der Erziehung, medizinischen Versorgung oder in landwirtschaftlichen Projekten zur Verfügung. Diese christlichen Freiwilligen waren jedoch nicht geneigt, die Rolle von (missionarischen) Hilfskräften zu spielen, sie standen dem missionarischen Proselytentum kritisch gegenüber, so daß vor Ort Konflikte und Verstimmungen unter den Missionaren nicht ausblieben. Die Bedeutung dieser Diskrepanz für die Zukunft hatte bereits der Internationale katholische Missionskongreß im Blickfeld, der im Mai 1962 in Lyon abgehalten wurde. Die neutrale Thematik „Neue Mission für neue Zeiten" demonstrierte den Willen zur Aufgeschlossenheit bei den Teilnehmern. Die einzelnen Sektionen ließen aber Schwierigkeiten für eine erfolgreiche „missionarischen Erziehung" der Jugendlichen erkennen [35]:

„Das katholische Komitee für Kinder hat [...] auch eine Untersuchung durchgeführt. Dabei wurde eine gewisse Verwirrung bezüglich der Begriffe ‚Mission', ‚missionarischer Sinn', ‚missionarischer Geist', ‚apostolischer Geist', ‚Mandat für einen Lebensraum' u. a. festgestellt. Der Blick ist geweitet worden, möglicherweise jedoch auf Kosten eines Verlustes an missionarischem Verständnis im eigentlichen Sinn. [...] Andererseits sehe ich einen anderen Angelpunkt: das Gespür für Solidarität und globale Verantwortung. Hinsichtlich des Verständnisses für andere handelt es sich mehr um Philanthropie als um authentische Nächstenliebe. Das Ideal ist eher Abbé Pierre als François-Xavier. Daher gilt es, das Verständnis für Solidarität zu ‚evangelisieren'".

Derartige Äußerungen offenbaren einen tiefgreifenden Wandel, der die katholischen Christen unter dem Pontifikat Johannes' XXIII. sehr empfänglich für die Sozialenzyklika *Mater et magistra* (1961) machte, während die Missionsenzyklika *Princeps pastorum* (von 1959) in der großen Öffentlichkeit unbeachtet blieb. Das Forum für das missionarische Laienamt auf dem Lyoner Kongreß von 1962 unterstrich diese Kluft zwischen zwei Konzeptionen, die sich immer weiter voneinander entwickelten. Während nach dem Verständnis einer weiblichen missionarischen Leitungskraft für einen Laien im Dienst der Mission die „oberste Verpflichtung [darin besteht], für die Verwurzelung der Kirche in dem Land zu arbeiten, in dem er sich befindet", erinnert der Spiritual von *Ad lucem* mit Nachdruck daran, daß für Laien „das oberste Tätigkeitsfeld ihr Beruf, ihr Handeln in der Zeit ist [...]. Ihr Handeln im Dienst der Kirche vollzieht sich nicht immer in der Kirche" [36].

Diese Beobachtungen können wahrscheinlich auf andere Länder mit entsprechenden

---

[35] A temps nouveaux, mission nouvelle. Actes du premier congrès missionnaire international, Lyon – Paris 1963, 162.

[36] EBD., 228. – Andere Beiträge regen an zur genaueren Untersuchung der Funktion internationaler Zusammenkünfte zwischen Jugendbewegungen oder katholischer Aktion, die sich auf die Wahrnehmung der Dritte-Welt-Probleme außerhalb der herkömmlichen Missionskreise spezialisiert haben.

Nuancierungen ausgeweitet werden. Der Missionsbegriff wurde gesprengt, er wurde zum einen qua Bekehrungsversuch entwertet, zum andern durch einen säkularisierten Gebrauch nivelliert. Der auf die Zugehörigkeit zur Kirche zentrierte Diskurs, mit dem der „Einpflanzung" der Kirche und dem Aufbau einer christlichen Gesellschaft Priorität eingeräumt wurde, stand zur Diskussion. Trotz aller Anstrengungen mußten die Missionskreise zu Beginn der 60er Jahre vor den neuen Denkansätzen kapitulieren. So konnte der deutsche Missionswissenschaftler und Direktor des Missionswisssenschaftlichen Instituts in Münster, Thomas Ohm (OSB), im Jahre 1962 – einige Monate vor der Eröffnung des Zweiten Vatikanischen Konzils – in der Zeitschrift *Parole et Mission* die Frage aufwerfen: „Kommt die Mission an ihr Ende?". Seine Antwort lief darauf hinaus, daß zumindest das Ende der nachkonstantinischen Mission und ihrer letzten Spielart, der kolonialen Mission, gekommen sei.

2. Vatikanum II: Abschluß und Öffnung (1962–1965)

Das Zweite Vatikanische Konzil prägte derart stark das Denken, daß man Gefahr läuft, ihm auch eine besondere Bedeutung im Bereich der Mission zuzuschreiben. Das Konzil war aber nicht die Geburtsstunde eines neuen katholischen missionarischen Denkens. Der Entwurf einer, nach deutschem protestantischen Vorbild ausgerichteten Missionstheologie unmittelbar nach dem Ersten Weltkrieg führte zur Gründung von aktiven, wenn auch nicht immer in gleicher Weise protagonistischen Reflexionszentren: in Louvain/Löwen um den Jesuitenpater Charles, in Rom an den Universitäten Gregoriana und Urbaniana, in Deutschland (Münster), in den Niederlanden (Nimwegen), in der Schweiz (Fribourg), in Frankreich an den katholischen Universitäten. Wenngleich sich die geistigen Auseinandersetzungen auf die Methoden und seelsorglichen Schwerpunkte konzentrierten, so wurden doch auch Diskussionen über theologische Grundlagen und deren ekklesiologischen Implikationen aufgegriffen. Die schwerpunktmäßigen Veränderungen lassen sich in der Enzyklika *Fidei donum* von Pius XII. (1957) nachlesen: Der Appell an die Diözesanpriester, die dem Ortsordinarius in Afrika zur Verfügung gestellt wurden, griff bereits die monopolartige Stellung der für ein bestimmtes Missionsgebiet zuständigen Ordensgemeinschaften an; das gleiche galt für die Verantwortung und Solidarität aller Bischöfe weltweit, auch wenn die Enzyklika noch eine tridentinische Sicht der Mission vertrat, nach der Jesus die gesamte „Herde" allein Petrus und seinen Nachfolgern anvertraut hatte.

Das Konzil war also in eine theologische wie auch strategische Entwicklung eingebettet. Rom hatte seit langem schon die Missionsinstitute darin bestärkt, die Heranbildung eines einheimischen Klerus zu fördern, und nach dem Ersten Weltkrieg in vielfältigen Verlautbarungen darauf gedrängt, die Mission von nationalen Bindungen an Kolonialmächte abzukoppeln. Die Beschleunigung der Emanzipation der Kolonien Ende der 50er Jahre hatte diese Bewegung noch intensiviert. Der Papst hatte ferner damals (vor allem in Schwarzafrika) zahlreiche afrikanische Bischöfe ernannt, die nicht nur an die Spitze von neugeordneten Diözesen, sondern auch an die Stelle von Missionsbischöfen traten. Die Missionskreise hatten also ein, wenn auch noch vages Bewußtsein, an eine Wegkreuzung angelangt zu sein, als das Zweite Vatikanische Konzil im Herbst 1962 eröffnet wurde.

Für die katholischen Missionen war dieses Konzil insofern kein Neuanfang, jedoch eine ganz neue und entscheidende Erfahrung, für die Missionsbischöfe eine unerwartete Gelegenheit zu fruchtbaren Begegnungen, zur Weiterbildung im Gedankenaustausch mit den

Johannes XXIII. mit 15 neugeweihten Missionsbischöfen. 8.5.1960

angesehensten Theologen, die als Experten zum Konzil kamen, zu freien und öffentlichen Debatten auch über Themen, die bis dahin der Zensur oder Selbstzensur unterlagen. Ein Vergleich zwischen den zaghaften Vorschlägen der Bischöfe in ihren Antworten auf die Anfragen der Vor-Vorbereitungskommission, zwischen den noch von streng kirchenrechtlichen Anliegen geprägten ersten Dokumenten, die für die römischen Kommissionen *ad hoc* erarbeitet worden waren, und den fortschreitend durch die Konzilsdynamik aufgeworfenen Fragen ist aufschlußreich. Die Konzilsdynamik entwickelte sich zwischen den einflußreichsten Mitgliedern der Konzilskommission (Erzbischof Sartre/SJ aus Tananarivo, Erzbischof Zoa aus Yaoundé, Bischof Riobé aus Orléans, Bischof Lokuang aus Taiwan) und den zu Konzilsexperten ernannten Theologen (Congar, Grasso, Seumois und Schütte als Vorsitzender der Redaktionskommission). Die in der Ekklesiologie erfolgte Wende fand jedoch noch kaum Widerhall im missionarischen Bereich. Das kurz vor Abschluß des Konzils veröffentlichte Dekret *Ad gentes* gibt trotz seiner Neuheit nicht den letzten Stand der Ekklesiologie wieder, wie einige Redakteure später einräumten[37]. Für den Missionswissenschaftler A.-M. Henry (OP), der zwar scharf kritisierte, daß das Dekret „zahlreiche Spuren veralteter Konzeptionen" bewahrte, und keine „kohärente Lehre für die Vereinheitlichung der Evangelisation"[38] bot, wurde damit eine erste Wende ausgehandelt, die eine

---

[37] Geschichte, Analyse und Kritik in: L'Activité missionnaire de l'Église. Décret *Ad gentes*, lateinischer Text und französische Übersetzung von L.-M. DEWAILLY, Kommentare von den Bischöfen G. M. GROTTI und S. PAVENTI, außerdem von Y. CONGAR, D. GRASSO, N. KOWALSKY, K. MÜLLER, J. NEUNER, J. RATZINGER, J. SCHÜTTE, X. SEUMOIS, hg. v. J. SCHÜTTE (mit einem Vorwort v. A.-H. HENRY), Paris 1967.
[38] EBD., 417f.

„lange Fehlentwicklung" beendete, dank der eindeutigen Entscheidung für die kollegiale Verantwortung aller Bischöfe bezüglich der Evangelisation. „Alle Bischöfe haben [...] nicht nur für eine bestimmte Diözese, sondern für das Heil der ganzen Welt die Weihe empfangen. [...] Kraft dieser Gemeinschaft tragen die einzelnen Kirchen auch für alle anderen Sorge" (*Ad gentes*, Nr. 38).

Aus Sicht der Missionare war das Konzilsereignis ein Zeichen der Hoffnung und der Erneuerung, aber auch voller verunsichernder Infragestellungen. Waren die Missionare schon mit der Ablehnung der europäischen Vorherrschaft durch die Oberschichten der jungen Nationen konfrontiert, so mußten sie nun das mehr oder weniger unbestimmte Gefühl haben, daß sie in ihrer Daseinsberechtigung auch innerhalb der katholischen Kirche in Frage gestellt wurden. Zu den kritischen Stimmen von außen kam nun auch Kritik von innerhalb der katholischen Kirche. Das Konzil sprach sich dafür aus, daß die Mission Angelegenheit der ganzen Kirche als Volk Gottes sei. Dies ließ schlußfolgern, daß die Mission nicht mehr eine besondere Aufgabe von Spezialisten ist, zumal in Europa die traditionelle Unterscheidung zwischen innerer und äußerer Mission mehr und mehr schwand. Indem die Ekklesiologie des Zweiten Vatikanischen Konzils mit der vorherrschenden Missionstheologie der *plantatio Ecclesiae* brach, schien sie auch die Berechtigung eines ausschließlichen Missionseinsatzes in Frage zu stellen – und dies zu einem Zeitpunkt, als die missionarischen Ordensgemeinschaften ihre Zukunft infragegestellt sahen durch die Übergabe der Macht an die Lokalkirchen. Das Übergewicht der Missionare in den durch ihr Wirken entstandenen Kirchen wurde zugunsten des einheimischen Klerus aufgegeben, der nach voller Verantwortung strebte. So wurde innerhalb weniger Jahre Wirklichkeit, wofür die Missionare im allgemeinen mit einem länger währenden Prozeß gerechnet hatten.

Der Werdegang der von den französischen Spiritanern herausgegebenen Zeitschrift *Spiritus*[39] ist ein Paradebeispiel für die sich abzeichnenden Veränderungen. Rückkehr zu den Quellen, Ausweitung und Neudefinition der missionarischen Identität charakterisierten das Jahrzehnt des Konzils. Eine Reihe von Artikeln zielte darauf ab, das missionarische Engagement nicht nur in der Spiritualität von Jakob Libermann (1802–1852)[40] zu verwurzeln, sondern immer stärker in den grundlegenden Texten des Neuen Testaments, vor allem den paulinischen Briefen. Parallel dazu zeigte sich die Ausweitung in einer Reflexion der Beziehung zwischen Heil und Entwicklung sowie der Beziehung zu den nichtchristlichen Religionen mit dem Bestreben, eine „Theologie für unsere Zeit"[41] auf den Weg zu bringen. Ein anderes Anzeichen für die Öffnung ist die Tatsache, daß die Zeitschrift nicht mehr ausschließlich Anliegen der eigenen Kongregation vertrat oder allein den männlichen Kongregationen vorbehalten blieb[42] (die Nummern 28/29 in Jahrgang 1966 und

---

[39] Nach der unveröffentlichten Arbeit von Véronique PÉGUY, L'Évolution des missions catholiques et de l'idée missionnaire en Afrique francophone et à Madagascar à travers la revue Spiritus (1959–1974), Magisterarbeit Université Lumière-Lyon 2, 1997.

[40] Jakob LIBERMANN wurde 1848 Ordenspriester CSSP und übernahm dort die Ausbildung von Klerikern für die französischen Kolonien; siehe zu ihm: K. J. RIVINIUS, Art. Libermann, in:LThK³, Bd. 6 (1997), Sp. 895.

[41] Zur Entwicklungsgeschichte siehe die Nummern 34 (1968) und 39 (1969), zu den nichtchristlichen Religionen die Nummern 31 (1967) und 33 (1968).

[42] Ende 1964 öffnete sich die Redaktion der Zeitschrift für die Weißen Väter, die Missions étrangères de Paris und die Missions africaines de Lyon. Vier weibliche Institute integrierte das Team im Dezember 1969 (Notre-Dame-des-Apôtres, Saint-Joseph-de-Cluny, Franciscaines missionnaires de Marie, Spiritanerinnen). 1969 kamen noch die Scheutvelder Missionare hinzu.

Nr. 36 im Jahrgang 1968 wurden eigens dem Thema „Frauen und Mission" gewidmet). In der Tat war die „Modernisierung der Missionsinstitute" im Gange entsprechend dem von Johannes XXIII. inspirierten Denken. Das Engagement zur Selbstüberprüfung, der Wille zur „Selbstkritik des Missionars" (Nr. 33), der die – zuweilen heftige – von außen herangetragene Kritik aufgriff, konnte jedoch nicht die Unsicherheiten bezüglich der Zukunft der Missionen verbergen, auch nicht die Schwierigkeit, „Missionare der Zukunft" auszubilden. Man war beständig – direkt oder indirekt – mit der Frage konfrontiert, die der Missionswissenschaftler Johannes Schütte Ende 1969 in Nr. 39 aufwarf: „Warum noch Mission?".

Das Jahrzehnt zwischen 1960 und 1970 erlebte also eine grundlegende Neuorganisierung für jenen nach den bisherigen Regeln arbeitenden katholischen Mitarbeiterstab, wonach jeweils ein bestimmtes Territorium einem Missionsorden anvertraut war, auch wenn die neuen Kirchen weiterhin von der *Propaganda fide* abhängig blieben. Unter dem Zwang, die Art ihrer Anwesenheit neu zu überdenken, einerseits gewillt, die Förderung einheimischer Christen durchzusetzen, andererseits vom Wunsch beseelt, zu erhalten, was um den Preis großer materieller und finanzieller Opfer aufgebaut worden war, mit anderen Worten: hin- und hergerissen zwischen den ekklesialen Forderungen und dem notwendigen Einsatz für ihr Überleben, wurden die missionarischen Ordensgemeinschaften in ihren Grundlagen erschüttert. In den meisten Fällen teilten die Missionare zwar den postkonziliaren Optimismus, verfolgten jedoch ängstlich den *aggiornamento*-Prozeß, der ihr Engagement im Dienst der Mission *ad gentes* in Frage stellen oder abwerten konnte. Die Erfahrungen des Konzils und seine Umsetzung läuteten jedoch das Ende eines Systems ein, das auf Vermittlung von Missionskongregationen beruhte, denen begrenzte Gebieten anvertraut waren. Die Macht vor Ort ging in andere Hände über, und die Diözesanbischöfe waren darauf bedacht, die Missionskongregationen unter ihre Autorität zu bringen.

3. Neue Modelle und Rückkehr des Missionsgedankens

Die Veränderungen, die die Kirchen – als Gesamtheit von Gemeinschaften – trafen, hatten aber nicht nur negative Auswirkungen, sie waren auch ein Stimulans für die Entdeckung neuer Wege. Das Ausmaß der Debatten und die Schärfe der aufgeworfenen Fragen zeigte sich in den Jahrzehnten. Sie bezogen sich auf das Verständnis der Evangelisation, die Einbeziehung irdischer Realitäten und die Beziehung zu anderen Religionen.

Entsprechend der vom südafrikanischen Theologen David Bosch eingeführten Terminologie ist festzuhalten, daß die Erschöpfung des aus der Aufklärung überkommenen missionarischen Paradigmas den Weg zu einem Bündel von Experimenten und Überlegungen frei gemacht hat, das das Ende jenes missionarischen Modells bezeichnet, das von den Europäern in der Neuzeit und neuesten Zeit entworfen worden war.

In der katholischen Welt schlug sich die vom Konzilsdekret *Ad gentes* fixierte Verschiebung in einer vermehrten Anzahl von Untersuchungen zur theologischen Begründung der Mission nieder. Nach der Feststellung von Joseph Levesque ist „das Interesse nacheinander von der Frage nach dem Wie der Mission zum Warum übergegangen, um schließlich auf das grundsätzliche ‚Was ist Mission?' hinauszulaufen"[43]. Die während der missions-

---

[43] Joseph LEVESQUE, Aujourd'hui où situer la missiologie dans le champ théologique?, in: Perspectives missionnaires, Nr. 28 (1994), 35.

wissenschaftlichen Wochen von Louvain/Löwen behandelten Themen sind dafür ein beredtes Zeugnis. 1963 bestimmte die Liturgie noch die wissenschaftliche Diskussion. Seit 1965, dem Jahr des Konzilsdekrets *Ad gentes*, schalteten sich die Theologen Y. Congar, G. Thils u. a. in die Reflexionen über Mission ein. 1966 stand die „Funktion des Laien im nichtchristlichen Umfeld", 1969 die „Evangelisation innerhalb der Entwicklungshilfe" und 1970 „Ökumene und Mission" im Blickfeld. Im Verlauf der 70er Jahre spiegelte die Themenwahl die Vergrößerung der Unsicherheiten wider, die thematischen Brennpunkte von 1971 („Welcher Missionar?") und von 1974 („Wer bringt den Völkern das Evangelium?") ließen eine gewisse Verwirrung erkennen.

Die Jahre 1974/1975 brachten im übrigen einen Wandel in der theologischen Reflexion mit sich. Radikalste Kritik führte zu internen Konflikten, wofür die Krise in der Leitung der bereits erwähnten französischen Missionszeitschrift *Spiritus* eine der augenfälligsten Äußerungen ist. Sie kündete offensichtlich auch einen Bruch im katholischen Diskurs an, der 1975 mit dem apostolischen Schreiben *Evangelii nuntiandi* von Paul VI. (im Anschluß an die bereits der Evangelisation gewidmeten Synode von 1974) seine offizielle Bestätigung fand. Das päpstliche Dokument hatte zunächst zum Ziel, aus der Sackgasse herauszuführen, in der die Bischofssynode geraten war, nachdem es ihr nicht gelang, eine Einigung über das Schlußdokument zu erreichen. Dies zeigte einmal mehr die Divergenzen zwischen einer römischen Theologie (vgl. den Bericht von Grasso), die den Akzent auf die Rolle der römischen Zentrale und der päpstlichen Autorität legte, und einer Theologie, die von der Erfahrung der Ortskirchen ausging und einen mit der Einheit der Kirche vereinbaren Pluralismus an Formen, dem Glauben Ausdruck zu verleihen, befürwortete (siehe den Bericht von Amalorpavadass/Indien). Ein Jahr später wandte sich Paul VI. nicht mehr an die Missionsgebiete, sondern an alle Kirchen und vermied gleichsam in der Wortwahl den Begriff *Mission* samt seinen Ableitungen[44]. Er unterbreitete darin, kurz vor dem heiligen Jahr 1975, den Versuch einer Synthese zur Überwindung der Gegensätze vor allem zwischen impliziter oder expliziter Verkündigung des Evangeliums.

Die Wahl von Johannes Paul II. im Jahre 1978 markierte einen Richtungswechsel, der von einigen als erneuter Ausgleich gewertet wurde, von anderen als Rückkehr zum alten Missionsverständnis. In Wirklichkeit zeigt sich seit dem Pontifikat Pauls VI. das Bestreben, erneut das Gebot zur missionarischen Sendung herauszustellen, sich von einer Interpretation abzuheben, die die Verpflichtung zur Evangelisation abschwächt, das Bestreben, die „erhabene missionarische Berufung" zu rehabilitieren und der Entwertung der Missionsidee entgegenzuwirken[45]. Unbestreitbar ist, daß unter seinem Nachfolger die Neuevangelisierung und die Reaktivierung des Missionsgedankens zu einem Hauptanliegen wurde, das in seinen römischen Predigten ständig wiederkehrte. Es fand 1990 seine feierliche Verkündigung in der Enzyklika *Redemptoris missio*, wurde in den Medien aufgegriffen, ebenso auf den Reisen des Pontifex wie bei großen Massenveranstaltungen, die zu einem katholischen Neuaufschwung aufriefen. Mit Nachdruck unterstreicht *Redemptoris missio*:

---

[44] L'Esortazione apostolica di Paolo VI „Evangelii nuntiandi". Storia contenuti, ricezione (Internationales Colloquium von Brescia, 22.–24. September 1995), Pubblicazzioni dell'Istituto Paolo VI, Nr. 19, Brescia 1998. Siehe vor allem das Referat von Jan GROOTAERS, Tensions et méditation au synode sur l'évangélisation en 1974; ebd., 54–90. Er analysiert darin die von den beiden Sondersekretären – Père GRASSO (Gregoriana) und Père AMALORPAVADASS (Katechetisches Zentrum von Bangalore) – und von Kardinal WOJTYLA (*relator* des zweiten Teils) vertretenen Positionen.

[45] Documentation catholique 1966, Sp. 1070–1072: Ansprache Pauls VI. vor den Leitern der Päpstlichen Werke.

„Die christliche Hoffnung unterstützt uns, wenn wir uns mit allen Kräften der Neuevange-lisierung und der universalen Mission widmen" (Nr. 86).

Dies ist ein Echo auf die intensive Debatte, die während dieser ganzen Zeit die Theolo-gen und die Hauptträger der Mission in Konflikt brachte. Einige Intellektuelle bestritten rundweg die Berechtigung von Mission nach dem Vorbild etwa eines Fabien Eboussi-Bou-laga (*A contre-temps*, 1991) oder auch Achille Mbembe (*Afriques indociles*, 1988), wäh-rend die große Mehrheit der Missionstheoretiker der Suche nach neuen Wegen und neuen Tätigkeitsfeldern den Vorzug gab. Die Ökumenische Vereinigung der Dritte-Welt-Theolo-gen (EATWOT) thematisierte den interreligiösen Dialog wie auch die Frauenbewegung oder die Lage der eingeborenen Völker und förderte eine sich um zwei Richtungen (Kon-textualisierung und Inkulturation) gruppierende Reflexion[46]: Die erste Richtung, Kon-textualisierung, vertrat ein Konzept, das in reformierten Kreisen vielfach im Gebrauch ist, aber auch in angelsächsisch-katholischen (z. B. in Südafrika) wie auch lateinamerikani-schen Missionsbereichen diskutiert wurde. Die sich vor allem in Lateinamerika entfal-tende Befreiungstheologie läßt sich hierzu anführen und zahlreiche in protestantischen Missionskonferenzen erarbeitete Thesenpapiere (so die Konferenz der CETA in Kampala 1963, die Weltkonferenz von Bangkok 1973 oder etwa das Colloquium von Wennappuwa/ Sri Lanka 1979) wie auch jene der katholischen Bischofsversammlungen von Medellin (1968) und Puebla (1979).

Die zweite Richtung, das Konzept der Inkulturation, wurde in der katholischen Welt zu-nächst im Hinblick auf Asien, dann auch Schwarzafrika bevorzugt aufgegriffen. Der Neo-logismus „Inkulturation", bereits von den belgischen Missionstheologen in Louvain/Lö-wen seit Ende der 50er Jahre verwendet, hatte dann im Jahrzehnt nach 1970 Hochkonjunktur, als die japanischen Jesuiten und im Anschluß daran der Jesuitengeneral Arrupe empfahlen, dieses Konzept vornehmlich bei der Evangelisation Asiens zu verwen-den, wie es dann auch die 32. Generalversammlung der Gesellschaft Jesu (1974/1975) auf-griff. Das Konzept wurde von den Theologen Schwarzafrikas im Gefolge eines Bimweni Kweshi aus Zaire oder eines Jean-Marc Ela aus Kamerun verwendet und vertieft[47]. Der Begriff fand Eingang in das Vokabular des päpstlichen Lehramtes, als sich Johannes Paul II. am 26. März 1979 in einer Ansprache an die Mitglieder der päpstlichen Bibelkom-mission wandte. Im Verlauf der 80er Jahre wurde das Konzept ein geläufiges Thema römi-scher Verlautbarungen und erhielt sogar einen besonderen Stellenwert in der Enzyklika *Redemptoris missio*.

Die Annahme eines Gegensatzes zwischen den beiden genannten Richtungen: auf der einen Seite die Betonung einer Konfrontation der Kulturen, auf der anderen Seite die För-derung der Menschen als notwendige Voraussetzung für eine umfassende Evangelisation, ist jedoch rein willkürlich. Der Zusammenbruch des Kommunismus hat den Vorwurf hin-fällig gemacht, wer Kritik an der ungerechten Güterverteilung übe, stehe im Dienst dieses politischen Systems; desgleichen haben die Auswirkungen der Wirtschaftskrise und des

---

[46] Die 1975 gegründete Vereinigung EATWOT hält im Prinzip alle 5 Jahre Generalkonferenzen ab (1976: Dar es-Salaam; 1981: New Delhi; 1986: Oaxtepec; 1992: Nairobi) sowie und auf einzelne Kontinente verteilte Treffen.

[47] Geschichte dieses Neologismus bei: Henri DERROITTE, Le Christianisme en Afrique: entre revendications et contestations. Analyse de 25 revues de théologie et de pastorale d'Afrique francophone subsaharienne (1969–1988), 2 Bde., Louvain-la-Neuve 1992, Diss. theol. (Religionswissenschaften); Bd. 1, 133–140; siehe auch: N. STANDAERT, L'histoire d'un néologisme. Le terme *inculturation* dans les documents romains, in: NRTh 110 (1988), 555–570.

Liberalismus auf die Gesellschaftsformen der Dritten Welt, die Korruption zahlreicher Regierungen oder die Perversion der Demokratie die jungen Kirchen und ihre Theologen dazu veranlaßt, ihr Engagement auf städtische Ballungszentren auszuweiten. Zur gleichen Zeit erkannten die Befreiungstheologen in Lateinamerika die Notwendigkeit, sich mit der Frage nach der Vermittlung des Christentums in die nichteuropäischen Kulturen, vor allem in die indianischen, negro-afrikanischen und Mestizenkulturen, auseinanderzusetzen.

4. Welche Bilanz?

Die Reformen der missionarischen Neuorientierung der katholischen Kirche verlangen nach einer ausgewogenen Beurteilung. In den 60er Jahren wurde die zentrale wie regulierende Funktion der römischen Kongregation *Propaganda fide* von einigen Konzilsvätern scharf kritisiert. Mit relativem Erfolg ist es Rom gelungen, sich auf die neue Situation einzustellen. Die offizielle Abschaffung des „Kommissionsrechtes" (1969) bestätigte die neue missionarische Strategie, die nun nicht mehr definiert wird über eine Aufteilung nach Territorien, die einem bestimmten Institut vom Papsttum anvertraut werden. Das Ideal einer horizontalen, innerkirchlichen Solidarität zwischen Partikularkirchen kann jedoch auf den Weiterbestand privilegierter Beziehungen zwischen den jungen Kirchen und der *Propaganda fide* (die zur „Kongregation für die Evangelisation der Völker" wurde) zählen: Die mit *Pastor bonus* (1988) vollzogene Kurienreform hat erneut ihre Leitungsfunktion bestätigt – vor allem in Art. 85: „Es steht der Kongregation zu, weltweit das Werk der Evangelisation unter den Völkern und die missionarische Zusammenarbeit zu leiten und zu koordinieren. Davon unberührt ist die Kompetenz der Kongregation für die Ostkirchen." Auch die Enzyklika *Redemptoris missio* hat die Autorität des Dikasteriums „zur Organisation und Leitung der missionarischen Aktivität und Zusammenarbeit auf weltweiter Ebene" bekräftigt. Rom hat das Recht zur Ernennung von Bischöfen und verfügt außerdem über die Entscheidungsgewalt bei der Verteilung von Finanzmitteln.

In den vergangenen 30 Jahren nach Abschluß des Zweiten Vatikanischen Konzils hat die Erarbeitung einer anderen Ekklesiologie und die in den Missionsländern erfolgte Gründung einheimischer Kirchen mit einheimischen Mitarbeitern nicht zu einer Revolution der Strukturen und Funktionsweisen der katholischen Kirche geführt, wenn sich auch die Beratungs- und Diskussionsformen wesentlich verbessert haben und die Bischofskonferenzen über eine relative Autonomie verfügen. Die Experimente mit Partnerschaften zwischen Diözesen alter und junger Kirchen und die direkten Verhandlungen dieser jungen Kirchen mit den Missionsinstituten haben kaum den Einfluß der römischen Zentrale und die Vorherrschaft vertikaler Beziehungen abgeschwächt. Die nacheinander in Rom abgehaltenen Regionalsynoden für Afrika (1994), Amerika (1997), Asien und Ozeanien (1998), die Gegenwart des Papstes oder seiner Vertreter bei diesen Synoden unterstreichen den Willen Roms, andere Regulationsformen zu finden, ohne auf die Ausübung seiner Autorität über die vielfältige Entwicklung verzichten zu müssen. Rom versteht freilich seine Intervention nicht als eingrenzende Kontrolle, sondern als Stimulans, das die Akteure zur Überwindung ihrer internen Probleme verpflichtet, um sich auf „entferntere Grenzen" einzulassen[48].

---

[48] Nach den Worten von Bischof Marcello ZAGO (OMI Missionar), der 1998 zum Sekretär der Kongregation für die Evangelisation der Völker ernannt wurde (Agentur Fides: 1. Mai 1998).

Die Legitimation der Inkulturation durch das Papsttum hat in der Konfrontation mit den verschiedensten, bisher nicht dagewesenen Situationen die Verwaltung der katholischen Einheit nicht umwälzend verändert. Wenn es auch eine Änderung im Verhalten gegenüber nichtchristlichen Kulturen gibt, so spiegeln die wiederholten Interventionen des obersten Lehramtes bezüglich des rechten Gebrauchs von Inkulturation nichtsdestoweniger die Absicht, die Initiative zu behalten und zentrifugale Tendenzen einzudämmen. Der inzwischen allgemein üblich gewordene Terminus verändert unmerklich sein semantisches Bedeutungsfeld. Er wurde zum Missionsparadigma für das Jahr 2000 und stand in den 80er Jahren im Zentrum von Überlegungen, die an der Theologischen Fakultät der päpstlichen Universität *Urbaniana* angestellt wurden. Ein Beleg dafür ist die Festschrift[49] für André Seumois aus dem Jahre 1987, der dort seit 1952 als Professor für Missionstheologie lehrte: Die hier empfohlene Inkulturation wird zu einem kollektiven pastoralen Anliegen, zu einem Weg, um den Prozeß spontaner Aneignung zu kanalisieren, zu einem Mittel, die Gemeinschaft mit Rom gegen zentrifugal eingestufte Tendenzen aufrecht zu erhalten. Es gibt fraglos Spannungen zwischen der Zentrale und den Lokalkirchen, die noch eine Vielzahl von Entwicklungen eröffnen.

IV. Veränderungen im Protestantismus

Das missionarische Schlagwort der 60er Jahre in der protestantischen und anglikanischen Welt hieß „Partnerschaft". Dieser Begriff geht auf die Überzeugung zurück, daß die alten Beziehungen nicht nur überholt sind, sondern daß die aus der Kolonialzeit überkommenen komplexen Sachverhalte nur in „Partnerschaft" überwunden werden können. Die Krise der Missionen wurde de facto als eine normale Wachstumskrise verstanden. Die Weltmissionskonferenz des ÖRK in Mexiko (1963) bestätigte in irenischer Weise, daß die missionarische Aufgabe ganzheitlich sei und nach der Einheit der Welt rufe. Im Sog dieser Dynamik beschloß die SMEP 1971 ihre Auflösung. Diesem Beispiel folgten einige Jahre später die Schwesternorganisationen, die *London Missionary Society* und die *Vereinigte Evangelische Mission* von Wuppertal. An die Stelle der von Europäern geleiteten Missionsgesellschaften wurden Gemeinschaftsorganisationen aufgebaut: die *Communauté évangélique d'action apostolique* (CEVAA) im französischen Sprachraum, der *Council for World Mission* (CFWM) im englischsprachigen Raum und die *United Evangelical Mission* im deutschsprachigen Raum. In diesen drei Fällen wurden die alten Missionskirchen und die aus der Mission entstandenen jungen Kirchen zur gemeinsamen Leitung der neuen Organisationen aufgefordert, in denen die gerechte Teilung der menschlichen, geistlichen und finanziellen Mittel zu Gebote stand. Die CEVAA, der CFWM und die UEM setzten die gemeinsamen, von den Missionsgesellschaften in den 60er Jahren begonnenen missionarischen Tätigkeiten fort, indem sie ihre Bemühungen auf größere Gerechtigkeit für die Kirchen der südlichen Hemisphäre konzentrierten, die in größerer Armut geblieben waren als die Kirchen der nördlichen Hemisphäre, trotzdem aber ohne Diskriminierung Anteil an den Entscheidungen haben sollten. Die für Personalfragen in den ersten Jahren des Bestehens des CFWM zuständige Pfarrerin Yvette Rabemila aus Madagaskar legte eine auf-

---

[49] Chiesa locale e inculturazione nella missione (= Studia Urbaniana 30), Rom – Bologna 1987.

schlußreiche Bilanz zur Verteilung der Nationalitäten bei den Missionaren vor. Waren 1977 2,5 % der Missionare Nichteuropäer, so erhöhte sich der Anteil auf 15 % der Gesamtheit innerhalb von 10 Jahren. In umgekehrter Richtung war die Reformierte Kirche Großbritanniens die einzige europäische Kirche, die Missionare von der südlichen Hemisphäre aufnahm. „Die Zahlen und Fakten zeigen [nach Yvette Rabemila], daß die Gegenseitigkeit, von der wir sprechen, noch begrenzt ist"[50].

Die Weltmissionskonferenz des ÖRK in Bangkok (Ende 1972) war das Signal für eine Beendigung dieses Partnerschaftsmodells. An seine Stelle wäre das Modell der Konfrontation getreten, wenn eine Reihe von Vorschlägen (wie etwa ein Moratorium hinsichtlich der Entsendung von Personal und Geldmittel) wirklich zur Anwendung gekommen wären. Es muß daran erinnert werden, daß diese Konferenz in der Nähe von Vietnam stattfand, das damals unter Beschuß der amerikanischen B52 Bomber stand. Der Vietnamkrieg wurde weltweit zum Symbol des Kampfes zwischen David und Goliath, gelang doch den militanten Pro-Vietcong in diesem „nationalen Krieg" gewissermaßen die Revanche der Kleinen an den Großen. In den Augen vieler hatten die Großmächte den „Weltkrieg" 1945 auf dem Rücken der Kleinen gewonnen, die Kleinen sollten nun den „Nationalkrieg" auf dem Rücken der Großen um das Jahr 1975 gewinnen[51].

In diesem Klima wurde auf der Bangkok-Konferenz ein theologisches Thema verhandelt, das auf den ersten Blick nicht als solches erscheint: „Wohlstand heute". Der nichtakademische Charakter dieser Konferenz mit wenigen Grundsatzreferaten und vielen Gelegenheiten zu Glaubensbezeugungen begünstigte die Äußerungen einer Reihe von Beschwerden der Vertreter des Südens gegen die Vertreter des Nordens. Hier sei z. B. der schockierende Satz zitiert, der in der Vollversammlung fiel: „Wir lehnen es ab, als bloßer Rohstoff zu dienen, den andere zur Herstellung ihres eigenen Wohlstandes verwenden"[52]. Aus diesem Satz sprach sowohl bedrückendes Leiden wie auch eine gewisse Trotzhaltung gegenüber den Partnerländern, von denen man nicht Zusammenarbeit, sondern Gerechtigkeit verlangte – eine Forderung, die freilich schnell zu nervenaufreibenden Anspannungen und gegenseitigen Beschuldigungen führen kann. Dieses demzufolge von leidenschaftlichen Debatten bestimmte Klima veränderte die theologischen und missionswissenschaftlichen Reflexionen der Konferenz von Bangkok in eine christologische wie soziopolitische Ausrichtung. Die sich daraus ergebenden kontextuellen Theologien fanden ihren Wiederhall in den beiden nachfolgenden Jahrzehnten. Vier Leitlinien lassen sich aus der Schlußbotschaft dieser Konferenz herausheben:

1. Das Heil in Jesus Christus, für das das Kreuz steht, erstreckt sich auf die gesamte menschliche Wirklichkeit. Kein Bereich dieser Wirklichkeit bleibt ausgenommen. Christus ist der einzige Heilsweg, aber jedes Mal, wenn ein Mensch zu Freiheit und Verantwortung findet, manifestiert sich darin das Heilswerk Jesu.

2. Der Einsatz der Christen für Befreiung muß also ganzheitlich sein. Im Gehorsam ge-

[50] Yvette RABEMILA, L'appel à la mission réciproque dans les Églises membres du *Council for World Mission*: 1977–1987, in: L'Appel à la mission. Formes et évolution XIXᵉ–XXᵉ siècles. Actes de la IXᵉ session du CREDIC (Nimwegen 14.–17. Juni 1988), Lyon 1989.

[51] Siehe dazu: Klauspeter BLASER, Mutation des modèles missionnaires au cours des trente dernières années (1960–1990): un point de vue du protestantisme oecuménique, in: Perspectives missionnaires, Nr. 35 (1998/1), 51–58.

[52] Siehe dazu: Jacques ROSSEL (Hg.), Le Salut aujourd'hui. Documents de la conférence missionnaire de Bangkok, Genf 1973.

gen Christus, dessen Liebe bis zum Opfer ging, kann sich der Christ engagieren, ohne Vorbehalte gegen Bewegungen, in denen die Menschen die Gerechtigkeit erkennen und menschlich werden. Hier besteht eine Einladung zur Mitwirkung in den soziopolitischen Kämpfen und im interreligiösen Dialog, der mancherorts aufbrach.

3. Die Identität mit dem zum wahren Menschen gewordenen Christus führt zur Verteidigung des Rechts auf kulturelle Identität eines jeden Menschen. Wenn Christus in diese Welt gekommen und Fleisch geworden ist, so ist es eine Heilsnotwendigkeit, kulturelle Identität und Identität in Christus zu verbinden. Bangkok setzte all den in der Zeit zwischen den beiden Weltkriegen entwickelten missionarischen Theorien ein Ende, die eine Stärkung der einheimischen Kirchen dadurch herbeizuführen suchten, daß sie einige wenige lokale Bestandteile in das ansonsten überwiegend abendländisch geprägte Christentum überführten. Anstelle einer derartigen „Indigenisierung" empfahl die Konferenz die Kontextualisierung, die in einer Relektüre des Evangeliums und in seiner Umsetzung in ein Leben vor Ort besteht, so daß das Evangelium mit dem Kontext jedes einzelnen verbunden wird.

4. Bangkok unterstrich schließlich die Bedeutung der Ortskirche in der Mission. Das Evangelium wendet sich an alle Menschen, es hat universale Bedeutung, aber erst vor Ort in den Gemeinschaften des Teilens erhält es seine volle Bedeutung und kann von jedem ergriffen werden – sei er nun Einheimischer oder Ausländer.

Die Konferenz von Bangkok warf zahlreiche kritische Fragen auf, vor allem von evangelischer Seite, so etwa, daß man zu stark die horizontale Dimension der Befreiung und zu wenig die vertikale Dimension des Heils herausgestellt sowie die Voraussetzungen für soziale Verbesserungen mit den Bedingungen für religiöse Bekehrung verwechselt habe. Daher wurde im Anschluß an Bangkok die sogenannte „Evangelische Bewegung von Lausanne" ins Leben gerufen[53].

Für das missionarische Engagement der europäischen Kirchen war die mit der Krise in den Nord-Süd-Beziehungen (Ölkrise usw.) einsetzende Periode schwierig, weil sozio-politische Forderungen auf Seiten der Südkirchen aggressiv vorgebracht wurden. Den Südkirchen ging es darum, mit der missionarischen Bevormundung zu brechen, die nach ihrer Meinung weiterhin in den Nordkirchen vorherrschte, welche eher zur Hilfe als zum Verständnis bereit schienen. Daher legte man den eigenen Gesandten in den neuen Organisationen (etwa CEVAA) Schweigen und Zuhören nahe, wodurch die Nordkirchen der Direktinformation über ihre Schwesterkirchen beraubt waren, was sie wiederum enttäuschte oder gar verbitterte. Dieses Verhalten zwang die Nordkirchen zur Selbstreflexion und zur Überprüfung ihrer eigenen Missionsprojekte. Das Schlagwort lautete nun nicht mehr „Partnerschaft" in einer missionarischen Zusammenarbeit, sondern Kontextualisierung: Jeder einzelne sollte Missionar in seinem eigenen Kontext sein. Ein von einer deutschen Missionsorganisation veröffentlichtes Plakat trug den Titel: „Christus hat mehrere Gesichter" und zeigte verschiedenfarbige Christusdarstellungen. Dahinter stand die Aussage, daß die Zeichen der Zeit nicht mehr – wie noch auf der Konferenz von Bangkok – auf einer leichtfertigen Universalisierung der Theologie standen, sondern auf eine Theologie hinausliefen, die in eine besondere Situation und von ihr her sprach.

Dieser Kontextualisierungs-Begriff als Pendant zum katholischen Inkulturations-Be-

[53] Siehe dazu: Jacques MATTHEY, Mission et évangélisation dans l'optique de Lausanne, Rome et Genève, in: Perspectives missionnaires, Nr. 10 (1985), 36–50.

griff war in der Tat innovativ, weil er jeden Theologen, jeden Pfarrer und jede Kirchengemeinschaft dazu verpflichtete, ständiger Interpret der Botschaft des Evangeliums im Bezug zu einer konkreten Situation zu sein. Dieser Begriff barg jedoch zwei Risiken:

1. Der Kontext konnte einen derartig hohen Stellenwert einnehmen, daß er kein theologischer Ort mehr war, an dem sich die Begegnung der christlichen Botschaft mit der Welt
kritisch vollziehen konnte. Ohne diese kritische Begegnung gibt es keine kontextuelle
Theologie mehr, sondern nur noch Ideologisierung des Kontextes.

2. Eine Isolierung jeweils kontextbezogener Theologien konnte zur Abkapselung der
Kirchen führen. Wenn auch jede Theologie nur in einem bestimmten Kontext denkbar ist,
so muß man dennoch bedenken, daß – nach einer Formulierung des amerikanischen Theologen Robert Schreiter – „eine Reihe lokaler Theologien" nötig ist, damit jede an einem
anderen Ort verstanden werden kann. Diese Interaktion von Theologien, unter denen auch
die europäische Theologie ihren Platz hat, sollte zu einer Ausweitung theologischer Themen beitragen, die den verschiedenen Kontexten gemeinsam sein können. Es bleibt festzuhalten, daß viele dieser sog. „Genitiv-Theologien" – Theologie der Befreiung in Lateinamerika, der Kokosnus im Pazifik, des *minjung* bzw. des leidenden Volkes in Korea, der
Rekonstruktion in Afrika usw. – in Europa mißtrauisch aufgenommen wurden, sei es als
folkloristische Besonderheit oder als militärische Eskapade, und kaum das missiologische
Denken in Europa befruchteten.

Der ÖRK versuchte, auf diese Situation zu reagieren, deren Gefahr für das weltweite
ökumenische Projekt insgesamt er sehr wohl einzuschätzen wußte – einschließlich der finanziellen Risiken, weil die Bewohner der nördlichen Hemisphäre verärgert ihre Missi-
onsspenden auszusetzen beabsichtigten. So erarbeitete der ÖRK 1975 auf seiner Generalversammlung in Nairobi das Konzept der „Konziliabilität", um damit ein Modell der
Einheit der Kirchen im Dialog einzuführen, das auf die Theologien – auf der Basis gegenseitiger Anerkennung – angewandt werden sollte.

Auf den folgenden Weltmissionskonferenzen wurden diese Perspektiven zur Einheit der
Mission – in gegenseitiger Anerkennung und im Bewußtsein der auf dem gemeinsamen
Weg zu entdeckenden Wahrheit – thematisiert: in Melbourne/Australien (1981) unter dem
Thema „Dein Reich komme!", dann in San Antonio/USA (1989) unter dem Thema „Mis-
sion auf den Spuren Jesu Christi", schließlich in Salvador de Bahia/Brasilien (1996) unter
dem Thema „Das Evangelium in den unterschiedlichen Kulturen".

Schluß

Die zweite Hälfte des 20. Jahrhunderts war in der Tat von einer tiefgreifenden Veränder-
rung des Missionsverständnisses geprägt. Hier bereits von Revolution zu sprechen, ist
noch verfrüht. Die fortschreitende Zurückdrängung und nicht zu übersehende Auflösung
des herkömmlichen Missionsbegriffes führten nicht zum Verschwinden von Mission, weder als *Idee* noch als *Faktum,* wie dies von einigen um das Jahr 1970 prophezeit und zuweilen gewünscht wurde. In den Dokumenten des katholischen Lehramtes wie ökumenischer Verbände läßt sich im Gegenteil seit Mitte der 80er Jahre eine Rückkehr der Missionsterminologie konstatieren und auch einiger Ansätze, die man schon als geschichtlich
überholt anzusprechen vermeinte. Die im säkularen Vokabular verschwundene Missionsterminologie wird erneut und mit umso größerer Ungezwungenheit verwendet, als ihre ne-

gative wie koloniale Konnotation mehr und mehr verblaßt. Augenfälligster, aber nicht singulärer Beleg dafür sind die von der römischen Zentrale ausgehenden Intiativen der katholischen Kirche. Zwar diagnostiziert Johannes Paul II. in der Enzyklika *Redemptoris missio* (1990) „einen neuen Frühling des Christentums", doch beklagt er, daß die besondere Mission *ad gentes* in ihrer Aktivität nachgelassen habe, „was ganz sicherlich nicht im Sinn der Konzilsdirektiven und der nachfolgenden Lehre des obersten Lehramtes war" (RM 2). Zweifellos trug Johannes Paul II. sehr zur Rückkehr der Missionsterminologie bei, dies wäre jedoch unmöglich gewesen, hätte er nicht ein günstiges und aufnahmebereites Feld vorgefunden. Ein anderes Anzeichen für den Wiederaufschwung der Mission und eine Intensivierung des missionarischen Willens der Kirche zur Neuevangelisierung lag im Beschluß des Vatikans, anläßlich des Jubeljahres 2000 an die großen Missionsausstellungen von 1925 und 1950 anzuknüpfen, freilich in modernisierter Form und anhand von Gegenwartsthemen. Das Jubiläum von 1975, mitten in einer Zeit heftigster Infragestellung, hatte sich demgegenüber auf seinen Großveranstaltungen damit begnügt, „die Aneignung der konziliaren Neuerungen" unter den Klerikern und Laienkatecheten voranzutreiben[54].

Allerdings gehen die konstanten Grundkomponenten des missionarischen Diskurses mit unbestreitbaren perspektivischen Verschiebungen einher. Die alte Aufteilung zwischen christlichen Ländern und Missionsländern ist ekklesiologischen Entwürfen gewichen, die eher über die Verbindung zwischen Universalkirche und Lokal- oder Partikularkirchen zum Nachdenken anregen. In gleicher Weise hat der Gegensatz zwischen christlichen und heidnischen Gesellschaften vollständig an Bedeutung verloren und ist zugunsten einer „globalisierten" Sicht in den Hintergrund getreten, wonach alle Gesellschaften zu evangelisieren sind. Der Missionsbegriff hat sich von geographischen Räumen gelöst und steht nicht mehr für Handlungen, in denen Gesandte aus christlichen Ländern anreisen, um die Offenbarung zu Völkern zu bringen, die im Irrtum verhaftet sind. Evangelisierung bietet ferner eine Botschaft an, die sich bewußt auf die Geschichte (und nicht gegen sie) aller Gesellschaftsformen und Kulturen einläßt. Evangelisierung erfordert nicht mehr eine bloße Anpassung an ein jeweils anderes kulturelles Umfeld, sondern eine Dialogbereitschaft, die den nichtchristlichen Religionen wie den Erfordernissen der Moderne in ihrem Wahrheitsanspruch und ihrer Berechtigung Geltung verschafft. Insofern ist mit der Verkündigung des Evangeliums untrennbar ein Engagement für gesellschaftliche Veränderungen verbunden sowie der Austausch mit den Kulturen und der interreligiöse Dialog. Dieser neue Weg verpflichtet aber auch das Christentum, nach der Besonderheit seiner Geschichte und dem Zentrum seines Glaubens zu fragen. Denn das Bemühen, in jeder Kultur präsent zu sein, ohne sich mit irgendeiner Kultur zu identifizieren, läßt die Frage nach den möglichen und akzeptablen Verbindungen mit anderen Kulturen unbeantwortet und schiebt den Lokalkirchen die Verantwortung zu, von ihrer Situation ausgehend völlig neue Interpretationsformen der christlichen Botschaft zu entwickeln.

Hierbei zeigt sich, daß die missionstheologische Konvergenz zuweilen unter Theologen verschiedener Konfessionen größer ist als innerhalb der gleichen Konfession. Die in den verschiedenen Kirchen entstandenen Konflikte um die Fragen nach dem politischen Engagement, den missionarischen Lebensformen oder der zu fördernden Ausprägung christli-

---

[54] Agentur Fides, 29. Januar 1999: „L'exposition missionnaire pour le jubilé: tous les peuples verront ton salut."

cher Gemeinden führen zu einer beweglichen Grenzziehung in den Missionswissenschaften, auch wenn das konfessionelle Erbe weiterhin prägenden Einfluß hat. Auch wenn der
ökumenische Dialog zu einer fruchtbaren Zusammenarbeit zwischen Theologen und Exegeten führte (z. B. bei den vielfältigen Untenehmungen der Bibelübersetzung), so wurden
die Beziehungen vor Ort nach wie vor durch die interkonfessionelle Konkurrenz bestimmt
– vor allem zwischen etablierten Kirchen und Dissidentenkirchen (die aus Nordamerika
oder aus einheimischen religiösen Bewegungen entstanden).

Ein weiteres Mal sind es offensichtlich die kulturellen Herausforderungen, denen entscheidende Bedeutung zukommen wird. Wie zu den Zeiten der Versammlung von Jerusalem oder des Konzils von Nizäa, der Reformation und der Entdeckung neuer Welten, der
Revolution und dem Triumph der Moderne bilden theologische Auseinandersetzungen die
Orte, an denen Entscheidungen über das Verständnis der christlichen Botschaft und die Zukunft der Kirchen fallen. Es ist kein Zufall, wenn am Ende dieses 20. Jahrhunderts nicht
mehr die abendländischen, sondern die Theologen aus Lateinamerika, Asien und Afrika
heftigste Debatten auslösen und in der Welt des Katholizismus päpstliche Verurteilungen
hervorrufen, weil sie die Interpretation der Dogmen auf der Grundlage des jüdisch-helle-
nistischen Erbes in Frage stellen und den Ausschließlichkeitscharakter des Alten Testaments sowie der Gestalt Christi in der christlichen Heilsgeschichte neu überdenken. Über
Forschungen dieserart wird das Christentum an völlig neue Interpretationsversuche heran-
geführt, die das Selbstbewußtsein erneuern und eine neue Aufwertung der Rolle der Kirchen in den überwiegend nichtchristlichen Gesellschaften mit sich bringen. Eine beachtliche Ergebnissicherung dieser neuartigen Forschungen liegt (in Form von Summen) mit
zwei Werken aus den 90er Jahren vor: Das erste – *Transforming mission : paradigm shifts
in theology of mission*[55] – stammt aus der Feder von David J. Bosch, einem südafrikanischen protestantischen Theologen, der 1992 bei einem Unfall sein Leben verlor. Das
zweite Werk – *Vers une théologie chrétienne du pluralisme religieux* (1998) – stammt vom
inzwischen emeritierten französischen Theologen Jacques Dupuis, der zunächst als Geistlicher in Indien wirkte, danach als Professor an der renommierten Universität Gregoriana
in Rom. Der wissenschaftliche Reichtum der Beiträge dieser beiden Theologen, die um
eine neue christliche Identität und um eine theologische Neudefinition der christlichen
Mission ringen und dabei dem religiösen Pluralismus positive Aspekte abgewinnen, zeigt
den fruchtbaren Ertrag eines auf den Erfahrungen der Konfrontation mit anderen Kulturen
basierenden Denkens, sei es in Südafrika (David J. Bosch) oder in Indien (Jacques Dupuis). Die von Dupuis im Katholizismus ausgelöste und von zahlreichen (nicht nur asiatischen) Theologen und von indischen Bischöfen öffentlich unterstützte Kontroverse (er
mußte sich deswegen in Rom verantworten)[56] markiert die Bedeutung der fundamentalen
Debatte über die Zukunft des christlichen Missionsgedankens.

---

[55] American Society of Missiology (American Society of Missiology series; 16), Maryknoll, NY (Orbis Books)
1991.

[56] Die von der einflußreichen jesuitischen Zeitschrift *Civiltà cattolica* (18. Juli 1998) vorgebrachte Kritik bezieht
sich vor allem auf das Risiko eines religiösen Relativismus. Die Anerkennung, daß andere religiöse Traditionen
ihre „eigenen Heilsgestalten und ihre eigenen Heiligen Schriften" haben, würde schließlich jeder missionarischen
Tätigkeit die Legitimation entziehen.

Bibliographie zum zweiten Teil

Papsttum /Päpste (Johannes XXIII. bis Johannes Paul II.)

G. ALBERIGO, Johannes XXIII. Leben und Wirken des Konzilspapstes, Mainz 2000 (italienisch: Bologna 2000).

– (Hg.), Giovanni XXIII. Transizione del Papato e della Chiesa, Rom 1988).

– – A. RICCARDI (Hg.), Chiesa e papato nel mondo contemporaneo, Bari 1990.

– – K. WITTSTADT (HG.), Ein Blick zurück – nach vorn: Johannes XXIII. Spiritualität – Theologie – Wirken, Würzburg 1993.

R. ALLEGRI, Johannes XXIII. „Papst kann jeder werden. Der beste Beweis bin ich" – Ein Lebensbild, München – Zürich – Wien 1995.

W. BÜHLMANN, Johannes XXIII. Der schmerzliche Weg eines Papstes, Mainz 1997.

L. A. DORN, Johannes XXIII. Auf ihn berufen sich alle, Graz – Wien – Köln 1986.

–, Paul VI. Der einsame Reformer, Graz – Wien – Köln 1989.

M. GRESCHAT, Das Papsttum II (= Gestalten der Kirchengeschichte 12), Stuttgart 1985.

J. GROOTAERS, De Vatican II à Jean-Paul II. Le grand tournant de l'Église catholique, Paris 1981 (Vorwort von R. AUBERT).

J. GUITTON, Dialog mit Paul VI., Wien 1967 (Originalausgabe: Dialogues avec Paul VI, Paris 1967).

P. HEBBLETHWAITE, The Year of Three Popes, London 1978.

–, John XXIII pope of the Council, London 1984 (deutsch: Johannes XXIII. – Das Leben des Angelo Roncalli, Zürich – Einsiedeln – Köln 1986; französisch: Jean XXIII, le pape du concile, Paris 1988; italienische Übersetzung hg. v. M. RONCALLI, Mailand 1989). Diese von einem Journalisten geschriebene Biographie zeichnet sich trotz der Vorbehalte gegen das literarische Genre durch die Auswertung vieler neu erschlossener Quellen aus.

W. HÜNERMANN, Der Pfarrer der Welt. Das Leben Johannes' XXIII., Innsbruck 1989.

L. KAUFMANN – N. KLEIN, Johannes XXIII. Prophetie im Vermächtnis, Fribourg 1990.

G. KNOPP, Vatikan. Die Macht der Päpste, München 1997 (bes. S. 75–145).

R. KUMMER, Albino Luciani – Papst Johannes Paul I. Ein Leben für die Kirche. Graz – Wien – Köln 1991 (italienische Originalausgabe: Albino Luciani, Papa Giovanni Paolo I. Una vita per la Chiesa, Padua 1988).

Ph. LEVILLAIN (Hg.), Dictionnaire historique de la papauté, Paris 1994 (überarbeitete italienische Übersetzung: Dizionario storico del Papato, Mailand 1996).

M. MAURITSSON (Hg.), Papst Paul VI., der erste moderne Völkerapostel, Siegburg 1989.

H. NÜRNBERGER, Johannes XXIII. (= Rowohlts Monographien 340), Reinbek bei Hamburg 1985.

J.-B. D'ONORIO (Hg.), Le Pape et le gouvernement de l'Église, Paris 1992.

Paul VI et la modernité dans l'Église. Actes du colloque organisé par l'École française de Rome (Rom 2.–4. Juni 1983), Rom 1983.

J.-B. RAIMOND, Jean-Paul II. Un pape au coeur de l'histoire, Paris 1999 (Darstellung eines informierten Diplomaten).

A. RICCARDI, Il Potere del Papa. Da Pio XII a Paolo VI, Bari 1988.

G. SCHWAIGER, Papsttum und Päpste im 20. Jahrhundert – Von Leo XIII. zu Johannes Paul II., München 1999 (bes. S. 310–413: die Päpste von Johannes XXIII. bis Johannes Paul II.).

P. TANZELLA, Papa Giovanni XXIII, Rom 1989[4].

G. WAIGEL, Jean-Paul II. Témoin de l'espérance, Paris 1999. – Diese „autorisierte" Biographie übertrifft an Umfang die bis dahin erschienenen Werke.

M. J. WALSH, John Paul II, London 1994.

Papsttum und internationale Beziehungen

M. LAUNAY, L'Église et les défis européens, Paris 1999.

M. MERLE – Ch. DE MONTCLOS, L'Église catholique et les relations internationales, Paris 1988.

Ch. DE MONTCLOS, Le Vatican et l'éclatement de la Yougoslavie, Paris 1999 (Informationen aus erster Hand).

J.-B. D'ONORIO (Hg.), Le Saint-Siège dans les relations internationales, Paris 1989.

A. RICCARDI, Il Vaticano e Mosca 1940–1990, Pari 1992.

J.-Y. ROUXEL, Le Saint-Siège sur la scène internationale, Paris 1998 (Vorwort von R. MINNERATH).

H. SCHAMBECK (Hg.), Pro fide et iustitia – Festschrift für Agostino Casaroli, Berlin 1984 (beachtliche Beiträge zum kanonischen Recht, Konkordatsrecht, zum Frieden und den internationale Beziehungen).

H. J. STEHLE, Die Ostpolitik des Vatikans, München 1975 (2., erweiterte Aufl.: Eastern Politics of the Vatican 1917–1979, Ohio 1981).

Religiöses Leben

G. ALBERIGO, Les Églises après Vatican II, Paris 1981.

– – J.-P. JOSSUA (Hg.), La Réception de Vatican II, Paris 1985.

M. ALBERT, Die katholische Kirche in Frankreich in der vierten und fünften Republik, Rom – Freiburg – Wien 1999.

Br. BASDEVANT-GAUDEMET – F. MESSNER (Hg.), Les Origines historiques du statut des confessions religieuses dans les pays de l'Union européenne, Paris 1999 (Vorwort von P. CHAUNU).

J. Baubérot (Hg.), Religions et laïcité dans l'Europe des douze, Paris 1994.

R. CAMPICHE (Hg.), Cultures, jeunes et religions en Europe, Paris 1997.

– – A. DUBACH u. a., Croire en Suisse(s), Lausanne 1992.

G. CHOLVY – Y.-M. HILAIRE, Histoire religieuse de la France contemporaine, Bd. III: 1980–1988, Toulouse 1988.

Y. CONGAR, Essais oecuméniques – Le mouvement, les hommes, les problèmes, Paris 1984.

G. DAVIE, La Religion des Britanniques de 1945 à nos jours, Genf 1996.

G. DE ROSA (Hg.), Storia dell'Italia religiosa, Bd. III: L'età contemporanea, Bari 1995 (den Beitrag über den Zeitabschnitt seit Johannes XXIII. verfaßte A. MELLONI).

D. HERVIEU-LÉGER, Le Pèlerin et le Converti, Paris 1999.

– – G. DAVIE (Hg.), Identités religieuses en Europa, Paris 1996.

– (in Zusammenarbeit mit Fr. CHAMPION), Vers un nouveau christianisme? Introduction à la sociologie du christianisme occidental, Paris 1986.

M. GUASCO, Seminari e clero nel Novecento, Mailand 1990.

É. POULAT, L'Ere postchrétienne. Un monde sorti de Dieu, Paris 1994.

–, Où va le christianisme? A l'aube du IIIe millénaire, Paris 1996 (diese beiden sich ergänzenden Werke bieten einen reichen Ertrag an Analysen und Reflexionen).

A. PEYROUS/H.-M. CATTA, Qu'est-ce que le renouveau charismatique? D'où vient-il? Où va-t-il?, Tours 1999.

J. PRÉVOTAT, Etre chrétien en France au XXe siècle, de 1914 à nos jours, Paris 1998 (fast die Hälfte dieses Buches beschäftigt sich mit der Zeit nach 1958).

R. RÉMOND, Religion et Société en Europe, Paris 1998.

A. RICCARDI (Hg.), Il Mediterraneo nel novecento. Religioni e Stati, Mailand 1994.

P. VIGNERON, Histoire des crises du clergé français contemporain, Paris 1976 (Vorwort v. J.-B. DUROSELLE) (brauchbare Darstellung, wenn auch die Überbetonung des Amerikanismus nicht überzeugt).

G. VINCENT – J.-P. WILLAIME (Hg.), Religions et Transformations de l'Europe, Straßburg 1993.

L. VOYÉ/K. DOBBELAERE – J. RÉMY – J. BILLIET, La Belgique et ses dieux. Églises, Mouvements religieux et laïcs, Louvain-la-Neuve 1985.

P. WINNINGER, Le Conseil presbytéral sous les épiscopats Elchinger et Brand. L'évolution de l'Église en Alsace de 1967 à 1997, Straßburg 1998.

R. WUTHNOW, The Restructuring of American Religion: Society and Faith since World War II, Princeton (NJ) 1988.

Theologische Strömungen

C. ANDRESEN (Hg.), Handbuch der Dogmen- und Theologiegeschichte, Bd. III, Göttingen 1984 (Nachdruck 1989).

Kl. BLASER, La Théologie au XXe siècle. Histoire-défis-enjeux, Lausanne 1995.

Br. CHENU, Théologies chrétiennes des tiers-mondes. Théologies latino-américaine, noire américaine, noire sudafricaine, africaine, asiatique, Paris 1987.

C. GEFFRÉ, Die neuen Wege der Theologie – Erschließung und Überblick, Freiburg 1973.

R. GIBELLINI, La teologia del XX secolo, Brescia 1992.

W.-D. HAUSCHILD, Lehrbuch der Kirchen- und Dogmengeschichte, Bd. 2: Reformation und Neuzeit, Gütersloh 1999.

H. JEDIN (Hg.), Handbuch der Kirchengeschichte, Bd. VII, Freiburg 1979.

G. KAUFMANN (Hg.), Tendenzen der katholischen Theologie nach dem Zweiten Vatikanischen Konzil, München 1978.

A. SESBOÜÉ – Chr. THÉOBALD, Histoire des dogmes, Bd. IV: La parole du salut, Paris 1996.

H. VORGRIMLER – R. VANDER GUCHT (Hg.), Bilanz der Theologie im 20. Jahrhundert, 4 Bde., Freiburg 1969–1970.

E. VILANOVA, Historia de la teología cristiana, Bd. III: Siglos 18–20, Barcelona 1992.

R. WINLING, La Théologie contemporaine (1945–1980), Paris 1983.

Protestantismus

J.-P. Bastian, Le Protestantisme en Amérique Latine. Une approche socio-historique, Genf 1994.
J. Baubérot, Le Retour des Huguenots. La vitalité protestante XIXᵉ–XXᵉ siècles, Genf 1985.
–, Le Protestantisme doit-il mourir? La différence protestante dans une France pluriculturelle, Paris 1988.
M. Ben Barka, Les nouveaux rédempteurs. Le fondamentalisme protestant aux Etats-Unis, Genf 1998.
St. Bruce, A House divided. Protestantism, Schism and Secularization, London – New York 1990.
–, Firm in the Faith: the Survival and Revival of Conservative Protestantism, Aldershot 1984.
R. J. Campiche – Fr. Baatard – G. Vincent – J.-P. Willaime, L'Exercice du pouvoir dans le protestantisme, Genf 1990.
H. Dubief – J. Poujol (Hg.), La France protestante. Histoire et lieux de mémoire, Paris 1992.
A. Encrevé, Les Protestants en France de 1800 à nos jours. Histoire d'une réintégration, Paris 1985.
A. Feige (Hg.), Kirchenmitgliedschaft in der Bundesrepublik Deutschland – Zentrale Perspektiven empirischer Forschungsarbeiten im problemgeschichtlichen Kontext der deutschen Religions- und Kirchensoziologie nach 1945, Gütersloh 1990.
F. W. Graf, Profile des neuzeitlichen Protestantismus, 2 Bde., Gütersloh 1990.
W.-D. Hauschild, Profile des Luthertums – Biographien zum 20. Jahrhundert, Gütersloh 1998.
R. Henyks (Hg.), Die evangelischen Kirchen in der DDR, München 1982.
H.-W. Hessler (Hg.), Protestanten und ihre Kirche in der Bundesrepublik Deutschland, München – Wien 1977.
R. Hoge – B. Johnson – D. A. Luidens, Vanishing Boundaries. The Religion of Mainline Protestant Baby Boomers, Louisville/Kentucky 1994.
J. D. Hunter, American Evangelicalism: Conservative Religion and the Quandary of Modernity, New Brunswick 1983.
L. S. Hunter, Scandinavian Churches: a Picture of the Development and Life of the Churches of Denmark, Finland, Iceland, Norway and Sweden, London 1965.
P. Janton, Les Protestants français, Paris 1995.
M. Kelley, Why Conservative Churches are growing: a Study in Sociology of Religion, New York 1972 (1977²).
Chr. Lalive d'Épinay, Religion, dynamique sociale et dépendance. Les mouvements protestants en Argentine et au Chili, Paris – Den Haag 1975.
G. M. Marsden, Fundamentalism and American Culture, Oxford 1980.
D. Martin, Tongues of Fire. The Explosion of Protestantism in Latin America, Oxford 1990.
S. Martineau, Les Anglicans, Paris 1996.
M. E. Marty, Protestantism in the United States: Righteous Empire, New York – London 1986.
M. E. Marty – R. S. Appleby (Hg.), Fundamentalism observed. Chicago – London 1991.
R. Mehl, Le Protestantisme dans la société actuelle, Genf 1982.
J. Mercier, Des femmes pour le Royaume de Dieu, Paris 1994.
R. S. Michaelsen – W. Cl. Roof (Hg.), Liberal Protestantism: Realities and Possibilities, New York 1986.
D. E. Miller, Reinventing American Protestantism, Berkerly 1997.
A. Reymond, L'Architecture religieuse des protestants, Genf 1996.
W. Cl. Roof, A Generation of Seekers: Baby Boomers and their Spiritual Search, San Francisco 1993.
– – W. McKinney, American Mainline Religion: ist changing Shape and Future, New Brunswick 1987.
D. Stoll, Is Latin America Turning Protestant? The politics of Evangelical Growth, Berkeley – Los Angeles 1990.
A. Talandier, Au-delà des murs. Les Églises évangéliques d'Allemagne de l'Est 1980–1993, Genf 1994.
J.-P. Willaime, Ethos protestant français et politique, in: Autres temps, les Cahiers du christianisme social 8 (1985/86) 9–22.
–, Profession: pasteur, Genf 1986.
–, La Précarité protestante. Sociologie du protestantisme contemporain, Genf 1992.
–, Le fondamentalisme protestant nord-américain, in: Les Cahiers rationalistes 486 (Mai 1994) 219–228.
–, Sociologie des religions (= „Que sais-je?" 2961), Paris 1998².
R. Wuthnow, The Struggle for America's Soul: Evangelicals, Liberals and Secularism, Grand Rapids/Michigan 1998.

Mission

Quellen

Da Gesamtdarstellungen oder neuere Veröffentlichungen fehlen, muß auf Informationen zurückgegriffen werden, die von den Presseagenturen oder über spezielle Situationsberichte zugänglich sind. Einen guten historischen und systematisch-theologischen Gesamtüberblick bieten die drei Teilartikel: Andrew F. WALLS, Mission VI: Von der Reformationszeit bis zur Gegenwart, in: TRE 23 (1994) 40–59 (Lit.!), Horst BÜRKLE, Mission VII: Systematisch-theologisch; ebd., 59–68; Niels-Peter MORITZEN, Mission VIII: Praktisch-theologisch; ebd.,68–72, sowie der Artikel „Mission" in: ³LThK, Bd. 7, Sp. 288–295.

Agentur *Fides* (römische Kongregation für die Evangelisation der Völker) Vatikan – Internetseite.

Agentur *ANB-BIA* (African News Bulletin/Bulletin d'Information Africain) Brüssel – Internetseite.

Agence d'information des Missions étrangères de Paris (*EDA*) – Internetseite.

Agenzia *Asia News* des „Pontificio Istituto Missioni Estere" (PIME) in Mailand.

Bulletin ENI (Nouvelles oecuméniques internationales), Ökumenischer Rat der Kirchen in Genf.

Centre de documentation des *OPM* – Lyon (Bulletin bibliographique).

Centro Ecclesiastico Italiano per l'Africa e l'Asia (*CEIAS*) – Verona.

Informations catholiques internationales (ICI) 1955–1983; im gleichen Jahr: Aufnahme des ursprünglichen Titels *L'Actualité religieuse dans le monde*, wurde dann zu *L'Actualité religieuse* und schließlich im Jahre 1999 zu: *L'Actualité des religions*.

Sedos Bulletin (Service de documentation et d'études; Sammelbezeichnung für eine Vielzahl religiöser katholischer Kongregationen – Internetseite).

Hilfsmittel

Bibliografia Missionaria (jährliche, von der päpstlichen Universität Urbaniana/Rom veröffentlichte Bibliographie).

Bibliographie sur l'Église locale en Afrique, in: Theologie in Contexts, Supplementbd. 2 (1989).

Bibliotheca Missionum, Bd. 28: Missionsliteratur Südasiens (Indien, Pakistan, Birma, Ceylon) 1944–1968, Rom – Freiburg – Wien 1971; Bd. 29: Missionsliteratur Südostasiens 1910–1970, Rom – Freiburg – Wien 1973; Bd. 30: Missionsliteratur Japans und Koreas 1910–1970, Rom – Freiburg – Wien 1974.

Biographical Dictionary of Christian Missions, hg. v. Gerald H. ANDERSON, New York 1997.

Dizionario di Missiologia, Pontificia Università, Bologna 1993.

Dictionary of Mission, hg. v. Karl MÜLLER (svd) – Theo SUNDERMEIER – Stephen B. BEVANS (svd) – Richard H. BLEISE, Maryknoll (New York), American Society of Missionology Series Nr. 24 (1997).

Lexikon Missionstheologischer Grundbegriffe, hg. v. Karl MÜLLER – Theo SUNDERMEIER, Berlin 1987.

Philosophy, Science and Theology of Mission in the Nineteenth and Twentieth Centuries. A Missiological Encyclopedia, Teil 2: Missionary Theology, hg. v. Jan A. B. JONGENEEL, Frankfurt/M. – New York 1997.

J. PIROTTE – Cl. SOETENS (in Zusammenarbeit mit M. CHEZA), Évangélisation et cultures non européennes. Guide du chercheur en Belgique francophone (einschränkender Untertitel), Louvain-la-Neuve 1989.

A. SANTOS HERNANDEZ, Bibliografia missionál, Bd. 2: Parte historica, Santander 1965.

Theology in context. An annotated bibliography of theological journals from Africa, Asia, Oceania and Latin America, Aachen 1984.

Traces. Annuel des religions (Ausgabe 1986), Brüssel 1986.

Semaines de missiologie de Louvain (veröffentlicht in der Reihe „Museum Lessianicum", Paris, 1958–1975):

Aspirations nationales et mission, XXIIIᵉ semaine (1958), Museum Lessianicum, Nr. 37.

Missions et Cultures non chrétiennes, XXIXᵉ semaine (1959), Nr. 40.

Familles anciennes, familles nouvelles, XXXᵉ semaine (1960), Nr. 41.

Devant les sectes non chrétiennes, XXXIᵉ semaine (1961), Nr. 42.

L'Église devant les masses rurales, XXXIIᵉ semaine (1962), Nr. 43.

Liturgie et mission, XXXIIIᵉ semaine (1963), Nr. 44.

Approche du non-chrétien, XXXIVᵉ semaine (1964), Nr. 45.

Repenser la mission, XXXVᵉ semaine (1965), Nr. 46.

Fonction du laïc en milieu non chrétien, XXXVIᵉ semaine (1966), Nr. 47/48

Mission et liberté religieuse, XXXVIIᵉ semaine (1967), Nr. 49.

Liberté des jeunes Églises, XXXVIIIᵉ semaine (1968), Nr. 51.

L'Évangile au coeur du développement, XXXIXᵉ semaine (1969), Nr. 53.

Oecuménisme en mission, XIᵉ semaine (1970), Nr. 54.

Quel missionnaire? XLIᵉ semaine (1971), Nr. 55.

Mission au temps des révolutions, XLIIᵉ semaine (1972), Nr. 56.

Visage nouveau de la femme missionnaire. Liberté, responsabilité, ministère, XLIIIᵉ semaine (1973), Nr. 57.

Qui portera l'Évangile aux nations, XLIVᵉ semaine (1974), Nr. 58.

Chemins de la conversion, XLVᵉ semaine (1975), Nr. 60.

Collection du CREDIC (Centre de Recherches et d'Échanges sur la Diffusion et l'Inculturation du Christianisme/ 31, place Bellecour, 69002 Lyon). Vor allem:

L'Appel à la mission, formes et évolution (XIXe-XXe siècles), eingeleitet v. J.-Fr. ZORN, Lyon 1989.

Des missions aux Églises: naissance et passation des pouvoirs (XVIIe–XXe siècles), eingeleitet v. M. SPINDLER, Lyon 1990.

Femmes en missions, Actes de la XIe session du CREDIC, eingeleitet v. M.-Th. DE MALLEYSSIE, Lyon 1991.

Sciences de la mission et formation missionnaire au XXe siècle, Actes de la XIIe session du CREDIC, hg. v. M. SPINDLER – J. GADILLE, Lyon 1992.

Amérique latine et initiatives missionnaires chrétiennes (XVIe–XXe siècles), Actes de la XIIIe session du CRE- DIC, eingeleitet v. Cl. PRUDHOMME, Lyon 1993.

Missions chrétiennes et formation des identités nationales hors d'Europe, Actes de la XIVe session du CREDIC, eingeleitet v. Cl. PRUDHOMME – J.-Fr. ZORN). LYON 1994.

Les cadres locaux et les ministères consacrés dans les jeunes Églises (XIXe-XXe siècles), Actes de la XVe session du CREDIC, eingeleitet v. M. CHEZA, Lyon 1995.

Les Enjeux de la tradition. L'expérience des missions chrétiennes, eingeleitet v. H. DIDIER – J. COMBY – TH. SCHNEIDER/J.-FR. ZORN, Lyon 1997.

Religions- und Missionswissenschaftliche Zeitschriften

Église et mission (OPM), Brüssel 1970ff.

Euntes docete (Kongregation für die Evangelisation der Völker), Rom 1948ff.

Exchange. Bulletin of Third World Christian literature (IIMO), Leyden 1972ff.

International Bulletin of Missionary Research (Ventnor/New Jersey) 1981 (voprmalig Occasional Bulletin from the Missionary Research Library 1950–1976; dann: Occasional Bulletin from the Missionary Research 1977– 1980).

The International Review of Mission. A quarterly Review issued by the International Missionary Coucnil (ÖRK/ Genf) 1912ff.

Katholisches Missionsjahrbuch der Schweiz, Fribourg 1934ff.

Kerygma (Kanada).

Le Fait missionnaire (Hefte hg. v. K. BLASER/Universität Lausanne) 1995ff.

Mémoire dominicaine: Histoire, document, vie dominicaine 1992ff.

Mémoire spiritaine 1995ff.

Missiology (Zeitschrift der amerikanischen Missionswissenschaftlichen Gesellschaft) 1973ff.

Mission Studies (Journal of the International Association for Mission Studies) 1984ff.

Mission (monatlich erscheinende Illustrierte und zweimonatige Hefte des protestantischen Missionsdienstes DEFAP/Paris); bis 1991: Journal des missions évangéliques.

Mission Studies (Leyden) 1984ff.

Monde et mission. Revue mensuelle d'actualité missionnaire (Brüssel) 1964–1974.

Neue Zeitschrift für Missionswissenschaft (Beckenried) 1945ff.

Omnis Terra (Päpstliche Missionswerke. – französisch: seit 1961; englisch: seit 1967; spanisch: seit 1968; italie- nisch: seit 1983; portugiesisch: seit 1995).

Perspectives missionnaires (protestantisches, alle zwei Jahre erscheinendes Jahrbuch).

Revue française d'histoire d'outre-mer. Explorations, colonisations, indépendances (Société française d'histoire d'outre-mer/Paris); bis 1998: Revue d'histoire d'outre-mer 1959–1997.

Revue Tiers-Monde (Institut d'étude du développement économique et social/Université de Paris I).

Rythmes du monde: bulletin des missions (Brügge/Belgien) 1953–1972.

Spiritus (Spiritaner, dann Sammelband von katholischen Kongregationen/Frankreich) 1960ff.

Tercer Mundo (Spanien).

Univers (Kanada)

Urbaniana (Rom)

Zeitschrift für Missionswissenschaft und Religionswissenschaft (Münster/Deutschland) 1950ff.

Geschichte der Mission und des Missionsgedankens

J. AMSTUTZ, Kirche der Völker. Skizze einer Theologie der Mission, Freiburg – Basel – Wien 1972.

P.-G. ARING, Kirche als Ereignis. Ein Beitrag zur Neuorientierung der Missionstheologie, Neukirchen 1971.

R. Ageneau – D. Pryen, Les chemins de la mission aujourd'hui, Paris – Montréal 1972.

– –, Après la mission. Christianisme et espoirs de libération, Paris 1975.

H. Balz, Art. Mission, Missionstheologie, in: Evangelisches Kirchenlexikon, – Internationale theologische Enzyklopädie, hg. v. E. Fahlbusch u. a., Bd. 3, Göttingen 1990, Sp. 425–444.

D. J. Bosch, Witness to the World. The Christian mission in theological perspective, Atlanta 1980

D. J. Bosch, Dynamique de la mission chrétienne. Histoire et avenir des modèles missionnaires, Lomé – Paris – Genf 1995 (englische Originalausgabe 1991).

H. Bürkle, Missionstheologie (= Theologische Wissenschaft 18), Stuttgart 1979 (Lit.!).

–, Art. Mission VII: Systematisch-theologisch, in: TRE 23 (1993), 59–68.

H. Carrier, Évangile et cultures – De Léon XIII à Jean-Paul II, Rom 1987.

Chiesa e Missione (= Studia Urbaniana 37), Rom 1990.

Christian Theology of Inculturation – Documenta missionalia, Rom 1997.

Congresso Internacional de História Missionaçao Portuguesa e Encontro de Culturas – Actas, 4 Bde., Braga 1993.

S. Delacroix (Hg.), Histoire universelle des missions catholiques, Bd. IV: L'Église catholique en face du monde non chrétien, Paris 1958.

J. Dupuis, Vers une théologie chrétienne du pluralisme religieux (= Cogitatio fidei 200), Paris 1997 (aus dem Englischen übersetzt von O. Parachini).

H.-W. Gensichen, Missionsgeschichte der neueren Zeit (= Die Geschichte in ihrer Kirche, begründet v. K. D. Schmidt – E. Wolf, hg. v. B. Moeller, Bd. 4, Lieferung T), Göttingen 1976³.

Fr. H. Houtart, Colonisation portugaise et discours religieux, Louvain-la-Neuve 1978.

H. J. Koren, Les Spiritains. Trois siècles d'histoire religieuse et missionnaire, Paris 1982.

Chr. Lienemann-Perrin, Mission und interreligiöser Dialog (= Bensheimer Hefte 93/ Ökumenische Studienhefte 11), Göttingen 1999.

L. J. Luzbetak, Chiesa e Culture, Bologna 1991.

M. Merle (Hg.), Les Églises chrétiennes et la décolonisation, Paris 1967.

J. Metzler (Hg.), Sacrae Congregationis de Propaganda Fide Memoria rerum. 350 anni al servizio delle Missioni (1622–1972), 3 Bde.; Bd. 3 (1815–1972), Rom – Freiburg – Wien 1976.

J. Metzler (Hg.), Dalle missioni alle chiese locali (1846–1965): Storia della Chiesa, Bd. XXIV, Mailand 1990.

Ch. Molette, Art. Mission et missions, in: Dictionnaire de spiritualité ascétique et mystique, Bd. 48/49, Paris 1979, Sp. 1349–1404.

Th. Ohm, Machet zu Jüngern alle Völker. Theorie der Mission, Freiburg 1962.

J. Pirotte – H. Derroitte (Hg.), Églises et santé dans le Tiers-Monde. Hier et aujourd'hui – Churches and Health Care in the Third World, Leyden 1991.

A. Rademaker, Appelés à servir. Histoire de la congrégation des Sacrés-Coeurs (1800–1987), Rom 1996.

G. Rosenkranz, Die christliche Mission, Geschichte und Theologie, München 1977.

H. Rzepkowski, Lexikon der Mission. Geschichte, Theologie, Ethnologie, Graz – Wien – Köln 1992.

A. Roux, Missions des Églises, mission de l'Église, Paris 1984 (mit einem Vorwort von R. Mehl – R. Luneau).

A. Santos Angel (SJ), Teologia Sistematica de la Misión, Estella/Navarra 1991.

A. Seumois, Théologie missionnaire, 5 Bde., 1973–1980 (Veröffentlichung von Vorlesungen an der Urbaniana/ Rom).

M. Spindler, La Mission, combat pour le salut du monde, Neuchâtel 1967.

J. Tomko [Präfekt der Kongregation für die Evangelisation der Völker], La missione verso il Terzo millenario. Attualità, fondamenti, prospettive, Rom – Bologna 1998.

Kl. Wetzel, Kirchengeschichte Asiens, Wuppertal – Zürich 1995.

T. Yates, Christian Mission in the Twentieth Century, Cambridge 1994.

DRITTER TEIL

DIE VIELFALT CHRISTLICHER GLAUBENSRICHTUNGEN IN DER ZWEITEN HÄLFTE DES 20. JAHRHUNDERTS

Einleitung

Dieser letzte Teil ist der Realität des christlichen Lebens in den weiträumigen Kulturgebieten außerhalb der atlantischen Welt gewidmet: ein großes Vorhaben, das äußerst verschiedene Wirklichkeiten umfasst. Eine gründliche Studie würde tatsächlich eine Reihe von Monographien einzelner Staaten erforderlich machen. Im Rahmen dieses Werkes war diese enzyklopädische Vorgehensweise nicht wünschenswert. Andererseits schien es uns unerlässlich, in den folgenden Kapiteln eine Reihe spezifische Großbereiche darzustellen:

– Das „andere Europa", dieses Ostmitteleuropa, bis 1989 unter kommunistischer Herrschaft, ist zugleich durch die Koexistenz des Katholizismus römischen und unierten orientalischen Ritus, des Protestantismus und der Orthodoxie gekennzeichnet. Letztere stellt im sowjetischen und post-sowjetischen Russland eine ganz besondere Welt dar, verwurzelt in einer Geschichte von eigener Dichte.

– Eine Besonderheit stellen auch die Christen im Nahen Osten dar, seien sie an Rom angegliedert, uniert oder orthodox: Sie sind Erben ehrwürdiger Traditionen und zugleich Minderheiten, die angesichts der Dynamik des Islams ernstlich bedroht sind.

– Lateinamerika erhält in der Geografie des Christentums immer mehr Gewicht. Es ist geradezu ein Versuchslabor: Befreiungstheologien, verschiedenste Formen des Protestantismus und des Pflingstlertums, die sich geradezu explosionsartig ausbreiten.

– Auch Afrika gewinnt trotz des Voranschreitens des Islams südlich der Sahara immer mehr an Bedeutung. Das Christentum, auf der Suche nach eigenen Wegen, ist eine afrikanische Realität geworden.

– Während Ozeanien mehrheitlich christlich ist, gilt für Asien, daß das Christentum hier nur eine Randerscheinung ist[1], die einer doppelten Konfrontation ausgesetzt bleibt: den traditionellen Religionen und Kulturen und dem asiatischen Kommunismus.

---

[1] Man darf die absoluten Zahlen nicht außer acht lassen: Im Jahre 1996 betrug der Anteil der Katholiken an der asiatischen Bevölkerung 3 %, dieser Zahl entsprechen jedoch 103 Millionen Gläubige, das sind immerhin 36 % der Katholiken in Europa.

Erstes Kapitel

Formen des Christentums in Ostmitteleuropa

VON JERZY KŁOCZOWSKI

In diesem Kapitel verstehen wir unter Ostmitteleuropa alle heute post-kommunistischen Länder im weitesten Sinne zwischen Russland und der Europäischen Union (in ihren Grenzen von 1998), also die Länder zwischen Ostsee, Schwarzem Meer und Adria, die zu unabhängigen Nationalstaaten geworden sind und sich gleichzeitig in den Prozess der europäischen Integration einzufügen suchen. Wir haben dieses Ostmitteleuropa etwas willkürlich auf achtzehn Staaten in ihren gegenwärtigen Grenzen festgelegt[1]. Es hat sich dabei als notwendig erwiesen, auch Ostdeutschland miteinzubeziehen – in der Zeit des Kommunismus „Deutsche Demokratische Republik" (DDR) –, da es innerhalb der kommunistischen Welt einen wichtigen Platz in Europa eingenommen hatte.

Eine Geschichte der Formen des Christentums in einem so definierten Ostmitteleuropa lässt sich auf Grund offensichtlicher Lücken in der diesbezüglichen interdisziplinären Forschung nicht einfach skizzieren. Auf Schritt und Tritt zeigt sich die Notwendigkeit vergleichender Forschungen. Die Erforschung der Christentumsgeschichte, der sozial-religiösen Geschichte, war – mit einigen Ausnahmen – in den kommunistisch beherrschten Ländern unterentwickelt; die „Gegenwartsgeschichte" war speziellen Manipulationen durch den Einparteienstaat unterworfen und einer scharfen Kontrolle ausgesetzt. Die Quellen unterschiedlicher Herkunft müssen auf ihre Entstehungsbedingungen und die mit ihnen verfolgten Zwecke hin stets einer sorgfältigen Kritik unterzogen werden. Die Aufzeichnung mündlicher Überlieferungen, wegen der noch bestehenden Lücken eine dringende und notwendige Aufgabe, ist noch nicht weit genug fortgeschritten.

Im Mittelpunkt der Geschichte dieser mit Kaiserreichen und totalitären Systemen konfrontierten Region steht im 20. Jh. die nationale Frage[2]. Der für Deutsche und Juden katastrophale Bevölkerungsrückgang in dieser Region (einschließlich Ostdeutschlands) resultiert unmittelbar aus dem Zweiten Weltkrieg. Das zahlenmäßige Übergewicht der Ukrainer und Polen – fast 80 Millionen von insgesamt 198 Millionen Einwohnern in den Jahren 1989–1992 – fällt ins Auge und lenkt die Aufmerksamkeit auf diese beiden Gebiete im Herzen Ostmitteleuropas. Die anderen Nationalitäten verteilen sich wie folgt:

---

[1] Über den eigentlichen Begriff Ostmitteleuropa siehe J. KŁOCZOWKSI, L'Europe du Centre-Est dans l'historiographie des pays de la région, Lublin 1995.
[2] Die folgende Tabelle zeigt die Entwicklung und das demographische Gewicht der für uns relevanten Nationen. Sie ist eine nützliche Illustration bei der Lektüre dieses Kapitels.

Die Nationalitäten in Osteuropa in % 1900–1992

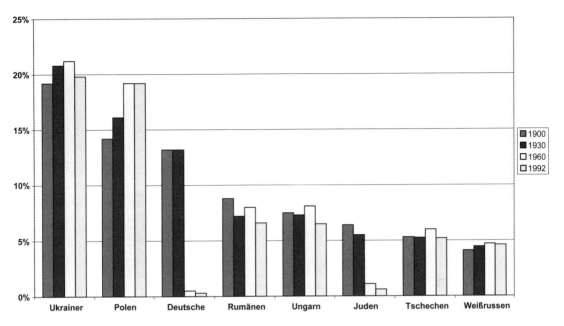

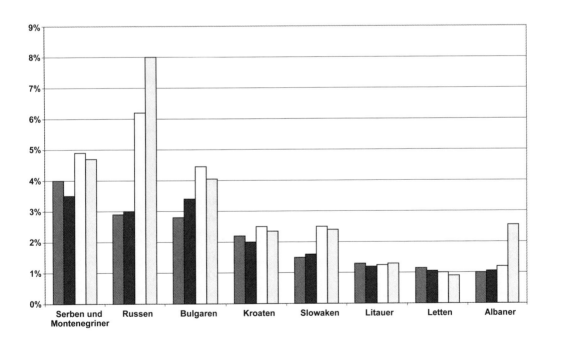

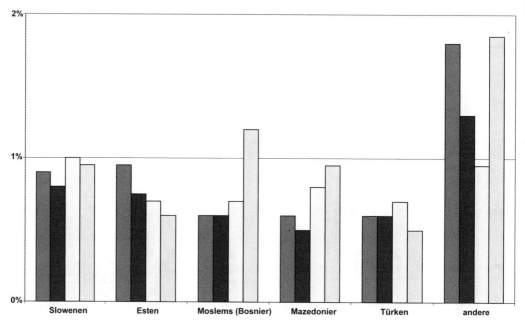

(nach P. Eberhard)

Nationalitäten	Bevölkerungszahl
Rumänen und Moldawier	23 700 000
Russen	15 600 000 (vor allem in der Ost- und Süd-Ukraine)
Ungarn	13 900 000 (davon mehr als 3 Millionen in Rumänien und in der Slowakei)
Tschechen	9 800 000
Serben	9 000 000
Weißrussen	8 900 000
Albaner	5 300 000
Slowaken	5 000 000
Kroaten	4 700 000
Litauer	3 000 000
Moslems (behandelt als Nationalität, vor allem in Bosnien)	2 300 000
Slowenen	1 700 000
Mazedonier	1 600 000
Letten	1 400 000
Esten	960 000

Durch die Industrialisierung und Verstädterung, aber auch durch die auf dem Land erzwungene Kollektivierung (ausgenommen in Polen) haben sich die gesellschaftlichen
Strukturen der Völker dieser Region in den letzten Jahrzehnten grundlegend verändert.
Überall lebt nun die Mehrheit der Einwohner in Städten.

Die Ideologie des kommunistischen Totalitarismus, ein massiver und mit brutalen Mitteln geführter Versuch, die traditionellen Religionen und Kulturen durch eine aufoktroyierte Sicht von Welt und Herrschaft zu ersetzen, traf überall auf Widerstand, der je nach
Zeit und Ort sehr unterschiedliche Formen annahm. In diesem Widerstand kommt den Religionen ein besonderer Platz zu. Die vorliegende Darstellung wird zunächst die Situation
mit all ihren Umgestaltungen vor 1989 behandeln, dann die sich aus den radikalen Änderungen um das Jahr 1989 ergebenden Fragen; schließlich zieht sie eine – sehr provisorische – Bilanz der kommunistischen Ära mit Blick auf die gegenwärtige Situation.

I. Die Kirchen Ostmitteleuropas und die kommunistischen Regierungen

Es ist wichtig, im kommunistischen Herrschaftsbereich in Ostmitteleuropa verschiedene
Zonen voneinander zu unterscheiden. Eine erste Region umfasst die westlichen Teile der
UdSSR, die sogenannten „sowjetischen Republiken" Ukraine – die bei weitem größte –,
Weißrussland, Moldawien und die drei baltischen Länder Litauen, Estland und Lettland.
Die Entwicklung der sowjetischen Religionspolitik spielte auch in der Geschichte dieser
durch einige besondere Elemente miteinander verbundenen Länder eine bedeutende
Rolle[3]. Die Existenz von Katholiken und Protestanten ist eine hervorstechende Tatsache,
ebenso die unterschiedliche Entwicklung der orthodoxen Traditionen in den Gebieten, die
der Sowjetunion vor 1939–1945 nicht angehörten und so der vollständigen Zerschlagung
der kirchlichen Institutionen vor 1939–1941 entgingen. Nach 1989/90 haben alle genannten Länder ihren deutlichen Willen gezeigt – dies wurde namentlich bei den intellektuellen
und politischen Eliten sichtbar –, sich selbst als Teil Mitteleuropas zu verstehen. Sie betonen die Kontinuität ihrer Geschichte und ihrer religiösen Traditionen, die sich von denen
des orthodoxen Russlands unterscheiden.

Die Länder der Zone der so genannten „Volksdemokratien", eine Bezeichnung, die den
totalitären Charakter der amtierenden Regimes verschleiert, behielten auch in ihrer Religionspolitik einen gewissen Freiraum. Die jeweiligen historischen Umstände und ein gewisses Gleichgewicht der Kräfte in jedem dieser Länder haben die politische Entwicklung erheblich beeinflusst. Eine ganze Reihe von Krisen in der von Moskau dominierten Welt, die
immer spürbarer werdende Entspannung zwischen Ost und West, die offensichtlichen
wirtschaftlichen Schwierigkeiten im Vergleich zum Erfolg der westlichen Länder, bildeten
einen Kontext, der die Haltung der kommunistischen Regime gegenüber „ihrer" Kirche
und dem religiösen Glauben „ihrer" Gesellschaft stark beeinflusste. Jugoslawien wahrte
unter Tito die Unabhängigkeit von Moskau und liberalisierte geringfügig das nach dem
Krieg auferlegte kommunistische System. Das Albanien des überzeugten Stalinisten Enver
Hoxha brach zuerst mit Jugoslawien, dann mit der UdSSR (um 1961). Für Hoxha und die
ihn beschützenden Chinesen bedeutete der sowjetische „Revisionismus" nichts anderes als

---

[3] Siehe unten in diesem Band, dritter Teil, Zweites Kapitel (von KATHY ROUSSELET).

die Aufgabe des wahren Stalinismus, dem sie um jeden Preis treu bleiben wollten. Die kommunistische Partei Rumäniens betonte viel vorsichtiger als Albanien die Notwendigkeit einer gewissen Unabhängigkeit, im Sinne eines autoritären „Nationalkommunismus", der Moskau nicht sonderlich störte. Nicolae Ceauçescu errichtete als Staatschef (1967–1989) in seinem Land eine Art Diktatur, die auf ihn und auf seine Familie zugeschnitten war, und verbrämte sie mit kommunistischer Rhetorik.

Die anderen Länder des Ostblocks, Polen, die Deutsche Demokratische Republik, die Tschechoslowakei, Ungarn und Bulgarien, folgten treu den politischen Richtlinien Moskaus und seiner Führer: Chruschtschow bis 1964, Breschnew (1964–1983), Andropow (1981–1984), Tschernenko (1984–1985) und Gorbatschow ab 1985. Dabei behielten sie insbesondere in ihrer Innenpolitik eine gewisse Handlungsfreiheit. Als 1968 das Experiment der tschechoslowakischen Partei eines „Sozialismus mit menschlichem Gesicht" vom Warschauer Pakt unter der Führung Moskaus als zu gefährlich eingestuft wurde, „normalisierte" eine militärische Intervention des Paktes die Situation. Dagegen wurde das polnische „Experiment" in der Zeit des *Solidarność* in den Jahren 1980/81 mit dem „Segen" des Blocks von der polnischen Armee zerschlagen, deren Oberbefehlshaber gleichzeitig Staats- und Parteichef war.

Der Kampf gegen die Religionen und Kirchen war nach wie vor ein strategisches Ziel der kommunistischen Partei. Mit großem Aufwand wurde ein System der Erziehung „für alle" durch Propaganda (u. a. im Fernsehen, das als politisches Instrument der Bildung bewertet wurde) und täglichen Druck mit unterschiedlichen Mitteln (von psychologischem Druck bis zu physischer Gewalt) aufgebaut. Es zielte auf Säkularisierung, die Beseitigung des „rückständigen" religiösen Glaubens und der „rückständigen" religiösen Praktiken, die als des „neuen Menschen", vor allem des dem Einparteienstaat ergebenen Menschen, unwürdig galten. Die Existenz verschiedener Kirchen und religiöser Gemeinschaften war jedoch erlaubt. Ihre vollständige Abschaffung in der Sowjetunion vor 1939 hatte offenkundig keine wirklich „befriedigenden" Ergebnisse erzielt. Deshalb wurden Strukturen außerhalb des übrigen gesellschaftlichen Lebens anerkannt, in regelrechten Ghettos abgekapselt und vom Staat, von der Geheimpolizei und der Sonderbehörde für religiöse Angelegenheiten streng kontrolliert. So waren etwa sämtliche Aktivitäten eines Priesters strengen Kontrollen unterworfen: Er durfte sein Amt nur mit der Genehmigung eines staatlichen Sonderbeamten, seines wahren Vorgesetzten, ausüben. In der Praxis wies allerdings die Religionspolitik in jedem Land Unterschiede auf. Die Stärke des Widerstandes in den derartigen Zwängen unterworfenen Gesellschaften spielte dabei eine besonders wichtige Rolle.

In Albanien wollten die Machthaber der allgemeinen Linie der *Unterwerfung* der religiösen Gemeinschaften nicht folgen, sondern entschieden sich im Sinne eines „reinen Stalinismus" für die *Vernichtung*. 1967 begann im Zuge einer „Kulturrevolution" die Schließung aller christlichen und moslemischen Gotteshäuser – 2169 insgesamt –, und die ungehemmte Verfolgung von Priestern und Gläubigen. Die Verfassung von 1976 erklärte Albanien zum ersten atheistischen Staat der Welt: „Der Staat erkennt keine Religion an", besagt der Artikel 37 dieser Verfassung, „er unterstützt und entwickelt die atheistische Propaganda, um den Menschen die materialistisch-wissenschaftliche Sicht der Welt beizubringen". Bis 1989 warf die offizielle Linie den „revisionistischen Ländern" das „Wiederaufleben des Glaubens" vor, das, so die albanische Führung, „seine Ursache darin hat, dass die führenden Kräfte den Marxismus-Leninismus verraten haben".

Außerhalb Albaniens überwog in der Politik der Schwächung, Isolierung und Unterwerfung der bestehenden Kirchen immer deutlicher ein gewisser Pragmatismus. Man versuchte, die Institutionen gegeneinander auszuspielen, beispielsweise kleine Kirchen, sogar einige Sekten gegen die großen Kirchen oder den niederen Klerus gegen die „unbotmäßigen" Bischöfe. Eine ganze Reihe abgegriffener antiklerikaler und antikirchlicher Argumente wurde bis zum Exzess wiederholt. Die Darstellung des Kommunismus als der maßgeblichen Kraft, die den Frieden und den Fortschritt in der Welt wahren könne, als der einzigen Kraft des wahren Patriotismus im Dienste des Volkes, diente als Argument, um einen gegenüber der Regierung gefügigen, „friedlichen" und „patriotischen" Klerus heranzuziehen, im Gegensatz zu den anderen Geistlichen, den sogenannten Kriegsbefürwortern und Feinden ihres eigenen Volkes und Vaterlandes, deren Ausschaltung also gerechtfertigt sei. Dies äußerte sich nur zum geringsten Teil in der Weigerung, eine Genehmigung zur Ausübung der priesterlichen Tätigkeiten zu erteilen (zu zelebrieren, zu predigen etc.). Ein stärkeres Instrument der Unterdrückung war wirtschaftliche Abhängigkeit: die Kontrolle der Finanzen und die unter allen möglichen Vorwänden eingeführten Steuern. Der Versuch, Priester zu Agenten der – in allen kommunistischen Staaten so mächtigen – Geheimpolizei zu machen, stellte ein besonders raffiniertes Vorgehen dar. Eine bislang noch nicht vorliegende vergleichende Studie über die Kirche jedes einzelnen Landes wird dieses Thema, das noch lange nach dem Zusammenbruch des Kommunismus das Gewissen der Völker und der Gläubigen belasten dürfte, genauer beleuchten müssen. Durch diese staatliche „Unterwanderung" wurden Menschen und Familien zerstört, und das Bild der Kirche nahm in der öffentlichen Meinung erheblichen Schaden.

Zuweilen wird nach philosophischen oder theologischen Argumentationen gesucht für eine Erklärung der Zusammenarbeit von Christen mit den kommunistischen Regimen. In der Orthodoxie könnte die Tradition der Unterwerfung unter die weltliche Obrigkeit eine Antwort darauf geben, doch handelte es sich vormals um Unterwerfung unter die Macht eines christlichen Monarchen, an dessen Stelle nun jedoch eine Regierung aus erklärten Feinden des Christentums getreten war. Möglicherweise erwartete eine wichtige Strömung innerhalb des Protestantismus, die sich auf große Theologen und Nazigegner wie Karl Barth und Martin Niemöller berief, einige Vorteile von der Machtergreifung durch Kommunisten, solange man sie als wahre Sozialisten betrachten konnte. War es doch Josef Hromadka, ein tschechischer Pfarrer und Intellektueller, der sehr früh verkündete, der Sozialismus sei „die sozialpolitische Form, die der Kirche am nächsten kommt". Dies mag eine Erklärung dafür sein, daß er nicht gegen die Verfolgung der Christen in der Tschechoslowakei protestierte und den sowjetischen Argumenten beim Budapester Aufstand 1956 zustimmte. Hromadka, einer der Mitbegründer des Ökumenischen Rates der Kirchen, ist wahrscheinlich mitverantwortlich für die Haltung dieses Rates, der sich oft als erstaunlich realitätsfremd und voller Illusionen gegenüber der kommunistischen Welt erwies. Erst nach dem sowjetischen Einmarsch in seine Heimat 1968 sah Hromadka seine Hoffnungen zerschlagen.

In Ungarn entwickelte der Pfarrer Zoltán Káldy, das vom Regime nach 1956 eingesetzte Oberhaupt der lutherischen Kirche, eine Theologie im Sinne des *diakonos* („Diener"): Jeder Christ müsse den anderen dienen, und da der Sozialismus ein System sei, das den Menschen zu dienen habe, müsse die Kirche ihrerseits dem Sozialismus dienen. Solche Ideen, denen manche eine gewisse Nähe zur Befreiungstheologie zusprechen möchten, fanden auch bei reformierten und katholischen Theologen Resonanz. Káldy sollte 1984 Präsident des Lutherischen Weltbundes werden.

Eine vergleichende Herangehensweise ist also erforderlich, um die Unterschiede zwischen den Kirchen unter kommunistischen Regimen in ihrer ganzen Komplexität zu erfassen und zu verstehen. Es scheint, dass der Druck auf die kleinen, lokalen und nationalen Kirchen im Allgemeinen wirksam war; wirksam auch auf orthodoxe und keineswes selten auch protestantische Kirchen. Aus mehreren Gründen leisteten die Katholiken den hartnäckigsten Widerstand – sie waren auch besonders starker Verfolgung ausgesetzt. Diese Typologie schließt gegensätzliche Verhältnisse nicht aus. Die Zeugen Jehovas beispielsweise, die fast überall vertreten waren – wenn auch im Untergrund –, zeichneten sich durch ihre nonkonformistische Haltung aus, was am deutlichsten in ihrer Verweigerung des Militärdienstes zutage tritt. Das gilt auch für verschiedene „neoprotestantische" Gruppen, vielleicht am deutlichsten für die Baptisten.

Die allgemeine Politik einer gewissen „kontrollierten Entspannung" schloss Repressionsakte und pragmatische Änderungen der „politischen Linie" nicht aus. Trotz seines berühmten anti-stalinistischen Berichtes (1956) schaffte N. Chruschtschow zwischen den Jahren 1958 und 1964 fast die Hälfte der in der Sowjetunion existierenden orthodoxen Gemeinden und wahrscheinlich mindestens die Hälfte der Gotteshäuser aller anderen religiösen Konfessionen ab. Die Karte der christlichen Religionen, die nach dieser Verfolgung in der Sowjetunion für etwa fünfundzwanzig Jahre stabil blieb, zeigt die entscheidende Position der westlichen Regionen der Sowjetunion, die von den Unterdrückungsmaßnahmen vor 1939–1945 nicht betroffen waren; diese Gebiete wurden erst in den Jahren 1939–1941 von der UdSSR annektiert. Danach, im Jahre 1945, blieben ihre kirchlichen Basisstrukturen, insbesondere die Gemeinden, trotz enormer Bevölkerungsverluste und erzwungener demographischer und konfessioneller Veränderungen offensichtlich besser erhalten als innerhalb der Grenzen der Union vor 1939. Ein anderes gegenläufiges Faktum in dieser Karte ist das Weiterbestehen des Netzes orthodoxer Gemeinden in der Ukraine und in Weißrussland, die während der deutschen Besatzung in den Jahren 1941–1944 wieder aufgebaut wurden. Sie wurden nach dem Sieg der Roten Armee nicht beeinträchtigt. Von insgesamt rund 7000 orthodoxen Gemeinden, die in der Sowjetunion nach 1962–1964 einen legalen Status hatten, befand sich die Hälfte im westlichen Teil, hauptsächlich in der Westukraine. Von den 10 544 im Jahre 1946 in der Sowjetunion vorhandenen orthodoxen Kirchen zählte die Ukraine 6077, Weißrussland 621 und Moldawien 582. Die drei baltischen Republiken kamen zusammen auf 343 Gemeinden, Georgien auf 40, während auf ganz Russland 2827 entfielen. Diese Gemeinden dienten als wirtschaftliche Basis für die vom Moskauer Patriarchen geführte Kirche, die eng mit dem Regime zusammenarbeitete. Moskau machte sogar den wachsenden Ansprüchen der Ukrainer einige Zugeständnisse: Ein Ukrainer, Filaret (Denisenko), wurde Metropolit von Kiew – der erste Ukrainer in diesem Amt seit hundertfünfzig Jahren; mehrere andere Ukrainer erlangten die Bischofswürde. Das erste Gebetbuch in ukrainischer Sprache erschien 1968.

Drei alte protestantische Kirchen arbeiteten in den 1945 von der Sowjetunion annektierten Gebieten unter extrem schweren Bedingungen: Die Lutherische Kirche Estlands (etwa 300 000 Mitglieder), die Kirche Lettlands (etwa 350 000 Mitglieder) und die Ungarische Reformierte Kirche in den südlichen Karpaten (etwa 120 000 Mitglieder). Die schwer getroffene Römisch-katholische Kirche bestand insbesondere in Litauen weiter (etwa 600 Gemeinden, zweieinhalb bis drei Millionen Mitglieder in den sechziger Jahren). Sie fand wieder zu einer – sehr relativen – Stabilität zurück und erwies sich nach Jahren der Verfolgung und erheblicher Verluste trotz des äußerst geringen Freiraums, der ihr gewährt wurde, als sehr lebendig. Die katholische Kirche des benachbarten Lettlands (etwa 170 bis 180

Gemeinden und 400 000 Mitglieder) wuchs, in der Person des Bischofs von Riga, in eine gleichsam für die Katholiken der gesamten Sowjetunion verantwortliche Rolle. Fast überall sonst wurden die vorhandenen Strukturen zerstört: In der Ukraine und in Weißrussland blieben um 1980 jeweils etwa 100 verstreute Gemeinden übrig. Beinahe alle 1060 römisch-katholischen Gemeinden mit offiziellem Status (d. h. von den staatlichen Behörden registriert) lagen zu diesem Zeitpunkt in den vier Republiken, in denen die katholische Kirche seit Jahrhunderten fest verwurzelt war: in Litauen, Lettland, Weißrussland und der Ukraine. Etwa 930 Priester, oft hoch betagt und durch Deportierungen, Inhaftierungen und Aufenthalte in Arbeitslagern sehr mitgenommen, übten ein von der Polizei stark eingeschränktes und von den Gläubigen, die außer in Litauen und Lettland sehr verstreut lebten, hochgeschätztes Amt aus.

Die griechisch-katholische Kirche, jetzt ukrainisch-katholische Kirche, zeigte während ihrer Tätigkeit im Untergrund in der Westukraine eine außergewöhnliche Vitalität. Ihre Bischöfe vollzogen die Ordination der Priester im Untergrund, die Pastoralarbeit fand in kleinen Gruppen von Gläubigen statt. Man schätzt, dass in den achtziger Jahren etwa 1000 Priester und mehrere Bischöfe dieser Kirche angehörten, die in einer Gesellschaft verwurzelt war, die an ihrer religiösen wie auch nationalen Tradition unbeirrbar festhielt. Die Solidarität zwischen der Untergrundkirche und der starken ukrainisch-katholischen Kirche in der freien Welt[4], insbesondere in Nordamerika, spielte eine bedeutende Rolle.

In allen so genannten „Volksdemokratien" waren orthodoxe Kirchen zu finden, doch nur in Rumänien, Bulgarien und Serbien (Jugoslawien), wo sie ganz deutlich Mehrheitskirchen waren, gelang es ihnen, das religiöse Leben dieser Länder als wirkliche Nationalkirchen mit einem Patriarchen als Oberhaupt zu bestimmen. Da sie früher in diesen drei Ländern eng mit der Monarchie verbunden waren, erlitten sie in den ersten Jahren der kommunistischen Herrschaft einige Verfolgungen. Doch die Politik der politischen Instrumentalisierung war wirksam, und schon in den sechziger Jahren hatten die kommunistischen Machthaber diese Kirchen im Griff. Es kam zu einer, zum Teil weitgehenden, Symbiose, insbesondere in Rumänien. Dessen Kirche war übrigens die – nach der Kirche in der Sowjetunion – bei weitem größte in der orthodoxen Welt. Um 1970 zählte sie in ihren zwölf Diözesen mehr als 8000 Gemeinden, 8500 Priester und 16 Millionen Gläubige. Die Anzahl der Mönche und Nonnen schwankte beträchtlich[5].

Die Bulgarische orthodoxe Kirche war wesentlich schwächer: etwa 2700 Gemeinden mit fünf bis sechs Millionen Mitgliedern. Die Anzahl der Ordensleute (200 Mönche und 300 Nonnen um 1971) deutet neben anderen Anzeichen auf eine wenig dynamische Kirche hin. In Jugoslawien gelang es der Serbischen orthodoxen Kirche (2800 Gemeinden, 23 Diözesen, acht Millionen Mitglieder), in der nach dem Krieg ausgerufenen Föderation ihre Einheit zu bewahren. Die orthodoxe Kirche in Mazedonien (eine Million Gläubige) befreite sich jedoch von der serbischen kirchlichen Bevormundung.

Die Protestanten waren in der kommunistischen Welt hauptsächlich in der Deutschen Demokratischen Republik vertreten: Das frühere Preußen und Sachsen sind Länder lutherischer Tradition. Die sowjetische wie die ostdeutsche Politik war pragmatisch und erinnert an die Politik in Polen, wo ansonsten der Apparat des Einparteienstaates als weniger

---

[4] Etwa 1 300 000 Gläubige in ungefähr 1000 Pastoralzentren.
[5] 7000 im Jahre 1956, 2200 im Jahre 1975 – nach der Zeit der Unterdrückung – und 5500 im Jahre 1995, in ungefähr 33 Klöstern.

starr als in der DDR erscheint. In der DDR spielte die Rivalität mit dem benachbarten Westdeutschland eine entscheidende Rolle. Es gab eine weitreichende finanzielle Unterstützung der Westdeutschen für ihre Glaubensbrüder im Osten. Im Verhältnis zwischen Staat und Kirchen kam es allmählich zu einer Art Kompromiß, einer Mischung aus weitgehender Unterwerfung, die politische Neutralität mit einschloss, und einer ab und zu ausbrechenden Kritik. 1969 gründeten die acht Regionalkirchen den Evangelischen Kirchenbund der DDR und erklärten ihre Loyalität zum Staat mit dem Hinweis auf das Paulusprinzip: „Jedermann sei untertan der Obrigkeit, denn es ist keine Obrigkeit, die nicht von Gott angeordnet ist". Trotz einer gewissen institutionellen Stärke verloren die Kirchen in der DDR im Laufe der Zeit viel von ihrem traditionellen Platz in der Gesellschaft, wie der drastische Rückgang der Gottesdienstbesuche und der Mitgliederzahlen zeigt. Die gleiche Entwicklung lässt sich in fast allen protestantischen Minderheitskirchen in den anderen kommunistisch beherrschten Ländern beobachten, gegen die die amtierenden Machthaber auf vielfältige Weise Druck und Repressalien ausübten.

In Ungarn konnten die zwei protestantischen Kirchen, die (calvinistische) Reformierte Kirche (1100 Gemeinden, zwei Millionen Mitglieder) und die Lutherische Kirche (320 Gemeinden, 430000 Mitglieder) ihre traditionelle Stellung halten. Dazu kommt noch in Rumänien (Siebenbürgen) eine starke Gruppe der ungarischen Reformierten (700000 Mitglieder, 700 Gemeinde). Durch den Minderheitenstatus der Bevölkerungsgruppen ungarischer Herkunft wurde die kirchliche Solidarität gestärkt. In der Tschechoslowakei fällt die nachlassende Tätigkeit und der schwindende Einfluß der Protestanten im öffentlichen Leben im Vergleich zur Situation zwischen beiden Weltkriegen auf; die Zeichen der Krise und zunehmende konformistische Haltung schließen jedoch das mutige Auftreten einiger Persönlichkeiten oder kleiner Gemeinden nicht aus. Die nationale (hussitisch geprägte) Kirche zählte wahrscheinlich etwa 500000 tschechische Mitglieder in 350 Gemeinden, die evangelische Kirche in der Slowakei 300000 Mitglieder und fast 400 Gemeinden.

Die lebhaften Verbindungen der protestantischen Kirchen in den kommunistischen Ländern zum Ökumenischen Rat der Kirchen in Genf, ihre internationalen Aktivitäten, sind einer eigenen Betrachtung wert, nicht zuletzt hinsichtlich der Frage, ob diese Bande den Kirchen tatsächlich halfen, sich zumindest einen kleinen Freiheitsspielraum zu erhalten. Das Interesse, das die kommunistischen und sowjetischen Machthaber während der Epoche der Entspannung an der Beibehaltung dieser Kontakte hatten, war offensichtlich, aber der Preis, den die Gemeinden dafür zahlen mussten, die konformistische Unterwerfung unter das Regime, schadete wahrscheinlich dem kirchlichen Leben.

Die katholische Kirche befand sich in einer anderen Lage. Das änderte sich auch durch die Entwicklung der Beziehungen zwischen dem Vatikan und den kommunistischen Machthabern in Moskau und anderswo nur wenig. Immer wieder wurden der wahre Platz der katholischen Kirche in der jeweiligen Gesellschaft und die Art ihrer Beziehungen zur zivilen Gesellschaft in Frage gestellt. Ab Johannes XXIII. erleichterte die Aufgeschlossenheit des Vatikans das Eingehen von Kompromissen; es gab sogar Situationen, in denen kommunistische Regimes gegen unbotmäßige Kirchenvertreter oder Gläubige auf das Einschreiten Roms setzten. Die gravierende Fehleinschätzung des kommunistischen Systems in der öffentlichen Meinung des Westens, selbst unter Katholiken, erleichterte eine solche Politik. Andererseits war die Annäherung der Regimes an Rom eine Art Eingeständnis des Scheiterns einer Politik, die ursprünglich darauf abzielte, katholische Nationalkirchen ohne Verbindung zu Rom zu institutionalisieren.

Die Kirchenpolitik, insbesondere die Moskaus, blieb in einem einzigen Punkt sehr unbeweglich: in der absoluten Weigerung, die nach 1945 stark unterdrückten unierten Kirchen anzuerkennen. Eine Ausnahme stellt die slowakische (zu jener Zeit noch tschechoslowakische) unierte Kirche dar, der es 1968 in der Stimmung des Prager Frühlings gelang, sich der katholischen Kirche anzuschließen (mit 200 Gemeinden) und danach, nicht ohne Probleme, dieser Position treu zu bleiben. In Polen war es nur möglich, etwa 70 Pastoralzentren unter dem Dach der römisch-katholischen Kirche für die unierten Gläubigen zu erhalten, die ein halb illegales Dasein fristeten. Andererseits konnten kleine unierte Kirchen, die vorher nicht unterdrückt worden waren, in Ungarn, Jugoslawien und Bulgarien weiter bestehen.

In Ungarn und der Tschechoslowakei blieb die über lange Zeit sehr rigoros gehandhabte harte Politik – auch gegenüber den katholischen Mehrheitskirchen – nicht ohne sichtbare Folgen. Im Fall Ungarns wird dies besonders deutlich. Das nach 1956 aufgezwungene Regime unter der Führung von János Kádár betrieb eine intelligente Politik. Vor dem Hintergrund der strengen Verfolgungen, an die sich noch jeder erinnerte, wurde der Freiheitsspielraum erweitert nach der Formel „Wer nicht gegen uns ist, ist für uns". Die Perspektive einer Verbesserung der wirtschaftlichen Situation ersetzte den 1956 gebrochenen Widerstandsgeist. Die Kirchen hatten in diesem Vorhaben ihre Rolle, vorausgesetzt, sie ordneten sich der strengen Kontrolle durch den Einparteienstaat unter. Die Mischung aus Repression und freundlichen Gesten, ja sogar kleinen Zugeständnissen, bewirkte, dass die Nationale Behörde für Religiöse Angelegenheiten einen fast unbegrenzten Einfluss über die Tätigkeit des Klerus, der übrigens vom Staat bezahlt wurde, ausüben konnte. Die Bewegung der kollaborierenden Priester, die offiziell „die wahren Patrioten" oder „Opus pacis" hießen, sollte eine besondere Rolle in der Führung der katholischen Kirche spielen. Der Vatikan unterzeichnete im Jahre 1964 ein „Teilabkommen" mit der ungarischen Regierung über den Wiederaufbau der Hierarchie im Land. 1971 verließ Kardinal Mindszenty auf Bitten des Papstes Paul VI. die amerikanische Botschaft in Budapest. Gegen den Willen des Kardinals und Primas wurde 1974 Mindszentys Erzbischofsitz in Esztergom für vakant erklärt und László Lékai vom Papst als Nachfolger ernannt. Nach dem Tod Mindszentys wurde Lékai Primas von Ungarn – ein Titel, der seit Jahrhunderten in der ungarischen und polnischen Tradition ein ganz besonderes Prestige genoss. Der frühere Mitarbeiter Mindszentys förderte eine Politik der „kleinen Schritte", die mit einer weitgehenden Kollaboration einherging. Die drei großen historischen Kirchen Ungarns, die katholische, die reformierte und die lutherische Kirche, folgten insofern weitgehend einem gemeinsamen Weg, der sich nicht nur auf die Erklärungen ihrer Oberhäupter beschränkte.

Fragt man nach den tieferliegenden Ursachen für diese Entwicklung, so könnten die traditionell engen Verbindungen insbesondere der katholischen Kirche zum ungarischen (oder österreichisch-ungarischen) Staat diese Situation erleichtert haben. Man sprach sogar, sicher zu Recht, von einem „roten Josephinismus". Eine eigene Bewegung von „Basisgemeinden" (die Bezeichnung stammt aus der unmittelbar folgenden Zeit) lehnte sich gegen diese Entwicklung der katholischen Kirche auf. Die Bewegung war mit dem Namen eines piaristischen Geistlichen, György Bulányi, verbunden: Sie sammelte in kleinen Gruppen Laien, amtsenthobene Priester sowie Mönche, die von ihrem Kloster ausgeschlossen worden waren. Im Mittelpunkt stand für sie die christliche Bildung und die Verpflichtung zu einem christlichen Leben außerhalb der Kontrolle des „politisch-kirchlichen Apparates". Trotz wiederholter Repressionen besaß die Bewegung offensichtlich eine solide Grundlage. Das Regime Kádárs versuchte daraufhin, die hierarchische Kirche gegen diese Bewegung zu mobilisieren, die sich auf die Treue zur Kirche berief. Dies gelang dem Regime teilweise ab den siebziger Jahren, was für die „Basisgemeinden" dramatische Auswirkungen hatte. Mindszenty hatte eine klare Sicht der Gesamtsituation. Kurz vor seinem Tod veröffentlichte er eine Erklärung, in der unter anderem folgendes zu lesen ist:

„... die Leitung der Diözesen ist in den Händen der vom kommunistischen Regime eingesetzten und kontrollierten kirchlichen Verwaltung ... Das Regime entscheidet darüber, wer kirchliche Ämter innehaben soll und wie lange die Inhaber ihre Ämter behalten dürfen. Darüber hinaus entscheidet das Regime, wen die Bischöfe zum Priester weihen dürfen ... Die Besetzung der wichtigsten kirchlichen Ämter mit ‚Priestern des Friedens' erschüttert das Vertrauen der Priester und Gläubigen, die der unterdrückten kirchlichen Leitung treu geblieben sind."

Der „rote Josephinismus" wurde in der Tschechoslowakei noch sehr viel härter als in Ungarn durchgesetzt. Der starke Druck währte hier auch wesentlich länger als in den Nachbarländern, fast bis zu den Ereignissen des Jahres 1968. Die Experimente des Prager Frühlings überdauerten nur einige Monate. Danach wurde erneut Druck ausgeübt, diesmal mit Hilfe der Organisation kollaborierender Priester namens „Pacem in terris": (So wurde der Sinn der Enzyklika von Johannes XXIII. verfälscht.) Um 1973 waren 1600 Gemeinden ohne Seelsorger und mindestens 500 Priester wurden daran gehindert, ihr Amt auszuüben. Etwa ein Drittel der offiziell amtierenden Priester gehörte „Pacem in terris" an; ein Teil von ihnen versprach sich von dieser Zugehörigkeit, auf diese Weise wenigstens ihr Amt ausüben zu können, wenn auch unter strenger Kontrolle. Die Abkommen zwischen dem Vatikan und der Regierung führten zur Ernennung von vier Bischöfen, die alle „Pacem in terris" angehörten. Einer von ihnen, Vrána, der Bischof von Olmütz (Olomouc), sollte später der Vorsitzende dieser Bewegung werden. Die Generalversammlung dieser Organisation verurteilte 1974 den Prager Frühling, indem sie feierlich verkündete: „Wir arbeiten, wir arbeiten immer noch in Ordnung und Frieden unter dem Schutz unserer großen Freundin, der Sowjetunion". Die sehr verbreitete Passivität der Gesellschaft förderte diese Unterwerfung der großen christlichen Kirchen des Landes.

Doch gleichzeitig gewann seit den siebziger Jahren eine Bewegung des geistlichen und intellektuellen Widerstandes zumindest bei den Eliten mehr und mehr an Bedeutung. Sie brachte Katholiken – Laien und Priester – wie auch Christen anderer Konfessionen zusammen. Die „Untergrundkirche", ein bedeutender Versuch, das christliche Leben und die christliche Bildung in kleinen, sehr solidarischen Gemeinden zu vertiefen, erwies sich als lebendiger Organismus. Am 1. Januar 1977 veröffentlichte eine Gruppe von 240 Persönlichkeiten die „Charta 77". Diese anti-totalitäre Erklärung wurde schnell zum Ausgangspunkt einer Bewegung, der auch viele Christen angehörten. Im Text wird die religiöse Situation des Landes wie folgt charakterisiert:

„Die Religion wird durch despotische Willkür systematisch verspottet ... Die Priester werden in ihrem Wirken behindert. Sie leben unter der ständigen Drohung, von der Regierung ihres Amtes enthoben zu werden. Diejenigen, die in Wort oder Tat ihren religiösen Glauben bekunden, verlieren ihren Arbeitsplatz, werden schikaniert ..."

Trotz allmählich zunehmenden Protests blieb das Regime bis zum Herbst 1989 hart. Ganz anders war die Situation der Kirche in zwei Ländern mit großer katholischer Mehrheit, in Kroatien und Slowenien innerhalb der Jugoslawischen Föderation und in Polen. Die jugoslawische „Normalisierung" der sechziger Jahre ließ den Gemeinden eine relative große Freiheit, wenn sie auch isoliert waren und im öffentlichen Leben keinen Platz hatten. Die Katholiken, ungefähr ein Viertel der gesamten Bevölkerung (6700000 Gläubige) zählten in den achtziger Jahren etwa 2800 Gemeinden und 4000 Priester. Die Orden, die in Ungarn und der Tschechoslowakei fast nicht vorhanden waren, verfügten hier um 1974 über 300 Männer- und 580 Frauenklöster (1800 Mönche und 8600 Nonnen). Kontakte mit den westlichen Ländern waren leicht zu bewerkstelligen. Abkommen zwischen der Regierung und dem Heiligen Stuhl (1966) verbesserten die Situation der Kirche. Slowenien nahm nach vielen Jahren des Wartens (seit 1918/19) die Gelegenheit wahr und gründete die Slowenische Kirchenprovinz in Ljubljana (1968). Deutlich war die Tendenz zur nationalen Unabhängigkeit der Kirche. Die slowenischen Bischöfe organisierten beispielsweise im Rahmen der Jugoslawischen Bischofskonferenz eine Slowenische Regionalkonferenz.

Polen ist ein besonderer Fall. In jüngerer Zeit begonnene Studien belegen diese religiöse Sonderstellung innerhalb der Staaten der kommunistischen Welt. Die Strukturen der katholischen Kirche haben in keinem anderen Land Ostmitteleuropas ein derartiges Gewicht. Außergewöhnlich ist dabei, daß sich diese Strukturen während der kommunistischen Ära quantitativ verstärkten[6]. Im Jahre 1946 bezeichneten sich 21 bis 22 Millionen Einwohner als Katholiken; um 1988 waren es 34 bis 35 Millionen, was die demographische Dynamik dieses in den Jahren 1939–1945 so hart getroffenen Landes belegt. Im Gegensatz dazu steht die Stagnation in der Tschechoslowakei und in Ungarn, die wahrscheinlich Ausdruck der tiefen moralischen Krise ist, in der diese beiden Länder steckten. Ebenfalls bemerkenswert ist die wichtige Rolle der Ordensgeistlichen in der polnischen Gesellschaft[7].

Von 1956 bis zu seinem Tod im Jahre 1981 führte der Kardinal und Primas Stefan Wyszyński die katholische Kirche in Polen mit starker Hand. Dabei nahm sein schon im Jahre 1956 großes Prestige, auch außerhalb der katholischen Welt, noch zu. Die Spannungen mit dem von W. Gomułka geführten Einparteienstaat wuchsen ab 1957/58 schnell, um sich in den sechziger Jahren weiter zu verschärfen. Unterdrückungsversuche und Schikanen des Regimes, das die Tätigkeit der Kirchen und ihren Einfluß auf die Gesellschaft unbedingt verringern und seine Kontrolle über den Klerus und die unabhängigen kirchlichen Institutionen verstärken wollte, verzeichneten nur sehr begrenzte Erfolge. Die vor 1956 aktiven „patriotischen Priester" spielten überhaupt keine Rolle mehr.

Für Wyszyński mußte die Kirche politischen Realismus beweisen, fähig, im nationalen Interesse Kompromisse mit der Regierung zu schließen, sich strikt an die Dogmen zu halten bei Wahrung der Unabhängigkeit kirchlicher Institutionen von staatlichem Einfluß. Der entscheidende Faktor war dabei die Verbindung der Kirche mit der breiten Masse der polnischen Bevölkerung, den Menschen auf dem Land wie auch in den sich wegen der schnellen Industrialisierung und Verstädterung rasant verändernden Städten. Indem die Kirche die seit Jahrhunderten bestehenden Bande zwischen katholischer Kirche und polnischer Nation bekräftigte, stellte sie sich als Garant der nationalen Identität dar. Zwar erhob auch das seit 1944/45 Polen aufgezwungene kommunistische Regime den Anspruch, die beste nationale und soziale Kraft in jenem historischen Augenblick zu sein, doch seine offenkundige Abhängigkeit von der Sowjetunion beeinträchtigte dieses Bild, trotz enormer

---

[6] Im, Jahr 1950 zählte Polen 5795 katholische Gemeinden und 10305 Priester, 1988 waren es 8678 Gemeinden und 21854 Priester.

[7] Im Jahr 1950 waren es 6800 Mönche und 22100 Nonnen, 1988 12800 Mönche und 27400 Nonnen.

Propaganda-, Erziehungs- und Repressionsbemühungen des Einparteienstaates. Vor dem tausendsten Jahrestag der Christianisierung Polens (966–1966) organisierte die katholische Kirche in allen Gemeinden des Landes die Wallfahrt zum Bild der Heiligen Jungfrau von Tschenstochau (Cęstochowa-Jasna Góra) – eine in der Tat große „nationale Mission", die Millionen Menschen ansprach. Der Erfolg war unglaublich: Die von Polizisten aufgestellten Hindernisse wurden überall im Lande als Provokation aufgefaßt, insbesondere von den Bauern und Arbeitern, sogar in den „neuen Städten", die als „sozialistisch" und „kirchenfrei" galten. Durch seine massive Anwesenheit auf der Straße und in den Kirchen bekundete das Volk seine Treue zu „unserer Kirche" und „unserer Mutter Gottes".

Die Krise des Einparteienstaats im Jahre 1970 – der pragmatischere E. Gierek löste Gomułka in der Parteiführung ab – stärkte die katholische Kirche und ihren Primas noch mehr. Gierek suchte eher die Unterstützung der Kirche in einer Situation zunehmender sozialer und ökonomischer Schwierigkeiten. Gegen Mitte der siebziger Jahre weitete sich der Protest auf andere Schichten aus; das Bündnis von Intelligenzia und Arbeitern begann sich abzuzeichnen. Als sich im Zusammenhang mit dem Abkommen von Helsinki (1975) die Frage der Menschenrechte stellte, bezog die katholische Kirche Polens klar Stellung: Die Opposition, unter anderem die katholische wie auch die konfessionslose Intelligenzia, konnte sich immer auf die Hilfe und auf den Schutz der Kirche verlassen. In einer Reihe von Predigten und Vorträgen äußerte der Kardinal und Primas vor 1978 deutlich seine Meinung über die allgemeine Situation. Das 20. Jh. war, so sagte er,

„ein Jahrhundert totalitärer Regime, die das grausame System des Kampfes gegen die Bürger einführten. Fast alle totalitären Regime errichteten Todeslager, Gefängnisse, Arbeitslager mit harter Zwangsarbeit, die [den Menschen] zerstörten … Dutzende Millionen unschuldiger Menschen wurden zum Tode verurteilt … Daher der innere Kampf der Kirche für den Schutz des Menschen und seiner Rechte …"

Die diözesane Neuregelung in den weiten Gebieten Nord- und Westpolens, die vor 1945 zu Deutschland gehört hatten, stärkte die Position der katholischen Kirche Polens. Die kommunistische Propaganda machte sich nach 1945 den staatsrechtlich noch provisorischen Status dieser Gebiete zunutze: Eine anti-deutsche Haltung war für das kommunistische Regime ein wichtiges Instrument, um sich als „Retter" der polnischen Nation auszugeben. Um so heftiger reagierte daher das Regime Gomułkas, als die polnischen Bischöfe 1965 in einem an ihre deutschen Kollegen adressierten Brief einen Satz von großer Tragweite formulierten: „Wir vergeben und bitten um Vergebung". Die staatliche Antwort war eine große Propaganda-Aktion gegen die Bischöfe, die auf das starke Trauma der polnischen Gesellschaft spekulierte, doch erzielte sie nicht die erhoffte Wirkung. So zeichnete sich auf Grund dieses entscheidenden Schrittes im Laufe einer schwierigen Entwicklung die deutsch-polnische Annäherung ab.

Als der westdeutsche Bundestag am 3. Juni 1972 das vorher von Warschau und Moskau unterzeichnete Abkommen über diese Gebiete (und damit die endgültige Anerkennung der Grenzziehung) ratifizierte, ernannte Papst Paul VI. schon am 27. Juni 1972 sechs ordentliche Bischöfe für sechs Diözesen: Zwei davon wurden in Schlesien und in den Gebieten an der Ostsee gegründet. Für Danzig (Gdańsk) war die Frage schon vorher durch die Ernennung eines ordentlichen polnischen Bischofs geregelt worden.

Kardinal Wyszyński und
Kardinal Döpfner. Händedruck
der Versöhnung 1971.

II. Die Christen in Ostmitteleuropa
und die Umwälzungen des „Wunderjahres" 1989

Die Krise und der Zusammenbruch des kommunistischen Systems in Europa stellen ein komplexes Problem dar. Bei der Serie friedlicher Revolutionen, die von 1989–1991 die Verhältnisse in dem von den Kommunisten beherrschten Teil Europas umwälzten, spielten Christen eine wichtige, manchmal sogar eine entscheidende Rolle. Das Ergebnis war für die Kirchen, die Christen und die Anhänger verschiedener Konfessionen eine grundlegende Änderung ihrer Lage. In der Vorgeschichte spielten dabei Polen und die Papstwahl im Jahre 1978 eine wichtige Rolle. Daß ein Pole, Karol Wojtyła, der Erzbischof von Krakau, zum Papst gewählt wurde, löste einen psychologischen Quantensprung bei all seinen Landsleuten aus, nicht nur bei den polnischen Katholiken. Diese Wahl ließ die Gesellschaft und auch die Nation wieder Vertrauen in sich selbst und in einen Menschen fassen. Um dies nachzuvollziehen, muß man sich die Bedeutung der Angst als fundamentales Element des kommunistischen Regimes vor Augen halten, eine allgegenwärtige Angst, die die Fähigkeiten der Menschen, ihre Würde, ihr Verantwortungsbewußtsein, radikal zerstörte. Gerade diese Zerstörung des Menschen scheint viel stärker zur Krise des kommunistischen Staates beigetragen zu haben als die wirtschaftlichen oder politischen Probleme. Die Sprache des Papstes, der sich dieser menschlichen Tragödie nur allzu bewußt war, fand zuerst bei seinen Landsleuten, bald aber auch bei den Katholiken und manchen nichtkatholischen Christen der anderen kommunistischen Länder in Europa eine tiefe Resonanz. „Habt keine Angst", sagte er von Anfang an, ohne jeden Haß gegen die Unterdrükker, jedoch mit Nachdruck auf eine unbeugsame Haltung.

Der Polenbesuch des Papstes 1979 war ein beeindruckender Erfolg; die Gesellschaft organisierte sich vorbildlich und fand für wenige Tage Unabhängigkeit, Freiheit, Stolz und Brüderlichkeit wieder. Diese Erfahrung spielte zweifellos eine entscheidende Rolle bei dem enormen Wachstum der Bewegung *Solidarność*: 1980/81 zählte sie zehn Millionen Mitglieder. Diese Bewegung, die zugleich gewerkschaftlich, sozial, national und zutiefst politisch war, unterstrich stets ihre Verbindung zur katholischen Kirche und selbstverständlich zum Papst. Wenn sie auch generell religiös inspiriert war, so nahm sie doch auch Nichtgläubige auf (die aber, von den Intellektuellen abgesehen, nicht zahlreich waren). Ihre gute Kenntnis der Grundlagen des totalitären kommunistischen Systems erlaubte es der Bewegung *Solidarność*, die offenkundigen Schwächen des Systems aufzudecken und durch ihr Programm der friedlichen Revolution zu demonstrieren, daß sich die immer deutlicher sichtbare Krise ohne Gewalt überwinden ließ. Die massive Propaganda der kommunistischen Regierungen warf *Solidarność* wegen ihrer Verbindung zum Papst vor, zu wenig polnisch und zu sehr katholisch zu sein. Die Gewerkschaft rief in der Folge zur Solidarität aller Völker unter kommunistischer Herrschaft auf und fand zumindest dort, wo sich eine latente oder mehr oder weniger „offizielle" Opposition gebildet hatte, ungewöhnlich positive Resonanz. Die Herausarbeitung der wirklichen Bedeutung dieser Ereignisse und bis heute nicht geklärter Faktoren anhand vergleichender Studien steht noch aus. Auf jeden Fall begann das kommunistische System in Europa in Zusammenhang mit *Solidarność* (August 1980 – Dezember 1981) sichtbar zu wanken, um zehn Jahre später zusammenzubrechen.

Das Verbot von *Solidarność* und die Repression vom Dezember 1981 hatten zur Folge, daß in Polen die Position der katholischen Kirche als Zwischeninstanz zwischen Regime und Gesellschaft gestärkt wurde, und zwar vor allem als Schutz bietende Instanz für die Gesellschaft im allgemeinen und die Mitglieder von *Solidarność* im besonderen wie auch als Hilfe leistende Instanz durch die Organisation materieller Hilfe mittels kirchlicher Institutionen und Gemeinden angesichts der um sich greifenden Verarmung. Die Spenden aus dem Ausland – sie trafen in großer Zahl aus Frankreich und Deutschland ein – bezeugten die internationale Solidarität. Schon seit Jahren erhielt die polnische Kirche Hilfe aus Europa und Nordamerika, doch nach 1981 in einem nie dagewesenen Umfang, so daß die Spenden nicht nur den Institutionen, sondern breitesten Schichten der Bevölkerung zugute kamen.

Das Militärregime von W. Jaruzelski, das *Solidarność* unterdrückte, ließ der Kirche in der Hoffnung auf ihre mäßigende Rolle größtmögliche Freiheit, nicht zuletzt, um auf diese Weise – durch Schonung der Kirche – in der Gesellschaft ein positives Bild von sich aufrechtzuerhalten. So hatte die Kirche einige Jahre lang dank dieses „Freiraums" die Möglichkeit, nicht nur ihre pastoralen, sondern auch ihre im weitesten Sinne kulturellen Aktivitäten auszudehnen. Eine breite Bewegung von „kulturbewußten Menschen", Journalisten, Wissenschaftler etc., die in Verbindung zu *Solidarność* standen, versuchte unter dem Deckmantel der Kirche eine Art „Gegenkultur" ins Leben zu rufen. So brachten beispielsweise „Kulturwochen" in den großen Städten große Menschenmengen in den Kirchen zusammen, zu Vorträgen, Aufführungen und Treffen aller Art, oft mit den profiliertesten Persönlichkeiten aus den Eliten. Selbst Wallfahrten zu Fuß erfreuten sich insbesondere bei den Jugendlichen einer zunehmenden Beliebtheit, waren sie doch eine Gelegenheit, sich geistlich und intellektuell zu bilden und gleichzeitig frei zum Ausdruck zu bringen, „daß *Solidarność* siegen wird". So kam es, daß die „offiziellen" kirchenverbundenen Aktivitäten durch eine breit gefächerte und vielschichtige Untergrundbewegung gewissermaßen „ergänzt" wurden.

Die Haltung des Papstes gegenüber *Solidarność* war sehr positiv. Wiederholt forderte er die Wiederaufnahme des Dialogs zwischen der Regierung und der Bewegung – was auf den polnischen Klerus und die Bischöfe großen Einfluß hatte. Die Papstbesuche in Polen 1983 und 1987 richteten das Volk und die Gläubigen wieder auf, deren Moral nach 1981 zum Teil gebrochen geworden war. Einige der engagiertesten Geistlichen wurden jedoch verfolgt. Der bekannteste Fall ist der eines jungen Priesters aus Warschau, Jerzy Popieluszko, den 1984 Polizisten ermordeten; seine Person wurde bald im ganzen Land Gegenstand lebendiger Verehrung.

Fast überall in Ostmittel- und Osteuropa konnte man in den 80er Jahren das Erstarken von Protest-, bisweilen sogar ausgesprochenen Oppositionsbewegungen beobachten. Das Streben nach religiöser Freiheit, nach Freiheit in zum Teil von den Machthabern völlig instrumentalisierten Kirchen, war eng mit der gesamten Menschenrechtsbewegung verbunden. Das Abkommen von Helsinki (1975) – an dem auch der Heilige Stuhl beteiligt war – bot all denjenigen, die empfänglich und mutig genug waren, eine gewisse Chance, für die Menschenrechte in ihrem Land einzutreten. Mit Papst Johannes Paul II. wurde die seit Johannes XXIII. vorangetriebene Ostpolitik des Vatikans realistischer und wirksamer, was sicher auch daran lag, daß dieser Papst die kommunistischen Regimes und ihre Entwicklung aus eigener Erfahrung von Grund auf kannte. Es war Johannes Paul II. ein persönliches Anliegen, strategische Entscheidungen für den Umgang mit der kommunistischen Welt zu fällen und die christlichen Traditionen Ostmittel- und Osteuropas im Rahmen der westlichen und östlichen Traditionen besser zur Geltung zu bringen. Die Erhebung der Heiligen Kyrillos und Methodios zu Schutzpatronen Europas neben dem Heiligen Benedikt mag ein symbolischer Akt dafür sein wie auch die ihnen gewidmete Enzyklika *Slavorum Apostoli*. Im Frühjahr 1979 gab Papst Johannes Paul II. in Polen ein feierliches und öffentliches Versprechen: Er komme, „um vor der ganzen Kirche, vor ganz Europa und der Welt von diesen oft vergessenen Ländern und Völkern zu sprechen und seine Stimme laut zu erheben". Er, der für Menschenrechtsfragen und das unbedingt anzuerkennende Freiheitsstreben der Völker dieser Länder sehr empfänglich war, wünschte all diesen Ländern das, was er 1979 in seiner Heimat ausgesprochen hatte: „Es kann kein gerechtes Europa ohne ein unabhängiges Polen geben". Bei jeder sich bietenden Gelegenheit äußerte er den Wunsch, daß diese Schwesternationen enge Beziehungen untereinander und mit all ihren Nachbarländern unterhielten und sich in diesem kulturellen Europa, das seine christliche Herkunft nicht vergessen habe, wiederfänden. Als ein in dieser Hinsicht guter Schüler von Kardinal Wyszyński versuchte er konkret, mit den Staatschefs und den Regierungen gute Beziehungen zu unterhalten, forderte dabei aber unbeirrt religiöse Freiheiten, bekräftigte seinen Willen, diese zu erweitern, und suchte überall diejenigen Menschen, Bewegungen und Vorhaben zu ermutigen, die die Unabhängigkeit der Kirche garantierten. Seine ökumenische Bemühungen richteten sich, insbesondere bei Treffen während seiner Wallfahrtsreisen, zu gleichen Teilen an die anderen christlichen Konfessionen, an die Juden, denen sein besonderes Interesse galt, und an Gläubige anderer Religionen.

Da jedes Land, jede nationale und lokale Kirche vor spezifischen Problemen und Schwierigkeiten stand, gilt es, die Bedeutung und Vielfalt der Beziehungen des Papstes und seiner Vertreter zu den lokalen Kirchen zu studieren, die Schachzüge der Bischofsernennungen und Beförderungen wie auch die diskrete Amtsenthebung geistlicher Persönlichkeiten, die im Dienste des Einparteienstaats und seiner Polizei standen.

In der Tschechoslowakei reagierten die Gläubigen der schwer getroffenen katholischen Kirche nach der Wahl des Papstes sehr lebhaft. Sie wußten, daß Wojtyła ihre Lage kannte. Die Propaganda gegen den Papst wie die Repression gegen die Katholiken wurden umso heftiger. Die Untergrundkirche um Priester und eifrige Laien stärkte gleichzeitig ihre Position und zog vor allem junge Leute an, die durch die Leere der offiziellen Ideologie enttäuscht waren. Religiöse Verlage entstanden ebenfalls im Untergrund. Der alte Prager Erzbischof, Kardinal František Tomášek, änderte nach anfänglichem Zögern bald, vom Papst und den Gläubigen ermutigt, den Ton und nahm, vor allem nach seinem Besuch in Rom Anfang 1982, eine standhafte Position ein. Im Rahmen der „Charta 77" zeigten sich Katholiken und Protestanten zusammen mit den Nichtgläubigen immer aktiver. Eine große Neuigkeit trat in den 80er Jahren auf: Massenkundgebungen von Gläubigen, vor allem Wallfahrten und Petitionen, die von tausenden Anhängern unterschrieben wurden.

Am 7. Juli 1985, dem elfhundertsten Jahrestag des Todes des hl. Methodios, versammelten sich trotz schwerer Behinderungen durch das herrschende Regime 150 000 Katholiken aus dem ganzen Land am Grabmal des Heiligen. Dem Papst wurde die Einreise verwehrt, doch die Rufe der Gläubigen drückten deutlich ihre Gefühle aus: „Es lebe Johannes Paul II.!" sowie den Satz, der ihnen für die Tschechoslowakei Programm war: „Wir wollen einen Priester in jeder Gemeinde und einen Bischof in jeder Diözese!" Der Erfolg der Demonstrationen stärkte die „Unabhängigkeitsbewegung" innerhalb der Kirche und ermutigte zu weiteren Aktionen. Ein anderer großer Erfolg liegt in den fast 700 000 Unterschriften, die 1986/87 für eine Petition zusammenkamen, die die Freiheit der Kirche forderte („Der Staat soll sich in Organisation und Aktivitäten der Kirche nicht einmischen"). Der zunehmende Druck bewog die noch immer starre Regierung zuweilen zum nachgeben: So konnte der Papst etwa 1988 drei Bischöfe ernennen, die der mit den Kommunisten zusammenarbeitenden Organisation „Pacem in terris" nicht angehörten.

Ganz anders war die Situation in Ungarn, weil sich die katholische Hierarchie – wie auch die Leitung der anderen Kirchen – auf eine weitreichende Kompromißpolitik mit der Regierung einließ, was zum Konflikt zwischen der Basisbewegung und den Bischöfen führte: Der „Vater" der Basisbewegung, Bulányi, ein Kleriker aus dem Orden der Piaristen, wurde sogar 1982 von einem Kirchentribunal in Budapest als „Häretiker" verurteilt. Der Vatikan wurde gebeten, dieses Urteil zu bestätigen. Die Bewegung bestand aus tausenden, ganz unterschiedlich gearteten kleinen Gruppen, unter anderem Charismatiker, Focolari, wobei die „Bulányisten" die älteste Bewegung waren. Gegen Mitte der achtziger Jahre zählte diese Bewegung vermutlich 70 000 Leute. Hauptanliegen waren spirituelle Erneuerung und karitative Hilfe. Der Protest gegen die von den Bischöfen geführte Kompromißpolitik nahm ein solches Ausmaß an, daß sich Stimmen erhoben, die die Legitimität der Bischöfe anzweifelten. Wenngleich der Papst die Bildung von Gruppen zur spirituellen Erneuerung förderte, so verlangte er doch von ihnen, keine von der Kirche losgelösten Gemeinschaften zu bilden.

Kardinal und Primas Lékai hielt sich merklich darin zurück, der Vorgehensweise der polnischen Kirche im Sinne der Maximen des Papstes zu folgen. Sein 1986 von der Ungarischen Bischofskonferenz gewählter Nachfolger, László Paskai, betonte, er werde Lékais Linie fortsetzen. Seine Aussagen nach der Wahl zeugen von der in der Hierarchie verbreiteten Einstellung: Die Kommunisten hätten eigentlich, so Paskai, den Dialog mit der Kirche gesucht, doch Mindszenty habe diesen Dialog verhindert: „Wenn sich der ehemalige Kardinal und Primas von Ungarn, József Mindszenty, damals nicht geirrt hätte, wäre alles anders (…) Wie wir alle wissen, hat sich der damalige Kardinal und Primas geirrt", und dieser folgenschwere Irrtum habe der katholischen Kirche Ungarns geschadet.

Die Nichtbeteiligung der Kirchen an der Reformbewegung, die sogar einen Teil der Kommunisten erfaßte, dürfte eine Art ungarisches Paradox sein. Nach dem Ausscheiden des alten Staatsoberhauptes János Kádár im Mai 1988 machte sein Nachfolger Károly Grósz selbst Vorschläge zur vermehrten Unabhängigkeit der Kirchen von der Einflußnahme des Einparteienstaates. „Freie Kirchen in einem freien Staat", wurde bei dieser Gelegenheit sogar formuliert. Der Papst konnte dann im Dezember 1988 fünf neue ungarische Bischöfe ernennen, unter ihnen den neuen Generalsekretär der Bischofskonferenz, Asztrik Várszegi. Im Gegensatz zu seinem Vorgänger war er ein überzeugter Fürsprecher der Basisgemeindebewegung.

Das besonders schwere Schicksal der Katholiken in der Sowjetunion beschäftigte Johannes Paul II. von Anfang an sehr. Es ging an erster Stelle um die „offizielle", vom Staat anerkannte Kirche Litauens und um die griechisch-katholische Untergrundkirche der Westukraine. Innerhalb dieser zwei Kirchen wuchs nach 1978, dem Datum, von dem an der polnische Papst im Amt war, die Bewegung des spirituellen Widerstandes beträchtlich, ungeachtet aller Verfolgungen. Diese „regionale" Solidarität nahm in den folgenden Jahren manchmal spektakuläre und unerwartete Formen an, die Gläubigen ergriffen mutig die Initiative. Die religiöse Protestbewegung reichte bis in die sechziger Jahre zurück, als vor allem die Baptisten und einige Orthodoxe – unter der Führung von Gleb Jakunin – allen Gläubigen der damaligen Sowjetunion ein Beispiel für ein bekennendes Christentum gaben. Seit 1968 wurden von Litauen aus Dutzende von Petitionen mit Unterschriftenlisten gegen die verschiedenen antireligiösen Unterdrückungsmaßnahmen eingereicht. Ab 1972 beschrieb die im Untergrund herausgegebene *Chronik der katholische Kirche Litauens* die manchmal dramatische Situation der dortigen Katholiken – Informationen, die weltweite Verbreitung fanden. Trotz wiederholter Verhaftungen fortgeführt, vertrat die Zeitschrift eine klare Position: Für jede – nicht nur die katholische – Kirche unter kommunistischem Regime bestehe die große Gefahr in der Instrumentalisierung durch die kommunistischen Machthaber; diese Instrumentalisierung führe zur Passivität und zur Demoralisierung sowohl des Klerus als auch der Gläubigen; ohne wirkliche Unabhängigkeit, und sei es im Untergrund, folge Stagnation und Tod, wie man es fast überall in der Sowjetunion beobachten könne.

1978 wurde das Komitee für den Schutz der Rechte der Gläubigen Litauens gegründet. Im darauffolgenden Jahr wurden 150 000 Unterschriften für die Wiedereröffnung der Kirche in Klaipeda gesammelt – angesichts des allgegenwärtigen Terrors des KGB eine außergewöhnlich mutige Tat. Trotz der fortgesetzten und manchmal überharten Repressionen nutzte der Vatikan die allgemeine Phase der Entspannung und versuchte, die Situation zu verbessern. Die litauischen Bischöfe erhielten 1983 zum ersten Mal die Möglichkeit, für einen Besuch *ad limina* nach Rom zu reisen. Bei dieser Gelegenheit wurde ein Bischof, dem man vorwarf, dem KGB zu nahe zu stehen, ohne Aufsehen seines Amtes enthoben. 1988 nutzte der Papst ohne Zögern die neue politische Situation in der Sowjetunion. Er ernannte den litauischen Bischof Vincentas Sladkevicius zum Kardinal und stellte ihn ohne vorherige Rücksprache mit den kommunistischen Machthabern an die Spitze der Litauischen Kirche. Um die Bedeutung dieser Handlung einzuschätzen, gilt es daran zu erinnern, daß Sladkevicius bereits 1957 zum Bischof ernannt und geweiht, danach aber daran gehindert worden war, sein Amt auszuüben. Insofern war die Ernennung zum Kardinal ein Akt mit großer symbolischer Kraft. Sladkevicius erklärte am 3. August 1988 in Kaunas, daß die Kirche fortan keine Zustimmung von seiten des Einparteienstaats benötige, um beispielsweise Priester zu Gemeindeleitern zu ernennen. Litauen stand vor einem äußerst wichtigen politischen Umbruch. Zu Recht kann man behaupten, daß die Kirche aktiv daran teilgenommen hat.

In der Westukraine waren es in erster Linie die unierten Christen, die in den achtziger Jahren immer deutlicher den Willen bekundeten, ihre Kirche offiziell wiederaufzubauen. Gesuche und Petitionen mobilisierten die öffentliche Meinung: Sie zielten auch darauf, den Rest der Welt auf die eklatanten Menschenrechtsverletzungen im religiösen Bereich aufmerksam zu machen. Eine Initiativgruppe zur Verteidigung der Rechte der Gläubigen und der Kirche wurde 1982 gegründet. Die Untergrundzeitschrift *Die Chronik der katholischen Kirche in der Ukraine* gab ein Bild der permanent harten Verfolgung, zu deren Faktoren sicher auch die besonders enge Verflechtung von Religion und ukrainischem Patriotismus zu zählen ist. Eine Lösung dieser Situation war letztlich nur im Rahmen der allgemeinen Entwicklung in der kommunistischen Welt möglich.

Mit dem Amtsantritt Michail Gorbatschows in der UdSSR (1985) und dessen Reformen verbuchte die pragmatische, doch standhafte Politik von Johannes Paul II. allmählich Erfolge. Um sich die Unterstützung des Vatikans zu sichern und die Probleme der von ihm als notwendig erachteten allgemeinen Systemveränderungen in den Griff zu bekommen, machte Gorbatschow binnen weniger Jahre Zugeständnisse hinsichtlich religiöser Freiheit. Die – trotz des Abkommens von Helsinki (1975) – bislang verwehrte religiöse Liberalisierung öffnete das Tor zur allgemeinen Liberalisierung. Durch seine Intervention förderte der Vatikan überall die Liberalisierung des Systems, wobei er „möglicherweise Polen als Terrain für den Vorstoß bevorzugte, da der Papst dort die Probleme ausgezeichnet kannte und wußte, daß dieses Land Modell und Katalysator für einen allgemeinen Wechsel werden konnte" (Jean-François Soulet).

Für die zunehmend wachsende Unruhe in der kommunistischen Welt, vor allem ab 1988, und für die tiefgreifenden Veränderungen durch die „friedliche Revolution" in Ostmitteleuropa im Jahre 1989 zählten die religiösen Faktoren wahrscheinlich zu den Hauptfaktoren, zumindest sind sie für diese außergewöhnliche und schwierig zu verstehende Entwicklung besonders charakteristisch. Die Entwicklung führte zum friedlichen Zusammenbruch des sowjetischen Imperiums, dessen Weltmachtstellung und totalitäre Utopie einige Jahrzehnte lang Millionen Bewohner des Planeten fasziniert hatten. Ostmitteleuropa nahm eine neue Form an: Das Unabhängigkeitsstreben seiner Nationen (zumindest ihrer nationalen Eliten, die die Formel der sowjetischen Integration unter der Führung Moskaus und das kommunistische System bewußt abgelehnt hatten) wurde Wirklichkeit. Im Zuge der Verkündung von Grundrechten wurde in all diesen Staaten auch die Religionsfreiheit gewährt. Die Sowjetunion unter Gorbatschow sah von einem gewaltsamen Eingreifen in die besondere Entwicklung seiner Mitgliedsstaaten ab. Das Treffen zwischen Gorbatschow und Johannes Paul II. am 1. Dezember 1989 im Vatikan war ein in hohem Maße historisches Ereignis, von langer Hand vorbereitet. Es symbolisiert die Errungenschaften des Jahres 1989, das zahlreiche Beobachter erstaunt als „Wunderjahr" bezeichnen.

In Polen engagierte sich die Kirche für den Kompromiß zwischen *Solidarność* und dem Reformflügel der Partei. Der Wahlsieg von *Solidarność* am 4. Juni 1989 führte während des Sommers zu einer neuen Regierung, die von einem Katholiken, Tadeusz Mazowiecki, geleitet wurde: die erste nichtkommunistische Regierung dieser „friedlichen Revolution", die durchaus Signalcharakter für die anderen Ostblockländer hatte. Im Mai 1989 erlangte die katholische Kirche Polens durch einen – mittels Kompromiß herbeigeführten – Beschluß der kommunistischen Volksvertretung ihre vollkommene Handlungsfreiheit zurück.

In Ungarn genossen die christlichen Kirchen praktisch seit dem Jahr 1989 große Freiheit, doch erst das neue Parlament beschloß nach den freien Wahlen im Jahre 1990 die neue Verfassung, die – unter anderem – die Gewissens- und Religionsfreiheit wie auch die Trennung von Kirche und Staat garantierte. Ein Katholik, József Antall, wurde Premierminister.

In Ostdeutschland, dessen kommunistisches Regime besonders rigide war, fanden die

Protestbewegungen der achtziger Jahre ihren Platz innerhalb der protestantischen, aber auch der katholischen Kirche. Die Bewegung war zunächst betont pazifistisch ausgerichtet: Der Versammlungsfreiraum, über den die Kirchen verfügten, zog alle Andersdenkenden an. Ab dem Sommer 1989 nutzten tausende mit dem Regime unzufriedene Menschen die vorhandenen Spielräume aus, ihren Ruf nach Veränderungen zu artikulieren. Im Oktober wurden die Demonstrationen in den Kirchen und auf der Straße immer größer, insbesondere in Dresden und Leipzig, mit Tausenden von Demonstranten, vor allem Jugendlichen. Von Gorbatschow im Stich gelassen, mußten die kommunistischen Machthaber kapitulieren. Im November fiel die Berliner Mauer, das Symbol des geteilten Europas, und der Weg zur Wiedervereinigung Deutschlands war frei, auch wenn diese sich weit schwieriger gestaltete, als man damals ahnen konnte.

Gegen Ende des gleichen Jahres fielen auch die Regimes in der Tschechoslowakei und Rumänien. Die „Charta 77", mit Václav Havel und dem katholischen Priester Václav Malý, inspirierte große Demonstrationen in Prag und Bratislava Ende November. Die Unterstützung durch den sehr populär gewordenen Kardinal Tomášek war dabei offensichtlich. In einem Appell an alle Katholiken äußerte er insbesondere, daß er nicht schweigen dürfe in dem Wissen,

„daß ihr zu einer mutigen Demonstration gegen die Ungerechtigkeit, die uns seit vierzig Jahren unterdrückt, zusammengekommen seid. Niemand kann mit gutem Gewissen einen Staat unterstützen, in dem man die Wahrheit nicht sagen darf und der die tausendjährige Tradition des Rechtsstaats unterdrückt".

Es kam zu einer überwältigenden Wende: Václav Havel wurde zum Präsidenten der Republik gewählt. Wie wichtig die Teilnahme der Katholiken am antikommunistischen Widerstand war, läßt sich erst vor dem Hintergrund der komplizierten historischen Beziehungen zwischen der tschechischen Nationalbewegung und der katholischen Kirche erfassen:

„Die erlebte Geschichte des 20. Jh. hat die katholische Kirche und den Katholizismus der Mehrheit der Tschechen wieder in die nationale Tradition eingegliedert. Kirche und hussitischer Humanismus versöhnen sich beim Durchbruch der tschechischen Demokratie in Mitteleuropa" (Marie-Elisabeth Ducreux).

Einige spektakuläre Gesten verdeutlichen, wie sich die neue Situation von der nach 1918 unterschied. Als die Tschechoslowakei nach dem Ende des Ersten Weltkrieges aus Gebieten der österreichisch-ungarischen Doppelmonarchie geschaffen worden war, prägte ein starker Antikatholizismus die Geschichte des jungen Staates, der in der Kirche nur eine Verbündete der alten Habsburgermonarchie sah. Am 29. Dezember 1989, dem Tag seiner Amtsübernahme, kam Havel zu Fuß in den Prager Sankt-Veits-Dom, um seine Verbindung mit der Kirche zu dokumentieren. Drei Tage später, am 1. Januar 1990, lud er den Papst nach Prag ein, um die „Sanfte Revolution" zu unterstützen. Und als Johannes Paul II. am 30. April 1990 eintraf, sagte Havel, sehr bewegt: „Ich bin mir nicht sicher, ob ich weiß, was ein Wunder ist ..."

In Rumänien war die Situation völlig anders: Es gab keine offizielle antikommunistische Opposition, die mutigen religiösen Aktivitäten der unierten Christen im Untergrund vermochten das offizielle Bild einer friedlichen Koexistenz verschiedener Kirchen unter der Führung des „Retters" Ceauçescu nicht zu trüben. Die Revolte in Temesvár um einen ungarischen Pfarrer, Lázsló Tökés, im Dezember 1989 war das auslösende Moment für den erfolgreichen Volksaufstand gegen Ceauçescu, den Führer des Einparteienstaates. Eine oppositionelle Fraktion innerhalb der kommunistischen Partei setzte sich nach der Beseitigung des Diktators schnell an die Spitze der Bewegung, was nicht ohne Einfluß auf die Veränderungen und den Prozeß der religiösen Liberalisierung blieb.

Die rumänische orthodoxe Kirche, die mit dem Regime Ceauçescus eng verbunden war, änderte schnell den Ton und befürwortete die Revolution, ohne jedoch ernsthaft ihr Gewissen zu prüfen. Eine 1990 gegründete „Arbeitsgruppe für die Erneuerung der Kirche" konnte ihre kritische Position nicht durchsetzen. Ohne ernsthaft Resonanz blieb der Appell von Boris Raduleanu, einem alten orthodoxen Priester, der von den Kommunisten hart verfolgt worden und seiner Kirche immer treu geblieben war, an die Synode der orthodoxen Kirche:

„Ihr habt das Volk in der größten religiösen Ignoranz gehalten, indem ihr von ihm lediglich verlangtet, daß es die religiöse Hierarchie respektiert … Die Synode hat nicht Ceauçescu gedient …, doch durch Ceauçescu hat sie dem Teufel gedient".

Raduleanu betont auch die Verantwortung der orthodoxen Kirche für die Zerschlagung der griechisch-katholischen Kirche. Ungeachtet dieses Briefes, der die öffentliche Meinung heftig erregte, wählte die Synode einige Wochen später den alten Patriarchen, der Ceauçescu sehr verbunden war, erneut – ein deutliches Zeichen, das dennoch, man muß es betonen, kein Schisma auslöste. Ein Bündnis zwischen den neokommunistischen Machthabern und der orthodoxen Kirche zeichnete sich schnell ab, beide betonten die lange Tradition und die Gleichwertigkeit von Orthodoxie und rumänischem Nationalbewußtsein: So fand die Macht ihre nationale und orthodoxe Legitimation. Die Altkommunisten übten sich, vor allem im Fernsehen, in der Demonstration inbrünstiger religiöser Überzeugungen und Praktiken.

Zwar wurde die griechisch-katholische Kirche wieder offiziell anerkannt, doch wurden zugleich alle Anstrengungen unternommen, um zu verhindern, daß ihr die liquidierten Kirchengüter zurückgegeben wurden. Massive Propaganda-Aktionen stellten die griechisch-katholischen Christen als Ungarn dar, also als nichtrumänische Volksgruppe. Die heutige Größe dieser Gemeinschaft, die 1945 zwei Millionen Mitglieder hatte, ist unsicher. Nach der Einschüchterungskampagne ergab die Volkszählung vom 2. Januar 1992 nur 228 377 griechisch-katholischen Christen, allerdings schwanken Schätzungen zwischen 400 000 oder 600 000 und zwei bis drei Millionen. Zeichen eines inneren Wiederauflebens sind jedenfalls wahrnehmbar. Trotz schwerer Prüfungen behielt die römisch-katholische Kirche (1 150 000 Gläubige im Jahre 1992) einen gewissen Freiraum. In ihr vereinigten sich ungarische, deutsche und rumänische (etwa ein Drittel, insbesondere aus der Intelligenzia) Volksgruppen. Der Wiederaufbau begann langsam ab 1984 mit der Ernennung von Ion Robu, dem heutigen Erzbischof und Metropoliten von Bukarest, zum apostolischen Administrator. Ab 1990, mit der wiedergewonnenen Freiheit, konnte die katholische Kirche ihre Position in Rumänien stärken.

In den Ländern des Balkan war religiöser Protest fast überall zu beobachten, wenn auch relativ schwach. Die Veränderungen ab 1989/90 gingen hier in erster Linie auf Reformflügel der kommunistischen Partei zurück, die allerdings unter anderem auch auf die Karte der Religion setzten. In Bulgarien resultierte daraus ein Schisma innerhalb der dominierenden nationalen orthodoxen Kirche, die sich ohnehin schon in einer isolierten Existenz befand. Der frühere Patriarch Maxim, mit dem bisherigen kommunistischen System eng verbunden, wurde 1992 durch Pimen ersetzt: Eine „neue" Regierung wollte gegen die konservative Grundstimmung die Situation verändern. Erst 1998 fand die Kirche ihre Einheit wieder.

In Serbien suchte der Nationalkommunismus die Unterstützung der nationalen serbischen Kirche. Doch der Zerfall Jugoslawiens und die damit zusammenhängenden Kriege waren nicht so sehr auf die religiösen Differenzen zwischen Orthodoxen, Katholiken und Muslimen zurückzuführen als auf die unterschiedlichen, seit langem unter dem Deckmantel der Föderation verborgen schmorenden Interessen und die Spannungen zwischen den Republiken und den Völkern. Ohne Zweifel verstärkte auf dem Balkan eine weitgehende Gleichsetzung der Religion mit dem Nationalgefühl den nationalen Zusammenhalt der orthodoxen Serben wie auch der katholischen Kroaten und Slowenen. Diese Identifikation erschwerte auch eine Lösung in dem von einer muslimischen Mehrheit bevölkerten Bosnien, wo sich allmählich eine Art islamisch-bosnische nationale Identität herausbildete. Letztlich waren es aber die noch mächtigen kommunistischen Apparate, angefangen mit Serbien, die mit Hilfe ihrer nationalen oder religiösen Propaganda ihre Vormachtstellung nicht nur beibehalten, sondern erweitern und festigen wollten. In den aus dem Jugoslawien von vor 1990 hervorgegangenen unabhängigen Staaten hatte jedoch der politische Umbruch für die Kirchen und das religiöse Leben keine radikalen Veränderungen zur Folge [8].

Ganz anders in Albanien. Als die Machthaber dieses „ersten atheistischen Staates der Welt" durch den totalen Zusammenbruch des Landes gezwungen waren, ihr „freiwilliges Ghetto" zu verlassen, wurden sie mit den Anforderungen des Abkommens von Helsinki hinsichtlich der religiösen Freiheiten konfrontiert. In Folge wurde im Laufe des Jahres 1990 der Artikel über die „religiöse Propaganda", die als „Verbrechen gegen den Staat" galt, aus dem Strafgesetzbuch gestrichen; schließlich wurde es gestattet, Gotteshäuser zu eröffnen. Die erste öffentliche katholische Messe wurde am 4. November 1990 von einigen betagten Priestern, die im Gefängnis oder im Untergrund gelebt hatten, auf dem alten Friedhof von Shkoder zelebriert. Ein langsamer und schwieriger Wiederaufbau begann.

Eine ebenso radikale Veränderung stellt all das dar, was in den Jahren 1988–1991 in der Sowjetunion geschah. Die hier interessierenden westlichen Republiken der Union mit ihren tiefen christlichen Wurzeln folgten im Großen und Ganzen der politischen und religiösen Entwicklung gesamt Ostmitteleuropas. Wenn auch in Litauen und in der Westukraine das religiöse, christliche Element als ein wichtiger Aspekt der Unabhängigkeitsbewegung seinen stärksten Ausdruck fand, so stand doch die Religionsfreiheit auf dem Programm aller Systemkritiker und Reformkräfte. Die Demonstrationen in den Kirchen unter Teilnahme weiter Bevölkerungskreise, unter dem sowjetischen Regime unmöglich, nahmen ab 1988 nationalen Charakter an. So demonstrierten die Litauer am 16. Februar 1988 – dem Jahrestag der Ausrufung des freien Litauens im Jahre 1918 – im ganzen Land in und vor ihren Kirchen. Sie legten den Kreuzweg auf Knien zurück – eine traditionelle Art inbrünstigen Betens, mit der breite Schichten einer hart verfolgten Bevölkerung ihre Entschlossenheit kundtaten. Ab 1988 wurden in Lemberg (Lwiw) wieder öffentlich Messen der unierten Christen gelesen, doch die größte Demonstration fand erst am 17. September 1989 statt, genau am Jahrestag des Einmarsches der sowjetischen Truppen in Polen im

---

[8] V. BAJSICJ, „La chiesa in Croazia durante l'era marxista", in: G. DE ROSA (Hrsg.), La fede sommersa „nei paesi dell'Este", Vicenza 1992, 23 ff. Die Kirchen Kroatiens und Sloweniens mit ihren Bischöfen waren auf jeden Fall in der Unabhängigkeitsbewegung sehr engagiert; siehe C. DE MONTCLOS, Le Vatican et l'éclatement de la Yougoslavie, Paris 1999.

Jahre 1939 in Umsetzung des Ribbentrop-Molotow-Paktes. Fünfzehn Priester, die bisher im Untergrund tätig gewesen waren, zelebrierten eine von 150 000 Menschen besuchte Messe. Die Teilnehmer begaben sich anschließend in Richtung des Sankt-Georgs-Doms, den griechisch-katholische Christen seit 1946 nicht mehr betreten durften. Deutlich verkörperte sich in dieser Demonstration der Ruf nach religiöser und nationaler Freiheit.

Gorbatschow entschloß sich vermutlich schon 1988, religiöse Freiheit zu gewähren. Die unierte, griechisch-katholische Kirche war wohl der schwierigste Fall, da hier gegen den Widerstand der orthodoxen Kirche Rußlands gehandelt werden mußte. Dabei ging es nicht nur um Fragen der Glaubensausübung, sondern auch um die finanzielle Grundlage und damit materielle Existenz der Kirche. Der Papst hatte mit Gorbatschow diesbezüglich schon im Rahmen seiner Gespräche vom Dezember 1989 verhandeln wollen, doch der sowjetische Führer überließ diese Angelegenheit lieber dem Dialog zwischen dem Vatikan und dem Patriarchat von Moskau. Die griechisch-katholischen Christen nutzten die neue allgemeine Stimmung und erhielten mit der Unterstützung der lokalen Machthaber ab 1989 ihre Kirchen zurück. Gegen Ende 1990 durfte ihr Kirchenoberhaupt, Kardinal Myroslav Ivan Lubachivsky, der in Rom im Exil lebende Bischof der Metropolie Lemberg (Lwiw), zurückkehren.

Mit der ab 1988/1989 immer öfter in Anspruch genommenen Religionsfreiheit begann ein ungeahnter Aufschwung. Die Zahl christlicher Gemeinschaften und Gemeinden wuchs rasch. Nach einem noch geltenden sowjetischen Gesetz müssen zwanzig Bürger einen Antrag stellen, um eine Gemeinde eintragen zu lassen. Es läßt sich zeigen, daß sich die Zahl der registrierten Gemeinden nach 1988 in wenigen Jahren verdoppelte. So wuchs in der Ukraine die Zahl der Gemeinden von 5689 im Jahre 1988 auf 10 810 im Jahre 1991; danach entwickelte sich die Bewegung, faßt man alle Konfessionen zusammen, etwas langsamer: 10 038 Gemeinden standen 1993 auf der offiziellen Liste, 15 784 im Jahre 1995 und 18 612 im Jahre 1997. Mit den Unabhängigkeitserklärungen von 1990/91 [9] stand die religiöse Entwicklung in diesen Ländern, die sich zur Demokratie und uneingeschränkten Religionsfreiheit bekannten, natürlich auf festerem Boden als unter der sowjetischen Herrschaft.

Das Jahr 1991 war von der endgültigen Aufspaltung Jugoslawiens und dem Beginn einer Reihe von jahrelang währenden Bürgerkriegen geprägt, als Slowenien, Kroatien und Mazedonien und in der Folge auch Bosnien-Herzegowina ihre Unabhängigkeit erklärten. Friedlich hingegen verlief die Auflösung eines anderen Staates, nämlich die am 1. Januar 1993 offiziell erfolgte Trennung zwischen Tschechen und Slowaken.

Die unterschiedlichen Republiken des ehemaligen Jugoslawien setzten zugleich auf die nationale und auf die religiöse Karte. Die wohlhabenderen Slowenen und Kroaten katholischer Tradition, die jahrhundertelang an das Habsburger Reich und Ungarn gebunden waren, wollten nach Europa „zurückkehren", und der Welt des Balkan den Rücken kehren. Die serbischen Führer legten aufgrund des Mythos eines Großserbiens die Hand auf Bosnien-Herzegowina und das Kosovo, das „heilige Land" der Serben im 14. Jh., das nun aber mehrheitlich von moslemischen Albanern bewohnt war. Die folgenden Bürgerkriege im ehemaligen Jugoslawien waren jedoch, mit den Worten des Theologen und orthodoxen Historikers Olivier Clément, keine Religionskriege, vielmehr wurde „das religiöse Element mit seiner emotionalen Befrachtung vom Nationalen usurpiert", der postkommunistische

---

[9] Litauen verkündete am 11. März 1990 die Unabhängigkeit, Weißrussland, die Ukraine, Estland, Lettland und Moldawien im Sommer 1991.

Nationalismus instrumentalisierte das religiöse Element. Im Kosovo bemühten sich Patriarch Pawle wie auch Erzbischof Artemije in dieser heiklen Situation, die Prinzipien des Dialogs und des gegenseitigen Respekts aufrechtzuerhalten.

III. Versuch eines Fazits: Christen in Ostmitteleuropa heute

Die „Überwindung des Kommunismus" erwies sich aus unterschiedlichen Gründen als ein langer und mühsamer Prozeß. Die grundlegenden sozialökonomischen, politischen und kulturellen Veränderungen in allen Lebensbereichen forderten von den betreffenden Gesellschaften Einsicht, Fähigkeit und Willenskraft. Derartige Veränderungen haben in der Regel vor allem für die ärmeren Schichten einen hohen Preis. Die seit der Wende vergangenen Jahre zeigen große Unterschiede in der Entwicklung der postkommunistischen Länder: Polen, Tschechien, Ungarn, vermutlich auch Slowenien, Kroatien, Estland und Litauen sind in ihrer Entwicklung weiter vorangeschritten. Die anderen Länder befinden sich offensichtlich in einer Krise, die Bemühungen ihrer Regierungen erweisen sich als unzureichend. Selbst die außergewöhnlichen Bemühungen eines so wohlhabenden Staates wie Deutschland können nicht verhindern, daß die ehemalige DDR wahrscheinlich noch auf Jahre das deutsche Zusammenleben problematisieren wird. Das Erbe des Kommunismus, sein totalitärer Charakter, der den Vergleich mit Nationalsozialismus und Faschismus erlaubt, wird noch für lange Zeit Gegenstand von Debatten sein, ohne die eine Bilanz des 20. Jh. nicht möglich ist.

Die Geschichte des christlichen Engagements im politischen Leben der neuen freien Republiken ist dabei ein wichtiger Aspekt. Die spezifischen Situationen und Traditionen lösten Kontroversen, manchmal heftige Polemiken, zuweilen tiefe Spaltungen aus und führten zu unterschiedlichen Lösungen. Daß die entstehenden rechten Parteien versuchten, die christliche Wählerschaft für sich zu gewinnen, ist ein allgemein verbreitetes Phänomen; die angestrebten Bündnisse zwischen nationalen und religiösen Kräften hatten in den orthodoxen Ländern oft die Form eines Bündnisses zwischen Nationalkommunismus (Postkommunismus) und Traditionalisten, die um alles die Trennung von Kirche und Staat zu vermeiden suchten. Der katholischen Kirche gelang es vergleichsweise besser, eine gewisse Distanz gegenüber direktem politischen Engagement zu bewahren, wenn auch nicht immer, zumal die demokratischen Experimente anfangs für die Bevölkerung schwierig zu bewältigen waren, war sie doch an eine vom kommunistischen Totalitarismus gut gespielte „Scheindemokratie" gewöhnt.

Den Kirchen stellte sich in den neu gegründeten Staaten eine Reihe elementarer Probleme, beispielsweise im Zusammenhang mit wirtschaftlichen Fragen. Die Wiedererlangung der vom kommunistischen Regime konfiszierten Güter wurde Thema von Kontroversen, insbesondere in der Tschechoslowakei – später dann in Tschechien und der Slowakei – und in Ungarn. Das von den Kommunisten aufgezwungene Vorgehen (Vergütung der Priester durch den Staat) führte direkt in eine zu der ansonsten bestehenden Trennung beider Institutionen im Widerspruch stehende Abhängigkeit. Die orthodoxe Kirche Rumäniens forderte den Staat auf, ihre Priester zu entlohnen als Ausgleich für die Hilfe, die nicht-„nationale" Kirchen aus dem Ausland erhielten – ein Argument, das auch in anderen Ländern angeführt wurde.

Die Kontroversen betrafen auch die Forderungen der Kirchen in Fragen der Erziehung, der religiösen Unterweisung in der Schule, der Abtreibungsgesetzgebung etc. Abtreibung war fast überall in der kommunistischen Welt ein gewöhnlicher, ja alltäglicher Vorgang. Vor allem in Polen bemühte sich die Kirche nach 1989, die Abtreibung per Gesetz einzuschränken, was sehr heftige Proteste hervorrief. Derzeit scheint sich ein gewisser Kompromiß trotz Anfechtungen durch beide Seiten durchgesetzt zu haben. In Polen ist der Religionsunterricht in staatlichen Schulen Wahlfach; als Alternative gibt es von der Kirche organisierte Katechismusgruppen. Hier gelang es auch den Parteien der Mitte und der Rechten (im Großen und Ganzen die ehemalige Bewegung *Solidarność*), nach langen Auseinandersetzungen mit der Linken (Postkommunisten und Unabhängige), die Zustimmung des Sejm zu einem Konkordat mit dem Heiligen Stuhl zu erreichen. Eine gesetzliche Regelung, die den Status der anderen Konfessionen festlegen soll, ist ebenfalls vorgesehen. Schließlich wurden lange und kontroverse Debatten über die Erwähnung Gottes in der Präambel der Verfassung geführt.

Die Freiheit schuf überall die Möglichkeit, die Strukturen der bestehenden Kirchen zu stärken und Reformen aller Art durchzusetzen. Diverse kleinere Religionsgemeinschaften, die mehr oder weniger im Untergrund tätig waren und christliche wie nichtchristliche Glaubensrichtungen vertraten, erlebten die Legalisierung ihrer Existenz[10]. Das nach dem Zusammenbruch des „kommunistischen Glaubens" entstandene Sinnvakuum schuf Raum für unterschiedlichste Einflüsse, die mit dem Geld und den Menschen aus der ganzen Welt einströmten. So entstand eine ganze Anzahl kleiner, oft stark synkretistischer Sekten und Gruppierungen. Vor allem in der Ukraine und im östlichen Weißrußland, weitgehend entchristianisierte Gebiete, aber auch in Litauen entwickelte sich ein Neopaganismus – vielleicht auch Ausdruck eines extremistischen Nationalismus.

Es sind jedoch vor allem die alten traditionellen Kirchen, die in den einzelnen Ländern eine große Anpassungsleistung an die neue Situation erbrachten. Die katholische Kirche, im Kampf gegen den kommunistischen Totalitarismus schwer getroffen und doch sehr lebendig, entwickelte ab 1989 auf unterschiedlichen Gebieten eine starke Dynamik. Der Heilige Stuhl nahm rasch zu ausnahmslos allen Ländern Ostmitteleuropas diplomatische Beziehungen auf, und der Papst besuchte alle Länder katholischer und protestantischer Tradition und löste freundliche bis enthusiastische Reaktionen aus. Doch bis zum Papstbesuch in Rumänien im Mai 1999 verhinderte der Protest der nationalen orthodoxen Kirchen jeglichen Papstbesuch in den kirchlich von ihnen dominierten Ländern, obwohl auch hier nichtorthodoxe Christen leben. Vorrangige Aufgabe der kirchlichen Strategie waren der Wiederaufbau der Hierarchie, der analog den Grenzen der neu gegründeten Staaten neue Zuschnitt der Grenzen der Kirchenprovinzen und Diözesen, die Ernennung von Bischöfen überall dort, wo keine Organisation existierte oder sie nicht funktionsfähig war. Persönlichkeiten, die in der kommunistischen Ära verfolgt wurden und spirituellen Widerstand geleistet hatten, wurden zu Bischöfen ernannt, so Miroslav Vlk in Prag, der bald Kardinal und Vorsitzender der Europäischen Bischofskonferenz wurde, und Ján Korec in der Slowakei oder Kazimierz Swiatek in Weißrußland, beide ebenfalls in den Kardinalsstand erhoben. Eine andere Aufgabe war die Rekrutierung und Ausbildung des Klerus, hatten doch die großen Verluste fast überall dazu geführt, daß eine bedeutende Anzahl von Gemeinden keinen Seelsorger mehr hatte. Desgleichen erfolgte eine Erneuerung der Mönchs- und Nonnenklöster. Die Neuevangelisierung, eine grundlegende Aufgabe der Kirchen, erfor-

---

[10] In Polen beispielsweise wurden im Jahre 1989 neun neue Konfessionen registriert, 1990 siebzehn, 1991 sieben, 1992 neunzehn.

Die römisch-katholische Kirche in Mittelosteuropa (1998)

Košice ○ Sitz einer Kirchenprovinz   Łódź ▣ *Direkt abhängig vom heiligen Stuhl*

Durrës ◉ Erzbistum   Oradea ∘ Bistum   △ *Apostolische Administratur*

derte auch eine kritische Neuausrichtung der traditionellen Programme angesichts der in den vergangenen Jahrzehnten stark veränderten gesellschaftlichen Bedürfnisse. Dabei mußte überall gegenüber Gläubigen und neuen Mitgliedern sehr viel Takt an den Tag gelegt werden, da sie in der Kirche oft andere Werte und Haltungen suchten als die von der Tradition überlieferten. Denn indem sie die Religion gegen Repression verteidigten, hatten Priester und Gläubige bestimmte Traditionen in den Vordergrund gestellt, war der eine oder andere Brauch zum Symbol für Glaubenstreue geworden, „geheiligt" durch das Blut der Märtyrer, durch eine langwierige und schmerzvolle Unterdrückung. Auch ein spezifisches schweres Erbe der kommunistischen Ära muß in diesem Zusammenhang erwähnt werden: Der ehedem kollaborierende „patriotische" Klerus mit seinen Anhängern stand nun jenen Geistlichen und Gläubigen gegenüber, die Widerstand geleistet hatten und letztlich siegreich geblieben waren.

Die Tabelle der Strukturen der römisch-katholischen Kirche in den Jahren 1997–1998 in allen ostmitteleuropäischen Ländern (außer Ostdeutschland) anhand von Informationen der Kirche zeigt folgende Situation:

Katholische Kirche lateinischen Ritus in Ostmitteleuropa im Jahre 1998
(von Z. Żuchowska, nach dem *Annuario Pontificio*, 1998)

Staat	Erz-bistümer	Diözesen	Gemein-den	Weltklerus und Ordens-klerus	Semina-risten	Männer-orden	Frauen-orden	Gläubige	Durch-schnittliche Mitglieder-zahl pro Gemeinde	Zahl der Gläubigen pro Priester
Albanien	2	5	127	93	14	82	250	605714	4770	6513
Weißrußland	1	2	357	242	167	153	283	1106000	3100	4570
Bosnien und Herzegowina	1	2	272	512	62	432	416	775355	2850	1514
Bulgarien	–	2	31	24	7	30	32	70000	2260	2917
Kroatien	4	8***	1441	2054	212	979	3450	3531584	2450	1720
Tschechien	2	6	3114	1724	270	725	2356	4090392	1313	2373
Estland	–	1	7	12	1	9	17	4000	570	330
Jugoslawien	2	3*	280	265	32	61	415	596080	2130	2250
Litauen	2	5	685	773	244	241	898	3055400	4460	3952
Lettland	1	3	212	109	43	27	84	410014	1934	3762
Mazedonien	–	1**	3	10	8	–	20	4600	1530	460
Moldawien	–	1	9	11	4	10	19	20000	2200	1800
Polen	14	25	9488	25004	4452	8870	24790	34689591	3656	1387
Rumänien	2	4	616	880	384	345	907	1251084	2030	1422
Slowakei	2	4	1160	1772	731	857	2806	3435724	2960	1940
Slowenien	1	2	797	1114	122	407	840	1625134	2040	1460
Ukraine	1	4	481	353	154	262	337	879000	1827	2490
Ungarn	4	8	2112	2093	305	669	1139	6003544	2840	2870
Gesamt	39	25	21192	37045	7212	14159	39059	62153216	2933	1680

* Innerhalb der Staatsgrenzen befinden sich Teile zweier Diözesen: Djakovo und Skopje-Prizren.
** Innerhalb der Staatsgrenzen verblieben nur die Diözesanhauptstadt und ein Teil des Gebiets dieser Diözese.
*** Die Hauptstadt der Diözese Djakovo blieb (mit einem Teil der Diözese) in Kroatien; ein Erzdiakonat ist Jugoslawien eingegliedert.

Diese Daten veranschaulichen die Entwicklung seit 1989 und demonstrieren die höchst unterschiedliche Situation der Länder analog ihrer jeweiligen Entwicklung in der kommunistischen Ära. Die große Neuerung ist der Wiederaufbau der Kirche in Albanien, Weißrußland und der Ukraine. Die Kirchenprovinzen von Minsk in Weißrußland, die schon 1996 373 Gemeinden zählten, und von Lemberg (Lwiw) in der Ukraine, sind inzwischen bei der Bevölkerung polnischer Herkunft fest verankert, aber gleichzeitig und klar erkennbar auch immer mehr bei der weißrussischen und ukrainischen Bevölkerung selbst.

Die Situation Polens, wie sie aus dieser Tabelle hervorgeht, zeigt, wie außergewöhnlich der Weg der Kirche dieses Landes nach 1945 war. Polen stellt fast die Hälfte der Gemeinden des katholischen Ostmitteleuropas, zwei Drittel der Priester und mehr als die Hälfte der Gläubigen; hunderte polnischer Priester helfen in der Pastoralarbeit u. a. in Weißrußland, der Ukraine, der Slowakei und in Tschechien aus. Auch in Afrika und Südamerika sind polnische Priester und Ordensgeistliche immer stärker präsent. In Bezug auf die Mitgliederzahl der Männerorden, Frauenorden und Seminaristen ist das polnische Übergewicht beträchtlich. Die Zahlenangaben zum Verhältnis zwischen Priestern und Gläubigen sind nicht unumstritten, verdeutlichen jedoch von Land zu Land große Unterschiede. Der Priestermangel ist vor allem in Albanien und in den ehemaligen Sowjetrepubliken Litauen, Lettland und Weißrußland extrem – offenkundig das Ergebnis härtester Unterdrückung. In Ungarn ist die Situation ebenfalls bedenklich, auch in Tschechien. In den Ländern katholischer Tradition, wie in Polen, der Slowakei, Slowenien und Kroatien, erscheint die Relation zwischen Priestern und Gläubigen als eher „normal".

Römisch-katholische Kirche byzantinisch-slawischen Ritus (griechisch-katholisch)
(von Z. Żuchowska, nach dem *Annuario Pontificio*, 1998)

Staat	Metropolien / Erzbistümer	Diözesen	Gemeinden / religiöse Gemeinschaften	Weltklerus und Ordensklerus	Seminaristen	Mönche	Nonnen	Zahl der Gläubigen
Bulgarien	–	EA	20	14	4	9	33	15 000
Tschechien	–	EA	7	10				42 030
Gebiet des ehemaligen Jugoslawiens	–	1	20		36			Kroatien etwa 20 000
			10	63		2	110	Bosnien-Herzegowina etwa 5000
			15					Jugoslawien 18 920
			5					Mazedonien etwa 5000 (eine Diözese ist gegenwärtig auf vier Länder aufgeteilt)
Gesamt		1	50	63	36	2	110	48 920
Polen	1	1	117	61	17	70	131	85 000
Rumänien	1	4	1115	670	360	46	265	1 111 525
Ukraine und die Region von Transkarpatien	1	5 / 1 ex.	2315 / 264	1481 / 141	1298 / 65	586 / 5	717 / 23	4 140 456 / 320 000
Ukraine gesamt	1	6	2579	1622	1363	591	740	4 460 456

Staat	Metropo-lien / Erz-bistümer	Diözesen	Gemein-den / religiöse Gemein-schaften	Weltklerus und Or-densklerus	Seminari-sten	Mönche	Nonnen	Zahl der Gläubigen
Slowakei	–	1	168	203	152	54	122	122 589
	–	EA	82	90	–	20	20	77 170
Slowakei gesamt	–	1+EA	250	293	152	74	142	199 759
Ungarn	–	1+EA	168	220	72	10	12	280 750
Gesamt	3	14+4 EA	4307	2954	2004	802	1433	6 243 740

EA = apostolisches Exarchat

Ex = unmittelbar dem Heiligen Stuhl unterstelltes Bistum   Estland – 1 Gemeinde und 1 Filiale
Weißrußland im Jahre 1998 – 11 religiöse Gemeinschaften   Litauen – 5 religiöse Gemeinschaften

Eine wesentliche Veränderung auf der religiösen Karte Ostmitteleuropas nach 1989 betrifft die griechisch-katholische Kirche, deren Situation sich 1997/98 wie folgt darstellt: Die „Ukrainisch-katholische Kirche", so von den griechisch-katholischen Christen der Ukraine genannt, um den tief nationalen Charakter ihrer Kirche zu betonen, dominiert deutlich diese entstehende Kirchentradition in einer Zeit der – zumindest für die Gläubigen greifbaren – Einheit des östlichen und westlichen Christentums. Hierzu richtete die Kirche an den Heiligen Stuhl die Bitte, ihrem Oberhaupt die Würde eines Patriarchen zu verleihen; seine Vorrechte sollten auf alle katholischen Ukrainer in der Welt ausgedehnt werden. In der Ukraine selbst, im Süden der Karpaten, weigern sich die unierten Gläubigen, die Autorität des Metropoliten von Lemberg (Lwiw) anzuerkennen und behalten ihr Exarchat bei. Die Traditionen dieses Gebiets unterscheiden sich stark von denen der anderen Landesteile. Griechisch-katholische Christen gibt es bis heute noch kaum außerhalb der Grenzen des ehemaligen Galiziens.

In Rumänien normalisierte sich die Situation der griechisch-katholischen Kirche erst in den letzten Jahren ein wenig im Zusammenhang mit den neuesten politischen Veränderungen. Die Rückgabe der Kirchengebäude, die die Kirche vor ihrer Auflösung durch die Kommunisten besaß, bleibt ein heikles, ungelöstes Problem. Die gegenwärtige Zahl der Gläubigen, die geringer ist als vor 1945–1947, zeugt von den schweren Prüfungen, die die Kirche jahrzehntelang durchzustehen hatte. Gleichzeitig zeigt sich der Wille der Gläubigen, ihre Kirche wieder aufzubauen.

Die griechisch-katholische Kirche in Polen konnten ihre Kirchenprovinzen beibehalten; ihr Sitz befindet sich in Przemyśl. Allerdings handelt es sich hier in Wirklichkeit um eine ukrainische Kirche, was nicht ohne Probleme bleibt, auch gegenüber den orthodoxen Ukrainern in Polen.

Die orthodoxe Kirche konnte in Ostmitteleuropa nach 1989 insgesamt ihre Position stärken. Die allgemeine Tendenz ging in die Richtung einer nationalen Unabhängigkeit und, wo möglich, in Richtung eines Status als nationale Kirche, vom Nationalstaat nicht zu trennen und privilegiert gegenüber den übrigen christlichen Kirchen, die als nicht national, als fremd angesehen werden. Drei Kirchen haben dies erreicht. In Rumänien, Serbien und Bulgarien werden die Patriarchate von der orthodoxen Welt anerkannt. Mehrere Kirchen

Die griechisch-katholische Kirche in Mittelosteuropa (1998)

genießen Autokephalie, das heißt, eine weitreichendere Unabhängigkeit gegenüber den anderen orthodoxen Gemeinschaften (Albanien, Slowakei, Polen, Mazedonien). Die anderen sind autonom; ihr Primas wird nach seiner Wahl von einer anderen, autokephalen Kirche bestätigt. Hier gibt es das Problem des Moskauer Patriarchats und seiner Stellung in den ehemaligen sowjetischen, nun aber unabhängigen Staaten. In der russischen und später sowjetischen Politik war die Kirche stets ein zweifellos wirksames Instrument der Einigung und der Russifizierung. Nach 1989–1991 wurde es für Moskau noch wichtiger, die Verbindungen und zumindest eine gewisse Abhängigkeit zu fixieren unter Beibehaltung des autonomen und autokephalen Charakters der jeweiligen Kirchen. Besonders markant zeigte sich dies in der Ukraine, wo der Konflikt die orthodoxe Welt tief spaltete. In Estland blieb die orthodoxe Kirche der Russen dem Moskauer Patriarchat treu, während die Kirche der Esten den Patriarchen von Konstantinopel anerkannte. Das Ausmaß des Konflikts zwischen Moskau und Konstantinopel bezüglich Estlands in den letzten Jahren scheint vor allem mit der unklaren Situation in der Ukraine zusammenzuhängen, wo das orthodoxe Moskau versuchte, seinen Einfluß um jeden Preis beizubehalten und Konstantinopel zu verdrängen in der Sorge, daß jede Bresche im Moskauer Einflußbereich es evtl. den anderen erleichtern könnte, dem gleichen Weg zu folgen.

Die Situation der orthodoxen Kirchen in Ostmitteleuropa um 1995 kann wie folgt skizziert werden: Eine wichtige Neuerung ist die Bildung von Kirchen in den sechs ehemaligen Sowjetrepubliken und jetzt unabhängigen Staaten, die stärker und freier sind als vor 1989. Um 1985 gab es auf dem Gebiet dieser sechs Staaten 3500 orthodoxe Gemeinden; zehn Jahre später sind es 11 500. Um 1985 zählte Weißrußland eine Diözese mit 425 Gemeinden; zehn Jahre später hat die autonome Provinz zehn Erzbistümer und 920 Gemeinden. Den spektakulärsten Fortschritt verzeichnete die Ukraine, wo sich die Zahl der Gemeinden in den drei orthodoxen Kirchen im gleichen Zeitraum von 2650 auf 9500 erhöhte.

Orthodoxe Kirchen in Ostmitteleuropa um 1995
von Z. Żuchowska

Land	Anzahl von		
	Gläubigen	Gemeinden	Priestern
Albanien	300 000	49	24
Bulgarien	7 250 000	3200	2300
Tschechien	19 400	54	28
Slowakei	70 600	103	109
Polen	571 000	250	250
Rumänien	19 762 000	8650	9000
Serbien	8 910 000	2875	3000
Mazedonien	1 500 000	745	300
Ungarn	40 000	10	14
Estland (2 Kirchen)	55 000	79	39
Lettland	300 000	153	
Litauen	100 000	41	30
Weißrußland	2 000 000	920	950
Ukraine (3 Kirchen)	10 000 000 – 15 000 000	9500	6500
Moldawien	1 500 000	870	740

Nach Zofia Zuchowska (Universität Lublin)

Die orthodoxe Kirche in Mittelost- und Osteuropa (1995)

Ukrainische-Orthodoxe Kirche

◎ Patriarchat	○ Erzbistum	▣ Patriarchat	☐ Bistum
○ Eigenständige Metropole	● Bistum	☐ Erzbistum	+ Eigenständiges Bistum

Eine starke Tradition der Autokephalie im 20 Jh. und die Präsenz einer starken, autokephalen Kirche in der ukrainischen Emigration veranlaßten ab 1989/90 die Gründung der autonomen ukrainisch-orthodoxen Kirche. Erzbischof Mstyslav wurde deren respektiertes Oberhaupt, behielt jedoch sein Amt als Vorsitzender der ukrainischen Kirche der USA bei. 1992 bemühte man sich, unter einem gewissen Druck politischer Persönlichkeiten der ukrainischen Unabhängigkeitsbewegung – u. a. des Staatspräsidenten –, die Ostkirchen, einschließlich der griechisch-katholischen, zu einer Kirche zusammenzufassen, die der Autorität des Patriarchen von Kiew unterstehen sollte. Diesem Projekt war nur mäßiger Erfolg beschieden. Wichtigste Folge war die Gründung einer neuen autokephalen, dem Patriarchat von Kiew unterstellten ukrainisch-orthodoxen Kirche, die aber bisher weder von der von Mstyslav geleiteten Kirche noch von der griechisch-katholischen Kirche anerkannt wurde. So zählt die Ukraine seit 1992 drei große orthodoxe Kirchen in zeitweise heftiger Konkurrenz, hinzu kommt eine starke griechisch-katholische Kirche.

Die Bedeutung jeder Kirche kann anhand der Statistiken, die von den Gegnern oft in Frage gestellt werden, nur grob geschätzt werden. 1997 zählte die ukrainisch-orthodoxe Kirche (Patriarchat von Moskau) 6900 Gemeinden und 5590 Priester, die griechisch-katholische Kirche 3100 Gemeinden und 2011 Priester, die dem Patriarchat Kiew unterstellte orthodoxe Kirche 1530 Gemeinden und 1273 Priester und schließlich die autokephale ukrainisch-orthodoxe Kirche 1170 Gemeinden und 534 Priester. Die dem Patriarchat von Moskau unterstellte Kirche ist die einzige, die von den anderen orthodoxen Kirchen der Welt als kanonische Kirche anerkannt wird. Sie äußert den Willen, die Autokephalie zu erhalten.

Im Rahmen des großen religiösen Wiederaufbaus nach 1989 läßt sich in der Ukraine wieder das schon erwähnte Phänomen beobachten, daß die Traditionen und die Dauer der kulturellen „Kontinuität" eine ausschlaggebende Rolle spielen. Von 16462 Gemeinden aller in der Ukraine Anfang 1997 registrierter Religionsgemeinschaften liegen 5630, etwa ein Drittel, im ehemaligen Galizien, das vor dem Zweiten Weltkrieg zu Polen gehörte und dessen „pluralistische" Religionsgeschichte seit Jahrhunderten äußerst reich war. Die drei von Moskau unabhängigen Kirchen fanden ihre Basis in diesem im Verhältnis zum gesamten Staat relativ kleinen Gebiet. Dies hatte eine ganze Reihe von Spannungen zur Folge zwischen diesen Gemeinschaften, die im Prinzip in ihrer Reaktion gegen die aufgezwungene Russifizierungspolitik sehr ähnlich agierten. Eine neue kritische Untersuchung (J. Stocki), die den Anteil von Gläubigen an der Gesamtbevölkerung aller Regionen der Ukraine unter die Lupe nimmt, ist noch aufschlußreicher als die Verteilung der Kirchen. In allen Gebieten, die vor 1939 zu Polen oder der Tschechoslowakei gehörten, übersteigt der Anteil der Gläubigen 50 %[11]. Dieser Anteil sinkt beträchtlich, wenn man sich weiter nach Osten wendet: Er fällt bis auf 5,5 % in der Region von Donetz[12]. Die Stadt Kiew zählt 8 % Gläubige, die Region Kiew 27,3 %. Die dem Patriarchat von Moskau unterstellte orthodoxe Kirche ist vor allem in den weiten Gebieten der Süd- und Ostukraine vertreten, die ab dem 19. Jh. kolonisiert wurden und im 20. Jh. in der sowjetischen Epoche der Industrialisierung und massiven Kolonisierung grundlegende Veränderungen durchmachten. Die „alte" Ukraine, im Großen und Ganzen zwischen Kiew und Lemberg [Lwiw] gelegen, vereint heute noch zwei Drittel aller religiöser Gemeinschaften und Gemeinden des Landes.

---

[11] Ternopol: 84,5 %; Lemberg (Lwiw): 65,7 %; Iwano-Frankowsk: 59,1 %.
[12] Dnjepropetrovsk: 5,9 %; Saporoschje: 8,3 %; Lugansk: 7 %; Charkiw: 6 %.

Die heutige Ukraine kann nicht mit einer bestimmten Konfession identifiziert werden. Im Gegensatz dazu scheint sich ein gewisser von Toleranz geprägter Pluralismus durchzusetzen, da die byzantinisch-slawische und die lateinisch-slawische Tradition seit Jahrhunderten nebeneinander bestehen. In diesem Kontext ist der Erfolg der römisch-katholischen Kirche in der Ukraine zu sehen: Aus etwa hundert kleinen, kaum lebensfähigen Gemeinden vor 1989 wurden bis zum Jahre 1997 etwa 650 Gemeinden, die im ukrainischen Leben fest verwurzelt sind – insbesondere außerhalb der von der griechisch-katholischen Kirche dominierten Regionen – und keineswegs mehr dem lange kolportierten Klischee von „katholischen Polen" entsprechen. Eine neuere (1998) und kritische Schätzung J. Stockis über die Mitgliederzahlen aller Kirchen in der Ukraine zählt etwa sechs Millionen Anhänger der dem Patriarchat von Moskau unterstellten Kirche, 2 500 000 griechisch-katholischen Christen, 1 600 000 Anhänger der dem Patriarchat von Kiew unterstellten Kirche, etwa 800 000 Protestanten aller Konfessionen und 400 000 römisch-katholische Christen.

In Weißrußland ist das gleiche Phänomen der Konzentration der Gemeinden und Gemeinschaften im westlichen Teil des Landes gut zu erkennen: Es weist, wie in der Ukraine, auf die Bedeutung westlicher religiöser Einflüsse und die Verbindungen zu den ostmitteleuropäischen Ländern hin. Die Koexistenz zweier christlicher Traditionen ist tatsächlich seit Jahrhunderten ein Hauptmerkmal der weißrussischen Kultur. Heute noch bezeugt die Koexistenz der orthodoxen Kirche (940 Gemeinden im Jahre 1997) und der römisch-katholischen Kirche (373 Gemeinden im Jahr 1997) trotz einiger eher politischer als religiöser Spannungen die Kraft dieser Tradition. In ihrem Programm der nationalen Renaissance befürwortete die weißrussische Intelligenzia die Neugründung der unierten weißrussischen Kirche. Diese hatte im 17.–19. Jh. eine Vormachtstellung, wurde aber Mitte des 19. Jh. von den Russen abgeschafft. Es gibt etwa fünfzehn heute noch existierende Gemeinden, die eine gewisse kirchliche Autonomie genießen, aber in der derzeitigen Bevölkerung kaum wahrgenommen werden.

Die seit einigen Jahren spürbare Atmosphäre religiöser Renaissance geht einher mit einer Schwächung der protestantischen Tradition – alteingesessener protestantischer Kirchen, die seit dem 16. Jh. in Ostmitteleuropa bestanden. Die Tabelle auf der nächsten Seite basiert jedoch auf anfechtbaren Zahlen, da die tiefen Krisen, die die Kirchen durchmachen, jede Statistik erschweren. Eine Gruppe in dieser Liste scheint sich aber von den anderen zu unterscheiden: die Ungarn. Während die reformierte Kirche in Ungarn selbst fest in der Landesbevölkerung verwurzelt ist, haben die reformierten Kirchen Rumäniens, der Slowakei und der Ukraine einen stark ausgeprägten ungarischen Charakter; die Identifikation des Religiösen und der nationalen Herkunft verstärkt den Zusammenhalt dieser Kirchen, insbesondere außerhalb des Herkunftslandes, wo oft schwierige Bedingungen für sie herrschen. Wenn man die Lutheraner in Ungarn miteinbezieht, scheinen zwei Drittel der Gläubigen auf der Liste der alten protestantischen Kirchen in Ostmitteleuropa Ungarn zu sein. Überall sonst kann man einen zuweilen sehr starken Rückgang gegenüber den Zahlen von vor einigen Jahrzehnten feststellen. Die hussitische Kirche, im Prinzip immer noch national, zählte beispielsweise im Jahre 1950 947 000 Mitglieder, die tschechische evangelische Kirche 526 000. Konformismen aller Art mögen zwar für die heutige Situation mitverantwortlich sein, in welchem Maße sie das tun, bleibt aber eine offene Frage. Keinesfalls angebracht ist die These, dass der statistische Rückgang einen spirituellen Niedergang widerspiegelt. Jede Kirche, jede Gemeinschaft erfordert eine eigene gründliche Analyse.

Die wichtigsten protestantischen Kirchen Ostmitteleuropas um 1990
(reformierte und lutherische Kirchen)
von Z. Żuchowska

Land	Kirche	Zahl der Gläubigen
Ungarn	reformiert	2 000 000
Rumänien	reformiert	800 000
Rumänien	lutherisch	200 000 – 300 000
Slowakei	lutherisch	330 000
Ungarn	lutherisch	400 000 – 450 000
Lettland	lutherisch	250 000 – 300 000
Tschechien	evangelisch	250 000
Estland	lutherisch	70 000
Tschechien	hussitisch	170 000
Slowakei	reformiert	130 000
Ukraine	reformiert	110 000
Polen	lutherisch	80 000 – 100 000

Die Verbreitung neoprotestantischer Bewegungen und Sekten aller Art verdient Beachtung, sowohl bereits in den Gesellschaften unter kommunistischer Herrschaft als auch in den postkommunistischen Gesellschaften. Die soziale Basis dieser Bewegungen bilden eher arme und wenig gebildete Bevölkerungsschichten, die in kleinen unabhängigen und solidarischen Gemeinschaften wieder einen Sinn im Leben und Brüderlichkeit fanden, was in den strikt kontrollierten oder zu starren „offiziellen" Kirchen zuweilen nicht der Fall war. Zur Popularität dieser unabhängigen Gemeinschaften trug auch ihr Nonkonformismus bei, etwa die Wehrdienstverweigerung in der Zeit der totalitären Regimes. Dies gilt insbesondere für die Zeugen Jehovas, die in den kommunistischen Staaten halb im Untergrund tätig waren. In Polen wurden beispielsweise um 1991 etwa 1300 lokale Gruppen gezählt, die insgesamt mehr als 100 000 Gläubige vereinigten. Die Zeugen Jehovas sind heute in diesem Land zur zahlenmäßig stärksten Konfession nach den Katholiken und Orthodoxen geworden. Ferner gibt es hunderte Gruppen von Baptisten, Adventisten, Pfingstlern, evangelikalen Christen, Mennoniten und anderen mehr, dazu weniger christliche und auch fernöstliche Religionsgemeinschaften. In der Ukraine gab es 1996 mehr als 1500 baptistische Gemeinschaften, mehr als 500 adventistische, und mehr als 900 Gemeinschaften evangelikaler Christen (vor allem Pfingstler). In Polen vereinigten die Pfingstler – die stärkste neoprotestantische Gruppierung abgesehen von den Zeugen Jehovas – im Jahre 1991 12 886 Mitglieder in ihren 224 Gemeinschaften.

Addiert man die offiziellen Zahlen über Kirchen und Konfessionen, die in unseren Tabellen angeführt werden, ergibt das insgesamt etwa 63 Millionen römisch-katholische, sechs Millionen griechisch-katholische (unierte), 57 Millionen orthodoxe und fünf Millionen reformierte und lutherische Christen. Um die Gesamtzahl aller gläubigen Menschen zu ermitteln, müssen zu den oben genannten 131 Millionen Gläubigen einige Millionen Neoprotestanten, dazu aus Schismen hervorgegangene orthodoxe Gemeinschaften und orthodoxe Sekten, vielleicht drei bis fünf Millionen Moslems, hauptsächlich im ehemaligen Jugoslawien, in Albanien und Bulgarien, aber in begrenzter Zahl auch in den übrigen Ländern (in Polen gibt es seit Jahrhunderten moslemische Familien), und schließlich einige zehntausend orthodoxe Juden addiert werden. Von den 198 Millionen Einwohnern Ostmitteleuropas lassen sich 140 bis 150 Millionen als gläubig bezeichnen, also etwa 75 % der Bevölkerung.

Diese Statistiken müssen im allgemeinen mit großer Vorsicht und Zurückhaltung behandelt werden aufgrund der Probleme religiöser Entwicklungen, die sich den Ländern unter kommunistischen Regimes stellten, deren Bevölkerung massive und unfreiwillige Veränderungen religiöser Art durchlief, in den religiösen Praktiken, Kenntnissen und Mentalitäten. Der aktuelle Stand der Forschung erlaubt nur die Betrachtung einiger grundlegender Phänomene und Prozesse.

Vor einigen Jahrzehnten überwog bei der überwiegenden Mehrheit der Bevölkerung Ostmitteleuropas, die im Wesentlichen auf dem Land lebte (oder bis vor kurzem auf dem Land gelebt hatte), eine traditionelle Frömmigkeit. Religiöser Zweifel war vor allem eine Sache der Intelligenzia, die aber zahlenmäßig sehr unbedeutend war. Für die Tschechoslowakei, in der ersten Hälfte des 20. Jh. die wirtschaftlich entwickeltste Nation, lassen die Statistiken die allgemeine Tendenz erkennen, daß der Anteil derer zunimmt, die sich als indifferent oder sogar als atheistisch bezeichnen: 0,10 % im Jahre 1910, 7,8 % im Jahre 1930, 5,8 % im Jahre 1950 und 39,7 % im Jahre 1991[13]. Die radikale Veränderung zur Zeit des kommunistischen Regimes war zugleich Ergebnis eines besonders starken Druckes und eines gewissen Opportunismus. Über die tatsächliche konfessionelle Situation heute herrscht noch große Unklarheit.

Konfessionen in Ostmitteleuropa in den Jahren 1991–1992 (in %)
von Z. Żuchowska

Konfession	Albanien	Bulgarien	Tschechien	Slowakei	Polen	Estland	Lettland	Litauen	Weißrußland	Ukraine	Moldawien	Rumänien	Ungarn	Slowenien	Kroatien	Bosnien-Herzegowina	Jugoslawien	Mazedonien
römisch-katholisch	6,0	0,7	39,5	64,5	90,9	0,2	15,0	79,8	9,7	1,4	0,1	5,0	59,7	81,4	75,3	17,7	4,8	0,2
griechisch-katholisch	–	0,2	0,1	3,8	0,3	–	–	–	–	5,0	–	1,1	2,4	–	0,3	0,1	0,3	0,2
orthodox	9,0	85,0	0,2	1,3	1,5	4,7	14,9	3,7	25,2	20,0	34,7	87,0	0,4	0,5	14,0	27,4	67,0	79,4
protestantisch	–	0,3	4,2	12,6	0,7	5,2	14,5	1,3	0,6	0,4	0,4	5,2	24,6	1,8	0,6	–	0,8	–
jüdisch	–	–	–	0,1	–	0,2	0,7	0,2	0,9	0,6	0,7	–	0,4	–	–	–	–	–
islamisch	30,3	13,0	–	–	–	–	–	–	–	–	2,3	0,2	–	1,0	0,8	44,8	3,3	7,8
andere	0,2	–	0,2	0,2	0,2	0,4	0,5	0,4	0,2	0,2	0,2	0,1	0,1	0,2	0,2	0,2	0,1	0,3
konfessionslos	54,5	0,8	55,8	17,5	6,4	89,3	54,4	14,6	63,4	72,5	61,7	1,4	12,4	15,1	8,8	9,8	23,7	12,1
	100	100	100	100	100	100	100	100	100	100	100	100	100	100	100	100	100	100

Auch wenn die Dokumentation genau zu sein scheint, fehlen sichere Grundlagen. Nach verschiedenen Methoden durchgeführt, liefern die Umfragen der – manchmal unkritischen – Soziologen durchaus auch widersprüchliche Daten. Beobachtungen an Ort und Stelle

---

[13] Davon 46,10 % in Böhmen und 29,60 % im traditionelleren Mähren.

zeugen von äußerst divergierenden Haltungen und Glaubensvorstellungen, stets muß man mit der Möglichkeit rechnen, daß der eine oder andere Aussagen macht, die mit seinem wirklichen Leben und seinen wahren Überzeugungen nichts gemeinsam haben – das schwere Erbe der kommunistischen Ära, in der man zu jeder Zeit „das Richtige" sagen mußte. Und welches Gewicht sollte man der Äußerung beimessen, einer bestimmten Konfession anzugehören, wenn etwa in den orthodoxen Ländern, vor allem auf dem Balkan, in der Regel eine tief verwurzelte Tradition existiert, Religion und Nationalität gleichzusetzen? So ist *per definitionem* jeder Bulgare orthodox, weshalb sich aus unseren Tabelle nur 0,8 % nichtgläubige Bulgaren ergeben. Eine 1996 in Bulgarien durchgeführte Umfrage unterschied de facto unter den Orthodoxen 12 %, die sich als „tiefgläubig", 43 %, die sich als „gläubig" bezeichneten und 45 %, die keinen Bezug zur Religion hatten. Der gleichen Umfrage zufolge hieß es über die Ausübung der Religion: 2 % der Orthodoxen gehen regelmäßig zur Kirche, 32 % nur zu den größten Festen und 66 % nie oder nur zufällig. Die demgegenüber „optimistischere" Situation Rumäniens unterscheidet sich wahrscheinlich von der Bulgariens, doch gründliche Untersuchungen sind unerläßlich, um die Richtigkeit der offiziellen Daten von 1992 überprüfen zu können.

Das „pessimistischste" Bild ergeben die ehemaligen Sowjetrepubliken – ausgenommen Litauen – sowie Albanien und Tschechien. Läßt sich zum wiederholten Male daraus schließen, daß der katholische Widerstand gegen den aufgezwungenen Atheismus im Grunde am wirksamsten war, wirksamer als der aller anderen Konfessionen? Um diese These zu erhärten, kann auf dem Gebiet der ehemaligen Sowjetunion die 1997 durchgeführte Umfrage in der Umgebung von Lemberg (Lwiw) angeführt werden: 42 % der Befragten bezeichnen sich als griechisch-katholisch, 1 % als römisch-katholisch, und nur 4 % als atheistisch. Umfragen, die sich direkt mit den Katholiken befassen, lassen jedoch auf Glaubenskrisen auch bei dieser Bevölkerungsgruppe schließen. In Ungarn ergab beispielsweise 1991 eine Umfrage, die 2115 Katholiken berücksichtigte, daß 20,7 % völlig konform mit dem Glauben der Kirche lebten, 51,6 % mehr oder weniger konform, 4,4 % Zweifel an ihrem Glauben äußerten und 22,9 % sich als nicht gläubig bezeichneten.

Ungeachtet verschiedener Schwächen bleibt der polnische Katholizismus eine besonders lebendige Einheit. Im Gegensatz zur typischen Entwicklung anderer Länder während der kommunistischen Ära wurde er während dieser Zeit, und nicht nur auf struktureller Ebene, stärker. Ab den sechziger Jahren verstärkte sich die Identifizierung der Polen mit dem Katholizismus sichtbar bei bis zu 90 oder gar 95 % der Bevölkerung. Die religiöse Renaissance der sechziger und siebziger Jahre ist noch wenig untersucht. Eine dynamische intellektuelle Bewegung von Laien und Priestern fand eine gemeinsame Sprache mit der konfessionslosen und antiklerikalen Intelligenzia – einer der ausschlaggebenden Faktoren für den Erfolg von *Solidarność*. Zahlreiche verschiedene religiöse Aktivitäten von Laien, mit zigtausenden jugendlichen Anhängern, vermittelten eine neue und tiefere religiöse Bildung im Geiste des Zweiten Vatikanischen Konzils. Ordensgeistliche konnten trotz Hindernissen und Einschränkungen wieder Betätigungsfelder innerhalb der Gesellschaft finden; ihre Anwesenheit und ihr Zeugnis spielten eine traditionell große Rolle auf dem Land. Doch auch die Städte, selbst die größten, wurden langsam ebenfalls zu einer Basis der religiösen Renaissance, der Rekrutierung von Geistlichen und von Bildungsbewegungen. Alle Beobachtungen, alle Umfragen zeigen ein relativ hohes Niveau der religiösen Beteiligung und der Identifizierung der Menschen mit der Religion.

Aus der folgenden Tabelle geht die offensichtliche Vorrangstellung Polens unter den untersuchten Ländern hervor; einige – wenngleich etwas oberflächliche – vergleichende Studien bestätigen dies. Eine letzte, im Jahre 1990 in fast allen europäischen Ländern durchgeführte Umfrage ist hier besonders erwähnenswert. Wegen ihrer unglaublichen Vielfalt können die sogenannten Länder „des Ostens" nicht getrennt von der gesamtkontinentalen Entwicklung mit ihren jeweils spezifischen phasenbedingten Ergebnissen betrachtet werden. In den Dutzenden Tabellen, die aus der Umfrage hervorgehen, gehört Polen immer zu den religiösesten Ländern, steht meistens mit den USA an erster Stelle (die USA werden jedes Mal von den Autoren als Vergleich angeführt). Auf die Frage: „Ist Gott Mensch geworden?" antworteten beispielsweise 79,2 % der Polen mit „ja", wie 69,2 % der Amerikaner und 67,2 % der Iren[14]. In Ostmitteleuropa stimmten 39 % der Ungarn mit „ja", 21,9 % der Litauer, 13,9 % der Ostdeutschen, 12,1 % der Letten und 7,3 % der Esten. Am Ende ihrer Untersuchung schlugen die Autoren folgende Typologie vor: Polen, die Slowakei, Irland, Nordirland, Portugal, Spanien und die USA zeichnen sich durch ihre mehrheitlich kirchliche und religiöse Kultur aus, während die nichtreligiöse Bevölkerung in Belgien, Frankreich, Ungarn, Litauen, Tschechien (Böhmen und Mähren), Dänemark, Lettland und der ehemaligen DDR dominiert. Behauptungen dieser Art machen eine gut dokumentierte sozialreligiöse Geographie dringlich und lassen erahnen, wie gewinnbringend darauf basierende Untersuchungen wären.

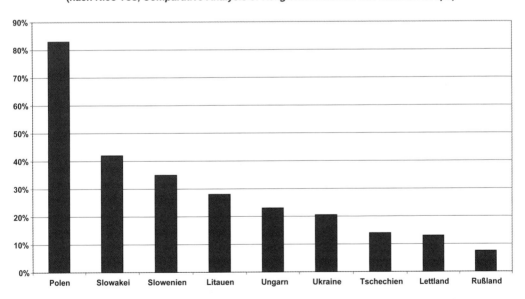

Prozentsatz der Gläubigen, die mindestens einmal im Monat an der Messe bzw. einer religiösen Zeremonie teilnehmen
(nach Nico Tos, *Comparative Analysis of Religions in Central and Eastern Europe*)

---

[14] Der Durchschnitt für ganz Europa beträgt nur 40,2 %; für die westlichen Länder 28,5 %; für Frankreich 21,8 %. In den nordischen Ländern liegt der Durchschnitt bei 24,7 %, in den südlichen Ländern (Italien, Portugal, Spanien) jedoch bei 60,9 %.

In Polen ist einer der wichtigsten Faktoren wahrscheinlich die seit Jahrhunderten bestehende enge Verbindung zwischen Katholizismus und „Polentum" bzw. polnischer Kultur.
Im Laufe des 19. und 20. Jh., während die Polen allen Arten von Repression ausgesetzt
waren, sahen sie die Kirche als ihren „Freiraum" an,. Der religiöse Inhalt dieses polnisch-
katholischen Kulturmixes mag zu einigen Fragen Anlaß geben, doch diese lebendige Tradition, die nichts Klerikales an sich hatte noch ein Ausdruck eines religiösen Fundamentalismus war, demonstrierte ihre Kraft sowohl im nationalen wie im religiösen Widerstand
gegen zwei grausame Totalitarismen, den Nationalsozialismus und den Kommunismus.
Ungeachtet aller Schwierigkeiten und Debatten, die nach 1989 aufkamen, konnte sich eine
fundamentalistische Strömung innerhalb der polnischen Gesellschaft und Kirche nur am
Rande ausprägen und blieb stets deutlich in der Minderheit.

Die auffälligste Erscheinung in der Gesamtentwicklung Ostmitteleuropas während der
letzten Jahrzehnte ist eine massive Zunahme der Gleichgültigkeit, während ein militanter
Atheismus eher selten in Erscheinung tritt. Die Vertiefung des Glaubens und auch der religiösen Praxis stellt in zahlreichen und sehr unterschiedlichen Milieus einen überall wahr-
nehmbaren, oft sehr dynamischen Prozeß dar. Sicher ist, daß allerorts ein Wandel stattfindet, nicht aber, wohin diese Entwicklung führen wird. Die Unterschiede zwischen
einzelnen Ländern und Regionen sind und bleiben jedenfalls erheblich.

Bibliographie

Allgemeine Einführung

P. EBERHARDT, Miedzy Rosja a Niemcami. Przemiany narodowościowe w Europie Środkowo-Wschodniej w XX
wieku = [Zwischen Russland und Deutschland. Der Wandel der Nationalitäten in Ostmitteleuropa im 20. Jh.],
Warschau 1996.

F. FEJTÖ, Histoire des démocraties populaires, I–II, Paris 1971.

M. FOUCHER, Fragments d'Europe, Paris 1993.

J. KŁOCZOWSKI (Hrsg.), Histoire de l'Europe du Centre-Est, I–II, Paris (im Druck).

B. LORY, L'Europe balkanique de 1945 à nos jours, Paris 1996.

A. PACZKOWSKI, K. BARTOSEK, L'autre Europe victime du communisme, in: Le livre noir du communisme, Paris
1997, 395–496.

A. SELLIER, J. SELLIER, Atlas des peuples d'Europe centrale, Paris 1991.

J.-F. SOULET, Histoire comparée des Etats communistes de 1945 à nos jours, Paris 1996.

P. WANDYCZ, The Price of Freedom. A History of East Central Europe from the Middle Age to the Present, London – New York 1992.

Gesamtuntersuchungen zu Formen des Christentums

S. ADRIANYI, Die Führung der Kirche in den sozialistischen Staaten Europas, München 1979.

T. BEESON, Discretion and Valour: Religious Conditions in Russia and Eastern Europe, Glasgow 1974, und neue,
revidierte Auflage, Philadelphia 1982.

E. WEINGÄRTNER (Hrsg.), Church Within Socialism, Rome 1976.

G. DE ROSA (Hrsg.), La fede „sommersa" nei Paesi dell'Este, Vicenza 1992.

P. MICHEL (Hrsg.), Les Religions de l'Est, Paris 1992.

D. LENSEL, Le Passage de la mer Rouge. Le rôle des chrétiens dans la libération des peuples de l'Est, Paris 1988.

P. MICHEL, La Société retrouvée. Politique et religion dans l'Europe soviétisée, Paris 1988.

P. MOJZES, Church and State in Postwar Eastern Europe. A Bibliographical Survey, New York – Westport – Con-
necticut – London 1987.

B. BOCIURKIV – J. STRONG (Hrsgg.), Religion and Atheism in the USSR and Eastern Europe, London.

P. RAMET (Hrsg.), Religion and Nationalism in Soviet and East European Politics, Durham, NC 1984.

S. RUNCIMAN, The Orthodox Churches and the Secular State, Auckland – Oxford 1971.

The Encounter of the Church with Movements of Social Change in Various Cultural Contexts, Genf 1977.

Statistische und kartographische Dokumentation
Eine Dokumentation insbesondere kirchlicher und staatlicher Quellen ist am Institut für Historische Geographie der katholischen Universität Lublin im Rahmen der Arbeiten für den *Historischen Atlas Ostmitteleuropas* gesammelt worden. Das kartografische Labor des Instituts unter der Leitung von Z. Żuchowska erstellte auch mehrere Karten über die Jahre 1958–1998. Das Nationale Institut für Ostmitteleuropa in Lublin (Litewskiplatz 2) stellt seit 1993/94 in einer Reihe von Publikationen die Ergebnisse internationaler Konferenzen vor, die die Entwicklung der Gesellschaften, Nationen, Minderheiten und religiösen Gemeinschaften im 20. Jh. in diesem Teil Europas zum Thema haben. Die Materialien dieser beiden Institute, deren Arbeit ich leite, sind Grundlage der hier vorgelegten provisorische Bilanz.

Veröffentlichungen mit statistischem Material
L. Adamczuk – W. Zdaniewics (Hrsgg.), Kościół katolicki w Polsce 1918–1990. Rocznik stratystyczny = [katholische Kirche in Polen 1918–1990. Statistisches Jahrbuch], Warschau 1991.
L. Adamczuk – A. Mironowicz (Hrsgg.), Kościół prawoslawny w Polsce dawniej i dziś = [Orthodoxe Kirche in Polen in der Geschichte und heute].
D. B. Barret (Hrsg.) World Christian Encyclopedia. A comparative Study of Churches and Religions in the Modern World AD 1900–2000, Oxford 1982.
Eine wichtige Informationsquelle sind die Veröffentlichungen der verschiedener Zentren, die das religiöse Lében in den kommunistischen Ländern beobachtet haben, beispielsweise Keston College in England (*Religion in Communist Lands*) oder Glaube in der 2. Welt in Deutschland, in der englischen Übersetzung: *Chronicle of the Catholic Church in Lituania*, Brooklyn, N. Y.

Polen
P. Buhler, Histoire de la Pologne communiste. Autopsie d'une imposture, Paris 1997.
N. Davies, Histoire de la Pologne, aus dem Englischen übersetzt von D. Meunier, Paris 1986.
A. Friszke, Oaza na Kopernika. Klub Inteligencji Katolickiej 1956–1989 [„Oasis", Kopernika, Club der katholischen Intelligenzia, 1956–1989], Warschau 1997.
J. Kłoczoswki – L. Müllerowa, Le christianisme polonais après 1945, in: J. Kłoczoswki, Histoire religieuse de la Pologne, Paris 1987, 497–553.
J. Kłoczoswki, History of Christianity in Poland, Cambridge University Press (im Druck).
A. Micewski, Katholische Gruppierungen in Polen, München 1978.
–, Cardinal Wyszyński. A biography, San Diego – New York – London 1984.
P. Michel, L'Église de Pologne et l'avenir de la nation, Paris 1981.
–, Nous chrétiens de Pologne, Paris 1979.

Tschechoslowakei, Tchechien
Z. Boháč, Národnosti a náboženské pomìry ve vývoji Československa v letech 1918–1992 [Die Nationalitäten und das religiöse Leben in der Tschechoslowakei in den Jahren 1918–1992] in: Bialorus. Czechoslowacja, Litwa, Polska, Ukraina, Mniejszosci w swietle spisów statystcznych w XIX–XX wieku, Lublin 1996, 137–149.
–, Rozwój religijnosci w Czechach i na Morawach w latach 1910–1990 [Das Aufblühen der Religiosität in Böhmen und Mähren in den Jahren 1910–1990] in: J. Skarbek (Hrsg.), Samoidentyfikacja mniejszości narodowych i religijnych w Europie Środkowo-Wschodniej, Lublin 1998, 160–173.
Priestervereinigung „Pacem in terris". Eine kritische Analyse – Materialien zur Situation der katholischen Kirche in der CSSR, München 1983.
A. Rebichini, Chiesa, società e stato in Cecoslovachia (1968–1978), Padova 1979.

Ungarn
F. E. Andras – J. Morel, Church in Transition: Hungary's Catholic Church from 1945 to 1982, München 1983.
–, Hungarian Catholicism. A Handbook, München 1983.
P. L. Bczsoky – L. Lukacs, De l'oppression à la liberté. L'Église en Hongrie 1945–1992, Paris 1993.
F. Hainbuch, Kirche und Staat in Ungarn nach dem Zweiten Weltkrieg, München 1982.
Mindszenty (Kardinal), Mémoires, Paris 1974.

Rumänien
O. Gillet, Religions et nationalismes. L'idéologie de l'Église orthodoxe roumaine sous le communisme, Brüssel 1997.
N. Pelissier (Hrsg.) u. a., La Roumanie contemporaine. Approches de la „trahison", Paris 1996.
J. D. Snagov, Pages de démographie religieuse en Roumanie, in: Skarbek (Hrsg.), Samoidentyfikacja, 174–189.

Ukraine

O. ZINKEWYCH – A. SOROKOWSKI (Hrsgg.), A Thousand Years of Christianity in Ukraine. An Encyclopedic Chronology, New York – Baltimore – Toronto 1988.

B. BOCIURKIV, Soviet Religious Policy in Ukraine in Historical Perspective, in: Russian Empire, Cleveland 1985, 95–112.

–, Ukrainization Movements within the Russian Orthodox Church and the Ukrainian autocephalous Orthodox Church, in: Harvard, Ukrainian Studies 3–4, Cambridge Mass., 1979/1980, 92–111.

R. MARCZIUK, Antireligious Propaganda in Ukraine, ebenda, 113–130.

Mille ans de vie ecclésiale en Ukraine, Rom 1988.

Estland, Lettland, Litauen

V. S. VARDYS, The Catholic Church, Dissent and Nationality in Soviet Lithuania, New York 1978.

A. CAPRIOLI – L. VACCARO (Hrsgg.), Storia Religiosa dei popoli baltici, Mailand-Gazzada 1987.

Zu den große Umwälzungen, der „friedlichen Revolution“ von 1989

T. G. ASH, The Polish Revolution Solidarity (1980–1982), London 1983.

B. CYWINSKI, L'Expérience polonaise, Fribourg 1985.

M. E. DUCREUX, „La question tchèque“ exorcisée? in: MICHEL, Religions, 27–58.

F. FEJTÖ, La Fin des démocraties populaires. Les chemins du postcommunisme, Paris 1992.

B. LECOMTE, La Vérité l'emportera toujours sur le mensonge. Comment le pape a vaincu le communisme, Paris 1991.

P. MICHEL – G. MINK, Mort d'un prêtre – l'affaire Popieluszko: analyse d'une logique normalisatrice, Paris 1985.

M. MONALE, Les rapports entre l'Église et l'État en RDA: protestantisme et politique à l'Est de 1949 à 1990, in: MICHEL, Religions, 87–107.

K. POMIAN, Défi à l'impossible? De la révolte de Poznan à Solidarité, Paris 1982.

J. RUPNIK, L'Autre Europe. Crise et fin du communisme, Paris 1990.

–, Politique et religion en Tchécoslovaquie, L'Autre Europe Nr. 21–22, Paris 1989, 195–227.

J. TISCHNER, Le communisme et ses opposants en Pologne, in: C. DELSOL – M. MASLOWSKI (Hrsgg.), Histoire des idées politiques de l'Europe du Centre–Est, Paris 1998, 523–537.

J. VARGA, Société civile et politique de la religion: le cas hongrois, in: MICHEL, Religions, 59–86.

L. WAŁESA, Un chemin d'espoir (autobiographie), Paris 1987.

Jugoslawien

O. L. KOPLI, Du nationalisme yougoslave aux nationalismes post-yougoslaves, Paris 1998.

T. MUDLI, Histoire de la Bosnie-Herzégovine, Paris 1999.

A. STELLA, Church and State in Yougoslavia since 1945, Cambridge University Press 1979.

Veränderungen nach 1989

Ein Essay, wahrscheinlich der interessanteste:

J. GOWIN, Kosciól po komunizmie [Die Kirche nach dem Kommunismus], Krakau 1995, über die Entwicklung in Polen.

Eine kurze Erinnerung an die politischen Konflikte:

A. BON, Les Églises dans la transition démocratique, in: L'Europe centrale et orientale, Paris 1997, 15–30.

C. DE MONTCLOS, Le Vatican et l'éclatement de la Yougoslavie, Paris 1999.

Religiöses Leben

Conférence internationale de sociologie des religions, Actes de la XIᵉ conférence, Lille 1971 und folg., Concilium Nr. 174, Paris 1982.

M. FRYBES, Identité sociale et religion chez les jeunes du Centre-Est européen, in: MICHEL, Religions, 129–145

M. GRABOWSKA, L'Église de Pologne à un tournant, in: DERS., ebenda, 109–127.

M. POMIAN-SREDNICKI, Religious Change in Contemporary Poland: Secularisation and Politics, London 1982.

Social Compass XXVIII, Leuven 1981/1982.

J. KERKHOFS, Untersuchung über das religiöse und moralische Leben und die Werte in Europa, in den USA und Kanada (zwischen 1982 und 1990 durchgeführte Umfragen), im Druck.

Die Russische Orthodoxe Kirche in der Sowjetunion und ihren Nachfolgestaaten von den sechziger Jahren bis heute

VON KATHY ROUSSELET

I. Die Jahre des Kompromisses

1. Religion unter kommunistischer Herrschaft: Untergehen oder bestehen?

Während des Zweiten Weltkriegs und in der unmittelbaren Nachkriegszeit konnte man geradezu eine Mobilisierung der Kirche durch den Staat beobachten; die Rückkehr zahlreicher Geistlicher aus dem Gulag schien eine Atempause zu versprechen. Doch in den fünfziger Jahren nahm die sowjetische Religionspolitik den Kurs wieder auf, den sie in den Anfangsjahren verfolgt hatte. In seiner Zukunftsvision vom Kommunismus sah Chruschtschow für das Jahr 1980 keinen Platz für die Religion. Schon gegen Ende der Ära Stalin hatte die antireligiöse Propaganda wieder zugenommen. Nach dem Tod Stalins 1953 und besonders ab 1957[1], dem Jahr, in dem sich die Macht Chruschtschows konsolidierte, verstärkte sich diese Entwicklung und wurde von neuen religiösen Verfolgungen und zahlreichen Kirchenschließungen begleitet. Für die fünfziger Jahre wird die Anzahl der Kirchen, die liturgisch genutzt wurden, im gesamten Gebiet der UdSSR auf 13 000 bis 14 000 geschätzt[2]. Zwischen Januar 1958 und Januar 1966 wurden 44 % der Pfarrkirchen geschlossen; es blieben danach nur noch 7500 registrierte orthodoxe Gemeinden übrig[3]. Von den acht Seminaren wurden alle bis auf Moskau, Leningrad und Odessa geschlossen, und die Zahl der registrierten Priester nahm rapide ab. Zwischen 1959 und 1966 sank die Zahl der Mönche, Nonnen und Novizen von 4500 auf 1300. Das Höhlenkloster in Kiew, ein viel besuchtes Pilgerziel mit nationaler Bedeutung für die russische Orthodoxie, wurde 1963 geschlossen. Die meisten Bischöfe wurden versetzt. Die Ära Chruschtschow war auch gekennzeichnet durch – oft geheimgehaltene – Parteiinstruktionen, die bestimmte Punkte der Religionsgesetze von 1929 genauer bestimmten und die Religionsausübung weiter einschränkten. So untersagt eine Instruktion vom 16. März 1961 den Gebrauch von Glocken sowie jede karitative Aktivität in den Gemeinden und legt den Steuerhöchstsatz für die Priester auf 81 % fest. Dieselbe Instruktion erschwerte nochmals die Bedingungen für die Registrierung von religiösen Gemeinschaften: Den Antrag mußten jetzt nicht mehr nur ein einzelner Vertreter, sondern mindestens 20 volljährige Personen unterzeichnen. Am 19. Oktober 1962 wurden durch einen Ukas des Obersten Sowjets der Russischen Soziali-

---

[1] Die Jahre 1955–1957 waren die liberalsten seit dem Ende des Zweiten Weltkriegs.
[2] Vor der Öffnung der Archive wurden sie von den westlichen Experten auf 20000 bis 25 000 geschätzt.
[3] N. DAVIS, The Russian Orthodox Church: opportunity and trouble, in: Communist and Post–Communist Studies 29 (1996) 276.

stischen Föderativen Sowjetrepublik (RSFSR) 29 neue Artikel in die Gesetze von 1929 eingefügt.

Die Religionspolitik Breschnews unterschied sich im Grunde kaum von der vorhergehenden. Die Zahl der registrierten Gemeinden nahm weiter ab, wenn auch weniger schnell. Die Verfolgungen waren von Region zu Region unterschiedlich intensiv[4]; Moldawien etwa scheint weniger davon betroffen gewesen zu sein. In Rußland sank die Zahl der Kirchen auf dem Land infolge der Industrialisierungs- und Verstädterungspolitik. Dennoch wuchs auf staatlicher Seite ganz allmählich ein Bewußtsein dafür, daß Religion eine dauerhafte Erscheinung ist, die nicht durch eine Willensentscheidung ausradiert werden kann; die repressive Politik Chruschtschows wurde im Januar 1965 in einem Artikel der Zeitschrift *Sovetskoe pravo i gosudarstvo* heftig kritisiert. Zudem führte die Dezentralisierung des Landes zur Entstehung jeweils unterschiedlicher Beziehungen zwischen kirchlichen und lokalen Amtsträgern. Wie der Furov-Bericht zeigt, der nach einem Mitglied des Rates für religiöse Angelegenheiten benannt ist, war die neue Ära durch eine differenzierte Haltung gegenüber religiösen Bewegungen gekennzeichnet: Der Staat behandelte nun den Klerus und die Gläubigen, deren Aktivitäten er auf die rituelle Praxis beschränkte, anders als die Dissidenten und Aktivisten, die gesellschaftlich und politisch tätig waren. Am 24. März 1966 wurden Dekrete verabschiedet, die die antireligiöse Gesetzgebung vervollständigten, und am 23. Juni 1975 änderte man die Gesetze von 1929 in einem Sinn ab, der den geheimen Abänderungen von 1962 sehr nahekam. Die „Prinzipien der Gesetzgebung der UdSSR und der föderativen Republiken zu Ehe und Familie", seit 1968–1970 föderationsweit in Kraft, forderten, daß die Eltern ihre Kinder im Geist des Sozialismus erzogen und sozialisierten. Die systematische Organisation einer religiösen Erziehung war verboten, wenn auch die Anwendung des Gesetzes von Religionsgemeinschaft zu Religionsgemeinschaft stark variierte. Auch die Organe der staatlichen Kontrolle wurden verändert. Am 8. Dezember 1965 wurden der Rat für die Angelegenheiten der Russischen Orthodoxen Kirche und der Rat für die Kulte zu einem Rat für religiöse Angelegenheiten beim Ministerrat vereinigt, um eine Überschneidung von Aktivitäten und auch unnötige Ausgaben zu vermeiden; die Statuten wurden 1966 bekanntgemacht; zum Vorsitzenden des Rats ernannte man W. A. Kurojedow. Eine Abänderung von 1975 ersetzte hinsichtlich der Registrierung von religiösen Gruppen die Zuständigkeit des Exekutivkomitees des Sowjets auf Gebiets- oder Gau-Ebene (*oblast'* bzw. *kraj*) durch die des Rates für religiöse Angelegenheiten, was den Willen der Behörden, die Religionsgesetzgebung zu verstärken, verdeutlicht. Die Verfassung von 1977 bewahrte dennoch wie die von 1936 einen liberalen Charakter. Besonders Artikel 52 erklärt: „Den Bürgern der UdSSR wird Gewissensfreiheit garantiert, das heißt das Recht, sich zu jeder beliebigen Religion oder auch zu gar keiner zu bekennen, religiöse Kulte auszuüben oder den Atheismus zu propagieren. Jede Anstachelung zu Feindseligkeit und Haß bezüglich religiöser Anschauungen ist verboten. In der UdSSR sind Kirche und Staat sowie Schule und Kirche getrennt."

Die Kontrolle der religiösen Gemeinschaften wurde begleitet von Propaganda für den Atheismus und einem ideellen Kampf mit dem Ziel, die Gläubigen davon zu überzeugen, daß sie sich im Irrtum befänden. Seit den zwanziger Jahren schwankte die antireligiöse Po-

---

[4] A. NIVIÈRE (Hrsg.), Les Orthodoxes russes, Brepols 1993, 155–158. Besonders Karelien war von den Verfolgungen stark betroffen. Eine Säkularisierung von größerer Bedeutung konnte man im Norden und im Zentrum Rußlands beobachten.

litik des sowjetischen Staates jedoch zwischen zwei Grundannahmen. Die eine ging davon
aus, daß die Religion dank einer gut geführten antireligiösen Propaganda verschwinden
werde; die zweite, daß sie ihren Einfluß erst mit der Ausbreitung des Sozialismus verlieren
werde, daß der Atheismus nicht einfach eine Sache der Erziehung sei und daß eine vermehrte, weniger formal und besser geführte Propaganda nicht genüge, um die Religion
zum Verschwinden zu bringen. Neben einer Haltung, die sich für eine aktive Unterdrük-
kung der Religion einsetzte, gab es auch eine abwartende Haltung, die darauf baute, daß
sich der Kommunismus von selbst durchsetzen werde. So ist zu erklären, daß einerseits
eine Resolution des Zentralkomitees der KPdSU vom 7. Juli 1954 angesichts der religiösen Erneuerung eine Intensivierung der antireligiösen Propaganda forderte, und andererseits eine andere Resolution vom 10. November desselben Jahres die atheistische Propaganda als naiv kritisierte und eine Hinwendung zu den oft intelligenten und dem Staat
gegenüber äußerst loyalen Gäubigen für dringend nötig hielt. Dennoch nahm seit 1959 die
antireligiöse Propaganda zu. Im September erschien die erste Nummer der Monatszeitschrift *Wissenschaft und Religion*, der politische Verlag „Gospolitizdat" wurde aufgefordert, verstärkt atheistische Literatur zu veröffentlichen, und der Erziehungsminister mußte
die atheistische Propaganda in die Lehrpläne aufnehmen. Am 16. Juli 1971 beschloß das
Zentralkomitee die Gründung der Sowjetischen Philosophischen Gesellschaft, die den
Auftrag bekam, den wissenschaftlichen Atheismus zu verbreiten. Ende der sechziger Jahre
und in den siebziger Jahren wurde der Atheismusunterricht in den Schulen systematisiert.
Im wesentlichen lief die Propaganda des Atheismus über die Schulen; jedoch nutzte der
Staat zusätzlich auch andere Mittel der Verbreitung wie Ausstellungen, Zeitschriften, Museen und Kinos, um das Vorgehen zu perfektionieren. In den sechziger Jahren stellten einige Atheismusexperten fest, daß es nicht genüge, die Religion zu kritisieren, daß diese
vielmehr durch eine „positive" atheistische Haltung ersetzt werden müsse[5]. Damit stand
man den Ideen der „Erbauer Gottes" sehr nahe, die, obwohl von Lenin systematisch in Ver-
ruf gebracht, zahlreich wieder in Erscheinung traten.

2. Der Patriotismus – einziger Garant für das Überleben der orthodoxen Kirche

Es ist schwierig, sich unter derartigen Umständen die Überlebensstrategien der Hierarchie
der Russischen Orthodoxen Kirche und ihre mögliche theologische Rechtfertigung vorzustellen. Dem Historiker Dmitri Pospielovsky zufolge hatte Alexij I., Patriarch seit 1945,
versucht, den Attacken Chruschtschows gegen die Religion Widerstand zu leisten[6]. Seine
Rede im Kreml am 16. Februar 1960, die anläßlich einer Abrüstungskonferenz stattfand,
sollte heftige Kritik von seiten der offiziellen Kreise hervorrufen und im Juni desselben Jahres dazu führen, daß der Autor, der Metropolit Nikolaj, damals Leiter der Abteilung für Außenbeziehungen des Patriarchats, aus seinem Amt entlassen wurde. Nach einigen Protest-
versuchen und Nikolajs Versetzung in den Ruhestand fügte sich Alexij I. und akzeptierte
die Einberufung des Konzils von Zagorsk am 18. Juni 1961, das die Statutenänderung der
Russischen Orthodoxen Kirche und die veränderte Organisation der Gemeinden billigte.
Die Amtsgewalt des Priesters wird auf den Rat übertragen, der von den Gemeindemitglie-

---

[5] J. THROWER, Marxist–Leninist „Scientific Atheism" and the Study of Religion in the U. S. S.R., Berlin u.a.
1983, 161 f.
[6] D. V. POSPELOVSKIJ, Russkaja Pravoslavnaja Cerkov' v XX veke, Moskau 1995, 285–290.

dern gewählt wird, wobei die Wahlen mit Genehmigung des lokalen Sowjets abgehalten werden. Nach der Erinnerung Alexander Mens[7] wurde diese Reform um so leichter von der kirchlichen Hierarchie akzeptiert, als die Bischöfe die Situation der Gemeinden oft kaum kannten und die weniger konzilianten Hierarchen wie zum Beispiel Bischof Luka von Simferopol beim Konzil nicht anwesend waren; der sehr betagte Patriarch, zu Beginn der Reform wenig zugeneigt, ließ sich seinerseits relativ leicht überzeugen. A. Men fügt jedoch hinzu, daß die Situation vorher nicht immer besser war, da die Priester oft nicht sehr ehrenhaft mit den Gemeindehaushalten umgingen[8]. Die Folgen der Reform unterschieden sich von einer Gemeinde zur anderen sehr[9]. Es ist dennoch richtig, daß sich ein Großteil der Priester von ihren Bischöfen im Stich gelassen fühlte; aufgrund dieser Isolierung verlangten A. Men und einige andere Priester sich unter die Autorität von Bischof Germogen[10] stellen zu können. Nach dem Tod von Alexij I. im Jahr 1971 wurde in öffentlicher Abstimmung Patriarch Pimen gewählt, der dieselbe Politik wie sein Vorgänger verfolgen sollte.

Die Unterwerfung der Kirche unter die sowjetische Staatsgewalt läßt sich durch das pragmatische Interesse, das Überleben der Kirche zu sichern, sowie durch den neuen gesellschaftlichen Kontext erklären. Ende der sechziger Jahre war die Mehrheit der Hierarchen, die oft gar keine andere Staatsform als die sowjetische erlebt hatten und meist Konvertiten aus atheistischen Kreisen waren, so durch die Existenzbedingungen der Kirche geprägt, daß sie sich keine anderen vorstellen konnten und sie nicht dagegen aufbegehrten, daß die Kirche keinen juristischen Status zugebilligt bekam. Wie Vsevolod Spiller, 32 Jahre lang Pfarrer an der Moskauer Kirche St. Nikolaus-der-Schmied[11], schrieb, unterwarf sich die Hierarchie den staatlichen Gesetzen nicht aus Furcht, sondern aus Überzeugung. Andere fügten sich aus Resignation, wie dieser Bischof: „Ich frage mich oft, ob es richtig ist, daß wir schweigen und nicht öffentlich verkünden, was in der Kirche vor sich geht und auf was für Schwierigkeiten sie stößt. Manchmal bin ich angewidert und habe Lust, alles hinzuwerfen und mich aus dem Amt zurückzuziehen. Und mein Gewissen wirft mir vor, daß ich es nicht tue. Aber auf der anderen Seite ist es auch mein Gewissen, das mir verbietet, die Gläubigen und die Kirche im Stich zu lassen. Denn die Arbeitsweise der Kirche anzuklagen oder auch nur offen zu kritisieren bedeutet bestenfalls, von jeder Tätigkeit in der Kirche entfernt zu werden, und das wird jedenfalls nichts ändern."[12] Unter derartigen Umständen erlaubten die Einordnung des Priesters in eine kirchliche Tradition, die starke Präsenz geistlicher Väter der älteren Generation, die die Verfolgungen überlebt hatten und aus den Lagern zurückgekehrt waren, und, zufallsbedingt, gute Beziehungen mit den lokalen Behörden das Überleben einer nicht stark ausgeprägten, aber doch vorhandenen nicht kompromittierten Kirche.

[7] A. MEN, The 1960s Remembered, in: Religion, State and Society 23 (1995) 126.
[8] Ebd. Das Konzil von 1945 hatte dem Priester wieder einen wichtigen Platz in der Gemeinde zugewiesen und stand damit im Widerspruch zur Gesetzgebung von 1929.
[9] Alexander Men scheint von der Reform wenig betroffen gewesen zu sein. Vgl. I. HAMANT, Alexander Men. Ein Zeuge für Christen in unserer Zeit, München 2000, 81ff.
[10] HAMANT, Alexander Men 87f.
[11] POSPELOVSKIJ, Russkaja Pravoslavnaja Cerkov' 293. 1902 in Kiev geboren, lebte Vsevolod Spiller von 1921 bis 1950 in Bulgarien im Exil. Danach kehrte er in die Sowjetunion zurück, wo er 1984 starb. Zu seinem Leben vgl. I. V. ŠPILLER, Vospominanija ob o. Vsevolode Špillere, Moskau 1995.
[12] Brief eines Bischofs, in: Vestnik Russkogo Christianskogo Driženja RChD, Nr. 116, 1975, 228; zit. u. übersetzt v. HAMANT, Alexander Men 68.

Die Fügsamkeit der orthodoxen Kirche erklärt sich auch durch ihren Patriotismus, der das Mittel war, um vom Staat akzeptiert zu werden, aber auch das Mittel, um sich als Garant der traditionellen Werte zu präsentieren, denen sich das Volk verbunden fühlte. Die Erklärung Sergijs, des „locum tenens" des Moskauer Patriarchenstuhls, von 1927 muß unter diesem Blickwinkel gelesen werden[13], und die Versöhnung zwischen Kirche und Staat während des Zweiten Weltkriegs bestätigte die orthodoxe Position. In diesem Geist wurde die oben zitierte Rede vom 16. Februar 1960 geschrieben. Und in diesem Sinn muß sicher auch die staatliche Instrumentalisierung der Hierarchie der orthodoxen Kirche für die Verbreitung des Friedens und des Sozialismus in der Welt verstanden werden, sowie die Rolle derselben in der sowjetischen Diplomatie – auf dem Höhepunkt der religiösen Verfolgungen. Als sich die UdSSR den internationalen Organisationen öffnete, trat die Russische Orthodoxe Kirche in die ökumenische Bewegung ein[14]. Im November 1958 schickte die orthodoxe Kirche Vertreter zu einem von J. Hromádka, einem tschechischen reformierten Theologen, organisierten Treffen in Debrecen (Ungarn). 1959 nahm sie an der Konferenz Europäischer Kirchen in Nyborg in Dänemark teil, im September 1960 an der ersten Panorthodoxen Konferenz von Rhodos und im Dezember an der Versammlung des Weltkirchenrates in Neu-Delhi. Die Russische Orthodoxe Kirche knüpfte überdies Beziehungen zur römisch-katholischen Kirche, indem sie 1962 zwei Delegierte zum Konzil schickte[15]; am 15. September 1963 wurde Bischof Nikodim (Rotow) von Leningrad und Nowgorod, der umstrittene Nachfolger Nikolajs an der Spitze der Abteilung für Außenbeziehungen des Patriarchats, vom Papst empfangen. 1969 hatte die orthodoxe Kirche die gemeinsame Kommunion in Ausnahmefällen gestattet. Nach dem Tod von Nikodim während einer Audienz im Vatikan 1978 sagte man, daß er sich nach der Arbeit für die ökumenische Bewegung zum Katholizismus bekehrt habe.

Die Interessen der Kirche und des Staates scheinen sich hinsichtlich der Teilnahme der religiösen Organisationen an den ökumenischen Gremien überschnitten zu haben. Für die orthodoxe Kirche war es wichtig, nicht von den anderen Kirchen isoliert zu werden; für den Staat war die Kirche berufen, die ideologischen Interessen der UdSSR zu verteidigen, ein positives Bild des Sozialismus zu vermitteln, besonders in der Zeit der Entspannung zwischen Ost und West, und das in einer ökumenischen Bewegung, die in den vierziger und fünfziger Jahren wegen ihrer bürgerlichen Neigungen kritisiert worden war. Die Teilnahme der Kirche hatte dagegen keine theologische Auswirkung. Der Dialog zwischen Christentum und Marxismus war weder von der Kirche noch von der kommunistischen Partei erwünscht. Die Kirche, die, was ihre politische Mission betraf, aufgefordert war, eine soziale Botschaft zu verbreiten, lehnte paradoxerweise jede theologische Reflexion über die Gesellschaft ab und zeigte sich konservativ und unbeweglich hinsichtlich der Fragen, die vom Weltkirchenrat erörtert wurden, wie etwa Feminismus, Rassismus oder Befreiungstheologie; ihr Konservatismus führte dazu, daß sie jede horizontale Heilsvorstellung ablehnte.

---

[13] In dieser Erklärung heißt es: „Wir müssen durch unsere Worte und durch unsere Taten beweisen, daß die glühendsten Orthodoxen treue Bürger der Sowjetunion sein können. (…) Wir möchten orthodox sein und gleichzeitig die Sowjetunion als unsere weltliche Heimat anerkennen. Ihre Freuden und ihre Erfolge werden unsere Freuden und unsere Erfolge sein und ihre Mißerfolge unsere Mißerfolge."

[14] J. A. HEBLY, The State, the Church, and the oikumene: the Russian Orthodox Church and the World Council of Churches, 1948–1985, in: S. P. RAMET (Hrsg.), Religious Policy in the Soviet Union, Cambridge 1993, 105–122.

[15] Vgl. hierzu A. MELLONI (Hrsg.), Vatican II in Moscow (1959–1965), Leuven 1997.

3. Gesellschaftlicher Widerstand

Die Russische Orthodoxe Kirche kann jedoch nicht auf die Hierarchie reduziert werden und ihre Geschichte nicht auf das kompromittierende Verhalten derselben gegenüber der Staatsgewalt. Im Zusammenhang mit den Verfolgungen erfanden die orthodoxen Christen neue religiöse Praktiken, und ein Teil von ihnen näherte sich den Altgläubigen an, ohne dabei ihrer Kirche den Rücken zu kehren. Die Taufe blieb in den Dörfern ein wichtiges Element der Sozialisation der Kinder. Einige Gläubige flüchteten in den Untergrund und schlossen sich der Katakombenkirche an, der „Wahren Orthodoxen Kirche" oder der Bewegung der „Wahrhaft orthodoxen Christen". Ein Teil dieser religösen Gruppen nahm sektiererische und chiliastische Züge an.

Angesichts der kompromittierenden Haltung der Hierarchie versuchten Laien und einige Mitglieder des Klerus, Widerstand zu leisten. Im November und Dezember 1965 richteten Gleb Jakunin und Nikolaj Eschliman zwei Protestbriefe an Alexij I. und an das Staatsoberhaupt, die sich gegen die sowjetische Kirchenpolitik wendeten. 1972 schrieb Alexander Solschenizyn seinen *Fastenbrief* an Patriarch Pimen, in dem er dem Patriarchat sein Schweigen angesichts der Verfolgungen vorwarf und den moralischen Verfall des seines geistlichen Haltes beraubten russischen Volkes feststellte. Im Dezember 1975 richteten Vater Jakunin und Lev Regelson einen Appell an die Vollversammlung des Ökumenischen Rates der Kirchen in Nairobi. 1976 bildete sich ein Komitee zur Verteidigung der Rechte der Gläubigen, das über die Beeinträchtigung der Gewissensfreiheit in der UdSSR informierte. Am 15. August 1979 erschien der Bericht Vater Jakunins über die Situation der Kirchen, was zur Verhaftung des Autors am 1. November desselben Jahres führte; Gleb Jakunin wurde im August 1980 zu fünf Jahren Lagerhaft verurteilt.

Als Reaktion auf den staatlichen Atheismus und auf die erzwungene Säkularisierung beschlossen junge Christen, unabhängige und inoffizielle Bewegungen zu gründen, die die meiste Zeit von der kirchlichen Hierarchie als sektiererisch und häretisch betrachtet wurden[16]. So versammelte seit September 1974 das von A. Ogorodnikov gegründete christliche Seminar neubekehrte Intellektuelle, die ihren Glauben vertiefen, eine theologische Ausbildung erhalten, missionarisch tätig werden und ein wahrhaft christliches Leben führen wollten. „Es ist nicht leicht zu entscheiden," schreibt J. Ellis, „ob die Ablehnung der institutionalisierten Kirche einen vollständigen Bruch bedeutet oder nicht. Es ist wahrscheinlich, daß Mitglieder des Seminars auf individueller Basis weiter die Kirche besucht haben und die Kommunion empfingen, obwohl das nicht eindeutig zu klären ist."[17] Die Mitglieder des Seminars wurden dann begleitet von Priestern wie Vater Dudko, der seit 1973 in wöchentlichen Gesprächen die Fragen der Gläubigen beantwortete. Kennzeichnend für das christliche Seminar war die Vielfalt der erörterten Themen, deren Auswahl von zufälliger Lektüre bestimmt war: die Kirche und die moderne industrielle Welt, die Predigten Billy Grahams, das Schicksal des modernen Humanismus. Man findet eine gewisse slawophile Tendenz, auch wenn sie nicht von Feindseligkeit gegenüber der westlichen Demokratie oder von Messianismus begleitet wird: Die Mitglieder des Seminars betrachteten vielmehr eine Zusammenarbeit der Christen als notwendig, und sie scheinen

---

[16] In dieser Frage folgen wir weitgehend den Ergebnissen von J. ELLIS, The Russian Orthodox Church. A Contemporary History, London – Sydney 1986, 381 f.
[17] ELLIS, The Russian Orthodox Church 384.

Die goldenen Kuppeln der „Verkün-
digungs-Kathedrale", ehemalige Hof-
kirche des Zaren im Kreml. Die
Kathedrale dient heute wieder dem
Gottesdienst.

Patriarch Pimen von Moskau mit Vasken I., Katholikos der armenischen Kirche.

Wasserweihe durch Eintauchen einer Marienikone. Zeichen neuen kirchlichen Lebens in Rußland.

internationale Kontakte gehabt zu haben, besonders mit der italienischen Organisation „Comunione e Liberazione". In Leningrad kam seit Oktober 1975 ein philosophisch-religiöses Seminar zusammen, das nach der Nummer der Wohnung, in der die ersten Treffen stattfanden, „37" hieß. Es war ökumenisch in einem sehr weiten Sinn orientiert, da es zugleich Agnostiker, sogar Atheisten, Anhänger orientalischer Religionen, Juden, Katholiken, Baptisten und orthodoxe Christen versammelte. Die Teilnehmerzahl betrug 1980 ungefähr 50 Personen, unter denen sich nonkonformistische Intellektuelle aus dem kulturellen und technischen Bereich sowie Soziologen befanden. Das „Seminar 37" hatte sich unter anderem wie das christliche Seminar das Ziel gesetzt, seinen Mitgliedern eine theologische Ausbildung zu bieten, aber seine Hauptaufgabe sah es vor allem in der Rechristianisierung der Gesellschaft. Diese Dissidentenbewegungen wurden streng verfolgt. 1979 wurde Alexander Ogorodnikov verurteilt, 1980 Wladimir Porech; am 15. Januar 1980 wurde Vater Dudko verhaftet, der am 30. Juni freigelassen wurde und im Fernsehen eine heftig umstrittene Reuebekundung ablegte.

Im selben Geist, aber weniger sichtbar als die beiden Seminare, tauchten Ende der sechziger Jahre kleine Gruppen auf, die den westlichen „Basisgemeinden" ähnelten; 1989 gab es mindestens 250 davon in Moskau[18]. In den siebziger Jahren setzten sie sich aus jungen Studenten zusammen, aber allmählich verbreitete sich ihre Basis. Sie entwickelten sich gegen den Formalismus und den Mangel an Kirchen und wurden angetrieben von dem Wunsch, ihren Glauben zu teilen (sie erprobten freies Gebet) und ein lebendigeres Christentum in der Gemeinschaft zu leben. Die meiste Zeit „gehen die Christen nur zur Kirche, um während des Gottesdienstes zu beten oder um die Sakramente zu erhalten. Das hat eine tiefe Isolierung der Gläubigen zur Folge. Zur Kirche zu gehen und sogar, die Eucharistie zu empfangen, wird mehr als private Handlung jedes einzelnen wahrgenommen als als Teilnahme an einer gemeinsam gelebten Liturgie."[19] Die Tatsache, daß der Priester nicht mit seiner Gemeinde verbunden war, trug weiter dazu bei, aus ihr nur einen Kultort zu machen; es passierte in der Tat häufig, besonders in den großen Städten und in den Gemeinden, in denen die Priester Erfolg hatten, daß dieselben vom Bischof aus einer Gemeinde in die nächste versetzt wurden[20]. Diese Gemeinschaften waren der Ort einer Katechese für diejenigen, die getauft werden wollten. Die meisten entstanden auf die Initiative der Laien selbst hin, die ihren Glauben durch Textstudium vertiefen wollten, und entwickelten sich auf der Basis bereits existierender sozialer Netze, mehr aufgrund geistiger als aufgrund räumlicher Nähe; manchmal waren sie mit einem Priester verbunden. Diese Gemeinschaften waren insbesondere vom Denken Jacques Loews und von der Erfahrung der „École de la Foi" aus Fribourg beeinflußt; die Durchreise Loews durch Moskau 1979 führte so zur Entwicklung von Gruppen, die in die Bibel, die Patristik und die Kirchengeschichte einführten. Schließlich wendeten sich die Neophyten auch Mönchen wie Vater Tavrion in Lettland oder Vater Alypij vom Höhlenkloster in Pleskau (Pskow) zu.

Trotz der schwierigen politischen Situation und der Passivität einer Hierachie, die die Augen vor den Umwälzungen verschloß, konnte man seit Ende der sechziger Jahre eine religiöse Erneuerung beobachten, die zum Teil an diesen verschiedenen Bewegungen sicht-

[18] Gespräch mit einem Laien, der sich im Kampf für die Rechte der Gläubigen engagierte, im Januar 1989.
[19] „Pravoslavnye christiane Rossii, ‚Pomogite nam, brat'ja!' Obraščenie k christianam vsech cerkvej" (nicht nach Mai 1988), Archiv Samizdata Nr. 6302, S. 7.
[20] Es kam vor, daß in den 44 orthodoxen Gemeinden in Moskau 17 Priester gleichzeitig versetzt wurden (ebd. 7).

bar wurde, besonders in den großen Städten. Während bis in die sechziger Jahre das Bildungsniveau der Gläubigen relativ niedrig war– sie hatten zu den Generationen gehört, die aus der Landflucht der nachrevolutionären Ära hervorgegangen waren –, so konvertierten seit den siebziger Jahren häufig Erwachsene, die aus intellektuellen Kreisen oder aus der Welt der Kultur kamen. Die Literatur trug wesentlich zum Fortbestand der religiösen Erinnerung bei; erwähnt seien besonders Anna Achmatowa (1889–1966), Boris Pasternak (1890–1960) und Michail Bulgakow (1891–1940), dessen Roman *Der Meister und Margarita* ein Leitstern für die „Gottsucher" wurde[21]. Ein diffuses und eklektisches religiöses Bewußtsein entwickelte sich. Religiöse Themen wurden mehr und mehr in der Literatur benutzt, und es wurde schick, Ikonen zu sammeln; es bürgerte sich die Gewohnheit ein, an Ostern auf den Friedhof zu gehen. Randbewegungen der Gegenkultur gaben sich einen religiösen Anstrich; die religiöse Ethik wurde die unverzichtbare Basis. Man konnte gleichzeitig die Renaissance des religiösen Erbes – der Zusammenhang von Religion und Kultur wurde immer öfter betont, und die religiösen Werte beeinflußten das Denken bestimmter Schriftsteller wie Valentin Rasputin – und die Entwicklung einer Religion beobachten, die auf moralischer Aufrichtigkeit und der Notwendigkeit, echten Glauben in einer wirklichen Gemeinschaft zu leben, bestand.

Dieses Interesse an religiösen Phänomenen, das damals noch nicht die gesamte Gesellschaft betraf, war die Folge eines Aufblühens privater Werte und eines bestimmten Typs von Individualismus. Für die Intellektuellen der Jahre 1970–1980 konnte er manchmal einer bestimmten Form des Protests gegen das Regime entsprechen, genau wie der nicht orthodoxe Marxismus während des vorangegangenen Jahrzehnts oder auch der westliche Liberalismus. Das Interesse an der Orthodoxie wurde, wenn es nicht von wirklichem Engagement in der Kirche begleitet war, allmählich eine Form der grauen Opposition, die weitgehend akzeptiert wurde[22]. Was die Jugendlichen betraf, so läßt sich ihr Interesse oft aus der Suche nach neuen Werten erklären, aus einer tiefen Krise zwischen den Generationen, die durch radikales Verwerfen der Erfahrungen der Eltern und den Willen, Widerstand zu leisten, gekennzeichnet war.

„Natürlich hat in jedem Land ein wirklich religiöser Mensch, egal welcher Konfession, wenig Möglichkeiten zu behaupten, er sei nicht gläubig. Aber das Gegenteil ist sehr wohl möglich, und die Gründe, sich als gläubig auszugeben, können sehr unterschiedlich sein. Eine derartige Situation ist unter den Bedingungen unseres Landes, in dem die Mehrheit der Menschen Atheisten sind, nicht ausgeschlossen. Bei einem Teil der Jugend erklärt sich zum Beispiel die Behauptung, gläubig zu sein, aus einem Charakter, der zu Widerspruch neigt, aus dem Wunsch heraus, sich abzuheben und die Mehrheit herauszufordern. Manchmal erklärt sich ein Mensch als gläubig infolge einer Ungerechtigkeit, die ihm von einem Funktionär oder von der gesellschaftlichen Umgebung zugefügt worden sind. Ein anderer Grund kann die Plumpheit der atheistischen Propaganda sein, die oft ihr Ziel nicht erreicht, sondern im Gegenteil ein Gefühl der Sympathie gegenüber der Religion und den Wunsch, sich von einem primitiven Atheismus zu distanzieren, hervorruft."[23]

[21] A. BERELOWITCH, La place vide de Dieu, in: Cahiers du monde russe et soviétique XXIX (3–4) (Juli–Dez. 1988) 575–580.
[22] D. FURMAN, Formula protesta, in: Sovetskaja kul'tura (18. Feb. 1989) 6.
[23] V. N. ŠERDAKOV, Gde končaetsja religioznost' i načinaetsja ateizm?, in: Sociologičeskie issledovanija 4 (1987) 45.

Zwar war für einen Teil der russischen sowjetischen Gesellschaft während der Ära Breschnew ein gewisser Wertepluralismus und ein Hang zum Religiösen typisch; jedoch blieb sie größtenteils den kirchlichen Institutionen fern. Die kirchliche Hierachie nahm zwar am politischen Leben teil, indem sie im Ausland den Frieden propagierte, aber der Klerus erschien weitgehend als fremde Kaste, abgeschnitten von der Gesellschaft und selbst von den Gläubigen. Man konnte die Entwicklung informeller Gruppen beobachten, die wegen ihres nichtinstitutionellen Charakters nicht diesem Bann unterlagen, und die Entfaltung einer orthodoxen Religion, die sich oft von den kirchlichen Dogmen entfernt hatte[24].

Anfang der achtziger Jahre tauchten zwei gegensätzliche Typen von Gläubigen auf. Der erste Typ: jung, meist weiblich, intellektuell – im wesentlichen aus dem technischen Bereich –, Menschen, die Erfahrungen mit der östlichen Mystik und dem Unterricht verschiedener Gurus hinter sich hatten. Kennzeichnend für diese Neophyten ist eine totale Weltverneinung und ein starker Ausschließlichkeitsanspruch hinsichtlich der Lehre:

„Diese jungen Konvertiten hatten kaum die Schwelle einer Kirche übertreten, als sie sich auch schon mit zügellosem Fanatismus auf das stürzten, was unsere Intellektuellen schon immer angezogen hat: ‚Einfachheit' und ‚Gehorsam', deren Kehrseite natürlich extremes Mißtrauen und Intoleranz gegenüber all denen, die diese Leidenschaft nicht teilen, sind. Jeder dieser Neophyten fand schnell zahlreiche ‚starcy' und ‚staricy' [Starzen], bei denen er, abgesehen von wertvollen Einblicken in lebendige spirituelle Erfahrung, alle möglichen Vorurteile und ungeheuerlichen abergläubischen Vorstellungen erwerben konnte. Man gab von Hand zu Hand eine Art Gebete weiter, die mehr an Zauberformeln erinnerten, die unwahrscheinlichsten Gerüchte über Intrigen der Juden und der Freimaurer, der Katholiken, der Baptisten und anderer Feinde des ‚wahren Glaubens' wurden verbreitet, man behauptete, die Kultur sowie die weltliche und sogar die theologische Erziehung seien schädlich. Von der religiösen Literatur wurde nur die *Philokalie* akzeptiert und, mit etwas Zurückhaltung, die Werke von Ignatij Brjantschaninow und von Theophan dem Klausner. Am meisten Popularität besaß Vater Johannes von Kronstadt, der meist nur dem Namen nach bekannt war. Jeder Wunsch, sich frei und bewußt mit den christlichen Lehren zu beschäftigen, wurde als ‚Versuchung' angesehen."[25]

Auf der anderen Seite konnte man „modernistische" Strömungen beobachten, eine „Protestantisierung" bestimmter Personen, die das Bußsakrament und den Marien- und Heiligenkult ablehnten; andere bestritten die Wirksamkeit von Fürbitten für die Toten.

„Einige unserer Neophyten können als ‚Protestantisierer' (nicht Protestanten, sondern zum Protestantismus neigende Personen, potentielle Protestanten innerhalb der Kirche) angesehen werden. Und in diesem Milieu entstehen häufig extreme Tendenzen, die die Einheit der Kirche beeinträchtigen können. (...) Für uns ist weniger von Bedeutung, diese ‚Extremisten' zu verurteilen, als zu verstehen, was sie zum Protest bewegt. Es sind nicht unbedingt Hochmut und Stolz, wie man zu diesem Thema gesagt hat, sondern öfter aufrichtige Empörung gegenüber den Entstellungen des Geistes des Evangeliums, die mehr und mehr in unserer Kirche sichtbar werden. Es ist vor allem diese Entstellung, die darauf beruht, daß der Gehorsam gegenüber den wichtigsten Lehren Christi über die Liebe zu Gott und dem Nächsten (die nicht voneinander zu trennen sind) ersetzt wird durch die For-

---

[24] S. B. Filatov, Nužna li nam ‚vnutrennjaja zagranica'?, in: Sociologičeskie issledovanija 5 (1988) 42–46.
[25] E. Pazuchin, Tesnye Vrata, in: Čaša 1 (1988) 20.

derung, alle Einzelheiten der Buße buchstabengetreu einzuhalten, so daß die sekundären kirchlichen Vorschriften ebenso streng eingehalten werden wie die wesentlichen (zum Beispiel das obligatorische dreitägige Fasten vor der Kommunion)."[26]

II. Die Perestrojka und die neue Rolle der Kirche

1. Eine neue Religionspolitik

Die ersten Anzeichen einer Liberalisierung im religiösen Bereich ließen sich im Sommer 1987 feststellen, etwas später als in anderen Bereichen[27]. Allerdings hatte diese Liberalisierung zwar länger auf sich warten lassen, aber dafür berührte sie das Herz des Systems und zerstörte die Basis der sowjetischen politischen Werte. Nachdem das Religiöse in der russischen Gesellschaft der Jahre 1970–1980 mehr und mehr eine Rolle gespielt hatte, gewann es mit der Perestrojka zunehmend an Bedeutung. Die Perestrojka, die durch eine nie dagewesene moralische Krise gerechtfertigt schien, setzte eine galoppierende Dynamik in Gang, die bei weitem die Absichten ihrer Initiatoren überstieg und das System der Machtlegitimierung in Rußland grundlegend veränderte.

Michail Gorbatschow schien in seinen ersten Jahren an der Macht die ideologische Ausrichtung der UdSSR nicht verändern zu wollen; erst ganz allmählich, unter dem Druck der Ereignisse, bekam sie einen neuen Kurs. Das Parteiprogramm, das während des XXVII. Parteitags der KPdSU 1986 angenommen wurde, war im selben Ton gehalten wie die vorangehenden Programme, und Michail Gorbatschow forderte darin eine Erneuerung des Atheismus im Rahmen der Entwicklung der Sozialwissenschaften. Im November desselben Jahres sprach sich der Generalsekretär in Taschkent für den Kampf gegen die Religion und eine Verstärkung der atheistischen Propaganda aus. In diesen ersten Jahren der Ära Gorbatschow handelte es sich höchstens darum, Extremismus zu vermeiden und ideologischen Dogmatismus zurückzuweisen. Es wurde inzwischen zugegeben, daß die Religion ihre Wurzeln in der Gesellschaft habe und nicht kurz vor dem Verschwinden stehe.

Eine der wesentlichen Erscheinungen der Religionspolitik Gorbatschows ist wie in anderen Bereichen die Tatsache, daß die Probleme, die die religiöse Situation betrafen, öffentlich gemacht wurden, aber auch, daß die Annäherung an religiöse Phänomene wieder aufgenommen wurde. Die eingestandene Ungeeignetheit der Forscher, die kritischen Analysen der Ära Stalin und der ideologischen Herangehensweise der dreißiger Jahre waren Themen, die in die Zeit vor 1985 zurückgehen, auch wenn sie der Öffentlichkeit weniger zugänglich waren, und der Atheismus begann sogar schon, bevor Andropow [Ende 1982] an die Macht kam, sich zu verändern. Die Entwicklung tendierte jedoch seit 1987 zu mehr Radikalität. Die Zeitschrift *Wissenschaft und Religion* änderte ihren Tonfall: Die normativen Ausführungen machten Debatten Platz, in denen verschiedene, manchmal sogar nonkonformistische Ansichten vertreten wurden. Ganz wie in den ersten Jahren der sozialistischen Regierung wurde heftig diskutiert, mit dem Ziel, Dogmen aller Art zu erschüttern, das offizielle Denken zu erneuern, dessen Erstarrtheit den Verlust an Glaubwürdigkeit

---

[26] A. ZALESSKIJ, unveröff. Artikel, 1989.
[27] Was diese Frage betrifft, folgen wir weitgehend K. ROUSSELET, Engagement religieux, désengagement politique, in: A. DE TINGUY (Hrsg.), L'Effondrement de l'empire soviétique, Brüssel 1998, 139–150.

erkläre, und die sogenannten extremistischen Strömungen zu entlarven, deren ideologische Diskurse von der Realität abgeschnitten oder zu weit entfernt vom marxistischen Denken seien[28]. Wie in anderen Bereichen war auch im religiösen die Untersuchung der Vergangenheit einer der wichtigsten Schritte der Perestrojka. Man stellte jetzt fest, daß es nicht ausreichte, die religiöse Situation im Rahmen der grundlegenden sozioökonomischen Prozesse zu erklären, sondern daß man auch die Politik berücksichtigen mußte, in dem Maß wie sie wichtige Auswirkungen gehabt hatte. Das neue Denken hatte jedoch seine Grenzen: Zwar wurde die Politik Stalins kritisiert, aber die Positionen Lenins hinsichtlich des Bereichs der Religion wurden erneut bekräftigt und die Verfolgungen der Jahre nach der Revolution wurden immer noch verheimlicht.

Die Bühne, die den Intellektuellen in der Presse für religiöse Themen zur Verfügung gestellt wurde, war selbst schon ein neues Phänomen, besonders, was die Breite betraf und die Wendung, die das Geschehen nahm. Die Jahre 1985 und 1986 waren noch gekennzeichnet durch Attacken gegen diejenigen, die mit der Religion „flirteten", aber allmählich veröffentlichten auflagestarke Zeitschriften wie *Literaturnaja Gazeta* Artikel, die die antireligiösen Stereotypen austreiben und sogar die Religion rehabilitieren sollten: So kommt es, daß D. Lichatschow die Haltung des Staates gegenüber der orthodoxen Kirche und den Gläubigen kritisierte und eine wirkliche Trennung von Kirche und Staat forderte[29]; dieselbe Zeitschrift beteiligte sich an mehreren Angriffen auf die Rechte der Gläubigen. Im selben Sinn veröffentlichte die soziologische Zeitschrift *Sociologičeskie issledovanija* 1987 ein Dossier, das die Zusammenfassung eines Buches von W. Fletcher[30], einen Artikel des Mönchspriesters Innokentij Pawlow, Theologe und Professor im Seminar von Leningrad, und einen anderen von V. N. Scherdakov, Doktor der Philosophie und Professor am Institut für wissenschaftlichen Atheismus, enthielt; 1988 erschien ein Interview mit demselben Mönchspriester Innokentij von G. Batygin, dem stellvertretenden Chefredakteur der Zeitschrift. Man muß die symbolische Bedeutung der Stellungnahmen des hohen Kirchenvertreters in der sowjetischen soziologischen Zeitschrift erwägen, die insbesondere das Nebeneinander zweier Denkwelten aufzeigen, die sich immer gegenseitig ausgeschlossen hatten; sie bieten zugleich einen unverblümten Zugang zur religiösen Realität in der Sowjetunion.

Diese Öffentlichkeit, die der Religion zugestanden wurde, wurde von der Freilassung von Gefangenen begleitet – Alexander Ogorodnikow und Gleb Jakunin kamen Anfang des Jahres 1987 frei –, von der Wiedereröffnung von Kirchen und von der Rückerstattung von Klöstern, eine Initiative, die Jurij Andropow angestoßen hatte – die Rückerstattung des Daniil-Klosters etwa fiel ins Jahr 1983. Im Januar 1988 gab es auf dem gesamten Gebiet der Sowjetunion 6700 Pfarrgemeinden; im Januar 1990 waren es 10 100; 1993 12 100[31]. Allmählich entstanden Sonntagsschulen, noch auf illegaler Basis. Im September 1990 wurde nach langen Debatten ein neues sowjetisches Gesetz „über die Gewissensfreiheit und die religiösen Organisationen" verabschiedet. Es gewährte den Kirchen offiziell neue Freiheiten und strich in Artikel 5 jede Verbindung von Staat und Atheismus. Es verlieh jeder religiösen Organisation (Kloster, Pfarrgemeinde ...) den Status einer juristischen Per-

---

[28] A. KLIBANOV – L. MITROCHIN, Istorija i religija, in: Kommunist (Dez. 1987) 91–105.
[29] Am 9. September 1987.
[30] Soviet Believers: the religious sector of the population, Lawrence 1981.
[31] DAVIS, The Russian Orthodox Church 277.

son. Karitative Tätigkeit wird gestattet. Der Staat finanziert von nun an weder religiöse Organisationen noch die Organisationen, die den Atheismus propagieren. Das Gesetz läßt religiöse Erziehung und besonders die Schaffung konfessioneller Schulen zu; die Russische Orthodoxe Kirche hatte sich jedoch nicht mit der Forderung durchsetzen können, in den staatlichen Schulen unterrichten zu dürfen. Den Militärangehörigen wird außerdem die Genehmigung zur Teilnahme an religiösen Aktivitäten erteilt. Was die Besteuerung betrifft, so wird das diskriminierende System ebenfalls abgeschafft: Die Mitglieder des Klerus werden von nun an genauso besteuert wie die anderen Bürger. Das politische Spiel zwischen der Russischen Föderation und der Sowjetunion bewegte erstere, am 1. Dezember desselben Jahres ein eigenes Gesetz zu initiieren, dessen Text von einer parlamentarischen Kommission vorbereitet wurde, der V. Polosin, Abgeordneter und orthodoxer Priester, vorsteht; dieses Gesetz war liberaler, besonders was den Religionsunterricht betraf. In Rußland, der Ukraine und Moldova wurden die wichtigsten religiösen Feste gesetzliche Feiertage.

Die Perestrojka im religiösen Bereich war vor allem eine Liberalisierungsbewegung, die von oben verordnet wurde. Man kann sie sicher mit dem indirekten Druck des Westens erklären. Michail Gorbatschow brauchte die Anerkennung seines Staates durch den Westen; religiöse Liberalisierung war aber im Westen das Symbol für beginnende Demokratie. Das Jahr 1988, in dem die tausendjährige Christianisierung Rußland gefeiert wurde, wurde der eigentliche Wendepunkt der staatlichen Religionspolitik, markiert duch eine offizielle Anerkennung der Russischen Orthodoxen Kirche, besonders mit dem Treffen Michail Gorbatschows mit dem Patriarchen. Die Veranstaltungen im Rahmen der Jahrtausendfeier, ein wahres nationales Fest, wurden weitgehend zum Zweck internationaler Propaganda genutzt.

Aber die neue Politik ließ sich auch und vor allem mit der Notwendigkeit erklären, das Vertrauen der sowjetischen Bevölkerung in das System wiederherzustellen und gegen den Indifferentismus zu kämpfen. Alexander Jakowljew, 1987 zum Sekretär für Ideologie des Zentralkomitees der KPdSU ernannt, bestand auf der Notwendigkeit, der Gesellschaft wieder moralische Werte zu vermitteln. In den Jahren 1970–1980 ließ sich in der Tat feststellen, daß sich die Kluft zwischen der Ideologie, die wie ein sinnentleerter, aber für das soziale und politische Überleben des Individuums notwendiger Code benutzt wurde, und den privaten Interessen und Werten vertiefte. Der wachsende Gegensatz zwischen der Sphäre des Öffentlichen und der des Privaten, das Phänomen des „doppelten Bewußtseins" führten zu einer Welt von Schizophrenie und Lüge, die dem Überleben des Systems schadete, sowie zu Desinteresse gegenüber den öffentlichen Angelegenheiten.

Es wurde nunmehr Zeit, eine neue Zivilreligion zu schaffen, indem Werte vermittelt werden sollten, die imstande waren, die sowjetische Gesellschaft zu mobilisieren und ihr einen neuen Zusammenhalt zu geben. Die Möglichkeit eines moralischen Gesellschaftsvertrages schien allein im Bezug auf beständige, universelle und unvergängliche Werte zu bestehen. Während der Staat die orthodoxe Kirche weiter instrumentalisierte, versuchte er zugleich, ihr einen Status als Gesprächspartner zu verleihen: Das zunehmende Erscheinen von Religionsvertretern in den Medien war dafür eines der aufschlußreichsten Anzeichen. Die Kirchen waren in der Tat Teil der lebendigen Kräfte, die Gorbatschow brauchte, um eine „verweltlichte Spiritualität" wiederherzustellen. Von jetzt an wurde die Idee eines Dialogs mit den Gläubigen mit dem Ziel einer gemeinsamen Analyse der menschlichen Probleme und einer Wiederentdeckung unvergänglicher Werte in den Vordergrund gestellt.

Zur Schaffung dieser sakralisierten Sozialethik sollten ebenso die Intellektuellen beitragen, von denen die Russen traditionellerweise Antworten auf die Frage nach dem Sinn des Lebens erwarteten. Vom Atheismus selbst wurde gefordert, sich in diesem Sinn zu erneuern: Angesichts der Feststellung, daß bestimmte Gläubige sich nicht mehr mit traditionellen Religionen begnügten und neue Formen von Religiosiät und neue Wege der Selbstverwirklichung suchten, wurde behauptet, daß auch er eine positive Antwort auf ihr Suchen geben könne. Ermahnungen und Reden von Intellektuellen drangen darauf, daß der Mensch sich notwendigerweise bekehren, sein Schicksal bedenken und lernen müsse, sich kennenzulernen, statt sich der Agitation und dem Aufruhr hinzugeben.

Die Perestrojka läßt sich schließlich aus einer letzten Überlegung heraus erklären, die der vorhergehenden nahesteht; sie wurde von Konstantin Chartschew, Vorsitzender des Rates für religiöse Angelegenheiten der UdSSR von 1984 bis 1989[32], in einer Ansprache im März 1988 vor den Professoren der Parteihochschule verkündet. Diese Überlegung bestand vor allem darin, daß man etwas genehmigen müsse, um es besser kontrollieren und instrumentalisieren zu können. K. Chartschew stellte das Aufblühen der Religiosität in allen Schichten der Gesellschaft fest und folgerte daraus, daß es vorzuziehen sei, die religiösen Bewegungen zu legalisieren, als sie sich im Untergrund entwickeln zu lassen. Das Hauptprinzip der Religionspolitik müsse die Indienstnahme der Gläubigen und des Klerus für den Staat sein; die Verfolgungen schadeten in Wirklichkeit der Schaffung der sozialistischen Gesellschaft, da sie einen wichtigen Teil der Bevölkerung auschließen; es empfehle sich dagegen – wie es übrigens in den Jahren 1970–1980 versucht wurde–, kommunistische Priester auszubilden und die Christen zu einem aktiveren Leben in der Welt zu bewegen. „Wir haben das Erscheinen oberflächlicher Gläubiger beobachten können, das heißt von Leuten, die sich nur mit der Religionsausübung beschäftigen und sich für nichts anderes interessieren, besonders nicht für den Kommunismus." Leute, die an irgendetwas glaubten, fügt er in derselben Logik hinzu, seien denen vorzuziehen, die allem gleichgültig gegenüberstünden.

Die liberale Entwicklung der staatlichen Religionspolitik läßt sich durch äußere Erscheinungen erklären, aber auch durch den Druck der gesellschaftlichen Tatsachen. Um die Krise zu bewältigen, schienen nun nur noch der Kampf gegen den politischen Indifferentismus und die Suche nach einer neuen moralischen Inspiration in Frage zu kommen. Die Religion wurde vom System zu Hilfe gerufen, um so mehr, als ihr Platz in der sowjetischen Gesellschaft seit mehreren Jahrzehnten eine Tatsache war. Kann man hinzufügen, daß sie ein Träger der Opposition war, die, wenn sie nicht kontrolliert und instrumentalisiert worden wäre, das politische System hätte stürzen können? Das ist wenig wahrscheinlich, auch wenn die Religion einen Bruch im ideologischen Entwurf der Sowjetunion darstellte. Die sowjetische Gesellschaft der Jahre 1970–1980 blieb in Wirklichkeit deutlich säkularisiert, und religiöses Engagement bedeutete damals wie viele andere Dinge Flucht aus der Politik und Rückzug aus dem System. Ist es nicht das, was K. Chartschew in seinem oben zitierten Vortrag feststellt? Es scheint dagegen, daß die Glasnost eine Erneuerung der Werte hervorrief, die das Ende des Systems schließlich beschleunigte.

Die Perestrojka war ein wichtiger Parameter für die Entwicklung der religiösen Situation in der Sowjetunion. Hervorgerufen durch den politischen Willen, die faktische Reali-

---

[32] Eine Analyse der Politik K. Chartschews bietet J. ELLIS, Some reflections about religious policy under Kharchev, in: RAMET (Hrsg.), Religious Policy 84–104.

tät zu berücksichtigen, war die Forderung nach objektiveren Studien über das Phänomen des Religiösen ursprünglich veranlaßt durch den Wunsch, es besser zu beherrschen: das war lange eines der Hauptziele der sowjetischen Religionswissenschaft gewesen. Aber die Glasnost brachte zwar die Barrieren, die die Religion in eine Bannzone einschlossen, zum Einsturz, jedoch nahm die Religion auch und vor allem eine neue gesellschaftliche Rolle an. Der Rückgriff auf universelle Werte war das letzte Mittel, das Gorbatschow gefunden hatte, um das System zu retten. Genau das zeigte aber überdeutlich, daß das alte politische System mit seiner Ideologie kein gangbarer Weg war; es war das Bekenntnis zum Scheitern der kommunistischen Ideologie als gesellschaftliches Bindemittel. Wenn also der Keim der religiösen Erneuerung schon vor der Politik Michail Gorbatschows vorhanden gewesen war, so beschleunigte doch die Glasnost diese Bewegung zweifellos. Das Interesse am Religiösen, das sich während der Jahre 1970–1980 an einem bestimmten Rand der Bevölkerung feststellen ließ, nahm den Charakter einer Massenbewegung an. Die Jahrtausendfeier der Christianisierung Rußlands 1988 und die darauffolgenden Jahre waren durch eine beträchtliche Anzahl von Konversionen geprägt. Protest richtete sich hauptsächlich gegen die atheistische Ideologie; das Christentum mit seinen moralischen Werten wendete sich gegen die Moral der Lüge und der Gewalt. Religiöse Zugehörigkeit wurde das Kennzeichen einer kompromißlosen Ablehnung der sowjetischen Ideologie. Zudem faßte die Religion, die in einem sich bewegenden Universum für Beständigkeit stand, damals die verschiedensten Besorgnisse zusammen und bot neue Antworten. Der Rückgriff auf die christlichen Werte läßt sich schließlich auch in einen Zusammenhang mit Katastrophenerfahrungen stellen. Es steht in der Tat fest, daß der Unfall von Tschernobyl endgültig den Glauben an den Fortschritt genommen und gezeigt hatte, daß die Technik nicht Vorrang vor allem anderen haben könne, und die Notwendigkeit ins Bewußtsein rief, an „universelle Werte" zu appellieren, um Rußland vor zerstörerischem Chaos zu retten. Auch das Thema der ökologischen Katastrophe, die Rußland verschlingen werde, gab dem religiösen Bedürfnis Nahrung [33].

2. Eine Kirche, die ihre Freiheit wiederfindet

Das Landeskonzil, das sich am 30. November 1988 versammelte, war eine neue Etappe in der Geschichte der Kirche und markierte einen Schritt in Richtung der Prinzipien der Konziliarität, die während des Konzils von 1917/18 angenommen worden waren. Ihm war eine vorkonziliare Versammlung im März vorausgegangen, Ort einer echten Diskussion über die neuen Statuten, die die Kirche annehmen sollte. Die kanonische Rolle des Gemeindepriesters wird wiederhergestellt. Auf allen Ebenen sollen mit einer gewissen Regelmäßigkeit Synoden stattfinden. Die Stellung des Patriarchen ähnelt der, die ihm auf dem Konzil von 1917/18 verliehen wurde; er ist dem Heiligen Synod, der Bischofsvollversammlung und dem Landeskonzil, das ihn abberufen kann, verantwortlich. Was dagegen die Ernennung der Priester und Bischöfe betrifft, so gewährt das Konzil den Laien eine geringere Rolle im Vergleich zu der, die ihnen durch das Konzil von 1917/18 zugewiesen worden war: Die Priester werden vom Bischof der Eparchie ernannt, der Bischof vom Heiligen Synod, mit Zustimmung des Patriarchen. Das höchste Kirchenorgan ist der Heilige Synod,

---

[33] Vgl. K. ROUSSELET, Écologie et religion en Russie: crainte de la fin des temps et profusion utopique, in: Cahiers internationaux de sociologie (Jan.–Juni 1994) 145–163.

der sich aus dem Patriarchen, fünf ständigen Mitgliedern sowie fünf Mitgliedern auf Zeit zusammensetzt; man kann auch hier einige Abweichungen von den Entscheidungen des Konzils von 1917/18 feststellen. Neun Heilige werden kanonisiert, darunter Dimitrij Donskoj und der Metropolit Makarij, ein Zeitgenosse Iwans des Schrecklichen.

Sogar schon vor der Verkündung des Gesetzes über die Gewissensfreiheit organisierte die Kirche wieder Aktivitäten, die ihr bisher verboten gewesen waren. Seit 1988 forderte sie ihre Bischöfe dazu auf, Spendensammlungen zu organisieren. Im April 1989 brachte sie die Zeitschrift *Moskovskij Cerkovnyj Vestnik* (Moskauer Kirchenbote) in einer Auflage von 50 000 Exemplaren auf den Markt. Sie gab eine Bibel und ein Gebetbuch auf russisch heraus und sorgte für die Übersetzung des Neuen Testaments ins Ukrainische. Sie meldete sich immer öfter im Fernsehen zu Wort. Mitglieder des Klerus ließen sich bei den Wahlen aufstellen.

Im November 1990 wurde ein neuer Patriarch gewählt, Alexij II., Metropolit von Leningrad und Nowgorod. Alexej Michailowitsch Ridiger, 1929 in Tallin geboren, war 1950 am Seminar von Leningrad zum Priester geweiht worden und wurde 1960 Bischof in Tallin. 1964 wurde er ständiges Mitglied des Heiligen Synods, bis er 1986 nach Leningrad berufen wurde. Es waren die ersten freien Wahlen der sowjetischen Ära: Nach den neuen Statuten von 1988 besaßen das passive Wahlrecht die Bischöfe der 75 Eparchien, die sowjetischer Nationalität und über vierzig Jahre alt waren.

Auf der politischen Ebene war Alexij ein vorsichtiger Anhänger der Perestrojka. Seit 1987 prangerte er die Haltung der Behörden gegenüber den Gläubigen an, die als „Bürger zweiter Klasse" betrachtet würden. Zwar unterzeichnete er am 20. Dezember 1990, zweifellos auf Druck der reaktionären Kräfte innerhalb der Kirche hin, zusammen mit den Konservativen einen Appell an Michail Gorbatschow, die Dinge wieder in die Hand zu nehmen und zur alten Ordnung zurückzukehren, aber er erklärte auch nach den blutigen Ereignissen vom Januar 1991 in der *Izvestija*, daß der Rückgriff auf die Gewalt in Litauen „ein schwerer politischer Fehler und in der Sprache der Kirche eine Sünde" war. Er verdammte außerdem den Putsch vom August 1991, auch wenn ihm einige sein zu spätes Eingreifen vorwarfen.

Die Haltung der Hierarchie änderte sich dennoch nur zaghaft, sicher weil die religiöse Erneuerung in der Sowjetunion vom Staat vorbereitet worden war. „Erstens war die religiöse Erneuerung in Rußland und den anderen Republiken der Gemeinschaft Unabhängiger Staaten (GUS) nicht ‚organisch', sondern sehr ‚sowjetisch'; nur durch die Umstände beschleunigt, kam sie von außerhalb der christlichen Gemeinschaften, sie war oberflächlich, ja sogar künstlich. (…) Zweitens war es eine Erneuerung der besonderen Art; entstanden in den Tiefen der sowjetischen Kultur, trägt sie die Spuren der vorhergehenden Kultur und Mentalität; sie ist mit den christlichen Bewegungen in Polen, Ungarn oder der Tschechoslowakei kaum zu vergleichen."[34] Kann man so weit gehen zu sagen, daß ein Teil der Kirche der Perestrojka ablehnend gegenüberstand? Das jedenfalls behauptete Konstantin Chartschew in einem Interview der Zeitschrift *Ogonek* im Oktober 1989:

„Ich habe [bei den Mitgliedern des Synods] darauf gedrungen, daß auf allen Führungsebenen (…) der Russischen Orthodoxen Kirche periodische, freie und wirklich demokratische Wahlen abgehalten werden sollten. Ich glaube, daß sich bestimmte Mitglieder des Synods mehr auf den Rückhalt der Staatsgewalt als auf ihre eigene Autorität in der Kirche

---

[34] M. V. DMITRIEV, Les difficultés du dialogue avec la tradition chrétienne en Russie, in: Ètudes (April 1993) 512.

verlassen haben. (…) Es gibt sogar Mitglieder des Klerus, die es vorgezogen hätten, wenn es keine Veränderung der Beziehungen zwischen Kirche und Staat gegeben hätte. Ich nenne Ihnen ein Beispiel (…) Während des Hungerstreiks der Gläubigen in Iwanowo tagte der Synod der Russischen Orthodoxen Kirche in Moskau. Meiner Ansicht nach wäre es vollkommen selbstverständlich gewesen, wenn er einen Appell an die Regierung gerichtet hätte, daß sie von den führenden Kreisen von Iwanowo die unbedingte Einhaltung der Wiener Konvention fordern solle. Der Synod hat geschwiegen. Im Kremlpalast haben die Abgeordneten der UdSSR, die dem Klerus angehören, kein Wort gesagt, ebensowenig wie sie von den Bedürfnissen der Gläubigen gesprochen haben."[35]

Die informellen Gruppen

An der Basis war die Erneuerung am deutlichsten zu sehen. Um den Unzulänglichkeiten der Hierarchie entgegenzuwirken, beschlossen Priester und Laien, unabhängige Aktionsgruppen zu schaffen, wobei sie aufgriffen, was es schon in den siebziger Jahren gegeben hatte, und in einer Weise tätig wurden, die dem ähnelt, was man auch in anderen Bereichen des gesellschaftlichen Lebens beobachten konnte[36]. Zum Beispiel hatte die Initiative „Kirche und Perestrojka", 1988 entstanden, zum Ziel, „die Kirche wiedererstehen zu lassen"; „einige Priester und Laien beschlossen, das zu tun, was die Hierarchie nicht selbst organisieren darf und kann."[37] Sie erklärte, im Rahmen der Kirche zu handeln, weil „der Weg der Konfrontation, des Schismas [ihrer] Auffassung nach schädlich und ohne Perspektive für den Weg der Kirche ist."[38] Das Entstehen ökumenischer Gemeinschaften war sicher eine der charakteristischsten Erscheinungen der Zeit. Die ökumenische Bruderschaft von S. Riga, „Ekumena", deren allererste Anfänge aus den frühen siebziger Jahren stammten und die sich in die Tradition des Urchristentums stellte, erfuhr nun einen neuen Aufschwung. Andere multikonfessionelle Gemeinschaften wurden gegründet, die auf der Überzeugung beruhten, daß nur die ökumenische Bewegung und die Gebetsgemeinschaft aller Christen Rußland vor der moralischen und geistigen Krise retten könnten[39].

Vereinigungen mit mehr oder weniger umfassenden Zielen entstanden, wie zum Beispiel die „Gruppe für die kostenlose Verbreitung christlicher Literatur", der „Unabhängige Fonds für die Restaurierung religiöser Kunst" oder die „Öffentliche Hilfskommission für Gläubige", beauftragt mit dem Sammeln von an das Präsidium des Obersten Sowjets gerichteten Petitionen für die Rückgabe von Kirchen an die Gläubigen. Unabhängige orthodoxe Zeitschriften erschienen: Die wichtigste auf theologischer Ebene war *Vybor* („Die Wahl"). Im Herbst 1988 gründete der Priester Stenijaew die Gruppe „Vozroždenie" („Wie-

[35] Ogonek 44 (Okt. 1989). Zit. nach DIMITRIEV, Les difficultés.
[36] Vgl. K. ROUSSELET, Les groupes religieux informels dans la société soviétique, in: Politique étrangère 4 (Winter 1990) 823–829.
[37] Russkaja Pravoslavnaja Cerkov' i perestrojka, in: Russkaja Mysl' (13. Jan. 1989).
[38] Ebd.
[39] So definierte sich zum Beispiel „Die unabhängige christliche Initiative", eine Bewegung, die am 10. September 1989 in Woronesch gegründet wurde, als eine von der Kirche unabhängige Bewegung, die diejenigen „freidenkerischen" Christen versammelt, die die Ideen ihres Programms einer nationalen und religiösen Restauration teilen, egal welcher Konfession sie ursprünglich angehören; als ökumenische Gruppe lehnt sie jeden Ausschließlichkeitsanspruch in der Lehre und den „Obskurantismus der Kirche" ab, die einem wahren Christentum und der Evangelisierung der Welt entgegenstünden.

dergeburt"), die eine slawophile und antiökumenische Tendenz hatte und die Zeitschrift *Amvon* („Ambo, Lesepult") herausgab. Eine andere Bewegung, die sicher der Katakombenkirche nahestand, brachte 1988 ein „Programmvorhaben der russischen orthodoxen Bruderschaft für das Heil des Vaterlandes" in Umlauf; es forderte die Evangelisierung Rußlands, damit es seine moralische und geistige Reinheit wiederfinde, durch die Veröffentlichung von Broschüren, die Einrichtung von Katechismusschulen, aber auch durch die Organisation von Handwerkergenossenschaften auf christlicher Basis.

Freiwillige Laien traten an die Stelle der Priester, die wenig zahlreich und oft inkompetent waren. Dennoch war das Verhältnis der verschiedenen informellen Gruppen zur Institution Kirche nicht immer klar. Einige weigerten sich, die amtierende Hierarchie anzuerkennen, da sie sich dem Staat gegenüber kompromittiert habe. Andere nahmen sie hin, weil die Kirche von Christus komme und nicht von der Institution. In den meisten Fällen geschah der religiöse Protest stillschweigend. Diese orthodoxen Bewegungen stellten weder die Ekklesiologie noch die Sakramententheologie in Frage und wollten nicht mit der Kirche brechen. Ihre Haltung führte nicht zu radikalen Veränderungen, wenigstens nicht direkt. Dennoch war in der theologischen Leere die Grenze zwischen religiöser Orthodoxie und Heterodoxie nicht immer leicht zu erkennen; die Demokratisierung der Kirche schien einigen Gläubigen der Tradition zuwiderzulaufen, ebenso wie die Kritik der Laien am Episkopat, wie verdorben er auch sein mochte. Die Vielzahl der Grüppchen und das Fehlen einer legitimierenden Instanz führten zu Lehrstreitigkeiten zwischen den Bewegungen, die sich gegenseitig ihre häretischen Tendenzen vorwarfen[40]. Der Heilige Synod der Russischen Orthodoxen Kirche kritisierte seinerseits in einer Erklärung vom 3. April 1990 die Tätigkeit bestimmter Gruppen von Klerikern und Laien, die die Kirche als nicht mit der orthodoxen Lehre übereinstimmend betrachtete.

„Die Tätigkeit der letzteren, die sich hauptsächlich auf die (sehr oft gerechtfertigte) Kritik der Vergangenheit und der Gegenwart im Dasein der Kirche richtet, verschlimmert ohne Zweifel die augenblickliche Spannung. Diese Tätigkeit wird von der großen Mehrheit der Bischöfe und des Klerus als antihierarchische und antikanonische Äußerung betrachtet, die trotz der sichtbaren Unterschiede und der Gegensätze zwischen ihnen dieselben Ziele verfolgt wie ein neuartiges Schisma – ob gewollt oder ungewollt. (…) Die wichtigste Bedingung (…) [für eine religiöse Erneuerung] ist, die kanonische Ordnung und die Einheit der Kirche zu bewahren und weltliche Kampfmethoden, gegenseitige Anklagen und Verdächtigungen abzulehnen. Es ist nicht nötig, die beklagenswerte Geschichte der kirchlichen Trennungen der zwanziger Jahre zu wiederholen."

Mit der Politisierung der Gesellschaft tauchten Bewegungen auf, die sich als ebenso politische wie religiöse verstanden: Das war der Fall bei der „Christlichen patriotischen Vereinigung für das geistige und biologische Wohl des Volkes", Ende 1988 von Vladimir Ossipow[41] gegründet, oder der „Christlichen demokratischen Vereinigung Rußlands", die Anfang August 1989 auf die Initiative Alexander Ogorodnikows hin entstanden war[42].

---

[40] Aussage von A. Bessmertnyj während eines runden Tisches am 14. November 1989, in: Vestnik Christianskogo Informacionnogo Centra (1. Dez. 1989), Nr. 50, 11.

[41] Er gründete *Zemlja*, eine Zeitschrift mit russisch-patriotischer und orthodoxer Ausrichtung, die erstmals in den siebziger Jahren erschien.

[42] Zu einer Beschreibung ihrer Programme vgl. K. ROUSSELET, État et christianisme en Union soviétique, in: Historiens et géographes (Nov. 1989), Nr. 325, 195–210.

III. Die Kirche vor neuen Herausforderungen

1. Die Neubewertung der Geschichte der Russischen Orthodoxen Kirche und die schismatischen Spannungen

Die Neubewertung der Geschichte der Kirche während der sowjetischen Ära nahm einen zentralen Platz in den Debatten Ende der achtziger und Anfang der neunziger Jahre ein. Zahlreiche Märtyrer des Glaubens wurden heiliggesprochen, wie der Patriarch Tichon im Oktober 1989 anläßlich des 400. Jahrestages der Einrichtung des Moskauer Patriarchats. Ende 1995 überreichte eine Kommission, die mit der Rehabilitierung von Opfern politischer Repressionen beauftragt war, Boris Jelzin einen Bericht über die Religionspolitik der KPdSU. Dieser Bericht bezeugt, daß zwischen 1917 und 1980 200 000 Mitglieder des Klerus hingerichtet und 500 000 ins Gefängnis geworfen oder in den Gulag geschickt wurden; allein im Jahr 1937 wurden 136 900 Geistliche festgenommen und 85 000 getötet. Sogar während des Zweiten Weltkriegs wurden jedes Jahr mehr als 100 Priester hingerichtet. Die Verfolgung hörte erst Ende der achtziger Jahre auf. Die Kommission stellte außerdem fest, daß die Kampagne zur Konfiskation von Kultobjekten im Jahr 1922, unter dem Vorwand, der von Hungersnot betroffenen Bevölkerung der Wolgaregionen zu Hilfe kommen zu wollen, ihrem anfänglichen Ziel entfremdet wurde. „Nur eine Million Rubel wurde für den Kauf von Lebensmitteln verwendet", erklärte Alexander Jakowljew, Präsident der Kommission. „Der Rest wurde ins Ausland geschafft, auf die Bankkonten der Parteichefs oder zum Wohl der Weltrevolution." Die Kommission verlangte von den staatlichen Behörden die offizielle Rehabilitierung der Mitglieder des Klerus und das Eingeständnis des kriminellen Charakters der Taten und Entscheidungen der Staatsgewalt.

Die Öffnung der Archive des KGB nach dem Staatsstreich vom August 1991 enthüllte die engen Verbindungen, die zwischen der Geheimpolizei und bestimmten Mitgliedern des Episkopats bestanden hatten, so dem Metropoliten von Kiew und Galizien Filaret (Denisenko), dem Metropoliten Juvenalij (Pojarkov), dem Metropoliten Pitirim (Netschaev) oder dem Metropoliten Methodij (Nemzev). Die Abteilung für Außenbeziehungen und die „sowjetischen Mönche der Avantgarde" wurden wegen ihrer ökumenischen Positionen, ihrer „Freiheit im Denken", ihrer „großzügigen Auffassung" und ihrer „laxen Haltung" hinsichtlich der Dogmen kritisiert[43].

Die Erklärungen und Veröffentlichungen zu diesem Thema erschütterten das Vertrauen der russischen Gesellschaft in die Kirche und führten zu schismatischen Spannungen. Seit 1989 beschlossen Gemeinden, zur orthodoxen Auslandskirche, die aus dem „Schisma" von Karlowitz in den zwanziger Jahren hervorgegangen war, überzugehen. Am 15. und 16. Mai 1991 beschloß diese Kirche auf einer Synode offiziell, Gemeinden und Eparchien auf dem Gebiet der UdSSR zu schaffen; im selben Jahr trennten sich mehrere Dutzend Gemeinden von der Russischen Orthodoxen Kirche und begründeten die „Freie Orthodoxe Kirche" unter der Jurisdiktionsgewalt der orthodoxen Auslandskirche. Zu ihr sollten ehemalige Dissidenten wie Vater Gleb Jakunin oder Zoja Krachmalnikowa stoßen. Die Freie Orthodoxe Kirche war wiederum am Anfang selbst gespalten zwischen Bischof Valentin,

---

[43] M. ARDOV, Gorestnye zametki. Russkij religioznyj renessans i peredovoe sovetskoe monašestvo, in: Nezavisimaja Gazeta (21. Dez. 1995).

der der Exarch der Kirche werden sollte, dem selbsternannten Erzbischof Lazar und dem Metropoliten Vitalij.

Zudem gründeten einige Gemeinden eine „russische katholische orthodoxe Kirche", und andere schlossen sich der Wahren Orthodoxen Kirche, ehemals Katakombenkirche, an[44]. Festzuhalten ist, daß die Annäherung der Gemeinden an die orthodoxe Auslandskirche Anfang der neunziger Jahre zuweilen paradoxen Charakter hatte. Sie wurde von bestimmten Mitgliedern des demokratischen Lagers unterstützt, da sie die Ablehnung des kommunistischen Systems symbolisierte, aber die Werte, die sie vertrat, wie die monarchistischen Ideen und die Ablehnung der ökumenischen Bewegung, widersprachen den Ideen, für die die Demokraten damals eintraten. Im Sommer 1993 brachte die Unterstützung, die die Hierarchie der orthodoxen Auslandskirche Organisationen der extremen Rechten wie Pamjat' zuteil werden ließ, Bischof Valentin und sechzig schismatische Gemeinden dazu, zeitweilig ihre Unabhängigkeit von der Russischen Orthodoxen Kirche und von der orthodoxen Auslandskirche zu erklären.

Die orthodoxen Christen Rußlands waren vor allem gespalten hinsichtlich der Frage der Kompromittierung der Kirche unter der Bedingung des staatlichen Atheismus in der Sowjetunion, und besonders, was die Erklärung des Metropoliten Sergij von 1927 betraf, die als der grundlegende Text für diese Politik betrachtet wurde, die die Aufrechterhaltung der kirchlichen Lehren im Austausch für Loyalität gegenüber der Staatsgewalt erlaubt hatte. Die orthodoxe Auslandskirche warf auf ihrer Synode im kanadischen Mansonville im Juli 1990 der russischen Kirche dieses belastende Erbe vor, das im übrigen ein Teil der letzteren nicht annehmen wollte[45]. Als Antwort darauf stellte die Bischofssynode der Russischen Orthodoxen Kirche, die vom 25. bis 27. Oktober 1990 tagte, fest: „Was diese Angelegenheit betrifft, so erklären wir, daß wir uns, bei allem tiefen Respekt vor dem Gedenken an Patriarch Sergij und der anerkennenden Erinnerung an seinen Kampf für den Schutz unserer Kirche, trotz allem durchaus nicht an seine Erklärung von 1927 gebunden fühlen." Patriarch Alexij II. erklärte seine Kirche bereit zur Bitte um Vergebung und zur Reue, unterstrich aber dennoch auch die Fehler der orthodoxen Auslandskirche, die die Vergebung verweigere; er verwies auf den Apostel Paulus, der die Christen dazu aufgerufen habe, sich dort, wo die Kirche Christi sich niederlassen werde, der staatlichen Gewalt zu unterwerfen. Angesichts des Dialogangebots blieb die orthodoxe Auslandskirche bei ihrer unversöhnlichen Haltung, forderte die Verurteilung der Erklärung, verlangte vom Patriarchat die Heiligsprechung neuer russischer Märtyrer und appellierte an die Russische Orthodoxe Kirche, vom ökumenischen Weg abzurücken[46]. Die ehemalige Dissidentin Zoja Krachmalnikowa beschuldigte die Hierarchie voller evangelischem Maximalismus, mit dem Tier der Apokalypse paktiert zu haben, und sah keinen Kompromiß als zulässig an. Für sie war die Welt geprägt vom Kampf der Kräfte des Guten und des Bösen, und die sowjetische Ära war genau der Moment der entscheidenden Schlacht; indem Sergij diese Schlacht verhin-

---

[44] Zur Wahren Orthodoxen Kirche vgl. die Aussage eines ihrer Priester: A. VON SIEVERS, Endurance: Reminiscences of the True Orthodox Church, in: Religion, State and Society 25 (1997) 219–234.

[45] Mit Blick auf diejenigen, die es nicht akzeptieren wollten, bekräftigte Vater Innokentij Pavlov 1992, daß die Erklärung Sergijs Teil der Tradition der Russischen Orthodoxen Kirche sei; ihm zufolge hinderte der Sergianismus Sergij oder Alexij I. nicht daran, die Märtyrer des Glaubens zu unterstützen. Vgl. Deklaracija mitropolita Sergija i sovremennaja Cerkov', in: Nezavisimaja Gazeta (29. Juli 1992).

[46] Appel du synode épiscopal de Russie aux hiérarques, pasteurs et fidèles de l'EOR concernant la déclaration de loyauté du métropolite Serge (25–27 octobre 1990), in: Istina (1991), Nr. 4, 403–412.

dert habe, habe er eine Todsünde begangen. Andere Mitglieder der orthodoxen Auslandskirche behaupteten, daß es, statt zu versuchen, die Sichtbarkeit der Kirche in der Welt zu
bewahren, besser gewesen wäre, sie auf kleine Gruppen im Untergrund zu beschränken. Es
ist dennoch fraglich, ob die religiösen Praktiken im Untergrund Zeichen eines reinen Glaubens waren; der Hang zum Sektierertum in der Wahren Orthodoxen Kirche deutet eher auf
das Gegenteil[47].

Eine andere Frage betraf die Heiligsprechung der Zarenfamilie, ein glühender Wunsch
der orthodoxen Auslandskirche, die den Zar 1981 heiligsprach. Patriarch Alexij II. hatte
sich dem bisher aus Gründen widersetzt, die im wesentlichen politisch waren. Er stellte
1991 fest:

„Die Heiligsprechung eines Menschen bedeutet nichts für sein Schicksal. Das Urteil
Gottes ist schon über ihn gesprochen. Die Heiligsprechung hat keinen anderen Sinn als als
kirchlich-pädagogischer Akt für diejenigen, die auf dieser Erde leben. Was Nikolaus II. betrifft, so ist die Neigung, sein ganzes Leben heiligzusprechen, derzeit sehr groß. Die Gefahr ist nun, die Persönlichkeit zu ‚ideologisieren', und nicht, ihn heiligzusprechen. Man
darf jedoch nicht denken, daß die Kanonisierung von Nikolaus II. aufgrund seiner kaiser-
lichen Abstammung verzögert wird. Sogar in den schlimmsten Epochen hat die Kirche offen die Reliquien von Heiligen wie Fürst Wladimir oder Alexander Newskij verehrt."[48]

Ausführliche Untersuchungen der vermutlichen Überreste der Zarenfamilie in Jekaterinburg wurden durchgeführt; die russische Regierung erkannte zwar deren Ergebnisse an
und ließ die Gebeine am 17. Juli 1998 offiziell in St. Petersburg beisetzen, die Russische
Orthodoxe Kirche jedoch äußerte weiter ihre Zweifel, und Patriarch Alexij II. weigerte
sich, an der Zeremonie teilzunehmen.

Daß der letzte Zar und seine Familie dennoch während der Bischofsvollversammlung
der Russischen Orthodoxen Kirche im Sommer 2000 kanonisiert wurde, ist nicht zuletzt
auf den Druck aus der gläubigen Bevölkerung zurückzuführen, wo die Zarenfamilie in den
letzten Jahren heiligmäßiges Ansehen erworben hatte.

2. Wiederaufbau der Kirche

Die notwendige Entwicklung der theologischen Ausbildung

Die Anzahl der Gemeinden war zwar im Laufe der letzten Jahre angestiegen – Ende 1999
waren es mehr als 19 000 –, aber der Kirche fehlten Kleriker – 1999 gab es ungefähr 17 500
Priester. Ein Drittel der ländlichen Gemeinden war nicht versorgt, wobei Sibirien die am
meisten betroffenen Region war; aber auch in Moskau fehlten Priester. Es war eine
Zunahme von Klöstern zu beobachten: Ende 1992 gab es 167, Ende 1993 213, Ende 1995
337 und Ende 1999 480 (siehe die offizielle Internetseite der Russischen Orthodoxen Kirche www.russian-orthodox–church.org.ru)[49]; die Zahl der Mönche und Nonnen blieb dennoch niedrig. Was die Bischöfe betrifft, so gab es 1997 96 in Rußland und 52 im Aus-

---

[47] F. EUVE, La loyauté de l'Église russe vis-à-vis du pouvoir soviétique. Réflexions autour de la déclaration du
métropolite Serge, in: Revue d'études comparatives Est-Ouest 24, Nr. 3–4 (Sept.–Dez. 1993) 107–120.
[48] Komsomol'skaja Pravda (6. April 1991). [Nach der Übersetzung in: Le Messager orthodoxe, Paris, Nr. 115, 33.]
[49] Rossijskie Vesti (24. Nov. 1995). In Moskau gab es 1995 119 Gemeinden, 8 Klöster und 350 Kirchen, von denen
nur 252 für den Gottesdienst genutzt wurden.

land.[50] Nach der ersten russischen soziologischen Studie über die Bischöfe[51] waren 25 % von ihnen zwischen 1925 und 1936 in meist bäuerlichen Familien geboren worden; sie hatten den Krieg und die Repressionen unter Chruschtschow während ihrer Jahre im Seminar erlebt – das traf auf den Patriarchen und vier der sechs ständigen Mitglieder des Heiligen Synods zu; 60 % der Bischöfe waren zwischen 1937 und 1956 geboren und stammten mehrheitlich aus Arbeiter- oder Akademikerfamilien[52]; ausgebildet während der Zeit der Stagnation hatten nur wenige von ihnen andere bedeutende Persönlichkeiten als den Patriarchen Pimen Iswekow oder den Metropoliten Nikodim Rotow kennengelernt. Nur die Bischöfe, die nach 1956 geboren waren, zeigten gern ihre Unabhängigkeit, sogar ihre Opposition gegenüber dem Staat. Wenige hatten eine Hochschulausbildung.

Zum Mangel an Geistlichen kam noch das Problem der fehlenden Möglichkeiten zur theologischen Ausbildung hinzu. 1999 gab es 60 Schulen für theologische Ausbildung (im Gegensatz zu nur 5 im Jahr 1988), mit sehr unterschiedlicher Stellung: Akademien, die eine Hochschulausbildung boten, Seminare, Kollegien zur seelsorgerischen und katechetischen Ausbildung; es gab mehrere Universitäten und Institute. Ein Teil dieser Institutionen wurde von europäischen christlichen Stiftungen finanziert, aber auch von Mäzenen und russischen Unternehmen sowie von bestimmten lokalen Regierungen. Dennoch konnte die Kirche aus finanziellen Gründen nicht genügend Priester ausbilden. Die Bibliotheken waren nicht sehr zahlreich und schlecht ausgestattet, die Zeitschriften litten an Geldmangel und erschienen nur unregelmäßig[53].

Besorgt um die Evangelisierung Rußlands richtete die Russische Orthodoxe Kirche im September 1995 einen orthodoxen Missionsfonds ein, der mit der Erneuerung der Tätigkeit der Kirche im Bereich der Katechese und der Kultur beauftragt war. Er war dazu bestimmt, das Gemeindeleben zu erneuern, besonders durch die Schaffung von Bibelkreisen; eines der ersten Programme war für Sibirien bestimmt. Man konnte auch beobachten, daß Bruderschaften mit doppeltem Ziel entstanden: die Schwäche der Kirche im sozialen und kulturellen Bereich auszugleichen und eine Orthodoxie zu verteidigen, die in Gefahr gesehen wurde. Die Bruderschaften wurden ins Leben gerufen aus Sorge um die Evangelisierung, sie richteten Sonntagsschulen ein, sie gaben religiöse Literatur heraus und verteilten sie; sie restaurierten Kirchen[54].

Rückkehr zur Tradition oder Anpassung an die Moderne?

Viele Stimmen erhoben sich zugunsten einer Reform der orthodoxen Kirche. Da weder Gemeindeklerus noch die Laien in der Verwaltung des Patriarchats vertreten waren, ließ sich ein Mangel an Kommunikation zwischen den Laien, dem Gemeindeklerus und den Bischöfen des Synods beobachten. Die Kirche blieb im allgemeinen sehr traditionell und räumte dem Ritus einen wichtigen Platz ein. Die Bischöfe regierten wie Herren in ihren

---

[50] 37 in der Ukraine, 10 in Weißrußland, 2 in Moldova, 1 in Lettland, 1 in Estland und 1 in der Kirche von Japan. Damals gab es 123 Eparchien, 76 in Rußland und 33 in der Ukraine. 1999 waren es 128.

[51] N. MITROCHIN – S. TIMOFEEVA, Episkopy i eparhii Russkoj Pravoslavnoj Cerkvi, Moskau 1997, 11–26.

[52] Der Prozentsatz von Priestersöhnen blieb konstant um 13 %.

[53] DAVIS, The Russian Orthodox Church.

[54] Vgl. dazu K. ROUSSELET, Le mouvement des fraternités orthodoxes en Russie, in: Revue d'études comparatives Est-Ouest 24, Nr. 3–4 (Sept.–Dez. 1993) 121–138.

Eparchien, und mangels eines Kirchengerichts nahmen die ungelösten Streitfälle immer mehr zu[55].

Der Patriarch hatte die Notwendigkeit seelsorgerischer Erneuerung oft wiederholt, wobei er den Klerus aufforderte, den Gläubigen mehr Aufmerksamkeit zu widmen und auf eine korrekte Länge der liturgischen Zeremonien zu achten. Die Priester wurden ersucht, auf die Qualität der Predigt zu achten, die sich nicht mit Schablonen veralteter Scholastik zufriedengeben dürfe, sondern ihren Platz in der heutigen Realität finden solle[56]. Es fanden Debatten über die Bedeutung einer Vorbereitung auf die Taufe, der individuellen Beichte und der häufigeren Kommunion statt.

Die Spannungen innerhalb der Kirche waren dennoch groß, was die Wege der Reform betraf. Einige Priester wünschten sich mehr Demokratie in der Kirche und forderten eine Rückkehr zu den Prinzipien der Konziliarität, so wie sie auf dem Konzil von 1917/18 vorgebracht worden waren[57]. Die Bruderschaften standen für die tiefe Sehnsucht danach, den Laien wieder einen zentralen Platz im religiösen Leben in Rußland zu geben. Andere forderten Reformen der Liturgie, wie Vater Kotschetkow, der eine Liturgie auf russisch eingeführt hatte, um seinen Gemeindemitgliedern ein besseres Verstehen der Gottesdienste zu ermöglichen; das hatte ihm seit 1994 äußerst heftige Kritik von seiten der Hierarchie eingetragen; am 9. Oktober 1997 wurde er für einige Zeit *a divinis* suspendiert. Der Patriarch hatte sich mehrfach gegen extremistische Tendenzen ausgesprochen, die von Reformern oder Konservativen ausgingen[58]. Er hing sehr am Kirchenslawischen und wollte dafür Sorge tragen, daß die vielleicht unvermeidliche Russifizierung eine kollegiale Entscheidung der Kirche sein möge und nicht die einzelner Pfarrer, da er eine Reaktion von seiten der konservativen Kräfte der Kirche befürchtete, die sich durch solche Reformen an die Erneuerungsbewegung der zwanziger Jahre erinnert fühlten. Überdies stand nach dem Historiker Dmitri Pospielovsky die Mehrheit der Bischöfe aus Bequemlichkeit dem Fortschritt feindlich gegenüber: „Nachdem sie im kommunistischen System auf mehr oder weniger dekorative Funktionen beschränkt waren, haben sich die Bischöfe der älteren Generation an diesen Zustand gewöhnt und wagen ganz einfach nicht zu handeln."[59]

Die Hierarchie der Russischen Orthodoxen Kirche beharrte gern auf der Identität der russischen Kultur und der Orthodoxie, auf der Besonderheit des russischen Weges. Im selben Sinn stellten sich viele eine kirchliche Tradition vor, die ihrer Vergangenheit treu

---

[55] D. POSPIELOVSKY, Impressions of the contemporary ROC: its problems and its theological education, in: Religion, State and Society 23 (1995) 249–262.

[56] Vgl. die jährliche Diözesanversammlung des Klerus der Moskauer Gemeinden (21. Dezember 1995).

[57] Vgl. besonders das Dokument, das aus einem Kolloquium über „Die Zeit der Kirche" am 28. und 29. Mai 1996 hervorging, an dem Ioann Sviridov, Georgij Čistjakov, Ignatij Krekšin und Georgij Kočetkov teilgenommen hatten. „Die Teilnehmer am Kolloquium halten für unverzichtbar: 1. ein lokales Konzil der Russischen Orthodoxen Kirche einzuberufen, das eine Kommission zum Studium der Akten des Landeskonzils von 1917/18 – bei garantierter Transparenz und Offenheit – und zur Ausführung seines Programms einsetzen soll; 2. die Statuten der Russischen Orthodoxen Kirche den Beschlüssen des Konzils von 1917/18 anzupassen, vor allem was die Gemeinde betrifft; 3. die Entscheidung des Landeskonzils von 1988 über Einrichtung eines Kirchengerichts auszuführen." (B. DUPUY, Divergences idéologiques au sein de l'Église orthodoxe russe. Les transactions préalables à la redaction d'un nouveau projet de loi, in: Istina 42 (1997) 372.)

[58] Vgl. zum Beispiel sein Interview in: Nezavisimaja Gazeta (24. April 1996); zit. in: Service orthodoxe de presse (Juni–Aug. 1996).

[59] POSPIELOVSKY, Impressions 256.

bliebe, deren unveränderter Charakter Reinheit und Wahrheit garantierten. Die orthodoxe Erinnerung stellte die Tradition des Josef von Wolokolamsk in den Vordergrund, während sie jene der Nicht-Besitzenden mit Stillschweigen überging; sie ignorierte Tolstoj oder Herzen, die eine zweideutige Haltung gegenüber der Kirche hatten, und zog es vor, von Gogol oder Dostojewskij zu sprechen[60]. Mehrere Autodafés von Werken von Alexander Men, Alexander Schmeman, John Meyendorff, Sergij Bulgakow und anderen hatten im Laufe der letzten Jahre noch stattgefunden, besonders in Jekaterinburg von 1994 bis 1998[61]. Die Bewahrung der Riten und Bräuche fügte sich in eine lange Tradition der russischen Kirche, aber sie wurde auch durch die gegenwärtige Notwendigkeit gestärkt, in einem Rahmen historischer Bezugspunkte an die Zukunft zu denken. Manche rechtfertigten sie auch mit der Tatsache, daß der erbärmliche Zustand der Kirche anderer dringender Maßnahmen bedürfe und daß Reformen die Institution schwächen würden. Eine Rückkehr zur Tradition ohne Anpassung an die moderne Welt schien außerdem Sicherheit zu versprechen in einem Land, in dem man der Ansicht war, daß die Moderne zur Katastrophe geführt hatte. Schließlich bezog die Kirche, die in den Augen der Russen zu den wenigen zuverlässigen Institutionen gehörte, ihre Glaubwürdigkeit aus ihrer Verankerung in der Geschichte Rußlands; eine modernistische Haltung, die scheinbar diesem grundlegenden Verlangen zuwiderliefe, würde sicher im allgemeinen schlecht aufgenommen werden. Aber auf welche Traditionen sollte sich die Kirche berufen? Die Wiederentdeckung der Geschichte der Kirche riß von neuem die Wunde des Schismas des 17. Jahrhunderts auf. Einige Bewegungen kehrten zurück zur Orthodoxie vor Peter dem Großen und söhnten sich mit der altgläubigen Strömung aus, die in anderen Zeiten Neuerungen, die aus dem Ausland kamen, abgelehnt hatte und mit ihrer Zurückweisung der liturgischen Reformen ihr Festhalten an der Legitimität und dem Messianismus der russischen Kirche, die als alleiniger Garant des christlichen Glaubens angesehen wurde, bezeugen wollte. Gestützt auf ihre Behauptung einer Identität zwischen Rußland und der Orthodoxie und auf ihre Ablehnung des Westens, war für die meisten Bruderschaften das wesentliche Ziel, die russische Orthodoxie gegen die „Angreifer" zu verteidigen, eine Sorge, die sie wieder in die historische Tradition stellten, und sie forderten zum Kampf gegen Protestanten, Katholiken, Juden, ökumenische Strömungen und Sekten jeder Art auf. Die politische Katastrophe der russischen Revolution sei aus dem Westen gekommen; das gegenwärtige Eindringen der westlichen Kultur, Folge der Abtrünnigkeit, könne eine neue Katastrophe herbeiführen[62].

Dennoch waren die meisten Priester, zwischen den schwachen modernistischen Tendenzen und den Strömungen der extremen Rechten, zwar rußlandfreundlich eingestellt, schienen aber wenig geneigt zu sein, scharf abgegrenzte Positionen einzunehmen. Die radikalsten nationalistischen Strömungen wurden häufig vom Patriarchen kritisiert, der sich von ihrem Anführer, dem Metropoliten Ioann von Ladoga (St. Petersburg), der im November 1995 gestorben war, abgegrenzt hatte, indem er insbesondere klarstellte, daß dessen politische Einstellungen nicht die Kirche verpflichteten. Er hatte mehrfach die Formen von Fremdenfeindlichkeit und Antisemitismus, die in der Kirche verbreitet waren, zurückge-

---

[60] Dmitriev, Les difficultés 515.
[61] Un autodafé de livres de théologie à Ekaterinbourg (5 mai 1998), in: Istina 1 (1998) 64–67; A. Verchovskij, Ksenofobia i religija v Rossii, in: Dia-Logos 1998–1999 (1999) 111–112.
[62] A. Tuskarev, Cerkov' i apostasija, in: Mirjanin (Juli–Aug. 1992). Vgl. Rousselet, Le mouvement.

wiesen. Anläßlich einer Rede vor den Rabbinern am 13. November 1991 in New York stellte er vor allem fest:

„Leider tauchen heute, in diesen schweren Zeiten für unsere Gesellschaft, recht häufig antisemitische Tendenzen auf. Und diese Tendenzen, die sich unter den Extremisten und den patriotischen Gruppen der Rechten entwickeln, werden durch die allgemeine Krise und den Aufstieg des nationalen Isolationismus gestärkt. (…) Die Aufgabe der russischen Kirche ist es, unserem Volk zu helfen, das Übel des Isolationismus, den ethnischen Haß, den egoistischen und beschränkten National-Chauvinismus zu überwinden. Wir hoffen, daß wir bei dieser schwierigen, aber uns allen heiligen Aufgabe bei unseren jüdischen Brüdern und Schwestern Verständnis und Unterstützung finden werden. Durch gemeinsame Anstrengungen werden wir eine neue – demokratische, freie, offene und gerechte – Gesellschaft errichten, eine Gesellschaft, die niemand verlassen möchte, in der die Juden in Frieden und Zuversicht leben werden, in einem Klima der Freundschaft, der aktiven Zusammenarbeit und der Brüderlichkeit zwischen Kindern des alleinigen Gottes – unser aller Vater, der Gott eurer Väter und unserer Väter."[63]

Bei seinem Besuch 1990 in Deutschland forderte er in einer viel beachteten Rede Reue des russischen Volkes für die Sowjetisierung Ostdeutschlands, was ihm heftige Kritik von seiten sehr konservativer Gruppen eintrug.

3. Die Kirche und die politischen und wirtschaftlichen Reformen

Die Beziehungen zwischen Kirche und Staat müssen neu definiert werden

Zwar war Rußland gemäß der Verfassung von 1993 ein laizistischer Staat, aber die russische und die sowjetische Tradition wogen schwer bei der Definition der Beziehungen zwischen dem Staat und der Russischen Orthodoxen Kirche[64]. 1994, anläßlich seiner Ansprache vor dem Oberhaus, stellte Boris Jelzin fest: „Rußland als Staat vereinigt verschiedene Religionen (…) Es ist besonders wichtig für uns, daß die Gemeinschaften und Zentren der verschiedenen Religionen und Konfessionen in guter Nachbarschaft, gegenseitigem Verständnis und wechselseitiger Unterstützung miteinander umgehen. Ebenso wichtig ist es, daß unsere Regierung eine Politik verfolgt, die zu diesem Milieu der Multinationalität und religiösen Vielfalt paßt." Am 6. August 1996 wurde neben der Regierungskommission für religiöse Angelegenheiten beim Premierminister, die mit der Wiederherstellung der Kultorte und der Unterstützung bei der Restaurierung beauftragt war, und den parlamentarischen Kommissionen für religiöse Fragen ein Rat für die Zusammenarbeit mit den religiösen Organisationen eingerichtet, der sich aus Vertretern der meisten in Rußland vorhandenen Religionen zusammensetzte und dem Leiter der Präsidentialverwaltung unterstand.

Der Patriarch wurde nicht müde, auf die notwendige Unabhängigkeit der orthodoxen Kirche vom Staat und vom politischen Leben im allgemeinen hinzuweisen, wobei er jedoch die kirchlichen und politischen Institutionen zur Zusammenarbeit „in den Bereichen, in denen die Ganzheit des menschlichen Lebens es erfordert", aufrief. Zwar nahmen Mitglieder des Klerus 1989 an den Wahlen zum Kongreß der Volksdeputierten sowie 1990 an

---

[63] Moskovskie Novosti (26. Jan. 1992), zit. nach K. ROUSSELET, L'Église orthodoxe russe et la politique, in: Problèmes politiques et sociaux (18. Sept. 1992) 38.

[64] Zu dieser Frage vgl. das Dossier Church-State relations in Russia, in: Demokratizacija 7 (Winter 1999) 12–72.

den lokalen Wahlen teil, jedoch stellte das Konzil vom Juni 1990 fest, daß die Kirche über den Parteien stehe und nicht in die politische Diskussion eingreifen solle. Alexij II. bezog im Herbst 1993 erneut Stellung gegen das politische Engagement von Vertretern der Kirche, das ihrer religiösen Verpflichtung schaden könnte: „Ein Priester darf keiner Partei angehören. Es könnte ihn daran hindern, *allen* Gemeindemitgliedern gegenüber die gleiche Haltung einzunehmen. Eine politisierte Kirche ist Quelle von Konflikten, während es doch die Aufgabe der Kirche ist, Versöhnung und Einheit herbeizuführen. Wir legen den Priestern sehr nahe, sich nicht an den politischen Kämpfen zu beteiligen."[65] Die Bischofsvollversammlung, die vom 18. bis 23. Februar 1997 in Moskau tagte, bekräftigte diese Einstellung, wenn auch nicht ohne eine gewisse Zweideutigkeit. Sie untersagte erneut das Engagement des Klerus in den politischen Organisationen und exkommunizierte Vater Jakunin, der sie herausgefordert hatte, indem er sich bei den Parlamentswahlen hatte aufstellen lassen. Sie war jedoch der Ansicht, daß die Kirche „in Angelegenheiten, die der Kirche und dem Volk nützen, aktiv mit den Behörden verschiedener Ebenen zusammenarbeiten" sollte. Daher traf sie Übereinkünfte mit dem Verteidigungs- und dem Innenministerium hinsichtlich einer Evangelisationstätigkeit in Garnisonen und Gefängnissen; 1995 wurde innerhalb des Moskauer Patriarchats eine Abteilung für die Zusammenarbeit mit der Armee und den Ordnungskräften eingerichtet. Ein nationaler russischer Kongreß, eine Organisation, der Alexij II. vorstand und die Politiker aller Parteien versammelte, traf sich seit 1993 regelmäßig, um über die moralische und geistige Zukunft der russischen Nation zu diskutieren.

Die orthodoxe Kirche nahm eine immer wichtigere öffentliche Rolle ein, wobei sie nach Ansicht einiger Beobachter die Stellung einer Nationalkirche erreichte; die Wiederherstellung der Erlöserkirche in Moskau, die schätzungsweise 250 Milliarden Rubel gekostet hatte und weitgehend aus öffentlichen Geldern bezahlt wurde, konnte als das Symbol dieses Wiederauflebens erscheinen[66]. Dieser Stärkung ihrer Position lagen das Aufblühen eines diffusen Nationalismus und die Suche nach einer verbindenden Kraft für ein Rußland auf der Suche nach Identität zugrunde. Die Auftritte des Patriarchen in den Medien nahmen zu. Bei der Zeremonie des Amtsantritts als russischer Präsident am 9. August 1996 erhielt Boris Jelzin den Segen des Patriarchen Alexij II. Bei den Verträgen von 1997 zwischen Rußland und Weißrußland war der Patriarch an der Seite der beiden Präsidenten. Es gab zahlreiche Anzeichen für eine wachsende Rolle der orthodoxen Kirche bei der Entwicklung „gegenseitiger Übereinstimmung" und von Toleranz, um die Begriffe einer Konferenz vom 26. März 1993 aufzugreifen. Bei größeren politischen Krisen spielte die Kirche eine versöhnende Rolle. Das war Anfang Oktober 1993 der Fall, während des Konflikts zwischen dem Präsidenten und dem Parlament; Anfang April 1994 initiierte die Russische Orthodoxe Kirche Verhandlungen im Daniil-Kloster zwischen den Führern von Aserbaidschan und Armenien, um den Konflikt um Nagornyj-Karabach zu lösen. Während des Tschetschenienkrieges meldete sich der Patriarch mehrmals zu Wort, um seine „tiefe Besorgnis" auszudrücken, während er insgesamt eine legitimistische Haltung bewahrte; am 17. Januar 1996 forderte ein offener Brief von einem Bischof und elf Priestern die Beendigung des Krieges.

---

[65] Interview mit Alexij II., in: Moskovskie Novosti (24. April 1994).
[66] Vgl. hierzu: Isabelle de Keghel, Die Moskauer Erlöserkathedrale als Konstrukt nationaler Identität. Ein Beitrag zur Geschichte des „patriotischen Konsenses", in: Osteuropa 49 (1999) 145–159.

Die Bischöfe waren ebenfalls im regionalen politischen Leben präsent, indem sie Kandidaten bei den Wahlen unterstützten und oft im Gegenzug eine finanzielle Unterstützung von seiten der lokalen Behörden erhielten, zum Schaden der Legitimität; die Apparatschiks der alten Garde erwiesen sich außerdem als sehr begierig, die Sünden der Vergangenheit dadurch abzubüßen, daß sie einer Institution, die sie unter Umständen zuvor verfolgt hatten, Vorteile gewährten. Das heimliche Einverständnis der Kirche mit bestimmten Wirtschaftskreisen rief Medienskandale hervor, die im wesentlichen gegen die Abteilung für Außenbeziehungen des Moskauer Patriarchats gerichtet waren; 1996 ermächtigte die Kommission für internationale humanitäre und technische Hilfe bei der Regierung Rußlands allein die Kirche, steuerfrei 50 000 Tonnen Tabak zu importieren und den Erlös für Zwecke der humanitären Hilfe zu verwenden.

Das neue Föderationsgesetz über Religionen, das im September 1997 verabschiedet wurde[67], nach mehrfachem Hin und Her zwischen dem Präsidenten und der Duma, veränderte die Rollenverteilung in den Beziehungen zwischen Kirche und Staat. Es gehörte zur Fortsetzung eines Gesetzesprojekts, das vom Obersten Sowjet 1993 bewilligt worden war und gegen das Boris Jelzin dann sein Veto eingelegt hatte. Dieses Gesetz, das danach strebte, die sogenannten „traditionellen" Religionen zu befördern und die Möglichkeiten ausländischer religiöser Bewegungen zur Evangelisierung einzuschränken, war als Bemühen darum, den privilegierten Platz der orthodoxen Kirche im russischen Staat zu bestätigen, und als Kompromiß mit den nationalistischen Kräften wahrgenommen worden. Es widersprach zum Teil der russischen Verfassung und den internationalen Abkommen. Nach den Veränderungen, die besonders auf internationalen Druck hin vorgenommen wurden, hatte das Gesetz dennoch einen so unbestimmten Charakter, daß es dem Gesetzgeber großen Handlungsspielraum erlaubte. Es waren in Wirklichkeit mehr die regionalen Gesetze, die die Beziehungen zwischen Kirche und Staat bestimmten. Nun hatte mehr als ein Viertel der Gouverneure lange vor 1997 restriktive Gesetze verabschiedet, die der Verfassung der Föderation widersprachen, indem sie, je nach Region, bestimmten Religionen eine privilegierte Stellung gewährten und die Registrierung von „Sekten" beschränkten; es handelte sich insbesondere um die Regionen Sachalin, Tver, Tjumen, Tula, Tatarstan und Perm. Die Akkreditierung für ausländische Missionare wurde häufig von denselben Personen vergeben, die in der sowjetischen Zeit beim Rat für religiöse Angelegenheiten arbeiteten.

Die Beziehungen zwischen der orthodoxen Kirche und dem Staat blieben dennoch komplex. Abgesehen von einigen aufsehenerregenden Aktionen und einer sichtbaren und ausdrücklichen Absprache zwischen der Hierarchie und führenden politischen Kreisen erhielt die Kirche keine wirkliche finanzielle Unterstützung von seiten des Staates. Es blieben außerdem Schwierigkeiten zwischen der Kirche und dem Staat, besonders was die Rückgabe kirchlichen Vermögens betraf.

---

[67] Vgl. zum Gesetz und seiner Anwendung die Zeitschrift Istina 4 (1997); Religija i pravo – Informacionno-analitičeskij žurnal, Moskau; A. KRASIKOV, Svoboda sovesti i gosudarstvenno-cerkovnye otnošenija v Rossii, in: Dia-Logos 1998–1999 (1999) 255–278. Eine deutsche Übersetzung des Gesetzestextes in: Osteuropa 48(1998)A274–A286; vgl. auch G. STRICKER, Das neue Religionsgesetz in Rußland. Vorgeschichte, Inhalt, Probleme, Befürchtungen, in: Osteuropa 48 (1998) 689–709.

Orthodoxie, Demokratie und wirtschaftlicher Liberalismus

Obwohl die Russische Orthodoxe Kirche im Sommer 2000 ein umfangreiches Dokument mit dem Titel „Grundlagen der Sozialkonzeption der Russischen Orthodoxen Kirche"[68] veröffentlichte, stellt sich die Frage, ob die Kirche wirklich schon soweit war, daß sie den Herausforderungen des Liberalismus begegnen konnte und ob ihre inneren Schwächen nicht ihrer politischen Weitsicht schadeten. Sicher kann man Parallelen zwischen den Diskussionen innerhalb der Russischen Orthodoxen Kirche und denjenigen, die in der zweiten Hälfte des 19. Jahrhunderts in der römisch-katholischen Kirche stattfanden, ziehen. Die nationalistischen Einstellungen gegenüber dem Liberalismus waren klar erkennbar, wohingegen die Haltungen im Patriarchat sehr unterschiedlich waren. Der ehemalige persönliche Sekretär des Patriarchen, Andrej Kurajew, veröffentlichte im März 1992 einen Artikel, in dem er sich gegen einen Liberalismus wandte, der sich als absolutes Ideal setzt: „Die ausschließlich politische Interpretation der Rechte und Freiheiten des Menschen unterscheidet sich vom religiösen Verständnis von Freiheit als Form der Verantwortung."[69] Da Rußland keine Erfahrung mit der Demokratie hatte, wurde die orthodoxe Religion in der kollektiven Vorstellung häufig mit einem autoritären System in Verbindung gebracht. Zudem war das slawophile Erbe weiter sehr stark. Die Tradition des russischen Orthodoxie konnte mit einer liberalen Entwicklung der russischen Gesellschaft und dem Aufstieg des Individualismus nur schwer vereinbar scheinen. Dennoch konnte man in der russischen philosophisch-religiösen Tradition, in bestimmten intellektuellen Strömungen Anfang des 20. Jahrhunderts, Ansätze finden, die versuchten, die Religion in der Moderne zu denken. Es blieb die Frage, ob dieses andere Erbe, das derzeit von einer Minderheit in der Kirche aufgegriffen wurde – besonders von den Schülern Vater Alexander Mens –, sich durchsetzen können würde.

Der Beginn der neunziger Jahre war auch durch Überlegungen über den wirtschaftlichen Liberalismus und die Möglichkeit für Rußland, in der Ökonomie einen dritten Weg zwischen Sozialismus und Kapitalismus einzuschlagen, geprägt. Die Patrioten[70] erklärten, daß das Fehlen eines moralischen Gewissens und die antibürgerliche Mentalität im gegenwärtigen Rußland den Kapitalismus zügelten und daß die Orthodoxie selbst sich sowohl gegen den Kapitalismus als auch gegen den Sozialismus wende. Aus einer religiösen Sicht der Geschichte heraus und unter Verwendung religiöser Kategorien setzten sie die Neue Weltordnung mit dem Kommen des Antichrists gleich und sahen das Heil allein in der religiösen Erneuerung Rußlands und in der Verbreitung einer vormodernen Ökonomie, die die Religion in den Mittelpunkt stellt. Andrej Kurajew erklärte seinerseits in einem Artikel vom Juni 1992 in einer konfusen Argumentation nicht so sehr die Vereinbarkeit der Marktwirtschaft mit der Orthodoxie als vielmehr seine Unterstützung einer Ökonomie, die Rußlands Größe wiederherstellen könne[71]. Andere Mitglieder der Hierarchie waren froh über die wiedererlangte individuelle Freiheit und Verantwortlichkeit. Während sie der Markt-

---

[68] Dt. Text in: J. THESING/R. UERTZ, Die Grundlagen der Sozialdoktrin der Russischen Orthodoxen Kirche, St. Augustin 2001.

[69] Prava čeloveka i pravoslavie, in: Nezavisimaja Gazeta (5. März 1992). Zit. nach ROUSSELET, L'Église orthodoxe russe.

[70] Vgl. bes. V. N. TROSTNIKOV, Vos'maja zapoved' glasit ..., in: Naš Sovremennik 12 (1990) 160, oder JU. BORODAJ, Počemu pravoslavnym ne goditsja protestantskij kapitalizm, in: Naš Sovremennik 10 (1990) 3–16.

[71] Bogougodno ili ne bogougodno?, in: Moskovskie Novosti 25 (21. Juni 1992).

wirtschaft positiv gegenüberstanden, appellierten sie an die Kirche, den Unternehmern wieder einen Sinn für Anstand zu vermitteln[72]; die Religion solle einer neuen Ökonomie Halt geben, die zugleich gesund und moralisch sein müsse. Während man nach einem Jahrzehnt wirtschaftlicher Reformen nicht mehr so sehr über die Berechtigung der Marktwirtschaft als vielmehr über die Maßnahmen diskutierte, die die von ihr verursachte soziale Krise lösen sollten, betonte der Patriarch mehrfach, daß sich die Kirche an der gesellschaftlichen Anstrengung beteiligen müsse.

4. Eine säkularisierte Gesellschaft

Zwar behauptete sich die Kirche immer deutlicher in der Öffentlichkeit, aber die Gesellschaft blieb klar säkularisiert. Die so sehr verkündete religiöse Erneuerung trug tatsächlich widersprüchliche Züge. Die Religion war in den ersten Jahren der Perestrojka in Rußland als wichtiges Element des Kampfes gegen den Totalitarismus, als Zeichen der nostalgischen Sehnsucht nach der russischen Vergangenheit in Erscheinung getreten. Für einen Teil der russischen Bevölkerung hatte die orthodoxe Religion damals für die Werte des Individuums gestanden, die für die Einführung der Demokratie notwendig gewesen waren. Dennoch ließ sich in dieser Zeit eine ausgeprägte konfessionelle Unbestimmtheit feststellen, die sicher zum Teil auf die Anschuldigungen gegenüber der Hierarchie der Russischen Orthodoxen Kirche zurückzuführen war, aber auch auf die Unkenntnis im Bereich der Religion. Umfragen, die 1990/91 unter Leitung des Soziologen Sergej Filatow durchgeführt wurden, belegten den bedeutenden Anteil an Menschen, die sich als „Christen im allgemeinen" betrachteten – die anderen gaben an, sie seien Orthodoxe, Katholiken, Baptisten … Sicher muß man den Inhalt dieser Antwort genauer bestimmen und sie je nach dem Ort, an dem die Umfrage stattfand, differenziert betrachten – die Begründung für die Antworten fällt in einer Stadt wie Moskau anders aus als auf dem Land –, aber es ist bezeichnend, daß mehr als 25 % der Bevölkerung sich allgemein als Christen verstanden[73]. Noch bezeichnender ist das Steigen dieses Anteils zwischen 1990 und 1991, was zugleich von einem prozentualen Rückgang der Anzahl derjenigen, die sich als orthodox sahen, begleitet war. Man konnte in der Tat eine deutliche Ablösung von Praktizieren und Glauben feststellen sowie das paradoxe Existieren zweier Kategorien von Personen: der „praktizierenden Ungläubigen"[74], aber auch der „Gläubigen ohne Tradition", ohne spezifische religiöse Zugehörigkeit.

Den Ergebnissen von Umfragen zufolge, die andere Soziologen, vom Zentrum zur Untersuchung der öffentlichen Meinung Rußlands, durchführten, ist die Zahl der Menschen, die angeben, sie seien orthodox, seit 1991 unaufhörlich gestiegen. 1996 betrachteten sich 50 % der Bevölkerung als orthodox, wohingegen es 1991 nur 30 % waren[75]. Während 1991 53 % angaben, sie glaubten nicht an Gott, und 15,3 % unentschieden waren, erklärten sich 1996 nur 37 % als ungläubig und 8 % als unentschieden. Die Anzahl der regelmäßigen

---

[72] Vgl. bes. die Stellungnahmen Vater Innokentij Pavlovs.

[73] Vgl. hierzu G. Tschistjakow, Konfessionsloses Christentum in Rußland, in: Ost-West. Europäische Perspektiven 1 (2000) 276–284.

[74] Man kann hier eine Parallele zum Polen der Jahre 1970–1980 sehen. Vgl. die Arbeiten von P. Michel.

[75] B. V. Dubin, Pravoslavie v social'nom kontekste, in: Monitoring obščestvennogo mnenija: Ėkonomičeskie i social'nye peremeny 6 (Nov.–Dez. 1996) 15.

Kirchgänger überstieg dagegen einen Prozentsatz von 5 bis 10% nicht. Die religiöse Zugehörigkeit blieb mehr ein Zeichen nationaler Identifikation. Während die russische Bevölkerung den meisten Institutionen mißtraute, bewahrte sie der Kirche gegenüber ein gewisses Vertrauen, und Alexij II. hatte sich seit 1995 zwischen dem 19. und dem 30. Platz der anerkanntesten politischen Führer bewegt. Dennoch nahm das Vertrauen in die Kirche ab. Nach einigen Umfragen erklärten 1993 noch 57% der Befragten, sie hätten volles Vertrauen in die Russische Orthodoxe Kirche; 1997 waren es nur noch 37%[76]. Die Kirchen füllten sich, das Interesse an der religiösen Kultur wuchs, aber die Gläubigen kannten die Grundlagen der kirchlichen Lehre nicht[77].

„Für die große Mehrheit der Menschen sind die Hauptquellen ihrer Vorstellungen von Religion die Medien und die belletristische Literatur, und nur für 9% stellt die Kirche die unmittelbare Quelle dar. Religiöse Texte werden von 21% der Menschen als Informationsquelle genannt, aber diese Texte werden im Rahmen der säkularisierten Kultur interpretiert. Religiösität ist heute also nicht das Ergebnis des ‚Zeugnisses der Kirche‘, sondern in hohem Maße die Folge der Entwicklung säkularer Kultur und Weltanschauung sowie von spontanen spirituellen Sehnsüchten der Leute. (…) Der Glaube wächst zusehends, aber die Mitgliederzahl der Kirche nimmt nur langsam zu.“[78]

Man erlebte ein Phänomen religiöser Verwirrung, das durch das Verschwinden von Orten, an denen die Tradition weitergegeben wurde, etwa in der Familie, befördert wurde. Ein Jugendlicher konnte von den Altgläubigen zum Katholizismus übertreten. Orthodoxe, die zur Russischen Orthodoxen Kirche gehörten, zögerten nicht, gleichermaßen die orthodoxe Auslandskirche aufzusuchen. Ein Neubekehrter, der a priori, durch seine Teilnahme an den Aktivitäten einer Bruderschaft, einer bestimmten Bewegung der orthodoxen Kirche angehörte, fand einen geistigen Vater in einer anderen Gemeinde, der einer ganz anderen kirchlichen Richtung angehörte, und nahm den Unterschied gar nicht wahr. Konversion und Identitätssuche geschahen größtenteils über die Autorität einer charismatischen Persönlichkeit, die Träger von Erinnerung war. Die Bedeutung, die dem geistigen Vater zugeschrieben wurde, verwies zwar auf die Rolle der Starzen in der orthodoxen Tradition des 19. Jahrhunderts, erinnerte aber auch an das Gewicht bestimmter Priester während der sowjetischen Zeit. Charisma gründete sich oft, zumindest in Moskau und in den intellektuellen Bevölkerungsschichten, auf eine ganz eigentümliche Hervorhebung des Wissens des geistigen Vaters: man versammelte sich um denjenigen, der wußte, was und wie man glauben mußte, um denjenigen, der den neuen Gläubigen in eine Tradition stellte, die er nicht kannte. Der Laie hatte blindes Vertrauen in den geistigen Vater, der ihm das enthüllen würde, was man ihm mehr als siebzig Jahre lang verheimlicht hatte. Diese Bedeutung des Wissens bei der Auswahl der Priester ließ sich sicher durch das niedrige Niveau der religiösen Kenntnisse der Neubekehrten erklären, aber auch dadurch, daß die Mehrheit des Klerus des alten Regimes inkompetent gewesen war und das Wissen jetzt das neue Leben in der Kirche symbolisierte. Hervorzuheben ist, daß dieses Wissen nicht nur intellektueller Natur war und nicht nur die Kirchengeschichte betraf: Der Priester führte in die religiösen

[76] Vgl. B. Dubin, Religioznaja vera v Rossii 90-ch godov, in: Monitoring obščestvennogo mnenija: Ėkonomičeskie i social'nye peremeny 1 (Jan.–Feb. 1999) 30–39.

[77] Zum Ganzen vgl. K. Kääräinen, Religion in Russia After the Collapse of Communism, Lewiston v. a. 1998.

[78] L. Vorontsova – S. Filatov, Religiosity and Political Consciousness in Postsoviet Russia, in: Religion, State and Society 22 (1994) 397–402 (hier 401).

Praktiken und die zu vollziehenden Riten ein und beriet den Gläubigen hinsichtlich der Haltung, die er der Welt gegenüber haben sollte. Die Rolle der geistigen Väter und Neo-Starzen war so wichtig geworden, daß der Heilige Synod diese Frage auf die Tagesordnung seiner Sitzung am 28. und 29. Dezember 1998 setzte. Indem er daran erinnerte, daß die Priester „zur Aufgabe haben, den Gläubigen mit Rat und Gebet zu helfen, ohne jedoch die Freiheit, die jeder von Gott erhalten hat, zu beschränken", wandte er sich gegen das Eingreifen von Priestern, die oft der Hierarchie kritisch gegenüberstanden, in das Privatleben der Laien, dagegen, daß sie den Gläubigen vorschrieben, medizinische Pflege abzulehnen, ihre Ausbildung abzubrechen oder ihnen sogar ihre politischen Ansichten aufdrängten[79].

Religiöse Zugehörigkeit und politisches Engagement

Das geringe religiöse Engagement sowie das langsame Reifen der politischen Ideen erklären die Tatsache, daß politisch-religiöse Bewegungen im russischen politischen Leben nur unwesentlich ins Gewicht fielen. Seit Ende der achtziger Jahre waren christdemokratische Bewegungen aufgetaucht. Der Gründung einer „Christlich-demokratischen Union", hervorgegangen aus einer informellen Bewegung, im August 1989 folgten mehrere Abspaltungen und die Entstehung der „Christlich-demokratischen Partei Rußlands", der „Christlich-demokratischen Bewegung Rußlands", geleitet von Viktor Aksiutschiz, und der „Christlich-demokratischen Union / Christen Rußlands". In den ersten Jahren ihrer Existenz bestand die Christdemokratie insbesondere auf der notwendigen religiösen Erneuerung, auf der Reue und dem Kampf gegen das Böse als Voraussetzung für eine wirkliche politische Erneuerung. In der Folgezeit entwickelten die Bewegungen sich auseinander. Man konnte zwei Richtungen beobachten: eine eher prowestliche und eine andere „patriotische", die sich um die „Christlich-demokratische Bewegung Rußlands" bildete. Die Christdemokratie wurde durch die Abspaltungen, die vor allem mit Konflikten zwischen Personen in Zusammenhang standen, geschwächt und litt wie alle russischen Parteien unter dem Mangel an einem konkreten politischen Programm. Zudem konnte sie nicht auf Traditionen in der russischen Geschichte zurückgreifen[80]. Abgesehen von den christdemokratischen Bewegungen gab es eine gewisse Anzahl nationalistischer Parteien, die das Wiedererstehen einer orthodoxen Staatskirche anstrebten, und mehrere monarchistische orthodoxe Vereinigungen, die über der Frage nach dem Erbe des Großfürsten Kirill zerstritten waren. Außerdem nahmen einige religiöse Bruderschaften eine politische Färbung an, womit die Grenze zwischen religiöser Bewegung und politischer Partei zu verschwimmen drohte. 1996/1997 entstanden neue Organisationen. Michail Men, Sohn des ermordeten Priesters und Duma-Abgeordneter, gründete die „Russische christliche Union". Der „Rat der christlichen Organisationen", von einem protestantischen Anführer und einem orthodoxen Geschäftsmann zu Beginn mehrerer Aktivitäten im Bereich der Ausbildung und im karitativen Bereich geschaffen, setzte sich unter anderem die Verteidigung der Rechte der Christen als Ziel und stieß eine Debatte über Ökonomie und christliche Ethik an. In der patriotischen Bewegung traten „Orthodoxes Rußland", eine politische Kraft mit

---

[79] Service orthodoxe de presse, Nr. 235.
[80] Es sind nur einige unbedeutende Erscheinungen eines sozialen Christentums in bestimmten intellektuellen Strömungen zwischen 1905 und 1907 bekannt, sowie das kurzlebige Bestehen der christlichen Partei von Ivan Prochanov, Anführer der evangelischen Bewegung.

bedeutender finanzieller Unterstützung, und die „Union christlicher Bürger" in Erscheinung[81].

Die Zusammenhänge zwischen religiöser Zugehörigkeit und Wahlverhalten auf politischer Ebene waren immer schwerer einzuschätzen. Ein im Mai 1992 durchgeführte Umfrage in fünfzehn Städten in Rußland und Kasachstan zeigte, daß die Orthodoxen etwas mehr geneigt waren, die Wiederherstellung eines starken Staates oder der Monarchie zu unterstützen, und daß sie dem Kommunismus feindlicher gegenüberstanden[82]. Während des Präsidentschaftswahlkampfes 1996 benutzten zwar alle Kandidaten die orthodoxe Religion, um ihr patriotisches Empfinden auszudrücken, aber die Religion spielte keine eigenständige Rolle; der Prozentsatz der überzeugten Gläubigen, die für Boris Jelzin gestimmt hatten, lag nur in sehr geringem Maß über dem derjenigen, die Gennadij Sjuganov gewählt hatten[83].

5. Die Folgen des Zusammenbruchs der Sowjetunion

Der Zusammenbruch der Sowjetunion hatte bei den kirchlichen Institutionen in den wieder souveränen Republiken Autonomiebestrebungen ausgelöst und die orthodoxe Landschaft beträchtlich verändert.

Die bedeutendsten Umwälzungen waren wohl in der Ukraine geschehen. Die religiöse Liberalisierung, die von der Sowjetmacht seit 1989 eingeleitet worden war, und die Unabhängigkeit des Landes seit 1991 hatten eine größere Autonomie der zum Moskauer Patriarchat gehörigen orthodoxen Kirche, das Wiederaufleben autokephalistischer Strömungen innerhalb der Orthodoxie und die Wiederentstehung der Griechisch-Katholischen Kirche zur Folge[84]. 1989 tauchte die Autokephale Kirche[85] auf dem Gebiet der Ukraine wieder auf, und im Juni 1990 wurde der Metropolit Mstyslav Skrypnyk zum Patriarchen von Kiew gewählt. 1992 erklärte der Metropolit von Kiew und Vertreter des Moskauer Patriarchats in der Ukraine, Filaret Denisenko, der über sein moralisches Verhalten mit seiner Kirche in Konflikt geraten war[86], die Unabhängigkeit der ukrainischen orthodoxen Kirche, und im Juni desselben Jahres wurden die beiden Kirchen zu einer Ukrainisch-Orthodoxen Kirche / Patriarchat Kiew vereinigt sowie der Metropolit Mstyslav, der nicht am Vereinigungskonzil teilgenommen hatte, zu ihrem Patriarchen proklamiert: er nahm an, ging aber mehr und mehr auf Distanz zu Filaret. Zwei autokephalistische Bischöfe, die die Vereini-

---

[81] A. KRASIKOV, Christianei političeskie partii v Rossii, in: Dia-Logos 1998–1999 (1999) 34–37.

[82] L. M. VORONCOVA – S. B. FILATOV, Religioznost' – demokratičnost' – avtoritarnost', in: Polis 3 (1993) 141–148.

[83] DUBIN, Pravoslavie v social'nom kontekste 15; S. WHITE – I. MCALLISTER, The politics of religion in postcommunist Russia, in: Religion, State and Society 25 (1997) 235–252; E. BACON, The Church and Politics in Russia: a case-study of the 1996 Presidential Election, in: ebd. 253–265.

[84] Vgl. zum Folgenden: TH. BREMER, Konfrontation statt Ökumene. Zur kirchlichen Situation in der Ukraine, Erfurt 2001.

[85] Ein Teil der orthodoxen Kirche, die seit 1589 dem Moskauer Patriarchat unterstellt war, erklärte sich am 5. Mai 1920 zur autokephalen Kirche und berief im Oktober 1921 das erste Konzil ein: sie wurde 1929 unterdrückt, aber die Idee einer autokephalen Kirche tauchte 1942 während der deutschen Besatzung wieder auf. Nachdem die autokephale Kirche erneut von Stalin beseitigt worden war, überlebte sie über Gruppen im Exil, von denen ein Teil zu Konstantinopel gehörte, ein anderer Teil unabhängig blieb.

[86] Filaret Denisenko sollte 1992 in den Laienstand versetzt und 1997 von der Bischofsversammlung der Russischen Orthodoxen Kirche exkommuniziert werden. Vgl. Persistance des divisions entre orthodoxes en Ukraine, in: Istina 4 (1993) 405–409.

gung abgelehnt hatten, gründeten eine autokephale Kirche, die unabhängig von der neugegründeten Kirche war. Nach dem Tod Mstyslavs am 11. Juni 1993 wurden im Herbst desselben Jahres zwei konkurrierende Patriarchen gewählt: der Metropolit Volodymir Romaniuk für die Ukrainisch-Orthodoxe Kirche / Patriarchat Kiew, der im Juli 1995 starb und dem am 20. Oktober 1995 Filaret nachfolgte, und Bischof Dimitrij Jarema für die Autokephale Ukrainische Kirche. Die Ukrainisch-Orthodoxe Kirche / Patriarchat Kiew und die ukrainischen autokephalen Kirchen wurden von den anderen orthodoxen Kirchen nicht anerkannt. Die orthodoxe Kirche der Ukraine, die dem Patriarchat Moskau unterstellt war, blieb bestehen und wurde vom Metropoliten von Kiew, Vladimir Sabodan, ehemaliger Exarch in Westeuropa von 1984 bis 1989, geleitet. Das Moskauer Patriarchat antwortete auf das Streben nach Unabhängigkeit der Ukrainer, indem es im Januar 1990 das Exarchat in eine selbständige Ukrainisch-Orthodoxe Kirche umwandelte, wobei es ihr Unabhängigkeit hinsichtlich der Diözesen, Synoden und lokalen Konzile einräumte und sie ihre Bischöfe selbst wählen ließ. Die Kirche genoß jedoch keine Autonomie in kanonischer Hinsicht. Nach den Daten von 2001[87] unterstanden 9041 Gemeinden dem Moskauer Patriarchat; die selbständige ukrainische Kirche hatte im Süden und im Osten der Ukraine Fuß gefaßt. Mehr als 2700 Kirchen gehörten zur Ukrainisch-Orthodoxen Kirche / Patriarchat Kiew und gerade 1015 Gemeinden unterstanden der Autokephalen Kirche. Häufig brachen Konflikte zwischen den verschiedenen Kirchen über die Zuständigkeit für die Gläubigen und über die Aufteilung kirchlichen Eigentums aus. Der erste ukrainische Präsident Leonid Krawtschuk, der eine Staatskirche anstrebte, hatte Filaret unterstützt, während sein Nachfolger Leonid Kutschma, der während der Präsidentschaftswahl von 1994 von der selbständigen Ukrainisch-Orthodoxen Kirche begünstigt worden war, mehr Abstand zu den verschiedenen Kirchen zu halten schien, wobei er aber berücksichtigte, daß der Staat die religiösen Fragen regeln mußte[88].

In Weißrußland war die Eparchie der Russischen Orthodoxen Kirche auf Druck der Volksfront hin im November 1989 in ein Exarchat umgewandelt worden; das Problem, welche Sprache im Gottesdienst verwendet werden sollte, blieb dennoch eine Quelle des Konflikts mit den Nationalisten, da die orthodoxe Kirche weiterhin das Russische bzw. Kirchenslawische benutzt. 1990 wurde dem Exarchat genau wie in der Ukraine weitgehende innere Autonomie gewährt. Nach dem Institut für Soziologie der Akademie der Wissenschaften von Belarus (Weißrußland) ist der Anteil der Gläubigen von 10 bis 15 % im Jahr 1988 auf 30 % im Jahr 1990 gestiegen, um 1996 fast 45 % zu erreichen. 1990 gehörten zur Kirche acht Diözesen, 492 Gemeinden, ein Kloster und ein Seminar, während es 1996 zehn Diözesen, 938 Gemeinden, elf Klöster, sieben männliche Bruderschaften und eine weibliche gab. 736 Kirchen wurden genutzt, 108 weitere gebaut. Wie in Rußland hatte die Kirche finanzielle Schwierigkeiten und litt an Priestermangel – es fehlten etwa 900 Geistliche.

Auch in Moldova hatten die Orthodoxen im Oktober 1992 mehr Autonomie innerhalb der Russischen Orthodoxen Kirche erlangt. Dennoch gab es gewisse Bestrebungen nach einer Abspaltung: im Dezember 1992 unterstellten sich ein moldowischer Bischof und einige Priester dem Patriarchat von Bukarest. In Estland forderten 1995 einige Gemeinden, die Beziehungen zu einer estnischen Exilkirche in Schweden hatten, den Wechsel von der

---

[87] Diese Daten stammen aus: BREMER, Konfrontation, 40 f.

[88] T. KUZIO, In search of unity and autocephaly: Ukraine's Orthodox Churches, in: Religion, State and Society 25 (1997).

Zuständigkeit des Moskauer Patriarchats zu der des Patriarchats Konstantinopel, das am 20. Februar 1996 zugestimmt hatte, unter seinem geistlichen Schutz die Autonomie der Diözese Estland wiederherzustellen. Das hatte zu einem schweren Konflikt zwischen den beiden Patriarchaten geführt, der noch nicht endgültig beigelegt werden konnte. Es handelt sich zum einen sicher um einen Konflikt zwischen zwei konkurrierenden Nationalitäten, aber auch um einen Konflikt um den Vorrang, den Konstantinopel innerhalb der orthodoxen Kirche ausüben möchte, während Moskau die Vorstellung eines „Zuständigkeitsbezirks" oder „kanonischen Territoriums" vertritt, in dem es eine Rolle als Mutterkirche ausüben will[89].

Schließlich wurde der georgischen Kirche vom Ökumenischen Patriarchat am 23. Januar 1990 die Autokephalie zugestanden. Insofern als sich diese Kirche schon seit langem als autokephale Kirche betrachtet hatte und ihr Katholikos von allen Orthodoxen als Patriarch anerkannt worden war, zeigte diese Entscheidung erneut den Willen des Ökumenischen Patriarchats, sein Primatsrecht auf interorthodoxer Ebene auszuüben, und sie berührte ein wichtiges ekklesiologisches Problem der Orthodoxie. Denn das Ökumenische Patriarchat war der Ansicht, daß die Entscheidung über den Übergang einer lokalen Kirche zur Autokephalie ausdrücklich gefällt werden müsse und zwar von ihm selbst, aufgrund des Primatsrechts, das ihm von allen orthodoxen Kirchen zugestanden wird. Diese Einstellung wurde von der Kirche Rußlands zurückgewiesen, die die Meinung vertrat, daß die Autokephalie nur in die Zuständigkeit der Mutterkirche falle[90].

6. Die Russische Orthodoxe Kirche und die anderen christlichen Kirchen

Die religiöse Liberalisierung, die Öffnung des Landes gegenüber den westlichen Wertvorstellungen und das Wiederaufleben der nationalen Religionen im Bereich der ehemaligen Sowjetunion veränderten nicht nur die orthodoxe Landschaft, sondern ließen auch die Frage der Beziehungen zwischen der Russischen Orthodoxen Kirche und den anderen christlichen Kirchen, besonders der katholischen Kirche, wieder aktuell werden.

Bis zum Zusammenbruch des Kommunismus waren die Beziehungen zwischen der Russischen Orthodoxen Kirche und dem Vatikan größtenteils von denen zwischen der Sowjetunion und dem Heiligen Stuhl bestimmt. Diese wurden Anfang der sechziger Jahre mit dem Vatikanbesuch des Schwiegersohns von Nikita Chruschtschow, A. Adschubej, im Jahr 1963 und den Reisen Monsignore Casarolis, des Sekretärs des Rates für die öffentlichen Angelegenheiten der Kirche, in die wichtigsten Hauptstädte im Osten wiederaufgenommen[91]. Am 4. Oktober 1965, anläßlich seiner Rede vor den Vereinten Nationen, ergriff Paul VI. die Initiative und traf sich mit dem sowjetischen Außenminister Andrej Gromyko, der von da an häufig zu einer Privataudienz im Vatikan empfangen wurde. Am 30. Januar 1967 stattete Nikolaj Podgornyj, sowjetisches Staatsoberhaupt und Vorsitzender des Obersten Sowjets, dem Vatikan einen privaten Besuch ab. Johannes Paul II. hatte seit seiner Wahl zum Papst der Verteidigung der Menschenrechte und der Religionsfreiheit höchste Priorität eingeräumt. Sein Wunsch, 1983 anläßlich der Feierlichkeiten zum 500. Todestag

---

[89] Vgl. Crise au sein de l'orthodoxie: conflit canonique ou séquelle du phylétisme, in: Istina 3 (1996) 225–228.
[90] Ähnliche Probleme stellten sich für die orthodoxe Kirche in Polen und die autokephale orthodoxe Kirche in Amerika.
[91] Istina 1 (1990) 118–123.

des heiligen Kasimir nach Litauen zu reisen, und das Veto, das Moskau dagegen einlegte, hatten große politische Bedeutung. Sein Treffen mit Michail Gorbatschow im Vatikan am 1. Dezember 1989 und seine Einladung in die Sowjetunion waren ein entscheidender Schritt in der Entwicklung der sowjetischen Religionspolitik.

Für Johannes Paul II., der slawischer Herkunft ist, war die Versöhnung mit den Orthodoxen ein wichtiges Ziel der katholischen Kirche. Am 30. Dezember 1980 wurden in dem Apostolischen Brief *Egregiae virtutis* die Heiligen Kyrill und Method zu Patronen Europas neben dem heiligen Benedikt erklärt, und in *Euntes in mundum* (22. März 1988) feierte der Papst die tausendjährige Christianisierung Rußlands. Im Oktober 1988 fordert er in Straßburg, „einen moralischen und geistigen Zusammenhalt im Blick auf seine [d. h. Europas] gesamte geographische Ausdehnung, die vom Atlantik bis zum Ural, von der Nordsee bis zum Mittelmeer reicht, wiederzufinden". Zwar gab es bereits seit 1967 im Dreijahresrhythmus theologische Gespräche zwischen Katholiken und der Russischen Orthodoxen Kirche, aber Johannes Paul II. ließ jetzt den Dialog zwischen den beiden Kirchen wiederaufleben. Vom 29. Mai bis zum 4. Juni 1980 versammelte sich in Rhodos zum ersten Mal die gemischte internationale Kommission für den theologischen Dialog zwischen der katholischen und der orthodoxen Kirche, die den Auftrag hatte, die theologischen Differenzen zwischen den Kirchen aufzuarbeiten.

Der Dialog zwischen den beiden Kirchen ist dennoch seit mehreren Jahren aufgrund der griechisch-katholischen Gemeinden auf dem Gebiet der ehemaligen Sowjetunion ins Stokken gekommen, da die Russische Orthodoxe Kirche diese als eine Art Trojanisches Pferd des Katholizismus in ihrem Zuständigkeitsbereich betrachtet[92]. Nach dem Konzil von Lemberg (Lwiw) von 1946, auf dem die ukrainische Griechisch-Katholische Kirche in die Russische Orthodoxe Kirche eingegliedert wurde, verlor sie in der Sowjetunion die Existenzberechtigung[93]. 1963 wurde dem Metropoliten Josif Slipyj nach 18 Jahren in Haft die Ausreise gestattet, und die Griechisch-Katholische Kirche (im Exil) erhielt im selben Jahr den Status eines Erzbistums; Rom wurde das Zentrum dieser über die ganze Welt verstreuten Kirche. In der Ukraine konnte die Russifizierung, die die „Rückkehr zur Orthodoxie" begleiten sollte, nicht wirklich durchgesetzt werden; die Griechisch-Katholische Kirche überlebte im Untergrund. Mitte der achtziger Jahre wurden sowohl nach Quellen der ukrainischen Dissidenten als auch nach offiziellen sowjetischen Angaben sieben Millionen Gläubige, ungefähr 1000 Priester und 10 Bischöfe gezählt; ein Teil der Christen engagierte sich im Kampf um ihre religiösen Rechte[94]. Die ukrainische Griechisch-Katholische Kir-

---

[92] Zu dieser Frage vgl. die Zeitschrift Istina, aber auch J.-C. ROBERTI, Les Uniates, Paris 1992.

[93] Vgl. S. KELEHER, Passion and Resurrection – The Greek Catholic Church in Soviet Ukraine 1939–1989, Lwiw 1993; K. ROUSSELET, Une Église nationale: l'Église gréco-catholique ukrainienne, in: Archives de sciences sociales des religions 65/1 (1988) 107–119.

[94] Mitte der fünfziger Jahre, während der Befreiung der griechisch–katholischen Gefangenen, kam die Hoffnung auf, daß die Entstalinisierung zum Wiederaufleben der Kirche führen werde. 1968, nach dem Prager Frühling, als die katholischen Slowaken sich für die Wiedereinrichtung ihrer Kirche einsetzten und einige orthodoxe Gemeinden sich der Griechisch-Katholischen Kirche unterstellten, um zum regierungsfreundlichen orthodoxen Klerus auf Distanz zu gehen, hofften die ukrainischen Griechisch-Katholiken inständig, denselben Weg wie ihre Glaubensgenossen einschlagen zu können. Schließlich resultierte aus der Schlußakte der KSZE von Helsinki eine Verschärfung des Kampfes in den achtziger Jahren: spontane und begrenzte Bewegungen, Petitionen, Komitees, die sich für die Respektierung der Schlußakte der KSZE von Helsinki engagierten, 1982 Schaffung der „Aktionsgruppe zur Verteidigung der Rechte der Gläubigen", Herausgabe von Veröffentlichungen aus dem Untergrund in der *Chronik der ukrainischen katholischen Kirche*.

che, die als die wichtigste Vertreterin der ukrainischen Tradition und Geschichte betrachtet wurde, wurde für die Katholiken und für zahlreiche Orthodoxe in der Ukraine zum nationalen Symbol. Ein Teil von ihnen schloß sich der ukrainischen Griechisch-Katholischen Kirche an und trat, um ihre Nation geistig wiederherzustellen, für die Schaffung eines Patriarchats ein, das das Symbol ihrer Nationalität sein sollte. Das Wiedererstehen der ukrainischen Nation während der Perestrojka hat dann auch dazu geführt, daß diese Kirche wiederauflebte.

Der Vatikan schwankte ständig zwischen zwei Sorgen: zum einen, der von ihm anerkannten ukrainischen Griechisch-Katholischen Kirche die ihr zustehenden Rechte zu gewähren, zum anderen aber, nicht in Konflikt mit dem Moskauer Patriarchat zu geraten. Johannes Paul II., dem das Nationalitätenproblem bewußt war, war schon von seinem Amtsantritt an darum besorgt, die Griechisch-Katholische Kirche zu unterstützen. Am 19. März 1979 schrieb er einen Brief an Kardinal Slipyj, in dem er die ukrainische Nation rühmte, womit er heftige Reaktionen sowohl von seiten der französischen Orthodoxen als auch des Moskauer Patriarchats hervorrief; letzteres sagte einzig aus diesem Grund ein geplantes Treffen von orthodoxen und katholischen Theologen ab. Der Handlungsspielraum des Papstes blieb jedoch beschränkt, wie seine Ablehnung am 20. November 1978, ein Patriarchat am ukrainischen Primatssitz einzurichten, und der Briefwechsel zwischen dem Moskauer Patriarchen Pimen und Johannes Paul II. Ende 1980 / Anfang 1981 anläßlich der Erklärung der Synode der ukrainischen katholischen Bischöfe vom 2. Dezember 1980, die das Konzil von Lemberg als ungültig und nicht dem Kirchenrecht entsprechend bezeichnete[95], zeigen.

Im Februar 1985, während des Besuchs von A. Gromyko im Vatikan, wurde das Schicksal der ukrainischen Katholiken erneut angesprochen; anläßlich der 4. Synode der ukrainischen Hierarchie vom 22. September bis zum 5. Oktober 1985 spielte der Papst auf die Bedeutung der Jahrtausendfeier der Christianisierung für die Ukrainer an. Die die ukrainischen Katholiken begünstigende Haltung des Papstes führte dann zu einer Abkühlung in den Beziehungen zwischen der katholischen und der orthodoxen Kirche, die unter anderem die Abwesenheit der Vertreter der Patriarchate von Moskau und von Georgien während der vierten Tagung des katholisch-orthodoxen Dialogs vom 19. Mai bis zum 7. Juni 1986 in Bari erklärt.

Mit der gesetzlichen Anerkennung der ukrainischen katholischen Kirche Anfang der neunziger Jahre wurde diese Frage in den ökumenischen Beziehungen zentral. Auf dem Treffen in Freising im Juni 1990 wurde die Unionspolitik als Brücke in Richtung Einheit von beiden Kirchen abgelehnt, und 1992 begann ein bilateraler Dialog zwischen Moskau und dem Vatikan, der dieser Frage gewidmet war. Im Juni 1993 lehnte die gemischte theologische Kommission in Balamand erneut die Unionspolitik als „Vereinigungsmethode der

---

[95] Als Antwort auf einen Brief des Patriarchen vom 22. Dezember 1980, der seine Besorgnis zum Ausdruck brachte, schrieb das Sekretariat für die Einheit der Christen, daß diese Erklärung „für die römisch-katholische Kirche keine bindende rechtliche und kanonische Kraft besitze", solange der Papst sie nicht gebilligt habe. Johannes Paul II. selbst nahm in einem Brief vom 24. Januar 1981 eine vermittelnde Haltung ein: Auf der einen Seite bekräftigte er, daß der Heilige Stuhl weiter auf seiner Position hinsichtlich der Rechte der ukrainischen Katholiken bestehe. Im folgenden aber beschränkte der Papst diese Rechte, indem er der ukrainischen Kirche keine Autonomie zugestand und feststellte, daß die Texte der Synode, die veröffentlicht worden seien, ohne ihn vorher davon zu unterrichten, keinen offiziellen Charakter besäßen und daß der Heilige Stuhl gefordert habe, auf die Veröffentlichung zu verzichten.

Vergangenheit" ab. Die abschließende Vereinbarung strebte danach, die Ostkirchen als Möglichkeit und sogar als Anlaß für eine Weiterentwicklung der katholischen Ekklesiologie im ganzen darzustellen; der Begriff der Schwesterkirchen, der erstmals am 7. Dezember 1965 von Paul VI. und Athenagoras verwendet wurde, wurde häufig gebraucht, und die gegenseitige Anerkennung der Sakramentalität beider Kirchen wurde erneut bekräftigt.

Die Beziehungen zwischen den beiden Kirchen wurden dennoch durch die nicht abgestimmte Ernennung von katholischen Bischöfen in der ehemaligen Sowjetunion, die vom Moskauer Patriarchat als aggressiver Bekehrungsversuch verstanden wurde, kompliziert. Und die Tatsache, daß am 1. Juni 1992 von der Kommission „Pro Russia"[96] „allgemeine Prinzipien und Verhaltensregeln" an die Bischöfe in Rußland und den GUS-Staaten verteilt wurden, die forderten, eine „gesunde ökumenische Entwicklung" zu befördern, „darauf zu achten, daß keine Unternehmung als parallele Struktur der Evangelisierung verstanden werden könne", die orthodoxe Hierarchie „über alle seelsorgerischen Initiativen ihrer Kirche" zu informieren und die Kultstätten je nach dem sowohl zahlenmäßigen als auch sozialen und historischen Verhältnis der Gläubigen vor Ort aufzuteilen, dämmte den Konflikt kaum ein, zumal diese Prinzipien kaum beachtet wurden. Es wurde bereits erwähnt, wie einflußreich die antiökumenischen Strömungen in der Russischen Orthodoxen Kirche sind. In diesem Zusammenhang zögerte der Patriarch, sich mit Johannes Paul II. zu treffen, da er darum besorgt war, kein Schisma in seiner Kirche auszulösen. Mehrfach wurde in den letzten Jahren bereits eine Begegnung geplant, nur um dann wieder abgesagt zu werden.

Da die vorherrschenden Überlegungen hinsichtlich der Integration der Russischen Orthodoxen Kirche in die ökumenischen Institutionen in der sowjetischen Zeit im wesentlichen politisch motiviert waren, mußte die Frage unter den neuen Bedingungen der postsowjetischen Ära neu gestellt werden. Die Russische Orthodoxe Kirche hatte sich oft über die Überrepräsentation der Protestanten beschwert, und seit Anfang der achtziger Jahre stellte sie die Teilnahme der Orthodoxen am Ökumenischen Rat der Kirchen in Frage. Die Einführung der Priesterweihe für Frauen durch die anglikanische Kirche ließ die Debatte erneut aufflammen. Die Bischofsversammlung vom Februar 1997, die der Teilnahme der russischen Kirche an der ökumenischen Bewegung und dem Dialog mit den nicht-chalkedonensischen Kirchen gewidmet war, hat ihre Verwirrung angesichts der neuen theologischen Tendenzen des westlichen Protestantismus erneut bekräftigt. Die Bischöfe lehnten die „inklusive" Sprache, die Praxis der „eucharistischen Gastfreundschaft" und das Frauenpriestertum ab. Nachdem sich die Kirchen Georgiens und Bulgariens 1997 aus dem Ökumenischen Rat der Kirchen zurückgezogen hatten, beschloß die russische Kirche im Januar 1999, nicht mehr an seinen Debatten teilzunehmen. In dieser Krisensituation, die auch den innerorthodoxen Dialog betraf, hat die Russische Orthodoxe Kirche gefordert, daß der ökumenische Dialog wieder mehr auf praktischere Probleme ausgerichtet werden solle, besonders auf eine Zusammenarbeit der Kirchen im sozialen Bereich.

---

[96] Diese Kommission wurde 1925 eingerichtet und sollte die Seelsorge für die katholischen Russen in der Sowjetunion und für diejenigen im Exil koordinieren. Sie wurde am 15. Januar 1993 abgeschafft und durch einen Seelsorgerat ersetzt, der die seelsorgerische Koordination der verschiedenen katholischen Hierarchien in Rußland zur Aufgabe hat. Außerdem ist eine „Ständige interdikastäre Kommission für die Kirche in Osteuropa" mit weitreichenderen Zielen geschaffen worden.

Bibliographie

Michael BOURDEAUX (Hg.), The Politics of Religion in Russia and the New States of Eurasia, New York – London 1995.

Jane ELLIS, The Russian Orthodox Church. A Contemporary History, London – Sydney 1986.

William C. FLETCHER, The Russian Orthodox Church Underground, 1917–1970, London 1971.

Yves HAMANT, Alexander Men. Ein Zeuge für Christus in unserer Zeit, München 2001.

Antoine NIVIÈRE (Hg.), Les Orthodoxes russes, Brepols 1993.

Dmitri POSPIELOVSKY, A History of Soviet Atheism in Theory and Practice, and the Believers. Bd. 1: A History of Marxist-Leninist Atheism. Bd. 2: Soviet Antireligious Campaigns and Persecutions. Bd. 3: Soviet Studies on the Church and the Believers' Response to Atheism, New York 1987–1988.

Dmitri POSPIELOVSKY, The Russian Church under the Soviet Regime, 1917–1982, 2 Bde., New York 1984.

D. V. POSPIELOVSKIJ, Russkaja Pravoslavnaja Cerkov' v XX veke, Moskau 1995.

Sabrina Petra RAMET (Hg.), Religious Policy in the Soviet Union, Cambridge 1993.

Kathy ROUSSELET, L'Église orthodoxe russe et la politique, in: Problèmes politiques et sociaux 687, série Russie, La Documentation française, Paris 1992.

Kathy ROUSSELET (Hg.), Passé et présent religieux en Russie, in: Revue d'études comparatives Est-Ouest 24 (1993), Nr. 3–4, S. 7–197.

Kimmo KÄÄRIÄINEN, Religion in Russia After the Collapse of Communism, Lewiston v. a. 1998.

Wichtige Zeitschriften:
Der christliche Osten, Würzburg.
Glaube in der 2. Welt, Zürich.
Gosudarstvo, religija, cerkov' v Rossii i za rubežom. Informacionno-analitičeskij bjulleten', Moskau.
Istina, Paris.
La Pensée russe, Paris.
Nauka i religija, Moskau.
Orthodoxie aktuell, Wuppertal.
Ostkirchliche Studien, Würzburg.
Ost-West. Europäische Perspektiven, Mainz.
Religion, State and Society, Nachfolger von Religion in Communist Lands: the Keston Journal, Abingdon.
Religija i Pravo – informacionno-analitičeskij žurnal, Moskau.
Vestnik Russkogo Christianskogo Dviženija, Paris – New York – Moskau.
Žurnal Moskovskoj Patriarchii, Moskau.

ANHANG

I. Die Armenische Apostolische Kirche

Die Armenische Apostolische Kirche[97] war in den sechziger Jahren zugleich mit dem Problem ihres Überlebens und mit den Konflikten zwischen ihren Katholikaten, besonders zwischen dem Sitz von Edschmiadzin und dem Großen Haus von Kilikien[98], konfrontiert.

---

[97] Zu einer detaillierten Geschichte der armenischen Kirche im sowjetischen Armenien vgl. Hacik Rafi GAZER, Die Armenische Kirche in Sowjetarmenien zwischen den Weltkriegen, Hamburg 2001, sowie Claire MOURADIAN, De Staline à Gorbatchev. Histoire d'une république soviétique: l'Arménie (Kap. VIII), Paris 1990, 361–403, und Félix CORLEY, The Armenian Church Under the Soviet Regime, Part 1: the Leadership of Kevork, in: Religion, State and Society 24 (1996) 9–53; The Armenian Church Under the Soviet Regime, Part 2: the Leadership of Vazgen, in: ebd. 289–343; The Armenian Church Under the Soviet and Independent Regimes, Part 3: the Leadership of Vazgen, in: Religion, State and Society 26 (1998) 291–355.

[98] Die beiden Katholikate sind gleichberechtigt und souverän hinsichtlich des administrativen und des geistlichen Bereichs, aber der Katholikos von Edschmiadzin genießt einen Ehrenvorrang, da er Katholikos aller Armenier ist.

1954 starb Kework VI., der letzte Vertreter des armenischen Hochklerus, der aus der vorrevolutionären Tradition hervorgegangen war, und am 30. September 1955 wählte die Wahlversammlung von Edschmiadzin – an der weder der Patriarch von Konstantinopel noch der „locum tenens" von Kilikien noch der von Jerusalem teilnahmen – Vasgen Palkian, Bischof von Rumänien und Bulgarien.

1956 nahm Vasgen I. an der Wahl des Katholikos des Großen Hauses von Kilikien teil, dessen Sitz seit 1952 vakant gewesen war, und versuchte erfolglos, seinen Kandidaten durchzusetzen und die Wahlen verschieben zu lassen. Trotz der Einberufung einer Bischofssynode in Kairo, die vom Katholikos von Edschmiadzin beherrscht wurde, und obwohl der Botschafter der Sowjetunion im Libanon die Gültigkeit der Wahlen anfocht, wurde Zareh im Oktober 1956 in Antelias in sein Amt eingesetzt. Das führte zu einem Schisma innerhalb der armenischen Diaspora, wobei die religiöse Frage durch die politische Trennung zwischen Ost und West noch verstärkt wurde. Der Konflikt zwischen den beiden Jurisdiktionsgewalten dauerte bis Ende der achtziger Jahre fort, wenn auch nach dem Tod von Zareh 1963 eine gewisse Entspannung zu bemerken war.

Als Gegenleistung für seine Treue zum sowjetischen Regime und seine lebhafte diplomatische Tätigkeit konnte Vasgen I. versuchen, seine dezimierte Kirche wieder aufzurichten. Sogar schon vor seiner Wahl war es ihm gelungen, die Wiedereröffnung der Auferstehungskapelle in Moskau zu erreichen[99], die die Autorität des Katholikos beim Klerus und bei den Laien der ausländischen Diözesen steigern mußte. Vasgen I. weihte einige Tage nach seiner Wahl sieben neue Bischöfe, und etwa zwanzig Kirchen wurden im Lauf der folgenden Jahre wieder geöffnet. Die antireligiöse Politik Chruschtschows betraf dennoch auch die armenische Kirche. Zwischen 1958 und 1964 wurden 16 der 48 Kultgebäude geschlossen; 1964 gab es nur noch drei Kirchen in Eriwan. 1961 wurde ein neues Zivilgesetzbuch angenommen, in dem mehrere Paragraphen die religiöse Frage betrafen, und eine Neuregelung hätte wie in der orthodoxen Kirche die Rolle der Gemeindemitglieder bei der Verwaltung der religiösen Angelegenheiten einschränken können[100]. In dieser Situation der Repression und Kontrolle traf das Konzil von 1962, das die neuen Statuten der Kirche diskutieren sollte, keine größeren Entscheidungen. Nach dem Sturz Chruschtschows verbesserte sich die Situation der Kirche etwas, um sich Ende der sechziger Jahre erneut wieder zu verschlechtern. 1966 wurden wie in der übrigen Sowjetunion neue antireligiöse Maßnahmen verabschiedet. Von 1979 bis 1984 zählten 33 Kirchen auf dem gesamten sowjetischen Gebiet zur armenischen Kirche, wobei die Anzahl der offiziell registrierten Kultdiener von 77 im Jahr 1980 auf 99 im Jahr 1984 stieg; bis 1988 besaß Armenien nur etwa ein Dutzend Kirchen, die für den Gottesdienst genutzt wurden. Die armenische Gesellschaft wurde säkularer, auch wenn man als Reaktion auf die Verfolgungen unter Chruschtschow eine religiöse Erneuerung feststellen konnte, besonders um die Bewegung Yegpariagtsutyun (Brüderlichkeit), eine Laienbewegung, die im 19. Jahrhundert entstanden war und bei den Armeniern in Beirut verbreitet ist. In den siebziger Jahren war die Verbundenheit mit den nationalen armenischen Traditionen häufig von einer erneuten Bekräftigung der religiösen Zugehörigkeit begleitet, besonders über die Übergangsriten [rites de passage], die

---

[99] Die drei armenischen Kirchen von Moskau waren zwischen 1928 und 1939 geschlossen worden. Nach der Volkszählung von 1939 gab es damals 14 000 Armenier in der sowjetischen Hauptstadt.

[100] Félix Corley ist im Gegensatz zu Claire Mouradin der Ansicht, es habe keinen wirklichen Versuch gegeben, die Kirchenorganisation zu verändern.

Johannes Paul II. mit führenden Vertretern christlicher Kirchen und Gemeinschaften und Vertretern der anderen Weltreligionen beim interreligiösen Gebet für den Frieden am 27. 10. 1986 im Franziskanerkonvent in Assisi.

Landesbischof Christian Krause und Kardinal Edward Cassidy bei Unterzeichnung der gemeinsamen Erklärung zur Rechtfertigungslehre am Reformationstag, dem 31. Oktober 1999, in Augsburg (Quelle: AP).

hohen Feiertage und die Pilgerfahrten. In den sechziger Jahren und dann Mitte der siebziger Jahre entwickelten sich Spannungen zwischen Armeniern und Aserbaidschanern in Nagornyj-Karabach, einer armenischen Enklave in Aserbaidschan, nach der Schließung und Zerstörung religiöser Gebäude.

Vasgen I. maß religiösen Veröffentlichungen und der Ausbildung der Kirchenleitung – Studenten aus der Diaspora, die zum Studium an das Seminar von Edschmiadzin kamen, und Mitgliedern des armenischen Klerus, die ihre Ausbildung im Ausland fortsetzen –, besondere Bedeutung bei. Er nahm ebenfalls häufig, in Armenien wie im Ausland, die Gelegenheit wahr, die Rolle der Kirche in der Geschichte der Nation zu betonen. Im April 1965 verfaßte der Katholikos eine Enzyklika, die an die Opfer des Völkermords von 1915 erinnerte.

Die Beziehungen zu den anderen Kirchen, die von staatlicher Seite gefördert wurden, da diese die ökumenische Bewegung als ein Mittel prosowjetischer Propaganda betrachtete, wurden ausgebaut. Die armenische Kirche, die zum Zuständigkeitsbereich von Edschmiadzin gehört, trat dem Weltkirchenrat 1962 bei, während die Kirche von Antelias ihm als eigenständige Kirche ebenfalls angehörte. Die ökumenischen Begegnungen nahmen zu, sei es mit der Russischen Orthodoxen Kirche, mit der georgischen Kirche, den nicht-chalkedonensischen Kirchen oder der römisch-katholischen Kirche. 1970 traf Vasgen I. Paul VI. im Vatikan.

Die Perestrojka wies der armenischen Kirche eine neue Rolle zu. Zwischen 1985 und 1990 konnten vier Klöster und 15 Kirchen wieder für den Gottesdienst geöffnet werden. 1989 wurde Vasgen I. in den Kongreß der Volksdeputierten gewählt. Die Gewissensfreiheit ist seit der Unabhängigkeitserklärung vom 23. August 1990, dann auch im Gesetz vom Juni 1991, wieder geltend gemacht worden. Dennoch bewahrte der Katholikos dem sowjetischen Staat gegenüber Loyalität, was ihm die Bevölkerung zum Vorwurf machte. Nachdem er von Michail Gorbatschow aufgefordert worden war, mäßigend auf den Konflikt zwischen Armeniern und Aserbaidschanern einzuwirken, griff er während der Demonstrationen von 1988, die das Schicksal von Nagornyj-Karabach betrafen, nur zaghaft und auf zweideutige Weise ein. Zwar wollte er sich für die Stärkung der armenischen Nation einsetzen, aber die Unabhängigkeitsbewegungen unterstützte er erst spät.

Nach einer Entwicklung, die der der Russischen Orthodoxen Kirche sehr ähnlich war, erlangte die armenische Kirche eine neue Rolle, als das Land im Herbst 1991 unabhängig wurde. Der neue Präsident, Levon Ter-Petrosjan, der im Oktober 1991 gewählt wurde, schwur seinen Eid vor dem Katholikos, und die Beziehungen zwischen Staat und Kirche wurden enger. Letzterer wurde nach und nach ein privilegierter Status im Vergleich zu anderen religiösen Gruppen eingeräumt; ein Dekret vom 22. Dezember 1993 beschränkte zum Beispiel die Rechte ausländischer religiöser Organisationen.

Die Perestrojka, das tragische Erdbeben von 1988 und der 75. Jahrestag des armenischen Völkermords führten schließlich zu einer Annäherung der verschiedenen Katholikate. Vasgen I., der im August 1994 starb, wurde im April 1995 durch Karekin ersetzt, der lange der armenischen Gemeinde von New York vorstand und seit 1983 Katholikos von Kilikien war. Diese Wahl schien der Entzweiung der beiden Sitze ein Ende zu bereiten. Der neue Katholikos arbeitete an der Annäherung seiner Kirche an die römisch-katholische Kirche und an die orthodoxe Kirche. Er starb am 29. Juni 1999 und wurde durch Karekin Nersesian ersetzt, der am 27. Oktober 1999 gewählt wurde.

II. Die anderen christlichen Konfessionen

In Rußland gab es außer der Russischen Orthodoxen Kirche zahreiche andere christliche Konfessionen. Die sowjetische Politik gegenüber den verschiedenen Gruppen war der gegenüber der Russischen Orthodoxen Kirche sehr ähnlich; während die Organisationen zugelassen waren, aber streng kontrolliert wurden, verfolgte der Staat die nicht registrierten Christen.

1. Sowjetische Politik und Entwicklung schismatischer Tendenzen: die protestantischen Bewegungen

Noch mehr als in den anderen Kirchen entwickelten sich schismatische Tendenzen innerhalb des Protestantismus in den sechziger und siebziger Jahren. Nachdem die spontanen Vereinigungsversuche zwischen den Baptisten und den Evangeliumschristen gescheitert waren, konstituierte sich 1944 auf staatliches Drängen hin ein Rat der Evangeliumschristen-Baptisten der Sowjetunion, der streng zentralistisch und hierarchisch strukturiert war. 1945 und 1947 wurden ein Teil der Anhänger der Pfingstbewegung und 1963 ein Teil der Mennoniten in ihn eingegliedert.

Sowohl als Reaktion auf die zu große Kompromittierung des Rates der Evangeliumschristen-Baptisten gegenüber der Staatsgewalt als auch aufgrund von tiefen religiösen Meinungsverschiedenheiten enstand Anfang der sechziger Jahre ein Schisma innerhalb der Gemeinschaften. Nach der Statutenänderung des Rates, die von der Führung in Moskau im Alleingang vorgenommen wurde, und nach einem Pastoralbrief vom Sommer 1960, der die Anwendung der Religionsgesetze verlangte, forderten zwei Baptisten, K. K. Prokofiew und G. K. Krjutschkow, die Einberufung einer Versammlung, die in letzter Instanz eine Entscheidung hinsichtlich der Entwicklung der Kirche treffen sollte. Die Versammlung trat zusammen, aber die Reformer, bekannt unter dem Namen „iniciativniki", wurden nicht zugelassen. Über die politischen Einstellungen hinaus spalteten unterschiedliche theologische Ansichten die Christen [101]. Seit Mitte der fünfziger Jahre gab es eine große Zahl von aus den Lagern zurückgekehrten Gläubigen, die die Vereinigung der evangelischen Gruppierungen nicht akzeptierten und radikale Tendenzen zeigten. Unabhängige Vereinigungen der Baptisten, aber auch der Mennoniten und der Pfingstbewegung wurden im Norden Rußlands, in Baku, Nowosibirsk, im Donezbecken, im nördlichen Kaukasus, auf der Krim und in Zentralasien geschaffen [102]. Diese Gläubigen spielten eine nicht zu vernachlässigende Rolle bei dem Schisma der „iniciativniki". Möglicherweise kann auch die unterschiedliche Einstellung der Baptisten und der Evangeliumschristen gegenüber der Gesellschaft und der Kultur das Schisma zum Teil erklären. Denn während die Evangeliumschristen der Moderne offen gegenüberstanden, vor allem aufgrund der Haltung, die ihr Anführer I. S. Prochanov in den zwanziger Jahren vertrat, traf das auf die Baptisten nicht zu. Im Gegensatz zum Rat der Evangeliumschristen-Baptisten der Sowjetunion widersetzte sich der Rat der Kirchen der Evangeliumschristen-Baptisten, der sich im September

---

[101] Bei dieser Analyse stützen wir uns auf J. A. HEBLY, Protestants in Russia, Belfast 1976, 144 f.
[102] W. SAWATSKY, Soviet Evangelicals since World War II, Kitchener/Ont. – Scottdale/Pa. 1981, 160.

1965 konstituierte, dem Eintritt der Baptisten in den Weltkirchenrat und wandte sich gegen Kompromisse der Gläubigen mit der Welt.

In den achtziger Jahren spaltete ein neues Schisma die Baptisten, das auf einer Meinungsverschiedenheit zwischen dem Rat der Kirchen der Evangeliumschristen-Baptisten und einem Teil seiner Mitglieder hinsichtlich der Organisation der baptistischen Dissidentenkirche beruhte. Seit Mitte der siebziger Jahre sprachen sich einige gegen die Zentralisierung aus und schlugen eine Föderation vor, die den Regionen mehr Befugnisse gewähren würde; sie befürworteten lokale Vereinigungen mit Mitgliedern der offiziellen Organisation, die als unbescholten eingestuft wurden. 1980 trennte sich eine kleine Gruppe, die unter der strengen Aufsicht von I. D. Bondarenko stand, vom Rat der Kirchen und führte einen Plan zur Dezentralisierung und zur Autonomie der lokalen Kirchen aus; im November 1983 konstituierte sich die „Gruppe der Diener der unabhängigen evangeliumschristlichen baptistischen Kirchen"[103]. Die unabhängigen lokalen Kirchen wuchsen danach weiter und waren Ende der achtziger Jahre zahlreicher als die Kirchen, die Mitglieder des Rates der Kirchen der Evangeliumschristen-Baptisten sind[104]. Sie sollten während der Perestrojka am meisten Aktivität entfalten.

Unter den Adventisten und in der Pfingstbewegung entwickelten sich in den Jahren 1960–1980 Schismen nach derselben Logik. Viele zogen sich aus der Gesellschaft zurück und verweigerten insbesondere den Militärdienst, sei es, um keinen Eid vor den Militärbehörden zu leisten, oder weil sie es ablehnten, Waffen zu tragen. Einige gingen so weit, nicht zu wählen und die sowjetische Staatsbürgerschaft abzulehnen. Andere schließlich, im wesentlichen aus der Pfingstbewegung, forderten die Emigration, um der Gewalt des Antichrists zu entfliehen. Diese verschiedenen Bewegungen wurden streng verfolgt, besonders in den Jahren 1970–1980.

Die Initiativen innerhalb der evangelischen Bewegungen nahmen mit der Perestrojka zu. Moskauer Baptisten gründeten 1988 ihre Zeitschrift *Protestant*; diese Gruppe, die aus Laien und einigen Pfarrern bestand, versuchte, die offizielle Organisation zu demokratisieren und forderte eine Revision der Religionsgesetze, mehr Mitbestimmung der Laien im Leben der Kirche sowie eine Kontrolle der Lehrinhalte nicht von oben, sondern durch die Basis. Im Juni 1989 verließen die Anhänger der Pfingstbewegung die offizielle Vereinigung und konstituierten sich als unabhängige Gruppierung. Viele verließen auch die Sowjetunion. Im Februar 1990, als die nationale Versammlung des Rates der Evangeliumschristen-Baptisten der Sowjetunion stattfand, gehörten ihm nur noch 204156 Baptisten an[105]; er wurde in eine Vereinigung der Evangeliumschristen-Baptisten umgewandelt, die den lokalen Kirchen größere Autonomie zugestand. Die Landschaft des Protestantismus wurde mit der Ankunft ausländischer Bewegungen immer vielfältiger.

---

[103] Archiv Samizdata, Nr. 5360, S. 1–6.

[104] 1988 gehörten 115 Kongregationen und 20000 Mitglieder zur Bewegung der unabhängigen Kirchen, zum Rat der Kirchen der Evangeliumschristen-Baptisten dagegen 90 Kongregationen und 15000 bis 18000 Mitglieder. Vgl. W. SAWATSKY, Protestantism in the USSR, in: S. P. RAMET (Hrsg.), Religious Policy in the Soviet Union, Cambridge 1993, 342.

[105] In den achtziger Jahren wurde eine Zahl von 550000 Baptisten genannt. Vgl. SAWATSKY, Protestantism 341.

2. Die gegenwärtige Vielfalt innerhalb des Christentums

Nach neueren Statistiken [106] gehörten zur „Freien Orthodoxen Kirche" und zur orthodoxen Auslandskirche Ende der neunziger Jahre sieben Eparchien und 115 Gemeinden, vier Klöster, fünf Bruderschaften und eine Mission; zur „Wahren Orthodoxen Kirche", die lange im Untergrund geblieben ist, gehörten fünf Zentren, 92 registrierte Gemeinden und neun Bruderschaften. Daneben gab es 198 altgläubige Gemeinden, wenn man alle Strömungen zusammennimmt, mit fünf Bischofssitzen, einem Seminar, einem Kloster und einer Bruderschaft [107]. Zur römisch-katholischen Kirche gehören bis 2002 vier Apostolische Administraturen (heute: Bistümer), drei religiöse Ausbildungszentren, zwei Klöster, eine Bruderschaft, sieben Missionen und 212 Gemeinden [108], die im wesentlichen in der Moskauer Region, in Sankt Petersburg, in der Kaliningrader (Königsberger) Region, im Wolgabekken, in Südrußland, im Nordkaukasus und schließlich in Sibirien liegen. Abgesehen von der Zugehörigkeit bestimmter nationaler Gruppen wie den Polen und den Deutschen zur katholischen Kirche ließen sich Anfang der neunziger Jahre Bekehrungen von Russen zum Katholizismus beobachten, die in Zusammenhang mit dem Wunsch nach Demokratie und einer Übernahme westlicher Wertvorstellungen standen. Schließlich gab es mehr als 2000 registrierte protestantische Bewegungen [109]. Zahlreiche Bewegungen sind in jüngster Zeit aufgetaucht, darunter etwa die charismatischen Kirchen, die Kirche der Neuen Apostel und die Vereinigungskirche.

Nachdem die erste Freiheit, die das Gesetz über die Gewissensfreiheit von 1990 gebracht hatte, vorbei ist, unterliegen die Christen, die nicht zur Russischen Orthodoxen Kirche gehören, heute neuen Beschränkungen. Im Zusammenhang mit der wieder erstarkten Rolle der Russischen Orthodoxen Kirche als Nationalkirche sehen die anderen christlichen Organisationen sich vor allem mit der Verweigerung von Kultgebäuden konfrontiert. Zudem bleibt das Problem der Wehrdienstverweigerung ein wichtiger Streitpunkt zwischen den protestantischen Christen und dem Staat.

---

[106] Wir greifen hier auf die Angaben der Abteilung für soziale und religiöse Organisationen des Justizministeriums der Russischen Föderation über die am 1. Januar 1999 registrierten Organisationen zurück. Wir führen die religiösen Gruppen auf, die zahlenmäßig am stärksten sind.

[107] Nach dem Metropoliten von Moskau und ganz Rußlands der altgläubigen Russischen Orthodoxen Kirche umfaßte diese 1997 ungefähr vier Millionen Gläubige. Vgl. Nezavisimaja Gazeta (religiöse Beilage) (April 1997).

[108] 1992 waren nach anderen Quellen – darunter der Zählung der apostolischen Behörden vom Februar 1992 – von einer Million Polen und 500000 Deutschen ungefähr 50000 Gläubige in Moskau und der umliegenden Region, 2000 Katholiken in Sankt Petersburg und 100000 praktizierende Katholiken in Sibirien.

[109] Darunter waren 187 lutherische Organisationen (Gemeinschaften, religiöse Zentren, Missionen), 348 adventistische Organisationen, 766 Organisationen der registrierten Evangeliumschristen-Baptisten und 43 Organisationen, die zum Rat der Kirchen der Evangeliumschristen-Baptisten gehörten, sowie 626 Organisationen der Pfingstbewegung. Die nicht registrierten Gruppen werden auf etwa 1500 geschätzt, worunter 500 evangelische Gemeinschaften und 500 Gemeinschaften der Pfingstbewegung sind.

Drittes Kapitel

Die orientalischen Kirchen im ausgehenden 20. Jahrhundert

von Catherine Mayeur-Jaouen

Einleitung
Ein kontrastreiches Bild

Für die Christen des Orients* beginnt das 20. Jh. mit dem armenischen Völkermord und endet mit einem rasanten Aderlaß als Folge der Migration der Christen von Ost nach West. Manche sagen den baldigen „Tod" der orientalischen Christen voraus, wobei es ihnen nicht an Argumenten mangelt, um das Ende der vor Ort gebliebenen Millionen von orientalischen Gläubigen heraufzubeschwören[1]. Noch vor wenigen Jahrzehnten war die Zukunft der Christen des Fruchtbaren Halbmonds relativ optimistisch dargestellt worden[2]. Der Westen begann sich zunehmend für ihr Schicksal zu interessieren, fühlte er sich doch selbst durch die islamische Revolution 1979 im Iran und den zunehmend militanten Islamismus im Mittleren Osten bedroht. Ob der durch die Emigration bewirkte Aderlaß hauptsächlich dem Islam anzulasten sei, ist indes keineswegs gewiß.

Die Lage der Christen im Orient zeigt sich kontrastreich, was voreilige Vorhersagen verbietet: Ein apokalyptisches Verdikt mag für die Maroniten im libanesischen Schuf, die Jakobiten und Nestorianer im türkischen Kurdistan seine Berechtigung haben, nicht aber für die Kopten in Kairo, die Maroniten in Jounieh (Libanon) oder die syrischen Thomas-Christen in Kerala (Indien). Nicht zuletzt verstehen sich auch die Mitglieder der äußerst lebendigen Diasporagemeinden als orientalische Christen.

---

* Die Begriffe Orient, Naher Osten, Nah- und Mittelost, Mittlerer Osten sind im deutschen Sprachgebrauch geographisch nicht eindeutig definiert. Im vorliegenden Text bezeichnet der Begriff Orient die folgenden Staaten: Nordafrika (Marokko, Algerien, Tunesien, Libyen, Ägypten), Vorderasien (Saudiarabien, Jemen, Oman, Vereinigte Arabische Emirate, Katar, Bahrain, Kuweit, Syrien, Libanon, Jordanien, Irak, Iran, Afghanistan, Türkei, Israel), die ex-sowjetischen Staaten Mittelasiens (Armenien und Aserbaidschan; Georgien wird nicht behandelt) sowie Pakistan und Indien (Anm. d. Übers.).

[1] Es handelt sich bei dieser Einschätzung um eine Modeerscheinung, fast eine Art Schadenfreude, wie sie etwa in den parteiischen Publikationen der israelischen Forscherin Bat Ye'or zum Ausdruck kommt (The Decline of Eastern Christianity under Islam: Seventh to Twentieth Century: from Jihad to Dhimmitude, London 1996 (franz. Original: Paris 1991)). Diese Strömung vertritt auch J.-P. Valognes, Vie et mort des chrétiens d'Orient, Paris 1994. Überdeutlich wird das bereits im Buchtitel und in der tendenziösen Einleitung mit ihrer systematisch negativen Sicht des Islams. Gleichwohl handelt es sich um eine gewichtige, besonders im letzten Teil nützliche Arbeit. Zahlreiche nuanciertere und häufig pessimistische Studien zum selben Thema; vgl. etwa H. C. Malik, The Future of Christian Arabs, in: Mediterranean Quarterly 2/2 (1991) 72–84; J. Aucagne, Les chrétiens du Proche-Orient vont-ils disparaître?, in: Commentaire Nr. 62 (1993) 291–296. Ebenfalls dem Thema Christen im Orient gewidmet sind die Cahiers d'Orient Nr. 48 (1997).

[2] Vgl. A. J. Arberry (Hrsg.), Religion in the Middle East. Three Religions in Concord and Conflict, London – New York 1969; J. Corbon, L'Église des Arabes, Paris 1977; P. Rondot, Les chrétiens d'Orient, Paris 1955.

In ihren Hauptlinien weist die Entwicklung der orientalischen Kirchen an der Wende zum 3. Jahrtausend einige Gemeinsamkeiten auf: Besorgnis über das Aufkommen eines militanten Islamismus, zunehmende Marginalisierung in modernen Staaten mit ungefestigter Identität und Exodus nach Amerika zum einen; Aufschwung der Kopten, vermehrter Einbezug der Laien, neue ökumenische Perspektiven, Zulauf in den Klöstern und ausgeprägte Frömmigkeit zum anderen.

Wie hoch ist die Zahl der Christen im Orient? Ein heikles Thema, wird doch um jede Zahl polemisch debattiert. Zuverlässige statistische Angaben sind kaum erhältlich. Im Libanon fand 1932 die letzte offizielle Volkszählung statt, die laizistische Baathregierung in Syrien oder im Irak verbietet eine Volkszählung unter konfessionellem Aspekt, die Schätzungen des ägyptischen Staates und der koptischen Diaspora über die Zahl der Kopten divergieren im Verhältnis eins zu vier. Gleichwohl soll hier versucht werden, verläßliche neuere Zahlen zu liefern und die Gemeinschaften innerhalb der Grenzen der im 20. Jh. geschaffenen Staaten zu lokalisieren[3].

Eines ist gewiß: Die Zahl der orientalischen Christen ist relativ und in einigen Fällen sogar absolut gesunken. Es ist das Resultat demographischer Veränderungen. „Seit dem Ersten Weltkrieg herrscht eine außergewöhnliche Konstellation: Angleichung der Sterberate an jene der Muslime, schwankende Fruchtbarkeitsrate, Emigration."[4] Mit anderen Worten, im Orient ist die Mortalität von Muslimen und Christen in etwa gleich hoch; beträchtlich gesunken ist hingegen die Geburtenrate der Christen, während jene der Muslime zur selben Zeit gestiegen ist. Im Iran ist die Fruchtbarkeitsrate der Assyro-Chaldäerinnen halb so hoch wie jene der Musliminnen. Mit einer Fruchtbarkeitsrate von 2,1 Kindern pro Frau stagniert die christliche Gemeinde im Libanon seit Mitte der achtziger Jahre – ein unter arabischen Völkern erstmaliges Phänomen. Als Minderheiten setzen die arabischen Christen für ihre Kinder häufig eher auf individuellen Erfolg denn auf hypothetischen sozialen Aufstieg der ganzen Gemeinschaft. Schneller und stärker urbanisiert als die Muslime, sind die orientalischen Christen westlichen Einflüssen gegenüber offener, und ihr Bildungsstand ist höher. Das erklärt die niedrige Geburtenrate, aber auch die besorgniserregende Zunahme der Auswanderung in den Westen. Wie groß der Bevölkerungsschwund ist, zeigt der nun folgende Überblick.

Beginnen wir mit den östlich gelegenen Regionen. Auf dem Gebiet des ehemaligen Türkisch-Osmanischen Reichs sind die Christen aus Anatolien praktisch verschwunden. Weniger als 100 000 Christen leben in der Türkei mit einer Gesamtbevölkerung von 60 Millionen. In Istanbul gibt es kleine armenische und griechische Gemeinden, Inseln in einer zwar laizistischen und dennoch stark islamisch geprägten Türkei. Bereits 1965 lebten in der Türkei nur noch 64 000 Armenier und 86 000 Griechen. Mit der Zypernkrise beschleunigte sich diese Entwicklung. 1992 lebten angeblich nur noch 3000 bis 4000 Griechen in Istanbul. Verbleiben einige tausend Jakobiten in Midyat und in Mardin und rund 11 000 in Istanbul. Der Bevölkerungsanteil der türkischen Christen und Juden liegt heute vermutlich „bei lediglich 0,2 % der Bevölkerung ... Es stellt sich die Frage nach dem Schicksal allzu

---

[3] Als Basis der Schätzungen und der Analyse ist vor allem die seriöse und objektive Studie zweier französischer Demographen von Belang: Y. COURBAGE – P. FARGUES, Christians and Jews under Islam, London – New York 1997. Nicht erfaßt wurden leider die Christen im Iran und im Kaukasus. Vgl. auch D. W. WINKLER – K. AUGUSTIN, Die Ostkirchen. Ein Leitfaden, mit Beiträgen von G. LARENTZAKIS und PH. HARNONCOURT, Graz 1997.

[4] COURBAGE – FARGUES, Christians and Jews under Islam 174.

kleiner Minderheiten. Sind sie, eine kritische Schwelle einmal unterschritten, nicht zwangsläufig zum Aussterben verurteilt? Der Heiratsmarkt wird enger, beschränkter wird auch die Möglichkeit des sozialen Aufstiegs. Es werden noch Kinder gezeugt, doch sollen sie später einmal auswandern"[5].

Mit den ehemaligen Sowjetrepubliken Armenien und Georgien stellt der Kaukasus eine sicherere Zuflucht dar als die menschenleeren Berge Anatoliens. Nach 1945 setzte sich die UdSSR aktiv für die Massenrepatriierung (*nerkaght*) der Armenier Irans, Syriens und der Türkei ein. Von den weltweit 7 Millionen Armeniern leben mehr als 3 Millionen in der Republik Armenien. Mit der Wahl von Katholikos Vazken I. Baldjian 1955 bricht in der Armenisch-Apostolischen Kirche eine neue Ära an: die Kirchen werden renoviert und die ökumenischen Beziehungen aktiviert; gegenüber dem Staat wird vom Konfrontationskurs abgerückt. Seit 1988 erhebt Armenien Gebietsansprüche auf Berg-Karabach. Die mehrheitlich von Armeniern bewohnte Region (170 000) war 1921 dem türkischsprachigen und muslimischen Aserbaidschan zugeschlagen worden. Nach der Ausrufung der autonomen Republik brachen Bürgerkriege aus, und in Baku kam es zu Pogromen. In der Folge flüchteten mehr als 200 000 Armenier von Aserbaidschan nach Armenien und 150 000 türkischstämmige Armenier nach Aserbaidschan. Die unter Vazken I. begonnene Erneuerung der Kirche wurde fortgesetzt[6]. Etwa 15 % der Armenier gehören entweder der unierten Armenisch-Katholischen Kirche (mit ca. 200 000 Gläubigen im Vorderen Orient) oder der Evangelischen Armenischen Kirche an. Die Mehrheit der „gregorianischen" Armenier, also der Mitglieder der Armenisch-Orthodoxen Kirche, unterstehen dem Patriarchat von Jerusalem und vor allem den beiden Katholikaten von Sis und Edschmiadzin. Am 5. April 1995 wurde Karekin Sarkissian, Katholikos „des großen Hauses von Kilikien" (einst mit Sitz in Sis, jetzt in Antelias bei Beirut), zum Katholikos von Edschmiadzin (dem nahe bei Jerewan gelegenen spirituellen Zentrum) gewählt; diese Wahl scheint die alte Rivalität zwischen den beiden Katholikaten vorläufig gedämpft zu haben. 1995 wurde in Jerewan eine theologische Fakultät eröffnet. Am 7. April 1997 erfolgte die Grundsteinlegung für die monumentale, Gregor dem Erleuchter geweihte Kathedrale. Ihre Einweihung erfolgte 2001 zum 1700sten Jahrestag der Einführung des Christentums als Staatsreligion in Armenien. Anläßlich des Gedenkjahres fanden auf internationaler Ebene zahlreiche Tagungen, Ausstellungen[7] und Pilgerfahrten statt. Nach einer nur kurzen Amtszeit starb am 29. Juni 1999 das hoch anerkannte armenische Oberhaupt. Als Karekin II. wurde, unter heftig debattierten Umständen, der Bischof von Berg-Karabach

---

[5] Ebd. 115. Den neuesten Stand bietet X. JACOB, Le christianisme dans la Turquie actuelle, in: Œuvre d'Orient Nr. 678 (Dez. 1991) 156–162; Nr. 679 (Febr. 1992) 194–200; Nr. 680 (April 1992) 230–236; Nr. 681 (Juni 1992) 268–273; Nr. 682 (Sept. 1992) 300–303; Nr. 683 (Dez. 1992) 335–339; Nr. 684 (Febr. 1993) 373–375.

[6] Vgl. die allerdings bereits ältere Synthese von F. HEYER (Hrsg.), Die Kirche Armeniens. Eine Volkskirche zwischen Ost und West (Die Kirchen der Welt XVIII) Stuttgart 1978. Zur politischen Entwicklung vgl. G. DEDEYAN (Hrsg.), Histoire des Arméniens, Toulouse 1982; DERS. (Hrsg.), Les Arméniens, histoire d'une chrétienté, Toulouse 1990; R. H. KEVORKIAN – J.-P. MAHÉ, Arménie, 3000 ans d'histoire, Marseille 1988 ; C. MOURADIAN, L'Arménie, 2., verb. Aufl., Paris 1996 ; R. G. HOVANISSIAN (Hrsg.), The Armenian People from Ancient to Modern Times, 2 Bde., New York 1997.

[7] Für Deutschland sie auf zwei Ausstellungen nebst Katalogen hinzuweisen: M. PEHLIVANIAN (Hrsg.), Armeno syn di menschen genant … Eine Kulturbegegnung in der Staatsbibliothek, Berlin, Stiftung Preußischer Kulturbesitz 2000; H. GOLTZ – K. E. GÖLTZ, Der gerettete Schatz der Armenier aus Kilikien (Sprachen und Kulturen des Christlichen Orients 7), Wiesbaden 2000 (englische verbesserte Ausgabe: Rescued Armenian Treasures from Cilicia, Wiesbaden 2000).

sein Nachfolger. Seit dem Zusammenbruch der UdSSR ist eine regelrechte Rechristianisierung Armeniens im Gang. Seit den Massentaufen Erwachsener im Jahr 1991 werden
80 % der Neugeborenen getauft und die beschlagnahmten Klöster und Gotteshäuser eines
nach dem anderen wieder in Besitz genommen. Doch während die Volksfrömmigkeit
überall sichtbar präsent ist, bleibt die Kirchgangshäufigkeit gering, und Sekten haben
Hochkonjunktur.

Im Iran wurden die wenigen christlichen Gemeinden von der Dynastie Pahlewi eher
begünstigt. Diese erwirkte 1943 einen eigenen Rechtsstatus für Religionsgemeinschaften, verbunden mit Garantien für Juden und Christen. Nach der islamischen Revolution
von 1979 wurde der verfassungsrechtliche Partikularismus von 1943 verschärft, insbesondere durch Verfassungsartikel 13, 14 und 15. Diese Artikel garantieren im Prinzip die
Kultusfreiheit, eigene Gerichte für Christen in Heirats- und Erbschaftsangelegenheiten
sowie eine Vertretung im Parlament. Der nicht gleichwertige Status führte jedoch im Alltag zu Ungleichheiten: Verbot von Bibeldruck und Kirchenbau; Ausweisung von Missionaren vornehmlich evangelischer und anglikanischer Konfession; Ermordung von Konvertiten. Bei stetem Bevölkerungswachstum im Iran (61 Millionen Einwohner) stagniert
die Zahl der iranischen Christen seit mehreren Jahrzehnten mehr oder weniger (unter
150 000 um 1974, heute vielleicht 200 000)[8]. Mehr als zwei Drittel der Christen leben in
der Hauptstadt. Die zahlenmäßig stärkste Gruppe unter den Christen Irans sind heutzutage die Armenier, die größtenteils in Teheran leben (ca. 110 000); hingegen soll es nur
noch 20 000 bis 25 000 Assyro-Chaldäer geben, die in Urmia und hauptsächlich in Teheran leben.

Noch weiter östlich stoßen wir in Indien auf eine christliche Bevölkerung. Die syrischen
Kirchen in Kerala haben weit mehr Mitglieder als ihre ausgebluteten jakobitischen und nestorianischen Mutterkirchen[9]. Doch die indischen Christen leben in einer anderen Welt[10].
In Anbetracht der Größe des Landes und seiner immensen Bevölkerung handelt es sich um
eine kleine, aktive christliche Minderheit (2,43 % Christen in Indien), die sich in Kerala
(fast 21 % der dortigen Bevölkerung) konzentriert. Verglichen mit dem Nahen Osten sind
die Zahlen beeindruckend: Mehr als vier Millionen Katholiken mit drei verschiedenen Riten: lateinischer Ritus, syro-malankarischer Ritus und vor allem syro-malabarischer (oder
chaldäisch-malabarischer) Ritus. Letzteren praktizieren mehr als drei Millionen Gläubige,
Tausende von Priestern und Ordensmännern und 21 000 Ordensfrauen[11]. Die Syrisch-

---

[8] H. DE MAUROY, Chrétiens en Iran, in: Proche-Orient chrétien 24 (1974) 139–162, 296–313; 25 (1975) 174–191;
26 (1976) 66–85; 27 (1977) 79–94; 28 (1978) 105–127. Vgl. DERS., Les Assyro-Chaldéens dans l'Iran d'aujourd'hui (Diss.) Paris 1978 (enthält Zahlen und Tabellen zur Geographie). Zu den Christen in der Stadt Urmia vor
1979 vgl. R. M. SCHWARTZ, The Structure of Christian-Muslim Relations in Contemporary Iran, Halifax (Can.)
1985.
[9] Der Unionsstaat Kerala enstand 1956 aus der Zusammenlegung von Travancore – Cochin und der Provinz Mala-
bar.
[10] Vgl. P. VERGHESE, Die syrischen Kirchen in Indien (Die Kirchen der Welt XIII), Stuttgart 1974, ein noch
immer unentbehrliches Werk für die Einordnung der verwirrenden Vielfalt der kirchlichen Gemeinschaften in
Kerala. Zu Kerala vgl. S. VISVANATHAN, The Christians of Kerala. History, Belief, and Ritual among the Yacoba,
Madras – New York 1993. Nach Kerala weist der Bundesstaat Tamil Nadu den höchsten christlichen Bevölkerungsanteil auf, vgl. dazu H. GRAFE, Tamilnadu in the 19th and 20th Centuries (History of Christianity in India IV, 2),
Bangalore 1990.
[11] A. MATTAM, Rôle et mission de l'Église syro-malabare dans l'Inde d'aujourd'hui, in: Œuvre d'Orient Nr. 689
(Febr. 1994) 13–16. Noch immer spielen die lateinischen Katholiken unter den indischen Christen eine bedeutende

Orthodoxe Kirche (autokephal, entstanden aus einer Abspaltung von den Jakobiten) und die dem Patriarchat von Antiochien unterstehende Syrische Kirche zählen in Kerala zwei Millionen Gläubige, dagegen nur 150000 im Nahen Osten und in der Diaspora: Für den materiellen Unterhalt des syrisch-orthodoxen Patriarchats in Syrien (Patriarch Ignatios Zakka I. stammt aus dem Irak und residiert in Damaskus) sind paradoxerweise indische Schwestern aus Kerala zuständig.

Die in zwei Zweige gespaltenen 500000 malabarischen Christen in Indien hingegen haben kaum noch Verbindungen mit ihrer stark geschwächten nestorianischen Mutterkirche. Auf 600000 beläuft sich die Mitgliederzahl der syrischen Mar-Thoma-Kirche. Sie stehen den Protestanten nahe. Den anglikanischen und protestantischen Kirchen gehören mehrere hunderttausend Gläubige an; hinzu kommt eine Vielzahl von kleinen, aus zahllosen Spaltungen hervorgegangenen Kirchen, die von der Bevölkerungsexplosion profitieren. Nicht alle Autonomieprobleme der über lange Zeit stark latinisierten orientalischen Katholiken sind gelöst[12]. Noch immer gilt unter den Christen Keralas das Kastensystem; sie leben in Gruppen, die sich nicht unbedingt mit den kirchlichen Gruppierungen decken[13].

In Pakistan leben zwei Millionen Christen; dabei handelt es sich teilweise um seit langem bekehrte Christen (eine aus Kerala stammende anglophone Oberschicht), mehrheitlich aber um ehemalige unberührbare Hindus, die im Pandschab leben und sich im ausgehenden 19. Jh. in Massen zum Christentum bekehrten. In den Augen der übrigen Pakistani (96% Muslime) sind sie noch immer Unberührbare, die in eigenen Vierteln leben müssen. Die religiöse Problematik wird hier durch das Kastenwesen noch verstärkt.

Doch wenden wir uns der arabischen Welt zu. Außerhalb des indischen Subkontinents leben hier – im Niltal und im Fruchtbaren Halbmond – die meisten orientalische Christen. Hier steht ihre Zukunft auf dem Spiel. Deshalb richtet sich die Aufmerksamkeit der Fachleute, die um die Zukunft der orientalischen Gemeinschaften besorgt sind, auf den Libanon, den Irak sowie Syrien, Palästina und Ägypten.

Heute bilden die Kopten Ägyptens die zahlenmäßig größte und zugleich dynamischste dieser Gemeinschaften. Doch ihr Anteil geht rapid zurück (aktuell weniger als 6%; lange Zeit bei 10% stabilisiert, lag dieser Anteil vor rund 100 Jahren bei 8%). Der spürbare Rückgang ist vorab Folge der Auswanderung (angeblich leben 400000 Kopten in Australien, Kanada und in den USA) und erst in zweiter Linie Resultat der zahlenmäßig geringen, aber regelmäßigen Bekehrungen zum Islam (15000 jährlich)[14]. Zwar sinkt der Anteil der

---

Rolle. So werden etwa alle 10 Jahre die Reliquien des heiligen Franz-Xaver öffentlich ausgestellt. Bei der letzten Präsentation von November 1994 bis Januar 1995 strömten mehr als zwei Millionen Menschen nach Goa (Westküste Indiens).

[12] Die aus Kerala in die Großstädte im Norden Indiens ausgewanderten orientalischen Katholiken fordern eine eigene orientalische Hierarchie; diese Forderung stößt sich am Prinzip der lateinischen Hierarchie, wonach ein gegebenes Territorium einer einzigen Jurisdiktionsgewalt unterstellt sein soll. In Kottayam feierte Papst Johannes Paul II. im Februar 1986 eine Messe in dem von allen Latinisierungen gesäuberten chaldäisch-malabarischen Ritus. Liturgiesprachen sind Malayalam und Englisch. Vgl. J. MADEY, Rencontre du pape Jean-Paul II avec les Églises orientales de l'Inde, in: Proche-Orient chrétien 35 (1985) 260–281, sowie DERS., India's „Syriac" Churches 1990–1994, in: Logos 36/1–4 (1995) 277–314, und DERS., Syriac" Churches 1996–1997, in: Logos 38/1–4 (1997) 329–342.

[13] P. CHAPUT, Castes, religion et sacré au Kerala (Inde du Sud): des chrétiens dans une société multi-castes et plurireligieuse, in: Revue française de Sociologie Nr. 38/2 (1997) 327–350.

[14] Diese Zahlen werden von den Kopten selbst anerkannt. „Früher wurde von solchen Übertritten ‚gemunkelt', doch heute sind die Personen bekannt und werden benannt. Auch die Gründe sind anerkannt: wirtschaftliche Motive bei

Kopten an der Gesamtbevölkerung Ägyptens, doch dank des Bevölkerungswachtums gibt es dort mehr Kopten denn je (3 340 000 bei der Volkszählung 1996). Die Zahl der Christen in Ägypten ist seit dem aufkommenden 19. Jh. stark und kontinuierlich gestiegen; noch 1897 lag sie bei lediglich 730 000[15]. Heute leben die Kopten vor allem in Kairo (etwa ein Drittel) sowie in Mittel- und Oberägypten (zwei Drittel); die seit kurzem feststellbare Stagnation der koptischen Bevölkerung in Kairo und vor allem in den Städten des Nildeltas kontrastiert mit dem noch immer ausgeprägten Bevölkerungswachstum in den ländlichen Gegenden Mittelägyptens[16]. In Asyut oder El-Minya stellen die Kopten fast ein Fünftel der Bevölkerung. Die meisten Kopten gehören der Koptisch-Orthodoxen Kirche an; daneben gibt es 170 000 katholische und 50 000 protestantische Kopten. Die übrigen christlichen Gemeinschaften sind mit der Auswanderung der Griechen und Syrolibanesen in den fünfziger und sechziger Jahren des 20. Jh. praktisch verschwunden[17].

Die Kopten Äthiopiens (1985 20 Millionen, d. h. 50 % bis 60 % der äthiopischen Bevölkerung[18]) sind mit den Kopten Ägyptens nur noch durch die geographische Nachbarschaft und ihr gemeinsames Erbe verbunden. Zeichen dieser Verbundenheit war beispielsweise 1968 die Präsenz Kaiser Haile Selassies anläßlich der Überführung der Markus-Reliquien nach Alexandrien. Seit der Weihe von Basilios zum Oberhaupt (*Abūnā*) der Äthiopischen Orthodoxen Kirche im Jahre 1951 stand stets ein einheimischer *Abūnā* an der Spitze der Kirche; mit der Erhebung ihres Oberhaupts zum Patriarchen-Katholikos im Juni 1959 erlangte die Kirche Äthiopiens von ihrer Mutterkirche, dem Koptischen Patriarchat von Alexandrien, den Status der Autokephalie[19]. Ungelöst bleibt indes der Konflikt zwischen

---

der Arbeits- und Wohnungssuche, Eheschließungen – wobei erstere vermutlich häufiger sind", M. P. Martin u. a., Les nouveaux courants dans la communauté copte orthodoxe, in: Proche-Orient chrétien 40 (1990) 254.

[15] Bei der vorletzten Volkszählung (1986) lag die Zahl der Kopten bei 2,8 Millionen, entsprach also 7 % der ägyptischen Bevölkerung; die neueste Zählung (1996) ermittelte 3,3 Millionen Kopten, was einem Anteil von 5,7 % entspricht. Die durchaus zuverlässigen Zahlen werden seit den siebziger Jahren des 20. Jh. aus politischen Gründen von der koptischen Elite und von den mit der Diaspora verbundenen Autoren, etwa Christian Cannuyer oder Selim Naguib, bestritten. Für sie liegt hier eine Diffamierung vor, und sie beziffern die Zahl der Kopten auf 7 bis 8 Millionen, was einem Anteil von etwa 15 % an der ägyptischen Bevölkerung entspräche. Keine ernsthafte Studie schenkt diesen Zahlen Glauben. Courbage – Fargues, Christians and Jews under Islam (s. Anm. 3), 178–182, stützen sich auf die Volkszählung von 1986 und sprechen von 3 Millionen, was bereits ein Blick auf die Geburtenrate glaublich erscheinen läßt, ist doch diese Rate seit den vierziger Jahren bei den Kopten deutlich zurückgegangen. Vgl. auch E. J. Chitham, The Coptic Community in Egypt. Spatial and Social Change, Durham 1986 (Occasional Papers Series 32).

[16] Vgl. den Kommentar zur Volkszählung von 1996 von É. Denis, Cent ans de localisation de la population chrétienne égyptienne. Les éléments d'une distanciation entre citadins et villageois, in: L'Astrolabe Nr. 2 (Congrès AFEMAM/SeSaMO in Florenz), 1997.

[17] Die Griechen Ägyptens unterstehen dem griechisch-orthodoxen Patriarchat von Alexandrien und ganz Afrika. Der erste arabischsprachige Patriarch Alexandriens war Parthenios III. Koinidis (1987–1996); er spielte in der ökumenischen Bewegung eine wichtige Rolle. Der größte Teil der ihm unterstehenden Griechisch-Orthodoxen lebt in Schwarzafrika, besondes in Südafrika, in Ghana, in Kamerun, in Tansania, in Libyen und in Kenia.

[18] Neuere Schätzungen von J. Vangsi, Notes sur l'appartenance religieuse en Éthiopie, in: Archives de sciences sociales des religions 30 (1985) 113–129. Anders als viele Spezialisten, die den Anteil der Christen auf 40 %, jenen der Muslime auf 55 % schätzen, geht der Autor von 60 % Christen (darunter 6 % Katholiken und Protestanten), 31 % Muslimen und 7 % „Heiden" aus.

[19] Vgl. den Überblick in: Les étapes de l'émancipation de l'Église d'Éthiopie, in: Proche-Orient chrétien 10 (1960) 42–53. Eine Darstellung der Kirche Äthiopiens zu jener Zeit in R. Aubert, Éthiopie, in: DHGE (1963) 1175–1182, sowie in F. Heyer, Die Kirche Äthiopiens. Eine Bestandesaufnahme, Berlin – New York 1971. Eine fundiertere Studie von K. Pedersen, The History of the Ethiopian Community in the Holy Land from the Time of Emperor Tewodros II till 1974, Jerusalem 1983.

ägyptischen und äthiopischen Kopten um das Deir (Kloster) al-Sultan in Jerusalem, das seit 1970 in den Händen der Äthiopier ist. Das wachsende Bedürfnis nach kultureller und rassischer Identität der Schwarzen Afrikas und Amerikas in den fünfziger Jahren stellte für die Äthiopische Kirche eine neue Herausforderung dar. Die abessinischen Kirchen und die karibische „Rasta"-Bewegung (Zusammenzug aus „Ras Tafari", dem Namen Haile Selassies) beriefen sich auf die Äthiopische Kirche; diese mußte sich öffnen und beispielsweise die in der Kirchensprache Geez gehaltene Liturgie ins Englische übertragen. Zu diesem wachsenden amerikanischen Einfluß tragen heute die zahlreichen seit 1974 in die USA emigrierten Äthiopier bei. Die Ökumene (die Äthiopische Orthodoxe Kirche gehört dem Ökumenischen Rat der Kirchen [ÖRK] an) erlaubt es den äthiopischen Christen, weiterhin in Verbindung mit den orientalischen Christen zu bleiben. Schließlich zeugt die Annäherung der nonchalkedonensischen, sogenannten altorientalischen Kirchen (d. h. der armenischen, der syrisch-orthodoxen [auch als jakobitisch bezeichnet], der koptischen und der äthiopischen Kirche) von der beträchtlichen Öffnung nach eineinhalb Jahrtausenden Isolation. Es war kein Zufall, daß die erste Konferenz der Oberhäupter dieser Kirchen im Januar 1965 in Addis Abeba stattfand. Ebenfalls in Addis Abeba wurde 1971 der Dialog mit der byzantinisch-orthodoxen Kirche eröffnet. Zur Zeit des äthiopischen Kaiserreichs war das Christentum Staatsreligion, und der äthiopische Kaiser (Negus) war Herrscher göttlichen Rechts. Nach dem marxistisch-leninistischen Staatsstreich von 1974 wurde Kaiser Haile Selassie, der als 225. Nachfolger des Sohnes von König Salomon und der Königin von Saba galt, ermordet. Das war ein schwerer Schlag für die Äthiopische Kirche. Ohne staatliche Unterstützung und verfolgt (der Patriarch wurde verhaftet), litt sie unter den Säkularisierungsmaßnahmen des Regimes und der strikten Kontrolle ihrer Aktivitäten. Für die Kirche wie für ganz Äthiopien war es eine düstere Zeit. Seit 1991 hat die Äthiopische Kirche an Stabilität und Entfaltungsmöglichkeiten zurückgewonnen.

Nach dem koptischen Christentum auf afrikanischem Boden wenden wir uns nun dem Kernland der orientalischen Christen und besonders der arabischen Christen zu, dem Fruchtbaren Halbmond, den seit 1920 von Frankreich oder Großbritannien verwalteten Mandatsgebieten, die zwischen 1932 und 1948 die Unabhängigkeit erlangten: Irak[20], Syrien[21], Jordanien[22], Palästina[23] und Libanon[24]. In dieser Region ist das Mosaik komplexer

---

[20] Die Schätzungen über die Zahl der Christen im Irak gehen auseinander; einige sprechen von einer Million (bei 16 Millionen Einwohnern), laut dem Apostolischen Nuntius sind es 600000 oder vielleicht lediglich 400000 seit der Auswanderung von 1990–1991. Y. Courbage und P. Fargues gehen von nicht mehr als 280000 Christen aus, was knapp 1,5 % der irakischen Bevölkerung entspricht. Die Mehrzahl sind katholische Chaldäer, gefolgt von den Ostsyrern und den syrischen Katholiken. Zur syrischen Kirche des Ostens (früher „nestorianische" Kirche genannt) vgl. R. LE COZ, Histoire de l'Église d'Orient, chrétiens d'Irak, d'Iran et de Turquie, Paris 1995, 441 S. Zu den Assyro-Chaldäern im allgemeinen unter nationalem und politischem Blickpunkt vgl. J. YACOUB, Babylone chrétienne, géopolitique de l'Église de Mésopotamie, Paris 1996.

[21] Detaillierte Darstellung der Christen Syriens von CH. LOCHON in: Œuvre d'Orient Nr. 672–674 (Sept. 1990 – Febr. 1991). Heute liegt ihre Zahl vermutlich bei 850000 (weniger als 7 % der syrischen Bevölkerung); noch 1945 lag dieser Anteil bei 14 %. Im wesentlichen handelt es sich um Griechisch-Orthodoxe und Katholiken, gefolgt von einer bedeutenden armenischen Diaspora und einer noch immer starken Präsenz von Syrisch-Orthodoxen (Jakobiten).

[22] 137000 Christen oder 4 % der Bevölkerung Jordaniens.

[23] Der Rückgang ist überaus stark. Im Heiligen Land gibt es anscheinend nur noch 170000 Christen, 70000 von ihnen in den besetzten Gebieten. In Israel machen sie 2 %, in der West Bank 4 % der Bevölkerung aus.

[24] 1943 waren noch etwas mehr als die Hälfte der Bevölkerung Libanons Christen. Von heute 4 Millionen Liba-

als anderswo: Griechisch-Orthodoxe und griechische Katholiken sind besonders im Westen des Fruchtbaren Halbmonds zahlreich; daneben gibt es die Chaldäer im Irak, Nachfahren der armenischen oder assyro-chaldäischen Flüchtlinge; aktiv sind auch kleine lateinische oder protestantische Gemeinschaften. So zählt etwa allein die Stadt Aleppo neun Bischofssitze. In dieser Region leiden die orientalischen Christen unter den politischen Verhältnissen. 1948 wurde der Staat Israel gegründet. Seither erschwert die noch immer ungelöste Palästina-Frage den arabischen Christen die Präsenz im Heiligen Land. Eine Sonderstellung nimmt der an Syrien und Israel angrenzende Libanon ein. Der Libanon ist der einzige Staat mit mehrheitlich maronitischen (katholischen unierten) Christen, der einzige, von den Franzosen für Christen geschaffene Staat. Er ist schließlich auch der einzige Staat, der auf dem Prinzip der Koexistenz der verschiedenen Religionen beruht. Klar bevorteilt werden die Christen, also die Maroniten, denen seit dem Nationalpakt von 1943 das Amt des Staatspräsidenten zufällt.

Grob geschätzt gibt es in den arabischen Ländern und in der Türkei (also ohne Diaspora, Armenien, Indien und Äthiopien) etwas mehr als 6 Millionen orientalische Christen, was einem Bevölkerungsanteil von 4% entspricht. Das ist wenig. Doch der Beitrag dieser Christen übersteigt bei weitem ihre strikt numerische Bedeutung. Anhand einiger an der Jahrhundertwende wichtiger Themen soll das aufgezeigt werden.

I. Arabischer Nationalismus – eine enttäuschte Hoffnung für die orientalischen Christen?

Wenn im 20. Jh. von orientalischen Christen die Rede ist, dann handelt es sich in erster Linie um die in der arabischen Welt lebenden Christen, wie ihre geographische Aufteilung zeigt. Ihr Schicksal ist also eng mit jenem des arabischen Nationalismus verknüpft. In einigen seiner Ausprägungen, Baath oder Nasserismus, schien dieser für die arabischen Christen *a priori* eher positiv zu sein. Die arabische Identität vereinte in einer gemeinsamen Zugehörigkeit Muslime und Nichtmuslime; Laizität war das deklarierte Ideal. Einer der Gründer und Ideologen des Baath, Michel Aflaq, war ursprünglich griechisch-orthodox[25]. Viele arabische Christen setzten und setzen noch immer auf den arabischen Nationalismus. So die Chaldäer im Irak im Dienste des Baath, die Saddam Hussein einem eventuellen Schiiten-Staat oder der möglichen Explosion anarchischer Minoritäten vorziehen; Griechisch-Orthodoxe mit arabischer Identität im Libanon[26] oder palästinensische Chri-

---

nesen sind anscheinend 1,4 Millionen Christen (40% der Bevölkerung), darunter 500000 Maroniten, 322000 Griechisch-Orthodoxe, 280000 griechische Katholiken, 215000 Armenier usw.

[25] Seine wahrscheinliche Bekehrung zum Islam blieb bis zu seinem Tod geheim. Seine eindrückliche Schrift über das Gedenken an den arabischen Propheten gibt Aufschluß über seine Sicht des Islams in der arabischen Welt.

[26] Zu diesem Thema ziehe man die zahlreichen Darstellungen des griechisch-orthodoxen Metropoliten und bedeutenden orientalischen Theologen im Libanon GEORGES KHODR bei; beispielweise G. KHODR, Renouveau interne, œcuménisme et dialogue, in: Les Chrétiens du monde arabe. Problématiques actuelles et enjeux (colloque des CMA, Sept. 1987), Paris 1989, 28–32. In einem Interview vom Januar 1977 lehnte er es kategorisch ab, den libanesischen Bürgerkrieg als einen islamisch-christlichen Konflikt zu interpretieren: „Die Maroniten haben die Wahl zwischen einem gemeinschaftlichen Selbstmord oder einem Leben im Einklang mit allen Arabern" in: Entretien avec le métropolite Georges Khodr sur les événements du Liban, janvier 1977, in: Proche-Orient chrétien 27

sten, die in der palästinischen Nationalbewegung engagiert und sogar überpräsentiert sind[27]; der koptische Patriarch, der seinen Gläubigen aus Solidarität mit den Palästinensern nach 1967 die Pilgerfahrt nach Jerusalem verbietet.

Wirkte sich der arabische Nationalismus für die orientalischen Christen tatsächlich positiv aus? Mit der Unabhängigkeit brachen für sie – vor allem im Maghreb – harte Zeiten an. Zur Blütezeit des arabischen Nationalismus im Orient erfolgte im Maghreb die Dekolonisierung. Hier war das einheimische Christentum nicht etwa vor langer Zeit untergegangen, sondern es war die fremde christliche Religion der aus Frankreich stammenden Kolonisten. Es bestand im strikten Sinn nicht aus orientalischen Christen, sondern aus lateinischen Christen im Orient. Zur Zeit des Algerienkrieges (1954–1962) waren die französischen Katholiken in der Algerienfrage tief gespalten. Sie interpretierten den Krieg entweder als Verteidigung der christlichen Zivilisation gegen den Islam und den Kommunismus oder als sündhaften Einsatz schrecklicher Unterdrückungsmethoden. Erzbischof Duval von Algier scheute sich nicht, bereits 1956, also drei Jahre vor General de Gaulle, von „Selbstbestimmung" zu sprechen und dann im April 1961 den Putsch der Generäle zu verurteilen: Zwei Drittel der Katholiken Algeriens waren gegen den Bischof und boykottierten die Kirchen[28]. Nach der Unabhängigkeit Marokkos und Tunesiens (1956) und Algeriens (1962) kehrten fast sämtliche europäischen Christen des Maghrebs in das ihnen oftmals unbekannte Mutterland zurück. Die Kirchen wurden in Moscheen oder Kulturzentren verwandelt. An die Stelle der abgezogenen Kolonisten traten Entwicklungshelfer; sie hielten sich nur vorübergehend im Land auf, waren weniger zahlreich und weniger religiös. In allen drei Ländern wurde nun das tätige Apostolat (soziale und medizinische Betreuung) ohne missionarische Absicht unter der muslimischen Bevölkerung die Regel; dieses verlor allerdings mit der 1967 erfolgten Nationalisierung der Schulen und Spitäler in Algerien an Bedeutung[29]. Schon lange vor Ausbruch des gegenwärtigen Bürgerkrieges in Algerien hatten die Ordensleute vor Ort die Islamisierung des Staates besorgt mitverfolgt. Die Ermordung zahlreicher Geistlicher durch militante Islamisten (besonders der sieben Zisterziensermönche in Tibhirine und danach des Bischofs Claverie von Oran) warfen ein Schlaglicht auf diese diskrete Präsenz wie auf die Anteilnahme der allermeisten muslimischen Algerier, die seit 1992 unter dem Bürgerkrieg leiden. Marokko, wo der Papst 1985 enthusiastisch empfangen wurde, scheint dialogbereiter zu sein.

Träger des arabischen Nationalismus im Orient waren in besonderem Maß das Ägypten Gamal Abd el-Nassers ab 1952 und die kurzlebige Vereinigte Arabische Republik, zu der

---

(1977) 140–144. Autobiographische Aufzeichnungen in französischer Übersetzung in G. KHODR, Et si je disais les chemins de l'enfance, Paris 1997.

[27] Mehrere führende Persönlichkeiten der palästinenischen Sache sind christlicher Herkunft, Georg Habasch von der Volksfront für die Befreiung Palästinas (PFLP), Naif Hawatmeh von der Demokratischen Volksfront für die Befreiung Palästinas (PDFLP), zwei mehr oder weniger extremen Bewegungen des palästinensischen Widerstands. Wichtige Figuren der palästinensischen Bewegung in Israel und in den besetzten Gebieten waren Elias Freij, Bürgermeister von Bethlehem, und Tawfiq Ziyad, der 1994 verstorbene kommunistische Bürgermeister von Nazareth griechisch-orthodoxer Herkunft. 1991 vertrat Hanan Ashrawi, eine griechisch-orthodoxe Christin, die Palästinenser bei der Nahost-Friedenskonferenz in Madrid.

[28] Vgl. F. BÉDARIDA – É. FOUILLOUX (Hrsg.), La guerre d'Algérie et les chrétiens, Paris 1988; M. IMPAGLIAZZO, Duval d'Algeria. Una chiesa tra Europa e mondo arabo (1946–1988), Rom 1994. Vgl. auch M. IMPAGLIAZZO – M. GIRO, Algerien als Geisel. Zwischen Militär und Fundamentalismus – ein schwieriger Weg zum Frieden, übers. v. R. KOHLHAAS, Münster 1998.

[29] H. TEISSIER (Hrsg.), Histoire des chrétiens d'Afrique du Nord: Libye, Tunisie, Algérie, Maroc, Paris 1991.

sich Syrien und Ägypten von 1958 bis 1961 zusammengeschlossen hatten. Der nationalistische Diskurs berief sich auf die *Umma*, die Gemeinschaft der Muslime. Mit seinem muslimischen Vokabular spiegelte er die gesellschaftliche Entwicklung wider, welche die muslimische Mittelschicht an die Macht gebracht hatte. Für Nasser war die arabische Welt, in die das Schicksal Ägypten hineingestellt hatte, Teil einer größeren Welt, des Islams. Unter den Christen Ägyptens löste die Machtergreifung Nassers Verunsicherung aus, was einen drastischen Einbruch der Geburtenrate zur Folge hatte. Trotz allem war das Bewußtsein eines gemeinsamen Nationalismus bei Kopten wie Muslimen durchaus lebendig, wie Nassers lange Ansprache anläßlich der Grundsteinlegung zur neuen koptisch-orthodoxen Kathedrale am 24. Juli 1965 beweist [30]. Doch das gemeinsame Ägyptertum schloß zahlreiche Christen Ägyptens aus, etwa die Griechen und Italiener im Nildelta oder in Alexandrien [31] wie die syro-libanesischen griechischen Katholiken. In Nassers Ägypten hatten diese oftmals frankophonen, begüterten und europäisch orientierten fremden Minderheiten keinen Platz mehr. Die Suezkrise von 1956 und die großen Nationalisierungen zur Zeit der Vereinigten Arabischen Republik trafen in erster Linie diese Eliten; sie verließen denn auch Syrien und Ägypten in Richtung Libanon oder Europa. 1955 wurden die konfessionellen Gerichte aufgehoben. Nun waren die Christen in persönlichen Angelegenheiten an die staatlichen Gerichte verwiesen, und die Islamisierung des Zivilrechts war eingeleitet. Daß die Schulen ägyptisiert wurden, war ein harter Schlag für die Klosterschulen und die dort tätigen europäischen Ordensleute; diese mußten sich anpassen, schrittweise arabisierte Lehrpläne einführen und weltlichen Lehrern oder Ordensleuten mit ägyptischer Nationalität Platz machen. Als Ägypter schienen wenigstens die Kopten vor diesem Exodus geschützt.

Diskurs und Handeln der neuen, fast ausschließlich muslimischen politischen Elite waren ambivalent. Nach dem Scheitern des arabischen Nationalismus im Zuge des Sechstagekrieges von 1967 und nach dem Tod Nassers 1970 verstärkte sich dieser Trend noch. Der staatliche Islamismus wurde gestärkt, was sich schon bald in den einander ablösenden Verfassungen unter Präsident Mohammed Anwar as-Sadat niederschlug, suchte Sadat doch nach einer islamischen Legitimation. Wurde das islamische Gesetz in der Verfassung von 1971 noch als „eine Quelle" bezeichnet, galt es in jener von 1980 als „Hauptquelle". Sadat scheute nicht davor zurück, Patriarch Schenuda III. im September 1981 abzusetzen und in einem Kloster im Wadi al-Natrun unter Hausarrest zu stellen [32]. Der Islamismus der Studentenvereinigungen, der Gewerkschaften und der Medien war Vorläufer des letztlich minoritären, aber militanten Islamismus von Organisationen, die schon bald auch die Kopten attackierten. Die in den siebziger Jahren einsetzenden Wellen der Gewalt erreichten um 1981 einen ersten Höhepunkt, bevor sie dann zwischen 1990 und 1992 in Mittelägypten erneut hochgingen: Kirchen oder Apotheken von koptischen Besitzern wurden in Brand gesteckt, sogar religiös motivierte Morde verübt. Dabei war das nur ein Aspekt neben an-

---

[30] Französische Übersetzung der Ansprache in: Proche-Orient chrétien 15 (1965) 384–387.
[31] 1930 waren fast 100 000 der 600 000 Einwohnern Alexandriens Ausländer: Malteser, Franzosen, Italiener, Griechen. Zur Auflösung dieser kosmopolitischen Gesellschaft vgl. R. ILBERT – I. YANNAKAKIS (Hrsg.), Alexandrie 1860–1960, un modèle éphémère de convivialité: communautés et identité cosmopolite, Paris 1992.
[32] Der Patriarch wurde auf Anordnung Präsident Mohammed Hosni Mubaraks im Januar 1985 freigelassen und wieder in sein Amt eingesetzt. Zur rechtsgestützten Diskriminierung in Ägypten seit 1952 vgl. S. A. ALDEEB ABU-SAHLIEH, Non-musulmans en pays d'islam. Cas de l'Égypte, Fribourg 1979.

deren der islamistischen Guerilla gegen die Regierung. Zur selben Zeit verschwanden die Kopten praktisch von der politischen Bildfläche; bei den Parlamentswahlen von 1987 stellten sie noch 9 von insgesamt 458 Parlamentariern, bei den Wahlen von 1996 keinen mehr. Im übrigen fand sich auf den Listen der regierenden National-Demokratischen Partei nur ein einziger Kopte.

In Syrien ist seit 1963 die Baath-Partei an der Macht. Tonangebend sind die Alawiten, eine minoritäre Gemeinschaft am Rand des Islams. Im Vergleich zum Nasserismus ist der Baath säkularer und den Christen günstiger gesinnt. Doch die Nationalisierung der Klosterschulen im September 1967 traf die Christen hart, auch wenn später ein Arrangement mit dem Regime gefunden werden konnte. Der relativ vorteilhafte Status der Christen in Syrien verhindert Auswanderungswellen in den Libanon oder in den Westen jedoch nicht. Ein ähnlicher Status im Irak, wo seit 1968 ebenfalls die Baath-Partei regiert, hindert auch die dortigen Christen nicht am Auswandern. Den Christen palästinensischer Herkunft am günstigsten gesinnt ist paradoxerweise das Königreich Jordanien unter Hussein II. und nun seinem Sohn Abdallah II., den vom Propheten abstammenden Haschemitenkönigen und Nachfahren des Hüters der Heiligen Stätten[33].

Das Grundproblem bleibt, daß die nationalen Identitäten weiterhin muslimisch definiert werden. Wer Iraner ist, ist notwendigerweise Schiite; Araber sein heißt für einen Maghrebiner selbstverständlich, Muslim sein. Für andere Araber dieser Weltregion mag die Definition komplexer sein. Doch zu keiner Zeit haben die arabischen Nationalismen des 20. Jh. den Bezug auf den Islam aufgegeben, er prägt noch immer Schulbücher und politische Reden. Die arabische Welt glaubt kaum noch an den Panarabismus. Alles in allem bleibt der arabische Nationalismus dennoch eine Chance für die arabischen Christen. Viele sind weiterhin bereit, auf die Karte der „kulturellen Islamität" zu setzen – so die Formel des maronitischen Priesters Youakim Mubarak und führenden Vertreters des islamisch-christlichen Dialogs.

A contrario nachweisen läßt sich diese „Chance" des arabischen Nationalismus am Beispiel eines nichtarabischen Staates, des am stärksten säkularisierten Staates in Vorderasien, der Türkei. In der Türkei nämlich, der Erbin des antireligiösen Kemalismus, ist die Lage der orientalischen Christen am verheerendsten. Auf der Basis einer rassischen nationalen Ideologie sieht die heutige Türkei die Christen als Fremde, deren Ausreise es zu ermutigen gilt. Ständig droht den Kirchen Enteignung, Konfiskation und Zerstörung der Immobilien in ihrem Besitz. Noch verschlimmert hat sich deren Lage mit der seit einigen Jahren angestrebten, wenn auch nicht vollendeten Re-Islamisierung des Regimes und der türkischen Gesellschaft. Die neue Verfassung von 1982 führte den obligatorischen islamischen Religionsunterricht für alle Schüler der Primar- und Sekundarstufe ein; 1990 wurden die nichtmuslimischen Schüler davon dispensiert. Die Lateinische Katholische Kirche der Türkei versucht sich anzupassen, indem sie beispielsweise in den letzten 20 Jahren das Türkische

---

[33] Vgl. EL-HASSAN BIN TALAL, Christianity in the Arab World, London 1998 (mit einem Vorwort des Prinzen von Wales). Prinz Hassan, Bruder des 1999 verstorbenen Königs Hussein, ist Schirmherr des *Royal Institute for Inter-Faith Studies* in Amman. Das Vorwort zur erstmals 1995 auf englisch und arabisch erschienenen Ausgabe verfaßte Hassans einstiger Erzieher, Pater Raymond Tournay, von der *École biblique de Jérusalem.* Zu verstehen sind die wohlwollenden Zeichen der Haschemiten gegenüber den Christen als Botschaft an den Westen, als Maßnahme gegen den Aufschwung der Muslimbruderschaft und als diskreter Hinweis auf das haschemitische Interesse an Jerusalem, dessen Altstadt von 1949 bis 1967 unter jordanischer Verwaltung stand.

als liturgische Sprache einführte; inzwischen gibt es auch christliche Publikationen in türkischer Sprache[34]. Doch die Zukunft der türkischen Christen scheint ganz besonders gefährdet.

II. Die orientalischen Christen in regionalen Konflikten

In der Ära des Nationalismus brachen zahlreiche regionale Konflikte auf. Neben anderen Konflikten mit hohem Symbolgehalt gibt es zwei, in denen mehr als anderswo die christliche Präsenz im Orient auf dem Spiel steht. Ihnen wenden wir uns nun zu: der Palästina-Frage und dem libanesischen Bürgerkrieg.

1. Der israelisch-arabische Konflikt: eine Katastrophe für die arabischen Christen

Für die Lage der arabischen Christen hat der israelisch-arabische Konflikt verheerende Folgen. 1948, bei der Gründung des Staates Israel und im ersten israelisch-arabischen Krieg, teilten die Christen Palästinas das Los ihrer muslimischen Brüder: Ausharren und in Israel Bürger zweiter Klasse werden oder den Exodus in die Flüchtlingslager und in die Diaspora antreten. Ungefähr 50 000 palästinensische Christen verließen das Land, also rund 7% der Flüchtlinge und mehr als ein Drittel der vor 1948 in Palästina lebenden Christen. Die verbliebenen Christen machen heute 2,3% der israelischen Bevölkerung und 12,7% der 900 000 arabischen Israeli aus. Nazareth ist inzwischen die größte arabische Stadt Israels[35].

Mit dem Sechstagekrieg wurde der Nasserismus, ja der arabische Nationalismus zu Grabe getragen, und es setzte, begünstigt durch das Ägypten Sadats, durch Saudi-Arabien und Libyen, der Aufschwung des Islamismus in all seinen Spielarten ein. Doch 1967 war vor allem das Jahr der Besetzung der „besetzten Gebiete", der Sinai-Halbinsel, der Golan-Höhen und des restlichen Palästina durch Israel: West Bank (Westjordanland), Ostjerusalem und Gaza-Streifen. Die Folge davon war, daß 200 000 Palästinenser, Christen wie Muslime, die West Bank verließen. Ostjerusalem wurde von Israel sofort annektiert und im Grundgesetz vom 30. Juli 1980 zur ewigen und unteilbaren Hauptstadt des Staates Israel erklärt. Nach israelischem Verständnis sind Jerusalem und dessen Gemeindegrenzen dehnbar geworden, was den Bau jüdischer Siedlungen außerhalb des historischen Jerusalem legitimiert; angepeilt wird ein Groß-Jerusalem, das tendenziell von Ramallah im Norden bis nach Bethlehem im Süden und vom Westen Jerusalems bis an die Tore Jerichos im Osten reicht, d. h. 15% bis 30% der West Bank umfaßt. Der Osloer Friedensprozeß von 1993 hatte das Problem Jerusalem ausgeklammert – das für die drei monotheistischen Religionen wie für die Palästinenser wesentliche Problem. Letztere wollen Jerusalem zur Hauptstadt ihres künftigen Staates machen.

---

[34] Vgl. X. Jacob, Le christianisme dans la Turquie actuelle, in: Œuvre d'Orient, Nr. 683 (Dez. 1992) 335–339. Gegen heftigen Widerstand initiierte der spätere Papst Johannes XXIII. diese Türkisierung.

[35] Betont werden die guten Beziehungen zwischen Christen und Muslimen in Nazareth von Ch. F. Emmett, Beyond the Basilica: Christians and Muslims in Nazareth, Chicago 1995. Die im Vorfeld des Jubeljahrs 2000 und der Pilgerreise Johannes Pauls II. geplante Moschee in Nazareth beeinträchtigte jedoch die Beziehungen zwischen Israel und dem Vatikan.

Anfänglich waren die Beziehungen der Patriarchate (ausgenommen das Lateinische Patriarchat und das Griechisch-Katholische Vikariat) zur israelischen Besatzungsmacht gut gewesen; doch inzwischen treten sie für die palästinensische Sache ein[36]. Der erste Grund dafür ist in der Arabisierung der Kirchen europäischen Ursprungs zu suchen. 1976 wurde erstmals ein Araber zum anglikanischen Bischof von Jerusalem geweiht[37]; es folgte die Wahl eines Arabers zum lutherischen Bischof für Jerusalem und den Mittleren Osten. Schließlich steht erstmals in der Geschichte des traditionell mit einem Italiener besetzten Lateinischen Patriarchats heute ein aus Nazareth gebürtiger Palästinenser, Michael Sabbah, an dessen Spitze. Als er am 28. Dezember 1987 von Johannes Paul II. ernannt wurde, begann bereits die *Intifada*. Der zweite Grund für die Annäherung zwischen den Kirchen und der palästinensischen Sache ist auf die wiederholten Taktlosigkeiten des Staates Israel gegenüber den Christen zurückzuführen. Israel sucht die religiösen Streitigkeiten zwischen Christen und Muslimen auszunutzen und führt den Kirchen gegenüber eine resolute „Museifizierungspolitik". Selbst das Griechisch-Orthodoxe Patriarchat von Jerusalem, das zum Leidwesen der größtenteils arabischen Gläubigen noch immer von Griechen beherrscht wird und traditionell gute Beziehungen zu Israel pflegte, hat sich schließlich aus dieser inopportunen Allianz verabschiedet. Erinnert sei insbesondere an die Unterdrückung des Aufstands in Beit-Sahur, einer mehrheitlich christlichen Stadt in der Nähe von Bethlehem, die 1989 nach einer echten Belagerung durch die israelische Armee wieder eingenommen wurde; aber auch an den 11. April 1990, als 150 jüdische Siedler mit Unterstützung einiger israelischer Minister in das (griechisch-orthodoxe) Johannes-Hospiz in Jerusalem eindrangen. Ganz allgemein ist die Beteiligung der palästinensischen Christen an der *Intifada* stark[38].

Ein weiterer Problemfaktor ist die politische Haltung des Vatikans gegenüber Israel. In der Folge des kurzzeitigen Hoffnungsschimmers nach Abschluß des Abkommens von Oslo erkannte der Apostolische Stuhl am 30. Dezember 1993 Israel offiziell an. Diese Anerkennung wurde als begrenztes Abkommen über „einige Grundsätze verstanden, welche die Beziehungen zwischen dem Heiligen Stuhl und dem Staat Israel regeln". Das Abkommen, das im wesentlichen Garantien für die katholischen Institutionen und Gemeinden im Heiligen Land enthält, klammert das Los der Palästinenser wie jenes der Stadt Jerusalem aus[39]. Mit einem parallelen Abkommen wurden am 25. Oktober 1994 die Beziehungen zwischen dem Apostolischen Stuhl und der OLP offiziell gemacht. Am 10. November

---

[36] Hilarion Capucci, der in Syrien geborene griechisch-katholische Erzbischof, ist sicherlich ein Extremfall. Er wurde 1974 in flagranti beim Waffentransport ertappt und verhaftet. 1988 wurde der Pastor der Baptistenkirche ausgewiesen, weil er Bruder eines militanten Palästinensers ist.

[37] Anglikanischer Bischof ist gegenwärtig Samir Kafity; Naim Stifan Ateek, der Sekretär des anglikanischen Bistums, versuchte eine „palästinensische Befreiungstheologie" zu entwickeln, um die nationalen Wurzeln der Araber Palästinas in der Bibel zu beweisen und die Geschichte Palästines zu „entzionisieren"; vgl. dazu N. S. ATEEK, Recht, nichts als Recht! Entwurf einer palästinensisch-christlichen Theologie, aus dem Engl. v. E. ARENS, Freiburg i. Ü. 1990.

[38] N. S. ATEEK u. a. (Hrsg.), Faith and the Intifada: Palestinian Christian Voices, Maryknoll (N.Y.) 1992. Das Buch enthält eine Reihe von Berichten palästinenischer Christen, die sich, wie Hanan Ashrawi, vor Ort einsetzen.

[39] G. ARBOIT, Le Saint-Siège et le nouvel ordre au Moyen-Orient, de la guerre du Golfe à la reconnaissance diplomatique de l'OLP, Paris 1996 (Wortlaut des Abkommens: 199–204). Am 15. Juni 1994 wurden zwischen Israel und dem Apostolischen Stuhl offiziell Beziehungen aufgenommen. Für die Zeit davor vgl. G. E. IRANI, The Papacy and the Middle East. The Role of the Holy See in the Arab-Israeli Conflict 1962–1984, Notre Dame (Ind.) 1986.

1997 schließlich wurde erstmals ein Abkommen über den Rechtsstatus der katholischen Kirchen auf dem Territorium des jüdischen Staates unterzeichnet. Seither unterstehen die Güter und Aktivitäten der katholischen Kirche direkt und ausschließlich der rechtlichen Verantwortung des Heiligen Stuhls und des Kanonischen Rechts. Das Abkommen brachte aber auch die Spannungen zwischen der römischen Hierarchie und den einheimischen Patriarchaten an den Tag. Die katholischen Patriarchate lateinischen, armenischen, griechisch-katholischen, syrisch-katholischen, maronitischen und chaldäischen Ritus waren weder in die Verhandlungen eingebunden noch konsultiert worden; entgegen dem Wunsch des apostolischen Delegierten des Papstes in Tel Aviv weigerten sie sich, ihren Steuer- und Verwaltungssitz nach Westjerusalem zu transferieren und das arabische Ostjerusalem zu verlassen. Der Vatikan setzt sich weiterhin für einen internationalen Sonderstatus der ganzen Heiligen Stadt ein und hat seine Nuntiatur in Tel Aviv und nicht in Jerusalem eröffnet.

Doch vielleicht entscheidet sich das noch ungewisse Schicksal der besetzten Gebiete ohne die Christen. Zur großen Besorgnis der orientalischen Patriarchate geht die Zahl der Christen im Heiligen Land dramatisch zurück; bereits 1986 lag ihr Anteil an der Gesamtbevölkerung Palästinas, besetzte Gebiete eingeschlossen, bei lediglich 2%. Während Palästinas Bevölkerung insgesamt ein starkes Wachstum zu verzeichnen hat, ist die Zahl der Christen rückläufig. Vor 1948 lebten in Jerusalem mehr als 34 000 Christen, 1986 waren es noch knapp 12 000, aktuell sind es 7000 bis 8000. In Bethlehem waren vor 1948 11 000 von insgesamt 15 000 Einwohnern Christen, heute noch 9800 von insgesamt 24 000 Einwohnern[40]. Seit Einsetzen der *Intifada* hat sich der Exodus beschleunigt. Alles trägt zu einer tiefsitzenden Verunsicherung bei: die festgefahrene politische Situation; das Gefühl, von den westlichen Kirchen aufgegeben worden zu sein, von denen einige (etwa die holländischen oder die amerikanischen) stark von einem christlichen Zionismus geprägt sind; das Aufkommen des Islamismus wie eines gegenüber den Christen aggressiven Zionismus; vor allem aber fehlende sozioökonomische Perspektiven für eine gebildete und relativ wohlhabende Bevölkerung.

Eine weitere verheerende Folge der Palästina-Frage war der massive Zustrom palästinensischer Fedaijin in den Libanon zwischen 1968 und 1970 – eine der direkten Ursachen für den 1975 ausbrechenden Bürgerkrieg im Libanon. Mit der israelischen Invasion des Libanons 1982, genannt Operation „Frieden in Galiläa", verschlechterte sich die Lage der libanesischen Christen beträchtlich. Der Südlibanon, wo auch Christen zu den zivilen Opfern der israelischen Angriffe gehören, bleibt von Israel und von einer mit Israel kollaborierenden libanesischen Armee besetzt. Die Christen von Jezzine und Saida gehen heute an der israelischen Besatzung wie am schiitischen Widerstand zugrunde.

Mit der Gründung des Staates Israel, eines Staates mit wesentlich religiösen Grundlagen, begannen auch die umliegenden Minderheiten (insbesondere die Maroniten im Libanon) von Kleinstaaten auf religiöser oder ethnischer Basis zu träumen. Israel scheint einer

---

[40] Den (irenischen) israelischen Standpunkt vertritt S. P. Colbi, A History of the Christian Presence in the Holy Land, 2., akt. Auflage, New York 1988. Dem Autor, einem Israeli italienischer Herkunft, unterstanden zwischen 1948 und 1975 die christlichen Angelegenheiten im Ministerium für religiöse Angelegenheiten in Israel. Aus demselben kirchlichen und institutionellen Blickpunkt, aber fundierter D. Tsimhoni, Christian Communities in Jerusalem and the West Bank since 1948. An Historical, Social and Political Study, Westport (Conn.) 1993. Zum *Oral History*-Projekt, 1992 unter palästinensisch-christlichen Akademikern durchgeführt, vgl. S. K. Aburish, The Forgotten Faithful. The Christians of the Holy Land, London 1993.

Balkanisierung des Mittleren Ostens, da als der eigenen Sicherheit förderlich eingeschätzt, nicht unbedingt abgeneigt zu sein. Untermauert wird diese These, wie sie etwa Georg Corm aufgestellt hat[41], durch israelische Erklärungen und Publikationen.

2. Der libanesische Bürgerkrieg: ein Symbol

Der Bürgerkrieg im Libanon war nicht in erster Linie ein Religionskrieg. Es war kein Krieg zwischen bedrohten orientalischen Christen und dem Aggressor Islam, obwohl ein religiös geprägter Diskurs die Gewalt ständig nährte und sie rechtfertigte[42]. Beleg dafür sind die zahllosen Konflikte innerhalb ein und derselben Religionsgemeinschaft: unter Muslimen (Amal gegen Hizbollah, OLP gegen Syrien…), unter Christen oder gar Maroniten (die Gemayel gegen die Frandschije; Michel Aoun, General gegen den Willen des Patriarchen usw.). Ebenso wenig war es der Widerstreit zwischen herrschenden reichen Maroniten und armen ausgebeuteten Muslimen. Doch der libanesische Bürgerkrieg (1975–1990) besitzt für die Gesamtheit der Christen im Nahen Osten Symbolwert: Libanon ist der einzige von und für Christen errichtete Staat, und er wird seit den Anfängen politisch von den Maroniten beherrscht. Für dessen Schaffung setzte sich Patriarch Elias Hoyek (al-Huwayyik) 1920 auf der Friedenskonferenz von San Remo ein, weil er ihn als Zuflucht für die Christen der Region sah.

Hier ist nicht der Ort, den libanesischen Bürgerkrieg nachzuzeichnen[43]. Auslösendes Moment war die Palästina-Frage, alimentiert wurde er durch interne soziale und politische Schwächen, virulenter durch die militärische Intervention Syriens ab 1976 und Israels ab 1978, ganz zu schweigen von anderen Einflüssen (Iran). Die vielfältigen Grenzen zwischen unablässig sich überlappenden, sich neu formierenden und sich widerstreitenden libanesischen Kollektividentitäten schufen Allianzen und Oppositionen, die zu endlosen Neugruppierungen bereit waren. Einige Gegensätze decken sich teilweise, ohne sich zu überlagern: zwischen „verfolgten" Minderheiten (Maroniten, Drusen, Schiiten) und „Bewohnern der Region" (Sunniten und Melkiten), zwischen Christen und Muslimen, zwischen arabischer Welt und westlicher Welt, zwischen Byzanz und Antiochien, zwischen Stadt und Land (Libanon-Gebirge), zwischen dem Klein-Libanon von vor 1920 und dem Groß-Libanon der Mandatszeit[44]. Das Bild der verschiedenen christlichen Gemeinschaften im Libanon hätte im Verlauf des Krieges kontrastreicher nicht sein können. Die den Sunniten nahestehenden Griechisch-Orthodoxen und griechischen Katholiken sind ihrem Selbstverständnis nach für andere offene Gemeinschaften und definieren die libanesischen

---

[41] G. Corm, Liban. Les guerres de l'Europe et de l'Orient 1840–1992, Paris 1992 (überarbeitete und erweiterte Ausgabe von Géopolitique du conflit libanais, Paris 1986).

[42] Daß die Ereignisse im Libanon nicht bloß von den westlichen Medien, sondern auch von zahlreichen Libanesen so dargestellt werden, macht sie nicht richtiger. Zur mythischen Interpretation der gemeinsamen Geschichte vgl. die Werke von G. Corm, Liban, und A. Beydoun, Identité confessionnelle et temps social chez les historiens libanais contemporains, Beirut 1984.

[43] Einige hervorragende Werke über den libanesischen Bürgerkrieg mit ausführlicher Bibliographie: S. Kassir, La guerre du Liban. De la dissension nationale au conflit régional, Paris – Beirut 1994 (die präzise Darstellung endet mit 1982); N. Picaudou, La déchirure libanaise, Brüssel 1989. Historische Synthesen in G. Corm, Liban, sowie E. Picard, Liban. État de discorde. Des fondations aux guerres fratricides, Paris 1988.

[44] Wir nehmen hier Formulierungen auf, die Th. Sicking, S. J., Minorités religieuses et dialogue œcuménique. Trois situations: l'Égypte, la Syrie et le Liban, in: Proche-Orient chrétien 39 (1989) 60–90, deutlich gemacht hat.

Christen als Araber; die Armenier legen anfänglich eine „positive Neutralität" an den Tag und nähern sich im Verlauf des Krieges allmählich den Palästinensern an; die der libanesischen Identität verbundenen Maroniten verstehen sich, obwohl arabischsprachig, nur bedingt als Araber und berufen sich (als historisches Phantasma) lieber auf das phönizische Erbe oder gar das Erbe der Kreuzzüge. Die Extremisten, vor allem innerhalb der insgeheim vom israelischen Beispiel faszinierten Phalange-Partei, optieren bewußt für die Utopie eines auf die Bergregion begrenzten christlichen Klein-Libanons. Paradoxerweise träumen die Maroniten, die den Groß-Libanon gewollt und gegründet hatten, heute von einem abgespaltenen Berg-Libanon. Schließlich sind die verschiedenen Gemeinschaften von den während des Krieges unter religiösen Vorzeichen begangenen Massakern traumatisiert: Im christlichen Gedächtnis vereinigen sich die Zerstörung Al-Dammours durch die Palästinenser 1976 und die Massaker im Schuf 1990 mit den Grausamkeiten von 1860. Auf muslimischer Seite stehen Sabra und Chatila als Zeichen für die Gewalt der Phalange-Milizen.

Inzwischen herrscht Ruhe, aber kein Friede. Ruhe brachte die syrische Besetzung, gestört wurde sie durch den Krieg, den sich Hizbollah und Israel im Südlibanon lieferten. Alles in allem eine zwiespältige Bilanz: Die Gebiete christlicher Präsenz sind geschrumpft und dichter besiedelt, eine gewisse Entflechtung des vorausgegangenen komplexen Zustands der traditionell miteinander lebenden Bevölkerungsgruppen hat stattgefunden. Der Krieg schärfte das religiöse Selbstbewußtsein dramatisch. Als Folge davon wurde die maronitische Hegemonie abgelöst und ein von keiner Gründungsutopie fundiertes Gleichgewicht zwischen den Gemeinschaften hergestellt. Dieses Gleichgewicht sanktionierte das im Oktober 1989 im saudiarabischen Taif unterzeichnete Abkommen. Augenfällig ist, daß die Gebiete mit homogener religiöser Färbung zugenommen haben: West-Beirut ist sunnitisch und auch schiitisch, Ost-Beirut christlich, Süd-Beirut schiitisch, der Schuf drusisch, der Norden zwischen Nahr el-Kelb und dem Qadisha-Tal eine „christliche abgesonderte Enklave". Die christliche Präsenz ist stark und gut sichtbar: Geschäftigkeit der Armenier, die in Bordj Hamud das neue Handelszentrum Beiruts schufen; Aktivitäten der maronitischen *Université du Saint-Esprit* von Kaslik, die das syrische Erbe wiederbelebt, oder das griechisch-orthodoxe Theologische Seminar von Balamund im Norden; Pilgermassen an der Grabstätte des Heiligen Sharbel Machluf, der inmitten des Bürgerkrieges kanonisiert wurde, Seligsprechungen von Schwester Rifqa und 1998 von Pater Ne'matallah Kassab al-Hardini (1808–1858); Zunahme der Votivkapellen an Straßenkreuzungen in Städten und Dörfern; Steigerung der geistlichen Berufungen; Bau und Renovation von Gotteshäusern, brandneue Klöster, Bastionen des Berg-Libanon und des Qadisha-Tals.

Nicht mehr dominant ist die christliche Präsenz allerdings in der Politik. Als Folge interner Machtkämpfe sind die maronitischen Eliten praktisch führungslos. Noch immer ist ein Maronit Präsident der Republik, doch diese Funktion ist, von der syrischen Besatzungsmacht streng überwacht, faktisch ohne Bedeutung. Die maronitische Gemeinschaft, einst triumphierendes Symbol des christlichen Libanons, zieht sich auf ihren 1986 gewählten Patriarchen Nasrallah Sfeir zurück, der sich immer wieder gegen die israelische Besetzung wie die syrische Besetzung ausspricht. Seit 1990 ist die politische Krise der Christen im Libanon gravierender als zur Zeit des Krieges. An ihr läßt sich die Gesamtlage im Nahen Osten ablesen[45]. Was wäre ein Libanon ohne politische Präsenz der Christen? Die im

---

[45] Fundierter, schwerpunktmäßig den Maroniten gewidmeter Aufsatz von E. PICARD, Les dynamiques politiques

Dezember 1995 in Rom tagende libanesische Synode wurde von allen Libanesen aufmerksam verfolgt – als politischer wie religiöser Akt. In ihrer Schlußbotschaft unterstreicht sie, wie dringend die Aufhebung der Abschottung der Gemeinschaften sei, bemerkt mit Blick auf die Islamisten aber auch, keine Gemeinschaft könne „der Nation aufzwingen, was nur einer Gemeinschaft angemessen ist, nicht aber den Traditionen der übrigen Gemeinschaften entspricht". In politischer Hinsicht fordert der Text, „daß die Souveränität des Landes auf seinem nationalen Territorium wiederhergestellt wird, indem dieses Territorium, in Übereinstimmung mit den UNO-Resolutionen, von der israelischen Besetzung befreit werde. Als Folge des wiederhergestellten inneren Friedens müssen die syrischen Streitkräfte aus dem Libanon abgezogen und die militärische Präsenz der libanesischen Armee auf das gesamte nationale Territorium ausgedehnt werden". Die Libanonreise des Papstes im Mai 1997 und deren Echo bei den Muslimen, auch den Schiiten, zeigten, wie wichtig die Tätigkeit des Apostolischen Stuhls in der Region ist[46].

III. Die Mobilisierung der Kopten: Zwischen Aufbruch und Rückzug[47]

Der Rückzug der Maroniten, der einstigen Galionsfiguren der orientalischen Christen, kontrastiert mit der erneuten Vitalität der Kopten – eines der spektakulärsten Phänomene des ausgehenden 20. Jh. Noch vor dreißig Jahren wäre es undenkbar gewesen. Damals zogen sämtliche Beobachter eine düstere Bilanz: leere oder hoffnungslos überalterte Klöster, äußerst niedrige Glaubenspraxis unter der säkularisierten Elite und sogar unter dem von einem schlecht ausgebildeten Klerus nur ungenügend betreuten Volk[48]. Dreißig Jahre später sind sonntäglicher Gottesdienstbesuch, Fasten, Gebet, theologische Studien selbstverständlich, die Klöster sind voll von tatkräftigen jungen Akademikern, vormals verlassene Klöster werden wieder aufgebaut und neu belebt, die religiöse Mobilisierung ist total. Zur Zeit ist ein Aufbruch, ja im Fall des Mönchtums eine regelrechte „Auferstehung" im Gang – größtenteils das Werk der beiden letzten Patriarchen, Kyrills VI. (1959–1971) und Schenudas III., der das Amt seit 1971 innehat. Unterstützt wurden sie von der Synode und dem Gemeinderat (*maglis millī*)[49].

---

des chrétiens au Liban. Changement de statut et crise du leadership, in: Monde Arabe Maghreb, Machrek Nr. 153 (Juli/Sept. 1996) 3–21.

[46] Dokumentation des *Centre culturel Hariri*, Paris: La visite du pape Jean-Paul II au Liban, 10–11 mai 1997, commentaires et documents, Paris, Mai 1997.

[47] Zur Problematik gibt es einige fundierte neuere Publikationen, so etwa F. SIDAROUSS, Église copte et monde moderne, in: Proche-Orient chrétien 30 (1980) 211–265; S. NAGUIB, Les Coptes dans l'Égypte d'aujourd'hui (Chrétiens du Proche-Orient. Hier-Aujourd'hui-Demain. 1), Bruxelles 1996. Der neueste Sammelband ist herausgegeben von N. VAN DOORN-HARDER – K. VOGT, Between Desert and City: the Coptic Orthodox Church Today, Oslo 1997. Umfassend ist die bemerkenswerte Dissertation von D. EL-KHAWAGA, Le renouveau copte. La communauté comme acteur politique, Paris 1993 (unveröffentlicht). Ebenfalls erwähnt sei der wichtige Bericht über die religiöse Situation in Ägypten: Taqrīr al-hālah al-dīnīya fī Misr, Kairo 1997. Dieser Bericht räumt den Kopten viel Platz ein; vgl. N. 'ABD AL-FATTAH, La situation religieuse en Égypte (Etudes Arabes. 94), Rom 1998.

[48] Noch 1965 schrieb ein hervorragender Kenner der Kopten, H. H. AYROUT, Regards sur le christianisme en Égypte hier et aujourd'hui, in: Proche-Orient chrétien 15 (1965) 40, in Akhmim, in Mittelägypten, gingen höchstens 300 von insgesamt 12 000 Christen zum Sonntagsgottesdienst.

[49] Die Erneuerung ist die Fortsetzung eines bereits in den fünfziger Jahren einsetzenden Aufschwungs. Der Aufruf zur Erneuerung war zwischen 1875 und 1927 zunächst von den Patriarchen ausgegangen, zwischen 1927 und 1956 wurde er dann von der Basis, dem Diakonat und einigen Gläubigen aufgenommen. H. LEGRAND, Le renouveau

Der koptische Aufbruch hat seine Wurzeln in den Sonntagsschulen; unter protestantischem Einfluß wurden diese in den zwanziger Jahren von Habib Girgis gegründet. Ein Netz von jungen Kopten, die in den dreißiger und vierziger Jahren des 20. Jh. in die Schule gegangen waren, wurde religiös aktiv.[50] In den vierziger Jahren, als sich die jungen muslimischen Akademiker an der Universität in islamischen Erneuerungsbewegungen engagierten, die 1928 gegründete Muslimbruderschaft aktiver wurde und sich die Offiziere geheimen politischen Aktivitäten zuwandten, da sammelten sich zur selben Zeit auch die aus der unteren Mittelschicht stammenden koptischen Hochschulabsolventen. Zwischen 1936 und 1949 gegründete Vereinigungen begannen mit kirchlicher Unterweisung oder mit der Veröffentlichung von Erbauungsliteratur. In der gleichen Zeit entdeckten Eremiten erneut die Bedeutung eines Rückzugs in die Wüste. Nach der Revolution von 1952 schloß das Regime der „freien Offiziere" die Kopten mit dem Hinweis auf ihre Gemeinschaftsidentität von der Politik aus. Eine grundlegende Wende brachte die 1959 erfolgte Wahl Kyrills VI. zum Patriarchen. Die Mönchskultur fand unter den Kopten Verbreitung, die schriftlichen Veröffentlichungen vervielfachten sich. Wie die muslimischen Mitbürger in die Moschee zurückkehrten, so die Kopten in ihre Gemeinden. Unter Papst Schenuda III., dem Nachfolger von Kyrill VI., wurde mit der Schaffung neuer Bistümer das koptische Territorium abgedeckt und die unter muslimischen Druck geratene Landbevölkerung unterstützt. Als Kyrill VI. 1971 starb, gab es 26 Bischöfe, darunter drei „Bischöfe für allgemeine Angelegenheiten"; sie waren mit der Förderung des Religionsunterrichts, den höheren koptischen Studien und den ökumenischen und sozialen Aktivitäten befaßt. Dank der Schaffung neuer Bistümer und der Zunahme der Weihbischöfe mit Sonderaufgaben (Jugend, Beziehungen zu Afrika usw.) gibt es heute in Ägypten 70 koptisch-orthodoxe Bischöfe. Die Qualität der Klerikerausbildung in den beiden Seminaren Anba Ruweis (Kairo) und Deir al-Muharraq (Mittelägypten) wie auch in den fünf kleineren Lokalseminaren konnte gehoben werden – seit 1400 Jahren hatte es kein koptisches Seminar mehr gegeben. Die aus dem kleineren und mittleren Bürgertum stammenden Geistlichen sind in der Regel Absolventen einer höheren Lehranstalt, mit der modernen Technik vertraut und über den Westen informiert.

Die engagierte Betreuung der Laien, insbesondere im Rahmen der Sonntagsschulen, hat eine allgemeine Klerikalisierung der Gemeinschaft zur Folge gehabt. Die koptische Elite, einstmals wenig religiös und stärker an politischem und sozialem *leadership* interessiert[51], ist von der Bühne verschwunden, abgelöst durch Mönche, Priester und Bischöfe. Die *maglis millī*, deren sämtliche Mitglieder Diakone sind, beschränkt sich auf Verwaltungsaufgaben. Städtische Laien sind besonders aktiv in Katechese, Sonntagsschulen, Jugendbewegungen und Sozialdiensten. Eine Vielzahl von Andachtsbüchern und Heiligenviten informiert die

---

copte, in: Istina 2 (1962) 133–150, schreibt die koptische Rückbesinnung auf die eigene Identität der allgemeinen Modernisierung in Ägypten und der Einbindung der Gläubigen und des Klerus in das moderne Bildungswesen zu. D. El-Khawaga interpretiert dagegen diese Rückbesinnung als „einen Bruch, bewußte Auswahl der identitätsbildenden Ursprünge und Neuformulierung des Bandes zwischen Gegenwart und begrenzter Vergangenheit.

[50] Zu den Reformen und prägenden Persönlichkeiten der koptischen Sonntagsschulbewegung vgl. die umfassende Dissertation von W. REISS, Erneuerung in der Koptisch-Orthodoxen Kirche. Die Geschichte der koptisch-orthodoxen Sonntagsschulbewegung und die Aufnahme ihrer Reformansätze in den Erneuerungsbewegungen der Koptisch-Orthodoxen Kirche der Gegenwart (Studien zur Orientalischen Kirchengeschichte 5), Hamburg 1998.

[51] Zu den politischen Aspekten der koptischen Gemeinde vgl. B. L. CARTER, The Copts in Egyptian Politics, London 1986, sowie die Dissertation von L. BARBULESCO, La communauté copte d'Égypte 1881–1981: attitudes collectives et orientations idéologiques, Paris 1990 (unveröffentlicht).

Gemeinde. Patriarch Schenuda III. empfängt jeden Mittwoch mehrere tausend Zuhörer zu Vorträgen und Gesprächen, die Antworten auf ihre Fragen haben wollen.

Auffälligster Aspekt der koptischen Reform ist indes die Wiederbelebung des Klosterwesens. 1959 existierten noch sechs Männerklöster mit einigen betagten Mönchen. Heute gibt es 17 Klöster, viele sind aus Ruinen neu erstanden, bevölkert von einer Vielzahl von zumeist jungen Mönchen mit Universitätsabschluß. Im Kloster Mari Mina im Südwesten Alexandriens wird um die Grabstätte Kyrills VI. die antike Wallfahrt zum heiligen Menas neu belebt. Im Makarios-Kloster im Wadi Natrun übt Matta al-Maskin seine geistliche Autorität aus, wobei er sich dem Wirken von Patriarch Shenouda III. gegenüber reserviert zeigt. Er übt durch seine literarischen Veröffentlichungen Einfluß aus und hat insbesondere die Tradition des Jesus-Gebets wiederbelebt. Seine Schriften fußen auf der patristischen Literatur und zeugen von großer Vertrautheit mit den Kontroversen in der westlichen Theologie[52]; sie unterscheiden sich stark von der scholastischen Theologie der häufig eher fundamentalistisch ausgerichteten koptischen Seminare. Allerdings bleibt Matta al-Maskin in einer im Aufbruch befindlichen Gemeinde marginalisiert. Die Zahl der Berufungen steigt, und der Einfluß der Mönche auf die koptische Kirche ist heute vielleicht stärker denn je seit der Antike. Entwickelt hat sich auch das bis anhin kaum existierende weibliche Ordenswesen; die meist hochgebildeten Nonnen stammen vorab aus dem städtischen Milieu[53]. Heute leben mehr als 450 kontemplative Schwestern nach der Regel des heiligen Pachomios, wobei die fünf Frauenklöster expandieren. Die *Bānāt Maryam*, die geweihten Jungfrauen, gehören einer 1963 in Beni Suef gegründeten Institution an. Fast 100 von ihnen leisten heute in der Gemeinde tätige Sozialarbeit. Die 1981 vom Patriarchat gegründete Parallelbewegung der im Apostolat tätigen geweihten Diakonissen wurde 1991 per Synodaldekret anerkannt.

Alle die einst in der Wüste abgeschiedenen, aber inzwischen verkehrstechnisch gut erschlossenen Klöster sind heute stark frequentierte Pilgerzentren. Jedes verfügt über eine Buchhandlung; hier können die Pilger mit einem Heiligenbild verzierte Schlüsselanhänger, Uhren und Trinkbecher, Glücksbringer, Postkarten oder Erbauungsliteratur und Heiligenviten kaufen. Wundererzählungen, Erscheinungen, Fürsprache der Heiligen – dies ist der Hintergrund der seit der militärischen Niederlage von 1967 mächtig im Aufschwung befindlichen koptischen Frömmigkeit. Das religiöse Gedächtnis gründet in der Erinnerung an die Märtyrer, an Ägypten als geheiligte Erde.

Die Erneuerung stößt indes an Grenzen: Zu früh mit dem Bischofsamt betraut, haben die Mönche ihr theologisches Wissen kaum vertieft, und außer im Umfeld von Matta al-Maskin bleiben die patristischen Studien dürftig. Unter dem Einfluß des islamischen Fundamentalismus versteht die koptische Theologie die Bibel häufig buchstabengetreu (laut John Watson „koranisiert" Shenouda III. die Bibel). Drei gegensätzliche Strömungen spalten die Gemeinschaft: jene des Patriarchen, der sich auf eine erneuerte koptische Tradition stützt; jene von Matta al-Maskin, die stärker spirituell ausgerichtet und an den Kirchenvätern orientiert ist; schließlich jene von Bischof Anba Athanasios in Beni Suef, der die Probleme der modernen Gesellschaft aufgreifen und die Ökumene entfalten will. Die beiden letztgenannten Strömungen werden heute von der durch das koptische Patriarchat vorgegebenen Ausrichtung marginalisiert.

---

[52] Vgl. MATTA EL-MASKÎNE, Prière, Esprit Saint et Unité Chrétienne (Spiritualité orientale 48), Abbaye de Bellefontaine 1990.
[53] P. VAN DOORN-HARDER, Contemporary Coptic Nuns (Studies in Comparative Religion), Columbia (S.C.) 1995.

Eine weitere Begrenzung liegt darin, daß sich der Aufbruch in all seinen Aspekten auf eine urbanisierte und gebildete Gemeinschaft stützt, eine häufig in Kairo lebende und unter Kopten immer zahlreichere Schicht. So wächst denn die Spannung zwischen diesen reformierten religiösen Eliten und den häufig des Lesens und Schreibens unkundigen und armen Kopten in den ländlichen Regionen Mittelägyptens. Diese Kluft „könnte als Unfähigkeit der christlichen Eliten Kairos und der Kirche verstanden werden, diese provinzverhafteten, ländlichen und darüber hinaus *saīdī* [d. h. oberägyptischen] Aspekte als spezifisches Element der eigenen Identität zu integrieren – Aspekte, die ihre eigentliche Dynamik ausmachen"[54]. Die Spannung zwischen Erneuerungsdiskurs und Volksfrömmigkeit kommt etwa im Versuch zum Ausdruck, die traditionellen Patronatsfeiern am Grab der Heiligen zu reformieren, eine fröhliche Mischung von heilig und profan, von Jahrmarkt und Prozessionen[55]. Denselben Bruch mit der Tradition spiegelt die neuere koptische Kunst wider. Sie räumt mit der unter dem Verdacht der Islamisierung stehenden ikonographischen Tradition auf (etwa dem Schleier der Muttergottes) und führt neue identitätsbildende Themen ein (die koptische Kunst als Erbin der pharaonischen Kunst, die Pyramiden als Basis der Ikonen).

Kurz, wie unter ihren muslimischen Landsleuten seit 30 Jahren findet auch unter den Kopten der Rückzug auf das Religiöse statt: „Im einen wie im anderen Fall geht es um die Ablehnung einer ‚verwestlichten Moderne', ihrer Ideen und ihrer Lebenswelt und um den Willen, zur Authentizität der eigenen, wiederbelebten Quellen zurückzukehren."[56] Anders als die Re-Islamisierung der Gesellschaft schließt die Rechristianisierung der koptischen Kirche politische Zielsetzungen aus. Seit zehn Jahren werden in den städtischen Gemeinden auf Initiative der Bistümer Kontakte geknüpft zwischen Kopten und islamischen Ulemas oder gemäßigten Islamisten; diskutiert wird über die Geschichte, den kulturellen Dialog, die Gesellschaftsvision, die Probleme der Jugendlichen. Nur wenige Intellektuelle werden zu solchen Treffen oder Vorträgen eingeladen, doch die Öffnung zeichnet sich ab.

IV. Die Religionsfreiheit der orientalischen Christen in einer sich islamisierenden Welt [57]

Mit den Reformen im Osmanischen Reich wurden im 19. Jh. die Christen den Muslimen gleichgestellt und waren nicht länger auf den – im übrigen nicht durchweg gleich definierten – *dhimmī*-Status beschränkt. Die meisten unabhängig gewordenen arabischen Staaten haben diese Errungenschaft offiziell nicht zurückgenommen – ausgenommen der Sudan und Saudi-Arabien, ganz zu schweigen vom nichtarabischen Iran. Fast überall ist die Reli-

---

[54] Denis, Cent ans de localisation (s. Anm. 16).

[55] C. Mayeur-Jaouen, La religion populaire copte à l'heure du renouveau, in: Chrétiens et sociétés XVIᵉ–XXᵉ siècles, Bulletin Nr. 4 de l'équipe CNRS 46, Université Lumière Lyon II – Université Jean-Moulin Lyon III, Lyon 1997, 5–29.

[56] M. Martin, The Renewal in context: 1960–1990, in: Van Doorn-Harder – Vogt, Between Desert and City, 15–21.

[57] Für die 22 Mitgliedstaaten der Arabischen Liga stützen wir uns weitgehend auf die fundierte und geraffte Studie von M. Borrmans, La liberté religieuse dans les pays d'islam, in: J.-B. d'Onorio (Hrsg.), La liberté religieuse dans le monde. Analyse doctrinale et politique, Paris 1991, 255–269. Zu ergänzen mit A. E. Mayer, Islam and Human Rights. Tradition and Politics, 3. Aufl., Boulder (Col.) – Oxford 1999, bes. Kapitel IV, VII und VIII, worin die Frage der Nicht-Muslime im Lichte islamischer Texte über die Menschenrechte abgehandelt wird.

gions- oder Gewissensfreiheit verankert. Aber überall, außer in der Türkei und im Libanon, wird der Islam in der Verfassung als Staatsreligion oder zumindest als Religion des Staatsoberhaupts (Syrien) definiert. Das sagt viel aus über die tiefgreifende Marginalisierung der Christen, von einigen Ausnahmeerscheinungen wie Boutros Boutros-Ghali in Ägypten oder Tarek Aziz im Irak einmal abgesehen. Das islamische Gesetz (*sharī'a*) wird in den Verfassungen als eine der Quellen, wenn nicht als Hauptquelle der staatlichen Gesetzgebung genannt. Was den persönlichen Status der Bürger anbelangt (Eheschließung, Scheidung, Erbschaft), so sind dafür die religiösen – muslimischen oder christlichen – Gerichte zuständig; Ausnahmen sind die Türkei (Zivilgesetz aus dem Jahr 1926) und Ägypten, wo die Gerichte zusammengelegt wurden. In der Regel zählen die christlichen Feste nicht zu den nationalen Feiertagen. Der Zugang zu den Medien ist praktisch unmöglich, außer in Jordanien, wo das Radio an Sonntagen und Feiertagen die Messe überträgt, und in Ägypten, wo am Fernsehen manchmal die Weihnachts- und Ostermesse des Patriarchen übertragen wird. Schließlich wird der Islam in der Regel in den öffentlichen Schulen unterrichtet; die Schulbücher für Arabisch wiederum sind stark vom Islam geprägt. Häufig gibt es konfessionelle Privatschulen, die eine christliche Erziehung anbieten. Doch in Ägypten wurden diese Schulen zunehmend „ägyptisiert", in Syrien, Irak und Algerien (1976) ganz verstaatlicht. In vielen Fällen müssen die christlichen Schüler deswegen am Islam-Unterricht teilnehmen.

Im Alltag gibt es häufig zahlreiche echte Kontakte zwischen Christen und Muslimen; dies um so mehr, als sie dieselbe Soziokultur, dieselben Gewohnheiten und zuweilen sogar dieselbe Volksfrömmigkeit teilen; in Syrien wie in Ägypten schickt die muslimische Elite ihre Kinder in Klosterschulen, christliche Ärzte haben einen besseren Ruf als ihre muslimischen Kollegen. Doch wenn eine Christin einen Muslim heiratet, dann werden ihre Kinder zwangsläufig den islamischen Glauben annehmen, wenn sie nicht selbst zur Bekehrung gedrängt wird; hingegen ist die Heirat einer Muslimin mit einem Christen weiterhin undenkbar. Ein Nicht-Muslim kann keinen Muslim beerben und umgekehrt. Die Marginalisierung ist auch im Berufsleben spürbar; einem ungeschriebenen Gesetz zufolge kann ein Christ, von einigen Ausnahmen abgesehen, kein hohes Amt in Politik oder Armee einnehmen, häufig darf er keinen Arabischunterricht erteilen. Obwohl nicht gesetzlich verankert, ist die Diskriminierung reell. Sei es, daß er isoliert in einem Dorf lebt oder in einem Büro oder in der Fabrik mit Muslimen zusammenarbeitet, der christliche Angestellte wird mit Nachdruck zur Bekehrung aufgefordert. Die Bekehrung zum Islam ist endgültig; hingegen ist die Bekehrung zum Christentum für einen Muslim absolut unmöglich, gilt er doch als Abtrünniger und riskiert die Todesstrafe.

In Pakistan wurde 1985 ein Gesetz über Blasphemie eingeführt. Auf eine blasphemische Äußerung gegen den Islam steht die Todesstrafe; das Gesetz dient als Vorwand für die Verfolgung von muslimischen Sekten oder Christen, aber auch als Vorwand für Abrechnungen und Gemeinverbrechen. Als ein Christ wegen angeblich blasphemischer Äußerungen über den Islam zum Tode verurteilt wurde, beging Monsignore John Joseph, Bischof der Diözese Faisalabad und Vizepräsident der Bischofskonferenz Pakistans, aus Protest am 6. Juli 1998 vor einem pakistanischen Gerichtsgebäude Selbstmord[58].

Der Bau neuer Gotteshäuser, durch den *dhimmī*-Status grundsätzlich verboten, ist in

---

[58] Bischof John Joseph, 65 Jahre alt, war der erste aus dem Pandschab stammende Bischof; der Theologe hat das Missale und den Katechismus der katholischen Kirche auf Urdu übersetzt.

Jordanien, Syrien, Irak und mit einigen Schwierigkeiten auch in Ägypten toleriert. Doch nur im Libanon, der Hochburg der Religionsfreiheit, dürfen die Kirchenglocken frei läuten. Prozessionen dürfen nur auf spezifisch christlichen Grundstücken stattfinden. Kurz, die individuelle Religionsfreiheit existiert, aber die Religionsfreiheit der Gemeinde ist stark eingeschränkt. Bei einigen der immer stärker islamisierten arabischen Staaten kann man sich manchmal fragen, ob die Ausrufung eines ausdrücklich islamischen Staates die Lage überhaupt noch verschärfen würde. In Staaten, die wie Ägypten, Syrien und Irak trotz allem die Spuren einer liberaleren Vergangenheit und einer weltlicheren Gesetzgebung bewahrt haben, wäre der Rückschlag allerdings gravierend.

Grundproblem ist letztlich das noch ausstehende *aggiornamento* des Islams. Je nachdem, ob Koran und *Sunna* evolutiv und liberal oder im Gegenteil konservativ und buchstabengetreu interpretiert werden, wird das Los der orientalischen Christen widersprüchlich eingeschätzt. Die Gründungsväter der islamischen Erneuerungsbewegung hätten sich, bei aller Feindseligkeit dem Westen gegenüber, 1880 vermutlich nicht vorstellen können, daß ihre heutigen Erben – die 1928 gegründete Muslimbruderschaft und deren Tausende von Epigonen – die Anpassung des Islams an die Moderne derart eng verstünden. Das Erwachen des Islams im Orient nach dem Sechstagekrieg von 1967 ist auf vielerlei Ursachen zurückzuführen: Desillusionierung über den Panarabismus, Zustrom von saudiarabischen Geldern, Umwälzung von Gesellschaften mit rasantem Bevölkerungswachstum, allgemeine Ignoranz der Geschichte des Islams, Unterstützung von Staaten, die sich in den siebziger Jahren gegen die marxistische extreme Linke zu schützen suchten. In den letzten 30 Jahren verschlechterte sich das Klima beträchtlich.

Zwar stehen die orientalischen Christen nicht im Zentrum des islamistischen Denkens, das sich eher um die Re-Islamisierung der Gesellschaft und ihrer Institutionen oder gar um den Kampf gegen den Westen dreht. Dennoch sind sie um ihr Los nicht zu beneiden. In islamistischen Kreisen gibt es drei Diskurstypen über die orientalischen Christen: Einen höchst gewalttätigen und zerstörerischen Diskurs, der den Christen die ihnen vom Islam zugesprochene Eigenschaft als „Leute des Buches" (*ahl al-kitāb*) abspricht und sie auf die Stellung von „Ungläubigen" (*kuffār*) reduzieren will, die ausgerottet werden können; häufiger einen Diskurs, der die Christen auf den *dhimmī*-Status zurückbinden will in Übereinstimmung mit der *sharī'a*, die als Beschützerin der Christen dargestellt wird, zurückgestuft auf Beschützte mit inferiorem Rang mit allem, was dieser Status beinhaltet, und der so Jahrhunderte des Arrangements mit dem Gesetz hinwegfegt; schließlich den Diskurs der offensten Islamisten, die der Historizität des *dhimmī*-Status Rechnung tragen und das islamische Recht erneuern und an die moderne Welt anpassen wollen[59]. Noch schwerer wiegt, daß sich in den Augen der Islamisten die orientalischen Christen mehr und mehr dem feindlichen Westen anpassen, eine Art Trojanisches Pferd, womit sie sich neuer Kreuzzüge gegen den Islam verdächtig machen. In dieser Hinsicht genügt ein Blick in die Werke der Anhänger der Muslimbruderschaft oder ihrer jüngeren Epigonen wie auch der schiitischen Mullahs.

Vorab in Ägypten hat das Erwachen des militanten Islams für die Christen direkte gewalttätige Folgen. Der in Mittelägypten besonders seit 1990 geführte Guerillakrieg militanter Islamisten gegen den ägyptischen Staat spielt sich in Regionen mit traditionell starker koptischer Präsenz ab.

---

[59] T. Mitri, Les conservatismes de survie et la tentation de l'alarmise; Vortrag auf einem Kolloquium des *Institut du monde arabe*, Paris, 16. November 1996.

V. Emigration und Dynamik der Diaspora

In ihren Stammlanden erfuhren die Siedlungen der orientalischen Christen im Verlauf eines Jahrhunderts einschneidende Veränderungen, die alles in allem die Veränderungen der arabischen Gesellschaften widerspiegeln: Einst in Dörfern lebend, leben sie nun in den Städten. Daß sie Städter sind, bedeutet bessere Schulbildung, bessere Hygiene, aber auch Vereinheitlichung ihres Lebensstils und tiefgreifende Entwurzelung. Die Berge, einst traditionelle Zuflucht, werden entvölkert zu Gunsten der Küstengebiete; die Gemeinden im Nordlibanon sind eine Ausnahme; die Regel bestätigt der von den syrisch-orthodoxen Jakobiten [60] verlassene Tur Abdin in Ostanatolien oder das von den syrischen Christen verlassene Hakkarigebiet. Die assyro-chaldäischen Christen strömten nach Urmia, das sie nun seinerseits in Richtung Teheran verlassen: 1850 gab es 50 000 Assyro-Chaldäer im iranischen Aserbaidschan, die verbliebenen 4500 befanden sich 1973 am Rand des Untergangs [61]. Im sowjetischen Armenien waren die Armenier zur Verstädterung und zur Proletarisierung verurteilt. Die Assyro-Chaldäer der syrischen Provinz Djezira, 1963 noch 25 000, verließen die Steppe für nahegelegene Städte wie Al Hasakke, um von hier aus nach Damaskus oder Aleppo aufzubrechen. Kurzum, die abgeschnittenen Dörfer werden zu Gunsten von Städten und Großstädten verlassen. Die Christen Iraks ziehen sich allmählich aus Al-Mausil (Mossul) und dem irakischen Kurdistan zurück und lassen sich in Bagdad [62] nieder, die Christen Irans wiederum haben sich vornehmlich in Teheran versammelt. Die Großstadt ist häufig Anlaufstelle vor dem endgültigen Exodus in den Westen. Sie trägt zur Auflösung der Familien- und Dorftraditionen bei und löst unter Jugendlichen, die nur noch über die soziologische Zugehörigkeit in eine Gemeinde eingebunden sind, in manchen Fällen Antiklerikalismus aus.

Binnenmigration ist auch Migration um der Arbeit willen. Mit der Industrialisierung und der Erdölwirtschaft entstanden christliche Gemeinden dort, wo es bisher keine gegeben hatte – so etwa in der Provinz Khuzistan mit den in der Erdölindustrie tätigen iranischen Chaldäern. In Syrien führte der Bau des Staudamms von Tabaqah am Euphratufer 1975 zur Gründung neuer Städte (Ar Raqqah und Tabaqah) und dank dem Zustrom einiger tausend Christen zur Wiedergeburt der seit dem 10. Jh. aus dieser Region verschwundenen

---

[60] In Nisibin (Nusaybin) beispielsweise gab es unter den 7200 Einwohnern 1972 noch vier jakobitische Familien, vgl. C. DAUPHIN, Situation actuelle des communautés du Tûr 'Abdin (Turquie orientale), in: Proche-Orient chrétien 22 (1972) 323–327. Die Autorin betont, daß der Aderlaß hauptsächlich auf die Armut und nicht auf lokale Konflikte mit Muslimen zurückzuführen sei. J. Joseph zählte um 1975 noch 60 ausschließlich christliche Dörfer im Tur Abdin; vier Mönche im Kloster al-Za'faran und etwa zehn weitere Mönche in Mar Gibra'il oder Mar Ya'qub, vgl. J. JOSEPH, Muslim-Christian Relations and Inter-Christian Rivalries in the Middle East. The Case of the Jacobites in an Age of Transition, Albany (N.Y.) 1983, 103. Vgl. ferner H. ANSCHÜTZ, Noch Überlebenschancen für syrisches Christentum auf dem Tur Abdin im Südosten der Türkei?, in: M. TAMCKE u. a. (Hrsg.), Syrisches Christentum weltweit. Studien zur syrischen Kirchengeschichte (Studien zur Orientalischen Kirchengeschichte 1), Münster 1995, 154–163; K. MERTEN, Die syrisch-orthodoxen Christen in der Türkei und in Deutschland. Untersuchungen zu einer Wanderungsbewegung (Studien zur Orientalischen Kirchengeschichte 3), Hamburg 1997.

[61] Vgl. DE MAUROY, Chrétiens en Iran (s. Anm. 8) 139–162.

[62] Die Migration nach Bagdad führte zu einer nie dagewesenen kirchlichen Bautätigkeit. Der chaldäische Patriarch Paul II. Cheikho (1958–1989) ließ in Bagdad 25 Kirchen erbauen, die jetzt dem Zustrom bereits nicht mehr genügen. Zu den Christen in den Bergen des Kurdistan und ihrer heute praktisch versunkenen Welt vgl. E.-I. YOUSIF, Parfums d'enfance à Sanate: un village chrétien au Kurdistan irakien, Paris 1993.

Kirche[63]. Zahlenmäßig am stärksten ins Gewicht fällt jedoch die Migration der ägyptischen Kopten, der irakischen Chaldäer und der palästinensischen Orthodoxen, die auf der Arabischen Halbinsel arbeiten. Hoch ist die Zahl der Syrisch-Orthodoxen dank des Zustroms von Indern, die im Exil zu den türkischen oder irakischen Christen stoßen. In Kuwait (ungefähr 50 000 Christen), in Bahrain und in den Vereinigten Arabischen Emiraten erfahren die Christen keine Toleranz, um ihren Glauben praktizieren zu können.

Im Mittleren Osten werden die Christen in Saudi-Arabien ganz offen verfolgt, obwohl ihre Zahl dort hoch ist (ein Zehntel der sechs Millionen Gastarbeiter in Saudi-Arabien sind Christen, häufig aus dem asiatischen Raum). Da das ganze Königreich als heiliges Land gilt, sind außer dem Islam sämtliche Religionen verboten. Offiziell gibt es keinen Priester im Land. Nicht nur sind Gottesdienstfeiern untersagt, es ist auch verboten, sich für Gebet und Bibelstudium in privatem Rahmen zu versammeln. Keine christliche Kirche gibt es in Saudi-Arabien, in Jemen, in Katar und in vier der sieben Vereinigten Arabischen Emirate. Heimliche Feiern sind für die Christen riskant; es kommt vor, daß sie verhaftet, inhaftiert, zu Peitschenhieben verurteilt und ausgewiesen werden. Zwischen 1990 und 1993 sind 329 Verhaftungen aus religiösen Gründen nachweisbar. Die Repression richtet sich vornehmlich gegen Philippinos, Inder aus Kerala oder koptische Ägypter; mehr oder weniger unbehelligt bleiben hingegen Staatsangehörige aus dem Westen[64].

Bleibt das Phänomen der Massenauswanderung in den Westen, wie es teils schon im 19. Jh. (Maroniten), teils erst in den sechziger Jahren des 20. Jh. (Christen Iraks) existiert und sich in den letzten fünfzehn Jahren spürbar intensiviert hat (Kopten). Läßt sich diese Migrationswelle allein mit dem Druck des intoleranten Islams erklären? Die Verfasser von länderspezifischen oder regionalen Studien unterstreichen, daß trotz unrealistischer Vorstellungen über den christlichen Westen bei der Auswanderung nicht religiöse Motive im Vordergrund stehen[65]. Ausschlaggebend für die Auswanderung zahlreicher Christen Syriens in den Libanon zwischen 1956 und 1970 war, daß sie dem städtischen Bürgertum angehörten und wie das ebenfalls emigrierende muslimische Bürgertum angesichts des arabischen Sozialismus unter Druck gerieten. Die Libanesen ihrerseits wanderten zur Zeit des Bürgerkrieges in die Golfregion oder in den Westen aus und knüpften so an eine alte Tradition an: „Bereits vor dem Bürgerkrieg war der Libanon eines der seltenen Länder dieser Erde, dessen Staatsangehörige – unabhängig von ihrer aktuellen Nationalität – außerhalb der Grenzen des Landes ebenso zahlreich gewesen sind wie innerhalb."[66] Heute sind es vor allem wirtschaftliche Zwänge, Armut und fehlende Perspektiven, die die Christen zum Auswandern bewegen[67]: „Die Christen verlassen die Türkei nicht, um ein christlicheres Leben führen, sondern um moderner leben und mehr Geld verdienen zu können."[68]

---

[63] C. Bach, Nouvelle évangélisation sur les bords de l'Euphrate, in: Œuvre d'Orient Nr. 683 (Dez. 1992) 340–343.

[64] G. Goubert, L'Arabie pratique une répression à deux vitesses, in: La Croix (25. Juli 1998); die Zahlen sind einem vom römischen *Fides* zusammengestellten Dossier über die Lage der Christen in Saudi-Arabien entnommen.

[65] Vgl. K. P. Hartmann, Untersuchungen zur Sozialgeographie christlicher Minderheiten im Vorderen Orient, Wiesbaden 1980. Das Werk behandelt hauptsächlich die Christen im iranischen Aserbaidschan und im Südlibanon.

[66] Vgl. Courbage – Fargues, Christians and Jews under Islam (s. Anm. 3) 192.

[67] Vgl. Minorités au Proche-Orient. Hommes et migrations Nr. 1172–1173 (Jan./Febr. 1994). Zehn Artikel befassen sich mit den Auswanderungsgründen von christlichen (und auch nicht-christlichen) Minderheiten.

[68] P. Dubois, L'Église catholique de Turquie, ombres et lumières, in: Œuvre d'Orient Nr. 667 (Sept. 1989) 305.

Trauriges Beispiel für diesen Sachverhalt sind die Christen Iraks. In den kurdischen Bergen im Norden litten sie wie die übrige Bevölkerung unter den Kämpfen zwischen kurdischen Aufständischen und dem irakischen Staat; der irakisch-iranische Krieg (1980–1988) und schließlich der Golfkrieg verstärkte noch die Zerstörungen. In den letzten Jahren soll die irakischen Armee 275 christliche Dörfer (darunter 150 Kirchen) zerstört und 4500 kurdische Dörfer dem Erdboden gleichgemacht haben[69]. In jüngster Zeit zwingen die tragischen Auswirkungen der 1990 gegen den Irak verhängten UN-Wirtschaftssanktionen die Iraker und insbesondere die Christen zum Auswandern, obwohl die Lage der Christen vermutlich in keinem arabischen Land so vorteilhaft ist wie im Irak[70]. Tausende von Christen befinden sich heute in einer Zwischenstation, warten auf Visa oder auf Ausreisemöglichkeiten, wie etwa die irakischen Chaldäer, die nach den Kämpfen von 1990–1991 im Kurdistan in der Hoffnung nach Syrien geflüchtet waren (UNO-Flüchtlingslager in el-Hol, im Norden Syriens bei Al Hasakke), nach Australien, Kanada oder in die USA ausreisen zu dürfen[71]. In Amman (Jordanien) warteten 1998 15 000 irakische Christen auf ihr Einreisevisum in ein westliches Land.

In Palästina ist die Aussichtslosigkeit in erster Linie sozioökonomisch und politisch bedingt; proportional wandern zweimal mehr Christen als Muslime aus, und zwar aus soziologischen Gründen. Ihr Bildungsniveau ist höher, und sie suchen nach einer sozioökonomischen Stellung, die ihnen einen angemessenen Lebensstil garantiert[72]. Der Westen ist in erster Linie am Zugang zum Erdöl, an der Sicherheit Israels und dem Kampf gegen den Islamismus interessiert. Für ihn sind die orientalischen Christen eine Last, keine Chance, „weshalb sich die Behandlung der ‚Orientfrage' durch die Großmächte auf ein Minoritätenproblem unter dem Gesichtspunkt der Menschenrechte beschränkt"[73]. Daher stellen ihnen die Konsulate großzügig Visa für den Westen aus. Anläßlich eines Treffens der orientalischen Patriarchen im Februar 1992 wies denn auch der Lateinische Patriarch von Jerusalem, Michael Sabbah, nicht ohne Bitterkeit auf diesen Umstand hin:

Die orientalischen Christen sind in Gefahr. Und diese Gefahr ist nicht der Islam, sondern die neue Weltordnung, die den Ausschluß einiger Völker beschlossen hat, unter ihnen die Palästinenser und die Christen des Libanons, um nur diese beiden zu erwähnen. Im Namen des Erdöls überließ die Demokratie den Platz der Diktatur und der Unterdrückung, wovon Muslime wie Christen betroffen sind. Als Reaktion darauf eigneten sich erstere, sie sind in der Mehrzahl, den Integrismus als Ausdrucksform an und wandten sich ihrerseits gegen Minderheiten, deren Mitglieder sich teilweise für das Exil

---

[69] Vgl. D. LAGOURGUE, La rage de vivre des chrétiens du nord de l'Irak, in: Œuvre d'Orient Nr. 688 (Dez. 1993) 532–534, sowie DERS., L'embargo hâte l'exode des chrétiens d'Irak, in: La Croix (6. Febr. 1997).

[70] 1972 anerkannte die irakische Regierung die syrische Sprache offiziell als eine der Landessprachen in Grundschulen, deren Schüler sich mehrheitlich zum syrischen Ritus bekennen. Sind ein Viertel der Schüler christlicher Religion, genießen sie christliche Unterweisung.

[71] Situation et problèmes des chaldéens dans leurs pays d'origine et dans la diaspora, in: Œuvre d'Orient Nr. 685 (April 1993) 412–417, und Nr. 686 (Juni 1993) 446–449.

[72] Eine fundierte Gesamtschau bietet der an der Universität Bethlehem lehrende Soziologieprofessor B. SABELLA, Palestinian Christian Emigration from the Holy Land, in: Proche-Orient chrétien 41 (1991) 74–85, bes. 79: „Repeatedly, some sources have argued, that Palestinian Christians leave because of fear of the rise of islamic fundamentalism … Those who argue that islamic fundamentalism is the cause for Palestinian Christian Emigration wish to obscure the fact that interrelated political and economic factors are the primary reasons for the departure of Palestinian Christians from their homeland."

[73] PICARD, Les dynamiques politiques des chrétiens au Liban (s. Anm. 45) 16. Die Solidarität mit den orientalischen Christen ist stets auf die konfessionelle Dimension beschränkt; so werden sie ihrer Heimat entfremdet.

entschieden haben. Die gemäßigten Muslime emigrieren. Die Christen auch, aber nicht, um ihren Glauben besser leben, sondern um ihre Würde als Bürger wiederfinden zu können. Dem Glauben bringt das Exil nichts; vielmehr geht er unterwegs oft verloren. Letztlich braucht der christliche Westen genauso Hilfe wie der christliche Osten.[74]

Hauptursache der massiven Emigration der Christen ist also nicht der islamische Druck. In Ägypten, wo die Christen am meisten unter dem wachsenden Islamismus zu leiden haben, ist die Auswanderungsquote nicht am höchsten. Die Emigration der orientalischen Christen ist häufig auf folgende Faktoren zurückzuführen: höhere gesellschaftliche Stellung und höheres Bildungsniveau, tatsächliche oder vermeintliche Nähe zum Westen, bereits vorhandene Diasporagemeinden und Aufnahmekanäle in Europa und in den USA.

Heute ist die Zahl der orientalischen Diasporachristen hoch – Folge der bedeutendsten geographischen und demographischen Umwälzung des letzten Jahrhunderts. Mehr als 60 % der Assyro-Chaldäer leben in der Diaspora außerhalb des Orients, davon 70000 in Chicago und beinahe ebenso viele in Detroit, 40000 in Australien; seit 1975 haben mehr als 100000 den Iran oder die Türkei verlassen, um sich in Europa, hauptsächlich in Frankreich niederzulassen[75]. Mehr als 50 % der Armenier leben in der Diaspora. Die Armenier machten zwei Hauptauswanderungswellen durch: jene der Flüchtlinge des türkischen Genozids zwischen 1915–1923 und jene einer späteren Emigration aus dem gesamten Mittleren Osten nach den USA oder nach Europa[76]. Heute leben 900000 Armenier in den USA, 500000 in Europa (davon 350000 in Frankreich) und noch 400000 im Mittleren Osten. Eine zweite armenische Welle der letzten Jahre führte in der bereits bestehenden Diaspora zu einem „ethnischen Erwachen"; erstmals wurden in den USA armenische Schulen gegründet. Die Bindung an ein folkloristisches, teils neu erfundenes Brauchtum verhindert jedoch nicht die weitgehende Entchristlichung der Armenier in der Diaspora. Der hohe Anteil der Mischehen (80 %) wird die Identität der vor kurzem Immigrierten über kurz oder lang wahrscheinlich auslöschen. Ebenfalls in der Diaspora leben vermutlich 40 % bis 50 % der Melkiten, 45 % der syrisch-orthodoxen Jakobiten, 25 % der arabischsprachigen Griechisch-Orthodoxen, 15 % der syrischen Chaldäer und 60 % der Maroniten (vielleicht sogar mehr, wenn die Nachkommen der im 19. Jh. ausgewanderten Maroniten hinzugezählt werden). Eine Million Maroniten lebt in den USA, eine weitere Million in Brasilien, 700000 in Argentinien, 50000 in Frankreich usw.

Wichtigstes Aufnahmeland sind die USA[77], jenes enttäuschende Eldorado der Drittweltländer, dann folgen Kanada und in jüngster Zeit Australien und Neuseeland. In Südamerika spielt Brasilien traditionell eine wichtige Rolle (eine Million Maroniten und 360000 Griechisch-Orthodoxe aus dem Orient, Nachfahren osmanischer Emigranten, der „Turcos"). In

---

[74] Zit. in: ARBOIT, Le Saint-Siège et le nouvel ordre au Moyen-Orient (s. Anm. 39) 131.

[75] J. YACOUB, La diaspora assyro-chaldéenne, in: Istina 40/2 (1995) 191–201. Für die syrisch-orthodoxen Emigranten in Deutschland wurde beispielsweise am 27. August 2000 in der westfälischen Kleinstadt Warburg von Patriarch Ignatios Zakka I. ein ehemaliges Dominikanerkloster neu geweiht, das nach dem syrischen Heiligen Jakob von Sarug benannt ist und Unterricht unterschiedlicher Art für die Gläubigen anbietet.

[76] Arménie-diaspora, mémoire et modernité, in: Les Temps modernes Nr. 504–506 (Juli–Sept. 1988).

[77] Zwei Studien über die Diaspora der orientalischen Christen, die sich allgemein mit der arabischen Diaspora befassen, zeigen auf, daß gegebenenfalls auch muslimische Araber auf der Suche nach einem besseren Leben häufig auswandern, vgl. Y. A. SAMEER – A. NABEEL, Arabs in the New World. Studies on Arab-American Communities, Detroit (Mich.) 1983; B. C. ASWAD, Arabic Speaking Communities in American Cities, Staten Island (N.Y.) 1974.

Europa genießt Frankreich besondere Anziehungskraft[78]. Nicht zu vergessen ist Schwarz-afrika mit seinen griechischen und levantinischen oder koptischen Christen (Sudan). Wohl gibt es Rückkehrer, doch die überwiegende Mehrzahl der Emigranten läßt sich endgültig im Westen nieder. Die orientalischen Diasporakirchen sind in der Regel von erstaunlicher Vitalität: Kultur- und Folklorevereine, Gründung von Kirchen und Klöstern oder sogar Schulen, Arabisch-, Armenisch- oder Syrischkurse für die junge Generation, Zeitschriften in europäischen Sprachen. Überall entstehen neue Gemeinden: 1977 gab es in Nordamerika 17 koptische Gotteshäuser, 1990 50 und 1995 72. Heute besteht die koptische Diaspora aus 177 Gemeinden, die Hälfte davon in Nordamerika und Australien, und einem Kloster (Sankt Antonius) in der kalifornischen Wüste[79]. Unterstrichen wird die Bedeutung der amerikanischen Diaspora für die Kopten mit dem 1991 in den USA erschienenen achtbändigen Standardwerk *The Coptic Encyclopedia*. Emigranten werden zu Priestern geweiht, und in den größten und dynamischsten Gemeinden kommt es zu Seminar- und Klostergründungen.

Wird die Bindung an die ostkirchliche Herkunftsidentität im amerikanischen, australischen oder europäischen *melting pot* über zwei oder drei Generationen hinaus Bestand haben? Werden die orientalischen Riten an der – in der Regel starken – Exogamie, am Vergessen der orientalischen Sprachen, an den leeren Versprechungen der Konsumgesellschaft zugrunde gehen? Diese neue Herausforderung eröffnet für die orientalischen Kirchen ungeahnte Perspektiven. Die heutigen orientalischen Patriarchen sind vielgereist, verbringen immer mehr Zeit in Europa und Amerika: Konsekration von Kirchen, Priesterweihen, Pflege der Bindung an die Herkunftsländer. Die Diaspora ist zudem eine nicht unerhebliche Geldquelle. Bekannt ist die Hilfe für Armenien nach dem Erdbeben von 1988. Auf einer bescheideneren Ebene seien die Spenden griechisch-orthodoxer Amerikaner erwähnt, durch welche die inzwischen zur Universität ausgebaute „Balamund-Schule" im Libanon erbaut werden konnte, oder das mit Spendengeldern amerikanischer Jakobiten restaurierte syrische Kloster Mar Gibra'il bei Midyat (Türkei). Eigentliche Lobbies, die Druck auf die Herkunftsländer ausüben, gibt es nur am Rande. Am bekanntesten sind vermutlich die Armenier des Mittleren Ostens mit ihren vor allem zwischen 1975 und 1983 gegen die Türkei agierenden Terrororganisationen. Erwähnt seien auch die Kopten Amerikas, die anläßlich des Besuchs von Präsident Sadat in den USA protestierten, die Assyro-Chaldäer in der Diaspora, die militant für einen eigenen Staat im Orient oder zumindest für Autonomie und kulturelle Rechte eintreten. Daß den christlichen Palästinensern das Schicksal ihrer Heimat am Herzen liegt, schlägt sich etwa in den wissenschaftlichen Publikationen zur Palästina-Frage nieder.

Mit der Diaspora im Westen vergrößert sich letztlich nur das Phänomen der „Auslagerung" der orientalischen Kirchen. Außer den Kopten Ägyptens und Äthiopiens sowie den Maroniten des Berg-Libanons fühlt sich keine Kirche ausdrücklich in einem der modernen Staaten heimisch. Der nominelle, nostalgische Bezug auf historische Patriarchatssitze zeugt von der Bindung an die Vergangenheit. Doch es gibt kaum mehr Christen in Antio-

---

[78] J.-M. BILLIOUD, Les chrétiens d'Orient en France, Paris 1997. Zu den Armeniern in den Pariser Vorstädten vgl. M. HOVANESSIAN, Les Arméniens et leurs territoires, Paris 1995.

[79] Die aktuellste Darstellung in M. MARTIN, La communauté copte aujourd'hui, in: Les coptes. 20 siècles de civilisation chrétienne en Égypte, in: Dossiers d'archéologie Nr. 226 (Sept. 1997) 76–81. Seit 1980 besteht in Kröffelbach im Taunus bei Wetzlar ein koptisches St. Antoniuskloster, das sich den ökumenischen Begegnungen zwischen den orientalischen und den westlichen Kirchen widmet.

chien, dessen Sitz von mehreren Patriarchen beansprucht wird, seit die Orthodoxen nach der Annexion des Sandjak von Alexandrette (Hatay) durch die Türkei im Jahr 1938 nach Syrien und in den Libanon geflüchtet sind. Und der armenische Katholikos des „Großen Hauses von Kilikien" in Sis residiert in Wirklichkeit in Antelias bei Beirut. Der griechisch-orthodoxe Patriarch von Alexandrien und ganz Afrika betreut vor allem die 230 000 Gläubigen in Schwarzafrika. Der chaldäische Patriarch der Assyrischen Apostolisch-Katholischen Kirche des Ostens, Mar Denkha IV., im Irak geboren und iranischer Nationalität, ist wie sein Vorgänger in Chicago (Morton Grove) zu Hause, wo übrigens auch beinahe ein Viertel seiner 400 000 Glaubensgenossen lebt. Zahlreiche weitere Beispiele ließen sich anführen[80]. Die orientalischen Kirchen sind inzwischen *nolens volens* eher mobil als seßhaft, eher der Welt zugewandt als in den Traditionen verwurzelt.

VI. Ökumenische Perspektiven

Aus dieser Öffnung ergibt sich zwingend die Auseinandersetzung mit den Kirchen des Westens. Die Ökumene ist eine der wenigen positiven Veränderungen für die orientalischen Christen an der Jahrtausendwende.

Im Verlauf weniger Jahrzehnte wandelte sich die Einstellung der lateinischen Katholiken gegenüber den orientalischen Christen grundlegend. Im Zweiten Vatikanischen Konzil entdeckte einer der besten Kenner der Ökumene, der griechisch-katholische Priester Jean Corbon, eine „zutiefst orientalische Inspiration"[81]. Bekannt ist die damalige Rolle des griechisch-katholischen Patriarchen Maximos' IV. Sa'igh (1878–1967), eines kämpferischen Verteidigers der Rechte der orientalischen Christen, der sich für eine Annäherung an die orthodoxe Kirche stark machte[82]. Im Anschluß an das Zweite Vatikanum erfolgte am 5. Dezember 1966 die Seligsprechung des libanesischen Eremiten Sharbel Machluf durch den maronitischen Patriarchen und Kardinal Paulus Petrus Meouchi. In seiner bei dieser Gelegenheit gehaltenen Ansprache betonte Papst Paul VI. den Zusammenhang zwischen dem Konzil und der erstmals seit dem 1. Jh. nach römischem Verfahren erfolgten Seligsprechung eines Orientalen: „Welch ein Symbol für die Einheit zwischen Ost und West!" Seit dem Zweiten Vatikanischen Konzil beschäftigt sich der Apostolische Stuhl intensiv mit dem muslimischen wie christlichen Orient[83]. Unvergessen ist die Begegnung zwischen Paul VI. und Patriarch Athenagoras in Jerusalem. Ihr folgte in den siebziger und achtziger Jahren eine Reihe von Treffen zwischen verschiedenen orientalischen Patriarchen und Paul VI. und später Johannes Paul II. Bei solchen Gelegenheiten kam es zu gemeinsamen Glaubensbekenntnissen[84]. Die Reise Pauls VI. nach Jerusalem im Januar 1964 (die Stadt

---

[80] Ausgezeichnete Überlegungen zu dieser Thematik in J. CORBON, L'Église des Arabes (s. Anm. 2) 30.

[81] DERS., Bilan oriental du concile: Éphèse, Nicée II, Vatican II, in: Proche-Orient chrétien 16 (1966) 28.

[82] Einzelheiten zur Haltung der mit Rom unierten orientalischen Kirchen im Zweiten Vatikanischen Konzil und umfangreiche Bibliographie in G. M. CROCE, Medio Oriente, in: La Chiesa del Vaticano II (1958–1978) Teil 2 (Storia della Chiesa XXV/2), Mailand 1994, 579–607, bes. 597–607.

[83] M. BORRMANS, Le Saint-Siège et les États islamiques, in: J.-B. D'ONORIO, Le Saint-Siège dans les relations internationales, Paris 1989.

[84] Rom-Besuche fanden statt : 1973 der koptisch-orthodoxe Patriarch Schenuda III.; 1971 der syrisch-orthodoxe Patriarch Mar Ignatios Jakob III. und 1984 Mar Ignatios Zakka I.; 1983 der Katholikos der syrisch-orthodoxen (malankarischen) Kirche von Indien; 1970 der armenisch-orthodoxe Patriarch; 1981 und 1993 die äthiopischen Patriarchen.

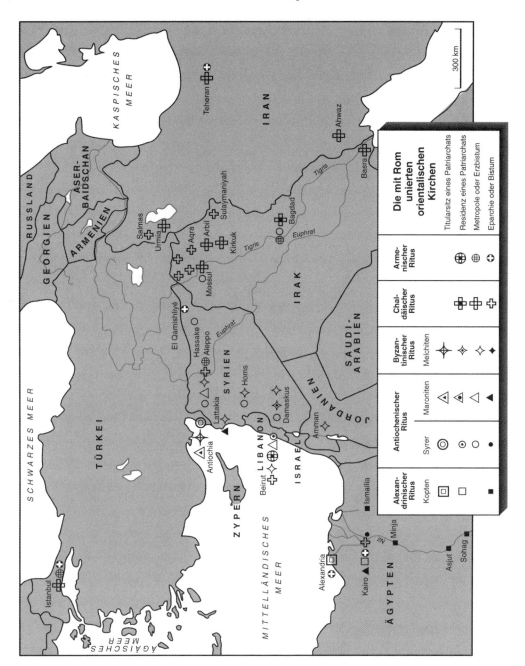

stand damals unter jordanischer Herrschaft) war eine Pilgerfahrt und zugleich eine wichtige Etappe der Ökumene im Orient.

Das gewandelte Selbstverständnis der Katholiken eröffnet auch den stets zwischen Ost und West hin und her gerissenen orientalischen Unierten und Protestanten neue Perspektiven. Sie verstehen sich nun als Pioniere der Ökumene und helfen der orientalischen Kirche, sich zu öffnen, und der westlichen Kirche, ihre orientalischen Wurzeln wiederzuentdecken[85]. Die am stärksten verwestlichten katholisch unierten Gemeinden, vor allen anderen die Maroniten, suchen sich seit 30 Jahren wieder stärker zu orientalisieren. Die Einstellung der europäischen katholischen Missionare hat sich radikal gewandelt. Im Zuge der Ökumene sind die noch immer präsenten Kongregationen lateinischer Herkunft diskreter und „orientalischer" geworden, brüderliche Helfer und jedem Proselytismus abhold. Allmählich treten Einheimische an die Stelle der europäischen Missionare. Die ausgeprägte Arabisierung des Unterrichts hat ihre Schulen völlig verändert; diese werden von immer mehr muslimischen Schülern besucht (bis 70% der Schüler in den christlichen Schulen Syriens). Die Jesuiten im Orient sind nicht mehr in Lyon geboren, sondern im Libanon oder in Ägypten; der gegenwärtige koptisch-katholische Patriarch Stephanos II. Ghattas, ist Lazarist[86]; mehr als 60% der in ganz Indien in der Mission Tätigen entstammen der Syro-Malabarischen Kirche. In Äthiopien stammen zwei Drittel der Missionsschwestern *Les Filles de la Charité* aus dem Lande selbst. Tätigkeitsschwerpunkte dieser Kongregationen sind noch immer Schulunterricht, medizinische Betreuung der Ärmsten und Waisenhilfe[87].

Ein entscheidender Schritt für die Ökumene im Orient war die offizielle Gründung des *Middle East Council of Churches* (MECC) am 29. Mai 1974 in Nikosia (Zypern). Mit der Schaffung dieses Dialogforums war eine lange Aufbauarbeit der drei wichtigsten „Kirchenfamilien" an ihr Ziel gelangt. Erstmals 1961 (Rhodos) hatten sich die byzantinisch-orthodoxen (oder chalkedonensischen) Kirchen zur *Panorthodoxen Konferenz* zusammengefunden. 1965 hatten sich die altorientalischen (nonchalkedonensischen) Kirchen erstmals in Addis Abeba versammelt. Die evangelischen, presbyterianischen und episkopalischen Kirchen wiederum waren seit 1932 im *Christlichen Rat des Nahen Osten*s vereinigt; 1962 wurde er in *Near East Council of Churches* (NECC) umbenannt; ihm schlossen sich auch die Syrisch-Orthodoxen an. Ähnlich wie im Ökumenischen Rat der Kirchen sind im MECC diese drei Kirchenfamilien versammelt. Das Fundament der Zugehörigkeit zum MECC wird in dessen Verfassung wie folgt festgehalten: „Der MECC ist ein Zusammenschluß von Kirchen des Mittleren Ostens, die sich gemäß der Schrift zu Jesus Christus als ihrem Gott und Erlöser bekennen und die sich in diesem Geiste bemühen, zusammen auf ihre gemeinsame Berufung zum Ruhme des einen Gottes, des Vaters, des Sohnes und des

[85] Maximos IV., Orient catholique et unité chrétienne; notre vocation œcuménique, in: Proche-Orient chrétien 10 (1960) 291–302. I. Dick, Sens et vicissitudes de l'uniatisme. L'écartèlement de la double fidélité, Beirut 1982.
[86] 1986 trat sein Vorgänger, Stephanos I. Sidarus, aus gesundheitlichen Gründen zurück. Er war der Sohn eines Paschas und Botschafters Ägyptens in den USA.
[87] Fundierte Informationen über die katholischen Missionen im Orient finden sich in: Œuvre d'Orient. Les chrétiens de France au service des chrétiens d'Orient (Vierteljahresschrift des *Œuvre d'Orient*, der Nachfolgeorganisation des *Œuvre des écoles d'Orient*), Paris 1931 ff. Es finden sich Zeugnisse von Missionaren, die orientalische Christen (auch in Ägypten und Indien) betreuen, historische Informationen und eine stets aktuelle Übersicht über die Aktivitäten der orientalischen Christen in Frankreich.

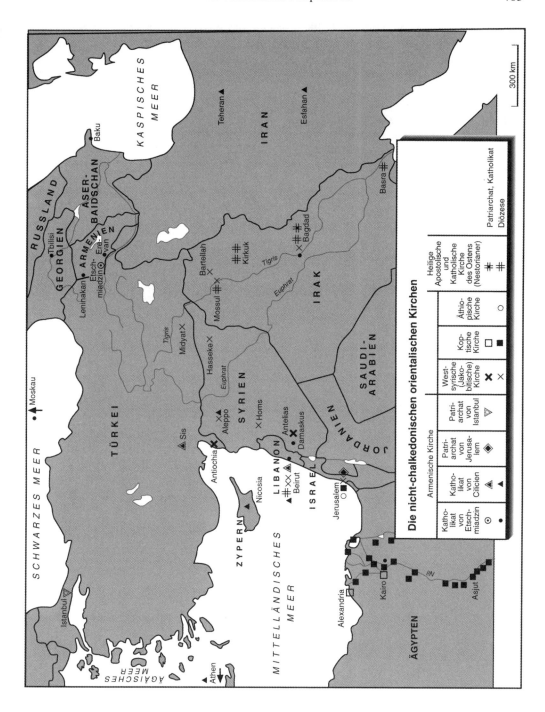

Die nicht-chalkedonischen orientalischen Kirchen

Heiligen Geistes, zu antworten."[88] 1985 ersuchte die Assyrisch Apostolische Kirche des Ostens (früher auch als nestorianische Kirche bezeichnet), welche keiner der drei genannten Kirchenfamilien angehört, um Aufnahme in den MECC. Im Januar 1990 schließlich wurden die orientalischen und lateinischen Christen aufgenommen. Inzwischen gehören alle Kirchen des Mittleren Ostens, ausgenommen die Assyrisch Apostolische Kirche des Ostens, dem MECC an.

Der theologische Dialog zwischen den Kirchen findet in Begegnungen und Kommissionen statt: Zwischen den orthodoxen und den altorientalischen Kirchen offiziös seit 1964, offiziell seit 1985 (Chambésy), zwischen dem Vatikan und dem orthodoxen Patriarchat offiziell seit 1979 und zwischen der katholischen Kirche und den byzantinischen oder orientalischen Kirchen[89]. Die theologische Annäherung und gegenseitige Anerkennung spiegelt sich in einer Reihe von aufsehenerregenden gemeinsamen christologischen Erklärungen[90]. Immer stärker wird das Bewußtsein, daß ein Großteil der wechselseitigen Verurteilungen auf Mißverständnisse und mangelhafte Übersetzungen zurückzuführen ist. Heute wird realisiert und feierlich erklärt, daß die sogenannten Monophysiten seit jeher die beiden Naturen Christi in einer Person anerkannt, daß gregorianische Armenier und katholische Kirche dasselbe Glaubensbekenntnis, daß die „Nestorianer" in der Person ihres Patriarchen 1975 feierlich jedem Bezug zum Nestorianismus abgesagt haben. Chalkedonenser und Nicht-Chalkedonenser hoben im September 1990 ihre gegenseitigen Exkommunikationen auf. Mit der bis dato jüngsten christologischen Erklärung im November 1994 setzten Mar Denkha IV. und Johannes Paul II. den Streitigkeiten zwischen Rom und der Assyrisch Apostolischen Kirche des Ostens ein Ende.[91] Am 13. Dezember 1996 schließlich ließen Johannes Paul II. und der armenische Patriarch Karekin I. Sarkissian in einer gemeinsamen Erklärung verlauten, sie wollten die Zwistigkeiten zwischen ihren Kirchen begraben.

Dennoch sind Mißtrauen und Vorbehalte nicht gänzlich verschwunden. Die katholisch-orientalischen Patriarchen pochen weiterhin auf dieselben Prärogativen wie die lateinische Kirche, etwa 1990 bei der Promulgation des Kanonischen Rechts der orientalischen Kirchen, das bei den Unierten auf Vorbehalte stieß. Was den Dialog zwischen Katholiken und Nichtkatholiken betrifft, so wächst heute das Bewußtsein, daß der theologische Konsens zur Herstellung der Einheit nicht genügt. Bei Mischehen etwa taufen die Koptisch-Orthodoxen weiterhin den katholischen Ehepartner. Als Erklärungsgrund für dieses Beharren auf der Tradition mag der Umstand gelten, daß die orientalischen Kirchen in der Regel Minderheitenkirchen sind[92]. Doch aus historischer Sicht sind die Entwicklungen und Fortschritte nicht mehr rückgängig zu machen.

---

[88] Vgl. F. BOUWEN, Pour une vivante espérance. IVe Assemblée générale du CEMO, Nikosia, 13.–19. Februar 1985, in: Proche-Orient chrétien 35 (1985) 59–86.

[89] DERS., Le consensus christologique entre l'Église catholique et les Églises orthodoxes orientales, in: Proche-Orient chrétien 43 (1993) 324–353.

[90] Dargestellt sind die einzelnen Etappen in der Zeitschrift *Istina*, die schwerpunktmäßig mit dem Thema Entwicklungen in der Ökumene befaßt ist. Speziell zum ökumenischen Dialog in der koptischen Kirche vgl. die Dissertation von D. W. WINKLER, Koptische Kirche und Reichskirche. Altes Schisma und neuer Dialog. Mit einem Vorwort von Franz Kardinal König (Innsbrucker theologische Studien 48), Innsbruck 1997.

[91] Vgl. D. W. WINKLER, The Current Theological Dialogue with the Assyrian Church of the East, in: R. LAVENANT (Hrsg.), VII. Symposium Syriacum (Uppsala University 11.–14. August 1996) (Orientalia Christiana Analecta 256), Rom 1998, 159–173.

[92] TH. SICKING, Minorités religieuses et dialogue œcuménique, in: Proche-Orient chrétien 37 (1987) 38–51.

Aber Ökumene erschöpft sich nicht im theologischen Dialog in Kommissionen oder in Deklarationen der Patriarchen. Sie will auch in konkretes Handeln umgesetzt sein, was für das Leben der orientalischen Christen wichtig ist. So in der jeweils im Januar stattfindenden Gebetswoche für die Einheit der Christen, die eine willkommene Plattform für Begegnungen zwischen Gemeinden bietet. So in den zahlreichen Regionen, wo sich – wie in Mardin in der Türkei – Katholiken und Orthodoxe auf ein gemeinsames Osterfestdatum einigen. So die spektakuläre Geste Pauls VI., der dem koptischen Patriarchen Kyrill VI. anläßlich der Einweihung der neuen koptischen Kathedrale in Kairo im Juni 1968 die Markus-Reliquien schenkte. So vor allem in der „wilden Ökumene", wie die Bezeichnung von Archimandrit Ignatios Dick (Aleppo) lautet. Seit dem Zweiten Vatikanum besteht größerer Konsens zwischen Katholiken und Orthodoxen, zwischen Angehörigen unterschiedlicher Riten über die Mischehe. Orthodoxe besuchen regelmäßig die katholische Messe, weniger häufig ist hingegen die umgekehrte Praxis. In vielen Fällen zwingen das Fehlen von Kirchen und die schwindende Zahl der Gläubigen die Christen unterschiedlicher Riten ganz konkret zu Zusammenschlüssen und interritueller Praxis: „In Ankara beispielsweise verfügen die Armenier seit über fünfzig Jahren weder über Priester noch Kirchen. Syrer und Chaldäer besaßen in dieser Stadt nie Gotteshäuser. Seit Jahren besuchen die Gläubigen dieser Kirchen eine der kleinen katholischen Kapellen in der Stadt."[93] Für die katholische Volksfrömmigkeit in Ägypten oder Syrien stellen auch die Pilgerstätten der Orthodoxie Anziehungspunkte dar. Schließlich gibt es gemeinsam getragene Vereinigungen, wie etwa die Gesellschaft des Hl. Vinzenz Paul, Katecheseversammlungen oder den armenischen Ausschuß in Aleppo, in dem sich Gregorianer, Katholiken und Protestanten zusammenfinden. In Aleppo treffen sich zudem die Vorsteher der verschiedenen christlichen Gemeinden einmal monatlich[94]. Im Alltag, so die Aussage zu den Christen in Syrien, „äußert niemand den Wunsch, alle christlichen Denomination unter einem Dach zu versammeln; im übrigen ist auch nicht klar, welche Form eine solche Struktur annehmen sollte. Ein solcher Einheitswunsch ist im Alltag genauso wenig vorhanden wie der Wunsch nach Abschottung der Gemeinden"[95].

Über die Grenzen der einzelnen Gemeinden hinweg fühlen sich orientalische Christen häufig berufen, im islamisch-christlichen Dialog eine wichtige Rolle zu spielen. Zu ihnen gehört Georges Anawati (1905–1994), ein Syrier aus Alexandrien, Islamwissenschaftler und Dominikaner: „... als erster Christ des Mittleren Ostens in unserer Zeit beschloß er, sich ganz den islamisch-christlichen Beziehungen zu widmen, und zwar mittels einer wissenschaftlich fundierten Spezialisierung auf arabische Philosophie und muslimische Theologie."[96] Wachsende interreligiöse Spannungen haben diesen Dialog in den Hintergrund gedrängt. Gleichwohl gibt es im Mittleren Osten immer mehr Zentren für islamisch-christlichen Dialog, immer mehr islamisch-christliche Tagungen und Debatten, in der Regel durchgeführt im Rahmen des MECC. Speziell hingewiesen sei im Libanon mit seinen ausgeprägten konfessionellen Spannungen auf eines der zahlreichen Zentren, nämlich das

---

[93] Vgl. X. JACOB, Le christianisme dans la Turquie actuelle, in: Œuvre d'Orient Nr. 683 (Dez. 1992) 339.

[94] I. DICK, Les relations interchrétiennes à Alep. Comment est vécu l'œcuménisme dans une grande métropole syrienne?, in: Proche-Orient chrétien 39 (1989) 113–126.

[95] SICKING, Minorités religieuses et dialogue œcuménique (s. Anm. 44) 60–90.

[96] H. TEISSIER, Hommage de Rome (Kirche Santa Sabina, 2. Mai 1994), veröffentlicht in: R. MORELON (Hrsg.), Le père Georges Chehata Anawati, dominicain 1905–1994. Parcours d'une vie, Kairo 1996, 129.

1995 an der griechisch-orthodoxen Balamund-Universität gegründete Zentrum; seit kurzem besteht dort ein *Observatoire de la convivialité* zur Erforschung der Verhaltensweisen der verschiedenen Gemeinschaften im Land. Das Zentrum wird von einem schiitischen Akademiker, Ahmad Beydoun, geleitet. Diese Zentren sind aktiv und diskret zugleich; hier spielen die laizistischen Intellektuellen eine entscheidende Rolle. Außerdem gilt vielen der „lebensweltliche Dialog an der Basis als einziger Weg", vor allem in den gemeinsam geführten Schulen[97].

Doch nicht bloß der Ökumene, auch der Politik gilt die Sorge des Vatikans, wenn es um die orientalischen Christen (ganz besonders im Libanon) geht; zur Zeit des Golfkrieges trat der Apostolische Stuhl unermüdlich gegen die Vorstellung an, der vom Westen geführte Krieg gegen den Irak sei ein heiliger Krieg, ein christlicher Kreuzzug gegen den Islam. Im Bewußtsein um den immensen Schaden, den die westliche Haltung den orientalischen Christen zufügt, verweist der Vatikan immer wieder auf das ungerechte Los der durch Krieg und Wirtschaftsembargo schwer bedrängten irakischen Bevölkerung.

VII. Religiöse Erneuerung

Mit dem ökumenischen Dialog wuchs in manchen bisher eher selbstbezogenen Kirchen die Einsicht, daß es besonders mit Blick auf die Auseinandersetzung mit der Moderne religiöse Probleme gibt, die gemeinsam anzugehen sind. Dies stellte 1965 bereits die erste gemeinsame Konferenz der Oberhäupter der altorientalischen Kirchen fest: „Praktisch weltweit sind wir Christen einer intensiven Säkularisierung ausgesetzt. Wir alle nehmen heute die wachsende Kluft zwischen der Kirche und dem Gebildeten von heute, vor allem aber der jungen Generation wahr. Diese Kluft zu überbrücken ist ... die eigentliche Herausforderung."[98] In manchen Ländern, etwa in Jordanien und im Heiligen Land, liegt der Anteil der praktizierenden Christen bei 30% bis 35%. Christliche Identität im Orient ist manchmal eher soziologisch codiert denn als Ausdruck der Glaubensüberzeugung; so in Israel oder im Libanon, die beide keine zivile Eheschließung kennen. Die junge libanesische Generation ist dem religiösen Brauchtum stark verbunden, scheint der interkonfessionellen Spaltungen aber überdrüssig zu sein. Dennoch ist die Zugehörigkeit zu einer Gemeinde im Libanon ein Muß. In der Levante bleibt die Säkularisierung der Eliten eine Herausforderung, selbst wenn sie durch das Wiedererstarken der orientalischen Kirchen und die intensivierte konfessionelle Präsenz in der Öffentlichkeit an Virulenz verliert.

Unter den orientalischen Christen findet seit etwa drei Jahrzehnten ein eigentlicher religiöser Aufbruch statt. In seinen Formen vergleichbar, ist er praktisch zeitgleich mit dem religiösen Erwachen ihrer muslimischen Landsleute in Gang gekommen.

Die Erneuerung des Mönchtums, dieses Kerns religiöser Identität der orientalischen Christen, stand am Anfang des religiösen Aufbruchs. Besonders beeindruckend ist sie, wie bereits dargestellt, unter den Kopten, nicht weniger lebendig seit den fünfziger Jahren unter den griechisch-orthodoxen Gemeinden und den verschiedenen Religionsgemeinschaf-

---

[97] Interview mit AMIN FAHIM, Präsident der Vereinigung Oberägyptens für Bildung und Entwickung, in: La Croix (12./13. Febr. 1995). L. BALBONT, Au Liban, une université se bat pour la convivialité, in: La Croix (31. Okt. 1997).

[98] K. SARKISSIAN, Les Églises orientales et l'unité chrétienne, in: Proche-Orient chrétien 16 (1966) 108.

ten im Libanon. Auch das angrenzende Syrien profitiert von den zahlreichen monastischen und kirchlichen Berufungen. Selbst weniger blühende Gemeinden wie die syrischen Katholiken in Syrien restaurieren zerfallene Klöster (Wiederbelebung des zerfallenen und seit 1830 unbewohnten Klosters Mar Musa im Berggebiet von Qalamun[99]) oder die Jakobiten in der Türkei: Im großen Kloster Mar Gabriel, etwa 100 Kilometer östlich von Mardin gelegen, leben nach langer Zeit wieder einige Mönche; in nächster Nachbarschaft befindet sich ein Frauenkloster. Im Libanon kommt im christlichen Bergland selbst das seit dem ausgehenden 19. Jh. untergegangene Anachoretentum wieder auf.

Die orientalischen Kirchen, in ihre als sklerotisch geltenden Traditionen eingebunden und von ihren Hierarchien zuweilen erdrückt, brauchten ein *aggiornamento*. Mit dem *aggiornamento* der katholischen Kirche im Anschluß an das Zweite Vatikanum ist es nicht vergleichbar, doch zeichnen sich ermutigende Entwicklungen ab. Etwa die Übersetzung der Bibel in modernes Armenisch unter der Ägide des Katholikats von Edschmiadzin im Jahr 1969 oder die Überarbeitung der katholischen und der protestantischen Bibelübersetzungen ins Arabische im Jahr 1969 respektive 1979. Etwa die Wahl eines neuen Patriarchen, Mar Denkha, durch die Bischofssynode im Jahr 1976; damit wurde die mehr als fünf Jahrhunderte alte Tradition der Übertragung des nestorianischen Patriarchats in der Sippe der Shim'un vom Onkel auf den Neffen durchbrochen[100]. Stärker in das kirchliche Leben eingebunden sind zudem die Laien. Dazu beigetragen haben etwa die 1942 gegründete orthodoxe Jugendbewegung[101], das Engagement in den koptischen Gemeinden und die Zulassung junger Laien zu der Synode des Libanons, wo sie, freilich als Zuhörer, die Spaltungen und Berührungsängste wie auch den Konservatismus der Kirchen anprangern. Das Niveau der Klerikerausbildung ist überall gestiegen, es gibt mehr Seminare, und die Professoren sind besser ausgebildet[102]. Die neue Generation von Mönchen und Anachoreten entstammt in der Regel dem städtischen Bürgertum und verfügt über einen Hochschulabschluß. Je länger je mehr sind die Katholikoi und Patriarchen bedeutende Persönlichkeiten, die in der Ökumene eine Rolle spielen. Ein gutes Beispiel dafür ist der im Juni 1999 verstorbene armenische Katholikos Karekin I. Sarkissian; er wurde 1932 in Syrien geboren, studierte im Libanon und in Großbritannien, war Bischof im Iran und in New York sowie Vizepräsident des Zentralausschusses des ÖRK von 1975 bis 1983, bevor er 1983 armenischer Katholikos des „Großen Hauses von Kilikien" mit Sitz in Antelias, Libanon, und

---

[99] Die Initiative geht auf den italienischen Jesuiten Paolo Dall'Uglio zurück und steht unter der Jurisdiktion des Ortsbischofs. Den Pilgerdienst versehen Ordensschwestern; vgl. ISTITUTO CENTRALE PER IL RESTAURO (ROMA) – THE SYRIAN MINISTERY OF CULTURE – MONASTIC COMMUNITY OF DEIR MAR MUSA (Hrsg.), Il restauro del Monasterio di San Mose' l'Abissino, Nebek (Siria), Damaskus 1998. Ganz in der Nähe haben in Qara Schwestern aus verschiedenen kirchlichen Gemeinschaften das auf das 5. Jahrhundert zurückgehende zerfallene Jakobskloster wieder in Besitz genommen und wiederaufgebaut. Es untersteht dem griechisch-katholischen Bischof von Yabrud-Homs.

[100] Das Ereignis war höchst dramatisch. Mar Shim'un XXI., Patriarch seit 1920, wurde 1933 aus Irak ausgewiesen und wanderte schließlich nach Amerika aus, erhielt die amerikanische Staatsbürgerschaft und heiratete 1973. Diese Heirat wurde von den Bischöfen, dem Vater und der Tante des Patriarchen verurteilt und erregte auch in seiner Gemeinde Anstoß. Sie war mit ein Grund, weshalb er von einem Assyrer aus Kanada in Kalifornien ermordet wurde. Sein Nachfolger, Mar Denkha, residierte zuerst in Teheran und mußte sich schließlich in Chicago niederlassen. Bagdad forderte, Patriarchatssitz müsse Bagdad sein, und veranlaßte 1972 die Wahl von Mar Addai.

[101] G. NAHAS, Le Mouvement de la jeunesse orthodoxe, in: Proche-Orient chrétien 43 (1993) 69–81.

[102] Vgl. M. BOUTROS KHAIRALLAH, La formation du clergé séculier dans l'Église maronite contemporaine (1934–1974), 3 Bde., Paris 1984.

schließlich Katholikos von Edschmiadzin wurde[103]. Sein Nachfolger im Katholikat von Antelias, Aram I., ist gegenwärtig Präsident des Zentralausschusses des ÖRK. Ignatios IV. Hazim, griechisch-orthodoxer Patriarch von Antiochien, war Präsident des ÖRK gewesen.

Der religiöse Aufbruch der letzten vierzig Jahre ist auch ein kulturell-intellektueller. Daß der MECC eine Kommission „Erziehung und Erneuerung" gebildet hat, ist kein Zufall. Mit der Wiederentdeckung des orientalischen religiösen und kulturellen Erbes einher geht die biblische und liturgische Erneuerung, die Wiederanknüpfung an die Patristik, begleitet von gezielten populärwissenschaftlichen Anstrengungen in der Erneuerung von Theologie, Katechese und Pastoral. Einige Institutionen sind die Bannerträger dieses Aufbruchs: für die Kopten das 1954 gegründete Institut für „Höhere Koptische Studien" in Anba Ruweis (Kairo); für die Maroniten die *Université du Saint-Esprit* in Kaslik (bei Beirut), die einen gewichtigen Beitrag zur Erneuerung syrischer Forschung auch in der Musik leistet; ebenfalls im Libanon das 1966 gegründete und 1971 eröffnete griechisch-orthodoxe Theologische Seminar „Balamund" (bei Tripoli); dieses wurde ausgebaut und erlangte 1987–1988 den Status einer Universität. In Palästina sei auf die 1973 eröffnete Universität Bethlehem und das von Paul VI. 1964 gegründete und 1972 eröffnete Ökumenische Institut in Tantur hingewiesen, das sich der Förderung der Ökumene im Heiligen Land verschrieben hat. Seit 15 Jahren befindet sich dort auch das Zentrum *al-Liqā* („die Begegnung"). Die hier tätigen Laien und Geistlichen organisieren Begegnungen zwischen Christen unterschiedlichen Ritus sowie zwischen Christen und Muslimen. Je länger je mehr wird dort die Palästina-Frage zu einem Schwerpunkt.

Der Aufbruch hat die gebildeten Eliten wie das Volk gleichermaßen erfaßt und strahlt auch auf die Volksfrömmigkeit aus, also auf jenen Bereich des Wundertätigen, der den orientalischen Christen so sehr am Herzen liegt: Marienerscheinungen in Ägypten in zwei Kairoer Vierteln, 1968 in El-Zeitun[104] und 1986 in der St. Damian-Kirche in Shoubra; seit 1982 Marienerscheinungen im Viertel Sufanieh von Damaskus bei einer jungen griechisch-orthodoxen Frau, Myrna Zakkur, wobei aus einer Marienikone in ihrem Haus wundertätiges Öl austritt und Stigmata an Myrnas Händen auftreten[105]. Weit mehr gegenwärtige Heilige und Wunder gibt es unter den Kopten Ägyptens und, in geringerem Maß, im Libanon; Reliquien werden exhumiert; die koptischen Wallfahrten in Ägypten erleben einen Aufschwung, und und im ländlichen Armenien die Pilgerfahrten und Tieropfer (*madagh*); die religiöse Ikonographie feiert in den christlichen Vierteln Beiruts eine mächtige Wiedererstehung; populärreligiöse Schriften erfahren einen Aufschwung. So wundert es nicht, daß auch auf dieser Ebene die christlich-orientalische Diaspora im Westen die aus dem Orient übernommene Religiösität übernimmt: In Amerika schwitzen Kopien der mehrfach kopierten Marienikone von Sufanieh Öl aus.

---

[103] Vgl. H. GOLTZ, Zum Tode von Karekin I. Oberster Patriarch und Katholikos aller Armenier, in: Armenisch-Deutsche Korrespondenz 104,2 (1999) 28–29.

[104] M. NIL, Les apparitions de la Vierge en Égypte 1968–1969, Paris 1980.

[105] CH. RAVAZ, Soufanieh. Les apparitions de Damas, Paris 1988. Die beiden Hauptstützen von Myrna Zakkur, der griechisch-katholische Pater Elias Zahlaoui, und der Lazarist Joseph Malouli weisen auf Kontakte zwischen Orthodoxen und Katholiken hin. Myrna selbst ist mit einem griechischen Katholiken verheiratet. Vgl. E. ZAHLAOUI, Soufanieh, chronique des apparitions et manifestations de Jésus et de Marie à Damas (1982–1990), Paris 1992.

Zum Schluß:
Eine lebendige Christenheit mit ungewisser Zukunft

Um 1950 standen die orientalischen Christen vor drei Herausforderungen: Säkularisierung, verkrustete Strukturen und Anpassung von Minoritäten an die unabhängig gewordenen modernen Staaten [106]. Von der Säkularisierung bedroht sind heute eher die Diasporagemeinden als die im Orient verbliebenen Gemeinden. Zwar gibt es noch immer verkrustete Strukturen, doch diese Bedrohung schwindet mit der wenn auch immer noch begrenzten Beteiligung der Laien am kirchlichen Leben, mit den positiven Impulsen der Ökumene und der tätigen Unterstützung von seiten der Diaspora. Dies alles trägt zur Öffnung der orientalischen Christen bei. Das Hauptproblem bleibt die Anpassung an die heutigen modernen Staaten. Daß diese Staaten und deren Bürger ihre Identität wieder vermehrt im Islam suchen, verstärkt den Anpassungsdruck. Im beginnenden 3. Jahrtausend sehen sich nun die orientalischen Christen mit drei Herausforderungen konfrontiert, die, neu formuliert, folgendermaßen lauten: kommunitärer Narzißmus (entweder mit fundamentalistischem Einschlag wie bei den Kopten oder mit selbstgefälliger Intoleranz wie bei den Maroniten), militanter und bedrohlicher Islam und besonders der Aderlaß durch Emigration, deren Hauptursache in der Faszination für das illusorische westliche Lebensmodell liegt. Welcher Weg steht den orientalischen Christen heute offen? Die Vielfalt der Hypothesen verdient Beachtung.

Ein radikaler Ansatz: Der Exodus wird als unabwendbar betrachtet, der Verlust für den Osten beklagt und die Bereicherung für den Westen begrüßt [107].

Ein langfristiger, wenig emotionaler demographischer Ansatz: Die orientalischen Christen müssen sich gedulden, handelt es sich doch zumindest für die dynamischsten Gemeinden eher um einen durch eine außergewöhnliche demographische Konstellation verursachten Einbruch denn um einen eigentlichen Niedergang [108].

Ein militant ökumenisch orientierter Ansatz: Die Christen des Fruchtbaren Halbmonds werden aufgefordert, „das zu werden, was sie sind, nämlich die Kirche der Araber – oder unterzugehen. Diese Option wird von unseren Kirchen so lange nicht klar ins Auge gefaßt, wie die Angst sie lähmt. Entweder fürchten sie sich vor dem Untergang als Folge des Aussterbens, der Auswanderung oder der Ausrottung; dann verstärken sie ihre Partikularismen und beschleunigen ihren Untergang ... Oder sie fürchten sich davor, die Kirche der Araber zu werden" [109]. Das ist die Sicht der orthodoxen und katholischen Melkiten.

---

[106] Das Minoritätenproblem stellt sich nicht bloß den christlichen Minderheiten. Im Mittleren Osten leben auch ethnische (Kurden) oder religiöse Minderheiten muslimischen Ursprungs (Drusen, Alawiten). Armenier und in geringerem Maß auch die Assyro-Chaldäer sind nicht *bloß* religiöse Minderheiten. Das Problem der orientalischen Christen im Rahmen des Minoritätenproblems allgemein behandeln L. CHABRY – A. CHABRY, Politique et minorités au Proche-Orient. Les raisons d'une explosion, Paris 1984. Eine aktuellere Darstellung mit Einbezug von Mitteleuropa und Balkan ist die eines Verfechters der assyro-chaldäischen Sache: J. YACOUB, Les minorités, quelle protection?, Paris 1995. Das informative Werk eines Geographen ist X. DE PLANHOL, Minorités en islam, géographie politique et sociale, Paris 1997. Das Thema liegt zur Zeit im Trend, wobei zuweilen die Zerstückelung einer Region übertrieben wird, in der es auch stabile Staaten und echtes nationales Bewußtsein gibt.

[107] VALOGNES, Vie et mort des chrétiens d'Orient (s. Anm. 1) 18: „Wie hart es auch sein mag, letztlich ist es wahrscheinlich zu begrüßen, daß die orientalischen Christen heute die westliche Welt mit ihrem immensen Potential bereichern, anstatt in ihrer angestammten Heimat weiterhin ein mittelmäßiges und bedrohtes Leben zu führen."

[108] Vgl. COURBAGE – FARGUES, Christians and Jews under Islam (s. Anm. 3).

[109] CORBON, L'Église des Arabes (s. Anm. 2) in seiner Schlußfolgerung. Der Autor behandelt in seinem Werk lei-

Doch welche Zukunftsperspektiven gibt es für die Kopten, die zutiefst Ägypter sind? Für die Assyro-Chaldäer, die nicht alle arabisiert oder es oft nur gezwungenermaßen sind? Für die Armenier, die mit ihrer eigenen Sprache und ihrem eigenen Nationalismus abseits stehen?

Messianische Töne schlagen einige Patriarchate an – ausformuliert werden sie beispielsweise von zwei Priestern im Libanon. Den orientalischen Christen wird eine Relektüre der Bibel nahegelegt; so sollen sie lernen, sich selbst dem Orient zum Opfer zu bringen, dort „Lämmer mitten unter den Wölfen" (Mt 10,16) zu sein „aufgrund einer ganz besonderen Berufung, die uns stets übersteigen, aber ganz nahe an Tod und Leben Jesu Christi heranführen wird"[110]. Derselbe Gedanke wird in einer mystischen und eschatologischen Vision über die Rolle der orientalischen Christen ausgedrückt: Ihre Aufgabe sei es, als Brücke zu dienen zwischen Orient und Okzident, eine Rolle, die sie bereits innegehabt hätten – im 10. Jh. mit den nestorianischen oder jakobitischen Übersetzern, welche die griechische Wissenschaft den Arabern vermittelten, oder im 19. Jh. im Zusammenhang der *nahda*, der arabischen literarischen Wiedergeburt. Heute befänden sie sich in der dritten Phase dieses Kreuzwegs, der zugleich Apotheose sei – mit dem Libanon als dessen Golgatha und Berg Tabor. Das Christliche sei zu opfern, damit der Orient leben könne[111].

Das letzte Wort indes gebührt den orientalischen Christen selbst:

Seit unvordenklichen Zeiten leben wir in diesem Orient ... Wir haben nicht das Recht, hier zu bleiben und dabei unsere Hauptsorge auf den Willen zum Fortbestand zu reduzieren; so würden wir in die Isolation, die Angst und den tödlichen Minoritätenkomplex getrieben. Unsere Präsenz im Orient ist missionarisch und zeugnishaft ... Lange Zeit haben wir uns selbst und haben uns die anderen von einem konfessionellen Standpunkt aus betrachtet; dieser aber verhindert, daß wir den anderen kennenlernen ... Derselbe Standpunkt hindert den anderen, uns in unserer Wahrheit zu erkennen ... Für uns ist die Zeit gekommen, den Schritt von konfessionellen Einheiten zu lebendigen Kirchen zu wagen. Zu Kirchen, die sich bemühen, in der Vielfalt ihrer Riten und ihres Erbes ihren Glauben authentisch und in der schöpferischen Interaktion mit der Mitwelt zu leben, die Gott für uns gewollt hat und die wir als unsere Mitwelt wollen.[112]

Bibliographie

Periodica und Arbeitsinstrumente
Mit ihren Studien und aktuellen Informationen ist die Zeitschrift *Proche-Orient chrétien* für die Gegenwartslage eindeutig die beste Quelle über die orientalischen Christen. Die seit 1951 von den Weißen Vätern in Jerusalem herausgegebene Vierteljahresschrift wird nun in Zusammenarbeit mit dem *Institut supérieur de sciences religieuses* der *Université Saint-Joseph* in Beirut publiziert. Sie enthält Grundsatzartikel, zahlreiche übersetzte Dokumente und eine für das Verständnis des libanesischen Bürgerkrieges oder die Hauptetappen der Ökumene unentbehrliche Chronologie. Register der Jahrgänge 1971–1995 in Band 45 (1995), Fasz. 3–4.

---

der nur die Arabische Halbinsel und den Fruchtbaren Halbmond, unberücksichtigt bleibt insbesondere das Niltal. Die Tragweite des eigenständigen und bereichernden Buches ist begrenzt. 1983 wurde es ins Arabische übersetzt, und zwar vom griechisch-orthodoxen Patriarchen Ignatios IV., dem Mitbegründer der orthodoxen Jugendbewegung und zeitweisen Präsidenten des ÖRK und des MECC.

[110] So der seit 1989 in Beirut aktive Jesuit Thom Sicking in seinem bereits erwähnten Aufsatz Minorités religieuses et dialogue œcuménique (s. Anm. 44).

[111] So der Maronitenpriester MICHEL HAYEK, Pour un tel passé, quel avenir?, Vortrag anläßlich des Kolloquiums über die orientalischen Christen am *Institut du monde arabe*, Paris 16. November 1996.

[112] Erklärung der orientalischen katholischen Patriarchen in Bkerke, 24. August 1991; zit. in: Documentation catholique Nr. 2037 (3. November 1991) 939.

Die österreichische Vierteljahreszeitschrift *Information Christlicher Orient* wird von der WEKEF (Initiative Christlicher Orient), Linz, herausgegeben und informiert über die Christen in den Ländern des Orients, wobei der Schwerpunkt auf den Ländern mit Christen syrischer Tradition liegt.

Hervorragende Informationen über die Lage der Christen enthält auch das vierteljährliche Bulletin der belgischen *Solidarité-Orient* in Brüssel, wobei jede Ausgabe einem Schwerpunktthema gewidmet ist.

J. Assfalg – P. Krüger (Hrsg.), Kleines Wörterbuch des christlichen Orients, Wiesbaden 1975 (verbesserte Neuauflage in Arbeit)

S. P. Brock, Syriac Studies. A Classified Bibliography (1960–1990), Kaslik (Libanon) 1996.

Ch. Cannuyer, Les coptes, 2. Aufl., Turnhout 1996.

G. Corm, Le Proche-Orient éclaté. 1956–1991, 2. Aufl., Paris 1991.

I. Dick, Les melkites. Grecs-Orthodoxes et Grecs-Catholiques des patriarcats d'Antioche, d'Alexandrie et de Jérusalem, Turnhout 1994.

A. Gerhards – Hg. Brakmann (Hrsg.), Die koptische Kirche. Einführung in das ägyptische Christentum, Stuttgart 1994.

J. Joseph, The Modern Assyrians of the Middle East: Encounters with Western Missions, Archeologists and Colonian Powers (Studies in Christian Mission 26), Leiden 2000.

H. Laurens, Paix et guerre au Moyen-Orient. L'Orient arabe et le monde de 1945 à nos jours, Paris 1999.

J. Raymond, Essai de bibliographie maronite … du XVIᵉ au XXᵉ siècle (Bibliothèque de l'Université Saint-Esprit Kaslik 9), Kaslik (Libanon) 1980.

W. Reiss, Erneuerung in der Koptisch-Orthodoxen Kirche. Die Geschichte der koptisch-orthodoxen Sonntagsschulbewegung und die Aufnahme ihrer Reformansätze in den Erneuerungsbewegungen der Koptisch-Orthodoxen Kirche der Gegenwart (Studien zur Orientalischen Kirchengeschichte 5), Hamburg 1998.

C. Sélis, Les Syriens Orthodoxes et Catholiques, Turnhout 1988.

K. Stoffregen-Pedersen, Les Éthiopiens, Turnhout 1990.

Gesamtdarstellungen

A. J. Arberry (Hrsg.), Religion in the Middle East. Three Religions in Concord and Conflict, London 1969. Die Darstellung ist nicht mehr auf dem neuesten Stand, doch noch immer unentbehrlich.

R. B. Betts, Christians in the Arab East. A Political Study, 2., verb. Aufl., London – Atlanta 1978.

J.-M. Billioud, Histoire des chrétiens d'Orient, Paris 1995. In unserem Zusammenhang ist allein der dritte Teil von Belang. Unberücksichtigt bleiben Iran, Indien, Äthiopien.

Les Chrétiens du monde arabe. Problématiques actuelles et enjeux (colloque des CMA, Sept. 1987), Paris 1989.

Y. Courbage – P. Fargues, Christians and Jews under Islam, übers. v. J. Mabro, London – New York 1997. Erstklassig für die Demographie der orientalischen Christen, sehr aktuell, mit einem letzten allgemeinen Kapitel über die arabische Christenheit im 20. Jh.

K. Cragg, The Arab Christian: A History in the Middle East, Louisville (Ky.) 1991. Eines der besten Bücher zu dem Thema und der Zeit des 20. Jh., weder Konfessionsgeschichte über die Riten noch rein politische Geschichte, noch pathetischer Appell. Befaßt sich als einziges mit der Kulturgeschichte der heutigen arabischen Christen.

G. M. Croce, Medio Oriente, in: La Chiesa del Vaticano II (1958–1978) Teil 2 (Storia della Chiesa XXV/2), Mailand 1994, 579–607. Der Beitrag über die unierten Gemeinden ist äußerst nützlich mit Blick auf die orientalischen katholischen Patriarchate jener Zeit.

D. Rance, Chrétiens du Moyen-Orient. Témoins de la Croix, 2. Aufl., Mareil–Marly 1991. Brauchbare Einführung in das Thema trotz der häufig aus der Luft gegriffenen Zahlen.

R. G. Roberson, The Eastern Christian Churches. A Brief Survey, 5. verb. Auflage, Rom 1995. Eine klare Darstellung mit zahlreichen Einzelheiten über die orientalischen Kirchen in den USA, in Kanada, in Großbritannien und in Australien.

J.-P. Valognes, Vie et mort des chrétiens d'Orient, des origines à nos jours, Paris 1994. Eine überfrachtete, aber für die Gegenwart nützliche Darstellung; das gilt insbesondere für den zweiten, nach Kirchen und den dritten, nach heutigen Staaten gegliederten Teil.

D. W. Winkler – K. Augustin, Die Ostkirchen. Ein Leitfaden, mit Beiträgen von G. Larentzakis und Ph. Harnoncourt, Graz 1997. Ein kurzer, informativer Überblick über die einzelnen Ostkirchen.

Viertes Kapitel

Lateinamerika

von Olivier Compagnon

Einleitung

In vieler Hinsicht scheint es ein gewagtes Unterfangen, eine Geschichte des lateinamerikanischen Christentums der letzten 40 Jahre des 20. Jh. zu schreiben. Für dieses Unterfangen
sollte es denn auch nicht an Warnungen fehlen, etwa von seiten Jean-André Meyers („noch
zu früh für eine solche Geschichte, die alle Kirchen, Menschen, Verhaltensmuster und
Mentalitäten umfassen müßte") oder auch Jean-Pierre Bastians (bis in jüngste Zeit sind
„die protestantischen Kirchen Lateinamerikas nur selten Gegenstand ernsthafter historischer Untersuchungen, mit kritischer Würdigung der verwandten Quellen gewesen"[1]). Es
handelte sich also nicht nur darum, bekannte Klippen einer Gegenwartsgeschichte, deren
Blickwinkel nur zu oft durch leidenschaftliche Dispute getrübt wird, zu umschiffen, sondern auch darum, Lücken in der Geschichtsschreibung zu überbrücken.

   Zwar ergaben schon die bibliographischen Recherchen Tausende von Veröffentlichungen, jedoch sollte sich diese Fülle als trügerisch erweisen und nicht lange darüber hinwegtäuschen können, daß manche überraschende Lücke klaffte. Konzentrierte sich die wissenschaftliche Forschung doch großenteils auf den über Wasser sichtbaren Teil des Eisberges,
nämlich die Befreiungstheologie, die Auseinandersetzungen mit der römischen Obrigkeit,
das Verhältnis von Religion und Politik, zwischen Christentum und Marxismus, die Guerillero-Priester, usw., alles Themen, die irgendwann von sich reden gemacht hatten und so
den Vorwand zu umfangreichen und oft weitschweifigen Arbeiten lieferten. Gewiß waren
unter all diesen Arbeiten der letzten Jahre auch einige Werke von Format, die sowohl in
Europa als auch auf der anderen Seite des Atlantik zu neuen Ansätzen führten. Andererseits erscheint es angesichts der Tatsache, daß noch weite Teile der Geschichte Lateinamerikas gänzlich unerforscht sind, zumindest problematisch, erste zusammenfassende Darstellungen vorzulegen[2]. Blieb doch die lateinamerikanische Kirchengeschichte bis heute
weitgehend *terra incognita*, ganz im Gegensatz beispielsweise zur französischen, die im

---

[1] J.-A. Meyer, Lateinamerika, in: GdCh XII, Freiburg 1992, 1204–1222; J.-P. Bastian, Le Protestantisme en
Amérique latine, une approche socio-historique, Genf 1994, 277 (deutsch: Geschichte des Protestantismus in
Lateinamerika, Luzern 1995).
[2] H. J. Prien, Die Geschichte des Christentums in Lateinamerika, Göttingen 1978 (span. Übers.: La Historia del
cristianismo en América Latina, Salamanca 1985); Q. Aldea – E. Cardenas, Manual de historia de la iglesia,
Bd. X: La iglesia del siglo XX en España, Portugal y América Latina, Barcelona 1987; E. Dussel, Die Geschichte
der Kirche in Lateinamerika, Mainz 1988; J.-A. Meyer, Les Chrétiens d'Amérique latine, XIXe–XXe siècle, Paris
1991; Bastian, Protestantisme (wie Anm. 1), ebd.

Laufe des vergangenen halben Jh. einen besonderen Aufschwung erlebte[3]. Dafür lassen sich mehrere Gründe anführen:

Sowohl in Rom als auch in den Ländern Lateinamerikas, in denen die zweite Hälfte des 20. Jh. oft reichlich chaotisch verlief, ist der Zugang zu neuestem Archivmaterial mehr denn je eingeschränkt, so daß mehr Werke aus zweiter Hand erscheinen, die keine kritische Auswertung der Quellen vornehmen.

Zudem entstehen weiterhin konfessionell gebundene Kirchengeschichten, deren Verfasser zum einen nicht objektiv „von außen" urteilen und schreiben, zum anderen nicht frei von Proselytismus sind und sich deshalb manchmal damit begnügen, apologetische Schriften oder Pamphlete mehr militanten als wissenschaftlichen Charakters zu verfassen.

Auch fehlen genauere quantitative Angaben fast vollständig, anhand derer man Grundtendenzen, tiefgreifende Veränderungen oder auf Kontinuität angelegte Lösungen herauskristallisieren könnte.

Zu guter Letzt kommt noch hinzu, daß die lateinamerikanische Historiographie, seit dem Streit zwischen Las Casas und Sepúlveda Mitte des 16. Jh., traditionell polemisch ausgerichtet ist[4]. Man muß sich also wohl oder übel mit den Gegebenheiten abfinden.

Daneben gibt es noch weitere, nicht weniger unerfreuliche Schwierigkeiten. Müssen wir uns, um nicht der Gefahr einer zu breiten Streuung von Informationen zu erliegen, die Vorstellung von den „zwanzig Lateinamerika" zu eigen machen, die vor allem den jeweiligen nationalen Eigenheiten und der ganz offensichtlichen Vielfalt des Subkontinents Rechnung trägt? Oder sollen wir uns für eine stärker regionalistische Sicht der Dinge entscheiden, die der komplexen Wirklichkeit vor Ort mehr gerecht werden würde, eine Sicht, die den Akzent auf die Gegensätze zwischen Caracas und den *llanos* in Venezuela, zwischen den Küstenregionen und der *sierra* in Ekuador, dem gebirgigen Tegucigalpa und dem Handelsknotenpunkt San Pedro Sula in Honduras legen würde? Oder sollen wir umgekehrt, um einer Gesamtsicht willen, unsererseits die kulturelle Einheit Lateinamerikas wieder ins Gespräch bringen, die jüngst anläßlich der Feier des 500. Jahrestages der „Entdeckung" der Neuen Welt erneut in Mode kam? Mag die Frage auch auf alle, die sich für Lateinamerika interessieren, noch so abgedroschen wirken, sie verdient es doch, gestellt zu werden, weil die Antwort darauf eo ipso erkennen läßt, welche Vorstellung vom Subkontinent und dessen Geschichte dahintersteckt.

Im vorliegenden Fall fiel unsere Wahl, gewissermaßen notgedrungen, auf die Form der Überblicksdarstellung, weil der fachfremde Leser aus einer Aneinanderreihung nationaler oder regionaler Monographien kaum eine zusammenhängende Übersicht gewinnen könnte. Angesichts der dargelegten Problematik ist es allerdings schwierig, allgemeine und definitive Schlüsse ziehen zu wollen: Für jede Aussage ließe sich ein Gegenbeispiel anführen, eine Ausnahme finden oder eine wichtige Differenzierung treffen. Man sollte deshalb immer die Metapher des haitianischen Historikers Leslie Manigat vor Augen haben, der, als er sich daran machte, eine Geschichte des 20. Jh. in Lateinamerika zu schrei-

---

[3] Vgl. M. LAGRÉE, Histoire religieuse, histoire culturelle, in: J.-P. RIOUX – J. F. SIRINELLI (Hrsgg.), Pour une histoire culturelle, Paris 1997, 387–406; C. LANGLOIS – A. VAUCHEZ, L'histoire religieuse, in: F. BEDARIDA (Hrsg.), L'Histoire et le métier d'historien en France, 1945–1995, Paris 1995, 313–323.

[4] Vgl. dazu die interessanten Ausführungen von A. USLAR PIETRI, Insurgés et visionnaires d'Amérique latine, Paris 1995, 117–125; BARTOLOMÉ DE LAS CASAS, Werkauswahl, herausgegeben v. M. DELGADO, Bd. 2, Paderborn 1995.

ben, bemerkte: „Wenn man das Peloton bei einem Radrennen willkürlich gruppiert, verkennt man, welchen inneren Gesetzen es wirklich gehorcht"[5].

Nun gilt es nur noch ein letztes und nicht gerade kleines Hindernis zu überwinden: Da das Christentum unerläßlicher Bestandteil des sozialen Ganzen ist, müßte man, will man das Christentum beschreiben, eigentlich die großen politischen, sozioökonomischen oder kulturellen – um nur diese zu nennen – Entwicklungen beschreiben, die Lateinamerika in den letzten vierzig Jahren durchgemacht hat, wie den Schock der kubanischen Revolution im Januar 1959 und dessen Folgen für den ganzen Kontinent; die Suche nach einer regionalen und weltweiten wirtschaftlichen Integration in den 60er Jahren, die noch zu einer weiteren Marginalisierung der ärmsten Bevölkerungsschichten beitrug, ohne die Entwicklungsprobleme als solche zu lösen; den Staatsstreich von 1964 in Brasilien, der die Rückkehr der Militärs an die Macht einleitete und zur Bildung von Regierungen im Zeichen der sog. *Doktrin der Nationalen Sicherheit* führte; den Übergang zu angeblich demokratischen Staatsformen seit den 80er Jahren sowie den gegenwärtigen Neoliberalismus; man sollte ferner stets das Problem des anhaltenden Bevölkerungswachstums vor Augen haben, und das wäre noch lange nicht alles ... Blieben doch die Kirchen, die sich dieser zahlreichen Veränderungen bewußt waren und deren Folgen zu tragen hatten, keineswegs rein passive Zuschauer. Wir werden noch reichlich Gelegenheit haben, darauf zurückzukommen. Aber ein ganzes Buch würde nicht ausreichen, um dieses halbe Jahrhundert zu umfassen, zumal zahlreiche Aspekte bis heute noch gar nicht bekannt sind. Begnügen wir uns also, selbst auf die Gefahr übermäßiger Vereinfachung hin, mit einigen wichtigen Daten als chronologischen Anhaltspunkten[6].

Selten folgte der Lauf der Kirchengeschichte dem gleichen Rhythmus wie die Geschichte der einzelnen Staaten oder Kontinente. Dennoch fällt zu Beginn unserer Periode ein gewisser Synchronismus auf: Verkündete doch Johannes XXIII. am 25. Januar 1959 seine Absicht zur Einberufung eines ökumenisches Konzils nach Rom, also nur wenige Tage nach jenem Ereignis, das einem Bruch in der zeitgenössischen lateinamerikanischen Geschichte gleichkam: dem Einzug der Truppen Fidel Castros in Havanna am 2. Januar desselben Jahres. Beide Ereignisse sollten eine wichtige Rolle in der Kirchengeschichte der folgenden Jahre spielen. Gleichzeitig entsprach dieser Übergang von den 50er zu den 60er Jahren nicht nur einer einfachen Veränderung des religiösen Panoramas in Lateinamerika, sondern einem grundlegenden Wandel, sah die katholische Kirche doch von da an ihre monopolartige Stellung, die sie seit der Eroberung innehatte, durch das exponentielle Wachstum neuer religiöser Gemeinschaften und vor allem der Pfingstkirchen in Frage gestellt, deren „Bekehrungs"-Eifer für Rom eine wahre Herausforderung darstellte.

Es ist heute nicht mehr möglich, eine Geschichte des Christentums in Lateinamerika zu schreiben, die sich ausschließlich um die katholische Kirche dreht und den anderen Kon-

---

[5] L'Amérique latine au XXᵉ siècle, 1889–1929, Paris 1991, 17: Leslie Manigat war übrigens auch kurze Zeit, von Februar bis Juni 1988, Präsident der Republik Haiti

[6] Selbst wenn sich bis jetzt nur wenige Forscher auf die verschlungenen Pfade dieser Gegenwartsgeschichte wagten, so gibt es doch einige Arbeiten, die den Zugang dazu erleichtern: F. CHEVALIER, L'Amérique latine de l'Indépendence à nos jours, Paris 1993; A. ROUQUIÉ, Amérique latine. Introduction à l'Extrême-Occident, Paris 1987; L. BETHELL (Hrsg.), The Cambridge History of Latin America, Bd. VI, Latin America since 1930. Economy, Society and Politics, Cambridge 1994; Handbuch der Geschichte Lateinamerikas, Bd. 3: Lateinamerika im 20. Jahrhundert, herausgegeben v. W. TOBLER – W. L. BERNECKER, Stuttgart 1996; G. COUFFIGNAL (Hrsg.), Amérique latine, tournant de siècle, Paris 1997.

fessionen nur einige Randbemerkungen unter dem Vorwand widmet, sie seien hoffnungslos in der Minderheit und hätten keinen nennenswerten gesellschaftlichen Einfluß. Die Zeit, in der André Siegfried für „einen Protestantismus [...] in einer solchen Umgebung offensichtlich keine Zukunft" und „im Katholizismus eine unveränderliche, ja sozusagen statuarische Größe"[7] sah, ist endgültig vorbei. Die nach außen hin vorherrschende Dominanz der römisch-katholischen Kirche darf über die wachsende Pluralität nicht hinwegtäuschen.

Lateinamerika vom Ende der 50er bis zur Mitte der 90er Jahre
Eine Chronologie

1959 Januar	Nach dem Abtritt von General Batista zieht Fidel Castro in Havanna ein und ergreift die Macht in Kuba. Die Insel wird im Dezember 1960 zu einer marxistisch-leninistischen Volksrepublik.
1961 März	Auf Initiative von J. F. Kennedy entsteht die *Allianz für den Fortschritt* zugunsten Lateinamerikas.
1961 April	In Kuba scheitert der Versuch einer Landung von Exilkubanern in der Schweinebucht (*Playa Girón*). Kubakrise, wegen der Stationierung sowjetischer Raketen im Oktober 1962.
1964 April	Militärputsch in Brasilien (Marschall Castelo Branco).
1964 September	Der Christdemokrat Eduardo Frei Montalva wird zum Präsidenten Chiles gewählt.
1965 April	Intervention der USA in der Dominikanischen Republik.
1966 Juni	Militärputsch in Argentinien (General Onganía).
1967 Oktober	Tod von Ernesto „Che" Guevara in Bolivien.
1968 Dezember	Wahl des Christdemokraten Rafael Caldera zum Präsidenten Venezuelas.
1970 Oktober	Wahl von Salvador Allende in Chile (Volksfront/*Unidad Popular*)
1971 August	Militärputsch in Bolivien bringt General Hugo Banzer an die Macht.
1973 Juni	Auflösung des Kongresses in Uruguay: Beginn der Diktatur mit verstärkter Unterdrückung der Guerillabewegung Tupamaros.
1973 September	Staatsstreich in Chile und Tod Allendes. General Augusto Pinochet bleibt bis 1989 an der Macht.
1974 Juli	Tod von Juan Perón, nicht ganz ein Jahr nach seiner Wiederwahl zum Präsidenten Argentiniens.
1975 November	Surinam, das ehemalige Holländisch-Guyana, erhält die Unabhängigkeit.
1976 März	Staatsstreich in Argentinien durch eine Militärjunta unter Führung von General Videla.
1979 April	Rückkehr Ekuadors zur Demokratie unter dem Präsidenten Jaime Roldos Aguilera.
1979 Juli	Sturz von General Somoza und Sieg der Sandinistischen Befreiungsfront *[Frente Sandinista de Liberación National]* in Nicaragua.
1980 Juli	Rückkehr Perus zur Demokratie unter Präsident Fernando Belaunde,

---

[7] A. SIEGFRIED, Amérique latine, Paris 1934, 162. 164.

	der 1968 durch einen Militärputsch gestürzt worden war. Der *Leuchtende Pfad* [*Sendero luminoso*] bekennt sich zu ersten Terroranschlägen.
1981 August	Belize (seit 1964), das ehemalige Britisch-Honduras, proklamiert seine Unabhängigkeit.
1982 April–Juni	Falkland-Krieg zwischen Argentinien und Großbritannien.
1983 Oktober	Invasion der Vereinigten Staaten auf der Insel Grenada, zur Abwehr „sowjetisch-kubanischer Umsturzpläne".
1983 Oktober	Ende der argentinischen Militärdiktatur und Wahl des Radikalen Raúl Alfonsín zum Präsidenten.
1985 Januar	Ende der 21 Jahre währenden Militärdiktatur in Brasilien.
1986 Februar	In Haiti muß Jean-Claude Duvalier, der seinem Vater im April 1971 nachgefolgt war, die Macht niederlegen.
1987 August	Friedensplan für Mittelamerika auf Initiative des Präsidenten Oscar Arias von Costa Rica, der im Oktober den Friedensnobelpreis erhält.
1988 Juli	umstrittene Wahl des Präsidenten Carlos Salinas de Gortari (PRI = Partei der institutionalisierten Revolution) in Mexiko.
1989 Februar	Sturz General Alfredo Strössners, der seit 1954 Präsident und zugleich Diktator von Paraguay war, durch einen Militärputsch zur Einführung der Demokratie.
1989 Februar–März	Unruhen in Venezuela, wegen der Sparpläne der sozialdemokratischen Regierung unter Carlos Andrés Pérez; deren Unterdrückung Hunderte von Leben kostet.
1989 Mai	Wahl des Neoperonisten Carlos Menem zum Präsidenten Argentiniens (Wiederwahl im Mai 1995).
1989 Dezember	Militärintervention der USA in Panama und Sturz des Generals Noriega. Übergang zu einer demokratischen Regierung in Chile nach der Volksabstimmung vom Oktober 1988.
1990 Februar	Wahlsieg von Violeta Chamorro in Nicaragua gegen den Sandinisten Daniel Ortega.
1990 Dezember	Pater Aristide wird im Rahmen von Wahlen unter Aufsicht der UNO zum Präsidenten von Haiti gewählt. Am 30. September 1991 sollte er durch einen Militärputsch gestürzt werden.
1991 März	Gründung des Mercosur [*Mercado común del sur*], eines Binnenmarktes zwischen Argentinien, Brasilien, Paraguay und Uruguay, zur Schaffung eines großen amerikanischen Marktes; der Vertrag tritt im Januar 1995 in Kraft.
1992 April	Der peruanische Präsident Alberto Fujimori, der 1990 gegen Mario Vargas Llosa gewählt wurde, errichtet eine Präsidentialdiktatur. Im September wird der Führer des Leuchtenden Pfades, Abimaël Guzman Reynoso, verhaftet.
1992 September	Absetzung des im Dezember 1989 gewählten brasilianischen Präsidenten Fernando Collor de Mello wegen Korruption. Den venezuelanischen Präsidenten Carlos Andrés Pérez trifft im Mai 1993 das gleiche Schicksal.

1994 Januar	Inkrafttreten der NAFTA, des nordamerikanischen Freihandelsabkommens (USA, Kanada, Mexiko). Aufstand der EZLN (Nationalen Zapatistischen Befreiungsarmee) im Chiapas, unter Leitung des Subkommandanten Marcos.
1995 Januar–Februar	bewaffnete Grenzstreitigkeiten zwischen Peru und Ecuador in den Kondorkordillieren.
1996 März	Mit dem Gesetz Helms-Burton verschärfen die USA ihre Wirtschaftssanktionen gegen Kuba.
1998 Dezember	Hugo Chávez, ein ehemaliger Putschistenoffizier, wird zum Präsidenten Venezuelas gewählt.

I. Die religiöse Aufsplitterung des lateinamerikanischen Raums

> Wollte man rein theoretisch die Zuwachsraten der Zeit von 1960 bis 1985 auf die folgenden 25 Jahre hochrechnen, so würde Brasilien 2010 zu 57 % evangelikal sein, Puerto Rico zu 75 % und Guatemala zu 127 %.
>
> *David Stoll* [8]

1. Die Infragestellung des katholischen Monopols

Nur aus einem Grund könnte man hier im einzelnen auf jene fünf Jahrhunderte Geschichte eingehen, die Lateinamerika und die katholische Kirche seit jener Eroberung miteinander verbanden, die ursprünglich im Zeichen der „Vorsehung" – sowohl geistiger als auch territorialer Natur – gestanden hatte: aus dem Wunsch heraus, die folgenden Aussagen in eine Zeitlinie von langer Dauer einzufügen, um so das Ausmaß der gegenwärtigen schmerzlichen Veränderungen im religiösen Bereich ermessen zu können. Angemerkt sei nur, daß Katholizität eine der Komponenten der Definition Lateinamerikas darstellt, wie es sich seit Mitte des 19. Jh. von jenem anderen Amerika im Norden abgrenzte, das nicht nur angelsächsisch, sondern vor allem protestantisch war. Dies ging soweit, daß bis fast in jüngste Zeit hinein jede allgemeinere Publikation über den Subkontinent das Postulat von einem im wesentlichen katholischen Lateinamerika (mit so gut wie keinen häretischen Tendenzen) problemlos akzeptierte. So schloß Paul Rivet 1948 – nicht ohne auf „Einflüsse der ursprünglichen indigenen Religionen" hingewiesen zu haben – eine berühmte Nummer der *Annales*, die dem Subkontinent gewidmet war, mit den Worten: „Sprache und Religion bilden zugegebenermaßen in Lateinamerika ein Substrat, das allen beteiligten Völkern gemein ist, und zwar ein solides Substrat. Aber wie viele Unterschiede kann man doch darüber hinaus zwischen ihnen feststellen"[9].

Dies hieß aber, daß man den religiösen Minderheiten und besonders dem Protestantismus solange kaum Beachtung schenkte, bis endlich Untersuchungen zu seiner Geschichte vorlagen: von seinen ersten vergeblichen Versuchen im 16. Jh., Fuß zu fassen, bis hin zur Blütezeit der liberalen Missionsgesellschaften im letzten Drittel des 19. Jh., also über eine Zeit

---

[8] D. STOLL, Is Latin America Turning Protestant? The Politics of Evangelical Growth, Berkeley 1990, 9.

[9] P. RIVET, Propos d'un ami. À travers les Amériques latines, in: Annales. Économies, sociétés, civilisation 3 (1948) 394 f.

hinweg, die mit der erdrückenden Vorherrschaft der katholischen Kirche zusammenfiel, die
nach drei Jahrhunderten Kolonialgeschichte im Zeichen des *Real Patronato* (königl. Patro-
nats) immer noch bei weitem die Mehrheit der Gläubigen stellte. Den Rahmen dazu gaben
entweder jene Staaten ab, die Konkordate mit Rom geschlossen hatten, oder jene, deren Verfassungen die Kirche begünstigten (Mexiko stellte eine der seltenen Ausnahmen dar[10]).

Obwohl eine aufmerksame Prüfung spürbare nationale Diskrepanzen an den Tag bringen würde, ist eine allmähliche Zersetzung der Stellung der katholischen Kirche für die
jüngste Zeit ebenso typisch wie einer Infragestellung ihres religiösen Monopols in allen
südamerikanischen Ländern. Es ist nicht leicht, exakte, auf einheitlichen Untersuchungs-
kriterien beruhende Zahlen als Grundlage für wissenschaftliche Untersuchungen vorzulegen und die zahlreich vorhandenen widersprüchlichen Quellen in Einklang zu bringen.
Wirft doch in der Tat, trotz einer langen statistischen Tradition, die bis auf die einst im spanischen Bereich durchgeführten Erhebungen zurückreicht, jede quantitative Einschätzung
in Lateinamerika Probleme auf. So wissen die Geographen, daß die Daten, über die sie
zum Beispiel auf demographischer Ebene verfügen, immer mit Vorsicht zu genießen sind:
„Einerseits weil die Erfassung der Bevölkerung allgemein sehr ungenau ist (so im ländlichen Milieu und in den Armenvierteln der Städte oder insgesamt in armen Ländern mit einem hohen Anteil an Landbevölkerung), andererseits wegen der systematischen Überbewertung einzelner Provinzen, die aus politischen Gründen ihre geringe Bevölkerungs-
dichte nicht zugeben können"[11]. Mißtrauen scheint vor allem dann angebracht, wenn es
sich um die Berufszugehörigkeit handelt, da die Zahlen oft von der kirchlichen Hierarchie
selbst stammen[12]. All dies zusammengenommen erklärt, wieso zahlreiche jüngere Arbeiten ganz einfach aus praktischen Gründen auf den quantitativen Ansatz verzichten. Trotz
dieser Vorbehalte wird aus manchen Größenangaben dennoch ersichtlich, wie schnell und
in welchem Umfang es zu Veränderungen kam. Ausgehend von den offiziellen Angaben
über die Zahl der Katholiken kann man in der Tat davon ausgehen, daß gegen Ende des
20. Jh. weniger als 80% der lateinamerikanischen Bevölkerung katholisch sind, während
es beim Übergang von den 50er zu den 60er Jahren noch über 90% waren. Angesichts des
intensiven demographischen Wachstums auf dem Subkontinent bedeutet dies aber nicht,
daß die Zahl der Katholiken, trotz der seit Mitte der 60er Jahre allgemein zu beobachtenden Geburtenrückgänge (gegenüber 105 Millionen Einwohnern im Jahre 1930 gab im
Jahre 1950 bereits 160 Millionen, 1980 waren es 368 Millionen und im Jahre 2000 mehr
als 500 Millionen), absolut gesehen zurückgegangen sei – Lateinamerika ist immer noch
„der katholischste Kontinent auf der Welt". Die Zahlen zeigen aber auch, daß eine schleichende Erosion größeren Umfangs stattfindet, von der man auf den ersten Blick vermuten
könnte, daß sie im Zusammenhang mit der Entchristlichung und Säkularisierung der Gesellschaft oder dem Übertritt von Katholiken zu andern Religionsgemeinschaften steht.

---

[10] Zu den Beziehungen zwischen Kirche und Staat bis zu Beginn des 20. Jh. vgl. J. Ll. MECHAM, Church and State
in Latin America. A history of politico-ecclesiastical relations, Chapell Hill 1966.
[11] C. BATAILLON – J. – P. DELER – H. THÉRY, Amérique latine. in: R. BRUNET (Hrsg.), Géographie universelle,
Paris 1991, 65.
[12] 1965 erinnerte Pierre Chaunu zu Beginn eines Aufsatzes (Pour une sociologie du protestantisme latino-américain. Problèmes de méthode, in: Cahiers de sociologie économique 12 [Mai 1965] 8) über den Protestantismus in
Lateinamerika daran, daß „die Kirchenstatistik zweifelsohne diejenige Statistik ist, in der die Willkür am weitesten
verbreitet ist". Vgl. dazu auch die methodologischen Bemerkungen von J. - A. MEYER, Pour une sociologie du
catholicisme mexicain. Notes et jalons, ebd. 82–103.

Trotz ihres lückenhaften Charakters bestätigen manche bereinigte Daten auf regionaler Ebene diese Tendenz oder unterstreichen sie. Nach einer zahlenmäßigen Erfassung des statistischen Landesamtes in Mexiko bezeichneten sich 1970 92,21 % der Bevölkerung des Staates Chiapas an der Grenze zu Guatemala als katholisch, während es 1980 noch 76,87 % und 1990 nur noch 67,62 % waren[13]. Ebenso zeigt eine Umfrage des brasilianischen geographischen und statistischen Landesamtes, daß sich 1980 81 % der Bewohner des Staates Rio de Janeiro als katholisch bezeichneten, gegenüber von 67 % im Jahre 1990[14]. Immer noch in Brasilien, aber diesmal in der Erzdiözese Olinda-Recife (Pernambuco), welcher die Symbolfigur Erzbischof Dom Helder Câmara von 1964 bis 1985 vorstand, ging die offizielle Zahl der Katholiken ebenfalls, wenn auch in geringerem Umfang zurück: von 91,4 % im Jahre 1950 auf 89 % im Jahre 1970 und 85,9 % im Jahre 1980[15]. Wie in den elementarsten Schemata der europäischen Religionssoziologie waren in diesem Fall die städtischen Gebiete stärker als die ländlichen vom Rückgang des Katholizismus betroffen, obwohl dies nicht überall zutrifft; man sollte sich davor hüten, Postulate aufzustellen und auf lateinamerikanische Verhältnisse anzuwenden, die jenseits des Atlantik erprobt wurden. Schließlich sind auch noch besondere Randzonen, wie der Kanton Colta in der ekuadorianischen Provinz Chimborazo, zu berücksichtigen, wo man innerhalb weniger Jahre feststellen konnte, daß „die katholischen Kirche so gut wie nicht mehr vorhanden war …"[16].

Außerdem läßt sich seit den 60er Jahren, und zwar trotz der Einführung der Landessprachen nach dem II. Vatikanum, besonders bei den Männern ein starker Rückgang des Gottesdienstbesuches sowie des Sakramentenempfangs feststellen. Sehr aufschlußreich ist in dieser Hinsicht die Entwicklung bei den Taufzahlen, die zwischen 1972 und 1992 allgemein rückläufig waren, obwohl dieses Sakrament im Gegensatz zur kirchlichen Eheschließung, zur Erstkommunion und mehr noch zur Firmung oder zur Krankensalbung Erosionstendenzen immer noch am besten widerstand.

Verraten diese Zahlen die „Ernüchterung" von immer stärker säkularisierten Gesellschaften? Oder die Dynamik und wachsende Konkurrenz anderer Religionsgemeinschaften oder vielmehr eine innere Krise der katholischen Kirche, die nach viereinhalb Jahrhunderten religiöser Vorrangstellung nicht mehr in der Lage ist, ihre Prärogativen zu verteidigen? Hüten wir uns davor, alles auf einen einzigen Grund zu reduzieren: Um die richtige Schlüsse ziehen zu können, müßte man für alle Länder, Regionen, Diözesen und Pfarreien über gleichwertige Daten verfügen, vor allem über weit aufschlußreichere Indikatoren. Dennoch kann man, ausgehend von einer quantitativen Studie von Marie-Danielle Demélas und Yves Saint-Geours über drei Andenländer vom Ende der 40er bis zu Beginn der 80er Jahre, eine Reihe von Hypothesen aufstellen[17].

[13] Zitiert nach J.-P. Bastian, La dérégulation religieuse en Amérique latine, in: Problèmes d'Amérique latine. La documentation française, N. S. 24 (Januar–März 1997) 5. Zum mexikanischen Südosten (Chiapas, Tabasco, Quintana Roo, Campeche und Yucatán) vgl. auch die von G. Gímenez, Sectas religiosas en el sureste. Aspectos sociográficos y estadísticos, Mexiko-Stadt 1988, vorgelegten Zahlen.
[14] Situation comparée des églises pentecôtistes, évangéliques et catholiques, in: DIAL (Lyon) 2119 (1.–15. Dez. 1996) 2.
[15] R. Marin, Dom Helder Camara. Les puissant et les pauvres (1955–1985), Paris 1995, 42.
[16] Vgl. R. Santana, Les Indiens d'Équateur, citoyens dans l'ethnicité? Paris 1992, 134.
[17] M.-D. Demélas – Y. Saint-Geours, L'Église catholique dans les Andes: évolution de 1948 à 1984, in: Problèmes d'Amérique latine. La documentation française 81 (Juli – Sept. 1986) 65–96.

Zahl der Taufen pro 1000 Katholiken (1972–1992)

Staat	1972	1992
Argentinien	21,7	18,7
Bolivien	25,7	28,5
Brasilien	27,8	16,2
Chile	17,9	15,0
Kolumbien	32,1	24,0
Costa Rica	31,6	26,3
Kuba	16,5	14,3
Dominikanische Republik	21,1	10,7
Ekuador	30,2	19,9
Guatemala	30,9	33,3
Haiti	23,7	19,0
Honduras	32,4	11,5
Mexiko	37,0	21,7
Nicaragua	31,6	24,2
Panama	26,3	16,0
Paraguay	27,2	21,8
Peru	26,9	16,3
El Salvador	30,0	39,5
Uruguay	15,2	15,1
Venezuela	27,1	16,7

(nach J. W. WILKIE – C. KOMISARUTH – J. GUADALUPE ORTEGA [Hrsgg.], Statistical Abstract of Latin America, Los Angeles 1996, 314).

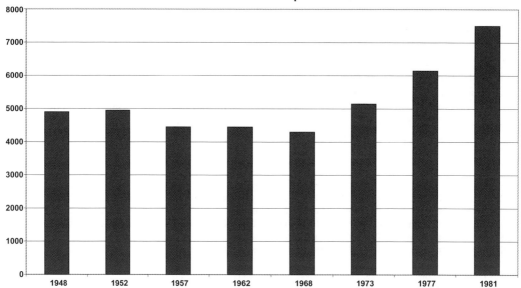

Zahl der Einwohner pro Priester

Entwicklung der religiösen Betreuung in drei Andenländern (Ekuador, Peru, Bolivien) von 1948 bis 1981 (nach M.-D. DEMÉLAS – Y. SAINT-GEOURS, L'Église catholique dans les Andes 71). Quelle: Annuario Pontifico.

Die Zahl der Einwohner pro Priester ist ein nützlicher Indikator, der in unserem Fall in der fraglichen Zeit keine einheitliche Entwicklung durchmachte. Nach einer ersten Phase der Stagnation – bis Ende der 50er Jahre – trat eine Verbesserung der seelsorglichen Versorgung ein, die in etwa mit den Konzilsjahren zusammenfiel und 1968 ihren Höhepunkt erreichte, bevor sich die Lage in den 70er Jahre wieder rapide verschlechterte.

Der Aufschwung in den 60er Jahren war im wesentlichen dem massiven Zustrom ausländischer Priester aus Europa wie aus Nordamerika zu verdanken, die 1968 bis zu 78,42 % z. B. des bolivianischen Klerus ausmachten. Die Präsenz eines starken Ausländeranteils im lateinamerikanischen Klerus war seit der Erringung der Unabhängigkeit eine strukturelle Gegebenheit. Nach dem zweiten Weltkrieg verstärkte sich diese Tendenz noch, als nach dem Sieg Maos in China (Oktober 1949) viele aus dem Fernen Osten vertriebene Missionare nach Lateinamerika einwanderten. Zu diesen kirchlichen Migrationsbewegungen trug auch die Enzyklika *Fidei donum* (1957) bei, indem sie Bischöfen der dritten Welt Diözesanpriester als Freiwillige zur Verfügung stellte. 1964 waren bei einer zahlenmäßigen Erfassung 5326 der 12 589 Priester in Brasilien Ausländer; der Größenordnung nach stammten sie aus folgenden Staaten: Italien, Westdeutschland, Holland, Spanien, Vereinigte Staaten, Polen und Frankreich[18]. Am stärksten war der Ausländeranteil im Klerus auf den Antillen: 1962 waren nur 63 der 431 Priester von Puerto Rico auf der Insel geboren. Dies war allerdings nicht weiter verwunderlich, da das erste Priesterseminar erst 1961 eröffnet wurde, 450 Jahre nach der Schaffung des Bistums San Juan[19].

Wenden wir uns erneut dem Andenraum und dem Priestermangel der 70er Jahren zu: Hier sah man sich nicht nur mit einem Rückgang der geistlichen Einwanderung konfrontiert[20], sondern auch gleichzeitig mit wachsenden Schwierigkeiten, den einheimischen Klerus zu erneuern. Zudem gab es innerhalb der Priesterschaft zwei unterschiedliche Gruppen, deren Entwicklung gegensätzlich verlief: die Diözesanpriester, deren Zahl bis 1968 anstieg, um von da an zurückzugehen, und die Ordensgeistlichen, die die ganze Zeit über steigende Nachwuchszahlen, wenn auch nicht mehr im gleichen Umfang wie in den 70er Jahren, zu verzeichnen hatten. Auch andere, ebenso wertvolle Angaben dieser Umfrage müßten eigentlich detailliert kommentiert werden, so die Zahl der Priesterweihen und Seminaristen in Ekuador, die zwar während des Konzils kurzfristig anstieg, um dann von 1966 bis Ende der 70er Jahre, als immer mehr Priester ihr Amt niederlegten, abzusinken und anschließend wieder zu steigen; oder das ständig ansteigende Durchschnittsalter des Klerus. Auch regionale Unterschiede müßten in Betracht gezogen werden: So herrschte in Bolivien fast überall Priestermangel, während in Peru der Süden stärker betroffen war als der Rest des Landes[21]. Vorbehaltlich dieser Fakten, kann man dennoch an der Schwelle der 70er Jahren von einer Krise des Klerus in den Andenländern ausgehen,

---

[18] Th. C. Bruneau, The Political Transformation of the Brazilian Catholic Church, London–New York 1974, 246.

[19] Prien, Christentum in Lateinamerika (wie Anm. 2), 1066 f.

[20] So lieferte Spanien Lateinamerika von 1948 bis 1966 1061 Diözesanpriester, von 1966 bis 1976 immerhin noch 339 und von 1976 bis 1982 nur noch 85 (E. Cárdenas, La Iglesia Hispanoamericana en el siglo XX, Madrid 1992, 116).

[21] Brasilien bietet ein gutes Beispiel für regionale Unterschiede in der seelsorglichen Versorgung: 1966 kamen auf einen Priester im Staate Maranhão 29 656 Einwohner, im Staate Bahia 15 346, im Mato Grosso 5572, in Rio Grande do Sul 4150 und im Bundesdistrikt (Brasilia) 2426. Vgl. Bruneau, Political Transformation (wie Anm. 18).

die in einer allgemeinen Verschlechterung der seelsorglichen Versorgung in der Zeit zwischen 1948 und 1981 ihren Ausdruck fand.

Costa Rica bietet uns für die Zeit von 1955 bis 1995 ein ähnliches Bild. Dieses ausnahmsweise demokratische Land und sozioökonomische Ausstellungsstück Mittelamerikas machte in der für uns relevanten Zeit tatsächlich eine Phase politischer Stabilität durch, so daß die statistischen Erhebungen auf relativ kompletten Untersuchungsreihen basieren. 1955 kamen hier auf einen Priester 4174 Einwohner, 1960 waren es 4399, 1965 aber 4299 und 1970 4288; also fand wie in der Andenregion in den Jahren während und unmittelbar nach dem Konzil eine vorübergehende Verbesserung der seelsorglichen Versorgung statt. Ab der zweiten Hälfte der 60er Jahre verschlechterte sich die Lage wieder kontinuierlich bis in die 90er Jahre: 1975 kamen auf einen Priester 4747 Einwohner, 1985 5421 und 1995 6157[22]. Dennoch stieg die Zahl der Seminaristen an der Schwelle zu den 80er Jahren, wie in Mexiko, deutlich an[23]. Dies reichte jedoch nicht aus, um den raschen Bevölkerungsanstieg und das Versiegen der geistlichen Einwandererströme aus Europa und den Vereinigten Staaten auszugleichen.

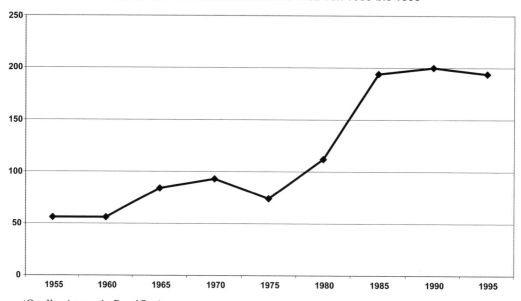

Anzahl der Seminaristen in Costa Rica von 1955 bis 1995

(Quelle: Annuario Pontifico)

---

[22] Wir haben diese Angaben mit Hilfe der alle fünf Jahre, von 1955 bis 1995, im *Annuario Pontifico* veröffentlichten Untersuchungen zusammengestellt, die allerdings Lücken und Unstimmigkeiten aufweisen. Wieder einmal handelt es sich also nur um allgemeine Trends. Die Zahlenangaben für die Jahre zwischen 1980 und 1990 sind um so mehr mit Vorsicht zu genießen, als damals vermehrt Einwanderer aus den Nachbarländern nach Costa Rica strömten. 1997 besaßen ungefähr 15 % der Bevölkerung keine gültigen Papiere, in der Mehrzahl Leute aus Nicaragua (vgl. DIAL 2151 vom 1.–15. Mai 1997).
[23] Vgl. CHEVALIER, L'Amérique latine (wie Anm. 6) 483.

Eine ähnliche, in Honduras durchgeführte Untersuchung, die sich allerdings für die Zeit zwischen 1970 und 1985 auf ein sehr lückenhaftes Quellenmaterial stützt, scheint eine gleichartige Entwicklung der Seelsorgestrukturen, wenn auch in ganz anderen Proportionen aufzuzeigen: 1960 kamen dort auf einen Priester 10 236 Einwohner, 1965 9496, 1970 8644, 1980 ungefähr 19 000 und 1995 wieder 16 500. Zwar verbesserte sich die Lage von der Zeit des 2. Vatikanums bis in die zweiten Hälfte der 60er Jahre hinein, aber in den Jahren darauf war der Priestermangel viel akzentuierter als in den vorher behandelten Fällen. Kam es doch zu einem plötzlichen Bevölkerungsanstieg, als der Krieg in den benachbarten Ländern El Salvador und Nicaragua massive Bevölkerungsverschiebungen mit sich brachte. Diese wurden aber keineswegs in allen statistischen Erhebungen berücksichtigt, obwohl es in Honduras in den 80er Jahren mehrere Lager des Hochkommissariats der Vereinten Nationen für Flüchtlingsfragen gab[24]. Bei dieser Gelegenheit sollte nochmals betont werden, wie groß die Unterschiede selbst innerhalb anscheinend homogener geographischer Räume von Nation zu Nation sein können und daß eine Analyse religiöser Sachverhalte nicht unabhängig von politischen und sozioökonomischen Entwicklungen vorgenommen werden sollte.

Diese fragmentarischen Angaben warten nur darauf, durch erschöpfende quantitative Untersuchungen ergänzt zu werden, die der Iberoamerikanische Forschung ein fruchtbares und noch weitgehend brachliegendes Feld eröffnen. Dennoch kann man auch so bereits deutliche Symptome für eine Strukturkrise der katholischen Kirche Lateinamerikas erkennen – Hans Jürgen Prien spricht von einer „Krise der missionarischen Identität der Kirche"[25], die ihren Einfluß in der Gesellschaft schwinden sieht, da es ihr nicht gelingt, die seelsorgliche Versorgung dem Bevölkerungswachstum anzugleichen, obwohl ihr prozentualer Anteil an der Weltkirche weiterhin steigt. Die folgende Tafel vermittelt einen Eindruck dieser paradoxen Lage[26]

	1954	1984	1999
Katholiken insgesamt in der Welt	464 209 000	840 106 000 (+78,8 %)	1 033 000 000 (+22,9 %)
Katholiken in Lateinamerika	152 613 000	352 324 000 (+130,9 %)	427 480 000 (+21,3 %)
Prozentsatz der Katholiken in L. A.	32,9 %	42 %	
Gesamtzahl aller Priester	381 411	405 959 (+6,4 %)	405 009 (−0,3 %)
Zahl der Priester in Lateinamerika	31 894	49 705 (+55,8 %)	61 433 (+23,6 %)
Prozentsatz der Priester in L. A.	8,4 %	12,2 %	
Zahl der Katholiken pro Priester in Lateinamerika	4813	7089 (+47,3 %)	7122 (+0,5 %)

Die katholische Kirche Lateinamerikas und ihr Platz in der Weltkirche 1954–1999
(nach CÁRDENAS, La Iglesia hispano-americana 101)

---

[24] Vgl. die Angaben zu den von 1955 bis 1995 alle fünf Jahre durchgeführten Umfragen im *Annuario Pontifico*.
[25] PRIEN, Christentum in Lateinamerika (wie Anm. 2) 1063.
[26] Man sollte hier nicht zwei verschiedene Indikatoren durcheinander bringen: Während unsere Zahlen sich darauf beziehen, wieviele Einwohner es pro Priester gibt, führt Eduardo Cárdenas die Zahl von Katholiken an, die auf einen Priester kommen.

Dieser Mangel an Priesteramtskandidaten ist, zusammen mit Säkularisierungstendenzen innerhalb der Gesellschaft (die beispielsweise in Uruguay, Venezuela und natürlich auch in Kuba nach 1959 spürbar sind), einer der Gründe für eine „Entkatholisierung" Lateinamerikas. Daneben trug aber auch die Konkurrenz anderer Kirchen, Denominationen oder Sekten zur Erosion der katholischen Stellung bei, selbst wenn sich nur schwer feststellen läßt, welcher dieser Faktoren wirklich ausschlaggebend war und noch immer ist.

2. Die Explosion des Protestantismus – aber welcher Protestantismus?

Seit Ende der 50er Jahre erfuhr die religiöse Landschaft Lateinamerikas eine bis dahin noch nicht dagewesene Veränderung. Schuld daran war das exponentielle Wachstum von Kirchen, die entweder neu auftauchten oder bis dahin eine ziemlich marginale Existenz geführt hatten. „Is Latin America turning protestant", fragte sich 1990 der nordamerikanische Anthropologe David Stoll[27] angesichts einer wahren Flut religiöser Gemeinschaften, die zu Hunderten die zahlreichen Länder des Subkontinents zu überschwemmen begannen. Es muß jedoch erst terminologisch abgeklärt werden, was hier eigentlich unter Protestantismus zu verstehen ist, einem Begriff, der häufig von einer „inquisitorial" geprägten Historiographie für alles verwandt wurde, was in keinem direkten Zusammenhang mit der römisch-katholischen Kirche stand. Zum besseren Verständnis dieser anderen Seite des lateinamerikanischen Christentums sei deshalb auf eine bereits klassisch gewordene und allgemein verwandte Typologie und Periodisierung zurückgegriffen[28].

Erste Anzeichen für eine nennenswerte protestantische Präsenz in Lateinamerika finden sich Mitte des 19. Jh., als aufgrund zunehmender Handelsbeziehungen zu verschiedenen protestantischen Mächten in Europa erste Einwanderer ins Land strömten und mehr oder weniger schnell die Genehmigung zur freien Religionsausübung erhielten. Diese einfache religiöse Toleranz fand schließlich auch ihren Ausdruck in der Architektur und somit Eingang ins öffentliche Bewußtsein: So wurde 1849 in Lima ein Gebetshaus für die angelsächsischen Protestanten errichtet. Dieser von den Einwanderern aus Europa mitgebrachte Protestantismus hatte seine Blütezeit im letzten Drittel des 19. Jh., als eine Anzahl lateinamerikanischer Staaten, die stark vom Sozialdarwinismus beeinflußt war, zur „Verbesserung der Rasse" die Einwanderung von Europäern förderte. Waren auch viele Einwanderer – wie in Argentinien – Italiener oder Spanier und damit katholisch, so brachten doch andere ihre protestantische Religion mit, wie jene deutschen Lutheraner, die sich 1848 in Südchile und 1877 in Argentinien niederließen. Dieser ursprüngliche Protestantismus, dessen Sorge vor allem dem Erhalt der kulturellen Identität der Einwanderer galt, propagierte zunächst noch keinen Proselytismus[29]. Andererseits breiteten sich aber in dieser zweiten Hälfte des 19. Jh., zunächst im Anschluß an den Bürgerkrieg, immer mehr nordamerikanische Missionsgesellschaften in der Karibik, in Mittelamerika und später auf dem ganzen Kontinent aus, besonders als nach 1880 die *manifest destiny* Nordamerikas Gestalt annahm

---

[27] STOLL, Is Latin America Turning Protestant? (wie Anm. 8).

[28] Vgl. BASTIAN, Protestantisme (wie Anm. 1) passim. J. MIGUEZ BONINO, The Protestant Churches in Latin America since 1930, in: BETHELL, Cambridge History VI/2 (wie Anm. 6) 584–586, übernimmt die Kategorien Bastians, übt aber Kritik an der Tatsache, daß seiner Meinung nach dem Einwanderungsprotestantismus zu wenig Platz eingeräumt wurde.

[29] Vgl. M. AUBRÉE, La pénétration du „protestantisme évangelisateur" en Amérique latine, in: Revue du Tiers-Monde 32, Nr. 126 (April–Juni 1991) 439–449.

und ihr Augenmerk zuerst auf Lateinamerika als ihr natürliches Versuchsgebiet richtete. So faßten nacheinander die „historischen" protestantischen Kirchen, wie die Methodisten, Baptisten oder Presbyterianer, Fuß, deren Entwicklung in enger Verbindung zum zeitgenössischen Liberalismus stand[30]. Andererseits kamen gerade zu Beginn des 20. Jh. stärker fundamentalistische, pietistische und manchmal millenarische Kirchen auf, wie die Nazarener oder die Adventisten vom Siebten Tage. Gleichzeitig suchte der Protestantismus, besonders anläßlich des Kongresses von Panama im Februar 1916, auf dem ganzen Kontinent nach neuen Strukturen und Organisationsformen. Dennoch war die protestantische Komponente innerhalb der christlichen Kirchen Lateinamerikas zu diesem Zeitpunkt noch immer verschwindend gering, ganz gleich, ob die Teilnehmerzahl an den Abendmahlfeiern 1916 200000, 400000 oder noch mehr betrug (je nachdem, ob man die nicht praktizierenden Sympathisanten mitzählte oder nicht).

Paradoxerweise machen diese „historischen" Bewegungen, die in gewisser Weise Pionierarbeit leisteten und dazu beitrugen, daß die Freiheit der Religionsausübung und der Vereinsbildung in den Verfassungen zahlreicher Länder festgeschrieben wurde, heute nur noch einen verschwindend geringen Teil des lateinamerikanischen Protestantismus aus. Sie wurden von Hunderten kirchlicher Gemeinschaften verdrängt, die meistens der Pfingstbewegung angehörten. Diese waren ebenfalls erstmals Anfang des Jh. in Lateinamerika aufgetaucht (1906 in Chile, 1910 in Brasilien mit der *Congregação Cristã*). Ihre wirkliche Blütezeit setzte aber erst nach dem Zweiten Weltkrieg ein[31]. Zwar verfügt die lutherische Kirche in Brasilien ihren eigenen Angaben nach heute immer noch über ungefähr eine Million Mitglieder, aber was heißt das schon angesichts der 15 bis 20 Millionen Bewohner dieses riesigen, portugiesischsprachigen Landes, die mehr oder weniger offiziell Pfingstgemeinschaften angehören. Der lateinamerikanische Protestantismus verdankt sein Wachstum im letzten halben Jh. also vor allem den Pfingstlern, diesen sektiererischen protestantischen Kirchen, mit ihrer Konversionslogik, ihrem übersteigerten Proselytismus und ihrem evangelikalen Aktivismus. Und dieses Wachstum ist wirklich spektakulär.

Zitieren wir nur einige Beispiele: 1970 gab es in Brasilien drei Millionen Pfingstler, 1980 waren es 5,5 Millionen, 1988 10,5 und 1992 15 Millionen. Dies entspricht einer jährlichen Wachstumsrate von 4,7 % für das Jahrzehnt von 1970 bis 1980 und von ungefähr 10 % in den Jahren danach. Bei diesem Tempo wird es zu Beginn des 21. Jh. 30 Millionen Pfingstler geben, wobei allein in der Gegend von Rio de Janeiro jede Woche fünf neue Kirchen aus dem Boden schießen. Auch in Guatemala wird das jährliche Wachstum der Pfingstkirchen auf nahezu 10 % geschätzt. In ganz Lateinamerika konnten die Pfingstler in

---

[30] Vgl. Bastian, Protestantisme (wie Anm. 1) passim, und besonders zu Mexiko: Los disidentes, sociedades protestantes y revolución en México, Mexiko-Stadt 1989.

[31] Das Pfingstlertum entstand 1906 in Los Angeles. Als typisch „heiße" Religion zeichnet es sich vor anderen durch einen religiösen Eifer aus, der die unmittelbare Beziehung des Gläubigen zum sakralen Bereich (d.h. ohne Vermittlung einer Geistlichkeit) betont. Durch Ausgießung des Heiligen Geistes, so die Überzeugung der Pfingstler, erhalten die Gläubigen wie damals an Pfingsten die Gaben des Geistes. Die Ethnologin Marion Aubrée, Les Orixás et le Saint-Esprit au secours de l'emploi; deux stratégies d'insertion socio-économique dans le Nordeste brésilien, in: Cahier de sciences humaines 23/2 (1987) 264, definierte die Pfingstkirchen als „Knospen am Stamm der reformierten Christenheit, deren wichtigste Lehrmeinungen sie zwar übernehmen, nicht ohne allerdings eigene Elemente hinzuzufügen". Eine Einführung in die Problematik der lateinamerikanischen Pfingstbewegungen findet sich zusammen mit einer Bibliographie bei A. Corten, Le Pentecôtisme au Brésil. Émotion du pauvre et romantisme théologique, Paris 1995, 45–71.

den 90er Jahren einen Mitgliederzuwachs von über 5 % pro Jahr verzeichnen[32]. Angesichts dieser Entwicklung ist kaum noch von Wachstum zu reden, vielmehr von explosionsartiger Vermehrung, wenn man nicht gleich zu speziellen Metaphern greifen will, die die Rasanz zum Ausdruck bringen, mit der hier das Evangelium verkündet wird.[33] Dennoch sollte man sich bei dem Versuch, diese neue Realität in Lateinamerika zu begreifen, vor jeder Sensationshascherei hüten.

Die auch hier erkennbaren Abweichungen zwischen den einzelnen statistischen Quellen sind nicht das Entscheidende, vielmehr kommt es darauf an zu sehen, ob sich beim Aufschwung der Pfingstkirchen regionale Unterschiede feststellen lassen. Im Verhältnis zu ihrem Bevölkerungsanteil gesehen, heben sich Länder wie Brasilien, Chile und Guatemala wie auch der größte Teil der Karibik mit Prozentzahlen von über 15 % deutlich von Ländern wie Uruguay, Mexiko, Ecuador u. a. ab, in denen die protestantische Bevölkerung die 5 %-Marke nicht übersteigt. Dennoch kann auch hier die Entwicklung zwischen 1960 und 1985 spektakuläre Zuwachsraten aufweisen, selbst wenn die Protestanten immer noch stark in der Minderheit bleiben: So stieg ihr Bevölkerungsanteil in Bolivien von 1 auf 7,6 %, bzw. von 0,3 auf 3,4 % in Ecuador.

Welche Logik läßt sich daraus ableiten, welche Zusammenhänge lassen sich ablesen? Man kann hier nicht damit argumentieren, daß es sich um große, zusammenhängende Gebiete handelte oder daß beispielsweise traditionell ein Gegensatz zwischen den Staaten des Andenraums und dem „weißen Amerika" des *cono sur* – Argentinien, Chile und Uruguay – bestehe, da das Pfingstlertum gerade in Chile eine Hochburg hat. Auch der Entwicklungsstand der einzelnen Staaten kann nicht mehr als Kriterium angeführt werden, denn was haben Chile und Brasilien, die heute beide für sich den Rang eines „Drachen des Fernen Westens" beanspruchen, mit Haiti gemeinsam, das zu den ärmsten Länder der Welt zählt? Man muß woanders ansetzen und den Rahmen enger ziehen. Ohne eine Interpretation dieser tiefgreifenden Veränderung der religiösen Werte und des Aufschwungs der Pfingstbewegungen vorwegnehmen zu wollen, sollte man zunächst die Verbreitung der Pfingstler und zugleich der gesellschaftlichen Randzonen kartographisch erfassen, unabhängig von nationalen Grenzen oder großen geographischen, ethnischen und kulturellen Komplexen. So zeigte sich Mexiko insgesamt den Pfingstbewegungen gegenüber weniger aufgeschlossen als seine südlichen Nachbarn, aber im Chiapas und anderen Indiogebieten wie auch im Vorstadtgürtel der Hauptstadt sind sie stark auf dem Vormarsch. In Peru sind 80 % der Mitglieder des *Evangelikalen Vereins der israelitischen Mission des neuen, weltweiten Bundes* „Städter mit ausgesprochen indianischen Zügen, fahrende Händler, die vom Land kommen", und ein Großteil von ihnen fristet sein Leben in den Armenvierteln Limas[34]. Abgelegene ländliche Gebiete, verarmte Vorstädte, mehr oder weniger in die Gesellschaft integrierte Indiogemeinden: sie alle boten zumindest anfangs diesen neuen reli-

---

[32] Vgl. zu diesen geschätzten Zahlen Corten, ebd. 77 f., sowie Ders., Pentecôtisme et politique en Amérique latine, in: Problèmes d'Amérique latine, La documentation française, N. S. 24 (Jan.–März 1997) 17–31: Y. Le Bot, Cent ans de protestantisme au Guatemala, in: Problèmes d'Amérique latine, La documentation française 86 (Okt.–Dez. 1987) 109–119. Natürlich handelt es sich nur um annähernde Zahlen, da die Pfingstkirchen ebenso dazu tendieren, die Zahl ihrer Anhänger zu übertreiben, wie die katholische Kirche und die historischen protestantischen Kirchen, die glauben, so leichter den „Anstieg der Sekten" relativieren zu können.

[33] Le Bot, Cent ans de protestantisme, spricht von einem „Aufstand der Gefühle", passim; vgl. Corten, Le Pentecôtisme au Brésil, 10.

[34] Zit. nach Bastian, Protestantisme (wie Anm 1) 225.

giösen Bewegungen ideale Einstiegsvoraussetzungen. Nun zeigt aber gerade die jüngste Entwicklung, daß die Pfingstbewegungen verstärkt auf die Mittelschicht, ja sogar die Elite Lateinamerikas übergreifen. Später wird noch darauf zurückzukommen sein.

Prozentualer Anteil der Protestanten an der Gesamtbevölkerung Lateinamerikas, 1960–1985

Land	Protestanten 1960	Protestanten 1985	Religiöse Randgruppen 1985
Argentinien	2,1	5,5	1,1
Bahamas	–	56,4	1,1
Barbados	–	59,3	2,5
Belize	–	25,8	2
Bolivien	1	7,6	0,7
Brasilien	7,8	17,4	0,5
Chile	10,8	22,5	2
Kolumbien	0,7	3,1	1,1
Costa Rica	4,3	7,7	2,2
Kuba	3,2	2,4	–
Dominik. Rep.	1,5	6,4	0,6
Ekuador	0,3	3,4	0,9
El Salvador	2,2	14	1,2
Guyana	–	28	1,8
Frz. Guayana	1,2	6,5	1,7
Guatemala	3	20,4	0,7
Haiti	10,4	17,4	0,6
Honduras	1,5	9,9	0,7
Jamaika	–	38,6	5
Mexiko	1,9	4	1
Nicaragua	4,5	9,3	2,1
Panama	7,6	11,8	1
Paraguay	0,7	4	0,3
Peru	0,7	3,6	0.9
Puerto Rico	6,9	27,2	2,7
Surinam	9,7	19,9	1
Uruguay	1,6	3,1	2,2
Venezuela	0,7	2,6	0,7

(nach BASTIAN, Le protestantisme [wie Anm. 1] 208)[35].

---

[35] Unter „Protestanten" werden sowohl die historischen protestantischen Kirchen als auch die Pfingstler subsummiert, während unter religiöse Randgruppen alle nicht protestantischen Kirchen wie die Mormonen oder die Zeugen Jehovas rangieren.

3. Konkurrenz und Konflikte: verschiedene Strategien

Angesichts dieser tiefgreifenden Veränderungen der religiösen Landschaft Lateinamerikas kann man heute sehr wohl von einer Auflösung der Kontinuität in der Geschichte dieses Kontinents sprechen, einer Geschichte, in der die katholische Kirche viereinhalb Jahrhunderte lang die beherrschende Rolle gespielt hatte. Wenn sie dies auch heute noch – wenn auch in geringerem Umfang und unter veränderten Umständen – tut, so gehen doch manche Kommentatoren soweit, ihr eine düstere Zukunft vorauszusagen, obgleich eine solche Prognose alles andere als sicher ist. So erklärte beispielsweise der brasilianische Kardinal Moreira Neves, daß „der Frühling der Sekten sehr gut einen Winter der katholischen Kirche einläuten" könne [36]. Muß sie doch nicht nur die Konkurrenz der Pfingstkirchen (ganz abgesehen von den autochthonen Religionen sowie den afroamerikanischen Religionen [37]) fürchten, sondern auch die anderer Bewegungen, die zweifelsohne weniger bekannt sind und vielleicht weniger spektakulär auftreten, aber an der religiösen Aufsplitterung Anteil haben: jene Bewegungen christlicher Provenienz nämlich, die, wie die Zeugen Jehovas, die Mormonen, die *Iglesia Verbo* usw., nicht mit den protestantischen Kirchen gleichzusetzen sind und über die praktisch kein vertrauenswürdiges Zahlenmaterial vorliegt. Hinzu noch kommen Sekten orientalischer Herkunft wie Krishna und Mun [38] oder auch der Hinduismus und der Islam, wobei letzterer von Surinam aus spürbare Erfolge zu verzeichnen hat [39]. Bedenkt man zudem, daß es auch noch in einigen lateinamerikanischen Metropolen wie Buenos Aires oder Rio de Janeiro bedeutende jüdische Gemeinden gibt [40], so kann man sich leicht vorstellen, wie sehr die religiöse Landschaft Lateinamerikas zunehmend atomisierter erscheint.

Dennoch bildet Lateinamerika in dieser Hinsicht keine Ausnahme. Ist doch weltweit, in Europa wie in Afrika und überall sonst, eine immer stärkere Zergliederung der religiösen Landschaft zu beobachten. Vielleicht stellt Lateinamerika, wie schon bei anderen Gelegenheiten, eine Art Versuchsfeld dar, und zwar nicht nur, weil die Entwicklung dort bereits einen solchen Umfang angenommen hat und besonders schnell fortschreitet, sondern auch wegen des konfliktiven Charakters der Entwicklung. Religionskriege? Sicher nicht. Zumindest noch nicht. Aber die Stunde für eine nachkonziliare Ökumene, die bislang in Lateinamerika nur auf dem Papier steht, hat auch noch nicht geschlagen, und zwar noch längst nicht. Was sich vielmehr durchsetzt ist die Formel: *Ne te vayas hacer protestonto*, wie noch jüngst in gewissen Predigten in Nordmexiko zu hören war [41]. Während die katho-

---

[36] Vgl. J. García Ruíz, Sectes et Église catholique au Guatemala, in: R. Luneau – P. Michel (Hrsgg.), Tous les chemins ne mènent plus à Rome. Les mutations actuelles du catholicisme, Paris 1995, 303. Kardinal Moreira Neves, der für seine konservativen Stellungnahmen bekannt ist, wurde im Mai 1995 an die Spitze der brasilianischen Bischofskonferenz gewählt.

[37] Vgl. Angelina Pollak, Trommel und Trance. Die afroamerikanischen Religionen, Freiburg 1995.

[38] Vgl. L'offensive du révérend Moon, in: DIAL 2098 (1.–15. Sept. 1996). So gelang es beispielsweise der Vereinigungskirche von San Myung Mun während der Militärdiktatur 1981 in Argentinien die offizielle Anerkennung zu erlangen, woraufhin sie dort bedeutende Gelder investierte. Auch in Uruguay, wo sie eine Tageszeitung, eine Bank und die größte Druckerei des Landes besitzt, gelang es ihr, Fuß zu fassen. Seit Mitte der 90er Jahre startete sie dort umfassende Werbekampagnen, um die politische und wirtschaftliche Elite des Landes für sich zu gewinnen.

[39] Vgl. R. Delval, Les Musulmans en Amérique latine et aux Caraïbes, Paris 1992. Die Ende der 80er Jahre erstellten Zahlen (S. 291) führen für Lateinamerika 637 000 Muslime an, von denen 226 000 in Brasilien, 151 250 im spanischen Teil und der Rest in der Karibik leben; in Surinam beträgt ihr Bevölkerungsanteil 22%.

[40] Die jüdischen Gemeinden Lateinamerikas besaßen zu Beginn der 90er Jahre 550 000 bis 600 000 Mitglieder (vgl. *Statistical Abstract of Latin America*, ebd. 327 f., nach den Angaben des *American Jewish Year Book*).

[41] Aus *protestante* wird *protestonto*, von *tonto*, dem spanischen Wort für Idiot oder Dummkopf.

lische Kirche den Pfingstkirchen Sektierertum und zweifelhafte Praktiken, vor allem finanzieller Art, nachsagt, zögern einige Pfingstbewegungen ihrerseits nicht, Orte und Gegenstände katholischer Gottesverehrung zu profanieren. Solches trug sich zum Beispiel in Guatemala zu, wo sich seit Beginn der 90er Jahre, vor allem während der Karwoche, Diebstähle in Kirchen ebenso häuften wie Brandlegungen und andere Sakrilege[42]. Man erzählt sich unter anderem die Geschichte von jenem Pastor der brasilianischen *Universalkirche des Königreiches Gottes (Igreja Universal do Reino de Deus* = IURD), der im Oktober 1995, während die Katholiken Vorbereitungen für das Fest der Patronin des Landes, *Nuestra Senhora de Aparecida,* trafen, vor den Kameras von TV-Record eine Statue der Heiligen mit Füßen trat und erklärte, es handele sich doch nur um Gips. Man brauchte nicht lange auf Reaktionen zu warten: Mehrere Gotteshäuser der IURD wurden verwüstet. Aber die Herausforderung, die diese Sekten für die Kirche darstellen, besteht nicht allein in der Bilderstürmerei, sondern vor allem in ihrer Fähigkeit, riesige Menschenmassen zu mobilisieren. So war es sicherlich kein Zufall, wenn im Oktober 1997, nur wenige Tage vor der Reise Johannes Pauls II. nach Brasilien, die *Assembleia de Deus* des Pastors José Bezerra da Costa, der an die drei Millionen Mitglieder angehören sollen, in São Paolo 500 000 Menschen versammelte, um ihrer eigenen Aussage nach „die größte religiöse Versammlung des Jahres" abzuhalten ...

Natürlich hat die katholische Kirche diese tiefgreifenden Veränderungen immer aufmerksam verfolgt und das Aufkommen alternativer religiöser Bewegungen in einem Land, das sie lange als ihr geschütztes Jagdrevier betrachtete, als Herausforderung empfunden. Das Abschlußdokument der 1979 in Puebla de Los Angeles (Mexiko) zusammengetretenen Dritten Vollversammlung des lateinamerikanischen Episkopats (*Consejo Episcopal Latinoamericana* = CELAM) erwähnte die Sekten an zehn verschiedenen Stellen, und die ökumenische Abteilung des CELAM wurde 1981 mit der Erstellung eines „Verzeichnisses aller Kirchen und Sekten" beauftragt, „um den Katholiken des Kontinents zu helfen, sich bei einem so heiklen Thema ihr eigenes Urteil bilden zu können"[43]. Was auf dem Spiel stand, war die Zukunft des lateinamerikanischen Katholizismus, und diese warf zahlreiche Fragen auf. War die konfessionelle Entwicklung der letzten fünfzig Jahre Zeichen für einen tiefgreifenden Gesellschaftswandel, auf den die Hierarchie, die Geistlichkeit an der Basis wie auch die Laien eine entsprechende Antwort finden mußten? Oder war sie die Strafe für das Scheitern der damals intendierten tiefgreifenden Veränderungen innerhalb der Kirche, wobei es in diesem Fall angebracht wäre, neue, den Erfordernissen unserer Zeit besser angepaßte Pläne zu entwickeln? Natürlich standen die „neue Evangelisierung" und die besondere Aufmerksamkeit, die Rom Lateinamerika seit dem Konzil widmete, in engem Zusammenhang mit dieser Infragestellung des katholischen Monopols im Süden des Rio Grande. So war es denn auch kein Zufall, daß Johannes Paul II. Lateinamerika zum Ziel seiner ersten Reise (nach Mexiko und Mittelamerika vom 25. bis 31. Januar 1979) machte, gerade drei Monate nach seiner Wahl.

---

[42] Vgl. S. PÉDRON-COLOMBANI, Le pentecôtisme urbain au Guatemala, in: Problèmes d'Amérique latine. La documentation française, N. S. 24 (Jan.–März 1997) 63.

[43] GARCÍA RUÍZ, Sectes et Église catholique 305. Dieses Verzeichnis wurde 1987 unter dem Titel: Cristianos divididos en un contiente en cambio. Un panorama de Iglesias y grupos cristianos en América latina (= Documentos CELAM 84) in Bogotá veröffentlicht.

II. Die katholische Kirche, vom Konzil bis zur Fünfhundertjahrfeier der Entdeckung Amerikas

> Wenn ich den Armen zu essen gebe, nennt man mich einen Heiligen.
> Wenn ich sage, warum sie arm sind, nennt man mich einen Kommunisten.
>
> *Dom Helder Câmara*[44]

1. Die Zeit des 2. Vatikanums

Lange sah es so aus, als sei die Kirche oder vielmehr als seien *die* katholischen Kirchen Lateinamerikas völlig unbeweglich, bis ins Mark erstarrt oder wie aus einem Block gehauen, bis schließlich die Befreiungstheologie die Medien auf sich aufmerksam machte und dank der von ihr ausgelösten Kontroversen die Meinung umschlug. Dennoch hatten diese Kirchen nicht erst das Zweite Vatikanum und die 60er Jahre abgewartet, um aktiv zu werden und u. a. grundlegende Reformen ihrer Organisationsformen, Institutionen und sozialen Praktiken in Angriff zu nehmen.

Werfen wir kurz einen Blick auf die erste Hälfte des 20. Jh. zurück, jene propädeutische Phase, die Jean-André Meyer als Phase des „offensiven Auftretens" der Kirchen[45] bezeichnete, in der die gegenwärtigen Veränderungen bereits im Ansatz sichtbar wurden. Alle Kirchen Lateinamerikas waren damals von dem Wunsch beseelt, die verlorengegangenen Positionen zurückzuerobern. Dies geschah zunächst in Reaktion auf die zweite Hälfte des 19. Jh., die in manchen Ländern nachhaltig von den „liberalen Verfolgungen", vom Positivismus und einem militanten Antiklerikalismus gekennzeichnet war[46]. Später suchte man so dem Gespenst des Kommunismus zu begegnen, das von der mexikanischen und bolschewikischen Revolution heraufbeschworen worden war.

Zahlreiche Elemente trugen zu diesem *resurgimiento católico* bei, das in den einzelnen Ländern den Umständen entsprechend entweder früher oder später anzusetzen ist: die Verbreitung der Enzykliken *Rerum novarum* (1891) und vor allem *Quadragesimo anno* (15. Mai 1931), die einer Neuorientierung der Kirche auf dem sozialen Sektor gleichkamen; der Aufschwung der Katholischen Aktion in den 30er Jahren[47]; der wachsende Einfluß der neuthomistischen Lehren des Jacques Maritain (hinsichtlich der Unterscheidung zwischen geistiger und weltlicher Ebene) vor allem in der Südhälfte des Kontinents; der religiöse Pluralismus, die Demokratie, das „neue Christentum", die Entwicklung christlicher Gewerkschaften, usw. Nach dem Ende des Zweiten Weltkrieges hatte die katholische Kirche also neue Mittel gefunden, die es ihr erlaubten, eine größere Rolle in der lateinamerikanischen Gesellschaft zu spielen (auch wenn der militante Laizismus eines revolutionären Staates wie etwa in Mexiko verhinderte, daß diese Veränderungen schnell griffen).

---

[44] Zitiert nach R. TRÉFEU, Les Rebelles de l'Église, Paris 1991, 167.
[45] MEYER, Chrétiens d'Amérique latine (wie Anm. 2) 181 ff.
[46] Wie zum Beispiel im Venezuela des Antonio Guzmán Blanco.
[47] Die Katholische Aktion kam in den 30er Jahren in den einzelnen Ländern Südamerikas auf, so im Oktober 1931 in Chile, im Juli 1933 in Kolumbien, usw. Nach dem zweiten Weltkrieg dehnte sie ihre Organisation auf den ganzen Kontinent aus. 1945 fand die erste Gesamtamerikanische Woche der Katholischen Aktion in Santiago de Chile statt, 1949 die zweite in Havanna und 1953 die dritte in Chimbote (Peru). Viele, die sich in der zweiten Hälfte des 20. Jh. aktiv in Politik und Gesellschaft engagierten sollten, erfuhren erst in der Katholischen Aktion, welche Bedeutung der Politik zukam und wie notwendig ein Engagement in der Welt war.

Doch wäre es falsch, diesen lateinamerikanischen Katholizismus als geschlossenen, homogenen und einmütigen Block zu sehen: Auf allen Ebenen kam es zu Spaltungen, die häufig noch durch den spanischen Bürgerkrieg vertieft wurden, der oft bis dahin nur latent vorhandene Gegensätze ans Tageslicht brachte. Der argentinische Historiker Enrique Dussel faßte dies folgendermaßen zusammen, wobei er zweifelsohne einige weniger klar definierte, aber wesentlich komplexere Zwischenstufen übersprang: Einerseits habe es konservative Tendenzen gegeben, die die Wiederherstellung der Stellung der katholischen Kirche dazu nutzen wollten, die Macht an sich zu reißen, ohne etwas an den bestehenden traditionellen und oligarchischen Zuständen ändern zu wollen; andererseits „progressive" Strömungen, die den wiedererstarkten Einfluß der Kirche in demokratische Bahnen, im Sinne von Modernisierung und sozialem Engagement, lenken wollten [48].

Diese Erneuerungsbewegung der lateinamerikanischen Kirchen setzte sich auch in der Nachkriegszeit, zum Beispiel auf liturgischer Ebene fort: Bibelübersetzungen wurden überarbeitet und aktualisiert, zweisprachige Gebetbücher wurden in Umlauf gebracht, bis es schließlich 1961 in Santiago de Chile zur Gründung des *Instituto Catequístico Latinoamericano* kam. Nach der Ende des 19. Jh. in Santiago de Chile gegründeten katholischen Universität, der *Universidad Javeriana* in Bogotá (1937) und der *Universidad Católica* in Lima (1942) entstanden noch zahlreiche weitere katholische Universitäten, u.a. 1945 in Medellín, 1946 auf Kuba, 1947 in Rio de Janeiro und São Paulo, 1950 in Porto Alegre , 1956 in Campinas und Quito, 1960 in Buenos Aires und Córdoba und 1961 in Valparaíso und Guatemala-Stadt [49]. Europa trug beträchtlich und auf vielfältige Art und Weise zu dieser Aufbruchsstimmung bei: Trappisten, die Kleinen Schwestern und Kleinen Brüder Jesu der Gemeinschaft des Charles de Foucauld sowie verschiedene kontemplative Orden, die bis dahin nur wenig oder gar nicht in Lateinamerika vertreten gewesen waren, überquerten den Atlantik. Der Dominikaner Louis-Joseph Lebret (1897–1966), der 1942 die Zentren *Économie et Humanisme* und 1958 das *Institut de recherche et de formation pour le développement harmonisé* (IRFED) ins Leben gerufen hatte, in dessen Folge viele solcher Institute in Lateinamerika gegründet werden sollten, unternahm zahlreiche Reisen nach Südamerika und trug zur Erforschung neuer Ansätze für die Lösung von Entwicklungsproblemen bei [50]; junge lateinamerikanische Priester gingen nach Europa, um dort im *Centre de recherches socio-religieuse* in Löwen oder im *Institut catholique* in Paris, in Lyon oder Köln ihre Ausbildung zu vervollständigen.

Die bemerkenswerteste Entwicklung dieser Zeit war jedoch die Reorganisation des Episkopats. Dies geschah zunächst auf nationaler Ebene, um die Arbeit der Bischöfe zu koordinieren und die Isolation zu durchbrechen, mit der zahlreiche von ihnen bis dahin zu kämpfen hatten: So wurde im Oktober 1952 die Brasilianische Bischofskonferenz (CNBB = *Conferênia Nacional dos Bispos do Brasil*) ins Leben gerufen, die in den folgenden Jahren zur treibenden Kraft werden sollte [51]. Später kam es auch zu Initiativen auf kontinentaler Ebene, als vom 25. Juli bis 4. August 1955 die erste Vollversammlung des lateinameri-

---

[48] E. DUSSEL, Los ultimos 50 años (1930–1985) en la historia de la Iglesia en América Latina, Bogotá 1986, 33.
[49] Vgl. J. GARCÍA RUÍZ, Du mouvement universitaire catholique à la théologie de la libération, in: Archives de sciences sociales des religions 35, Nr. 71 (Juli–Sept. 1990) 25–41.
[50] Vgl. D. PELLETIER, Économie et Humanisme. De l'utopie communautaire au combat pour le Tiers-Monde, 1941–1966, Paris 1996, bes. 156–167. 289–328.
[51] BRUNEAU, Political Transformation (wie Anm. 18) 107 f.

Die römisch-katholische Kirche in Südamerika

◎ Erzbistum

○ Bistum

0   1000 km

Nach dem *Atlas d'histoire de l'Église*, Brepols 1990.

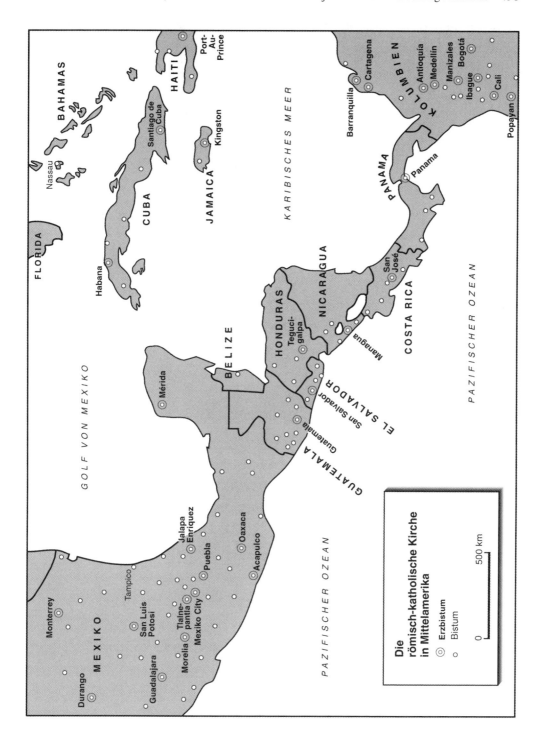

Die
römisch-katholische Kirche
in Mittelamerika

⊚ Erzbistum
○ Bistum

0   500 km

kanischen Episkopats nach Rio de Janeiro einberufen wurde, wo gerade der 36. Internationale Eucharistische Kongreß stattfand. Anläßlich dieser Gelegenheit machte ein Schreiben Pius' XII. auf die besonderen religiösen Probleme Lateinamerikas aufmerksam und forderte die geistliche Hierarchie jenseits des Atlantik zu einer Reformhaltung auf: „Wenn es die Umstände erforderlich machen, muß man neue Methoden anwenden und bis dahin nicht begangene Wege beschreiten, die zwar den Traditionen der Kirche treu verbunden bleiben, aber den Erfordernissen der gegenwärtigen Zeit besser angepaßt sind und von den zivilisatorischen Errungenschaften profitieren"[52].

Folglich ging aus der Konferenz von Rio der *Consejo Episcopal Latinoamericano* (CELAM) hervor, der als ständiges Verbindungsorgan zwischen den 22 Episkopaten oder Bischofskonferenzen des Subkontinents fungieren sollte und dessen Gründung Pius XII. am 2. November 1955 billigte. Der CELAM sollte sowohl der lateinamerikanischen Integration, von der man seit der Erringung der Unabhängigkeit träumte, als Beispiel und Vorläufer dienen, als auch dem Kollegialitätsprinzip, das er frühzeitig in das kirchliche Leben des Subkontinents einführte. Zudem knüpfte er sehr schnell enge Beziehungen zur *Confederación Latinoamericana de Religiosos* (CLAR) und zur päpstlichen Lateinamerika-Kommission (CAL), die beide Ende der 50er Jahre in Rom gegründet worden waren, um eine einheitliche Antwort auf die politischen und sozioökonomischen Probleme des Subkontinents zu finden[53].

Als sich diese Kirchen im Herbst 1962 zu dem von Johannes XXIII. einberufenen Vatikanischen Konzil einfanden, hatten sie sich also bereits an die Arbeit gemacht. Man kann nicht behaupten, daß die Rolle, die sie dort spielten, ihrer Bedeutung in der Weltkirche (35 % der Katholiken lebten 1960 in Lateinamerika) entsprochen hätte, aber sie war auch nicht nur auf ein Minimum reduziert. Denn anders als das 1. Vatikanum, das rein europäisch und einzig auf Europa bezogen gewesen war, war das 2. Vatikanum gleichbedeutend mit dem Eintritt der Dritten Welt in das Bewußtsein der Weltkirche[54]. Die Anwesenheit des Erzbischofs Caggiano von Buenos Aires unter den fünf Kardinälen, die der offiziellen Eröffnung des Konzils am 11. Oktober präsidierten, besaß Symbolcharakter. Die Vertreter Lateinamerikas stellten ungefähr 22 % der Konzilsväter, diejenigen Europas 32 %[55]. In den Konzilskommissionen rangierte „Südamerika (einschließlich Mexikos) mit 27 gewählten Vertretern weit hinter Europa, aber insgesamt gesehen nahm es auf dem Konzil einen wichtigen Platz ein. Brasilien allein [...] verfügte über 7 Vertreter, die auf sieben Kommissionen verteilt waren, von denen einer, Bischof Scherer von Porto Alegre, als Mitglied der vorbereitenden theologischen Kommission für Fragen der Doktrin zuständig war"[56]. Auch mehrere „kleine Länder" sollten Gehör finden: Bolivien hatte einen Vertreter in der Kommis-

[52] Zit. nach F. HOUTART, L'histoire du CELAM ou l'oubli des origines, in: Archives de sciences sociales des religions 31, Nr. 62 (Juli–Sept. 1986) 95.
[53] Bekanntlich gab es auch eine Bischofskonferenz auf den Antillen, die Jamaika, die Bermudas, Belize, Martinique, Guadelupe, Guyana, Trinidad, Barbados, Franz. Guayana, Surinam, Curaçao, Sta-Lucia, Dominica, Grenada und die Jungfern-Inseln umfaßte. Vgl. É. POULAT, Mosaïque religieuse, continent ecclésiastique: l'Amérique latine, in: Relations internationales 28 (1981) 459. Siehe auch J. C. AYESTARAN, La Confédération latino-américaine des religieux, in: Études 377, Nr. 3 (Okt. 1992) 397–406. Der am 2. März 1959 vom Heiligen Stuhl eingerichteten CLAR gehörten 1992 50000 Ordensmänner und 110000 Ordensfrauen an.
[54] Vgl. H. TEISSIER, Vatican II et le Tiers-Monde, in: Le Deuxième Concile du Vatican (École française de Rome 113), Rom – Paris 1993, 755–767.
[55] DUSSEL, Los ultimos 50 años 36.
[56] Ph. LEVILLAIN (Hrsg.), Dictionnaire historique de la papauté, Paris 1994, 1705.

Bischof Helder Câmara.

sion für das Laienapostolat, Uruguay einen Vertreter in der Kommission für die Disziplin des Klerus und des Volkes Gottes und Paraguay sogar jeweils einen Vertreter in der Kommission für Priesterseminare und Studien sowie in der Kommission für die Sakramente. Im übrigen scheinen zumindest zwei Südamerikaner eine besondere Rolle bei den Diskussionen gespielt zu haben, nämlich der Präsident des CELAM (1963–1966), Bischof Manuel Larraín von Talca in Chile (seit 1939), der als guter Schüler des Pater Alberto Hurtado davon überzeugt war, daß Christen bei Sozialreformen ein Wort mitzureden hatten, und Dom Helder Câmara, Weihbischof von Rio de Janeiro und künftiger Erzbischof von Olinda und Recife in Brasilien (ab März 1964). Dieser ehemalige Nationalkaplan der Katholischen Aktion Brasiliens, der eine Zeit lang dem brasilianischen Integralismus der 30er Jahre anhing, war nun zu Beginn der 60er Jahre zum Wortführer einer grundlegenden katholischen Erneuerungsbewegung in Brasilien geworden[57]. Aber die Bedeutung des Zweiten Vatikanischen Konzils für den Subkontinent lag nicht in der Präsenz dieser Bischöfe, sondern vor allem in seiner Rezeption in Lateinamerika selbst. Wenn man das Konzilsgeschehen jenseits des Atlantik tatsächlich mit größter Aufmerksamkeit verfolgte, so nicht nur, weil es neue Wege eröffnete, sondern vor allem deshalb, weil es bestimmte Überlegungen aufgriff, die manche Bischöfe im Rahmen ihres eigenen Umfelds schon Jahre zuvor angestellt hatten. Denn in den 60er Jahren sprach man nicht nur von unterentwickelten Ländern, sondern entdeckte auch das Problem der wirtschaftlichen Abhängigkeit. Das *desarrollista*- oder „Entwicklungs"-Modell – das von der 1948 in Bogotá gegründeten *Organisation amerikanischer Staaten* (OAS), von Kennedys *Allianz für den Fortschritt* und vor allem von der UN-Wirtschaftskommission für Lateinamerika und die Karibik (CEPAL) weitgehend propagiert wurde – rief immer mehr Kritik hervor. Tatsächlich handelte es sich nicht mehr darum, die Lage in der Dritten Welt einfach als wirtschaftlichen Rückstand zu interpretie-

---

[57] Zu Helder Câmara vgl. MARIN, Dom Helder Camara (wie Anm. 15), passim; sowie Un itinéraire singulier dans le catholicisme brésilien: don Helder Camara, in: K. DE QUEIROS MATTOSO (Hrsg.), Mémoires et identités au Brésil, Paris 1996, 147–166. J. DE BROUCKER, Die Bekehrungen eines Bischofs, Wuppertal 1978.

ren, der aufzuholen sei. Die unerläßliche Voraussetzung für ein Überleben dieser an der Peripherie der Welt gelegenen Staaten, zu denen auch die Länder Lateinamerika zählten, bestand künftig darin, sich vom Joch der Großmächte im Norden (Beherrschung von außen) und der nationalen Oligarchien (Beherrschung von innen) frei zu machen, kurz: in der Befreiung. Dies war zumindest die neue Lesart, die gewisse lateinamerikanische Soziologen und Wirtschaftswissenschaftler[58] vorschlugen, als sie in die Fußstapfen eines Pater Lebret traten, der bereits 1948 bei seinen christdemokratischen Freunden in Chile die nordamerikanische Vision einer rundum kapitalistischen Welt angeprangert hatte, einer Welt, in der der Großbesitzer, unter Mißachtung der Lage der Bauern auf dem Lande im Luxus seines Stadtpalastes lebte, und der emporgekommene Industrielle von der mangelnden Organisation der Arbeiterklasse profitierte[59]. In zahlreichen Gesellschaftsschichten stieß diese Neueinschätzung der Verhältnisse in Lateinamerika und das – nach dem Abzug der Kolonialmächte aus Afrika und Asien – attraktive Konzept der Befreiung auf große Resonanz, der sich auch die Kirchen des Subkontinents nicht entziehen konnten.

Zahlreiche Beispiele zeugen davon, daß sich der Klerus vermehrt mit diesen neuen Problemen beschäftigte, nachdem er bereits seit Beginn der 60er Jahre, während des Konzils und als Reaktion auf die Enzykliken *Mater et magistra* (1961) und *Pacem in terris* (1963), mehr und mehr für sozioökonomische Fragen sensibilisiert worden war. So entstand auf Anregung einiger Priester und Bischöfe im Nordosten Brasiliens das *Movimiento d'Educação Popular*, eine Bewegung zur Volkserziehung, die schließlich das ganze Land erfaßte. Ziel war die Bekämpfung des Analphabetentums, das manchmal bis zu drei Viertel der Bevölkerung betraf und die *conscientização* der ländlichen Massen, deren Bewußtseinsbildung eine notwendige Voraussetzung für jeden gesellschaftlichen Wandel darstellte, aber möglicherweise auch als Schutzwall gegen die gefürchtete Ausbreitung des Kommunismus dienen konnte. 1961 trat, erneut in Brasilien, Pater Antonio Melo mit Unterstützung von Dom Helder Câmara an die Spitze von 2000 Bauern, die für sich Land und eine Agrarreform forderten, und das Zentralkomitee der Brasilianischen Bischofskonferenz (CNBB) erklärte im folgenden Jahr, daß „niemand den Schrei der vom Hunger gepeinigten Massen ignorieren dürfe"[60]. In Chile baute Bischof Larraín gleichzeitig auf seinen bekanntermaßen guten Ruf, um kirchliche Besitzungen an landlose Bauern zu übertragen. Da sich der Staat als unfähig erwies, die sozioökonomischen Herausforderungen der Zeit anzunehmen, sah es die Kirche als ihre Pflicht an, an seine Stelle zu treten oder ihm zumindest den Weg zu weisen, selbst wenn diese verschiedenen Initiativen bei weitem den wohl definierten Rahmen der kirchlichen Soziallehre sprengten. Hier zeigten sich erste Anzeichen für ein Engagement neuen Stils. Hinzu kam noch der oft nicht eingestandene Wunsch, die Stellung der katholischen Kirche zu sichern, von der jedermann wußte, wie gefährdet sie bei einem Umsichgreifen des kubanischen Modells war.

In diesem sich wandelnden Kontext stellte der Abschluß des Zweiten Vatikanischen Konzils für die Kirchen des Subkontinents eine zweifache Herausforderung dar, galt es doch zum einen, die großen, richtungsweisenden Tendenzen in die Tat umzusetzen, zum anderen aber, immer auch die spezifischen Eigenheiten Lateinamerikas im Auge zu behal-

---

[58] Ende der 60er Jahre erschien ein Buch, das diese neuen Ansätze zusammenfaßte und nachhaltige Wirkung zeitigen sollte: F. H. CARDOSO – E. FALETTO, Dependencia y desarrollo en América latina, Mexiko-Stadt 1969.

[59] L.-J. LEBRET, Carta a los Americanos, in: Política y Espíritu (Santiago de Chile), 3, Nr. 31 (März–April 1948) 3–17.

[60] Zit. nach DUSSEL, Los ultimos 50 años 48.

ten, besonders im Hinblick auf die Entwicklung und die soziale Gerechtigkeit. Die nach-konziliare Zeit sollte ganz im Zeichen dieser pastoralen und sozioökonomischen Dialektik stehen.

2. Medellín, das „2. Vatikanum Lateinamerikas"

Diese neuen Forderungen fanden schnell Gehör. Von der Konferenz für Hochschulpastoral (*Encuentro de Pastoral Universitaria*) in Buga (Kolumbien 1967), mit ihrem Vorschlag zu einer Reform der katholischen Universitäten bis hin zum ersten Pastoraltreffen der Missionsbeauftragen (*Encuentro Pastoral de las Misiones*) in Melgar (Kolumbien 1968), mit dem Versuch, die Indios wieder in den Mittelpunkt des kirchlichen Interesses zu rücken, war vor allem eine neue Welle von Initiativen zu beobachten, die die Praktiken und Funktionsmechanismen der lateinamerikanischen Kirchen erneuern und so mit der modernen Welt in Einklang bringen sollten. Die 10. Generalversammlung des CELAM, die vom 11. bis 16. Oktober 1966 im argentinischen Badeort Mar del Plata abgehalten wurde, stand unter dem Motto: „Die Rolle der Kirche in der Entwicklung und Integration Lateinamerikas". Im Schlußdokument wurde eindeutig Stellung zur Rolle bezogen, die der lateinamerikanische Episkopat künftig einzunehmen gedachte: „Angesichts der eindeutigen Tatsache, daß so viele unserer Brüder am Rande unserer Zivilisation Hunger leiden, in Armut leben und es ihnen an allem mangelt, und angesichts des Bevölkerungswachstums und einer Jugend, die zwar viele Schwierigkeiten macht, aber dennoch ein Hoffnungsträger ist, kann sich niemand seiner Verantwortung entziehen"[61].

Zu dieser Zeit spielte der brasilianische Episkopat eine Rolle erster Ordnung im CELAM. Er übertrug ihm etwas von der Dynamik einer Kirche, die als die fortschrittlichste und innovativste des ganzen Subkontinents galt: Als Präsident fungierte Erzbischof Brandão von Teresina, während Erzbischof Eugenio Sales der Abteilung für soziale Fragen vorstand; dagegen war das landesweites Ansehen von Dom Helder Câmara um so stärker spürbar, als Manuel Larraín im Juni 1966 bei einem Autounfall ums Leben gekommen war. Ganz im Sinne der Zusammenkunft von Mar del Plata legten Hunderte von Erklärungen, Pastoralbriefen, Zeitschriftenartikeln, Treffen und Seminaren Zeugnis davon ab, daß sich weite Teile des Episkopats der überragenden Bedeutung wirtschaftlicher und sozialer Probleme bewußt waren. Angemerkt sei auch, daß diese Phase, in der die ganze Kirche in Bewegung zu geraten schien, mit der Krise der populistischen Regierungen und der von ihnen propagierten Sozialpläne zusammenfiel, wie auch die Katholische Aktion aus den Tagen der Zwischenkriegszeit nun endgültig ausgedient hatte. 1959 veröffentlichte der Belgier Joseph Comblin, ein Professor am Priesterseminar in Recife (Brasilien), sein Buch „*El fracaso de la Acción Católica*"[62], in dem er dringend anriet, nach Alternativlösungen zu suchen.

Eine davon schien damals die Christdemokratie zu bieten, die im September 1964 mit der Wahl von Eduardo Frei Montalva zum Präsidenten der Republik Chile erstmals an die

---

[61] Zit. nach Ch. Antoine, Pentecôte en Amérique latine. De Medellín (1968) à Puebla (1979), in: I. Berten – R. Luneau (Hrsgg.), Les Rendez-vous de Saint-Domingue. Les enjeux d'un anniversaire (1492–1992), Paris 1991, 116.

[62] Ende der 50er Jahre wurde die Katholische Aktion der „ersten Stunde", die allen offen stand, allmählich nach französischem oder belgischem Vorbild durch stärker spezialisierte Gruppierungen wie die *Juventud Universitaria Católica*, die *Juventud Obrera Católica* u. a. abgelöst, deren Geschichte heute noch wenig erforscht ist, die aber am erneuerten Engagement der katholischen Kirche in der Welt teilhatten.

Macht gekommen war. Die Wurzeln dieses Wahlerfolges reichten bis weit in die Zeit um 1912 zurück, als mit der *Unión Cívica* in Uruguay die erste christdemokratische Partei des Subkontinents gegründet wurde. Die chilenische Christdemokratie ihrerseits war erstmals 1938 hervorgetreten, als eine Spaltung innerhalb der konservativen Partei zur Gründung der *Falange Nacional* führte, die mit der gleichnamigen spanischen Partei nur den Namen gemein hatte. Entscheidende Anstöße erhielt sie auf der Versammlung von Montevideo, auf der im April 1947 die Grundlagen für die *Organización Demócrata Cristiana de América* (ODCA) gelegt wurden, die stark von den philosophischen Lehren Martains von einem integralen Humanismus wie auch von der humanen Wirtschaftslehre eines Pater Lebret beeinflußt war[63]. 1964 versuchte die neue chilenische Regierung den Schlüsselbegriff ihres Programms, die „Revolution in Freiheit", als den ersehnten dritte Weg zwischen liberalem Kapitalismus und Sozialismus in die Tat umzusetzen, ein Programm, das zugleich direkter Ausfluß der kirchlichen Soziallehre war. Eduardo Frei, der im Laufe seiner Wahlkampagne versprochen hatte, durch die Aufteilung der zahlreichen Latifundien 100000 neue Grundbesitzer zu schaffen, konnte nur etwa ein Drittel dieses Programms in die Tat umsetzen und enttäuschte so die Erwartungen von Bischof Larraín und Teilen des chilenischen Episkopats[64]. Die teilweise Verstaatlichung der Kupferminen (Kupfer ist eines der wichtigsten Bodenschätze des Landes) sowie Ansätze zu einem Sozialreformismus (Einführung des Acht-Stunden-Tages auf dem Land, Programm zur Förderung des „sozialen Aufstiegs" von Randgruppen, usw.) rundeten die Bilanz dieser Präsidentschaft ab. Dies genügte aber nicht, um Eduardo Frei die Konfrontation mit einer immer stärkeren Protestbewegung innerhalb des *Partido Demócrato Cristiano* zu ersparen, noch, um die Abspaltung des MAPU (*Movimiento de Acción Popular Unitaria*) 1969 und der *Izquierda Cristiana* 1971 zu verhindern.

In Venezuela, der anderen Wahlheimat der Christdemokraten in Lateinamerika, entwickelten sich die Verhältnissen fast nach demselben Schema, nachdem Rafael Caldera in den Präsidentschaftswahlen vom Dezember 1968 den Sieg davongetragen hatte. Wenn die vom historischen Führer des *Partido Social-Cristiano* (COPEI) in einem ganz anderen Kontext durchgeführten Reformen auch weniger kühn als die der Regierung Frei erschienen, so riefen sie nicht weniger herbe Kritik im Inneren der Partei – ohne daß dies allerdings zu einer Spaltung geführt hätte – und eines Teils des venezuelanischen Klerus hervor[65].

Denn in der zweiten Hälfte der 60er Jahre galt der reformistische Weg der Christdemokratie in den Augen mancher Protagonisten des lateinamerikanischen Katholizismus, gleich ob Laien oder Ordensleute, bereits als veraltet. War dies doch die Zeit, in der das revolutionäre Regime Fidel Castros immer stärkeren Einfluß auf dem Subkontinent gewann, nachdem es die konterrevolutionären Angriffe der Vereinigten Staaten abgewehrt und sich definitiv durchgesetzt zu haben schien. In Wahrheit stellte man nun sogar die Vorstellung in Frage, daß eine Lösung der strukturbedingten Übel des Kontinents durch Reformen überhaupt möglich sei, besonders nachdem entsprechende Versuche von Arbenz in

[63] Vgl. O. COMPAGNON, Jacques Maritain et la naissance de la démocratie chrétienne latino-américaine: le modèle malgré lui, in: L'Amérique latine et les modèles européens, Paris 1998, 505–530.
[64] Einen empfehlenswerten Überblick über die Christdemokratie in Lateinamerika gibt das 3. Kapitel von R. PAPINI, L'Internationale démocrate-chrétienne, 1925–1986, Paris 1988, 131–163. Zu Chile vgl. P. LETAMENDIA, Eduardo Frei, Paris 1989; M. FLEET, The Rise and Fall of Chilean Christian Democracy, Princeton 1985; G. GRAYSON, EL partido demócrata cristiano chilena, Buenos Aires–Santiago de Chile 1968.
[65] Vgl. R. COMBELLAS LARES, Copei. Ideología y liderazgo, Caracas 1985, der eine zusammenfassende Darstellung der Geschichte der venezuelanischen Christdemokratie bietet.

LAS IDEAS SE COMBATEN CON IDEAS

Eduardo Frei und Salvador Allende: „Ideen kann man nur Ideen entgegensetzen" (Ausschnitt aus Topaze. El barometro de la política chilena [Santiago de Chile] 33, Nr. 644 [24. April 1964], 14)

Guatemala 1954 gescheitert waren: Die damals von der Regierung mitten im kalten Krieg vorgenommenen Reformen hatten der Opposition – in deren Reihen auch die Kirche eine aktive Rolle spielte – und vor allem den US-Amerikanern die Möglichkeiten einer kommunistischen Gefahr in Mittelamerika plastisch vor Augen geführt und eine bewaffnete Intervention zur Folge gehabt, die dem Experiment ein Ende setzte.

Man hat nur zu oft verkannt, daß dies ein entscheidender Moment in der zeitgenössischen Geschichte Lateinamerikas war. Schien doch von da an jeder Reformversuch auf legaler Ebene zum Scheitern verurteilt, während die Option für eine revolutionäre Lösung an Boden gewann, da Kuba symbolisch für deren Erfolg stand. Dies erklärt zweifelsohne, wieso ein kleiner Teil des lateinamerikanischen Klerus Mitte der 60er Jahre eine weit radikalere Wahl traf. Am berühmtesten wurde der Fall des kolumbianischen Priesters Camilo Torres Restrepo, der im Alter von 37 Jahren, am 15. Februar 1966, in einem Lager der Untergrundkämpfer in der Gegend von Bucaramanga starb. Torres, der der bürgerlichen Oberschicht entstammte, erhielt seine Ausbildung in Europa, besonders in Löwen, bevor er 1954 zum Priester geweiht wurde. Anfang der 60er Jahre prangerte er die sozialen Ungerechtigkeiten und die äußerste Armut einer wachsenden Zahl von Kolumbianern an. Die Ursache sah er darin, daß die durch gemeinsame Interessen verbundenen militärischen, politischen und wirtschaftlichen Machthaber alle unter einer Decke steckten[66]. Schon bald kam es zum

---

[66] E. STEHLE, Der Weg der Gewalt. Camilo Torres. Aschaffenburg 1975. Eine stärker romanhafte Darstellung seines Lebens findet sich in dem ihm gewidmeten Kapitel bei TRÉFEU, Rebelles de l'Église (wie Anm. 43) 157–166.

Konflikt mit dem Kardinalerzbischof von Bogotá, Luis Concha Córdoba, der ihn daran erinnerte, die „von der Kirche verkündete und von den Päpsten immer gelehrte Autorität der Heiligen Schrift" zeige, „daß es unzulässig ist, den Gehorsam zu verweigern, sich aufzulehnen oder danach zu trachten, die rechtmäßig eingesetzte Gewalt zu zerstören[67]", und ihn zwang, sein Priesteramt niederzulegen. Torres schloß sich daraufhin im Oktober 1965 der Nationalen Befreiungsarmee (ELN = *Ejercito de Liberación Nacional*) an, um nur vier Monate später bei einem Zusammenstoß mit Regierungstruppen getötet zu werden. Es handelte sich hier um einen Einzelfall, dem man nur zu oft beispielhaften Charakter zubilligen wollte. Über den Mythos vom Guerillero-Priester hinaus, brachte Torres, der oft mit Che Guevara verglichen wurde, am radikalsten das neue weltliche Engagement der in Bewegung geratenen Kirchen zum Ausdruck, ohne deshalb jedoch genau jene sogenannten „progressistischen" Kräfte zu verkörpern, die es innerhalb des lateinamerikanischen Klerus gab.

Andere, seit Mitte der 60er Jahre entstandene Gruppen, die zwar rein quantitativ nur eine kleine Minderheit ausmachten, scheinen weit repräsentativer für eine Grundtendenz, die eine Antwort auf zwei dringende Bedürfnisse suchte: neue Formen der Seelsorge und mehr soziale Gerechtigkeit. So die 1965 in Argentinien gegründete Bewegung *Sacerdotes para el Tercer Mundo* [Priester für die dritte Welt], die von Juan García Elorrio in Buenos Aires herausgegebene Zeitschrift *Cristianismo y Revolución*, die Bewegungen *Golconda* in Kolumbien und *ONIS* (*Oficina Nacional de Investigación Social*) in Peru (1968), die *Sacerdotes para el Pueblo* [Priester für das Volk] in Mexiko (1970) und später die *Cristianos por el Socialismo* [Christen für den Sozialismus] in Chile (1972). Alle diese Priestergruppen waren – wenn auch in verschiedenem Umfang und von ihrer Ausrichtung her unterschiedlich – Ausdruck des Willens, das Engagement der Christen in der Welt zu überdenken und die als ungerecht empfundenen sozioökonomischen Strukturen grundlegend zu verändern. (Übrigens brach zu diesem Zeitpunkt über Brasilien jene Woge der Militarisierung herein, die sich in den folgenden Jahren auch über die meisten andern Länder ergießen sollte.) Wie Torres haben auch diese Bewegungen die aus der Revolution induzierten neuen politischen und ideologischen Gegebenheiten miteinbezogen, ohne daraus unbedingt die Option für eine bewaffnete Lösung abzuleiten, der bereits seit 1967 und dem Tod Guevaras allmählich die Luft auszugehen schien. Im übrigen profitierten sie seit Ende der 60er Jahre von verschiedenen neuen theoretischen Ansätzen: Die wachsende Verbreitung der Werke Mouniers legte die Grundlagen für einen möglichen Dialog mit dem Kommunismus[68]; das Fach Sozialwissenschaften wurde allgemein an den Universitäten eingeführt und erlaubte die Vertiefung des interdisziplinären Dialogs; die Bücher von Althusser füllten die Bibliotheken. Man stand am Beginn eines komplexen Dialogs zwischen diesen Christen einerseits und dem Marxismus mit seinen Analysemethoden, dem Sozialismus und den konkret daraus hervorgegangen Experimenten wie Allendes *Unidad Popular* in Chile (nach 1970) andererseits[69]. Eines Dialogs, der fünfzehn Jahre zuvor undenkbar gewesen wäre, als man sich noch auf dem Höhepunkt des kalten Krieges befand, als die Er-

---

[67] TRÉFEU, Rebelles de l'Église (wie Anm. 44) 162.

[68] Während das Werk von Maritain bereits seit den 30er Jahren in Lateinamerika bekannt war und auch übersetzt und diskutiert wurde, erwachte das Interesse an Mounier erst später. Da die meisten Übersetzungen erst zwischen 1955 und 1965 angefertigt wurden, traf sein personalistisches Gemeinschaftskonzept erst von da an, beispielsweise in Venezuela und besonders in universitären Kreisen, auf Resonanz.

[69] Vgl. P. RICHARD, Orígen y desarrollo del movimiento Cristianos por el Socialismo, Chile 1970–1973, Paris 1975.

innerung an den Spanischen Bürgerkrieg noch lebendig war und die überwältigende Mehrheit von Klerus und Episkopat kein Hehl aus ihrem Antikommunismus machte. Eines Dialogs, zu dem auch die Enzyklika *Populorum progressio* (1967) ihren Beitrag leistete, als sie in einem umstrittenen Absatz „revolutionäre Umtriebe" nicht verurteilte dann, wenn es sich „um eine offensichtliche und lange dauernde Gewaltherrschaft handelt, durch die die Grundrechte der menschlichen Person verletzt werden und dem Gemeinwohl eines Staates schwerer Schaden zugefügt wird" (Nr. 31). Eines Dialogs jedoch, der von Rom nach 1971 und erneut mit dem apostolischen Schreiben Pauls VI. *Octogesima adveniens* verurteilt wurde, nachdem die Option für die Revolution zum Selbstzweck geworden war und die Forderung nach sozialer Gerechtigkeit in den Hintergrund zu drängen schien.

Wie dem auch sei, aus diesen verschiedenen Komponenten wurde in Südamerika ein Boden bereitet, der für den besonderen Kontext der 60er Jahre charakteristisch war und in dem die Volkskirche, die kirchlichen Basisgemeinden (CEB) und die Befreiungstheologie ihre Wurzeln schlugen. Der entscheidende Anstoß dazu ging von der 2. Vollversammlung des lateinamerikanischen Episkopats in Medellín aus, die wie eine Fermate des laufenden *aggiornamento* erschien. Nichts prädestinierte die zweite Stadt Kolumbiens, die konservative Bastion eines jener lateinamerikanischen Bischofssitze, die bis dahin die laufenden Veränderungen kaum wahrgenommen hatten, die Konferenz dreizehn Jahre nach Rio de Janeiro aufzunehmen. Das gewählte Thema stellte in der Tradition von Mar del Plata eine Reaktion auf die Gärung im Lande dar. Sollte doch „die Situation der Kirche im Lichte des Konzils angesichts der aktuellen Veränderungen in Lateinamerika" im Mittelpunkt des Interesses stehen. Als Arbeitsgrundlage wurde den Teilnehmern ein vorbereitendes Dokument unterbreitet, in dem es hieß: „Angesichts des Elends und der Ungerechtigkeiten ist die Kirche ihrer vorbestimmten Rolle, die Ungerechtigkeiten zu verurteilen und notwendige Veränderungen anzuregen, nicht mit der gewünschten Dringlichkeit nachgekommen. Oft hat sie sich mit der ‚gesellschaftlichen Ordnung' identifiziert, als wenn diese geheiligt wäre. Überall dort, wo sie Staatsreligion ist, werden ihre Kirchenführer mit der politischen Gewalt gleichgesetzt. Anderswo stehen sie in enger Verbindung zu den herrschenden Klassen und den Mächtigen. Auch die Kirche selbst stellt einen Machtfaktor dar. Unglücklicherweise hat sie manchmal zu den Mißbräuchen der Regierungen geschwiegen, solange ihr diese nur erlaubten, ihren sakralen Funktionen und ihrer Erziehungstätigkeit nachzugehen, wie auch ihre Rolle als Moralprediger (individueller Moral) zu erfüllen."[70]

Die Konferenz fand vom 26. August bis zum 6. September 1968, unmittelbar im Anschluß an den 39. Internationalen Eucharistischen Kongreß in Bogotá statt. An diesem ersten Kongreß der nachkonziliaren Zeit hatte auch Paul VI. teilgenommen, der erste Papst, der je nach Lateinamerika gekommen war. Handelte es sich zunächst darum, die Beschlüsse des Konzils und die jüngsten Enzykliken, besonders *Populorum progressio*, mit der besonderen Lage auf dem Subkontinent in Einklang zu bringen, so kam man schließlich im Laufe der Arbeiten dazu, die Problematik der „Kirche in der Welt" neu zu überden-

---

[70] Zit. nach M. DUCLERCQ, Cris et combats de l'Église en Amérique latine, Paris 1979, 21. Zur Vorbereitung der Konferenz und den verschiedenen, im Zusammenhang damit entstandenen Konflikten, siehe die Studie eines idealen Augenzeugen: Ch. ANTOINE, Pentecôte en Amérique latine, passim (vgl. oben, Anm. 61). Dabei sei betont, daß die Vorbereitungsgespräche entscheidend von einem Brief der Jesuitenprovinziale Lateinamerikas beeinflußt wurden, die im Mai 1968 mit ihrem General Pedro Arrupe in Rio zusammengetroffen waren. Darin wurden auf Grundlage einer soziologischen Analyse die strukturbedingten Ungerechtigkeiten angeprangert.

ken und sie zur Problematik der „Kirche in der Dritten Welt" zu machen[71]. Gewiß hatte sich das 2. Vatikanische Konzil von Anfang an intensiv mit dem Thema der Kirche als Kirche der Armen beschäftigt, nachdem Johannes XXIII. bereits in seiner „Botschaft an die Welt" vor Eröffnung des Konzils erklärt hatte, daß „sich die Kirche gegenüber den unterentwickelten Ländern so darstelle, wie sie sei und sein wolle: als Kirche aller und besonders als Kirche der Armen"[72]. Aber im Endeffekt kam der Dritten Welt, der Frage der Nord-Süd-Beziehungen und den Entwicklungsproblemen in den Konzilsdokumenten nur eine untergeordnete Bedeutung zu. Medellín hatte sich nun unter anderem zum Ziel gesetzt, diese Lücke im Geiste des 2. Vatikanum zu schließen.

Das Abschlußdokument der Konferenz, das 200 in sechzehn Abschnitte unterteilte Seiten umfaßte, würde eine detailliertere Untersuchung verdienen, als sie hier vorgenommen werden kann. Nach allgemeiner Ansicht definierte Medellín vor allem die „vorrangige Option für die Armen", d. h. die offizielle und durchaus prophetisch gemeinte Verpflichtung des lateinamerikanischen Episkopats, für eine „integrale Befreiung" der Unterdrückten eintreten zu wollen. „Der lateinamerikanische Episkopat kann nicht gleichgültig bleiben angesichts der gewaltigen sozialen Ungerechtigkeiten in Lateinamerika, die schuld am Fortbestand der quälenden Armut, ja des oft genug unmenschlichen Elends der Mehrzahl der dort lebenden Völker sind. Aus der Mitte von Millionen von Menschen steigt ein lauter Schrei auf: Sie bitten ihre geistlichen Hirten um eine Befreiung, die ihnen von keiner Seite gewährt wird."[73]

Angeprangert wurden nicht nur die politischen und wirtschaftlichen Herrschaftsstrukturen, sondern auch die Militärdiktaturen und der Kapitalismus; man rief zu einer „Konszientisierung", einer Bewußtwerdung der Massen, auf (worin der Einfluß des Brasilianers Paulo Freire und seiner Alphabetisierungskampagnen zu Beginn des Jahrzehnts erkennbar wird) und zu einer radikalen Umwandlung der lateinamerikanischen Gesellschaft. Dies waren die richtungsweisenden Tendenzen eines Dokuments, das nicht nur zu einer erneuerten, sondern zu einer entschieden engagierten Pastoral aufrief. Dabei stellte sich allerdings nicht nur implizit die Frage nach politischem Handeln. Das Dokument eröffnete auch die Möglichkeit unterschiedlicher Interpretationen, bis hin zu subversiven Handlungen: „An zahlreichen Orten Lateinamerikas ist die Lage so ungerecht, daß man sie als institutionalisierte Gewalt bezeichnen könnte [...] Man sollte sich also nicht darüber wundern, wenn ‚die Gewalt' in Lateinamerika ‚zu einer Versuchung' würde. Man hat nicht das Recht, die Geduld eines Volkes zu mißbrauchen, das jahrelang Lebensbedingungen ertrug, die jenen kaum erträglich erscheinen würden, die sich ihrer Menschenrechte stärker bewußt sind."[74]

Medellín erscheint wie eine offizielle, durch die Institution des CELAM abgesegnete Bestätigung jener Grundtendenzen, die erstmals in den 60er Jahren aufgetaucht waren. Wie Johannes XXIII. gewünscht hatte, paßte sich die Kirche nicht nur ihrem Jahrhundert, sondern auch ihrem jeweiligen Kontinent an. In diesem Sinn gab die Konferenz der seit Beginn dieses Jahrzehnts zu beobachtenden Kreativität gewisser kirchlicher Kreise neuen

---

[71] DUCLERCQ, Cris et combats 20–24. 228–230. Vgl. auch Ch. ANTOINE, Guerre froide et Église catholique. L'Amérique latine, Paris 1999, 225f.

[72] Zit. nach ANTOINE, Pentecôte en Amérique latine 103.

[73] Die Kirche Lateinamerikas. Dokumente der II. und III. Generalversammlung des Lateinamerikanischen Episkopates in Medellín und Puebla (Stimmen der Weltkirche 8), Bonn 1985, Dok. 15 „Die Armut der Kirche", S. 115. Span. La iglesia en la actual transformación de América Latina a la luz del Concilio. Medellín conclusiones. Bogotá 1968.

[74] Ebd. Dok 2 „Frieden", S. 34f.

Auftrieb, was einige Beobachter keineswegs ruhig hinnehmen sollten. Wie der von Richard Nixon in Auftrag gegebene Rockefeller-Bericht über den Zustand Lateinamerikas bemerkte, „war die katholische Kirche zu einer Kraft geworden, die sich um Veränderungen auch revolutionärer Art bemühte"[75]. Es war, kurz gesagt, trotz gewisser, 1968 noch nicht offen zu Tage tretender Widerstände, nun der Weg frei, nicht nur für die Entstehung einer Volkskirche und von Basisgemeinden (CEB = *Comunidad Eclesial de Base*), sondern auch für die Befreiungstheologie.

Die Basisgemeinden verkörperten in der Tat die konkrete Ausformung jener Reform, die führende Kreise des CELAM in Medellín herbeigewünscht hatten. Erstmals tauchten sie in der ersten Hälfte der 60er Jahre, noch vor der Definition der vorrangigen Option für die Armen, auf. Nach 1968 konnten sie enorme Wachstumsraten verzeichnen, zunächst in Brasilien, wo sie über die immer noch aktiven Netze des *Movimiento d'Educação Popular*, der Bewegung zur Volkserziehung, verfügten und später, wenn auch in geringerem Umfang, auf dem ganzen Subkontinent. Diese Gemeinschaften entstanden zwar manchmal unabhängig von Anregungen der örtlichen Hierarchie, aber immer mit ihrer Zustimmung, in Dörfern, Stadtvierteln, Straßen, ja sogar in Wohnblocks und umfaßten an die zwanzig, fünfzig oder hundert Mitglieder, wobei die Idee vor allem bei den besonders benachteiligten Schichten auf fruchtbaren Boden fiel. Dadurch kam es nicht nur zum Aufbau einer Volkskirche von unten, sondern auch zur Einführung neuer Glaubenspraktiken außerhalb der üblichen Gotteshäuser und manchmal ohne Vermittlung des Klerus: Versammlungen bei Privatleuten, gemeinsame Bibellesungen und -auslegungen, Besprechung der besonderen Probleme einzelner Mitglieder anhand der heiligen Schrift, usw.[76] Die Reaktion auf diese neue Glaubenswirklichkeit war sehr unterschiedlich: Handelte es sich um einen lebendigen Ausdruck katholischer Religiosität? Oder darum, eigenständig Abhilfe für den strukturbedingten Priestermangel zu schaffen? Oder um die Ausdrucksform einer bürgerlichen Gesellschaft, die angesichts einer immer stärkeren Militarisierung der Staatsgewalt u. a. auf dem Umweg über den Glauben nach neuen Formen von Basisaktionen suchte[77]? Oder waren die Basisgemeinden Ausdruck einer Antwort auf den Durchbruch des marxistischen Atheismus, auf die fortschreitende Entchristlichung oder auf die Pfingstbewegungen, die eine Bedrohung für die traditionelle religiöse Identität darstellten? Oder waren sie gar eine Kampfansage an die kirchliche Hierarchie, die sich trotz der jüngsten Entwicklungen immer noch zu wenig um die Belange des Volkes kümmerte?

Es gibt viele mögliche Erklärungen, und zwar um so komplexerer Art, als manchmal Basisgemeinden zum Beispiel in Wahlzeiten auch zum Einsatz im politischen Spiel wurden, nicht ohne gleichzeitig von den etablierten Machthabern mit Mißtrauen betrachtet zu werden, weil diese nicht gerne die mehr oder weniger unbewußte Ausbildung einer Klassenlogik sahen. Gewiß ist jedenfalls, daß sich die Furcht vor diesem Phänomen nicht auf ein einziges Erklärungsmuster reduzieren läßt, und daß die Basisgemeinden, trotz der Auf-

---

[75] Zit. nach Antoine, Pentecôte en Amérique latine 129.

[76] Eine eindrucksvolle Beschreibung der Basisgemeinden auf Haiti wie auch ihrer zahlenmäßigen Entwicklung findet sich bei M. Nérestrant, Religion et politique en Haïti, Paris 1994, 220–232.

[77] Vgl. dazu die Überlegungen von G. Hermet, Les fonctions politiques des organisations religieuses dans les régimes politiques à pluralisme limité, in: Revue française de science politique 23 (1973) 439–472, über Scheindemokratien, in denen „Kirchen und konfessionelle Gruppierungen – gerade wegen des Fehlens richtiger politischer Parteien und Organisationen – mehr wichtige und spezifisch politische Funktionen zu übernehmen suchen als anderswo."

merksamkeit, die man ihnen zum Zeitpunkt ihrer Entstehung zollte, niemals mehr als eine Minderheit von Gläubigen umfaßten: 1981 auf dem Höhepunkt der Bewegung lebten ungefähr zwei Millionen Menschen in 80 000 bis 100 000 dieser Gemeinschaften in Brasilien, also weniger als 5 % der katholischen Bevölkerung[78]. Und wenn die chilenische Bischofskonferenz im Mai 1968, also bereits vor Medellín, die Basisgemeinden als das „wichtigste pastorale Netz"[79] bezeichnete, so traf diese Aussage auf andere Länder, wo der Episkopat den zeitlich bedingten Veränderungen gegenüber weniger aufgeschlossen war, nicht zu, z. B. auf Argentinien, wo keine vergleichbare Entwicklung der Basisgemeinden stattfand.

3. Auf und Ab der Befreiungstheologie

Die in Medellín erträumte „Kirche der Armen" fand ihre praktische Verankerung in den kirchlichen Basisgemeinden; ihre theoretische Grundlegung erhielt sie auf dem Umweg über die Befreiungstheologie, deren innovativer und radikaler Charakter zu einer der wichtigsten religiösen Kontroversen der 70er und 80er Jahre führen sollte. Die oft unabhängig von ihrem ursprünglichen Kontext gesehene Befreiungstheologie, die zum Objekt leidenschaftlicher Polemiken in den Medien wurde und den Vorwand für unzählige Veröffentlichungen lieferte, war genau gesehen keine Erfindung von Medellín. Nimmt man den Zeitpunkt der Publizierung zum Maßstab, kann man ihre Entstehung auf das Jahr 1971 datieren, als Gustavo Gutiérrez, ein Priester der Diözese Lima, seine *Teología de la Liberación* veröffentlichte und das Buch *Jesus Cristo libertador. Ensaio de cristologia cristiana para o nosso tempo*[80] aus der Feder des brasilianischen Franziskaners Leonardo Boff erschien. Dennoch liegen ihre Wurzeln früher und reichen bis in die Monate unmittelbar vor und nach dem Abschluß des 2. Vatikanums zurück. Bei verschiedenen Treffen, zum Beispiel der lateinamerikanischen Theologen in Petrópolis (Brasilien) im März 1964, nutzten Männer wie Gutiérrez, der uruguayanische Jesuit Juan Luis Segundo oder der Argentinier Lucio Gera die spannungsgeladene Atmosphäre der nachkonziliaren Zeit und ihre Kreativität, um eine spezifisch lateinamerikanische Theologie neuer Prägung zu initiieren. Auch hier scheint Medellín den entscheidenden Anstoß gegeben zu haben, fand die Befreiungstheologie doch seit Ende der 60er Jahre vorrangig Verbreitung über zahlreiche Forschungsinstitute und Zeitschriften wie *Servir* in Mexiko, *Diálogo* in Panama, *Pagínas* in Lima, *Víspera* in Montevideo oder *Pastoral Popular* in Santiago de Chile. Auch bei den Protestanten nahm diese Form theologischen Denkens Anleihen, obwohl dies in der Forschung fast systematisch übersehen wird: 1968 reichte der Brasilianer Rubem Alves in Princeton eine Doktorarbeit mit dem Thema: *Toward a Theology of Liberation* ein, in der die Einflüsse von Jürgen Moltmann und noch mehr von Karl Barth, „der untergründig die ganze Befreiungstheologie prägen sollte", deutlich spürbar gemacht wurden[81].

---

[78] Nach C. IFFLY, L'Église catholique et les protestantismes depuis 1985 au Brésil, in: Problèmes d'Amérique latine, La documentation française, N. S. 9 (April–Juni 1993) 95. Siehe ebenso W. E. HEWITT, Base Christian Communities and Social Change in Brazil. Lincoln/Nebraska 1991.

[79] Vgl. M. SALINAS, La Iglesia en Chile: del Vaticano II a la opresión militar, in: CEHILA, Historia general de la Iglesia en América latina, Bd. IX, 1994, 566.

[80] G. GUTIÉRREZ, Theologie der Befreiung, Mainz [10]1992; L. BOFF, Jesus Christus, der Befreier, Freiburg 1986.

[81] Vgl. CORTEN, Le Pentecôtisme au Brésil (wie Anm. 31) 21 f. Ebenso J. DE SANTA ANA, Du libéralisme à la praxis de la libération. Genèse de la contribution protestante à la théologie de la libération, in: Archives des sciences sociales des religions 71 (Juli–Sept. 1990) 75–84.

So, wie die Befreiungstheologie in den ersten bekannt gewordenen Aufsätzen, besonders von Gutiérrez und Boff, formuliert wurde, gründete sie zunächst, trotz teilweise unterschiedlicher Standpunkte der einzelnen Autoren, auf einigen leicht nachvollziehbaren Prämissen[82]. Sie zielte zuallererst darauf ab, sich von der traditionellen Neuscholastik, in deren Mittelpunkt Europa stand und die der Wirklichkeit des Subkontinents nicht gerecht wurde, ebenso abzuheben wie von den politischen Theologien Europas (wie beispielsweise der von J. B. Metz), die die Nöte der Dritten Welt ignorierten. Und daran änderte auch die Tatsache nichts, daß sowohl Gutiérrez als auch Boff, Segundo und viele andere den Großteil ihrer Ausbildung in diesem europäischen Rahmen erhalten hatten[83]. Die neue Theologie sollte also zunächst spezifisch lateinamerikanisch sein und die wachsende Bedeutung der „jungen Kirchen" des Fernen Westens zum Ausdruck bringen. Nach Gutiérrez hieß dies, „Aus der eigenen Quelle trinken", während Boff schrieb: „Die vorzüglich ausländische Theologie, die wir zitieren, sollte nicht darüber hinweg täuschen, daß wir nicht nur die alten Texte des Neuen Testaments, sondern auch die neuesten in Europa veröffentlichten Bibelauslegungen entsprechend unseren eigenen Bedürfnissen und denen des südamerikanischen Kontinents mit anderen Augen lesen werden. Wir werden dann dieses Material in ein neues Koordinatensystem einbringen und auf unsere eigene Situation übertragen."[84] Andererseits definierte sich die im Entstehen begriffene Theologie (in Antwort auf die soziologische Analyse der Dependenztheorie und der vorrangigen Option für die Armen[85]) schon frühzeitig als praktische Theologie. Nicht im Sinn der angewandten Theologie, sondern weil alle Überlegungen auf einer genauen und wissenschaftlichen Analyse der lateinamerikanischen Wirklichkeit und Praxis gründen mußten, in deren Rahmen der christliche Glaube gelebt wurde: Das Wissen um die wirklichen Lebensumstände der Unterdrückten war Teil des globalen theologischen Prozesses, wie die Brüder Boff versicherten: „Eines muß klar sein: *Grundlage* dieser Methode ist die Bindung an die konkrete Praxis. Im Rahmen dieser höheren Dialektik zwischen Theorie (dem Glauben) und Praxis (der Nächstenliebe) entfaltet sich die Befreiungstheologie. In Wahrheit kann einzig diese wirkliche Bindung an die befreiende Praxis den Theologien einen ‚neuen Geist' vermitteln, einen neuen Stil oder eine neue Art und Weise, sich mit der Theologie zu beschäftigen"[86].

So gesehen wurden der Marxismus ebenso wie die Soziologie oder die Ökonomie als wissenschaftliche Methoden zum besseren Verständnis der lateinamerikanischen Gesellschaft benutzt[87]. Ausgehend von dem jahrhundertealten Antagonismus zwischen Unter-

---

[82] D. BIANCUCCI, Einführung in die Theologie der Befreiung, München 1987; I. ELLACURÍA – J. SOBRINO (Hg.), Mysterium liberationis. Grundbegriffe der Theologie der Befreiung, 2 Bde., Luzern 1995/96; Ch. SMITH, The Emergence of Liberation Theology, Radical Religion and Social Movement Theory, Chicago 1991; M. LÖWY, The War of Gods. Religion and Politics in Latin America, London–New York 1996. R. MARLE, Introduction à la théologie de la libération, Paris 1987; Théologies de la libération: documents et débats, Paris 1985 (mit einer langen Einleitung und einer Sammlung wichtiger Texte); ANTOINE, Guerre froide et Église catholique 269–307.

[83] Gutiérrez verbrachte mehrere Jahre in Europa, wo er vor allem in Löwen studierte; Boff reichte seine Doktorarbeit 1971 in München ein; Segundo seinerseits ist der Verfasser einer bei Berdiaeff an der Sorbonne verfertigten Habilitationsschrift.

[84] BOFF, Jesus Cristo libertador 52. Eine ähnliche Kritik der europäischen Theologie und besonders der politischen Theologie findet sich auch bei H. ASSMANN, Opresión-liberación. Desafío a los cristianos. Montevideo 1971.

[85] Denn „Befreiung heißt Befreiung der Unterdrückten". Vgl. L. und Cl. BOFF, Wie treibt man Theologie der Befreiung? Düsseldorf 1986.

[86] Ebd. 32.

[87] Überlassen wir die Verantwortung für den folgenden Zusatz CORTEN, Le Pentecôtisme au Brésil (wie Anm. 31)

Leonardo Boff.

drückten und Unterdrückern, schlug die Befreiungstheologie vor, das Evangelium unter Berücksichtigung der Option für die Armen neu zu lesen, um in den Worten Christi die Grundlage für eine Befreiungsaktion zu finden – eine Befreiungsaktion, die letztendlich revolutionär sein konnte, aber nicht mußte. Dennoch hat gerade dieser Aspekt fast als einziger die Aufmerksamkeit der Beobachter auf sich gezogen, obwohl sich die Befreiungstheologie nicht auf diese methodologische Komponente reduzieren läßt und viele ihrer Autoren immer wieder richtigstellten, daß ihr theologischer Entwurf mit dem marxistischen Atheismus unvereinbar sei[88]. Die Befreiungstheologie wurde Ausgangspunkt für wilde dualistische Interpretationen, die manchmal den „Progressismus" der Befreiungstheologen dem „Konservatismus" ihrer Verächter entgegensetzten bzw. hier linke Voreingenommenheit, dort wahre Orthodoxie vermuteten. All diese unzureichende Interpretationsansätze haben inzwischen ausgedient, weil eine ganze Reihe neuerer Arbeiten sie verdienstvollerweise korrigierte.

So stellte sich Michael Löwy die Frage nach dem Verhältnis der Befreiungstheologie zur Modernität, ohne das Problem jedoch auf dieses Gegensatzpaar reduzieren zu wollen[89]. In

---

26f.: „Der Marxismus erfüllt auch eine verborgene Funktion […] Er kritisiert die Tendenz, Gefühle oder Mitleid angesichts des skandalösen Elends zu zeigen, dessen Zeugen die Theologen sind […]. Der Marxismus ermöglicht eine Verlagerung dieser Gefühle auf die Ebene strukturellen Denkens, auf die Notwendigkeit hin, strukturelle Veränderungen vorzunehmen".

[88] So bleibt in der Analyse der Gebrüder Boff kein Platz für andere Gleichsetzungen: „Schließlich sollte es angesichts der in Lateinamerika und ganz allgemein in der Welt agierenden marxistischen Gruppierungen genügen, hier darauf zu verweisen, wie die Befreiungstheologie gezeigt hat: daß historische Wandlungen nicht länger ein Monopol des Marxismus darstellen, weil die Christen im Namen ihres eigenen Glaubens Anspruch darauf erheben und zwar ganz ohne Konkurrenzdenken oder Polemik; daß der christliche Aufruf zum sozialen Engagement besonders bei den religiösen Massen Lateinamerikas auf besondere Resonanz stößt und ein Kommunikationspotential aufdeckt, das den meisten revolutionären Ideologien mehr und mehr abhanden gekommen scheint" (L. und Cl. BOFF, Wie treibt man Theologie der Befreiung? Düsseldorf 1986, 106).

[89] M. LÖWY, Modernité et critique de la modernité dans la théologie de la libération, in: Archives de sciences sociales des religions 35, Nr. 71 (Juli–Sept. 1990) 7–23; sowie DERS., The War of Gods 32–80.

gewisser Weise haben Männer wie Gutiérrez oder Boff eine ganze Skala von Werten, u. a. Freiheit, Gleichheit, Brüderlichkeit und Demokratie, von der Französischen Revolution übernommen. Sie stellten deshalb die Autorität der Hierarchie innerhalb der Kirche ebenso in Frage, wie sie die kirchliche Unterstützung diktatorischer politischer Regime kritisierten und die sozialen Ungleichheiten anprangerten, die den elementarsten Menschenrechten zuwiderliefen. Da sie sich zudem manche methodologischen Errungenschaften der Sozialwissenschaften zu eigen machten, trugen sie definitiv die modernistische Krise zu Grabe, die die Kirche an der Wende vom 19. zum 20. Jh. erschüttert hatte, und sahen sich in der Tradition der Empfehlungen von *Gaudium et spes*, wenn sie den Gebrauch der *scientiarum profanum* predigten[90]. All dies spricht für die Modernität der Befreiungstheologie, wenn auch nicht ohne gewisse Differenzierungen. Denn, wenn diese neuen lateinamerikanischen Theologen betonten, daß Himmel und Erde keinen Gegensatz bilden, daß es nicht nur Aufgabe der Kirche sei, für das Heil der Gläubigen zu sorgen, sondern auch dem Reich Gottes eine historische Existenz zu verleihen, dann lehnten sie implizit die Unterscheidung zwischen geistlichem und weltlichem Bereich ab, die die Grundlage des christdemokratischen Programms bildete und eines der wichtigsten Vermächtnisse von Maritain für Lateinamerika war („durch Unterscheidung zur Einheit"). Damit knüpften sie an die Tradition des ultramontanen Katholizismus an, der gegen jede Privatisierung des Glaubens und eine Abgrenzung beider Bereiche voneinander war – ein fernes Echo des Syllabus von 1864 und der Ablehnung bestimmter Formen politischer Modernität. In gewisser Weise nahmen sie damit den gleichen Standpunkt ein, der einst nicht nur zur Kritik am liberalen Kapitalismus und den von ihm verursachten Ungleichheiten, sondern auch am Individualismus der bürgerlichen Gesellschaft geführt hatte, und aus dem heraus im 19. Jh. die Grundlagen für die Soziallehre der Kirche gelegt wurden[91]. Anders gesagt scheint es, als würden in der Befreiungstheologie, die sich keineswegs in ein starres Schema von der Art Linke–Rechte, Fortschrittliche–Konservative, Modernität–Tradition, pressen läßt, nur Postulate des ultramontanen Katholizismus neu formuliert, wenn auch unter Berücksichtigung neuer methodologischer Errungenschaften und der teilweisen Übernahme des Vermächtnisses der französischen Revolution. Sicher ist, daß diese neue Theologie implizit bedingte, daß sich die Kirche wieder des politischen Bereichs bemächtigte. Handelte es sich doch in letzter Konsequenz darum, das Reich Gottes auf Erden zu verwirklichen. Erteilen wir dazu dem venezuelanischen Soziologen Otto Maduro das Wort, der dieser neuen Theologie nahe steht: „Die Befreiungstheologie versucht, eine Glaubensüberzeugung zu sein, die von der Erfahrung ausgeht, daß die Unterdrückten befreit werden sollen, und deshalb, neben vielen anderen Dingen, die weder direkt noch im eigentlichen Sinne ‚politisch‘ sind, Anregungen zu beliebigen Formen politischen Engagements zu geben versucht und nur Kritik dafür erntet"[92].

Diese Forderungen bildeten die gemeinsamen Grundlinien der Befreiungstheologie. Im Laufe der Zeit sollten noch eine ganze Reihe von Nebenlinien hinzukommen, die oft von den persönlichen Neigungen und der besonderen Ausbildung der Verfasser abhängig waren. So waren der Argentinier Enrique Dussel und der Chilene Pablo Richard Vertreter der historischen Richtung der Befreiungstheologie, die für eine Neuinterpretation der Ge-

---

[90] Löwy, Modernité et critique de la modernité 13 f.
[91] Ebd. 15 f.
[92] O. Maduro, La démocratie chrétienne et l'option de libération des opprimés dans le catholicisme latino-américain, in: Concilium 213 (1987) 125.

schichte Lateinamerikas nach der *Conquista* unter besonderer Berücksichtigung der Gegensatzpaare Herrschaft–Befreiung und Sozialismus–Kapitalismus eintraten. Es ist hier nicht möglich, detailliert auf alle diese Tendenzen der Befreiungstheologien einzugehen (vgl. den Versuch einer Typologisierung auf der folgenden Tafel). Begnügen wir uns also damit festzustellen, daß die Flut von Veröffentlichungen zur Befreiungstheologie zeigt, wie dynamisch sie ist. Ihre Kritiker allerdings, von denen es seit Beginn der 70 Jahre mehr als genug gab, haben Differenzierungen innerhalb der Bewegung kaum beachtet und das Auftauchen radikalerer Richtungen dazu benutzt, die Befreiungstheologie insgesamt zu verdammen: Von da an sollte sie von ihren Verleumdern auf kleiner Flamme geröstet werden.

Die verschiedenen Richtungen der Befreiungstheologie: Versuch einer Typologie (nach M. ALCALÁ, Théologie de la libération. Histoire, courants, critique, in: Théologies de la libération. Documents et débats, 31[93]).

1) Spirituell-pastorale Strömung: Bevorzugt, ausgehend von einer zutiefst religiösen „Mystik", evangeliumsgemäß geprägte Grundoptionen, um eine Pastoral ganz im Sinn der christlichen Wurzeln verwirklichen zu können (Eugenio Pironio, Helder Câmara, Juan Luis Segundo).

2) Methodologische Richtung: Versuch einer – wenn auch oft nur annähernden – Systematisierung der Befreiungstheologie, um ihr dadurch eine stärker zusammenhängende und interdisziplinäre Grundlage zu verschaffen (Juan Carlos Scannone, Clodovis Boff).

3) Soziologische Richtung: Sieht in der soziologischen Analyse die *conditio sine qua non* theologischen Denkens (Hugo Assmann).

4) Historische Richtung: Schlägt eine neue Sicht und Interpretation der Geschichte Lateinamerikas auf der Grundlage der Dialektik zwischen Sozialismus und Kapitalismus vor, wobei Elemente einer typisch marxistischen Analyse übernommen werden (Enrique Dussel, Pablo Richard).

5) Politische Richtung: Betont die große Bedeutung der Praxis für Laien wie auch für Priester, denen künftig auch eine politische Aufgabe zufällt (Gonzalo Arroyo wie auch die meisten der „Christen für den Sozialismus").

6) Ekklesiologisch-populare Richtung: Betont, daß die Volkskirche lebenswichtig für jede christliche Bewegung ist, und widmet ihre Aufmerksamkeit besonders der Volksfrömmigkeit (Segundo Galilea).

7) Christologische Richtung: Beschäftigt sich vor allem mit dem Studium von Jesus Christus als Befreier (Leonardo Boff, Jon Sobrino).

8) Pädagogische Richtung: Wendet die aus der Befreiungstheologie gewonnenen Erkenntnisse auf die Einführung von Unterrichtsmethoden an, die zu einer Befreiung des Menschen führen sollen (Paulo Freire).

9) Selbstkritische Richtung: Diese heterogen zusammengesetzte Gruppe hält zwar an einer ganzen Reihe von Grundsätzen der Befreiungstheologie fest, wahrt jedoch eine gewisse Distanz dazu und meldet mehr oder minder starke Vorbehalte an (Joseph Comblin, Renato Poblete).

[93] Wie der Autor selbst deutlich macht, ist eine solche Klassifizierung nicht unproblematisch, da manche der genannten Namen mehreren Strömungen zugleich zugeordnet werden könnten. Dennoch ist eine solche Aufstellung verdienstvoll.

Das Mißtrauen, ja die Feindseligkeit des Vatikans gegenüber der Befreiungstheologie ist nur zu wohl bekannt, vor allem seit dem Pontifikat Johannes Pauls II. Was zu Beginn noch einfacher „theologischer Provinzialismus" schien – um einen Ausdruck Jürgen Moltmanns aufzugreifen –, begriff man schon bald als eine Infragestellung der römischen Orthodoxie, die sich die Gefahr eines Schismas barg [94]. Dagegen geriet ganz in Vergessenheit, daß ersten Proteste gegen die Befreiungstheologie aus Lateinamerika selbst, und zwar seitens des CELAM kamen, der doch ursprünglich die Anregung dazu gegeben hatte [95].

Im Juli 1972 fand in Madrid ein Treffen statt, das „den christlichen Glauben und die sozialen Veränderungen in Südamerika" zum Gegenstand hatte und auf Initiative des 1967 von der Gesellschaft Jesu gegründeten Instituts „Fe y Secularidad" organisiert worden war. Vertreter verschiedener theologischer Richtungen Südamerikas nahmen daran teil und hatten so die Gelegenheit, ihre Arbeiten in der „Alten Welt" vorzustellen. Dieses Treffen löste ein lebhaftes Echo aus und war gleichbedeutend mit dem Beginn der Rezeption der bis zu diesem Zeitpunkt in Europa noch relativ unbekannten Befreiungstheologie [96]. Aber paradoxerweise setzte sich fast gleichzeitig in den Führungsschichten des *Consejo Episcopal Latinoamericano* eine Strömung durch, die die großen Richtlinien von Medellín und die verschiedenen, theoretischen wie praktischen Ausformungen der Volkskirche ablehnte. Die schon seit 1968 latent vorhandene Opposition großer Teile des Episkopats zeigte sich bereits im November des folgenden Jahres, als man auf dem Umweg über eine Abänderung der Statuten des CELAM versuchte, die Macht jener Bischöfe zu beschneiden, die die Präsidentschaft innehatten oder an der Spitze der verschiedenen Sonderabteilungen standen. Offen trat sie dann auf der 14. Versammlung des Bischofsrates zutage, die im November 1972 in Sucre (Bolivien) stattfand: Weihbischof López Trujillo von Bogotá, ein erklärter Gegner der Befreiungstheologie, wurde zum Generalsekretär ernannt. Mit Unterstützung verschiedener Persönlichkeiten, wie des belgischen Jesuiten Roger Vekemans, organisierte er eine Reihe von Kampagnen gegen die kirchlichen Basisgemeinden und die Befreiungstheologie, was ihn jedoch nicht daran hinderte, bis in die Spitze des CELAM aufzusteigen. Von da an geriet diese Institution bis Mitte der 80er Jahre ganz unter den Einfluß der kolumbianischen Geistlichkeit: López Trujillo, Erzbischof von Medellín (1979), der später zum Kardinal ernannt werden sollte (1983), gab die Präsidentschaft ab und zog sich nach Rom zurück, nicht ohne vorher sichergestellt zu haben, daß zwei seiner engsten Vertrauten, die Bischöfe Antonio Quarracino und Darío Castrillón, zum Präsidenten und Generalsekretär des CELAM gewählt wurden. Mit diesem Machtwechsel an der Spitze des CELAM wurde die brasilianische Phase der 60er Jahre abgelöst und eine ganz andersartige neue Phase eingeleitete, die anläßlich der Dritten Vollversammlung des lateinamerikani-

---

[94] Diese Gefahr eines Autoritätsverlustes der Kirche beunruhigte auch einen Teil der Gläubigen. So beklagte sich eine brasilianischen Leserin, Maria Yolanda R. Cintra, 1968 bei dem Philosophen Jacques Maritain: „Man fühlt die Einheit der Kirche nicht mehr; jeder Bischof handelt und denkt, wie er es für richtig findet! Die Dokumente des II. Vatikanischen Konzils werden von jedem Priester interpretiert, wie er sie versteht! […] Ich stehe nicht außerhalb meiner Zeit, aber es gibt Dinge, die ich nicht akzeptieren kann" (Archiv des Kreises Jacques und Raissa Maritain, Kolbsheim).

[95] Houtart, L'histoire du CELAM (wie Anm. 52) passim.

[96] Vgl. Alcalá, Théologie de la libération, a. a. O.(wie Anm. 92) 18–20. Für die Verbreitung der Befreiungstheologie über den Rahmen des Subkontinents hinaus war noch eine andere Versammlung epochemachend: der *I. Encuentro de Teología Latinoamericana* in Mexiko 1975.

schen Episkopats in Puebla de Los Angeles (Mexiko) vom 28. Januar bis 13. Februar 1979 genug Gelegenheit fand, sich zu artikulieren.

Die Konferenz, die mehrere Male verschoben werden mußte, da kurz hintereinander die Päpste Paul VI. und Johannes Paul I. starben, stand unter dem Motto: „Evangelisierung Lateinamerikas in Gegenwart und Zukunft". Eigentlich ging es aber um etwas ganz anderes, sollte doch diese Konferenz Anlaß zu der von den einen heiß ersehnten und von den anderen um so mehr gefürchteten Verurteilung der Befreiungstheologie bieten, zumal der neue Papst schon seit Mitte der 70er Jahre kein Hehl aus seinen diesbezüglichen Vorbehalten gemacht hatte. Zur Eröffnung hielt Johannes Paul II., der hierfür den Vatikan erstmals nach seiner Wahl verlassen hatte, eine wahre Marathonrede. Anstelle einer Zusammenfassung sei hier das Wort von Émile Poulat zitiert: „In Medellín schlug das Pendel nach links aus; dank Puebla und Johannes Paul II. schlug es nun zurück"[97]. Dennoch bestätigte das Abschlußdokument, trotz seiner Ablehnung des marxistischen Kollektivismus und jeglicher Gewaltanwendung, die Option für die Armen und begrüßte die von den kirchlichen Basisgemeinden geleistete Arbeit, es fehlte jeder Hinweis auf eine ausdrücklichen Ablehnung der Befreiungstheologie[98]. Die wichtigsten, während der Vorbereitungsphase und der Konferenz selbst ausgetragenen Kontroversen waren aus dem Text gestrichen worden, der bewußt um einen Konsens bemüht war, aber dennoch Raum für pluralistische und widersprüchliche Interpretationen ließ. Zweifelsohne wurde dem mystischen Glauben von Medellín auf der Versammlung von Puebla ein Dämpfer aufgesetzt, da sich die Zeitumstände inzwischen radikal verändert hatten (Wirtschaftskrise, militärische Repression, Marginalisierung der Guerilla). Aber Puebla bedeutete keineswegs das Ende aller Diskussionen um die Befreiungstheologie innerhalb des lateinamerikanischen Episkopats. Flammten diese doch nur kurze Zeit später in gleicher Schärfe auf der 17. Versammlung des CELAM (Los Teques, Venezuela) wieder auf, während Pater Arrupe, der immer noch Generaloberer der Gesellschaft Jesu war, im Dezember 1980 einen Brief an alle Jesuitenprovinziale in Lateinamerika richtete, in dem er die Gefahren einer marxistischen Analyse anprangerte, auf der die Methodologie der Befreiungstheologen großenteils beruhte[99]. Der Konflikt dauerte unterschwellig fort, bis Rom Anfang der 80er Jahre direkt eingriff. Wiederum waren die Zeitumstände als auslösender Faktor nicht unwesentlich: Wäre es noch problematisch gewesen, Theologen zurechtzuweisen, die in vorderster Front gegen Militärregierungen kämpften, so bot die demokratische Erneuerung der 80er Jahre, selbst wenn sie relativ sein mochte, dem Vatikan doch die Möglichkeit zu neuen Maßnahmen.

Vorreiter der päpstlichen Offensive war der Präfekt der Glaubenskongregation Josef Kardinal Ratzinger, der im März 1983 der peruanischen Bischofskonferenz ein Dokument mit dem Titel „Zehn Beobachtungen zur Theologie des Gustavo Gutiérrez" vorlegte. Die Vorhaltungen betrafen „die Verquickung der biblischen Armen mit den ausgebeuteten Opfern des kapitalistischen Systems", wodurch ein revolutionäres Engagement unterstützt

---

[97] POULAT, Mosaïque religieuse (wie Anm. 53) 470.
[98] Vgl. Die Kirche Lateinamerikas. Dokumente der II. und III. Generalversammlung des Lateinamerikanischen Episkopates in Medellín und Puebla (Stimmen der Weltkirche 8), Bonn 1985; span. Puebla. La evangelización en el presente y en el futuro de América Latina, Bogotá 1979.
[99] Text des Briefes „Zur marxistischen Gesellschaftsanlyse", in: Pedro Arrupe, Im Dienst des Evangeliums. Ausgewählte Schriften von P. Pedro Arrupe SJ, Generaloberer der Gesellschaft Jesu (1965–1983), hg. von H. Zwiefelhofer, München 1987, 404–412, hier 409.

und die Botschaft des Evangeliums verfälscht werde [100]. Der Ton wurde noch schärfer, als die italienische Zeitschrift integralistischer Prägung *Trenta Giorni* einen äußerst kritischen Beitrag desselben Kardinals veröffentlichte, der vorerst hätte geheim bleiben sollen (3. März 1984). Schließlich veröffentlichte Rom am 3. September des gleichen Jahres, wenige Tage bevor Leonordo Boff in den Vatikan zitiert wurde, um über einige seiner Schriften Rechenschaft abzulegen, *Libertatis nuntius*, eine *Instruktion über einige Aspekte der „Theologie der Befreiung"*, die Gläubige und Klerus vor „Verirrungen und der Gefahr von Verirrungen" warnte, die eine Beschäftigung mit der marxistischen Ideologie mit sich bringen könnte. Rom, so liest man, würde gerne den Kampf für die Verteidigung und Förderung der Menschenrechte fortführen, aber „mit seinen eigenen Mitteln" [101]: das hieß im Klartext, daß die von Johannes Paul II. aktualisierte Soziallehre der Kirche die einzige Grundlage engagierter Pastoral bilden sollte. Wenngleich diese Verurteilung zwei Jahre später durch die *Instruktion über die christliche Freiheit und Befreiung – Libertatis conscientiae* (22. März 1986) etwas abgemildert wurde, so verwarf Rom doch nichtsdestoweniger alle zentrifugalen Tendenzen, die die katholische Einheit der Lehre ebenso gefährden konnten wie die vertikalen Machtstrukturen in ihrem Inneren sowie die Kontrolle über jene Kirchen, die an ihrer Peripherie lagen. Es fehlte auch nicht an Mitteln, die Befreiungstheologie einzudämmen: Leonardo Boff wurde (wohl mehr wegen seiner Thesen über die Machtverteilung innerhalb der Kirche als wegen seiner Befreiungstheologie) zu einem Bußschweigen verurteilt und seiner herausgeberischen Verantwortungen entbunden. Bischofsernennungen in Lateinamerika wurden nun vorher sorgfältig überprüft und ein *imprimatur* für Publikationen nur noch sehr zurückhaltend erteilt [102]. Schon bald zeigten sich erste Folgen: Seit Mitte der 80er Jahre ließ sich ein beträchtlicher Rückgang der Veröffentlichung theologischer Schriften in Lateinamerika beobachten. Der Grund dafür lag sowohl in der Überwachung durch Rom, als auch in der Selbstzensur zahlreicher Autoren, denen wenig daran lag, den Tadel der Hierarchie auf sich zu ziehen. Der Einsatz lag also weit höher, als ein einfacher Streit zwischen „Konservativen" und „Fortschrittlichen" vermuten ließe, den eine dualistische Interpretation gerne darin gesehen hätte.

Als Rom der Befreiungstheologie den Prozeß machte, führte es zwar zahlreiche Lehrmeinungen dafür an, aber andere, zeitbedingte Faktoren spielten zweifelsohne ebenfalls eine Rolle. So fällt auf, daß Kardinal Ratzinger sein Schreiben gerade zu dem Zeitpunkt an den peruanischen Episkopat richtete, als Johannes Paul II. auf dem Höhepunkt der sandinistischen Revolution (März 1983) Nicaragua besuchte. Als es im lateinamerikanischen Raum an der Wende der 70er zu den 80er Jahren zur verstärkten politischen Polarisierung kam zwischen Militärdiktaturen im Zeichen der nationalen Sicherheit und anderen Regierungen, die einer revolutionären Mystik marxistischer Prägung anhingen, blieb die Diskussion nicht länger rein theoretisch und griff – ob beabsichtigt oder nicht – weit auf den politischen Bereich über.

---

[100] Dieser Text wurde veröffentlicht in: Théologie de la libération (wie Anm. 82) 118–120.
[101] Kongregation für die Glaubenslehre, Instruktion über einige Aspekte der „Theologie der Befreiung" vom 6. Aug. 1984 [Libertatis nuntius] (Verlautb. Des Apost. Stuhls 57) Bonn 1984. Kongregation für die Glaubenslehre, Instruktion über die christliche Freiheit und die Befreiung vom 22. März 1986 [Libertatis conscientiae] (Verlautb. Des Apost. Stuhls 70) Bonn 1986
[102] Ein konkretes Beispiel dafür bringt J. O. Beozzo, La reprise en main d'une Église: le Brésil, in: Berten – Luneau, Les Rendez-vous de Saint-Domingue (wie Anm. 61) 178–206.

4. Katholische Kirche, Revolutionen und Militärdiktaturen

Von Havanna nach Managua

Man kann nicht wirklich von einem guten Einvernehmen zwischen katholischer Kirche und Revolution bei den Ereignissen in Kuba sprechen. Zwar war die Kirche keineswegs eine zuverlässige Stütze für Batista in seinem Kampf gegen die Aufständischen der Sierra Maestra nach dem fehlgeschlagenen Aufstand in Santiago de Cuba im Juli 1953. Ganz im Gegenteil. Bestimmte kirchliche Kreise, wie zum Beispiel der mehrheitlich kubanische Weltklerus, unterstützten Castro ausdrücklich in der ersten Phase seines Triumphes, als er den Sturz des Diktators herbeiführte. Dafür hatten sie während der antikommunistischen Repressionen der zweiten Hälfte der 50er Jahre einen schwerer Tribut zu zahlen. Natürlich gab es innerhalb der kubanischen Kirche auch eine ganze Anzahl Spanier (beispielsweise bei den Franziskanern), die – mit Ausnahme der Basken – vom Franco-Regime beeinflußt waren und einer revolutionären Erhebung eher ablehnend gegenüberstanden. Castro, selbst ein ehemaliger Schüler der Jesuiten, zeigte sich kurz nach seiner Machtergreifung erfreut über die Zusammenarbeit mit den Katholiken[103].

In den ersten Monaten der Revolution kam es denn auch zu keinen religiösen Übergriffen, da die meisten Gegner Castros das freiwillige Exil einer direkten Konfrontation vorzogen. Erste Proteste von katholischer Seite gab es erst nach Erlaß des Agrarreformgesetzes (17. Mai 1959), das von manchen als erster Schritt in Richtung auf eine Sozialisierung des Regimes hin angesehen wurde. Aber die Enteignung der Großgrundbesitzer zugunsten der Landarbeiter stellte sogar für den Episkopat eine Entscheidung im Geiste der Soziallehre der Kirche dar. Zum Bruch sollte es erst gegen Ende 1959 kommen, als die wachsende Feindseligkeit der Vereinigten Staaten Castro zu einer Annäherung an die UdSSR zwang. Nun begann die katholische Kirche Kritik an der Sowjetisierung der ganzen Insel zu üben, während aus Moskau Hilfe ins Land strömte und immer mehr Verstaatlichungen vorgenommen wurden. In seinem Pastoralschreiben *Por Dios y Cuba* vom 22. Mai 1960 prangerte der Erzbischof Pérez Serantes von Santiago de Cuba den Kommunismus als „großen Feind des Christentums" an[104]. Weniger als ein Jahr später waren mehrere Priester bei der gescheiterten Landung in der Schweinebucht mit von der Partie (17. April 1961), was den Bruch zwischen Kirche und Revolution endgültig besiegelte. Ohne hier weiter auf die Ereignisse selbst einzugehen, wollen wir uns lieber mit ihren Folgen beschäftigen: im Mai 1961 wurden die Privatschulen verstaatlicht, worauf sich zahllose Priester und Ordensleute auf den Weg ins Exil machten. 1959 kamen auf einen Priester 8770 Einwohner, 1969 waren es 38 003[105]: Diese Zahlen charakterisieren deutlich genug den Konflikt zwischen Kirche und Staat in Kuba.

Wie bereits erwähnt, änderte sich manches, als Managua am 19. Juli 1979 in die Hand der sandinistischen Befreiungsfront (FSLN = *Frente Sandinista de Liberación Nacional*) fiel und das Ende der Herrschaft des Somoza-Klans in Nicaragua besiegelte, nach 43 Jah-

---

[103] Wir werden hier nicht mehr detailliert auf die Lage in Kuba eingehen, sie wurde von Jean-André Meyer im vorausgehenden Band (Geschichte des Christentums, Band 12, 1179–1187) abgehandelt, wobei er sich vor allem auf L. DEWART, Christianity and Revolution. The Lesson of Cuba, New York 1963, stützte. Heranzuziehen ist ebenfalls PRIEN, Christentum in Lateinamerika (wie Anm. 2) 1006–1011.

[104] PRIEN, Christentum in Lateinamerika (wie Anm. 2) 1012.

[105] CHEVALIER, L'Amérique latine (wie Anm. 6) 481.

ren ungeteilter Machtausübung mit wohlwollender Duldung der USA, die so einen der strategischen Punkte ihres mittelamerikanischen Hinterlandes abriegeln konnten. Unabhängig davon, daß sich die Sandinisten in der Nachfolge des *libertador* Augusto Sandino (1895–1934) sahen, bestand kein Zweifel daran, wo sie ideologisch anzusiedeln waren: Einerseits waren sie, wie der 1976 verstorbene Carlos Fonseca, marxistisch-leninistisch geprägt, andererseits stark von den Theorien Gramscis beeinflußt; sie bewunderten das Modell der Machtergreifung à la Fidel Castro und Che Guevara. Bereits in den ersten Monaten erhielten sie massive Unterstützung im militärischen, finanziellen und technischen Bereich seitens der UdSSR und Kubas. Es gab eigentlich nichts, was die Katholiken auf den ersten Blick an einer Zusammenarbeit mit den sandinistischen Machthabern hätte reizen können, zumal die Kirchen Mittelamerikas seit der Erlangung der Unabhängigkeit nur selten ihre traditionelle Unterstützung der lokalen Oligarchien in Frage gestellt hatten. Dennoch wurde die neue Regierung von der Kirche Nicaraguas allgemein positiv aufgenommen, wie ein bischöfliches Dokument vom 17. November 1979 belegt: „Wenn Sozialismus bedeutet, daß nun vorrangig die Interessen der Mehrheit der Bewohner Nicaraguas beachtet werden […], daß ein Sozialplan die Gleichverteilung der Güter und Bodenschätze des Landes und einen Abbau der Ungerechtigkeiten garantiert, so steht das Christentum einem solchen Plan in nichts entgegen"[106].

Gerade 20 Jahre nach der Revolution in Kuba konnte man nun, anhand der sandinistischen Revolution, konkret nachvollziehen, in welchem Umfang bestimmte Kreise des lateinamerikanischen Katholizismus von den zwischenzeitlichen Veränderungen betroffen worden waren. Die Kirche Nicaraguas stand in der Tat den Auswirkungen der nachkonziliaren Periode nicht gleichgültig gegenüber. Schon seit den 60er Jahren gab es erste Anzeichen für eine tiefgreifende Erneuerung. 1966 gründete der Priester und Dichter Ernesto Cardenal in Solentiname, einer kleinen Insel im See von Nicaragua, eine nur aus Bauern bestehende Gemeinschaft. Es waren Vorformen einer Volkskirche, wie sie wenig später in Medellín definiert werden sollte, wo man versuchte, in den Evangelien eine Lösung für die Probleme der Gegenwart zu finden. Solentiname wurde schnell zum Wahrzeichen Somoza-feindlicher Kreise, denen die autoritären Strukturen des Systems keine legalen politischen Ausdrucksmöglichkeiten ließen. Cardenal inspirierte sie mit seiner revolutionären Mystik, die Christentum und Marxismus miteinander vermischte und auf einer radikalen Interpretation der Befreiungstheologie begründet war[107]. Als der Episkopat 1972 seine traditionelle Unterstützung der herrschenden Dynastie aufgab, distanzierte er sich auch in einem Pastoralschreiben vom herrschenden Regime, indem er die politische Rolle der Kirche betonte[108]. Ungefähr zur gleichen Zeit wurden die kirchlichen Basisgemeinden zu bevorzugten Relaisstationen sandinistischer Propaganda sowie zum wichtigsten Reservoir

---

[106] „Compromiso cristiano para una nueva Nicaragua", 17. Nov. 1979, zit. nach Dussel, Los ultimos 50 años (wie Anm. 48) 81. Vgl. ebenso Antoine, Guerre froide et Église catholique (wie Anm. 71) 123–149.

[107] „Ich habe oft betont, daß mich nicht die Lektüre von Marx zum Kommunismus führte, sondern die Lektüre des Evangeliums. Man darf keinen Unterschied zwischen geistlichem und weltlichem Bereich machen, ebensowenig wie zwischen Evangelium und Politik". Zit. nach Charles Condamines in seinem Vorwort zum Buch von E. Cardenal, Chrétiens du Nicaragua: l'Évangile en révolution, Paris 1980, 13.

[108] „Sobre los principios de la actividad política de la Iglesia" vom 19. März 1972. Die Anprangerung der zweifelhaften Praktiken des Somoza-Klans nahm in diesem Jahr, nach den Enthüllungen über die Unterschlagung von internationalen Hilfsgeldern für die Erdbebenopfer und zweifelhaften Immobilienspekulationen nach den Zerstörungen, eine neue Wendung.

Sandinistisches Plakat in Nicaragua (entnommen
CHEVALIER, L'Amérique latine [wie Anm. 6] 476)

für die Rekrutierung neuer Mitglieder des FSLN. Doch ganz gleich, was darüber gesagt
wurde, bedeutet dies noch keineswegs, daß die Revolution vom Juli 1979 eine christliche
Revolution gewesen sei: Man war in Nicaragua meilenweit von den Zuständen in El Salvador entfernt, wo „es in der Guerilla bei weiten mehr Christen als bekennende und überzeugte Marxisten gab" [109]. Dennoch spielten die Katholiken eine gewisse Rolle bei den
Vorgängen, die zum Sturz der Somoza-Dynastie führten: So wurde der berühmte Aufstand
des Monimbó-Viertels der Stadt Masaya (Jan. 1978) von militanten Christen organisiert.
Im Juni 1979 erkannten die Bischöfe, an ihrer Spitze Erzbischof Obando y Bravo von Managua (seit 1970), den rechtmäßigen Charakter des Aufstandes an und sicherten ihm ihre
bedingungslose Unterstützung zu, in der Hoffnung auf den Beginn einer neuen Ära, die
mit der schmerzhaften Vergangenheit brechen würde.

Die Sandinisten ihrerseits räumten nach dem Sieg ein, daß gewisse Teile der Kirche zur
Bewußtseinsbildung, zur „*conscientização*", beigetragen hätten. Sie erklärten sich zur Zusammenarbeit mit kirchlichen Kreisen bereit, sobald sich diese tatsächlich auf die Seite der
fortschrittlichen Kräfte stellen würden [110]. Dies geschah. Vier Priester wurden in die Regierung berufen, und zwar in Schlüsselstellungen: Miguel d'Escotto aus dem nordamerikanischen Orden Maryknoll wurde zum Außenminister ernannt, der Jesuit Fernando Cardenal
zum Erziehungsminister, in dessen Ressort der sehr symbolträchtige nationale Kreuzzug
für eine Alphabetisierung fiel; Edgardo Parrales wurde Sozialminister, Ernesto Cardenal
schließlich, der die Kirche in ihrer radikalsten Ausprägung verkörperte, Kultusminister.
Damals war man meilenweit von den kubanischen Zuständen entfernt: es war die Rede
von „Flitterwochen" der Kirche mit einer Revolution, die sich anfänglich bewußt jeder Politik religiöser Verfolgung oder gegen das Christentum gerichteter Säkularisierungstendenzen enthielt.

[109] Vgl. A. ROUQUIÉ, Guerres et Paix en Amérique centrale, Paris 1992, 147.
[110] Vgl. bes. das Kommuniqué „Sobre la religión" vom 7. November 1980.

Aber 1980 drehte sich der Wind in Nicaragua, gerade als die ganze Welt auf die sandinisti-sche Revolution blickte, die zu einem wahren Streitobjekt in den internationalen Beziehungen geworden war. Die kirchliche Hierarchie, die zu Beginn den Aufstand begrüßt hatte, weil er der Somoza-Ära ein Ende setzte, schloß sich bald der Meinung des Vatikan an, der seinerseits kein Hehl daraus machte, daß ihn dieser „Bund von Weihwasserwedel und Sichel" wegen möglicher politischer Konsequenzen beunruhigte, und der Polen als Beispiel für die Verpflichtung der Kirche anführte, weiterhin den wichtigsten Schutzwall gegen die totalitäre marxistische Bedrohung zu bilden. Nichtsdestoweniger konnte die Regierung weiterhin auf die Unterstützung der Basisgemeinden oder beispielsweise der Jesuiten der *Universidad Centroamericana* zählen, sie war jedoch direkt von den Folgen der inneren Zerrissenheit der nicaraguanischen Kirche betroffen, die großenteils die politische Verhärtung des Regimes erklärt. Im Juni 1982 prangerte Johannes Paul II. die Gefahr einer inneren Spaltung der Kirche an, während gleichzeitig der CELAM als Reaktion auf die Anstrengungen von Erzbischof Obando y Bravo auf nationaler Ebene aktiv wurde[111]. Dieser war in der Tat sehr schnell zum Vorreiter der katholischen Offensive gegen das neue Regime geworden, indem er pauschal die Ausweisungen einiger Ordensleuten, die Abschaffung der Fernsehübertragung seiner Messen, die Schließung des katholischen Radiosenders und die Behinderungen des Religionsunterrichts anprangerte, ohne die von Washington inszenierte Offensive der Contras zu verurteilen. Mit der Reise des Papstes nach Nicaragua im März 1983 schien dann der Höhepunkt des Ganzen erreicht: Bereitete schon die Regierung, entrüstet über die Weigerung des Papstes, „die imperialistische Aggression der USA zu verurteilen", diesem nicht gerade einen begeisterten Empfang, so versäumte Johannes Paul II. seinerseits keine Gelegenheit, die „Kirche des Volkes" und jene Priester anzuprangern, die Ministerämter übernommen hatten. So mußte er denn die Kränkung hinnehmen, bei einer Messe unter freiem Himmel in Managua dauernd unterbrochen und niedergeschrieen zu werden, nachdem ihn das versammelte Volk vergeblich um ein Gebet für die gegen die Contras gefallenen Kämpfer der Revolution gebeten hatte. Die öffentliche Zurechtweisung Ernesto Cardenals zeigte die wachsende Isolierung der pro-sandinistischen Katholiken und spielte eine wichtige Rolle bei der Zuspitzung des Konflikts. 1984 wurden zehn ausländische Priester zusammen mit Bischof Vega, dem Präsidenten der Bischofskonferenz, ausgewiesen. Der Bund zwischen Kirche und Revolution in Nicaragua war definitiv gescheitert, selbst wenn zahlreiche Basisgemeinden, besonders im Kampf gegen die Contras, weiterhin mit den Regierungsbehörden zusammenarbeiteten.

Von Santiago nach Buenos Aires

Seit Mitte der 60er Jahre wurde Lateinamerika praktisch von einer Welle von Militarisierungen überrollt, der sich nur ganz wenige Länder, wie Mexiko, Costa Rica, Venezuela und Kolumbien, entziehen konnten. Doch selbst bei letzteren handelte es sich nicht gerade um beispielhaft demokratische Staaten, die man dem Rest des Subkontinents als Vorbild hinstellen konnte[112]. Brasilien war 1964 an der Reihe (Castelo Branco), Bolivien 1971

---

[111] Dank der Unterstützung privater nordamerikanischer Stiftungen führte der CELAM eine Kampagne zur Ausbildung von Priestern, Ordensleuten und Laien, um sie darauf vorzubereiten, der ideologischen Propaganda des Regimes die Stirn zu bieten (HOUTART, L'histoire du CELAM [wie Anm. 52] 103).

[112] Einen allgemeinen Überblick bietet A. ROUQUIÉ, L'État militaire en Amérique latine, Paris 1987.

(Banzer), Chile 1973 (Pinochet), Ekuador (Rodríguez Lara) und Argentinien (Videla) 1976 ... und dies sollte noch nicht das Ende vom Lied sein. Bis heute wissen wir nur wenig über diese totalitären Herrschaften, ihr Vorgehen und ihre Beziehungen zur bürgerlichen Gesellschaft, da zum einen die Archive aus Staatsgründen immer noch verschlossen sind und zum andern die Armee noch nichts von ihrem Einfluß verloren hat. Bekannt sind jedoch einige äußerst repressive Maßnahmen, die zu ihren charakteristischen Begleiterscheinungen zählten, wie der Staatsterrorismus, der die Gewalt als Form der Politik institutionalisierte, die „Verschwundenen" der argentinischen Diktatur, die vom Flugzeug aus ins Meer – vor der Küste von Punot Indio oder anderswo – geworfen wurden; die Folteropfer der *Dirección de Investigaciones Nacional* (DINA) in Chile. Darüber hinaus weiß man nur wenig: Der Historiker wird oft systematisch kaltgestellt und muß sich mit einigen Brosamen begnügen.

Dennoch lassen sich bei einer genauen Prüfung der Haltung der katholischen Kirche gegenüber den Militärdiktaturen in Chile (1973–1989) und Argentinien (1976–1983) zwei unterschiedliche Haltungen und vor allem Entwicklungen ausmachen. Einerseits vertiefte der Staatsstreich vom 11. September 1973, der das Aus für die chilenische Volksfront bedeutete, noch die Spaltung einer bereits in sich zerrissenen Kirche. Zwar begrüßte man anfangs nahezu einhellig den Sturz Allendes und die Tatsache, daß eine Sowjetisierung Chiles nun nicht länger zu befürchten stand. Zudem verurteilte die kirchliche Hierarchie den Staatsstreich zu keinem Zeitpunkt und ließ überall das *Te Deum* zu Ehren der neuen Obrigkeit singen. Andererseits führten die tatsächlichen politischen Maßnahmen des neuen Regimes und die bekannten Menschenrechtsverletzungen schließlich dazu, daß sich die Kirche von der Diktatur distanzierte. Den Anstoß dazu gaben vor allem Enrique Alvear (1916–1982), der ehemalige Weihbischof von Bischof Larraín in Talca, der viel zur Verbreitung der Ideen des 2. Vatikanum in Chile beigetragen hatte, und Kardinalerzbischof Raúl Silva Henríquez von Santiago de Chile.

Bereits 1975 wurde in Zusammenarbeit mit der lutherischen Kirche das Komitee *Pro Paz* gegründet, während sich die *Vicaría de la Solidaridad* der Betreuung der Arbeitslosen, der im Untergrund Lebenden und der ehemaligen Gefangenen widmete. Dies war eine der ganz wenigen ökumenischen Willensäußerungen in Lateinamerika. Im Januar 1978 wurde in Santiago de Chile ein Menschenrechtssymposium organisiert, das die Aufmerksamkeit der Welt auf den Kampf der Kirche gegen die Diktatur lenkte. Im Gegensatz zu vielen anderen konnte die chilenische Kirche tatsächlich ihre Unabhängigkeit während der ganzen Ära Pinochets wahren und wurde damit zu einer der wenigen verbliebenen verfassungsrechtlich vorgesehenen Institutionen im Lande[113]. Grundsätzlich trat der Episkopat, trotz der Unentschlossenheit der Christdemokratischen Partei, mehrheitlich für eine christdemokratische Lösung ein und hatte auch bei der erzwungenen Abdankung Pinochets im Jahre 1989 seine Hand mit im Spiel. Obwohl der neue Erzbischof von Santiago, Fresno (seit Mai 1983), sich in seiner Kritik an der Regierung wesentlich zurückhaltender zeigte als sein Vorgänger, gab er 1985 de facto den Anstoß zu einer Einigung aller Parteien auf nationaler Ebene, um so eine Rückkehr zur Demokratie vorzubereiten. Dennoch gab es daneben auch Bischöfe, die der Junta sehr wohlgesinnt waren, wie Bischof Emilo Tagle Covarrubias von Valparaíso, Bischof Salinas von Linares, ein alter Feind Pater Hurtados, oder

---

[113] Vgl. SALINAS, La Iglesia en Chile (wie Anm. 79) 570 f.

Kardinal Raúl Silva Henríquez,
Erzbischof von Santiago de Chile.

auch Bischof Francisco Valdés Subercaseaux von Osorno. Eines hatten diese Männer mit einem kleinen Kreis katholischer Intellektueller (Jaime Gúzman Errazuriz, Gonzalo Vial) und zahlreichen Angehörigen des Lehrkörpers der sehr konservativen *Universidad Católica* von Santiago gemeinsam: Sie lehnten pauschal die großen Richtlinien des 2. Vatikanums ebenso ab wie die Ergebnisse von Medellín. Die Kirche der Armen, die eine theologische Rechtfertigung der bestehenden Ordnung leugnete, die marxistische Infiltration der Kirche wie auch die „Christen für den Sozialismus" waren in ihren Augen Übel, denen gegenüber Augusto Pinochet wie ein letztes Bollwerk erschien[114]. Allerdings handelte es sich dabei nur um eine kleine Minderheit innerhalb einer marginalisierten katholischen Kirche; denn, wie wir noch sehen werden, sollte General Pinochet den für seine Politik notwendigen religiösen Rückhalt anderswo finden.

In Argentinien dagegen verfolgte der Episkopat während der sieben Jahre vom Staatsstreich des 24. März 1976 bis zum Sturz der Diktatur nach dem Fiasko des Falklandkrieges eine wesentlich konservativere Linie. Denn obwohl die kirchliche Hierarchie die Regierung nicht ausdrücklich unterstützte, deren erklärter Wille, die Guerilla auszulöschen und „die »Subversion« mit allen Mitteln in der Gesellschaft auszumerzen"[115], ihr wie ein Signal für eine Rückkehr zur Ordnung schien, so erhob sie doch auch nie ihre Stimme gegen die Militärs. Hatte doch General Videla nur wenige Stunden vor dem Putsch dem Erzbischof von Paraná und Präsidenten der Bischofskonferenz, Adolfo Servando Tortola, einen symbolischen Besuch abgestattet, um die Erneuerung des Bundes zwischen Kreuz und Schwert im Hinblick auf eine ruhmreiche „nationale Neuordnung" zu besiegeln. Da man die vorausgegangene Periode im wesentlichen als ein Angriff auf die traditionellen Machtstrukturen empfunden hatte, trug die Kirche nun, wie eine gewisse Anzahl neuerer Arbei-

---

[114] Vgl. Ch. CONDAMINES, Chili: l'Église catholique 1958–1976. Complicité ou résistance? Paris 1977.
[115] F. LAFAGE, L'Argentine des dictatures, 1930–1983. Pouvoir militaire et idéologie contre-révolutionnaire, Paris 1991, 115.

Oscar Arnulfo Romero, Erzbischof von San Salvador.

ten zeigt[116], reichlich zur Legitimation des neuen Regimes bei. Dabei handelte sie, ähnlich wie bereits nach dem Staatsstreich von 1930, sowohl aus Angst vor Repressionen als auch aus einem gewissen Selbsterhaltungstrieb heraus, um ihren Bestand als Institution zu sichern. Im Gegensatz zu Chile läßt sich hier eine Tradition erkennen, die über ein halbes Jh. lang auf eine Unterordnung der Kirche unter die politische Gewalt ausgerichtet war, mit deutlichen Reminiszenzen an die *década infame*, in der die Vorstellung von einer katholischen Nationalkirche hohe Wellen geschlagen hatte, oder sogar an die peronistische Ära[117]. Zwar gab es auch hier einige wenige Mißklänge, die jedoch Randerscheinungen blieben: so die von dem Friedensnobelpreisträger Adolfo Pérez Esquivel getragene Bewegung *Justicia y Paz*, die allen Widerständen zum Trotz die Menschenrechtsverletzungen und die Aufhebung der bürgerlichen Grundrechte anprangerte. Aber anders als in Chile stand die argentinische Kirche ganz unter dem Einfluß der Regierung, da ihre hierarchische Spitze von den neuen Machthabern streng kontrolliert wurde[118], während sie gleichzeitig in ihrer Eigenschaft als moralischer Garant des Regimes Anteil an dessen politischen Praktiken hatte.

Eigentlich müßte man den Verhältnissen in Chile und Argentinien diejenigen in Bolivien, Uruguay oder Brasilien gegenüberstellen. Für Brasilien war das Jahr 1968 gleichbedeutend mit einem Bruch in den Beziehungen zwischen Militärdiktatur und Kirche. Lehnte doch letztere die neue Militärordnung immer offener ab und wurde damit nach der Ausschaltung fast aller politischen Parteien oder von der Regierung unabhängigen Gewerk-

---

[116] Ebd. 115–134, sowie L. ZANATTA, Argentine, 1976: généalogie de la répression. L'idée de Nation au sein des Forces armées et de l'Église dans une perspective historique, in: Histoire et Sociétés de l'Amérique latine 7 (April 1998) 37–56.

[117] Vgl. L. PEREZ ESQUIVEL, La Iglesia argentina durante la dictadura militar, in: CEHILA. Historia general de la Iglesia en América latina, Bd. IX, 553f.

[118] So sehr, daß sich die kirchliche Hierarchie, als ihr bestimmte Mißbräuche unerträglich erschienen, in einem Brief an die Junta wandte, anstatt wie üblich eine öffentliche Erklärung abzugeben ...

schaften zur idealen oppositionellen Kraft. Auch eine nähere Untersuchung der Beziehungen zwischen den salvadorianischen Christen und dem *Front Farabundo Martí* zur nationalen Befreiung (FMLN) würde bei der Einschätzung der christlichen Beteiligung am revolutionären Prozeß einen interessanten Kontrapunkt abgeben. Aber im notwendigerweise begrenzten Rahmen einer zusammenfassenden Darstellung ist es unmöglich, alle diese Varianten zu berücksichtigen. Wie dem auch sei, es zeigt sich jedenfalls, daß das von der Karikatur gezeichnete Bild einer kirchlichen Hierarchie, die zwar jederzeit zur Unterstützung von Militärdiktaturen bereit gewesen sei, aber alle Revolutionen marxistischer Prägung entschieden abgelehnt hätte, einer konkreten Analyse bestimmter Fälle keinesfalls standhält, selbst wenn daran ein Körnchen Wahrheit sein mag. Anders gesagt: Es ist unmöglich, eine typische Haltung der katholischen Kirche gegenüber den Wechselfällen der Politik in Lateinamerika auszumachen, zumal das Verhalten auch innerhalb der Kirchen einzelner Länder keineswegs einheitlich, vielmehr oft widerstreitend war.

Bei aller Vielfalt gab es zweifelsohne nur einen gleichbleibenden Faktor: Immer wieder mußten Kirchen im Laufe des letzten halben Jh. schwer unter Repressionen leiden und wurden, so wie die lateinamerikanische Gesellschaft insgesamt, zu Opfern politischer Gewalt. Von 1965 bis 1990 zählte man an die hundert Opfer, darunter 76 Priester, 3 Bischöfe und den Erzbischof von San Salvador, Oscar Romero[119], wobei es sich bei diesen Zahlen zweifelsohne nur um eine annähernde Schätzung handelt. Romero, der dem Opus Dei nahestand und als Konservativer galt, war im Februar 1977 in der Hoffnung zum Erzbischof ernannt worden, er könne seinen Einfluß dem seines Vorgängers, Chávez, entgegensetzen, den man gerne als den „roten Erzbischof" bezeichnet hatte. Wenige Tage später öffnete ihm die Ermordung des ihm nahestehenden Jesuiten Rutilio Grande die Augen. Im Zuge der *conscientização* engagierte er sich rasch auf Seiten der Kirche der Armen, was ihm im Januar 1980 den Tadel des neu gewählten Papstes einbrachte. Am 24. März 1980 schoß eine Todesschwadron, aus Protest gegen Reformen, die eine am 15. Oktober 1979 an die Macht gekommene progressive Militärjunta durchzuführen versuchte, am Altar der Kathedrale von El Salvador mitten in einer Meßfeier jenen nieder, der zum nationalen und internationalen Symbol eines neuen Engagements geworden war[120]. Wie viele andere zeigt auch dieses Beispiel, wie das pastorale und theologische *aggiornamento* die Kirche in Lateinamerika unaufhaltsam in die Politik hineinriß, ganz gleich, ob sie es wollte oder nicht. Noch jüngst hat die Ermordung von Bischof Gerardi (26. April 1998), der für das Amt für Menschenrechte des Erzbistums Guatemala-Stadt verantwortlich zeichnete und eben einen Bericht über die von der Armee zwischen 1960 und 1996 begangenen Verbrechen vorgelegt hatte, der öffentlichen Meinung ins Gedächtnis gerufen, welchen Tribut zahlreiche Kleriker der politischen Gewalt zollen mußten.

5. Zur Fünfhundertjahrfeier

In vieler Hinsicht bot die Feier der fünfhundertjährigen Wiederkehr der Entdeckung Amerikas dem Subkontinent die Gelegenheit, Bilanz zu ziehen. War sie doch innerhalb weniger Monate Anlaß für eine endlose Flut von Veröffentlichungen über alle möglichen Aspekte

---

[119] Vgl. M. LEMOINE, Ces prêtres qu'on assassine en Amérique latine, in: Le Monde diplomatique (Okt. 1990) 22f.
[120] Zum Teil trug der Tod von Erzbischof Romeros dazu bei, aus der revolutionären Bewegung in El Salvador eine Massenbewegung zu machen. Vgl. M. MAIER, Oscar Romero, Freiburg 2001.

der lateinamerikanischen Geschichte. Auch die Kirchen kamen nicht um einen Rückblick herum, um so mehr als die Gedenkstunde am 12. Oktober 1492 mit der schon lange vorher geplanten Abhaltung der 4. Vollversammlung des lateinamerikanischen Episkopats in Santo Domingo zusammenfiel. Zunächst war es an der Zeit festzustellen, daß der latein-amerikanische Katholizismus und seine Darstellung in der Geschichtsschreibung immer noch extrem gegensätzliche Reaktionen hervorriefen. So verlieh die Zeitschrift *Concilium*, die nie ein Hehl aus ihren Sympathien für die Befreiungstheologie gemacht hatte und sogar zu deren internationalen Forum geworden war, in ihrer bereits 1990 dem Fünfhundertjah-restag gewidmeten Sondernummer den „Stimmen der Opfer" Gehör, indem sie vor allem die theologische Verantwortung des Christentums für den Genozid und die Massaker an den Indios betonte, deren Ausgangspunkt 1492 bildete[121]. Die Zeitschrift *Communio* kam dagegen in ihrer Gedenknummer am Ende ihres Leitartikels zu dem Schluß, daß die katho-lische Kirche sich letztendlich ihrer lateinamerikanischen Vergangenheit nicht zu schämen brauche, da sie „außergewöhnliche Denkanstöße für das Völkerrecht gegeben […], die In-dios verteidigt und sehr erfinderisch in der Verbreitung des Evangeliums in der Neuen Welt gewesen sei"[122]. An der Geschichte selbst änderte dies nichts, aber die unterschiedliche Betrachtungsweise erinnerte in vieler Hinsicht an die 60er und 70er Jahre, als man eben-falls versucht hatte, sich gegenseitig polemisch zu überbieten.

Dennoch wäre nichts falscher, als die gleichen Kriterien wie vor zwanzig oder dreißig Jahren auf die lateinamerikanischen Kirchen unserer heutigen Zeit anzuwenden. Wenn auch das Abschlußdokument von Santo Domingo, dreizehn Jahre nach Puebla noch einmal die vorrangige Option für die Armen betonte, wenn die kirchlichen Basisgemeinden wei-terhin einen lebendigen Bestandteil des Volkskatholizismus bildeten, so scheinen doch die richtungsweisenden Ideen, die die lateinamerikanische Kirche zusammenhielten, viel von ihrer ursprünglichen Kraft verloren zu haben. Die Zeit ist vorbei, in der die Befreiungs-theologie eine Rolle ersten Ranges spielte und der römischen Amtskirche ernstliche Sor-gen bereitete. Leonordo Boff, bereits von seiner Herausgebertätigkeit und seinem Lehramt entbunden, veröffentlichte im Juni 1992 einen „Brief an alle Weggefährtinnen und -gefähr-ten", in dem er seine Entschluß zur Niederlegung des Priesteramts verkündete und be-klagte, daß der Vatikan seit Anfang der 80er Jahre Druck auf die wichtigsten Vertreter der Befreiungstheologie ausgeübt hätte, um sie zum Schweigen zu bringen. Acht Jahre nach der ersten *Instruktion der Kongregation für die Glaubenslehre über einige Aspekte der „Theologie der Befreiung"* wurde dieser Verzicht ebenso wie die Schließung des von Dom Helder Câmara gegründeten theologischen Instituts in Recife, symbolisch als Beweis da-für empfunden, daß Rom seinen Willen durchgesetzt hatte. Diesen Eindruck bestätigte noch die Tatsache, daß sich auch zahlreiche andere Theologen für ein längeres Stillschwei-gen entschieden, aus Angst den gleichen Sanktionen wie ihr franziskanischer Mitbruder

---

[121] Concilium 26 (1990) 445–544 »Die Stimme der Opfer«. Zur Eröffnung findet sich in dieser Sondernummer ein gemeinsam von Virgil Elizondo und Leonardo Boff unterzeichneter Leitartikel, dessen erste Worte bereits keinen Zweifel an der Haltung der Autoren lassen: „der 12. Oktober 1492 war für Lateinamerika und die Karibik der Beginn eines bis heute nicht endenden Karfreitags von Blut und Tränen, ohne daß je der Auferstehungssonntag gedämmert hätte" (S. 7).

[122] Vgl. O. Chaline, 1492, à l'Ouest, rien de noeveau, in: Communio 17 (1992) 20. M. Sievernich – O. Spelt-hahn, Fünfhundert Jahre Evangelisierung Lateinamerikas. Geschichte, Kontroversen, Perspektiven, Frankfurt 1995.

ausgesetzt zu sein. In der Tat büßten die nationalen Bischofskonferenzen und der CELAM viel von ihrer Entscheidungsfreiheit ein, die Bischofskonferenz von Santo Domingo lieferte dafür den besten Beweis: Hatte doch dort ein enger Mitarbeiter des Papstes, Kardinal Angelo Sodano, den Vorsitz inne und vierzehn weitere stimmberechtigte Kurienkardinäle und -bischöfe nahmen daran teil, deutlich mehr als in Medellín und Puebla. Schließlich ließen einige römische Stellungnahmen keinen Zweifel an den päpstlichen Absichten aufkommen. So war nach dem durch einen Staatsstreich am 30. September 1991 bedingten Sturz des Paters Jean-Bertrand Aristide, der der Befreiungstheologie nahestand, die Apostolische Nuntiatur in Haiti die einzige diplomatische Vertretung, die das neue Regime sofort anerkannte, gerade als in Lateinamerika ein Prozeß der allmählichen Rückkehr zur Demokratie anlief, bei dem die Kirche manchmal wie in Chile eine entscheidende Rolle spielte. Ein Paradoxon, das zu denken gibt …

Aber nicht allein die Tatsache, daß ihre Vertreter von der Amtskirche zur Ordnung gerufen wurden, führte bei der Befreiungstheologie zu einer Stagnation, sondern auch eine Reihe äußerer Ereignisse, wie die Wahlniederlage der Sandinisten (1990), in deren Zielsetzungen die Kirchen Mittelamerikas eine Zeitlang ihre revolutionären Hoffnungen gesetzt hatten, oder der Zusammenbruch der UdSSR und des Ostblocks, der dem Tod einer fast überall gegenwärtigen Utopie gleichkam. Lateinamerika konnte den von François Furet beschriebenen Folgen des Endes des sowjetischen Kommunismus deshalb nicht entgehen, weil es damit unwiderruflich eine der weltlichen Grundlagen seiner revolutionären Messianismen verlor. Selbst wenn dies nicht notwendigerweise bedeutete, daß „die Vorstellung von einer *anderen* Gesellschaft nun gedanklich fast unmöglich geworden ist"[123], so trug der neue internationale Kontext doch zweifelsohne zur Wiederherstellung jener institutionellen kirchlichen Ordnung bei, die eine Zeitlang in Frage gestellt zu sein schien. Allerdings reicht all dies noch nicht aus, um die Befreiungstheologie definitiv für tot zu erklären. Selbst wenn man heute darin übereinstimmt, daß das ursprüngliche theologische Modell keine Daseinsberechtigung mehr hat, so treten dafür neue Tendenzen in Erscheinung. Ist es doch nun, da die „Armen" als bestimmte Kategorie allmählich verschwinden und dafür Phänomene wie Unterdrückung und Ausgrenzung insgesamt erfaßt werden, an der Zeit, manches neu zu überdenken. Gleichsam als Antwort auf neue Bewegungen innerhalb der Gesellschaft Lateinamerikas kommen nun spezifisch neue feministische, indianische oder sogar ökologische Theologien auf[124]. Die gegenwärtigen wirtschaftlichen Verän-

---

[123] Vgl. Le Passé d'une illusion, Paris 1995, 572. Ohne direkte Nennung der Befreiungstheologie greift Jorge G. CASTAÑEDA doch auf die gleichen Argumente zurück, wenn er schreibt: „Allgemein gesehen kam der Zusammenbruch des Sozialismus für diese politischen Bewegungen und ideologischen Strömungen in Lateinamerika dem Verlust eines Vorbilds gleich. Es war der Verlust eines Bezugspunktes, den die Linke ein halbes Jh. lang nicht aus den Augen gelassen hatte […]. Der Bezug auf die UdSSR oder Kuba war überall unterschwellig gegenwärtig. Nach der Selbstzerstörung des Prototyps hatte eine Alternative von links praktisch ihren Bezugsrahmen verloren" (L'utopie desarmée. L'Amérique latine après la guerre froide, Paris 1996, 212). Innerhalb der Kirchen Lateinamerikas selbst wurden andere Stimmen laut, wonach erst das Versagen des real existierenden Sozialismus es der Befreiungstheologie ermöglicht habe, sich gewissermaßen von ihm zu emanzipieren. So schrieb der chilenische Priester Sergio Torres: „Das traditionelle marxistische Denken maß den Wirtschaftsfragen und dem Klassenkampf zuviel Bedeutung zu und setzte dadurch dem theologischen Diskurs zu enge Grenzen. Jetzt können sich die Theologen wieder ernsthafter ihren eigenen Aufgaben widmen" (La théologie de la libération: perspectives modernes et nouveaux défis, in: DIAL 2051 (16.–19. Febr. 1996) 2.
[124] Ebd. Vgl. auch „Une interview exclusive de Gustavo Gutiérrez. Un théologien de la libération face à la situation actuelle, in: *DIAL* 2251 (16.–31. Okt. 1998) 1f.

derungen bieten daneben auch Gelegenheit zu neuen Stellungnahmen, die gewissermaßen in der Tradition der nachkonziliaren Zeit stehen: Mag auch die Dialektik zwischen Abhängigkeit und Befreiung gescheitert sein, so stehen nun die Strukturanpassung, der Monetarismus und der Globalisierungsprozeß im Feuer der Kritik, wovon beispielsweise die besonders kritischen Töne zeugen, die die Jesuitenprovinziäle Lateinamerikas in einem Brief vom November 1996 über den Neoliberalismus anschlugen[125].

Angesichts des Festgestellten kommt man nicht umhin zu resümieren, daß der Zyklus alternativer Theologien und zentrifugaler Bestrebungen nun anscheinend von neuen Romanisierungstendenzen und einer Vertiefung der Beziehung zwischen Kirche und Staat abgelöst wurde, anders gesagt, durch eine Rückkehr zu den unter Pius IX. und Leo XIII. konzipierten und etablierten Zuständen. Beispielhaft ist in dieser Hinsicht Mexiko, wo die Regierung Carlos Salinas de Gortari 80 Jahre nach Ende der Revolution die Passagen der Verfassung über die religiösen Institutionen abänderte (1991) und 1992 die diplomatischen Beziehungen zum Vatikan wiederaufnahm. Gleichzeitig tauchte auch mit Jerónimo Prigione wieder ein Apostolischer Nuntius in vorderster Front auf, um dort zu einer wichtigen Figur auf dem politischen Schachbrett zu werden. Immer um eine bessere Kontrolle des Episkopats bemüht, plante er sogar zwischenzeitlich die Absetzung des rührigen Bischofs von San Cristobal de las Casas (Chiapas), Samuel Ruiz García[126]. Insgesamt gesehen, zeigt sich am Beispiel Mexikos, daß Rom dringend an einer aktiven Politik zur Wiedereroberung Lateinamerikas gelegen war, damit die Narben der vergangenen Jahre verblaßten. Mit seiner Reise nach Santo Domingo im Oktober 1992, als die Polemik über den Sinn einer 500. Jahresfeier gerade ihren Höhepunkt erreicht hatte, verfolgte Johannes Paul II. hauptsächlich diesen Zweck. Er bedauerte öffentlich, daß „nicht nur in der Vergangenheit, sondern auch noch heute den armen Indios viel Unrecht zugefügt wurde"[127], ohne diese jedoch dafür um Vergebung zu bitten, wie viele Beobachter seinerzeit erwartet hatten[128]. In gewisser Weise müssen auch die neuen Evangelisierungsbestrebungen, die Wiederbelebung der Soziallehre der Kirche vor dem Hintergrund beschleunigter Pauperisierung oder auch die Reise des Papstes nach Kuba (im Januar 1998)[129] – in ein Land, in dem auf den ersten Blick jede Mission unmöglich erscheint –, unter diesen Gesichtspunkten betrachtet werden.

---

[125] DIAL 2131 (16.–28. Februar 1997).

[126] La hiérachie catholique mexicaine dans les années quatre-vingt-dix, in: DIAL 2093 (16.–31. Juli 1996).

[127] Le Monde vom 13. Oktober 1992.

[128] In seiner Rede vom 12. Oktober, erwähnte Johannes Paul II. Medellín überhaupt nicht. Er nutzte vielmehr die Gelegenheit, um erneut die „Reduktionstheologien" anzuprangern wie auch den Versuch, „parallel zur geistigen Autorität der katholischen Kirche, die dieser aus ihrem Lehramt erwächst, eine geistig-moralische Autorität jener Theologen aufzubauen, die in Opposition zu ihr stehen" (Le Monde vom 14. Oktober 1992).

[129] Eine wahrlich „historische" Reise, in deren Verlauf Johannes Paul II., der in den 80er Jahren niemals die Präsenz der USA in Mittelamerika kritisiert hatte, das von den Vereinigten Staaten über die Insel verhängte Embargo verurteilte, nicht ohne gleichzeitig auf das Schicksal der politischen Gefangenen und die Menschenrechtsverletzungen in Kuba hinzuweisen. Castro seinerseits, der hier eine Gelegenheit sah, den Bann zu brechen, mit dem ihn die internationale Gemeinschaft belegt hatte, gab nicht nur vor und nach dem Kommen des Papstes wiederholt versöhnliche Erklärungen ab, sondern war auch zu Konzessionen bereit; so konnte man 1997 in Kuba zum ersten Mal seit 1968 wieder das Weihnachtsfest frei feiern. Zur gegenwärtigen Lage der kubanischen Kirche vgl. die nützliche Studie: La situation religieuse cubaine en temps de crise, in: DIAL 2196 (1.–15. Januar 1998).

Lateinamerikareisen der Päpste

1968, 22. – 24. August:	Paul VI. in Kolumbien
1979, 25. – 31. Januar:	Johannes Paul II. in Mexiko und Mittelamerika
1980, 29. Juni – 10. Juli:	Brasilien
1982, 11. – 12. Juni:	Argentinien
1983, 2. – 9. März:	Mittelamerika (Costa Rica, Nicaragua, Panama, El Salvador, Guatemala, Honduras, Belize) und Haiti
1984, 10. – 13. Oktober:	Santo Domingo und Puerto Rico
1985, 26. Jan. – 6. Februar:	Venezuela, Ekuador, Peru, Trinidad, Tobago
1986, 1. – 7. Juli:	Kolumbien
1987, 31. März – 12. April:	Uruguay, Chile und Argentinien
1988, 7. – 18. Mai:	Uruguay, Bolivien, Peru und Paraguay
1990, 6. – 14. Mai:	Mexiko und Curaçao
1991, 12. – 21. Oktober:	Brasilien
1992, 9. – 14. Oktober:	Santo Domingo
1993, 9. – 11. August:	Mexiko und Jamaika
1996, 5. – 12. Februar:	Venezuela, El Salvador, Guatemala, Nicaragua
1997, 2. – 5. Oktober:	Brasilien
1998, 21. – 25. Januar:	Kuba
1999, 22. – 26. Januar:	Mexiko

Zu dieser „Rückgewinnung" Lateinamerikas, wobei es nicht nur um nonkonformistische Theologien sondern auch darum ging, die explosionsartige Entwicklung der Pfingstkirchen soweit wie möglich zu bremsen, trugen noch andere Gruppierungen mehr oder weniger offen bei, das *Opus Dei* zum Beispiel, über dessen wahren Umfang wir keine genauen Kenntnisse besitzen, von dem man aber weiß, daß es sich jenseits des Atlantiks vor allem indirekt über eine verstärkte Durchdringung der katholischen Universitäten rasch ausbreitete[130]; oder die *Legio Christi*, als Speerspitze der Konservativen im Kampf gegen alle Bewegungen, die unterschiedslos unter dem Oberbegriff „Sekten" subsummiert werden, und deren Aufgabe unter anderem in der Ausbildung von Seminaristen besteht, die die katholische Elite des 21. Jh. bilden sollen[131]; oder auch die *Charismatische Erneuerung*, deren lateinamerikanische Variante und die dort benutzten Strategien leicht als „Pentekostalisierung" eines Katholizismus angesehen werden könnten, der in der Stunde konfessioneller Konkurrenz gezwungen ist, sich den neuen religiösen Praktiken und Frömmigkeitsbezeugungen anzupassen.

---

[130] PRIEN, Christentum in Lateinamerika (wie Anm. 2) 1098 f. Der Nachfolger von Oscar Romero als Erzbischof von San Salvador, Rivera y Damas, wurde 1995 von einem Mitglied des Opus Dei, Fernando Sáenz Laccalle, abgelöst.
[131] Vgl. M. ARSENEAULT, Les nouvelles légions de Jean-Paul II, in: Le Monde diplomatique 513 (1996) 3.

III. Jenseits des Protestantismus: Die Pfingstler – Praxis des Gefühls

> Wo man Coca-Cola, eine Post und eine Bäckerei vorfindet,
> gibt es auch eine „Versammlung Gottes".
>
> *José Bezera da Costa*[132]

Dem rein quantitativen Ansatz verdanken wir unsere Kenntnis der jüngsten explosionsartigen Vermehrung der Pfingstkirchen in Lateinamerika und des Endes der katholischen Hegemonialstellung nach fünf Jh. Dennoch sind die verschiedenen Kirchen, die man unter dem Oberbegriff „Protestantismus" zusammenfaßt, über den quantitativen Ansatz hinaus eine genauere Beschäftigung wert, die im Grunde Antwort auf drei ganz verschiedene Fragen geben sollte:

– Wie und aus welchem Grund *wird* man Pfingstler? Handelt es sich doch auch heute noch im wesentlichen um einen Konversionsprozeß, selbst wenn es künftig auch Pfingstler der zweiten, ja sogar der dritten Generation geben wird.
– Welche Praktiken und Glaubensinhalte haben diese Gläubigen, die meistens aus dem Katholizismus kommen und auf jeden Fall nicht unberührt von jeder religiösen Kultur zum Pfingstlertum stoßen?
– Welche Rolle wollen schließlich diese neuen Kirchen, die riesige Massen anzuziehen vermögen, innerhalb der lateinamerikanischen Gesellschaft an der Schwelle zu diesem neuen Jahrtausend. spielen?

Während sich die Forschung lange Zeit kaum für den historischen Protestantismus interessierte, waren die Pfingstkirchen in den letzten zwanzig Jahren Gegenstand besonderer Aufmerksamkeit seitens der Soziologen, Ethnologen und Anthropologen. Dank ihrer Arbeiten können wir hier eine zusammenfassende Darstellung geben und eine Anzahl charakteristischer Grundbegriffe klar formulieren. Die erwähnten Forschungen können uns jedoch nicht der Mühe entheben, spezifisch historische Überlegungen anzustellen, die stärker auf eine längere Zeitspanne hin ausgerichtet sind. Denn sobald man die Pfingstkirchen in das protestantische oder evangelikale System einbindet, muß man sich die Frage stellen, welche Art von Bindungen sie mit den im 19. Jh. entstandenen historischen Kirchen unterhielten: Handelte es sich im Grunde um eine Weiterführung des im 19. Jh. in Lateinamerika aufgekommenen liberalen Protestantismus bzw. um die Neuformulierung eines aus einer ähnlichen Tradition hervorgegangenen Konzepts oder, ganz im Gegenteil, um völlig neue religiöse Bewegungen, deren Anpassungsfähigkeit und Neigung zum Synkretismus sie kaum noch Bindungen zum traditionellen Protestantismus aufrechterhalten läßt?[133]

1. Das Pfingstlertum, eine Ersatzreligion?

Das Auftreten der ersten Pfingstkirchen in Lateinamerika zu Beginn des 20. Jh. (in Chile im Jahre 1906, in Brasilien 1910) sowie ihre rasante Entwicklung wurde manchmal rein monokausal, einzig aus politischer Sicht interpretiert. Sah man doch in diesen Kirchen südlich des Rio Grande nur Auswüchse des nordamerikanischen Pfingstlertums und damit einen offensichtlichen Beleg für den Yankee-Imperialismus, der durch den Zusatz Roose-

---

[132] Ausspruch, der dem Leiter der *Assembléias de Deus no Brasil* zugeschrieben wird.
[133] Vgl. BASTIAN, Protestantisme (wie Anm. 1) 257–274.

velts zur Monroe-Doktrin (vom Dezember 1904) eine neue, bewußt interventionistische Ausrichtung erhalten hatte. Diese willkürlich rationalistische Sicht der Dinge, die den Glauben des einzelnen als zweitrangig abtat, ist heute überholt. Sicher, wir wissen vieles über die Rolle von „Glaubensmissionen" wie zum Beispiel die *Wycliffe Bible Translators*, die ihren wilden Bekehrungseifer nur schwer unter pseudo-wissenschaftlichen Tätigkeiten verbergen konnten[134]; wir wissen auch, daß viele der heutigen Pfingstkirchen immer noch weitgehend von Unterstützungen aus den USA abhängig sind, und daß Washington zeitweise aus Sorge über den Radikalismus der Befreiungstheologie und der Volkskirche in der protestantischen Expansion das beste Mittel zur Unterminierung rebellischer oder revolutionärer Tendenzen gewisser Flügel der katholischen Kirche sah. Dennoch fällt es schwer, sich ausschließlich mit einer solcher Interpretation zu begnügen in einer Zeit, in der Anthropologie und Religionssoziologie weit überzeugendere Hypothesen vorzuweisen haben.

Ab Ende der 60er Jahre konzentrierte sich die Forschung, vor allem seit den bedeutenden Arbeiten von Christian Lalive d'Épinay, auf völlig andere Gebiete. Lalive d'Épinay hatte am Beispiel Chiles aufgezeigt, wie eng die Ausbreitung des Pfingstlertums mit dem Auftreten von Wirtschaftskrisen verknüpft war, die zum Beispiel während der großen Depression der 30er Jahre zur Marginalisierung breiter Gesellschaftsschichten geführt hatten[135]. Tatsächlich fällt auf, wie rasch die Pfingstbewegung beim Übergang von den 50er zu den 60er Jahren auf dem ganzen Subkontinent zu einer Zeit an Boden gewinnen konnte, als die Einbindung von Wirtschaftssystemen, die bis dahin hauptsächlich auf den Binnenmarkt hin ausgerichtet waren, in die internationalen Wirtschaftsmärkte zu großen wirtschaftlichen Veränderungen führte. Es war die Zeit des Niedergangs der traditionellen Agrargesellschaften, der Landflucht und des übermäßigen Wachstums der großen Metropolen, die sich schnell als unfähig erweisen sollten, die neu hinzugekommenen Arbeitskräfte zu integrieren. So entstanden innerhalb der einzelnen Länder riesige Armutsinseln, sowohl auf dem Land, das durch die Monetarisierung des Warenaustausches und den Niedergang bestimmter Branchen von Pauperisierung bedroht war, als auch in den Stadtrandgebieten, wo es immer mehr *favelas*, *barriadas* und andere *ranchos* gab[136]. Hier, in diesem besonders vorbereiteten Boden, schlugen die Pfingstkirchen ihre Wurzeln, in Randzonen, die von Tag zu Tag größer wurden, in Gebieten mit ungewisser Zukunft und dauernder Verschlechterung der Lebensbedingungen, in denen die gesellschaftliche Integration plötzlich bedroht oder gefährdet schien. Um ein Wort von Pierre Chaunu aufzugreifen, so handelte es sich zunächst um einen „armen Protestantismus, der den Ärmsten der Armenviertel und Latifundien das Evangelium predigte"[137]. Dies aber geschah bemerkenswerterweise gerade zu einer Zeit, da die katholische Kirche, die eigentlich für die Versorgung mit Heilsgütern verantwortlich war, besonders in den ländlichen Gebieten immer stärker unter Priestermangel zu leiden hatte, so daß manche entlegenen Pfarreien überhaupt nur noch

---

[134] AUBRÉE, La pénétration du „protestantisme évangelisateur" (wie Anm. 29) passim.

[135] Ch. LALIVE D'ÉPINAY, El refugio de las masas: estudio sociológico del protestantismo chileno, Santiago de Chile 1968. Pionierarbeit auf diesem Gebiet leistete auch E. WILLEMS, Followers of the New Faith, Culture Change and Rise of Protestantism in Brazil and Chile, Nashville 1967.

[136] Natürlich wären hier viel umfangreichere Ausführungen angebracht. Eine zusammenfassende Darstellung bietet The Cambridge History of Latin America VI/1 (wie Anm. 6).

[137] Pour une sociologie du protestantisme latino-américain. Problèmes de méthode, in: Cahiers de sociologie économique 12 (1965) 5–18, hier S. 17.

alle zwei oder drei Wochen einen Priester sahen. Für alle gesellschaftlichen Absteiger, Ausgeschlossenen oder Entwurzelten, deren Ressentiment gegenüber den Behörden, dem Staat und der Führungsschicht oft auch die katholische Kirche miteinschloß, die häufig als Teil der bestehenden Ordnung empfunden wurde, stellte die Pfingstbewegung vor allem deshalb eine überzeugende Alternative dar, weil sie selbst oft keinerlei Beziehungen zu den dafür verantwortlich gemachten politischen Kreisen unterhielt.

Der Bekehrte, „der sich ganz Jesus hingab", brach radikal mit einer gesetzlosen und aus den Fugen geratenen Welt, in der für ihn kein Platz mehr war. Als symbolisches Zeichen dafür hörte er auf, Teile ihrer Bräuche und Praktiken zu befolgen, und wandte sich einer neuen Lebensform mit eigenen Regeln, wie zum Beispiel anderen Moralvorstellungen, zu. Diese konnten mehr oder weniger streng sein, waren aber jedenfalls erste Anzeichen für seinen Bruch mit der Welt [138]. Angesichts der Tatsache, daß die Pfingstkirchen einzig Gottvater, Jesus Christus und den Heiligen Geist als göttlich anerkannten, war auch die pauschale Ablehnung aller traditionellen Gottheiten, gleich welcher Herkunft, ein Zeichen für die Konversion des Einzelnen, da diese Gottheiten als Manifestationen Satans begriffen (und deshalb als *diablos* bezeichnet) wurden [139]. Von vorrangiger Bedeutung für das Denken der Pfingstler, die ihre neu gefundene religiöse Identität gerne gegen die Katholiken abgrenzen wollten, war der Aufbau einer neuen – oder vielleicht auch nur als neu hingestellten – Gruppenstruktur, die anders als in der hierarchisch gegliederten Welt der Katholiken auf der Gleichheit aller Gläubigen (*hermanos* oder Brüder) [140] beruhte wie auf der Pflicht der *creentes* zur Solidarität. So übernahmen diese Kirchen als wahre Gegengesellschaften manchmal in bestimmten Notlagen die Rolle von Dienstleistungsorganisationen, wobei sie gegebenenfalls u. a. Stellenangebote unterbreiteten, Wohnungen zur Verfügung stellten oder, anders gesagt, den Bekehrten so etwas wie eine soziale Reintegration anboten [141]. Das Pfingstlertum trat hier als eine Art Ersatzgemeinschaft auf, als ein Ort der Zuflucht, der, so gut es eben ging, die Normen einer längst vergangenen Zeit hochhielt.

Die Zugehörigkeit zu dieser neuen Gruppe fand ihren Ausdruck auch im gemeinsamen Erleben religiöser Phänomene, die ihrem Verständnis nach Zeugnis von der Gegenwart des Heiligen Geistes ablegten und darüber hinaus dem Aufbau einer eigenen religiösen Identität dienten. Dazu zählte vor allem die Glossolalie, die Gabe des Zungenredens, eine der

---

[138] Vgl. G. RIVIÈRE, Bolivie: le pentecôtisme dans la société aymara des hauts plateaux, in: Problèmes d'Amérique latine. La documentation française, N. S. 24 (Jan.–März 1997) 87 f.: „Der Unterschied besteht darin, daß die Verbote der Kirche, die alle Lebensbereiche des einzelnen oder der Gemeinschaft betreffen, in die Tat umgesetzt werden. Manche dieser Verbote sind allen Pfingstkirchen gemein, andere ergeben sich aus den örtlichen sozialen und kulturellen Umständen. Die Gläubigen dürfen u. a. kein Koka kauen, keinen Alkohol trinken, nicht Fußball spielen oder Radio hören". Allerdings gibt es von Fall zu Fall zeitbedingte Varianten dieser „Weltflucht": So predigten einige brasilianische Kirchen bis vor kurzem, daß die Kinder nicht zur Schule gehen sollten, oder boykottierten Entwicklungsprojekte der ONG, während sie heute wieder mehr auf die Gegenwart zu setzen scheinen, um mit ihrem rasanten Wachstum Schritt halten zu können.

[139] Ebd. 89.

[140] Wenn auch die offizielle Parole lautet, daß alle Gläubigen gleich seien, da sich jeder frei äußern und von den verschiedenen Erfahrungen, die er erleben durfte, Zeugnis ablegen kann, so funktionieren solche Pfingstgemeinschaften doch konkret meist nur dank der allmächtigen Autorität eines charismatischen Führers, der oft der Gründer der Gruppe ist und nach Christian Lalive d'Épinay das Abbild des „paternalistischen Modells der Großfamilie" reproduziert (zit. nach CORTEN, Le Pentecôtisme au Brésil [wie Anm. 31] 199).

[141] RIVIÈRE, Bolivie: le pentecôtisme 90, betont, daß in Aussagen von Pfingstlern immer wieder die „Wiedergeburt" als Folge der Bekehrung betont wird: „Jetzt bin ich jemand", „meine teuren Brüder, ich war nichts, ich war arm, nichts gelang mir, jetzt gehöre ich zu euch, man sieht in mir nicht mehr nur ein einfaches Schaf, ich bin jemand …".

acht von den Pfingstlern anerkannten Gaben des Heiligen Geistes, die die Gläubigen wie ein einigendes Band in ihrer eigenen sakralen Welt zusammenhält[142]. Eine wichtige Rolle spielte auch das Wirken von Wundern[143], wie beispielsweise der außergewöhnliche Aufschwung der Heilungskirchen seit den 50er Jahren zeigt. Die 1962 von David Miranda in Brasilien gegründete Kirche *Deús e Amor* bietet ein Beispiel dafür: Hier ging es im wesentlichen darum, Heilung von allen Übeln zu erlangen, und zwar dank der persönlichen Gaben des jeweiligen Heilers, der im Rahmen von Massenveranstaltungen die für diese Übel verantwortlichen Dämonen durch Handauflegen aus dem Körper austrieb. Der Erfolg dieser Kirchen beruht zudem mehr und mehr auf dem systematischen Einsatz von Massenmedien: Nicht selten werden heute Gottesdienste durch Lautsprecher aus den Gotteshäusern nach draußen übertragen und/oder im Radio oder Fernsehen gesendet, wo man dann live den Wundern beiwohnen kann. Dank der *Electronic Church* kann die jüngste Generation der Pfingstbewegung mit ihren Predigen breite Kreise der Bevölkerung erreichen und zwischendurch immer wieder Augenzeugenberichte von Gläubigen einblenden. In Brasilien besaß die 1977 von Emir Macedo Bezerra gegründete *Igreja Universal do Reino de Deús*[144], mit ungefähr 500000 Gläubigen und mehreren hundert Kultstätten in fast allen Ländern Lateinamerikas zu Beginn der 90er Jahre den für 45 Millionen Dollar erworbenen Fernsehsender *TV Rede Record*, ein Verlagshaus und mehrere Radiostationen. Die gleiche Medienstrategie verfolgte auch die 1956 im Rio Grande do Sul von Marino Prudencio Moreira gegründete, evangelikale, christliche Pfingstkirche[145]. Die „Zuflucht der Massen" von der Lalive d'Épinay Ende der 60er Jahre gesprochen hatte, nahm auf diesem Umweg einen noch nie dagewesenen Umfang an …

Ausgehend von den wirtschaftlichen Veränderungen der 50er und 60er Jahre interpretierte man die explosionsartige Entwicklung der Pfingstkirchen häufig als Folge der Anomie der lateinamerikanischen Gesellschaften. Angesichts der gegenwärtig in verschiedenen lateinamerikanischen Staaten praktizierten neoliberalen Politik wäre es jedoch angebracht, diese Interpretation neu zu überdenken. Als es zum Beispiel in Argentinien dem Präsidenten Carlos Menem (der 1989 an die Macht kam und 1995 wiedergewählt wurde) in wenigen Jahren gelang, die galoppierende Inflation der 80er Jahre einzudämmen, den Staatshaushalt auszugleichen und somit erneut Investoren mit dem Segen des internationalen Währungsfonds ins Land zu holen, blieb dies nicht ohne Auswirkungen im sozialen Bereich: Beamte und Rentner zum Beispiel wurden durch budgetbedingte Einsparungen ebenso rasch an den Rand der Armutsgrenze abgedrängt, wie andere breite Bevölkerungsschichten, die künftig zu den „traditionellen Armen" hinzuzurechnen sind[146]. Ähnliches läßt sich auch in Mexiko

---

[142] Außer dem Sprechen in Zungen handelt es sich um folgende Gaben des Hl. Geistes: die Gabe der Interpretation des Zungenredens, der Glaubensverkündigung, der Heilung, der Weissagung, der Weisheit, der Unterscheidung der Geister und der (Wunder-)Kraft.

[143] „Bei uns ist das Wunder natürlich", skandieren die Gläubigen der Universalkirche des Königreiches Gottes.

[144] „Bischof" Macedo, der die Universalkirche des Königreiches Gottes im Jahre 1977 gründete, ist eine sehr umstrittene Persönlichkeit und hatte bereits häufig mit Gerichten zu tun. Seit Jahren schon bietet sein luxuriöser Lebenswandel, an der Spitze eines wahren Finanz- und Medienimperiums, ebenso Anlaß zu Kritik wie die zahlreichen, von seiner Kirche organisierten Kollekten.

[145] Vgl. zu dieser Frage IFFLY, L'Église catholique et les protestantismes (wie Anm. 78), passim. P. ARI ORO, Religions pentecôtistes et moyens de communication de masse au Brésil, in: Social Compass 39/3 (1992) 423–434, sowie J. GUTWIRTH, Pentecôtisme national et audiovisuel à Porto Alegre, Brésil, in: Archives de sciences sociales des religions 36, Nr. 73 (Jan.–März 1991) 99–114.

[146] Vgl. La nouvelle pauvreté dans l'Argentine de cette fin de siècle, in: DIAL 2149 (1.–15. Mai 1997).

feststellen, wo „die Absage an ein stark interventionistisches und einzig auf den Binnenmarkt ausgerichtetes Wirtschaftsmodell" zu verstärkter gesellschaftlicher Polarisierung und vermehrter Ausbreitung von Armut und sozialer Ungleichheit führte[147]. Wie in Brasilien oder Venezuela kam es zu tiefgreifenden gesellschaftlichen Veränderungen, die die Identität bestimmter Gruppen in Frage stellten. Man fühlt sich in die Lage der 50er und 60er Jahre zurückversetzt, obwohl die damals angewandten Wirtschaftsdogmen und Modelle nichts mit den heutigen gemein haben. Zweifelsohne finden die Pfingstbewegungen auch hier ideale Bedingungen vor, ihr stetiges Wachstum steht sicher auch im Zusammenhang mit den sozialen Folgen des gegenwärtigen Neoliberalismus.

Dokument: Aus dem Leben eines Predigers der Pfingstbewegung
(Auszug aus C. Garma Navarro, Protestantismo en una comunidad totonaca de Puebla, México, Mexiko-Stadt 1987, 175 f. [148]).

„Ich wurde 1920 in Tehuacán (Puebla) geboren. Mein Vater war Zapoteke, meine Mutter dem Hörensagen nach Mestizin. Mein Vater war Kantor in der Kirche. Er war es auch, der mir den Katechismus beibrachte. Als ich jung war, habe ich gegen all dies rebelliert, bin schlecht geworden und habe sogar die Bilder im Gotteshaus verbrannt. Man hat mich daraufhin aus dem Dorf gejagt, und ich begann ein unstetes Leben, überfiel Leute und bestahl sie, denn ich hatte den Teufel im Leib und nirgendwo wollte man mich. 1937 wurde ich verhaftet, ich sollte gehängt werden, aber es gelang mir zu fliehen. Während des Zweiten Weltkrieges habe ich mich freiwillig gemeldet und wurde der Schwadron 201 zugeteilt. Bei meiner Rückkehr hat man mir alle meine Verbrechen verziehen, aber ich machte weiter wie zuvor. Als ich einmal nach Mexikostadt kam, hat mich ein Auto überfahren. Man brachte mich ins Krankenhaus, und ich habe das Bewußtsein verloren. Da ist mir unser Herr Jesus Christus erschienen, der mir sagte, ich hätte mein Leben lang nur Böses getan und müsse nun damit aufhören und mein ganzes Leben seinem Dienst weihen, wenn ich überleben wollte. Ich habe ja gesagt, und daß ich dies tun würde, wenn ich überlebte. Nachdem ich geheilt war, habe ich begonnen, die Bibel zu studieren und bin Evangelist geworden. Jetzt ziehe ich von Dorf zu Dorf, um das Wort Gottes zu predigen. Das ist mein Beruf. Ich lebe von dem, was mir die Leute geben: Nahrung, Kleidung und ein Dach über dem Kopf. Ich habe nur meinen Sack und meine Bibel bei mir. Ich sehe im Traum, wohin ich gehen muß. Ich habe das Gefühl zu fliegen und sehe Berge, Flüsse und Dörfer, durch die ich ziehen soll. Einmal habe ich vom Meer und fernen Inseln geträumt: Ich habe mich auf den Weg gemacht und das Wort Gottes bis zu den kleinen Antillen gebracht; bis dorthin bin ich gegangen. Die Berge habe ich mehrmals durchzogen, diesmal komme ich aus der Huasteca. Ich gehe in irgendein Gotteshaus und spreche ohne Furcht von Gott. Ich bin nun seit mehr als 30 Jahren Evangelist. Wohin ich auch gehe, bin ich mit meiner Bibel allein."

---

[147] Vgl. R. de la Torre, Mexique: inégalité, pauvreté et polarisation sociale, in: Problèmes d'Amérique latine, La documentation française, N. S. 27 (Okt.–Dez. 1997) 137–154. Lohnend wäre auch eine nähere Beschäftigung mit Chile, das seit Mitte der 70er Jahre zu einem idealen Versuchsfeld für die *Chicago Boys* wurde: vgl. E. Tironi, Pinochet. La dictature néolibérale, Paris 1987, und M.-N. Sarget, Histoire du Chili de la conquête à nos jours, Paris 1996, Teil IV: L'ère néolibérale.
[148] C. Garma Navarro, der dabei ist, eine sozialanthropologische Doktorarbeit über die Gemeinschaft von Ixtepec (im Norden des Staates Puebla) zu schreiben, hat Zeugnisse dieser Art am Eingang eines Gotteshauses der Pfingstler gesammelt.

2. Pfingstkirchen und Indiogemeinden

Die Tatsache, daß es sich bei den lateinamerikanischen Pfingstbewegungen für den einzelnen um einen Weg aus der Not handelte, läßt sich besonders gut anhand einer Untersuchung ihrer manchmal geradezu überwältigenden Erfolge bei Indiogemeinden veranschaulichen. Nachdem sich eine ganze Reihe von Beobachtern lange Zeit damit begnügte, die protestantische Ausbreitung im Indiomilieu als Ethnozid anzuprangern[149], stehen nun dank verschiedener neuerer Arbeiten subtilere Analysen zur Verfügung, die diese Vorstellung weitgehend relativieren.

So fiel in der von Roberto Santana[150] untersuchten ekuadorianischen Provinz Chimborazo das Auftreten der Pfingstbewegung mit einer tiefgreifenden Strukturkrise der Eingeborenengemeinden und des *hacendario*-Systems zusammen. Dabei gab es genug Anzeichen für eine soziale Desintegration, die jedoch staatlicherseits kaum beachtet wurden, wie eine unterentwickelte, extensive Landwirtschaft, deren veraltete Strukturen nur mittelmäßige Erträge erbrachten, die Ausbeutung der Arbeitskraft der Eingeborenen und ihre rassische Diskriminierung, die Armut der Indiogemeinden, die unter anderem immer häufiger wegen der zeitweisen oder endgültigen Abwanderung und den verheerenden Folgen des Alkohols in Auflösung begriffen waren[151]. Die neuen religiösen Gemeinschaften konnten vor allem deshalb so große Erfolge verzeichnen, weil sie die Indios vor dem drohenden Verlust ihrer Identität bewahrten, indem sie zum einen ihre Sprache, das Ketschua, systematisch verwandten und damit rehabilitierten (1973 wurde das Neue Testament in den Dialekt dieser Provinz übersetzt), zum anderen fast nur Indios als Gemeindeleiter einsetzten und so eine „Indianisierung" der evangelikalen Kirchen durchführten. Gleichzeitig versuchte die 1967 gegründete *Asociación Indígena Evangélica de Chimborazo* ein Programm zur Modernisierung der Gemeinden in die Wege zu leiten, indem sie beispielsweise die traditionellen *chozas* durch feste Wohnungen ersetzte, das Schulsystem ausbaute oder die örtlichen Handelsnetze umstrukturierte (Schaffung landwirtschaftlicher Kooperativen). Da diese Initiativen beträchtliche materielle Vorteile für die Region mit sich brachten und gleichzeitig zur Wahrung der gemeinschaftlichen Identität beizutragen schienen, wurden sie von Eingeborenenkreisen im Chimborazo wohlwollend aufgenommen, wie eine wahre Flut von Bekehrungen seit Ende der 60er Jahre beweist[152]. Dabei sollte nicht vergessen werden, daß damit auch bestimmte Vorstellungen von der Rolle des Staates bei der Integration von Randgruppen und gesellschaftlichen Außenseitern in Frage gestellt wurden. Boten doch letztendlich diese neuen religiösen Gemeinschaften für die Bevölkerung des Chimborazo den letzten Ausweg, um dem Verlust ihrer Identität und der sozialen Desintegration entgegenzuwirken.

Christian Gros konnte ähnliche Beobachtungen in Kolumbien bei den Paez und Guam-

---

[149] Vgl. dazu die Bemerkungen von Ch. Gros, Fondamentalisme protestant et populations indiennes: quelques hypothèses, in: Cahiers des Amériques latines 13 (1992) 119–134.
[150] R. Santana, Le protestantisme chez les Indiens du Chimborazo en Équateur, in: Problemes d'Amérique latine. La documentation française 86 (Okt.–Dez. 1987) 97–107, sowie Ders., Les Indiens d'Équateur (wie Anm. 16) passim.
[151] Santana, Les Indiens d'Équateur (wie Anm. 16) 135.
[152] Und zwar trotz des „progressiven" Engagements von Bischof Leonidas Proaño von Riobamba. Vgl. Leonidas Proaño – Freund der Indianer. Ein Porträt des Bischofs der Diözese Riobamba in Ecuador, hrsg. von E. Rosner, Freiburg (Schweiz) 1986.

bino Indios der Provinz Cauca anstellen, die die stärkste indianische Minderheit im Lande bilden[153]. Auch hier zeigte der Staat kein Interesse für die Belange dieses an der Peripherie gelegenen Krisengebietes, auch hier war die katholische Kirche wegen ihrer engen Verflechtung mit der konservativen Partei, die riesige *haciendas* besaß und die Zweisprachigkeit ablehnte, in Mißkredit geraten. Auch hier wandten die neuen Kirchen die gleichen Strategien an, indem sie unter anderem auf die Vernikularsprachen und Entwicklungsprojekte (zum Beispiel technische und medizinische Hilfen) setzten … mit dem gleichen Erfolg. Dies heißt aber, daß die Pfingstkirchen zunächst in Gebieten Fuß fassen konnten, in denen durch das Verschulden der Staatsgewalt oder der katholischen Kirche ein Machtvakuum entstanden war. Es heißt aber auch, daß die von ihnen traditionell ihren Gläubigen angebotenen Normen (soziale Wiedereingliederung, Wiederaufbau der Gemeindestruktur usw.) nicht notwendigerweise unvereinbar mit der Durchführung von Modernisierungsprojekten waren. Anhand dieser Beispiele, wie so vieler anderer, auf die wir hier nicht eingehen können, zeigt sich deutlich, wie komplex die dynamische und dialektische Beziehung dieser neuen Kirchen – zwischen Tradition und Modernität – zur lateinamerikanischen Gesellschaft ist[154].

3. „Religiöses Fastfood"[155]?

Es reicht nicht, wenn man im Aufschwung der Pfingstbewegungen einzig das Ergebnis von Anomie und sozialer Desintegration sieht, und zwar aus verschiedenen Gründen: Zunächst fanden diese neuen Kirchen, deren Ausbreitung anfangs fast nur die äußersten gesellschaftlichen Randgruppen betraf, in jüngster Zeit immer mehr Anklang bei der Mittelschicht und sogar bei der politischen und wirtschaftlichen Elite Lateinamerikas. Zum anderen hieße dies wieder einmal, daß man die Glaubensüberzeugung des einzelnen als unwichtig abtut und der konfessionellen Zugehörigkeit einzig eine zweckbetonte Funktion zuschreibt. Zwar war letztere gewiß in Krisenzeiten ein ausschlaggebender Faktor, dennoch kann sie nicht als einzige Erklärung für die „Gefühlsaktivierung" der Pfingstbewegung gelten. Gerade aus diesem Grund übte Alain Tourraine Kritik an der schematischen Darstellung von Lalive d'Épinay, indem er darauf hinwies, daß sich „die Menschen unserer heutigen modernen Gesellschaft nicht auf eine rationale Verfolgung ihrer Interessen reduzieren lassen, sondern vielmehr zwischen Vergangenheit und Zukunft, je nachdem, wo sie verwurzelt sind, ihren Hoffnungen oder Ängsten leben"[156]. Um zu verstehen, wieso diese neuen Kirchen so erfolgreich sind, kann man deshalb nicht umhin, eine genaue Analyse der von ihnen propagierten Mythen und Glaubensinhalte vorzunehmen, besonders was ihren Bezug zum Katholizismus oder zu den indigenen Religionen betrifft. Dies tat Pierre Chaunu bereits Mitte der 60er Jahre, als er eine alternative Form des bestehenden Katholizismus beschrieb: „eine Neuformulierung oder Umstrukturierung des Katholizismus als Volksreligion ohne Priester, wie die lateinamerikanische Bevölkerung dies schon

---

[153] Gros, Fondamentalisme protestant (wie Anm. 149).

[154] Zu einer problembewußten Untersuchung der Kategorien Tradition/Modernität im Pfingstlertum vgl. V. Boyer, Approches sociologiques et anthropologiques du pentecôtisme: le cas brésilien, in: Problèmes d'Amériques latine. La documentation française, N. S. 24 (Jan.–März 1997) 33–47.

[155] Der Ausdruck stammt von dem Soziologen Flavio Pierucci (Universität São Paulo), in: Le Monde vom 5./6. Oktober 1997.

[156] A. Touraine, La Parole et le Sang. Politique et société en Amérique latine, Paris 1988, 106.

immer kannte"[157]. Man ist sich heute bewußt, daß auf diesem noch weitgehend unerforschten Gebiet noch genug Raum für ungewöhnlich fruchtbare Forschungen bleibt.

Der übertriebene Proselytismus der Pfingstbewegungen bedingte, daß ihre Beziehungen zum Katholizismus und den traditionellen Glaubensgemeinschaften immer ambivalent blieben. Wenn auch die verbale Aggressivität gegenüber anderen Religionen, die heftige Ablehnung der von Nicht-Bekehrten verehrten *diablos* oder die ikonoklastische Zerstörungswut mancher Kirchen den einzelnen dazu brachten, seine Bekehrung als radikalen Bruch mit der Vergangenheit zu empfinden, so läßt sich im Rahmen einer detaillierten Analyse statt eines Bruchs doch eine gewisse Kontinuität mit den Glaubensinhalten der anderen Religionsgemeinschaften feststellen. Verschiedene Untersuchungen bezogen sich auf dieses Phänomen, darunter auch die in dieser Hinsicht besonders aufschlußreichen Arbeiten von Gilles Rivières über die Aymara-Gemeinden des bolivianischen Hochlands[158]. Kann man doch in der Tat feststellen, wie dort entstandene Pfingstgemeinschaften bereits sehr lange vorhandene Mythen und Glaubensinhalte wiederaufnahmen, umformulierten und mit neuen Bedeutung versahen, was ihnen den Übergang von einer Religion zur anderen erleichterte. So stellte die Gewißheit von dem unmittelbar bevorstehenden Weltenende besonders angesichts der Jahrtausendwende einen wichtigen Bestandteil pfingstlicher Glaubensüberzeugung dar, was für viele eine Verbindung zu alten schamanischen Vorstellungen der Andenwelt eröffnete. Im Mittelpunkt fast aller Predigten steht das jüngste Gericht. Erdbeben, Dürreperioden und anderen Naturkatastrophen werden als Anzeichen für das nahende Ende aller Zeiten interpretiert[159]. Dieses werde eine neue Ordnung mit einer Umkehr aller Werte hervorbringen (die Armen werden reich, die Reichen arm werden, usw.), eine harmonische Welt, zu der nur jene Zugang finden, die den rechten Weg gewählt haben. Auch die auf göttliches Wirken zurückgeführten Heilungsprozesse werden mit spezifischen schamanischen Begriffen umschrieben, wie „Licht", „Atem", „Wärme" usw.; die von den Gläubigen empfangenen Gaben des Heiligen Geistes, wie das „Zungenreden", werden als *bendiciones* bezeichnet, ein Begriff, den die Aymara für Gnaden und Gunstbeweise verwandten, die die traditionellen Gottheiten als Entgelt für Opfergaben und Opfer gewährten[160]. Schließlich erinnern die charismatischen Funktionen der pfingstlichen Gemeindeleiter, die als Erwählte des Heiligen Geistes mit besonderen Gaben ausgestattet sind, in vieler Hinsicht an den Status von Schamanen, die man daran erkannte, daß sie vom Blitz getroffen worden waren. Anders gesagt, lassen sich diese Aspekte des Millenarismus und pfingstlicher Wunderpraktiken sehr wohl mehr oder weniger deutlich in schamanische Traditionen einbinden, die sich ihrerseits oft in der katholischen Volksfrömmigkeit wiederfinden[161].

---

[157] Chaunu, Pour une sociologie (wie Anm. 12.

[158] Rivière, Bolivie: le pentecôtisme (wie Anm. 138), passim; Ders., Caminos de los muertos, caminos de los vivos. Las figuras del chamanismo andino en las comunidades aymaras del altiplano boliviano, in: Antropología 10 (1995) 109–132; Ders., Du chamanisme au protestantisme, Vortrag beim Kolloquium der AFSSAL im Rahmen der Tafelrunde: „Catholicisme, chamanismes et nouvelles religions" vom 21./22. November 1997, an der Universität Toulouse-Le Mirail.

[159] Hier sei nur angeführt, daß häufig ein Zusammenhang zwischen dem Eintreten von Naturkatastrophen und einer beschleunigten Verbreitung der Pfingstkirchen besteht, wie z.B. in Guatemala anläßlich des Erdbebens von 1976.

[160] Rivière, Bolivie: le pentecôtisme (wie Anm. 138) 91 f.

[161] So haben zum Beispiel die Arbeiten von Elmer Miller über die Tobá des argentinischen Chaco Ähnlichkeiten

In gewisser Hinsicht ermöglicht die Entdeckung dieser Kontinuität ein besseres Verständnis dafür, welchen Umfang das Phänomen der Pfingstbewegungen bereits angenommen hat, zumal die religiöse Zugehörigkeit oft relativ fließend ist. Nicht selten schließen
sich Katholiken Pfingstlergruppen als Mitglieder an, um anschließend wieder zum Katholizismus zurückzukehren oder umgekehrt[162]. Und dabei handelt sich hier nicht nur um
wohldurchdachte Strategien einzelner, die sich in das für sie unter den gegebenen Umständen günstigste Beziehungsgeflecht einordnen wollen. Gerade auf der Glaubensebene sind
die Übergänge oft fließend. Muß man also künftig auf die klassische Kategorie der „Synkretismen" zurückgreifen, um das Glaubensystem dieser Pfingstkirchen zu charakterisieren, deren Bindungen an den Katholizismus und die traditionellen Indioreligionen oft stärker sind, als es auf den ersten Blick erscheint? Oder sollte man noch einfacher von einer
„selbst zusammengezimmerten" Religion sprechen, die Ausdruck einer von den Randgruppen der lateinamerikanischen Gesellschaft vorgenommenen Umgestaltung der Volksfrömmigkeit ist? Oder gar von einer „Wiederbelebung des Christentums von unten"[163]? Sicher ist nur, daß die heutigen Pfingstkirchen nur noch gespannte Beziehungen zu den
historischen protestantischen Kirchen unterhalten, die im 19. Jh. in der Tradition der europäischen Reformation in Lateinamerika Verbreitung fanden. Obwohl diese letzte Bemerkung eigentlich nur die Glaubensinhalte betrifft, gilt sie doch auch bezüglich des jüngsten
Engagements der Pfingstbewegungen im politischen Bereich.

4. Pfingstkirchen und Politik

Das plötzliche Interesse am Phänomen der Pfingstbewegungen erklärt sich zum Teil auch
daraus, daß diese neuen Kirchen jüngst Tendenzen zu einem politischen Engagement zeigen. Hatten sie doch in der Tat lange Zeit eine vorsichtige Zurückhaltung gegenüber den
konjunkturbedingten Zufällen an den Tag gelegt, eine im Grunde konservative, apolitische
Haltung eingenommen, da es ihnen primär darum ging, den Bekehrten eine radikale Alternative zur Gesetzlosigkeit einer verdorbenen Welt zu bieten, die den Kräften des Bösen untertan war. Der systematische Rückzug aus städtischen Gebieten, der nach Lalive d'Épinay
einer wahren „sozialen Ausgrenzung" gleichkam, war die logische Folge dieser Weltflucht
gewesen, die man auf die einfache Formel brachte: *No te metas*[164]. Nun ist aber im letzten
Viertel des 20. Jh. eine intensive Wiederbesinnung der Pfingstbewegungen auf die Gegenwart zu erleben, die Anzeichen für einen bewußten Bruch mit der Vergangenheit ist und
nicht ohne Folgen für die Zukunft der lateinamerikanischen Gesellschaft bleiben wird.
Dazu seien hier nur fragmentarisch einige interessante Fakten angeführt: 1982 kam General Efraín Rios Montt, ein Mitglied der *Iglesia Verbo* in Guatemala durch einen Staats-

---

zwischen den Praktiken der Pfingstler und der katholischen Volksfrömmigkeit aufgedeckt, wobei es sich bei den
Pastoren oft um ehemalige Schamanen handelt (Los Tobas argentinos. Armonía y disonencia en la sociedad,
Mexiko-Stadt 1979).

[162] Auch Fälle von doppelter Religionszugehörigkeit kommen häufig vor. So dulden in Brasilien der Candomblé
(wie der Voodooglaube eine Religion afrikanischen Ursprungs) und der Umbanda (mit seiner Mischung afrikanischer Wurzeln und äußerer Einflüsse) andere Glaubenszugehörigkeiten und bieten so den Pfingstgemeinschaften
eine ideale Zielscheibe.

[163] BASTIAN, Protestantisme (wie Anm. 1) 231 f. 257–270.

[164] „Misch Dich nicht ein". Vgl. J.-P. BASTIAN, Le rôle politique des protestantismes en Amérique latine, in:
G. KEPEL (Hrsg.), Les Politiques de Dieu, Paris 1993, 203–219.

streich an die Macht. Er war der erste Präsident des Subkontinents, der einer Pfingstkirche angehörte. Vier Jahre später wurden an die zwanzig Pfingstler zu Abgeordneten des brasilianischen Parlaments gewählt und gründeten bald darauf die *bancada evangelica*, die sich seitdem immer stärker profilierte und bekanntermaßen eine entscheidende Rolle bei den Präsidentschaftswahlen von Fernando Collor de Mello im Jahre 1989 und von Jorge Henrique Cardoso im Jahre 1994 spielte[165]; 1991 wurde Alberto Fujimori, dank einer wirksamen Mobilisierung der Wählerstimmen der Pfingstler entgegen den Erwartungen aller als Gegenkandidat des Schriftstellers Mario Vargas Llosa zum Präsidenten von Peru gewählt; wiederum in Guatemala wurde im gleichen Jahr mit Jorge Serrano Elias zum ersten Mal ein Präsident *gewählt*, der der Pfingstbewegung (seit 1977) angehörte; in Nicaragua schließlich wurde der *Camino Cristiano nicaraguense* bei den allgemeinen Parlamentswahlen im November 1996 zur drittstärksten Kraft und erhielt vier Parlamentssitze[166]. Dies sind nur einige ausgewählte Fakten.

Die Beziehungen, die die chilenische Diktatur seit Mitte der 70er Jahre zu den neuen religiösen Bewegungen knüpfte, stellten eine günstigen Ausgangslage für ein mögliches Engagement der Pfingstbewegungen in der Politik dar. Denn wenn die katholische Hierarchie auch, wie oben dargelegt, den Staatsstreich vom September 1973 anfangs mit einem gewissen Wohlwollen betrachtete, so waren ihre Flitterwochen mit General Pinochet doch nur von kurzer Dauer. Bald fand sich deshalb das neue Regime ohne Legitimation kirchlicherseits wieder, da sich die katholische Kirche, anders als beispielsweise einige Jahre später in Argentinien, weigerte, diese Funktion zu übernehmen. Damit war aber ein Platz im Grenzbereich zwischen Politik und Religion frei geworden, den die Pfingstler ohne Zögern besetzten, sahen sie doch darin eine unverhoffte Gelegenheit, ihrem Randdasein ein Ende zu setzen und auf dem Umweg über die Politik ihre Existenzberechtigung nachzuweisen. Die aus einem Gewaltstreich hervorgegangene Militärdiktatur ihrerseits fand bei diesen neuen Protagonisten die moralisch-religiöse Unterstützung, die ihr die katholische Kirche nun verweigerte. Konkret fand diese Entwicklung im September 1975 ihren Ausdruck in einem *Te Deum* von hoher symbolischer Bedeutung in der methodistischen Pfingstlerkathedrale von Santiago unter Beisein von Augusto Pinochet. Dadurch wurden die führenden Leute der Pfingstkirchen zu idealen Ansprechpartnern des Regimes in allen Fragen, die ihre Gläubigen als dessen neue Klientel betrafen. Eine ähnliche Entwicklung zeichnete sich in Brasilien ab Ende der 60er Jahre ab, als die katholische Kirche zu einer der wichtigsten oppositionellen Kräfte gegen die aus dem Staatsstreich von 1964 hervorgegangene Diktatur wurde. Was wiederum als Beweis dafür dienen könnte, daß die Ära der Diktaturen und der anderen Regierungen, die die „nationale Sicherheit" auf ihre Fahnen schrieben, eine nicht unmaßgebliche Rolle bei der Durchsetzung der Pfingstkirchen spielte, die gegenüber ihren Verleumdern mit Hilfe des neuen politisches Engagements, so indirekt es auch sein mochte, bewiesen, daß sie „salonfähig" geworden waren. Nebenbei sei anmerkt, daß die Rückkehr Chiles zur Demokratie im Jahre 1989 den neuen christdemokratischen Präsidenten, Patricio Aylwin, nicht der Pflicht enthob, Seite an Seite mit den wichtigsten Führern der Pfingstbewegungen des Landes einem *Te Deum* beizuwohnen. Es war ein Signal dafür, daß man künftig mit Akteuren rechnen mußte, die bei jeder Wahlabstimmung

---

[165] Vgl. R. Mariano – A. F. Pierucci, O envolvimento dos pentecostais na eleigo de F. Collor, in: Novos Estudos 34 (Nov. 1992) 106.
[166] Vgl. Corten, Pentecôtisme (wie Anm. 32), und Bastian, Protestantisme (wie Anm. 1) 235–249.

mehrere Millionen Stimmen gewinnen konnten[167]. Insofern reihte sich das politische Engagement der Pfingstkirchen in das für alle Klientelverhältnisse typische und für eine bestimmte politische Tradition in Lateinamerika charakteristische Schema ein[168]. Sie brachen damit radikal mit der politischen Tradition der historischen protestantischen Kirchen, die im 19. Jh. zur Entfaltung des Radikalliberalismus beigetragen und Pläne zur Verwirklichung einer politischen Modernität mitgetragen hatten, in deren Mittelpunkt das Individuum und nicht die Solidarität einer Gruppe stand[169].

Heute scheinen sich allerdings einige Führer der Pfingstler nicht mehr mit der Rolle des Wahlhelfers begnügen zu wollen, die manche populistischen Regierungen gerne zu ihren Gunsten genutzt hatten[170]. Mit der Gründung eigener Pfingstlerparteien, die wegen des großen Zulaufs jeden Tag über ein größeres Wählerpotential verfügen, gehen sie heute noch einen Schritt weiter. So erschien plötzlich die *Organización Renovadora Autentica* (*ORA*) am politischen Himmel Venezuelas, deren Kandidat bei den Präsidentschaftswahlen von 1988 auf dem vierten Platz landete. Anders als bei den Christdemokraten, die in der Tradition eines Luigi Sturzo oder Jacques Maritain[171] die Bildung rein konfessioneller Parteien ablehnten, handelte es sich dabei ausdrücklich um die Vertretung konfessioneller Gruppen in der Politik. Dies wird nicht ohne Folgen für die Zukunft der lateinamerikanischen Gesellschaft bleiben, besonders was die Fragen der Trennung von Kirche und Staat und der politischen Modernität betrifft. So stellt sich denn die Frage, welchen Umfang wohl im 21. Jh. ein Phänomen annehmen mag, das heute im Entstehen begriffen ist.[172]

5. Die historischen protestantischen Kirchen[173]

Angesichts der neuen Welle von Pfingstbewegungen, die seit Ende der 50er Jahre über sie hinweg rollte und radikal mit der von ihnen seit dem 19. Jh. getragenen religiösen und politischen Kultur brach, fanden sich die historischen protestantischen Kirchen, die zudem mit dem Schock der kubanischen Revolution fertig werden mußten, stark an den Rand der Gesellschaft abgedrängt. Während sich die katholische Kirche bewußt für eine Strategie

---

[167] Ebd.; siehe auch S. SPOERER, Pentecôtisme et religiosité populaire au Chili, in: Problèmes d'Amérique latine. La documentation française 81 (Juli – Sept. 1986) 97–109.

[168] Vgl. CHEVALIER, L'Amérique latine (wie Anm. 6) 324–326: Cuadillos, caciques et structures dominantes; ROUQUIÉ, Amérique latine. Introduction (wie Anm. 6) 265–283: Styles d'autorités et mécanismes de domination *caudillos*, caciques et clientèles.

[169] Dies zeigt BASTIAN, Le rôle politique des protestantismes (wie Anm. 164) auf.

[170] So die besonderen Beziehungen, die Perón in Argentinien zu dem Pfingstprediger Thommy Hicks oder Lázaro Cárdenas in Mexiko zur „Unabhängigen Bewegung der Pfingstkirchen" unterhielten (BASTIAN, Protestantisme [wie Anm. 1] 182).

[171] Gerade darin liegt ja der Sinn der Unterscheidung zwischen geistlicher und weltlicher Ebene bei Maritain („unterscheiden, um zu einen"). Der Artikel 3 der Deklaration von Montevideo (Mai 1947), der die Grundlagen der *Organización Demócrata Cristiana de América* (*ODCA*) legte, präzisierte im übrigen: „die Bewegung wird keinerlei konfessionellen Anstrich haben: alle, die diese Prinzipien akzeptieren, können sich ihr anschließen" (Abschlußdokument der Zusammenkunft von Montevideo, in: Política y Espíritu 2, Nr. 22, Mai 1947, 149):

[172] Vgl. die von Jean-Pierre BASTIAN, Minorités religieuse et confesionnalisation de la politique en Amérique latine, in: Archives de sciences sociales des religions 42, Nr. 97 (Jan.–März 1997) 103, erstellte Liste der „»evangelikalen« Parteien oder konfessionellen politischen Bewegungen in Lateinamerika".

[173] Dieser Absatzes basiert auf den Ausführungen von BASTIAN, Protestantisme (wie Anm. 1) 209–222: Des protestantismes historiques polarisés.

der Wiedereroberung verlorener Positionen entschied, ist die Entwicklung bei den anderen christlichen Kirchen ambivalent. Davon zeugt beispielsweise das Aufkommen fundamentalistischer Strömungen, die auf dem Umweg über eine pietistische Erweckungsbewegung und eine wahre Bekehrungswut versuchten, einem Verlust ihrer in Gefahr geratenen Identität vorzubeugen und sich nach dem Vorbild der Pfingstkirchen intensiv der Medien bedienten. Diese Strömungen, die enge Beziehungen zu den nordamerikanischen *Faith Missions* unterhielten, koordinierten ihre Aktionen auf kontinentaler Ebene 1969 durch die Abhaltung des Ersten lateinamerikanischen Evangelisationskongresses in Bogotá (*Primer Congreso Latinoamericano de Evangelización = CLADE*). Sie nahmen bis Ende der 80er Jahre eine extrem antikommunistische Haltung ein und fühlten sich deshalb natürlich von jenen Regierungen angezogen, die die Ideologie der nationalen Sicherheit verfochten. Wie die Pfingstkirchen vollzogen sie den Bruch mit der liberalen Tradition des Protestantismus des 19. Jh. Der starke Zulauf, den die neuen religiösen Bewegungen fanden, rief bei den Protestanten noch eine andere Reaktion hervor: die Übernahme bestimmter Formen der Pfingstkirchen, eine „Pentekostalisierung" (vergleichbar der Charismatischen Erneuerung innerhalb der katholischen Kirche). Dabei ging man daran, Gefühlsäußerungen und offene Glaubensbezeugungen während der Gottesdienste zuzulassen, schien doch eine Form so gut wie eine andere, wenn es darum ging, den Gegner auf eigenem Felde zu schlagen …

Es gab noch andere, weniger konservative Reaktionen auf die Veränderungen der 50er und 60er Jahre. Im August 1961 versammelten sich in Huampaní (Peru) mehr als 200 Delegierte aus 42 Kirchen, um eine Antwort auf die religiösen und politischen Herausforderungen der Zeit zu finden. Aus dieser Versammlung ging vor allem die „Bewegung Kirche und Gesellschaft in Lateinamerika" (*Movimiento de Iglesia y Sociedad in América Latina = ISAL*) hervor, deren ursprüngliche Aufgabe in der Ausbildung neuer Eliten bestand, die Lösungen für die großen anstehenden Fragen finden sollten. Zum selben Zeitpunkt, als die Dialektik zwischen Abhängigkeit und Befreiung Eingang in gewisse katholische Kreise fand, kamen ähnliche Überlegungen innerhalb des *ISAL* auf, die von Persönlichkeiten wie Richard Schaull, José Miguez Bonino oder Rubem Alves und der Zeitschrift *Cristianismo y Sociedad* propagiert wurden. Das Resultat war die spezifisch protestantische Definition einer Theologie der Revolution (Schaull) und einer Theologoie der Befreiung (Rubem Alves). Aber sobald diese theologische Avantgarde den Anstoß zum Engagement einzelner in revolutionären Kämpfen gab (wie zum Beispiel gegen Barrientos in Bolivien), stieß sie alsbald auf den Widerstand der wichtigsten historischen Kirchen, die darin einen weiteren Angriff auf die liberalen Traditionen des 19. Jh. sahen. Hin- und hergerissen zwischen fundamentalistischen Tendenzen und der Tatsache, daß die Definition eines alternatives Projekts unmöglich scheint, ist der Protestantismus der Reformationskirchen auf dem besten Wege von der religiösen Bildfläche des Subkontinents zu verschwinden, zumal er auch nicht mit einer Erneuerung der Ökumene rechnen kann, die in Lateinamerika ein rein theoretisches Dasein führt.

Anstelle eines Schlußwortes

Das religiöse Phänomen ist ein nützliches Prisma, in dem die Besonderheiten des Subkontinents besser zu erkennen sind. Die Armut ist eine davon, denn wenn „Lateinamerika auch nicht gerade kulturell gesehen ein Land der Dritten Welt, sondern vielmehr ein lebendiger und kreativer Bestandteil dieses aus vielen einzelnen Teilen zusammengesetzten Ganzen ist, das man als Okzident bezeichnet"[174], so gehört es doch aus sozioökonomischer Sicht fraglos zur Dritten Welt mit ihrem ganzen Gefolge von Armen. Diese Armen waren unzweifelhaft das Vorzugsobjekt des religiösen Denkens der vergangenen fünfzig Jahre. Die 2. Vollversammlung des lateinamerikanischen Episkopats hatte 1968 in Medellín die „vorrangige Option für die Armen" definiert, der seit den 80er Jahren ein Dämpfer aufgesetzt wurde oder heute zumindest eine neue Bedeutung verliehen wird. Die Pfingstbewegung profilierte sich als „Ausdruck der Gefühle der Armen", die für sie zum wichtigsten Ansprechpartner ihrer Botschaft geworden sind. Aber wurden damit auch die Gegensätze innerhalb des lateinamerikanischen Christentums überbrückt?

Dies ist keineswegs gewiß. Denn im letzten halben Jh. kam es mindestens an zwei Stellen zu einem Bruch in der Geschichte des lateinamerikanischen Christentums. Einerseits sah natürlich die katholische Kirche, obwohl sie immer noch bei weitem die Mehrheit stellte, die Grundlagen ihres fünfhundertjährigen Religionsmonopols durch die Ausbreitung der Pfingstbewegungen gefährdet, von denen heute noch niemand zu sagen vermag, ob sie nur eine zeitbedingte oder eine grundsätzliche Erscheinung darstellen. Sicher wird die Wende zum 21. Jh. den millenarischen Eifer, der den meisten dieser neuen religiösen Bewegungen inhärent ist, abkühlen und folglich auch die inflationäre Flut von Konversionen dieser letzten Jahren eindämmen. Nichtsdestoweniger kann unter dem Einfluß des Neoliberalismus, der sich vielerorts auf dem Kontinent durchsetzt, die Entwicklung der Gesellschaftsstrukturen auf eine fortschreitende Polarisierung hin dauerhaft günstige Bedingungen für ein weiteres Wachstum der Pfingstbewegungen schaffen. Zahllose Bewegungen oder Kirchen dieser Provenienz stellen heute bei weitem die überwältigende Mehrheit dessen, was viele weiterhin als lateinamerikanischen Protestantismus bezeichnen, doch sie unterhalten nur noch sehr lose Beziehungen zu den Missionsgesellschaften des 19. Jh. und den historischen protestantischen Kirchen, sowohl was ihre Glaubensinhalte und Praktiken betrifft als auch bezüglich ihres Verhältnisses zur Politik. Die Verschmelzung millenarischer Gläubigkeit und thaumaturgischer Praktiken einerseits und die Wiederbelebung traditioneller Klientelverbände andererseits signalisieren einen Bruch mit den traditionellen Formen des Protestantismus. Sie laden zumindest dazu ein, ihn in Lateinamerika als eine pluralistische Erscheinung zu betrachten oder neue, geeignetere Kategorien zu erstellen, um die Unterschiede in der religiösen Zugehörigkeit deutlich zu machen. Spiegelt doch die Religion durch ihre Aufsplitterung in viele Konfessionen nur die Zerrissenheit einer in sich gespaltenen Gesellschaft wieder. Und diese Aufsplitterung ist untrennbar mit dem Auftauchen einer konfliktgeladenen, manchmal radikalen Logik – als Echo auf die institutionalisierte Gewalt in manchen lateinamerikanischen Räumen – verbunden.

Diesem gut sichtbaren Bruch, der die zweite Hälfte des 20. Jh. zu einem Wendepunkt in

---

[174] USLAR PIETRI, Insurgés (wie Anm. 4) 8.

der Geschichte Lateinamerikas machte, entsprechen auf der Seite der Glaubensüberzeugungen Kontinuitäten, die auf die komplexe Welt der Volksfrömmigkeit verweisen. Wir haben diesen Aspekt nicht vertieft, da er bereits Gegenstand zahlreicher Arbeiten war, wobei vor allem das Zusammentreffen eines Katholizismus iberischer Tradition mit autochthonen oder exogenen Glaubenssystemen untersucht wurde (Roger Bastide erforschte die Kulte afrikanischen Ursprungs in Brasilien[175]). Wie wir gesehen haben, sind gerade die Zusammenhänge zwischen gewissen Praktiken der Pfingstler und dem traditionellen Schamanentum unter diesen Aspekten zu betrachten. Dabei sollte man sich allerdings von abwertenden Konnotationen freimachen, die Begriffe wie „Synkretismus" immer noch beinhalten. Hier eröffnet sich ein sehr fruchtbares Forschungsfeld, wenn auch zweifelsohne mehr für Anthropologen und Ethnologen als für Historiker, das vielleicht zur Überwindung der traditionell konfessionsgebundenen Ansätze einer Historiographie führt, der tiefgreifende Erneuerungen bevorstehen.

Chronologische Bilanz:
die lateinamerikanischen Kirchen von Mitte der 50er Jahre
bis Ende der 90er Jahre des 20. Jahrhunderts

1955	1. Vollversammlung des lateinamerikanischen Episkopats in Rio de Janeiro (Brasilien), Geburtsstunde des *Consejo Episcopal Latinoamericano* (*CELAM*).
1957	Enzyklika *Fidei donum*.
1958	Geburtstunde der päpstlichen Kommission für Lateinamerika (*CAL*)
1959	Gründung der *Confederación Latinoamericana de Religiosos* (*CLAR*).
1961	Gründung des *Instituto Catequístico Latinoamericano* in Santiago. Zusammenkunft von 42 protestantischen Kirchen in Huampaní (Peru), um eine Antwort auf die theologischen und sozialen Herausforderungen der Zeit zu finden. Es kommt zur Gründung der Bewegung „Kirche und Gesellschaft in Lateinamerika" (ISAL).
1962	in Brasilien Gründung der Kirche *Deús e Amor* (David Miranda).
1964	Im Umfeld des Vatikanischen Konzils kommt es in Petrópolis (Brasilien) zu einem Treffen lateinamerikanischer Theologen. In Chile wird Eduardo Frei Montalva zum Präsidenten der Republik gewählt: zum ersten Mal kommen damit die Christdemokraten in Lateinamerika an die Macht. In Brasilien wird Dom Helder Câmara Erzbischof von Olinda-Recife.
1966	In Kolumbien fällt Camillo Torres im Kampf. In Chile stirbt Bischof Manuel Larraín von Talca. 10. Generalversammlung des CELAM über „die Rolle der Kirche bei der Entwicklung und Integration Lateinamerikas".
1968	2. Vollversammlung des lateinamerikanischen Episkopats in Medellín (Kolumbien). Die Sessionen des „lateinamerikanischen II. Vatikanum" werden von Paul VI. eröffnet. In Venezuela Sieg des Christdemokraten Rafael Caldera bei den Präsidentschaftswahlen.
1970	Miguel Obando y Bravo wird zum Erzbischof von Managua (Nicaragua) ernannt. Bewegung der *Sacerdotes para el Pueblo* in Mexiko.
1971	Gustavo Gutíerrez veröffentlicht: *Teologia de la liberación, perspectivas*, und Leonardo Boff: *Jesus Christo libertador. Ensaio de cristologia cristiana para o nosso tempo*.

---

[175] Vgl. auch A. POLLAK, Trommel und Trance. Die afroamerikanischen Religionen, Freiburg 1995.

1972	1. lateinamerikanisches Treffen der „Christen für den Sozialismus" in Santiago de Chile. 14. Versammlung des CELAM in Sucre (Bolivien) und Wahl von Bischof López Trujillo zum Generalsekretär.
1975	In Chile wohnt General Pinochet in der methodistischen Pfingstlerkathedrale in Santiago einem Te Deum bei. Ein Jahr später wird das Vikariat der Solidarität gegründet.
1977	Oscar Romero wird Erzbischof von San Salvador und löst dort den „roten Erzbischof" Chávez ab. In Brasilien Gründung der „Universalen Kirche des Königreiches Gottes" (Emir Macedo).
1979	3. Vollversammlung des lateinamerikanischen Episkopats in Puebla de Los Angeles (Mexiko), die von Johannes Paul II. nur drei Monate nach seiner Wahl eröffnet wird. In Nicaragua treten vier Priester in die sandinistische Regierung ein.
1980	Ermordung von Erzbischof Romero am Altar während einer Messe.
1982	General Efraín Rios Montt, der zur „Kirche des Wortes" konvertierte, wird in Guatemala von einer Militärjunta an die Macht gebracht.
1983	Reise von Johannes Paul II. nach Mittelamerika und Haiti; Spannungsgeladene Atmosphäre anläßlich seines Aufenthalts in Nicaragua.
1984	Inmitten vermehrter Guerillatätigkeit wird der Christdemokrat Napoleón Duarte zum Präsidenten von El Salvador gewählt. Veröffentlichung der Instruktion der Glaubenskongregation „Libertatis Nuntius. Über einige Aspekte der Theologie der Befreiung".
1985	Rom verurteilt Leonardo Boff zu einem „Bußschweigen" von 18 Monaten. In Chile unterzeichnen die christdemokratische Partei, ein Teil der sozialistischen Partei und andere Oppositionelle auf Anregung der Kirche hin eine „nationale Übereinkunft für einen Übergang zur Demokratie".
1986	Erstmals betreten Abgeordnete der Pfingstler die politische Bühne Brasiliens. Veröffentlichung der Instruktion der Glaubenskongregation „Libertatis Conscientia. Über die christliche Freiheit und die Befreiung".
1989	Sechs Jesuiten aus San Salvador, darunter Pater Ignacio Ellacuría, werden auf Befehl der Armee ermordet. In Chile wird der Christdemokrat Patricio Aylwin im Rahmen des Übergang zur Demokratie zum Präsidenten gewählt.
1990	Wahl des der Befreiungstheologie nahestehenden Paters Jean-Bertrand Aristide zum Präsidenten von Haiti. Er wird bereits am 30. September 1991 durch einen Militärputsch gestürzt.
1991	In Guatemala wird der 1977 zum Pfingstlertum übergetretene Jorge Serrano Elias zum ersten gewählten Präsidenten Lateinamerikas aus den Reihen der Pfingstler.
1991–1992	Präsident Carlos Salinas de Gortari ordnet eine Abänderung der Verfassung von 1917 an und legalisiert eine vom Staat unabhängige Stellung der Kirche. Wiederaufnahme der diplomatischen Beziehungen zwischen dem Vatikan und Mexiko.
1992	4. Vollversammlung des lateinamerikanischen Episkopats in Santo Domingo, in Gegenwart von Johannes Paul II. Die Konferenz fällt mit der Feier des 500. Jahrestages der „Begegnung zweier Welten" zusammen. Der brasilianische Franziskaner Leonardo Boff verzichtet auf sein Priesteramt.
1993	Ermordung des Kardinalerzbischofs Jesús Posadas Ocamopo von Guadalajara (Mexiko).
1996	Eindeutig kritische Stellungnahme der Jesuitenprovinziäle Lateinamerikas zum Neoliberalismus.
1998	Papstbesuch in Kuba. Ermordung von Bischof Gerardi in Guatemala.
1999	Tod von Bischof Helder Câmara.

Bibliographie

Handbücher
Handbook of Latin American Studies, Washington 1935 ff.
Handbuch der Geschichte Lateinamerikas, Bd. 3: Lateinamerika im 20. Jahrhundert, hg. von W. TOBLER und W. L. BERNECKER, Stuttgart 1996.

Allgemeine Werke über Lateinamerika
L. BETHELL (Hrsg.), Cambridge History of Latin America VI: Latin America since 1930. Economy, Society and Politics, Cambridge 1994.
F. CHEVALIER, L'Amérique latine de l'indépendance à nos jours (Nouvelle Clio), Paris 1993.
G. COUFFIGNAL (Hrsg.), Amérique latine, tournant de siècle, Paris 1997.
T. HALPERIN DONGHI, Histoire contemporaine de l'Amérique latine (Le regard de l'histoire), Paris 1972.
M. MOLS, Der Staat in Lateinamerika, Mainz 1995.
–, Demokratie in Lateinamerika, Stuttgart 1985.
A. ROUQUIE, Amérique latine. Introduction à l'Extrême-Occident, Paris 1987.
A. TOURAINE, La Parole et le Sang. Politique et société en Amérique latine, Paris 1988.
N. WERZ, Das neuere politische und sozialwissenschaftliche Denken in Lateinamerika, Freiburg 1991.

Untersuchungen zur Geschichte des Christentums in Lateinamerika
Archives de sciences sociales des religions 42, Nr. 97 (Jan.–März 1997): Dossier: Religion et politique en Amérique latine.
Social Compass 39, Nr. 4 (Dez. 1992), Sonderausgabe: 500 ans de christianisme en Amérique latine.
CEHILA (Comisión de estudios de historia de América Latina), Historia general de la iglesia en América Latina, Bd. 1: Introducción general; Bd. 2 und 3: Brasil; Bd. 4: Caribe; Bd. 5: México; Bd. 6: América central; Bd. 7: Colombia y Venezuela; Bd. 8: Bd. 9: Cono sur, Salamanca 1983–1995.
CEHILA, 500 años de cristianismo en Argentina, Buenos Aires 1992.
M. LÖWY, The War of Gods. Religion and Politics in Latin America, London – New York 1996.
J. MEYER, Historia de los cristianos en América Latina siglos XIX y XX, México 1989.
J.-A. MEYER, Les Chrétiens d'Amérique latine, XIXᵉ–XXᵉ siècle, Paris 1991.
H.-J. PRIEN, Die Geschichte des Christentums in Lateinamerika, Göttingen 1978.
–, (Hrsg.), Religiosidad e Historiografía. La irrupción del pluralismo religioso en América Latina y su elaboración metódica en la historiografía, Frankfurt – Madrid 1998.

Zur katholischen Kirche
Q. ALDEA – E. CÁRDENAS, Manual de historia de la iglesia, Bd. X: La iglesia del siglo XX en España, Portugal y América Latina, Barcelona 1987.
Archives de sciences sociales des religions 35, Nr. 71 (Juli–Sept. 1990): Dossier über die Befreiungstheologie in Lateinamerika.
Ch. ANTOINE, Guerre froide et Église catholique. L'Amérique latine, Paris 1999.
M. DE C. AZEVEDO, Basic ecclesial communities in Brazil. The Challenge of a new way of being church, Washington 1987.
I. BERTEN – R. LUNEAU, Les Rendez-vous de Saint-Domingue. Les enjeux d'un anniversaire (1492–1992), Paris 1991.
Th. C. BRUNEAU, The Political Transformation of the Brazilian Catholic Church, London – New York 1974.
–, Church and Politics in Brazil: The Genesis of Change, in: Journal of Latin American Studies 17 (1985) 286–291.
E. CARDENAS, La Iglesia hispano-americana en el siglo XX, Madrid 1992.
M.-D. DEMÉLAS – Y. SAINT-GEOURS, L'Église catholique dans les Andes: évolution de 1948 à 1984, in: Problèmes d'Amérique latine 81 (Juli–Sept.1986) 65–96.
Die Kirche Lateinamerikas. Dokumente der II. und III. Generalversammlung des Lateinamerikanischen Episkopates in Medellín und Puebla (Stimmen der Weltkirche 8), Bonn 1985.
E. DUSSEL, Die Geschichte der Kirche in Lateinamerika, Mainz 1988.
–, Les ultimos 50 años (1930–1985) en la historia de la Iglesia in América latina, Bogotá 1986.
–, The Catholic Church in Latin America since 1930, in: BRETHELL (Hrsg.), The Cambridge History of Latin America VI/2, 547–582.
G. HEINEN, *"Mit Christus und der Revolution"*. Geschichte und Wirken der „iglesia popular" im sandinistischen Nikaragua (1979–1990), Stuttgart 1995.
W. E. HEWITT, Base Christian Communities and Social Change in Brazil, Lincoln 1991.

F. Houtart, L'histoire du CELAM ou l'oubli des origines, in: Archives de sciences sociales des religions 31, Nr. 62 (Juli–Sept. 1986) 93–105.

F. Houtart – É. Pin, La Iglesia latinoamericana en la hora del Concilio, Fribourg 1963.

D. Keogh (Hg.), Church and Politics in Latin America, Houndmills – London 1990.

H. A. Landsberger (Hrsg.), The Church and Social Change in Latin America, Notre Dame – London 1970.

E. A. Lynch, Religion and Politics in Latin America. Liberation Theology and Christian Democracy, New York 1991.

R. Marin, Dom Helder Camara. Les puissants et les pauvres, Paris 1995.

R. Marle, Introduction à la théologie de la libération, Paris 1987.

C. Pape, C., Katholizismus in Lateinamerika, St. Augustin 1963.

É. Poulat, Mosaïque religieuse, continent ecclésiastique: l'Amérique latine, in: Relations Internationales 28 (1981) 457–471.

P. Richard, Origen y desarrollo del movimiento Cristianos por el Socialismo, Chile 1970–1973, Paris 1975.

M. Sievernich, Anwalt der Armen in Chile. Zur Seligsprechung von Pater Alberto Hurtado SJ, in: Geist und Leben 67 (1994) 28–52.

–, – J. Spelthahn (Hg.), Fünfhundert Jahre Evangelisierung Lateinamerikas. Geschichte, Kontroversen, Perspektiven, Frankfurt 1995.

Ch. Smith, The Emergence of Liberation Theology, Radical Religion and Social Movement Theory, Chicago 1991.

E. Stehle, Der Weg der Gewalt. Camilo Torres, Aschaffenburg 1975.

P. G. Süss, Volkskatholizismus in Brasilien. Zur Typologie und Strategie gelebter Religiosität, München Mainz 1978.

M. A. Vasquez, The Brazilian Popular Church and The Crisis of Modernity, New York 1998.

L. Zanatta, Argentine, 1976: généalogie de la répression. L'idée de Nation au sein des Forces armées et de l'Église dans une perspective historique, in: Histoire et Sociétés de l'Amérique latine 7 (1998) 37–56.

F. Zubillaga, Die Kirche in Lateinamerika, in: Die Weltkirche im 20. Jahrhundert (Handbuch der Kirchengeschichte, hg. von H. Jedin und K. Repgen, Bd. 7), Freiburg Basel Wien 1979, 685–768.

Zur Befreiungstheologie (Texte und Untersuchungen)

R. Azzi u. a., Theologiegeschichte der Dritten Welt. Lateinamerika, München 1993.

D. Biancucci, Einführung in die Theologie der Befreiung, München 1987.

C. Boff, Theologie und Praxis. Die erkenntnistheoretischen Grundlagen der Theologie der Befreiung, München Mainz 1983.

L. Boff, Je m'explique, Paris 1994.

–, Jesus Christus, der Befreier, Freiburg 1986.

J. de Broucker, Die Bekehrungen eines Bischofs, Wuppertal 1978 (über Helder Camara).

E. Cardenal, Chrétiens du Nicaragua: l'Évangile en révolution, Paris 1980.

M. Delgado (Hg.), Blutende Hoffnung. Gustavo Gutiérrez zu Ehren, Luzern 2000.

E. Dussel, Hipotesis para una historia de la teologia en América latina, Bogotá 1986.

I. Ellacuría – J. Sobrino (Hg.), Mysterium liberationis. Grundbegriffe der Theologie der Befreiung, 2 Bde., Luzern 1995/96; span. diess., Mysterium Liberationis. Conceptos fundamentales de la teología de la liberación, 2 Bde., Madrid 1990.

R. Fornet-Betancourt (Hg.), Befreiungstheologie, Kritischer Rückblick und Perspektiven für die Zukunft, 3 Bde., Mainz 1997.

G. Gutiérrez, Theologie der Befreiung, Mainz [10]1992.

–, Teología de la liberación. Perspectivas, Salamanca 1972 (dt. Übers.: Theologie der Befreiung, München 1973).

–, La Force historique des pauvres, Paris 1990.

K. Rahner u. a. (Hg.), Befreiende Theologie. Der Beitrag Lateinamerikas zur Theologie der Gegenwart, Stuttgart 1977.

P. Richard, Mort des chrétientés et naissance de l'Église. Analyse historique et interprétation théologique de l'Église en Amérique latine, Paris 1978.

Chr. Rowland, The Cambridge Companion to Liberation Theology, Cambridge 1999.

M. Sievernich (Hg.), Impulse der Befreiungstheologie für Europa, Mainz 1988.

J. Sobrino, Christologie der Befreiung. Bd. 1, Mainz 1993; Span. Jesucristo liberador. Lectura histórico-teológica de Jesús de Nazaret, Madrid 1991.

–, Resurrección de la verdadera Iglesia. Los pobres lugar teológico de la eclesiología, San Salvador 1986.

Theologies de la libération; documents et débats, Paris 1985.

Zur Christdemokratie
La démocratie chrétienne dans le monde (Documents CEPESS XXI, Nr. 5/6), Brüssel 1982.
La démocratie chrétienne dans le monde. Résolutions et déclarations des organisations démocrates-chrétiennes internationales de 1947 à 1973, Rom 1973.
R. COMBELLAS LARES, Copei. Ideología y liderazgo, Caracas 1985.
O. COMPAGNON, Jacques Maritain et la naissance de la démocratie chrétienne latino-américaine: le modèle malgré lui, in: l'Amérique latine et les modèles européens, Paris 1998, 505–530.
M. FLEET, The Rise and Fall of Chilean Christian Democracy, Princeton 1985.
G. GRAYSON, El partido demócrata cristiano chileno, Buenos Aires – Santiago de Chile 1968.
D. HERMAN, Christian Democracy in Venezuela, Chapell Hill 1986.
P. LETAMENDIA, Eduardo Frei, Paris 1989.
R. PAPINI, L'Internationale démocrate-chrétienne, 1925–1986, Paris 1988 (Kap. III: La coopération latino-américaine. L'Organisation démocrate-chrétienne d'Amérique", 131–163).

Zum Protestantismus, den Pfingstkirchen und anderen neuen religiösen Bewegungen
Social Compass 39, Nr. 3 (1992), Sondernummer über : „le devenir des protestantismes en Amérique latine".
M. AUBRÉE, La pénétration du „protestantisme évangélisateur" en Amérique latine, in: Revue du Tiers-Monde XXXII, Nr. 126 (1991) 439–449.
J.-P. BASTIAN, Geschichte des Protestantismus in Lateinamerika, Luzern 1995.
–, Religiöser Wandel in Costa Rica. Eine sozialwissenschaftliche Interpretation (Forum Weltkirche 10), Mainz 2000.
–, Le rôle politique des protestantismes en Amérique latine, in: G. KEPEL (Hrsg.), Les Politiques de Dieu, Paris 1993, 203–220.
–, Le Protestantisme en Amérique latine, une approche socio-historique, Genf 1994.
Y. BIZEUL, Christliche Sekten und religiöse Bewegungen in der südlichen Hemisphäre. Eine Literaturstudie (Wiss. Arbeitsgruppe Projekte 1), Bonn 1995.
A. CORTEN, Le Pentecôtisme au Brésil. Émotion du pauvre et romantisme théologique, Paris 1995.
P. CHAUNU, Pour une sociologie du protestantisme latino-américain. Problèmes de méthode, in: Cahiers de sociologie économique 12 (1965) 5–18.
F. GALINDO, El protestamiso fundamentalista. Una experiencia ambigua para América Latina, Estella 1992.
C. IFFLY, l'Église catholique et les protestantismes depuis 1985 au Brésil, in: Problèmes d'Amérique latine. La documentation française, N. S. 9 (April–Juni 1993) 87–107.
C. GARMA NAVARRO, Protestantismo en una comunidad totonaca de Puebla, México, Mexiko-Stadt 1987.
J. GUTWIRTH, Pentecôtisme national et audiovisuel à Porto Alegre, Brésil, in: Archives de sciences sociales des religions 73 (Jan.–März 1991) 99–114.
Ch. LALIVE D'ÉPINAY, El refugio de las masas: estudio sociológico del protestantismo chileno, Santiago de Chile 1968.
Las sectas en América latina, Buenos Aires 1985.
Y. LE BOT, Cent ans de protestantisme au Guatemala, in: Problèmes d'Amérique latine. La documentation française 86 (Okt.–Dez.1987) 109–119.
D. MARTIN, Tongues of Fire. The Explosion of Protestantism in Latin America, Cambridge (MA) 1990.
J. MIGUEZ BONINO, The Protestant Churches in Latin America since 1930, in: BETHELL (Hrsg.), The Cambridge History of Latin America VI/2, 583–604.
Problèmes d'Amérique latine. La documentation française, N. S. 24 (Jan.–März 1997). Sondernummer über die Pfingstbewegungen in Lateinamerika.
G. RIVIÈRE, Caminos de los muertos, caminos de los vivos. Las figuras del chamanismo andino en las comunidades aymaras del altiplano boliviano, in: Antropología 10 (1995) 109–132.
R. SANTANA, Le protestantisme chez les Indiens du Chimborazo en Équateur, in: Problèmes d'Amérique latine. La documentation française 86 (Okt.–Dez.1987) 97–107.
S. SPOERER, Pentecôtisme et religiosité populaire au Chile, in: Problèmes d'Amérique latine. La documentation française 81 (Juli–Sept.1986) 97–109.
J. DE SANTA ANA, Du libéralisme à la praxis de la libération. Genèse de la contribution protestante à la théologie de la libération, in: Archives de sciences sociales des religions 35, Nr. 71 (Juli–Sept. 1990) 75–84.
D. STOLL, Is Latin America Turning Protestant? The Politics of Evangelical Growth, Berkeley 1990.
J. C. URREA VIERA, El fenómeno de las sectas. Análisis a partir del Magisterio Latinoamericano. Antecedentes, desarrollo y perspectivas, Bogotá 1998.

Fünftes Kapitel

Einheimisches Christentum in Schwarzafrika
Eine Wachstumszone des Christentums

von Claude Prudhomme und Jean-François Zorn

Mit Schwarzafrika verbinden wir die Vorstellung eines zutiefst religiösen Kontinents. Seit der Mitte des 20. Jh. weisen wissenschaftliche Tagungen und anthropologische Publikationen auf die nach wie vor prägende Bedeutung der Religion in den afrikanischen Gesellschaften hin – sei es, um deren Innovationskraft im Bereich des Religiösen herauszuarbeiten oder um die anhaltende Ausbreitung der christlichen Kirchen und des Islams zu analysieren. Die immer neuen Gründungen religiöser Bewegungen in- und außerhalb der etablierten Religionen, das Tempo der Verbreitung religiöser Botschaften sowohl auf dem Land als auch in den Städten, die Anpassungsfähigkeit an neue Situationen – dies alles vermittelt das Bild einer religiösen Landschaft, die sich ständig neu formiert, aber von der Säkularisierung westlichen Zuschnitts kaum tangiert ist. Schwarzafrika ist, mit den Worten des anglikanischen Theologen John Mbiti aus Kenia, „unheilbar religiös". Andere Autoren urteilen differenzierter. Etwa der kamerunische Katholik Eloi Messi Metogo, der daran erinnert, daß es in den herkömmlichen Gesellschaften auch die Tradition des Nichtglaubens und der religiösen Gleichgültigkeit gibt und daß dieses areligiöse Afrika mit dem Zusammenbruch des Marxismus nicht unbedingt verschwunden ist[1]. Oder der kongolesische Protestant Kä Mana, der betont, die kulturelle und religiöse Identität Afrikas sei ein Mythos, der dazu diene, Afrika eine bestimmte politische Ordnung aufzuzwingen und den Kontinent im Stand der Unterentwicklung zu halten[2]. Wie dem auch sei, Tatsache ist, daß mit dem tiefgreifenden Wandel nach dem Unabhängigkeitsschub der sechziger Jahre weder der seit langem anhaltende Vormarsch der beiden dogmatisch konstituierten Religionen, Christentum und Islam, gestoppt wurde noch die traditionellen Ahnen- und Erdkulte verschwanden, obwohl diese kein kodiertes Glaubenskorpus kennen.

In der Öffentlichkeit an Präsenz gewonnen hat der Islam: Moscheen wurden gebaut, zahlreiche Vereinigungen, Schulen und karitative Werke gegründet, entstanden sind aber auch politisch-religiöse Bewegungen. Quantitativ stärker gewachsen ist indes, das zeigen die Statistiken, das Christentum. Gemäß der glaubwürdigsten Quelle, der 1982 von David B. Barrett herausgegebenen *World Christian Encyclopedia*, ist der Anteil der christlichen Religionen und Denominationen in ganz Afrika zwischen 1900 und 1970 von 8 % auf 35 % gestiegen, jener des Islams von 32 % auf 40 %[3]. Zwar sind solche Zahlen mit Vorbehalt

---

[1] E. Messi Metogo, Dieu peut-il mourir en Afrique? Essai sur l'indifférence religieuse et l'incroyance en Afrique noire, Paris 1997, 249 S.
[2] Kä Mana, L'Afrique va-t-elle mourir? Bousculer l'imaginaire africain. Essai d'éthique politique, Paris 1991, 226 S.
[3] In der Neuauflage von 2001 schätzt die *World Christian Encyclopedia* den Anteil der christlichen Religionen und Denominationen in ganz Afrika für 1995 auf 45,6 %, den Anteil des Islams auf 40,6 %.

aufzunehmen, denn wie Gemeinschaften ihre Bestandsaufnahme machen und anhand welcher Kriterien sie ihre Gläubigen bestimmen, ändert sich von Konfession zu Konfession. Dennoch lassen die Schätzungen den Schluß zu, im Afrika des 20. Jh. sei das Christentum die Religion mit dem stärksten Wachstum[4]. Auch nach den sechziger Jahren übersteigt die Zunahme die Bevölkerungswachstumsrate. Folge davon sind völlig neue Lebensformen, auf die es zurückzukommen gilt. Entgegen den in Missionskreisen geäußerten Befürchtungen ist die Attraktivität des Christentums auch nach der Unabhängigkeit in den meisten Ländern ungebrochen.

Innerhalb des weltweiten Christentums nimmt Schwarzafrika eine atypische Stellung ein. Global läßt sich nämlich an den Kirchenzugehörigkeitsraten eine gewisse Stagnation des Christentums im Verhältnis zur Weltbevölkerung ablesen: kontinuierlicher Rückgang in den westlichen Gesellschaften, Stagnation in Asien, in Lateinamerika hingegen interne Verschiebungen vom Katholizismus zu evangelikalen Strömungen im Protestantismus. Schwarzafrika ist der einzige Kontinent, auf dem die katholische Kirche wie die protestantischen Kirchen in der zweiten Hälfte des 20. Jh. einen bedeutenden Zuwachs an Gläubigen verzeichnen konnten. 1951 gab es in Schwarzafrika 9 585 000 Katholiken, 1961 21 556 000, was einer Verdoppelung innerhalb von zehn Jahren entspricht. Von 1961 bis 1995 stieg die Zahl auf 106 820 000 Katholiken – ein zwar verlangsamtes, aber noch immer rasantes Wachstum. In relativen Zahlen ausgedrückt, gewann der afrikanische Katholizismus nicht bloß in Schwarzafrika an Bedeutung (von 10,6 % auf fast 18 % der Gesamtbevölkerung), sondern auch innerhalb der katholischen Welt insgesamt (1958 etwas mehr als 3 %, 1996 fast 11 %).

Schwieriger zu eruieren sind die entsprechenden Zahlen für den Protestantismus, der in Schwarzafrika völlig neue Formen annimmt. Neben den unvermeidlichen Schwankungen bezüglich der Zählweise der einzelnen Kirchen (einige zählen nur bekennende Mitglieder) stellt sich die Frage nach dem Status der afrikanischen unabhängigen Kirchen (African Independent Churches – AIC). Für einige von ihnen, etwa für die auf dem Gebiet der heutigen Demokratischen Republik Kongo (Kongo-Kinshasa, ehemals Zaire) entstandene *Kirche Jesu Christi auf Erden durch den Propheten Simon Kimbangu*, ist die Position innerhalb des Protestantismus insofern geklärt, als sie dem Ökumenischen Rat der Kirchen (ÖRK) und der Gesamtafrikanischen Kirchenkonferenz (All Africa Conference of Churches [AACC]) angehören. Für andere beruht die Anerkennung als christliche Kirche auf subjektiven Kriterien und entzieht sich jeglicher Klassifizierung. Es erstaunt also weiter nicht, daß es je nach Quelle beträchtliche Abweichungen gibt[5].

---

[4] Auf diesen Befund stützt sich ADRIAN HASTINGS, wenn er in einer schmalen, aber anregenden Schrift von „a century of growth" spricht; vgl. African Christianity. An Essay in Interpretation, London – Dublin 1976, VI–105 S.
[5] Dazu eine bemerkenswerte französische Studie: B. DE LUZE, La situation actuelle des différentes Églises, in: Afrique contemporaine Nr. 159 (Juli–Sept. 1991) 20–26. Der Autor stützt sich auf vier Quellen: D. B. BARRETT (Hrsg.), World Christian Encyclopedia, Nairobi – Oxford – New York 1982, L'annuaire de Jeune Afrique, Paris 1991, Ökumenischer Rat der Kirchen (Hrsg.), Handbook Member Churches, Genf 1985, sowie DERS. (Hrsg.), Directory of Christian Council, Genf 1985. Der Autor unterscheidet drei Kategorien: traditionelle Kirchen (Anglikaner, Lutheraner, Reformierte usw.); Evangelikale (Baptisten, Pfingstler usw.); unabhängige Kirchen (äthiopische, zionistische, messianische Kirchen usw.).

I. Das Christentum im geographischen Raum

Eine Reihe von Gemeinsamkeiten läßt es als angezeigt erscheinen, von einem afrikanischen, von spezifischen Merkmalen geprägten Christentum zu sprechen. Dennoch sind zur Vermeidung voreiliger Verallgemeinerungen regionale Faktoren einzubeziehen. Ein Merkmal, wenn nicht das wichtigste überhaupt, ist das missionarische und koloniale Erbe, welches die religiöse Geographie noch an der Jahrhundertwende prägt. Sicher wäre es falsch, das afrikanische Christentum auf ein erst vor kurzem entstandenes Produkt des kolonialen oder parakolonialen Imperialismus reduzieren zu wollen. Das Christentum war bereits vor dem Islam in Afrika präsent, seit der Antike in Äthiopien und im oberen Niltal, aber auch vor der europäischen Kolonisierung, in der Neuzeit etwa auf dem Gebiet von Kongo und Angola. In der Moderne dauerte es zuweilen 50 Jahre, bis nach den ersten Missionaren die ersten kolonialen Eroberer auftraten[6]. Im wesentlichen aber ist das Christentum in Afrika Ergebnis der in den vierziger und fünfziger Jahren des 19. Jh. einsetzenden Missionstätigkeit. Nicht wenige Kirchen konnten in den letzten Jahren des 20. Jh. ihr 100jähriges Bestehen feiern.

1. Eine von der Missionsgeschichte geprägte Geographie

Das afrikanische Christentum ist, durch die Missionstätigkeit vermittelt, „alt auf die Welt gekommen"[7], Erbe einer ihm fremden Geschichte mit den den Mutterkirchen eigenen konfessionellen, theologischen oder seelsorglichen Spaltungen. Im bunten Mosaik der katholischen und protestantischen Gemeinschaften und in der Vielfalt der konfessionellen Denominationen spiegeln sich die nach Afrika exportierten Spaltungen des westlichen Christentums. Doch anders als im Europa des Mittelalters (lateinische Kirche – griechische und slawische Kirche) und des 16. Jh. gab es im christlichen Afrika keine territoriale Konfessionalisierung. Afrika ist eher ein Puzzle von einander überlappenden und überlagernden Kirchen, was jede systematische religiös-geographische Kartierung verunmöglicht, ganz abgesehen von den sich verändernden Grenzen und den Mehrfachzugehörigkeiten mancher Gläubigen. Diese komplexe Ausgangslage einmal vorausgesetzt, gibt das koloniale und missionarische Erbe einen ersten Aufschluß über die Geographie des Christentums.

Aus der Kolonialgeschichte geht hervor, daß in den von mehrheitlich katholischen Staaten beherrschten Gebieten anfänglich der Katholizismus begünstigt wurde, wenn auch mit ganz unterschiedlichen Resultaten. Eindeutig ablesbar ist das einzig in den belgischen Kolonien. Den höchsten Katholikenanteil, nicht aber ein Monopol, verzeichneten um 1960 die Nachfolgestaaten der UNO-Treuhandgebiete Ruanda und Burundi (Urundi) und des ehemaligen Belgisch-Kongo. Ein Monopol hätte im übrigen den Bestimmungen der Generalakte der Berliner Kongokonferenz (auch Afrikanische Konferenz genannt) vom 26. Februar 1885 widersprochen. Umgekehrt waren im südlichen Afrika vorab protestantische Missionen tätig. An ihren Niederlassungen läßt sich die gleichzeitige, zuweilen auch konkurrierende Aktivität der seit dem 17. Jh. (Kolonie am Kap) präsenten reformierten Kirchen und der evangelikalen Strömungen ablesen. Dies trotz der vor Ort beschlossenen Ge-

---

[6] In Westafrika waren die protestantischen Missionen bereits zu Beginn des 19. Jh. im Kampf gegen den Sklavenhandel tätig, so etwa in Sierra Leone, Liberia, Yorubaland (Nigeria). Auch im südlichen Afrika wirkten zu Beginn des 19. Jh. die Missionare der *London Missionary Society*. Vgl. dazu J. GADILLE – J.-F. ZORN, Afrika, in: Geschichte des Christentums XI, Freiburg i. Br. 1995, 974–1022.

[7] Mit diesen Worten beschrieb der Jesuit Fabien Eboussi Boulaga das afrikanische Christentum.

bietsabsprachen[8]. Außer in den belgischen Gebieten, wo die Kolonialmacht den Missionen offiziell eine soziale und didaktische Rolle übertragen hatte, erlaubt die Nationalität der Kolonialmacht in der Regel keinen Rückschluß auf die numerische Bedeutung einer bestimmten Konfession vor Ort. Erläutert sei dies am Beispiel Portugal. Das Konkordat zwischen Portugal und dem Apostolischen Stuhl sowie das Missionsstatut von 1940 räumten dem Katholizismus eine dominierende Stellung ein. Trotzdem lag 1960 der Anteil der Katholiken in den portugiesischen Kolonien Angola und Moçambique bei 19% resp. 4,2%; trotz Gegenmaßnahmen und Schikanen der Kolonialmacht verhinderte die Gesetzgebung protestantische Niederlassungen nicht. Die britische Kolonisation schuf ein der Verbreitung des Protestantismus günstiges Umfeld, erachtete doch der britische Imperialismus aus kulturellen und sprachlichen Gründen das Christentum als Teil seines zivilisatorischen Auftrags. Dennoch resultierte daraus nicht automatisch eine Vorherrschaft von Protestantismus und Anglikanismus. In der Regel respektierte die britische Verwaltung die Religionsfreiheit und behinderte die Ausbreitung des Katholizismus nicht, 1958 etwa spürbar in Uganda (23%), in Tanganjika (11%) oder im Igboland im Südosten Nigerias.

Merkliche Kontraste gab es zur selben Zeit auch im französischen Kolonialgebiet. In nichtislamischen Gebieten profitierte der Katholizismus von günstigen Bedingungen, so etwa in Französisch-Äquatorialafrika mit 8,9% Katholiken. In Französisch-Westafrika hingegen betrug dieser Anteil zur gleichen Zeit lediglich 2,3%, lag doch hier der Kolonialmacht mehr am Einvernehmen mit dem Islam als an der Förderung der katholischen Missionstätigkeit. Wo der Protestantismus bereits vor der französischen Kolonisierung Fuß gefaßt hatte, konnte er sich vor allem dann halten, wenn er von französischen (*Société des missions évangéliques de Paris*) und nicht mehr von amerikanischen (Gabun), britischen (Madagaskar) oder deutschen Missionsgesellschaften (Kamerun, Togo) verbreitet wurde. Das besagt, daß die konfessionelle Einteilung der Christen nicht automatisch an die koloniale Gebietsaufteilung gekoppelt ist und folglich die Rückblende auf die Geschichte der einzelnen Zonen unerläßlich ist[9].

Gegen Ende der fünfziger Jahre des 20. Jh. ist die geographische Topik des Christentums im wesentlichen abgeschlossen. Nach diesem Zeitpunkt profitierten vor allem die bereits christianisierten Länder mit 10% bis 30% Getauften vom generell starken Wachstum des Christentums. Kaum zu expandieren vermochte das Christentum hingegen in den überwiegend islamisierten Staaten. Zu beobachten ist, daß sich dieser Trend nach der Unabhängigkeit in zahlreichen Ländern beschleunigte. Die stärksten Gewinne für den Katholizismus liegen in Zentralafrika, von der Republik Kongo (Kongo-Brazzaville) nach Ruanda, mit Ausläufern in Richtung Südwesten (Namibia) und Mittelosten (Sambia, Malawi). Der Protestantismus und die afrikanischen unabhängigen Kirchen wiederum entwickelten sich vorab im südlichen Afrika, wo sie schon am Ende der Kolonialzeit stark verankert waren.

---

[8] Zu diesem Zweck schlossen die großen evangelischen Missionsgesellschaften untereinander einvernehmliche Abkommen (*comity agreements*). Im Gegensatz zur katholischen Kirche verfügten sie über keine regulierende Instanz. In der katholischen Kirche lag diese Aufgabe bei der römischen Propaganda-Kongregation. Sie teilte die Missionsgebiete unter den Kongregationen und Orden nach dem sogenannten Kommissionssystem (*ius commissionis*) auf; dieses wurde im Anschluß an das Zweite Vatikanische Konzil mit der Instruktion *Relationes* vom 24. Februar 1969 abgeschafft.

[9] Zur Übertragung der angelsächsischen Missionen auf die französischen Missionsgesellschaften vgl. J.-F. Zorn, Internationalisme missionnaire et nationalisme colonial. Les enjeux d'une action apostolique qui dépasse les frontières, in: Études théologiques et religieuses 67 (2/1992) 177–192.

Die nachstehenden Tabellen liefern, mangels verläßlicher Zahlen, Anhaltspunkte zur Größenordnung dieser Christianisierung. Die Zuordnung zum Protestantismus ist im Falle zahlreicher unabhängiger Kirchen und religiöser Gruppierungen mit christlichem Selbstverständnis nicht unproblematisch. Angeführt werden die Länder nach dem prozentualen Anteil von Katholiken oder Protestanten in absteigender Reihenfolge.

Entwicklung des Katholiken-Anteils in Schwarzafrika von 1959 bis 1995

	Anteil Katholiken 1959 [10]		Anteil Katholiken 1995 [11]
Burundi	55 %		60 %
Gabun	44 %		49,6 %
Belgisch-Kongo	37 %	> Zaire	50,8 %
Kongo-Brazzaville	30 %	> Republik Kongo	48,6 %
Uganda	26 %		42,9 %
Angola	31 %		58,9 %
Ruanda	30 %		45,8 %
Madagaskar	20 %		24 %
Nordrhodesien	19 %	> Sambia	28,5 %
Kamerun	18 %		25,8 %
Tanganjika (1961)	16 %	> Tansania	24,2 %
Njassaland	16 %	> Malawi	24 %
Togo	14 %		21,8 %
Dahomey	13 %	> Benin	21,5 %
Ghana	11 %		12 %
Kenia	11 %		20,8 %
Zentralafrikanische Republik	10,5 %		18,8 %
Moçambique	9 %		15,8 %
Südwestafrika	8,2 %	> Namibia	17,4 %
Elfenbeinküste	7,6 %		13,98 %
Südrhodesien	7,5 %	> Simbabwe	8,9 %
Südafrikanische Union	6,0 %	> Republik Südafrika	7,35 %
Senegal	4,9 %		4,8 %
Nigeria	4,8 %		11,1 %
Obervolta	3,7 %	> Burkina Faso	10,88 %
Tschad	2,1 %		6,8 %
Sierra Leone	0,6 %		2,99 %
Liberia	0,5 %		3,59 %
Äthiopien	0,5 %		0,65 %

[10] Quelle: Bilan du monde. Encyclopédie catholique du monde chrétien 1964, Bd. 1, Tournai 1964.
[11] Quelle: SEGRETARIA STATUS RATIONARIUM GENERALE ECCLESIAE, Annuarium Statisticum Ecclesiae 1995, Vatikanstadt 1997, 462 S.

Entwicklung des Anteils der Protestanten und der Mitglieder der unabhängigen Kirchen in Schwarzafrika von 1961 bis 1980/1989 (wenn immer möglich, steht das geschätzte Wachstum der unabhängigen Kirchen in Klammern)

	Anteil Protestanten 1961[12]		Anteil Protestanten 1980[13]
Südwestafrika	49 %	> Namibia	63 % + (8,8 %)
Republik Südafrika	68 %		38 % + (21,9 %)
Madagaskar	26 %		22,8 %
Nord- und Südrhodesien	20 %	> Sambia	17,5 % + (13,6 %)
		> Simbabwe	17,5 % + (13,6 %)
und Njassaland		> Malawi	25,7 % + (2,7 %)
Uganda	13,5 %		28,7 %
Ghana	12 %		27,9 % + (16 %)
Kenia	11,3 %		26,5 % + (20,1 %)
Kamerun	11 %		18 %
Kongo-Kinshasa	10,7 %	> Zaire	29 % + (17 %)
Tanganjika	9,4 %	> Tansania	14 %
Togo	9 %		6,8 %
Liberia	8,9 %		63 % (1984)
Ruanda und Burundi	5,3 %	> Ruanda	9 % (1988)
		> Burundi	7,1 %
Angola	5,1 %		20 % + (1,4 %)
Moçambique	3 %		5,5 %
Kongo-Brazzaville	4,2 %		24,9 % + (14,2 %)
Nigeria	3,7 %		26,3 % + (10,6 %)
Sierra Leone	2,5 %		5,9 %
Elfenbeinküste	2 %		5 % (1989)
Dahomey	1,4 %	> Benin	3 % (1982)

Die offizielle Zugehörigkeitsrate ist das einfachste, aber nicht unbedingt das aussagekräftigste Kriterium, um die konfessionelle Dynamik zu messen und mittelfristige Zukunftsprognosen zu erstellen. Ergänzt werden kann sie mit weiteren Daten, etwa über die Entwicklung der Zahl der Kleriker und Pastoren, wobei in jedem Fall die Vitalität des afrikanischen Christentums bestätigt wird. Gemäß dem römischen *Statistischen Jahrbuch der Kirche* 1995 nimmt Schwarzafrika die Spitzenposition ein bezüglich der Zunahme von inkardinierten Diözesanpriestern, von Ordensleuten und Berufungen (fast ebenso viele wie in Südamerika mit zweieinhalbmal mehr Katholiken). Hoch liegt die Zahl der Weihen von Diözesanpriestern in Zonen mit starker katholischer Präsenz (ausgenommen in Gabun, auf Mauritius und La Réunion, wo trotz hohem oder sogar sehr hohem Katholikenanteil nur

---

[12] Quelle: Bilan du monde. Encyclopédie catholique du monde chrétien 1964, Bd. 1.
[13] Quelle: Atlas statistique chiffres du monde. Encyclopedia universalis 1990, sowie M. CLÉVENOT (Hrsg.), L'État des religions dans le monde, Paris 1987.

wenige einheimische Priester geweiht werden). Zu beobachten ist eine Stabilisierung der Priesterweihen in den neunziger Jahren etwa in Burundi, in Kamerun, im Kongo-Brazzaville, in Ghana, auf Madagaskar, in Tansania, in Uganda und in Ruanda. In den neunziger Jahren ist die Zunahme des einheimischen Priesternachwuchses dort am ausgeprägtesten, wo die Kirchen in der Zeit zuvor mit außergewöhnlichen Umständen konfrontiert waren (Nachholbedarf nach den Bürgerkriegen in Angola und Moçambique) oder wo eine religiöse Konkurrenzsituation herrscht (Burkina Faso, Elfenbeinküste, Eritrea, Nigeria, Sudan)[14].

Diese Angaben decken sich im wesentlichen mit den Informationen über das Verhältnis der Zahl der Priesteramtskandidaten zur Gesamtzahl der Katholiken und Priester – zwei weiteren wichtigen Indikatoren über die kurzfristige Erneuerungsfähigkeit des Klerikerstandes. Wiederum gibt es Ausnahmen – kleine Rate nach westlicher Manier auf Mauritius oder La Réunion, aber auch in Namibia, ganz zu schweigen vom spektakulären Einbruch in Burundi und Ruanda als Folge der dortigen innenpolitischen Krisenlage.

Priesterberufungen und Erneuerung des katholischen Klerus im Jahre 1995[15]

	Anzahl Philosophie- und Theologiestudenten auf 100 000 Katholiken	Anzahl Philosophie- und Theologiestudenten auf 100 Priester
Angola	12,57	195,70
Benin	23,13	86,29
Burkina Faso	35,07	84,02
Burundi	7,73	87,70
Elfenbeinküste	23,48	62,02
Eritrea	98,75	45,42
Gabun	10,07	61,68
Kamerun	25,79	83,57
Kenia	23,50	96,70
Kongo-Brazzaville	14,29	70,04
Kongo-Kinshasa	13,86	86,37
La Réunion	4,18	22,86
Madagaskar	25,62	94,25
Malawi	12,30	72,80
Mauritius	2,45	7,69
Namibia	4,46	16,22
Nigeria	28,83	119,35
Sambia	13,03	55,22

[14] Doch nicht überall verläuft die Entwicklung gleich, wie die Daten über Nigeria und Tansania zeigen, wo das Verhältnis Katholiken–Protestanten–Muslime vergleichbar ist.

Priesterweihen	1990	1991	1992	1993	1994	1995
Nigeria	38	158	160	163	223	202
Tansania	41	79	66	75	63	72

[15] Quelle: Annuarium Statisticum Ecclesiae 1995.

	Anzahl Philosophie- und Theologiestudenten auf 100 000 Katholiken	Anzahl Philosophie- und Theologiestudenten auf 100 Priester
Simbabwe	22,79	59,59
Südafrika	8,88	23,66
Sudan	9,70	102,79
Tansania	11,37	43,79
Togo	22,59	67,92
Uganda	7,86	54,43
Zentralafrikanische Republik	23,97	51,56

Ein weiterer Indikator für die Anziehungskraft des Katholizismus auf Nicht-Katholiken ist die Taufrate der über 7jährigen. Er mißt ziemlich genau die Kircheneintritte von Kindern und Erwachsenen aus nicht-katholischen Familien, da letztere mehrheitlich die Neugeborenen taufen lassen. Für den Katholizismus liegt dieser Indikator weltweit bei durchschnittlich 12 %, in Afrika bei 34,2 %, in Europa bei 2,9 % und in Asien bei 13,6 %[16]. 1995 wurden in Burkina Faso, in der Elfenbeinküste und in Simbabwe mehr über 7jährige als Kinder unter 7 Jahren getauft. Etwas weniger waren es in Benin, Mali, Ruanda und Sambia[17].

Dasselbe gilt im protestantischen Einflußbereich dort, wo die Erwachsenentaufe gut verwurzelt oder gar üblich ist, wie in den evangelikalen, baptistischen oder pfingstlichen Kirchen, welche die Kindertaufe ablehnen. Die Vitalität der protestantischen, anglikanischen und evangelikalen Kirchen zeigt sich außerdem auf zweierlei Weise. Erstes Indiz ist, daß die Autonomietradition der aus der Reformation hervorgegangenen Kirchen durch die Erweckungsbewegung des 19. Jh. nicht beeinträchtigt wurde. Viele Missionsgesellschaften wurden ganz im Gegenteil vom evangelikalen Flügel der etablierten Kirchen unterstützt. Ihre Ekklesiologie des „self support" in Sachen Leitung, Finanzen und Evangelisierung führte dazu, daß sie schon früh vor Ort eigene Institutionen gründeten und Einheimische für Seelsorge und Katechese rekrutierten. Heute wird keine der aus der Missionsbewegung des 19. Jh. hervorgegangenen protestantischen oder anglikanischen

---

[16] Quelle: ebd. 296.

[17] Land	Taufe von Kindern zwischen 0 und 7 Jahren	Taufe von über 7jährigen
Benin	22 684	20 498
Burkina Faso	23 309	31 297
Burundi	81 168	33 959
Elfenbeinküste	10 340	36 546
Guinea	1 065	1 574
Kamerun	53 788	31 342
Kenia	146 024	68 049
Kongo-Brazzaville	5 736	10 706
Kongo-Kinshasa	357 294	186 797
Malawi	63 493	40 179
Moçambique	51 110	39 996
Nigeria	330 791	96 930
Ruanda	77 292	64 567
Sambia	28 624	23 641
Simbabwe	15 027	25 480

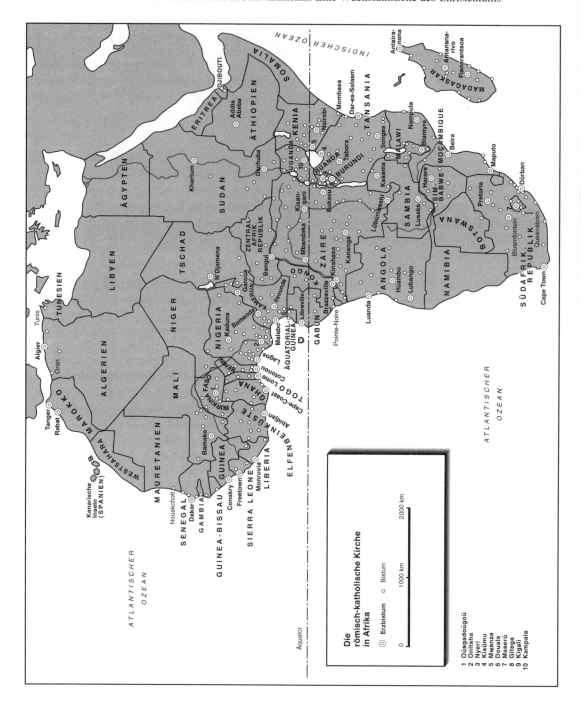

Die römisch-katholische Kirche in Afrika

◉ Erzbistum   ○ Bistum

0   1000 km   2000 km

1 Ouagadougou
2 Onitsha
3 Nyeri
4 Kisumu
5 Mwanza
6 Douala
7 Maseru
8 Gitega
9 Kigali
10 Kampala

Kirchen von einem Nichtafrikaner geleitet. Die Zahl der Missionsseelsorger insgesamt ist zurückgegangen. Ihr Tätigkeitsfeld reduziert sich auf internationale Gemeinden, theologische und technische Ausbildungsstätten, Bildungs- und Entwicklungszentren.

Ein anderes Bild zeigt sich in den Kirchen, die aus der zweiten Evangelisierungswelle zwischen den beiden Weltkriegen oder der dritten nach der Unabhängigkeit hervorgegangen sind. Die vor allem in der Sahelzone, aber auch in den meisten früh evangelisierten Ländern angesiedelten Missionswerke und Kirchen werden noch von Nichtafrikanern geleitet; doch das Ziel ist dasselbe: Einheimische Missionare, Katecheten und Pastoren ausbilden, die so bald wie möglich die Leitung der Ortskirche übernehmen können.

Zweites Indiz der Vitalität ist die Vielzahl der neu entstandenen afrikanischen unabhängigen Kirchen. Unter dieser Bezeichnung werden Kirchen mit Millionen von Gläubigen, aber auch kleine, nur lose strukturierte Gruppen subsumiert. Im ländlichen oder städtischen Milieu aus der Verkündigung eines Propheten entstanden, verquicken sie häufig messianische Verheißung, Seelenheil und Körperheilung. Unter diese Kategorie fallen in erster Linie die von den Missionskirchen abgespaltenen Kirchen, mehr als 10000 laut einer nicht verifizierbaren, aber häufig zitierten Schätzung[18]. Im ausgehenden 19. Jh. erstmals im südlichen Afrika aufgetreten – Gründung der ersten äthiopischen Kirche durch Pastor Mohone –, gewann der Trend nach dem Ersten Weltkrieg im südlichen Afrika wie auch in Ost- und Zentralafrika (Simon Kimbangu) oder in Westafrika (William Harris) an Bedeutung. Seit der Unabhängigkeit der afrikanischen Staaten macht er einen wesentlichen Faktor der christlichen Dynamik aus, noch verstärkt in jüngster Zeit durch neupfingstliche Gemeinschaften[19]. Andere Bewegungen haben ihren Ursprung in dissidenten europäischen oder nordamerikanischen Strömungen (Adventisten, Zeugen Jehovahs, Mormonen) oder in synkretistischen Formen mit komplexen Beziehungen zum Christentum, so etwa die „Watch-Tower-Bewegung" Kitawala, die in Gabun den Bantu-Prophetismus erneuert. Noch breiter wurde das religiöse Angebot in den siebziger und achtziger Jahren, als orientalische Synkretismen (Bahai), New Age oder Rosenkreuzler auftraten und sich mit der christlichen Botschaft zu arrangieren suchten. Schließlich gibt es fast überall Kulte, welche die traditionellen Riten und Bräuche dadurch zu erneuern suchen, daß sie – meist formale – christliche Zuschüsse integrieren. So entstehen zuweilen radikale und aggressive Gruppen. Spektakuläres Beispiel dafür – und zugleich Grenzfall – ist die 1986/ 1987 von der Prophetin Alice Lakwena in Uganda gegründete *Heilig-Geist-Bewegung*[20].

---

[18] Für 1982 gibt die World Christian Encyclopedia die folgenden Gläubigenzahlen: 2761100 in Kenia, 7695200 in Nigeria, 1192000 in Südafrika und 4777500 in Zaire. In der Neuauflage von 2001 wird die Zahl der Gläubigen afrikanischer unabhängiger Kirchen für Kenia auf 5919000, für Nigeria auf 20644000, für Südafrika auf 16966000 und für den Kongo-Zaire auf 10526000 geschätzt.

[19] Zu Beginn des 20. Jh. in den katholischen und protestantischen afroamerikanischen Milieus der USA entstanden, legt die Pfingstlerbewegung den Akzent auf die Gabe des Heiligen Geistes in der Gemeinschaft. Ausgehend von der Erfahrung der Macht des Heiligen Geistes, werden Gebet und Heilung betont, wobei mehr auf Emotion und Traum denn auf Vernunft und Denken gesetzt wird. Spezialisten sind der Auffassung, daß heute eine dritte Welle der Pfingstlerbewegung in Gang ist, welche in der charismatischen Erneuerung die klassische Spiritualitätstradition mit der neueren Tradition einer Ekklesiologie des Kirchenwachstums *(Church Growth Movement)* und der evangelikalen Durchschlagskraft *(power evangelism)* verbindet. Das verleiht der Bewegung, so KLAUS SCHÄFER, eine „autoritäre Stoßrichtung", die sehr gut zur stark strukturierten Führung der Gemeinschaften durch charismatische Leitfiguren paßt. Vgl. K. SCHÄFER, Les Églises de Pentecôte et les mouvements néopentecôtistes. Un défi pour les Églises du Tiers-Monde, in: Perspectives missionnaires Nr. 35 (1/1998) 23–39.

[20] Vgl. G. PRUNIER, Le mouvement d'Alice Lakwena, un prophétisme politique en Ouganda, in: J.-P. CHRÉTIEN

2. Die religiöse Geographie zwischen Stabilität und Wandel

Anhand dieser Daten und der über den Islam und die traditionellen afrikanischen Religionen verfügbaren Informationen läßt sich die religiöse Landkarte Afrikas im ausgehenden 20. Jh. grob skizzieren. Dabei lassen sich wenigstens die dominanten Einflüsse herausarbeiten.

Eine erste Zone wird dadurch bestimmt, daß nördlich der Sahara schon früh ein homogenes muslimisches Gebiet bestand (vom Westen zuweilen als „muslimischer Block" bezeichnet); dieses Gebiet umfaßt den Norden und den Südwesten der Sahara und die Somalihalbinsel (Horn von Afrika), mit Ausnahme von Eritrea und Äthiopien. Im Maghreb akzentuierte sich die Homogenität, als die europäischen Kolonisten aus den unabhängig gewordenen Ländern abzogen. Mit der veränderten Lage verschwanden indes die christlichen Kirchen nicht; noch immer sind sie mit einer Hierarchie, einem katholischen Klerus und christlichen Auslandgemeinden präsent. In Ägypten, Eritrea und Äthiopien wiederum gibt es einheimische christliche Gemeinden, die auf die Anfänge des Christentums zurückgehen; sie sind minoritär in Ägypten, in Eritrea etwa gleich stark wie die muslimische Gemeinschaft und in Äthiopien in der Mehrzahl.

In der zweiten Zone, südlich der Sahara, in der Sahelzone im Norden Sudans, ist der Islam praktisch die einzige Religion, was nicht mit einförmiger oder gar einmütiger Religion gleichzusetzen ist, verbreitet und organisiert sich doch dieser vielfältige Islam in Bruderschaften (Tidjâniyya, Qâdiriyya, Sanûsiyya, Madaniyya ...), die auf ihren Unterschieden bestehen und miteinander in Konkurrenz treten; sie haben spezifisch schwarzafrikanische Zweige hervorgebracht (Fadîliyya und Murîdiyya) und verkörpern nach wie vor den Willen der Bevölkerung zur Selbstbestimmung[21].

Zu dieser zweiten, weitgehend islamischen Zone zählen auch Mauretanien, Mali, Niger, Somalia, Djibouti und die Komoren samt Mayotte. Hier dominiert der Islam mit 80% bis 90% der Gläubigen, muß sich aber mit Minderheiten unterschiedlicher Ausprägung arrangieren. Dazu gehören auf der einen Seite die Katholiken in Senegal (4,8%), in Gambia (2,5%), in Mali (3%), in Guinea (2%) und im Sudan (9%), auf der anderen Seite die den traditionellen Naturreligionen verbundenen Gruppierungen mit einem Bevölkerungsanteil von 3% (Senegal) bis 30% (Guinea) und den Dogonvölkern in Mali in einer Zwischenposition. In diesem Gebiet sind seit den zwanziger Jahren des 20. Jh. auch protestantische Missionsgesellschaften der zweiten Missionierungswelle tätig; erwähnt seien nur die wichtigsten: *Sudan Interior Mission* im Niger, *Christian and Missionary Alliance* in Mali, in Burkina Faso und im Norden der Elfenbeinküste, *Mission unie du Soudan* im Tschad. Diese Missionsgesellschaften gründeten Kirchen mit Tausenden, wenn nicht Zehntausenden von Mitgliedern. Genauere Zahlen sind nicht erhältlich, denn die Kirchen befinden sich in einem auch von Krisen, Dissidenzen und Rückschlägen geprägten Wachstumsprozeß. Sie gehören weder dem ÖRK noch (mit einigen Ausnahmen) der Gesamtafrikanischen Kirchenkonferenz an und sind in der 1966 in Limuru (Kenia) gegründeten *Association des Églises évangéliques d'Afrique et de Madagascar* zusammengeschlossen. Oft verfügen sie über einen franko-helvetisch-belgischen Zweig, der ihre Aktivitäten in die

---

u. a. (Hrsg.), L'invention religieuse en Afrique. Histoire et religion en Afrique noire, Paris 1993, 409–429; A. HASTINGS, The Church in Africa 1450–1950, Oxford – New York 1994, bes. From Agbebi to Diangienda: Independency and Prophetism, 493–539.

[21] G. NICOLAS, Dynamique de l'islam au sud du Sahara, Paris 1981, 335 S.

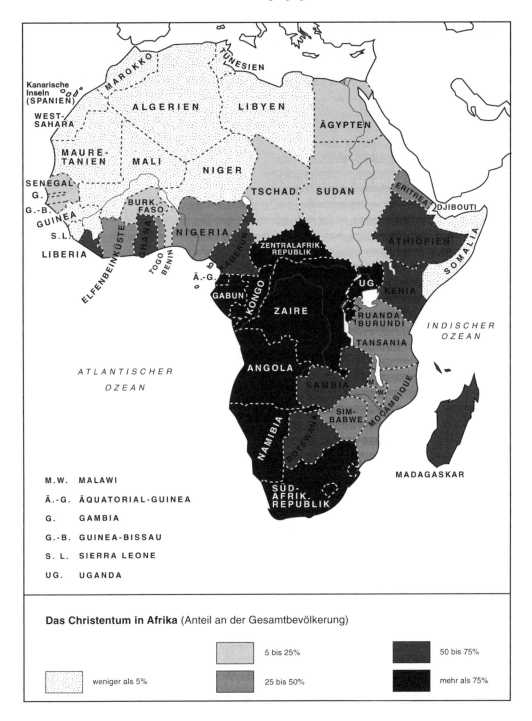

M.W.   MALAWI

Ä.-G.   ÄQUATORIAL-GUINEA

G.   GAMBIA

G.-B.   GUINEA-BISSAU

S. L.   SIERRA LEONE

UG.   UGANDA

Das Christentum in Afrika (Anteil an der Gesamtbevölkerung)

5 bis 25%

50 bis 75%

weniger als 5%

25 bis 50%

mehr als 75%

evangelikalen Kirchen französischer Sprache in Europa hineinträgt (Baptisten, Mennoniten, Pfingstler usw. [22]). Obwohl eine kleine Minderheit, sind die christlichen Kirchen in diesen Regionen präsent, die katholische Kirche mit der üblichen Hierarchie mit Bischofssitz, ausgenommen auf den Komoren, die weiterhin ihren Status als Missionsgebiet behalten.

Weiter südlich und im Innern des Kontinents verstärkt sich der bereits für Äthiopien und Eritrea typische religiöse Pluralismus. Doch vor einem Gebiet mit klar mehr Christen als Muslimen erstreckt sich ein breites Band über mehrere Staaten der Sahelzone hinweg: eine weder absolute noch undurchlässige religiöse Grenze am Schnittpunkt der historischen Verbreitungswege der beiden großen monotheistischen Religionen – die dritte Zone. Im Gegensatz zu dem von der Landkarte vermittelten Eindruck gibt es keinen klaren oder graduellen Übergang vom Islam zum Christentum, denn überall ist die Minderheitsreligion innerhalb der Mehrheitsreligion präsent. Migrationsbewegungen, Handel, städtische Ballungszentren schaffen neue religiöse Vielfalt; gleichzeitig läßt sich beobachten, daß die Bekehrung zu einer der monotheistischen Religionen für viele Minderheiten heißt, nicht die Religion der Mehrheit wählen, um gerade so die Eigenständigkeit bewahren zu können. Am repräsentativsten für diese Konstellation sind Nigeria, wo der Islam im Norden und in geringerem Maß im Westen dominiert, Tschad und Sudan, wo der muslimische Norden mit dem christlichen oder „animistischen" Süden im Widerstreit liegt. Eritrea und Äthiopien machen deutlich, daß der Gegensatz Nord/Süd keine Konstante ist und durch andere Faktoren überlagert werden kann, die aus den Hochländern christliche Zufluchtsgebiete gemacht haben. Selbst dort, wo im Norden eines Landes der Islam dominiert, gibt es christliche Minderheiten, Ergebnis der Binnenmigration oder der Übernahme des Christentums durch Gruppen, die so ihre Autonomie betonen wollen. Umgekehrt verhindert die starke animistische und christliche Präsenz im Süden dieser drei Länder die gleichzeitige Durchdringung und Verbreitung des Islams nicht.

Die vierte Zone ist stärker christlich geprägt. Es handelt sich um ein weites, in mehrere regionale Subzonen unterteiltes Gebiet; voneinander abgegrenzt sind sie durch die je eigene konfessionelle Prägung und den unterschiedlichen Widerstand der traditionellen Religionen gegen das Christentum. In einer Reihe von Ländern im Westen existiert keine Mehrheitsreligion, ausgenommen in Ghana mit über 60 % Christen. Gewichtig, wenn nicht gar dominant sind die traditionellen afrikanischen Religionen weiterhin in Burkina Faso und an der gesamten Westküste (Benin, Elfenbeinküste, Liberia, Togo …). Im Osten und im südlichen Afrika hingegen ist das Christentum klar die Mehrheitsreligion mit Bevölkerungsanteilen von 70 % (Kenia), 80 % (Republik Südafrika) oder sogar 90 % (Angola, Lesotho). Ausnahmen in dieser Zone sind vorab Tansania und Moçambique mit starker Präsenz des Islams wie auch der traditionellen Religionen.

Eine fünfte Zone schließlich erstreckt sich vom einstigen Französisch-Äquatorialafrika zur Region der afrikanischen Großen Seen. Hier dominiert das Christentum. Mit der Demokratischen Republik Kongo im Zentrum, erstreckt sie sich im Osten nach Ruanda, Burundi und Uganda, im Norden nach der Zentralafrikanischen Republik, im Westen nach der Republik Kongo, Gabun und schließlich Südkamerun (in Nordkamerun sind die drei Religionsfamilien präsent). Diese Zone ist für den Katholizismus von besonderer Bedeu-

---

[22]   Für mehr Details vgl. P. FALK, La croissance de l'Église en Afrique, Kinshasa 1985 (aktualisierte Übersetzung von The Growth of Church in Africa, Grand Rapids [Mich.] 1979, 554 S.).

tung, leben doch hier insgesamt 40 % der Katholiken. Einer von fünf afrikanischen Katholiken lebt in der Demokratischen Republik Kongo.

Dieser geographische Ansatz mag der nötigen Klärung dienen. Er führt indes nicht zu einer völlig überzeugenden Typologie. Unterscheiden ließen sich so in groben Zügen drei Profile: 1. Gebiet mit dominanter Religion (über 90 % Muslime oder Christen); 2. Gebiet mit Mehrheitsreligion, Islam im Norden und Christentum im Süden (50 % bis 90 %); 3. Gebiet mit religiösem Pluralismus.

Doch diese Einteilung wird der Komplexität und Vielfalt der Situationen vor Ort in keiner Weise gerecht. Islam und afrikanisches Christentum sind beide zutiefst vielgestaltig, geprägt von der jeder Region eigenen Geschichte, aufgesplittert in zahlreiche Gruppierungen von ganz unterschiedlicher Größe, im Innern gespalten durch unterschiedliche Interpretationen, Praktiken, Organisationsformen und soziopolitische Optionen. Allerhöchstens ließe sich auf der Ebene des Kontinents ein Trend zu den universalistischen Religionen Islam und Christentum ausmachen und, im Gegenzug, ein nicht überall gleich ausgeprägter, langfristig aber unausweichlicher Rückgang der traditionellen afrikanischen Religionen, die es nicht verstanden haben, die Stammesgrenzen aufzubrechen, und die, mit Ausnahme des Wodu, die Verpflanzung in die Städte nur schlecht verkraften können. Ist der Eintritt in eine der beiden monotheistischen Religionen einmal beschlossen, sind Wechsel zwar möglich, aber bei weitem nicht so zahlreich wie Wechsel innerhalb einer bestimmten Religion mit sukzessiven Erfahrungen in verschiedenen muslimischen Bruderschaften oder christlichen Konfessionen, ganz zu schweigen von den nicht berechenbaren Fällen religiöser Mehrfachzugehörigkeit.

Spektakulärstes Beispiel für solche Verschiebungen innerhalb einer Religion ist das starke Wachstum der christlichen Kirchen, die außerhalb der etablierten und von den Missionen gegründeten Kirchen entstanden sind. Die afrikanischen unabhängigen Kirchen mit ihrem schwer abzuschätzenden Wachstum sind kein bloß protestantisches Phänomen mehr. Ursprünglich gab es solche Kirchen vorab im südlichen Afrika, insbesondere in der Republik Südafrika, wo sie die etablierten Kirchen erfolgreich konkurrierten. Angeblich konnten die unabhängigen Kirchen Südafrikas zwischen den sechziger und den beginnenden neunziger Jahren ihren Anteil verdreifachen (von rund 12 % auf 36 %), der Anteil der klassischen Kirchen hingegen ging von 75 % auf 40 % zurück. Heutige Beobachtungen zeigen, daß das Phänomen der unabhängigen Kirchen in ganz Schwarzafrika verbreitet ist.

3. Kolonisation und Christentum: objektive Allianz und Bevorteilung des Christentums gegenüber dem Islam?

Schwarzafrika ist der einzige geographische Großraum, in dem Islam wie Christentum regelmäßig wachsen und der aus diesem Grund bevorzugtes Objekt islamischen wie christlichen Bekehrungseifers ist. Kein anderer Kontinent ist in dieser Weise zwei konkurrierenden Einflüssen ausgesetzt: Islam im Norden, Christentum im Süden, und von Ost nach West von einer zwar relativen und durchlässigen, aber sichtbaren religiösen Grenze durchtrennt. Die Bildung der beiden Einflußgebiete war und ist noch immer Quelle von ethnisch, religiös und politisch bedingten Konflikten, und zwar insbesondere dort, wo die beiden Gebiete einander berühren: in Nigeria, Tschad, Sudan, Äthiopien.

Heute dominiert der Eindruck eines für die Zukunft beider Religionen entscheidenden Wettstreits, doch dieser Eindruck knüpft an eine lange präkoloniale und koloniale, im Kollektivgedächtnis noch immer lebendige Geschichte an. So diente im letzten Drittel des 19. Jh. das Argument der muslimischen Bedrohungen und Übergriffe auf die Bevölkerung (Sklavenhandel nach dessen Abschaffung von seiten Europas) den christlichen Missionen oftmals dazu, um von den Gläubigen Gelder und von den europäischen Staaten Unterstützung zu erhalten[23]. Auf der anderen Seite wurde regelmäßig zum Heiligen Krieg *(djihad)* aufgerufen, wenn es darum ging, die europäischen Eroberungen und die Ausbreitung der christlichen Missionen zu bekämpfen. Die Berliner Kongokonferenz vom 1884/1885 versuchte, Spielregeln einzuführen, um die Konfrontationsgefahr zu kanalisieren; Artikel 6 der Generalakte, welcher die Religionsfreiheit für alle christlichen und nichtchristlichen Missionen einführte, entsprach einer Forderung des Osmanischen Reiches, des Beschützers des Islams vor den katholischen Staaten, welche die Präsenz der Missionare zu instrumentalisieren suchten[24]. Wie sich das auf das Kongobecken begrenzte Abkommen auswirkte, hing davon ab, ob sich die Kolonialmächte daran hielten oder nicht. Die in der Kolonialzeit von den Kolonialstaaten verfolgte Politik war denn auch zeit- und raumbedingt. Belgien und Portugal zeigten sich dem Islam gegenüber besonders feindselig, während Frankreich und Großbritannien Konfrontationen zu vermeiden suchten. Das ging so weit, daß sie lokal, etwa im Norden Nigerias, die Muslime förderten und die christliche Evangelisierung untersagten.

Dennoch profitierten die christlichen Missionen insofern von der Kolonialzeit, als sie nun gefahrlos in Schwarzafrika tätig sein konnten – man denke nur an das blutige Scheitern etwa der ersten Karawanen der Weißen Väter in Richtung Zentralafrika. Bis um 1960 waren Gotteshäuser und Gebäude vorab in den Missionsstationen (gemeinhin als „Mission" bezeichnet) Ausdruck der Präsenz des Christentums selbst dort, wo es stark minoritär war; eine in der ländlichen und städtischen Landschaft zuweilen provokative Präsenz, wenn der Kirchturm das Minarett überragte. Hauptvorteil des „kolonialen Friedens" war weniger die unterschiedliche und schwankende Unterstützung der Missionen durch die europäischen Staaten als vielmehr die Fähigkeit der Missionsgesellschaften, den politischen Kontext zu nutzen und vor Ort effiziente Strategien zu entwickeln. Mit ihrem gut organisierten Unterstützungsnetz in Europa und Nordamerika profitierten Protestanten wie Katholiken von ihrer wissenschaftlichen und technischen Überlegenheit, ihrer Fähigkeit zur Mobilisierung menschlicher und finanzieller Ressourcen, um das Terrain wenn möglich flächendeckend zu besetzen, angefangen bei den Missionszentren, über die einzelnen Missionsstationen und Außenposten. Zunehmend setzten sie ihre Kräfte für den Aufbau von medizinischer Betreuung und Schulen ein, nach dem Zweiten Weltkrieg dann engagierten sie sich im wirtschaftlichen und sozialen und schließlich direkt oder indirekt im politischen Bereich.

---

[23] Es gilt, diese Aussage zu nuancieren, insbesondere mit Blick auf die antiislamisch geprägten Antisklaverei-Kampagnen von Bischof Lavigerie, auf welche die Protestanten skeptisch reagierten. So schrieb etwa Gustav Warneck, der große deutsche Missiologe, daß Lavigeries Vorstellung eines Freiwilligenbataillons „nur wie eine kriegerische Spielerei erscheint und kriegerische Spielereien in Afrika gefährlich sind ... und ob der Krieg überhaupt das geeignetste Mittel ist zur Beseitigung der afrikanischen Sklavenjagden, das ist uns sehr fraglich". G. WARNECK, Ein moderner Kreuzzug, in: Allgemeine Missions-Zeitschrift 15 (1888) 497–503, zit. 498 f und 501. Vgl. auch J.-F. ZORN, Le combat anti-esclavagiste chrétien au XIXᵉ siècle, in: Bulletin de la Société de l'histoire du protestantisme français 139 (Okt.–Dez. 1993) 635–652.

[24] Die Generalakte im (französischen) Wortlaut bei K. STRUPP, Urkunden zur Geschichte des Völkerrechts II: Vom Berliner Kongreß bis 1911, Gotha 1911, 78–90.

In den christlichen Missionen wurde großteils jene Elite herangebildet, die um 1960 die Geschicke der unabhängig gewordenen Staaten in die Hand nehmen würde. Die jungen Kirchen befanden sich in einer stärkeren Position als der Islam, hatte sich doch das Netz der Koranschulen als den Bedürfnissen der nachkolonialen Gesellschaften wenig angemessen erwiesen. In den meisten Ländern hatten die nationalistischen Leaderfiguren die christlichen Schulen durchlaufen und verdankten den Missionaren den Zugang zum westlichen Wissen. Dazu gehören, neben vielen anderen, Léopold Sédar Senghor (1906–2001) in Senegal, Julius Kambarage Nyerere (1922–1999) in Tansania, Nelson Mandela (*1918) in Südafrika, Eduardo Mondlane (1920–1969) in Moçambique[25]. Nicht, daß alle Missionen spontan oder bewußt den Emanzipationsprozeß gefördert und sämtliche ehemaligen Schüler zwangsläufig den Glauben und die Ideologie ihrer einstigen Lehrer übernommen hätten. Das zeigt etwa das Beispiel von Kwame Nkrumah (1909–1972) in Ghana, der zum Katholizismus auf Distanz ging und sich dem marxistischen Sozialismus annäherte, allerdings ohne dessen atheistische Philosophie zu übernehmen. Mit Blick auf die Staatsoberhäupter fällt die Bilanz für die Kirchen in den beginnenden sechziger Jahren allerdings positiv aus. An der Spitze der neuen Staaten stand eine Mehrzahl von Katholiken und Protestanten. Dies sogar in einigen mehrheitlich islamischen Staaten wie etwa in Senegal mit dem Katholiken Léopold Senghor. Die Geschicke der jungen afrikanischen Staaten leiteten nun Priester wie Barthélémy Boganda (im März 1959 vor Erlangung der Unabhängigkeit der Zentralafrikanischen Republik bei einem Flugzeugabsturz ums Leben gekommen) und Fulbert Youlou (1917–1972) im Kongo-Brazzaville, die mit ihrer Kirche im Streit lagen oder mit ihr sogar gebrochen hatten, Pastoren (Kenneth Kaunda in Sambia), ehemalige Seminaristen (Grégoire Kayibanda in Ruanda), überzeugte Christen wie der Protestant Milton Obote in Uganda oder der Katholik Julius Nyerere in Tansania oder diskretere und weniger überzeugte Christen wie Félix Houphouët-Boigny in der Republik Elfenbeinküste oder Gnassingbé Eyadema in Togo.

Dieser soziokulturelle und nicht bloß finanzielle Vorteil gegenüber dem Islam – Einfluß auf die dank der Unabhängigkeit in wichtige politische Ämter gelangten Eliten – löste auch Reaktionen aus, namentlich in Nigeria. Die beherrschende Position der Christen innerhalb der Nationalbewegung an der Seite der ebenfalls in Missionsschulen ausgebildeten Muslime aus dem Yorubaland sorgte unter den Muslimen im Norden des Landes für Unruhe, hatten sie doch in einem vom christlichen Proselytismus geschützten Gebiet gelebt und fürchteten nun, an den Rand gedrängt zu werden. Spät und uneins nahmen sie den politischen Kampf auf. In der Stunde der Unabhängigkeit schien sich die Geschichte auf die Seite des Christentums zu schlagen und den Islam zur Stagnation zu verurteilen, gewissermaßen als Opfer seiner Archaismen und seiner Unfähigkeit zur Integration der westlichen Moderne.

---

[25] Mondlane wurde von Schweizer Protestanten ausgebildet, wurde selbst Christ und Evangelist, absolvierte ein brillantes Soziologiestudium, bevor er 1962 die *Frente de Libertação de Moçambique* (FRELIMO) gründete. 1969 wurde er durch ein Briefbombenattentat des port. Geheimdienstes (wobei Gerüchte um eine interne Komplizenschaft nie verstummten) getötet.

II. Allgemeine und christliche Geschichte im unabhängigen Afrika (1958–1998)

Mit dem Übergang von der Kolonialzeit in die Unabhängigkeit traten die Differenzen zwischen den Kirchen und die innerkirchlichen Divergenzen hervor und verschärften sich. Die ganz unterschiedliche Lage vor Ort und die Vielfalt des missionarischen Wirkens erfordern komplexe Analysen, so daß sich eine Gesamtbeurteilung verbietet. Eine grobe Annäherung ergibt bestenfalls, daß die protestantischen Missionen am Ende der fünfziger Jahre aufgrund ihrer Ekklesiologie und ihres Vorsprungs bei der Ausbildung einheimischer Führungskräfte stärker als die katholischen Missionen in den afrikanischen Dekolonisationsprozeß impliziert waren. Doch gilt es sogleich zu unterscheiden zwischen der Zurückhaltung der Missionare selbst und der unter dem einheimischen Seelsorgepersonal weitverbreiteten Militanz, zwischen öffentlichem und privatem Diskurs, zwischen der Praxis der Mitgliedskirchen der großen europäischen Konfessionen (Lutheraner und Calvinisten) und den evangelikalen oder dissidenten Kirchen, die politisches Engagement eher beargwöhnten. Auf katholischer Seite fehlte es im Klerus der großen Orden und Kongregationen nicht an passivem Widerstand und Vorbehalten gegenüber einer als unvermeidlich eingestuften politischen Entwicklung. Rom hingegen signalisierte seit den fünfziger Jahren immer eindeutiger, daß ein bestimmtes Missionskapitel abgeschlossen und mit dem politischen Unabhängigkeitsprozeß auch eine Machtübergabe an die Einheimischen angesagt sei. Überall engagierten sich einzelne und Gruppen von Christen für den sich abzeichnenden Wandel, überzeugt, die Zukunft ihrer Kirche hänge davon ab, ob es ihr gelinge, die geschichtliche Wende überzeugend zu gestalten und die Eliten auf ihre Aufgaben vorzubereiten. Es war die Stunde der nationalen und interafrikanischen Organisationen, des Aufbaus von Jugendbewegungen, der Stärkung der christlichen Gewerkschaften, der Ausbildung von Kaderleuten in Gewerkschaft und Politik in Afrika oder Europa. Schon bald verflogen bei manchen Missionaren die Bedenken über das bevorstehende Ende der Kolonialzeit und machten vielfältigen Aktivitäten Platz. Man wollte die historische Stunde nicht verpassen, Konkurrenten (insbesondere die Kommunisten) schlagen oder den Vorsprung gegenüber dem Islam in Sachen Ausbildung und öffentlicher Präsenz wahren.

1. Die bewegte Zeit der Unabhängigkeit in Zentralafrika (1957–1965)

Die Dekolonisierung, 1957 an der Gold Coast (heute Ghana) initiiert, wurde ein Jahr danach in Guinea und schließlich 1960 in praktisch allen französischen Kolonien (mit Ausnahme Djiboutis), im Belgisch-Kongo, in Nigeria und Somalia Tatsache. Innerhalb der nächsten fünf Jahre wurden dann unabhängig: 1961 Sierra Leone, 1962 Tanganjika (nach der Vereinigung 1964 mit Sansibar und Pemba Vereinigte Republik von Tansania), Kenia, Burundi und Ruanda, 1963 Kenia, 1964 Malawi und Samiba, 1965 Gambia. Nach der Unabhängigkeit von Mauritius 1968 verblieben, gewissermaßen als Zeugen einer anachronistischen Ordnung, die portugiesischen Kolonien. Doch die Lage im südlichen Afrika, geprägt von der Machtstellung einer Minderheit europäischen Ursprungs (in Simbabwe, in Südafrika, in Südwestafrika) erinnert daran, daß zu jener Zeit noch nicht einmal die politische Dekolonisation vollendet war.

Der politische Wandel war nicht rückgängig zu machen, überraschte aber mit seiner rasanten Entwicklung gerade auch die christlichen Kirchen. An Stelle einer stufenweisen und kontrollierten Entwicklung, dank welcher gewisse Missionskreise enge Beziehungen zu Europa in einem großen Eurafrika zu knüpfen hofften, waren die Missionsgesellschaften gezwungen, die Machtübergabe zu beschleunigen, wenn nicht gar schon aus einer Notlage heraus zu agieren. Im Zeitraum weniger Jahre standen sie vor der Notwendigkeit, ihre Stellung neu zu definieren – innerhalb von Kirchen, die ihren einheimischen Charakter betonten, und innerhalb von Staaten, die echte Unabhängigkeit beanspruchten. Sie mußten die eigene Dekolonisation exemplarisch vorantreiben, indem sie die Einheimischen förderten, und gleichzeitig beweisen, daß sie sich am nationalen Aufbau beteiligen wollten. Das erstgenannte Ziel war letztlich einfacher zu erreichen, denn es war vorbereitet und seine Realisierung lag in den Händen der Kirchen selbst. Die meisten protestantischen Kirchen hatten bereits früh damit begonnen, Afrikaner zu fördern, und konnten diesen Prozeß in relativ kurzer Zeit zu Ende führen. Auch in der katholischen Kirche pochte die einheimische Basis auf Übergabe leitender Funktionen, doch stieß sie auf stärkeren Widerstand; und angesichts des pyramidalen und zentralistischen Systems des römischen Katholizismus konnte erst die Intervention des Papstes die Opposition gewisser Missionskreise brechen. In dieser Hinsicht führte Johannes XXIII. die Politik seines Vorgängers Pius' XII. fort und beschleunigte die Ernennung afrikanischer Bischöfe, und zwar selbst in Ländern mit einem im Verhältnis zum Missionsklerus numerisch schwachen afrikanischen Klerus[26].

Als sehr viel heikler erwies sich das zweite Ziel, nämlich die Beteiligung der Kirchen am nationalen Aufbau. Hier ging es um das Verhältnis von Kirchen und Staaten. Im Vordergrund standen dabei meist nicht rechtliche Fragen. Die unter Zeitdruck redigierten Verfassungen orientierten sich an den politischen Systemen der einstigen Kolonialmächte und garantierten die Religionsfreiheit in französisch-laizistischer oder in angelsächsisch-säkularisierter und pluralistischer Version. Doch für die um Konsolidierung bemühten Regimes erwies sich der Buchstabe des Gesetzes schon bald als nebensächlich. Eine erste Schwierigkeit hing damit zusammen, daß die christlichen Kirchen, über die Missionen importiert, fremden Ursprungs waren. In der afrikanischen Literatur[27] spiegelt sich ein daraus resultierender Verdacht, den die politische Propaganda jederzeit aktivieren konnte, um die Kirchen der Interessenkollusion mit dem Westen und der Aufrechterhaltung einer nachkolonialen Herrschaftsstruktur zu bezichtigen. Daß manche Intellektuelle und Politiker den Kirchen den Prozeß machten, hatte freilich nicht bloß mit ideologischen Gründen, sondern auch mit dem ungleichen Kräfteverhältnis zu tun: Anders als den schwachen Staaten ohne demokratische Erfahrung, ohne ausreichende finanzielle Mittel und ohne ausgebaute öffentliche Verwaltung schien es den Kirchen an nichts zu mangeln, weder an Führungskräften noch an Ausbildungsmitteln, weder an äußeren Ressourcen noch an Gemeinde- und Schulstrukturen, weder an Gesundheits- und Sozialinstitutionen, ja nicht einmal an Zeitungen oder gar Radiostationen. Für die noch wenig strukturierten Staaten, die aus ihrer Schwächeposition heraus nicht selten den Weg des Einparteiensystems und des Personen-

---

[26] Zu dieser Beschleunigung vgl. C. PRUDHOMME, Les évêques d'Afrique noire anciennement française et le Concile, 163–188, sowie C. SOETENS, L'apport du Congo-Léopoldville (Zaïre), du Rwanda et du Burundi au Concile Vatican II, 189–208, in: É. FOUILLOUX (Hrsg.), Vatican II commence … Approches francophones, Leuven 1993, 392 S.

[27] L. LAVERDIÈRE, L'Africain et le missionnaire. L'image du missionnaire dans la littérature africaine d'expression française. Essai de sociologie littéraire, Montréal 1987.

kults einschlugen, stellten die Mittel, welche die Missionen den jungen Kirchen überlassen hatten, eine gefährliche Konkurrenz und ein Hindernis im Prozeß der Autoritätsfindung dar. Es erstaunt also keineswegs, daß selbst die dem Christentum eher gewogenen Regierungen Schulen nationalisierten – wie dies etwa die Zentralafrikanische Republik bereits 1962 tat.

Erste Krisensymptome, die zur nachhaltigen Trübung des Verhältnisses von Kirchen und Staaten führen konnten, traten 1957 in Nigeria auf im Zuge der Bildung von Bundesstaaten und der damit verbundenen Selbstverwaltung *(self government)*. Sogleich prangerten die katholischen Bischöfe die etatistischen Tendenzen der ersten Regierung an und förderten die Gründung einer Katholischen Bewegung in Ostnigeria. In Conakry (Guinea) wandte sich zur selben Zeit Erzbischof de Milleville per Radio gegen kollektivistische Tendenzen der erstmals vom Volk gewählten Regierung mit Ahmed Sékou Touré an der Spitze. Zu Beginn der sechziger Jahre geriet die Konkurrenz von Staaten und Kirchen zur Konfrontation. Erstere bestanden auf ihrem Vorrang und sahen in letzteren das Haupthindernis bei der Umsetzung ihres politischen Entwurfs. Guinea, wo Sékou Touré 1961 zum Präsidenten der Republik gewählt wurde, ging besonders offensiv gegen die Schulen und die katholische Jugendbewegung vor und träumte von einer von Rom losgelösten Nationalkirche. Guinea gab das Beispiel für die ersten großen Nationalisierungen von Missionswerken und wies 1962 Erzbischof de Milleville aus, während Rom beschwichtigte und mit Raymond Tchidimbo einen Guineer zum Erzbischof ernannte.

Auch in Kamerun war die Lage seit 1955 gespannt und eskalierte 1956 gefährlich. In einem zu Ostern 1955 veröffentlichten Schreiben verurteilte die katholische Hierarchie mit harten Worten die älteste und wichtigste nationalistische Partei, die *Union des Populations du Cameroun* (UPC). Ihr Anführer, Reuben Um Nyobé, wurde vor allem deshalb beschuldigt, ein Kommunist zu sein, weil er die Kollusion von Mission und Kolonialmacht anprangerte. Diskret geschwiegen wurde hingegen über die Mißbräuche des Kolonialsystems. Obwohl es in der Partei einige Christen – meist Protestanten, aber auch einige Katholiken (wie z.B. Emmanuel Ngongo) – gab, arteten die Demonstrationen im Mai 1955 in blutige Aufstände aus, in deren Verlauf schätzungsweise 5000 Menschen getötet wurden, was zu einer anhaltend unsicheren Lage im Mungogebiet und in Westkamerun führte (Bamileke- und Bamumland). Ungleich besser war das Image der protestantischen Missionen, die, weil gespalten, politische Stellungnahmen vermieden. Sie waren denn auch weniger als die katholischen Missionen Zielscheibe von Angriffen im schwelenden Bürgerkrieg, der sich 1959 mit dem Aufkommen der Guerilla intensivierte und zum offenen und systematischen Krieg gegen die Präsenz der Missionen mutierte. Brandstiftungen, Plünderungen, Entführungen von einheimischen Priestern, Verschleppungen, tätliche, oft tödliche Übergriffe auf Missionare und vor allem auf Katecheten rissen nicht ab. Doch die Ermordung Um Nyobés am 13. September 1958, die Ausrufung der Unabhängigkeit am 1. Januar 1960 und die mit Unterstützung Frankreichs durchgeführte Repression (Frankreich hatte auf die Karte Ahmadou Ahidjo [1924–1989] gesetzt) konnten nicht verhindern, daß der Aufstand 1960 und 1961 mit ungeminderter Heftigkeit weiterging und noch auf Jahre hinaus ein Klima der Unsicherheit begünstigte, das die Aktivitäten der Kirchen schädigte und die Mentalität der lokalen Bevölkerung nachhaltig prägte[28].

---

[28] Die UPC wird ideologisch unterschiedlich eingestuft, als revolutionär-marxistisch von R. A. Joseph, Radical Nationalism in Cameroun. Social Origins of the U. P. C. Rebellion, New York 1977, X–383 S., oder als kommunistisch von L. Ngongo, Histoire des forces religieuses au Cameroun. De la Première Guerre mondiale à l'In-

Mit gravierenden Krisen und Bürgerkriegen waren die christlichen Kirchen auch in den ehemals belgischen Territorien konfrontiert. In dieser Zone verfügte die katholische Kirche am Ende der Kolonialzeit über eine Macht, die als Handlungsmonopol über die Gesellschaft bezeichnet werden könnte – sieht man von einigen protestantischen Institutionen einmal ab. Sie leitete die meisten Schulen im Kongo-Kinshasa[29], sämtliche Schulen in Ruanda und Burundi sowie die Universitäten in Kinshasa (Lovanium, 1954)[30] und in Bujumbura (Burundi, 1960). Sie gab im Kongo-Kinshasa zahlreiche Missionszeitschriften in verschiedenen Lokalsprachen heraus, die wichtigste Tageszeitung, *Courrier d'Afrique*, und die Wochenzeitung *Présence congolaise*. In Ruanda kontrollierte sie die wichtigste Zeitschrift, *Kinyamateka (Le Nouvelliste),* aus der Chefredakteur Grégoire Kayibanda ein Forum zur Verteidigung der Interessen der Hutu machte. Sie verfügte über starke Ableger in der Gesellschaft: Jugend- und Erwachsenenbewegungen, Genossenschaften, Sozialzentren, Gewerkschaften. Hält man sich an die öffentlichen Verlautbarungen der lokalen Episkopate, dann verstand sich die katholische Kirche als neutral und rief immer wieder auf zu Verhandlungen, zu Gerechtigkeit und zu Brüderlichkeit über alle ethnischen Rivalitäten hinweg. Jedoch darf nicht übersehen werden, daß einzelne Vertreter der katholischen Kirche auch in jene blutigen Auseinandersetzungen verwickelt waren, von denen der Weg der belgischen Territorien in die Unabhängigkeit begleitet war.

Am sichtbarsten war das Eingreifen der katholischen Kirche in Ruanda. Die Weißen Väter, allen voran Erzbischof André Perraudin von Kabgayi, spielten eine wichtige Rolle im Zusammenhang mit der Bildung des *Parti du Mouvement de l'Émancipation Hutu* (PARMEHUTU) durch Grégoire Kayibanda (1924–1976), der 1961 als Staatspräsident die Macht übernahm[31]. Er berief sich in seinem Engagement auf den sozialen Katholizismus. Das missionarische Engagement wollte im Dienst der Bevölkerung stehen, doch betrieb es einen mißbräuchlichen und vereinfachenden Transfer von pseudo-anthropologischen (die seit undenklichen Zeiten bestehende Einteilung der Gesellschaft in Tutsi- und Hutu-Ethnien) und historischen Modellen (die Knechtung der Hutu-Leibeigenen durch die Tutsi-Feudalherren)[32]; dies, obwohl nur eine exklusive Minderheit der Tutsi-Geschlechter in die monarchische Macht eingebunden war. Unmittelbare Folge war die Ausrufung einer dem

---

dépendance (1916–1955), Paris 1982, 298 S. Überzeugender A. SAGNE, Cameroun. L'Évangile à la rencontre des chefferies, 1917–1964, Saint-Maurice (Schweiz) 1997, 317 S.; der Autor unterscheidet zwischen einem dem Marxismus und dem atheistischen Kommunismus verpflichteten Kopf und der Masse der Mitglieder, „die nicht wissen, was Atheismus ist, und überzeugt sind, für Freiheit und Unabhängigkeit zu kämpfen" (214).

[29] 1960, dem Jahr der Unabhängigkeit, zählte der Kongo-Kinshasa total 1358728 Schüler in katholischen, 332000 in protestantischen und nur 68729 in den staatlichen Schulen (Agence Fides, 17. Juli 1986, NF 384).

[30] 1956 war in Élisabethville (Lubumbashi) im Katanga eine staatliche Universität eröffnet worden.

[31] Grégoire Kayibanda war ehemaliger Priesteramtskandidat der Diözese Kabgayi. Ab 1955 war er Chefredakteur der katholischen Zeitschrift Kinyamateka. 1959 gründete er die Partei PARMEHUTU.

[32] Insbesondere Erzbischof André Perraudin wird der Vorwurf gemacht, er habe die Spannungen zwischen Hutu und Tutsi gefördert. Dies gilt es jedoch differenziert zu betrachten. In seinem Hirtenbrief vom 11.02.1959 betont Perraudin, dass es in Ruanda unterschiedliche Rassen gebe, zwischen denen Verschmelzungen stattgefunden hätten, so dass es nicht mehr möglich sei zu sagen, zu welcher Rasse welches Individuum gehöre. Die Bürger des Landes forderte er auf, sich trotz aller Unterschiedlichkeit zu verstehen und als Bewohner des selben Landes zu mögen. Alle Rassen seien vor Gott gleichermaßen respektabel und liebenswert. Im weiteren Verlauf des Briefes wendet er sich gegen soziale Ungleichheiten im Land, insbesondere gegen ein Regime der Privilegien einer Gruppe, gegen Vetternwirtschaft und Protektionismus. Es gelte sich für den Aufschwung und die kulturelle, soziale und ökonomische Entwicklung der gesamten Bevölkerung einzusetzen. Zur Frage der Rolle der Kirche in Ruanda vgl. KM Forum Weltkirche (4/1999) 16–20.

Katholizismus günstig gesinnten Republik. Doch bereits der damalige Erfolg war mit einem hohen Blutzoll erkauft, dessen tragische Aufrechnung mit den Massakern von 1959, mit tiefen und nachhaltigen Brüchen innerhalb der Kirchen wie innerhalb der Gesellschaft und mit dem Exil von Abertausenden von Flüchtlingen ihren Anfang nahm. Und schon 1963 löste der Aufmarsch der monarchistischen Tutsi vor den Toren der Hauptstadt Kigali eine neue Welle von Massakern und Flüchtlingsbewegungen aus. Weniger schmerzlich, wenn auch nicht friedlich, gestaltete sich die Entwicklung in Burundi; hier nahm der Katholizismus, dem die Bevölkerungsmehrheit angehört, eine beherrschende Position ein.

Die Ereignisse in den beiden Kleinstaaten fanden in der internationalen Öffentlichkeit, Belgien ausgenommen, kaum Beachtung. Anders die Kongokrise; sie zog die internationale Aufmerksamkeit auf sich – wegen ihrer Bedeutung und ihrer Dauer, wegen der auf dem Spiel stehenden Rohstoff- und Finanzinteressen und wegen der mörderischen Angriffe, denen europäische Siedler und christliche Missionare zum Opfer fielen. Die kongolesischen Irrwege sind Beleg für die Schwächen und Grenzen des Katholizismus in jenem Gebiet, wo er am meisten Privilegien genossen hatte. Mit der Radikalisierung des nationalistischen Kampfes gegen die Belgier und später gegen den westlichen Imperialismus im allgemeinen geriet die katholische Kirche ins Rampenlicht. Mit Patrice Lumumba und seiner Regierung schien 1960 der Aufbau eines marxistisch orientierten und der katholischen Kirche feindlich gesinnten Regimes angesagt; für die protestantischen Kirchen und in erster Linie für die unabhängige Kirche des Propheten Simon Kimbangu[33] mochte sich der übersteigerte Nationalismus mit dem eigenen Willen nach Bekräftigung der kirchlichen Unabhängigkeit und der religiösen Afrikanität decken. Erstere, seit 1924 im *Conseil protestant du Congo* versammelt, setzten weiterhin voll auf einheimische Kräfte. Letztere erhielt 1959 die offizielle Anerkennung, die ihr das Kolonialregime stets versagt hatte. Nach einer inneren Krise konnte sie sich als eine der wichtigsten christlichen Kirchen durchsetzen, allerdings in Absetzung vom Protestantismus europäischen Ursprungs. Die *Kirche Jesu Christi auf Erden durch den Propheten Simon Kimbangu* konnte auf ihr Image als authentisch afrikanische Kirche und auf das Ansehen ihres 1951 in den Kerkern der Kolonialmacht gestorbenen Gründers bauen und nach Beendigung des Bürgerkrieges viele Kongolesen anziehen. Sie bemühte sich um internationale Kontakte, was 1969 in der Aufnahme in den ÖRK gipfelte. Mit der neuen Lage konfrontiert, suchte die Versammlung des katholischen Episkopats nach 1961 die Freiheit der Kirche zu bewahren und den Bruch mit dem Kolonialsystem dadurch zu konkretisieren, daß sie ihre Institutionen in den Dienst des nationalen Aufbaus stellte.

Doch die politischen Wirren, das Überhandnehmen zentrifugaler Kräfte und der zwischen 1960 und 1965 in Kongo-Kinshasa wütende Bürgerkrieg ließen sorgfältig geplanten Entwicklungen und kontrollierten Anpassungen keinerlei Raum. In dieser chaotischen Zeit waren die Institutionen der großen Kirchen die letzten Zufluchtsorte der bedrohten Bevölkerung und zugleich die letzten Symbole der Fremdherrschaft. Schwer wiegen die materiellen Zerstörungen und die menschlichen Opfer. 1966 – General Joseph D. Mobutus Regime beherrschte seit einem Jahr das Land, und noch war sein Autokratismus nicht offenkundig – interpretierte die katholische Kirche die dramatischen Ereignisse als reini-

---

[33] Vgl. M.-L. MARTIN, Kirche ohne Weiße. Simon Kimbangu und seine Millionenkirche im Kongo, Basel 1971, 279 S.; W. USTORF, Afrikanische Initiative. Das aktive Leiden des Propheten Simon Kimbangu, Frankfurt 1975, 457 S.

gende Prüfung, aus der sie selbst stark geschwächt hervorgegangen war. In der Umfrage zur Vorbereitung der Bischofskonferenz 1967 dominierte der Wille, die Lehren aus der schmerzlichen Erfahrung zu ziehen und nicht zu einer Anpassung, sondern zu „einer eigentlichen inneren Umkehr in unseren Gewohnheiten, in unseren Sicht- und Denkweisen" zu gelangen[34]. Mit der Stabilisierung des politischen Lebens Mitte der sechziger Jahre wurde die religiöse Landschaft im Kongo-Kinshasa umgestaltet, aber nicht völlig verändert. Stärkste und am besten strukturierte religiöse Kraft blieb die katholische Kirche mit 15 Millionen Gläubigen. Zwei protestantische Pole glichen ihren Einfluß aus oder konkurrierten mit ihr. Im April 1969 beschloß der *Conseil protestant du Congo* die Vereinigung der Mitgliedskirchen in der *Union des Églises du Christ au Congo*; daraus entstand die *Kirche Christi im Kongo* mit 12 Millionen Gläubigen (zwischenzeitlich *Kirche Christi in Zaire* genannt). Die *Kirche Christi im Kong*o ist föderativ organisiert. Jede Mitgliedskirche hat ihre eigene konfessionelle und rechtliche Identität, weshalb sie, anders als die *Kirche Jesu Christi auf Erden durch den Propheten Simon Kimbangu* mit ihren 3 Millionen Gläubigen, nicht Mitglied des ÖRK ist. Jede Mitgliedskirche entscheidet autonom über die Zugehörigkeit zum ÖRK oder zu einem anderen christlichen Weltbund.

In Ostafrika verlief die Ablösung von der kolonialen Herrschaft nach der Unterdrückung des Mau-Mau-Aufstandes in Kenia in den fünfziger Jahren einigermaßen gewaltlos. Die christlichen Kirchen spielten auf dem politischen Parkett direkt keine Rolle, waren aber auf lokaler Ebene mit ihrem Gemeindenetz, ihren Schulen und Bewegungen omnipräsent. Die ersten Auseinandersetzungen bei Wahlen machten deutlich, wie wichtig der konfessionelle Faktor und wie groß die Gefahr von Auswüchsen war. In Uganda bildete sich ein Zweiparteiensystem heraus. Auf der einen Seite der mehrheitlich katholische Pol mit der von Benedicto Kiwanuka geleiteten *Democratic Party* (DC), auf der anderen Seite der teilweise protestantisch geprägte Pol des von Milton Obote geleiteten *Uganda People's Congress* (UPC). Den Streit um die Macht gewann schließlich Obote, doch setzte das Land auf die Achtung des religiösen Pluralismus, schuf also ein ökumenischen Experimenten förderliches Klima. In Kenia wiederum fielen ethnische Zugehörigkeiten und regionale Rivalitäten stärker ins Gewicht als konfessionelle Gesichtspunkte. Jomo Kenyatta war aufgrund seines Ansehens der unumstrittene Chef der *Kenya African National Union* (KANU), obwohl die Partei gespalten war zwischen Liberalen, Befürwortern einer Öffnung des Landes für den Weltmarkt und populistischen Sozialisten, die dann schließlich 1966 aus der KANU gedrängt wurden. In Tanganjika war der Katholik Julius Nyerere darauf bedacht, sich keiner religiösen Instanz unterordnen zu lassen. Er stand an der Spitze der nationalistischen *Tanganyka African National Union* (TANU), einer Partei, die in religiösen Belangen entschieden pluralistisch und in ihrem politischen Entwurf „säkular" war. In Tansania, 1964 aus der Vereinigung Tanganjikas mit Sansibar und Pemba entstanden, verstärkte sich der Wille zu einer über den Stämmen und Religionen stehenden Einheit. So standen denn in Kenia, Uganda und Tansania Einheit und Mobilisierung für den nationalen Aufbau im Vordergrund; in den Augen der führenden politischen Kräfte rechtfertigte das die Personalisierung der Macht in der Figur des Vaters der Nation und die Einführung von dominierenden offiziellen Parteien und Gewerkschaften, wenn nicht gar Einheitsparteien und -gewerkschaften.

---

[34] Bischof Joseph Malula; vgl. ICI Nr. 265, 1. Juni 1966, 26.

2. Der Aufbau der Nationalstaaten und die Rolle der Kirchen in Zentralafrika: Zwischen Kooperation und Widerstand nach 1965

Die bereits zu Beginn der sechziger Jahre im Verhältnis von Kirchen und Staat angelegten Entwicklungen hielten sich im wesentlichen in den auf die Unabhängigkeit folgenden 25 Jahren durch. Der Wettstreit zwischen Staat und Kirchen ging weiter, selbst unter Regierungen, die den Kirchen eher positiv gegenüberstanden. Das zeigen etwa die Maßnahmen Kayibandas in Ruanda zur Überwachung und Einschränkung der Missionspresse oder jene Eyademas in Togo, wo die konfessionellen Jugend- und Frauenbewegungen verboten wurden, um sie als Konkurrenz der mit der Einheitspartei (*Rassemblement du Peuple Togolais* [*RPT*])[35] verbundenen Organisationen auszuschalten. Der Wettstreit eskalierte dort, wo Regimes mit militant marxistisch-leninistischer Ideologie an die Macht kamen. In Absetzung von ihrer Jugendzeit unter der Kolonialherrschaft übernahmen die neuen Eliten während ihres Studiums in Europa häufig den für die Studentenbewegungen bis in die siebziger Jahre hinein typischen antiimperialistischen Diskurs. Die zur Zeit der Unabhängigkeit in Europa entstandenen, konfessionell gebundenen Studentennetzwerke, die sich aktiv für die Unabhängigkeitsforderungen eingesetzt hatten, wurden von politisch stark radikalisierten Bewegungen überrollt. Einmal mehr tat sich Guinea im Kampf gegen die katholische Kirche und insbesondere gegen Erzbischof Tchidimbo von Conakry hervor. Trotz der geringen Zahl der Gläubigen hätte Erzbischof Tchidimbo als einziger eine Gegenmacht zu Sékou Touré aufzubauen vermocht. Nachdem Sékou Touré 1967 die Ausweisung der 130 ausländischen Missionare veranlaßt hatte, beschuldigte er 1970 Erzbischof Tchidimbo, bei einem Invasionsversuch portugiesischer Truppen aus Angola die Hände im Spiel gehabt zu haben, und ließ ihn nach einem Scheinprozeß zu lebenslanger Zwangsarbeit verurteilen. Die heftigen Proteste Pauls VI., des Sekretärs des ÖRK und der Erzbischöfe Westafrikas im Januar 1971 fruchteten nichts – Erzbischof Tchidimbo mußte auf seine Freilassung warten[36].

Doch die Kampfparolen gegen den „Neokolonialismus" und das „ausländischen Interessen dienende Christentum" fanden auch anderswo Gehör, etwa in der Republik Kongo nach dem Staatsstreich von Hauptmann Marien Ngouabi 1968 und in Dahomey (Benin) nach dem Putsch des stellvertretenden Generalstabschefs Mathieu Kérékou 1972[37]. In der Republik Kongo war der Machtkampf von blutigen Verschwörungen begleitet, denen unter anderen 1977 Marien Ngouabi und Kardinal-Erzbischof Émile Biayenda von Brazzaville zum Opfer fielen. Angesichts der explosiven Gemengelage von familiären, regionalen und ethnischen Solidaritäten, von Machtusurpationsstrategien und ideologischen Optionen läßt sich kaum Licht in die politische Realität bringen. Für die Kirchen im Kongo resultierte daraus eine für lange Zeit strikte Freiheitsbeschränkung und das Verbot öffentlicher Auftritte. Nach der Nationalisierung der Schulen und der Aufhebung der Jugendbewegungen sowie der Einrichtungen und Werke waren sie gezwungen, sich auf Gemeinde und Gottesdienst zurückzuziehen. Erst zu Beginn der neunziger Jahre normalisierte sich die Lage der Kirchen; doch trotz wiederholter Aufrufe der religiösen Autoritäten, am Frieden zu arbeiten, blieb die Gesellschaft von politischer Gewalt erschüttert.

---

[35] Agence Fides Nr. 3380, 27. Juli 1985: Togo.
[36] Nach neunjähriger Haft wurde Erzbischof Tchidimbo im August 1979 freigelassen und des Landes verwiesen.
[37] Agence Fides Nr. 3768, 6. Februar 1993: Bénin.

Auch die Regierung von Benin focht einen 17jährigen, von einigen ruhigeren Phasen unterbrochenen ideologischen, juristischen und politischen Kampf gegen die christlichen Kirchen und vorab den Katholizismus. Verurteilung der Religion als Opium für das Volk, Ausweisung der Missionare, Nationalisierung der Primarschulen 1972 und der Mittelschulen 1978, lokale Einschüchterungsversuche mit wiederholten Kontrollen oder willkürlichen Verhaftungen – das Arsenal der antikirchlichen Maßnahmen ist keineswegs originell. Schließlich änderte sich das Klima; in der neuen Verfassung von 1979 wurde die Glaubens- und Gewissensfreiheit verankert, und das Verhältnis von Kirchen und Staat entspannte sich allmählich. Wie im Kongo führten der wirtschaftliche Zwang und die internationale Lage zu einem Umdenken in Politik und Wirtschaft. Doch erst unter dem zunehmenden Druck der Bevölkerung erfolgte am 7. Dezember 1989 die offizielle Abkehr vom Marxismus-Leninismus als Staatsideologie. Bei dieser Gelegenheit erfand das Regime einen Weg aus der politischen Krise, der Schule machen sollte: Einberufung einer Nationalen Versöhnungskonferenz, genannt *Conférence nationale des forces vives de la nation* (CNFVN) unter dem Vorsitz von Isidore de Souza, dem erzbischöflichen Koadjutor für die Diözese Cotonou, der in seiner Aufgabe vom Präsidenten der Protestantisch-Methodistischen Kirche von Benin, Pfarrer Harry Henry, unterstützt wurde.

In der Republik Zaire (Umbenennung 1971) brach der Machtkampf im Zusammenhang der 1971 von General Mobutu lautstark eingeleiteten Authentizitätskampagne aus. Nachdem der Staatschef dank westlicher Unterstützung sein Regime hatte festigen können, leitete er eine breite Afrikanisierungskampagne ein; so konnte er ein Gegengewicht zu seinen unter Verdacht geratenen außenpolitischen Allianzen setzen. In der Tat verschleierte der Bruch mit der Kolonialära die enge Bindung des Regimes an westliche finanzielle und ideologische Interessen und vermengte geschickt Denunzierung von Kolonisation und Mission. Zum Ausdruck kam der Bruch zudem im Kampf gegen topographische Namen als Symbole der Kolonialzeit und gegen christliche Vornamen, aber auch in der Nationalisierung von ausländischen Firmen und christlichen Institutionen. Zwischen 1972 und 1974 erreichte die Spannung zwischen dem Staat und den historischen Kirchen ihren Höhepunkt. Die Regierung versuchte, in Kirchen, Seminare und kirchliche Bildungshäuser die offizielle Partei, das *Mouvement Populaire de la Révolution* (MPR), einzuschleusen. Sie schränkte im religiösen Bereich die Versammlungsfreiheit ein, auch für die Bischofskonferenz, verbot konfessionelle Jugendorganisationen, hob 31 christliche Presseorgane auf und nationalisierte die konfessionellen Schulen. Schon bald geriet das Regime wegen der katastrophalen Führung der nationalisierten Schulen und des Widerstands der historischen Kirchen in eine Sackgasse. In einer Ablehnungsfront geeint, machten die historischen Kirchen Druck und erreichten, daß sich ab 1975 ihre Rechtslage normalisierte. In dieser Konstellation zeigte sich die starke Persönlichkeit des 1969 zum Kardinal ernannten Erzbischofs Joseph Malula von Kinshasa. Im Februar 1975 gingen Verwaltung und Leitung ihrer ehemaligen Kirchen wieder an die katholische Kirche und die protestantischen Kirchen über. Trotz der Rückkehr zur Religionsfreiheit blieb die Frage der Legitimität eines zunehmend diktatorischen und korrupten Regimes offen[38].

Dennoch waren Spannungsverhältnisse nicht die Regel, auch dort nicht, wo die kirchlichen Autoritäten den politischen Optionen eine Mischung aus Zurückhaltung und Miß-

---

[38] Agence Fides Nr. 3379, 17. Juli 1985: Zaïre: la plus grande Église locale africaine; ANB-BIA, Dossier Nr. 320, 15. März 1977: Zaïre.

trauen entgegenbrachten. Der vom Evangelium geprägte humanistische Sozialismus Nyereres in Tansania stieß auf gewisse Sympathien, nachdem er 1967 in der Arusha-Erklärung verkündet und 1970 in seinem philosophischem Ansatz vom *mwalimu* (Suaheli für Lehrer) vor dem Generalkapitel der Schwestern von Maryknoll (New York) erläutert worden war. Nyerere sprach sich gegen den Klassenkampf aus, weil er der afrikanischen Gesellschaftsstruktur zuwiderlaufe; er war vom Christentum beeinflußt und vom idealisierten chinesischen Modell fasziniert. Auf diesem Hintergrund suchte er für sein Land einen eigenständigen Weg, der die Tradition integrierte und die Anpassung an die moderne Welt erlaubte[39]. Vorbehalte signalisierte die katholische Hierarchie, als das *Ujamaa*-Programm (*Ujamaa* bedeutet auf Suaheli „Gemeinschaftsgeist") umgesetzt wurde, das Autarkie *(self reliance)* für Tansania, Ausbildung des Volkes und seine Mobilisierung für die Entwicklung auf seine Fahnen schrieb.

In zahlreichen Ländern gestalteten sich die Beziehungen friedlich, wenn auch nicht immer ganz ohne Ambivalenz; dabei spielte es keine Rolle, ob das Christentum kaum (Mali) oder als einflußreiche Minderheit (Obervolta [seit 1984 Burkina Faso], Elfenbeinküste) präsent war[40]. In Kamerun etwa schlugen die Kirchen in ihren Wochenzeitungen *L'Effort camerounais* (katholisch) oder *Semaine africaine* (protestantisch) weniger kritische Töne an als in der ersten Zeit nach der Unabhängigkeit. Auf Interessenwahrung – besonders Beibehaltung der Schulen – oder auf Protektion von höchster Seite bedacht – etwa Schutz der Religionsfreiheit im muslimischen Nordkamerun –, sahen sie den autoritären Auswüchsen unter Ahmadou Ahidjo tatenlos zu. Passivität war gleichwohl nicht die Regel. Mehrere Würdenträger, etwa Erzbischof Luc Sangaré von Bamako, Kardinal Paul Zoungrana in Ouagadougou und in geringerem Maß Kardinal Bernard Yago in Abidjan, waren von der Öffentlichkeit respektierte Persönlichkeiten, die auch Kritik äußerten und sich – anders als Erzbischof Robert Dosseh von Lomé mit Oberstleutnant Gnassingbé Eyadema in Togo – auf keinerlei zweifelhafte Allianzen einließen. Doch viele Kirchen machten Konzessionen noch gegenüber den autoritärsten und korruptesten Regimes – gegen Entgegennahme materieller Geschenke (eine Spezialität General Mobutus in Zaire bei Bischofsweihen[41]), Ehrenbezeigungen oder öffentliche Anerkennung. Dagegen waren auch die unabhängigen Kirchen nicht gefeit, fühlten sie sich doch geschmeichelt, als offizielle Gesprächspartner den großen Kirchen gleichgestellt zu sein[42]. Die Annäherung zwischen der *Kirche Jesu Christi auf Erden durch den Propheten Simon Kimbangu* und dem Regime in Zaire ist ein Beispiel für diese Versuchung zur Allianz; in diesem Fall wurde sie im Namen der afrikanischen Authentizität geknüpft und war dem Staat unter dem Deckmantel nationaler Anerkennung Vorwand dafür, die ungreifbare Bewegung der afrikanischen unabhängigen Kirchen unter Kontrolle zu bekommen[43]. Am 31. Dezember 1971 wurde die *Kimbanguisten-*

---

[39] Seine Thesen veröffentlichte J. K. Nyerere in Freiheit und Entwicklung. Aus neuen Reden und Schriften, Stuttgart 1975; Afrikanischer Sozialismus. Aus Reden und Schriften, Stuttgart 1976; Bildung und Befreiung. Aus Reden von Nov. 1972 bis Jan. 1977, Frankfurt a. M. 1977; Reden und Schriften aus drei Jahrzehnten, hrsg. v. A. Datta, Bad Honnef 2001.

[40] Agence Fides Nr. 3382, 7. August 1985: Côte-d'Ivoire; Agence Fides Nr. 3647, 24. Januar 1990: Mali.

[41] W. Oyatambwe, Église catholique et pouvoir politique au Congo-Zaïre. La quête démocratique, Paris 1997, 64.

[42] Vgl. Ph. B. Kabongo-Mbaya, L'Église du Christ au Zaïre. Formation et adaptation d'un protestantisme en situation de dictature, Paris 1992, 467 S.

[43] Vg. S. Asch, L'Église du prophète Kimbangu. De ses origines à son rôle actuel au Zaïre, 1921–1981, Paris 1983, 342 S.

Kirche durch Präsidialdekret de facto als einzige Vertreterin der unabhängigen Kirchen anerkannt, und gleichzeitig wurden alle übrigen religiösen Institutionen, ausgenommen die katholische Kirche und die *Kirche Christi in Zaire*, verboten. Neben diesen drei Hauptgruppen gab es eine ganze Reihe mehr oder weniger kurzlebiger dissidenter Kirchen, die entweder aus dem Kimbanguismus hervorgegangen waren oder neu gegründet wurden. Angesichts der wuchernden Neugründungen forderte das Mobutu-Regime 1988 die 357 Kirchen oder Sekten ohne Rechtspersönlichkeit auf, ihren Status zu regeln und in die *Kirche Christi in Zaire* einzutreten, was jedoch nur wenige taten. Die meisten standen weiterhin abseits, entweder aus Protest gegen die Hegemonie der *Kirche Christi in Zaire* oder aus Gleichgültigkeit gegenüber institutionellen Fragen. Dem Regime gelang es nicht, den religiösen Eifer im Land zu reglementieren[44].

Zu Beginn der achtziger Jahre verloren die ideologischen Kämpfe an Vehemenz, und der antiwestliche revolutionäre Diskurs verstummte. Die historischen Kirchen versuchten aus dem, was sie als reinigende Erfahrung bezeichnen, die Lehren zu ziehen. In Zaire (1975), Benin (1975) und im Kongo-Brazzaville riefen die Bischofskonferenzen zur Vertiefung des Glaubens auf, bekräftigten ihren Willen zur Afrikanisierung und bemühten sich, die Laien in die Seelsorge einzubinden. Doch obwohl in den meisten afrikanischen Staaten die Einhaltung verfassungsrechtlicher Grundsätze zu wünschen übrig ließ, garantierten die um 1980 vollzogenen Verfassungsänderungen die Religionsfreiheit und gestatteten in der Regel die Gründung von Privatschulen und Einrichtungen und Werken im gesetzlich fixierten Rahmen (Zentralafrikanische Republik, 1981[45]). Die Kirchen konnten folglich das neue Jahrzehnt auf neuen Grundlagen angehen: Die Strukturen waren konsolidiert oder erneuert, die Unterstützung von außen diversifiziert, die Legitimation dank der Afrikanisierung der Kader gestärkt, kurz, sie waren fähig, ein gewisses Ungenügen der Staaten zu kompensieren. Weniger positiv gesehen, könnten diese Vorteile auch als Abhängigkeit von äußeren Geldgebern, als interne Komplizenschaft mit einer Vorliebe für große Auftritte und für einen wenig evangelischen Wohlstand interpretiert werden. Doch unmittelbar profilierten sich die Kirchen mehr denn je als potentielle Gegenmacht in Staaten mit nur unzulänglich demokratisierten politischen Strukturen und wachsenden wirtschaftlichen Schwierigkeiten.

3. Die Kirchen und die Krisen in Zentralafrika: Kirchen als Zuflucht, Ersatz und Machtfaktor (1980–1998)

In jedem afrikanischen Land stellt sich die Lage anders dar, weshalb sich eine gemeinsame Chronologie erübrigt. Fast überall, besonders aber in den frankophonen Ländern, verschlechterte sich in den achtziger Jahren die wirtschaftliche Lage. In den an den CFA-Franc gekoppelten Ländern wuchs die Verschuldung, was schließlich am 12. Januar 1994 zu einer rigorosen Abwertung der Währung um die Hälfte führte. Nun mußte der Internationale Währungsfonds einspringen, doch dessen monetäre Unterstützung war nur um den Preis einer staatlichen Politik der konsequenten Strukturanpassung zu haben. Zur selben Zeit brachen in Osteuropa und in der UdSSR die kommunistischen Regimes zusammen.

---

[44] Vgl. P. EBERHARD, L'Église du Christ au Zaïre, in: Journal des missions évangéliques 161 (2/1986) 51–55, sowie J.-F. ZORN, Au pays du grand fleuve Zaïre, in: ebd. 163 (3/1988) 107–118.
[45] Agence Fides Nr. 3381, 31. Juli 1985: Centrafrique.

Es war das Aus für den Traum von einem sozialistischen Wirtschaftsmodell, das der gemeinschaftlichen Tradition Afrikas eher zu entsprechen und die Einkommensumverteilung effizienter zu gestalten schien. Ohne Zukunftsaussichten und ohne politischen Entwurf breitete sich in den achtziger Jahren in Schwarzafrika ein Afro-Pessimismus aus, der sich mit den in Liberia und Sierra Leone, im Kongo, in Ruanda, Burundi und Eritrea aufflammenden Bürgerkriegen noch verstärkte.

Ein von sämtlichen afrikanischen Kirchen aufmerksam beobachtetes innerkatholisches Ereignis gibt 1994 Aufschluß über die widersprüchliche Lage des Christentums in Afrika. Mit der in Rom vom 10. April bis 8. Mai 1994 abgehaltenen Sonderversammlung der Bischofssynode der afrikanischen Länder (auch „Afrikasynode" genannt) sollte eine neue Etappe der Evangelisierung auf dem Kontinent eingeläutet und die Präsenz eines expandierenden Katholizismus verstärkt werden[46]. In Ruanda, einem Staat mit besonders hohem Katholikenanteil, verwandelte sich zur selben Zeit ein interner Konflikt in einen von Regierung und Armee programmierten und inszenierten Völkermord an den Tutsi. An der Gleichzeitigkeit der beiden Ereignisse läßt sich der Zwiespalt ablesen: optimistischer Blick auf die Zukunft des Katholizismus auf der einen, Unfähigkeit, konkret auf die entscheidenden politischen Entwicklungen in Zentralafrika einzuwirken, auf der anderen Seite.

Dennoch ist der Mehrheit der Kirchen nicht der Vorwurf zu machen, sie hätten nach dem Ende der achtziger Jahre der Politik zuwenig Aufmerksamkeit geschenkt. Wo immer autoritäre oder diktatorische, zur Regelung der Wirtschaftsprobleme unfähige Regimes an den Pranger gestellt wurden, waren auch die christlichen Kirchen engagiert. Ihre Führungskräfte scheuten sich nicht länger, kompromißlos auf Korruption und Klientelismus, auf fehlende Demokratie und abwegige politische Praktiken hinzuweisen. Lautstark verurteilten sie immer wieder den Machtmißbrauch zu privaten Zwecken und analysierten zutreffend und zukunftsweisend die politische Lage. Sie wurden so zu Wortführern einer zum Schweigen verurteilten öffentlichen Meinung und setzten sich als legitime Vermittler durch, wenn innerer und äußerer Druck die Regierenden zum demokratischen Übergang zwang. Schlagender Beweis für den Legitimitätszuwachs in Politik und Staat ist die führende Rolle der Kirchen bei nationalen Versöhnungskonferenzen, auch in Ländern mit muslimischer Mehrheit[47]. Nach Benin, dem Pionier auf diesem Weg, bereiteten nationale Konferenzen in den beiden Kongostaaten, in Togo und in Gabun den demokratischen Übergang vor, das heißt die Einrichtung demokratischer Institutionen, die rechtliche Anerkennung der politischen Parteien und die Vorbereitung freier Wahlen. In allen fünf Ländern spielten die Kirchen eine wichtige Rolle. Es ist mehr als ein Symbol, daß Bischöfen der Vorsitz dieser Konferenzen übertragen wurde und hohe Verantwortungsträger aus den protestantischen Kirchen in diese Präsidentschaft eingebunden wurden. Ihnen fiel die schwere Verantwortung zu, die Konflikte zu thematisieren, um sie zu bannen und einen friedlichen Übergang auszuhandeln.

Das Engagement aller großen Kirchen reduzierte sich nicht auf derart spektakuläre Auf-

---

[46] Vgl. Nachsynodales Apostolisches Schreiben *Ecclesia in Africa* von Papst Johannes Paul II. an die Bischöfe, Priester, Diakone, Ordensleute und alle gläubigen Laien über die Kirche in Afrika und ihren Evangelisierungsauftrag im Hinblick auf das Jahr 2000. 14. September 1995 (Verlautbarungen des Apostolischen Stuhls 123), hrsg. v. Sekretariat der Deutschen Bischofskonferenz, Bonn.

[47] F. EBOUSSI-BOULAGA, Les conférences nationales en Afrique noire, une affaire à suivre, Paris 1993, 229 S.

tritte. Immer wieder mischten sich die Kirchen in den neunziger Jahren in die Politik des Gemeinwesens ein; meist taten sie das getrennt, aber mit gleicher Stoßrichtung; es kam vor, daß daraus eine ökumenische Front entstand, wie in der Republik Kongo mit dem Schulterschluß der katholischen Kirche, der protestantischen Kirchen, der Heilsarmee und den Kimbanguisten oder auf Madagaskar mit der 1982 erfolgten Gründung des Rates der christlichen Kirchen[48]. In einem Papier mit dem Titel *Le temps propice pour le changement* („Zeit für den Wandel") vom August 1990 unterstützt die Gesamtafrikanische Kirchenkonferenz (AACC), in der die wichtigsten protestantischen und anglikanischen Kirchen des Kontinents versammelt sind, das politische Engagement ihrer Mitglieder und bezeichnet es als „Überlebenskampf und Widerstand im Lichte des Evangeliums gegen die vielfältigen Formen der Erniedrigung und des Todes"[49].

Doch häufig zerschlug sich die Hoffnung auf eine friedliche, auf dem Verhandlungsweg unter kirchlicher Ägide verwirklichte Revolution. In Benin geriet der Demokratisierungsprozeß schließlich zum Vorteil des vormaligen Staatschefs Mathieu Kérékou. Vor der Nationalen Versöhnungskonferenz (19.–24. Februar 1990) gestand er seine Fehler öffentlich ein, forderte die Geistlichen auf, ihm die Beichte abzunehmen, und willigte ein, daß einer von ihnen, Bischof Isidore de Souza, den Vorsitz übernahm[50]. Auch in der Republik Kongo willigten die ehemaligen Regierungsmitglieder ein, öffentlich um Vergebung zu bitten, doch das von Bischof Ernest Kombo von Owando ausgedachte religiöse Buß- und Versöhnungsritual konnte weitere Gewaltausbrüche nach den Wahlen von 1992 und dann 1993 nicht verhindern. Schlimmer noch, das Scheitern des Demokratisierungsprozesses endete 1997 in einem allgemeinen Bürgerkrieg. Auch die Machtstellung von Präsident Albert-Bernard Bongo in Gabun wie jene von Präsident Eyadema in Togo blieb unerschüttert[51]. In Zaire trieb General Mobutu sein Land eine Zeit lang erfolgreich noch tiefer ins Desaster, bevor sein völlig in Mißkredit geratenes Regime 1997 schließlich zusammenbrach, bedrängt von einer vom Osten ausgehenden und von Uganda und Ruanda unterstützten Militäroperation. Auf Madagaskar erwies sich der von der Opposition *(Forces vives)* an die Spitze des Staates gebrachte Kandidat Albert Zafy als seinen Aufgaben nicht gewachsener Präsident. Das begünstigte 1997 die Wahl von Didier Ratsiraka zum Präsidenten, obwohl dieser sechs Jahre zuvor aus dem Amt verjagt worden war, nachdem er die blutige Niederschlagung der auch von den Kirchen unterstützten Massenproteste angeordnet hatte. Kurz nach der erneuten Machtübernahme hielt er am 8. Juni 1997 im Mahamasina-Stadion von Antananarivo anläßlich der Jahrhundertfeier zur Ankunft der ersten protestantischen Missionare aus Frankreich eine äußert geschickte Rede, worin er vor 40 000 Zuhörern die Ein-

---

[48] Vgl. Afrique en Crise. Paroles d'Églises, Paris 1991 (ein Dossier des Service protestant de mission); KÄ MANA, Les Églises africaines face aux mutations actuelles de l'Afrique, in: Le développement en question. Éléments de réflexion pour une approche chrétienne, hrsg. v. FÉDÉRATION PROTESTANTE DE FRANCE, Paris – Straßburg 1992, 121–141. Die beiden Publikationen enthalten Auszüge aus zehn Texten zur Lage in Afrika von Bischofskonferenzen oder von Räten protestantischer Kirchen.

[49] Le temps propice pour le changement, Erklärung der AACC, Kinshasa-Nsele, 12.–21. August 1990, in: Mission Nr. 16 (Okt. 1990) 18. In der AACC sind 147 Kirchen und 19 christliche Räte aus 39 Ländern vertreten. 1963 gegründet, wurde sie von 1988 bis 1997 vom anglikanischen Bischof Desmond Tutu aus Südafrika präsidiert.

[50] Vgl. B. DE LUZE – D. DE LUZE, Bénin: l'heure du bilan, in: Mission Nr. 2 (April 1990) 18, gestützt auf Artikel in *La Croix du Bénin* und *Jeune Afrique*.

[51] R. BUIJTENHUIJS, La Conférence nationale souveraine du Tchad. Un essai d'historie immédiate, Paris 1993, 212 S.

heit von Regierung und Kirchen, das friedliche Einvernehmen der Madagassen und die Religionsfreiheit beschwor[52].

Alles in allem trug die wiederholte Verurteilung von Korruption, Ungerechtigkeit und Angriffen auf die Freiheit durch die Kirchen dazu bei, die Christen in ihrem Engagement zu stärken und die Legitimität autoritärer und korrupter Regimes zu untergraben. Doch ist das noch keine Garantie für die Installierung einer pluralistischen und friedlichen Gesellschaft. Noch sind Beispiele von mehr oder weniger demokratisch gewählten Politikern (Senegal, Elfenbeinküste, Kenia 1992) in Zentralafrika selten. Was in allen Staaten auffällt, ist der Kontrast zwischen den klarsichtigen, kompromißlosen Diagnosen in den Stellungnahmen der Mehrheit der historischen Kirchen und der Unfähigkeit, eine alternative Politik faktisch umzusetzen.

Zunehmend knüpften die afrikanischen Kirchen erneut an ihre beratende Funktion an, die nach dem Übergang in die Unabhängigkeit eine Zeit lang nicht mehr gefragt war. Sie setzten sich als Vermittlerinnen durch und traten zuweilen gar an die Stelle von abgewirtschafteten oder unfähigen Staaten. Doch die starke Position in der Zivilgesellschaft birgt auch Gefahren[53]. Die von ihren Mitbürgern beschuldigten Staatschefs legten erstaunliche Fähigkeiten an den Tag, wenn es darum ging, sich neuen Situationen anzupassen oder den Einfluß der Religionen einzudämmen oder diese zu vereinnahmen. Sie verstanden es, sich interreligiöser oder interkonfessioneller Rivalitäten oder innerkirchlicher Spannungen (Kamerun) zu bedienen, um den Einfluß dieser Kirchen schließlich zu neutralisieren. Auch die mitgliederstärksten und mächtigsten christlichen Kirchen in Uganda, in den beiden Kongostaaten, in Burundi oder Ruanda „waren nie in der Lage, entscheidend auf die gravierendsten politischen Krisen Einfluß zu nehmen und die Flammen der Gewalt zu löschen"[54] oder die Vernichtung ganzer Völker zu verhindern.

Traurigstes Beispiel für eine Verflechtung von Politik und Religion mit tragischen Folgen ist sicherlich Ruanda[55]. Zu spät erfolgte 1989 die Demission des Erzbischofs von Kigali, auch Mitglied des Zentralkomitees der regierenden Partei, als daß dieser Schritt die dringend nötige Klärung hätte herbeiführen und sich entscheidend auf die 1992 eröffneten Verhandlungen und das ein Jahr später in Arusha unterzeichnete Friedensabkommen auswirken können. Die katholische Kirche hatte in der Vergangenheit selbst mit Worten und Seelsorgestrategien die Ethnisierung des politischen Lebens betrieben und war nun unfähig, dieser Entwicklung entgegenzutreten. Machtlos stand sie der Welle des Hasses gegenüber, die nach der Ermordung von Präsident Juvénal Habyarimana durch Flugzeugabschuß am 6. April 1994 über das Land hereinbrach, wurde von diesem Sog mitgerissen und war bis in die Reihen des Klerus hinein selbst in schreckliche Massaker verwickelt. Noch ist es unmöglich, nachzuvollziehen, wie es zum Völkermord an Abertausenden von Tutsi (vermutlich zwischen 800 000 und einer Million), aber auch zur Ermordung von zahlreichen Hutu, von drei Bischöfen und 100 einheimischen Priestern kam, noch ist es zu früh, die Verantwortlichkeiten abzuschätzen – dennoch steht bereits fest, daß die Bilanz für den Ka-

---

[52] R. MARTEL, Madagascar: mémoire et réconciliation, in: Mission Nr. 75 (Sept. 1997) 9 f.

[53] Zur protestantischen Position in dieser Frage vgl. J.-F. ZORN, Protestantisme et société civile en Afrique subsaharienne, in: Autres temps. Cahier d'éthique sociale et politique Nr. 49 (1/1996) 90–101.

[54] Il faut éteindre l'incendie de la violence. Botschaft der Bischöfe von Kongo-Brazzaville, in: DC Nr. 2087, 6. Februar 1994, 132.

[55] Neben den Artikeln, Berichten und Büchern von JEAN-PIERRE CHRÉTIEN, vgl. den kurzen, aber prägnanten Essay von D. FRANCHE, Rwanda. Généalogie d'un génocide, Paris 1997, 95 S.

tholizismus in Ruanda vernichtend ausfällt, daß der aus der Missionszeit übernommene Traum von einer christlichen Gesellschaft ausgeträumt ist. Was nun ansteht, ist die Infragestellung überholter Konzeptionen über das Verhältnis von Staat und katholischer Kirche[56].

Nicht direkt spiegelbildlich gestaltete sich die Lage in Burundi, wo eine Tutsi-Minderheit, gestützt auf die Armee, das Land beherrschte und die Kirche zu schwächen suchte, der die Bevölkerungsmehrheit angehört. Bis 1986 brachten die einander ablösenden Machtträger die religiösen und sozialen Aktivitäten, aber auch die Ausbildung unter ihre Kontrolle, dann lösten sie die christlichen Basisgemeinden auf und schlossen zahlreiche Kirchen. Parallel dazu erwirkten sie Ausweisungen oder Einreiseverbote für Missionare, die beschuldigt wurden, die Hutu-Bevölkerung aufzuwiegeln. Als Vorwand diente das Massaker von 1972 an tausend Tutsi; das löste eine auch als „selektiven Genozid" bezeichnete Repressionswelle gegen Abertausende von Hutu aus (Schätzungen belaufen sich auf 150000–250000 Tote). 1988 schien mit der Demokratisierung des politischen Lebens und der Einführung des Mehrparteiensystems die Zeit gekommen, die ethnische Kluft zu überbrücken[57]. Die Ablehnung des 1993 gewählten Hutu-Präsidenten durch die Tutsi-Minderheit setzte der Normalisierung ein Ende und den Teufelskreis von Putschen und Gewalttaten, von Guerilla und Repression, von kollektiven oder gezielten Morden (1996 am Erzbischof von Gitega) erneut in Gang[58], ohne daß 1998 Gewißheit über einen baldigen Erfolg der immer wieder unterbrochenen Verhandlungen erzielt worden wäre[59].

Zu diesem düsteren Bild gehört auch die unsichere Lage in der Demokratischen Republik Kongo nach der Machtübernahme durch Laurent-Désiré Kabila 1997[60]. Kabilas erste Initiativen erinnerten in etwa an die anfängliche Strategie Mobutus. Signale der Öffnung in Richtung Islam anläßlich des Besuchs des Amerikaners Louis Farakhan, Treffen mit Ver-

---

[56] Vgl. H. VULLIEZ, L'Église va-t-elle rater sa mission en Afrique?, in: Croissance Nr. 376 (Nov. 1994) 20–23. Daß Bischöfe nationale Versöhnungskonferenzen präsidieren, ist nach Auffassung des Autors eher als Zeichen zu werten, daß die Kirche in der Aufgabe, Bürger heranzubilden, gescheitert ist. „Sie hat wenig zur Existenz von Bürgern beigetragen, die zum Zusammenleben im modernen Staat berufen sind. Sie hat den Zusammenhalt der Bürger über ihre ethnische und regionale Zugehörigkeit hinaus kaum gefördert … Sie hat ihre Gläubigen zu wenig ermuntert, ihren Glauben in einer sich säkularisierenden Welt zu leben, in einer Welt, in der Mensch und Gesellschaft sich dem Griff des Heiligen entziehen, um eigenständig und ohne Rückgriff auf eine religiöse Instanz über ihr Schicksal zu entscheiden."

Auch die protestantischen Kirchen, obwohl in der Minderheit, entgingen der Ethnisierung des kirchlichen Lebens und den Zugeständnissen an die einander ablösenden Regierungen nicht. 57 der 60 Tutsi-Pastoren der Presbyterianischen Kirche von Ruanda wurden 1994 getötet, einige gar in Kirchenversammlungen. Zum Abschluß eines Seminars, das der Evangelische Rat von Ruanda vom 4.–6. März 1997 zum Thema *Die Kirche vor, während und nach dem Völkermord* organisiert hatte und zu dem sämtliche Kirchen des Landes eingeladen wurden, verabschiedeten die Teilnehmenden eine Resolution, in der sie die Verantwortung der protestantischen Kirchen im Völkermord anerkannten und sich verpflichteten, gegen die ethnisch gestützte Ideologie zu kämpfen und sich gänzlich auf den Versöhnungsprozeß einzulassen. Bâtissons. Bulletin de l'Église presbytérienne du Rwanda Nr. 9 (Jan.–Febr. 1997), zit. in: Mission Nr. 77 (Nov. 1997) 25 f.

[57] Agence Fides Nr. 3679, 28. Juli 1990: Burundi: l'Église, la réconciliation, le renouveau, la nouvelle évangélisation et la communion fraternelle.

[58] Präsident Melchior Ndadaye wird 1993 bei einem Putschversuch ermordet; in der Folge kommt es erneut zu blutigen Gewalttaten und Massakern bei denen zwischen 150000–200000 Menschen ums Leben kommen; 1,5 Mio. verlassen ihren Wohnsitz, davon 750000 ins Ausland.

[59] ANB-BIA, Supplément Nr. 342, 16. März 1998: Burundi. Centenaire de l'Église catholique.

[60] Zur Politik des Laurent-Désiré Kabila und den Entwicklungen in der Demokratischen Republik Kongo nach seiner Ermordung im Januar 2001 vgl. KM Forum Weltkirche (2/2001) 10–15.

tretern der christlichen Kirchen, ausgenommen die katholische Kirche, später Empfang des Ständigen Ausschusses der Bischöfe und die Aufforderung an ihre Adresse, sich nicht in die Politik einzumischen, Angriffe gegen den Vatikan, verbunden mit der Anschuldigung, er plane gemeinsam mit Frankreich einen Aufstand – die Politik der neuen Machthaber in den ersten Monaten bestand einmal mehr im Versuch, die Kirchen zu spalten, vielleicht gepaart mit der Hoffnung, den Katholizismus zu isolieren, ließ es doch der Erzbischof von Kinshasa, Kardinal Frédéric Etsou Nzabi Bamungwabi, nicht an Kritik an der neuen Regierung fehlen. Doch könnten die Zwänge der Machtausübung und internationale Pressionen einmal mehr Kehrtwendungen in der politischen Strategie und im Umgang mit religiösen Fragen bewirken.

Verständlich werden in diesem Kontext das Zögern und die Orientierungslosigkeit der christlichen Kirchen in Zentralafrika, obwohl sie bislang zugleich ihre Überlebensfähigkeit in Krisenzeiten unter Beweis gestellt haben. Besonders gefordert, weil am stärksten involviert, waren bis gegen Ende des 20. Jh. die katholischen Kirchen. Für sie galt es, ihren Beitrag zur nationalen Versöhnung zu leisten und zugleich ihre Unabhängigkeit zu wahren. Die Botschaften der Bischofskonferenzen Zentralafrikas oder der Region der Großen Seen mögen eindringlich und mutig gewesen sein, gleichwohl wirkten sie an der Jahrhundertwende eher vergeblich. Und doch sind ihre mahnenden Worte die unabdingbare, wenn auch ungenügende Voraussetzung für den nationalen Wiederaufbau, Worte zur Verurteilung einer Dynamik des Unheils, welche Gesellschaften zerrüttet und ganze Völker vernichtet, zur Denunziation der manipulativen Ausbeutung von ethnischer Zugehörigkeit und „ethnischem Integrismus" zum Zwecke der „Machteroberung oder -bewahrung", zur Ablehnung einer Todeslogik und zum Aufruf zur Versöhnung[61].

Weniger tragisch ist der Fall Kenia, aber gerade deshalb ist er so aufschlußreich und exemplarisch für die Fähigkeit der afrikanischen Politiker, in einer völlig verfahrenen Lage erneut die Oberhand zu gewinnen. Ab 1982 wurde das seit 1978 von Daniel Arap Moi präsidierte Regime zunehmend autoritär und autokratisch. Nach der Gründung des *National Christian Council of Kenya* (NCCK) sah es sich 1986 mit der organisierten Opposition von 35 Kirchen und 6 Millionen Gläubigen konfrontiert. Zweck des Zusammenschlusses war der Kampf gegen das „Queue Voting"; nach diesem System mußten die Wähler Schlange stehen, um hinter dem Kandidaten ihrer Wahl die Stimme abzugeben. Auf diesen ersten Konflikt zwischen Kirchen und Staat folgten weitere, in welche die protestantischen Kirchen, die katholischen Bischöfe und zuweilen die muslimischen Amtsträger impliziert waren. Den Höhepunkt der Kampagne für eine Verfassungsrevision und gegen die gängigen Wahlmanipulationen markierte die gemeinsame Erklärung der protestantischen Kirchen und der katholischen Kirche vom 22. Mai 1997, eine im Land beispiellose ökumenische Initiative. Als Antwort auf die Forderung nach demokratischen Reformen beschuldigte der amtierende Präsident den Klerus, parteiisch zu sein, ein Ultimatum zu stellen und eine eigene Diktatur errichten zu wollen. Mit der Unterstützung mehrerer evangelikaler Kirchen, die im Namen der politischen Abstinenz aus dem NCCK ausgetreten waren, wurde Arap Moi im Dezember 1997 mit relativer Mehrheit (40%) erneut zum Präsidenten gewählt, während seine Partei, die KANU, ihre absolute Mehrheit verteidigen konnte. Wenige Tage später kam es zu neuen, als ethnisch qualifizierten Gewaltausbrüchen zunächst

---

[61] Botschaft der Bischöfe der Vereinigten Bischofskonferenzen Zentralafrikas, Kinshasa, 10. Dezember 1994, in: DC Nr. 2109, 5. Februar 1995.

gegen die meist regimefeindlichen Kikuyu. Das wiederum löste eine neue Serie von kirchlichen Protesten aus, was für die Zukunft der Demokratie das Schlimmste fürchten läßt.

Dieses Beispiel für die Verflechtung von religiösen und politischen Strategien ist kein Einzelfall. In vielen Staaten blieben die christlichen Kirchen ein Machtfaktor, und die Politiker versuchten, sie zu instrumentalisieren, wenn sie sie nicht ausschalten oder in den strikt religiösen Bereich zurückdrängen konnten. Ganz offen engagierten sich vorab die historischen Kirchen. Doch sobald die noblen Absichtserklärungen konkretisiert werden mußten, traten bislang zwischenkirchliche oder innerkirchliche Spannungen auf. Die Angst, die Machthaber könnten Konkurrenten bevorzugen, bewegte manche kirchlichen Würdenträger dazu, angeschlagenen Staatschefs gegenüber aus eigennützigen Motiven Verständnis zu signalisieren (Kamerun). Die auf höchster Ebene geknüpften Bande zwischen Staat und Kirche bezeugten bislang allenthalben, von Autoritätsrivalitäten einmal abgesehen, die Solidarität von Eliten, die von ihrem Auftrag überzeugt sind; Ausdruck dafür ist beispielsweise die betonte Ehrenbezeugung Kardinal Yagos (Abidjan) gegenüber dem verstorbenen Präsidenten Houphouët-Boigny der Elfenbeinküste am 31. Januar 1994[62]. Daß sich die evangelikalen Kirchen in der Regel als unabhängig und apolitisch erklärten, verhüllt kaum, daß sich auch diese Seite politisch arrangierte. In Ghana etwa stellten sich sehr viele junge Kirchen ganz offen hinter das autoritäre Regime von John J. Rawlings, nicht aber die historischen Kirchen, allen voran die katholische Kirche. Die unabhängigen Kirchen, zur Zeit der „Verfolgungen" in den achtziger Jahren stumm geblieben, zeigten sich seit 1993 ostentativ an der Seite der Machthaber, bekräftigten so eine bereits sonst sichtbare konservative Position, eine legitimistische, d. h. „Pro-Establishment-Linie" und mißbrauchten offizielle Zeremonien für religiöse Propaganda[63]. Unter diesem Aspekt sind die Parallelen zwischen den politischen Strategien der Präsidenten Arap Moi in Kenia und, weiter südlich, Frederick J. Chiluba in Sambia evident. Präsident Arap Moi konnte den evangelikalen Flügel der kenianischen Christen als Regimestütze gewinnen und versuchte seither, ideologische Legitimität zu erlangen, indem er einen zu keinen Kompromissen bereiten Puritanismus förderte und den Staat zum Garanten der christlichen Werte hochstilisierte[64]. In Sambia installierte Präsident Chiluba, selbst ein Angehöriger der Pfingstler, nach seiner Wiederwahl im November 1996 an seinem Amtssitz ein Sekretariat der Kirchen, mit dessen Leitung der frühere Minister für die Jugend betraut wurde. Immer offener stützte er sich seither auf die evangelikalen Bewegungen, die sich im *Mouvement des chrétiens régénérés* zusammenschlossen[65]. So zeichnen sich für die Zukunft neue Allianzen ab, die Karten des politischen Lebens werden neu verteilt. Hält dieser Trend an, werden die ökumenischen Bestrebungen vereitelt, die Kirchen als Gegenmächte aufzubauen, die kritisch und frei ihre moralische und spirituelle Autorität ausüben.

---

[62] DC Nr. 2089, 6. März 1994, 248.

[63] C. M. TOULABOR, Ghana. Nouvelles Églises et processus de démocratisation, in: L'Afrique politique 1994. Vue sur la démocratisation à marée basse, hrsg. v. CENTRE D'ÉTUDE D'AFRIQUE NOIRE, Paris 1994, 131–143.

[64] H. MAUPEU, Les Églises chrétiennes au Kenya: des influences contradictoires, in: F. CONSTANTIN – CH. COULON u. a. (Hrsg.), Religion et transition démocratique en Afrique, Paris 1997, 81–113, bes. 112f. ANB-BIA, Supplément Nr. 329, 1. September 1997: Kenya. Le président et les Églises.

[65] ANB-BIA, Supplément Nr. 320, 15. März 1997: Zambie. Église et État.

4. Gestörte islamisch-christliche Beziehungen in den Übergangszonen

Daß religiöser Pluralismus – in unterschiedlichem Ausmaß – in Schwarzafrika die Regel ist, wurde bereits erwähnt. Ein weiteres unbestreitbares Faktum ist die Vorherrschaft des Islams im Norden und des Christentums im Süden. Daraus entsteht in den Übergangszonen der beiden Großreligionen eine Sondersituation. Von der kontinuierlichen Expansion beider Religionen unmittelbar betroffen sind, von West nach Ost: Nigeria, Tschad, Sudan, Äthiopien und Eritrea. In allen diesen Ländern ist die religiöse Zugehörigkeit identitätsprägend, überlagert regionale oder soziale Faktoren, nährt und legitimiert schließlich politische Brüche. Mit ganz unterschiedlichen Lösungsmodellen wurde versucht, dieser heiklen Situation Rechnung zu tragen.

Eritrea setzte auf eine säkulare Lösung. Gefördert wurde sie durch den Befreiungskampf – 1993 erlangte Eritrea die Unabhängigkeit – und das faktische Gleichgewicht zwischen den christlichen, vornehmlich orthodoxen Bauern im Hochland und den muslimischen Hirten in den Ebenen. Doch die Rückkehr der muslimischen Flüchtlinge aus dem sudanesischen Exil, die verstärkte Propaganda des radikalisierten Islams und die Bevölkerungsbewegungen als Folge der Bodenreform stellten dieses Gleichgewicht und den säkularen Weg in Frage[66].

In Äthiopien führten wachsende Unzufriedenheit und innere Krisen 1974 zum Sturz Kaiser Haile Selassies und zur Machtübernahme durch eine Militärregierung. Deren Programm, der chinesischen Kulturrevolution nachempfunden, verwandelte sich nach und nach in eine von Mengistu Haile Mariam dominierte Diktatur. Dieses Regime konnte 1991 den Sieg der in einer Einheitsfront zusammengeschlossenen eritreischen und tigrinischen Rebellen nicht verhindern. In den Auseinandersetzungen spielten die Kirchen keine direkte Rolle, aber die Konfrontation heizte erneut die ethnisch-religiöse Intoleranz an, womit die Frage nach dem Verhältnis zum Islam wieder aktuell wurde. Bereits gegen Ende der Herrschaft Haile Selassies hatten die Muslime Massenversammlungen organisiert und für vollständige Gleichberechtigung demonstriert; trotz einer christlichen Gegendemonstration konnten sie erreichen, daß das muslimische Opferfest *Id al-Adhâ* als offizieller Feiertag anerkannt wurde. Traditionell mit der Macht verbunden, mußte die orthodoxe Kirche nach der Revolution lernen, mit der neuen Situation umzugehen. Patriarch Merkorios, 1988 gewählt, bemühte sich dann um die Normalisierung der Beziehungen zum Militärregime. Dies, obwohl das Militärregime zwischen 1976 und 1979 nicht gezögert hatte, die vom Klerus nicht selbst bewirtschafteten Güter zu verstaatlichen und in Leben und Organisation der Kirche einzugreifen. Die von den Militärs erlassene neue Verfassung bekräftigte den Übergang zu religiösem Pluralismus in einem nun säkularen Staat. Von internen Spannungen und staatlichen Maßnahmen erschüttert, demonstrierte die Äthiopisch-Orthodoxe Kirche nach dem Sturz Mengistus ihren Reformwillen, indem sie 1992 Abuna Paulos Gebre Yohannis zum neuen Patriarchen wählte. Abuna Paulos, ehemals Mitglied des Zentralausschusses des ÖRK, hatte unter dem kommunistischen Regime mehrere

---

[66] Daß in Eritrea zwischen 1998 und 2000 wieder Krieg herrschte, ist indes vorab auf die Grenzkonflikte mit Äthiopien zurückzuführen. Noch immer ist das Zusammenleben zwischen Muslimen und Christen beispielhaft. Daß auch die Versöhnung mit Äthiopien gesucht wird, symbolisiert das Treffen vom 24. Oktober 2001, dem UNO-Tag, zwischen religiösen Führern und über 100 Schulkindern aus Eritrea und Äthiopien an der Mereb-River-Bridge an der Südgrenze Eritreas zu Äthiopien. Vgl: Eritrea Info, Zeitschrift des Schweiz. Unterstützungskomitees für Eritrea SUKE, Nr. 53, Dez. 2001.

Jahre im Gefängnis verbracht, bevor er 1986 in die USA floh. Auch gegenüber der katholischen Kirche zeigte sich eine gewisse Öffnung; konkretisiert wurde sie mit den Rombesuchen von Abuna Takla Haimanot 1981 und Abuna Paulos 1993. Alles in allem wuchs die äthiopische Kirche im 20. Jh. in einem Maß, das in den orientalischen Kirchen Afrikas seinesgleichen sucht. Im Gefolge der Umsiedlungspolitik des kommunistischen Regimes konnte sie ihre Einflußsphäre eher ausdehnen. Durch den Proselytismus der anderen Kirchen und des Islams wurde sie eher stimuliert denn geschwächt[67].

Der Sudan erlangte 1956, nach dem entsprechenden Parlamentsvotum 1955, die Unabhängigkeit; seither verschlechterte sich die Lage kontinuierlich. 1956 wurde der erste einheimische Bischof geweiht und das Apostolische Vikariat von Rumbek in die Hände des sudanesischen Klerus gelegt. Das vermochte die expansive Islamisierungspolitik nicht einzudämmen, und schon im selben Jahr kam es zu ersten blutigen Auseinandersetzungen im Süden. Die Missionare wurden der Unterstützung der Aufständischen beschuldigt, ihre Schulen geschlossen und 1957 schließlich verstaatlicht. 1962 wurde die Handlungsfreiheit der Missionsgesellschaften gesetzlich eingeschränkt, und es kam zu Ausweisungen. Nach dieser ersten Krisenperiode brachte 1972 das Friedensabkommen von Addis Abeba ein Jahrzehnt kulturellen und religiösen Friedens. Doch mit dem Aufkommen und der anschließenden Machtergreifung eines radikalen Islams verstärkte sich in den achtziger Jahren ein zunehmend komplexer Bürgerkrieg[68]. Hassan al-Turabi, Chefideologe und mediengewandter Verteidiger des islamischen Politentwurfs, bedient sich je nach Gesprächspartner und Umständen eines versöhnlichen oder zu keinen Kompromissen bereiten Diskurses.

Der Hauptkonflikt spielte sich auch 1998 zwischen Nord und Süd ab: Der Norden blieb entschlossen, eine einheitliche Verwaltungsstruktur durchzusetzen, der Süden wünschte nach wie vor eine Art Föderation; der Norden setzte auf Arabisch, der Süden privilegierte das in den Missionsschulen gelehrte Englisch, der Norden strebte die Scharia an, der Süden forderte eine den religiösen Pluralismus garantierende Gesetzgebung für die dort konzentrierte, expandierende christliche Minderheit. Die zahlreichen diplomatischen Demarchen des Apostolischen Stuhls, die Besuche in Khartum von Papst Johannes Paul II. im Jahre 1993 und von Dr. George Carey, dem anglikanischen Bischof von Canterbury, im Jahre 1995, die wiederholten, argumentationsgestützten öffentlichen Interventionen der katholischen Bischöfe oder der Leiter der protestantischen Kirchen, die Mobilisierung der internationalen Öffentlichkeit zur Unterstützung des Südens (zuweilen unter Anknüpfung an die Verurteilung des Sklavenhandels im ausgehenden 19. Jh.) – dies alles löste beruhigende Deklarationen der Regierenden aus, hatte aber vor Ort keinerlei greifbare Wirkung. Daß im März 1998 eine Volksabstimmung über eine neue Verfassung angekündigt wurde

---

[67] J. BUREAU, L'Église, la nation et l'État éthiopiens, in: CHRÉTIEN, L'invention religieuse en Afrique, 393–407; K. STOFFREGEN-PEDERSEN, Les éthiopiens, Turnhout 1990, 195 S.

[68] Am 14. Juli 1988 übergab der Rat der christlichen Kirchen im Sudan, in dem die wichtigsten Kirchen des Landes vertreten sind (katholische, episkopalische, presbyterianische, koptisch-orthodoxe, evangelische, afrikanische unabhängige Kirchen) dem Vorsitzenden des Sudanesischen Staatsrates, Sayed Idris al-Banna, eine Erklärung, worin sie sich, wie bereits 1983, dagegen wehrten, „daß die Gesetze der islamischen Scharia allen Bürgern aufgezwungen werden, ohne ihrem Glauben, ihrer Religion und ihrer Kultur Rechnung zu tragen". Sie wandten sich auch dagegen, „daß der Sudan wegen der Anwendung der Scharia als islamischer Staat bezeichnet wird, obwohl mehr als ein Drittel der Staatsbürger nicht Muslime sind". Zit. in: Soudan, bâtir l'espoir, Dossier œcuménique (ACAT, CCFD, CIMADE, DEFAP, Justice et Paix, Missionnaires d'Afrique, Secours catholique), Paris Mai 1989, 33.

und Khartum zur Wiederaufnahme von Verhandlungen der Kriegsparteien aufrief, nahm die Opposition mit gemischten Gefühlen wahr. Denn gleichzeitig wurden die Kirchen weiterhin schikaniert und diskriminiert; um ihren Einfluß in der Gesellschaft zurückzubinden[69]. Doch die Spaltungen innerhalb der muslimischen Gemeinschaft wie innerhalb des Rates der christlichen Kirchen im Sudan, in dessen Leitungsgremium einige Vertreter zur Regierungsbeteiligung Bereitschaft zeigten, verdeutlichen, wie komplex die Fronten bislang verliefen.

Auch im Tschad mit seinen islamischen und christlichen Bevölkerungsanteilen begann 1968 mit einem Aufstand im Süden ein anhaltender Bürgerkrieg, zusätzlich erschwert durch die gegensätzlichen Interventionen Frankreichs und Libyens. Die franko-libyische Vereinbarung über einen Truppenabzug 1984 und der Waffenstillstand 1987 bedeuteten kein Ende der Gewalt, insbesondere nicht im Süden, wo die Missionare der Unterstützung der Rebellen bezichtigt wurden. In den neunziger Jahren fand der Tschad zu einem prekären Gleichgewicht, nicht aber zu einem eigentlichen Frieden zurück, während die Kirchen sich weiterentwickelten. Doch die Debatte um eine neue Verfassung machte erneut deutlich, wie schwach Staat und nationales Bewußtsein blieben[70]. Der Gegensatz Nord-Süd fand seine Fortsetzung im Sprachkonflikt (Arabisch gegen Französisch) und in der Gesetzgebung (Regionalisierung gegen Föderation). Angesichts dieser Entwicklung erinnerten die Kirchen daran, daß sie auf dem Boden der Laizität stehen, die ihnen angesichts der Forderungen des offensiven politischen Islams ihre Freiheit garantiert. Im Dezember 1994 äußerten die katholischen Bischöfe ihre Besorgnis über die Verschlechterung des Verhältnisses von Islam und Christentum und riefen zur Entspannung auf[71].

Nigeria könnte zum Paradigma für das Verhältnis von Islam und Christentum in Schwarzafrika werden[72]. Seine Demographie, seine abgebauten und potentiellen Bodenschätze, sein militärisches Interventionspotential (Liberia, Sierra Leone) und weitere Faktoren machten das Land zu einem Giganten, dessen Bevölkerung bislang vermutlich je zur Hälfte aus Muslimen und Christen bestand. Nach der Unabhängigkeit scheiterten das Föderationsprinzip und die Demokratie, was zum Biafrakrieg (Juli 1967 bis Januar 1970) führte. Aufgrund der starken Christianisierung dieser Region bekam der Konflikt rasch eine religiöse Färbung. Noch verstärkt wurde das durch die öffentlichen Sympathiekundgebungen des Westens für den Aufstand, was als Ausdruck konfessioneller Solidarität interpretiert werden konnte (etwa die Hilfe von *Caritas international*). Die Ausweisung von rund 100 irischen Missionaren bestätigte die angespannten Beziehungen des Staates mit der katholischen Kirche und dem Apostolischen Stuhl; am 29. April 1976 normalisierte sich die Lage mit der Aufnahme diplomatischer Beziehungen – eine traumatische Erfahrung für die Aktivisten eines politischen Islams; sie bestärkte sie in ihrer Abwehrhaltung gegenüber dem Christentum und machte aus der Armee die einzige Garantin der nationalen Einheit. Folge davon war eine anscheinend endlose Kette einander ablösender Militärregimes, kurz unterbrochen durch demokratische Wahlen und die Ausrufung der Zweiten Republik 1979. Bereits 1984 übernahm die Armee erneut die Macht und versprach die bal-

---

[69] Vgl. die Darstellung der Lage im Sudan und ein Interview mit Hassan al-Turabi in: Les Cahiers de l'Orient Nr. 48 (1997); vgl. auch Agence Fides Nr. 3767, 30. Januar 1993: Soudan.
[70] Agence Fides Nr. 3647, 27. Januar 1990: Tschad.
[71] Katholische Bischofskonferenz des Tschad, 14. November 1994, in: DC Nr. 2108, 15. Dezember 1995, 92–95.
[72] ANB-BIA, Supplément Nr. 340, 15. Februar 1998: Nigeria: religions et Églises.

dige Rückkehr zu einer Zivilregierung, erkannte dann aber den Ausgang der Präsidenten-
wahl 1993 nicht an. Vorgeschobenes Argument oder objektive Notwendigkeit – Tatsache
ist, daß die chronische Spannung zwischen Islam und Christentum, vorab die blutigen
Auseinandersetzungen zwischen Islamisten und Christen 1980, 1984, 1987 und 1992 in
den Staaten Kaduna, Kano und Bauchi (Norden), das Eingreifen des Militärs in die Politik
geradezu rechtfertigte. Das Engagement von Christen für eine echte Demokratisierung und
der Kampf gegen die Mißstände in einer durch Gewalt, Arbeitslosigkeit und Korruption
beschädigten Gesellschaft spiegeln sich im zweiten Besuch Johannes Pauls II. vom 21. bis
23. März 1998, als er in der Öffentlichkeit eindringlich seine Kritik an den Machthabern
artikulierte, genauso wie in den wiederholten Interventionen der im Land verwurzelten historischen Kirchen. Es zeigt auch, welche Bedeutung diesem Riesen auf tönernen Füßen
beigemessen wird, mit seinem höchsten Anteil an Katholiken und Protestanten und dem
größten Potential an kirchlichen Führungskräften[73]. Noch ist ungewiß, ob das Militär weiterhin das Heft in der Hand behalten wird (auch im Kleid einer zivilen Regierung mit einem gewählten Präsidenten) oder ob es den demokratischen Übergang will[74].

Die Allgegenwart der Armee regelte bislang weder das Problem der interreligiösen Beziehungen, noch verhinderte sie die Manipulation der Gläubigen zu politischen Zwecken.
Mit dem Aufschwung eines radikal-fundamentalistischen Islams – vorab im Norden durch
Bewegungen wie *Maiatsine* präsent – verstärkte sich auch der Druck zu vermehrt musli-
mischer Prägung des Landes. Doch dem Gefühl der muslimischen Gefahr auf christlicher
Seite entspricht auf muslimischer Seite das Gefühl der christlichen Gefahr, drastisch sicht-
bar in der aggressiven Bekehrungsstrategie fundamentalistisch-evangelikaler Gruppie-
rungen. Als Nigeria 1986 ohne vorherige Konsultation der Bevölkerung der Islamischen
Konferenz beitrat, empfanden die Kirchen das als unannehmbare, verfassungswidrige
Konzession: Es sei verfassungswidrig, eine Religion zur Staatsreligion zu erklären. Die
Debatte verlagerte sich dann auf die Einführung der Scharia in der neuen Verfassung. In
diesem Zusammenhang taten sich die Kirchen – protestantische und katholische historische Kirchen, Pfingstgemeinde, unabhängige Kirchen – in der *Christian Association of Nigeria* zusammen und erreichten den Rückzug des Verfassungsentwurfs. Daß es im Rahmen
der Papstreise von 1998 zu der bereits für die erste Reise im Jahr 1982 vorgesehenen, damals aber annullierten Begegnung zwischen Johannes Paul II. und muslimischen Würdenträgern kam, ist von vielen Beobachtern als ein Anzeichen für eine Entspannung und für
die Abkehr von einer bewußten Konfrontationspolitik in religiösen Belangen gedeutet
worden; dies um so mehr, als damit die überaus starken Meinungsverschiedenheiten innerhalb des Islams wie innerhalb der christlichen Kirchen und Bewegungen in den Hintergrund rückten.[75]

---

[73] Internationaler Fidesdienst, 13. März 1998: Dossier Nigeria: Das Herz Afrikas stärken. Das Dossier gibt Aufschluß darüber, welchen Stellenwert Nigeria für die Kirchen und insbesondere für die katholische Kirche hat.

[74] Nach demokratischen Wahlen mußte das Militär am 29.05.1999 offiziell die Macht abgeben und Olusegun
Obasanjo wurde als neuer Präsident Nigerias in sein Amt eingeführt. Zur Situation des Landes nach der Amtsein-
führung von Obasanjo und der Rolle der katholischen Kirche im Demokratisierungsprozeß des Landes vgl. KM
Forum Weltkirche (5/1999) 8–3.

[75] Diese zunächst positive Bewertung darf jedoch nicht darüber hinwegtäuschen, daß bereits im Oktober 1999 die
Spannungen zwischen Christentum und Islam erneut zunahmen, als der Bundesstaat Zamfara im Norden Nigerias
als erster Bundesstaat des Landes die Scharia als ein für alle Bewohner von Zamfara verbindliches Gesetzeswerk
einführte. Vgl. KM Forum Weltkirche (1/2000) 7.

5. Die Entwicklungen im portugiesischsprachigen Afrika und im südlichen Afrika

Das ehemals portugiesische Afrika und das ehemals britische südliche Afrika getrennt zu behandeln, bietet sich aus zwei Gründen an, zum einen, weil Chronologie und Umstände der Unabhängigkeit anders verlaufen, zum andern, weil wir es mit einer frühen europäischen Siedlerpopulation mit afrikanischem Selbstverständnis zu tun haben.

Im ehemals portugiesischen Afrika wurden die zermürbenden Befreiungskriege nach der Unabhängigkeitserklärung von 1975 in Angola und Moçambique durch blutige Bürgerkriege abgelöst[76]. Unter sehr heiklen Voraussetzungen traten die katholischen Kirchen in diesen beiden Ländern die Zeit der Dekolonisation und der Unabhängigkeit an: kompromittiert durch ihre Verbindung mit dem Kolonialregime, im Innern gespalten durch unterschiedliche Zielsetzungen, Analysen und Strategien, bedingt durch den auf die Mission ausgerichteten Ordensklerus und den stärker auf die expatriierte portugiesische Bevölkerung fokussierten Weltklerus. Zwar gewährte Paul VI. 1970 den führenden Nationalisten eine Audienz. Zwar konnten die katholischen Kirchen auch auf die kritische und mutige Haltung von Minderheiten hinweisen, wurden doch in den sechziger Jahren in Angola afrikanische Priester ins Gefängnis geworfen oder in Portugal unter Hausarrest gestellt. Doch erst 1970 gelang dem Apostolischen Stuhl die Ernennung eines einheimischen Bischofs, des Angolaners Eduardo André Muaca zum Suffraganbischof von Luanda. In Moçambique stand Bischof Soares de Resende von Beira bis zu seinem Tod 1967 unter Hausarrest. Die Weißen Väter veröffentlichten am 15. Mai 1971 einen offenen Brief, worin sie sich weigerten, „als Komplizen einer Unterstützung zu gelten, welche die Bischöfe einem Regime angedeihen lassen, das sich der Kirchen bedient, um in Afrika eine anachronistische und langfristig ausweglose Situation zu konsolidieren und zu zementieren". Ihre Ausweisung 1973 sowie jene des Bischofs von Nampula, die Verhaftung von spanischen Priestern und Ordensleuten, aber auch die Aufkündigung der Abkommen von 1940 durch den Vatikan im Jahr 1974 verschärften den Bruch innerhalb der Kirche, vermochten aber den Katholizismus nicht von seinen Allianzen mit der Kolonialmacht reinzuwaschen. Anders auf der Seite des Protestantismus, aus dessen Reihen zahlreiche Anführer nationalistischer Bewegungen stammten (angefangen bei Eduardo Chivambo Mondlane, dem Chef der Befreiungsfront FRELIMO *Frente de Libertação de Moçambique*), weshalb er ein rasches Wachstum verzeichnen konnte[77].

Das katholische Engagement für eine loyale Beteiligung am Aufbau des Nationalstaates und die späte, aber beschleunigte Ernennung einheimischer Bischöfe an der Spitze der Diözesen genügten auch deshalb nicht, weil sich nach der Unabhängigkeit innerhalb der Befreiungsbewegung eine tiefe Kluft auftat. In Moçambique brach sie schon bald in verschiedene rivalisierende Fraktionen auseinander, deren Gegensätze sich rasch in unterschiedliche ideologische Optionen und Allianzen mit ausländischen Kräften umsetzten. Opfer der materiellen und menschlichen Folgen der Kriege, geschwächt durch die Maßnahmen marxistischer Regierungen (für welche die Gleichung Kirche = Imperialismus quasi zwangs-

[76] Congresso Internacional de Historia, Missionação portuguesa e encontro de cultura IV: Missionação: Problematica e sociedade contemporane …; vgl. dort bes. die Beiträge von B. LELO TUBI, A secunda evangelização do Congo-Angola, 125 años de cristianisme, 1866–1991, 137–156, sowie V. LOPES, A retirada dos Padres Brancos do Moçambique em 1971 ou a caução religiosa negada a um Estado totalitario, 205–226; ANB-BIA, Supplément Nr. 332, 15. Oktober 1997: Mozambique; Agence Fides Nr. 3572, 6. August 1988: Mozambique.
[77] Vgl. CH. BIBER, Cent ans au Mozambique. Le parcours d'une minorité, Lausanne 1987, 158 S.

läufig war – sie verdächtigten insbesondere die Katholiken der Unterstützung der Rebellen) und ohne Einflußmöglichkeiten auf den Gang der Ereignisse stand für die christlichen Kirchen in diesen schwierigen Zeiten das Überleben im Vordergrund. In der Regel gelang dies, wenn auch verbunden mit menschlichen und materiellen Kosten, wie ein Blick in die Statistiken zeigt.

Die in Moçambique aufgrund der katastrophalen wirtschaftlichen und sozialen Lage bereits 1987 eingeleitete Entwicklung wurde durch den Zusammenbruch des Sowjetblocks beschleunigt. Die demokratische Verfassung von 1990 brach mit dem Marxismus-Leninismus und schrieb die Öffnung für westliches Kapital fest. Der Konflikt in Moçambique wurde am 4. Oktober 1992 mit der Unterzeichnung des Friedensvertrags in Rom beendet und ein exemplarischer demokratischer Übergang eingeleitet. Doch wenn der Katholizismus sich seiner entscheidenden Rolle bei den Verhandlungen rühmen kann, dann ist das zum einen das Verdienst der in Rom vom Historiker Andrea Riccardi gegründeten katholischen Basisgemeinschaft Sant' Egidio, zum anderen aber dem Engagement der katholischen Bischofskonferenz von Moçambique, insbesondere von Erzbischof Jaime Pedro Gonçalvez aus Beira zu verdanken[78]. Dazu beigetragen hatte auch die Überwindung der ideologischen Grabenkämpfe, was die Überführung der FRELIMO und der RENAMO (*Resistência Nacional Moçambicana*) in Parteien erlaubte, die das Wahlresultat der ersten freien Wahlen im April 1994 anerkannten. Letztlich aber mußten die Kirchen ihr Unvermögen eingestehen, einen Krieg zu verhindern, der vermutlich eine Million Tote gefordert und eines der ärmsten Länder des Kontinents verwüstet hatte[79].

Der Ausgang des Konflikts in Angola war trotz der Unterzeichnung mehrerer Friedensvereinbarungen durch die Kriegsparteien lange ungewiß. 1998 endlich schien sich eine Normalisierung anzubahnen. Zu verdanken ist das einer regionalen Konstellation, welche die wichtigste Oppositionspartei *Unità* von äußerer Unterstützung abschnitt, sowie einer internationalen Konstellation, welche den revolutionären Zielen der regierenden Partei eine Absage erteilte. Nach mehr als 30 Jahren Krieg und Ausnahmezustand herrschte wieder Religionsfreiheit. Den christlichen Kirchen wurden ihre Güter teilweise rückerstattet, doch sind sie bislang unfähig, ihren Ort und ihr Verhältnis zum säkularen Staat in einem religiös pluralistischen Umfeld zu klären[80]. Innenpolitisch und regional blieb die Lage indes weiterhin ungewiß; einige Zeit nach der Unterzeichnung des Friedensabkommens kehrte der Krieg auch wieder zurück.

Daß auch die Kirchen im englischsprachigen südlichen Afrika mit völlig neuen und instabilen Situationen konfrontiert sind, hat ganz unterschiedliche Gründe. In den drei aus dem einstigen Rhodesien hervorgegangen Staaten präsentiert sich die Lage je anders. In

---

[78] Erzbischof Jaime Pedro Gonçalvez ist der entscheidende Fortschritt im Friedensprozeß als Vorbereitung auf mögliche Friedensverhandlungen insofern zu verdanken, als er, trotz des Verbots der Regierung, mit den „Banditen" der RENAMO Kontakte aufzunehmen, unter hohen persönlichen Risiken den Kontakt zu dem Führer der RENAMO Alfonso Dhlakama suchte, um ihn für Friedensverhandlungen zu gewinnen. Im Mai 1988 stimmte Erzbischof Gonçalvez einem Geheimtreffen mit dem Führer der RENAMO zu, das im militärischen Hauptquartier der RENAMO während des Bürgerkrieges stattfand. Zum Friedensprozeß in Moçambique vgl. D. S. SENGULANE – J. P. GONÇCALVEZ, A Calling for Peace. Christian Leaders and the Quest for Reconiliation in Mozambique, in: ACCORD 1998; vgl. R. MOROZZO DELLA ROCCA, Vom Krieg zum Frieden. Mosambik: Geschichte einer ungewöhnlichen Vermittlung. Hamburg 1997, 254 S.

[79] Internationaler Fidesdienst, 7.–14. August 1998: Dossier Mosambik.

[80] Vgl. D. DE LUZE, Angola. Des Églises écartelées, in: Mission Nr. 34 (Juni 1993) 12 f.

Malawi hatten die christlichen Kirchen kaum gegen die Quasi-Diktatur des Arztes Hastings Kamuzu Banda (1964–1993) gekämpft. Banda, „Präsident auf Lebenszeit", hatte sich trotz seiner einstigen Freundschaft mit Nkrumah unter den Schutz Südafrikas gestellt. Inzwischen mußten sich die Kirchen an ein pluralistisches System anpassen, womit sie erstmals mit der Frage nach ihrem politischen Engagement konfrontiert wurden[81].

Sich in öffentlichen Erklärungen als kritische Instanz zu etablieren, ist nicht schwer, aber die Gefahr einer Konfessionalisierung des politischen Wettbewerbs oder von Interferenzen zwischen religiöser und politischer Zugehörigkeit ist damit nicht gebannt. Dieser Herausforderung werden sich die Kirchen im südlichen Afrika zu stellen haben. Die Entwicklung in Sambia macht deutlich, daß die Demokratisierung die Kirchen vor ernsthafte Schwierigkeiten stellte und nun von ihnen Positionsbezüge fordert, die im Einparteiensystem vertagt werden konnten. Nach der Einführung des Mehrparteiensystems und der Niederlage Kaundas bei den Präsidentschaftswahlen vom 31. Oktober 1991 stand den Kirchen die Möglichkeit offen, sich ohne Parteibindung politisch zu engagieren und die Gläubigen zu ermuntern, für christliche Grundsätze einzutreten, ohne damit sogleich den Eindruck zu erwecken, eine bestimmte Konfession mit einer bestimmten Partei zu verknüpfen. Die Entwicklung seit den Präsidentschaftswahlen von 1996 läßt eine schleichende Verpolitisierung des religiösen Lebens befürchten.

Wie unterschiedlich das Verhältnis zwischen den Kirchen und dem Staat gehandhabt werden kann, zeigt der Fall Simbabwe, früher Südrhodesien. Als Reaktion auf die Erklärung der einseitigen Unabhängigkeit durch die Regierung Ian Smith 1965 engagierten sich die Kirchen gemeinsam für die Rechte der schwarzen Bevölkerung. Ihre eigene kirchliche Unabhängigkeit war indes beschnitten durch eine Gesetzgebung, welche die Versammlungsfreiheit einschränkte und die Gläubigen je nach Hautfarbe trennte. Am 18. April 1970 verurteilten die katholische Kirche und 16 protestantische Kirchen, darunter auch die holländische reformierte Kirche, in einer gemeinsamen Erklärung das neue Landgesetz, das gemeinsame Versammlungen von Weißen und Schwarzen einschränkte. Der verheerende Bürgerkrieg von 1972 bis 1980 stellte die Kirchen vor die Wahl, Zurückhaltung zu üben oder sich vermehrt gegen die Rassentrennung einzusetzen. Die Mehrheit engagierte sich an der Seite einer Bewegung, deren Anführer vielfach Protestanten oder Anglikaner waren (Reverend Ndabaningi Sithole, Bischof Abel Muzorewa) oder sich als „tendenziell katholisch" bezeichneten (der einstige Missionsschüler Robert Mugabe), wobei sie unvermeidlich direkt oder indirekt eine marxistisch inspirierte Guerilla unter der Leitung von Mugabes ZANU (*Zimbabwe African National Union*) oder Joshua Nkomos ZAPU (*Zimbabwe African People's Union*) unterstützten. Das Lancaster-House-Abkommen (Dezember 1979) setzte der blutigen Zeit mit mehr als 80000 zivilen Opfern, unter ihnen Dutzende von Missionaren und Kirchenverantwortlichen, ein Ende. Mugabe, Sieger der Wahlen von 1980, verkündete eine Politik der nationalen Versöhnung, der die Kirchen ihre Unterstützung zusagten. Als Symbol dieser Beteiligung der meisten Kirchen am nationalen Wiederaufbau wurde der katholische Erzbischof Patrick Chakaipa von Harare gebeten, am Tag der Unabhängigkeit, 18. April 1980, die neue Nationalflagge zu segnen. Gleichwohl nahmen die großen Kirchen auch weiterhin ihre Funktion als kritische Instanz wahr. Das zeigte sich etwa in wiederholten Interventionen

---

[81] Agence Fides Nr. 3602, 18. März 1989: Malawi.

– als Beispiel sei jene der Kommission *Justitia et Pax* der katholischen Kirche 1983 genannt –, aber auch am finanziellen Aufwand für die Ausbildung christlicher Eliten an methodistischen, adventistischen oder katholischen Universitäten, womit die kirchliche Unabhängigkeit gestärkt werden sollte. Simbabwe schien, was das Verhältnis zwischen Kirchen und Staat und den religiösen Pluralismus angeht, vorübergehend zu einem gewissen Gleichgewicht gefunden zu haben. Zeichen dafür war die Eröffnung einer Abteilung für multikonfessionelle Studien an der staatlichen Universität Harare. Doch das Gleichgewicht wurde immer wieder von Gewaltausbrüchen bedroht, ausgelöst durch ethnische Spannungen, Studentenunruhen sowie politische und soziale Auseinandersetzungen[82]. Die Verantwortlichen mehrerer Kirchen regten neue Wege des christlichen Engagements in der Gesellschaft an. Sie setzten sich seither ausdrücklich für friedliche Konfliktbewältigung ein und wiesen wiederholt darauf hin, daß wirtschaftliche Entwicklung – nicht Krieg – langfristig die einzige Lösung sei. Daß der katholische Episkopat einer Landreform unter der Bedingung zustimmte, daß sie die Produktion verbessert und dem Gemeinwohl dient, ist Zeichen dieser Öffnung (Dezember 1997).

6. Südafrika: Von der Apartheid zur Freiheit

Die größte Unbekannte der Region im ausgehenden 20. Jh. war zweifelsohne der Aufbau eines demokratischen Südafrika. Die Neuverteilung der Karten in einem weitgehend christlichen Land blieb nicht ohne Folgen für die zwischenkirchlichen Beziehungen, aber auch für das Verhältnis von Staat und Kirchen. Die Apartheid und der Kampf gegen den Rassismus prägten die religiöse Dynamik, die Konfessionszugehörigkeit nicht weniger als die Theologie.

In den sechziger Jahren, als Schwarzafrika unabhängig wurde, verschärfte sich die Rassendiskriminierung in Südafrika und im südwestlichen Afrika. Damit sahen sich die Kirchen vor Entscheidungen gestellt, denen sie zuvor in der Regel ausgewichen waren. Vor allem anderen drängte sich eine theologische Option auf, nämlich die Klärung einer Bibelinterpretation, welche die Rechtsungleichheit mit der Ungleichheit der Rassen rechtfertigte. Die Frage war bald beantwortet. Am Anfang stand 1957 die Erklärung der katholischen Bischöfe, die Apartheid sei intrinsisch pervers. Einige Monate nach dem Polizeimassaker von Sharpeville (69 Schwarze getötet) im März 1960 lud der ÖRK weiße und schwarze kirchliche Verantwortliche aus Südafrika zu einer Zusammenkunft mit einer internationalen ökumenischen Delegation in das Cottesloe College (Universität Witwatersrand) ein; der Bericht der Tagung hielt fest, die Apartheid laufe dem Wort Gottes zuwider. Die mitgliederstärkste südafrikanische Kirche, nämlich die niederländisch reformierte Kirche (*Nederduitse Gereformeede Kerk* [NGK]) rechtfertigte als einzige große Kirche die getrennte Entwicklung mit dem Rückgriff auf die Bibel. 1977 erklärte der Lutherische Weltbund seinerseits den Kampf gegen die Apartheid zur Glaubensfrage *(status confessionis);* 1982 reagierte der Reformierte Weltbund mit der Suspendierung der NGK, wobei er

---

[82] Angesichts der sich enorm verschlechternden sozialen und innenpolitischen Situation wendet sich die katholische Bischofskonferenz 1998 mit der Pastoralerklärung „Für das Gemeinwohl arbeiten" an die Bürger des Landes. In dieser Erklärung verurteilen die Bischöfe u. a. mit scharfen Worten die Politik der Regierung des Präsidenten Mugabe. Vgl. Für das Gemeinwohl arbeiten, in: Weltkirche – Dokumente aus Afrika, Asien und Lateinamerika (6/1998) 177–181; vgl. KM Forum Weltkirche (2/1999) 13–19; (4/2002) 8–13.

argumentierte, Rassismus und Apartheid seien eine Häresie[83]. 1984 suspendierte der Lutherische Weltbund seine beiden weißen Kirchen mit lutherischer Mehrheit in Südafrika und in Namibia[84]. Doch obwohl die Mehrheit der christlichen Kirchen die Apartheid verurteilte, bestand über die Strategien vor Ort keineswegs Einmütigkeit. Denn erst in der Umsetzung evangelischer Brüderlichkeit zeigte sich der wahre Widerstand: im Alltag, wenn die Segregation der Wohnviertel die Gemeinden faktisch zur Rassentrennung zwang; in den pastoralen Optionen, wenn es konkret darum ging, die Segregation zu akzeptieren oder abzulehnen (etwa in den Schulen und den religiösen Ausbildungszentren), „gemischtrassische" Eheschließungen zu ermutigen oder nicht, politische Bewegungen zu unterstützen oder nicht – stets blieb die Versuchung, sich in eine unmögliche, vom Pragmatismus diktierte Neutralität zu flüchten.

Die Einstellung der Kirchen dem Rassismus gegenüber war alles andere als einheitlich. Einige lehnten die Apartheid schon früh ab und stellten auch die ersten Leader im Kampf gegen die Apartheid, etwa Häuptling Albert Luthuli (1898–1967), aktives Mitglied der methodistischen Kirche, 1952 Präsident des *African National Congress* (ANC), 1960 erhielt er den Friedensnobelpreis[85]. Andere Kirchen gingen zu den von weißen Gläubigen dominierten Kirchen auf Distanz, ohne sich direkt im politischen Kampf zu engagieren, um mit dieser Strategie den Zorn des Regimes und mögliche Sanktionen zu vermeiden. Einige Kirchen, so etwa die katholische, versuchten anfänglich, Prinzipien und Interessen unter einen Hut zu bringen, bevor sie dann klar ihre Seite wählten[86]. Doch die Trennungslinie verlief nicht bloß zwischen den Kirchen, sondern innerhalb der Kirchen selbst mit emblematischen Figuren im Kampf gegen die Apartheid und einer viel zögerlicheren Mehrheit. In der anglikanischen Kirche etwa mußte Trevor Huddleston, einer der wenigen bereits in den fünfziger Jahren aktiv in den Antiapartheidkampf involvierten weißen Priester, Südafrika verlassen und wurde 1960 Bischof von Masasi in Tanganjika. Zur selben Zeit bezahlte der Kanoniker James Calata sein Engagement mit vielfachen administrativen Sanktionen und heftiger Kritik aus den Reihen der eigenen Hierarchie. Erst mit der Ernennung von Dr. Bill Burnett und vor allem dessen Nachfolger Desmond Tutu (1986) zum Erzbischof von Kapstadt engagierte sich die anglikanische Kirche voll im Kampf gegen die Apartheid. Lange nahm auch die katholische Kirche eine zwiespältige Haltung ein. Erst die dezidierten Stellungnahmen des Provinzoberen der Dominikaner, Albert Nolan[87], und des Erzbischofs von Durban, Denis Hurley, brachten die katholische Kirche dazu, sich öffentlich und unmißverständlich von der Apartheid zu distanzieren und die die Apartheid sanktionierende Seelsorgepraxis der getrennten Ämter für Weiße und Schwarze zu beenden. Obwohl ihre Mitglieder mehrheitlich Schwarze waren, schloß die Pfingstkirche noch 1981 Pastor Frank Chikane aus, den Leiter der Antiapartheidfront und der Vereinigten

---

[83] 1990 wurde die NGK wieder in den Reformierten Weltbund aufgenommen; 1986 hatte sie einen Reflexionsprozeß angestoßen, in dessen Verlauf sie die Apartheid zuerst als Sünde und schließlich als Häresie anerkannte.

[84] Vgl. das Dossier Le cri de la Namibie, in: Journal des missions évangéliques 167 (2/1987) 51–69.

[85] Mehrfach wurde Luthuli aufgrund seines Engagments gegen die Apartheid verurteilt und ins Gefängnis gesteckt. Erst im Dezember 1961, nachdem die südafrikanische Regierung für zehn Tage einen Hausarrest aufgehoben hatte, wurde ihm erlaubt, den Friedensnobelpreis entgegenzunehmen.

[86] Zur Analyse der Entwicklung der katholischen Kirche in ihren Orientierungen, Stellungnahmen und Engagements vgl. PH. DENIS, The Dominican Friars in Southern Africa. A Social History (1577–1990), Leiden – Boston – 1998, 322 S.

[87] Vgl. Abert NOLAN, Gott in Südafrika. Die Herausforderung des Evangeliums, Freiburg i. Ü. – Brig 1989, 270 S.

Bischof Desmond Tutu empfängt am 10. Dezember 1984 in Oslo den Friedensnobelpreis.

Demokratischen Front (*United Democratic Front* [UDF]). Doch es kam auch vor, daß eine Symbolfigur des Protests einem apartheidfreundlichen Umfeld entstammte, etwa Pfarrer Christian F. Beyers Naudé, Afrikaander und Pfarrer der NGK. 1963 trat er an die Spitze des *Christlichen Instituts in Südafrika*, eines von verschiedenen Persönlichkeiten aus anglophonen kirchlichen Kreisen gegründeten und dem Regime gegenüber kritisch eingestellten Instituts. Pfarrer Beyers Naudé wurde aus seiner Kirche ausgeschlossen, zur „Verbannung" verurteilt und während 8 Jahren unter Hausarrest gestellt.

Mit dem Soweto-Aufstand 1976 verstärkten sich die Reihen der Apartheidgegner und sammelten sich im *Christlichen Institut*. Dieses wurde in den siebziger Jahren für das Regime zum roten Tuch. Zur *affected organisation* erklärt, wurde es von gewissen Subventionen aus dem Ausland abgeschnitten. Die Führer der großen Kirchen – des 1968 von den wichtigsten protestantischen Gemeinschaften gegründeten Südafrikanischen Rates der Kirchen (*South Africa Council of Churches* [SACC]) und der katholischen Kirche – und eine wachsende Zahl von Mitgliedern schlossen sich der Antiapartheidbewegung an. Trotz ihrer Ablehnung von Gewalt und ihrer Furcht vor dem Sieg des kommunistischen Flügels des ANC ließen sich die Kirchen nicht länger davon abhalten, ihre Praxis an den eigenen Erklärungen zugunsten der Gleichberechtigung zu orientieren. Mehrere Mitgliedskirchen des ÖRK standen im Kampf gegen die Apartheid an vorderster Front. Selbst in der NGK, dem harten Kern der Regimestützen, geriet einiges in Bewegung. Diese Kirche hatte von

Anfang an auf die getrennte Entwicklung gesetzt und Tochterkirchen für Schwarze (*NGKA*), für Mischlinge (*NGSendingkerk*) und für Inder (*Indian Reformed Church*) gegründet. Nach dem Beitritt zum ÖRK 1975 wurde ein Mitglied der NGKA zur Symbolfigur des Antiapartheidkampfes, der Pfarrer und Theologe Allan Boesak, Leader der UDP, von 1982 bis 1990 dann Generalsekretär des Reformierten Weltbundes[88] Die drei Tochterkirchen baten um Zusammenschluß mit der NGK, was diese ablehnte. Die katholische Kirche ihrerseits verpflichtete sich 1977, durch soziale Gerechtigkeit Zeugnis des Evangeliums zu geben, insbesondere mit der Errichtung katholischer Schulen „für alle Kinder, ohne Ansehen ihrer Rasse"[89].

Doch ab 1985, als die „Konfrontation" unausweichlich schien, überschlugen sich die Ereignisse. In Johannesburg verfaßte eine Gruppe von 150 Theologen verschiedener Konfessionen das *Kairos Document: Challenge to the Church*. Es zeigt auf, wie Kapitel 13 des Römerbriefs mißbräuchlich zur Rechtfertigung des Gehorsams gegenüber einem Unrechtsstaat herangezogen wird, wie ein vom südafrikanischen Kontext abgehobener Versöhnungsdiskurs Illusionen am Leben erhält, und fordert die Kirchen auf, sich aktiv in den Kampf für die Befreiung der Schwarzen einzumischen[90].

Unter dem Eindruck der Verschärfung des Ausnahmezustands und der Unterdrückung der Opposition durch die Regierung Botha beschloß eine Gruppe von kirchlich Verantwortlichen, im Februar 1988 in Kapstadt einen Protestmarsch von der Kathedrale zum Parlamentsgebäude zu organisieren. 25 Teilnehmer wurden verhaftet, unter ihnen Bischof Desmond Tutu, Allan Boesak, Stephen Naidoo, katholischer Erzbischof von Kapstadt, Frank Chikane, damals Generalsekretär des Südafrikanischen Rates der Kirchen, und Khoza Mgojo, Präsident der methodistischen Kirche. Die von der Regierung eingeleitete Kraftprobe mit dem militanten – meist anglophonen – Flügel der christlichen Kirchen ging zu Ungunsten ersterer aus. Die Strategie der Spaltung vermochte nicht länger zu verdecken, daß die Politik in eine Sackgasse geraten war, zumal mit dem Fall der Berliner Mauer auch ihre Rechtfertigung als Bollwerk gegen den Kommunismus hinfällig wurde. Mit dem neuen Präsidenten, Frederik Willem de Klerk, wurden eine innenpolitische Wende und erste Reformen eingeleitet (August 1989). Die christlichen Kirchen als Institutionen begleiteten den 1989 initiierten Übergang.

Die Freilassung von acht historischen Anführern des ANC im Oktober 1989 und von Nelson Mandela im Februar 1990 bestärkten die Kirchen in ihrem Engagement. Nun wurden sie zu Hauptakteuren im Demokratisierungsprozeß. An der auch von Präsident de Klerk begrüßten Tagung von Rustenburg (Transvaal) vom 5. bis 9. November 1990 brachen sie feierlich mit Kompromissen und Zugeständnissen. Nach einigem Zögern nahmen die Mitgliedskirchen des Südafrikanischen Rates der Kirchen daran teil: 330 Delegierte als Vertreter von 80 südafrikanischen Kirchen aller Konfessionen (Anglikaner, Katholiken, Lutheraner, Reformierte, Methodisten, afrikanische unabhängige Kirchen) beteiligten sich an den Debatten. In der Schlußerklärung legten die NGK und die Kirchen, die

---

[88] Bezüglich einer kritischen Auseinandersetzung mit der Person von Allan Boesak vgl. A. Scholtz, Allan Boesak – Religion und Gewalt. Herford 1989.

[89] Südafrikanische Bischofskonferenz, 10. Februar 1977, zit. in: DC Nr. 1716, 20. März 1977, 256–259.

[90] The Kairos Document: Challenge to the Church. A Theological Comment on the Political Crisis in South Africa, 2. verb. Aufl., Grand Rapids (Mich.) 1987. Das Kairos-Dokument wurde veröffentlicht in: Das Kairos-Dokument. Herausforderung an die Kirche. Ein theologischer Kommentar zur politischen Krise in Südafrika, hrsg. v. Evang. Missionswerk, 2. rev. Aufl., Hamburg 1987.

sich niemals im Antiapartheidkampf engagiert hatten, ein Sündenbekenntnis ab, verpflichteten sich, ihre Sünde an der Seite der anderen „wiedergutzumachen", und gestanden, daß „sie in der Apartheidpolitik, die so vielen Bewohnern so viel Leid gebracht hat, eine häretische Rolle" gespielt haben. Sie forderten das Ende jeder Rassendiskriminierung in den Kirchen und die sofortige Aufhebung der Apartheidgesetze. Schließlich legten sie den Modus des neuen Verhältnisses zum Staat fest, gegründet auf einer strikten Trennung, der Ablehnung jeder Komplizenschaft mit dem Rassismus und der Verpflichtung, „für die Errichtung eines gerechten, demokratischen, nichtrassischen und nichtsexistischen Südafrika zu kämpfen"[91].

Es war eine Geste hoher Symbolik, als Nelson Mandela für das erste Treffen zwischen dem Afrikanischen Nationalkongreß und dem Staat den Afrikaander und Pfarrer Beyers Naudé in die multirassische ANC-Delegation berief, war doch Beyers Naudé nie Mitglied des ANC gewesen. Am längsten sträubte sich die NGK gegen das Prinzip „one man one vote". 1994 sprach auch sie sich schließlich für eine Beteiligung an den Wahlen aus. Doch ging das politische Engagement der großen Kirchen nicht so weit, daß sie Wahlparolen herausgegeben hätten. Der SACC setzt auf eine Erneuerung der Kirchen und einen Wandel der Mentalitäten, denn nur so lasse sich der Rassismus ausmerzen (Gemeinsame Erklärung des SACC und des ÖRK vom 24. Oktober 1991). Dieser Diskurs, der über das Bekenntnis der Sünden und deren Wiedergutmachung auf Versöhnung setzt, hatte sichtlich Einfluß auf die Arbeit der Wahrheitskommission *(Truth and Reconciliation Commission),* die im April 1996 ihre Arbeit aufnahm. Zum Schluß jeder Sitzung hielt ein Mitglied der von Desmond Tutu präsidierten Kommission eine eigentliche Predigt, abgeschlossen mit dem liturgischen „Amen" der Zuhörer (was schon bald die Zwiespältigkeit der TV-Übertragung dieser Sitzungen offenkundig werden ließ). Bei dieser Gelegenheit gestanden auch die Kirchen ihren Teil an Verantwortung für die Apartheid ein. Doch obwohl die Kirchen kritische Distanz zur Politik markieren wollten, griffen die Parteien, insbesondere der ANC, bei der Wahl ihrer Spitzenleute auf kirchliche Kreise zurück (etwa Allan Boesak); dabei ging es nicht bloß darum, von deren Einfluß auf die Gläubigen zu profitieren, sondern auch darum, den Mangel an schwarzen Führungskräften zu überbrücken.

In Namibia, das 1990 die Unabhängigkeit erlangte, wurde der lutherische Pfarrer Zephania Kameeta Vizepräsident des ersten Parlaments. Mangels einer demokratischen Tradition waren hier Gemeindestrukturen und Gottesdienste oft Orte der Debatte und der Einübung in Wahlpraktiken. Schließlich gerieten die amtierenden Regierungen derart in Mißkredit, daß sich die Kirchen bei der Vorbereitung und Überwachung der ersten multirassischen Wahlen vom November 1989 in Namibia und April 1994 in Südafrika stark engagierten. Letzter Kitt einer zerbrochenen Gesellschaft und selbst gespalten, wurde das Christentum mit einer historischen Rolle betraut und mußte sich in den Wandel involvieren. Als Antwort auf die Aufforderung Mandelas, die christlichen Führer sollten „zur Wiederherstellung der durch die Apartheid schwer beschädigten Moral der Nation beitragen", arbeiteten mehrere christliche Führungsleute eine „ubuntu" (afrikanischer Humanismus) genannte Charta aus. Begegnungen zwischen führenden Politikern, Gewerkschaftern, Kirchenvertretern und Geschäftsleuten sollten einen Verhaltenscodex fördern, der auf den Grundsätzen Unbestechlichkeit, Offenheit, Respekt des Anderen und Einhaltung gegebe-

---

[91] Die Erklärung von Rustenburg, in: DC Nr. 2109, 6. Januar 1991, 31–34. Vgl. Schuld und Versöhnung. Die Erklärung von Rustenburg, in: Weltkirche – Dokumente aus Afrika, Asien und Lateinamerika (10/1990) 305–311.

nen Wortes basiert[92]. Mit dem Pluralismus konfrontiert und von den Parteien gefordert, eröffnete die Zeit nach der Apartheid auch den Kirchen einen neuen Erfahrungshorizont, der sie dazu zwang, ihr soziopolitisches Engagement zu überdenken und ihre Rolle in der Gesellschaft und ihr Verhältnis zum Staat neu zu definieren[93].

Innerhalb von 40 Jahren sahen sich die christlichen Kirchen in Schwarzafrika vor Herausforderungen gestellt, auf die sie nicht vorbereitet waren. Die von den Missionskirchen übernommenen ekklesiologischen Modelle der Beziehungen zum Staat erwiesen sich bald als nicht geeignet, den Ort der Kirchen in den unabhängig gewordenen Staaten zu definieren. Die christlichen Kirchen sahen sich mit den widersprüchlichsten Situationen konfrontiert: zum Engagement gedrängt und wegen ihrer politischen oder ethischen Stellungnahmen kritisiert, von den neu geschaffenen Staaten als Konkurrenz empfunden und dennoch zur Schlichtung nationaler Konflikte aufgefordert, mit der Überbrückung der Mängel der öffentlichen Verwaltung beauftragt und für ihr übertriebenes Gewicht kritisiert, zuweilen gar beschuldigt, Spannungen anzuheizen oder Probleme zu verschärfen (so etwa die katholischen Kirchen angesichts der besorgniserregenden Zunahme von AIDS). Sie mußten mit offen feindseligen Regimes auskommen, die sich auf den Marxismus-Leninismus und auf einen militanten Atheismus beriefen, sich aus politischen Allianzen mit katastrophalen Folgen lösen (Region der Afrikanischen Großen Seen) und überall die Tendenz der Staaten berücksichtigen, sie zu neutralisieren oder ihren Einfluß zu instrumentalisieren. Wie die Ortskirchen mit den politischen Problemen und der Entwicklungsproblematik umgingen, ist derart unterschiedlich und fluktuierend, daß es unmöglich ist, die Reaktion anhand der Optionen oder der konfessionellen Zugehörigkeit zu typologisieren. Allerhöchstens läßt sich feststellen, daß der in den achtziger Jahren unter großen Schwierigkeiten initiierte Demokratisierungsprozeß die Hoffnungen einiger Kirchen nicht erfüllte, sie könnten als maßgebliche ethische Instanz in der Gesellschaft indirekt eine gewisse Autorität ausüben – Hoffnungen, welche die nationalen Versöhnungskonferenzen geweckt hatten. Aber auch nachdem die Kirchen einmal erkannt hatten, daß ihr Einfluß auf Gesellschaft und Staat nur relativ war, ließen sie sich nicht beirren, schwiegen nicht und zogen sich nicht zurück. In den meisten Ländern waren gegen Ende des 20. Jh. öffentliche Interventionen im konfessionellen oder ökumenischen Rahmen zu aktuellen Fragen inzwischen an der Tagesordnung. Hin- und hergerissen zwischen den Avancen der politischen Repräsentanten, die sich kirchliche Unterstützung für die Wahlen erhoffen, und dem Willen nach kritischer Distanz, ließen sich die Kirchen nur selten in eindeutig parteipolitische Optionen einbinden – das zeigt das Scheitern christlich-demokratischer Parteien, von denen kurz nach der Unabhängigkeit manche katholischen Missionskreise auf Madagaskar und im französischsprachigen Afrika träumten. Früher oder später wird sich mit zunehmender Pluralisierung die politische Rolle der Kirchen klären, dies um so mehr, als sich in den Staaten mit Mehrparteiensystemen ambivalente und hybride Verbindungen zwischen konfessionellen, regionalen, ethnischen Zugehörigkeiten und parteipolitischen Präferenzen abzeichnen.

---

[92] Agentur DIA, Johannesburg 29. Januar 1999.
[93] Vgl. L'Afrique du Sud en transition (colloque, 15./16. Januar 1993 in Paris), in: Cahiers de mission Nr. 33 (Mai 1993) 68 S., sowie Lendemains d'indépendance en Namibie, in: Mission Nr. 14 (Juni–Aug. 1991) 5–8.

III. Die Wege der Afrikanisierung

Die Afrikanisierung des Christentums war 1958 an sich nichts Neues. Schon im 4. Jh. hatte sich die Kirche Äthiopiens herausgebildet – Beispiel einer jahrhundertelangen gelungenen Akkulturation, die dann mit der Revolution von 1974 vor einer neuen Prüfung stand. Auch missionarische Expeditionen des 16. und 17. Jh. hatten Spuren von Akkulturation (bis hin zum Synkretismus) hinterlassen, so etwa in Angola und Moçambique, doch waren sie zu spärlich, um das Interesse der Missionare des 19. Jh. zu wecken. Erst die moderne Anthropologie konnte die Bedeutung eines prophetischen Separatismus beurteilen, der zeitgenössische Bewegungen vorwegnahm (darunter fällt etwa der aus der Verkündigung von Dona Beatriz im Königreich Kongo um 1700 entstandene „antonistische" Kult). Zwar konnten sich die Missionare des 19. Jh. dem konstitutiven Element jedes missionarischen Projekts nicht völlig entziehen, nämlich dem Willen, im katholisch oder protestantisch beeinflußten Aufnahmeland Wurzeln zu schlagen. Doch diese Zielsetzung lag während der Kolonialzeit im Widerstreit mit einer Missionarsmentalität, die es meisterhaft verstand, eine als Trägheit zu qualifizierende Vorsicht bei der Umsetzung dieser Prinzipien zu rechtfertigen. Bekanntlich wies die einschlägige Literatur immer wieder darauf hin, wie sehr es Zeit brauche, um die evangelisierten Völker vom Stadium der Wildheit in die Zivilisation und vom Heidentum zum wahren Glauben zu führen. Die Missiologie, beeinflußt von dem im katholischen Konzept der *plantatio Ecclesiae* formalisierten universalistischen Optimismus der Aufklärung[94], war nicht darauf angelegt, einer Afrikanisierung Rechnung zu tragen. Zweifelsohne neigten die evangelischen Missionsgesellschaften und die vom *ius commissionis* profitierenden mächtigen katholischen Orden und Kongregationen dazu, sich die Missionsgebiete anzueignen und den unausweichlichen Zeitpunkt der Machtübergabe hinauszuschieben[95].

In den sechziger Jahren verlagerte sich die Debatte; schon bald ging es nicht mehr um die Ablösung weißer Führungskräfte durch schwarze, sondern um wichtigere Problemfelder. War die Frage der Nationalität des Seelsorgepersonals einmal geklärt, konnte sich der Transfer des Christentums nach Schwarzafrika nicht einfach darauf beschränken, ein angeblich unverrückbares, universal gültiges christliches Modell zu reproduzieren oder eine in ihren Formen angepaßte, aber inhaltlich unveränderliche Version auszuarbeiten. Anders, als es sich die Missionare der Zwischenkriegszeit vorgestellt hatten, erwies sich auch das Modell des Aussortierens von Elementen einer angeblich unwandelbaren afrikanischen Tradition als nichtpraktikabel, d.h. das Übernehmen der mit der christlichen Botschaft zu vereinbarenden Elemente, das Ausscheiden von Aberglauben und Hexerei, von mit dem Evangelium unvereinbaren Bräuchen (Polygamie) und das Tolerieren aller neutralen Aspekte. Denn das unabhängige Afrika ist kein unwandelbares Afrika, sondern ein

---

[94] Vgl. D. BOSCH, Transforming Mission. Paradigm Shifts in Theology of Mission, Maryknoll (N.Y.) 1993, XIX–587 S., bes. Kapitel 9: Mission in the Wake of the Enlightenment, 262–345, worin der Autor darlegt, daß die zeitgenössische Missionsbewegung unter dem Einfluß der Aufklärung die Vorstellung des *manifest destiny* (des offenkundigen Schicksals) übernahm, wonach die westlichen den anderen Nationen überlegen seien, weil Trägerinnen von universalen Kulturwerten, die der ganzen Welt zu vermitteln Pflicht sei. Diese Vorstellung wurde unterstützt von einer providentialistischen Theologie, wonach Gott die westlichen Nationen als Trägerinnen der Kultur und des Christentums auserwählt hatte.

[95] M. SPINDLER (Hrsg.), Des missions aux Églises. Naissance et passation des pouvoirs, XVIIe–XXe siècles (actes de la Xe session du CREDIC, 27.–31. August 1989 in Basel) Lyon 1990, 303 S.

Kontinent im Umbruch mit Traditionen, die laufend umbesetzt und radikal bekämpft werden. Die zunehmende Eingliederung des Kontinents in das Welt-System (Globalisierung) hatte ein beispielloses Bevölkerungswachstum und eine entsprechend rasante Urbanisierung zur Folge. Noch 1950 lebten 11 %, 1990 bereits 31 % der Bevölkerung in Städten (rund zwanzig Städte mit über einer Million Einwohner), 2025 werden es voraussichtlich 55 % sein. Im Afrika südlich der Sahara wird sich zwischen 1950 und 2020 die Bevölkerung in den Städten verdreißigfachen, auf dem Land vervierfachen. Überall wird die Stadt – auch für die christlichen Kirchen – zur eigentlichen Herausforderung: als privilegierter Ort des Wandels mit der Erfahrung neuer Gleichgewichte und als Motor der Modernisierung mit neuen sozialen Beziehungsmodellen. In einem nicht mehr als ländlich zu bezeichnenden Afrika mit beschleunigter Mobilität auf regionaler und internationaler Ebene ist die Afrikanisierung des Christentums dringlich geworden und hat den aus der Vergangenheit ererbten Besonderheiten ebenso wie dem kulturellen Aufbruch Rechnung zu tragen, woraus eine außerordentliche religiöse Innovationskraft resultiert[96]. Afrikanisierung kann nicht länger auf eine kirchlich gesteuerte Anpassungsstrategie reduziert werden, vielmehr ist sie eine eigenständige Dynamik, welche die historischen Kirchen weder zu regulieren noch zu kontrollieren vermögen und deshalb zu begleiten versuchen.

1. Afrikanisierung der Seelsorge, der Führungskräfte und der Strukturen

Entwicklung im katholischen Bereich: beschleunigte Afrikanisierung des Klerus nach 1950

Bereits bei ihrer Gründung 1622 definierte die Kongregation *Propaganda Fide* als ihren Hauptzweck die Ausbildung des einheimischen Klerus. Dieser Imperativ wurde von Rom in den im 19. und 20. Jh. an die Missionsgesellschaften gerichteten Instruktionen immer wieder betont[97]. Wer sich davon überzeugen will, konsultiere die an die Missionsverantwortlichen gerichteten jährlichen und fünfjährlichen Fragebogen. Er wird zudem feststellen, wieviel Aufmerksamkeit die Konsultoren der Propaganda-Kongregation den Antworten schenkten, welche die Initiativen vor Ort zugunsten einheimischer Berufungen beschreiben. Doch zum Zeitpunkt der Unabhängigkeit war die Wegstrecke noch beträchtlich. 1961 gab es in Afrika 12 129, unter ihnen 2 277 einheimische Priester, der Anteil des afrikanischen Klerus betrug somit nur 18,7 %. Dieser Anteil variierte von Land zu Land, auch bei vergleichbarer Christianisierung durch dieselben Orden. So erreichte der Anteil der einheimischen Priester 41 % in Ruanda, aber lediglich 22 % in Burundi, beides von den Weißen Vätern missionierte Länder. Auch ob das Christentum schon lange präsent war oder ob die Kolonialmacht den Katholizismus schützte, ist kein Erklärungsgrund für diese Schwankungen. Ein De-facto-, wenn nicht De-iure-Monopol des Katholizismus brachte zuweilen mittlere, zuweilen niedrige „Indigenisierungsraten" des Klerus hervor: 42 % auf La Réunion (von Spiritanern missioniert), 4 % auf den Seychellen (von Kapuzinern mis-

---

[96] CHRÉTIEN, L'invention religieuse en Afrique (s. Anm. 20).

[97] Vgl. C. PRUDHOMME, Stratégie missionnaire du Saint-Siège sous Léon XIII (1878–1903). Centralisation romaine et défis culturels, Rom 1994, 621 S., sowie M. CHEZA (Hrsg.), Les cadres locaux et les ministères consacrés dans les jeunes Églises, XIXe–XXe siècles (actes de la XVe session du CREDIC 1994), Lyon 1995, 335 S. (ebenfalls behandelt werden die protestantischen Kirchen).

sioniert). Obwohl vor Hinduismus und Islam präsent, betrug der Anteil auf Mauritius lediglich 47%. Vergleichbare Anteile wurden in sehr viel später christianisierten Gebieten erreicht und spiegelten 1961 die Vielfalt der Situationen nach 100 Jahren Mission wider: Dahomey (35%), Uganda (34%), Kamerun und Gabun (28%), Südwesten Afrikas (26%), Tanganjika (24%), Madagaskar und Njassaland (22%), Togo (20%), Ghana (19%), Obervolta und Kongo-Kinshasa (15%), Elfenbeinküste (14%), Kongo-Brazzaville (13%). Anderswo lagen die Zahlen unter 10%, auch in Kenia und Nigeria (je 9%)[98].

Daß der Aufbau eines einheimischen Klerus, vor allem im Vergleich mit der Zunahme des einheimischen Seelsorgepersonals in den protestantischen Kirchen, in der katholischen Kirche so langsam voranschritt, war nur bedingt auf den schlechten Willen der Missionare zurückzuführen. Vielmehr spiegelte sich darin die Schwierigkeit, junge Afrikaner nach dem römischen klerikalen Modell auszubilden, welches das Erlernen von Fremdsprachen, insbesondere von Latein, und das Eintauchen in eine andere soziokulturelle Sphäre voraussetzt. Verglichen mit den Einschulungen von seiten der Kolonialverwaltung, bemühte sich die katholische Kirche schon früh um die Ausbildung von Eliten, doch mehr und mehr fanden die jungen Seminaristen die von den neuen Staaten angebotenen Kaderstellen attraktiver als den Eintritt in den Klerus.

Die Indigenisierung des katholischen Klerus, kurz vor Ausbruch des Zweiten Weltkrieges in den meisten Missionen aktiv in Angriff genommen und in den fünfziger Jahren intensiviert, wurde in den 30 Jahren nach Erlangen der Unabhängigkeit praktisch überall verwirklicht. Die Bilanz der Kongregation für die Evangelisierung der Völker, 1991 im Internationalen Fidesdienst publiziert, ist zweifelsohne optimistisch, geht doch die Schätzung dahin, in Afrika umfasse „die Indigenisierung des Personals – Bischöfe, Priester, Ordensmänner und -frauen und, generell, Mitglieder der Säkularinstitute – praktisch die Gesamtheit der Mitglieder". Nach der Aufsplitterung der verfügbaren Daten und der Aufhebung der Unterscheidung zwischen einheimischem Klerus und Missionaren lassen sich aus den römischen Statistiken keine verläßlichen Daten mehr herauslesen. Generell trifft es zu, daß der Weltklerus 1998 fast ausschließlich aus einheimischen Mitgliedern besteht; die Ordensmänner hingegen sind noch mehrheitlich Ausländer, selbst wenn die großen Missionskongregationen (mit Ausnahme der Missionare von Mill-Hill, die mit dem Diözesanklerus nicht konkurrieren wollen) ihre Institute weitgehend für Afrikaner geöffnet haben. Unterschiedlich ist die Afrikanisierungsrate in den Männerorden, sehr hoch in den Frauenorden; zudem sind in vielen Ländern lokale Frauenorden entstanden. Die nachstehende Tabelle (auf S. 590) gibt Aufschluß über das Ausmaß der Afrikanisierung im allgemeinen, aber auch über die großen Unterschiede je nach Ländern und Kleruskategorien[99].

Die vielen Klostergründungen sind ein weiterer spektakulärer Ausdruck des gelungenen Transfers des Christentums. „Heute entdeckt Schwarzafrika die Klöster unter der Ägide der Benediktsregel. 1988 gab es 88 aktive Klöster, nur zwei davon nördlich der Sahara ... Zwei besonders dichte monastische Zonen zeichnen sich bereits ab: eine südliche Zone

---

[98] Daten errechnet aufgrund der Angaben in: Bilan du monde. Encyclopédie catholique du monde chrétien (vgl. Anm. 10) 935 f. Sie stimmen überein mit den Statistiken der Agence Fides für 1967 vom 23. April 1969.
[99] Die Zahlen sind den entsprechenden Jahresstatistiken des Internationalen Fidesdienstes entnommen (jährliche Tabellen für jedes Land).

Geschätzter Anteil des einheimischen Klerus am Gesamtklerus
in einigen Ländern um 1990

Land	Einheimische Priester	Einheimische Brüder	Einheimische Schwestern	Kongregationen diözesanen Rechts
Benin (1993)	2/3 des Weltklerus		2/3	3 Frauenkongr.
Burundi (1990)	mehr als 2/3	groß- mehrheitlich	groß- mehrheitlich	2 Männerkongr. 2 Frauenkongr.
Zentralafrik. Republik (1985)	13 %			
Elfenbeinküste (1985)	38 %	mehrheitlich	mehrheitlich	1 Frauenkongr.
Lesotho (1988)	fast 50 %	2/3	3/4	
Madagaskar (1989)	51 %	80 %	68 %	
Malawi (1989)	48 %	1 von 86		2 Frauenkongr.
Mali (1990)	25 %		23 %	1 Frauenkongr.
Moçambique (1988)	15 %		33 %	5 Frauenkongr.
Namibia	16 %		45 %	
Uganda (1993)	80 %	85 %	85 %	1 Männer- missionskongr. 4 Brüderinst. 11 Frauenkongr.
Tschad (1990)	15 %			
Togo (1985)	46 %	15 %	30 %	
Zaire (1985)	3/4	800 (mehr als 50 %)		31 Frauenkongr.
Sambia (1989)	20 %		48 %	7 Frauenkongr.

von Zaire zum Indischen Ozean mit 60 % der Klostergemeinschaften in nur sieben Ländern; eine westliche Zone dem Golf von Guinea entlang von Kamerun bis zur Elfenbeinküste mit 25 % der Gemeinschaften in nur sieben Ländern. 15 % der Klöster befinden sich in den restlichen 20 afrikanischen Ländern ... Die Kirchen mit den meisten Klöstern sind jene von Zaire und jene von Tansania mit je 13 Klöstern." Es handelt sich um Gründungen des Benediktiner- und des Zisterzienserordens, ausnahmsweise um gänzlich afrikanische Gründungen (*Communauté des Béatitudes* von Pater Engelbert Mveng in Kamerun, *Germination apostolique* in Lomé von Bruder Pascal Kassivi, *Congrégation de la Sainte Trinité* von Bimwenyi Kweshi Oscar, Francois-Marie Lufuluabo Mizeka und Bukasa Kabongo in der Demokratischen Republik Kongo). Im Gegensatz zu den Klöstern in der englischsprachigen Zone sind jene in der frankophonen Zone nicht in der Seelsorge tätig. Alle aber wollen einem afrikanischen Mönchtum und „einem kontemplativen Leben nach afrikanischer Art" den Weg ebnen [100].

---

[100] Сн. GRAVRAND, Fils de saint Bernard en Afrique. Une fondation au Cameroun 1950–1990, Paris 1990, bes. 8 f sowie 176 f.

Afrikanisierung des Episkopats

Die Ernennung der Diözesanbischöfe nach dem Zweiten Weltkrieg war Symbol für den Willen Roms, den afrikanischen Klerus zu fördern. In der Zeit der Unabhängigkeitsbestrebungen wurde sie ein Politikum und eine Notwendigkeit. In der Öffentlichkeit sind solche Bischofsernennungen symbolträchtiger als der Aufbau lokaler Hierarchien entsprechend dem kanonischen Verfahren, das aus Vikariaten Bistümer oder Erzbistümer macht, aber den Sitz den bisherigen Inhabern überläßt. 1957 standen lediglich 13 Afrikaner an der Spitze eines kirchlichen Territoriums, das in der Regel aus der Aufteilung eines Bezirks hervorgegangen war. Das neue Gebiet wurde dann dem Weltklerus afrikanischer Herkunft überantwortet. Einige afrikanische Priester wurden zu Suffraganen weißer Erzbischöfe ernannt, etwa Bischof Bernardin Gantin in Cotonou oder Bischof Paul Etoga in Yaoundé. Die Unabhängigkeit zwang Rom dazu, diese Bestrebungen mit Unterstützung der Apostolischen Delegierten in Dakar, Bischof Maury, in Lagos, Bischof Sergio Pignedoli, und in Antananarivo (Tananarive), Bischof Pirozzi, zu beschleunigen und auszuweiten. Dabei wurden die Missionsbischöfe durch meist junge Afrikaner ersetzt. Die bestehenden Missionsorden setzten damit ihr Engagement in Ortskirchen und Diözesen fort, die fortan von afrikanischen Bischöfen geleitet wurden. Diese gehörten zum Teil jedoch auch Missionsorden an. Mit der politischen Unabhängigkeit setzten in den Kolonien im ehemaligen Französisch-Westafrika und Französisch-Äquatorialafrika Entwicklungen ein, wie sie ähnlich auch in den belgischen und englischen Kolonien zu beobachten sind. Bernardin Gantin wurde Erzbischof von Cotonou, Bernard Yago, 44jährig, auf den Erzbischofssitz von Abidjan ernannt, der Weiße Vater Paul Zoungrana, 43jährig, auf jenen von Ouagadougou, Jérôme Rakotomolala, 46jährig, auf jenen von Antananarivo. Vor der Eröffnung des Konzils wurden weitere afrikanische Erzbischöfe ernannt: Jean-Baptiste Zoa, 37jährig, in Yaoundé, Hyacinthe Thiandoum, 41jährig, in Dakar, Robert Dosseh, 37jährig, in Lomé, Luc Sangaré, 37jährig, in Bamako, der Spiritaner Raymond Tchidimbo, 42jährig, in Conakry. Das jugendliche Alter der Erzbischöfe sollte sich als positiv erweisen, erwuchs ihnen doch mit der langen Amtsdauer eine Autorität, die im Kontrast stand zur politischen Instabilität in den meisten Staaten; nicht zu verschweigen ist allerdings auch das Risiko von peinlichen Allianzen und Absprachen mit der weltlichen Macht.

Einmal begonnen, setzte sich die Afrikanisierung fort und weitete sich aus. 1967 lag die Zahl der afrikanischen Bischöfe bei 97, jene der nichtafrikanischen bei 132[101]. Besonders weit fortgeschritten war diese Entwicklung in den früheren belgischen Kolonien, wo die afrikanischen Bischöfe in der Mehrheit waren, und in einigen anderen Ländern, wo die Christianisierung überdurchschnittlich hoch war oder zeitlich weit zurücklag: Kamerun, Dahomey, Ghana, Obervolta (Burkina Faso), Senegal, Uganda. Beträchtlich war der Rückstand hingegen in den portugiesischen Kolonien Angola und Moçambique, wo es keinen einheimischen Bischof gab, und in Südafrika, wo einer von acht Bischöfen Afrikaner war. Mit dem Verschwinden der letzten Kolonien im südlichen Afrika erhielten auch Angola, Moçambique und Simbabwe einen afrikanischen Episkopat; in den achtziger Jahren wurde die Ernennung afrikanischer Bischöfe die Regel. Laut dem römischen *Statistischen Jahr-*

---

[101] Laut Agence Fides, 23. April 1969. In der Statistik nicht ausgewiesen werden die Zahlen für La Réunion, Liberia, Niger und Südrhodesien.

buch der Kirche 1996 gab es am Stichdatum 31. Dezember 1996 in Afrika 541 Bischöfe (399 aus dem Weltklerus, 142 aus dem Ordensklerus), 1998 gab es 423 einheimische und 121 ausländische Bischöfe[102]. 1991 waren in 17 Ländern alle, in 7 weiteren Ländern (darunter Angola, Moçambique, Simbabwe, Südafrika) fast alle Bischöfe Afrikaner[103].

So ist die katholische Kirche in Schwarzafrika, was die Nationalität ihres Personals und ihrer Würdenträger betrifft, afrikanisch geworden, aber auch bezüglich ihrer internen Organisation erlangte sie eine gewisse Autonomie. Die Entwicklung der katholischen Ekklesiologie im Zweiten Vatikanum erlaubte es, kirchliches Recht und Theologie der Ortskirchen zu harmonisieren. Die Instruktion *Relationes* vom 24. Februar 1969 präzisierte, die Diözese sei einem Bischof mit ordentlicher, unmittelbarer Machtbefugnis anvertraut, während dem Apostolischen Vikar die bischöfliche Machtbefugnis als Vertreter (Vikar) des Papstes zustehe. Fortab konnten die einstigen Missionsländer somit nicht mehr einem Missionsinstitut unterstellt werden. Die Statusänderung sanktionierte die Machtübergabe: Die Missionstätigkeit unterstand fortan der Verantwortung der Diözesen und Bischöfe.

Mit dem Konzil setzte sich der institutionelle Umbau mit der systematisch betriebenen Schaffung von nationalen und regionalen Bischofskonferenzen fort (mit gewissen Anpassungen, die ein Überschreiten der politischen Grenzen gestatteten); bei der Zusammensetzung dieser regionalen Gremien spielen die kolonialzeitlichen Sprachgrenzen weiterhin eine wichtige Rolle[104], und zwar trotz aller Anstrengungen, sie punktuell zu überwinden (anglophone und frankophone Episkopate in der Region der Afrikanischen Großen Seen). Die Konferenzen wählen frei ihren Vorsitzenden, doch werden ihm weder von den Staaten noch vom Apostolischen Stuhl offizielle Repräsentationsbefugnisse übertragen, obwohl diese Vertretung von der OAU anerkannt ist. Rom lehnte bislang die Gründung einer kontinentweiten Bischofskonferenz als inopportun ab, gestattete aber 1969 die Schaffung eines Symposiums der Bischofskonferenzen Afrikas und Madagaskars (*Symposium of the Episcopal Conferences of Africa and Madagascar* – SECAM), eines noch immer eher lockeren Gremiums[105]. Bedeutsamer war die Einberufung einer Sonderversammlung für Afrika der römischen Bischofssynode, die vom 10. April bis 8. Mai 1994 in Rom abgehalten wurde, bestätigte sie doch die Anerkennung einer Kirche Afrikas im Schosse der römischen Kirche.

---

[102] Internationaler Fidesdienst, Dossier Nr. 4133, 16. Oktober 1998.

[103] DC Nr. 2039, 1. Dezember 1991, 1056.

[104] 1998 gab es neun regionale Bischofskonferenzen, eine für Nordafrika, zwei für Zentralafrika (die ehemaligen Kolonien Belgiens sowie Frankreichs im Gebiet von Französisch-Äquatorialafrika), zwei für Westafrika (Französisch-Westafrika, Guinea-Bissau und ehemals Britisch-Afrika), eine für Ostafrika (inkl. Äthiopien), eine für das südliche Afrika (englisch- und portugiesischsprachig), eine für Madagaskar und die Inseln im westlichen Indischen Ozean, schließlich eine für Ägypten.

[105] Zur Geschichte des SECAM (im frnzösischen Sprachraum SCEAM genannt) bis 1990 vgl. M. CHEZA, Le Symposium des conférences épiscopales d'Afrique et de Madagascar: le SCEAM, in: Revue théologique de Louvain 21 (1990) 472–476.

Grenzen der Autonomie

Weit zurückzuliegen scheint an der Wende zum 21. Jh. die Epoche des Zweiten Vatikanischen Konzils, auf dem einige Bischöfe Afrikas, unter ihnen eine Minderheit von Afrikanern, ihre Stimme erhoben [106], aber eine Nebenrolle spielten in einer von europäischen oder amerikanischen Theologen dominierten Versammlung. Der Übergang von einer missionarischen zu einer ordentlichen Struktur ist keine bloß formale Entwicklung, geht mit ihr doch die allmähliche Stärkung der nationalen Episkopate einher. Inzwischen versammeln sich die nationalen Episkopate auf dem afrikanischen Kontinent oder in Rom, um über gemeinsame Interventionen zu entscheiden. Doch manche Beobachter sind skeptisch, sprechen weniger von der gelungenen Afrikanisierung der Strukturen und Institutionen als von den noch immer bestehenden Mängeln und heben vor allem drei Schwachpunkte hervor.

Der *erste* Punkt betrifft die begrenzte Afrikanisierung der einheimischen Geistlichkeit. Obschon die Zahl der Weihen und der Eintritte von jungen Männern in Seminare und Ordenshäuser zugenommen hat, hat sich das numerische Verhältnis von Priestern und Gläubigen verschlechtert. Das Anwachsen des afrikanischen Klerus vermochte den Abgang der nichtafrikanischen Priester und die wachsende Zahl der Gläubigen nicht zu kompensieren. Paradoxerweise steht so der spektakulären Steigerung der Priesterzahlen ein zunehmender Priestermangel gegenüber, eine beunruhigende Entwicklung für das konstitutive Amt innerhalb der katholischen Kirche, die zahlreiche Verantwortlichkeiten und sakramentale Aufgaben den Priestern vorbehält. 1960 zählte man einen Priester auf 1 652 Getaufte, 1982 einen auf 3 439 und 1992 einen auf 4 434 Getaufte. Hinter diesen Zahlen verbergen sich freilich große Unterschiede von Land zu Land und innerhalb eines Landes, und es ist eher fragwürdig, die Vitalität der katholischen Kirche an diesem Kriterium zu messen. Trotz der Eröffnung zahlreicher neuer Priesterseminare wird das bestehende Ungleichgewicht in den kommenden Jahren nicht zu korrigieren sein [107]. Für diese Prognose spricht, daß sich die Rate der Priesterberufungen in den neunziger Jahren bei 16 auf 100 000 Katholiken stabilisierte.

Die abnehmende Dichte des Seelsorgenetzes oder bestenfalls dessen Stabilisierung auf einem ungenügenden Niveau bestärkt einige Beobachter in der Überzeugung, daß sich bezüglich der anerkannten Dienstämter Innovationen aufdrängen. Abhilfe versprechen sie sich von der Aufwertung der in der Missionsgeschichte so häufig ausgeblendeten traditionellen und unentbehrlichen Rolle der afrikanischen Laien, Männer wie Frauen. Zahlreiche Untersuchungen belegen, daß just die Mitarbeiter der Missionare häufig am aktivsten zur Verbreitung des Christentums beitrugen. Und Afrika verfügt über ein beeindruckendes Netz von Gemeindeleitern (Katechisten – *catéchistes*), die sich, so das katholische Vokabular, „mit ganzer Kraft für das Apostolat der Kirche einsetzen", das heißt offiziell eingesetzt sind und für diese Aufgabe bezahlt werden [108]. Doch aus prinzipiellen – Abgrenzung

---

[106] Fouilloux, Vatican II commence... (s. Anm. 26).

[107] R. Luneau, Paroles et silences du synode africain, 1989–1995, Paris 1997, 81.

[108] Das Statistische Jahrbuch der Kirche 1999 verzeichnet für Afrika 356 259 Katechisten, für Asien 219 794, für Nord- und Südamerika 1 368 018, für Ozeanien 14 801 und für Europa 490 787. Was den Begriff des Katechisten betrifft, so wird er nicht eindeutig benutzt. Während im afrikanischen Raum damit pastorale Mitarbeiter bezeichnet werden, die u. a. die Leitung sog. Kleiner Christlicher Gemeinschaften innehaben, sind vom Statistischen Jahrbuch für Deutschland hauptamtlich tätige pastorale Mitarbeiter, insbesondere Gemeindereferentinnen und -referenten

der Tätigkeitsfelder von Klerikern und Laien – oder finanziellen Gründen – Kosten neuer Dienstämter für Diözesen mit chronischen Finanzschwierigkeiten – hält sich mit dem Rückgriff auf Katechisten, Vorstehern von Gemeinschaften und Bewegungen das Innovationspotential in Grenzen. Vorab im englischsprachigen Osten wurden beträchtliche Anstrengungen unternommen, um die Zahl der Bildungszentren zu erhöhen, und zahlreiche Laien wurden mit der Gemeindeleitung betraut – freilich ohne die traditionell auf den Klerus fokussierte Organisation in Frage zu stellen, als wäre die Beförderung der Laien nur eine provisorische Maßnahme gegen den Priestermangel, nicht aber ein neues kirchliches Modell[109].

Kongo-Kinshasa, wo das Amt des Laien als Gemeindeleiters seit langem stark verbreitet ist (1995: 60 243), ist ein Sonderfall mit der Institution der *catéchistes permanents*, genannt *bakambi* (Singular *mokambi*)[110]. Zusammen mit den Gemeinde- und Pastoralhelfern bilden sie jene drei Laienämter, die sich Kardinal Malula in den siebziger Jahren als Antwort auf den Priestermangel ausgedacht hatte. Mit den Jahren wurde das Konzept eines auf Zeit vergebenen Amtes abgelöst; an dessen Stelle traten Überlegungen, inwiefern Laien überhaupt Verantwortung übernehmen könnten. Das von Kardinal Malula initiierte Konzept sieht folgendes vor: Unter den Katholiken mit Sekundarschulbildung ausgewählt, erhalten die *bakambi* eine zweijährige Ausbildung; nach einem Praktikum wird ihnen ein Gemeindeamt übertragen, von dem lediglich die den Priestern vorbehaltenen Handlungen ausgeschlossen sind. Auf der Basis dieser Erfahrung forderten 59 (gegen 71) Bischöfe an der Römischen Bischofssynode 1971, der Papst solle fallweise verheiratete Laien weihen. Doch das Festhalten am Pflichtzölibat für den Weltklerus gemäß lateinischer Tradition überwog. Ins Gewicht fiel auch, daß bislang kein Missionsinstitut der mit Rom unierten Othodoxen Kirche in Afrika missionarisch tätig war und das Modell der verheirateten Priester in Afrika als Alternativmodell hätte einführen können.

Seit dieser Absage steht die Frage in regelmäßigen Abständen (schon Kardinal Lavigerie brachte sie auf) zur Diskussion, wenn auch nicht in der Öffentlichkeit. Noch komplexer wird die Situation dadurch, daß manche Afrikaner den Verdacht hegen, andere wollten sich in ihre Interna einmischen, zudem sei die gestellte Frage der Ausdruck der im Westen noch immer grassierenden Meinung, die Afrikaner seien aus soziokulturellen Gründe unfähig, sich an die traditionelle Disziplin der römischen Kirche zu halten. Weit mehr erstaunt, daß die Zahl der Ständigen Diakone bis 1995 auf weiterhin geringem Stand stagnierte: 336 gegen 12 048 in Nordamerika und 60 600 in Europa[111]. Die Erfindung neuer Dienstämter bleibt ein heikler Punkt, wie der Zwischenfall zwischen den Kardinälen Malula und Danneels bezüglich der *bakambi* während der Vollversammlung der Synode der Bischöfe über „Die Berufung und Sendung der Laien" von 1987 zeigte[112]. Die Zukunft der Laienämter wird davon abhängig bleiben, ob die Frage der Entlohnung geregelt wird, in allererster Li-

---

sowie Pastoralreferentinnen und -referenten gemeint. Diese sind offiziell jedoch keine Gemeindeleiter, die Gemeindeleitung ist den Priestern vorbehalten.

[109] Vgl. F. LOBINGER, Auf eigenen Füßen: Kirche in Afrika. Düsseldorf 1976, 120 S.

[110] L. BERTSCH, Laien als Gemeindeleiter. Ein afrikanisches Modell, Freiburg i. Br. 1990, 237 S.; L. DE SAINT-MOULIN, Qu'ont apporté les ministères laïcs à l'Église de Kinshasa?, in: Revue africaine de théologie 17 (1993) 99–116.

[111] Annuarium Statisticum Ecclesiae 1995 80.

[112] DC Nr. 1951 (1987) 1101 f.

nie ist sie aber ekklesiologischen Herausforderungen und pastoraltheologischen Optionen untergeordnet, zu denen die Schlüssel in Rom nicht weniger als in Afrika liegen[113].

Der *zweite* Punkt betrifft die Unangepaßtheit der kirchlichen Strukturen an die zeitgenössischen afrikanischen Gegebenheiten. Das Missionserbe blieb insofern intakt, als die räumliche Aufteilung weiterhin in Anlehnung an das Gemeindemodell besetzt und in Form eines hierarchischen Netzes von Hauptzentren und Außenstationen geordnet blieb. Statt dieser territorialen Gliederung wünschten sich Theologen und Seelsorger andere Einteilungen in Form von kleineren, von Laien betreuten Solidargemeinschaften mit einer gewissen Autonomie. Solche Experimente hatte es in einem städtischen Umfeld bereits in den fünfziger Jahren in Ghana gegeben. Wegen des Zusammenbruchs der kirchlichen Strukturen im Gefolge der Unabhängigkeit hatte der Episkopat von Kongo-Kinshasa schon 1961 ein Programm für „lebendige christliche Basisgemeinschaften" lanciert und je nach Konstellation und Konfliktlage mit dem Staat nach 1967 wiederaufgenommen. Ähnliche Bestrebungen gab es auch in mehreren Staaten West- und Äquatorialafrikas sowie in Südafrika. Seit 1973 gab die Versammlung der ostafrikanischen Bischofskonferenzen der Förderung „kleiner christlicher Basisgemeinschaften mit menschlichem Antlitz" allerhöchste Priorität und verpflichtete sich auf der Römischen Bischofssynode 1977 feierlich darauf. Dieselbe Stoßrichtung wurde auch in Tansania verfolgt, wo sich der Bischof von Rulenga so weit auf das Projekt der *Ujamaa*-Dörfer einließ, daß er selbst ein Stück Land bebaute; gleiches galt für die Bischöfe auf Madagaskar nach der Nationalsynode 1975 und auf den kleinen Inseln des Indischen Ozeans 1978. Doch am Ende der siebziger Jahre hatte sich das Modell der kirchlichen – oder christlichen – Basisgemeinschaften im wesentlichen der von der Spitze der Hierarchie beschlossenen Seelsorgetätigkeit unterzuordnen, deren Strategie die kontrollierte Einbindung der Laien in die Verantwortung war. Die afrikanischen Modelle unterschieden sich stark vom lateinamerikanischen Modell, auf das sie im übrigen gar nicht abstellten. Die Ausarbeitung einer afrikanischen Theologie, der Zwang, den Ansprüchen der von nicht klerikal organisierten Denominationen angezogenen Laien Rechnung zu tragen, der zunehmende Priestermangel – all das trug dazu bei, die Autonomie solcher Gemeinschaften vorab auf Madagaskar, in Zaire, im östlichen Afrika oder in Obervolta zu erhöhen. Einige dieser Gemeinden beriefen sich inzwischen auf Gemeinsamkeiten mit den Zielen der Basisgemeinden in Lateinamerika, so etwa die *Petites Communautés chrétiennes* in Zaire oder die auf Madagaskar in der Diözese Antsirabe geschaffenen *Sokajy Fototra Kristianina* (SKF)[114].

Hier wurden die christlichen Basisgemeinschaften mit einer vierfachen Funktion betraut: *administrativ*, mit dem Ziel der Selbstverwaltung im Alltag; *liturgisch*, um bei Abwesenheit des Ortspriesters die Versammlungen zu leiten; *sozial-kirchlich*, um Aufnahme- und Integrationsstrukturen zu entwickeln, welche die in Auflösung befindliche traditionelle Familiensolidarität ersetzen; *theologisch* schließlich, um näher an der afrikanischen Lebenswelt orientierte Glaubensformen zu entwickeln. Zwar ist es für eine abschließende Bilanz noch zu früh, doch die bisher erzielten Resultate scheinen die in sie gesetzten Hoff-

---

[113] L. Santedi Kinkupu (Hrsg.), L'avenir des ministères laïcs. Enjeux ecclésiologiques et perspectives pastorales (colloque célébrant le 20 anniversaire de l'institution des ministères laïcs à Kinshasa), Kinshasa 1997, 234 S.
[114] Vgl. die Aufsätze von B. Ugeux und J.-M. Aubert, in: Amérique latine et initiatives missionnaires (XVIe–XXe siècles) (actes de la XIIIe session du CREDIC à Huelva), Lyon 1994; B. Ugeux, Les Petites Communautés chrétiennes. Une alternative aux paroisses? L'expérience du Zaïre, Paris 1998, 321 S.

nungen nicht ganz zu erfüllen, und zwar insbesondere dort, wo diese Gemeinschaften lediglich die Nachfolge des Gemeindenetzes antraten und nicht aus spezifischen Laieninitiativen hervorgingen[115]. Die Afrikasynode von 1994 in Rom bestätigte, daß die Bildung solcher Gemeinschaften den Bischöfen am Herzen lag (Punkt 9 der 64 Punkte ihres Vorschlagskatalogs). Bedingung war allerdings, daß sich diese Gemeinschaften in das Pastoralkonzept der Diözese einfügen und daß sie von sorgfältig ausgebildeten Laien geleitet werden, um zentrifugalen Kräften vorzubeugen.

Ein *dritter* Punkt ist die zum Teil noch immer bestehende Fremdbestimmung des afrikanischen Katholizismus trotz dessen augenscheinlicher afrikanischer Verwurzelung. Dieser Punkt, die beiden ersten gewissermaßen systematisierend, wurde schon 1974 heftig diskutiert. Obwohl in die Minderheit versetzt, kontrollieren der nichtafrikanische Klerus und die Missionskongregationen zum Teil nach wie vor die Ausbildungsstätten (Dozenten an den Seminaren), liefern die Modelle für das Dienstamt, dozieren ihre Theologie[116] und monopolisieren die kulturellen Schaltstellen. Da sie über die Finanzmittel bestimmen, also gegenüber lokalem Klerus und Episkopat über das stärkste Druckmittel verfügen, steht zu befürchten, daß diese Fremdbestimmung anhalten wird.

Um diesem Druck zu entgehen, bleibt den Bischöfen nichts anderes übrig, als eigene Finanzkanäle zu erschließen oder aber Schritt für Schritt ein allzu kostspielig gewordenes Netz von Institutionen abzubauen. Die erste Option käme einer Verlagerung, nicht aber einer Aufhebung der Abhängigkeit gleich. Die Alternative wäre der Rückgriff auf westliche Wohltäter – die Bischöfe würden so auf ihren Reisen in den Westen zu Bittstellern degradiert – oder aber der Appell an Rom – der Verdacht wäre dann, Rom wolle so den Fortbestand des eigenen Kirchenmodells sichern und eine der pastoralen und theologischen Kreativität abträgliche Unterwürfigkeit aufrechterhalten. Diese vielen afrikanischen Kirchen sämtlicher Konfessionen eigenen Strategien wurden stark kritisiert und als „Politik des Bauches"[117] qualifiziert. Die zweite Option käme langfristig einem radikalen Bruch der Kirchen mit den übernommenen Missionswerken gleich. Laut Bischof Théodore-Adrien Sarr von Kaolack (Senegal) – er stützte sich dabei auf eine Statistik des *Office International de l'Enseignement catholique* (Weltverband der Katholischen Schulen) – besuchten 1994 4,8 % der im Schulalter stehenden und 10 % der effektiv eingeschulten Kinder eine katholische Lehranstalt. Das römische *Statistische Jahrbuch der Kirche* führte 1995 außerdem 13 667 Einrichtungen und Werke auf (darunter 832 Krankenhäuser und fast 4 000 Ambulanzen). Die Bischofssynode für Afrika von 1994 kritisierte diese Institutionen nicht, hob vielmehr hervor, wie wichtig die Verbreitung katholischer Schulen sei, auch wenn inzwischen der Akzent auf der technischen Ausbildung liege. Das Netz der Einrichtungen und Werke schließlich figurierte auch nicht unter den 64 Vorschlägen und wurde nicht in Frage gestellt. Tatsache ist, daß die meisten Staaten nicht in der Lage wären, die von den Kirchen mit Unterstützung von Nichtregierungsorganisationen (Non-Governmental-Organisation: NGO) verwalteten Institutionen finanziell zu übernehmen. Mit Vorschlag 57 sprach sich die Synode sogar für verstärktes Handeln in der Gesellschaft aus. Faktisch

---

[115] So die vorläufige Diagnose von F. Boillot, Théologie de la libération et communautés chrétiennes de base, in: Constantin – Coulon, Religion et transition démocratique en Afrique (s. Anm. 64) 115–134.

[116] Vgl. dazu auch unten Abschnitt 4. *Afrikanisierung der Theologie.*

[117] J.-F. Bayart, Les Églises chrétiennes et la politique du ventre. Le partage du gâteau ecclésial, in: Politique africaine Nr. 35 (Okt. 1989) 3–26.

ist die Synode die Sprecherin ihrer Basis, die nachhaltig den Ausbau sowohl der katholischen Präsenz in der Ausbildung der Eliten (katholische Universitäten) wie der Kommunikationsmittel fordert (Presse, Verlagswesen, Radiostationen, Satelliten-TV …).

Damit ist aber auch gesagt, daß die in Vorschlag 27 wiederaufgenommenen Aufrufe mehrerer Synodenteilnehmer zur Selbstfinanzierung der Ortskirchen kurzfristig keinerlei Chancen auf Verwirklichung haben[118]. Doch vielleicht ist es allzu optimistisch, auf die Stärkung der materiellen Infrastruktur und ein eigenständiges katholisches Sprachrohr zu setzen, wenn selbst angesehene frankophone Presseorgane, wie etwa die zwischen 1947 und 1987 in Dakar publizierte katholische Wochenzeitschrift *Afrique Nouvelle,* es nicht verstanden haben, sich der gewandelten Nachfrage anzupassen, neben neuen Periodica zu bestehen und die Eigenfinanzierung zu gewährleisten[119]. Was die anglophonen Länder betrifft, so ist die Lage in Ostafrika besser, nicht aber in Westafrika, wo die Unfähigkeit, die zur Zeit der Kolonisation und der Unabhängigkeitskämpfe dominierende christliche Massenpresse am Leben zu erhalten, selbst die politischen Repräsentanten Nigerias (1998) mit Sorge erfüllte[120].

Eine weitere, komplementäre Lesart zielt darauf ab, nicht den Dezentralisierungs-, sondern den Dekonzentrationsprozeß im Katholizismus hervorzuheben: Die Verlagerung von Zuständigkeiten gestatte es den afrikanischen Kirchen, ein Eigenleben zu führen und, wie die Kirchen der übrigen Kontinente, von Zeit zu Zeit zu Synoden einberufen zu werden; auf diese Weise käme es nicht zu einem eigentlichen Machttransfer, und der römische Zentralismus könne auf anderen Wegen weitergeführt werden. Das Zweite Vatikanische Konzil war die erste Etappe auf diesem Weg zu einem neuen Gleichgewicht ohne Bruch und lehnte konsequenterweise die von einigen Missionsbischöfen geforderte Aufhebung der Propaganda-Kongregation ab. Daß die Diözesen Afrikas wie aller übrigen einstigen Missionsgebiete in dieser Kongregation belassen und nicht der Bischofskongregation unterstellt wurden, ist Anzeichen für die Furcht Roms vor zentrifugalen Kräften, ja gar heterodoxen Tendenzen innerhalb der „jungen Kirchen". Es macht auch den Willen Roms manifest, spezifische direkte Beziehungen aufrechtzuerhalten: Die Rolle der heute überall in Afrika präsenten Nuntien und Apostolischen Delegierten stärkt den Verdacht, die Episkopate sollten unter Kontrolle gehalten werden. Rom erkennt die Kirche in Afrika als einen eigenständigen und besonders dynamischen Pol an, ruft sie aber auf, sich zunehmend in das katholische Kirchensystem zu integrieren. Das bestätigt der Stellenwert, den sie seit Paul VI. in der päpstlichen Reisetätigkeit einnimmt. Zwischen 1980 und 2000 stattete Johannes Paul II. 40 Ländern Schwarzafrikas 60 Besuche ab (inkl. Madagaskar und La Réunion). Allmählich kann man davon sprechen, daß die katholische Kirche Afrikas in der Gesamtinstitution mit der ihr angemessenen Bedeutung (10,8 % aller Katholiken) vertreten ist. Das spiegelt sich in der Zahl der an den Päpstlichen Universitäten Roms ausgebildeten höheren Führungskräfte, im wachsenden Einfluß ihrer Vertreter im Kollegium der den Papst wählenden Kardinäle (12 von 103 im Jahr 2000), in der sichtbaren Präsenz in der Kurie, in der im Jahr 2000

---

[118] Vgl. etwa die Ausführungen von Bischof Gabriel Kembo von Matadi (Demokratische Republik Kongo), in: M. Cheza (Hrsg.), Le Synode africain. Histoire et textes, Paris 1996, 173f.

[119] A. Lenoble-Bart, Afrique nouvelle. Un hebdomadaire catholique dans l'histoire, 1947–1987, Talence 1996, 313 S. Innerhalb derselben frankophonen Zone überlebten bislang *La Semaine africaine* (Brazzaville) und *L'Effort camerounais* (von Yaoundé nach Douala verlegt) um den Preis von einigen Produktionsunterbrüchen.

[120] K. Daring, La presse chrétienne, un échec?, in: Nigeria (Sept. 1998), zit. in: ANB-BIA Nr. 356, 15. November 1998.

auch ein Kardinal aus Afrika tätig war (Francis Arinze aus Nigeria steht dem Päpstlichen Rat für den Interreligiösen Dialog vor), ferner 24 Bischöfe aus 24 afrikanischen Ländern, also 12,2 % der Kurienbischöfe (gegen 135 aus europäischen Ländern, von denen allerdings 96 aus Italien stammen). Es bleibt die Frage, ob diese Einbettung um den Preis der Romanisierung und Latinisierung geschehen wird, was dann allerdings dem Diskurs über die Notwendigkeit zur Inkulturation des Christentums zuwiderliefe.

Die Entwicklung im protestantischen Bereich

Um 1958 wurde deutlich, daß die protestantischen Missionen den jungen protestantischen Kirchen Afrikas ein anderes Erbe hinterlassen würden als die katholischen Missionen ihren Nachfolgekirchen. Bereits 1851 hatte Henry Venn, Sekretär der *Church Missionary Society*, der Missionsgesellschaft des evangelikalen Flügels der anglikanischen Kirche, das Prinzip der dreifachen Autonomie aufgestellt: *self-governing, self-supporting, self-propagating*. Die europäischen Missionen hatten dieses Prinzip nicht immer befolgt, weshalb die Afrikanisierung der Führungskräfte erst nach dem Zweiten Weltkrieg Realität wurde. Auf dieser Basis konnten die protestantischen Missionsgesellschaften aus Basel, London, Paris usw. die von ihnen seit den Anfängen evangelisierten oder von anderen Missionsgesellschaften übernommenen Gebiete in die Autonomie führen. So verfuhr etwa die Pariser Evangelische Missionsgesellschaft (SMEP) mit den neun Kirchen in ihrem Verantwortungsbereich in Afrika und im Pazifik; in Afrika waren dies die Kirchen von Kamerun (1957), Madagaskar (1958), Togo (1959), Gabun (1961), Barotseland (Westsambia; 1964), Lesotho (1965). Der institutionelle Übergang, dessen Chronologie mit derjenigen des politischen Wandels identisch ist, verlief nicht ohne Schwierigkeiten. Da die europäischen Missionare theologisch besser ausgebildet waren, Einrichtungen, Werke und Finanzmittel kontrollierten und für Verwaltung und Gemeindeführung besser qualifiziert waren, konnten sie ihren privilegierten Status faktisch halten. Obwohl in der Minderheit, blieben sie als Besucher und Ratgeber notwendige Gesprächspartner für die afrikanischen Kirchen, was deren Autonomie in gewisser Weise relativiert. Die Missionsgesellschaften wußten um diese Mängel und versuchten, ihre Hilfe neu zu orientieren. Zum einen verbesserten sie die Ausbildung der kirchlichen Führungskräfte, indem sie ein Netz von theologischen Ausbildungsstätten aufbauten, zum anderen intensivierten sie die Ausbildung der Verantwortungsträger in den Einrichtungen und Werken (Krankenhäuser, Schulen), um deren Abwanderung in die von den jungen Staaten angebotenen Stellen und Karrieren einzudämmen. Als erste eröffnete die SMEP im Februar 1962 in Yaoundé eine Fakultät für protestantische Theologie.

Entscheidende Impulse für diese Entwicklung gingen vom Internationalen Missionsrat aus, der die entsprechenden Zielsetzungen vorgab. Daß die Ausbildung der Pastoren für die Zukunft der Kirche ausschlaggebend war, davon waren alle überzeugt: „Es muß afrikanische Pfarrer geben, die so gut ausgebildet sind, daß sie eine Vorstellung darüber haben können, was die Kirche auf diesem Kontinent sein muß, daß sie schwierige, zukunftsfähige Entscheidungen fällen können, daß sie denken und lehren sowie gehaltvolle Bücher verfassen können, entsprechend den Bedürfnissen ihrer Kirche und ihres Volkes, und daß sie schließlich allein die volle Verantwortung für die Kirche übernehmen können."[121]

---

[121] So der Vertreter der SMEP, Jean Keller, anläßlich der Einweihung der Fakultät für protestantische Theologie in Yaoundé, zit. in: Journal des missions évangéliques 137 (Jan.–Febr. 1962) 62.

Um dieser Strategie mehr Kohärenz zu verleihen, paßte der ÖRK seine Strukturen den veränderten Umständen an. Anläßlich der dritten Vollversammlung des ÖRK in New Delhi (1961) schlossen sich der Internationale Missionsrat und der ÖRK zusammen. Als Konsequenz der Versammlung in Delhi wurde innerhalb des ÖRK eine Kommission für Mission und Evangelisation geschaffen [122]. Zuvor hatte sich der Internationale Missionsrat dafür eingesetzt, daß sich sämtliche afrikanische Kirchen jenseits aller kolonialen Spannungen zusammenschlossen. Daraus erwuchs die Gesamtafrikanische Kirchenkonferenz, 1958 in Ibadan (Nigeria) vorbereitet und 1963 in Kampala (Uganda) formell gegründet. 1987 waren in ihr (mit Sitz in Nairobi, Kenia) 105 protestantische und anglikanische Kirchen, 15 Christenräte und einige assoziierte Kirchen verbunden. Die Gesamtafrikanische Kirchenkonferenz versteht sich als eine Gemeinschaft von Kirchen, die sich „gemäß dem Evangelium zu Jesus Christus als Gott und einzigem Retter" bekennen. Auf der alle fünf Jahre einberufenen Generalversammlung werden der Präsident und die Mitglieder des alle 18 Monate tagenden Zentralausschusses gewählt, die Aktivitäten evaluiert und die Zielsetzungen festgelegt. Ihr alle 6 Monate tagender Exekutivausschuß kontrolliert die ständigen Organe: Generalsekretariat, Gruppe für kirchliche Identität, beratender Entwicklungsdienst, Flüchtlings- und Katastrophenhilfe, Ausbildungszentrum. Die komplexe Organisation versucht verschiedenen Forderungen gerecht zu werden: Zusammenhalt, kollektive Vertretung gegenüber afrikanischen Regierungen und Nichtregierungsorganisationen, Achtung der Autonomie jeder Kirche [123].

1957 wurde ein systematischer Macht- und Eigentumstransfer (Land, Immobilien, Transportmittel) eingeleitet. Die Vertreter der Missionsgesellschaften wurden der Verantwortung und Autorität der Ortskirche unterstellt. Ein heikler Punkt war freilich, daß der Finanzverantwortliche der Kirche damit zum Verwalter des gesamten Budgets, auch der Gehälter der europäischen Missionare wurde. Mit der neugewonnenen Autonomie änderte sich zwangsläufig das Verhältnis zwischen den Missionsgesellschaften und den jungen Kirchen. Auf die Unterordnung folgte Partnerschaft. Die neue Konstellation setzte einen Wandel der Strukturen in Afrika und Europa, aber auch der Mentalitäten im Hinblick auf die gemeinsame Bewältigung der Missionsaufgaben voraus. Um die Zusammenarbeit effizient zu gestalten, wurde die Zahl der Akteure begrenzt und deren Einfluß ausgeglichen, was Umstrukturierungen innerhalb der aus den Missionen hervorgegangenen protestantischen Kirchen zur Folge hatte. Ein heikles Unterfangen, trafen doch unterschiedliche Sensibilitäten und Geschichten aufeinander. Das löste nicht zuletzt von regionalen und ideologischen Momenten geprägte Machtkämpfe aus.

Auf nationaler Ebene waren die Aufrufe zur Einheit in einigen Fällen erfolgreich, etwa in Sambia 1964 mit der *Vereinigten Kirche von Sambia* (einem Zusammenschluß von vier Kirchen, die aus Missionsgesellschaften unterschiedlicher Nationalitäten und Denominationen hervorgegangen waren) oder 1968 auf Madagaskar mit der *Kirche Jesu Christi in Madagaskar* (einem Zusammenschluß von Kirchen, die aus den Missionsgesellschaften

---

[122] Vgl. Ökumenischer Rat der Kirchen, The Integration of the International Missionary Council and the World Council of Churches, Genf 1961, 21 S.; ders., Evanston to New Delhi, 1954–1961, Genf 1961 (Anhang I–IV); Internationaler Missionsrat, Bericht an die Vollversammlung des Internationalen Missionsrates und die Dritte Vollversammlung des ÖRK Neu-Delhi – Genf, 53 S.

[123] Vgl. J. Chipenda, La Conférence des Églises de toute l'Afrique, in: Spindler, Des missions aux Églises (s. Anm. 95) 285–291.

von London, Paris und derjenigen der Quäker hervorgegangen waren). In Zaire wurde der Zusammenschluß vom Staat aufgezwungen. Überall sonst kam es zu föderativen Lösungen oder zu lockeren Verbindungen. In Kamerun etwa entstand der *Bund der evangelischen Kirchen und Missionen von Kamerun*, der seither die Tätigkeit in den Bereichen Soziales (Schulen, Kommunikation, Gesundheit) oder Entwicklung koordiniert; im Kongo-Brazzaville der *Ökumenische Rat der christlichen Kirchen im Kongo*, in Kenia der *Nationale Kirchenrat in Kenia* usw.

Auf internationaler Ebene ermöglichte der Wandel einen entschiedeneren und prompteren Bruch mit der aus der Missionsära übernommenen traditionellen Aufgabenverteilung, als dies etwa im katholischen Bereich geschah. Erste Konkretisierung in der frankophonen Welt war das Projekt *Action apostolique commune* (ACC), von der SMEP zuhanden der Generalversammlung 1964 verhandelt. Erstmals konkret umgesetzt wurde das Projekt mit der Entsendung je eines internationalen und interdisziplinären Evangelisationsteams nach Dahomey (Fonland) und nach Frankreich (Poitou), das während zehn Jahren (1968–1978) der Bevölkerung das „neue Profil der Mission" vor Augen führen sollte. Zweiter Schritt war die Auflösung der Pariser Evangelischen Mission am 31. Oktober 1971; abgelöst wurde sie durch zwei Organismen mit dem Auftrag, die missionarische Verantwortung der ganzen Kirche umzusetzen und die Autonomie der Ortskirchen zu gewährleisten. In der *Evangelischen Gemeinschaft für Apostolische Aktion* (CEVAA) vereinigten sich die Mitgliedskirchen des Nordens (Frankreich, Schweiz, Italien) und die Mitgliedskirchen des Südens (Afrika und Pazifik), also insgesamt rund 50 reformierte, lutherische, baptistische, methodistische und evangelikale Kirchen. Ihre Politik wird auf der regelmäßig einberufenen Jahrestagung festgelegt, die abwechselnd in Europa und in Übersee abgehalten wird. „Jede dieser Kirche legt bei dieser Gelegenheit ihre Ressourcen und ihre Bedürfnisse an Personal und Finanzmitteln offen; sind die Projekte und das Budget einmal festgelegt, verpflichtet sich jede zudem, sich mit einem bestimmten Anteil daran zu beteiligen."[124]

Zugleich behalten in Europa das *Département missionnaire des Églises protestantes de la Suisse romande* und das *Département évangélique français d'action apostolique* (DEFAP) in der Schweiz resp. in Frankreich die Verantwortung für die im Auftrag ihrer Mitgliedskirchen geleistete Missionstätigkeit. Ähnlich verlief die Entwicklung in Großbritannien, wo 1977 der *Council for World Mission* die *London Missionary Society* ablöste[125].

Der innerkirchliche Umbruch wurde nicht überall gleich konsequent und intensiv vollzogen. Er brachte denn auch die zu Beginn der siebziger Jahre vehementer werdende Kritik an den noch aus der Kolonial- und Missionszeit stammenden Abhängigkeiten nicht zum Verstummen. Im Anschluß an die Konferenz der ÖRK-Kommission für Mission und Evangelisation 1972–1973 in Bangkok und an die Generalversammlung der Gesamtafrikanischen Kirchenkonferenz in Lusaka ein Jahr danach kam die Forderung nach einem Moratorium auf; verlangt wurde, kein Geld mehr zu überweisen und keine Missionare mehr zu entsenden. Dem hielten etliche Instanzen des ÖRK entgegen, ein Moratorium

---

[124] A. Roux, Missions des Églises, mission de l'Église. Histoire d'une longue marche, Paris 1984, 149.

[125] Zur Entwicklung dieser protestantischen Missionen vgl. S. Ada, Les pouvoirs des conseils d'Églises à l'échelon international et interrégional, in: Spindler, Des missions aux Églises 278–284. Y. Rabemila, L'appel à la mission réciproque dans les Églises membres du Council for World Mission, in: J.-F. Zorn (Hrsg.), L'appel à la mission. Formes et évolutions, XIXᵉ–XXᵉ siècle (actes de la IXᵉ session du CREDIC, 14.–17. Juni 1988 in Nijmegen) Lyon 1989, 243–249. Dossier: Mission, nos frères protestants, in: Spiritus 31 (Mai 1990) 118–220.

würde die afrikanischen Kirchen in eine zerstörerische Isolation führen. Im Endeffekt zeitigte der Vorschlag mehr Medienecho als Wirkung. Diktiert wurde der Pragmatismus von Finanzzwängen und Ausbildungsbedürfnissen, von der Unentbehrlichkeit der Lehranstalten und Kommunikationsmittel; nicht zuletzt stand die soziale Präsenz der Kirchen auf dem Spiel. Verschiedene Faktoren erleichterten die neue Prioritätensetzung: das Einüben neuer Beziehungen innerhalb partnerschaftlicher Strukturen, an deren Spitze Afrikaner berufen wurden; die systematische Aufgabenverteilung gemäß Kriterien wie geographische Herkunft, Alter, Geschlecht, kirchliche Zugehörigkeit (Rat der CEVAA, 1988); die Rückkoppelung des Evangelisationsprojekts an die westlichen protestantischen Kirchen.

Insbesondere innerhalb der historischen Kirchen wurde diese Neuverteilung der Rollen und Machtbefugnisse in den europäischen Missionsgesellschaften vollzogen. In den evangelikalen Bewegungen, häufig nordamerikanischen Ursprungs, war davon weniger zu spüren, und bis in die Gegenwart wurden noch immer Missionare ohne Absprache mit den afrikanischen Kirchen entsandt. Typisch für diese Kreise war bislang der angriffige, wenn nicht aggressive Evangelisationsstil sowie der apolitische religiöse Diskurs. Die zunehmende Kluft zwischen den beiden Evangelisationsansätzen führte zu Spannungen auf internationaler Ebene wie vor Ort. Darauf reagierten evangelikale Kreise im Anschluß an den Lausanner Kongreß für Weltevangelisation 1974 und als Antwort auf die ÖRK-Konferenz in Bangkok mit der Gründung des Lausanner Komitees für Weltevangelisation (*Lausanne Committee for World Evangelisation* [LCWE]) sowie der *Association des évangéliques d'Afrique et de Madagascar*, die nicht in die Gesamtafrikanische Kirchenkonferenz eingebunden ist[126].

2. Konsequenter Gebrauch afrikanischer Sprachen

Schon bevor Inkulturation und Kontextualisierung aktuell wurden, hatten die christlichen Missionare aus Effizienzgründen eigene Seelsorgemethoden entwickelt und sich in Verkündigung und Katechese an der Befindlichkeit der Adressaten orientiert. Für Protestanten wie Katholiken setzte Missionierung in jedem Fall Übersetzungsanstrengungen voraus. Das ist ganz wörtlich zu verstehen, war die Übersetzung doch Voraussetzung dafür, daß die Grundtexte von den Empfängern überhaupt verstanden wurden. Schon früh begannen die Protestanten, die afrikanischen Sprachen umzuschreiben, Wörterbücher zu erstellen und die Bibel zu übersetzen. Nicht immer ging man konsequent vor, wurde doch in manchen Missionen Englisch als Kirchensprache gebraucht. Aber auch die Katholiken übersetzten ausgewählte Bibeltexte und die üblichen Gebete in die Lokalsprachen. Voraussetzung für eine dauerhafte Evangelisierung war in jedem Fall, daß Katechismen in die Lokalsprachen übersetzt wurden. Mangelnde Absprachen in Afrika wie in anderen Missionsländern führten dazu, daß unterschiedliche Optionen getroffen wurden, wenn es um die Bevorzugung einer bestimmten Lokalsprache, um die Transliteration der Eigennamen oder den Ausdruck fundamentaler christlicher Glaubenskonzepte und Begrifflichkeiten innerhalb ein und derselben Sprache ging. Als Elemente identitätsstiftender Eigenständigkeit aus der

---

[126] Zu den beiden Missionsbewegungen, ihren Unterschieden und Gemeinsamkeiten vgl. D. BOSCH, Derrière Melbourne (1981-COE) et Pattaya (1981-CLEM). Une typologie de deux mouvements, in: Pespectives missionnaires Nr. 2 (1981) 43–65. J. VAN BUTSELAAR, San Antonio (1989-COE) et Manille (1989-CLEM). Deux cultures missionnaires, in: Perspectives missionnaires Nr. 20 (1990) 19–34.

Zeit des missionarischen Wettstreits erwiesen sich diese unterschiedlichen sprachlichen Optionen seither als ernstzunehmendes Hindernis auf dem Weg der ökumenischen Annäherung. Die katholische Kirche in Zaire etwa zog es vor, die eigene Bibel auf Lingala beizubehalten. Die Zahl der gemeinsamen Bibelübersetzungsprojekte in afrikanische Sprachen nahm stark zu, seit es 1968 zu einer Vereinbarung zwischen dem Sekretariat für die Einheit der Christen der katholischen Kirche und den afrikanischen protestantischen Bibelgesellschaften kam, die im Weltbund der Bibelgesellschaften (*United Bible Societies* [UBS]) zusammengeschlossen sind[127].

1996 gab es in Afrika bei 1918 erfaßten Sprachen 130 vollständige Bibelübersetzungen und 234 Übersetzungen des Neuen Testaments. Diese imposante Übersetzungsanstrengung wird in ganz Afrika fortgesetzt; finanzielle Schwierigkeiten führten zu Rationalisierungen mit Servicezentren in Nairobi, Yaoundé, Kinshasa und in Südafrika. Im evangelikalen Bereich bemühte sich die Wycliffe-Gesellschaft, die Bibel in möglichst vielen Sprachen zugänglich zu machen, auch in den nur von wenigen Menschen gesprochenen und heute deshalb bedrohten Sprachen. Die Wirkung dieser Übersetzungen im sozialen, kulturellen und religiösen Bereich ist hochkomplex, eine Feststellung, die nicht bloß für Afrika gilt, aber dort in ganz besonderem Maße. In den häufig vielsprachigen Ländern waren die von Missionaren initiierten linguistischen Arbeiten oft entscheidend für die schriftliche Fixierung und die Zukunft der Lokalsprachen.

In vielen Ländern stimulierte die interkonfessionelle Zusammenarbeit die durch das Konkurrenzdenken der Missionare gebremste Ökumene, waren doch die Übersetzer gezwungen, sich über ihre Arbeitsmethoden und die Auswahl der von den verschiedenen Gemeinschaften akzeptierten Schlüsselbegriffe zu einigen. Mit den neuen Bibelübersetzungen wurde auch deutlich, welche sprachlichen, theologischen und kulturellen Voraussetzungen den ersten Übersetzungen der Missionare unbewußt zugrunde lagen. Das anspruchsvolle Unterfangen weist ja stets auf die Quellen des Christentums zurück und zwingt, über den Referenztext und dessen Auslegung zu entscheiden. Als Ort der Interpretation, als kritische Reflexion des Inkulturations- oder Transkulturationsprozesses stellt die Bibelübersetzung und, in einem weiteren Sinn, die Ausformulierung des Glaubens in neuen Sprachen heute ein wesentliches Arbeitsfeld der Missiologie dar[128].

Doch mit der Bevölkerungsmigration, der Landflucht und der Schulpflicht gilt es auch, die Verbreitung der westlichen Sprachen in einer von den Originalsprachen abweichenden Form im Auge zu behalten. Einige Kirchen beschlossen, in Afrika das gleiche Verfahren anzuwenden wie bei der Übersetzung der Bibel in die französische Alltags- oder Basissprache (3500 bis 4000 gebräuchliche Wörter). Forscher am *Institut de linguistique appliquée* der Universität Abidjan erstellten ein Lexikon und eine Grammatik des Basisfranzösischen als Grundlage für die Übersetzung des Neuen Testaments (1993) und der ganzen Bibel durch ein ökumenisches Team[129]. Besonders innovativ war, daß diese Übersetzung im ganzen frankophonen Afrika und schließlich in den frankophonen industrialisierten

---

[127] In jedem Land verfügt der Weltbund der Bibelgesellschaften über eine Sektion. Die französische und die schweizerische Sektion geben gemeinsam die Vierteljahresschrift *Cahiers de la traduction biblique* heraus.

[128] H. DIDIER u. a., Les enjeux de la traduction. L'expérience des missions chrétiennes (actes des sessions 1995 und 1996 de l'AFOM et du CREDIC), Lyon 1997, 359 S.

[129] Vgl. CH. DIETERLÉ, Diversité et complémentarité des traductions de la Bible. Le cas du français courant et du français fondamental, in: ebd. 17–30.

Ländern Verbreitung fand. Dies ist ein Beispiel für die allmähliche Öffnung der immer stärker von Afrikanern getragenen Initiativen und für die weltweite Verbreitung der Bibelübersetzungen[130].

3. Afrikanisierung des Gottesdienstes

Die Verbreitung der biblischen Botschaft setzte quasi automatisch den Gebrauch von Lokalsprachen voraus; doch schon bald wurde den Missionaren bewußt, daß die Evangelisierung nur dann erfolgreich sein konnte, wenn Übersetzung auch Umsetzung der Zeichen- und Formensprache in Liturgie, Andacht, Kirchenbau und Ikonographie bedeutete. Daraus entsteht in sämtlichen Kirchen ein permanentes Spannungsfeld zwischen Befürwortern einer klaren Distanzierung vom kulturellen Erbe (zur Vermeidung jeglicher Kontamination mit heidnischem Aberglauben) und den Befürwortern eines weitgehenden Rückgriffs auf lokale Traditionen. Virulenter wurde die bereits alte Debatte in den sechziger Jahren. Bei den Katholiken war nach dem Zweiten Vatikanischen Konzil das römisch-lateinische Prägemodell aufgebrochen und ermöglichte Initiativen in den verschiedensten Bereichen. Bei den Protestanten begünstigte die Vervielfachung der Entscheidungszentren und die Fragmentierung der Glaubensgemeinschaften ganz unterschiedliche Entwürfe. Dennoch zeichneten sich einige dominierende Trends ab.

Im Katholizismus am sichtbarsten war die liturgische Reform nach dem Zweiten Vatikanum. Trotz einiger Warnungen Roms und Vorbehalte von einheimischen Klerikern und Laien, für welche die lateinische Sprache und der römische Ritus mit der Zugehörigkeit zum Katholizismus untrennbar verbunden waren, war die Liturgie Schauplatz tiefgreifender Veränderungen, die den Übergang zu den Volkssprachen, zum vermehrten Einbezug afrikanischer Melodien, Rhythmen, Musikinstrumente, Tänze und Prozessionen möglich machten. Die Einführung einheimischer religiöser Elemente war heikel, bestand doch die Gefahr, künstlich eine zwiespältige und unter dem Modernisierungszwang zunehmend inhaltsleere Symbolik zu übernehmen. Je nach Orten und Individuen fielen mithin die Veränderungen sehr unterschiedlich aus. Den Anfang machte Zaire, wo schon 1963/64 versucht wurde, den römischen Meßritus anzupassen; treibende Kraft war Theologieprofessor Pater Luyckx. Der entscheidende Impuls ging vom späteren Kardinal Malula aus, der junge Absolventen des Priesterseminars Johannes XXIII. um sich scharte. Aus ihrer Zusammenarbeit entstand ein kongolesischer Meßritus, der 1988 nach einer 15jährigen Experimentierphase von der römischen Kongregation für den Gottesdienst und die Sakramentenordnung schließlich anerkannt wurde[131].

In den protestantischen Kirchen stellte sich die Frage der Gottesdienstformen anders. Aber auch hier wurde sie heftig diskutiert und wurden ganz unterschiedliche Lösungen vorgeschlagen. Das traditionelle Mißtrauen der Reformierten gegenüber Riten und Volksfrömmigkeit brachte es mit sich, daß die Missionare alles, was nach heidnischen Bräuchen aussah, beargwöhnten. Anders die Einstellung dem Liedgut gegenüber, das traditionell einen wichtigen Raum einnimmt. So waren denn die Lieder ganz selbstverständlich ein Mo-

---

[130] Vgl. Y. SCHAAF, L'histoire et le rôle de la Bible en Afrique, Nairobi – Lomé – Yaoundé – Lavigny 1994, 287 S.
[131] Der neue Meßritus im Zaire: Ein Beispiel kontextueller Liturgie, hrsg. vom Missionswissenschaftlichen Institut Missio unter der Leitung von L. BERTSCH, Freiburg i. Br. 1993, 256 S.; I. NDAYWEL È NZIEM, Histoire générale du Congo. De l'héritage ancien à la république démocratique, Louvain-la-Neuve 1998, 709.

tor der schon vor 1960 initiierten Afrikanisierung, und zwar bezüglich Inhalt wie Art des Gemeindegesangs. Anhand des Erfolgs der Kirchenchöre in Dörfern und Stadtvierteln läßt sich ermessen, wie sehr dieser Gemeindegesang ein Ausdrucksmodus und gemeinschaftsbildender Faktor ist. Daß das besonders dann zutrifft, wenn die Versammlungs- und Redefreiheit eingeschränkt ist, weist der protestantische Kongolese Josef Nsumbu nach: „... dort, wo der afrikanische Einheimische sich nicht frei äußern konnte, bildeten Musik und Gesang eine Sondersprache ... Ein konkretes Beispiel dafür ist das Gesangbuch *Yimbila mu Kembisa Nzambi* (1975). Darin entwickelt vorab die Basis (Männer und Frauen) eine *Erweckungstheologie*, welche die *Eschatologie*, das *Gericht* ankündigt. Diese Reaktion auf regionaler Ebene richtet sich gegen die Regierung auf nationaler Ebene, die für sich sogar den Platz Gottes beansprucht. Es ist, als würde mit dem Absolutismus, der die Theologie des Gesangbuches auszeichnet, der Ruhm des einen und einzigen himmlischen Gottes beansprucht." [132]

Stärker abgelehnt werden Anleihen an die afrikanische Tradition von den evangelikalen Kirchen und den unabhängigen, insbesondere den prophetischen Kirchen. Diese Kirchen stigmatisieren das Tun der Zauberer oder Fetischisten als Teufelswerk, das ihrer Ansicht nach die Gläubigen im Stand der Nichtzivilisation hält. Zugleich paart sich die rückhaltlose Verurteilung einer als antichristlich eingestuften afrikanischen Tradition mit der bemerkenswerten Fähigkeit, Ausdrucksformen freien Raum zu geben, die in katholischen oder protestantischen Gottesdiensten verpönt sind. Zu diesem Schluß kam 1992 das Symposium der Bischofskonferenzen Afrikas und Madagaskars (SECAM) in einem Papier über die neochristlichen, im speziellen die pfingstlichen Bewegungen: „Ihre Feiern sind völlig spontan; selbst ein von einem Pastor geleiteter Gottesdienst ist nicht bis in alle Einzelheiten durchstrukturiert. Der Gottesdienst bleibt ungeplant und überschäumend; er kann Stunden dauern; viel Zeit wird damit verbracht, zu schreien, zu singen, sich zu wiegen, mit den Händen zu klatschen, zu tanzen, die Kirche zu umschreiten. Manchmal wird in Zungen gebetet. Teilnehmer brechen in Tränen aus oder geraten in Trance. Der Kult ist, im eigentlichen Sinn, Erfahrung." [133]

Im Spannungsfeld zwischen der notwendigen Integration spezifisch schwarzafrikanischer Traditionen und dem kulturellen Wandel aufgrund modernitätsbedingter Veränderungen steht auch das Bemühen, christliche Kunst zu fördern. In diesem Bereich mit seinen kühnen Vorschläge hervorgetan hatte sich schon 1964 der kamerunische Jesuit Engelbert Mveng mit seinem Werk *L'Art d'Afrique noire, liturgie cosmique et langage religieux*. Während langer Zeit unter der Leitung der Missionare in spezialisierten und kontrollierten Werkstätten geschaffen, schwankte die christliche Kunst zwischen der Reproduktion alter Werke und der Eigenschöpfung, zwischen der rein stilistischen Anpassung der klassischen religiösen Malerei und Plastik und der Neuschöpfung von Formen und Themen. Eine ähnliche Vielfalt läßt sich bezüglich der Kulträume beobachten: Hier wird im Freien lediglich ein heiliger Raum besetzt (Nordkamerun), dort inspiriert man sich an der traditionellen Architektur, nochmals andernorts am westlichen Kirchenbaumodell – was so weit gehen kann, daß im ivorianischen Yamoussoukro, dem Heimatdorf von Präsident Houphouët-Boigny (1905–1993), in Rekordzeit (1986–1989) eine grandiose und

---

[132] J. NSUMBU, Culte et société. Le culte chrétien comme réflexion critique d'une société moderne africaine. Cas du chant dans la communauté évangélique du Zaïre (Studia missionalia upsaliensia 62) Uppsala 1995, 326f.
[133] DC, 15. November 1992, 994f.

kontroverse, „Unserer Lieben Frau vom Frieden" geweihte Kathedrale hochgezogen wurde. Ostentativ gibt sie sich als Kopie des Petersdoms in Rom; in ihren Dimensionen aber ist sie noch monumentaler und bezüglich Informatik oder digitaler Orgel technisch auf dem neuesten Stand. Der Tradition völlig fremd, wurde sie dennoch von Afrikanern verteidigt und ist Symbol für die aktuellen Schwierigkeiten, die verschlungenen Wege einer bejahten Afrikanität zu beurteilen.

4. Afrikanisierung der Theologien

Orte und Akteure katholischer und protestantischer Publizistik

Noch zu Beginn der sechziger Jahre lag die afrikanische Theologie in den Händen der Missionare. Sie monopolisierten Ausbildungsorte und Publikationen (Fachzeitschriften, Bücher). Eine Generation später hingegen sieht der Beobachter eine unüberschaubare Vielfalt von Initiativen auf dem ganzen Kontinent, was angesichts des schwierigen wirtschaftlichen und politischen Umfelds recht erstaunlich ist[134]. Die ersten Impulse für diese Vitalität liegen weit zurück. Sie gingen von den *négritude*-Bewegungen in der nordamerikanischen Diaspora aus und wurden dann von afrikanischen Studenten weiterentwickelt, die vor dem Zweiten Weltkrieg nach Europa gelangten. Eine erste Bewußtwerdung fand unter den frankophonen katholischen Klerikern und Laien statt, vielleicht als Reaktion auf die lateinisch-missionarische Vormundschaft; entscheidender aber waren die Publikation des Sammelbandes *Des prêtres noirs s'interrogent* (1956), das Engagement der Laienzeitschrift *Présence africaine*, die für eine wirklich afrikanische Kirche plädierte, und die Gründung der *Société africaine de culture* (SAC) unter der Leitung des bedeutenden senegalesischen Intellektuellen Alioune Diop[135]. In den siebziger Jahren griff die Bewegung auf den ganzen Kontinent und auf fast alle Kirchen über. Die Gründung theologischer Fakultäten und Abteilungen, Ausbildungszentren und Fachzeitschriften zeugt von einer Vitalität, die selbst den schwersten Krisen zu widerstehen scheint. Gründungen auf katholischer Seite sind insbesondere die theologischen Fakultäten der katholischen Universitäten von Yaoundé (Kamerun), von Ostafrika in Nairobi (Kenia), von Harare (Simbabwe), das *Institut catholique d'Afrique de l'Ouest* in Abidjan (Elfenbeinküste), das *Catholic Institute of West Africa* von Port Harcourt (Nigeria), das *Institut supérieur de théologie* von Antananarivo (Madagaskar). Auch einige Priesterseminare wurden Zentren theologischer Produktion, etwa das *Saint Peter and Saint Paul Major Seminary* in Ibadan (Nigeria). Kontinentweit zeichnete sich eine Einrichtung aus, deren Anfänge noch vor der Unabhängigkeit auf die Gründung der Universität *Lovanium*[136] im damaligen Léopoldville

---

[134] Vgl. B. Chenu, Théologies chrétiennes des tiers mondes, Paris 1987, Kap. IV: La théologie africaine, 123–161.

[135] 1962 führte Diop unter christlichen Intellektuellen Afrikas eine Umfrage durch, die er 1963 in einer Sondernummer der Zeitung zur Konzilsarbeit unter dem Titel *Personnalité africaine et catholicisme* veröffentlichte. Diop war auch Initiator dreier internationaler Kongresse: 1961 in Abidjan über *Les Religions africaines*, 1970 in Cotonou über *Les religions africaines comme source de valeur de civilisation*, 1977 in Abidjan über *Église catholique et civilisation noire*; vgl. dazu UNESCO General History of Africa VIII: Africa since 1935, hrsg. v. A. A. Mazrui – C. Wondji, Oxford – Paris 1993, 508.

[136] Dank der Anstrengungen des Apostolischen Delegierten und vorab der katholischen Universität Löwen, Belgien, konnte im Oktober 1954 die Universität Lovanium eröffnet werden. Sie sollte eine wesentliche Rolle spielen

zurückgehen. Selbständig oder gemeinsam setzten die protestantischen Kirchen viel Energie für die Schaffung theologischer Zentren in Westafrika (Nigeria), Zentralafrika (Kamerun), Ostafrika (Kenia, Madagaskar) und im südlichen Afrika ein (Simbabwe, Sambia, Südafrika).

Theologie im Kontext[137] listete 1996 in seinem Inventar der Zeitschriften für Theologie und Bibelstudien 24 Titel für ganz Schwarzafrika auf. An erster Stelle steht Nigeria mit sieben Titeln, gefolgt von Zaire, Kenia und Südafrika. Das breite Spektrum der Ausrichtungen spiegelt sich in den Titeln: Klar konfessionell (*Africa Journal of Evangelical Theology* in Machakos, Kenia) oder ebenso klar ökumenisch (*Bulletin of Ecumenical Theology* in Enugu, Nigeria) ausgerichtete Zeitschriften neben Publikationen, die sich pluralistisch verstehen oder eine Sondertheologie vertreten (*Journal of Black Theology* in Pretoria, Südafrika, *Journal of Inculturation Theology* in Port Harcourt, Nigeria). Einige der mehrheitlich englischsprachigen Zeitschriften haben internationalen Ruf, so etwa *Missionalia* oder die französischsprachigen Publikationen *Revue africaine de théologie* oder *Telema*, beide Kinshasa, und *Flambeau*, Yaoundé. Daß die Zahl der Zeitschriften wuchs, macht deutlich, daß die afrikanischen Kirchen ihre Meinungen einbringen, in die Debatten eingreifen, ihre Unterschiede bekräftigen und demonstrieren wollen, daß sie fähig sind, die bislang im Westen entwickelten Theologien zu erneuern. Neugegründete internationale Theologische Gesellschaften, insbesondere die 1976 in Dar es-Salaam gegründete *Association œcuménique des théologiens africains* (AOTA), verstehen sich als öffentliches Forum kritischer Auseinandersetzung. Doch die Errichtung permanenter kontinentweiter Verbindungen stößt auf wirtschaftliche oder zuweilen politische Hindernisse, scheitert zuweilen an der strukturellen Schwäche des afrikanischen Verlagswesens oder daran, daß der Sitz der wichtigsten kirchlichen Entscheidungs- oder Beratungszentren nicht in Afrika liegt, sondern in externen Zentren, die noch immer Ansehen, Legitimation und Glaubwürdigkeit liefern (Rom und Genf). Wie andere Wissensbereiche ist die afrikanische Theologie eine Realität, doch hängt sie bezüglich Ausbildung und Finanzmittel noch von Fremdhilfen ab und bleibt auf der Suche nach echter Handlungsautonomie.

Adaptation, Inkulturation, Kontextualisierung, Rekonstruktion

In der 2. Hälfte des 20. Jh. entwickelten sich in Schwarzafrika eigenständige theologische Schulrichtungen. Sie versinnbildlichen den Willen zur Afrikanisierung und bestätigen, daß ein afrikanisch geprägtes pluralistisches Christentum entstanden ist. Ein überzeugendes Panorama der französischsprachigen Theologie in ihren drei wesentlichen Phasen zeichnet der kongolesische Theologe Kä Mana[138]. Ausgangspunkt der afrikanischen Forschung war die Kritik der herkömmlichen Missionstheologie. Ihr lagen vorab zwei, nicht immer gleich

---

in der Entstehung der für die Dekolonisation wichtigen Bewegung „Conscience africaine". Seit 1961 befand sich dort ein Atomreaktor; er sollte der friedlichen Entwicklung der Kernenergie dienen; finanziert wurde er durch Gelder Amerikas an Belgien als Kompensation für das kongolesische Uranium, das zur Herstellung der Atombombe während des Zweiten Weltkrieges gedient hatte. Der erste Rektor, Bischof Luc Gillon, wurde 1967 durch den Kongolesen Bischof Tshibangu Tsishiku abgelöst. Zu jener Zeit wurde die Institution in *Université de Kinshasa* umbenannt. Vgl. NDAYWEL È NZIEM, Histoire générale du Congo, 508 ff.

[137] Theologie im Kontext, Informationen über theologische Beiträge aus Afrika, Asien, Ozeanien und Lateinamerika. Hrsg.: Missionswissenschaftliches Institut Missio e. V., Aachen.

[138] KÄ MANA, Théologie africaine pour temps de crise. Christianisme et reconstruction de l'Afrique, Paris 1993.

gewichtete Komponenten zugrunde, nämlich der Wille, das westliche Kirchenmodell zu reproduzieren, und der negative Zugang zu den afrikanischen Kulturen, was zuweilen in der Forderung gipfelte, alle heidnischen und unbeeinflußbar antievangelischen Traditionen seien auszumerzen. Eine erste Verlagerung brachte die „Theologie der Adaptation" bzw. der „Verzahnung", die für den Aufbau einer Ortskirche wichtige Impulse geben konnte. Dieser Theologie lagen jedoch auch weiterhin Bezugsgrößen und Ausdrucksformen des Glaubens eines westlich geprägten Christentums zugrunde.

Eine neuer Zugang eröffnete sich in den sechziger Jahren mit der Suche nach dem „afrikanischen Gesicht des Christentums". Prominente Vertreter dieser Position waren der kongolesische katholische Priester Vincent Mulago und der togolesische Pastor Seth Nomenyo[139]. Ausgangspunkt ihrer Reflexion sind die früheren Arbeiten des belgischen Weißen Vaters Placide Tempels über die Bantu-Philosophie. Beiden Autoren gemein ist der Versuch, den Begriff der Lebenskraft theologisch zu integrieren, um das Christentum innerhalb der geistigen Welt Afrikas zu reflektieren[140]. Schon bald erkannte man, daß es sich um allzu harmonisierende Versuche handelte, die nicht in eine eigentliche Theologie der Inkarnation münden konnten. In Absetzung von den importierten missionarischen Konzepten analysierte ein weiterer katholischer Theologe aus Zaire, Oscar Bimwenyi Kweshi, die afrikanische religiöse Erfahrung und arbeitete zwei von ihm als grundlegend betrachtete Konzepte heraus, die er metaphorisch als *maquis de sens* („Sinn-Dickicht") und als *bosquet initiatique* („initiatorisches Gehölz") bezeichnete. Er schloß auf die Notwendigkeit einer direkten dialektischen Konfrontation von afrikanischer Erfahrung und christlicher Botschaft, ohne westlichen Zwischenträger. Nach der Promotion an der Universität Louvain-la-Neuve veröffentlichte er seine Doktorarbeit 1981 unter dem Titel *Discours théologique négro-africain. Problème des fondements*. Sie sollte Ausgangspunkt einer in der afrikanischen Kultur verankerten Relektüre des Christentums werden. Die Problematik war typisch für die kongolesisch-zairische Theologie, die sich mit der Herausforderung der von Mobutu lancierten Authentizität konfrontiert sah, spiegelte sich zur selben Zeit aber auch in den Arbeiten des Beniners Barthélemy Adoukonou oder des Burkiners Anselme T. Sanon[141].

In den achtziger und neunziger Jahren verstärkte sich die Kritik an dieser ersten „afrikanischen Theologie". Ihr wurde zum Vorwurf gemacht, sie blende den politischen Kontext mit seinen Krisen und Leiden aus, vernachlässige den kritischen Beitrag der Sozialwissenschaften oder manipuliere wohlfeil kulturelle Werte, ohne einen Weltbezug zu formulieren. Von konkreten Situationen ausgehend, übernahmen dann einige Theologen einen im Umfeld der Befreiungstheologie oder der Kontextualisierung[142] anzusiedelnden Ansatz; es handelt sich um französischsprachige Theologen wie die Kameruner Jean-Marc Ela[143] und

---

[139] V. MULAGO, Un visage africain du christianisme. L'union vitale bantoue face à l'unité ecclésiale, Paris 1965; S. NOMENYO, Tout l'Évangile à tout homme, Yaoundé 1967, 67 S.

[140] P. TEMPELS, Bantu-Philosophie. Ontologie und Ethik, Heidelberg 1956.

[141] B. ADOUKONOU, Jalons pour une théologie africaine. Essai d'une herméneutique chrétienne du Vodun dahoméen, 2 Bde., Paris – Namur 1980. A. T. SANON, Tierce Église ma mère, Paris 1972.

[142] Der Begriff der Kontextualisierung fand 1972 in das protestantische ökumenische Vokabular Eingang, 1974 dann der Begriff der Inkulturation in das katholische Vokabular. Oft gleichgesetzt, handelt es sich um zwei verschiedene Konzepte: Die Inkulturation löst die Verknüpfung von Evangelium und Kultur im Integrationsmodus, die Kontextualisierung im Modus der Distanznahme. Vgl. J.-F. ZORN, La contextualisation: un concept théologique?, in: Revue d'histoire et de philosophie religieuses 77 (2/1997) 171–189.

[143] Vgl. etwa J.-M. ELA, Le cri de l'homme africain. Questions aux chrétiens et aux églises d'Afrique, Paris 1982;

Fabien Eboussi-Boulaga[144], englischsprachige Theologen wie die Südafrikaner Allan Boesak (reformiert), Frank Chikane (Pfingstler), Desmond Tutu (Anglikaner) oder Albert Nolan (Katholik). 1985 symbolisierte das *Kairos Document: Challenge to the Church* den gemeinsamen Willen dieser Theologen aus dem südlichen Afrika, sich im Antiapartheidkampf zu engagieren. Doch mit dem Wandel der neunziger Jahre erwies sich die Auseinandersetzung um den Gegensatz von Identitätstheologie und Befreiungstheologie als zunehmend künstlich. Vom presbyterianischen Theologen Emmanuel Martey[145] offen abgelehnt, war die Debatte für die Theologen der Gesamtafrikanischen Kirchenkonferenz Anlaß, ein neues Paradigma zu formulieren. Dieses sollte die kulturellen Erfordernisse mit dem Imperativ des soziopolitischen Engagements im Rahmen einer Theologie des Wiederaufbaus[146] versöhnen. In ihrer holistischen Orientierung knüpfte sie an eine für die katholische Theologie charakteristische Thematik an.

Die kontrovers geführte Debatte ist nicht rein spekulativ. Vielmehr wirkt sie sich konkret auf das Engagement der Repräsentativorgane der katholischen wie der protestantischen Kirchen in Wirtschaft, Gesellschaft und Politik aus. In unterschiedlichem, aber nicht zu vernachlässigendem Maß stimuliert sie die Bemühungen, den Glauben der christlichen Gemeinden in einer afrikanischen Sprache auszudrücken, sei es im Gottesdienst, in den Gesängen und Gebeten, sei es durch eine Relektüre des Alten Testaments, die den abrahamitischen Mythos privilegiert, sei es in einer Christologie, die Jesus in die Reihe der „befreienden Ahnen" stellt, oder einer Ekklesiologie, die sich auf das von der Afrikasynode 1994 befürwortete Bild der Familie bezieht.

5. Die Vitalität der afrikanischen unabhängigen Kirchen: Inkulturation oder Regression?

Die bisherige Beschreibung befaßt sich im wesentlichen mit den historischen Kirchen. Unberücksichtigt bleibt so das Phänomen der unabhängigen Kirchen, deren erstaunliche Vitalität und beharrlicher Widerstand gegen alle Klassifizierungsversuche von Beobachtern seit einem Jahrhundert immer wieder unterstrichen wird. Schon 1902 wies der junge Maurice Leenhardt, später die Galionsfigur der protestantischen Mission in Neukaledonien, auf den Erfolg der äthiopischen Bewegung im Süden Afrikas hin und sah in der Verachtung der indigenen Bevölkerung und Kultur durch die Weißen den Hauptgrund für diesen religiösen Separatismus[147]. Anfänglich spezifisch für das südliche Afrika, breitete sich der religiöse Separatismus über das englischsprachige Gebiet hinaus in den französischsprachigen tropischen Gebieten Afrikas aus, griff schließlich auf den Katholizismus über, der aufgrund seiner zentralistischen Organisation allerdings stärker dagegen gefeit schien. Vorbereitet wurde die wissenschaftliche Aufarbeitung dieses Phänomens durch Bengt

---

hier vertritt der Autor eine „Theologie unter dem Baum". Vgl. auch J.-M. Ela, Mein Glaube als Afrikaner. Das Evangelium in schwarzafrikanischer Lebenswirklichkeit, Freiburg i. Br. 1987, 198 S. Eine Skizzierung seiner Theologie, biographische Angaben zu seiner Theologie und eine Auswahl von Publikationen des Theologen findet sich in KM Forum Weltkirche, (1/2002) 27–29.

[144] F. Eboussi-Boulaga, Christianisme sans fétiche. Révélation et domination, Paris 1981.

[145] E. Martey, African Theology. Inculturation and Liberation, Maryknoll (N.Y.) 1993, XII–176 S.

[146] A. Karamaga u. a., L'Église d'Afrique. Pour une théologie de la reconstruction, Nairobi 1990; Kä Mana, Foi chrétienne, crise africaine et reconstruction de l'Afrique, Nairobi – Lomé – Yaoundé 1992.

[147] M. Leenhardt (1902), Le mouvement éthiopien au sud de l'Afrique de 1896 à 1899, Neudruck Paris 1976.

Sundkler (1948)[148], der die Unterscheidung zwischen zionistischen und äthiopischen Bewegungen vorschlug. In den sechziger Jahren schließlich wurden sich die protestantischen Kirchen des Umfangs der Bewegung und der Tragweite der aufgeworfenen Fragen bewußt. Wichtig war die Feldforschung des anglikanischen Missionars David B. Barrett von 1965 bis 1968 während seiner Tätigkeit in Kenia im Auftrag der *Church Missionary Society*[149]. Die Forschungsdaten nahmen zu, doch zugleich stellte sich heraus, wie ungenügend und risikoreich Typologien sind, selbst wenn es sich um so verfeinerte Versuche handelt wie jenen von Harold W. Turner[150]. Turner schlug fünf Kategorien vor: politischnationalistische Bewegungen, neotraditionalistische Bewegungen, synkretistische Kulte, monotheistische Bewegungen (welche die traditionellen Religionen ablehnen), prophetische und heilende Kirchen[151].

Der Ständige Ausschuß des Symposiums der Bischofskonferenzen Afrikas und Madagaskars verzichtete auf die – de facto subjektive und insofern illusorische – strikte Klassifizierung und schlug 1992 vier Typen von Bewegungen vor, deren einzige Gemeinsamkeit ihr Proselytismus und, mit einigen Nuancen, ihr Protest gegen die historischen Kirchen ist. Zu einer ersten Gruppe zählen die dissidenten angelsächsischen Kirchen Adventisten, Zeugen Jehovahs, Mormonen. Die meisten dieser bereits im 19. Jh. weltweit verbreiteten Kirchen konnten in Afrika überall Fuß fassen, stets auf der Suche nach öffentlicher Anerkennung (was oft eine Annäherung an die historischen Kirchen bedingt). Eine zweite Gruppe umfaßt esoterisch oder östlich inspirierte Bewegungen wie Bahai, Eckankar oder New Age. In der Regel ohne echte Verbindung zum Christentum, zögerten sie bislang nicht, dessen Vokabular oder dessen der Bevölkerung vertraute äußere Formen zu übernehmen. Erinnert sei in diesem Zusammenhang auch an die komplexen Verästelungen einiger Freimaurerlogen und der Rosenkreuzler im französischsprachigen Afrika – Organisationen, die regelmäßig die politische Berichterstattung füllen und deren interne Kämpfe nach Meinung mancher Beobachter ein Licht auf die politischen Kämpfe an der Spitze einiger Staaten werfen. Die dritte Gruppe ist unmittelbar und explizit mit dem Christentum verbunden. Sie geht zu den Missionskirchen auf Distanz, was dogmatische Nähe nicht ausschließt, und demonstriert ihre Afrikanität dank vielfältiger und ganz unterschiedlicher Anleihen an das Christentum und an einheimische religiöse Traditionen. Typisch für diese Gruppe ist die Betonung der afrikanischen Herkunft ihres Stifters, ihrer Botschaft und ihrer Glaubensäußerungen.

Diese messianischen und prophetischen Bewegungen sind bekannt dank anthropologischer Untersuchungen etwa über Kimbanguismus und kongolesischen Messianismus. Dennoch ist eine Gesamtdarstellung nicht einfach[152]. Am meisten verblüfft zweifelsohne, daß diese Bewegungen immer wieder neu anfangen und Neugründungen vornehmen, sobald sich eine Institutionalisierung abzeichnet. Ihr Verhältnis zum Christentum ist zu unterschiedlich, als daß Vorhersagen über Entwicklungen gemacht werden könnten, Entwick-

---

[148] B. SUNDKLER, Ung kyrka i Tanganjika, Stockholm 1948; DERS., Bantupropheten in Südafrika, übers. v. J. RUPRECHT, Stuttgart 1964.

[149] D. B. BARRETT, Schism and Renewal in Africa: An Analysis of Six Thousand Contemporary Movements, Nairobi 1968, XX–363 S.

[150] H. W. TURNER, A Typology for African Religious Movements, in: Journal of Religion in Africa 1 (1967) 1–34.

[151] Präzise Zusammenfassung in: UNESCO General History of Africa VIII (s. Anm. 135) 516–518.

[152] Eine stimulierende Interpretation der Prophetismen, mit dem ivorianischen Harrismus als Ausgangsmodell, bietet J.-P. DOZON, La cause des prophètes. Politique et religion en Afrique contemporaine, suivi de M. AUGÉ, La leçon des prophètes, Paris 1995, 299 S.

lungen solcherart, die schließlich den ÖRK veranlaßten, die *Kirche Jesu Christi auf Erden durch den Propheten Simon Kimbangu* und (auf der Achten Vollversammlung in Harare, Simbabwe, 3.–14. Dezember 1998) auch die *Harristen-Kirche* in seine Reihen aufzunehmen.

Dieselbe Problematik stellt sich mit der vierten Gruppe, den *Aladura*-Kirchen oder betenden Kirchen *(Gesellschaft der Cherubim und Seraphim; Aladura-Kirche; Apostolische Kirche Christi)*. Die in den zwanziger Jahren in Nigeria entstandenen Kirchen breiteten sich nach dem Zweiten Weltkrieg in ganz Westafrika aus (*Himmlisches Christentum* in Benin)[153]. Mit ihrer Gebetspraxis, ihrem Rückgriff auf traditionelle Riten und ihrer Fokussierung auf Heilungen gehören sie jenem Milieu an, das seit der Erlangung der Unabhängigkeit am aktivsten und entschlossensten missionierte – ganz im Gegensatz zu den historischen Kirchen, die zum ökumenischen Dialog aufriefen. Anleihen machten sie in dogmatischer Hinsicht am fundamentalistischen Christentum, in praktischer Hinsicht an der Pfingstlerbewegung. Von letzterer stammt das Interesse an den sichtbaren Geistesgaben, insbesondere dem Zungenreden und der Heilung. Das bereits erwähnte Dokument des katholischen Episkopats formuliert dazu: „... das stärkste Wachstum ist beim Pfingstzweig des Fundamentalismus zu beobachten, in Form von Kreuzzügen, Festivals und Versammlungen, die in vielen afrikanischen Städten große Anziehungskraft ausüben. Diesen Typus von Christentum verbreiten auch die Radio- oder Fernsehprogramme, die Gebrauchsliteratur, die neuen Dienstämter, die Bibelschulen."[154]

Das massive Aufkommen dieser zuweilen kurzlebigen, häufig aber sich dauerhaft etablierenden Gruppen stellte bislang für die historischen Kirchen die eigentlich größte und irritierendste Herausforderung dar. An ihnen lassen sich ihre Mängel und ihre Unfähigkeit zu angemessenen Antworten ablesen. Eine positive Lesart des Phänomens besagt, dieser Weg könne Afrikaner von der traditionellen Religion zum christlichen Glauben führen; wobei es zu einer stufenweisen Aneignung christlicher Glaubenselemente und einer Neueinschätzung traditioneller Glaubensinhalte komme[155]. Diese Interpretation stellt das religiöse Potential der Gruppen zur spontanen und effizienten Afrikanisierung in den Vordergrund und geht davon aus, daß die Offenbarung nicht abgeschlossen sei, Gott vielmehr als Beweis seiner Liebe zum Schwarzen Kontinent afrikanische Messiasse und Propheten hervorbringe; die entstehenden unabhängigen Kirchen seien demnach Ausdruck der schöpferischen Kraft der afrikanischen religiösen Traditionen und ihrer Fähigkeit zur Aneignung einer ihnen begegnenden religiösen Botschaft; dank ihrer einfachen Organisationsstruktur, ihrer Verankerung im Volk außerhalb jeder klerikalen Kontrolle würden die unabhängigen Kirchen den Ausgeschlossenen oder den ihrer traditionellen Rollen Beraubten die Möglichkeit geben, die Stimme zu erheben (z.B. Frauen als Prophetinnen), und ihnen das Recht verleihen, Verantwortung zu übernehmen; den in der permissiven Gesellschaft Orientierungslosen böten sie moralisch zwingende Normen (was sich konkret im Kampf gegen den Alkoholismus oder in der Überhöhung der ehelichen Treue ausdrücke).

Dieser optimistischen Sicht, wonach mit Hilfe der religiösen Zugehörigkeit die Moderne auf ungeahnten Wegen zu domestizieren sei, halten andere Beobachter die Ambiva-

---

[153] S. SEMPORÉ, Le défi des Églises afro-chrétiennes, in: Lumière et vie Nr. 159 (Sept.–Okt. 1982).
[154] DC, 15. November 1992, 989–996; vgl. oben Anm. 17 und 18.
[155] Diese Hypothese vertritt vorab der amerikanische Missiologe D. A. SHANK, Itinéraire religieux d'un chrétien africain, in: Perspectives missionnaires Nr. 31 (1996) 30–52.

lenz und die schädlichen Wirkungen dieser religiösen Bewegungen entgegen. Die Gruppen würden über Nichtregierungsorganisationen in den Händen westlicher religiöser Gruppierungen finanziert und symbolisierten so eine neue Form der Abhängigkeit vom – zumeist nordamerikanischen – Westen hinter der Maske einer spontanen und eigenständigen religiösen Bewegung. Tatsächlich tragen die Fokussierung auf die innere Bekehrung des Individuums, ferner die Erklärung von gesellschaftlichem oder individuellem Unglück durch den Verweise auf die Sündhaftigkeit und insgesamt die Verbreitung eines apolitischen Diskurses dazu bei, daß sich die Gläubigen von jedem Engagement in der diabolisierten Zivilgesellschaft abwenden und sich auf die Gemeinschaft der Erwählten zurückziehen. Schließlich sei die Dürftigkeit der theologischen Publikationen dieser Bewegungen Resultat eines „präkritischen Fundamentalismus"[156]. Sie reduzierten das Interesse auf einen vereinfachenden Dualismus von Gott und Satan, Glaube und menschlichem Werk, Diesseits und Jenseits usw. Das sei letztlich Ausdruck eines schwachen Interesses für die spekulative Theologie und einer Hinwendung zur Machteroberungsstrategie, maskiert als Förderung der Afrikanität.

Der Vorwurf des Rückzugs aus dem Gemeinwesen bedarf indes der Nuancierung, denn faktisch brachen einige dieser unabhängigen Kirchen ohne Zögern mit der Neutralität: Schon vor 1990 mischten sie sich im Namen des Kampfes gegen den Kommunismus in die Politik ein, später dann aus Feindseligkeit dem Islam gegenüber oder ganz allgemein, um bei fehlendem Rückhalt in der Bevölkerung die Anerkennung von Regimes zu gewinnen. Die Kritik an den unabhängigen Kirchen bestreitet, daß sie gültige Antworten geben, nicht aber, daß sie die richtigen Fragen stellen. Sie verstehen es besser als die historischen Kirchen, Solidargemeinschaften mit empathischem Klima zu schaffen, was angesichts der Schwäche und Ohnmacht der Staaten ein Gebot der Stunde ist. Im Kreis solcher Gemeinschaften können die Gläubigen sich auffangen, sich freier äußern, Verantwortung übernehmen und den sozialen Zusammenhalt wiederherstellen. Sie finden dort zudem eine religiöse Welt, die mit ihren Vorstellungen und Wünschen im Einklang steht, wo das Eingreifen übernatürlicher Kräfte akzeptiert ist, wo die Erfahrung des erlittenen Bösen erklärt wird. Anfänglich irritiert, begann die katholische Kirche, charismatische Strömungen aufzuwerten und zu kanalisieren[157], gegebenenfalls aber allzu kühne Initiativen zu sanktionieren. So wurde etwa Erzbischof Milingo von Lusaka 1982 nach Rom zitiert und schließlich zur Abdankung gezwungen, weil er in einer als heterodox beurteilten Weise Exorzismus und Heilung praktiziert hatte[158]. 17 Jahre später stand die katholische Kirche in Kenia mit dem *Renouveau charismatique catholique* an der Spitze eines Kreuzzuges für spirituelle Heilungen, organisiert in einem großen öffentlichen Park im Zentrum von Nairobi, einem Park, der als „bevorzugter Ort der aus Sekten und anderen christlichen Denominationen hervorgegangenen Evangelisatoren" gilt[159]. Die Einstellung der protestantischen historischen Kirchen gegenüber diesen regelmäßig aus ihren Reihen hervorgehenden Erweckungsbewegungen ist unterschiedlich. Bald unterstützten sie sie, wie etwa die Evange-

---

[156] Die Formulierung stammt vom deutschen Missiologen JOACHIM WIETZKE in seinem Aufsatz L'Église en mission entre fondamentalisme et pluralisme, in: Perspectives missionnaires Nr. 35 (1998) 6–22.

[157] M. P. HEBGA, Afrique de la raison, Afrique de la foi, Paris 1995.

[158] G. TER HAAR, L'Afrique et le monde des esprits. Le ministère de guérison de Mgr Milingo, archevêque de Zambie, Paris 1996.

[159] Agence DIA-APTA, Nairobi, 8. Februar 1999.

lische Kirche in Togo, die zweimal in ihrer noch jungen Geschichte Programme zur Evangelisierung und Erneuerung des kirchlichen Lebens durchführte (1964 *Agbé yéyé-vie nouvelle* und 1977 *Dzizi yéyé-esprit nouveau*), bald mißtrauten sie ihnen und sahen in ihnen eine Bedrohung ihrer konfessionellen Identität oder, noch paradoxer, ihres deklarierten theologischen Pluralismus.

Zum Abschluß

Als Inkulturation oder Kontextualisierung bezeichnet, spontan an der Basis entstanden oder von der Kirchenleitung theoretisiert und geplant – an der Wende zum dritten Jahrtausend scheint die Wiederaneignung des Christentums durch die Afrikaner irreversibel. Anfänglich legten die Analysen der Humanwissenschaften den Schwerpunkt auf das politische Feld: Die einen betonten die Anpassung des Christentums an die aus der Kolonialzeit hervorgegangene Ordnung. Andere stellten heraus, daß das Christentum die internationale Integration durch eine universalistische Religion fördere oder, im Gegenteil, den letzten Widerstand gegen die westliche Vorherrschaft unterstütze. Wieder andere relativierten die Fähigkeit der afro-christlichen Kirchen, einen autonomen politischen Raum zu schaffen, dies um so mehr, als separatistische religiöse Bewegungen, die von der Kolonialverwaltung heftig bekämpft worden waren, zur Zeit der Unabhängigkeit zur Zusammenarbeit mit konservativen und autoritären Regimes durchaus bereit waren. Ohne ihren politischen Stellenwert als Zugang zur Macht oder als Gegenmacht auszublenden, wurden die Kirchen des weiteren als kulturelle Zwischenträger interpretiert. Und als sich in den achtziger Jahren die Krisenlage weltweit verschärfte und die Konfliktherde zunahmen, registrierte man, daß die am besten strukturierten Kirchen Schiedsrichterfunktionen übernahmen und zum unerläßlichen Rückhalt in Staaten wurden, in denen der Fortbestand der Gesellschaft gefährdet war. Kurzum, alle diese Feststellungen verdeutlichen, welch disparate und häufig konkurrierende Bewegungen der Begriff „Christentum" abdeckt.

Die ökumenische Zusammenarbeit der christlichen Kirchen bleibt – außerhalb begrenzter Zirkel und punktueller Initiativen – im ausgehenden 20. Jh. sowohl innerhalb des Protestantismus wie zwischen Protestanten und Katholiken problematisch. Manche betrachten die Spaltung der Christen sogar als treibende Kraft bei der Verbreitung des Christentums südlich der Sahara und nicht als Schwächefaktor. Doch jenseits des bunten Mosaiks der Gruppen und konfessionellen Zugehörigkeiten teilt dieses vielgestaltige und widersprüchliche Christentum den Willen zur Verwurzelung und zur Akkulturation. Die afrikanischen Historiker unterstreichen, daß die traditionellen Religionen trotz ihres statistischen Rückgangs präsent bleiben. „Für viele Christen und Muslime leitet sich die Basis der moralischen Werte noch immer eher von der alten Kosmologie als vom neuen Glauben ab: Noch immer ist der Respekt der Ahnen lebendig, etwa in der Trankspende, der Glaube an das Eingreifen der Ahnen in das Leben ihrer Nachfahren, der Glaube an die Kräfte des Guten und des Bösen, die im direkten Zugang zu den Gottheiten durch Gebet und Opfer manipuliert werden können, der Glaube an die Wirksamkeit von Zauber und Amuletten als Schutz vor dem Bösen und so weiter."[160]

---

[160] Dazu UNESCO General History of Africa VIII (s. Anm. 135) 505. Ähnliche Beobachtungen über die Rückkehr der traditionellen Religionen und der „pseudo-christlichen" Gruppen in: Africanews Nr. 11, Januar 1999: „Kenya. Ritorno alle religioni tradizionali."

Überall, auch in den fundamentalistischen Gruppierungen, hat der Wunsch nach Afrikanisierung über die Strategien zur Übernahme westlicher christlicher Modelle gesiegt, sind Anpassung und Innovation angesagt. Zwar kann der Historiker keine Typologien erstellen, weil die Grenzen allzu fließend sind, doch kann er einige für die Mehrheit der christlichen Gruppierungen und Kirchen charakteristische Merkmale herausarbeiten. So ist der Umgang mit den Kulturen zwar nicht überall derselbe, aber den Kulturen wird überall Rechnung getragen. Plausibel ist die These vom Rück*griff* auf die Tradition, denn eine Rück*kehr* zur Tradition ist sinnlos geworden. Doch resultiert daraus eine große Bandbreite, wenn es darum geht, jene afrikanischen Elemente auszuwählen, welche die christliche Botschaft auszudrücken und zu bereichern vermögen (einige kaum des Konservatismus zu verdächtigende Theologen der historischen Kirchen befürchteten bereits, die Promotion afrikanischer Konzepte wie Kirche als Familie oder Christus als Ahne käme zum falschen Zeitpunkt oder laufe dem Gang der Geschichte zuwider). Noch spektakulärer sind die Divergenzen, wenn es um Wesen und Grad des soziopolitischen Engagements geht, doch alle Gruppen beteiligen sich, auf ihre Art, nolens volens am politischen Leben, fehlt es doch an einem eigentlichen Alternativentwurf (auf die nationalen Versöhnungskonferenzen in Afrika folgten Enttäuschungen, wenn nicht gar Tragödien wie in Zaire oder Kongo-Brazzaville).

Angesichts der vielfältigen, kaum zu kanalisierenden Initiativen reagierten die etablierten Kirchen bislang schwankend zwischen bloß kosmetischen Maßnahmen und einer eigentlichen kopernikanischen Wende, welche die kirchlichen Strukturen ebenso in Frage stellen würde wie den theologischen Diskurs, die Ethik (Geburtenkontrolle, AIDS), die Ehemodelle („christliche Ehe als Einheitsmodell?"[161]) oder, bei den Katholiken, das Kanonische Recht. So ist denn die theologische Debatte des 20. Jh. der sichtbare Ausdruck einer tiefgreifenden Umwälzung, die nicht bloß Afrika betrifft, sondern auch die in den katholischen oder protestantischen Kirchen des Nordens erarbeiteten Glaubensformen und -bekenntnisse miteinbezieht. Das 20. Jh. wurde Zeuge einer unwiderstehlichen Dynamik: Sie machte aus dem Christentum eine afrikanische Realität und aus Afrika einen für die Zukunft des Christentums wesentlichen Akteur. Diese Dynamik wirkte sich bislang widersprüchlich aus: Sie führte zu Verhärtungen wie Öffnungen, bevorzugte entweder Rivalität oder Toleranz und Ökumene, selbst wenn häufig die Demonstration der Einheit der Kirchen nur Krisensituationen vorbehalten blieb[162] bzw. in einer gemeinsamen Front gegen einen gemeinsamen Konkurrenten bestand, der einst ideologischer, gegen Ende des 20. Jh. aber zunehmend religiöser Natur war (Islam oder neotraditionelle Bewegungen). Erst in der Zukunft wird sich weisen, ob die vom afrikanischen Christentum ausgeloteten Wege dem Prozeß der „Uniformisierung durch Globalisierung" werden widerstehen können und ob die religiöse Innovationskraft dauerhafte und schöpferische Antworten auf die Herausforderungen der Moderne bereithält.

---

[161] M. Legrain, Mariage chrétien, modèle unique? Questions venues d'Afrique, Paris 1978.

[162] Anläßlich der Gebetswoche für die Einheit der Christen versammelten sich im Januar 1999 die großen christlichen Kirchen des Kongo zu einer ökumenischen Feier in der protestantischen Kirche in Kinshasa zum Thema: Solidarität und nationaler Wiederaufbau; vgl. Agence DIA, 27. Januar 1999.

Bibliographie

Dokumente und Arbeitsinstrumente

The African Synod. Documents. Reflections. Perspectives, edited by the AFRICA FAITH & JUSTICE NETWORK under the direction of M. BROWNE, Maryknoll (N.Y.) 1996, IX-286 S.

J.-C. BARBIER u. a., Formes contemporaines du christianisme en Afrique noire. Une étude bibliographique, Bordeaux 1998, 65 S.

M. CHEZA (Hrsg.), Le Synode africain. Histoire et textes, Paris 1996, 428 S.

– u. a., Les évêques d'Afrique parlent, 1969–1991. Documents pour le synode africain, Paris 1992, 443 S.

CH. D. ISIZUH, The Attitude of the Catholic Church Towards African Traditional Religion and Culture. 100 Excerpts from the Magisterial and Other Important Church Documents, Lagos – Rom 1998, 332 S.

H. W. TURNER, Bibliography of New Religious Movements in Primal Societies I: Black Africa, London – Boston 1977, X–277 S.

Periodica

Afer (Eldoret, Kenia)

Africa. Journal of the International African Institute (London), 1928

Aspects du christianisme à Madagascar (Antananarivo, Madagaskar)

Dialogue (Kigali, Ruanda, später Brüssel)

L'Afrique politique (Jahreszeitschrift, Paris), 1994

Bulletin de théologie africaine (Association œcuménique des théologiens africains), 1985

Cahiers d'études africaines (Paris), 1960

Journal of African History (London), 1960

Lusotopie (Bordeaux), 1995

Missionalia (Südafrika)

Politique africaine (Bordeaux – Paris), 1981

Revue africaine de théologie (Kinshasa), 1977

Revue de l'Institut catholique de l'Afrique de l'Ouest (Abidjan)

Telema (Kinshasa), 1975

Gesamtdarstellungen

M. CROWDER, The Cambridge History of Africa VIII: 1940–1975, Cambridge – London – New York 1984, XVI–1011 S.

UNESCO General History of Africa VIII: Africa since 1935, hrsg. v. A. A. MAZRUI – C. WONDJI, Oxford – Paris 1993, 1025 S.

Untersuchungen

J. ALIBERT (Hrsg.), Trente années d'Afrique. Sondernummer v. Afrique contemporaine Nr. 164 (Okt.–Dez. 1992).

J. BAUR, 2000 Years of Christianity in Africa. An African History 61–1992, Nairobi 1994, 560 S.

J.-F. BAYART (Hrsg.), Religion et modernité politique en Afrique noire. Dieu pour tous et chacun pour soi, Paris 1993, 312 S.

J.-P. CHRÉTIEN u. a. (Hrsg.), L'invention religieuse en Afrique. Histoire religieuse et religion en Afrique noire, Paris 1993, 487 S.

F. CONSTANTIN – CH. COULON (Hrsg.), Religion et transition démocratique en Afrique, Paris 1997, 387 S.

C. COQUERY-VIDROVITCH, Afrique noire. Permanences et ruptures, 2. verb. Auflage, Paris 1992, 450 S.

– H. MONOT, L'Afrique noire de 1880 à nos jours, 4. verb. Aufl., Paris 1993, 499 S.

CH. COULON – D.-C. MARTIN (Hrsg.), Les Afriques politiques, Paris 1991, 294 S.

J.-M. ELA u. a., Voici le temps des héritiers. Églises d'Afrique et voies nouvelles, Paris 1981, 269 S.

E. FASHOLÉ-LUKE u. a. (Hrsg.), Christianity in Independent Africa, London – Bloomington (Ind.) 1978, 630 S.

A. HASTINGS, A History of African Christianity, 1950–1975, Cambridge – New York 1982, 336 S.

–, The Church in Africa. 1450–1950, Oxford – New York 1984, 706 S.

M. P. HEBGA, Afrique de la raison, Afrique de la foi, Paris 1995, 206 S.

R. HORTON, African Conversion, in: Africa 41 (1971) 85–108.

KÄ MANA, Théologie africaine pour temps de crise. Christianisme et reconstruction de l'Afrique, Paris 1993, 208 S.

L. Laverdière, L'Africain et le missionnaire. L'image du missionnaire dans la littérature africaine d'expression française. Essai de sociologie littéraire, Montréal 1987, 608 S.

R. Luneau, Laisse aller mon peuple! Églises africaines au-delà des modèles, Paris 1987, 193 S.

A. Mbembe, Afriques indociles. Christianisme, pouvoir et État en société postcoloniale, Paris 1988, 222 S.

E. M'Bokolo u. a., Afrique noire. Histoire et civilisations II: XIXᵉ–XXᵉ siècles, Paris 1995, 576 S.

J.-F. Médard, États d'Afrique noire. Formation, mécanismes et crises, Paris 1991, 405 S.

É. de Rosny, Heilkunst in Afrika. Mythos, Handwerk und Wissenschaft, übers. v. J. Collin, Wuppertal 1994, 227 S.

G. Ruggieri (Hrsg.), Église et histoire de l'Église en Afrique (actes du colloque, 22.–25. Oktober 1988 in Bologna), Paris 1990, 393 S.

Y. Schaaf, L'histoire et le rôle de la Bible en Afrique, Nairobi – Lomé – Yaoundé – Lavigny 1994, 287 S.

Regionale Studien und Spezialuntersuchungen

D. C. Bach u. a. (Hrsg.), Le Nigeria. Un pouvoir en puissance, Paris 1989, 290 S.

- (Hrsg.), La France et l'Afrique du Sud. Histoire, mythes et enjeux contemporains, Paris – Nairobi 1990, 432 S.

D. Bourmaud, Histoire politique du Kenya. État et pouvoir local, Paris – Nairobi 1988, 326 S.

D. M. Byabazaire, The Contribution of the Christian Churches to the Development of Western Uganda (1894–1974), Frankfurt a. M. – Bern – Las Vegas 1979, 198 S.

J.-P. Chrétien, Le défi de l'ethnisme. Rwanda et Burundi, 1990–1996, Paris 1997, 400 S.

–, Burundi. L'histoire retrouvée. 25 ans de métier d'historien en Afrique, Paris 1993, 509 S.

P. B. Clarke, West Africa and Christianity, London 1986, 271 S.

J.-P. Daloz – J. D. Chileshe (Hrsg.), La Zambie contemporaine, Paris 1996, 378 S.

O. Degrisje, L'éveil missionnaire des Églises du Tiers-Monde, Paris 1983, 122 S.

Ph. Denis, The Dominican Friars in Southern Africa. A Social History (1577–1990), Leiden – Boston –1998, 322 S.

F. Eboussi-Boulaga, Les conférences nationales en Afrique noire. Une affaire à suivre, Paris 1993, 229 S.

L'Église catholique au Zaïre. Un siècle de croissance (1880–1980), Kinshasa-Gombe 1981.

M. A. Glélé, Religion, culture et politique en Afrique noire, Paris 1981, 206 S.

F. Grignon – G. Prunier, Le Kenya contemporain, Paris – Nairobi 1998, 394 S.

F. Guichard u. a. (Hrsg.), Des protestantismes en „lusophonie catholique", Paris 1998, 640 S.

J. Hallaire, Naissance d'une Église africaine. Lettres et chroniques du pays sar, Tchad (1952–1989), hrsg. v. J. Fédry – A. Hallaire, Paris 1998, 284 S.

L. W. Henderson, The Church in Angola. A River of Many Currents, Cleveland (Ohio) 1992, XIII–448 S.

Histoire sociale de l'Afrique de l'Est (XIXᵉ–XXᵉ siècle), Paris 1991, 527 S.

Ph. B. Kabongo-Mbaya, L'Église du Christ au Zaïre. Formation et adaptation d'un protestantisme en situation de dictature, Paris 1992, 467 S.

E. Kumbu ki Kumbu, Vie et ministère des prêtres en Afrique, Paris 1996, 419 S.

N. H. Kurdi, L'Érythrée. Une identité retrouvée, Paris 1994, 191 S.

M. Lavergné (Hrsg.), Le Soudan contemporain. De l'invasion turco-égyptienne à la rebellion africaine (1821–1989), Paris 1989, 640 S.

A. Lenoble-Bart, Afrique nouvelle. Un hebdomadaire catholique dans l'histoire, 1947–1987, Talence 1996, 313 S.

I. Linden, Church and Revolution in Rwanda, Manchester – New York 1977, XVI–304 S.

–, Church and State in Rhodesia, 1959–1979, München – Mainz 1979, XIII-307 S.

–, The Catholic Church and the Struggle for Zimbabwe, London 1980, X–310 S.

R. Luneau, Paroles et silences du synode africain, 1989–1995, Paris 1997, 243 S.

P. Lupo (Hrsg.), Ancêtres du Christ. Un siècle d'évangélisation dans le sud-ouest de Madagascar 1897–1997, Fianarantsoa 1997, 228 S.

Madagascar et le christianisme, Paris – Antananarivo 1993, 518 S.

D.-C. Martin (Hrsg.), Sortir de l'apartheid, Brüssel 1992, 159 S.

H. McCullum, The Angels Have Left Us. The Rwanda Tragedy and the Churches (Vorwort Desmond Tutu), Genf 1995.

A. Nagapen, Histoire de l'Église, Isle de France, Île Maurice, 1721–1968, Port-Louis 1996, 238 S.

L. Ngongo, Histoire des forces religieuses au Cameroun. De la Première guerre mondiale à l'Indépendance (1916–1955), Paris 1982, 298 S.

G. C. Oosthuizen, The Healer-Prophet in Afro-Christian Churches, Leiden – New York 1992, XXVII–200 S.

C. Prudhomme, Histoire religieuse de La Réunion, Paris 1984, 369 S.

G. Prunier, The Rwanda Crisis 1959–1994, History of a Genocide, London 1995, 389 S.

– – B. Calas, L'Ouganda contemporain, Paris – Nairobi 1994, 303 S.

F. Reyntjens, L'Afrique des Grands Lacs en crise. Rwanda, Burundi, 1988–1994, Paris 1994, 326 S.

J.-L. Richard, L'expérience de la conversion chez les Basotho, Rom 1977, 236 S.

H. Söderström, God Gave Growth. The History of the Lutheran Church in Zimbabwe, 1903–1980, Simbabwe 1984, X–237 S.

M. Twagirayesu – J. van Butselaar, Ce don que nous avons reçu. Histoire de l'Église presbytérienne au Rwanda (1907–1982), Kigali 1982, 191 S.

J. P. van Bergen, Development and Religion in Tanzania. Sociological Soundings on Christian Participation in Rural Transformation, Madras – Leiden 1981, XVI–336 S.

J.-C. Willame, L'automne d'un despotisme. Pouvoir, argent et obéissance dans le Zaïre des années quatre-vingt, Paris 1992, 226 S.

–, Aux sources de l'hécatombe rwandaise, Tervuren – Paris 1995, 174 S.

Christliche Kirchen als kleine Minderheiten in einem demographisch dominanten Asien

VON CLAUDE PRUDHOMME UND JEAN-FRANÇOIS ZORN

In dem riesigen Dreieck, das vom indischen Subkontinent bis zum japanischen Inselmeer und Australien reicht, lebten am Ende des 20. Jh. drei Fünftel der Menschheit. Dieses demographische Übergewicht Asiens steht im Gegensatz zu einer nur sehr schwachen Präsenz des Christentums, das außer auf den Philippinen (95 % der Bevölkerung) und in Südkorea (20 bis 30 %) manchmal auf verschwindend kleine Minderheiten beschränkt ist. Obwohl die Verbreitung des christlichen Glaubens vor allem in Indien und China bereits sehr früh einsetzte und sowohl die West- wie ausnahmsweise auch die Ostkirchen (orthodoxe Missionen in Japan und Korea) schon zum Zeitpunkt der ersten (16./17 Jh.) wie auch der zweiten (19./20 Jh.) europäischen Expansion in diesen Raum systematisch Mission betrieben, blieben die großen asiatischen Kulturen offensichtlich gänzlich unberührt von der christlichen Botschaft oder standen ihr zumindest gleichgültig gegenüber. Daran änderte sich auch nichts in der zweiten Hälfte des 20. Jh. Anfang 1997 machte der Anteil der Katholiken mit 103 230 000 Getauften 2,9 % der Gesamtbevölkerung aus [1]; der der Protestanten, für die weniger genaue Angaben vorliegen, weniger als 1 %. In seiner quantitativen Bedeutung für die christliche Welt entspricht der gesamte ozeanisch-asiatische Raum trotz einer fünfmal so großen Bevölkerung derjenigen Afrikas. Die jüngste Christianisierung Ozeaniens unterstreicht noch den anhaltenden Mißerfolg christlicher Missionen in Asien.

I. Schwache und verstreute Minderheiten – mit wachsendem Einfluß innerhalb der Weltkirchen

Im Gegensatz zu den Erfolgen, die das Christentum fortlaufend in Schwarzafrika zu verzeichnen hatte, stagnierten nach Aussage der Statistiken die Mitgliederzahlen der christlichen Kirchen in Asien seit den 50er Jahren, wobei das Pendel manchmal leicht in die eine und dann wieder in die andere Richtung ausschlug. Einzig in Korea war in den 50er Jahren ein Zuwachs zu verzeichnen, dessen Anfänge bis in die Zwischenkriegszeit zurückreichen und der zunächst besonders die protestantischen Kirchen und später erst die anderen Konfessionen betraf.

Unter Vorbehalten – die zugrunde liegenden Quellen sind teils widersprüchlich und

---

[1] Statistisches Jahrbuch der katholischen Kirche vom 31. Dez. 1996, zitiert nach dem Internationalen Fidesdienst 4033 (16. Okt. 1998) ND 725.

haben besonders für die Protestanten nur Annäherungswert – läßt sich die Aufgliederung der Christen in Asien nach ihrer nationalen Zugehörigkeit tabellarisch wie folgt darstellen.[2]

Zahlenmäßige enmäßige Schätzung der Katholiken und Protestanten (1960 und 1995)

Land	% Anteil d. Katholiken 1969	% Anteil d. Katholiken 1995	% Anteil d. Protestanten 1969	% Anteil d. Protestanten 1995	Besonderheiten
Bangladesch		0,19 %	0,3 %	(65000?)	
Birma (seit 1989 Myanmar)	0,9 %	1,1 %	3 %	2 %	ethnische Minderheiten
Kambodscha	1,1 %	0,2 %			
China	(4 Millionen?)	(5 bis 10 Millionen?)		(5 bis 15 Millionen?)	
Südkorea	2,1 %	7,6 %	7,9 %	15 %	
Hongkong	5,4 %	3,8 %	3,9 %		
Indien	0,9 %	1,7 %	2 %	1 %?	vor d. 4. Jh.? v. a. im Süden
Indonesien	1,3 %	2,8 %	6,5 %	6 %	Timor, Molukken
Japan	0,3 %	0,3 %	0,7 %	0,7 %	35000 Orthodoxe
Laos	1,2 %	0,7 %		0,3 %	ethnische Minderheiten
Malaysia	2,3 %	3,1 %	1,4 %	3–4 %	v. a. Inder u. Chinesen
Pakistan	0,3 %	0,7 % (ohne Bangladesch)	0,4 %		
Philippinen	81,5 %	83,5 %	11,2 %	10–11 %	
Singapur		6 %		7 %	
Sri Lanka	9,4 %	6,6 %	0,9 %	2,5 %	
Taiwan	2,1 %	1,3 %	2,5 %	3 %	Festland-Chinesen u. Eingeborene
Thailand	0,4 %	0,4 %	0,1 %	0,6 %	
Vietnam	9 %	7,9 %	2,5 %	150000 (1972)	17. Jh.

Aus der vorliegenden Tabelle wird vor allem ersichtlich, daß seit dem Zweiten Weltkrieg nur wenige bedeutsame Fortschritte zu verzeichnen waren. Ein nennenswerter Anstieg lag überhaupt nur auf lokaler Ebene vor und betraf primär den Anschluß ethnischer Minder-

---

[2] Die angeführten Zahlen wurden auf folgender Grundlage erstellt: Asia, Atlantico curato dall'Agenzia Asia News (PIME in Mailand); Asie religieuse, Églises d'Asie, chiffres et données, hrsg. vom Informationsbüro der Missions étrangères de Paris (MEP) (1995); Statistisches Jahrbuch der Kirche, hrsg. vom Vatikan (1995); Internationaler Fidesdienst, besonders das anläßlich der Bischofssynode von 1998 veröffentliche Dossier „Asien" (4083/4084 [17. April 1998] ND 263ff.).

heiten oder sozial ausgegrenzter Gruppierungen. Umgekehrt ist in Sri Lanka ein zahlenmäßiger Rückgang der Katholiken zu beobachten, der teilweise mit der Rückkehr tamilischer
Plantagenarbeiter nach Indien zusammenhängt. Man sollte noch anfügen, daß das durch
diese Zahlen gelieferte Gesamtbild durch einige störende Faktoren getrübt wird, die einer
detaillierteren Analyse entgegenstehen. So scheint in den staatlich organisierten Volkszäh-
lungen die tatsächliche Zahl der Christen zu niedrig angesetzt zu sein, da sich dabei nicht
alle tatsächlich zum Christentum bekennen, um etwaige Diskriminierungen zu vermeiden.
Hinzu kommt noch, daß manche Konvertiten nach ihrem Glaubenswechsel mehreren Religionen zugleich angehören, ein Verhalten, das durch Untersuchungen in Korea bestätigt,
aber von den Statistiken nicht berücksichtigt wird.

Ferner läßt sich beobachten, daß die relative, am Verhältnis zum Zuwachs der Gesamtbevölkerung abgelesene Stagnation der Mitgliederzahlen christlicher Kirchen eine Wachs-
tumskapazität des Christentums verschleiert, die vor allem in der Konversion von Erwachsenen ihren Ausdruck findet. Bezüglich der Geburtenfrage treten die Christen besonders in
Indien oder Sri Lanka tatsächlich häufiger für eine freiwillige Geburtenkontrolle ein als
Anhänger anderer Religionen, weshalb als Folge der geringeren Fertilität christlicher Familien ein schwächeres demographisches Wachstum zu verzeichnen ist. Hingegen könnten
ausführlichere Informationen über die Konversionen von Erwachsenen Zeugnis davon geben, daß das Christentum eine relativ dynamische Religion ist. Aber viele Kirchen vermeiden es, die Zahl der Erwachsenentaufen zu veröffentlichen, um nicht des Proselytismus beschuldigt zu werden, könnte dies doch zu Spannungen mit der jeweils vorherrschenden
Religion führen. Dennoch rechtfertigen die im „Statistischen Jahrbuch der Kirche" enthaltenen Angaben, die sich allerdings auf die Gesamtheit der betroffenen Länder beziehen,
den Optimismus gewisser offizieller Texte nur teilweise. Danach liegt der Prozentsatz der
Taufen bei den über 7jährigen in Asien bei 14%–15% gegenüber 2,9% in Europa und
34%–35% in Afrika.

Insgesamt gesehen haben diese feinen Unterschiede aber nur beschränkte Auswirkungen und ändern nichts an der Tatsache, daß das Christentum offensichtlich nicht in der
Lage ist, in den wichtigsten Staaten Asiens die Menschen in großer Zahl anzuziehen. Das
Christentum auf den Philippinen bildet die einzige Ausnahme von dieser Regel. Die Hoffnungen, die man zu verschiedenen historischen Epochen in Anschlußbewegungen setzte
(so in Japan zu Beginn des 17. und in bescheidenerem Ausmaße am Ende des 19. Jh.),
führten bestenfalls zur Ausbildung gefestigter kleiner christlicher Gemeinden vor Ort, die
groß genug waren, um Prüfungen zu ertragen, und selbständig genug, um – auch im Untergrund – zu überleben, ohne sich aber weiter ausdehnen zu können (Vietnam und China).
Sie blieben einem soziokulturellen Determinismus verhaftet, der sie dazu verurteilte,
christliche Inseln in einem mehrheitlich muslimischen, hinduistischen, buddhistischen,
konfuzianischen, schintoistischen bzw. heute „materialistischen" Umfeld zu bleiben.

Diese Ansiedlung isolierter oder marginaler christlicher Gemeinden brachte Alain
Forest dazu, bildlich von einer „Abkapselung" dieser Minderheiten in „Zellen" zu sprechen, die zwar groß genug sind, um sich zu reproduzieren, aber völlig abgeschlossen von
der Außenwelt leben[3]. Dieses Bild muß noch durch die Feststellung ergänzt und differen-

---

[3] A. FOREST, Les Missionaires français au Tonkin et au Siam XVIIe–XVIIIe siècles. Analyse comparée d'un relatif
succès et d'un total échec, préface de G. CONDOMINAS, Bd. III: Organiser une Église, convertir les infidèles, Paris
1998, 181 ff.

ziert werden, daß das Christentum beständig in Gruppen eindringt, die kaum in die Gesellschaft als Ganzes integriert sind. Denn ein weiteres charakteristisches Merkmal dieser Kirchen ist die Tatsache, daß sie stärker unter den Ureinwohnern, den ethnischen Minderheiten[4] – besonders, wenn sie, wie in Osttimor, unterdrückt werden – oder jenen Bevölkerungsgruppen vertreten sind, die aus einer Binnenmigration hervorgingen, aus Familien stammen, die aus politischen Gründen ins Exil gingen (China), oder aus Randgruppen. Besonders deutlich zeigt sich dies in Indien, wo der Anteil der „Stammesangehörigen", der Mitglieder niederer Kasten und der „Unberührbaren" oder *dalits* in den christlichen Kirchen besonders hoch ist. In anderer Form trifft man auf diese Situation auch in China[5], in Indonesien, wo nur sehr wenige Christen auf den Inseln Java und Sumatra leben, in Taiwan, wo vor allem die Festlandchinesen und die Ureinwohner Christen sind, in Malaysia, wo die Christen aus der indischen und chinesischen Diaspora stammen, in Birma, wo sie den nördlichen Bergvölkern angehören, in Thailand, wo sie teils chinesischen oder vietnamesischen Einwandererkreisen, teils den Minderheiten im Norden zugehören, usw.

Man kann aus diesen Gegebenheiten jedoch keine allgemeinen Schlüsse ziehen. Zweifelsohne läßt sich feststellen, daß die Evangelisierung in China „entwurzelte Familien oder Minderheiten stärker berührte und daß christliche Gemeinden dort besser Fuß faßten, wo sie gewissermaßen in das Leben eines Klans eingebunden werden konnten"[6]. Aber angesichts der Migrationsbewegungen, die auch die Minderheiten betreffen, kommt diesem Faktor immer weniger Bedeutung zu. Auch bietet er nicht immer eine Erklärung für die Präsenz des Christentums, wie man am Fall Südkoreas und in geringerem Maße in Singapur sieht[7]. In beiden Staaten konnten die Christen starke Zuwachsraten verzeichnen, da vor allem viele Mitglieder der Mittelschicht, die eine höhere Schulbildung besitzen und am Modernisierungsprozeß mitwirken, zum Christentum übertraten.

Die Lage in China, für das seit Mitte der achtziger Jahre vermehrt Zeugnisse für ein wachsendes Interesse am Christentum, besonders am Protestantismus, vorliegen, verdient eine besondere und intensivere Untersuchung[8]. Angeblich ist das „religiöse Fieber" dort in den alten protestantischen Hochburgen ebenso ausgebrochen wie in jenen ländlichen Gegenden, in denen man in Harmonie mit der Geisterwelt leben will, um gute Ernten oder Heilung von Krankheiten zu erhalten. Die Tatsache, daß sich besonders die Jugend und jene Kreise vom Christentum angezogen fühlen, die eine Öffnung des Landes nach außen und eine Demokratisierung wünschen, deutet auf einen entscheidenden Gesinnungswandel hin. Aber diese Erklärungsversuche, die oft auf gänzlich widersprüchliche Motivationen verweisen, müssen erst einer Überprüfung unterzogen werden, was gegenwärtig nicht möglich ist. Sollte es sich bestätigen, daß sich die neue Mittelschicht vom Christentum an-

---

[4] Das Phänomen ist im übrigen nicht nur typisch für das Christentum, vgl. „Minorités ethniques et religion", in: Églises d'Asie (EDA), Dossiers et documents, nr. 5, Mai 1992.

[5] R. COVELL, The Liberating Gospel in China. The Christian Faith among China's Minority Peoples, Grands Rapids/ Michigan 1995.

[6] „Elements pour le catholicisme chinois", in: J. CHARBONNIER, Y-a-t-il un christianisme chinois?, in: EDA, dossiers et documents 4 (16. April 1997), 12 f.

[7] J. R. CLAMMER, The Sociology of Singapore Religion: Studies in Christianity and Chinese Cultur, Singapur 1991.

[8] BI MING, „La fièvre chrétienne en Chine. Analyse", Übersetzung eines in der Zeitschrift *Tripod* in Hongkong veröffentlichten Artikels, in: EDA, Dossiers et documents 1 (16. Jan. 1995).

gezogen fühlt, so wäre dies jedenfalls kein Novum in der Geschichte Chinas. Schon in der Zwischenkriegszeit war spürbar, daß sich jene Oberschicht, die sich nach dem Vorbild von Sun Yat-sen oder der Familie Chiang Kai-shek nach außen hin öffnen wollte und auf die Karte der Modernität setzte, dem Protestantismus zuwandte. Auf längere Zeit gesehen, läßt sich eine ähnliche Haltung bei der ausgewanderten chinesischen Bevölkerung feststellen: Anders als die Festlandchinesen schlossen sich die Chinesen in der Diaspora im Laufe des 20. Jh. größtenteils den christlichen Kirchen an, sowohl auf den Inseln im Pazifik und im Indischen Ozean wie auch in Nord- oder Südamerika. Dennoch ist nach dem Beispiel Taiwans, wo in den 50er Jahren ein Christianisierungsprozeß anzulaufen schien, der sich dann aber als ephemer erweisen sollte, der mögliche Ausbruch eines „religiösen Fiebers" in einem mitten im Umbruch befindlichen China mit Vorsicht zu betrachten. Nach spektakulären und in Asien noch nie dagewesenen Erfolgen bestätigten die übereinstimmenden Anzeichen einer Verlangsamung des Wachstums der koreanischen Kirchen in den neunziger Jahren – die zuerst bei den Protestanten und dann auch bei den Katholiken spürbar wurde –, wie müßig jede mittelfristige Prognose der Chancen des Christentums in Ostasien ist.

Und doch stellen die christlichen Gemeinden, die verglichen mit der Gesamtbevölkerung in der Minderheit sind, keine Randerscheinungen dar. Ihr Einfluß reicht nicht nur weit über ihre eigenen Gläubigen hinaus. Dank der fortschreitenden demographischen Entwicklung können sie auch ihre Stellung innerhalb der christlichen Kirchen immer weiter ausbauen. Mögen diese Gemeinden im Verhältnis zur Größe des asiatischen Kontinents nur klein erscheinen, so stellen sie doch zahlenmäßig innerhalb der wichtigsten anerkannten Weltkirchen keine unbedeutende Größe dar, wie sich an Hand einer Reihe einfacher Daten zeigen läßt.

Land (1995)	Katholiken	Protestanten	Protestantische Kirchen
Südkorea	3,4 Millionen	7–8 Millionen	Methodisten, Presbyterianer, Anglikaner
Indien	16 Millionen	8 Millionen	Anglikaner, Presbyterianer, Lutheraner
Indonesien	5,3 Millionen	8 Millionen	Lutheraner, Presbyterianer
Philippinen	58,7 Millionen	2,3 Millionen 1,5 Millionen 600 000	Methodisten, Presbyterianer Aglipayan Iglesia ni Kristo
Vietnam	5,5–7 Millionen	150 000	Reformierte, Baptisten

Gemessen an der Zahl der Katholiken weltweit brachte eine Einteilung der Gläubigen nach Nationen 1995 die Philippinen auf den dritten Platz, weit hinter Brasilien mit 135 Millionen, aber vor den Vereinigten Staaten mit 57 Millionen. Indien fand sich auf dem 13. Platz wieder, während die Kirchen Indonesiens oder Vietnams von der Bedeutung her der niederländischen oder wie im Fall Koreas der schweizerischen Kirche entsprachen. Ähnlich stellt sich auch die Lage innerhalb der internationalen protestantischen Kirchenverbände dar, wo die asiatischen Kirchen keine unbedeutende Rolle spielen.

Die Auswirkungen sind sowohl an der Spitze wie auch an der Basis fühlbar. Was die römische Kirche betrifft, so steigerte sich die Zahl von zwei Kardinälen im Jahre 1958 (dem Erzbischof von Peking, Tien Chen-Sin, und dem Erzbischof von Bombay, Valerian Gracias) zu Beginn des 21. Jh. auf fünfzehn: Philippinen (3), Indien (4), Vietnam (2) sowie jeweils ein Kardinal in Taiwan, Japan, Südkorea, Hongkong, Indonesien und Thailand. Asien (mit Ausnahme des Vorderen Orients) verfügt also im Fall eines neuen Konklaves über 10 % der Wähler, was seiner Bedeutung innerhalb der katholischen Kirche entspricht.

Im Vergleich dazu scheint Ozeanien mit vier Kardinälen überrepräsentiert (zwei Australier, ein Neuseeländer sowie nur ein Kardinal für die kleinen, aus den Missionen hervorgegangenen Minderheiten auf den Inseln). Hier stellen also nur 0,7 % der Gläubigen 3 % der Papstwähler.

Der Wunsch der Kirchen Asiens nach Integrierung in den kurialen Herrschaftsapparat, zeigte bislang nur begrenzte Auswirkungen auf die Personalpolitik der Kurie. 1995 gab es dort nur zehn Bischöfe aus Asien (weniger als 5 %), gegenüber 26 aus Afrika und drei Vertretern Ozeaniens. Der Werdegang von Duraisamy Simon Lourdusamy aus der Erzdiözese Pondicherry, der nacheinander stellvertretender Sekretär (1970), Sub-Sekretär, Sekretär der Kongregation *De Propaganda fide* und schließlich der Kongregation für die Ostkirchen wurde, bleibt eine Ausnahmeerscheinung. Die 1998 erfolgte Berufung von Bischof Stephen Fumio Hamao von Yokohama zum Präsidenten des „Päpstlichen Rats für die Seelsorge an Menschen unterwegs" (Migranten, Assylsuchende, Flüchtlinge machen fast die Hälfte der Katholiken seines Landes aus) erfolgte im Sinne einer stärkeren Berücksichtigung des asiatischen Katholizismus an der Spitze der römischen Kirche.

Auch in den großen nicht-katholischen internationalen Kirchenverbänden spielt die Präsenz asiatischer Kirchen eine maßgebliche Rolle. Ende der neunziger Jahre gehörten dem Ökumenischen Rat der Kirchen (ÖRK) mit seinen über 330 Mitgliedskirchen (Protestanten, Anglikanern, Altkatholiken und Orthodoxen) 65 Kirchen in Asien an. Im bei der jüngsten Vollversammlung in Harare (Simbabwe) 1998 gewählten Präsidium des ÖRK stellt Asien eines von neun Mitgliedern (Moon Kyu Kang aus Korea). Zu dem aus 150 Mitgliedern bestehenden Zentralausschuß gehören 21 Verteter Asiens (aus Sri Lanka, Indien, Pakistan, Myanmar, Bangladesch, Malaysia, Indonesien, Taiwan, China, Korea und Japan), von denen vier im Exekutivausschuß sitzen. Auf allen Ebenen setzen sich diese Instanzen ungefähr zu einem Drittel aus Laien und Frauen zusammen. Im Reformierten Weltbund (RWB), zu dem 199 Kirchen in 99 Ländern zählen, sitzt im Exekutivausschuß ein Vertreter Asiens (Südkoreas); die entsprechende Abteilung für *Zusammenarbeit und Zeugnis* wird von zwei Koreanern geleitet, was für die starke Verwurzelung der reformierten und presbyterianischen Kirchen in diesem Land spricht. Der Lutherische Weltbund (LWB) mit 122 Kirchen in 68 Ländern hat ebenfalls einen Vertreter Asiens (Taiwans) in seinem ständigen Rat, während der Vorsitz zweier Sektionen, nämlich der Abteilungen für Weltdienst und für Theologie und Studien zwei Asiaten, jeweils aus Indonesien und Indien, anvertraut ist[9].

---

[9] Für den ÖRK stammen die statistischen Angaben vom Rapport officiel de la 7ᵉ assemblée du COE (Canberra, Australien, vom 7. bis 20. Februar 1991), hrsg. von M. WESTPHAL (Veröffentlichungen des WXX), Genf 1991, 383–399; zu den anderen Organisationen vgl. den Annuaire de la France protestante 1997, Paris 1996, 550f.

Dieser Versuch, über den quantitativen Ansatz und auf dem Umweg über die institutionelle Beteiligung einen Zugang zu den christlichen Kirchen Asiens zu finden, kann zunächst nur eine erste Zustandsbeschreibung liefern. Aber für ein besseres Verständnis dieser Kirchen, die nun ein halbes Jahrhundert voller dramatischer Prüfungen hinter sich haben, wird es in einem zweiten Anlauf nötig sein, ihr Leben in dieser Zeit zu beschreiben. Die nach dem Zweiten Weltkrieg durch die spektakulären Erfolge des Kommunismus aufgeworfenen Fragen und die Bedingungen, die den Kirchen durch die oft sehr einschränkenden politischen Umstände auferlegt wurden, zwangen die meisten von ihnen zu einer Anpassung ihrer aus dem Missionszeitalter überkommenen Strukturen. Manchmal reduzierte sich ihre Tätigkeit schlicht darauf, im Untergrund nach einer Möglichkeit des Überlebens zu suchen. Sie wurden vor die Herausforderung gestellt, mit einem politischen und soziokulturellen Umfeld zurechtzukommen, das von Ideologien, Religionen oder Philosophien beherrscht wurde, die christlichen Traditionen fremd waren. Da die innerhalb der einzelnen Kirchen wie auch in den zwischenkirchlichen Beziehungen gefundenen Antworten und durchgeführten Reformen notgedrungen sehr vielfältiger Natur waren, erscheint jeder Gesamtüberblick als zu stark vereinfachend. Dennoch lassen sich wenigstens einige Grundlinien aufzeigen, die für die Mehrzahl der christlichen Gemeinden zutreffen.

II. Asiatische Kirchen und Staaten vom indischen Subkontinent bis Ostasien (ausgenommen Philippinen) – Vom Versuch, das Mißtrauen gegen eine fremde Religion zu überwinden

Trotz sicher notwendiger Differenzierungen – vor allem was christlichen Gemeinden betrifft, die vor der europäischen Kolonisation in Indien, China, Vietnam und Korea entstanden – trifft die Behauptung zu, daß ein Zusammenhang zwischen westlicher Expansion und christlicher Mission bestand, eine Hypothek, die nach dem Zweiten Weltkrieg schwer auf den christlichen Kirchen lastete. Nährte sie doch das weit verbreitete Mißtrauen Institutionen gegenüber, die nur allzu bereit schienen, sich in den Dienst des Neokolonialismus und des westlichen Imperialismus zu stellen. In den 50er Jahren zeigten sich die aufsteigenden Mächte Asiens, die im Mittelpunkt der Bandung-Konferenz und an der Spitze der Neutralitätsbewegung standen, besonders entschlossen, jede Form von Unterordnung unter ausländische Interessen zu kritisieren und zu bekämpfen. Der staatliche Wunsch nach einer diesbezüglichen Kontrolle der Kirchen nahm jedoch von Staat zu Staat sehr unterschiedliche Formen und Ausprägungen an.

Aus westlicher Sicht war der heftigste und augenscheinlichste Konflikt mit der Ausbreitung des Kommunismus kurz nach Kriegsende verbunden. Es ist an dieser Stelle nicht möglich, Ereignisse eingehend zu untersuchen, die zur Abfassung zahlreicher Werke Anlaß gaben: von Augenzeugenberichten über polemische Schriften bis hin zu wissenschaftlichen Studien. Es lassen sich jedoch die geographische Streuung des Konfliktes und seine Entwicklung nachzeichnen, was freilich die Gefahr einer verfrühten Wertung birgt.

Im Jahr 1958 schien das Verschwinden der christlichen Kirchen in China bereits vorprogrammiert, ähnlich dem des Christentums in Nordkorea nach 1950. An die zwanzig Jahre später gaben die Kulturrevolution in China, die Wiedervereinigung von Nord- und Südvietnam im Jahre 1975 und die Errichtung kommunistischer Regierungen in Kambodscha und Laos Anlaß zu noch pessimistischeren Prognosen, die nun auch das ehemalige Indochina miteinbegriffen. Die wilden Studentendemonstrationen in Korea und Thailand sowie das Wiederaufleben der Guerilla in Malaysia ließen die baldige und unwiderrufliche Ausbreitung einer Ideologie vorausahnen, die gänzlich unvereinbar mit der religiösen Freiheit im allgemeinen und der Existenz eines aus dem Westen gekommenen Christentums im besonderen schien.

Paradoxerweise kündigte der Höhepunkt des kommunistischen Einflusses Ende der 70er Jahre in Wirklichkeit bereits das Ende eines Zyklus an. Nur das Kambodscha der Roten Khmer sollte noch in den Jahren von 1975 bis 1979 die Utopie einer völlig neuen Gesellschaft, in der jedwede Religion verschwunden sein sollte, in die Tat umzusetzen versuchen. Die im Land gebliebenen kirchlichen Führungskräfte und Gläubigen (die meisten der 5000 Katholiken vietnamesischer Herkunft und der 3000 Protestanten waren zur Flucht gezwungen worden) wurden physisch ausgelöscht, so wie auch mindestens eine Million Kambodschaner. Der Tod Mao Tse-tungs im Jahre 1976 und die vietnamesische Intervention in Kambodscha in den Jahren 1978/79 setzten der Schreckensherrschaft ein Ende. In einer sich rasch wandelnden politischen Landschaft paßten die kommunistischen Regierungen ihre Politik auch im religiösen Bereich den Erfordernissen einer Wirtschaftsentwicklung an, die eine Öffnung nach außen und eine gewisse Freiheit im Inneren erforderlich machte. Nach und nach, ohne zeitliche Abstimmung, lockerten sie die Zwänge, wobei auf Liberalisierungsmaßnahmen immer wieder Phasen der Repression folgten. Nach 1989/90 zeichnete sich für die Kirchen die Möglichkeit ab, vom heimlichen Widerstand oder einer schwierigen Zusammenarbeit mit dem Staat dazu überzugehen, ein größeres Stück Freiheit, wenn auch noch immer unter Aufsicht, zurückzuerobern. Besonders spektakulär war die Liberalisierung in Kambodscha, wo die Kirchen 1990 ihre Tätigkeit wieder aufnehmen durften, bevor der Buddhismus 1991 erneut zur Staatsreligion erklärt wurde und die neue Verfassung 1993 die Religionsfreiheit grundsätzlich anerkannte und fremde Missionare Einreisemöglichkeiten erhielten. In Laos waren die Liberalisierungstendenzen weit problematischer: Zwar gestand die Verfassung von 1991 die Religionsfreiheit zu, aber 1997 wurden ihr gesetzliche Schranken gesetzt, die manchmal so restriktiv ausgelegt wurden, daß einzig die traditionellen Religionen (Buddhismus und Naturreligionen) davon profitierten. Wenn auch der evangelikale Protestantismus einen Aufschwung erlebte, so waren doch die Nordprovinzen von der Liberalisierung ebenso ausgeschlossen wie die Christen ethnischer Minderheiten, die auch weiterhin Repressalien ausgesetzt waren[10]. Zaghaft und völlig unerwartet war die Liberalisierung in Nordkorea, wo seit 1988 Kirchen für katholische und protestantische Gottesdienste wiedererrichtet und erneut Kontakte zu den chinesischen oder südkoreanischen Christen hergestellt wurden. Greifbar und entschieden war sie dagegen in China und Vietnam.

---

[10] Internationaler Fidesdienst 4125 (5. Febr. 1999) ND 67, Dossier „Laos", zusammengestellt anläßlich des ersten Besuches *ad limina* der Bischöfe von Laos seit 40 Jahren.

1. China

Angesichts der Machtergreifung der Kommunisten hatten katholische und protestantische Chinesen in den 50er Jahren unterschiedliche Positionen bezogen, was zum einem mit ihrer Geschichte, zum anderen mit ihrer Ekklesiologie zusammenhing [11]. Für die Katholiken war der Zusammenstoß mit einer Macht unvermeidlich, die den Vatikan mit dem westlichen Imperialismus gleichsetzte. War doch der chinesische Katholizismus zutiefst auf Rom hin ausgerichtet und unbedingt gewillt, seine Bindung an das Papsttum aufrechtzuerhalten. Die Schaffung der *Patriotischen Vereinigung der chinesischen Katholiken* [12] im Jahre 1957 auf Anregung und unter der Kontrolle der kommunistischen Machthaber war schließlich deutlicher Ausdruck der Trennung zwischen einer offiziellen, der *patriotischen,* Kirche und einer inoffiziellen Kirche des Untergrunds. Als im folgenden Jahr Pius XII. ausdrücklich Bischofsweihen verurteilte (Enzyklika: *Ad apostolorum principis* an die Christen Chinas vom 29. Juni 1958), sofern sie, was immer häufiger geschah, ohne Zustimmung Roms erfolgten, geriet die Spaltung zwischen beiden Gruppen ins Licht der Öffentlichkeit, obwohl sich der Vatikan sehr wohl davor hütete, von einem Schisma zu sprechen, ein Begriff, der nur einmal, am 15. Dezember 1958, von Johannes XXIII. in einem geheimen Konsistorium verwandt wurde. Die Situation vor Ort war dagegen bei weitem nicht so eindeutig.

Pragmatismus oder seelsorgliche Überlegungen spielten bei der von den Gläubigen oder ihren Pfarrern getroffenen Wahl oft eine ebenso große Rolle wie theologische Erwägungen. Dies belegen spätere Bitten um Anerkennung, die von mehreren Bischöfen an Rom gerichtet wurden. Die Kulturrevolution machte im übrigen keinen Unterschied zwischen beiden Gemeinschaften, als sie die Schließung der Gotteshäuser und die Säkularisierung des Klerus erzwang, der inhaftiert oder in Lagern umgezogen wurde. In der Behandlung beider Kirchen zeigten sich erst greifbare Unterschiede, als sich 1977 die von Deng Xiaoping verkörperte pragmatische Linie durchsetzte.

Der „Pekinger Frühling" bedeutete für die *Patriotische Vereinigung* die Freilassung und Rehabilitation der inhaftierten Priester, die Reaktivierung der Institutionen unter Leitung einer Bischofskonferenz (1980), die Wahl neuer Bischöfe und die Eröffnung eines Priesterseminars in Schanghai im Jahre 1982. Die neue Religionspolitik wandte so das in Artikel 35 der Verfassung festgeschriebene Prinzip an, wonach jeder Bürger der Volksrepublik China Religionsfreiheit genießt und zu rechtmäßigen religiösen Handlungen befugt ist. Abhängig war die Anwendung dieses Prinzips freilich davon, was man unter „rechtmäßigen religiösen Handlungen" verstand, da hiervon alle konterrevolutionären Aktivitäten, jede Störung der öffentlichen Ordnung, jede Bedrohung der Gesundheit und Erziehung der Bürger und jede ausländische Kontrolle ausgeschlossen waren. Gänzlich ausgenommen von diesem politischen Tauwetter war dagegen die Untergrundkirche. Johannes-Paul II. betonte deren Legitimität durch die Ernennung von Mgr. Tang zum Erzbischof von Kanton, eine Entscheidung, die heftige Reaktionen seitens der *Patriotischen Vereinigung* hervorrief und die Weihe von ungefähr 40 Bischöfen der offiziellen Kirche nach sich ziehen sollte.

---

[11] Eine Überblicksdarstellung gibt J. Charbonnier, Histoire des chrétiens en Chine, Paris 1992. Eine systematische gegliederte Geschichte aus zu einseitig katholischer Sicht bringt J. T. Myers, Nemici senza fucile. La Chiesa cattolica nella Repubblica popolare cinese, Mailand 1994.

[12] G. Politi (PIME), L'association patriotique des catholiques chinois, in: EDA, Dossiers et documents 7 (Sept. 1997).

Die in den 80er und 90er Jahren fortschreitende Liberalisierung im religiösen Bereich – nur kurzfristig unterbrochen durch eine Verhärtung der Fronten nach den Ereignissen in Peking im Juni 1989 – brachte keine Klärung der Lage. Jeder der Beteiligten entwickelte vielmehr seine eigene Logik, die aber Schwankungen unterworfen war, und hielt sich daneben die Tür für mögliche Verhandlungen offen[13]. Das Wechselbad liberaler und repressiver Maßnahmen, die manchmal sogar gleichzeitig erfolgten, macht es nicht leicht, eine Entwicklung zu beurteilen, die trotz allem auch im religiösen Bereich wahrscheinlich auf eine Öffnung hin verläuft[14].

Die chinesische Regierung hält weiter an einer katholischen Nationalkirche fest, ohne allerdings direkte Verhandlungen mit dem Vatikan auszuschließen – solange dieser anerkennt, daß es nur ein China gibt, und sich nicht von außen in innerkirchliche Angelegenheiten einmischt. Die *Patriotische Vereinigung* ihrerseits verabschiedete im Jahre 1986 Statuten, welche die Unabhängigkeit und Selbstverwaltung ihrer Kirche prinzipiell festschrieben. Gleichzeitig bekundete sie deutlich ihren Wunsch nach freier Religionsausübung und lehnte die Aussicht auf Beziehungen zum Papsttum nicht ab, solange sie auf der Grundlage der Nichteinmischung in ihre eigenen Angelegenheiten aufgenommen würden. So nahm 1995 eine Delegation von Katholiken der *Patriotischen Vereinigung* an der Versammlung von Manila unter Vorsitz von Johannes Paul II. teil. Zweifellos liegt der Bischofskonferenz der offiziellen Kirche viel daran, den Machthabern gegenüber ihre Unabhängigkeit zu betonen. Was den Vatikan betrifft, so forderte er einerseits mehrfach die *Patriotische Vereinigung* zur Aufnahme von Verhandlungen auf und vermehrte die Zahl der inoffiziellen Kontakte. Andererseits kann er sich aber nicht von der Untergrundkirche distanzieren, der er regelmäßig seine Unterstützung versicherte, zum Beispiel durch die Erhebung des in den USA residierenden Bischofs Gong Pin-mei von Schanghai zum Kardinal. Seit Johannes Paul II. zu Neujahr 1998 zur Wiederherstellung freundschaftlicher Beziehungen aufgerufen hatte, verstärkte der Vatikan seine diplomatische Offensive, wobei er sich vor allem auf die kleine, aber sehr aktive katholische Gemeinde von Hongkong stützte (250 000 Katholiken zum Zeitpunkt des Anschlusses an China im Jahre 1997). Dennoch verhallte der Vorschlag, einen Vertreter des Papstes nach Peking zu entsenden, ungehört, und die beiden Bischöfe der offiziellen Kirche, die im Mai 1998 zur Teilnahme an der Asiensynode in Rom eingeladen wurden, erhielten die notwendigen Visa unter dem Vorwand nicht, es bestünden ja keine diplomatischen Beziehungen. Kardinalstaatssekretär Angelo Sodano forcierte die Angebote zur Aufnahme von Gesprächen und erklärte am 11. Februar 1999, daß der Heilige Stuhl bereit sei, seine Nuntiatur von Taipeh nach Peking zu verlegen: „nicht morgen, sondern heute abend noch, wenn die Machthaber dies erlau-

---

[13] Dank mehrerer, von der MEP angelegter Akten können wir die Entwicklung seit 1978 zurückverfolgen. Besondere Erwähnung verdienen: J. Charbonnier, Une voie chinoise pour les chrétiens. La conférence de Montréal (2–9 octobre 1981), in: Échange France–Asie, Dossiers 70 (1981); Ders., L'Église de Chine, convalescente en quarantaine – Le point des cinq dernières annés 1978–1983, ebd., Dossier 2 (Febr. 1984); Ders., L'Église et l'État en Chine aujourd'hui, ebd. Dossiers et documents 9 (Nov. 1985); Ders., L'Église clandestine en Chine, ebd. Dossiers et documents 5 (April 1990) sowie G. Politi, Le printemps de la foi. Les catholiques en Chine, in: EDA, Dossiers et documents 10 (Dez. 1995).

[14] Ein Beispiel dafür, daß sich die Machthaber bewußt nicht festlegen wollen, bietet die Tatsache, daß die von Pater J. Charbonniers verfaßte Geschichte der Christen in China (*Histoire des chrétiens en Chine*), von der Akademie für Sozialwissenschaften in Peking übersetzt und veröffentlicht wurde. Allerdings wurde der Leser in einer Einleitung vor „falschen Auslegungen" gewarnt (Internationaler Fidesdienst 4125 [5. Februar 1999] ND 76).

Erneute Weihe der
Bejtang-Kirche in Peking
durch Bischof
Michael Fu Tieschan,
24. 12. 1985.

ben"[15]. Die chinesische Regierung nahm diesen Vorschlag mit Zurückhaltung auf, da sie vorher die Regelung anderer Fragen, wie die der Bischofsernennungen, geklärt sehen wollte. Unterdessen wird auch aus der von chinesischer Seite nicht anerkannten Untergrundkirche immer weniger eine geheime Organisation, und dies trotz periodischer Verhaftungswellen und Verbote oder sogar örtlicher Zusammenstöße zwischen Ordnungskräften und Gläubigen (wie im April 1990 in der Provinz Hebei). Sie nutzte die Umstände zu einer Verbesserung ihrer Lage und installierte 1989 eine eigene Bischofskonferenz.

Es gibt also auch weiterhin keine Antwort auf die Fragen nach dem Rechtsstatus der katholischen Kirche, dem Verhältnis zwischen Kirche und Staat und den diplomatischen Beziehungen zwischen China und dem Heiligen Stuhl, ein Zustand, der nun schon von der Ankunft der ersten Missionare bis hin zur Ernennung von Kie Shou-kang zum bevollmächtigten Minister der Republik China beim Heiligen Stuhl (1942) und von Erzbischof Antonio Riberi zum Nuntius in China mit Sitz in Nanking (1946) währt. Die Folgen dieser Spaltung sind besonders im Episkopat sowohl inner- als auch außerhalb Chinas spürbar, und die Synode von 1998 legte noch einmal die unterschiedlichen Auffassungen der Anhänger von Verhandlungen mit der offiziellen patriotischen Kirche (eine vor allem von Vertretern Hongkongs verfochtene Haltung) einerseits und der Befürworter einer Solidarität mit der Untergrundkirche (vor allem im Episkopat Taiwans) andererseits offen. Noch schwieriger ist es, die Meinung der Gläubigen selbst einzuschätzen, da diese Spaltung in zwei Kirchen von dem seit den 80er Jahren spürbaren neuen Frühling nicht tangiert wird.

---

[15] 1952 hatte der erste Nuntius, Erzbischof Antonio Riberi, die Nuntiatur von Nanking nach Taiwan, dem Sitz der geflüchteten nationalistischen Regierung, verlegt. Allerdings wurde die Nuntiatur in Taiwan 1972 zum Sekretariat unter Leitung eines Geschäftsträgers degradiert. Die Auswirkungen einer Rückkehr nach Peking auf die Beziehungen zu Taiwan stellen für den Heiligen Stuhl kein großes Hindernis dar und würden nicht zum Abbruch der diplomatischen Beziehungen zu Taipeh führen (Internationaler Fidesdienst 4127 [19. Febr. 1999] ND 103). Die Vorstellung einer Rückkehr nach Peking löste nichtsdestoweniger gemischte Reaktionen aus, zumal der Nuntius zwischen 1946 und 1952 nie in dieser Stadt residierte, ganz im Gegensatz zu dem 1922 ernannten apostolischen Delegaten, der jedoch keinen diplomatischen Status besaß.

Kurz nach der Machtübernahme durch die Kommunisten gab es in China ungefähr 700 000 Protestanten, die einem Dutzend selbständiger Kirchen angehörten und noch von dem konfessionellen (anglikanischen, presbyterianischen, baptistischen usw.) Hintergrund der Missionsgesellschaften geprägt waren, die alle das Land hatten verlassen müssen. Da sich die Führung der chinesischen Protestanten sehr wohl der Tatsache bewußt war, daß die kommunistische Kritik im wesentlichen am „fremden" und „antipatriotischen" Charakter des Christentums ansetzte, versuchte sie der Regierung Tschu En-lai (Zhou En-lai) ihr Bestreben begreiflich zu machen, den chinesischen Protestantismus in eine „nachkonfessionelle" Phase überzuleiten. Diese Perspektive, verbunden mit dem Vorschlag, die Kirche nach der alten, 1850 von der anglikanischen Mission erarbeiteten Drei-Selbst-Formel (Selbstregierung, Selbstfinanzierung, Selbstausbreitung) zu organisieren, überzeugte die Machthaber, die den Protestanten eine Organisation nach diesem Kirchenmodell erlaubten. Die wichtigste Rolle bei den Verhandlungen spielte ein chinesischer Laie, Wu Yaotsung, der in der Zwischenkriegszeit eine Jugendbewegung *(YMCA)* ins Leben gerufen und 1945 mit der Zeitschrift *Tian Feng* das quasi offizielle Organ des chinesischen Protestantismus gegründet hatte. Diese Zeitschrift hatte bereits damals eine Revolution in allen geistigen, sozialen wie politischen Bereichen gefordert, ebenso das Ende des Missionszeitalters[16]. 1951 kehrte ein anderer ehemaliger Leiter der chinesischen protestantischen Jugendbewegung, Ting Ding Guangxun, ein Diakon der anglikanischen Kirche, nach Studienjahren in den USA und Europa nach China zurück. Man bot Ting sofort die Organisation der „Drei-Selbst-Bewegung" an. Nachdem er 1952 zum Direktor des theologischen Seminars in Nanking ernannt worden war, wurde er nach anglikanischem Ritus zum Bischof der Provinz Chekiang geweiht. Ein beständiger Aufstieg folgte. 1981 wurde Ting nacheinander Präsident des „Komitees der patriotischen Drei-Selbst-Bewegung" und des *Christlichen Rates Chinas*, des einzigen offiziell erlaubten Repräsentationsorgans der nicht-katholischen Kirchen. Zudem übernahm er auch politische Funktionen. Seit 1989 ist er Vertreter für religiöse Fragen im Nationalen Volkskongreß und hat darüber hinaus das Amt eines Vizepräsidenten der „Politischen Konsultativkonferenz des Chinesischen Volkes" inne, einer Paralleleinrichtung zum Parlament, in der (unter der Kontrolle der kommunistischen Partei) die sogenannten oppositionellen politischen Minderheitenparteien wie auch die verschiedenen religiösen Strömungen vertreten sind und deren Ziel es ist, die Einheit von Denken und Handeln im ganzen Land zu gewährleisten. Ungeachtet ihres offiziellen Charakters verfügt diese Konsultativkonferenz über ein besseres Kontaktnetz in der Bevölkerung als die kommunistische Partei und genießt wirkliches Ansehen[17].

All dies zeigt, daß der chinesische Protestantismus eine verhältnismäßig zentrale Stellung in der Gesellschaft einnahm, aufgrund einer bewußt positiven Haltung seiner offiziellen Führer dem Regime gegenüber. Das heißt aber auch, daß es zwei Ebenen im Protestantismus gab: jene der Kirchenspitze, deren Führer Verbindungen nach außen aufrechterhielten, und jene der Basis, die man bald als „Hauskirchenbewegung" bezeichnen sollte. Verstecken mußte sich der Protestantismus vor allem dann, wenn es um pfingstlerische Erweckungsbewegungen ging, deren Auftreten in der Öffentlichkeit verboten war. Ein Bei-

---

[16] Vgl. dazu Wu, T. Y. (Wu Yao-tsung) 1885–1979, in: G. Anderson (Hrsg.), Biographical Dictionary of Christian Missions, New York 1997, 749.
[17] Vgl. den biographischen Artikel über Ting, K. H. (Ting Ding Guangxun, 1915–), ebd. 672 , sowie K. H. Ting, Les trois autonomies, in: Journal des missions évangéliques 162 (1987) 125–127.

spiel dafür ist die Bewegung *Little Flock*, die bis zu 70 000 auf das ganze Land verteilte Mitglieder zählte und deren Führer Nee To-sheng 1952 verhaftet wurde und 1972 in einem Arbeitslager starb[18].

Obwohl der *Christliche Rat Chinas* staatlicherseits anerkannt war, konnte er nicht offiziell an den Versammlungen des Weltkirchenrates teilnehmen, dem er sich überhaupt erst 1991 auf der Vollversammlung von Canberra anschließen durfte. Was die „Hauskirchenbewegung" betrifft, so ist sie ein Ergebnis der atheistischen Propaganda der Kulturrevolution. Die Kirchen verfügten danach weder über interne Kommunikationsmittel, wodurch öffentliche Gottesdienste verunmöglicht wurden, noch über externe Möglichkeiten zur Reorganisation von Kirchen und schulischen Einrichtungen, die alle vom Staat beschlagnahmt worden waren. 1978 erklärte Dr. Ting gegenüber *CCA News*, der Monatsschrift der Christlichen Asienkonferenz:

„Wir haben keine kirchlichen Einrichtungen und Gotteshäuser mehr. Es gibt keine Regeln mehr für das Verhältnis der Christen untereinander, sie kommen unregelmäßig zusammen, nicht am Sonntag, weil da die Fabriken arbeiten, sondern meistens abends, nicht unbedingt jede Woche, sondern einmal alle zwei oder drei Wochen, wie gerade beschlossen wird. Die Christen kommen einfach zusammen, ohne alle Rituale; sie sprechen über ihren Glauben oder tauschen sich aus über die Bibelstunde oder über gemachte Erfahrungen. Die Quäker würden sich bei ihnen wie zuhause fühlen. Ja, wir studieren die Bibel ... Seit der Befreiung wurden von den Kirchen einige Bibeln gedruckt[19]."

Mit dem Tode Maos (1976) und der Liberalisierung des Regimes begann eine neue Ära. Ting griff wieder zum Pilgerstab und verhandelte über eine Wiedereröffnung der protestantischen Kirchen. Er erreichte sie, und innerhalb weniger Jahre konnten die Kirchen, wie zahlreiche Zeugen bestätigen, einen noch nie dagewesenen Zulauf verzeichnen. 1987 besuchte eine Abordnung des *Protestantischen Kirchenverbandes Frankreichs* den *Christlichen Rat Chinas*[20]. In Städten wie Schanghai, Hangzhou, Nanking oder Peking nahmen von da an mehrere tausend Menschen an den Sonntagsgottesdiensten teil und einige hundert Leute ließen sich jedes Jahr taufen. Nach nur schwer nachprüfbaren Aussagen sollen seit Beginn der Liberalisierung an die 4000 Pfarreien gegründet worden sein. Doch muß man zwischen Stadt und Land unterscheiden. Auf dem Land war die Lage bislang noch stärker von der Haltung der von der Partei mehr oder weniger indoktrinierten örtlichen Behörden abhängig, die nicht unbedingt über die Liberalisierungsbewegungen, die inzwischen die Städte und Küstenregionen erfaßt hatten, auf dem Laufenden waren. Hinzu kommt das mehr oder weniger geschickte Verhalten der Christen und ihrer Führer den Behörden gegenüber sowie die zwiespältige Rolle von ausländischen Missionaren, die nun wieder in den Dörfern auftauchen konnten. Die französische Zeitschrift *Églises d'Asie* berichtete in ihrer Ausgabe vom November 1992, daß in der Provinz Henan 120 Personen ei-

---

[18] Vgl. D. H. ADENEY, Chine. La longue marche de l'Église, La Chaux-de-Fonds 1991, 153f. Der englische Verfasser, ein evangelikaler protestantischer Missionar, der von 1934 bis 1949 als Abgesandter der Inneren Mission in China lebte, stand der patriotischen Drei-Selbst-Bewegung (MPTA) eher ablehnend gegenüber, weil er sie für abhängig von der chinesischen Regierung hielt. In seiner Stellungnahme für die Hauskirchen analysierte er ihre Gründe für oder gegen einen Anschluß an die MPTA. Während die einen den Nutzen der MPTA als rechtmäßige Vertretung der Kirche nach außen anerkannten, glaubten andere, sie stände zu sehr unter dem Einfluß der staatlichen Ideologie und sei deshalb nicht mehr Christus allein untertan.

[19] CCA News, Febr. 1978, in: Journal des missions évangéliques 153 (1978) 57.

[20] Dossier: „Être chrétiens en Chine", in: Journal des missions évangéliques 162 (1987) 97–127. 240–251.

ner protestantischen Hauskirche wegen „konterrevolutionärer Verbrechen" verhaftet und drei Missionare ausgewiesen worden seien[21]. Dagegen zeichnete das *Bulletin du service oecuménique de presse et d'information* vom Mai 1993 ein positives Bild von der Lage eines Dorfes der Provinz Fukien, in dem der *Christliche Rat Chinas* in Verbindung mit dem theologischen Seminar von Nanking kulturelle Veranstaltungen organisiert hatte. Offiziell gab es in diesem Dorf vor 1978 keine Christen. 15 Jahre später zählte die dortige Kirche 200 Mitglieder. Die Behörden des Büros für religiöse Angelegenheiten zeigten sich mit dem Verhalten dieser Kirche zufrieden, da deren Engagement für die Dorfentwicklung von größter Bedeutung war[22]. Diese beiden Beispiele sind charakteristisch für Situationen, die auch schon anderswo in der Welt und zu anderen Zeiten auftraten und in denen das Verhältnis der Christen zu den Behörden und die Übernahme soziopolitischer Aufgaben entscheidend für ihre Integration oder Ausgrenzung war. Die Lage war also nicht überall gleich, wie auch die Novemberausgabe des offiziellen Bulletins des Komitees der patriotischen Drei-Selbst-Bewegung, *Tian Feng*, bezeugte. Berichtete es doch von Klagen, wonach das Christentum ein Nährboden für eine „friedliche Evolution" sei – eine Formulierung, die für alles verwandt wurde, was die Leute „auf schlechte Gedanken bringen" und dadurch zu einer allmählichen Destabilisierung des Regierungssystems führen konnte. Getreu seiner Linie unterstrich *Tian Feng*, das sich ohne Zögern des marxistischen Jargons bediente, daß „die religiöse Frage seit 1949 nicht mehr einen Hauptwiderspruch sondern einen Nebenwiderspruch darstellt, und die Christen deshalb keine Feinde der chinesischen Revolution" seien und „geduldet werden" müßten[23].

Heute scheint der Weg frei für eine Normalisierung der Beziehungen zwischen dem *Christlichen Rat Chinas* und seinen ausländischen Partnern. So wird die 1984 entstandene nicht-staatliche Stiftung *Freundschaft [Amity Foundation]* von Bischof Ting geleitet, allerdings sind ihre Ziele aus Rücksicht auf die prinzipielle Trennung zwischen den beiden kulturellen Bereichen, dem kirchlichen und dem öffentlichen, nicht kirchlicher Natur. Neben zahlreichen Aktivitäten vor allem im ländlichen Bereich (Kliniken, Pflegeheime, Schulen usw.), hat diese Stiftung mit Hilfe des Weltbunds der Bibelgesellschaften den Bau einer modernen Druckerei in Nanking in Angriff genommen, die den Druck von Schulbüchern wie auch von Bibeln abdecken soll[24].

2. Vietnam

Die Beziehung der katholischen Kirche Vietnams zu den kommunistischen Machthabern gestaltete sich ähnlich wie in China und anderen kommunistischen Ländern, aber sie spielte sich vor einem anderen geschichtlichen Hintergrund ab. Obwohl der Katholizismus noch vor der Kolonisierung eingeführt worden war, blieb ihm nicht der Vorwurf erspart, nach der französischen Kolonisierung gemeinsame Sache mit den Kolonialherren gemacht zu haben, ungeachtet der Tatsache, daß einige vietnamesische Priester schon frühzeitig ihrem Nationalgefühl Ausdruck verliehen hatten und dafür zur Zwangsarbeit auf die Gefangeneninsel Poulo Condor geschickt worden waren. Die Katholiken, die oft Opfer von Ver-

---

[21] EDA 143 (Nov. 1992). Andere Informationen gleicher Art wurden dort seither ebenfalls veröffentlicht.
[22] C. WÄHRISCH-OBLAU, Des chrétiens à Xiyang", SOEPI (Mai 1993), zit. nach Missions 169, Nr. 41 (1994) 5–7.
[23] EDA 143 (Nov. 1992).
[24] Vgl. A. APPEL, Les protestants chinois après Tienan men", in: Missions 167, Nr. 28 (1992) 17–19.

folgungen wurden, hatten dabei aber in den Augen der nicht-christlichen Mehrheit eine schuldhafte Neigung an den Tag gelegt, die Kolonialverwaltung um Schutz zu ersuchen. Es gab diesbezüglich eine lange Kette von Mißverständnissen, die seit dem Aufkommen des Nationalismus, zu dessen Sprachrohr und Katalysator sich die kommunistische Partei unter Leitung von Ho Chi Minh machte, immer schwerer wiegen sollte. Die kleine katholische Minderheit, die in der „Front für den Kampf um die Unabhängigkeit Vietnams" (*Vietminh*) mitkämpfte, fand sich sehr schnell isoliert, da der Kommunismus seit der Enzyklika *Divini Redemptoris* (1937) vom Vatikan verurteilt worden war und zudem noch ein Dekret des Heiligen Offizium vom 28. Juni 1948 jegliche Zusammenarbeit mit den Marxisten verbot. Zum endgültigen Bruch kam es, als 1954 in Genf die provisorische Teilung des Landes beschlossen wurde und 650 000 Katholiken mit fast allen Bischöfen und großen Teilen des Klerus vom Norden in den Süden emigrierten. Dies führte zu einer völligen Umkehr der geographische Verteilung der Katholiken in Vietnam, da nun 7/9 davon im Süden konzentriert lebten, wo sie bis dahin in der Minderheit gewesen waren. Als man die Führung des Südens im zweiten Vietnamkrieg dem von den Amerikanern gestützten Katholiken Ngo Din Diem antrug, machte dies die Verwirrung nur noch schlimmer, da man nun nicht mehr zwischen politischem Engagement und Zugehörigkeit zum Katholizismus unterscheiden konnte, obwohl eine kleine Anzahl von Katholiken auf Seiten der Vietminh am Krieg teilnahm und andere Katholiken die Angriffe auf die Demokratie und die Menschenrechtsverletzungen unter Diem und den ihm nachfolgenden Generälen anprangerten.

Als der Norden und die Patriotische Front dank der Einnahme von Saigon am 30. April 1975 schließlich endgültig den Sieg davontrugen, lastete die Vergangenheit wie eine schwere Hypothek auf der katholischen Kirche Vietnams, die nach der Abreise oder Vertreibung der Missionare ganz auf ihre eigenen Kräfte angewiesen war und sogleich versuchte, einen Beweis ihres guten Willen abzulegen. Erzbischof Nguyên Van Binh von Ho Chi Minh-Stadt (ehemals Saigon) machte sich zum Sprachrohr des Episkopats, als er die Katholiken im Süden einlud, sich am Wiederaufbau zu beteiligen. Die Bischöfe kamen den zu erwartenden Verstaatlichungen zuvor, indem sie dem Staat ihre Schulen, Krankenhäuser und einen Großteil ihrer Liegenschaften übertrugen. Eine Gruppe von Klerikern und Laien, die sich bewußt von der bisherigen Politik der katholischen Mehrheit distanzieren wollte, gründete 1975 die Wochenzeitschrift *Cong Giao Va Dan Toc* („Christentum und Nation"), deren Titel bereits dem Wunsch nach Zusammenarbeit Ausdruck verlieh. Fünf Jahre später rief die Bischofskonferenz ihrerseits die Katholiken auf, „das Evangelium im Schoße der Nation zu leben". Aber die Formulierungen waren so unpräzise, daß man das bleibende Unbehagen spürte. In Wirklichkeit waren die ersten Jahre nach der Wiedervereinigung Vietnams primär von der Sorge um das Überleben der Kirche beherrscht, die durch Einschränkungen der persönlichen Freiheit, Prozesse und Verhaftungen ebenso bedroht war wie durch die Schließung der Priesterseminare im Süden und das Verbot von Priesterweihen. Auf dem Umweg über Ad-limina-Besuche suchte man die Verbindung zu Rom aufrecht zu erhalten, um jeder Entwicklung chinesischer Art vorzubeugen.

Die Periode offener oder latenter Konflikte hielt bis Mitte der achtziger Jahre an, das Regime zeigte keinerlei Ansätze zu einer Liberalisierung. Die Gründung der *Patriotischen katholischen Vereinigungen* in Hanoi im Jahre 1985 erschien wie eine weitere Etappe auf dem Weg zu einer Kontrolle der Katholiken und ihrer Integration in die *Patriotische Front*. Begünstigt durch die unerwarteten Veränderungen bei den sowjetischen Verbündeten unter Führung Michail Gorbatschows und finanzielle bzw. wirtschaftliche Schwierigkeiten zeichnete sich nach 1987 eine neue Entwicklung ab. Spürbar wurde sie unter der Regierung des kurz nach den Parlamentswahlen ernannten Premierministers Pham Hung. Obwohl die Entscheidung Roms, 117 vietnamesische Märtyrer, darunter 21 Missionare, zu kanonisieren, im Juni 1988 zu heftigen Auseinandersetzungen führte, genehmigte die Regierung die Wiedereröffnung des Priesterseminars in Ho Chi Minh-Stadt (Saigon) und die Ordination von 10 Priestern. Die Normalisierung der Beziehungen zum Vatikan, deren symbolischer Ausdruck die Freilassung des seit 1975 inhaftierten Weihbischofs Nguyên Van Thuân von Ho Chi Minh-Stadt war, dessen Ernennung die neuen Machthaber ursprünglich abgelehnt hatten, wie auch die Reise des Kardinals Etchegaray auf Einladung der Bischofskonferenz nach Vietnam, eröffneten der katholischen Kirche praktisch einen neuen Zugang zur politischen Arena wie auch einen gewissen Handlungsspielraum. Doch löste das politische Tauwetter nicht alle Probleme. War doch damit weder die Kontrolle über die Ausbildung und Ordination der Priester noch über die Ernennung der Bischöfe aufgehoben und es stand der Kirche auch weiterhin nicht frei, religiöse Veranstaltungen wie Wallfahrten etc. in der Öffentlichkeit zu organisieren. Auch die Differenzen innerhalb von Klerus und Laienschaft über die Form einer Beteiligung am politischen Leben wurden dadurch keineswegs bereinigt, sondern vielmehr noch verschärft. So äußerte die Bischofskonferenz anläßlich ihrer dritten Versammlung im Dezember 1998 in Hanoi den Wunsch, die Priester sollten die *Patriotischen katholischen Vereinigungen* verlassen und den Laien die Verantwortung für ein politisches Engagement überlassen. Diese Initiative zeitigte keine sichtbaren Auswirkungen, führte aber zu innerkirchlichen Spannungen. Die Vielzahl marxistischer Studien, in denen ein neuer Zugang zur Religion gepredigt wird [25], ebenso wie die 1998 nach endlosen Verhandlungen und dem Besuch einer Delegation des Heiligen Stuhls erfolgten Ernennungen (von Johann Baptist Pham Minh Man zum Erzbischof von Ho Chi Minh-Stadt und von Stefan Nguyên Nhe The zum Erzbischof von Hue) lassen hoffen, daß die strittigen Punkte allmählich beigelegt werden können. Dennoch ist noch ein weiter Weg bis zu einer wirklichen Religionsfreiheit zurückzulegen, wie es auch die allen Katholiken für den Monat Februar 1999 vorgeschlagene Missionsgebetsmeinung des Papstes beklagte [26].

Seit das Schicksal Indochinas mit dem Frankreichs verknüpft war, stellte sich für den französische Protestantismus die Frage, ob es nicht seine Pflicht sei, sich dort ebenso zu engagieren, wie er es unter ähnlichen Bedingungen in der Kolonie Madagaskar getan hatte. Zwar hatte er in den 20er Jahren ein Missionsprojekt gestartet, doch als dessen Erfolge ausblieben, verzichtete er schließlich auf ein Engagement in Indochina. Den wichtigsten Teil der protestantischen Missionsarbeit in dieser Gegend leisteten die Schweizer Mission in Laos, die 1902 ihre Arbeit aufnahm, und die *Christian Mission Alliance* (CMA), eine überkonfessionelle amerikanische Missionsgesellschaft, die seit 1915 einen Sitz in Hanoi hatte.

Nach der Besetzung Vietnams durch die Japaner und der Machtübernahme der Vietminh wurden kurz nach Ende des zweiten Weltkrieges alle protestantischen Missionare in ihre

---

[25] EDA, Dossiers et documents Nr. 2 (Febr. 1994)

[26] „Daß die Kirche in Vietnam volle religiöse Freiheit erlange und die für die eigene Mission notwendige Seelsorger erhalte". Der offizielle Kommentar zählt die Gründe für eine Unterscheidung zwischen Kultausübung und wahrer Religionsfreiheit auf: Verbot von Laienvereinigungen, Zensur des Katechismus der Katholischen Kirche, Numerus clausus für den Eintritt in Priesterseminare (Internationaler Fidesdienst 4124 [29. Jan. 1999] ND 65).

Heimatländer zurückgeschickt, so daß überall im Lande an die hundert protestantische Gemeinden isoliert und von ihrer Kirche abgeschnitten zurückblieben. 1946 wurde es dann den Pastoren erlaubt, sich wieder frei zu bewegen, und die Ausgewiesenen konnten zurückkehren. Es gab damals 148 protestantische Kirchen vor Ort unter Leitung eines Pastors und 19 Missionsstationen, die von den zuvor ausgewiesenen Geistlichen betreut wurden. Das heißt, daß die vor allem in Südvietnam angesiedelten protestantischen Gemeinden ungefähr 40 000 Mitglieder zählten, von denen viele Flüchtlinge aus dem Norden waren[27]. Heute schätzt die *Christian Mission Alliance* (CMA) die Zahl der Protestanten in Vietnam auf 600 000 und versucht, ihre Anerkennung als protestantische Landeskirche durchzusetzen. Mehrere Führer dieser Bewegung nahmen im Vertrauen auf die Liberalisierung des Regimes und den Zulauf, den kleine unabhängige evangelikale oder pfingstliche Kirchen zunehmend fanden, Sondierungsgespräche mit der Regierung auf. Wie alle ehemals kommunistischen Regime fürchtete auch dieses eine Aufsplitterung der Protestanten – da es dann nicht länger einen, sondern mehrere Gesprächspartner hätte – ebenso wie unkontrollierbare Außenkontakte dieser Kirchen. Nichtsdestoweniger erwartete es vom Protestantismus, durch ein Engagement für den Wiederaufbau der Gesellschaft eine ökumenische Geisteshaltung sowie Bürgersinn an den Tag zu legen. Deshalb verbesserte sich auch das Klima für die protestantischen Kirchen als jüngst Pläne für eine ökumenische Bibelübersetzung und die Unterstützung gemeinschaftlicher, medizinischer, schulischer oder landwirtschaftlicher Projekte durch die Vereinigung Europa-Frankreich-Asien bekannt wurden[28].

3. Thailand und Korea

An der Peripherie des kommunistischen Chinas und Indochinas lagen in erster Linie Staaten wie Korea und Thailand. Aus westlicher Sicht besaßen sie unter politischen Vorzeichen eine wichtige strategische Position. Für die christlichen Kirchen aber stand etwas ganz anderes auf dem Spiel. In Thailand schottete sich die Bevölkerung weiterhin gänzlich gegen das Christentum ab. Der Theravada-Buddhismus wurde in den jeweiligen Verfassungen als Staatsreligion anerkannt, ohne daß deshalb die Präsenz anderer Religionen verboten gewesen wäre. Zu schwach, um irgendeinen Einfluß auszuüben, hielt sich die kleine christliche Minderheit (1 % der Bevölkerung im Jahre 1998, wobei die Protestanten leicht vor den Katholiken lagen) abseits einer Politik, die besonders bewegt und konfliktgeladen war. Ihre Mitglieder, die meist keine Thai, sondern Angehörige fremder Bevölkerungsgruppen oder der im Norden lebenden Minderheiten waren, lebten meist zurückgezogen in ihren Gemeinden. Dies traf besonders auf die Katholiken zu, deren Basis jene Dörfer bildeten, die von katholischen Missionsstationen errichtet worden waren. Das öffentliche Bekenntnis Thailands zu einem „fundamentalistischen" Buddhismus anläßlich des Besuches von Johannes Paul II. im Jahre 1984 bestärkte die Katholiken in ihrer äußerst vorsichtigen Haltung, jede Form von Proselytismus auf die Bergstämme zu beschränken und thailändische Missionare lieber außer Landes zu schicken.

[27] É. Schloesing, Les missions protestantes en Indochine, in: Le monde non chrétien 35 (1955) 245–272.

[28] R. Hebding, Le protestantisme vietnamien ou le nécessaire débat, in: Réforme 2662 (20. April 1996) 4 – verfaßt anläßlich der Reise von Pastor Jacques Stewart, des Präsidenten der *Fédération protestante de France*, im April 1996 nach Südostasien; Sondernummer des Bulletin de l'Association Europe–France–Asie, Nîmes 1988–1998.

634 Christliche Kirchen als kleine Minderheiten in einem demographisch dominanten Asien

Diese Zurückhaltung steht in schroffem Gegensatz zur erstrangigen Stellung, die die christlichen Kirchen im politischen Leben Koreas für sich erobern konnten. Für den Protestantismus gilt dies seit der langen japanischen Besatzungszeit in Korea (1910–1945) und der Gründung der ersten Republik durch den zum Protestantismus konvertierten Präsidenten Syngman Rhee. Die Bedeutung der Kirchen für die Ausbildung von Führungskräften und der starke Zulauf, den sie seit den 50er Jahren bis weit in die 80er Jahre hinein fanden, bewirkte, daß die Kirchen nicht nur als Institutionen, sondern auch wegen des besonderen Engagements ihrer Gläubigen eine Rolle ersten Ranges spielten. Die Tatsache, daß für die Kirchen das Problem des Kommunismus ebenso allgegenwärtig wie in der übrigen Bevölkerung und daher auch die Frage der „nationalen Sicherheit" hier wie allerorten zu einer fixen Idee geworden war, brachte die Kirchen in Gefahr, mit Regimen, die ihren autoritären Charakter mit dem Antikommunismus rechtfertigten, in einen Topf geworfen zu werden oder sich in ihren Diensten instrumentalisieren zu lassen. Die „Gesellschaft zur Vereinigung des Weltchristentums" (koreanisch *Tong'Il*), eine 1951 von dem Presbyterianer Mun gegründete, synkretistische und messianische Bewegung, ist ein Beispiel für diese Entwicklung, die trotz der Organisation eindruckvoller und spektakulärer öffentlicher Auftritte die Sache einer Minderheit blieb[29]. Nach zwei Jahrzehnten, in denen sich die Kirchen vor allem um ihren eigenen Aufbau gekümmert und politisch sehr zurückgehalten hatten, war es Anfang der 70er Jahre zu Ende mit ihrer scheinbaren Gefügigkeit gegenüber einem Regime mit diktatorischen Allüren. Die Konsolidierung der Kirchen, das Eintreten protestantischer und katholischer Laien für eine Demokratisierung, die Unruhen, die der wachsende Einfluß des Marxismus auf die Studierenden hervorrief, sowie die Tatsache, daß die Kirchen nun in der öffentlichen Meinung ein Vertrauenskapital besaßen, machte eine offensivere Haltung möglich und notwendig. Von da an behaupteten sich die katholische Kirche und die wichtigsten protestantischen Kirchen als Gegengewicht zu den Machthabern. In einem Nationalrat zusammengeschlossen, agierten sie gemeinsam oder auch getrennt – katholischerseits über die Bischofskonferenz, protestantischerseits über den Christlichen Nationalrat Koreas – und erwiesen sich als fähig, politische und soziale Protestbewegungen zu unterstützen und darüber hinaus ihre Anhänger für Hungerstreiks und Straßendemonstrationen zu mobilisieren. Wenn auch die hierarchische Struktur des Katholizismus, der nur eine Minderheit darstellte, einer Mediatisierung seiner Aktionen in der Person des 1968 zum Kardinal erhobenen Erzbischofs Kim Su Wan von Seoul entgegenkam, so bestand das christliche Engagement doch zunächst im gemeinsamen Vorgehen von Priestern, Pastoren (Mon Ik Whan) und Laien, die oft aufgrund der Ausnahmegesetze in der Zeit zwischen 1973 und 1979 dafür ins Gefängnis wanderten. Aber die Ermordung des Präsidenten Park Chung-hee im Jahre 1979 und die folgenden Ereignisse „des Seouler Frühlings" in Kwangju – eines Volksaufstandes, der schnell niedergeschlagen wurde – lehrten die Kirche erneut, sich vor jedem öffentlichen Engagement im soziopolitischen Bereich zu hüten. Erst in den Jahren 1984/85 sollte dann eine dauerhafte Lockerung des Systems eintreten, die die Rückkehr prominenter Leute, wie des Katholiken Kim Dae-jung, aus dem Exil ebenso ermöglichte wie die Organisation der ersten Parlamentswahlen, die am Vorabend der Olympischen Spiele (1988) von der Opposition gewonnen wurden. Von

---

[29] Die reformierten Kirchen Koreas haben sich mehrmals deutlich von Mun distanziert, beispielsweise im *Bulletin du Service de presse reformé* 174 (Sept. 1979).

da an spielten die Kirchen keine so entscheidende Rolle mehr in einer Gesellschaft, die ihre ersten Erfahrungen mit der parlamentarischen Demokratie machte.

In einem Land, das innerhalb weniger Jahrzehnte zu einem der „Kleinen Drachen" Südostasiens wurde, glaubte man Protestantismus mit Modernität gleichsetzen zu können. Stand diese Religion doch, wie ein Beobachter bemerkte, für die Unabhängigkeit des einzelnen, seine innere Freiheit, persönliche Disziplin und materiellen Erfolg, für den sozialen Aufstieg und die Kollektivmoral[30]. Das Mitteilungsblatt der Christlichen Konferenz in Asien hinterfragte mehrfach den Sinn der verschiedenen Evangelisierungskreuzzüge und Kampagnen in einzelnen Ländern Asiens, besonders in Korea, die das Interesse am Protestantismus wecken sollten. Es stellte fest, daß diese Massenkundgebungen von multinationalen Missionierungsagenturen organisiert wurden, deren Strategien an Marketingtechniken und den Theorien der amerikanischen missiologischen Schule des *Church Growth* ausgerichtet waren, und sämtliche Mittel einsetzten – vom Auftreten prominenter Sportstars über Aktionen auf dem Campus einzelner Universitäten bis hin zur Entsendung koreanischer Missionare in die angrenzenden Länder –, um die Kraft und Stärke des koreanischen Christentums zu demonstrieren[31], das seit jeher, wie der niederländische Missionswissenschaftler Leo Oosterom unterstrich, davon überzeugt war, ein von Gott auserwähltes Volk zu sein[32]. Zweifelsohne ist die Mittelschicht, die das Gros der Mitglieder der historischen protestantischen Kirchen (Reformierte und Presbyterianer) stellt, diesen gänzlich unter westlichem Einfluß stehenden Bewegungen gegenüber aufgeschlossen. Man kann sich dennoch fragen, wie lange sie wohl in einem Land Bestand haben werden, in dem die traditionellen religiösen Grundlagen buddhistischer oder konfuzianischer Prägung scheinbar durch eine schnelle Christianisierung ausgelöscht wurden. Aus dieser Sorge heraus arbeiteten mehrere protestantische und katholische Theologen, zu denen viele zählen, die zur Zeit der Repression im Gefängnis gesessen hatten, eine Theologie aus, die im historischen, sozialen und kulturellen Umfeld ihres eigenen Landes verwurzelt ist und insbesondere auf jene benachteiligten Schichten zugeht, die in einem Land mit starkem Wirtschaftsaufschwung immer zahlreicher werden. Diese Theologie ist heute unter dem Begriff *Minjung-Theologie* (Theologie des Volkes) bekannt. *Minjung* bedeutet „leidendes Volk", also jene Menschen, die nach konfuzianischer Tradition angesichts ihres schweren Schicksals von *han* erfüllt sind, einer Art Bitterkeit, Frustration, ja sogar Haß. Ziel der *Minjung*-Theologie ist es, *han* zu verstehen und umzuwandeln, um so das Christentum in der koreanischen Gesellschaft mit neuem, positivem Schwung und Begeisterung zu erfüllen[33]. Gerade die katholischen und protestantischen Vertreter dieser sehr einfühlsamen theologischen Richtung beteiligten sich bislang zusammen mit den Buddhisten aktiv an der Kampagne einer nationalen Wiederversöhnung (hinsichtlich möglicher

---

[30] Vgl. J. Alexandre, Le pays du matin calme a découvert l'Évangile", in: Mission 168, Nr. 31 (1993) 17–19; Journal des missions évangéliques 168, Nr. 31 (1993) 17–19.

[31] Vgl. N. Luca, Le Salut par le foot. Une ethnologue chez un messie coréen, Genf 1997.

[32] L. Oosterom, Conscience missionnaire et affirmation nationale dans le protestatntisme coréen, in: J. Gadille – M. Spindler (Hrsgg.), Sciences de la mission et formation missionnaire au XXᵉ siècle, Actes de la XIIᵉ session du CREDIC à Vérone (Aug. 1991), Lyon – Bologna 1993, 411–422.

[33] Vgl. S. Lee, La théologie du minjung, in: Journal des missions évangéliques 157, Nr. 3 (1983); Ha-fun Chung, Das Koreanische Minjung und seine Bedeutung für eine ökumenische Theologie, München 1984; C. H. S. Moon, A Korean Minjung Theology, New York 1985; M. Amaladoss, Vivre en liberté: les théologies de la libération en Asie, Brüssel 1998, 11–24. Vgl. auch: J. Ri, Harmonie und Konflikt. Die Theologie des Hwajeng, Freiburg 1999.

Amnestien rechtskräftig verurteilter, ehemaliger Machthaber gehen allerdings die Meinungen weit auseinander). Die Wahl protestantischer und 1998 katholischer Präsidenten (Kim Dae-jung kandidierte gegen einen anderen Katholiken) ist zugleich ein Zeugnis für die erfolgreiche Integration der Christen in das öffentliche Leben Koreas. Symbolisch steht dafür seit 1979 die Anwesenheit von Vertretern der katholischen und der protestantischen Kirchen Seite an Seite mit denen des Buddhismus bei großen nationalen Kundgebungen. Sie bestätigt, daß die konfessionelle Zugehörigkeit im politischen, sozialen und kulturellen Leben zurücktritt hinter regionale und ideologische Differenzen und zugleich der religiöse Faktor, traditionell in der koreanischen Gesellschaft allgegenwärtig, völlig ins öffentliche Leben integriert ist.

Wenn das Problem des Kommunismus auch direkt oder indirekt ganz Asien beeinflußte, so sollte man darüber doch nicht vergessen, daß es örtlich noch weit mehr dynamische Kräfte gab, welche die christlichen Minderheiten zwar vor ganz andere, aber nicht weniger komplexe und heikle Herausforderungen stellten. Im Gegensatz zu China hatten sich verschiedene andere Staaten bei Erlangung ihrer Unabhängigkeit Verfassungen westlicher und säkularer – im Sinn des angelsächsischen *secular* – Prägung gegeben (Indien, Korea, Japan) oder hatten religiöse Pluralität gesetzlich festgeschrieben (*Pancasila* in Indonesien[34]). Wörtlich genommen, garantierten fast alle dieser Verfassungen den christlichen Minderheiten die Freiheit der Person wie auch der Religionsausübung. Die nachfolgend beschlossenen restriktiven Maßnahmen begnügten sich in diesen Fällen damit, durch die Verweigerung von Visa die Bewegungsfreiheit der ausländischen Missionare einzuschränken oder die von den Missionaren aufgebauten, bedeutenden und weitverzweigten schulischen und medizinischen Einrichtungen unter ihre Kontrolle zu bringen. Wenn diese Eingriffe der Staatsgewalt auch das Mißfallen einzelner Kirchen erregten, so wurden sie doch augenscheinlich vom Wunsch dieser jungen Staaten diktiert, ihre Autorität zu behaupten, und waren im großen und ganzen gesehen relativ maßvoll, verglichen mit den Konflikten, die zur Zeit der großen Kirchenkämpfe in den westlichen Ländern christlicher Tradition ausgetragen wurden. Dennoch stellten seit Beginn der 70er Jahre nationale wie internationale Konstellationen, besonders in Indien und Indonesien, das zum Zeitpunkt der Erlangung der Unabhängigkeit gefundene zerbrechliche Gleichgewicht in Frage. Sollte doch die religiöse Frage dort bei politischen Debatten und der staatlichen Verwaltung der Gesellschaften eine wichtige Rolle spielen.

4. Indonesien

In Indonesien brachte die blutige Unterdrückung der Kommunisten nach ihrem gescheiterten Staatsstreich von 1965, dessen Hintergründe immer noch im Dunkeln liegen, General Suharto für mehr als dreißig Jahre an die Macht (1966–1998). Er benutzte die *Pancasila-Doktrin* zunehmend als gesellschaftliche Klammer und als Mittel zur Integration der indo-

---

[34] Seit 1945 ruht die indonesische Staatsverfassung unter dem bestimmenden Einfluß von Sukarno (1901–1970) auf fünf Grundpfeilern, die schließlich auch vom Masyumi, dem politischen Flügel des reformistischen Islam in Indonesien, anerkannt wurden: dem Glauben an einen einzigen Gott, die Verwirklichung einer gerechten und zivilisierten Menschheit, die Einheit des Landes, eine durch Absprachen und die Volksvertretung garantierte Demokratie und soziale Gerechtigkeit für alle. Diese fünf Elemente bildeten die Grundlage der Staatsphilosophie oder *Pancasila*, ein Begriff der auf Sanskrit „fünf Grundlagen" bedeutet.

nesischen Gesellschaft. Seit 1965 mußten alle Indonesier einer der fünf vom Staat anerkannten Religionen (Islam, Buddhismus, Hinduismus, Protestantismus, Katholizismus) beitreten. In den ersten Jahren führte dieser Beschluß zu einer massiven Beitrittsbewegung zum Christentum, deren Problematik den Kirchen nicht entging. In einer zweiten Phase enthüllte die Regierung ihre wahren politischen Absichten, als sie 1978 zwei bedeutende Erlasse veröffentlichte. Dekret 70 untersagte jede Predigttätigkeit zur Abwerbung von Anhängern anderer religiöser Gemeinschaften, Dekret 78 machte jegliche Unterstützung aus dem Ausland, gleich ob materieller oder personeller Natur, von der vorherigen Zustimmung des Kultusministers abhängig[35]. Von da an war Indonesien praktisch für ausländische Missionare gesperrt, während jene, die bereits im Lande lebten, ab 1988 um die indonesische Staatsangehörigkeit nachsuchen mußten, um eine Ausweisung zu vermeiden. Aber seit den 80er Jahren erschwerte das Aufkommen radikal islamistischer Bewegungen die Lage der christlichen Minderheiten noch weiter. Sie befanden sich nun in einem Dilemma: Die auf den Prinzipien des *Pancasila* begründete religiöse Kontrolle beschränkte einerseits die Kirchen auf ihren derzeitigen Status quo, andererseits garantierte sie ihnen aber auch einen Platz im Staate und schützte sie in gewisser Weise gegen die Forderungen der fundamentalistischen Moslems, deren Ziel eine Ablösung des religiösen Pluralismus durch den Koran und die Scharia war.

Die seit den 90er Jahren immer stärker fühlbare Spannung wurde noch dadurch erhöht, daß man das Christentum beschuldigte, die nationale Einheit und Identität zu gefährden. Da die Christen prozentual gesehen vor allem auf den Inseln an der Peripherie Indonesiens lebten – die Protestanten auf den Molukken, Bali, Westtimor und bei den Papua von Irian Jaya (Westneuguinea), die Katholiken in Osttimor –, konnte jede Stellungnahme der Kirchen zugunsten von Minderheiten, vor allem, wenn sie auf internationale Resonanz stieß, leicht den Verdacht erwecken, die zentrifugalen Kräfte zu begünstigen. Am kritischsten war die Lage sicher in Osttimor, dessen Bevölkerung melanesischen Ursprungs ist (1990 lebten dort 800 000 Menschen) und das vom 17. Jh. bis 1975 portugiesische Kolonie war. In Timor, das bis zur Errichtung des Bistums Dili dank des 1940 zwischen Portugal und dem Vatikan geschlossenen Missionsabkommens dem Bischofssitz von Macao unterstand, ließ eine systematische Evangelisierungskampagne die Zahl der Katholiken von Mitte der 50er Jahre bis 1975 auf nahezu das Doppelte ansteigen, so daß sie nun 30 % der Bevölkerung ausmachten. Der Katholizismus hatte Anfang der 70er Jahre gewaltig an Ansehen gewonnen. Er war nun zur Religion der Oberschicht geworden, die einen Zugang zur modernen Welt eröffnete. Obwohl er damit immer noch die Religion einer Minderheit war, wurde er doch zum Sprachrohr anfangs noch sehr gemäßigter nationaler Bestrebungen. Aber als sich 1974 die Ereignisse in Portugal und seinen afrikanischen Kolonien überstürzten, stellte sich auch in Timor die Frage nach der nationalen Unabhängigkeit und zwar gerade zu einem Zeitpunkt, da Indonesien seine territorialen Ansprüche anmeldete. Der Kampf um die Macht führte zur Niederlage der UDT (*União Democrática Timorense*) konservativ katholischer Ausrichtung und zum Sieg der FRETELIN (*Frente Revolucionária do Timor Leste Independente*, Revolutionäre Front für ein unabhängiges Ost-Timor), die ebenfalls mehrheitlich von praktizierenden Katholiken gebildet und von zwei ehemaligen Schülern des Jesuitenseminars geleitet wurde, aber auch eine sehr aktive kommuni-

---

[35] Vgl. J. Samuel, Dossier „Le christianime à Bali", in: Journal des missions évangéliques 161, Nr. 2 (1986) 61–73.

Bischof Belo von Osttimor.

stische Minderheit einschloß. Unter dem Einfluß von Studenten, die frisch aus Lissabon zurückgekehrt waren, kam es nach der Unabhängigkeitserklärung zu einer Radikalisierung der Bewegung, zumindest was ihre revolutionäre Rhetorik und Symbolik betraf. Dies trug zu ihrer Isolierung auf internationaler Ebene bei und machte ihr die Mehrheit des Klerus zu Gegnern. Damit aber standen die Voraussetzungen günstig dafür, daß die westlichen Staaten die Augen vor einer indonesischen Intervention verschließen würden. Ein mißlungener Staatsstreich der UDT sowie die Rückkehr der FRETELIN zu einer gemäßigteren Linie nach der einseitigen Unabhängigkeitserklärung vom 28. November 1975 genügten ebensowenig wie die nachdrückliche Öffnung Osttimors auf den Westen hin, um die mit amerikanischer Unterstützung durchgeführte Invasion durch eine indonesische Armee am 7. Dezember 1975, dem Vorabend des Festes der Unbefleckten Empfängnis – das als Fest der Patronin der Diözese ein Feiertag war – zu verhindern. Was folgte, war ein wahres Blutbad, verbunden mit grausamen Repressalien, Folterungen und willkürlichen Verhaftungen. Wegen der Brutalität der bewaffneten Intervention schloß sich die Bevölkerung gegen die Eindringlinge zusammen und sah in der katholischen Kirche ihre letzte Rettung. Rom, dem man manchmal allzu große Nachsicht mit dem indonesischen Regime vorgeworfen hatte, besaß trotz allem noch genug Handlungsspielraum, um durch die Ernennung eines Apostolischen Administrators in Dili (1977) das bis dahin der indonesischen Bischofskonferenz angeschlossene Bistum seiner direkten Gewalt zu unterstellen. Die Verleihung des Friedensnobelpreises an den Apostolischen Administrator, Bischof Carlos Ximenes Belo, im Oktober 1996, sanktionierte die Rolle des autochthonen katholischen Klerus bei der Verteidigung nationaler Forderungen und des Rechtes auf Selbstbestimmung, nicht ohne in Indonesien selbst heftige Kritik hervorzurufen. Nach 20 Jahren Massakern und Repressionen im Namen einer inzwischen schier aussichtslosen Befriedung erklärte sich Präsident Habibie, der Nachfolger Suhartos, schließlich bereit, eine Verhandlungslösung in Betracht zu ziehen.

Die hohe Beteiligung am Referendum vom 30. August 1999 und der klare Erfolg der

Unabhängigkeitsbefürworter (78,5 %) bot den indonesischen Truppen zunächst einen erneuten Vorwand zur Intervention. Wieder einmal schien ein unentwirrbarer politisch-religiöser Konflikt unausweichlich, in dem die Armee die blutigen Ausschreitungen der paramilitärischen Milizen, die Gegner jeder Unabhängigkeit waren, decken würde. Der auf den Christen lastende Vorwurf, sich nicht wie gute Indonesier zu verhalten, war zweifelsohne mit maßgeblich für die Rolle, die der katholische Stabschef Benny Murdani eine Zeitlang bei der blutigen Unterdrückung der Unabhängigkeitsanhänger in Osttimor spielte. In der Folge kam es zu einem massenhaften Exodus der Bevölkerung. Aber die Entscheidung der UNO im September 1999 zur Entsendung einer multinationalen Friedenstruppe schuf erste Voraussetzungen für eine friedliche Lösung.

Auch außerhalb Timors kam es zu Gewaltausbrüchen gegen die Kirchen. Sie gingen besonders während der Ereignisse, die vom März bis Mai 1998 zum Sturz Suhartos führten, in verschiedenen Teilen Indonesiens Hand in Hand mit der Plünderung chinesischer Lebensmittelläden. Dies zeigt, welche Resonanz Konflikte im Volk finden, bei denen unterschiedliche, auch religiöse, Probleme miteinander verquickt werden: von der Wirtschaftskraft einer Minderheit chinesischer Herkunft über Korruption und Unterstützung des gestürzten Regimes bis hin zur Zugehörigkeit zu einem als indonesienfeindlich verschrienen Christentum. Unter dem Vorwand religiöser Versammlungen, sportlicher Ereignisse oder der Errichtung neuer Gebäude kam es im letzten Dezenium des 20. Jahrhunderts immer häufiger zu Zusammenstößen auf lokaler Ebene. Obwohl diese noch örtlich begrenzt blieben, stellten sie doch zumindest ein Anzeichen für die Verschlechterung des Klimas zwischen den Konfessionen dar.

Die Loyalität, welche die Kirchen seit Erlangung der Unabhängigkeit den Machthabern gegenüber offen zur Schau trugen, war von der Absicht getragen, die Kirchen von jedem Verdacht reinzuwaschen, ausländischen Interessen zu dienen. Deshalb scheinen auch die Vorwürfe gerechtfertigt, die Kirchen hätten einer autoritären und korrumpierten Staatsgewalt gegenüber eine geradezu schuldhafte Schwäche an den Tag gelegt. Gleichzeitig schuf die von einigen muslimischen Führern angeprangerte Überrepräsentation der Christen in den wirtschaftlichen und politischen Führungsgremien einen weiteren Unsicherheitsfaktor. Denn in einem Land, das gegen Ende des 20. Jh. gerade eine schwere wirtschaftliche und politische Krise durchmachte, war man nur allzu versucht, die Zugehörigkeit zum Christentum mit einer verhängnisvollen, wenn nicht gar korrupten Verwaltung in einen Topf zu werfen. Die seit den 80er Jahren spürbaren Spannungen arteten Ende der 90er Jahre in Konflikte aus, die vor Ort zu Morden, Plünderungen und Zerstörungen mohammedanischer wie christlicher Kultstätten führten, und zwar sowohl auf den großen wie auch auf den kleinen Inseln, wo die Protestanten (Molukken) und Katholiken (Timor) die Mehrheit stellten. Diese ganz offensichtlich provozierte und für politische Zwecke manipulierte Fehlentwicklung rief berechtigterweise Unruhe hervor, um so mehr, als sie, ungeachtet mancher Appelle zur Toleranz, dem Einfluß der religiösen Führer immer mehr zu entgleiten schien[36]. Die 1994 getroffene Feststellung, wonach „die Politik religiöser Harmonie nicht mehr das ist, was sie einst war" galt fünf Jahre später mehr als je[37].

---

[36] Vgl. G. HULL, Le Timor oriental n'est-il qu'une question politique?", in: EDA. Dossiers et documents 9 (1992), supplement EDA 143 (Nov. 1992). Übersetzung des von der australischen Kommission für Gerechtigkeit und Frieden 1992 erstellten Berichtes.

[37] EDA, Dossier et documents 9 (1994), supplément EDA 187 (Nov. 1994)

5. Indien

Die Errichtung eines unabhängigen Indien durch Nehru war mit einer auf höchster Ebene beschlossenen Säkularisierung verknüpft. Als Folge dieser politischen Willensbildung verzichtete man in der Verfassung auf die ursprünglich in Form einer Quotenregelung geplante parlamentarische Vertretung religiöser Gemeinschaften. Durch diese Gleichstellung mit allen anderen Bürgern verloren die indischen Christen die Garantie, automatisch auf regionaler oder nationaler Ebene politisch vertreten zu sein. Doch standen ihnen nun mehr Möglichkeiten zur Integration offen, da politisches Engagement und Zugehörigkeit zu einer bestimmten Glaubensrichtung nicht mehr länger verbunden waren. Umfragen in den 80er Jahren sollten zeigen, daß das System hinreichend funktionierte und den Christen eine angemessene Vertretung in der Verwaltung, den Parteien und den gewählten Parlamenten gewährleistete [38]. Dies erklärt, wieso die Christen beharrlich an der Verfassung von 1947 festhielten und über lange Jahre die Kongreßpartei, welche die Trennung von Kirche und Staat verteidigte, allen anderen Parteien vorzogen, bis die Verfassung schließlich Ende der 80er Jahre in eine bis heute andauernde Krise geriet und im Volk immer mehr Widerspruch erfuhr.

Der Grund, warum es erst zu versteckten, dann offenen Konflikten kam, lag weniger in den Gründungsprinzipien als in deren Umsetzung. Den ersten Stein des Anstoßes stellte in Indien wie in Indonesien das Recht auf freie Verbreitung des Christentums dar. Zunächst hatte die Einschränkung der Bewegungsfreiheit der Missionare seit 1953 und die Auflage, nur dann ausländische Missionare ins Land zu lassen, wenn ein bestimmter Bedarf an qualifiziertem Personal vor Ort nicht gedeckt werden konnte, nur geringe Auswirkungen, zumal die Kontrollen bis in die 80er Jahre recht flexibel gehandhabt wurden. Aber diese relativ leichten Unstimmigkeiten verdeckten nur den wahren potentiellen Konfliktstoff, nämlich das Recht der Kirchen auf Verbreitung des Christentums. Der Konflikt war schon in der Präambel zur Verfassung angelegt, wo es im Artikel 25 hieß, daß jeder einzelne „seine Religion frei bekennen, praktizieren und verbreiten dürfe". Offenbar war der Missionsgedanke, die Vorstellung, eine Religion verbreiten zu wollen (ein Gedanke, der dem traditionellen Hinduismus ebenso fremd war wie Gandhi selbst, der jeden Proselytismus ablehnte), in den Debatten der verfassungsgebenden Versammlung akzeptiert worden. Im Gegenzug hatten die religiösen Minderheiten auf eine gesonderte Vertretung bei den Wahlen verzichtet [39]. Ein großer Teil der Hindus hatte Probleme mit dieser Präambel, so daß sie zunächst auf der Ebene der Unionsstaaten durch die Verabschiedung von Gesetzen ausgehebelt wurde (Orissa 1967, Madhya Pradesh 1968), die man manchmal als Antikonversionsgesetze bezeichnete. Lange juristische Kontroversen führten schließlich zu einer umstrittenen Entscheidung des Obersten Gerichtshofes, die die Verbreitung der Lehren der eigenen Religion für verfassungsmäßig erklärte, solange sie nicht den Versuch darstelle, andere zur eigenen Religion bekehren zu wollen, was der jedem Bürger garantierten Gewissensfreiheit zuwiderliefe.

Zu den Versuchen, die fortschreitende Verbreitung des Christentums vor allem bei den Stammesgemeinschaften im Norden des Landes einzudämmen, trat eine Regelung hinzu, die die niederen Kasten und die Unberührbaren, die *harijans* oder *dalits*, betraf. Artikel 341 der Verfassung sah vor, den Mitgliedern der *Scheduled Castes* (= untersten Kasten) be-

---

[38] EDA 16 (März 1985).
[39] EDA, Dossier 1 (1986) 15.

stimmte Schul- und Universitätsstipendien, Subventionen und Unterstützungen sowie Stellen in der Verwaltung zu reservieren. Aber um in den Genuß dieser Bestimmung zu kommen, mußte man zur Kategorie der *Scheduled Castes* gehören, was nach den 1950 erstellten Kriterien einzig für die Hindu und Sikh, sowie seit 1990 für die zum Buddhismus übergetretenen Mahar möglich war. Da das Christentums (wie auch der Islam) die Einteilung in Kasten für nicht gottgegeben hält, wurde aus dieser Bestimmung eine wirksame Waffe gegen die Missionierung, denn der Übertritt zum Christentum war dann gleichbedeutend mit dem Verlust dieser Vorteile, die den niederen Kasten zustanden, während eine Rückkehr zum Hinduismus die Möglichkeit bot, diese Sonderrechte wiederzuerlangen[40]. Seit 1987/88 setzte sich der indische Episkopat vehement für ein Ende dieser prekären Situation und für eine Aufhebung des Einreiseverbots für Missionare – es geht hierbei wohlweislich um Inder – in den Grenzstaat Arunachal Pradesh ein, der vorwiegend von Stämmen bewohnt wird. Die Mobilisierung für eine von der religiösen Zugehörigkeit unabhängige rechtliche Gleichstellung war die Geburtsstunde der Dalit-Bewegung, die in Südindien, wo die Mehrheit der Katholiken leben, bedeutende Ausmaße annahm. Sowohl bei den Katholiken als auch bei den Protestanten suchte man die Ansprüche der Dalit theologisch zu untermauern. Auf Anregung der Jesuiten des *Indian Social Institute* (Delhi) wurde im September 1994 zur Unterstützung der Bewegung auf nationaler Ebene eine Organisation ins Leben gerufen mit dem Ziel, den Dalit „als Sprachrohr zu dienen"[41]. Auch die protestantische Seite engagierte sich für diese Bewegung in der Person des anglikanischen Pastors James Massey, der selbst als Dalit Mitglied der protestantischen Kirche Nordindiens und Regierungsbeauftragter der Nationalen Minderheitenkommission war[42]. Aber obgleich diese Mobilisierung zu größerer Solidarität innerhalb der christlichen Kirchen beitrug, so konnte sie doch die Ausweitung radikaler hinduistischer Strömungen nicht verhindern, die mit dem RSS (*Rashtriya Swayamsewak Sangh,* Nationale Freiwilligenvereinigung) einen Hindustaat fordern.

Der relative Sieg der BJP (*Bharatiya Janata Party,* der Indischen Volkspartei) bei den Parlamentswahlen im März 1998 sanktionierte den Machtzuwachs eines offen antiislamischen Hindunationalismus und bestätigte die Risiken eines Kommunalismus[43], von dem sich die neue, von der BJP geleitete Regierung allerdings bewußt abgrenzte[44]. Unmittelbar nach seiner Ernennung zum Premierminister (19. März 1998) betonte Fatal Bihari Vajpayee jedoch, daß er auch weiterhin an der „indischen Tradition" festhalte, „allen Religionen die gleiche Achtung zu erweisen", und nahm neben den Vertretern anderer religiöser Minderheiten auch einen Christen in seine Regierung auf[45]. Doch noch überraschender

---

[40] Ch. JAFFRELOT, Les reconversions à l'hindouisme (1885–1990): politisation et diffusion d'une „invention" de la tradition, in: Le prosélytisme dans le sous-continent indien (= Archives de sciences sociales des religions 87 [Juli–Sept. 1994]) 73–98, sowie C. CLÉMENTIN-OJHA, La Suddhi de l'Aria samaj ou l'invention d'un rituel de (re)conversion à l'hindouisme, ebd. 99–114.

[41] Internationaler Fidesdienst vom 16. Nov. 1994.

[42] Ch. BRAU, Les dalits intouchables chrétiens, in: Réforme 2772 (28. Mai–3. Juni 1998), und DIES., Les exigences actuelles des intouchables chrétiens, ebd.

[43] Darunter ist die unter religiösem Vorzeichen stattfindende Gemeinschaftsbildung von Muslimen, Hindus oder anderen religiösen Gruppen zu verstehen.

[44] Vgl. A.-É. KERVALLA, La poussée hindouiste, Interview von Violette Graff, in: Réforme 2761 (12–18. März 1998); Ch. JAFFRELOT, La démocratie en Inde. Religion, caste et politique, Paris 1998.

[45] EDA 262 (April 1998).

war, daß die Wahlaufrufe der Bischofskonferenz zugunsten jener Parteien, die eine Diskriminierung zwischen christlichen und nicht-christlichen Dalit ablehnten, offensichtlich keinen Einfluß auf den Wahlausgang hatten. Die katholische Wählerschaft legte vielmehr in zahlreichen Unionsstaaten das gleiche Wahlverhalten wie der Rest der Bevölkerung an den Tag. Manche wählten sogar die Indische Volkspartei (BJP), weil sie ein Ende der Korruption und des vom Kongreß aufgebauten Klientelsystems versprach[46]. Dennoch schwebt noch immer die 1993 auf unbestimmte Zeit verschobene Drohung einer Verfassungsänderung in religiösen Fragen über einem Land, in dem sich die Christen über zunehmende Angriffe auf ihre Person und ihren Besitz beklagen. Ihre Befürchtungen bestätigten sich Ende November 1998, als die BJP regionale Teilwahlen, besonders in den drei besonders wichtigen Unionsstaaten (Radschastan, Haryana-Delhi und Madhya Pradesh) verlor. Prompt beschuldigte man die Christen der Verschwörung mit den separatistischen Muslimen im Nord-Osten des Landes, und im Staate Gujarat verschärfte sich die antichristliche Propaganda; ein nationalistischer Parteifunktionär forderte öffentlich, daß alle ausländischen Missionare das Land verlassen sollten[47]. Christliche Parteifunktionäre interpretierten ihrerseits diese Wahlausgänge als eine Verurteilung des *Hindutva*, der Ideologie des BJP, in der nationale Identität und Hinduismus miteinander verknüpft werden[48].

Unabhängig von schwankenden Wahlergebnissen bestätigt sich, daß das Risiko einer Politisierung der Religionszugehörigkeit immer größer wird. Sicher ist es verfrüht, eine allgemeingültige Interpretation dieser Konflikte zu geben. In den Augen der einen spiegeln sie konjunkturgebundene Phänomene, die im Zusammenhang mit wirtschaftlichen Schwierigkeiten stehen oder vorläufige Antworten auf soziokulturelle Veränderungen sind, in den Augen der anderen stellen sie erste Anzeichen für eine dauerhafte Übertragung politischer und gesellschaftlicher Konflikte in religiöse Sprachen und Formen dar. Nichtsdestoweniger leiden die christlichen Minoritäten in Indien wie in Indonesien auch noch fünfzig Jahre nach Erlangung der Unabhängigkeit darunter, daß ihre Integration nicht abgeschlossen ist. Die gegen die Christen erhobenen Beschuldigungen, die nationale Einheit und Identität zu gefährden, die in Indien von den Hindus des RSS *(Rashtriya Swayamsewak Sangh)* und in Indonesien von den radikalen Muslimen vorgebracht werden, fallen bei einem Teil der Bevölkerung im Zuge der öffentlichen Meinungsbildung auf fruchtbaren Boden, obgleich es unbestreitbare Anstrengungen der Kirchen gibt, sich am Aufbau der Nationalstaaten und der Förderung des sozialen Fortschrittes zu beteiligen.

6. Andere Länder

Überall dort ist die Lage für das Christentum problematisch, wo eine Religion – Islam oder Buddhismus – aufgrund ihrer zahlenmäßigen Überlegenheit so etwas wie eine Monopolstellung einnimmt. Besonders kritisch wird es in den islamischen Staaten, weil dort dynamische Reformströmungen Konzepte entwickelten, die eine Trennung von Kirche und

---

[46] EDA 261 (März 1998).

[47] Inde: minorités religieuses en péril, in: Réforme 2799 (3–9. Dezember 1998).

[48] Vgl. EDA 277 (Dez. 1998). Doch wenn auch die Katholiken des Staates New Delhi überwiegend gegen die hier regierende BJP abstimmten, weil diese gedroht hatte, „den katholischen Kirchen den Status von Kultstätten abzusprechen, da sie Wein für ihre Gottesdienste verwenden", so stimmte andererseits die mehrheitlich katholische Bevölkerung von Mizoram nicht für die von der „Christin" Sonja Gandhi geleitete Kongreßpartei, sondern für eine Regionalpartei.

Staat ebenso kategorisch ablehnten wie eine Gleichstellung der verschiedenen Religionen. Die Entwicklung Pakistans, das mit einer muslimischen Identität und einer Verfassung aus der Taufe gehoben wurde, die den Islam zur Staatsreligion erklärte, aber den anderen Religionen die Freiheit der Religionsausübung garantierte, bietet ein besonders typisches Beispiel für einen Entwicklung, in deren Verlauf das Recht immer stärker ausschließlich in den Dienst des Islam gestellt wurde. Die innenpolitischen Schwierigkeiten der 60er Jahre wie auch der Krieg, der 1971 in Westpakistan ausbrach und 1972 zur Unabhängigkeit von Bangladesch führte, mündeten Ende der 70er Jahre darin, daß die sich ablösenden Regierungen sich gegenseitig an pro-islamistischer Haltung zu überbieten suchten. Nach der Verstaatlichung der Privatschulen 1972 stellte das Regime von Ali Bhutto 1973 die Abschaffung des Christentums in Aussicht. Nach 1979 und der Hinrichtung Ali Bhuttos bekundete das autoritäre Regime des Generals Zia ul-Haq seinen Willen einer Islamisierung des Landes und stützte sich bei seinem Vorgehen gegen die Anhänger Ali Bhuttos, die man einer pro-westlichen Haltung beschuldigte, auf das islamische Recht. Die staatliche Politik der Islamisierung führte zur Abschaffung der ursprünglich säkularen Staatsform zugunsten einer speziellen Erwähnung Allahs in der Verfassung; zum Aufbau des Schulwesens im ganzen Land stützte man sich von da an auf die sunnitischen Moscheen und leitete konsequent eine Islamisierung der Gesellschaft und der Sitten ein.

So bewirkte der muslimische Reformismus, dessen innere Dynamik bis auf die Reformmaßnahmen Ende des 19. Jh. zurückgeht, daß um 1980 die Lage auf dem indischen Subkontinent für die kleinen christlichen Minderheiten immer schwieriger wurde. Zu dieser Verhärtung der Positionen trug maßgeblich bei, daß die von den pakistanischen Regierungen, von General Zia (1977–1988) bis zu Benazir Bhutto und ihren Gegnern, betriebene Religionspolitik schwankend und voller widersprüchlicher Entscheidungen war: Die 1972 verstaatlichten Konfessionsschulen wurden den Kirchen 1987 wieder zurückgegeben. Die vom Verschwinden bedrohten religiösen Minderheiten erhielten 1988 parlamentarische Vertreter und ein Ministerium, in das der katholischer Priester Rufin Julius berufen wurde. Nachdem der Vatikan zunächst seine Zustimmung gegeben hatte, untersagten ihm die pakistanischen Bischöfe 1990 jegliche politische Betätigung. Das Land nahm immer deutlicher einen prononciert islamischen Charakter an. 1991 stimmte das Parlament der Etablierung der Scharia als höchster Rechtsquelle zu. Der Senat hat dem bislang nicht endgültig zugestimmt. Eine Folge von Einzelvorschriften, die unter dem Vorzeichen der Scharia stehen, wurden in Folge dennoch in die Form moderner Gesetzesparagraphen gebracht. Angriffe gegen Christen und Verurteilungen wegen Gotteslästerung wechselten sich, je nach innen- oder außenpolitischen Interessen, mit der Ankündigung von Maßnahmen zum Schutz der Minderheiten ab. Für die Christen scheint der von der *Christlich Nationalen Front* des Rufin Justinius empfohlene und vom Episkopat abgelehnte Weg zu politischen Aktionen versperrt. Der Selbstmord des ersten Bischofs aus dem Punjab, John Joseph, stellte im Mai 1998 eine weitere Etappe auf dem Weg zu einer Verschlechterung der Lage der Christen dar. John Joseph, ein Vorkämpfer der Bewegung für die Menschenrechte, der den katholischen Widerstand gegen die rechtliche Einkreisung aller Nicht-Muslime organisiert hatte, erschoß sich vor einem Gerichtshof, der einen Christen zum Tod durch Erhängen verurteilt hatte [49].

---

[49] Ein 1985 unter der Militärdiktatur von Zia erlassenes Gesetz sieht für jeden dieTodesstrafe vor, der der Lästerung des Propheten Mohammed überführt wird. Dieser Strafrechtsparagraph öffnet willkürlichen Verurteilungen

Die Vorherrschaft des Islam ist nicht immer das Ergebnis zahlenmäßiger Überlegenheit. In Malaysia, wo die Muslime etwa die Hälfte der Bevölkerung ausmachen, ist die vorherrschende Stellung des Islam geschichtlich bedingt. Als Religion der Malaien (46% der Bevölkerung) und einer Minderheit chinesischen oder indischen Ursprungs, ist er vor allem die Religion jener Gruppierungen, die das Land in die Unabhängigkeit führten und seit 1957 die Macht in Händen halten. Obwohl die Verfassung jedem Bürger die Freiheit zugesteht, sich zur Religion seiner Wahl zu bekennen, sie zu praktizieren und zu verbreiten, ist der Übertritt vom Islam zu einer anderen Religion undenkbar, während sozialer und politischer Druck zugunsten eines Übertritts zum Islam ausgeübt wird. Der Islam, der von der Gesetzgebung in jeder Hinsicht begünstigt wird, z.B. bei der Zuweisung von Grund und Boden, dem Bau von Gebetshäusern, dem Unterricht, der Schulordnung, der Verbreitung religiöser Bücher, Informationen oder Veröffentlichungen, ist in der Tat zur herrschenden Religion geworden, welche die islamische Partei PAS *(Parti Islam SeMalaysia)* seit den 80er Jahren gerne zur Staatsreligion machen möchte. Unter dem wachsenden Druck, der seit ca. 1985 vor allem darauf ausgerichtet ist, die Einrichtung der Scharia zu erreichen, leiden katholische und protestantischen Kirchen an einem Minderwertigkeitskomplex, der nicht allein mit ihrem Minderheitenstatus zusammenhängt (7% Christen im Jahre 1995). Der Grund liegt vielmehr auch darin, daß die Evangelisierung ursprünglich im Rahmen der portugiesischen und später holländischen Kolonisation erfolgte. Auch faßte das Christentum erst relativ spät in Malaysia Fuß und dann auch nicht bei der malaiischen Bevölkerung, sondern ausschließlich bei chinesischen und indischen Einwanderern oder den Aborigines. Da sie beim politischen Spiel nicht mitmischen durften, legten die Christen dort zunächst eine große Zurückhaltung an den Tag, während die Amtskirchen beschlossen, sich mit der Regierung zu arrangieren. Diese Haltung änderte sich nach und nach, als die Gefahr einer Einführung des islamischen Rechts immer größer und die Religionsfreiheit durch immer mehr Maßnahmen eingeschränkt wurde. Die seit 1984 in der *Christlichen Föderation von Malaysia* zusammengeschlossenen christlichen Kirchen erhoben nun ihre Stimme, um ihre Rechte zu verteidigen und die Beachtung der Religionsfreiheit zu fordern. Gleichzeitig fingen sie an, gegen die aus dem Gesetz zur inneren Sicherheit erwachsenden Mißbräuche Stellung zu nehmen und knüpften Beziehungen zu Nicht-Muslimen wie den Buddhisten, Hindu und Sikh. Die Anstrengungen, aus dem politischen Abseits herauszukommen, waren besonders im Staate Sabah im Norden Borneos spürbar, dem einzigen, in dem die Christen die Mehrheit ausmachen. Seit 1990 war deshalb die Lage in dieser Region angespannt und manchmal so explosiv, daß die Regierung zu Einschüchterungsversuchen griff, wie 1994 zu einer Razzia unter jungen philippinischen Hausangestellten in der katholischen Kathedrale von Kuala-Lumpur. Dennoch weckten die Stabilisierung des politischen Lebens nach den Parlamentswahlen von 1995 und die Ergebnisse eines starken Wirtschaftswachstums die Hoffnung auf eine Entspannung, die nach der Krise des Jahres 1998 allerdings wieder in Frage gestellt scheint.

Es gibt nur wenige muslimische Staaten in Asien (Malediven, Afghanistan), welche die Präsenz anderer Religionen gesetzlich verbieten. Selbst das Sultanat von Brunei, das lange Zeit das Christentum auf die reine Privatsphäre beschränkte, erlaubte den Katholiken

---

Tür und Tor, da er sowohl zur Regelung persönlicher Streitigkeiten als auch zur Ausübung von Druck gegenüber Nichtmuslimen mißbraucht werden kann.

schließlich die Schaffung einer apostolischen Präfektur, die im Februar 1998 eingerichtet wurde. Im allgemeinen akzeptierten diese Staaten den religiösen Pluralismus mit gewissen Vorbehalten (Verbot von Mischehen, Propaganda, Konversionen etc.). So rief das buddhistische Königreich Bhutan 1963 Jesuiten ins Land, um eine Internatsschule einzurichten, untersagte aber streng jede Form von Proselytismus. Nepal dagegen, wo der Hinduismus Staatsreligion ist, ging von einer sehr repressiven Gesetzgebung, die Übertritte zum Christentum verhindern sollte (1973), zu einer liberalen Politik über, die das Land für Ordenskongregationen und Missionsgesellschaften öffnete. Die 1990 erfolgte Machtübernahme durch die nepalesische Kongreßpartei führte zur Freilassung der aus religiösen Gründen inhaftierten Gefangenen und zur Anerkennung der Religionsfreiheit, solange sie nur den hinduistischen Charakter des Landes nicht in Frage stellte.

In Birma (Myanmar) bilden die Christen eine kleine, sehr aktive Minderheit, die aber über eine marginale Stellung nicht hinauskommt. Die Kirchen überlebten die radikalen Maßnahmen eines Ne Win, dem Verfechter eines autoritären birmanesischen Sozialismus, der die Verstaatlichung christlicher Einrichtungen und die Ausweisung der Missionare (1965/66) verfügte. Zu Beginn der 80er Jahre mußten sie weitere Konflikte, wie die Schließung des katholischen Priesterseminars im Jahre 1984, durchstehen. Seit den 70er Jahren konnten sie sogar einen größeren Zulauf als in der Vergangenheit verzeichnen, der jedoch ausschließlich die Sache ethnischer Minderheiten und vor allem Jugendlicher war. Die Hoffnungen auf eine Normalisierung in den Jahren 1988/89 erwiesen sich als trügerisch, da die Armee die von den Massen gewünschte Demokratisierung verhinderte, als die Opposition bei den Parlamentswahlen von 1990 den Sieg davon getragen hatte. Der Aufstand der größtenteils christlichen Karen und die Unterstützung der Reformfreunde durch die Kirchen seit 1988 bestärkte die Militärdiktatur noch in ihrem Mißtrauen gegenüber den Christen und ließ sie stärker den je einen „großbirmanischen" Nationalismus propagieren, der sich mit dem Hinayana-Buddhismus identifiziert.

In Sri Lanka zeitigte die Verschlechterung der Beziehungen zwischen Kirche und Staat vor dem Hintergrund politisch-religiöser Wirren und eines buddhistischen „Fundamentalismus" vielleicht die spürbarsten Folgen. Wenn auch die Umstände, unter denen sich die Unabhängigkeitserklärung im Jahre 1948 abspielte, für das Christentum günstig waren, so läutete doch die Machtübernahme einer von der SLFP *(Sri Lanka Freedom Party)* geführten Linkskoalition im Jahre 1956, auf der Grundlage eines populistischen und nationalistischen Programms zur Verherrlichung der buddhistischen Identität des Landes, eine Ära von Zwischenfällen ein und mündete schließlich in einen Bürgerkrieg, der 1999 immer noch nicht beigelegt ist. Die ersten Maßnahmen griffen auf das klassische Arsenal von Restriktionen zurück, mit denen man eine Verbreitung des Christentums verhindern wollte. Man beschuldigte die Christen, das Produkt der Kolonialherrschaft zu sein, den Interessen des Auslands zu dienen und die nationale Einheit und Identität zu gefährden, und verstaatlichte die Schulen (1960), begrenzte die den Missionaren erteilten Aufenthaltsgenehmigungen (1962), schaffte den Sonntag ab und förderte den Buddhismus. Als die UNP (die rechte *United National Party*) 1965 wieder an die Macht gelangte, kam es zu einer Radikalisierung, die 1972 in der Errichtung der Demokratischen Republik Sri Lanka ihren Ausdruck fand. Das Singhalesische wurde zur offiziellen Amtssprache, der Buddhismus zur Staatsreligion erhoben. Überzeugt davon, künftig aus der Volksgemeinschaft ausgeschlossen zu sein, ließ sich ein Großteil der Tamilen (18 % der Bevölkerung) 1976 mit der Gründung der *Tamilischen Befreiungsfront* auf den Kampf für die Schaffung eines Tamilenstaates ein. Dieser ursprünglich politisch motivierte Konflikt artete zu einem Bürgerkrieg aus, in dem die Extremisten auf beiden Seiten die Oberhand gewannen. Der Machtzuwachs der LTTE *(der Befreiungstiger von Tamil Eelam)* setzte das klassische Räderwerk von terroristischen Attentaten, Repressionen und Massakern unter der Zivilbevölkerung in Gang. Die unterschiedlichen Vermittlungsversuche und die direkte, wenn auch gescheiterte Intervention Indiens im Jahre 1994 mit der Entsendung eines Militärkontingents von 45 000 Mann vermochte ebensowenig wie die Rückkehr der Linken an die Macht im Jahre 1994 eine friedliche Lösung für einen blutigen Konflikt zu finden. Die Folgen für die katholische Kirche, die bei weitem die Mehrheit innerhalb der christlichen Minderheit stellt (6,7 % der Bevölkerung), waren katastrophal. Da sie ungefähr gleich stark auf singhalesischer wie auf tamilischer Seite vertreten war, wurde sie direkt von einer Spaltung betroffen, die quer durch ihre Gläubigen, ihren Klerus und ihren Episkopat ging. Der durch diese inneren Streitigkeiten gelähmte Episkopat ergriff zunächst in einem gemeinsamen Pastoralbrief vom 24. Januar 1985 Partei für die nationale Einheit, konnte es aber nach seinem eigenen Eingeständnis nicht verhindern, daß die ethnische Spaltung zu „einer katastrophalen Spaltung der Kirche zwischen Norden und Süden führte. Erlagen doch sogar einige Priester und Ordensleuten der Versuchung, in einen falschen, ethnisch motivierten Nationalismus zu verfallen"[50]. Der tamilische Klerus, den man der Unterstützung der Aufständigen, vor allem wegen seiner Hilfe für die Flüchtlinge, bezichtigte, war in regelmäßigen Zeitabständen Sanktionen für dieses wirkliche oder vermeintliche Engagement ausgesetzt. Die Aufrufe christlicher Führer zu Verhandlungen, ihre Vorschläge für eine Verfassungsreform oder ihre Vermittlungsversuche hatten keinerlei Aussicht auf Erfolg. Der Boykott der Reise Johannes Pauls II. im Jahre 1995 durch einige Buddhisten – aus Protest gegen die Darstellung des Buddhismus im Buch des Papstes, *Die Schwelle der Hoffnung überschreiten* – zeigte auf spektakuläre Art und Weise, wie schwierig jeder Dialog über politisch-religiösen Grenzen hinaus ist.

7. Das Rätsel Japan

Am Ende unseres Streifzugs wenden wir uns als letztes dem Christentum in Japan zu, dessen Entwicklung besonders überraschend verlief. Japan war in der zweiten Hälfte des 16. und zu Beginn des 17. Jh. erfolgreich mit dem Christentum in Berührung gekommen, bis zu ca. 10 % der Bevölkerung hatten den katholischen Glauben angenommen. Nach 1613/ 14 wurde der Katholizismus völlig ausgemerzt, das Land riegelte sich nach 1640 hermetisch von allem Fremden ab. Einzige Überbleibsel dieser Mission, in der die Jesuiten die Methode der *accommodatio* als Vorläufer der Inkulturation erprobt hatten, waren einige kleine Gemeinden in der Gegend von Nagasaki – die *kirishitan* oder verborgenen Christen –, die Ende des 19. Jh von den Missionaren zu deren großem Erstaunen wiederentdeckt wurden. Doch das moderne Japan , das 1868 seine Grenzen wieder öffnete, sollte die großen Erwartungen der Missionare enttäuschen[51]. Kurz nach Ende des 2. Weltkriegs, als sie noch fürchten mußten, in der öffentlichen Meinung Japans mit den Siegernationen in

---

[50] Asiensynode. Antwort der Bischofskonferenz von Sri Lanka auf die *lineamenta*, in: EDA, dossiers et documents 3 (März 1998) 17.
[51] Der 1891 von Papst Leo XIII. verfügte Aufbau der üblichen hierarchischen Strukturen stand symbolisch für einen Optimismus ohne Zukunft.

Verbindung gebracht zu werden, fühlten sich die christlichen Kirchen auf einer Welle von Optimismus getragen. Der Katholizismus und mehr noch der Protestantismus profitierten von einer Flut von Bekehrungen und Taufen, deren bemerkenswerteste die des ehemaligen Premierministers Yoshida Shigeru kurz vor seinem Tod 1967 war, des Mannes, der den Wiederaufbau in die Wege geleitet hatte. Ihre karitativen, sozialen und vor allem schulischen Einrichtungen, besonders ihre Universitäten, die nicht-christliche Studenten in grosser Zahl aufnahmen (die Jesuitenuniversität Sophia in Tokio und die Frauenuniversität Sacré Cœur in der gleichen Stadt), verschafften den Kirchen nun ein Sozialprestige, das in keinem Verhältnis zu ihrer quantitativen Bedeutung stand. „Von Zeit zu Zeit durchgeführte Untersuchungen und Meinungsumfragen zeigten, daß das Image des Katholizismus eher gut war: eine offene, moderne Religion, die zwar streng, aber seriös ist und der Gesellschaft gute Dienste leistet. Diese Umfragen zeigten, daß es immer noch drei- bis viermal mehr Sympathisanten als Christen in der Kirche gab: Sympathisanten also, von denen nur wenige wirklich in die Kirche eintraten"[52].

Die gleiche Feststellung gilt auch für den Protestantismus, und daran scheint sich auch mit zunehmender Dauer nichts mehr zu ändern. Der Erfolg, den die Organisation von Heiratszeremonien zwischen Nicht-Christen in den Kirchen der 80er Jahren hatte, verstärkte noch den Eindruck, daß es sich um ein zweifelhaftes Interesse handelte, das nicht auf ein persönliches Engagement hinauslief. Denn Ende des 20. Jh. stellen die Katholiken mit ungefähr 450 000 Gläubigen und die Protestanten mit etwa doppelt so vielen immer noch ganz kleine Minderheiten in einer Gesellschaft dar, die offensichtlich unempfänglich für das Christentum ist, selbst wenn es nur äußerst selten zu offenen Feindseligkeiten kommt (die dann aber eher spektakulären als wirklich ernstzunehmenden Charakter haben)[53]. Japan, das vollendete Beispiel für einen nur schwer einzuordnenden passiven Widerstand gegenüber christlichem Gedankengut, verleitet auch weiterhin die Soziologen und Theologen zu originellen Überlegungen, um zu erklären, warum es zu keiner Begegnung zwischen der Botschaft Christi und der japanischen Kultur kommt, obwohl letztere doch für die westliche Modernität so empfänglich ist[54]. Nichtsdestoweniger versuchen die katholische Bischofskonferenz und der protestantische Christliche Nationalrat Japans, jedes Wiederaufflammen eines schintoistisch gefärbten Nationalismus zu verhindern[55]. Seit den 80er Jahren schon beziehen sie wiederholt Stellung zu sozialen und internationalen Problemen, ohne jedoch immer ihre Basis mitzureißen, die lange schon daran gewöhnt ist, sorgfältig zwischen ihrem Glauben und ihrem politischen Engagement zu unterscheiden[56].

---

[52] J. WARET, L'Église au Japon: 444 ans d'histoire, in: EDA, dossiers et documents 2 (1991), Supplement EDA 105 (Febr. 1991), Zitat auf S. 9; The Church in Japan, in: Sedos Bulletin 94, 158 ff.

[53] Im Januar 1990 wurde der katholische Bürgermeister Motoshima Ziel des Mordanschlags eines rechten Extremisten, als die Bischöfe gerade eine Protestaktion gegen die Verwendung öffentlicher Mittel für die religiösen Feiern anläßlich der Thronerhebung des neuen Kaisers starteten.

[54] E. D. PYRINS, La rencontre du message de Jésus et de la culture japonaise, in : Japan Missionary Journal (Herbst 1996), ins Franz. übersetzt in: EDA 235 (Januar 1997).

[55] So zum Beispiel 1985 mit Protesten gegen das Regierungsprojekt zur Errichtung eines shintoistischen Nationaldenkmals.

[56] Eine Entwicklung, die einige Katholiken veranlaßte, gegen den „Verlust eines Gefühls für das Sakrale und die Sozialisierung der Kirche" aufzurufen, in: EDA 105 (Febr. 1991) 23.

III. Zwischen westlichem Erbe, Akkulturation und Modernität: Katholische Antworten in Asien

Das politische Umfeld und die Frage nach dem Rechtsstand der Kirche in Staaten und Gesellschaften, denen das Christentum weitgehend fremd war, waren in der zweiten Hälfte des 20. Jh. Faktoren, die das Leben der Kirchen entscheidend bestimmten. Ungeachtet der Entwicklungen, die je nach Lage der Dinge und den gegebenen Umständen für die Christen mehr oder weniger günstig ausfielen, bleibt eine entscheidende Frage offen: Wieso war der von den Missionaren in der Neuzeit und der Gegenwart durchgeführten Evangelisierung so wenig Erfolg beschieden? Diese Frage stand auch im Mittelpunkt jener Synode der Bischöfe Asiens, die in Rom vom 19. April bis zum 14. Mai 1998 zusammentrat. Die vorbereitenden Dokumente, die Antworten der Bischofskonferenzen und das (mit einem Optimismus guten Willens) den Teilnehmern unterbreitete Abschlußdokument bestätigten das Weiterbestehen der vor Ort angetroffenen Probleme und stellten die Institutionen, die inneren Strukturen der katholischen Kirche und vor allem ihre Beziehung zu den asiatischen Gesellschaften und Kulturen verhalten oder unmißverständlich zur Diskussion.

1. Eine „Asiatisierung" des Klerus um den Preis des Klerikalismus?

Nach Ende des Zweiten Weltkriegs war den Ortskirchen von ihrer missionarischen Vergangenheit vor allem eins geblieben: Sie gehörten zum Kreis der Empfängerkirchen, die sich im Verhältnis zum römischen Zentrum in einer Randlage befanden. Doch wie bei der Afrikanisierung führte auch die Asiatisierung des Klerus und das Aufkommen einer Laienbewegung vor Ort dazu, die Forderung nach einer Neubestimmung des Zentrums zu stellen, um der Ortskirche aus ihrer eigenen Situation heraus die Übernahme missionarischer Aufgaben zu ermöglichen. Ein solcher Umbruch wurde als notwendige Voraussetzung dafür gesehen, daß die Kirche in die jeweilige Bevölkerung integriert werden könnte. Von dieser Überzeugung zeugen beispielsweise die Antworten der Bischöfe auf die vorbereitenden *Lineamenta* der Synode von 1998: „Wir müssen die asiatische Wirklichkeit nicht als eine Randerscheinung, sondern als eine Sache von zentraler Bedeutung für unsere Missionsarbeit begreifen, und zwar für jeden Aspekt davon, besonders wenn es sich um die Verkündigung handelt. Wir sind keine Beobachter der verschiedenen Kulturen, religiösen Traditionen und wirtschaftlichen Notlagen, sondern zusammen mit unseren anderen Brüdern und Schwestern ein Teil davon."

Die in diesem Punkt zu Tage tretende Entschlossenheit der katholischen Kirche Indiens kam nicht überall mit gleicher Deutlichkeit zum Ausdruck. Aber das Gefühl, daß jede Ortskirche ihre Beziehung zur Universalkirche sowie zu ihrer eigenen Nation überdenken müsse, traf in den meisten Ländern auf positive Resonanz. Der indischen Beteuerung „Wir wollen vor allem wirklich asiatisch werden, wir wollen Kirchen werden, die zutiefst in den Völkern Asiens verwurzelt sind"[57] entsprachen die Forderungen des japanischen Episkopats, die Besonderheiten Asiens zu berücksichtigen. So offenbarte sich eine Tendenz, die nicht nur mit der Kolonialordnung und der westlichen Vorherrschaft brechen wollte, son-

---

[57] Antwort der indischen Bischofskonferenz auf die *Lineamenta*, in: EDA, Dossiers et documents 9, supplément EDA 253 (16. Nov. 1997) 9.

dern auch mit der noch aus der Missionsära überkommenen Art und Weise zu arbeiten, zu funktionieren, zu denken und seinem Glauben Ausdruck zu verleihen. Das Konzept der Inkulturation wurde hier wie in Afrika zur Grundlage kühner Ambitionen: „Wenn diese Synode für die Kirche Asiens abgehalten werden soll, so kann ihre Vorbereitung nicht die gleiche sein wie für Synoden anderer Kontinente … Am wichtigsten ist eine „Inkulturation" unseres Denkens … Anders gesagt, ein neuer Glaubenseifer, der sich von unserem jetzigen unterscheidet, eine neue Sprache (und ganz andere Kommunikationsmethoden) und neue Methoden (andere Ansätze als bisher üblich). Wenn dies eine Synode für Asien sein soll, so muß sie in Arbeitsmethode und Verlauf verschieden von den Synoden für Europa oder Afrika sein. Die Prioritäten, welche die Kirche Asiens setzt, müssen deutlich herausgestellt werden." [58]

Diese Worte zeigten, welcher Weg bereits seit den 50er Jahren zurückgelegt worden war. Sie enthüllten auch, wie umfassend ein Programm sein mußte, das – mal mehr, mal weniger – die katholische Organisation dieses geographischen und sozialen Raumes ebenso in Frage stellte wie die Art und Weise der seelsorglichen Betreuung der Gläubigen nach einem totalisierenden Religionskonzept und schließlich die Art der Glaubensvermittlung und der Vorstellung von der Präsenz und dem Platz der Religion. Implizit stellten sie auch das Geständnis dar, daß dieses heute als drückend empfundene Erbe zu einem guten Teil unberührt von den vor allem seit dem II. Vatikanum durchgeführten Reformen geblieben war.

Die institutionellen Veränderungen waren die erste Stufe einer Entwicklung, die anfangs in Einklang mit dem Vorgehen Roms in allen anderen Missionsgebieten stand. Präfekturen und Apostolische Vikariate machten nach und nach Platz für eine normale kirchliche Hierarchie: in Britisch-Indien, einschließlich Ceylons (heute Sri Lanka, 1886) und Japans (1891), wurde dieser Prozeß schon relativ früh eingeleitet, in China setzte er erst viel später ein (1946), bevor er, trotz des Alters und der Bedeutung der dortigen christlichen Gemeinden, erst 1960 auf Vietnam bzw. 1965 auf Thailand übergriff. Im Rahmen der Entkolonisierung wurde er beschleunigt auf Birma (1955) und Indonesien (1961) ausgedehnt, ohne hier den Sonderfall Taiwan vergessen zu wollen (1952). Jene, die 1998 noch als Missionsländer galten, verdankten dies zum einen dem geringen Anteil von Christen an ihrer Gesamtbevölkerung (Kambodscha, Laos) oder der Tatsache, daß sie ihre Grenzen erst sehr spät offiziell für die Kirche öffneten (Republiken Zentralasiens, Brunei, Mongolei …).

Ebensowenig wie die rechtliche Umwandlung der Kirchenstrukturen sollte man auch die Ablösung ausländischer Bischofe durch einheimische vergessen. In Indien war die Machtübergabe mit dem Rücktritt des letzten ausländischen Bischofs, eines amerikanischen Franziskaners, 1988 abgeschlossen. 1998 gab es in ganz Asien nur noch wenige ausländische Bischöfe.

Insgesamt gesehen, fand im Laufe eines halben Jh. fast eine geschlossene Wachablösung statt: So gut wie alle ausländischen Mitglieder des Säkular- und Ordensklerus wurden durch einheimische Kräfte ersetzt, dies um so mehr, als nicht nur im Westen immer weniger Menschen in die Missionsberufe drängten, sondern vielfach auch die Umstände vor Ort immer dringlicher den Einsatz eines autochthonen Klerus erforderten. Während 1961

---

[58] Antwort der japanischen Bischofskonferenz auf die *Lineamenta*, ebd. 21.

noch Südkorea (mit 54%) und Südvietnam (97%) die einzigen Staaten mit einem mehrheitlich einheimischen Klerus waren, kam 1998 nur noch eine Minderheit der Missionare aus dem außerasiatischen Bereich (90% des Klerus waren Inder). Immer häufiger auch rekrutierten sich die Missionare aus anderen asiatischen Ländern, nicht mehr aus den westlichen Kirchen. Ein erstes Beispiel dafür setzte die 1968 von einem Bischof der Syro-malabarischen-Kirche, Sebastian Vayalil, gegründete *Missionsgesellschaft vom hl. Apostel Thomas.* 1997 zählte sie 217 Mitglieder, die als Priester in drei Missionsgebieten in Indien, in Tansania, Deutschland und Amerika tätig waren, sowie 72 Studenten der Philosophie und Theologie[59]. Eine weitere Missionsgesellschaft wurde 1984 im indischen Unionsstaat Andhra Pradesh gegründet. Ihr gehören neben 62 Priestern, die in Indien, Südafrika und Papua-Neuguinea wirken, 429 Seminaristen an. Die Koreanische Bischofskonferenz beschloß 1975 die Gründung einer Gesellschaft für die Außenmissionen in Korea, die 72 Mitglieder in Korea, Hongkong, Taiwan, Papua-Neuguinea, den Philippinen und Italien umfaßt[60]. Die ersten indonesischen Missionare der *Missionsgesellschaft vom Göttlichen Wort* (*Societas Verbi divini*, Steyler Missionare) gingen 1983 nach Papua-Neuguinea. Die Gesellschaft für Außenmissionen in Thailand entsandte 1990 erstmals erste Gruppen von Missionaren zu den Bergstämmen der Hmong, 1993 weitere nach Kambodscha. 1995 gab es 350 japanische Missionare in über fünfzig Ländern[61].

Die Ablösung des Missionsklerus durch den Diözesanklerus vollzog sich relativ problemlos. Hinzu kam noch der Eintritt einer steigenden Zahl von Asiaten in die aus ihren Mutterkirchen hervorgegangenen Orden und die Gründung zahlreicher neuer Kongregationen. Eine Schätzung ergab, daß 1981 in Indien 2801 Ordensbrüder auf 19 Kongregationen verteilt lebten, von denen zehn indischen Ursprungs waren; 49956 Nonnen gehörten 169 verschiedenen Orden an, von denen 68 in Indien gegründet worden waren; von den 14 weltliche Instituten waren sieben indischen Ursprungs[62]. Mit 73030 Ordensschwestern nahm Indien 1995 den dritten Rang hinter Italien und den Vereinigten Staaten ein und mit 6938 Ordenspriestern den fünften Platz nach Spanien, Italien, den Vereinigten Staaten und Brasilien.

Diese vielen geistlichen Berufungen ermöglichten eine Verbesserung der seelsorglichen Betreuung der Gläubigen. Nach dem *Statistischen Jahrbuch der Kirche* von 1995 kamen in Asien durchschnittlich 2700 Katholiken auf einen Priester, gegenüber 4476 in Afrika, 1552 in Ozeanien und 7016 in Südamerika. Die europäische Statistik ist trügerisch (1330 Gläubige pro Priester), da sie das sehr hohe Durchschnittsalter der Geistlichen nicht berücksichtig. Noch weitere Hinweise bestätigen, daß Asien sehr tatkräftig für priesterlichen Nachwuchs sorgt. Die Zahl der Priesteramtskandidaten in den Seminaren erreicht, verglichen mit der Zahl der Priester, Prozentzahlen, die sehr positiv von denen in den meisten westlichen Ländern, mit Ausnahme von Japan und Taiwan, abstechen. Während das Verhältnis 1995 in Frankreich 5,78%, in Deutschland 8,41% und in Italien 11,02% betrug, sah es in den asiatischen Ländern wie folgt aus:

---

[59] EDA, dossiers et documents 5 (1998) 32–34.
[60] Ebd.
[61] Quellen: Asie religieuse. EDA (1995). Chiffres et données, Asia. Storia-Politica–Religioni, Agence d'information des Missions étrangères de Paris, EMI, Bologna 1994.
[62] R. ROSSIGNOL, „L'Église en Inde", in: EDA, Dossier 1 (Jan. 1986).

Priesteramtskandidaten[63]

Länder	Zahl der Priesteramtskandidaten auf je 100 000 Katholiken	Studenten der Philosophie und Theologie auf je 100 Priester
Bangladesch	42,8	36
Südkorea	53,9	84,8
Indien	59,4	59,4
Indonesien	48,3	100,6
Japan	54,3	12,9
Myanmar (Birma)	42,5	53,3
Pakistan	19	70,59
Singapur	26,4	27,1
Sri Lanka	31,9	46
Taiwan	46	19,5
Thailand	113,6	48,3
Osttimor	21,5	168,9
Vietnam	18,4	49,3

Asien verfügte 1995 innerhalb der von uns gezogenen Grenzen über den bedeutendsten Prozentsatz an Philosophie- und Theologiestudenten in der katholischen Welt: Im Durchschnitt kamen auf 100 000 Katholiken 24,6 Studenten, gegenüber 16,6 in Afrika, 10,1 in Europa und 9,9 in Ozeanien. All diese Daten könnten zu Optimismus Anlaß geben, vor allem angesichts der so zahlreichen weiblichen Ordensberufungen, besonders in Indien, wenn da nicht seit 1990 vor Ort Anzeichen für eine Stagnation, manchmal sogar für einen Rückgang zu beobachten wären.

Eine weitere römische Statistik liefert genaue Angaben über den Zustand des Klerus im Jahre 1995, wobei nun die Ordinationen, nach Abzug der Sterbefälle und Austritte aus dem Diözesanklerus, prozentual angegeben werden. Kurzfristig gesehen, läßt sie auf eine gesunde Entwicklung hoffen. Im Gegensatz zu Europa (0,81 % mit -3,09 in Frankreich und -0,58 in Italien) ist die Bilanz für ganz Asien durchaus positiv (3,25 %). Nach dem Internationalen Fidesdienst soll auch China seinerseits einen Zuwachs an Berufungen zu verzeichnen haben, so daß zwischen 1985 und 1995 6000 junge Priester ordiniert werden konnten[64]. Aber der Ortsbefund unterstreicht die nationalen Unterschiede, bestätigt die Verschlechterung der Lage in Taiwan wie auch das prekäre Gleichgewicht in Japan, Sri Lanka und Thailand:

---

[63] Statistisches Jahrbuch der katholischen Kirche 1995, 251 f.
[64] Internationaler Fidesdienst 3873 (4. Mai 1995) ND 230: „In China wurden seit 1980 4500 Kirchen eröffnet. Im Laufe der letzten zehn Jahre wurden ungefähr 6000 junge Leute zu Priestern geweiht. Es gibt 1200 Seminaristen in 24 Seminaren und 1300 Nonnen in 40 Klöstern".

Bilanz der Priesterweihen auf Diözesanebene im Jahre 1995[65]

Länder	Bilanz = Prozentsatz der Priesterweihen in den Diözesen (abzüglich der Todesfälle und Austritte)
Bangladesch	7,5
Südkorea	5,71
Indien	2,58
Indonesien	8,35
Japan	1,7
Myanmar (Birma)	7,27
Pakistan	5,11
Singapur	0
Sri Lanka	1,16
Taiwan	− 0,44
Thailand	0,57
Osttimor	10,34
Vietnam	2,84

Man sollte also wegen der Fülle von Berufungen in manchen Ländern nur vorsichtig optimistisch sein. Hinzu kommt, daß sich unmöglich einschätzen läßt, welche Motive wirklich dahinterstecken, wenn Priesteramtskandidaten aus Gemeinden mit einem sehr hohen Anteil an sozial benachteiligten und marginalisierten Bevölkerungsschichten stammen und sich ihnen mit der Ordination ein Weg zum sozialen Aufstieg eröffnet. 1995 lag der Prozentsatz jener, die ihr Priesteramt niederlegten, sehr niedrig, im Diözesanklerus sogar unter 1 % (außer in Malaysia mit 1,6 %). Aber die Hauptunbekannten dieser Rechnung sind die ambivalenten Auswirkungen dieser insgesamt gesehen zufriedenstellenden Rekrutierung von Nachwuchs. Mag diese Rekrutierung auch zunächst die Aufrechterhaltung der Institution als solche gewährleistet haben, so trug sie doch gleichzeitig dazu bei, sie in ihren alten Formen erstarrt zu lassen. Viele Kirchen waren nicht besonders interessiert, Pfarrstrukturen in Frage zu stellen, welche die Laien in einem Zustand der Abhängigkeit und Passivität beließen. Zahlreiche Zeugnisse belegen, daß diesbezüglich bei den Katholiken nur ganz langsam ein Mentalitätswandel stattfindet. „In Thailand, wie in vielen anderen Ländern Asiens, ist das hierarchische Denken sehr tief verwurzelt, was sich manchmal regelrecht lähmend auf die Laien auswirken kann. Für viele ist der Priester auch weiterhin der Anführer, dem die Entscheidung zusteht. Man ist ihm gegenüber oft zu ängstlich und begnügt sich damit, ihm zu gehorchen, ohne sich recht bewußt zu machen, wie gut es wäre, selbst die Initiative zu ergreifen. Auch manchen Priestern ist nicht wirklich bewußt, daß sie eigentlich ihre Verantwortung mit den Laien teilen müßten[66]". Die der Asiensynode (1998) unterbreitete Arbeitsvorlage, gibt dies im übrigen zu: „Mit nur ganz wenigen Ausnahmen sieht man in der Kirche Asiens eine klerikalisierte Institution bezüglich Verwaltung, Litur-

---

[65] Statistisches Jahrbuch, 144 f.
[66] Missions étrangères de Paris, Compte rendu de 1983–1985, 135.

gie, Ausbildung usw. Zahlreiche Antworten deuten an, daß sich die Laien, besonders die Frauen und Jugendlichen, auf den verschiedenen Ebenen der Ortskirchen viel aktiver engagieren wollen"[67]. In der Tat hatten mehrere Bischofskonferenzen in ihren Antworten auf die *Lineamenta* eingeräumt, nichts getan zu haben, um „die Laien zur Teilnahme am Kirchenleben zu ermutigen". Manche bedauerten auch den stark hierarchischen Charakter der Kirche (so etwa Stimmen aus Taiwan). Die indische Bischofskonferenz faßte die Lage in der lapidaren Formel zusammen „Es herrscht die Überzeugung vor, daß unsere Kirchen in Indien ‚überklerikalisiert' und ‚unterlaisiert' sind"[68] und übte harte Selbstkritik an der Kluft, die in den Pfarreien zwischen der seit dem Zweiten Vatikanum entwickelten Ekklesiologie und der Realität klafft: „Das vielleicht größte Hindernis für eine innere Erneuerung unserer Gemeinden besteht augenblicklich im Widerstand dagegen, eine echte Kirche des Miteinander zu werden. Dies erklärt die normalerweise mageren Ergebnisse der Pfarrgemeinderäte und Basisgemeinden. Die Kirche, deren Bild vom II. Vatikanum als Geheimnis, Gemeinschaft und Glaubensbotin gezeichnet wurde, verlangt von Hierarchie und Klerus den Verzicht auf eine absolute Kontrolle über das Gemeindeleben, die Liturgie und den Gottesdienst. Doch besteht auch seitens der Laien ein Widerstand zur Übernahme von Verantwortung, die bis dahin den Bischöfen, Priestern und Nonnen vorbehalten war"[69].

Wenn auch der klerikalisierte Charakter der Kirche weitgehend anerkannt wurde – wie auch als logische Folge davon ein „Paternalismus, der nur wenig Raum läßt für den Dialog oder die Beteiligung der Laien"[70] (obwohl einige Bischofskonferenzen wie die Südkoreas nicht auf diese Frage eingingen) –, so wurden doch weder die Strukturen, noch die Hierarchie, noch die klassische Auffassung vom Priesteramt in Frage gestellt. Die wichtige Rolle, die den Katecheten seit den Anfängen der Mission zukam, zeitigte in dieser Hinsicht keine spürbaren Auswirkungen[71]. Die in den Schriften der 90er Jahre dargelegten Ziele waren hauptsächlich darauf ausgerichtet, ein inneres Gleichgewicht herzustellen, die Gläubigen stärker in die Aufgaben der Kirche einzubinden und die Entwicklung gemeinschaftsfördernder Lebensformen in den Pfarreien voranzutreiben. Am katholischen Vereinswesen läßt sich Ende dieses Jh. ablesen, daß die einzelnen Organisationenformen persönlicher oder gemeinschaftlicher Frömmigkeit (Legio Mariae, Geistliche Gemeinschaften, Kirchengesangs- oder Studentenvereine) bzw. karitativer Tätigkeiten (Vinzenzkonferenzen) den Vorrang vor einem gesellschaftspolitischen Engagement hatten. Cora Mateo, die Sekretärin des Laienbüros der Vereinigung der Asiatischen Bischofskonferenzen (FABC), konstatierte 1998 eine Diskrepanz zwischen den öffentlich bekundeten Absichten und einer Wirklichkeit, die die Laien in ihrer untergeordneten Position beläßt[72].

---

[67] *Instrumentum laboris*, Vatikanstadt 1998, 13, nach der offiziellen Übersetzung ins Französische.
[68] EDA, Cahier de documents. Spécial Synode 9 (1997) (Südkorea, Indien, Japan) und 1 (1998) (Indonesien, Malaysia, Taiwan).
[69] Antwort der indischen Bischofskonferenz (wie Anm. 57) 16.
[70] Antwort der indonesischen Bischofskonferenz, in: EDA 1 (1998) 7
[71] 1995 gab es laut Statistischem Jahrbuch der katholischen Kirche in Indien mehr als 40000 Katecheten, in Indonesien 21000 und in Korea an die 11000. Dennoch gab es in Asien insgesamt dreimal weniger Katecheten als in Afrika (weniger als 100000 gegenüber einer Zahl von 300000).
[72] „Aufgrund meiner persönlichen Erfahrung kann ich hierzu sagen, daß in der asiatischen Kirche im Prinzip meistens zur Mitarbeit der Laien in der Kirche aufgerufen wird … Doch die Wirklichkeit sieht anders aus. Die Laien werden zwar zur Mitarbeit in der Mission berufen, doch es entsteht der Eindruck, als ob man in ihnen keine Mitarbeiter, sondern nur Hilfskräfte sieht" (Interview mit dem Internationalen Fidesdienst 4087 (8. Mai 1998) ND 349.

Dennoch muß man auch hier sehr stark differenzieren, selbst bei Kirchen, die im Ruf stehen, konservativ zu sein. Fast überall machten Sondergruppen, etwa der Katholischen Arbeiterbewegung (CAJ, die Christliche Arbeiterjugend, in Südkorea oder Japan), durch Initiativen für mehr soziale Gerechtigkeit von sich reden, so auch jene Gruppen von Laien, die oft große persönliche Gefahren auf sich nahmen, um sich für eine Demokratisierung des jeweiligen Regimes einzusetzen. Das spektakuläre Aufkommen charismatischer katholischer Bewegungen (Malaysia, Korea, Indonesien) und die Anziehungskraft ökumenischer Gruppen zeigt jedoch, daß innerhalb der für das Christentum gewonnenen Mittelschicht eine Tendenz bestand, in den neuen Organisationsformen jene Eigenständigkeit zu suchen, die sie im traditionellen kirchlichen Rahmen nicht finden konnten[73].

Die Anfälligkeit der klassischen Pfarrorganisation, die sich historisch gesehen für ländliche Gemeinden herausgebildet hatte, trat mit der Urbanisierung und den Migrationsbewegungen von Christen innerhalb oder außerhalb ihres Landes immer deutlicher zu Tage. So kam in den 70er Jahren in Asien das Thema der „Basisgemeinden" auf, eine Bezeichnung, die oft mehr für neustrukturierte Pfarreien als für Gemeinschaften neuer Art verwandt wurde. Dennoch gab es auch völlig neuartige Experimente, besonders auf Initiative junger Jesuiten im Indien der 70er Jahre, die jedoch nur Randerscheinungen blieben.

Die Rolle der römischen Zentralgewalt im Leben der asiatischen Ortskirchen war am Ende des 20. Jh. zunehmend in die Kritik geraten, wenn auch in Maßen: Die Diskussionen, die in Asien durch die Aussicht auf eine asiatische Sondersynode ausgelöst wurden, waren nicht annähernd so polemisch wie die afrikanischen Diskussionen während der Vorbereitungsphase zur Afrikasynode. Die Organisationsschwierigkeiten, auf welche die 1968 gegründete Vereinigung der Asiatischen Bischofskonferenzen (FABC) stieß (erst 1974 konnte sie eine erste Vollversammlung in Taipeh abhalten), unterstrichen die Grenzen formeller Dekonzentration und einer Kollegialität, die mit einer Vielzahl von Hindernissen materieller, geographischer und kultureller Art zu kämpfen hatte. Diese Vielzahl von Hindernissen machte die Kritik verständlich, die sich zum einen gegen die zentralistischen Methoden Roms erhob, zum anderen gegen die Wahl Roms als Versammlungsort und die Tatsache, daß einzig die europäischen, nicht aber die asiatischen Sprachen auf der Synode zugelassen waren. Im übrigen machten die Delegierten der Asiensynode eine Dezentralisierung der Weisungsgewalt zur *conditio sine qua non* für die Ingangsetzung eines interreligiösen Dialogs und der Inkulturation[74].

2. Kirchliche Werke und Ansätze zu einem gesellschaftskritischen Engagement

Das Vermächtnis der europäischen Mission in Asien ist nicht nur in der Verwaltungsorganisation, den hierarchischen und klerikalen Strukturen der Kirchen und ihrer Ausrichtung auf Rom als Mittelpunkt hin fühlbar, sondern auch in den Seelsorgekonzepten und dem Platz, der Erziehungs- und Wohltätigkeitseinrichtungen eingeräumt wird. Der Klerus steht in dieser Konzeption in der Regel im Mittelpunkt des ganzen Pastoralapparats, der sich überall, wo es die Gesetze des Landes erlauben, auf ein bedeutendes Schul- und Gesundheitswesen stützt:

---

[73] S. E. ACKERMAN – R. LEE, Malaisie. Le Mouvement charismatique catholique en Malaisie. Une approche sociologique. Frz. Übers. eines in Kuala Lumpur veröffentlichten Artikels in: EDA, dossiers et documents 6 (Juni 1993).
[74] EDA 265 (16. Mai 1998).

Katholische Bildungseinrichtungen (Stand 31. Dez. 1995)[75]

Länder (Katholiken in Millionen)	Schüler der Primarschulen	Schüler der Sekundarschulen	Studenten höherer Institutionen
Bangladesch (0,231)	49905	28473	1600
Südkorea (3,4)	4732	70134	7283
Indien (16)	2775137	2063153	235753
Indonesien (5,38)	545334	395643	38811
Japan (0,447)	24344	84060	34018
Malaysia (0,637)	90638	102002	
Myanmar (Birma) (0,538)	1570	67	
Pakistan (1)	53784	66750	1416
Singapur (0,132)	25992	19780	2211
Sri Lanka (1,21)	29474	38051	530
Thailand (0,247)	180610	79102	
Vietnam (5,9)	792		
Asien insgesamt: Süd-West-, Süd-Ost- und Ostasien (98)	4376733	3914849	675267
Afrika (101)	9356360	1701705	13150

Ähnlich ist die Lage bei den Wohlfahrtseinrichtungen. Wenn die Statistik auch ihrer Vielfalt – vom modernen Krankenhaus bis hin zum einfachen Asyl für Sterbende nach Art des „Hauses der reinen Herzen" *(Nirmal Hriday),* das von Mutter Theresa in Kalkutta eröffnet wurde – nur schwer gerecht wird, so zeugt sie doch zumindest von einer ungebrochenen Tradition:

Katholische Wohlfahrtseinrichtungen (Stand 1975)

Länder	Kranken-häuser	Ambu-lanzen	Lepra-heime	Alters-, Pflege-heime	Waisen-häuser	Kinder-gärten	Ehe-beratung	Erzie-hungs-heime	Andere	Insge-samt
Bangladesch	5	51	7	15	28	15	17	1	60	199
Südkorea	33	11	29	155	37	30	21	22	42	380
Indien	715	2189	249	601	1788	1531	771	2658	3453	13955
Indonesien	75	366	20	31	53	52	63	32	208	870
Japan	27	11	2	100	63	126	9	20	71	429
Malaysia	4	7	1	9	5	13	7	5	–	51
Myanmar	–	127	2	35	141	44	1	–	39	389
Pakistan	8	31	4	11	71	26	1	16	39	207
Taiwan	12	13	–	19	6	–	6	27	30	113
Thailand	4	12	4	40	66	69	8	24	46	273

---

[75] Statistisches Jahrbuch der katholischen Kirche (1995) 262f.

Daneben finden sich noch andere Formen, in das Wirtschaftsleben einzugreifen, etwa mittels Selbsthilfevereinen (*Credit Unions* in Korea und Taiwan, Genossenschaftsbanken in Sumatra) oder Produktionsgenossenschaften, die auf die Unterstützung nicht-staatlicher katholischer Organisationen zählen können.

Wie wichtig diese Einrichtungen wirklich sind, ist innerhalb der Kirchen zum Teil nicht unumstritten. So protestierte etwa eine Minderheit von Klerikern und Laien dagegen, daß ein Teil der zur Verfügung stehenden Gelder für die Ausbildung von Eliten in berühmten Gymnasien ausgegeben wurde, die die Schüler weniger wegen ihres katholischen Charakters besuchten als wegen ihres Prestiges und der Qualität ihres Unterrichts. Vereinzelt erreichte Kritik dieser Art, daß die Mittel (bedingt auch durch die Wirtschaftskrise von 1998) mit steigender Tendenz zugunsten von Schulen für benachteiligte Bevölkerungsschichten und mit stärker sozialer Ausrichtung eingesetzt wurden.

Es ist schwierig die Effizienz aller dieser Einrichtungen zu beweisen, da es keine offensichtliche Wechselbeziehung zwischen der Bedeutung dieser Institutionen und dem Beitritt zur katholischen Kirche gibt. In manchen Fällen wurden rückblickend sogar Verstaatlichungen solcher Einrichtungen als Faktoren begrüßt, die die Entwicklung des Katholizismus positiv beeinflußten. So heißt es im Bezug auf Birma: „1965/66 verstaatlichte die Regierung alle kirchlichen Einrichtungen wie Schulen, ambulante Krankenstationen usw. ... Die in diesen Institutionen tätigen Ordensleute widmeten sich von da an ausschließlich der Seelsorgearbeit. Das Ergebnis war eine Verdoppelung des Anteils der Katholiken an der Gesamtbevölkerung in weniger als 20 Jahren"[76].

Aber das Festhalten an schulischen und sozialen Einrichtungen scheint nicht wirklich in Frage gestellt, sieht man doch nach wie vor in der Tätigkeit im Schul- und Gesundheitswesen die einzige Möglichkeit für eine sehr stark minderheitliche Kirche, in der Gesellschaft präsent zu sein und Zeugnis für das Evangelium abzulegen. Weitere Argumente dafür sind u. a. die Chance einer ersten Form von Evangelisierung, die Chance, eine ansonsten in einem Kontext religiöser Gegnerschaft umstrittene Präsenz des Christentums zu manifestieren, die Chance, frisch bekehrte Christen im Glauben zu bestärken. Trotz unterschiedlicher Ansichten und Rechtfertigungsversuche besteht ein relativer Konsens, an dieser Form gesellschaftlichen Engagements festzuhalten. Die Medienwirksamkeit von Mutter Theresa und die rasche Entwicklung der von ihr 1950 gegründeten Ordensgemeinschaft der *Missionarinnen der Nächstenliebe* (1997 gehörten ihr 4000 Schwestern in 130 Ländern an) zeigen, daß dieses traditionelle Missionsmodell mit einigen kleineren Abänderungen immer noch lebendig ist. In ihren Antworten auf die *Lineamenta* der Asiensynode von 1998 kam den nationalen Bischofskonferenzen nicht in den Sinn, darauf zu verzichten. Mehr noch, sobald ein Staat ein Verbot lockerte, ergriff man die Gelegenheit: So handelte die Kirche in Vietnam unverzüglich, als 1990 die Eröffnung von Kindergärten und privaten Grundschulen wieder erlaubt wurde. Und der im März 1998 von der amerikanischen Jesuitenuniversität in New York und der Nationaluniversität in Peking unterzeichnete Vertrag zur Eröffnung einer Fakultät für Verwaltungswesen wurde als ermutigendes Vorgehen begrüßt[77].

Neben diesen kirchlichen Werken investierte man auch – mit wechselndem Erfolg – beträchtliche Mittel in schriftliche oder audiovisuelle Informationsmittel. So war es der ka-

---

[76] Asie religieuse, in: EDA (1995) 37.
[77] EDA 262 (1. April 1998).

tholischen Kirche in Indonesien, dank der Pressegruppe *Gramedia*, ihres Wochenblattes *Monitor* und ihrer einflußreichen Tageszeitung *Kompas*, möglich, über die Presse die gebildeten Schichten zu erreichen, allerdings nicht ohne unvorhersehbare Rückwirkungen: Brachte ihr doch diese gleichwohl unabhängige und nicht konfessionsgebundene Möglichkeit, Informationen weiterzugeben, die Anschuldigung ein, schädliche Propaganda zu verbreiten. Dazu reichte es aus, daß *Monitor* im Oktober 1993 eine Umfrage veröffentliche, wonach Mohammed unter den fünfzig am meisten bewunderten Persönlichkeiten in Indonesien auf dem 13. Platz stand. Die Pressegruppe sah sich daraufhin einer feindlichen Kampagne ausgesetzt und mußte einen Rückgang ihrer Verkaufszahlen hinnehmen. Auch andere Ortskirchen, besonders in Korea (zwei Monats-, zwei Wochenzeitschriften, eine Radiostation und eine Kabelfernsehkette in Seoul), in Indien, in Sri Lanka (mit zwei landesweiten Zeitschriften in singhalesisch [78] und englisch, sowie einem katholischen nationalen Informationszentrum, das Programme für die nationalen Radio- und Fernsehketten produziert), suchten in den Informationsmedien verstärkt ihre Position zu vertreten, auch wenn mehrere Bischofskonferenzen 1998 feststellten, daß sie nicht über genügend Ressourcen, Freiraum oder Entschlossenheit (Taiwan) verfügten, um selbst gesellschaftliche Kommunikationsmittel zu entwickeln, so daß ihre Ergebnisse eher bescheiden blieben und ihr Einfluß nicht über die Gläubigen hinausreichte.

Rom maß dieser Frage soviel Bedeutung bei, daß in den Fragebögen, die zur Vorbereitung der Synode von 1998 verschickt wurden, dazu ein eigener Abschnitt reserviert war. Heute bevorzugt Rom audiovisuelle Medien. Auf seine Anregungen hin, installierten die Bischöfe Südostasiens auf den Philippinen einen Radiosender, namens *Veritas*, der nun seit 1970 sendet. Ebenso veranlaßte es 1996 die Vereinigung der Asiatischen Bischofskonferenzen, das Angebot des thailändischen Satellitenfernsehens anzunehmen, auf dessen eigenem Netz einen Kanal einzurichten (dessen Ausstrahlungen 15 Länder erreichen) [79]. Schließlich zeigte auch die Eröffnung einer neuen Internetseite des Internationalen Fidesdienstes im Jahre 1999 (sogar mit einer Version der Informationen auf Chinesisch), welche Bedeutung Rom der Inanspruchnahme neuer Medien beimißt.

Die Äußerungen der Amtskirche in den asiatischen Ländern standen ganz in der Tradition des integralistischen Katholizismus, so wie er sich im 19. Jh. durchgesetzt hatte. Sie betonten seine seit den 70er Jahren noch offensichtlicher und in den 80er und 90er Jahren stärker gewordene soziale Ausrichtung, an die Rom anläßlich der Asiensynode nachdrücklich erinnerte, ganz im Sinne Johannes Pauls II., dem an einer Wiederbelebung der katholische Soziallehre lag. Je nach Lage der Dinge in den einzelnen Ländern nahm der Episkopat wiederholt dazu Stellung. Zwar trat er hier, wie anderswo auch, zugunsten von Arbeitern ein, zu deren Ausbeutung die Lücken in der sozialen Gesetzgebung geradezu verführten, intervenierte aber primär zugunsten ethnischer, sozialer und religiöser Minderheiten, zum einen weil ihn seine eigene Lage besonders hellhörig für die Probleme dieser Gruppen machte, zum anderen weil diese Minderheiten das Gros seiner Gläubigen stellten. Nationale Unterschiede bedingten, daß in jedem Land andere Probleme im Vordergrund standen. So engagierte sich die koreanische Kirche besonders für die Verteidigung sozialer Ansprüche und der Rechte jener, die keinen Anteil am Wirtschaftswachstum hatten. Die

---

[78] *Gnamartha Prdeepaya* (Licht der Weisheit), 1867 gegründet, rühmt sich, die älteste singhalesische Zeitung zu sein.

[79] EDA 218 (1. April 1996).

japanische Kirche betonte besonders die Rechte der Emigranten, ein Problem, auf das man in diesen Regionen seit den 80 Jahren überall stieß, und prangerte die Gefahren nuklearer Bewaffnung an; 1995 zeichnete sie sich, anläßlich der 50-Jahresfeiern zum Ende des 2. Weltkriegs, durch einen leidenschaftlichen Appell an die Japaner aus, ihre historische Verantwortung anzuerkennen. Die indische Kirche wiederum konzentrierte sich auf die Verteidigung von Minderheiten (der Stammesgemeinschaften, niederen Kasten und *dalits*), während in Sri Lanka der Bürgerkrieg mit seinem Gefolge von Flüchtlingen und Machtmißbrauch im Vordergrund stand. Aber all diese Stellungnahmen hatten keine nachhaltige Wirkung auf die öffentliche Meinung und wurden vor Ort oft nicht rezipiert. Einige spektakuläre Aktionen wie die Unterstützung von Protestbewegungen in Seoul Mitte der 70er Jahre durch Kardinal Kim, der Versuch indischer Priester zu Beginn der 70er Jahre, die Fischer von Kerala (dem südindischen Staat mit dem höchsten Anteil an Katholiken) zu organisieren, die Kampagnen militanter Mitglieder der Christlichen Arbeiterjugend in Korea zur Verteidigung der Arbeiterrechte oder die Teilnahme von Katholiken und Gewerkschaftlern an den Demonstrationen zum 1. Mai in Taipeh konnten nicht überdecken, wie begrenzt der Einfluß der Katholiken letztlich blieb.

Gerade diese Begrenztheit veranlaßte die Katholiken zuweilen, ihre Kräfte mit denen anderer religiöser Minderheiten, zuvorderst den protestantischen Kirchen, zu vereinen. Sie erklärt auch das ungebrochene Festhalten am Netzwerk sozialer und anderer Einrichtungen, das eine sichtbare gesellschaftliche Präsenz und einen Einfluß sicherte, der weit über die zahlenmäßige Bedeutung hinausging, selbst wenn daraus in der Bevölkerung keine Anschlußbewegung an die katholische Kirche entstand. Mit den Worten der vietnamesischen Bischofskonferenz in ihrer Antwort auf die *Lineamenta* zur Synode von 1998: Die Schulen und Krankenanstalten erfüllen eine unentbehrliche Mittlerrolle, so daß ihr Verlust wie eine Amputation empfunden würde, die die Kirche „der materiellen Mittel für ihr Evangelisierungswerk" beraubte[80]. Das der Synode vorgelegte *Instrumentum Laboris* bestätigte diesen Eindruck und rechtfertigte klar und deutlich diese Form kirchlicher Präsenz: „Die Kirche Asiens besitzt ein umfassendes Netz verschiedenartiger Einrichtungen, obgleich die Christen an manchen Orten nur eine kleine Minderheit innerhalb der Bevölkerung ausmachen. In manchen Ländern, in denen der Bevölkerungsanteil der Christen gerade 2 % erreicht, können die kirchlichen Einrichtungen bis zu 30 % der nicht-staatlichen und der auf freiwilligen Dienstleistungen beruhenden Organisationen stellen, die auf dem sozialen Sektor tätig sind. Die Kirche verfügt damit über ein wunderbares Mittel, um Zeugnis für das Anteilnehmen, die Liebe und die Sorge Christi für die Armen Asiens abzulegen (§ 17)."

3. Die immer dringlicher erhobene Forderung nach einer asiatischen Identität der Kirche

Die gleiche vietnamesische Bischofskonferenz, die so eifrig auf die Wiederherstellung der Schulen und Krankenhäuser bedacht war, erklärte ein wenig weiter: „Die Kirche Vietnams vertritt die Ansicht, daß man die *Art und Weise* der Evangelisierung auf asiatischem Boden überdenken sollte (...) es ist erforderlich, eine asiatische Christologie und Theologie zu

---

[80] Antwort der vietnamiesischen Bischofskonferenz, in: EDA 260 (1. März 1998) 24.

konzipieren, die stärker anthropologisch und existentiell ausgerichtet ist". Eine Zusammenfassung aller von den jeweiligen Bischofskonferenzen für die Synode von 1998 vorbereiteten Texte könnte glauben machen, daß das Ziel der Inkulturation sich überall durchgesetzt hat und zum Motto der neuen Evangelisierung geworden ist. Doch sollte man sich nicht darüber hinwegtäuschen lassen, daß Worte und Taten oft weit auseinander liegen und immer noch Meinungsverschiedenheiten zwischen den Verantwortlichen über Umfang und Natur dieser Inkulturation bestehen.

Blickt man kurz auf die Entwicklung seit dem II. Vatikanum zurück, so lassen sich insgesamt drei Phasen unterscheiden. Während der ersten, unmittelbar nach dem Konzil, paßten sich die Kirchen Asiens auf Synoden, Sitzungen oder Konferenzen vor Ort, die meist auf Initiative des Episkopats einberufen wurden, der aktuellen Lage an. Im Mittelpunkt dieser Versammlungen, deren oft formellen Charakter die Beobachter zugeben, standen, wie in den anderen Kirchen auch, Fragen zur Liturgie, zur Katechese, zu Bibelstudien und zum Appell an die Laien. Während der 70er Jahre zeichnete sich dann in einer zweiten Phase der Wille zum Engagement im weltlichen Bereich ab, von dem bereits weiter oben berichtet wurde. Parallel dazu wurden immer mehr Stimmen laut, welche die Ausarbeitung einer spezifisch asiatischen Theologie forderten. Besonders zu nennen sind Aloysius Pieris aus Sri Lanka, der für eine asiatische Befreiungstheologie kämpfte, oder der Inder Raimon Panikkar, der im Hinduismus auf die verborgene Präsenz Christi schloß[81]. Andere ermutigen zu immer neuen, in den religiösen Traditionen Asiens verwurzelten christlichen Erfahrungen nach Art der seit den 20er Jahren von den Anglikanern in Indien gegründeten Ashrams oder des 1950 von Jules Monchanin (1895–1957) gegründeten Ashrams von Saccidananda in Shantivanam (Bm. Trichinapoly, ht. Tiruchirapalli). Gemäß einer für Asien typischen Entwicklung, die aber nicht ohne Ähnlichkeit mit den Vorgängen in Afrika ist, schlossen sich in der Ökumenischen Vereinigung von Dritte-Welt-Theologen (EATWOT) – die erstmals 1977 in Akkra und dann im Januar 1979 in Wennapuwa bei Colombo zusammentrat[82] – jene Strömungen zusammen, die einerseits der Befreiungstheologie nahestanden und andererseits für eine Verwurzelung in den asiatischen Kulturen eintraten. Gemeinsame Überlegungen führten schließlich zur Erstellung erster asiatischer Theologien, besonders in Indien, Sri Lanka und Taiwan, wo sich besonders dynamische Zentren befanden[83]. Insgesamt gesehen sollte die Asiensynode von 1998 eine Entwicklung gutheißen, die die Missionstheologie der *accommodatio* oder *incarnatio* zu ihrem logischen Abschluß brachte. Diese von immer mehr Missionaren empfohlene Theologie wurde nun von einheimischen Theologen übernommen und weitergeführt.

Die Wirklichkeit in Asien ist aber weit vielschichtiger, und es gibt starke Widerstände gegen jede Veränderung. Die aus der Mission hervorgegangenen christlichen Gemeinden waren anfällige, oft bedrohte Minderheiten, die bewußt die Grenzen betonten, die sie von einer oft als negativ empfundenen heidnischen Gesellschaft trennten. Sie waren viel zu

---

[81] R. PANIKKAR, The unknown Christ of Hinduism, London 1964, Dt. Übers.: Der unbekannte Christus im Hinduismus, Mainz 1986.

[82] Vgl. Von Gott reden im Kontext der Armut. Dokumente der Ökumenischen Vereinigung von Dritte-Welt-Theologinnen und -Theologen 1976–1996 (Theologie der Dritten Welt, Band 26), Freiburg 1999.

[83] Die Fakultät für katholische Theologie in Taipeh veröffentlicht seit 1970 in ihrer Reihe *Collectanea theologica universitatis Fujen* Arbeiten chinesischer Theologen, die den Inkulturationsprozeß bereits stark förderten. Im deutschsprachigen Raum vgl. insbesondere die Reihe „Theologie der Dritten Welt", hrsg. vom Missionswissenschaftlichen Institut Missio, Aachen, Freiburg 1981 ff.

sehr bemüht, ihr Anderssein zu zeigen und ihre eigene Identität zu behaupten, als daß sie an Integration gedacht hätten, die für sie gleichbedeutend mit Verwässerung oder Synkretismus schien. Von der Architektur der Gebäude bis in die Symbolik und die in der Liturgie verwandte Sprache hinein hatten die christlichen Gemeinden überall einen lateinischen Charakter angenommen: äußeres Zeichen der gemeinsamen Zugehörigkeit zur römischen Kirche. Eine Ausnahme bildeten einzig jene kleinen indischen Gemeinden, die darauf bedacht waren, ihre von Alters her überkommenen Eigenarten zu betonen, deren nicht-römischer Charakter gerade deshalb geduldet wurde. Unter diesen Umständen traf jede gewünschte Veränderung auf Widerstand und stieß sich an der Last der Vergangenheit, der Ausbildung und den persönlichen Erfahrungen der meisten Gläubigen. So mußten die Bischofskonferenzen anläßlich der Synode von 1998 zugeben, daß die Bilanz der Maßnahmen zur konkreten Umsetzung der Inkulturation recht mager ausfiel. In Indonesien beschränkte sie sich auf die Einführung traditioneller Instrumente und Tänze in die Liturgie, die zudem auf die „Paraliturgie" beschränkt blieben, während die „offizielle Liturgie" unter der „wesensbedingten Einheit der römischen Liturgie" litt, deren mangelnde Flexibilität „einer wirklichen Verkörperung des christlichen Glaubens entgegenstand"[84]. In Korea „steckte das Bemühen um Inkulturation noch in den Anfängen"[85] und man war vor allem darüber erfreute, daß die Gläubigen nun die Möglichkeit zur Ahnenverehrung hatten. In Japan begnügte sich die Bischofskonferenz in ihrer Antwort damit, die Frage neu zu formulieren. Malaysia, Singapur und Brunei erwähnten „einige Anstrengungen" im Bereich der Liturgie (Musik, Tanz, traditionelle Opfergaben, Symbole) und Architektur. Taiwan gab zu, daß die Kirche in dieser Hinsicht noch „keine besonderen Errungenschaften" vorzuweisen habe, da die wenigen, bekannt gewordenen Versuche noch zu kurz zurücklagen, selbst wenn sie gut aufgenommen worden waren. Nur die Bischofskonferenzen von Sri Lanka („Die katholische Kirche tat viel im Bereich der Inkulturation, besonders was die Liturgie und die liturgische Kunst betrifft"[86]) und vor allem Indien konnten sich auf systematische Aktionen und Überlegungen berufen. Aber gerade am Beispiel Indiens läßt sich sehr gut aufzeigen, auf welche Schwierigkeiten eine Inkulturation vor Ort stoßen kann.

Die Stellung der indischen Kirche zu dieser Frage war zunächst in ihrer Geschichte begründet und reichte bis in 17./18 Jh. und den großen Streit um die Ritenfrage zurück. Aber im Gegensatz zu China konnte die Missionsarbeit in der Gegenwart kontinuierlich weitergeführt werden, wobei auch die Frage nach dem Zusammenleben mit dem Hinduismus in missionarischen Kreisen ständig Anlaß zu Überlegungen gab. Ein weiterer Faktor, der eine intellektuelle und pastorale Belebung begünstigte, war die Stellung, die die Gesellschaft Jesu in der Leitung der wichtigsten Missionsgebiete und der Ausbildung des einheimischen Klerus einnahm. 1978 erstellten die Jesuiten ein Reformprogramm, um eine endgültige Lösung für jene vier Punkte zu suchen, die ihnen Indien entfremdeten[87]: Sprache, Lebensstil, Spiritualität und Kultur. 1989 wollten die Jesuiten Südasiens entschieden die Konsequenz aus ihrer Option für die Armen ziehen (Deklaration von Katmandu) und nah-

---

[84] Antwort der indonesischen Bischofskonferenz (wie Anm. 70) 20.
[85] Antwort der koreanischen Bischofskonferenz in: EDA, Dossiers et documents 9 (1997) 6.
[86] Antwort der Bischofskonferenz von Sri Lanka, in: EDA, Dossiers et documents 3 (1998) 19.
[87] C. Clémentin-Ojha, Des Indiens en quête de leur identité. L'inculturation personelle des jésuites de Patna (Bihar), in: Altérnité et identité. Islam et christianisme en Indes, hrsgg. von J. Assayag – G. Tarabout (Purusartha 19) (1997) 246 f.

men ein neues Ausbildungsprogramm in Angriff, das 1991 veröffentlicht wurde. Vollends erklärt sich dieses beständige und noch wachsende Interesse an Indien aus der Anziehungskraft, die dessen Kultur und Religiosität im 20. Jh. auf das Abendland ausübten. In den 60er Jahren fiel die Diskussion über die Konzilsreformen in Indien auf fruchtbaren Boden, da man dort über einen institutionellen und universitären Apparat verfügte, der seinesgleichen in Asien suchte. Bereits 1971 definierte die Internationale Theologenkonferenz in Nagpur die Richtlinien für eine Fortführung der theologischen Arbeit. Großenteils auf Anregung indischer Jesuiten wurden Reflexions- und Ausbildungszentren in Delhi, Allepey, Bangalore, Poona und Kottayam geschaffen. Dort sollten nach dem Vorbild des 1967 in Bangalore gegründeten und unter der Leitung von Durayswamy Simon Amalorpavadass (1932–1990)[88] weiterentwickelten *National Biblical Catechetical Liturgical Center* soziale, katechetische und theologische Fragen diskutiert, Tagungen organisiert sowie Arbeiten veröffentlicht und verbreitet werden. Fortschrittliche theologische Zeitschriften wie die *Indian Theological Studies* (seit 1965), *Vidyajyoti*, *Journal of Dharma*, *Biblebashyam* (1975), u. a. m., leisteten auf Anregung der 1976 gegründeten *Indian Theological Association* (ITA) eine beachtliche Arbeit auf dem Gebiet der Innovation und Verbreitung von Forschungsergebnissen. Nun zeichnete sich eine umfangreiche Bewegung ab, deren Ziel die Einführung einer indischen Liturgie war, die Verwendung der Ortssprachen bei Meßfeiern, die Förderung stärker gemeinschaftlich ausgerichteter Lebensformen in Solidarität mit den benachteiligten Bevölkerungsschichten, die Ausarbeitung einer stärker an der gesellschaftlichen Wirklichkeit orientierten Priesterausbildung und der Entwurf neuer theologischer Ansätze.

Dreißig Jahre später ist die Bilanz gemischt. Die katholische Syro-malankarische und Syro-malabarische Kirche, deren Gläubige räumlich immer mehr mit lateinischen Katholiken zusammenleben, wachen eifersüchtig über die Bewahrung ihrer Eigenart, selbst um den Preis chronischer Konflikte mit der römisch-katholischen Kirche. Wenn sie sich 1987 auf Bitten Johannes Pauls II. der Indischen Bischofskonferenz anschlossen, so nutzten sie die postkonziliare Atmosphäre, um ihre eigenen Traditionen wiederzubeleben und von Rom anerkennen zu lassen. Die Übertragung der Entscheidungsgewalt in liturgischen Fragen an die Verantwortlichen der Syro-malabarischen Kirche führte 1998 dazu, daß ihre sechs Jahre zuvor von Rom durch die Verleihung des Status einer Kirche *sui juris* anerkannte Autonomie konkretere Formen annahm. Aber die missionarischen Ambitionen dieser Kirche auch außerhalb ihres angestammten Bereiches in Kerala beunruhigten die große lateinische Schwester. In deren Reihen löste die Liturgiereform nicht nur beträchtliche Protestbewegungen bei den seit langem praktizierenden Christen aus, die sich bewußt abzugrenzen pflegten, sondern auch Unruhen bei den frisch bekehrten Gläubigen, denen

---

[88] D. S. AMALORPAVADASS wurde, nachdem er am *Institut catholique* in Paris mit einer Arbeit über „L'Inde à la rencontre du Seigneur" promoviert hatte (sie wurde später unter dem Titel: „Destinée de l'Église dans l'Inde d'aujourd'hui" mit einem Vorwort von J. Daniélou veröffentlicht) von den indischen Bischöfen als Berater zum Zweiten Vatikanischen Konzil entsandt. Er spielte eine zentrale Rolle bei der Ausarbeitung der Konzilsreformen (Katechese) und der Diskussion theologischer Fragen. 1982 verließ er Bangalore, um einen christlichen Lehrstuhl an der Universität Mysore anzunehmen und einen *ashram* zu gründen. Im Mai 1990 fand er bei einem Autounfall den Tod. Die von ihm angeregten und herausgegebenen Werke zeugen von der Fruchtbarkeit seines Denkens, das immer in engem Kontakt zum indischen Kontext und den Problemen seiner Zeit stand: Religion and Development, 1973; Non-biblical Scriptures, 1974; Ministries in the Church, 1976, The Indian Church in the Struggle for a New Society, 1981.

daran lag, sich von ihrem Milieu zu distanzieren. Zudem stieß nun die Wahl einer liturgischen Sprache wegen des ungewöhnlichen Sprachengewirrs auf größere Schwierigkeiten. Erschwerend kam noch die Mobilität der Bevölkerung hinzu und die Tatsache, daß konkurrierende Sprachengruppen daraus eine Identitätsfrage machten. Besonders kühne Experimente riefen in Indien ebenso Mißtrauen oder Unruhe wie in Rom hervor, das in Meßfeiern die Einführung von Lesungen aus hinduistischen Schriften sowie eines indischen Hochgebets verbot, obwohl es dessen Vorbereitung vorab genehmigt hatte[89]. Nicht alle aus der Missionsgeschichte überkommenen Arrangements sind heute verschwunden, auch nicht etwaige Zugeständnisse an das Kastensystem, die weiterhin notwendig sind, um die Gefühle der aus den höheren Kasten stammenden Christen nicht zu verletzen. Ungeachtet des Wunsches, den Dalit die Möglichkeit zum Aufstieg zu bieten, der seinen symbolischen Ausdruck in der Ernennung eines Dalit-Bischofs in Vellore (1993) fand, mußte man Rücksicht auf die Katholiken aus den oberen Kasten nehmen, die bis dahin alle Machtstellungen besetzt hielten.

Angesichts dieser vielschichtigen Probleme hat der indische Episkopat wieder jene pragmatische Haltung eingenommen, die von der *Kongregation für die Evangelisierung der Völker* (ehemals *Propaganda fide*) seit ihrer Gründung empfohlen wurde: Reformen sollen nur unter Berücksichtigung der zeitlichen und örtlichen Umstände umsetzt werden. Was die Ausdehnung der Einrichtung christlicher *Ashrams* auf ganz Indien betrifft, so bedeutete dies weder, daß die Katholiken diesen Schritt einhellig begrüßt hätten noch daß seitens des Hinduismus ein gesteigertes Interesse daran bestanden hätte, da letzterer viel zu sehr mit der eigenen Selbstfindung beschäftigt war. So sehen sich nun die indischen Katholiken mit der schwierigen Wahl konfrontiert, einer der kulturellen Traditionen den Vorzug geben zu müssen. Sie sind hin- und hergerissen zwischen der Aufwertung der großen Schriften des Hinduismus und der Kritik am Kastensystem, der Begeisterung für einen glänzenden „inneren Kern" und der scharfen Kritik an den gesellschaftlichen Ungleichheiten, der Verwurzelung in der Tradition und dem Bewußtsein einer immer schnelleren Modernisierung, in deren Gefolge Säkularisierung und aggressive religiöse Erweckungsbewegungen Einzug halten. Gerade wegen ihrer Vielfalt und Divergenzen erleben sie dadurch eine Art Zusammenfassung der Lage der Kirche in Asien.

Eine anderes Lieblingsthema, der interreligiöse Dialog , der nach dem Konzil voll Begeisterung in Angriff genommen worden war, führte für den neuen Klerus nicht nur zu einer besseren Kenntnis der nicht-christlichen Religionen, sondern auch zu zahlreichen Begegnungen, manchmal zu gemeinsamen Erfahrungen (mit buddhistischen Mönchen auf Initiative der *Aide intermonastique*) und ausnahmsweise auch zu gemeinsamen Stellungnahmen. Aber es erwies sich als viel einfacher, einen solchen Dialog mit anderen minderheitlichen Religionsgemeinschaften wie dem Hinduismus in Sri Lanka oder Indonesien zu führen als mit der vorherrschenden Religion, zumal mit dem Auftauchen religiöser Erneuerungsbewegungen auch ein Konkurrenzdenken erwuchs. Wahrscheinlich teilten zahlreiche asiatische Bischöfe die Meinung des indonesischen Episkopats, daß ein solcher Dialog der Notwendigkeit unterzuordnen sei, „den christlichen Glauben inmitten muslimischer, hinduistischer und buddhistischer Traditionen zu stärken"[90].

Aus diesen unterschiedlichen Ergebnissen erklären sich schließlich auch die wider-

---

[89] R. ROSSIGNOL, L'Église en Inde", in: EDA 1 (1986).
[90] Antwort der indonesischen Bischofskonferenz (wie Anm. 70) 9.

sprüchlichen Reaktionen auf die asiatischen Theologien. Wurde doch gerade auf diesem Gebiet die Logik der Inkulturation am weitesten getrieben und warf die radikalsten Fragen auf. Zunächst im indischen Bereich, dann aber auch in Taiwan, suchten Theologen nach neuen theologischen Denkansätzen, ohne allerdings überall auf Zustimmung zu stoßen oder eine allgemeine Umgestaltung des Unterrichts zu erreichen, der an den kirchlichen Institutionen erteilt wurde. Nichtsdestoweniger konnte eine neue Generation von Theologen durchsetzen, daß die Positionen des Katholizismus den anderen Religionen gegenüber überdacht und Christologie und Ekklesiologie zur Diskussion gestellt wurden. Indem sie beispielsweise die Frage aufwarfen, inwieweit Religionen außerhalb des jüdisch-christlichen Bereichs Offenbarungsreligionen wären, versuchten sie diese in die Heilsgeschichte einzubeziehen und, unter bestimmten Umständen, gemeinsame religiöse Aktivitäten, zum Beispiel Gebete, zu rechtfertigen. Die Radikalsten unter ihnen stellten manchmal den westlichen Christozentrismus in Frage, indem sie die Ausschließlichkeit der Mittlerfunktion Christi bestritten, während andere, sich einen kosmischen Christus vorzustellen suchten, dem sich auch Nicht-Christen anschließen konnten, ohne ihn deshalb in seiner historischen Gestalt anerkennen zu müssen. Schließlich ließ es der interreligiöse Dialog geboten erscheinen, einen klaren Bruch mit dem katholischen Ekklesiozentrismus zu vollziehen und die kontemplative Haltung der Ashrams mit der Orthopraxie der Befreiungstheologie in Einklang zu bringen.

Die Neuheit einzelner Vorschläge hat zu Kontroversen, Warnungen oder Verurteilungen römischerseits geführt. Anders als im Abendland oder in Lateinamerika kam es jedoch selbst in den spektakulärsten Fällen zu keinem aufsehenerregenden Bruch. Die Exkommunikation des Oblatenpaters Tissa Balasuriya (OMI) aus Sri Lanka wurde so nach einem Jahr im Januar 1998, am Vorabend der Asiensynode, wieder aufgehoben[91]. Die Bemühungen der Bischofskonferenzen in ihren Vorschlägen zur Synode von 1998, nur mit äußerster Vorsicht neue Wege zu beschreiten, die wiederholten Beteuerungen ihrer Rechtgläubigkeit, wenn auch manchmal nur unter starken Vorbehalten, zeigten jedoch, daß es sich hier um Fragen von entscheidender Bedeutung handelte. Dies bestätigte Catherine Clémentin-Ojha in bezug auf die indischen Theologen, wobei ihre Worte *mutatis mutandis* auch auf andere Gebiete zutreffen: Die Erneuerungsbewegung ruft

(…) wie jede Veränderung Kritik hervor; von außen seitens des Vatikans; im Inneren seitens der theologisch wenig gebildeten Laien wie auch seitens weiter Teile der kirchlichen Hierarchie Indiens und zahlreicher Missionare, die noch ganz in der klassischen Missiologie befangen sind. Aber in einem nationalen Kontext, der von schweren Konflikten zwischen den einzelnen Gemeinschaften gekennzeichnet ist, zeugt diese theologische Erneuerungsbewegung von dem Wunsch, das Modell einer Interaktion der christlichen Minderheit mit der Mehrheit neu zu überdenken, einer Mehrheit, in der man nun nicht länger eine Gruppe sehen kann, die zum Christentum zu bekehren ist. Es handelt sich hier darum, die Grundlagen für eine neue Definition der christlichen Gemeinschaftsidentität in Indien zu legen und anzuerkennen, daß sich angesichts der pluralistischen Dimension Indiens jeglicher Hegemonialanspruch von selbst verbietet[92].

---

[91] EDA 258 (1. Febr. 1998), 10f. Der Mönch war exkommuniziert worden, nachdem Äußerungen in seinem Buch *Mary and Human Liberation* für häretisch erklärt worden waren. Sie betrafen die Offenbarungslehre und ihre Vermittlung, die Christologie, Soteriologie und Mariologie.

[92] C. CLÉMENTIN-OJHA, Les catholiques de l'Inde entre sécularisme et hindutva: une mutation théologique?, in: DIES. (Hrsg.), Renouveau religieux en Asie, 1997, 231–247, Zitat auf S. 243. Als erster Einstieg sei verwiesen auf

IV. Die Antwort der Protestanten:
Die Mission in Asien – ein zentrales Anliegen

Selbst wenn die protestantischen Kirchen heute in Asien, trotz einiger regionaler Ausnahmen, nur eine winzig kleine Minderheit bilden, so schienen doch die protestantischen Missionierungsprojekte in der Neuzeit auf diesem Kontinent besonders vielversprechend. Der komplexe Aufbau der Kulturen und Religionssysteme hatte bereits Ende des 18. und zu Beginn des 19. Jh. die ersten protestantischen Missionare beeindruckt, die ihr Augenmerk primär auf Asien richteten[93]. Die raschen politischen, sozialen, kulturellen und wirtschaftlichen Veränderungen in Japan, Korea, China und Indien zu Beginn des 20. Jh. brachten John Mott dazu, im Jahre 1912 zu schreiben, daß der Einfluß dieser Länder auf das Leben und Denken der Welt „notwendigerweise gewaltig" sein werde[94]. So nannte Mott auch als wesentliche Aufgabe der Kirche im allgemeinen und der protestantischen Missionen im besonderen, diesen Gesellschaften die Botschaft des Evangeliums zu verkünden, um ihr nationales Erwachen auf die Ausbildung einer neuen Gesellschaft hin auszurichten. Würden sich doch sonst die traditionellen religiösen Führer des Hinduismus, Buddhismus, Konfuzianismus und Islam, die dem Christentum feindlich gesonnen wären, an die Spitze dieser Bewegung stellen, auf die Gefahr hin, daß ihre Länder dem zivilisatorischen Prozeß entglitten. Diese apologetische Vision eines siegreichen Christentums, fähig die ganze Welt, besonders aber Asien, zu leiten, zu neuen Höhen zu führen und zu läutern, sollte nach dem Zweiten Weltkrieg vor allem für die amerikanischen und britischen Missionsgesellschaften ausschlaggebend sein, um sich verstärkt zu engagieren und zwar in dreifacher Hinsicht: für die Erziehung der Oberschicht, die Übersetzung und Verbreitung der Bibel und für medizinisch-sanitäre Fragen. In diesen drei Bereichen glaubte sich das Christentum protestantischer Prägung in Asien bewähren zu können, vor allem angesichts der herausragenden Rolle, die es überall sonst in der Welt spielte und die es vor allem den gebildeten Laien zu verdanken hatte.

Es war also keineswegs überraschend, daß der Internationale Missionsrat (IMR) 1938 China auswählte, um seine erste Weltkonferenz in einem Missionsland abzuhalten. Aber der chinesisch-japanische Krieg machte diesen Plan zunichte, und so fand die Konferenz in Indien, an der christlichen Universität von Tambaram nahe Madras statt, deren Fassaden ein französischer Delegierter mit denen des Schlosses von Versailles verglich[95].

Der Zusammenbruch der Missionen in China nach dem Zweiten Weltkrieg war ein harter Schlag für die protestantische Missionsbewegung. Aber insgesamt gesehen interpretierte sie die nationalen und identitätsstiftenden Forderungen der neuen Nationen, einschließlich ihrer offen atheistischen und antichristlichen revolutionären Ausdrucksformen,

---

die Arbeiten von M. AMALADOSS, Théologie indienne, in: Études (März 1993), 341–350; M. FÉDOU, Débats théologique en Indes, in: Études (Dez. 1995) 661–671.

[93] Als erste neuzeitliche protestantische Missionsgesellschaft wurde die *Baptist Missionary Society* 1792 in London auf Anregung von William Carey gegründet, der im folgenden Jahr als Pionnier der protestantischen Mission in Indien landete.

[94] J. MOTT, L'heure décisive des missions chrétiennes, Saint-Blaise 1912, 67f. John Mott, ein amerikanischer Laie, war der Veranstalter der Weltmissionskonferenz in Edinburgh 1910.

[95] E. DE BILLY, La conférence universelle des Missions (Tambaram-Madras, Dez. 1938), Paris 1939, 4. Auf der Konferenz von Madras waren 480 Delegierte, darunter 80 Frauen anwesend. 245 Delegierte kamen aus den Südkirchen, davon drei Viertel aus Asien.

ganz im Sinne der vorherrschenden Barth'schen Theologie als Gottesurteil und als Aufruf zur Wiederbelebung der Missionen. So formulierte es die Weltkonferenz des IMR in Withby (Kanada) im Jahre 1947, wenige Wochen bevor Indien unabhängig wurde und sich die Kirche Südindiens (*Church of South India* = CSI) konstituierte, die erste Kirche eines Missionslandes, die aus der Vereinigung verschiedener protestantischer und anglikanischer Denominationen hervorgegangen war[96]. Ebenfalls nach Indien, nämlich nach New Delhi, berief der Ökumenische Rat der Kirchen (ÖRK) 1961 seine erste Vollversammlung außerhalb der Grenzen der westlichen Welt. Die besondere Bedeutung dieser Versammlung bestand darin, daß sie für eine Integration des Internationalen Missionsrates in den Ökumenischen Rat der Kirchen stimmte.

Zwischen dem Triumphalismus eines John Mott und der im Laufe der Weltmissionskonferenzen gewonnenen Erkenntnis vom Bankrott der westlichen Zivilisation und dem Glaubensverlust der Kirche war ein weiter Weg zurückgelegt worden. Die Sicht anderer Kulturen und Religionen hatte sich grundlegend geändert. Seit der Konferenz von Edinburgh (1910) war es zum Streit zwischen einer Mehrheit gekommen, die glaubte, die Wahrheit teilweise auch in anderen Religionen finden zu können, und darin ein Zeichen für das Offenbarungswerk Gottes sah, und einer Minderheit, die fand, man solle sich nicht um die Würdigung anderer Religionen kümmern, sondern den ausschließlichen Charakter der christlichen Offenbarung betonen. Beide Positionen einigten sich damals darauf, daß letztlich das Christentum den Schlüssel zur Interpretation aller Religionen besitze, sei es, weil es über sie hinausgehe, sei es, weil es sie erfülle, in beiden Fällen aber, weil es über ihnen stehe. In Madras (1938) entbrannte erneut der Streit zwischen Anhängern einer Indigenisierung des Christentums und jenen, die feststellten, daß Einflüsse von außen, zu denen auch das Christentum zählte, unleugbar zu einer Akkulturation geführt hätten[97]. Noch einmal sollte es gelingen, beide Haltungen miteinander zu vereinbaren, aber die Sicht war weniger apologetisch als früher, da man nun in der christlichen Offenbarung nicht länger einen „Leitstern" für die ganze Menschheit sah. Der Zugang zu ihr führte vielmehr über die Anerkennung des in der Gestalt Jesu Christi fleischgewordenen Gottes, unter gleichzeitiger Berücksichtigung der traditionellen Kulturen, die Ansätze zu einer Erneuerung beitrugen.

Eine der denkwürdigsten ökumenischen Weltmissionskonferenzen dieses Jh. wurde ebenfalls in Asien, nämlich Ende 1972 in Bangkok, abgehalten. Sie segnete eine neues Konzept der Missiologie, die Kontextuelle Theologie, ab, die die Stiftung für Ökumenische Theologische Ausbildung des ÖRK anläßlich seiner Vollversammlung im Jahr zuvor ausgearbeitet hatte. Erstmals waren dabei mehrheitlich Theologen der Dritten Welt anwesend. Die Konferenz ging in ihr drittes Mandat von sieben Jahren. Zwei asiatische Theologen, Shoki Coe und Aharon Sapsezian, hatten das neue Konzept in ihrem Buch, *Ministry in context*[98] vorgestellt. Es ging dabei um das Verhältnis der christlichen Botschaft zu dem besonderen Kontext, in dem sie verkündet wurde, und um die Suche nach einer Theologie, die zwar asiatisch, aber dennoch weiter evangelisch sein sollte. Dies war die wichtigste Her-

---

[96] Die Kirche Südindiens konstituierte sich am 27. September 1947. Sie setzte sich aus der Vereinigung der vier Diözesen der anglikanischen Kirche Südindiens, einem Großteil der Unierten Kirchen Südindiens (Kongregationalisten, Presbyterianer und Reformierte) und der dortigen Methodistenkirche zusammen.

[97] Vgl. J. Rossel, Mission dans une société dynamique, Genf 1967, 20–28; Rossel war von der Basler Mission von 1946 bis 1959 nach Indien geschickt worden.

[98] erschienen London 1972.

ausforderung, der sich die protestantischen Kirchen Asiens gegenübersahen, Kirchen, die nur allzuoft, sei es von politischen Machthabern, sei es von populären Organisationen und oft nicht ohne Grund, als Randerscheinungen und Fremde gesehen wurden.

1. Kirchen auf der Suche nach einer christlichen und asiatischen Identität

1966 verteidigte Kaj Baago, Geschichtsprofessor am *Union Theological College* in Bangalore, folgende These:

Die missionarische Aufgabe besteht heute nicht darin, die Menschen aus ihrer Religion herauszuführen, um sie in eine andere zu integrieren, sondern vielmehr darin, das Christentum als institutionalisierte Religion zu verlassen, um den Hinduismus oder den Buddhismus zu durchdringen, die man solange als seine eigene Religion akzeptiert, als sie nicht in Konflikt mit Christus geraten, und diese Religionen als Voraussetzung, Hintergrund und Rahmen des christlichen Evangeliums in Asien zu sehen. Eine solche Mission trüge nicht zum Fortschritt des Christentums oder der Kirche als Institution bei, könnte aber zur Schaffung eines hinduistischen oder buddhistischen Christentums führen[99].

Indem er wie sein Kollege Jedidiah Samartha, der Religionsgeschichte am *Union Theological College* lehrte, eine Religion Christi „ohne institutionelle Anbindung" predigte, die sich organisch in die religiösen Werte seiner eigenen Kultur einfügen ließ, gab Baago dem Lebensgefühl seiner Zeit Ausdruck. Es war eine Zeit, in der eine jungen Nation zur Macht aufstieg und ihre ganzen geistigen und materiellen Kräfte mobilisieren mußte, um in Achtung vor dem von Gandhi geforderten säkularen Staat, ein dekolonialisiertes und unabhängiges Indien aus dem Status der Unterentwicklung aufsteigen zu sehen und dabei ihre eigene Identität nicht zu verlieren. In diesem Kontext wurden jeweils 1952 und 1957 das *Indian Journal of Theology* und das *Christian Institut for the Study of Religion and Society* gegründet, um die Beziehungen zwischen Christentum und Hinduismus zu beleben.

In seinem Werk: *The Hindu Respons to the unbound Christ* (1974) unterschied Samartha drei Haltungen der Inder dem Christentum gegenüber: jene, die als praktizierende Hindus die Werte Christi anerkennen, aber sich weder mit seiner Person noch mit seiner, ihnen unbekannten Kirche auseinandersetzen; jene, die sich für Christus entscheiden und die Kirche ablehnen, da sie Hindus bleiben, allerdings ohne zu praktizieren; jene endlich, die sich für Christus entscheiden, in die Kirche eintreten, aber ihr gegenüber kritisch bleiben[100]. Insgesamt gesehen ist die Haltung der Hindus, wie Bruno Chenu anmerkt, eher „eine Antwort ohne persönliches Engagement", da Christus für sie nur eine weitere spirituelle Erfahrung unter anderen schon reichen Erfahrungen darstellt.

2. Die Verknüpfung von Kontextualisierung und Befreiung heute

Ende der 80er Jahre schlug die Stimmung um. Eine Welle politischer und interethnischer Gewalt, die „Safran-Welle", überrollte Indien. Sie war Ausdruck des hinduistischen Nationalismus und machte alle in der Zeit zuvor beschrittenen Wege zu einer Annäherung und

---

[99] Kaj Baago, The Post-colonial Crisis of Missions, in: International Revue of Missions (1966), 331f.
[100] Vgl. zu dieser Kategorisierung R. H. S. Boyd, An Introduction to Indian Christian Theology, Madras 1975, 306f.; B. Chenu, Théologies chrétiennes des Tiers-mondes, Paris 1987, 179f.; J. Dupuis, Jésus-Christ à la rencontre des religions, Paris 1989, 29f.

einem Dialog mit anderen Religionen, besonders mit dem Islam und dem Christentum, unpassierbar. Die Indienspezialistin Violette Graff schrieb: „Die Begeisterung für die Unabhängigkeit liegt weit zurück (…) Der Hinduismus ist keine einheitliche monolithische Religion wie andere Religionen, die zur Entstehung von Nationalgefühlen führten, er ist eine sozio-kosmische Ordnung, die Atomisierung Tausender von Sekten"[101]. Wie sollte man unter diesen Umständen weiter am Aufbau einer Nation arbeiten, deren ethnische und religiöse Vielfalt nicht respektiert wurde? Dennoch wurde das Konzept einer Kontextualisierung nicht aufgegeben, aber es nahm nun weniger kulturelle und religiöse als vielmehr politische und soziale Züge an. Der protestantische Theologe Madathiparampil Mammen Thomas hatte die Kirchen auf eine solche Entwicklung vorbereitet[102]. Von 1957 bis 1976 wirkte er am *Christian Institute for the Study of Religion and Society*, während er gleichzeitig Ämter innerhalb des ÖRK innehatte, besonders in der Abteilung Kirche und Gesellschaft. Seine aus der Zusammenarbeit mit dem Unionsstaat Nagaland und der Zentralregierung gewonnenen Erfahrungen ließen ihn nicht nur den politischen Kampf mit großer Aufmerksamkeit verfolgen, sondern auch vor jeder Form von Fanatismus warnen, sei er nun ideologisch, staatlich oder sozio-religiös motiviert. Indem er seine Theologie auf der im Kreuz und der Auferstehung Christi verborgenen Macht des Heiligen Geistes über die Menschen begründete, verstand er nichtsdestoweniger das Christentum als Appell, die eigene Schwäche anzunehmen. Erlaube es doch gerade diese Schwäche der Kirche, ihren Platz unter den Armen einzunehmen und zugleich zu verkünden, daß der Kampf für die Befreiung von der Armut beginnen müsse. Seine zahlreichen Veröffentlichungen machten ihn neben dem aus Sri Lanka stammenden Jesuiten Aloysius Pieris zu einer der herausragendsten Gestalten der asiatischen Befreiungstheologie im 20. Jh. In seinem 1993 durch die *Indian Society for Promoting Christian Knowledge* veröffentlichten Werk *Contuextual Theological Education* betonte er die Notwendigkeit, gegen Ende des 20. Jh. eine Theologie zu finden, die die Befreiung der unterdrückten und ausgebeuteten Außenseiter der Gesellschaft in die Praxis umsetze, wie zum Beispiel der Stammesbevölkerung, der Frauen und besonders der Dalit, die am unteren Ende der sozialen Leiter stehen und unberührbar sind, weil sie keiner Kaste angehören[103]. Michael Amaladoss zögerte nicht, in Indien von einer „Dalit-Theologie" zu sprechen, da er wohl wußte, daß für mehrere theologische Strömungen in Indien der Dalit nicht nur den Kastenlosen darstellte, sondern, wie einst der nomadische Aramäer, das unterdrückte Volk verkörperte, das auf die Befreiung durch Gott wartete. Wenn Gott die Dalit auserwählte, schrieb Amaladoss, dann in der Absicht, sie zusammen mit allen andern zur neuen Gemeinschaft im Reiche Gottes zu führen[104].

Das Engagement der Kirchen für die Armen in Indien führte dazu, daß sie auf noch größere Widerstände stießen. Ende 1991 wurden der Missionar Getter und seine Gattin, die seit 42 Jahren in Indien an einer Landwirtschaftsschule im Dienste der Stammesbevölkerung gearbeitet hatten, von der Regierung von Madhya Pradesh ausgewiesen[105]. Was die indischen Frauen betrifft, so tragen sie, wie der seit 20 Jahren in Puna lebende französische

---

[101] Zitiert nach A. E. Kervalla, Réforme, passim.
[102] Biographischer Artikel über Thomas M. M. (1916–1996), in: Anderson (Hrsg.), Biographical Dictionary (wie Anm. 16), 666 f.
[103] J. Massey (Hrsg.), Contextual Theological Education, Delhi 1993, 87 f.
[104] M. Amaladoss, Life in Freedom: Liberation Theologies from Asia, Maryknoll 1997, 54.
[105] EDA 118 (Okt. 1991)

Sozialwissenschaftler Guy Poitevin unterstreicht, die ganze Last des Elends eines Landes, dessen Bevölkerung zu 35 % unterhalb der Armutsschwelle lebt[106]. Die Frauen der niederen Kasten werden von denen der höheren Kasten ausgebeutet. Die Abwertung ihrer rechtlichen Stellung, Vergewaltigungen, die mit der Mitgift verbundenen Belastungen und das Wiederaufleben jener Tradition, wonach die überlebende Witwe auf dem Scheiterhaufen ihres verstorbenen Ehemanns mitverbrannt wird, treiben zahlreiche Frauen dazu, sich in Produktions- und Dienstleistungskooperativen zusammenzuschließen. Die 1988 vom ÖKR aus Solidarität mit den Frauen proklamierte ökumenische Frauendekade unterstützt diese Programme.

3. Konservative Reaktionen

Die in zahlreichen Ländern Asiens Ende des 20. Jh. zu beobachtende Renaissance der asiatischen Religionen vor dem Hintergrund eines wiedererwachenden Nationalismus brachte nicht alle protestantischen Kirchen dazu, sich für eine mit der Befreiungstheologie verknüpfte Kontextualisierung einzusetzen. Manche zogen es vor, darauf mit einer noch radikaleren Evangelisierung zu antworten, ohne irgendwelche Konzessionen an das kulturelle oder religiöse Erbe vor Ort oder die Überreste einer marxistischen Sicht der Gesellschaftsprobleme zu machen. In Ländern wie in Südkorea, Taiwan, Singapur oder auf den Philippinen, in denen die 80er Jahre durch eine einzigartige Wirtschaftsentwicklung geprägt waren, aber auch in Ländern, die wie Japan oder Hongkong schon länger den Kapitalismus übernommen hatten, gab es eine Doppelbewegung, die die etablierten protestantischen Kirchen aus der ökumenischen Bahn warf: die Wiederbelebung eines evangelischen Konservativismus einerseits und das rapide Anwachsen charismatischer Bewegungen andererseits, die beide dem Verlangen der aufsteigenden Mittelschicht nach einer Spiritualität entgegenkamen, die einer Verwestlichung nicht entgegenstand. In Südkorea, mit dem verhältnismäßig stärksten Anteil an Protestanten in Asien, waren beide Bewegungen vertreten. So zeigte sich im Anschluß an die Vollversammlung des ÖKR in Canberra (Australien) im Februar 1991 deutlich die konservative Reaktion der mehrheitlich presbyterianischen Kirchen. Die junge presbyterianische Theologin Hyun Kyung Chung war aus Korea eingeladen worden, um dort einen der Hauptvorträge über das Thema: „Komm Heiliger Geist, erneuere die ganze Schöpfung" zu halten. Sie hatte ihren Vortrag nicht nur mit Gesten und Tanzschritten unterstrichen, sondern einleitend die Geister der Ahnen beschworen, die alle, gleich ob sie nun biblische Gestalten waren oder nicht, Opfer der Ungerechtigkeit gewesen seien und nun berufen, ein Abbild des Heiligen Geistes zu werden. Schon vor Ort von Vertretern der orthodoxen Kirchen heftig angegriffen, wurde Frau Chung nach ihrer Rückkehr in ihr eigenes Land vom konservativen Flügel der presbyterianischen Kirchen Koreas scharf kritisiert. Angesichts soviel Feindseligkeit wanderte sie lieber in die Vereinigten Staaten aus, wo sie nun Theologie lehrt. Einige Jahre später kam es im Juli 1996 anläßlich des Eintritts der pfingstlerischen Gottesversammlungen in den Nationalen Kirchenrat Koreas innerhalb der historischen protestantischen Kirchen erneut zu einem Streit zwischen „Konservativen" und „Progressiven". Glaubten doch die „Fortschrittlichen", daß sich die Gottesversammlungen nicht genug um Fragen der Gerechtigkeit und des Friedens kümmern würden und daß ihr Eintritt in den Nationalrat, wie der sich ab-

---

[106] G. POITEVIN, En Inde: la malchance d'être femme, in: Mission 43 (15. Mai 1994) 11 f., Ausschnitt aus den Messages du Secours catholique.

zeichnende Beitritt anderer evangelikaler und baptistischer Kirchen, eine noch stärkere Reaktion befürchten ließe. In Wirklichkeit hat das „Land des stillen Morgens", wie ein Beobachter bemerkte, sehr wohl das Evangelium entdeckt. Aber es erscheint ihm immer noch wie die Religion des großen amerikanischen Bruders, eine Religion, die das Individuum, die Moral und die gesellschaftliche Effizienz fördert – Gründe, die auf den ersten Blick nur wenig mit Theologie zu tun haben, aber alle der mehr oder weniger ausgesprochenen Erwartung einer Befreiung des Geistes von allen Fesseln, die ihn in der Tradition wie in der Moderne gefangen halten, entsprechen. Wie alle, denen vor ihnen die christliche Botschaft verkündet wurde, werden auch die Länder Asiens, selbst den Dingen Rechnung tragen müssen [107].

Schlußfolgerung

Das Christentum in Asien ist noch immer zutiefst dadurch geprägt, wie und unter welchen Umständen es verbreitet wurde. Es scheint dazu verdammt, eine verschwindend kleine Minderheit zu bleiben, die immer noch darunter leidet, daß ihre Grundlagen häufig im Rahmen der westlichen Expansion und des kolonialen Imperialismus gelegt wurden. So mußte das Christentum, um selbst in Ländern, in denen es schon lange heimisch geworden war, allgemeine Anerkennung zu finden, den Beweis seiner Unabhängigkeit erbringen, an die manche immer noch nicht recht glauben wollen. Und dies, obwohl die großen Kirchen auf einen aggressiven Proselytismus verzichtet haben, ganz im Gegensatz zu manchen protestantischen und angelsächsischen Erweckungsbewegungen, die weiterhin an einer Missiologie der *Tabula rasa* festhalten und die „heidnischen" einheimischen Kulturen verteufeln, ohne sich Gedanken um die Gefährlichkeit derartiger Bekehrungskampagnen zu machen. Die theologische und pastorale Revolution, die im Schoße der großen Kirchen stattgefunden hat, reichte bislang nicht aus, das Christentum als autochthone Religion akzeptabel zu machen. Umständehalber kam es sogar gegen Ende des 20. Jh. vermehrt zu Spannungen, von denen die Verantwortlichen Mitte des Jh. noch nichts ahnen konnten.

Anders als der politische Kontext der 50er Jahre vermuten ließ, hat die von den nichtkommunistischen Staaten (Indien, Sri Lanka und vor allem Indonesien) in ihren Verfassungen deutlich bekundete Absicht zu religiösem Pluralismus nach der Erlangung der Unabhängigkeit das Aufkommen fundamentalistischer Strömungen innerhalb des Islam, des Buddhismus und des Hinduismus keineswegs verhindert, so daß der Druck auf die christlichen Minderheiten ständig im Wachsen ist. Dieser nicht-christliche Proselytismus ist gewissermaßen eine Reaktion auf die christliche Mission oder, um einen Ausdruck von Catherine Clémentin-Ohja und Marc Gaborieau zu verwenden [108], ein „Gegen-Proselytismus". Entdeckten doch die in den einzelnen Ländern vorherrschenden Religionen, als sie im 19. Jh. mit den Methoden der zeitgenössischen christlichen Missionen konfrontiert wurden, wie nützlich Missionswerke sein konnten, und übernahmen deren Organisationsformen und Handlungsmuster, um sie in den Dienst ihrer eigenen Ausbreitung zu stellen. Dies galt zunächst für sektiererische Bewegungen des Hinduismus *(Arya samaj)* und des Islam *(Ahmadiyya),* bis man sich später allgemein dieser Möglichkeiten bewußt wurde,

---

[107] ALEXANDRE, Le pays du matin clame (wie Anm. 30) 17f.
[108] In deren ausgezeichneter Analyse des „wachsenden Proselytismus auf dem indischen Subkontinent" in: Archives de sciences sociales des religions 87 (Juli–September 1994).

was zu einer Radikalisierung und zur Bildung extremistischer politischer Gruppen führte. Daraus ergab sich ein erstes Paradoxon: Gerade als das Christentum die Tugenden des Dialogs und der religiösen Toleranz auf seine Fahnen schrieb, versteifte sich die Haltung seiner potentiellen Gesprächspartner zunehmend, so daß sich der ursprünglich von den Kirchen propagierte Proselytismus nun gegen sie selbst kehrte.

Auch ein weiterer Bumerangeffekt geht auf westliche Einflüsse zurück. Die Verbreitung einer Nationalidee und die Geburt der Nationalstaaten ließ die Frage nach einer Ideologie offen, die solche Gemeinschaftsgefühle untermauern könnte, besonders nach dem Ende der Kolonial-Ära. Vorher bestand dazu kein Bedarf, weil in der Mobilisierung der Völker gegen die Kolonialherren und für die Errichtung freier, im Aufbruch begriffener Nationen auf der Suche nach Entwicklung und sozialer Gerechtigkeit eine gemeinsame Zielsetzung bestand. Das Auseinanderbrechen des kommunistischen Blocks machte die Ideologie von einem dritten Weg illusorisch. Von den sozialistischen Modellen enttäuscht, wandten sich die Massen in Asien von weltlichen Projekten ab, die ihnen das Glück auf Erden versprachen. Von da an war die Versuchung groß, in der Religion nicht nur den Sinn einer in ständigem Wandel begriffenen Welt zu suchen, sondern auch ein Gemeinschaftsgefühl, das den gesellschaftlichen Zusammenhalt sicherte. Hinduismus, Buddhismus und Islam lernten so, ihr Verhältnis zu Politik und Gesellschaft neu zu überdenken. Ihre Absicht, den Glauben eng in das Leben der Gläubigen einzubinden, erinnert dabei durchaus an gewisse Methoden des Christentums. Die Religionen, die sowohl von den Machthabenden als auch von den Minderheiten instrumentalisiert werden, stehen heute im Mittelpunkt jener Krise, die die asiatischen Gesellschaften auf der Suche nach Zusammenhalt und Weltgeltung durchmachen. Dabei befinden sich die Minderheitenreligionen in einer schwachen Ausgangsposition, da man sie beschuldigt, die nationale Einheit zu gefährden, wenn sie nicht gar in Krisenzeiten als Sündenbock herhalten müssen, der gerade recht kommt, um den Zorn der Massen auf sich zu lenken.

Die Gefahr zunehmender Marginalisierung veranlaßte die Kirchen, ein in den lokalen kulturellen Traditionen verankertes Christentum anzustreben und die Verteidigung der Stiefkinder der Globalisierung zu übernehmen. Der Wert, den die christlichen Kirchen auf die Inkulturation, die Kontextualisierung und die Befreiung legten, bot zugleich die Möglichkeit einer konkreten Antwort auf Konfliktsituationen und stellte daneben den Versuch dar, aus einer Sackgasse des Erbes der Missionszeit herauszufinden. Suchten die christlichen Kirchen bislang noch nach einer Lösung für die aus der kolonialen Vergangenheit überkommenen strittigen Probleme, so sind sie heute auf der Suche nach einer neuen Standortbestimmung in dieser von großen Umwandlungen erschütterten asiatischen Welt. Aber sie mußten bereits erfahren, welche Gefahren sich aus ihren mißverstandenen oder bewußt mißdeuteten Interventionen ergeben können. Während sie hier angeklagt wurden, die schwächsten Gesellschaftsschichten für ihre Zwecke auszunutzen, wenn sie im Namen der Botschaft des Evangeliums für eine „vorrangige Option für die Armen" eintraten, wurde ihnen dort einseitige Verteidigung ethnischer Minderheiten vorgeworfen, wenn sie sich zum Sprachrohr der unterdrückten Bevölkerung machten. Mit entsprechend widersprüchlichen Forderungen wurden die Kirchen konfrontiert: im ersten Fall in Indien durch die Entwicklung der Dalit-Theologie und im zweiten Fall in Osttimor durch die Verteidigung der Rechte der Ureinwohner seitens der katholischen Kirche. Beides veranschaulicht die Gefahren, die dieser neuen Art von Engagement inhärent sind, führte es doch sowohl im hinduistischen Indien wie auch im muslimischen Indonesien zu offenen Feindseligkeiten.

Unvorhersehbar erwies sich auch die Entwicklung der kommunistisch regierten Regionen Asiens, die heute nicht mehr Pulverfässer für ihre Nachbarn darstellen. Die christlichen Kirchen sind in diesen Regionen nicht untergegangen und können nun wieder an die Öffentlichkeit treten – was noch in den 70er Jahren undenkbar schien. Sicher ist man weit von einer Regelung aller Streitpunkte entfernt, und die Christen sind selbst zutiefst uneins über die Haltung, die sie den politisch Verantwortlichen gegenüber einnehmen sollten. Aber durch die Wiederaufnahme offiziöser oder offizieller Beziehungen zwischen den einzelnen Staaten und der katholischen Kirche wie auch den protestantischen Kirchen kündigt sich eine Wende an. Sie erlaubt es zum Beispiel den Katholiken, die immer wieder auftauchende Frage nach einer diplomatischen Vertretung des Heiligen Stuhls in Peking neu zu stellen. Völlig unerwartet nehmen zum einen kommunistische Intellektuelle dieser Länder religiöse Fragen plötzlich ernst, und zwar nicht nur, um Kampagnen zugunsten des Atheismus zu führen, wie zum anderen ganz allgemein eine neue religiöse Welle China und Vietnam erfaßt.

Die Tatsache, daß religiöse Gefühle so lebendig sind, widerlegt (vorläufig?), daß die Säkularisierung der modernen Gesellschaft, zumindest westlichen Typs, unvermeidlich ist. Sie nährt in gewissen missionarischen Kreisen die Hoffnung, vor allem in China ihre Anstrengungen endlich von Erfolg gekrönt zu sehen. Sie rechtfertigt aber auch die Angst, daß die Staaten die Religionen instrumentalisieren und vor allem in Gebieten mit islamischer Dominanz religiöse Normen *(Scharia)* mit Gewalt durchsetzen könnten. Angesichts dieses heiklen Kontextes stellt sich zum einen dringlich die Frage nach der Identität der Kirchen, die zwar ihrem Wunsch nach einer Verwurzelung in den einzelnen Nationen Ausdruck verleihen, aber nicht auf ihren übernationalen Charakter verzichten können, zum anderen die Frage nach der Mission, deren Ziel zwar nach außen hin nicht mehr der Proselytismus sein darf, die aber immer noch eine Herausforderung an die Gläubigen darstellt.

Die Komplexität und Vielfalt der jeweiligen Lage erklärt auch die widersprüchlichen Urteile über den Zustand der Kirchen und ihre Entwicklungsmöglichkeiten. Während vor allem aus China und Südostasien überwiegend optimistische Prognosen zu hören sind, werden daneben auch kritische Stimmen laut, die Zweifel an einem weiteren Wachstum des Christentums in Singapur oder Korea anmelden und zum Teil sogar warnen, es stände beileibe nicht so günstig für die Kirchen, wie es den Anschein habe. In einigen Ländern beobachteten katholische wie protestantische Forscher einen langsamen aber kontinuierlichen Rückgang der Zuwachsraten und der Glaubenspraxis [109], nicht ohne oft widersprüchliche Diagnosen darüber anzustellen [110]. Diese leicht rückläufige Bewegung bedingt, daß wieder Unterschiede zwischen den einzelnen Kirchen in ihrem Umgang mit den autochthonen Traditionen sichtbar werden, so betonten etwa die koreanischen Katholiken im Interesse eines neuen Aufschwungs, daß sie im Gegensatz zu den Protestanten den Ahnenkult in ihre Glaubensüberzeugung integrieren könnten. Hinzu kommen bei Gläubigen wie

---

[109] In Südkorea erstellten Katholiken (Y. TEUKKIL, L'arche qui prend l'eau, in: EDA, Dossiers et Documents 7 [1993]) und Protestanten (L. DRESCHER, Protestants des Églises en crise, in: EDA, Dossiers et documents 7 [1995]) identische Diagnosen. Nach dem Internationalen Fidesdienst 4098 (17. Juli 1998) ND 564, ist die Zuwachsrate bei den Katholiken seit 1991 rückläufig, „lag in den vergangenen drei Jahren jeweils bei rund 3% … Bei rund 30% der Gläubigen handelt es sich um praktizierende Christen, weitere 30% werden als sogenannte ‚zurückhaltende' Gläubige bezeichnet, die restlichen 40% liegen zwischen diesen beiden Gruppierungen."

[110] Le culte des ancêtres amène de plus en plus de gens à se rapprocher de l'Église catholique, in: EDA 276 (1. Dez. 1998).

im Klerus sehr unterschiedliche Meinungen darüber, in welchem Umfang innerkirchliche Reformen möglich oder wünschenswert sind. Besonders jene Christen und Pastoren hielten bislang stark an den alten Gottesdienstformen und den in der Missionsära entstandenen Kirchenstrukturen fest, die aus ihrer Minderheitensituation heraus alles bewahren wollen, was sie bis jetzt von anderen abhob und ihre Identität ausmachte.

In Wirklichkeit besteht der Wandel nicht darin, daß bestimmte Fragen gestellt werden, sondern in der Art und Weise, wie sie nun öffentlich diskutiert werden, und zwar ungeachtet der Tatsache, ob sie nun Eingang in das kirchliche Leben finden oder nicht. Verantwortlich für den Mißerfolg der christlichen Missionen seit dem 17. Jh. war, daß sie nicht in der Lage waren, eine befriedigende Lösung für ihr Verhältnis zu den asiatischen Kulturen und Religionen zu finden. Aber es stimmt auch, daß in den 60er und 70er Jahren mit Inkulturation und Kontextualisierung neue Überlegungen ins Spiel kamen, die diese Diskussion in anderer Form wiederbelebten, und zwar so offen wie nie zuvor. Sie eröffneten dem Protestantismus wie auch dem Katholizismus neue Perspektiven, auch wenn Rom nach wie vor auf seine Autorität und Weisungsbefugnis pochte und damit Anlaß zur Kritik oder manchmal zu noch schwereren Krisen gab. Denn wenn auch augenscheinlich ein Konsens über die Inkulturation erzielt worden war, so kaschierte dieser doch nur die gravierenden Meinungsverschiedenheiten innerhalb der Ortskirchen und der römisch katholischen Kirche im allgemeinen. Die 1998 von der Glaubenskongregation getroffene Entscheidung, eine Untersuchung des Buches *Vers une théologie chrétienne du pluralisme religieux* des Theologen Jacques Dupuis SJ anzuordnen, rief in Indien viel Aufregung und kritische Reaktionen hervor, um so mehr, als bereits vorher wegen der Schriften anderer Theologen des Subkontinents eine Reihe von Ermahnungen an die Adresse der indischen Bischöfe ergangen war [111]. Es ist nicht gewiß, ob eine bessere Absprache innerhalb gewisser, von Rom festgelegter Grenzen gemäß dem von der Asiensynode von 1998 vorgezeichneten Weg oder die Aufnahme von Vertretern der Kirchen Asiens in kuriale Gremien [112] ausreichen werden, um die notwendigen Voraussetzungen für eine tiefgreifende Wandlung des asiatischen Katholizismus zu schaffen, die heute mehr gefordert als verwirklicht wird. Innerhalb des Protestantismus zeugen die oben erwähnten konservativen Reaktionen von Widerständen ganz anderer Natur, die aber ebenso ernst zu nehmen sind.

Es stimmt natürlich, daß der Wunsch nach Kontextualisierung allein weder eine Antwort noch ein Programm darstellte. Er war bislang vielmehr Ausdruck einer Haltung, die der christlichen Forderung nach einem in das menschliche Leben inkarnierten Glauben entsprach und eine Vielzahl möglicher Optionen eröffnete. Er lud dazu ein, sich die kulturellen und religiösen Traditionen Asiens anzueignen, solange man sie weder idealisierte noch in den Dienst einer nationalen Identitätsfindung stellte, wie dies gewisse Strömungen des Hinduismus, des Buddhismus oder des Islam taten. Andererseits kann man nicht leug-

---

[111] „Die vom Vatikan angeordnete Untersuchung der Schriften des Religionswissenschaftlers Jacques Dupuis löst in kirchlichen Kreisen Indiens Befremden aus" (EDA 276 vom 1. Dez. 1998). Besondere Beachtung fand die Mißbilligung seitens des Erzbischofs Henri D'Souza von Kalkutta, des ehemaligen Generalsekretärs der FABC (= Föderation der Asiatischen Bischofskonferenzen) sowie mehrerer jesuitischer Theologen. Zu früheren Ermahnungen vgl. EDA 231; EDA 270 (posthume Verurteilung gewissser Schriften, die dem Jesuitenpater Anthony de Mello zugeschrieben wurden) und EDA 221, 222, 223, 235 (Verurteilung von Tissa Balasuriya, Sri Lanka).

[112] So 1998 die Berufung zweier indischer Theologen, eines Japaners und eines Philippino, in die internationale Kommission für Theologie, in der 17 Europäer (darunter ein Laie aus Skandinavien), drei Nordamerikaner, drei Südamerikaner, ein Vertreter des Mittleren Orients und ein Afrikaner sitzen (EDA 258 [1. Febr. 1998] 17).

nen, daß die Anziehungskraft des Christentums auf die neuen Eliten und die Mittelschicht (Singapur, Korea, chinesische Welt) zum einen auf seinem modernen Erscheinungsbild beruhte, zum andern darauf, daß er Konvertiten die Möglichkeit bot, sich den westlichen Fortschritt anzueignen. Die Kontextualisierung setzte schließlich ein gesteigertes Engagement im Gemeinwesen als Ausdruck der Solidarität mit den Ärmsten und den Stiefkindern eines unkontrollierten Wachstums voraus. Aber materielle Interessen der institutionalisierten Kirchen, das Zögern vieler Christen, sich im politischen oder sozialen Kampf zu engagieren, die Isolation und Anfälligkeit der einzelnen Gemeinden wirkten sich hemmend aus oder rechtfertigten die fehlende Bereitschaft der Gläubigen, diese kritische und zugleich prophetische Aufgabe zu übernehmen.

Das asiatische Christentum ist an der Schwelle zum 21. Jh. auf der Suche nach einem zerbrechlichen Gleichgewicht zwischen der christlichen Forderung nach Mission und dem interreligiösem Dialog, zwischen dem Appell an die Gläubigen, aus freiem Willen der Kirche beizutreten, und dem religionsübergreifenden gemeinsamen Engagement in Richtung auf eine Umwandlung des Staatswesens, zwischen der Konsolidierung der Kirchengemeinden und der Integration in die Gesellschaft als Ganze. Wenn es immer stärker seine Einzigartigkeit und sein Recht auf Innovation betont, wenn es innerhalb der großen Kirchen einen Platz für sich fordert, der dem Gewicht Asiens in der Welt entspricht, so ist es doch andererseits durch seine Minderheitensituation soweit festgelegt, daß dies in den Augen vieler die Kompromisse mit ihrer Umwelt ebenso rechtfertigt wie das Vermeiden waghalsiger Aktionen, die die Mehrheit der nicht-christlichen Bevölkerung nur schwer verstehen würden.

Für manche freilich bietet gerade die Feststellung, daß die Christen historisch gesehen versagt haben, Grund für eine radikale In-Frage-Stellung. Zum Teil sucht man die Stellung der Christen im Staat neu zu umschreiben, fragt sich, wie wohl die künftige Entwicklung der christlichen Institutionen aussehen mag, obwohl gerade diese den Kirchen ein Forum und ein Einflußgewicht verschafft haben, das (in Indien und vor allem in Indonesien) bei weitem ihre zahlenmäßige Bedeutung übersteigt. Kritiker machen geltend, daß dieses institutionale Gewicht vor allem in Krisenzeiten feindselige Reaktionen auslösen und die Kirchen zur Zielscheibe politischer Kampagnen machen könnte, die ihnen „übergroßen Einfluß auf die Gesellschaft" vorwerfen. Auch wurden intern immer wieder Stimmen laut, die den Kirchen die Legitimität einer zu starken materiellen Präsenz bestreiten und auf die Gefahren von öffentlichen Interventionen hinweisen, die unter dem Deckmantel der Religionsfreiheit mit der Verteidigung der Interessen einzelner gleichgesetzt werden könnten. Als im November 1998 in Bangalore 30000 Katholiken demonstrierten, um ein Ende der Angriffe auf Christen zu fordern, veröffentlichten die Bischöfe von Madhya Pradesh gerade einen Brief, in dem sie sich fragten, „ob man nicht die Form der Präsenz christlicher Missionen in [indischen] Unionsstaaten, in denen es zahlenmäßig nur sehr wenige Christen gibt, in Frage stellen sollte. Könnten doch deren große Besitzungen und prächtige, mit Mauern umgebene Gebäude Anstoß bei der Bevölkerung vor Ort – häufig Einheimische – erregen und ihre Begehrlichkeit wecken"[113]. Ein interessantes Feld stellen auch die Beziehungen zwischen dem Christentum und den großen religiösen Traditionen Asiens dar. Diese Beziehungen treffen ins Herz des Christentums, denn mehr noch als anderswo zieht in Asien die Notwendigkeit eines echten interreligiösen Dialogs, die wohl von der Mehr-

---

[113] EDA 275 (16. Nov. 1998) 7.

heit der christlichen Kirchen anerkannt wird, unvorhersehbare theologische, missiologische und praktische Auswirkungen nach sich. Wird es ein Dialog sein, der einfach danach strebt, die Mission den Gegebenheiten anzupassen, oder ein Dialog, der ein neues christliches Heilsverständnis und eine neue Begründung von Mission einleitet? Noch muß die Wahl zwischen diesen beiden Wegen erst getroffen werden, während sich manche Verantwortliche der großen historischen Kirchen bereits besorgt zeigen, daß der religiöse Pluralismus „dem Relativismus Tür und Tor öffnen" könnte[114]

Bibliographie

Allgemeine Literatur und Quellenwerke
Bibliography on local church in Asia, in: Theology in Context, Supplement 3, Aachen 1989.
Enchiridion. Documenti delle Chiesi in Asia (Federazione delle Conferenze Episcopali Asiatiche 1970–1995) Bologna 1997.
F. J. EILERS (Hrsg.), For all the Peoples of Asia. Federation of Asian Bishop's Conferences Documents from 1992 to 1996, Quezon City 1997.
For all the Peoples of Asia. Federation of Asian Bishop's Conferences Documents from 1970 to 1991, hrsgg. v. D. D. ROSALES – C. G. AREVADO, Quezon City – Maryknoll 1987.
Guide to the Catholic Church in China 1997, hrsg. v. J. CHARBONNIER, Singapur 1997.

Untersuchungen
M. AMALADOSS, Life in Freedom: Liberation Theologies from Asia, Maryknoll 1997.
C. CLÉMENTIN-OJHA, Renouveaux religieux en Asie, Paris 1997.
Christianisme et politique en Asie orientale, ein von G. AROTÇANERA – J. MAÏS zusammengestelltes Dossier, in: La documentation française, Problèmes politiques et sociaux 650, 1991.
M. FÉDOU, Regards asiatiques sur le Christ, Paris 1988.
G. HEUZÉ – M. SELIM (Hrsgg.), Politique et religion dans l'Asie du Sud contemporaine, Paris 1998.
J. MASSEY (Hrsg.), Contextual Theological Education, Delhi 1993.
C. S. SONG, Tell us our Names. Story Theology from an Asian Perspective, Maryknoll (N.Y.) 1984.
N. WANG, L'Asie orientale du milieu du XXe siècle à nos jours, Paris 1993.
M. ZAGO, La Chiesa in Asia oggi, situazione e prospettive, Bologna 1983.
–, Volti della Chiesa in Asia, Turin 1990.

Zeitschriften
Asia Journal of Theology (Bangalore, Indien).
Catholic Theology and Thought (Seoul).
Dhaama Deepica (Madras)
Indien Missiological Review (Shillong, Indien).
Indian Theological Studies (Indien).
Japanese Religions (Kyoto).
Journal of Dharma (Bangalore).
Japan Missionary Bulletin (Japan).
Religion and Society (Bangalore).
Sinhak Sasang (Seoul).
Theology Annual (Hongkong).
Umat Baru (Indonesien).
Vidyajyoti (Delhi).

---

[114] So in der Rede von Kardinal Tomko, dem Präfekten der Kongregation für die Evangelisierung der Völker, Marseille, 22./23. Januar 1994. Darin betonte der Leiter der für Belange der Missionen zuständigen römischen Kongregation die Notwendigkeit, die Kirche und Christus wieder in den Mittelpunkt der Missionstheologie zu stellen, und schloß mit der erneuten Bekräftigung, daß „die Kirche der normale Weg zum Heil ist und allein die ganze Fülle der Heilsmittel besitzt" (Internationaler Fidesdienst 3817 vom 21. Jan. 1994).

Regionalstudien und Spezialuntersuchungen

Südostasien

F. PONCHAUD, La Cathédrale de la rizière, Paris 1990.
A. RUSCIO (Hrsg.), Viêt-nam. L'histoire, la terre, les hommes, Paris 1990.

China

R. MACFARQUARH – J. K. FAIRBANK (Hrsgg.), Cambridge History of China XIV: The People's Republic of China.
   Teil 1: The Emergence of Revolutionary China 1949–1965, Cambridge 1994; Teil 2: Revolutions within the
   Chinese Revolution 1966–1982, Cambridge 1991.
D. H. ADENEY, Chine. La longue marche d'Eglise, Neuchâtel 1991.
D. H. BAYS, Christianity in China: from the Eighteenth Century to the Present, Stanford 1996.
M.-C. BERGÈRE – L. BIANCO – J. DOMES (Hrsgg.), La China au XX⁰ siècle, Bd. II, Paris 1990.
J. CHARBONNIER, Histoire des chrétiens de Chine, Paris-Tournai 1992.
P. GENTELLE (Hrsg.), L'État de la Chine, Paris 1989.
J. T. MYERS, Nemici senza fucile. La Chiesa cattolica nella Repubblica popolare cinese, Mailand 1994.
C. SOETENS, L'Église catholique en Chine au XX⁰ siècle, Paris 1997.
E. TANG – J.-P. WIEST, La Chiesa cattolica nella Cina di oggi, Bolgona 1995.

Korea

Chung HA-EUN, Das koreanische Minjung und seine Bedeutung für eine ökumenische Theologie, München 1984.
Th. K. JOON-CHUL, La nuova evangelizzazione in Corea. La Chiesa coreana e la evangelizzazione nella prospet-
   tiva dell'incontro tra Vangelo e cultura, studio missiologico-storico, Rom 1994.
L. YOO HEUNG SIK, La Chiesa cattolica in Corea. Aspetti dinamici, Bologna 1984.
F. MAY, La Corée du Sud, Paris 1984.
Jemin RI, Harmonie und Konflikt. Die Theologie des Hwajeng (Theologie der Dritten Welt, Bd. 25), Freiburg
   1999.
Indischer Subkontinent und Sri Lanka

Indien

D. S. AMARLORPAVADASS, Destinée de l'Église de l'Inde d'aujourd'hui, Paris 1967.
J. ASSAYAG – G. TARABOUT (Hrsgg.), Islam et Christianisme en Inde. Altérité et identité, Paris 1997.
R. H. S. BOYD, An Introduction to Indian Christian Theology, Madras 1975.
H. GRAFE, History of Christianity in India, Bd. IV/2: Tamilnadu in the Nineteenth and Twentieth Centuries, Ban-
   galore 1990.
–, Evangelische Kirche in Indien, Erlangen 1981.
F. H. HOUTART – G. LEMERCINIER, Church and Development in Kerala, Bangalore 1979.
–, Genèse et institutionnalisation du catholicisme en Inde, Löwen 1981.
–, Effectifs et structures de l'Église catholique indienne (1901–1977). L'indigénisation d'une institution religieuse
   exogène dans une société en transition, Löwen 1989.
Ch. JAFFRELOT, L'Inde contemporaine de 1950 à nos jours, Paris 1996.
A. MOOKENTHOTTAN, Indian Theological Tendencies, Bern – Frankfurt a. M. – Las Vegas 1978.
Lynn A. de Silva, Mit Buddha und Christus auf dem Weg. Mit einem Nachwort von Aloysius Pieris (Theologie
   der Dritten Welt, Bd. 24), Freiburg 1998.
R. I. STIRRAT, Power and Religiosity in a Post-Colonial Setting. Sinhala Catholics in Contemporary Sri Lanka,
   Oxford 1992.

Indonesien

J. B. BANAWIRATMA – J. MÜLLER, Kontextuelle Sozialtheologie. Ein indonesisches Modell (Theologie der Drit-
   ten Welt, Bd. 20), Freiburg 1995.
M. BONEFF, u. a., Pantjasila. Trente années de débats politiques en Indonésie, Paris 1980.
G. DEFERT, Timor-Est, le génocide oublié, droit d'un peuple et raisons d'État, Paris 1992.
–, L'Indonésie et la Nouvelle-Guinée occidentale. Maintien des frontières coloniales ou respect des identités com-
   munautaires, Paris 1996.
D. LOMBARD, Le Carrefour javanais. Essai d'histoire globale, 3 Bde., Paris 1990.
M. P. M. MUSKENS, Partner in Nation Building. The catholic Church in Indonesian, Aachen 1979.

Japan

O. CARY, A History of Christianity in Japan. Roman Catholic, Greek Orthodox and Protestant Missions, 2 Bde., Rutland (Vermont) – Tokio 1976.

P. DUUS (Hrsg.), The Cambidge History of Japan, Bd. VI: The Twentieth Century, Cambridge – London – New York 1989.

Y. FURUA (Hrsg.), A History of Japanese Theology, Michigan – Cambridge – Grand Rapids 1997.

F. HERAIL, u. a., Histoire du Japon, Paris 1990.

J.-F. SABOURET (Hrsg.), L'État du Japon, Paris 1989.

Kumazawa YOSHINOBU – D. L. SWAIN, Christianity in Japon, 1971–1990, Tokio 1991.

Philippinen und Ozeanien: Unterschiedliche Schattierungen des Christentums in mehrheitlich christlichen Ländern

VON CLAUDE PRUDHOMME UND JEAN-FRANÇOIS ZORN

Östlich und südlich von Asien liegen außer Australien noch eine Vielzahl anderer Gebiete in den Weiten des pazifischen Ozeans verstreut. Zum einen eine Reihe von Inselgruppen, die, wie die Philippinen in der Neuzeit zu Nationen zusammengefaßt, mit zentrifugalen Kräften zu kämpfen haben, zum anderen eine Vielzahl nur dünn besiedelter Inseln, die lange Zeit völlig von der Welt abgeschnitten waren. Nachdem Europa im 16. Jh. die Philippinen und im 18./19 Jh. auch alle anderen Gebiete in diesem pazifischen Bereich unterworfen hatte, fiel die dortige Urbevölkerung zum Teil regelrechten Geноziden zum Opfer, um Platz für eine europäische Besiedlung zu schaffen. Mehr und mehr wurde diese ganze Welt vom Auf und Ab demographischer und wirtschaftlicher Strömungen erfaßt, die von Europa und Asien ausgingen. Die christlichen Missionare, die vor und nach der westlichen Expansion oder auch in ihrem Gefolge ins Land gekommen waren, brauchten nicht ganz ein Jahrhundert, um dieses weite Gebiet zu christianisieren, wenngleich es ihnen nicht gelang, die von ihrer ersten Generation erträumten theokratischen Utopien in die Tat umzusetzen[1]; die Erfolge, die sie noch im 20. Jh. in Papua-Neuguinea erzielen konnten, sollten dann allerdings die letzten sein. Aber der Einfluß der christlichen Kirchen reichte viel weiter, als die Beitrittszahlen glauben machen, waren die Kirchen doch praktisch allgegenwärtig in der Ausbildung der Menschen, der Organisation der einzelnen Gesellschaften und der Entwicklung ihrer Kulturen. Ganz anders als im benachbarten Asien – dieser Unterschied muß hervorgehoben werden – stellt das Christentum hier eine beachtliche Größe dar. Dies ist der Grund, weshalb wir die Philippinen geographisch und kulturell als Übergangsraum betrachten, obwohl sie traditionell Südostasien zugerechnet werden.

I. Die Philippinen, eine katholische Festung zwischen Asien und Ozeanien

Dieser Archipel verdankt seine Sonderstellung der frühen Christianisierung. Aus seiner Zeit als spanische Kolonie bewahrte er noch 1958 wirtschaftliche, kulturelle und religiöse Grundzüge, die ihn eher mit Lateinamerika als mit dem benachbarten Indonesien verbanden. Zweifelsohne führte der Zusammenbruch der spanischen Herrschaft im Jahre 1898 und die nachfolgende Kolonisierung durch Nordamerika zu tiefgreifenden Veränderungen, durch die der Katholizismus seine beherrschende Rolle verlor. Dennoch konnte die Bevormundung durch die USA, die nach dem Zweiten Weltkrieg in Form politischer, wirtschaft-

---

[1] Über Missionsstrategien und Modelle vgl. am Beispiel von Wallis und Futuna: F. ANGLEVIEL, Les missions à Wallis et Futuna au XIXᵉ siècle, Bordeaux 1994.

licher und sprachlicher Bindungen fortdauerte, das spanische Vermächtnis eines der philippinischen Kultur ursprünglich fremden Katholizismus nicht vergessen machen.

Die Philippinen, das sind mehr als 7000 Inseln und Inselchen, die zwischen den beiden größten Inseln (Luzon im Norden und Mindanao im Süden) liegen. Sie öffnen sich im Westen auf Asien, im Süden auf Australien und im Osten auf den Pazifik hin und gewannen mehr und mehr Anteil an dem sich in dieser Region entwickelnden Austausch von Menschen und Waren, der ihre bewegte Geschichte bestimmte. Nach der 1946 erfolgten Unabhängigkeitserklärung profilierten sie sich politisch im letzten halben Jahrhundert, wenngleich sie bis 1992 bedeutende amerikanische Militärbasen beherbergten. Ihre republikanische Staatsform war theoretisch am Vorbild der USA ausgerichtet, wurde aber de facto meist zugunsten einer grundbesitzenden Oligarchie abgeändert. Der Sturz des Diktators Ferdinand Marcos (1917–1989), der von 1961 bis 1986 an der Macht war, führte zu einer relativen Demokratisierung. Diese brachte jedoch keine Lösung jener schwierigen Fragen mit sich, die durch den Fortbestand, ja sogar die Verschlimmerung starker sozialer Ungleichheiten aufgeworfen wurden und das Verbleiben einer kleinen Zahl von Familien an der Macht begünstigen, die den Staat und das Land beherrschten.

In diesen vierzig Jahren mußten sich die Philippinen auch den Herausforderungen eines Bevölkerungswachstums stellen, das einen Anstieg ihrer Einwohner von 27 Millionen im Jahre 1960 auf ca. 75 Millionen im Jahre 2000 mit sich brachte. Bedingt durch den Umfang an Veränderungen aller Art wie auch die Gewalttätigkeit des gesellschaftlichen und politischen Lebens bündelten sich hier viele, für das ganze Gebiet des indischen und pazifischen Ozeans typische Probleme. Der Archipel, während des kalten Krieges ein strategisches Streitobjekt, ist auch heute noch in dieser Region eine der wichtigsten Figuren auf dem internationalen Schachbrett.

Aus Sicht der katholischen Kirche nimmt der Archipel eine Sonderstellung ein. 1958 war mehr als 80 % der philippinischen Bevölkerung katholisch. Der Katholizismus beherrschte das religiöse Leben völlig und prägte auch Gesellschaft und Kultur. Seit der spanischen Eroberung im 16. Jh. hatte der Ablauf der Geschichte die Bande zwischen Staat und Kirche (*Patronato real*) immer enger werden lassen. Wie in Lateinamerika ging die Kolonialordnung mit einer Katholisierung der Bevölkerung einher. Ausgenommen waren nur die Muslime im Süden des Archipels (Mindanao). Die katholische Kirche überzog das ganze Gebiet mit einem Netz von Erzdiözesen und Diözesen und faßte die Bevölkerung in Pfarreien (*barrios*) zusammen. Aber als 1901 die spanische Herrschaft von der Nordamerikas abgelöst wurde, verlor die Kirche einen Teil ihres gesellschaftlichen Einflusses. Sie mußte nicht nur die Trennung von Staat und Kirche hinnehmen, sondern auch, daß den seit Ende des 19. Jh. dort ansässigen protestantischen Kirchen Religionsfreiheit zugestanden wurde. Obwohl die Missionsorden den „wichtigsten Anteil an der Verbreitung von Kultur und katholischem Glauben, an den kulturellen Grundlagen des erwachenden philippinischen Nationalismus" hatten, trugen paradoxerweise die zu eng mit Spanien verbundenen Vertreter der Kirche nationalen Bestrebungen keinerlei Rechnung, so daß es 1902 zum Schisma von Pater Gregorio Aglipay mit der Gründung der *Iglesia Filipina Independiente* kam[2].

---

[2] J. M. DE MESA, L'Église et l'État face à la réalité nationale des Philippines, in: Églises d'Asie (EDA), supplément 191 (Jan. 1995), Übersetzung eines auf Englisch in der East Asian Pastoral Review 28 (1991) erschienenen Artikels.

Mit Anbruch der amerikanischen Kolonialherrschaft verlor die katholische Kirche ihr Erziehungsmonopol, auch wenn sie 1961 noch fünf Universitäten leitete und ungefähr 20 % der Jugend an ihren Schulen betreute. Vor allem aber mußte sie sich allmählich an ein nach amerikanischem Vorbild organisiertes Schulsystem anpassen. Als schließlich die englische Sprache und die amerikanischen Lehrpläne verpflichtend vorgeschrieben wurden, entstand mit einer neuen Kultur auch eine neue, in den Nimbus der Moderne gehüllte Identität, die die eigenständige einheimische Kultur entwertete und die Kirche nach der Erlangung der Unabhängigkeit zwang, ihren Platz in der Gesellschaft neu zu bestimmen.

Um sich nach dem Zweiten Weltkrieg den neuen Gegebenheiten anzupassen, hatte die römische *Propaganda fide*-Kongregation eine administrative Neuordnung vorgenommen und zu einer Indigenisierung des Klerus ermutigt, eine Politik, deren krönenden Abschluß 1960 die Aufnahme von Erzbischof Rufino J. Santos von Manila ins Kardinalskollegium bildete. 1953 verlieh bereits das Erste Nationalkonzil der Philippinen ihrem Wunsch nach einer inneren Reform der Kirche und einem missionarischen Engagement in Asien Ausdruck, um ihre Rolle als Vorhut des Katholizismus im Fernen Osten zu unterstreichen[3]. Aber die Zusammensetzung der Geistlichkeit macht insgesamt gesehen seit einem halben Jahrhundert nur leichte Fortschritte. Immer noch üben Ordensgemeinschaften, die entweder wie die Franziskaner (1577), Dominikaner (1579) und Jesuiten (1581) zusammen mit den Spaniern oder aber wie Sacré-Coeur d'Issodun (1908) und die Steyler Missionare (1909) erst zu Beginn des 20. Jh. kamen, einen bestimmenden Einfluß aus, der vielleicht heute sogar noch größer ist, weil man zur Besetzung der im Rahmen der neugeschaffene Kirchenstrukturen entstandenen Stellen weitere Orden ins Land rief. Der geringe Zuspruch Einheimischer zu geistlichen Berufen und die Tendenz philippinischer Priester, immer häufiger in andere Länder auszuwandern (1962 wanderten von 3592 Priestern 1000 aus) führte sogar in den 60er Jahren zu einem Anstieg des Ausländeranteils. Sowohl aus Kanada (von den Außenmissionen in Quebec) als auch aus Europa kamen Missionare. Viele von ihnen waren aus asiatischen Ländern ausgewiesen und dort durch Filipinos abgelöst worden. Insgesamt reichte die Zahl der Priester dennoch nicht aus, um eine wirksame seelsorgerische Versorgung in einer Kirche sicherzustellen, die diese Aufgabe dem Klerus vorbehält: 1962 kamen auf einen Priester 6656 Gläubige[4]. Hinzu kommt, daß es um den Diözesanklerus nicht immer bestens bestellt war. Die autoritär auftretende Hierarchie, die man beschuldigte, Einheimische herablassend zu behandeln, schien sich lange damit zu begnügen, eine üppige und überschwengliche Volksfrömmigkeit in die gewünschten Bahnen zu lenken, in der der Marienkult (*Legio Mariae*, Wallfahrten), die Verehrung des Jesuskindes, die Faszination des Kreuzweges und die Identifizierung mit der Gestalt des leidenden Christus eine ebenso zentrale Stellung einnahmen wie die Heiligenverehrung. Besonders hoch geschätzt waren bei dieser Form der Religiosität auch weiterhin das tägliche Leben begleitende Riten, die in den Bereich der Paraliturgie gehören. Zwar erlaubten

---

[3] Daran hatte der päpstliche Nuntius die Regionalsynode erinnert: „Die Aufgabe der Kirche auf den Philippinen besteht darin, für weite Teile der Welt eine Leuchte des Glaubens zu sein. Die Philippinen sind so eng mit vielen anderen nicht-christlichen Ländern des Fernen Ostens verbunden, daß missionarische Bestrebungen die edelste Aufgabe des philippinischen Klerus darstellen" (J. METZLER, La Chiesa nelle Filippine, in: DERS. (Hrsg.), Dalle Missioni alle Chiese locali (1846–1965), Mailand 1990, 443).

[4] Ebd. 444.

sie eine spontane Akkulturation, blieben aber dennoch immer des Synkretismus verdächtig und wurden nur mangels besserer Alternativen geduldet.

Anfang der 60er Jahre hatte die Kirche eine stark klerikale und regierungshörige Ausrichtung, gestützt auf ihre traditionelle Rolle und die seit alters her vorhandene Zustimmung der Gläubigen: eine Kirche der Massen, in der jedoch die Kenntnis christlicher Lehre nur schwach ausgebildet war und in welcher der Beitritt oft in einer Form erfolgte, die Zweifel an der Rechtgläubigkeit dieser Religiosität aufkommen ließ. Doch war der Katholizismus deshalb kein Koloß auf tönernen Füßen. Dank seiner Verwurzelung im Volk und der Solidarität unter den Gemeinden konnte er genug Einsatzbereitschaft von seiten der Gläubigen mobilisieren, um einer antiklerikalen und zuweilen freimaurerischen Intelligenzia die Stirn zu bieten. Trotz der Konkurrenz neuer christlicher Kirchen und der Verbreitung einer exogenen Kultur, blieb die katholische Kirche auf den Philippinen ein Vorposten des Katholizismus vor den Toren Asiens und ein letztes Bollwerk gegen ein weiteres Vorrücken des Kommunismus. Reich an Immobilien und Ländereien, gestützt auf ihre Gläubigen und Institutionen, gefiel sie sich in dieser ihr von Rom gern zugestandenen Mission, besonders anläßlich gigantischer Massenveranstaltungen, deren Prototyp der Eucharistische Kongreß von 1937 darstellte. Und diese Tradition sollte nicht abreißen. Nach den Reisen von Paul VI. (1970) und Johannes Paul II. (1981) bot der 1995 unter dem Vorsitz dieses Papstes stattfindende Weltjugendtag in Manila ein spektakuläres Beispiel für die beeindruckende Fähigkeit dieser Kirche, das Volk noch im 20. Jh. für solche Ereignisse zu mobilisieren.

Doch gab es innere Spaltungen: Die 1902 von Pater Gregorio Aglipay ins Leben gerufene Unabhängige Philippinische Kirche (*Iglesia Filipina Independiente*) und die 1920 von dem Katholiken Felix Manolo gegründete Kirche Christi (*Iglesia ni Kristo*) umfaßten 1960 zusammen 10% der Bevölkerung. Diese sogenannten „Eingeborenen"-Kirchen (David Barett) – die *Iglesia Filipina Independiente* ist Mitglied des Ökumenischen Kirchenrates – waren wesentlich bedeutender als die *United Church of Christ in the Philippines* (UCCP = *Iglesia Unida de Christo en las Islas Filipinas*), eine Nationalkirche, die aus der Vereinigung verschiedener protestantischer Missionskirchen hervorgegangen war. Die intensiven Aktivitäten auch anderer evangelikaler Gemeinschaften zeigten jedoch, daß die religiöse Lage weniger unbeweglich war, als es den Anschein hatte. So konnte 1989 das Komitee für Weltevangelisation, auf Anregung des amerikanischen Evangelisten Billy Graham, in Manila einen großen Internationalen Kongreß mit 4000 Delegierten abhalten.

Bemühungen um eine Erneuerung gab es nicht nur außerhalb der katholischen Kirche oder gegen sie gerichtet. Die Gründung einer Laienbewegung (*Barangay sang virgen*) im Jahre 1949, die ausgehend von den einzelnen Bezirken oder Stadtteilen eine tiefgreifende Christianisierung des Lebens auf den Philippinen anstrebte, das Interesse für wirtschaftliche Fragen, das Engagement der Studenten für soziale Projekte (*Student Catholic Action*) wie auch die Wiederentdeckung der philippinischen Kultur waren in den 50er Jahren Ausdruck sich entwickelnder Strömungen, denen an einer Erneuerung des Katholizismus von innen heraus gelegen war. Eine Einheitsfassade kaschierte nur mühsam die Divergenzen, die bald unter veränderten Umständen offen zu Tage treten sollten.

Tatsächlich erlebte die katholische Kirche auf den Philippinnen in den 60er Jahre eine Periode tiefgreifender Transformationen, von oben verordnet oder von der Basis erzwungen. Obwohl die Hierarchie nur schlecht auf den vom II. Vatikanum beschlossenen neuen

Kurs vorbereitet war, fühlte sie sich doch zu sehr romverbunden, um sich von dieser weltweiten Bewegung des Katholizismus abseits zu halten. Die Veränderungen setzten in der Zeit zwischen 1965 und 1969 ein, unter der Leitung der Bischöfe und auf Anregung der großen Ordensgemeinschaften, die das *aggiornamento* in Angriff nahmen und allmählich auch Laien heranzogen. Die Liturgiereform, die Bemühungen um eine bessere religiöse Ausbildung, besonders hinsichtlich der Bibelkenntnisse, die Erneuerung der Katechese trafen auf positive Resonanz in einer Gesellschaft, die zunehmend auf der Suche nach einer philippinischen Identität auf kultureller Ebene war. Die spektakulärste Entwicklung fand jedoch im sozialen Bereich statt, in dem sich die Kirche zu besonderem Engagement herausgefordert sah. Der 1965 gewählte Präsident Marcos trat für eine Liberalisierung ein, in deren Namen er Landbesetzungen unter dem Deckmantel einer grünen Revolution selbst auf die Gefahr hin duldete, daß sie die Ungleichheiten noch vergrößerten und die Landflucht beschleunigten. Zu Beginn unterstützte ihn die katholische Kirche, da sie vor allem seine Apelle zur Gemeindeentwicklung vor Augen hatte, die von der katholischen Soziallehre beeinflußt schienen und für die Kirche die geeignetste Antwort auf die ständige kommunistische Bedrohung von innen wie von außen waren. Daher arbeitete sie ohne Zögern mit einer Macht zusammen, von der sie glauben wollte, daß sie den Weg sozialer Reformen beschritt. Aber als sich nach und nach die wahre Natur dieser Macht und die katastrophalen Auswirkungen dieser Politik immer deutlicher zeigten, änderte sich auch die Haltung der katholischen Kirche. Julio Xavier Labayen, der nach glänzenden Studien in Rom 1966 zum Bischof ernannt wurde und von 1966 bis 1981 Nationalsekretär der *Catholic Action* war, verkörperte den frischen Elan einer nachkonziliaren Generation, die nach neuen Wegen zur Verkündigung des Evangeliums suchte[5].

Der Traum von einer weitreichenden, ohne Konflikte mit dem Staat zu bewerkstelligenden Umgestaltung der Kirche löste sich in den 70er Jahren in Nichts auf. Die Entscheidung für eine pragmatische Neutralität, bei der auch die Angst mitspielte, sonst den Kommunismus zu begünstigen, war nicht mehr länger aufrecht zu erhalten, als sich die Regierung Marcos immer mehr als Diktatur entpuppte und 1972 das Kriegsrecht ausrief. Nun reichte der Antikommunismus als Argument nicht mehr aus, um immer schwerwiegendere Menschenrechtsverletzungen zu rechtfertigen und die Ausbeutung der Arbeiter in Stadt und Land zu decken. Als die Entscheidung nicht länger hinauszuschieben war, kam es zu einer Spaltung des philippinischen Katholizismus und einer Radikalisierung seiner militanten Gruppen. Ein Teil der Hierarchie flüchtete sich in einen theologischen Konservativismus und beschränkte sich darauf, jene politischen Kräften zu unterstützen, die den Kommunismus eliminieren wollten. Demgegenüber wuchs die durch die Ausbildung und Mobilisierung der Jugend und der erwachsenen Laien geschaffene Dynamik gerade durch die Gründung immer neuer christlicher Basisgemeinden weiter an. Waren es 1970 noch 5000 gewesen, so hatte sich ihre Zahl bis zum Ende des Jahrzehnts fast verdoppelt. Studenten, Seminaristen, junge Kleriker und aktive Mitglieder der katholischen Arbeiterbewegung, die geschult waren, Verantwortung zu übernehmen und sich politisch zu engagieren, sahen die Zeit für einen radikalen politischen und sozialen Wandel gekommen. In der „Theologie des Kampfes" des philippinischen Mönches Edicio de La Torre, eines Steyler Missionars, der 1968 zum Priester geweiht worden war, fanden sie ein Programm, in dem nicht nur

---

[5] M. VERLET, Expression religieuse et mobilisation politique: parcours et enjeux philippins, in: Revue Tiers-Monde 21, Nr. 123 (Juli–Sept. 1990).

zum Kampf gegen soziale Abhängigkeitsverhältnisse und jede Form von Fremdherrschaft (zum Zeitpunkt des amerikanischen Vietnamkrieges) aufgerufen wurde, sondern auch zur Wiederaneignung der autochthonen Kultur. Die innere Logik dieses Engagements brachte De La Torre und zahlreiche andere Aktivisten dazu, sich für ein revolutionäres Vorgehen zusammen mit den Kommunisten in der 1972 gegründeten Bewegung *Christians for National Liberation* (CNL) zu entscheiden.

Die Mehrheit des Klerus und der Gläubigen, die dem sich überstürzenden Ablauf der Ereignisse oft fassungslos gegenüberstand, lehnte jedoch jede Radikalisierung ab. Sie fand in der starken Persönlichkeit des Erzbischofs Jaime L. Sin von Manila (seit 1974), der 1976 zum Kardinal erhoben worden war, die Verkörperung moralischer und geistiger Autorität. In nur wenigen Jahren setzte er sich als politisches Gegengewicht gegen Marcos durch. Mit Unterstützung der mächtigen *Association of Major Superiors of Men and Women of the Philippines* (*AMRSMWP*) distanzierte sich Erzbischof Sin von der Ausrufung des Kriegsrechts und nahm eine Umorientierung der Kirche vor, die von da an nicht mehr zu einer kritiklosen Zusammenarbeit mit den Machthabern bereit war. Der neue Kurs des Katholizismus äußerte sich darin, daß er nun ein Klima von Angst und Schrecken anprangerte, politischen Gefangenen half, Hunderttausende von Filipinos unterstützte, die in den Elendsvierteln Manilas zusammengepfercht lebten, und den vertriebenen Bauern tatkräftig Hilfe leistete. Es gelang der Kirche nicht nur, die Masse all jener zu mobilisieren, die ihr Vertrauen in das Regime verloren hatten, sondern sie auch an sich zu binden, bevor sie sich der *National Democratic Front* (Demokratischen Nationalfront) zuwandten, in der die philippinischen Kommunisten das Sagen hatten und der sich schon zahlreiche militante Katholiken und einige Kleriker angeschlossen hatten.

Nach der Ermordung von Marcos Rivalen, des Senators Benigno Aquino, im Jahre 1983 vollzog dann die Kirche den Schritt von der stillschweigenden Opposition zur offenen Kampfansage an das Regime. Die Regierung suchte ihr Heil in einer Flucht nach vorne, es häuften sich Fehlhandlungen und Provokationen des Präsidentenpaares. Zwei Jahre lang, in denen der konservative Flügel des Episkopats die Oberhand zu gewinnen schien, zögerte die katholische Kirche. Dann aber sah sie keinen Grund mehr, ein Regime zu schonen, das im Volk keine Unterstützung mehr fand und sich letztendlich nur noch auf Milizen stützte, die sich wie politisch-religiöse Sekten gebärdeten, während sich andererseits die kommunistische Bedrohung in Luft aufgelöst hatte. Der Erzbischof und die Jesuiten des Athaeneums von Manila gingen ebenso wie ein Großteil des Klerus und der Laienbewegungen 1985 ins Lager von Cory (Corazón) Aquino, der Frau des ermordeten Senators, über. Sie stellten ihr ihre Presse zur Verfügung, ein ausgedehntes Netz von mehr als 40 katholischen Radiostationen, mit seinem Schmuckstück, dem „Radio Veritas", feierten Tag und Nacht Messen zu ihrer Unterstützung und appellierten an die Marienfrömmigkeit der Gläubigen: Mehr als eine Million Menschen sollen sich zum gemeinsamen Gebet des Rosenkranzes zusammengefunden haben. Bewußt oder unbewußt stellten einige Jesuiten diesen Kampf in den traditionellen Rahmen des Leidens Christi und setzen die Erwartungshaltung des Volkes in religiöse Begriffe um. So trug etwa Pater José C. Blanco zur Bildung eines Aquino-Mythos bei, als er die Parallele zog zwischen der Mission der Cory Aquino und dem Erlösungsopfer Christi[6]. Aber wieder war es Kardinal Sin, der die entscheidende

---

[6] Ebd. Zu den Wurzeln dieses Bezugs auf das Leiden Christi in den Volksbewegungen zur Zeit der spanischen und

Initiative ergriff, indem er offiziell den Wahlbetrug verurteilte, der Marcos den Sieg bringen sollte, und die Bevölkerung am 22. Februar 1986 aufrief, auf die Straße zu gehen, um die „Volksrevolution" zum Erfolg zu führen. Die Konfrontation endete 1986 mit dem Exil Marcos und der Wahl seiner Rivalin Cory Aquino zur Präsidentin.

Das durch außergewöhnliche Umstände bedingte politische Engagement der philippinischen Kirche trug auch zur Überwindung ihrer inneren Spaltungen bei. Nicht zuletzt konnte sie so ihre Legitimität unter Beweis stellen, die durch frühere Gefälligkeiten gegenüber dem Regime fragwürdig geworden schien. Entscheidend aber war, daß die Ereignisse von 1986 eine katholische Kirche zeigten, die weniger klerikal und vom Ausland abhängig war und sich entschieden um ein soziales Engagement und eine kulturelle Verwurzelung im eigenen Lande bemühte. Zweifelsohne sollte man die Reichweite der eingetretenen Veränderungen nicht überschätzen. Die geringe Zahl an Priesternachwuchs (pro Kopf der katholischen Bevölkerung entsprach der Prozentsatz 1995 dem Italiens, wo auf 100 000 Katholiken 12, 2 Priesteramtskandidaten kamen) und die Schwäche der finanziellen Ressourcen bedingten auch weiterhin, daß man sich zur Sicherstellung der Seelsorge und zur Aufrechterhaltung der schulischen und sozialen Einrichtungen ans Ausland wenden mußte. Denn 1995 unterhielt die katholische Kirche Oberschulen mit 704 111 Schülern, Hochschulen mit 348 829 Studenten, sowie 44 Krankenhäuser und insgesamt 1365 Wohlfahrtseinrichtungen. Nur eine kleine Minderheit von Bischöfen vollzog wirklich die Umwandlung der Pfarreien in kirchliche Basisgemeinden[7]. Der große Teil der Kirche hielt weiterhin an den überlieferten Gemeinde- und Amtsstrukturen fest. Die katholische Hierarchie, die in ungebrochener Treue zum Papsttum stand, engagierte sich besonders aktiv im Kampf gegen Empfängnisverhütung und Abtreibung, getreu einer Konzeption, die nach wie vor die moralische und spirituelle Autorität des Katholizismus wahrte. Eine im Jahr 1991 nach dem Zweiten Nationalkonzil der Philippinen, in dem Bischöfe, Priester, Ordensleute und verantwortliche Laien gemeinsam tagten, unter dem Motto: „Evangelisierung 2000" lancierte Kampagne war teilweise als Antwort auf den Slogan der Regierung „Philippinen 2000" gedacht. Sie stand für die Entscheidung, Bewegung und Ansätze zur Erneuerung gemäß einem integralen pastoralen Ansatz in die Kirche einzubringen. Paradoxerweise zeichnete sich dieses Projekt gerade in einem Land ab, in dem die Autonomisierung der Gesellschaft immer schneller voranschritt. Offenkundige Anzeichen dafür waren etwa, daß die Kirche sich notgedrungenermaßen hinter die Kandidatur des Protestanten Fidel Ramos für die Präsidentschaftswahlen 1992 stellte, aber auch ihre Ohnmacht bei der Präsidentschaftswahl von 1998, als es ihr nicht gelang, ihr Programm oder ihren Kandidaten durchzusetzen[8].

Die Widerstände aus dem politischen Lager brachten die Kirche bei Konflikten in die Rolle eines potentiellen Schiedsrichters, auch wenn diese Vermittlertätigkeit sie der Gefahr aussetzte, sich bei den Auseinandersetzungen zwischen der Armee und der *Nationalen Befreiungsfront der Moro* (*Moro National Liberation Front = MNLF*) in Mindanao in

---

amerikanischen Kolonialherrschaft siehe R. C. ILETO, Payson and Revolution: Popular Movements in the Philippines, 1840–1910, Detroit 1980.

[7] „Die Basisgemeinschaften: eine neue Art des „Kirche-Seins" in Asien", Interview mit Erzbischof Orlando Quevedo von Nueva Segovia (Internationaler Fidesdienst 4086 [1. Mai 1998] ND 328).

[8] EDA 259 (16. Febr. 1998): eine Unentschlossenheit, die auch auf Unstimmigkeiten innerhalb der Bischofskonferenz schließen läßt.

vorderster Linie wiederzufinden. Dies führte etwa dazu, daß der Klerus zur Zielscheibe von Entführungen wurde, deren Anstifter nur schwer zu identifizieren waren.[9]. Diese ihre Rolle veranlaßte die höchsten Kirchenvertreter auch zum Eingreifen in die politische Diskussion, als es um Fragen der nationalen Unabhängigkeit und die Ablehnung der amerikanischen Schutzherrschaft ging. Die vom Nationalsekretariat des Episkopats organisierte Kampagne: „Soziales Handeln, Gerechtigkeit und Frieden", führte Anfang 1999 zu einer ausgedehnten Mobilisierung der Bevölkerung gegen das *Visiting Forces Agreement* zwischen den USA und den Philippinen. In einer Unterschriftenaktion wurden 800 000 Unterschriften gesammelt, um die Senatoren davon abzuhalten, für dieses Abkommen zu stimmen, das von führenden Vertretern der katholischen Kirche als „Untergrabung unserer nationalen Würde und unserer Souveränität" gesehen wurde. Die Kampagne diente auch dazu, die Mißstände der amerikanischen Kolonialherrschaft und ihrer militärischen Präsenz anzuprangern[10].

Die wiederholten öffentlichen Interventionen der Hierarchie stärkten das Ansehen der Kirche. Sah man doch dadurch in ihr eine Instanz, die fähig war, die Achtung der Menschenrechte zu garantieren, zur Demokratisierung des öffentlichen Lebens beizutragen und die Bevölkerung gegen soziale Ungerechtigkeiten zu verteidigen. Der am 1. Dezember 1998 von den Bischöfen zur Erinnerung an den 50. Jahrestag der Menschenrechtserklärung veröffentlichte Pastoralbrief zählte eine ganze Reihe täglich vorkommender Verletzungen der elementarsten Menschenrechte auf und wandte sich entschieden gegen jede Form von Betrug, gegen Korruption in Regierungskreisen, gegen die Unfähigkeit einer schlecht arbeitenden Justiz und die Minderung der Rechte der Arbeiter[11]. Klar und deutlich forderte der Text einen wirklichen Rechtsschutz, ohne Ansehen der Person, die Anwendung der vom Gesetz vorgesehenen Strafen und eine Agrarreform, die den Landenteignungen ein Ende machen und die landwirtschaftliche Nutzung des Bodens garantieren sollte. Was die heikle Frage des Grundbesitzes betraf, so konnte die philippinische Kirche mit der Unterstützung Roms rechnen, das in einer Erklärung eindeutig die Bedingungen für den Privatbesitz von Grund- und Boden festgelegt hatte[12].

Das Engagement im politischen, sozialen oder auch kulturellen Bereich ebenso wie der erklärte Wille mancher Bischöfe – besonders Bischof Quevedo von Nueva Segovia und Bischof Jimenez von Pagadian –, die Einrichtung kirchlicher Basisgemeinden möglichst schnell voranzutreiben[13], läßt das Ausmaß der innerkirchlichen Veränderungen in den letz-

---

[9] So war beispielsweise zu lesen: „Mindanao: nach der Befreiung von Pater Benedetti (italienischer Missionar des PIME) fragt man sich, wer seine Entführer wirklich waren" (EDA 276 vom 1. Dez. 1998).

[10] „Die Tatsache ist jedoch unumstritten, daß die Militärpräsenz der USA unsere nationale Sicherheit gefährdete, den Ruin unserer Wirtschaft verursachte, unsere Umwelt veränderte und unzähligen Frauen und Kindern die Würde raubte. Die Militärvereinbarung stellt eine enttäuschende, anormale und ungerechte Maßnahme zwischen zwei souveränen Nationen dar. Sie sieht Sonderprivilegien für nur temporär stationierte Streitkräfte vor, und unser Land erhält dafür nur Sicherheitsversprechungen, die in den Bestimmungen der Militärvereinbarung nicht enthalten sind (…). Wir können nicht tolerieren, daß die Kinder dieser und künftiger Generationen dasselbe erdulden müssen, wie unsere Ahnen. Wir sind gegen die Militärvereinbarung, weil wir fest davon überzeugt sind, daß sie die Integrität der Geschöpfe Gottes zerstört" (Internationaler Fidesdienst 4131 [19. März 1999] ND 171).

[11] EDA 277 vom 16. Dez. 1998.

[12] Der Schuldenerlaß für Länder der dritten Welt und die Agrarreform stehen an erster Stelle der von Rom mit Nachdruck zur Feier des Heiligen Jahres 2000 empfohlenen Maßnahmen. Vgl. zur Agrarreform die Erklärung des päpstlichen Rates „Justitia et Pax" unter Vorsitz von Roger Kardinal Etchegaray vom 23. November 1997.

[13] „Die Basisgemeinden umfassen kleine Gruppen von Christen, einige Familien – 20 oder 25, manchmal bis zu

ten 50 Jahren erahnen. Sicher führte der von der philippinischen Bischofskonferenz als Antwort auf die *Lineamenta* der Asiensynode (1998) verfaßte Text eine Liste negativer Aspekte auf, die belegen, daß manche alten Schwächen weiter bestanden. Aber er war auch Ausdruck des Willens, allem Triumphalismus ein Ende zu bereiten, die für die Gesellschaften und Kulturen Asiens typischen Gegebenheiten zu berücksichtigen, einen Dialog mit dem Islam, ungeachtet des plötzlichen Anstiegs fundamentalistischer Tendenzen, aufzunehmen, endlich vom Stadium der Absichtserklärungen zur Verwirklichung der Inkulturation überzugehen und die „Option Christi für die Armen" in die Tat umzusetzen. Der Text zeigt, wie die Kirche ihre künftige Sendung verstand: „Die Kirche, ihr Klerus, ihre Institutionen vermitteln ein Bild von Reichtum, ein elitäres Bild (…). Die prophetische Stimme der Kirche ist kraftlos geworden, da zwischen dem, was sie predigt, und dem, wovon sie Zeugnis ablegt, kein Zusammenhang mehr besteht"[14].

Der traditionelle Protestantismus, der sich in der *Iglesia Unida de Cristo* (*United Church of Christ in the Philippines* = *UCCP*) zusammenschloß, arbeitete besonders auf dem sozialen Sektor mit der katholischen und der anglikanischen Kirche im *Nationalen Philippinischen Kirchenrat* zusammen. Obwohl Präsident Ramos (1992–1998) ein Mitglied der Vereinten Kirche war, waren seine Beziehungen zum Kirchenrat gespannt, weil er die Oligarchie unterstützte und sich für die Entwicklung der Megalopole Manila auf Kosten der ärmeren ländlichen Gebiete entschied, die seitdem vernachlässigt wurden und von massiver Landflucht bedroht blieben. Innerhalb des philippinischen Christentums machen sich heute starke charismatische Strömungen breit, wie *El Shaddai* in der katholischen und *Jesus in Lord* in der protestantischen Kirche. Obwohl diese charismatischen Bewegungen viel von Erleuchtung und offensichtlich kaum von Politik sprechen, engagierten sie sich dennoch im Präsidentschaftswahlkampf im Mai 1998 sehr stark zugunsten von José de Venecia. Dieser war auch der Kandidat des Präsidenten Ramos, an den er die Macht weitergeben wollte. Ihre Hoffnungen sollten jedoch enttäuscht werden: gewählt wurde ein ehemaliger populärer Filmschauspieler, Joseph Estrada, der auch mit der Opposition der katholischen Hierarchie rechnen mußte[15].

So fand die politische Enttäuschung des philippinischen Volkes in einem Land, in dem man vor der Wirtschaftskrise des asiatischen Kontinents einen der „Wirtschaftstiger" der Region sah, Ende der 90er Jahre ihren Widerhall in einer religiösen Unruhe, die zu einer Neubestimmung der Rolle der Kirchen führte.

---

50 –, die zusammenkommen, um gemeinsam zu beten, über die Heilige Schrift nachzudenken und sich über ihr Verständnis darüber auszutauschen. Sie diskutieren über alles: über chemische Düngemittel, die steigenden Preise der Grundnahrungsmittel, die notwendigen Reparaturen an der Straße, die zur Stadt führt … Sie treffen sich einmal die Woche abends für ungefähr eine Stunde", Begegnung mit Erzbischof Orlando Quevedo von Nueva Segovia, in: La Vie 2760 (23. Juli 1998) 67; zum gleichen Thema siehe den Internationalen Fidesdienst 4086 (1. Mai 1998) ND 328.

[14] Philippines. La réponse de la Conférence épiscopale aux lineamenta, in: EDA, Dossiers et documents 9 (Nov. 1997), Supplement Nr. 253, Zitat auf S. 31.

[15] Bulletin ENI (=Nouvelles oecuméniques internationales du COE/internationale ökumenische Nachrichten des ÖRK) 9 (13. Mai 1998) 17 f.

II. Ein christliches, mehrheitlich protestantisches Ozeanien

Mit dem Südpazifik treten wir in jenen geographischen Raum ein, den man gemeinhin Ozeanien nennt. Es ist dies eine bequeme Art zur Bezeichnung von mehr als 28 Millionen Menschen, die zur Hälfte auf einem Kontinent, nämlich Australien, leben, zur Hälfte auf große Inseln und einer Vielzahl kleiner Inselchen, die auf einem Areal von 6 Millionen km² verstreut liegen. Im Gegensatz zu den Philippinen sind die meisten der hier lebenden Menschen Protestanten. Der Grund dafür liegt in der intensiven Missionierungsarbeit britischer und amerikanischer Missionsgesellschaften in einem geopolitischen Kontext, der, außer in den von Frankreich kontrollierten Gebieten, für sie günstig war[16].

Kirchenstatistiken des Südpazifik aus dem Jahre 1986[17]

Land	Regierung	Bevölke-rung	Christen	davon Katholiken	andere Religionen
Australien	Konstitutionelle Monarchie	15 700 000	84 %	30,6 %	
Fidschi-Inseln	Republik	734 000	52,9 %	10 %	Hindu 38 % Islam 7,8 %
Kiribati	Republik	70 000	95 %	52 %	Baha'i 3 %
Nauru	Republik	8 000	80 %	24 %	„chinesische Religionen"
Neu-Kaledonien	französisches Überseegebiet	150 000	90 %	62 %	
Neuseeland	Konstitutionelle Monarchie	3 200 000	91 %	18,7 %	
Papua-Neuguinea	Konstitutionelle Monarchie	3 600 000	96 %	33 %	ursprüngl. Religionen 2,5 %
Franz. Polynesien	französisches Überseegebiet	192 000	90 %	40 %	Mormonen 3,5 %
Salomon-Inseln	Konstitutionelle Monarchie	310 000	96,7 %	19,2 %	ursprüngl. Religionen 4 %
Samoa	Konstitutionelle Monarchie	163 000	98 %	21 %	Baha'i
Tonga	Konstitutionelle Monarchie	96 000	98,5 %	18 %	Baha'i
Tuvalu	Konstitutionelle Monarchie	9 000	95 %	2 %	
Vanuatu (ehem. Neue Hebriden)	Republik	155 000	94,8 %	17 %	ursprüngl. Religionen 4,8 %

---

[16] Die religiösen und politischen Interessen Frankreichs und Großbritanniens überschnitten sich manchmal örtlich so stark, daß es zu heftigen Polemiken kam.
[17] Die dem L'État des religions dans le monde, La Découverte-le Cerf 1987, dem Atlas statistique, 1990, sowie der Encyclopedia Universalis entnommenen Zahlen sind unter den üblichen Vorbehalten zu betrachten.

Die Verantwortlichen in dieser Region geben gerne zu, daß in vielen Punkten Unterschiede bestehen:

„Wir sind Polynesier, Mikronesier, Asiaten, Europäer und Indios. Wir sprechen mehr als 100 verschiedene Sprachen. Wir bilden 21 verschiedene politische Staatsgebilde und haben verschiedene Herrschaftsformen, von Monarchien über Kolonien und Republiken bis hin zu Mandatsgebieten. Manche von uns leben in riesigen hochentwickelten Ländern, andere in winzigen Ländern mit einer Mikrowirtschaft, Mikrokulturen und nur geringer Bevölkerung. Die geographische Lage ist unser gemeinsamer Bezugpunkt. Leben wir doch alle im Südpazifik, der unser Fortbewegungsmittel und unsere Existenzgrundlage darstellt"[18].

Es handelt sich also um ein uneinheitliches Ganzes, in dem der Ozean zugleich zur Isolierung beiträgt und von alters her die einzige Möglichkeit darstellt, Handel zu treiben und Kontakte zu knüpfen. Das Ergebnis sind oft frappierende Kontraste, die der Direktor des Fidesdienstes anläßlich der Eröffnung der katholischen Synode für Ozeanien am 22. November 1990 in folgenden Bildern zusammenfaßte:

„Die Morgenröte des dritten Jahrtausends wird als erstes Ozeanien erleuchten. Der zu Greenwich antipodisch liegende 180. Längengrad teilt den Pazifik in zwei gleiche Teile und kennzeichnet den Punkt, an dem die Menschen die Tage zu zählen beginnen. Doch ein Teil dieses immensen wasserreichen Kontinents, auf der anderen Seite des 180. Längengrades, wird eine gesamte Drehung der Erde lang warten müssen und wird als letzter den ersten Tag des Jahres 2000 feiern. Die Metapher vom Ersten und vom Letzten umschreibt diesen Kontinent unter allen Gesichtspunkten: es gibt modernste Städte neben einfachsten Hütten und „primitiven" Lebensweisen; fortschrittlichste Technologien werden fast mit Gewalt einer vorindustriellen Welt aufgedrängt"[19].

Der Text wird durch eine bedrückende Aufzählung veranschaulicht: das massive und aggressive Eindringen des internationalen Tourismus in dieses Gebiet, die wahrscheinliche Errichtung einer japanischen Start- und Landebahn für Raum-Shuttles auf einer Insel des Staates Kiribati, wo auf 10 000 Einwohner 2 Ärzte kommen, die Ausbeutung riesiger Rohstoffvorkommen (das Gold der Fidschi-Inseln, die Erze der Cook-Inseln, das Kupfer auf Bougainville, usw.) durch multinationale Konzerne, die allein davon profitieren, die Inbeschlagnahme der Meeresressourcen für fremde (vor allem japanische) Interessen, die Umwandlung von Inseln, die gestern der westlichen Welt als Straflager dienten, in nukleare Abfallkörbe usw. Dies aber bedeutet, daß Ozeanien, wenn es auch zur Zeit des Rückzugs der Kolonialmächte keine Konflikte wie das benachbarte Asien durchzustehen hatte[20], sich doch nichtsdestoweniger dem Schock einer Entwicklung ausgesetzt sieht, die den Völkern und Kulturen Gewalt antut. Die kleinen Staaten stehen diesem Phänomen besonders wehrlos gegenüber. Die Kirchen Ozeaniens sind schließlich die Einzigen, deren Stimme auf internationaler Ebene noch Gehör finden kann.

---

[18] Vortrag des Kardinalerzbischofs Thomas S. Williams von Wellington vor dem Weltverband der katholischen Frauenorganisationen in Hamilton Neuseeland (DC Nr. 2071 vom 2. Mai 1993).

[19] B. CERVELLERA, Leitartikel im Dossier *Ozeanien* des Internationalen Fidesdienstes 4115 (13. Nov. 1998) ND 796.

[20] Zwar fehlte es durchaus nicht an Krisen und Konflikten, die manchmal sogar zu Bürgerkriegen führten. Aber die Entfernungen und die Tatsache, daß es nicht um Einsätze in internationalen Beziehungen ging, erklären das Desinteresse der Medien, solange keine westlichen Länder (wie Frankreich in Neukaledonien oder Tahiti) darin verwickelt waren.

Von seiten der katholischen Kirche sorgte das Zusammentreten eincr Synode (oder Sonderversammlung) für Ozeanien vom 22. November bis zum 12. Dezember 1998 in Rom dafür, daß ungeachtet aller Unterschiede zwischen Reich und Arm, aller graduellen Verschiedenheiten in der wirtschaftlichen, sozialen oder religiösen Entwicklung und ungeachtet der Bevölkerungsvielfalt doch dieses geopolitische Gebilde als Ganzes in den Blick genommen wurde. Die durch die Schaffung von vier regionalen Bischofskonferenzen (Australische und Neuseeländische Bischofskonferenz, sowie Bischofskonferenz des Pazifik oder CEPAC und Bischofskonferenz von Papua-Neuguinea und den Salomon-Inseln[21]) vorbereitete Zusammenarbeit nahm zunächst 1994 durch die Gründung eines Verbandes der katholischen Bischofskonferenzen Ozeaniens (*Federation of Catholic Bishops Conferences of Oceania = FCBCO*) Gestalt an. Anläßlich der Bischofssynodc in Rom bot sich dann die Gelegenheit, diese Solidarität unter Beweis zu stellen, nicht ohne daß es dabei zu Konfrontationen gekommen wäre, die „praktisch unvereinbare" Gegensätze im Verständnis der Moderne und dem Zugang zu ihr offenbar werden ließen. Sie enthüllten Divergenzen, die weit grundlegender waren als jene, die durch die unglaubliche Vielfalt des örtlichen Kontexts bedingt waren, und die bezüglich pastoraler Entscheidungen zeigten, daß es in der ganzen Welt, über alle Längen- und Breitengrade hinweg, in den großen Kirchen verwandte Diskussionen gibt. Ohne Frage resultierten sie auch aus der Schwierigkeit, eine gemeinsame Sprache zwischen Ortskirchen zu finden, die sich durch ihre Geschichte und ihre heutige Lage so stark voneinander unterschieden. Der in der Eröffnungssitzung von Erzbischof Barry James Hickey von Perth in Anwesenheit von Johannes Paul II. vorgelegte Bericht faßte diese Spannungen zusammen, indem er zwei gegensätzliche Haltungen der Katholiken Ozeaniens beschrieb:

„Eine Gruppe schlägt vor, daß wir uns mit der Modernität anfreunden, daß die Kirche die in unserer modernen Zeit vorhandenen positiven Werte suchen solle, nämlich die Betonung der Menschenrechte, die Ablehnung undemokratischer Regierungsformen, den Wunsch nach Überwindung der Armut, die Kampagne gegen Terrorismus und Folter, den Vorstoß zugunsten allgemeiner Schulbildung, die Forderung nach qualitativ hochstehender ärztlicher Behandlung, den Umweltschutz und die Mindestlöhne, die es jedem ermöglichen sollen, einigermaßen anständig zu leben"[22].

Nach dieser Darlegung in Form eines Aktionsprogramms scheute sich der Berichterstatter auch nicht, brennende Fragen vor dem Papst anzuschneiden: „Diese Gruppe geht noch weiter. Sie hätte gerne, daß die Kirche die Art und Weise änderte, in der sie moralische Urteile über die moderne Entwicklung abgibt, wie zum Beispiel über zahlreiche, immer wieder auftauchende bioethische Fragen …". Er thematisierte ferner das moralische Dilemma, mit dem sich die Leute konfrontiert sähen, besonders hinsichtlich der Verurteilung der Empfängnisverhütung, um zu zeigen, daß diese Gruppe eine „Dezentralisierung der Macht und der Entscheidungsfindung" ebenso forderte, wie daß „moralische Wertungen dem Urteil des Einzelnen zu überlassen seien".

Des weiteren zeigte der Bericht aber auch, daß es noch eine andere Gruppe in der katho-

---

[21] 1974 für die kleinen Pazifikinseln (*Conferentia Episcopalis Pacifici* oder CEPAC, die 1974 in Suva auf den Fidschi Inseln tagte) und 1983 für Papua-Neuguinea und die Salomon-Inseln.

[22] L'Océanie, mosaïque de cultures ouvertes à l'Évangile, Bericht mit anschließender Diskussion von Erzbischof Barry James Hickey auf der Ozeaniensynode in Rom am 23. Nov. 1998, in: Documentation catholique 2195 (3. Jan. 1999) 21–30, Zitat auf S. 26.

lischen Kirche gibt, die darauf besteht, daß diese ihre moralische Autorität einsetzt, damit ihre Gläubigen nicht durch falsche Versprechungen von Modernität getäuscht werden; logischerweise verurteilte diese Gruppe die destabilisierenden Auswirkungen der Empfängnisverhütung auf die Familien und forderte in Übereinstimmung mit der traditionellen Morallehre eine starke moralische Führung durch die Bischöfe.

Der erklärte Wille, hier keiner Frage auszuweichen, sprach für die Fähigkeit, strittige Probleme zu diskutieren und ohne Scheu öffentlich anzusprechen. Wie das 2. Vatikanische Konzil entwickelte auch diese Synode eine Eigendynamik, deren Auswirkungen den von der römischen Führungsspitze vorgezeichneten Rahmen bei weitem überschritten. Das vom Bulletin des Fidesdienstes zu Ende der Synode abgegebene kritische Urteil zeigte, daß der Verlauf der Versammlung nicht den Erwartungen Roms entsprach, ohne jedoch die Gründe für diese Wertung offen darzulegen. Hinter der Kritik, die Führer der Ortskirchen hätten zuviel Zeit darauf verwandt, sich selbst zu prüfen anstatt in die Zukunft zu blicken, konnte man auch erkennen, daß die Ansichten über den beabsichtigten Verlauf der Diskussionen weit auseinander gingen.

Eine weitere, noch nicht dagewesene Initiative, diesmal aus ökumenischer Sicht, bestand darin, daß sich die protestantischen und katholischen Kirchen Mikronesiens, Melanesiens und Polynesiens darum bemühten, ihre Konflikte in den Griff zu bekommen und ihrer Rivalitäten zu überwinden, indem sie ein gemeinsames Organ, den *Pacific Council of Churches* (*PCC*), mit Sitz in Suva (auf den Fidschi-Inseln) schufen, dem 31 Kirchen und Kirchenräte des Südpazifik angehörten.

III. Australien und Neuseeland: Ein Stück Abendland im ostpazifischen Raum

Im pazifischen Bereich sind zwei Länder herauszuheben, die zwar geographisch gesehen dazu gehören, aber von ihrer Geschichte her lange mit Großbritannien und Europa verbunden waren: Australien und Neuseeland. Beide wurden von Einwanderern, die ihre Gesellschaft, ihre Kultur und ihren Glauben mitbrachten, zu einem Stück Europa im Pazifik gemacht. Sie sind mehrheitlich christlich, wobei ihre konfessionelle Gliederung ein Spiegelbild der aufeinanderfolgenden Einwanderungswellen und des demographischen Verhaltens ist. Wenn auch heute noch Protestanten und Anglikaner am zahlreichsten vertreten sind, so ist doch die Zahl der Katholiken im letzten halben Jahrhundert in Australien merklich gestiegen, auch die Orthodoxen konnten ihren Anteil an der Bevölkerung auf 3 % steigern. Diese Veränderungen waren die Folge neuer Einwanderungswellen aus Ländern wie Italien, Griechenland und aus Osteuropa in den Jahren nach 1945. Bei einer Zählung der Kirchgänger im Jahre 1991 konnte die katholische Kirche mit 27,3 % von 17 Millionen Einwohnern die größte Zahl von Gläubigen aufweisen, gefolgt von der anglikanischen Kirche mit 23,9 % und den anderen protestantischen Kirchen. In Neuseeland, wo sich 91 % der Bevölkerung als christlich und ungefähr 70 % davon als protestantisch bezeichnen, erscheint der Anteil der einzelnen christlichen Kirchen an der Gesamtbevölkerung ziemlich stabil, doch ist überall eine unverkennbare Tendenz zu wachsender Gleichgültigkeit gegenüber den Kirchen festzustellen. So stellt beispielsweise in Neuseeland „die Lösung von jeglicher religiöser Bindung die wichtigste Herausforderung für die Kirchen dar:

Von 1991 bis 1996 ging die Zahl der Katholiken um 5, 1 % zurück und die der christlichen Konfessionen insgesamt um 10%; mehr und mehr Leute erklärten, sie hätten keine Religion"[23].

Ähnliche Beobachtungen lassen sich auch für den angelsächsischen Bereich treffen. Hier galten die Kirchen in Ozeanien lange Zeit für gesunde Ableger der Kirchen im Mutterland, die einen starken Einfluß auf das gesellschaftliche Leben ausübten und von Vitalität nur so strotzten. Aber ab den 60er Jahren wurden auch hier wie in den westlichen Industriegesellschaften die Auswirkungen einer Säkularisierung spürbar, die den Einfluß der traditionellen Kirchen mehr und mehr reduzierte. In der katholischen Kirche sind dafür die klassischen Symptome: Rückgang des Kirchenbesuchs und der Klostereintritte, Laisierung von Klerikern, eine allmähliche Verselbständigung des einzelnen gegenüber der Hierarchie und der Lehre der Kirche, und zwar nicht nur bezüglich der Sexualmoral. Die Diskussionen auf der Synode Ozeaniens (1998) haben den Spannungen, die sich aus dieser Entwicklung in den katholischen Kirchen Australiens und Neuseelands ergaben, einen wichtigen, in den Augen der römischen Amtskirche freilich übermäßigen, Platz eingeräumt[24]. Die aufgeworfenen Fragen stimmen mit den Problemen der westlichen Kirchen überein: das Verhältnis zwischen Priestern und Laien in einer Zeit, in der sich immer weniger Menschen zum Priestertum berufen fühlen, das Festhalten an der untergeordneten Stellung der Frau, die Beziehung der Ortskirchen zu Rom, die erzwungene Verpflichtung des Klerus zum Zölibat. Wie anderswo auch hat die katholische Kirche nicht nur ihre Erziehungs- und Wohlfahrtseinrichtungen aufrechterhalten, sondern sich auch bemüht, deren spezifisch katholische Ausrichtung zu unterstreichen und stärker abzusichern, und sich etwa für die Schulen in Neuseeland erfolgreich um den Erhalt staatlicher Subventionen bemühte. 1995 besuchten 263031 Schüler die höheren Schulen Australiens und 23179 diejenigen Neuseelands. Zeitlich versetzt im Verhältnis zum Okzident traf hier die Säkularisierung auf eine freilich noch immer sehr intensive seelsorgerische Versorgung: In Australien kamen 1995 auf einen Priester 1474 Katholiken, in Neuseeland 795.

In einer Gesellschaft, die ihnen mehr und mehr entglitt, mußten die katholischen Kirchen nicht nur mit dem Proselytismus der protestantischen Erweckungsbewegungen rechnen, sondern auch mit der Ankunft neuer religiöser Gruppen, die in ihren Augen Sekten waren, sowie jüngst noch mit den Erfolgen des *New Age*. Auf ihre institutionelle Schwächung reagierten sie mit inneren Reformen und einem gesteigerten Engagement im öffentlichen Leben. Mehr als anderswo hat hier das postkonziliare Klima den ökumenischen Dialog begünstigt und zu konzertierten Aktionen im sozialen Bereich geführt. Die Verschlechterung der Wirtschaftskonjunktur Ende der 80er Jahre, mit ihrem plötzlichen Anstieg der Arbeitslosenzahlen und der Verarmung eines Teils der Bevölkerung, hat die Kirchen darin bestärkt, in die großen politischen Diskussionen einzugreifen[25]. Dabei enga-

---

[23] Internationaler Fidesdienst 4115 (13. Nov. 1998) ND 796.

[24] Der Direktor des Fidesdienstes, Bernardo Cervellera, veröffentlichte zum Ausgang der Synode einen ungewöhnlich kritischen Leitartikel. Er bedauerte bei den Teilnehmern die „eingeschränkte Vision der Dinge" und lastete sie der Tatsache an, daß die durch große Entfernungen voneinander getrennt lebenden Bischöfe kaum Erfahrung mit Begegnungen hätten. Aber unter dem Deckmantel, den Klerikalismus anzuprangern, richtete sich die Kritik ausdrücklich gegen die Intervention von Nonnen, die „mehr Raum für die Ausübung pastoraler Verantwortung" für sich forderten, und die Debatte um den priesterlichen Zölibat (Internationaler Fidesdienst 4119 [11. Dez. 1998] ND 872).

[25] Manche kirchlichen Einschätzungen der Lage rückten um die Jahrtausendwende von ihrem Optimismus ab und

gierten sie sich vor allem in vier besonders problematischen Bereichen: der Solidarität mit den Minderheiten, ob Aborigines oder Maori, der Unterstützung frisch Eingewanderter, der Bioethik und dem Kampf gegen Atomwaffen.

Die Rechte der ethnischen Minderheiten stehen in beiden Staaten im Mittelpunkt des politischen Lebens. Angesichts einer Politik der Ausgrenzung und langsamen Ausrottung stellten die Missionare lange Zeit ihre wichtigste Zuflucht dar. In Australien haben 360000 Aborigines (1998) diese Entwicklung überlebt. Nachdem man ihnen 1967 endlich die australische Staatsangehörigkeit zuerkannt hatte, kamen sie 1976 in den Genuß einer Landrechtsgesetzgebung, die ihnen offiziell die Hoheitsgewalt über den Besitz bestimmter Ländereien in drei Staaten bestätigte. Die Rolle der Kirchen bei dieser Bewußtwerdung führte damals zu einem immer stärkeren großflächigen Engagement. Die Katholiken zogen etwas später nach, da sie sich erst nach der Rede Pauls VI. vor den Aborigines in Sydney 1970 zugunsten einer Neuverteilung des Landes und der Achtung vor der Kultur der Ureinwohner einsetzten. Mit der Weihe des ersten katholischen Aborigines-Priesters im Jahre 1976 nahm diese Tendenz zur Förderung autochthoner Bevölkerungsschichten konkretere Gestalt an. Auf protestantischer Seite wirkte der Besuch einer Delegation des Ökumenischen Kirchenrates im Anschluß an die Weltmissionskonferenz in Melbourne im Jahre 1980 wie ein Katalysator, so daß es zu einer ökumenischen Aktion im protestantischen Rahmen kam. Als die 7. Vollversammlung des Ökumenischen Kirchenrates im Februar 1991 in Canberra zusammentrat, wurde eine Erklärung über die Ureinwohner und ihre Landrechte abgegeben und die Kirchen speziell aufgefordert, Druck auf die Regierungen und internationalen Organisationen auszuüben, damit sie die Forderungen dieser Völker nach Souveränität und Selbstbestimmung unterstützten[26]. Am 8. Juli 1998 setzte dann die Annahme eines neuen Gesetzes im australischen Senat der Diskussion zumindest vorläufig ein Ende. Es billigte den Vorschlag der konservativen Regierung, das Recht der Aborigines auf die von ihnen geforderten Ländereien soweit einzuschränken, daß die Viehzüchter und Bergwerksgesellschaften zufriedengestellt waren.

Die Lage der 250000 Maori in Neuseeland war sicher weniger katastrophal, aber das Besitzrecht der einzelnen Stämme an ihrem Land, das für sie einer körperlichen Verbindung mit ihren Ahnen und einem unentbehrlichen Pfeiler ihrer Kultur gleichkam, war durch eine Gesetzgebung westlicher Prägung gefährdet. Wie in Australien solidarisierten sich auch in Neuseeland die Kirchen in den 70er Jahren auf Anregung des anglikanischen Erzbischofs Paul Reeves und des Kardinals Thomas Stafford Williams mit dem Kampf der Maori für eine Anerkennung ihrer Rechte. Sie waren es auch, die eine Kampagne für die Revision des Vertrags von Waitangi – der 1840 die britische Oberherrschaft über die Maori

---

äußerten ihr Unbehagen am australischen Mythos: „Auf der größten Insel der Welt wird das Jahr 2000 vor allem wegen der dort stattfindenden Olympiade in aller Munde sein. Sydney, die Stadt, in der die Spiele stattfinden werden, und das ganze Land bereiten sich mit dem traditionellen Optimismus des *Crocodile Dundee* auf das Ereignis vor. Doch das Jahr 2000 ist auch Anlaß zur Sorge. Im Laufe des letzten Jahrzehnts hat sich das australische Image von Gleichheit und Wohlstand abgenutzt: die Arbeitslosenzahlen steigen, Gesundheitswesen und Universitäten wurden privatisiert; 13% der Bevölkerung lebt unterhalb der Armutsgrenze; es gibt immer mehr Selbstmorde (200000 Selbstmordversuche im Jahr, 2000 Tote, meist Jugendliche); es wird versucht ein Euthanasiegesetz einzuführen und es gibt ethnische Konflikte zwischen Europäern, Asiaten und Aborigines" (Internationaler Fidesdienst 4115 [3. Nov. 1998] ND 796).

[26] M. WESTPHAL (Hrsg.), Signes de l'Esprit, offizieller Bericht von der 7. Versammlung des ÖKR, Genf 1991, 243–245.

begründet hatte – ins Leben riefen und durchsetzten. Dadurch gelangten die Maori wieder in den Besitz des größten Teils der Bodenschätze im Norden des Landes. Während die anglikanische Kirche ein Maori-Bistum und die presbyterianische Kirche eine Maori-Synode schufen, beschränkte sich die katholische Kirche darauf, ihnen den Status eines eigenständigen Missionslandes zuzugestehen.

Wie wirksam die Zusammenarbeit zwischen den Kirchen sein konnte, zeigte sich, als in Australien Zehntausende von Flüchtlingen – hauptsächlich aus Südostasien in der Zeit zwischen 1975 und 1986 – und in Neuseeland einige Tausend aufgenommen wurden. Es entstand ein leistungsfähiges Netz von Vereinen und Institutionen, um die Unterbringung und später die Ansiedlung dieser Menschen in Zusammenarbeit mit dem Hochkommissariat der Vereinten Nationen für Flüchtlingsfragen und den einzelnen Regierungen sicherzustellen, und dies, obwohl de facto eine Trennung zwischen Kirche und Staat bestand. Auch im Bereich der Bioethik verfolgten die Kirchen insofern gemeinsame Interessen, als ihnen allen an einer Gesetzgebung zur Vorbeugung möglicher Fehlentwicklungen im Zusammenhang mit den neuen Fortpflanzungs- und künstlichen Befruchtungstechniken gelegen war. Schließlich wurde die rasche Vermehrung und Verbreitung von Atomwaffen von allen Kirchen angeprangert. Besonders aktiv waren in dieser Hinsicht die neuseeländischen Kirchen, die sich seit Mitte der 80er Jahre bis 1996 an Kampagnen zugunsten eines atomwaffenfreien Pazifik beteiligten und daher gegen weitere französische Atomwaffenversuche protestierten.

Sobald es sich jedoch um Fragen wie Feminismus, Scheidung (mit etwa gleichhohen Raten bei Katholiken wie Protestanten) oder Sexualmoral handelte, traten die konfessionellen Gegensätze immer noch deutlich zu Tage. In ihren offiziellen Stellungnahmen blieb die katholische Kirche der römischen Linie treu. Zwar räumt sie heute den Frauen mehr Platz innerhalb der kirchlichen Institutionen ein, doch behält sie den Zugang zum geistlichen Amt den Männern vor, läßt also Frauen auch nicht zum Diakonat zu, wie dies in der anglikanischen Kirche Australiens seit 1986 der Brauch ist.

IV. Die unsichere Lage der kleinen Pazifikinseln

Neben diesen beiden regionalen Großmächten gibt es in Ozeanien noch Papua-Neuguinea (462 000 km^2), das zu arm und zu wenig bevölkert ist, um trotz seiner Bodenschätze eine größere Rolle zu spielen, sowie ein Dutzend kleinster Inselstaaten, von denen einige den USA (Mariannen- und Marshall-Inseln), andere als autonome Territorien Neuseeland assoziiert sind (Cook-Inseln, Niue), während wieder andere außerhalb Ozeaniens gelegenen Staaten zugehören (so Neukaledonien, Wallis, Futuna und Französisch-Polynesien zu Frankreich; Guam und Samoa zu den USA; die Oster-Insel zu Chile und Irian Jaya als Provinz zu Indonesien). Papua-Neuguinea war das letzte große Missionsgebiet in dieser Gegend. Seine Missionierung ist heute fast abgeschlossen, von der dort lebenden Bevölkerung sind inzwischen 58 % protestantisch und 34 % katholisch. Insgesamt gesehen hat die zu Beginn des 19. Jh. einsetzende Missionstätigkeit auf allen Inseln in relativ kurzer Zeit zur Ausbildung mehrheitlich, wenn nicht gar ausschließlich christlicher Gesellschaften geführt. Die Tätigkeit der verschiedenen Missionsgesellschaften unterschiedlichster Couleur und die Reaktionen der Ureinwohner auf diese Aktivitäten führten zu einen regelrechten konfessionellen Puzzle. Die ursprünglich von den Missionaren vielleicht gehegte Utopie gleichsam theokratischer Königreiche, die im Schatten der Missionsstationen und unter ihrem Einfluß leben würden, schwand rasch, als nach den Missionaren die Kolonialmächte auftauchten. Das Ende der Isolierung und jüngst der Ehrgeiz junger Staaten, ihre Unabhängigkeit zu beweisen, trugen endgültig dazu bei, das Verhältnis zwischen Gesellschaft und Religion neu auszubalancieren und zu definieren. Die staatlich anerkannten Kirchen müssen auch hier lernen, nicht nur einen Modus-vivendi mit den staatlichen Gewalten zu finden, sondern auch zurechtzukommen mit dem Proselytismus der Pfingstbewegungen, der Baha'i-Gemeinden, östlich inspirierter Religionen und des *New Age*. Als „Zeichen unserer Zeit" haben die vorbereitenden Texte zur Synode der katholischen Bischöfe Ozeaniens nicht nur oft die Konkurrenz beklagt, die der Kirche durch neue Autoritäten erwuchs, sondern auch die Tatsache, daß ihr immer weniger Mittel zur Verfügung stehen, um die seelsorgliche Versorgung der Bevölkerung, vor allem der Jugend und der Migranten, sicherzustellen. Sie unterstrichen, daß die Inseln auf Grund ihrer Einbindung in den regionalen und internationalen Handelsverkehr nicht länger unberührt von Veränderungen blieben. Auch hier bestehen die wichtigsten, von Rom definierten Ziele der katholischen Kirche künftig darin, eine Neu-Evangelisierung zu beginnen und die Inkulturation zu verwirklichen, um den als verderblich eingestuften Auswirkungen einer fortschreitenden Säkularisierung wie auch den Mißbräuchen einer freien Marktwirtschaft etwas entgegenzusetzen.

„Die Schwierigkeiten, mit denen sich die Evangelisierung konfrontiert sieht, sind nicht nur glaubens- sondern auch kulturbedingt. Wenn sich bei einem kulturellen Experiment die gesellschaftlichen Institutionen verändern, dann muß auch die Kirche diese Herausforderung annehmen. (…) Einige der wichtigsten gegenwärtig in der Gesellschaft stattfindenden Veränderungen, die für die Evangelisierung eine wahre Herausforderungen darstellen, sind: der wachsende Einfluß von Regierung und Wirtschaft auf das tägliche Leben; der übertriebene Impetus, der auf die Demokratie und die Entscheidungsfreiheit des einzelnen gelegt wird; die Mißbräuche der freien Marktwirtschaft; Philosophien liberaler oder individualistischer Ausrichtung; Druck, der auf Institutionen wie Heirat und Familie ausgeübt wird; ein fehlender Sinn für das Geistige; der negative Einfluß der Massenmedien auf individuelle oder gesellschaftliche Verhaltensweisen, usw."[27]

Die Kirchen verfügten in diesen Ländern über günstige Voraussetzungen für eine führende Stellung im Erziehungs- und Gesundheitswesen, da die Staaten selbst dieses nicht finanzieren konnten. Alle Kirchen, besonders aber die Protestanten, nahmen sehr aktiv Anteil an den Protesten gegen französische Atomwaffenversuche. Im *Pacific Council of Churches* zusammengeschlossen, protestieren sie auch weiterhin gegen die Ablagerung nuklearer Abfallstoffe auf den Atollen. Sie haben die Mehrheit der Eliten ebenso ausgebildet, wie die ersten politischen Führer Ozeaniens, ja manche davon gingen sogar direkt aus ihrer Führungsschicht hervor. Betrachtet man etwa die katholische Kirche, sieht man, daß die einzelnen christlichen Gemeinden noch 1995 ungewöhnlich lebendig waren, wenn man als Beleg dafür die religiöse Praxis und die zahlreichen Berufungen gelten lassen will, obwohl die geographische Streuung relativ kleiner Bevölkerungsgruppen Vergleiche natürlich erschwert. Der Klerus vermochte hier seinen bestimmenden Einfluß um so mehr zu wahren, als die Insellage die seelsorgliche Betreuung erleichtert und die Zahl der Priester manchmal alle Rekorde bricht: in den ungünstigsten Fällen (Französisch-Polynesien) kommen auf einen Priester 2600 Gläubige, in den günstigsten (Fidschi-Inseln, Tonga) 600 oder 700.

---

[27] Lineamenta, Rom 1997.

Aber hinter diesen Ziffern verbergen sich oft sehr unterschiedliche Realitäten. Sie sind auch deshalb nicht sehr aussagekräftig, weil manche kleinen Gruppen so verstreut leben, daß sie nur einige Male pro Jahr von einem Priester besucht werden können. Daraus erklärt sich auch, wieso manchmal die Verantwortung für ganze Gemeinden Katecheten anvertraut werden muß.

Die Stellung der Kirchen bedingte, daß ihnen in den großen Diskussionen und Krisen, die mehrere dieser Inseln erschütterten, eine besondere Verantwortung zukam. So sind im mehrheitlich protestantischen Papua-Neuguinea, das nicht nur von einer Sezessionsbewegung der (katholischen) Insel Bougainville, sondern auch von einer schweren wirtschaftlichen und politischen Krise erschüttert wird, die führenden Kirchenvertreter stark politisch engagiert. Nach der Rolle, die Pater Momis als Führer des Melanesischen Bundes spielte, stellten sich in den 90er Jahren die beiden Priester Robert Lak und Louis Ambane an die Spitze einer Bewegung, die den Kampf gegen die Korruption auf ihre Fahnen geschrieben hatte, und wurden ins Parlament gewählt. Katholische Vereine spielten eine aktive Rolle bei der Unterzeichnung eines Waffenstillstands am 30. April 1998 in Bougainville.

Anderswo variierten die Lösungen für anstehende Probleme oft deutlich entsprechend den Umständen und den konfessionellen und örtlichen Gegebenheiten. Dies läßt sich sehr gut am Beispiel Neukaledoniens aufzeigen. Die katholische Kirche Neukaledoniens, in der die Maristen immer noch einen Großteil des Klerus stellen, zog es vor, im Konflikt zwischen den nach Unabhängigkeit strebenden Kanaken und den an einer Union mit Frankreich festhaltenden *Caldoche* (den weißen Unabhängigkeitsgegnern) keine Stellung zu beziehen. Waren die ersten Führer der Unabhängigkeitsbewegung zumindest teilweise katholische Priester oder Seminaristen – wie Jean-Marie Tjibaou (1936–1989) oder F. Burck, der sein Nachfolger an der Spitze der Nationalen Befreiungsfront für ein Sozialistisches Kanaky (*Front de Libération National Kanak Socialiste* = *FLNKS*) wurde –, so kam es gerade durch ihr Engagement doch allmählich zum Bruch mit der katholischen Kirche, in der sie ursprünglich – im Sinne einer autochthonen Ablösung – die Nachfolge im Klerus antreten sollten, wobei sie vermehrt kritisierten, daß der Katholizismus zuwenig in den Bräuchen ihres Volkes verankert sei, deren Wert sie wiederentdeckt hatten und durch eine kulturelle Renaissance zu beleben suchten. Die protestantischen Kirchen, die von ihrer Geschichte her stärker mit der Welt der Kanaken verbunden waren und deren hiesige Mitglieder zu 86 % aus Kanaken bestanden, machten sich die Forderungen des *FLNKS* zu eigen und unterstützten seine Aktionen. 1979 sprach sich die Synode der Evangelikalen Kirche Neukaledoniens und der Loyalty-Inseln zugunsten einer Unabhängigkeit ihres Territoriums aus[28]. Die christlichen Kirchen, die 1988 – wenn auch über Vertreter, die nicht auf den Inseln ansässig waren – in die Verhandlungen miteinbezogen wurden, die zur Unterzeichnung des ersten Abkommens in Matignon führten, blieben wichtige Protagonisten auf dem Weg Neukaledoniens in die Unabhängigkeit, der durch die am 5. Mai 1998 in Noumea unterzeichnete Übereinkunft auf fünfzehn bis zwanzig Jahre vorprogrammiert ist.

Fast überall findet man ein ähnliches Engagement, besonders in Französisch-Polynesien oder in Vanuatu (Neue Hebriden), wo es 1995 zu Protesten der evangelikalen Kirche Französisch-Polynesiens anläßlich der Wiederaufnahme der Atomwaffenversuche kam. Es ist unbestreitbar, daß die meisten Unabhängigkeitsbewegungen aus den Erweckungskirchen

---

[28] Vgl. V. Kaemo, Pouvoirs et discours religieux. La prise de position de l'Église évangélique en Nouvelle-Calédonie et aux îles Loyauté en faveur de l'indépendance, Magisterarbeit masch., Universität Montpellier 1996.

hervorgingen[29]. Im übrigen haben der Protestantismus und jüngst auch der Katholizismus eine entscheidende Rolle bei der Erhaltung und Förderung der autochthonen Sprachen gespielt, die verschriftet und in Bibel und Liturgie verwandt wurden. Sie gaben auch den Anstoß zur Entwicklung übergreifender Beziehungen im ganzen Pazifikraum, indem sie durch die Schaffung überkirchlicher Institutionen ein gutes Beispiel für Konzentration und Zusammenarbeit boten.

Zum Schluß sollte man noch darauf hinweisen, daß der *PCC (Pacific Council of Churches)*, in Zusammenarbeit mit dem (protestantischen) *Pacific Theological College* und dem (katholischen) *Pacific Regional Seminary*, die beide ihren Sitz in Suva (Fidschi-Inseln) haben, wertvolle Beiträge zur Forschung und theologischen Ausbildung leistete. Auch hier wurden, wie in allen von westlichen Missionaren evangelisierten Ländern, Anstrengungen zur Kontextualisation des Evangeliums unternommen. „Den globalen Rahmen für theologische Überlegungen", schrieb Gilles Vidal, „gibt die Schöpfungslehre ab. Dies ist bezeichnend für ein Denken, das ständig vom Menschen zu seiner Umgebung, von der Natur zur Kultur hin- und her wechselt, die im übrigen beide gleich bedroht sind"[30]. So umfaßt ein traditioneller Maori-Begriff wie *fenua* (mit „Gebärmutter" oder „Bauch der Mutter" zu übersetzen) alles, was den Menschen, die Erde, das Meer und auch die Traditionen ausmacht. Die theologische Inkulturation verbindet ihn mit dem Gottesbegriff: Gott wird zu einer schützenden Muttergestalt. Ein solcher Gottesbegriff ergänzt und bereichert das Bild Gottvaters in der jüdisch-christlichen Tradition. Der Mensch Ozeaniens lebt in einem Kontext, in dem alle Lebensbereiche aufeinander bezogen sind. Bei seiner Begegnung mit der vom Okzident überkommenen technischen und wissenschaftlichen Welt entsteht deshalb ein Spannungszustand, da im westlichen Denken Schöpfung gleichbedeutend mit Trennung, Umwandlung gleichbedeutend mit Herrschaft ist. Die Theologen Ozeaniens beginnen darüber nachzudenken, wie man beide Welten so miteinander verknüpfen könnte, daß sie ihrer Traditionen und ihrer Würde nicht verlustig gehen und doch Zukunft und Freiheit eröffnen. Auf einem anderen Umweg als ihre lateinamerikanischen Vorgänger entdecken nun auch sie die Notwendigkeit einer Befreiungstheologie, die das besondere Vermächtnis ihrer eigenen Gesellschaft berücksichtigt und anhand eines Evangeliums neu überdenkt, das als Träger allgemeingültiger Werte ihre Völker mit der christlichen Weltgemeinde verbindet[31].

Bibliographie

Philippinen
M. Mangin, Les Philippines, Paris 1993.
J. M. de Mesa, Maginhawa – den Gott des Heils erfahren. Theologische Inkulturation auf den Philippinen (Theologie der Dritten Welt, Bd. 17), Freiburg 1992.
M. Verlet, Expression religieuse et mobilisation politique: parcours et enjeux philippins, in: Revue Tiers-Monde XXI, Nr. 123 (Juli–Sept. 1990)

---

[29] Vgl. Mission 83 (15. Mai 1998), 18–26, Dossier: „Polynésie: après le CEP quel cap?"; P. de Vries – H. Scur, Mururoa et nous, Lyon 1997, 127–137.
[30] G. Vidal, Le Pacific Theological College, in: Pacifique Sud. Du mythe du paradis au lendemain des peuples (= Cahiers de Mission 41 [1994]) 15.
[31] Vers une théologie issue des réalités du Pacifique. Le rôle des Églises et la formation théologique (Consultation théologique de Suva, Juli 1985), Suva 1986.

Ozeanien

D. Denoon, u. a. (Hrsg.), The Cambridge History of the Pacific Islanders, Cambridge 1997.

M. Ernst, Winds of Change. Rapidly Growing Religious Groups in the Pacific Islands, Suva 1994.

Ch. W. Forman, The Island Churches of the South Pacific. Emergence in the Twenteeth Century, Maryknoll (N.Y.) 1982.

J. Garrett, Where Nests were cast. Christianity in Oceania Since World War II, Genf – Suva 1997.

P. Hodée, Tahiti, 1834–1984. 150 ans de vie chrétienne en Église, Paris 1983.

J.-M. Kohler, Christianity in New Caledonia and the Loyality Islands, Paris 1980.

P. Monnier, Cents ans de mission. L'Église catholique au Vanuatu, Port Vila 1987.

P. O'Farrell, The Catholic Church in Australia. A short history: 1788–1967, London 1969.

Zeitschriften

East Asian Pastoral Review (Quezon City, Philippinen).

Melanesian Journal of Theology (Papua-Neuguinea).

The Pacific Journal of Theology (Fidschi-Inseln).

Schluß

Es ist ein vermessenes, vielleicht auch vergebliches Unterfangen, diesen Band, der sich mit der Geschichte des Christentums in den letzten Jahrzehnten des 20. Jahrhunderts beschäftigt, mit einer knappen Zusammenfassung auszuleiten. In der Tat steht es dem Historiker nicht zu, Aussagen über die Zukunft zu treffen. Seine Interpretation der unmittelbaren Gegenwart unterliegt mehr als jeder andere Zeitabschnitt der Korrektur. Möglich und wünschenswert ist es, im folgenden wenigstens einige Beobachtungen einzubringen.

Zunächst ist die ungemeine Vielfalt christlicher Erscheinungsformen in der heutigen Zeit festzustellen. Die Einteilung in römisch-katholische, orthodoxe und protestantische Kirchen vereinfacht eine weit komplexere und immer komplexer werdende Realität, die man die „Galaxie Jesus"[1] nennen könnte. Breit gefächert sind die protestantischen Gliedkirchen; die Welt der Orthodoxie erfährt eine wachsende Vielfalt, die über große Diasporabereiche noch zunimmt: fünf geschichtsträchtige Metropolien und 14 autokephale Kirchen (darunter neun Patriarchate).

Auch die römisch-katholische Kirche entspricht immer weniger dem lange Zeit vorherrschenden, seit dem Trienter Konzil und den Päpsten des 19. und 20. Jahrhunderts überkommenen Bild, das von der Dominanz einer zentralistischen Behörde und den überall gleichen Formen religiösen Lebens bestimmt ist. Die Jahre nach dem Zweiten Vatikanischen Konzil und die Krise der Kirche waren von dem Zusammenbruch eines einheitlichen römischen Katholizismus[2], von der „Auflösung des Katholizismus" nach dem Votum P. Bouyers, geprägt – bezogen auf eine Gesamtkultur und eine bestimmt Form der Machtausübung. Die Achtung vor dem römischen Primat kann nicht das Streben nach einem Ausgleich der Machtstrukturen und nach einem „gesunden Pluralismus innerhalb der Kirche"[3] verstellen. Ein kompetenter Kirchenrechtler schätzt, daß sich die Dezentralisierung „als Voraussetzung für das Überleben der Lokalkirchen"[4] durchsetzen wird.

Eine zweite Beobachtung betrifft die weltweite Ausbreitung des Christentums. Sie geht zwar auf den Beginn der Neuzeit zurück, aber das Gewicht der nichteuropäischen Kontinente (Amerika, Afrika, auch Asien) wird immer größer. Vor allem verlagert sich der Schwerpunkt des Christentums nach Süden – Afrika und Lateinamerika. Das Christentum muß nun in unterschiedlichen kulturellen Lebensräumen Gestalt annehmen. Diese Situation ist nicht neu, schon seit langer Zeit werden die Missionare damit konfrontiert, aber die Übertragung europäischer Frömmigkeitsformen ist nun endgültig vorbei. Das Bemühen

---

[1] Siehe dazu: É. POULAT, La Galaxie Jésus. Un Évangile et des Églises: deux millénaires d'expansion chrétienne, Paris 1994. Verwiesen sei auf den erhellenden Gesamtüberblick unter dem Titel „D'Orient en Occident".
[2] Siehe dazu: J. KOMONCHAK, in: La Réception de Vatican II, 119.
[3] Paul VALADIER, in: Études (Februar 1998), 228.
[4] René METZ, Histoire du droit et des institutions de l'Église en Occident, Bd. 18, Paris 1984, 579.

um die jetzt anerkannte Inkulturation bezeugt einen beachtlichen Wandel und öffnet den Weg für einen situationsbezogenen Pluralismus.

Schon seit mehreren Jahrzehnten wird in zahlreichen Veröffentlichungen die Frage nach der Zukunft des Christentums am Beginn des dritten Jahrtausends aufgeworfen. Es ist eine bekannte Tatsache, daß sich die christlichen Kirchen der Herausforderung durch die Säkularisierung zu stellen haben. Bekannt ist aber auch, daß diese Säkularisierung nicht eine Tatsache ist, die unvermeidlich zur Auflösung der Religion führt. Bevor man sich mit dieser bei vielen Publizisten beliebten Debatte aufhält, sollte man sich die Formulierung der Soziologin Danièle Hervieu-Léger zu eigen machen: Die Säkularisierung bedeutet gerade nicht den Verlust der Religion in der modernen Welt, sondern bezeichnet die Gesamtheit aller Prozesse zur Neuorientierung des Glaubens. Auch Émile Poulat konstatiert „nicht das Ende des Christentums, sondern [...] eines bestimmten Denkens"[5], wenngleich nicht bestritten werden soll, daß sich das Christentum im Verlauf der Geschichte in den unterschiedlichsten Gestalten verkörperte.

Diese Beobachtungen verweisen auf die Frage nach dem Prozeß der Veränderung in den christlichen Religionen und über die Art und Weise, wie diese Veränderung aufgenommen wird. Formen von Grundhaltungen, die sich in fundamentalistischen Strömungen, neuen Identitätsfindungen, Reform- oder Erweckungsbewegungen oder Frontstellungen äußern, können sicherlich nicht die ganze Wirklichkeit einfangen. Es kommt auch vor, daß ein Individuum mehrfach von einer Haltung zur andern wechselt. So hat ein Teil der reformfreudigen Konzilsväter auf dem Zweiten Vatikanischen Konzil inzwischen wieder eine konservative Position eingenommen.

Die Geschichte der römisch-katholischen Kirche in den Jahrzehnten nach dem Konzil wird beherrscht von einem Ausmaß an Veränderungen, die sowohl Frucht der konziliaren Reformen und der Krise der Kirche sind wie auch Bestätigung der Kontinuität. Wandel und Kontinuität könnte die Umschreibung sein, mit der das Leben jeder Institution in der Geschichte erhellt werden kann – allen voran der religiösen Institutionen, die sich auf grundlegende Traditionen ausrichten, anders gesagt: Die Veränderungen können die Kontinuitäten nicht überdecken. Die Gefahr für den Historiker besteht darin, daß er die Veränderungen zu stark herausstreicht oder die Kontinuitäten überschätzt, weil sie ihm einfach vertrauter sind. Eine weitere Gefahr ergibt sich daraus, daß der Bezug zur Tradition als Restauration interpretiert wird, obwohl etwas Neues entsteht. Ein Beispiel mag hier genügen: Eine beachtliche Veränderung kann als Folge der Säkularisierung das Ende eines bestimmten Verständnisses von Christentum sein. Angesichts der mit der Französischen Revolution begonnenen Krise hat sich der Katholizismus, obgleich nach eigenem Verständnis vollkommen und unveränderlich, darum bemüht, das traditionelle Christentum dort zu verteidigen, wo das Ancien Régime nicht erschüttert wurde, oder aber das Christentum in erneuerter Form zum Leben zu bringen. Dieser Hang zur Rückkehr zu einem erneuerten Christentum zieht sich von Beginn des 19. Jahrhunderts bis zu den 30er Jahren des 20. Jahrhunderts und darüber hinaus durch. Er ist nicht einmal für den römischen Katholizismus charakteristisch – man denke hier an bestimmte Strömungen im Luthertum und in der orthodoxen Kirche.

Heute analysiert eine hochstehende Persönlichkeit der Kurie wie der Johannes Paul II. nahestehende Kardinal Ratzinger die Zukunft des Christentums an der Jahrtausendwende

[5] E. POULAT, L'Ère post-chrétienne, Paris 1994, 306.

aus einer ganz anderen Perspektive. In den unter dem bezeichnenden Titel „Salz der Erde"[6] veröffentlichten Gesprächen urteilt er: „Möglicherweise steht uns eine anders geartete, neue Epoche der Kirchengeschichte bevor, in der das Christentum eher wieder im Senfkorn-Zeichen stehen wird, in scheinbar bedeutungslosen, geringen Gruppen, die aber doch intensiv gegen das Böse anleben und das Gute in die Welt hereintragen; die Gott hereinlassen." Beachtliche Worte, vielleicht nicht so sehr wegen ihrer Originalität, sondern im Hinblick auf den Autor. Zeigen sie doch, daß er nicht das klassische Ideal einer Restauration des Christentums verfolgt, wie manche Kritiker von Johannes Paul II. geglaubt haben. Er ahnt vielmehr die Zukunft eines Christentums als „Minderheitenkirche" voraus, aber als „lebendige Kirche" mit neuen Ausdrucksformen[7]. Der Kirchenhistoriker Andrea Riccardi (Leiter der St.-Ägidius-Gemeinschaft) konnte seinerseits formulieren, daß die Lektion des 20. Jahrhunderts darin bestehe, daß man als Christ „im Schnittpunkt einer pluralistischen, laizistischen und säkularisierten Welt" leben könne.

Zwischen den großen christlichen Kirchen bricht sich der Wille zur Annäherung Bahn, die ökumenische Idee setzt sich durch. Man müßte schon die Intensität der Leidenschaften und polemischen Auseinandersetzungen nicht zur Kenntnis nehmen, um diese Entwicklung zu unterschätzen und den rechten Maßstab für die (selbst begrenzten) Fortschritte während der letzten Jahrzehnte zu verlieren. Als Beleg dafür kann die Gemeinsame Erklärung zur Rechtfertigungslehre angeführt werden, die am 31. Oktober 1999 in Augsburg von der römisch-katholischen Kirche und dem Lutherischen Weltbund unterzeichnet worden ist. Man muß aber auch darauf hinweisen, daß diese Anstrengungen auf dem Weg zur Einheit von Widerständen, Spaltungen und Brüchen[8], vor allem in der orthodoxen Welt, begleitet werden. Sie hängen mit der Last der Geschichte zusammen und mit dem Streben nach einer offensichtlich bedrohten Identität. Auf Dauer wird als größere Realität die Annäherung und die gegenseitige Achtung bleiben, die sich in den Beziehungen zwischen den christlichen Konfessionen behaupten.

Beachtlich ist auch der interreligiöse Dialog. Er betrifft zunächst die monotheistischen „Buchreligionen" (Judentum und Islam), greift aber auch auf die anderen Religionen aus. Beim Treffen von Assisi (27. Oktober 1986) empfahl Johannes Paul II. den anwesenden Vertretern aller Religionen, „zusammenzustehen, um für den Frieden zu beten"[9] – ein neuer Weg, der in traditionalistischen Kreisen Entrüstung hervorrief und zutiefst die Frage nach der Wahrheit aufwarf im Sinne Michel Fédous Frage, wie man die Verschiedenheit der Religionen respektieren könne, ohne die besondere Glaubensaussage in Frage zu stellen, die im Bekenntnis zu Jesus Christus bestünde. Zweifellos bedeutet der Dialog mit den nichtchristlichen Religionen – nach Kardinal Etchagaray – „eine der größten Herausforderungen für die Kirchen, in denen die Heilsuniversalität in Jesus Christus bezeugt wird und die trotz ihres Glaubenseifers proportional den Rückgang des Christentums erleben"[10].

---

[6] Kardinal J. RATZINGER, Salz der Erde – Christentum und katholische Kirche an der Jahrtausendwende. Ein Gespräch mit Peter SEEWALD (= Heyne Sachbuch 19/624), ungekürzte Tb-Ausgabe Stuttgart 1998; nachfolgendes Zitat ebd., 17. Wie er weiter sagt, wird die Kirche „mehr Minderheitenkirche sein, in kleinen lebendigen Kreisen von wirklich Überzeugten und Glaubenden und daraus Handelnden leben" (ebd., 236).

[7] Ebd., 272 f.

[8] Nach der Aussage Kardinal RATZINGERS, ebd., 258.

[9] Und nicht „zusammen zu beten", wie Michel FÉDOU in seinem Aufsatz „Le christianisme parmi les religions" (in: Études, November 1991, 87) vermerkt.

[10] La Croix, 11. Oktober 1998, Seite 12.

AUTORENVERZEICHNIS

Prof. em. ROGER AUBERT, Katholische Universität Louvain.
OLIVIER COMPAGNON, Universität Toulouse-le-Mirail.
Prof. em. JERZY KŁOCZOWSKI, Universität Lublin.
Prof. Dr. JEAN-MARIE MAYEUR, Universität Paris-Sorbonne.
CATHERINE MAYEUR-JAOUEN, Universität Paris-Sorbonne.
Prof. Dr. CLAUDE PRUDHOMME, Universität Lyon-II.
KATHY ROUSSELET, Chargée de recherches, CNRS.
Prof. Dr. CLAUDE SOETENS, Katholische Universität Louvain.
Prof. Dr. CHRISTOPH THEOBALD, Centre Sèvres, Paris.
JEAN-PAUL WILLAIME, Studiendirektor für Religionswissenschaften.
Prof. Dr. JEAN-FRANÇOIS ZORN, Universität Montpellier.

BEARBEITERVERZEICHNIS

Prof. Dr. THOMAS BREMER, Universität Münster.
NORBERT KÖSSMEIER, Missio-Referent der Erzdiözese Freiburg und Redaktion „Forum Weltkirche".
Dr. STEFAN ORTH, Herder-Korrespondenz Freiburg.
Prof. Dr. ANDREA BARBARA SCHMIDT, Katholische Universität Louvain.
Prof. Dr. MICHAEL SIEVERNICH, Phil.-Theol. Hochschule St. Georgen Frankfurt/Main.
Dr. ULRICH RUH, Herder-Korrespondenz Freiburg.
Dr. GERHARD PHILIPP WOLF, Studiendirektor, Pegnitz.

KARTENVERZEICHNIS

PERSONENREGISTER

Men, Alexander 394, 413, 417, 420
Men, Michail 420
Ménager, Jacques, Bischof 326
Menas, hl. 451
Mendes, Candido 169
Menem, Carlos, argent. Präsident 476, 527
Mengistu, Haile Mariam, äthiop. Diktator 574
Meouchi, Paulus Petrus, Kardinal, maronit. Patriarch 460
Messi Metogo, Eloi 542
Methodij (Nemzev), Metropolit 408
Methodios, hl. 142, 309, 365f., 424
Metz, Johann Baptist 161, 180, 194, 203, 505
Meyendorff, John 413
Mgojo, Khoza 584
Micara, Clemente, Kardinal 52
Milani, Lorenzo 8
Milingo, Emmanuel, Erzbischof von Lusaka 611
Milleville, Gérard de, Erzbischof von Conakry 560
Mindszenty, József, Kardinal Primas von Ungarn, Erzbischof von Esztergom 40, 119, 304, 359f., 366
Mobutu, Joseph D., Regierungschef von Kongo-Kinshasa 562, 565ff., 569, 571, 607
Moeller, Charles 61, 96
Moltmann, Jürgen 203, 205, 504
Moltmann-Wendel, Elisabeth 204
Momis, John 694
Mon Ik Whan 634
Monchanin, Jules 659
Mondlane, Eduardo Chivambo 578
Montini, Giorgio 40
Montini, Giovanni Battista, Kardinal Erzbischof von Mailand, s. Paul VI.

Montt, Efraín Rios, Präsident von Guatemala 532f., 538
Moon, Kyu Kang 622
Moreira, Marino Prudencio 527
Motoshima, Hitoshi 647
Mott, John 664f.
Mounier, Emmanuel 500
Mstyslav (Skrypnyk), Patriarch von Kiew 382, 421f.
Muaca, Eduardo André, Bischof von Luanda 578
Mubarak, Mohammed Hosni, ägypt. Präsident 442
Mubarak, Youakim 443
Mugabe, Robert 134, 580
Mulago, Vincent 607
Müller, Denis 282, 285
Murdani, Benny 639
Murray, John Courtney 58, 61, 91
Mussolini, Benito, ital. Staatschef 40
Muzorewa, Abel, Bischof 580
Mveng, Engelbert 590, 640

Naidoo, Stephen, Erzbischof von Kapstadt 584
Nasser, Gamal Abd el, ägypt. Präsident 441f.
Ndadaye, Melchior, Präsident von Ruanda 571
Nee To-sheng 629
Negus, äthiop. Kaiser 439
Nehmé, Abraham, Bischof von Yabrud-Homs 467
Neri, Philipp, hl. 4
Neves, Lucas Moreira, Kardinal Bischof von São Salvador de Bahia 488
Newman, John Henry, Kardinal 190
Newskij, Alexander, hl. 410
Ngindu Mushete, Oscar 185
Ngongo, Emmanuel 560
Ngoubai, Marien, Staatschef von Kongo 564
Nguyên Nhe The, Stefan, Erzbischof von Hue 632

Nguyên Van Binh, Erzbischof von Ho Chi Minh-Stadt 631
Nguyên, Van Thuân 632
Niemöller, Martin 355
Nikodim (Rotow), Bischof von Leningrad und Nowgorod 395, 411
Nikolaj, Metropolit 393, 395
Nikolaus II., russ. Zar 410
Nissiotis, Nikos A. 69, 71
Nkomos, Joshua 580
Nkrumah, Kwame 557, 580
Nolan, Albert 582
Nomenyo, Seth 607
Noriega Morena, Manuel Antonio, Staatschef von Panama 476
Nöthiger-Strahm, Christine 229
Nyerere, Julius Kambarage, Staatsoberhaupt von Tansania 557, 563, 566

O'Connor, John Joseph, Kardinal Erzbischof von New York 30, 95
Obando y Bravo, Miguel, Erzbischof von Managua 514, 537
Obasanjo, Olusegun, nigerian. Präsident 577
Obote, Milton, Staatsoberhaupt von Uganda 557, 563
Oduyoye, Mercy Amba 184
Oesterreicher, Johannes 92
Ogorodnikov, Alexander 396f., 401, 407
Ohm, Thomas 328
Onclin, Willy 82
Onganía, Juan, argent. Staatschef 475
Ortega, Daniel 476
Ossipow, Vladimir 407
Ottaviani, Alfredo, Kardinal 6, 8, 13ff., 24, 32–35, 42, 46, 48, 58, 82, 113

Packer, James Innell 208
Paglia, Vincenzo 218